FUNDAMENTOS DO DIREITO CIVIL

VOLUME 6

DIREITO DE FAMÍLIA

Grupo Editorial Nacional

O GEN | Grupo Editorial Nacional – maior plataforma editorial brasileira no segmento científico, técnico e profissional – publica conteúdos nas áreas de concursos, ciências jurídicas, humanas, exatas, da saúde e sociais aplicadas, além de prover serviços direcionados à educação continuada.

As editoras que integram o GEN, das mais respeitadas no mercado editorial, construíram catálogos inigualáveis, com obras decisivas para a formação acadêmica e o aperfeiçoamento de várias gerações de profissionais e estudantes, tendo se tornado sinônimo de qualidade e seriedade.

A missão do GEN e dos núcleos de conteúdo que o compõem é prover a melhor informação científica e distribuí-la de maneira flexível e conveniente, a preços justos, gerando benefícios e servindo a autores, docentes, livreiros, funcionários, colaboradores e acionistas.

Nosso comportamento ético incondicional e nossa responsabilidade social e ambiental são reforçados pela natureza educacional de nossa atividade e dão sustentabilidade ao crescimento contínuo e à rentabilidade do grupo.

GUSTAVO **TEPEDINO**
ANA CAROLINA BROCHADO **TEIXEIRA**

FUNDAMENTOS DO DIREITO CIVIL

VOLUME 6

DIREITO DE FAMÍLIA

6ª edição
revista, atualizada e ampliada

gen | Editora FORENSE

■ Os autores deste livro e a editora empenharam seus melhores esforços para assegurar que as informações e os procedimentos apresentados no texto estejam em acordo com os padrões aceitos à época da publicação, e todos os dados foram atualizados pelos autores até a data de fechamento do livro. Entretanto, tendo em conta a evolução das ciências, as atualizações legislativas, as mudanças regulamentares governamentais e o constante fluxo de novas informações sobre os temas que constam do livro, recomendamos enfaticamente que os leitores consultem sempre outras fontes fidedignas, de modo a se certificarem de que as informações contidas no texto estão corretas e de que não houve alterações nas recomendações ou na legislação regulamentadora.

■ Fechamento desta edição: *31.01.2025*

■ Os Autores e a editora se empenharam para citar adequadamente e dar o devido crédito a todos os detentores de direitos autorais de qualquer material utilizado neste livro, dispondo-se a possíveis acertos posteriores caso, inadvertida e involuntariamente, a identificação de algum deles tenha sido omitida.

■ **Atendimento ao cliente: (11) 5080-0751 | faleconosco@grupogen.com.br**

Editora Forense Ltda.
Uma editora integrante do GEN | Grupo Editorial Nacional
Travessa do Ouvidor, 11 – Térreo e 6º andar
Rio de Janeiro – RJ – 20040-040
www.grupogen.com.br

■ Capa: Aurélio Corrêa

CIP-BRASIL. CATALOGAÇÃO NA PUBLICAÇÃO
SINDICATO NACIONAL DOS EDITORES DE LIVROS, RJ

T292f
6. ed.

Tepedino, Gustavo
Fundamentos do direito civil : direito de família / Gustavo Tepedino, Ana Carolina Brochado Teixeira. - 6. ed., rev., atual. e reform. - Rio de Janeiro : Forense, 2025.
520 p. ; 24 cm. (Fundamentos do direito civil ; 6)

Inclui bibliografia
ISBN 978-85-3099-661-1

1. Direito de família - Brasil. I. Teixeira, Ana Carolina Brochado. II. Título. III. Série.

25-96065 CDU: 347.6(81)

Meri Gleice Rodrigues de Souza - Bibliotecária - CRB-7/6439

SOBRE OS AUTORES

Gustavo Tepedino

Professor Titular de Direito Civil e ex-diretor da Faculdade de Direito da Universidade do Estado do Rio de Janeiro (UERJ). Livre-docente pela mesma Universidade. Doutor em Direito Civil pela Universidade de Camerino (Itália). Membro Titular da Academia Internacional de Direito Comparado. Membro da Academia Brasileira de Letras Jurídicas (ABLJ). Presidente do Instituto Brasileiro de Direito Civil (IBDCivil).

Ana Carolina Brochado Teixeira

Doutora em Direito Civil pela UERJ. Mestre em Direito Privado pela PUC Minas. Coordenadora editorial da *Revista Brasileira de Direito Civil – RBDCivil*. Professora de Direito Civil do Centro Universitário UNA. Sócia fundadora do Escritório Teixeira, Miranda e Gandra Advogados.

AGRADECIMENTOS

Agradecemos a todos aqueles que, independentemente da medida e do modo, contribuíram para a construção deste volume, com debates, reflexões, pesquisa e revisão: Alexandre Miranda Oliveira, Ana Paula Cardoso, Andreza Cássia da Silva Conceição, Anna Cristina de Carvalho Rettore, Beatriz de Almeida Borges e Silva, Cintia Muniz de Souza Konder, Cristiane Giuriatti Gandra, Danielle Tavares Peçanha, Francisco de Assis Viegas e Livia Teixeira Leal e Rafael Bérgamo.

APRESENTAÇÃO GERAL DA OBRA

Diante de uma biblioteca jurídica repleta de manuais, cursos, compilações, esquemas didáticos impressos e eletrônicos, o leitor se perguntará qual a justificativa para mais uma obra sistematizadora como estes *Fundamentos do Direito Civil*.

Fruto de longos anos de pesquisa e de experiência didática de seus autores, os *Fundamentos* se contrapõem a dois vetores que ameaçam, constantemente, o mercado editorial. O primeiro deles é a repetição acrítica da dogmática tradicional, haurida dos postulados históricos do direito romano, com cosméticas adaptações, em suas sucessivas edições, à evolução legislativa. O segundo é a aderência casuística a soluções jurisprudenciais de ocasião, que aparentemente asseguram feição prática e abrangente aos manuais, sem aprofundar, contudo, a justificativa doutrinária dos problemas jurídicos e a forma de solucioná-los.

A coleção ora trazida a público, em sentido oposto, encontra-se inteiramente construída a partir do sistema instaurado pela Constituição da República de 1988, que redefiniu os modelos jurídicos com os princípios e valores que se incorporam às normas do Código Civil e à legislação infraconstitucional, estabelecendo, assim, novas bases dogmáticas que, unificadas pelo Texto Constitucional, alcançam coerência sistemática apta à compreensão dos problemas jurídicos e de seus alicerces doutrinários.

Para os estudantes e estudiosos do direito civil, pretende-se oferecer instrumento de conhecimento e de consulta a um só tempo didático e comprometido com o aprofundamento das teses jurisprudenciais mais atuais, voltado para a interpretação e aplicação do direito em sua contínua transformação.

No sentido de facilitar a leitura, as ideias-chave de cada capítulo encontram-se destacadas na margem das páginas. Ao iniciar cada capítulo, o leitor terá acesso a um *QR Code* que o conduzirá ao vídeo de apresentação do capítulo. Adicionalmente, também foram incluídos, ao final de cada capítulo, problemas práticos relacionados aos temas estudados, acompanhados por um *QR Code* para acesso a vídeos com comentários dos autores sobre alguns dos temas mais emblemáticos, bem como o acesso a material jurisprudencial e bibliográfico de apoio ao debate e aprofundamento teórico

O leitor perceberá, certamente, que a metodologia do direito civil constitucional se constitui na mais genuína afirmação do direito civil, revitalizado em suas possibilidades aplicativas mediante a incorporação dos valores e normas da Constituição Federal à totalidade dos institutos e categorias, na formulação da legalidade constitucional.

VOLUMES DA COLEÇÃO

Coleção
Fundamentos do Direito Civil

Vol. 1 – Teoria Geral do Direito Civil
Autores: Gustavo Tepedino e Milena Donato Oliva

Vol. 2 – Obrigações
Autores: Gustavo Tepedino e Anderson Schreiber

Vol. 3 – Contratos
Autores: Gustavo Tepedino, Carlos Nelson Konder e Paula Greco Bandeira

Vol. 4 – Responsabilidade Civil
Autores: Gustavo Tepedino, Aline de Miranda Valverde Terra e Gisela Sampaio da Cruz Guedes

Vol. 5 – Direitos Reais
Autores: Gustavo Tepedino, Carlos Edison do Rêgo Monteiro Filho e Pablo Renteria

Vol. 6 – Direito de Família
Autores: Gustavo Tepedino e Ana Carolina Brochado Teixeira

Vol. 7 – Direito das Sucessões
Autores: Gustavo Tepedino, Ana Luiza Maia Nevares e Rose Melo Vencelau Meireles

APRESENTAÇÃO DO VOLUME 6 – DIREITO DE FAMÍLIA

Muito felizes pela receptividade das 5 edições anteriores, incluímos no novo volume de Direito de Família as novidades mais significativas no âmbito jurisprudencial e legislativo. Nosso fio condutor hermenêutico permanece a metodologia do direito civil-constitucional, que propõe a interpretação unitária do ordenamento jurídico, de modo que a principiologia constitucional possa permear todo e qualquer fato ou ato jurídico na ambiência familiar.

Nesta edição, o livro aprofunda as temáticas centrais da obra, levando ao leitor as principais novidades legislativas e jurisprudenciais surgidas após a edição anterior. Em tal perspectiva, a obra preserva suas características e amplia seus horizontes, de modo a prosseguir como referência para estudantes e profissionais do Direito na compreensão e no aprofundamento do Direito de Família.

SUMÁRIO

Capítulo I

EVOLUÇÃO DO DIREITO DE FAMÍLIA: DA FAMÍLIA MONOLÍTICA À FAMÍLIA DEMOCRÁTICA. PRINCÍPIOS DO DIREITO DE FAMÍLIA. FAMÍLIA: CONCEITO INACABADO

Acesse o *QR Code* e assista ao vídeo sobre o tema.

> *http://uqr.to/1pblu*

SUMÁRIO: 1. Evolução do direito de família – 2. Princípios do direito de família – 3. Família: uma tipologia em aberto – Problemas práticos.

1. EVOLUÇÃO DO DIREITO DE FAMÍLIA

O quadro de intensas modificações ocorridas nas últimas décadas no âmbito do direito de família revela, do ponto de vista fenomenológico, inegável transformação da estrutura familiar, identificada amplamente pela doutrina e, em especial, pelos cientistas sociais.[1] É do ponto de vista axiológico, contudo, que se pode identificar a mais profunda alteração no vértice do ordenamento, a impor radical reformulação dos critérios interpretativos adotados em matéria de família.[2] No âmbito dessa

1 Sobre o tema, v., por todos, José Lamartine Corrêa de Oliveira e Francisco Muniz, *Direito de Família (Direito Matrimonial)*, Porto Alegre: Sergio Fabris, 1990, p. 10, onde se sublinha: "Os sociólogos, historiadores, antropólogos e juristas têm revelado o processo de passagem da família patriarcal à família nuclear. Este processo de desintegração da família é o resultado de profundas modificações das estruturas sociais, econômicas, políticas e culturais (Revolução Industrial, grandes concentrações urbanas, inserção da mulher no processo de produção e emancipação feminina)".

2 A historicidade e relatividade dos institutos familiares são postas em relevo por Francesco Prosperi, *La familia non fondata sul matrimonio*, Camerino-Napoli, Esi, 1980, pp. 11 e ss.: "Le profonde trasformazioni che, al pari della società contemporanea, l'istituto familiare ha attraversato specie negli ultimi anni, impongono perciò un attento *vaglio critico dei valori giuridici espressi attualmente dall'ordinamento, al fine di individuare quelli che tra essi meglio si prestano a fonire una adeguata risposta alle mutate esigenze storiche*. Soltanto l'indagine siffatta, che si proponga cioé, in primo luogo, una comprensione profonda della realtà e su questa commisuri la portata delle disposizioni normative, potrà aspirare a chiarire il significato reale della disciplina dettata in tema di famiglia".

extraordinária transformação, adquire proeminência a alteração dos valores que fundamentam as relações existenciais e as comunidades intermediárias, capazes de redefinir os pressupostos de configuração e as finalidades das entidades familiares.[3]

Alterações introduzidas pela Constituição Federal nas relações de família

Tal processo evolutivo tem seu divisor de águas impresso na Constituição da República de 5 de outubro de 1988, que funcionou como centro reunificador do direito privado – disperso diante da proliferação da legislação especial e da perda de centralidade do Código Civil – consagrou, em definitivo, uma nova tábua de valores no ordenamento brasileiro.[4] O pano de fundo dos dispositivos em matéria de família pode ser identificado na alteração do papel atribuído às entidades familiares e, sobretudo, na transformação do conceito de unidade familiar que sempre esteve na base do sistema. As sucessivas intervenções legislativas, contudo, que refletiam a mudança no pensamento e na identidade cultural da sociedade brasileira, só em 1988 encontrariam fundamento axiológico para a plena consecução de suas finalidades sociais. A Constituição da República traduziu a nova tábua de valores da sociedade, estabeleceu os princípios fundantes do ordenamento jurídico e, no que concerne às relações familiares, alterou radicalmente os paradigmas hermenêuticos para a compreensão dos modelos de convivência e para a solução dos conflitos intersubjetivos na esfera da família. A reflexão sobre o impacto dessa ruptura axiológica torna-se indispensável para que se compreenda o sentido hermenêutico a ser atribuído às sucessivas leis especiais e, especialmente, ao Código Civil de 2002 no que tange ao direito de família.

Verifica-se, do exame dos arts. 226 a 230 da Constituição Federal, que o centro da tutela constitucional se desloca do casamento para as relações familiares dele (mas não unicamente dele) decorrentes; e que a milenar proteção da família como instituição, unidade de produção e reprodução dos valores culturais, éticos, religiosos e econômicos, dá lugar à tutela essencialmente funcionalizada à dignidade de seus membros, em particular no que concerne ao desenvolvimento da personalidade dos filhos.[5]

---

3 Conforme se observou em outra sede: "À família, no direito positivo brasileiro, é atribuída proteção especial na medida em que a Constituição entrevê o seu importantíssimo papel na promoção da dignidade humana. Sua tutela privilegiada, entretanto, é condicionada ao atendimento desta mesma função. Por isso mesmo, o exame da disciplina jurídica das entidades familiares depende da concreta verificação do entendimento desse pressuposto finalístico: merecerá tutela jurídica e especial proteção do Estado a entidade familiar que efetivamente promova a dignidade e a realização da personalidade de seus componentes" (Gustavo Tepedino, Novas Formas de Entidades Familiares: efeitos do casamento e da família não fundada no matrimônio. *Temas de Direito Civil.* Rio de Janeiro: Renovar, 4ª ed., 2008, p. 395).

4 Sobre a relação entre a Constituição e a legislação ordinária, v., Pietro Perlingieri, *Profili del diritto civile*, Napoli, ESI, 1994, 3ª ed., pp. 12 e ss.

5 V. na perspectiva da Constituição solidarista italiana, Pietro Perlingieri, *Il diritto civile nella legalità costituzionale*, Camerino-Napoli, Esi, 1984, p. 558: "*La persona è all'apice della gerachia dei valori costituzionali e ad essa sono funzionalizzate sia le comunità intermedie sia le situazioni soggettive patrimoniali: proprietà ed imprese... La libertà nella famiglia trova nell'unità e nei relativi doveri non soltanto il limite ma la funzione, il fondamento della sua stessa titolarità*". V., ainda, para uma crítica à prevalência dos interesses econômico-patrimoniais na legislação civil brasileira das relações de família, propondo uma repersonalização, a partir da Constituição de 1988, Paulo Lôbo, A repersonalização das relações de família. In: Carlos Alberto Bittar (coord.), *O Direito de Família e a Constituição de 1988*, São Paulo: Saraiva, 1989, pp. 54 e ss.

De outra forma não se consegue explicar a proteção constitucional às entidades familiares não fundadas no casamento (art. 226, § 3º) e às famílias monoparentais (art. 226, § 4º); a igualdade de direitos entre homem e mulher na sociedade conjugal (art. 226, § 5º); a garantia da possibilidade de dissolução da sociedade conjugal independentemente de culpa (art. 226, § 6º); o planejamento familiar voltado para os princípios da dignidade da pessoa humana e da paternidade responsável (art. 226, § 7º) e a previsão de ostensiva intervenção estatal no núcleo familiar no sentido de proteger seus integrantes e coibir a violência doméstica (art. 226, § 8º).

A hostilidade do legislador pré-constitucional às interferências exógenas na estrutura familiar e a escancarada proteção do vínculo conjugal e da coesão formal da família, ainda que em detrimento da realização pessoal de seus integrantes – particularmente no que se refere à mulher e aos filhos, inteiramente subjugados à figura do cônjuge-varão – justificava-se em benefício da paz doméstica. Por maioria de razão, a proteção dos filhos extraconjugais nunca poderia afetar a estrutura familiar, sendo compreensível, em tal perspectiva, a aversão do Código Civil de 1916 à concubina. O sacrifício individual, em todas essas hipóteses, era largamente compensado, na ótica do sistema, pela preservação da célula *mater* da sociedade, instituição essencial à ordem pública e modelada sob o paradigma patriarcal.

O constituinte de 1988, todavia, além dos dispositivos acima enunciados, consagrou, no art. 1º, III, entre os princípios fundamentais da República, que antecedem todo o texto maior, a dignidade da pessoa humana, impedindo assim que se pudesse admitir a superposição de qualquer estrutura institucional à tutela de seus integrantes, mesmo em se tratando de instituições com *status* constitucional, como é o caso da empresa, da propriedade e da família.[6]

Da família instituição à família instrumento

Assim sendo, a família, embora tenha ampliado, com a Carta de 1988, o seu prestígio constitucional, deixa de ter valor intrínseco, como instituição capaz de merecer tutela jurídica pelo simples fato de existir, passando a ser valorada de maneira instrumental, tutelada à medida que – e somente à exata medida que – se constitua em núcleo intermediário de desenvolvimento da personalidade dos filhos e de promoção da dignidade de seus integrantes.

---

[6] "Por dizer respeito mais diretamente a interesses existenciais da pessoa humana (cuja dignidade é reputada um dos fundamentos da República brasileira pelo art. 1º, III da Constituição), o direito de família foi diretamente afetado pelo processo de incidência dos princípios constitucionais sobre as relações privadas (processo também denominado constitucionalização do direito privado), como imperativo para se conferir maior proteção aos interesses existenciais sobre os interesses patrimoniais. Assim, se nas outras áreas do direito civil os direitos fundamentais já representam o fundamento de legitimidade dos interesses particulares tutelados, no direito de família tais direitos exigiram o afastamento de princípios tradicionais que, herdados do direito romano, estruturavam o direito de família em torno do casamento entre homem e mulher; asseguravam ao marido a chefia da sociedade conjugal; determinavam a preferência dos filhos nascidos do casamento em detrimento dos filhos oriundos de relações extraconjugais; relegavam a mulher à posição de inferioridade no âmbito das relações familiares." (Gustavo Tepedino, A tutela dos direitos humanos no direito brasileiro. In: Carlos Vinícius Alves Ribeiro; Dias Toffoli; Otávio Luiz Rodrigues Jr. (Org.). *Estado, Direito e Democracia*: estudos em homenagem ao Prof. Augusto Aras. Belo Horizonte: Editora Fórum, 2021, p. 93-118).

Dito diversamente, altera-se o conceito de unidade familiar, antes delineado como reunião formal de pais e filhos legítimos baseada no casamento, para definição flexível e instrumental, que tem em mira o liame substancial de pelo menos um dos genitores com seus filhos – tendo por origem não apenas o casamento – e inteiramente voltado para a realização existencial e o desenvolvimento da personalidade de seus membros.

A confirmação de tais constatações se pode obter mediante o exame da legislação pré-vigente em tema de direito de família, seja no que tange à tutela do vínculo matrimonial, seja no que concerne às relações conjugais e às relações entre pais e filhos.[7]

Evolução do conceito de unidade familiar: a) a proteção do vínculo conjugal

Quanto ao vínculo conjugal, a sua proteção podia ser classificada como prioritária, sob a perspectiva histórica. O Direito só legitimava efeitos ao casamento católico e só em 11.09.1861, quando editada a Lei 1.144, regulamentada pelo Decreto 3.069 de 17.04.1863, permitiu que outras religiões tivessem seus casamentos reconhecidos pelo Estado – ao lado do religioso católico – gerando efeitos civis. Em 1890, por meio do Decreto 181, o casamento civil passou a ser obrigatório, o que foi confirmado pelo art. 72, § 4º, da Constituição de 1891.[8] O Código Civil verteu sua atenção para o casamento como única forma de constituição de família – tanto é que, dos seis títulos do Livro I da Parte Especial (dedicado ao Direito de Família), quatro deles são para tratar do casamento,[9] situação mantida na Constituição de 1934 e nas posteriores, até a entrada em vigor da atual Carta Magna.

Demonstração cabal da impressionante proteção oferecida pelo Código Civil de 1916 ao vínculo conjugal encontrava-se no art. 222: "A nulidade do casamento processar-se-á por ação ordinária, na qual será nomeado curador que o defenda". Tal dispositivo, inteiramente desprovido de suporte constitucional a partir de 5 de outubro de 1988, manteve-se incrivelmente imune a objeções de inconstitucionalidade – o que não deixa de ser significativo – só vindo a desaparecer, do ponto de vista formal, com a entrada em vigor do Código Civil de 2002, que não traz regra semelhante. Da leitura daquele preceito via-se que o legislador, não satisfeito em submeter ao vagaroso rito ordinário a declaração de nulidade de um casamento realizado com altíssimo grau de ofensa à ordem pública, exigia ainda a nomeação de um curador para defendê-lo.[10] A

---

7 V., por todos, a obra clássica de Virgílio Sá Pereira, *Direito de Família*, Rio de Janeiro: Freitas Bastos, 1959, *passim*, e espec. o capítulo II, "Concepção da Família como Elemento Celular e Orgânico da Sociedade", pp. 37-44.

8 "A República só reconhece o casamento civil, cuja celebração será gratuita". Foi o art. 146 da Constituição de 1934 que instituiu o casamento religioso com efeitos civis.

9 "Base principal da família, o casamento atraía para si todo o regramento normativo, deixando à margem de qualquer proteção, e ao sabor do repúdio moral e social, qualquer relação fora do matrimônio" (Antônio Carlos Mathias Coltro, Sálvio de Figueiredo Teixeira, Tereza Cristina Monteiro Mafra, v. 17, *Comentários ao novo Código Civil:* Do direito pessoal, arts. 1.511 a 1.590. In: Sálvio de Figueiredo Teixeira (coord.), Rio de Janeiro: Forense, 2005, 2ª ed., p. 29).

10 Emblemática, ao propósito, a decisão unânime da 2ª Câmara Cível do Tribunal de Justiça de Minas Gerais, publ. em 30.06.1993, e assim ementada: "Nas ações de anulação de casamento, o Curador ao vínculo não há de ser figura decorativa, secundária, mas presente e atuante, evitando conluios contrários aos interesses da sociedade" (in *ADV-COAD*, 1994, nº 64390). Na manualística, mesmo nas obras elaboradas após a Constituição de 1988, a matéria não mereceu qualquer observação crítica: v., por todos, Marco Aurélio S. Viana, *Direito de Família*, Belo Horizonte: Del Rey, 1993, p.

tutela se vertia para a estrutura do casamento como um todo, baseado nas relações conjugais hierarquizadas e patriarcais.

A Lei do Divórcio data de 1977, tendo sido promulgada com uma série de temperos que, procurando contentar os exaltados ânimos antidivorcistas, suscitou severas críticas, sobretudo por permitir somente um único novo casamento. Com efeito, ao jovem estudante de direito parecerá certamente estranho que a Emenda Constitucional 9, de 28 de junho de 1977, que autorizou a dissolução do vínculo conjugal e permitiu, com isso, a consequente promulgação da lei do divórcio, tenha vicejado em meio a verdadeiro combate que se estabeleceu em todo o país. Cabe lembrar, ainda, que no sistema originário do Código Civil de 1916, a separação dos cônjuges se vinculava ao rígido sistema da culpa, não se admitindo o desquite senão por causas taxativamente previstas (*numerus clausus*).

Em síntese estreita, se poderia dizer que o vínculo conjugal atraía intensa proteção por parte do Código Civil de 1916, em favor da coesão formal do núcleo familiar, a prescindir de qualquer valoração substancial do legislador quanto à realização pessoal dos cônjuges e dos filhos no âmbito da família.

Relações entre os cônjuges

Os dispositivos legais atinentes às relações entre os cônjuges expressaram, na esteira do texto de 1916, a mesma ideologia. Nos termos do art. 233 do Código Civil o marido era o chefe da sociedade conjugal, função que só a partir do Estatuto da Mulher Casada (Lei 4.121, de 27 de agosto de 1962), passou a exercer com a *colaboração* da mulher. Até o advento da Constituição de 1988, só o marido representava a família (CC/1916, art. 233, I), administrava os bens comuns e mesmo os particulares da mulher, segundo o regime matrimonial adotado (CC/1916, art. 233, II), além de deter o direito de fixar o domicílio da família (CC/1916, art. 233, III) e a faculdade de autorizar a mulher a praticar uma série de atos da vida civil (CC/1916, art. 242). Todos estes poderes bem se coadunavam, em verdade, com o *poder marital* que, embora não atribuído expressamente pelo Código Civil de 1916 ao marido, esteve entre nós presente até a Lei 4.121/1962, enquanto vigorou a incapacidade jurídica da mulher casada.

A atribuição ao marido do poder de sujeição sobre a mulher, e consequente inferiorização feminina, a ponto de tornar juridicamente incapaz a mulher que até o minuto anterior às núpcias era plenamente capaz e perfeitamente inserida no mercado de trabalho, explica-se no contexto acima delineado da unidade formal da família, em sendo um valor em si, justificava o sacrifício individual da mulher, em favor da paz doméstica e da coesão formal da entidade familiar.

Relações parentais e proteção aos filhos

Igualmente no que diz respeito à autoridade parental, então designada como pátrio poder, exercido pelo marido com a colaboração da mulher (hoje denominado

---

74: "o matrimônio tem a nulidade decretada em ação ordinária, com nomeação de curador que o defenda (art. 222), ao contrário dos negócios jurídicos nulos, em que a nulidade pode ser decretada de ofício, a requerimento dos interessados ou do Ministério Público, quando o juiz conhecer do ato ou de seus efeitos".

de poder familiar pelo Código Civil (art. 1.630) e desempenhado conjuntamente pelos cônjuges ou companheiros (art. 1.631)),[11] conferiam-se ao pai excessivos poderes, a determinar processo educacional extremamente autoritário. Ao filho cabia simplesmente se sujeitar ao poder paterno que se expressava, não raro, em punições severas e inclusive em castigos corporais. Somente o Estatuto da Criança e do Adolescente (Lei 8.069, de 13 de julho de 1990) é que, na esteira dos valores constitucionais, mudou esse estado de coisas, transformando o filho (antes mero objeto) em protagonista do próprio processo educacional.[12] O regime anterior, embora em sacrifício do filho, lograva evitar qualquer distúrbio proveniente da contestação à autoridade paterna. Também aqui se mantinha a harmonia, ao menos aparente, do grupo.

Sempre em nome da paz doméstica, o Código Civil de 1916 negava qualquer proteção ao filho adulterino que, amparado pelo legislador especial, com a promulgação da Lei 883/1949, teria, ainda assim, o seu reconhecimento condicionado à dissolução da sociedade conjugal ou, nos termos da Lei 7.250/1984, à hipótese de separação de fato por mais de cinco anos. Nota-se, também aqui, a supremacia do vínculo familiar legítimo sobre a pretensão de dignidade do filho extraconjugal.[13]

A mesmíssima tábua de valores justificava a vetusta presunção de paternidade do marido (*pater is est quem nuptiae demonstrant*). No caso do Código Civil de 1916, os arts. 338 e ss. (CC, art. 1.597 e ss.) consagravam tal presunção em caráter quase absoluto, a despeito de eventual prova do adultério e confissão expressa da mulher (CC/1916, arts. 343 e 346 e CC, arts. 1.600 a 1.602). O Código de 1916 admitia a ação de contestação de paternidade em caráter excepcional, sujeitando-a a três restrições. Primeiramente, quanto à legitimidade, autorizava somente o marido a propô-la (art. 344). Em seguida, quanto ao exíguo prazo decadencial para o seu ajuizamento: dois meses contados do nascimento, se o marido era presente, ou três meses, se o marido encontrava-se ausente ou se lhe ocultaram o nascimento, computando-se então o

---

11 A evolução histórica do pátrio poder até à atual concepção de *autoridade parental* é analisada por Marcos Alves da Silva, *Do Pátrio Poder à Autoridade Parental – Repensando Fundamentos Jurídicos da Relação entre Pais e Filhos*, Rio de Janeiro: Renovar, 2002.

12 Sobre o tema, seja consentido remeter a Gustavo Tepedino, A Disciplina Jurídica da Filiação. In Sálvio de Figueiredo (coord.), *Direitos de Família e do Menor*, Belo Horizonte: Del Rey, 1993, 3ª ed., p. 225 e ss., em que se procura demonstrar (p. 234) a inclusão da criança como partícipe ativo da própria educação, nos seguintes termos: "a) o legislador fixa como critério interpretativo de todo o Estatuto a tutela incondicionada da formação da personalidade do menor, mesmo se em detrimento da vontade dos pais (art. 6º); b) a criança e o adolescente são chamados a participar com voz ativa na própria educação, convocados a opinar sobre os métodos pedagógicos aplicados, prevendo-se expressamente, em algumas hipóteses, a sua 'oitiva' e até o seu 'consentimento'; c) a lei determina um controle ostensivo dos pais e educadores em geral, reprimindo não só os atos ilícitos mas também o abuso de direito". Para um minucioso exame das alterações no processo educacional produzidas pela Lei 8.069/1990, em particular no que concerne à doutrina da proteção integral, v. Tania da Silva Pereira, *Direito da Criança e do Adolescente – Uma Proposta interdisciplinar*, Rio de Janeiro: Renovar, 1996, pp. 11 e ss., com amplas referências bibliográficas.

13 Para um exame da evolução legislativa, jurisprudencial e doutrinária do reconhecimento do filho extramatrimonial cf. Caio Mario da Silva Pereira, *Reconhecimento de Paternidade e seus Efeitos*, Rio de Janeiro: Forense, 6ª ed. atual por Lucia Maria Teixeira Ferreira, 2006.

prazo a partir de seu retorno ou da ciência do fato (CC/1916, art. 178, §§ 3º e 4º, I).[14] Finalmente, quanto ao fundamento do pedido, estabelecido em *numerus clausus* pelos arts. 340, 341 e 342 do Código Civil de 1916, que vinculavam a contestação da legitimidade do filho à impotência absoluta do marido ou à impossibilidade física ou fática de coabitação com a esposa.[15] Cuidava-se, pois, de grave obstáculo à investigação do filho adulterino de mulher casada, perfeitamente justificável no interesse da paz doméstica, objeto de proteção autônoma e detentora de nítida supremacia sobre a pessoa da esposa e dos filhos, notadamente os filhos ditos ilegítimos, sendo indiscutível a inferioridade destes em face da (desmesurada) proteção do vínculo conjugal.[16]

Dualidade conceitual do casamento: ato jurídico solene e relação familiar fundada no matrimônio

Pois bem: a Constituição de 1988, como se procurou sublinhar, alterou o objeto da tutela jurídica no âmbito do direito de família. A regulamentação legal da família voltava-se, anteriormente, para a máxima proteção da paz doméstica, considerando-se a família fundada no casamento como um bem em si mesmo, enaltecida como instituição essencial. Hoje, ao revés, não se pode ter dúvida quanto à funcionalização da família para o desenvolvimento da personalidade de seus membros, devendo a comunidade familiar ser preservada (apenas) como instrumento de tutela da dignidade da pessoa humana.

A falta de percepção do novo paradigma axiológico parece permear a polêmica, até hoje em curso, na doutrina e na jurisprudência, quanto à eventual equiparação do casamento às uniões estáveis. Procura-se cotejar conceitos heterogêneos, fomentando-se, em consequência, o que parece ser uma falsa polêmica.[17]

---

14 A jurisprudência do STJ já mitigou significativamente a presunção de paternidade do CC/1916, para reconhecer ser inadequada a aplicação dos prazos decadenciais do art. 178 diante da prova genética em DNA. É o que consta do teor do acórdão proferido no Recurso Especial 194.866/RS, da lavra do Ministro Eduardo Ribeiro, *DJU* 14.06.1999, cuja ementa diz: "As normas jurídicas hão de ser entendidas, tendo em vista o contexto legal em que inseridas e considerando os valores tidos como válidos em determinado momento histórico. Não há como interpretar-se uma disposição, ignorando as profundas modificações por que passou a sociedade, desprezando os avanços da ciência e deixando de ter em conta as alterações de outras normas, pertinentes aos mesmos institutos jurídicos. Nos tempos atuais, não se justifica que a contestação da paternidade, pelo marido, dos filhos nascidos de sua mulher, se restrinja às hipóteses do art. 340 do Código Civil, quando a ciência fornece métodos notavelmente seguros para verificar a existência do vínculo de filiação. Decadência. Código Civil, art. 178, § 3º. Admitindo-se a contestação da paternidade, ainda quando o marido coabite com a mulher, o prazo de decadência haverá de ter, como termo inicial, a data em que disponha ele de elementos seguros para supor não ser o pai de filho de sua esposa".

15 V., sobre o tema, em perspectiva crítica, Luiz Edson Fachin, *Estabelecimento da Filiação Presumida*, Porto Alegre: Sergio Fabris, 1992, *passim*, com ampla bibliografia.

16 O Código Civil altera substancialmente o tema da presunção de paternidade. Dois exemplos desta modificação são marcantes: (i) a presunção de paternidade nas hipóteses de inseminação artificial homóloga e heteróloga (art. 1.597, III a V), fazendo-a incidir sobre filhos de pais já falecidos e sobre filhos resultantes dos embriões excedentários, havidos a qualquer tempo, e (ii) a imprescritibilidade da ação negatória de paternidade (art. 1.601), retirando de cena os aspectos relativos aos prazos decadenciais e ao fundamento jurídico do pedido que engessavam a presunção de paternidade do marido da mãe no Código de 1916.

17 A proposta foi já anteriormente apresentada no âmbito de estudo sobre a evolução jurisprudencial em matéria de concubinato. Cf. Gustavo Tepedino, *Novas Formas de Entidades Familiares*, cit., pp. 393-418.

O constituinte, a rigor, vale-se da dualidade conceitual da expressão *casamento*, que pode ser examinado ora como ato jurídico formal fundador da família, ora como a relação jurídica familiar, decorrente não somente do ato jurídico formal de fundação da família. Com efeito, pode-se empregar a expressão casamento para designar o ato matrimonial: "O casamento de Tício ocorreu no dia tal"; e para designar as relações familiares: "O casamento de Tício é muito bem-sucedido".

Não há dúvida quanto à admissão, pelo constituinte, ao lado da entidade familiar constituída pelo casamento, das entidades familiares formadas pela união estável (art. 226, § 3º) e pela comunidade formada por qualquer dos pais e seus descendentes (art. 226, § 4º), além de outras modalidades de entidades familiares, conforme se verá mais adiante. Tais entidades demonstram a mudança da ótica valorativa constitucional e impedem que se pretenda dar tratamento desigual a qualquer das entidades familiares ali previstas. Vale dizer: toda e qualquer norma que se dirija à tutela das relações familiares deve ter como suporte fático (*fattispecie*) os tipos de comunidades familiares identificados pela Constituição, no âmbito dos quais a família fundada no casamento é apenas um deles. A comunidade familiar, por sua vez, não é protegida como instituição valorada em si mesma, senão como instrumento de realização da pessoa humana.[18]

Completamente diversa é a tutela do casamento como ato jurídico solene, protegido prioritariamente pelo ordenamento porque (só ele é) capaz de trazer absoluta segurança para as relações patrimoniais e não patrimoniais que inaugura com a constituição da família, seja quanto aos filhos, como no que concerne ou quanto aos cônjuges e às relações com terceiros que com estes venham a contratar. Daí por que ter assegurado o constituinte a gratuidade da celebração do casamento civil (art. 226, § 1º), além dos efeitos civis do casamento religioso (art. 226, § 2º), de larga tradição nos costumes pátrios. Daí igualmente o porquê da determinação ao legislador ordinário no sentido de facilitar a conversão em casamento das uniões estáveis (art. 226, § 3º). Ou seja, quis o constituinte que o legislador ordinário facilitasse a transformação (do título de fundação) formal das entidades familiares, certo de que, com o ato jurídico solene do casamento, seriam mais seguras as relações familiares – e não porque uma família tem qualquer tipo de proeminência sobre a outra.

Não pretendeu, com isso, o constituinte criar famílias de primeira e segunda classe, já que previu, pura e simplesmente, diversas modalidades de entidades familiares, em igualdade de situação.[19] Tencionou, ao contrário, no sentido de oferecer proteção igual a todas as comunidades familiares, que fosse facilitada a transformação

---

18 A igualdade entre cônjuge e companheiro no Direito das Sucessões foi objeto do RE 878.694, no qual se concluiu que não há justificativa constitucional para diferenciá-los no âmbito da ordem de vocação hereditária. Sobre o tema: Ana Luiza Maia Nevares, Casamento ou união estável? *Revista Brasileira de Direito Civil – RBDCivil*, vol. 8, abr./jun. 2016, pp. 163-166.

19 Ana Luiza Maia Nevares, Entidades familiares na Constituição: críticas à concepção hierarquizada. In: Cármem Lúcia Silveira Ramos; Gustavo Tepedino; Heloisa Helena Barboza; Luiz Edson Fachin; Maria Celina Bodin de Moraes (Org.). *Diálogos sobre Direito Civil*: construindo a racionalidade contemporânea, Rio de Janeiro: Renovar, 2002, pp. 291-315.

do título das uniões estáveis, de modo a que a estas pudesse ser estendido o regime jurídico peculiar às relações formais.

Se são verdadeiras, como parecem, tais considerações, pode-se estabelecer, no âmbito das relações familiares, critérios interpretativos que evitem soluções casuísticas, muitas vezes até contraditórias, vinculadas à leitura de preceitos legislativos que se sucedem, no tempo, sem qualquer coerência axiológica. Em primeiro lugar, não se pode admitir qualquer interpretação legal que privilegie uma espécie de entidade familiar em detrimento de outra, ou que vise tutelar o vínculo conjugal em sacrifício de algum dos cônjuges ou dos filhos.

Em segundo lugar, em matéria de direito de família, faz-se necessário diferenciar as normas que se destinam a regular os efeitos do casamento, como ato jurídico solene, das normas que visam a disciplinar o casamento como relação familiar. Aquelas, à evidência, não podem ser aplicadas às uniões estáveis, já que dependem essencialmente do ato solene, pressuposto fático para a sua incidência. Assim, por exemplo, a exigência de outorga do cônjuge para a constituição de fiança e aval. Cuida-se de regras que, por encontrarem justificativa no casamento como ato jurídico, não admitem interpretação extensiva para entidades desprovidas daquele ato solene de constituição. Tais normas incidem exclusivamente sobre as relações constituídas pelo casamento, título indispensável à sua aplicação em razão da segurança jurídica. A publicidade inerente à qualidade de pessoa casada vincula-se à *ratio* de tais normas, sendo dado a qualquer interessado constatar, junto aos registros públicos, o regime jurídico do cônjuge com quem se pretende negociar ou cuja consistência patrimonial se quer conhecer. Nada impede que o legislador, por política legislativa, crie disciplina semelhante para as demais entidades familiares, como vêm fazendo, de resto, paulatinamente. A extensão interpretativa não poderá ocorrer, contudo, por parte do magistrado.

Ao reverso, as normas que têm a sua *ratio* vinculada às relações familiares devem ser estendidas a toda e qualquer entidade familiar, nos termos constitucionais, independentemente da origem da família; tenha sido ela constituída por ato jurídico solene ou por relação de fato; seja ela composta por dois cônjuges ou apenas por um dos genitores, juntamente com os seus descendentes. Não há razão, por exemplo, para que um conflito relacionado a qualquer das modalidades constitucionais de entidade familiar seja submetido a uma vara cível, quando na comarca haja vara especializada em matéria de família. Tratar-se-ia de discriminação intolerável por parte da lei estadual de organização judiciária. Nessa linha de entendimento, aliás, situa-se o Enunciado Interpretativo 641 aprovado na VIII Jornada de Direito Civil, realizada pelo Conselho de Justiça Federal em 2018, nos seguintes termos: "A decisão do Supremo Tribunal Federal que declarou a inconstitucionalidade do art. 1.790 do Código Civil não importa equiparação absoluta entre o casamento e a união estável. Estendem-se à união estável apenas as regras aplicáveis ao casamento que tenham por fundamento a solidariedade familiar. Por outro lado, é constitucional a distinção entre os regimes, quando baseada na solenidade do ato jurídico que funda o casamento, ausente na união estável".

Tudo isso porque as famílias que o Direito trata na contemporaneidade têm novo substrato, razão pela qual são denominadas famílias democráticas.[20] As famílias contemporâneas são calcadas no afeto como principal elemento propulsor da sua constituição, inteiramente voltadas para a realização existencial e o desenvolvimento da personalidade de seus membros. Por isso, afirma-se que a Constituição adotou o modelo democrático de família, que garante igualdade – e por isso, liberdade – associada à solidariedade.[21]

Nesse cenário há de se refletir sobre a conquista representada pela prevalência no direito da realidade fática da família como comunidade de pessoas "de carne e osso" sobre a família no modelo formal e institucional de reprodução sexual e acumulação econômica em torno da autoridade patriarcal. O afeto e sua projeção social torna-se, nessa medida, elemento definidor de situações jurídicas, ampliando-se a relação de filiação pela posse de estado de filho e flexibilizando-se, com benfazeja elasticidade, os requisitos para a constituição da família. Nesse contexto hão de ser analisados os princípios do direito de família, a fim de se perceber sua linha evolutiva na esteira de significativa mudança social.

2. PRINCÍPIOS DO DIREITO DE FAMÍLIA

Uma vez reconhecida a incidência direta dos princípios constitucionais nas relações interprivadas,[22] sua força normativa tem o condão de reconstruir os princípios fundamentais do direito de família.

Princípio da dignidade da pessoa humana

Historicamente, o princípio da dignidade da pessoa humana tem significado relevante nos ordenamentos jurídicos ocidentais. Após as duas grandes guerras mundiais, a pessoa humana voltou-se para si, para sua ontologia, verificando a necessidade de proteger a si mesmo e a seus pares. Paulatinamente, a pessoa humana assumiu a centralidade dos sistemas jurídicos, de modo a se tornar fim último do Direito, e não meio para conseguir outros fins. Para tanto, teve grande relevância a elaboração teórica de Immanuel Kant.[23] O princípio por ele enunciado – as coisas têm um preço

---

20 Sobre o tema, v. Maria Celina Bodin de Moraes, A família democrática. In: Maria Celina Bodin de Moraes. *Na medida da pessoa humana*, Rio de Janeiro: Renovar, 2010, p. 213.

21 "As famílias democráticas, configuradas através de estruturas as mais diversas, constituem-se como núcleos de pessoas, unidas pela afetividade e pela reciprocidade (*rectius*, solidariedade), e funcionalizadas para o pleno desenvolvimento da personalidade de cada um de seus membros. A família democratizada nada mais é do que a família em que a dignidade das pessoas que a compõem é respeitada, incentivada e tutelada. Do mesmo modo, a família 'dignificada', isto é, conformada e legitimada pelo princípio da dignidade humana é, necessariamente, uma família democrática" (Maria Celina Bodin de Moraes, Ana Carolina Brochado Teixeira, Comentário ao art. 226. In: J. J. Gomes Canotilho, Gilmar F. Mendes, Ingo W. Sarlet, Lenio L. Streck (coords.), *Comentários à Constituição do Brasil*, São Paulo: Saraiva/Almedina, 2018, 2ª ed., pp. 2.217-2.218).

22 Ingo Wolfgang Sarlet, *A eficácia dos direitos fundamentais*, Porto Alegre: Livraria do Advogado, 2003, 3ª ed.

23 "... têm contudo, se são seres irracionais, apenas um valor relativo como meios e por isso se chamam *coisas*, ao passo que os seres racionais se chamam *pessoas*, porque a sua natureza os distingue já como fins em si mesmos, quer dizer, como algo que não pode ser empregado como simples meio

e as pessoas, dignidade – é, ainda hoje, o marco reflexivo para se pensar a dignidade, como componente individual de cada ser humano, que irradia deveres positivos e negativos para o Estado e a sociedade. O reconhecimento da igual dignidade de todos representa, hoje, um dos grandes objetivos da República Federativa do Brasil, que garante a tutela integral da pessoa humana. Não há como se definir *a priori* o que seja dignidade humana, pois é necessário interpretá-la juntamente com o contexto social e as circunstâncias *in concreto*.

A inserção do princípio da dignidade no primeiro artigo da Constituição configura marco relevante, principalmente quando contrastado com o ordenamento brasileiro que o antecedeu, criado pelo Estado ditatorial e patrimonialista. Inspirado nesta mudança, Luiz Edson Fachin ressalta, "em relação ao Direito dogmático tradicional, uma inversão do alvo de preocupações, fazendo com que o Direito tenha como fim último a proteção da pessoa humana como instrumento para seu pleno desenvolvimento".[24]

O termo dignidade aparece na Constituição Federal brasileira quatro vezes: no art. 1º, III, que a coloca como princípio fundamental da República, ao lado da soberania, cidadania, valores sociais do trabalho e livre-iniciativa, bem como pluralismo político; no art. 226, § 7º, que determina que a dignidade, bem como a paternidade responsável são limitadores internos à liberdade de planejamento familiar; nos arts. 227 e 230, que determinam que criança, adolescente, jovem e idoso, pessoas presumidamente vulneráveis, devem ser tratadas com especial dignidade.[25] Logo se vê que a família é o *locus* a ser protegido de forma especial pelo Estado, tomada pelo constituinte como o local de maior realização da dignidade humana.

É por isso que, no âmbito do Estado Democrático de Direito, houve a privatização da família, para a qual a incidência do princípio da dignidade foi essencial. João Baptista Villela afirma que a família foi, aos poucos, liberada de certas atribuições que passaram a pertencer ao Estado, Igreja, escola, empresa. Segundo o autor, a função familiar deixa de ser de realização de interesses extrínsecos, notadamente da Igreja

---

e que, por conseguinte, limita nessa medida todo o arbítrio" (Immanuel Kant, *Fundamentação da metafísica dos costumes*, Lisboa: Ed. 70, 2001, p. 68).

24 Luiz Edson Fachin, Em defesa da constituição prospectiva e a nova metódica crítica do direito e suas "constitucionalizações". In: Luiz Edson Fachin, *Questões do Direito Civil brasileiro contemporâneo*, Rio de Janeiro: Renovar, 2008, p. 6.

25 Nas Constituições anteriores, quando havia o termo *dignidade*, era em sentido completamente diferente, o que se constata com bastante nitidez na Constituição Política do Império do Brazil, de 1824: "Art. 107. A Assembléa Geral, logo que o Imperador succeder no Imperio, lhe assignará, e á Imperatriz Sua Augusta Esposa uma Dotação correspondente ao decoro de Sua Alta Dignidade"; "Art. 108. A Dotação assignada ao presente Imperador, e á Sua Augusta Esposa deverá ser augmentada, visto que as circumstancias actuaes não permittem, que se fixe desde já uma somma adequada ao decoro de Suas Augustas Pessoas, e Dignidade da Nação". A outra Carta Constitucional que volta a utilizar a palavra dignidade é a de 1967, que já usa em sentido mais parecido com o atual, não obstante seu caráter ditatorial (Constituição da República Federativa do Brasil de 1967: "Art. 157 – A ordem econômica tem por fim realizar a justiça social, com base nos seguintes princípios: (...) II – valorização do trabalho como condição da dignidade humana").

e do próprio Estado, para se voltar para seu interior, com vistas à realização mútua e pessoal e se orienta pela busca por felicidade.[26]

O princípio da dignidade da pessoa humana impede que se admita a superposição de qualquer estrutura institucional à tutela de seus integrantes, mesmo em se tratando de instituições com *status* constitucional, como é o caso da empresa, da propriedade e da família. Assim sendo, a família deixa de ter valor intrínseco, como instituição capaz de merecer tutela jurídica pelo simples fato de existir, passando a ser valorada de maneira instrumental, protegida à medida que se constitua em um núcleo intermediário de autonomia existencial e de desenvolvimento da personalidade dos filhos, com a promoção isonômica e democrática da dignidade de seus integrantes na solidariedade constitucional. Vale dizer, o constituinte protege o casamento (somente) à medida que o núcleo conjugal serve de lócus ideal para a tutela da pessoa. No momento em que deixa de sê-lo, é o próprio constituinte quem prevê o divórcio (art. 226, § 6º, CF), a garantir, assim, a liberdade de escolhas individuais e a confirmar o caráter instrumental das entidades familiares.[27]

Ademais, a releitura do direito de família a partir de novas premissas metodológicas e principiológicas, com apoio no art. 226 da Constituição, em especial os §§ 3º, 4º e 7º, indica, de imediato, opções valorativas bem definidas, que associam direitos e deveres, corroborando o caráter instrumental da família, como comunidade intermediária concebida para a realização da pessoa humana e de sua dignidade, na solidariedade constitucional.

Nota-se que o legislador ordinário, em consonância com as diretrizes constitucionais, reconheceu, em várias oportunidades, a privatização da família a fim de propiciar a realização da dignidade de seus membros, conforme se percebe por meio da tutela da comunhão plena de vida, ou seja, protege a família enquanto instrumento do livre desenvolvimento da personalidade de seus membros, na medida em que ela realmente significa a realização pessoal dos componentes da entidade familiar. O primeiro dispositivo do Livro IV do Código Civil, que trata do direito de família, estabelece a função do casamento na vida dos cônjuges: "O casamento estabelece comunhão plena de vida, com base na igualdade de direitos e deveres dos cônjuges" (CC, art. 1.511). Assim, outra interpretação não há senão a de que a preservação do vínculo conjugal somente se justifica à medida que a entidade familiar por ele constituída se mostre apta à realização do projeto de vida em comum digno de tutela segundo a ordem constitucional, o qual se exterioriza "por meio da convivência entre os cônjuges, que compartilham afetos e interesses comuns".[28]

---

[26] João Baptista Villela, *Liberdade e família*, Belo Horizonte: Revista da Faculdade de Direito da UFMG, 1980, pp. 12-13.

[27] Gustavo Tepedino, *Dilemas do Afeto*. Disponível em: https://www.jota.info/especiais/dilemas-do-afeto-31122015. Acesso em 19.11.2018.

[28] "Desde o advento da Emenda Constitucional 66/2010, abolidos os prazos de separação judicial ou de fato para concessão do divórcio, a comunhão plena de vida constitui o mais importante elemento do casamento. Traduz-se como uma *affectio* quotidianamente renovável, uma representação fática da vontade de manutenção do vínculo conjugal. Uma vez que a simples prova do casamento, em

A evolução do tratamento jurídico das famílias revela a necessidade de se assegurar a liberdade nas escolhas existenciais que, na intimidade do recesso familiar, possa propiciar o desenvolvimento pleno da personalidade de seus integrantes. Esse é o propósito do art. 1.513 do Código Civil: "É defeso a qualquer pessoa, de direito público ou privado, interferir na comunhão de vida instituída pela família". A proteção da autonomia, a fim de se assegurar os espaços de decisão pessoal em questões íntimas, faz-se ainda mais relevante, quando, por exemplo, está em jogo o tipo de entidade familiar que cada um constituirá ou a forma de exercer o planejamento familiar (respeitados seus limites). Trata-se de resguardar os espaços existenciais de maior intimidade da pessoa humana, invulneráveis à invasão do legislador infraconstitucional, de qualquer decisão do Poder Judiciário, de ordem do Poder Executivo ou de ato de particulares. A vida privada existencial, individual e familiar, encontra-se protegida, portanto, de interferências externas, pois é necessário que cada um desenvolva sua personalidade livremente e participe da sua comunidade de forma autônoma.

Princípio da autonomia privada: a tutela das liberdades existenciais no âmbito da família

Mais uma vez, portanto, justifica-se a aludida privatização da família, caracterizada pela transferência do controle de sua constituição, sua desconstituição[29] e seu funcionamento, do Estado para seus próprios membros, com a consequente transferência de enorme carga de responsabilidade aos indivíduos que a compõem. Na atualidade, os membros das famílias possuem liberdade para se relacionar e para pôr fim ao relacionamento conjugal; para construir a família segundo a forma que melhor lhes convier, segundo modelo que reflita seus anseios e aspirações pessoais. Contudo, a família contemporânea também significa o espaço dinâmico de compromisso pela realização existencial da pessoa humana; de empenho com a felicidade própria e a dos demais integrantes. Uma vez engajado, cada um se torna responsável pela construção do outro, pois a família é o primeiro ambiente de concretização da alteridade.

A privatização da família pressupõe a tutela da liberdade dos seus integrantes, destinada à realização da comunhão plena de vida. É por meio dessa opção – de efetiva realização das pessoas que ocupam o lugar central dessa entidade intermediária – que o art. 226, § 8º, da Constituição Federal, determina que "o Estado assegurará a assistência

---

pedido unilateral ou bilateralmente formulado, autoriza o divórcio, a comunhão de vida tornou o único sustentáculo do consórcio, verdadeiro liame entre o casal e o direito. A comunhão plena de vida é, por conseguinte, a *pedra angular* do casamento" (Tereza Cristina Monteiro Mafra, *O casamento entre o tempo e a eternidade*: uma análise do casamento à luz da comunhão plena de vida, da proteção da confiança e do direito intertemporal, Fevereiro 2013, Tese (Doutorado), Universidade Federal de Minas Gerais, Belo Horizonte, p. 75).

29 Refere-se, aqui, ao advento da Lei 11.441/2007 e da Emenda Constitucional 66, que reconheceram que não cabe ao Estado investigar a privacidade dos cônjuges, ao verificar os motivos pelos quais decidiram se separar ou divorciar. Cada vez mais, a tendência é no sentido de fortalecer a autonomia dos cônjuges na desconstituição da família: "Com a alteração constitucional, há preservação da esfera de autonomia privada dos cônjuges, bastando o exercício do direito ao divórcio para que produza seus efeitos de maneira direta, não mais se perquirindo acerca da culpa, motivo ou prévia separação judicial do casal. Origina-se, pois, do princípio da intervenção mínima do Estado em questões afetas às relações familiares" (STJ, 4ª T., REsp 202.2649/MA, Rel. Min. Antonio Carlos Ferreira, julg. 16.5.2024, publ. *DJe* 21.5.2024).

à família na pessoa de cada um dos que a integram (...)". Logo, não se justifica a intervenção estatal em núcleo essencialmente volitivo: em termos de conjugalidade, a família só existe enquanto representa a vontade dos cônjuges; caso contrário, podem desfazê-la quando e quantas vezes quiserem.

No seio da família, são os seus integrantes que devem ditar o regramento próprio da convivência. Desta órbita interna, exsurgem disposições que farão com que sociedade e Estado respeitem e reconheçam tanto a família, como unidade, quanto os seus membros individualmente.[30] Os componentes da família podem construir de forma livre o projeto de vida em comum, por serem conscientes sobre o modelo de sua realização em comunhão plena de vida. E essa descoberta do caminho de realização pertence ao casal de forma exclusiva; soa ilegítima a interferência de terceiros em matéria de tanta intimidade, quando se trata de pessoas livres e iguais, razão pela qual a ingerência do Estado é válida tão somente para garantir espaços e o exercício das liberdades, para que a pessoa se realize, à medida de suas necessidades e dignidade, no âmbito do seu projeto de vida.

Daí a grande importância da efetivação dos direitos fundamentais no contexto normativo, pois eles possibilitam a desconfiguração do sujeito de direitos abstrato, para considerar o ser humano concreto, com todas as suas vicissitudes e vulnerabilidades,[31] ou seja, para que cada qual possa expressar, em toda sua potência, a própria individualidade – inclusive no âmbito familiar.[32] É por isso que, justificado no princípio da autonomia privada, sustenta-se a existência de um direito de família mínimo,[33] de onde se infere que, entre livres e iguais, é plenamente possível a construção de regramento próprio para reger a vida familiar, sem qualquer ingerência estatal. Têm as pessoas, nesse caso, total responsabilidade pelas suas escolhas e pelas consequências que elas geram.[34]

---

30 Rodrigo da Cunha Pereira, *Princípios fundamentais norteadores para o Direito de Família*, Belo Horizonte: Del Rey, 2005, p. 155.

31 "A redução da ordem jurídica a verdadeiro estatuto patrimonial e a categorização da pessoa como sujeito que contrata, que constitui formalmente uma família, que tem um patrimônio e que se apresenta, enfim, como sujeito dos direitos estabelecidos no sistema, faz com que a personalidade civil se distancie mais e mais da dignidade humana, em razão da qual os indivíduos merecem proteção e amparo; e, aproxime-se, de maneira a sinonimizar-se, da titularidade contratual e patrimonial. Em suma, é a pessoa quem é titular; e só é titular quem a lei define como tal" (Jussara Meirelles, O ser e o ter na codificação civil brasileira: do sujeito virtual à clausura patrimonial. In: Luiz Edson Fachin (Coord.), *Repensando fundamentos do direito civil brasileiro contemporâneo*, Rio de Janeiro: Renovar, 2000, p. 98).

32 A inserção da pessoa humana concreta em detrimento do sujeito de direitos abstrato faz parte da grande revisão que a teoria clássica de direito civil tem sofrido, de modo a repensar o conteúdo das categorias e institutos de direito civil sob uma nova ótica, que estabelece efetivo diálogo entre teoria e prática, abstração e concretude. Sobre o tema, Stefano Rodotà, *Dal soggetto alla persona*, Editoriale Scientifica, 2007, *passim*.

33 Leonardo Barreto Moreira Alves, *Direito de Família Mínimo*: a possibilidade de aplicação e o campo de incidência da autonomia privada no Direito de Família, Rio de Janeiro: Lumen Juris, 2010.

34 Nesse sentido, há vários julgados que reconhecem e tutelam a intervenção mínima do Estado na vida privada familiar: "Os arranjos familiares, concernentes à intimidade e à vida privada do casal, não devem ser esquadrinhados pelo Direito, em hipóteses não contempladas pelas exceções legais, o que violaria direitos fundamentais enfeixados no art. 5º, inc. X, da CF/88 – o direito à reserva da intimidade assim como o da vida privada –, no intuito de impedir que se torne de conhecimento geral a esfera mais interna, de âmbito intangível da liberdade humana, nesta delicada área de manifestação existencial do ser humano" (STJ, 3ª T., REsp 1107192/PR, Rel. Min. Massami Uyeda,

Princípio da solidariedade familiar

O exercício das liberdades não é absoluto. A liberdade nasce internamente limitada pela solidariedade, na medida em que se vive em sociedade, na intersubjetividade e em correlação. A pessoa só constrói sua autonomia na interação com o outro, na troca de experiências, no processo dialético do seu amadurecimento e aprendizado, pois são nesses espaços de intersubjetividade que ela edifica sua personalidade. Dentre outros fatores, para que esse ambiente familiar pudesse de fato cumprir seu novo escopo, foi preciso estabelecer igualdade e democracia dentro da família, além de proteção diferenciada àqueles que não se encontram em efetiva posição de igualdade.

Nesse *locus* privilegiado de interação, a família ultrapassa o seu perfil eudemonista, para se tornar, também, solidarista, vez que os membros se corresponsabilizam uns pelos outros, principalmente quando existir algum tipo de vulnerabilidade. À medida que a pessoa humana assumiu a posição de centralidade do sistema jurídico, a liberdade existencial tornou-se forma imediata de realização da dignidade humana; no entanto, ao contrário das expressões autorreferentes de autonomia, o direito de família tem como objeto "opções conjugadas", pois as escolhas familiares estão sempre atreladas ao outro: cônjuge, companheiro, filho ou pais, uma vez que o direito de família é relacional.

Nessa esteira, sua nova arquitetura determina que cada pessoa seja tutelada em seu universo de necessidades e relações, de modo que o legislador deixou para cada um a possibilidade de escolher os caminhos de realização. Contudo, quando as pessoas não estão em posição de igualdade substancial, em virtude da presença de alguma vulnerabilidade, deve haver intervenção do Direito. Trata-se da tutela das vulnerabilidades e das assimetrias econômicas e informativas, para que a comunhão plena de vida se estabeleça em ambiente de igualdade de direitos e deveres (CC, art. 1.511, *ex vi* do art. 226, § 5º, CR), com o efetivo respeito da liberdade individual. O princípio da solidariedade impõe uma série de deveres jurídicos de uns em relação a outros. Transpor esse ideário para o interior da família é o que se almeja, na medida em que a família é a pequena célula onde devem ser reproduzidas as noções relacionais a partir de um paradigma democrático. Por isso, a solidariedade como fonte de deveres recíprocos pressupõe o agir responsável, cabendo ao Estado e à sociedade não apenas o respeito pelas escolhas pessoais, mas também a sua promoção e salvaguarda.

O princípio da solidariedade irradia no direito de família com o objetivo de estabelecer deveres entre os membros da entidade familiar, o que se nota, mais

---

Rel. p/ Acórdão Ministra Nancy Andrighi, julg. 20.04.2010, publ. *DJe* 27.05.2010); "(...) o direito de família deve ocupar, no ordenamento jurídico, papel coerente com as possibilidades e limites estruturados pela própria CF, defensora de bens como a intimidade e a vida privada. Nessa linha de raciocínio, o casamento há de ser visto como uma manifestação de liberdade dos consortes na escolha do modo pelo qual será conduzida a vida em comum, liberdade que se harmoniza com o fato de que a intimidade e a vida privada são invioláveis e exercidas, na generalidade das vezes, no interior de espaço privado, também erguido pelo ordenamento jurídico à condição de 'asilo inviolável'. Sendo assim, deve-se observar uma principiologia de 'intervenção mínima', não podendo a legislação infraconstitucional avançar em espaços tidos pela própria CF como invioláveis. Deve-se disciplinar, portanto, tão somente o necessário e o suficiente para a realização não de uma vontade estatal, mas dos próprios integrantes da família" (STJ, 4ª T., REsp 1.119.462-MG, Rel. Min. Luis Felipe Salomão, julg. 26.02.2013, publ. *DJ* 12.03.2013).

fortemente, nas relações desiguais. É o caso da autoridade parental, da convivência familiar, dos alimentos, da tutela, da curatela, do bem de família legal, entre outros institutos que têm a sua *ratio* na necessidade de proteção de algum aspecto que emana da vulnerabilidade.

De modo geral, a Constituição Federal determinou tutela qualitativa e quantitativamente diferenciada para as pessoas que têm algum tipo de vulnerabilidade. No âmbito familiar, essa proteção diferenciada se dirige para a criança, o adolescente, o jovem, o idoso, a pessoa com deficiência e a mulher. Isso porque nem sempre tais pessoas teriam condições, sozinhas, de exercer sua subjetividade plenamente e de assumirem integralmente as consequências de seus atos de forma responsável.

Com base no princípio da solidariedade, o STJ decidiu pela manutenção de alimentos para a concubina septuagenária sustentada pelo concubino durante os 40 anos de relacionamento, em virtude do qual não se inseriu no mercado de trabalho. Ao risco de deixar a senhora ao desamparo em benefício daquele que sempre a sustentou, optou-se por manter os alimentos. A situação excepcional reclamou, então, a superação da literalidade dos arts. 1.694 e 1.695 do Código Civil, invocados pelo concubino, a fim de se aplicarem diretamente os princípios constitucionais. "Não se trata, aqui, de aplicação da letra pura e simples da lei, pois essas singularidades demonstram a incidência simultânea de mais de um princípio no caso concreto, o da preservação da família e os da dignidade e da solidariedade humanas, que devem ser avaliados para se verificar qual deve reger o caso concreto".[35]

Também se determinou em jurisprudência a fixação de alimentos quando desfeita união homoafetiva, afastada a diferença entre as entidades familiares pautadas na opção sexual dos seus membros. "O direito a alimentos do companheiro que se encontra em situação precária e de vulnerabilidade assegura a máxima efetividade do interesse prevalente, a saber, o mínimo existencial, com a preservação da dignidade do indivíduo, conferindo a satisfação de necessidade humana básica. O projeto de vida advindo do afeto, nutrido pelo amor, solidariedade, companheirismo, sobeja obviamente no amparo material dos componentes da união, até porque os alimentos não podem ser negados a pretexto de uma preferência sexual diversa".[36]

Princípio do melhor interesse dos vulneráveis

O princípio da solidariedade legitima a intervenção estatal reequilibradora, para proteger os vulneráveis[37] de forma diferenciada. Alude-se, por isso mesmo, ao prin-

---

[35] STJ, 3ª T., REsp 1.185.337/RS, Rel. Min. João Otávio de Noronha, julg. 17.03.2015, publ. *DJ* 31.03.2015.

[36] "Como entidade familiar que é, por natureza ou no plano dos fatos, vocacionalmente amorosa, parental e protetora dos respectivos membros, constituindo-se no espaço ideal das mais duradouras, afetivas, solidárias ou espiritualizadas relações humanas de índole privada, o que a credenciaria como base da sociedade (ADI 4277/DF e ADPF 132/RJ), pelos mesmos motivos, não há como afastar da relação de pessoas do mesmo sexo a obrigação de sustento e assistência técnica, protegendo-se, em última análise, a própria sobrevivência do mais vulnerável dos parceiros" (STJ, 4ª T., REsp 1302467/SP, Rel. Min. Luis Felipe Salomão, julg. 03.03. 2015, publ. *DJ* 25.03.2015).

[37] Heloisa Helena Barboza afirma que "a vulnerabilidade se apresenta sob múltiplos aspectos existenciais, sociais, econômicos. Na verdade, o conceito de vulnerabilidade (do latim *vulnerabilis*, 'que pode ser ferido', de *vulnerare*, 'ferir', de *vulnus*, 'ferida') refere-se a qualquer ser vivo, sem distinção, que pode, eventualmente, ser 'vulnerado' em situações contingenciais" (Heloisa Helena Barboza,

cípio do melhor interesse dos vulneráveis – cujo conteúdo depende das especificidades do grupo de vulneráveis que se está a tratar –, pelo qual, independentemente da espécie de vulnerabilidade, é dever do Estado propiciar os meios para colocá-los em situação de igualdade.[38]

No ambiente familiar, essa tarefa se faz ainda mais importante, impondo-se à ordem jurídica mapear os indivíduos vulneráveis, oferecendo-lhes instrumentos para desenvolver suas potencialidades e superar sua condição de hipossuficiência. É por isso que, além da tutela geral e abstrata da pessoa humana nas suas relações, justifica-se ainda mais a tutela específica concreta de todos os que estão nessa situação de vulnerados e, por esse motivo, de desigualdade.[39] Desse modo, no âmbito da tutela dos vulneráveis, faz-se necessário identificar as necessidades específicas de cada grupo e, a partir daí, construir hermenêutica que vise à salvaguarda de seus interesses.

A convivência e o cuidado recíproco no âmbito familiar, nessa linha de entendimento, devem ser instrumentos para diminuir as vulnerabilidades e promover o livre desenvolvimento da personalidade das pessoas que, por alguma razão, encontram-se em situação de vulnerabilidade, provisória ou definitiva. Foi por isso que a Constituição Federal tutelou tais pessoas presumidamente vulneráveis de forma qualitativamente diversa, por meio dos arts. 227 e 230, que versam sobre os direitos fundamentais da criança, do adolescente e do idoso, respectivamente, além do art. 226 (ao assegurar a criação de mecanismos que coíbam qualquer forma de violência entre os membros da família). Com vistas a instrumentalizar os direitos fundamentais, foram editados vários estatutos.

O Estatuto da Criança e do Adolescente – ECA visa proteger a população infantojuvenil. Volta-se para a pessoa em fase de desenvolvimento, sua proteção e promoção da personalidade, *ratio* justificadora dos institutos da autoridade parental e da tutela, no sentido de resguardar a sua integridade psicofísica e promover a formação de sua personalidade.[40] Por isso, os poderes e deveres que lhes são inerentes devem ser

---

Vulnerabilidade e cuidado: aspectos jurídicos. In: Guilherme de Oliveira; Tania da Silva Pereira (Coord.), *Cuidado e vulnerabilidade*, São Paulo: Atlas, 2009, p. 110).

38 Carlos Nelson Konder entende ser desnecessária a estratificação das vulnerabilidades: "Esse panorama revela que a criação de categorias, embora possa ser útil em alguns casos, é prescindível. O fundamental, dessa forma, é reconhecer que a vulnerabilidade existencial prescinde de qualquer tipificação, eis que decorrência da aplicação direta dos princípios constitucionais da dignidade da pessoa humana e da solidariedade social, devendo sempre ser avaliada em atenção às circunstâncias do caso concreto" (Carlos Nelson Konder, Vulnerabilidade patrimonial e vulnerabilidade existencial: por um sistema diferenciador. *Revista de Direito do Consumidor* – RDC, v. 24, n. 99, p. 110, maio/jun. 2015).

39 Heloisa Helena Barboza, Vulnerabilidade e cuidado: aspectos jurídicos. In: Guilherme de Oliveira; Tania da Silva Pereira (Coord.), *Cuidado e vulnerabilidade*, cit, p. 111.

40 Em termos do direito infantojuvenil, adveio o Decreto 11.074, de 18.5.2022, que institui o Programa de Proteção Integral da Criança e do Adolescente – Protege Brasil, e o seu Comitê Gestor, com vistas a estabelecer a proteção integral da população infantojuvenil. Também merece destaque a Lei 14.826/2024, que visa promover a parentalidade positiva e o direito ao brincar como métodos preventivos contra a violência infantil. A legislação define "parentalidade positiva" como um modelo de criação baseado no respeito, no acolhimento e na educação não violenta. Ela impõe ao Estado, à família e à sociedade a responsabilidade de apoiar o desenvolvimento seguro e saudável de crianças até 12 anos, integrando ações de proteção, educação e lazer.

exercidos de forma gradual, proporcional à progressiva aquisição de discernimento da pessoa menor de idade. Assim, o princípio do melhor interesse da criança e do adolescente deve ser interpretado sempre à luz do caso concreto, para realizar potencialmente os direitos fundamentais da população infantojuvenil.

O Estatuto da Pessoa Idosa tutela as pessoas acima de 60 (sessenta) anos, porque, nesta fase da vida, a lei presume paulatina fragilidade física, por vezes até psíquica, natural ao processo do envelhecimento. Assim, o idoso deve ser protegido para que ele possa envelhecer de maneira digna e com qualidade de vida, respeitando suas memórias, sua construção biográfica, seus desejos. Dessa forma, a hermenêutica adequada ao princípio do melhor interesse do idoso é aquela funcionalizada à sua realização no âmbito do projeto que construiu no decorrer da vida, com resguardo da sua subsistência, com respeito aos seus valores, ao que tem para transmitir às gerações mais novas e à convivência intergeracional.[41]

O Estatuto da Pessoa com Deficiência, ao assumir a tutela do deficiente nos moldes da Convenção de Nova York, trocou o antigo paradigma da substituição da vontade para o do apoio modulado ao impacto da deficiência na funcionalidade. Com isso, sua função precípua é a de propiciar efetiva condição da pessoa com deficiência participar da sociedade e do ambiente familiar do qual ele faz parte, em todos os aspectos. Em virtude desse novo trato do deficiente, a curatela ganhou novas feições, para que assuma um caráter promocional, respeitando os residuais espaços de autonomia quando houver funcionalidade e discernimento.[42]

A Lei Maria da Penha também é instrumento de tutela a serviço da igualdade substancial. Tem função semelhante à dos estatutos referidos, para evitar, coibir e punir crimes contra mulheres no ambiente familiar, tendo em vista, principalmente, a fragilidade física da mulher frente ao homem. Dados demonstram que 30% (trinta por cento) das mulheres sofrem violência doméstica, o que torna a casa – lugar que deveria ser de proteção e segurança – um dos locais mais perigosos para as mulheres.[43] A fim de minimizar a desigualdade material, a Lei 13.894/2019 inseriu a alínea "d" no inciso I do art. 53 do CPC, determinando que é competente o foro para a ação de divórcio, separação, anulação de casamento e reconhecimento e dissolução de união estável do domicílio da vítima de violência doméstica ou familiar, nos termos da Lei Maria da Penha, a fim de facilitar o acesso da vítima à justiça.

---

[41] Ana Carolina Brochado Teixeira; Joyceane Bezerra de Menezes, Reflexões sobre o conteúdo diferenciado do princípio do melhor interesse quando aplicável ao idoso. In: Ana Carolina Brochado Teixeira; Joyceane Bezerra de Menezes (coords.), *Gênero, vulnerabilidade e autonomia: repercussões jurídicas*, Indaiatuba: Foco, 2021, 2ª ed., pp. 351-370.

[42] Sobre o tema, recomenda-se a obra coordenada por Joyceane Bezerra de Menezes, *Direitos das pessoas com deficiência psíquica e intelectual nas relações privadas*. Convenção sobre os direitos da pessoa com deficiência e Lei Brasileira de Inclusão, Rio de Janeiro: Processo, 2020, 2ª ed., rev. e ampl.

[43] Maria Celina Bodin de Moraes, Vulnerabilidades nas relações de família: o problema da desigualdade de gênero. In: Maria Berenice Dias (Org.), *Direito das famílias*. Contributo do IBDFAM em homenagem a Rodrigo da Cunha Pereira, São Paulo: Revista dos Tribunais, 2009, p. 317.

A pandemia da Covid-19 deu ainda mais visibilidade à grave situação de violência no Brasil[44] O enclausuramento, as tensões econômicas e sociais oriundas desse momento acabaram por potencializar as diferenças e intensificar os conflitos familiares, gerando o aumento da violência doméstica. Relacionamentos abusivos, uso de álcool, *stress* e ansiedade são facilitadores da prática de violência exatamente no local considerado em tese o mais seguro contra o vírus: a casa. Mudança legislativa de 2019 já reafirmava a proteção à mulher vítima de violência, ratificada pela Lei 13.871/2019, ao modificar a Lei Maria da Penha, a fim de responsabilizar o autor de violência doméstica e familiar pelos custos decorrentes dos serviços prestados às vítimas, inclusive pelo Sistema Único de Saúde (SUS).

Nessa mesma toada, foram editadas as Leis 13.979/2020 e 14.022/2020, que enquadram como serviço público e atividades essenciais o atendimento e as respectivas providências necessárias à proteção de mulheres em situação de violência doméstica e familiar, crianças, adolescentes, pessoas idosas e com deficiência, relativamente aos crimes previstos nos respectivos estatutos de tutela do grupo vulnerado e no Código Penal. Com a mesma função de reequilibrar a condição feminina, a Lei nº 14.188/2021 define o programa de cooperação Sinal Vermelho contra a Violência Doméstica como uma das medidas de enfrentamento da violência doméstica e familiar contra a mulher previstas na Lei Maria da Penha e no Código Penal, de modo a modificar a modalidade da pena da lesão corporal simples cometida contra a mulher por razões da condição do sexo feminino e para criar o tipo penal de violência psicológica contra a mulher.

Em 2022, várias leis foram promulgadas como forma de coibir agressões contra a mulher: a Lei n. 14.310 determinou que as medidas protetivas de urgência, logo após concedidas, serão imediatamente registradas em banco de dados mantido e regulamentado pelo CNJ, garantido o acesso instantâneo do Ministério Público, Defensoria e órgãos de segurança pública e assistência social, de modo a fiscalizar e cuidar da sua efetividade. A Lei n. 14.330 incluiu o Plano Nacional de Prevenção e Enfrentamento à Violência contra a Mulher nas ações pertinentes às políticas de segurança, implementadas em conjunto com órgãos e instâncias estaduais, municipais e do Distrito Federal responsáveis pela rede de prevenção e de atendimento das mulheres em situação de violência. A Lei n. 14.448 instituiu, em âmbito nacional, o Agosto Lilás como mês de proteção à mulher, destinado à conscientização para fim da violência contra a mulher.[45]

---

44 Sobre o tema, permita-se remeter a Gustavo Tepedino; Ana Carolina Brochado Teixeira, Em busca de uma agenda positiva para as famílias após a pandemia. In: *Migalhas*. Disponível em: https://www.migalhas.com.br/depeso/326857/em-busca-de-uma-agenda-positiva-para-as-familias-apos-a-pandemia. Acesso em: 1º.10.2020.

45 Também na jurisprudência o tema tem ganhado cada vez mais destaque. A título de exemplo, recentemente, no caso de medida protetiva por violência doméstica, o STJ rejeitou pedido de arbitramento de aluguel por homem que, impedido judicialmente de fazer uso do imóvel comum em razão de agressões praticadas contra sua mãe e irmã, pretendeu ressarcir-se na proporção de sua cota ideal no imóvel. O autor alegava que a decretação do afastamento físico não poderia restringir seus direitos, como coproprietário excluído do imóvel. O Relator, Min. Marco Aurélio Bellizze, reconheceu que o uso ou fruição da coisa comum indivisa com exclusividade por um dos coproprietários enseja,

Em 2023, em matéria legislativa, pôde-se observar um fortalecimento da proteção à mulher. A Lei n. 14.541 estabeleceu a criação e o funcionamento ininterrupto das delegacias de atendimento à mulher, inclusive em feriados e finais de semana. A Lei n. 14.550, a seu turno, dispôs sobre a concessão das medidas protetivas de urgência pela autoridade policial e determinou que as situações de violência independem da causa, da motivação ou da condição do ofensor ou da ofendida. A Lei n. 14.674 dispõe sobre auxílio-aluguel a ser concedido pelo juiz em decorrência de situação de vulnerabilidade social e econômica da ofendida afastada do lar. E a Lei n. 14.682 cria o selo empresa Amiga da Mulher, identificando sociedades empresárias que adotem práticas direcionadas à inclusão profissional de mulheres vítimas de violência doméstica e familiar.

Marco de grande relevância também foi a obrigatoriedade do Protocolo para Julgamento com Perspectiva de Gênero, ou seja, a observância necessária deste protocolo para os julgadores, o que ocorreu por meio da Resolução nº 492 do CNJ. O texto do referido protocolo traz observância necessária da perspectiva de gênero de forma expressa em três frentes: alienação parental, alimentos e violência patrimonial, moral e psicológica (abandono material, moral e apropriação indébita) e partilha de bens.[46]

Em 2024, a tendência legislativa não foi diferente. A Lei n. 14.994/2024, conhecida como "Pacote Antifeminicídio", impôs mudanças no Código Penal com vistas a combater de forma mais eficaz a violência contra a mulher no Brasil. A Lei n. 14.857/2024 determinou o sigilo do nome da ofendida nos processos em que se apuram crimes praticados no contexto de violência doméstica e familiar contra a mulher, medida importante na era de proteção de dados. A Lei n. 14.887/24 estabeleceu prioridade na assistência à mulher em situação de violência doméstica e familiar, e no atendimento para a cirurgia plástica reparadora entre os casos de mesma gravidade. A Lei n. 14.899/2024 dispôs sobre a elaboração e a implementação de plano de metas para o enfrentamento integrado da violência doméstica e familiar contra a mulher, da Rede Estadual de Enfrentamento da Violência contra a Mulher e da Rede de Atendimento à Mulher em Situação de Violência e determinou que o Sistema Nacional de Informações de Segurança Pública, Prisionais, de Rastreabilidade de Armas e Munições, de Material Genético, de Digitais e de Drogas (Sinesp) armazene dados e informações para auxiliar nas políticas relacionadas ao enfrentamento da violência doméstica e familiar contra a mulher.

De forma geral, constata-se que essas intervenções do Estado no ambiente familiar em favor daqueles que têm alguma vulnerabilidade são plenamente justificadas. A responsabilidade advinda do cuidado recíproco independe do afeto, pois se trata de deveres de conduta objetivos, cuja fonte é a filiação, o parentesco, a conjugalidade.

---

em regra, o pagamento de indenização. Ponderou, entretanto, que o arbitramento de aluguel em tal caso representaria penalidade imputada à vítima e acabaria por violar os direitos constitucionais de igualdade e da dignidade da pessoa humana; representando aviltamento da medida protetiva e desestímulo para a busca de amparo do Estado contra a violência sofrida. Daí a legitimidade da restrição do direito do coproprietário, afastando-se a alegação de enriquecimento sem causa. (STJ, 3ª T., REsp 1.966.556/SP, Rel. Min. Marco Aurélio Bellizze, julg. 8.2.2022, publ. *DJ* 17.2.2022).

46 No decorrer deste livro, esse tema será abordado em suas especificidades.

E quando os deveres não são exercidos de forma espontânea, o Estado interfere e imputa tal responsabilidade, para que a pessoa vulnerável tenha garantida uma vida digna e em condições de maior igualdade.

Princípio da pluralidade das entidades familiares

Outro princípio de grande relevância para o direito de família é o da pluralidade das entidades familiares. A Constituição da República consagrou nova tábua de valores, da qual se pode extrair a transformação do conceito de unidade familiar que sempre esteve na base do sistema. Como já se analisou, do exame dos arts. 226 a 230 da Constituição, o centro da tutela constitucional se desloca do casamento para as relações familiares dele (mas não unicamente dele) decorrentes; e que a milenar proteção da família como instituição, unidade de produção e reprodução dos valores culturais, éticos, religiosos e econômicos, dá lugar à tutela essencialmente funcionalizada à dignidade de seus integrantes e ao desenvolvimento da personalidade dos filhos e demais vulneráveis.

As inúmeras alterações não podem ser examinadas de forma isolada ou casuística, senão no quadro dos princípios constitucionais, que desenharam novo conceito de unidade familiar, em torno do qual se estrutura todo o sistema das relações existenciais. A unidade familiar, antes vinculada ao casamento – a partir do qual, no qual e para o qual se desenvolvia – adquire contornos funcionais, associada à ideia de formação comunitária apta ao desenvolvimento dos seus integrantes. O centro da tutela constitucional se desloca, em consequência, da exclusividade do casamento para a pluralidade das entidades que, fundadas ou não no vínculo conjugal, livre e responsavelmente constituídas, contenham os pressupostos para a tutela da dignidade da pessoa humana.[47]

Na legalidade constitucional, não se reconhece a proteção do casamento ou de qualquer núcleo de convivência em si mesmo considerado. Tampouco se admite valor institucional a modelo de família que justifique a tutela de interesse supraindividual, em favor de concepções pré-legislativas, estatais ou religiosas, a prescindir da concreta realização da pessoa na comunidade familiar. Asseguram-se a liberdade privada na constituição e preservação da família, a redução das desigualdades dos vulneráveis no seio familiar em busca da verdadeira igualdade, o respeito à intimidade e às opções individuais e a responsabilidade de cada membro da família para com a promoção dos demais. Tais são os elementos essenciais de legitimação funcional do núcleo familiar na ordem pública constitucional.

As mudanças na hermenêutica também tiveram como efeito *a liberdade (de forma) para a constituição da família*, vinculada à funcionalização (desta mesma liberdade individual de planejar a convivência familiar) ao princípio da dignidade da pessoa

---

47 Sobre o ponto, v. Gustavo Tepedino: "Verifica-se, do exame dos arts. 226 a 230 da Constituição Federal, que o centro da tutela constitucional se desloca do casamento para as relações familiares dele (mas não unicamente dele) decorrentes; e que a milenar proteção da família como instituição, unidade de produção e reprodução dos valores culturais, éticos, religiosos e econômicos, dá lugar à tutela essencialmente funcionalizada à dignidade de seus membros, em particular no que concerne ao desenvolvimento da personalidade dos filhos" (Gustavo Tepedino, A Disciplina Civil-constitucional das Relações Familiares. *Temas de Direito Civil.* Rio de Janeiro: Renovar, 4ª ed., 2008, p. 421).

humana e à paternidade responsável. Essa opção constitucional decorre, novamente, da tutela da liberdade individual, contida na dignidade humana, a qual se associa à solidariedade e à igualdade constitucionais, encontrando-se visceralmente embutida no Estado Democrático de Direito, que é incompatível com a discriminação de qualquer natureza. A admissão de uma multiplicidade de espécies de constituição da família permite que o núcleo de convivência familiar possa refletir as escolhas individuais indispensáveis à realização da pessoa como ser único. Além disso, traduz a solidariedade do grupo social para com cada uma dessas escolhas, que tornam igualmente protegidas as pessoas em sua singularidade, reduzindo-se as desigualdades advindas das circunstâncias econômicas, sociais e culturais em que vivem.

Se a tutela da personalidade deflui da cláusula geral de proteção da dignidade humana,[48] e se o respeito à intimidade afigura expressão essencial da personalidade, mostra-se imperativa a obediência às escolhas individuais quanto à constituição do núcleo familiar, excluindo-se a definição apriorística de padrões preconceituosos para a convivência em família. Aludidas definições íntimas e recônditas expressam não somente a liberdade de viver em família como o direito fundamental a ter família,[49] daí decorrendo a inconstitucionalidade de qualquer ato estatal – praticado pelo Legislativo, Judiciário ou Executivo – que limitasse tais escolhas pessoais, circunscrevendo o rol de entidades familiares segundo entendimento preconcebidos, as mais das vezes arraigados a preconceitos de natureza cultural, religiosa, política ou ideológica.

Em consequência da pluralidade de entidades familiares – decorrente sempre da liberdade fundamental à constituição do núcleo familiar –, deriva necessariamente a possibilidade para o estabelecimento da forma constitutiva da própria família.[50] O constituinte a um só tempo assegura a autonomia individual para o planejamento da convivência familiar e vincula tal liberdade à responsabilidade para com a promoção da pessoa humana, a igualdade e a solidariedade que devem nortear a convivência familiar. Em tal cenário, aos critérios para a legitimidade constitucional de uma de-

---

48 Gustavo Tepedino, A Tutela da Personalidade no Ordenamento Civil-Constitucional Brasileiro. *Temas de Direito Civil*, Rio de Janeiro: Renovar, 2008, 4ª ed., pp. 25-62.

49 Sobre o ponto, v. Luiz Edson Fachin: "No domínio juscivilístico não estão tão só as regras tradicionalmente aplicáveis às relações de Direito Civil. Chamadas à colação estão as normas constitucionais e nelas encartados os princípios constitucionais, vinculantes e de caráter normativo. O acervo, entretanto, aí não acaba. Respeito aos direitos fundamentais, ao princípio da igualdade, ao direito de constituir família e de protegê-la, entre outros, são garantias desse rol" (Luiz Edson Fachin, *Teoria crítica do Direito Civil*, Rio de Janeiro: Renovar, 2003, 2ª ed., p. 37). Seja consentido, ainda, remeter ao nosso Ana Carolina Brochado Teixeira, Novas entidades familiares. *Revista Trimestral de Direito Civil*, Rio de Janeiro, v. 16, out./dez., p. 3-30, 2003.

50 Conforme assinala Heloisa Helena Barboza, "a liberdade é garantida em vários incisos do art. 5º, que assegura aos indivíduos a livre manifestação de pensamento, de crença, de exercício de qualquer trabalho, de locomoção, de reunião, de associação. Não seria razoável limitar a liberdade no que se refere 'às relações mais íntimas e mais intensas do indivíduo no social', na constituição de família ou à forma de fazê-lo, no momento em que se atribui à família o 'importantíssimo papel na promoção da dignidade humana" (Heloisa Helena Barboza, Direitos Sucessórios dos Companheiros. In: Flávio Tartuce e Ricardo Castilho (coords.), *Direito Civil. Direito Patrimonial e Direito Existencial: estudos em homenagem à professora Giselda Maria Fernandes Novaes Hironaka*, São Paulo: Método, 2006, p. 898).

terminada entidade familiar associam-se a seriedade de propósitos, a aptidão para a função promocional da pessoa humana e a comunhão plena de vida. Por isso mesmo, não se pode admitir qualquer interferência legislativa ou interpretativa restritiva de tais opções constitucionais, sob pena de se aniquilar a finalidade axiológica atribuída pelo constituinte às entidades familiares.

Os requisitos para a admissibilidade de uma nova entidade familiar – seriedade, estabilidade e propósito de constituição de família –, não podem ser reduzidos ao entendimento convencional da autoridade pública ou religiosa, mas valorados segundo a tábua de valores constitucionais que, de maneira objetiva e democrática, fixa na realização da pessoa humana e de sua dignidade o parâmetro para o reconhecimento da entidade familiar.

Se assim é, os critérios para a admissão de um núcleo familiar devem ser suficientemente rígidos para excluir as formações incompatíveis com tais finalidades e necessariamente flexíveis, de modo a atender à multiplicidade de escolhas legítimas que retratam as aspirações da pessoa no que concerne à própria vida em família, expurgando-se paradigmas preconceituosos ou atentatórios à liberdade e à personalidade individuais. Tais opções exprimem a personalidade de cada indivíduo e sua tutela, portanto, se mostra indispensável para a realização da dignidade da pessoa humana (CR, art. 1º, III) no Estado Democrático de Direito (CR, art. 1º, *caput*), cujo objetivo é a solidariedade social (CR, art. 3º, I) – que pressupõe a convivência com a diversidade – e a ablação de todo e qualquer preconceito (CR, art. 3º, IV).

Princípio da igualdade

Assume, ainda, particular relevância no direito de família o princípio da igualdade. Isso porque, até a Constituição da República de 1988, a desigualdade – entre marido e mulher, entre pais e filhos – caracterizava a realidade familiar, cenário que se altera, do ponto de vista normativo, de modo radical, com o princípio da igualdade formal e substancial estabelecido pelo Constituinte. Igualdade entre cônjuges, companheiros e, sobretudo, entre filhos exige que todas as pessoas sejam tratadas com igual dignidade no ambiente familiar.

Pelo princípio da igualdade formal (CR, art. 5º, *caput*), conquista extraordinária da sociedade democrática, homem e mulher – hodiernamente, todos os membros da entidade familiar, homo ou heterossexual – recebem tratamento isonômico no âmbito da família, com os mesmos direitos e deveres (CC, arts. 1.566 e 1.724). Além de assumirem mutuamente a condição de consortes e responsáveis pelos encargos da família (CC, art. 1.565), podem acrescer o sobrenome do outro (CC, art. 1.565, § 1º), planejar os rumos da família (CC, art. 1.565, § 2º), escolher o domicílio conjugal (CC, art. 1.569). Assim, com fundamento no art. 226, § 5º, da Constituição da República, a igualdade formal entre os integrantes da família assumiu papel de destaque no ordenamento brasileiro.

A igualdade dos filhos também representou enorme conquista para a humanização do direito de família, afastando-se as discriminações infraconstitucionais em desfavor dos filhos nascidos fora do casamento e dos adotivos. O art. 227, § 6º, da Constituição determinou a efetiva igualdade entre os filhos, todos eles iguais destinatários de alimentos, direitos sucessórios, autoridade parental, dentre outros.

Para além da igualdade formal, contudo, a Constituição da República consagrou o princípio da igualdade substancial, que determina a efetiva intervenção reequilibradora do Estado para a redução das desigualdades. Associado ao princípio da solidariedade social, a igualdade substancial impõe tutela diferenciada em relação aos grupos de vulneráveis, para que possam participar da vida em sociedade em condições de maior igualdade. No âmbito dos alimentos, por exemplo, o art. 1.703 do Código Civil determina que os pais, com o fim da conjugalidade, sustentarão seus filhos proporcionalmente aos seus recursos, de modo a verificar individualmente a situação econômica de cada um (possibilidade financeira), contrastada com a necessidade dos filhos.

Igualdade substancial implica, para além de tratar igualmente os que estão em condições de igualdade, a possibilidade de se considerar as diferenças, pois ninguém é igual, na sua essência, ao outro; cada um tem suas peculiaridades, necessidades distintas que podem gerar diferenças normativas, desde que não ofendam "o núcleo intangível da dignidade de cada membro da família".[51] Nesse sentido, manifestou-se o STJ: "A igualdade e o tratamento isonômico supõem o direito a ser diferente, o direito à autoafirmação e a um projeto de vida independente de tradições e ortodoxias, sendo o alicerce jurídico para a estruturação do direito à orientação sexual como direito personalíssimo, atributo inseparável e incontestável da pessoa humana. Em suma: o direito à igualdade somente se realiza com plenitude se for garantido o direito à diferença".[52]

Monogamia e afetividade: princípio ou valor?

Ainda na reflexão sobre os princípios, dois deles muito comentados pela doutrina e jurisprudência colocam o intérprete mais crítico a refletir se, verdadeiramente, trata-se de princípio ou valor. A monogamia e a afetividade, devidamente contextualizadas na sociedade contemporânea, põem em dúvida sua obrigatoriedade normativa.

Valores são escolhas éticas que norteiam a vida social, ainda que mutáveis. Têm grande relevância, pois determinam o "caminhar" de um povo e, por conseguinte, seu perfil político, sociológico, jurídico e filosófico. Têm uma representatividade tal do substrato social que subsidiam, munem e motivam as escolhas normativas de uma época. Quanto mais a ordem jurídica for fiel aos valores sociais, econômicos, políticos e filosóficos, maior legitimidade ela terá, pois retratará exatamente a alma de determinada população.[53] Já os princípios são normas jurídicas de conteúdo aberto, fluido, que se constituem em diretrizes de comportamento. Sua interpretação deve estar em estreita consonância com os valores da época, uma vez que não constituem normas de perfeita adequação ao fato,[54] ou seja, que se adequam ao esquema puro e

---

51 Paulo Lôbo, Direito de família e os princípios constitucionais. In: Rodrigo da Cunha Pereira (coord.), *Tratado de Direito das Famílias,* Belo Horizonte: IBDFAM, 2015, p. 115.

52 STJ, 4ª T., REsp 1302467 / SP, Min. Luis Felipe Salomão, julg. 03.03.2015, publ. *DJ* 25.03.2015.

53 Nesse sentido, Pietro Perlingieri, *Perfis de Direito Civil*, Rio de Janeiro: Renovar, 2002, 2ª ed. trad. por Maria Cristina De Cicco, p. 31.

54 Nisso se diferem das regras: "A dogmática moderna avaliza o entendimento de que as normas em geral, e as normas constitucionais em particular, enquadram-se em duas grandes categorias diversas: os princípios e as regras. Antes de uma elaboração mais sofisticada da teoria dos princípios, a distinção entre eles fundava-se sobretudo, no critério da generalidade. Normalmente, as regras contêm relato mais objetivo, com incidência restrita às situações específicas às quais se dirigem. Já os princípios têm maior teor de abstração e incidem sobre uma pluralidade de situações. Inexiste hierarquia entre ambas as categorias, à vista do princípio da unidade da Constituição" (Ana Paula Barcellos; Luís Roberto Barroso, O começo da história. Nova interpretação constitucional e o papel dos princípios no direito

simples da subsunção. É necessária a atividade do intérprete para conferir conteúdo a determinado princípio.[55] Robert Alexy[56] diferencia princípios e valores a partir de seu conteúdo essencial. Os valores têm caráter axiológico, consubstanciando-se em juízos de valor. Já os princípios possuem caráter deontológico, sendo mandamentos na ordem do dever-ser.

A monogamia sempre foi ordenadora da sociedade ocidental, sendo relevante fator de organização social; tem raízes bíblicas, ao estabelecer que cada homem deve ter sua mulher e vice-versa.[57] Influenciou a cultura da civilização ocidental e, reflexamente, seu arcabouço jurídico.[58] Em razão da estreita ligação entre Estado e Igreja, esse comando foi assimilado pelo Código Civil de 1916, além de ser objeto de tutela do Direito Penal, por meio da criminalização do adultério, com vistas à tutela da exclusividade da relação sexual no matrimônio.[59] No entanto, o contexto histórico se transformou acentuadamente – nesse cenário, destaca-se a preponderância hermenêutica das situações existenciais sobre as patrimoniais, além da laicização do Estado –, razão pela qual se faz necessário refletir se ainda é coerente se pensar na imposição jurídica da monogamia às entidades familiares, caracterizando-a, portanto, como princípio. Monogamia

Em uma interpretação literal do ordenamento, afirma-se que se trata de princípio, por força do comando cogente estabelecido pelo art. 1.521, VI, do Código Civil, que determina que as pessoas casadas não podem se casar.[60] Nesse mesmo sentido,

---

brasileiro. In: Luís Roberto Barroso (Org.). *A nova interpretação constitucional:* ponderação, direitos fundamentais e relações privadas, Rio de Janeiro: Renovar, 2003, p. 337).

55 De acordo com Luís Roberto Barroso: "Os princípios constitucionais, portanto, explícitos ou não, passam a ser a síntese dos valores abrigados no ordenamento jurídico. Eles espelham a ideologia da sociedade, seus postulados básicos, seus fins. Os princípios dão unidade e harmonia ao sistema, integrando suas diferentes partes e atenuando tensões normativas. De parte isto, servem de guia para o intérprete, cuja atuação deve pautar-se pela identificação do princípio maior que rege o tema apreciado, descendo do mais genérico ao mais específico, até chegar à formulação da regra concreta que vai reger a espécie. Estes os papéis desempenhados pelos princípios: a) condensar valores; b) dar unidade ao sistema; c) condicionar a atividade do intérprete" (Fundamentos teóricos e filosóficos do novo Direito Constitucional Brasileiro. In: Luís Roberto Barroso (Org.). *A nova interpretação constitucional:* ponderação, direitos fundamentais e relações privadas, cit., p. 29).

56 Robert Alexy, *Teoria de los Derechos Fundamentales*, Madrid: Centro de Estudios Constitucionales, 1997, pp. 138 e ss.

57 Coríntios, 7, 2.

58 Friedrich Engels, *A origem da família, da propriedade privada e do Estado*, Rio de Janeiro: Vitória, 1960, p. 61.

59 Renata Barbosa de Almeida, Walsir Edson Rodrigues Júnior, *Direito Civil:* Famílias, São Paulo: Atlas, 2012, 2ª ed., p. 46. Os autores apontam outra razão para a monogamia ter ganhado forças na legislação brasileira do Século XX por razões patrimonialistas: a necessidade de proteção da exclusividade da propriedade privada. "Entendidas como núcleos produtivos, as famílias deviam se resumir aos frutos da relação unitária entre marido e mulher, sob pena de contrariar o escopo de concentração patrimonial. Daí se justificam o dever conjugal de fidelidade e a restrição da filiação legítima àquela oriunda – ainda que presumidamente – da conjugalidade matrimonial (critério jurídico do vínculo filial)".

60 "Trata-se do princípio do casamento monogâmico que domina a civilização cristã" (Silvio de Salvo Venosa, A Família conjugal. In: Rodrigo da Cunha Pereira (coord.), *Tratado de Direito das Famílias*, Belo Horizonte: IBDFAM, 2015, p. 157); "é um princípio básico e organizador das relações jurídicas da família no mundo ocidental" (Rodrigo da Cunha Pereira, *Princípios fundamentais norteadores*

é o entendimento do STJ, ao afirmar que "os efeitos decorrentes do concubinato alicerçado em impedimento matrimonial não podem prevalecer frente ao casamento pré e coexistente".[61]

No entanto, com base nos princípios da dignidade da pessoa humana e da autonomia privada, cada um pode viver o projeto familiar por ele idealizado com seu par. Logo, se o casal pactua regras diversas da monogamia, é factível a aceitação desse pacto conjugal, sendo certo que o ordenamento acolhe as mais diversas manifestações de vontade. Não se trata, portanto, de imposição jurídica da monogamia ou da poligamia, mas sim, de respeitar as regras autônomas que o casal livremente acordou. Dentro da ideia de privatização da família e do direito de família mínimo, soa desarrazoada a interferência estatal na vida familiar do par afetivo que pode, em conjunto, construir as regras que regerão a vida a dois, em busca da felicidade. Portanto, os arts. 1.521, VI, 1.566, I, e 1.727 do Código Civil tornaram-se regras exógenas, heterônomas e ilegítimas ao pacto conjugal. "Não se trata de criticar a orientação monogâmica comum a uma moral social média, que reflete uma longa permanência histórica. Trata-se, sim, de criticar a pretensão de atribuir ao direito estatal o poder de reputar ilícitas formas de convivência decorrentes de escolhas coexistenciais materialmente livres".[62]

Tal mudança de paradigma acaba por desconfigurar a monogamia como princípio, caracterizando-a na seara dos valores jurídicos, ou seja, trata-se de parâmetro reconhecido pelo Estado, mas que não representa escolha universal, com caráter vinculante para todos.[63] A monogamia, caracterizada como valor – moral e jurídico –, suscita adesão voluntária por parte das pessoas que com ela concordarem, inserindo-se, assim, no plano do ser. Ao contrário, quando entendida no âmbito do dever-ser

---

do Direito de Família, cit., p. 107); "o sexto impedimento obsta o casamento de pessoas já casadas. É a vedação da bigamia, tendo em vista que o direito brasileiro manteve, para a entidade matrimonial, o princípio da monogamia" (Paulo Lôbo, *Famílias*, São Paulo: Saraiva, 2017, 7ª ed., p. 101).

61 STJ, 3ª T., REsp 631.465, Rel. Min. Nancy Andrighi, julg. 05.08.2004, publ. *DJ* 23.08.2004. O mesmo ocorre com o entendimento jurisprudencial dominante: TJMG, 5ª C.C., Ap. Cív. 1.0024.07.690802-9/001, Rel. Des. Maria Elza, julg. 18.12.2008, publ. *DJ* 21.01.2009.

62 Carlos Eduardo Pianovski Ruzyk, Famílias simultâneas e monogamia. In: Rodrigo da Cunha Pereira (Coord.), *Família e dignidade humana* – Anais do V Congresso Brasileiro de Direito de Família, São Paulo: IOB Thomson, 2006, p. 197.

63 "Se não é mais razoável que o Direito eleja um padrão de entidade familiar ou que pretenda impor certas balizas, que necessariamente devem por esta ser observadas, corolário disso é não poder relegar comportamentos supostamente desviantes, no propósito de lhes negar efeitos. Isso alcança maior destaque, ainda, quando se percebe que a afetividade – um dos pilares que geralmente sustenta a edificação familiar – é fluida quanto às maneiras de consubstanciar. Isso pode alcançar, diretamente, o parâmetro da monogamia, entendido como um dever-ser" (Renata Barbosa de Almeida, Walsir Edson Rodrigues Júnior, *Direito Civil*, cit., p. 47); "Sem necessariamente apontar rupturas no sistema, intentou-se demonstrar que o princípio da monogamia como norma estatal, na atualidade, não cumpre o papel estruturante do estatuto jurídico da família que desempenhou no passado não muito distante. Se a monogamia subsiste como norma, verifica-se significativa tendência de que esta resulte tão somente do exercício da liberdade daqueles que entre si estabeleçam relação coexistencial, e não mais da imposição de uma regulação estatal da conjugalidade" (Marcos Alves da Silva, *Da monogamia*: A sua superação como princípio estruturante do direito de família, Curitiba: Juruá, 2013, p. 339).

– como princípio jurídico – estabelece conduta exigida pelo ordenamento jurídico, uma imposição normativa. Contrariamente a essa última orientação, defende-se a liberdade no interior da família, já privatizada, a fim de que o casal possa, em conjunto, construir as regras próprias de seu relacionamento.[64]

À conclusão semelhante chegam aqueles que, mesmo entendendo a monogamia como princípio, invocam as peculiaridades do caso a fim de se verificar, *in concreto*, a existência de colisão principiológica. Nessa hipótese, a solução ocorre por meio de uma operação hermenêutica que possa afastar a monogamia, diante da prevalência *in concreto* de outros princípios que norteiam o direito de família contemporâneo, desde que haja, de fato, simultaneidade familiar, isto é, famílias simultâneas merecedoras de tutela.[65]

Afetividade

O mesmo debate permeia a afetividade desde que o direito de família passou a atribuir particular importância (não à afetividade como declaração subjetiva ou obscura reserva mental de sentimentos não demonstrados, mas) à percepção do sentimento do afeto na vida familiar e na alteridade estabelecida no seio da vida comunitária. Realidade e percepção da realidade se tornam para o direito de família indispensáveis para a superação de paradigmas formalistas e patrimonialistas. Nessa esteira, situa-se a ampla admissibilidade, pela jurisprudência atual, de novas entidades familiares tal como a união de pessoas do mesmo sexo,[66] justamente porque o conceito de família há de ser necessariamente elástico, inacabado, pois em contínua evolução.

Entretanto, há de se cuidar para que não se banalizem os sentimentos e o afeto, submetidos à percepção valorativa de cada magistrado ou, pior, às pretensões egoístas e patrimonialistas de protagonistas de conflitos de interesses. E o melhor antídoto para tais riscos mostra-se o balizamento do merecimento de tutela das relações afetivas pelos valores normativos constitucionais (democracia, igualdade, solidariedade, dignidade) que permeiam toda a legislação infraconstitucional.

É especialmente relevante delimitar a natureza jurídica do afeto a fim de que se estabeleça firmemente que o direito de família não está a tratar de sentimentos e que, por isso, o afeto não é um direito. Não obstante tais sentimentos sejam a mola propulsora dos comportamentos tutelados pelo ordenamento, a sua existência ou ausência não deve ser perquirida pelo intérprete, mas sim as condutas objetivamente verificáveis, solidárias e responsáveis, propulsora de direitos e deveres decorrentes do afeto. Este só se torna juridicamente relevante quando externado pelos membros das entidades familiares por meio de condutas objetivas visualizadas na convivência familiar – tal qual a posse de estado –, e, por isso, condicionam comportamentos e expectativas recíprocas e, consequentemente, o desenvolvimento da personalidade dos

---

[64] Ana Carla Harmatiuk Matos, Ana Carolina Brochado Teixeira, Disposições patrimoniais e existenciais no pacto antenupcial. In: Ana Carla Harmatiuk Matos, Ana Carolina Brochado Teixeira, Gustavo Tepedino (coord.). *Direito civil, constituição e unidade do sistema*. Anais do Congresso de Direito Civil Constitucional. V Congresso do IBDCivil, Belo Horizonte: Forum, 2019, pp. 223-245.

[65] Ana Carolina Brochado Teixeira, Renata de Lima Rodrigues, Da simultaneidade nas relações familiares: as uniões dúplices são uma questão de direito? *Direito das famílias entre a norma e a realidade*, São Paulo: Atlas, 2010, pp. 116-139.

[66] STF, ADPF 132/RJ e ADI 4277/DF, Rel. Min. Ayres Britto, julg. 05.05.2011.

integrantes da família. Assim, quando presente a afetividade entre certos indivíduos, condicionante de seu comportamento, caracterizando-o como tipicamente familiar, o Direito deve reconhecer o fato concreto, o acontecimento ao qual outorgar qualificação e disciplina jurídica. Por isso, não é possível falar em direito ou dever de afeto, não obstante devam ser valorados as condutas e os comportamentos que traduzam a existência do afeto em determinadas relações sociais.[67]

De todo modo, a importância do afeto é inegável, na medida em que ultrapassa os confins do sentimento para se tornar comportamento; ou seja, desde que saia dos limites da intimidade familiar para dar publicidade à qualidade da convivência familiar. Mas isso pode ou não acontecer, uma vez que não se trata de comportamento exigível. Por isso, repita-se, não há direito ou dever de afeto, mas a valorização das manifestações exteriores – condutas e comportamentos – que traduzam a existência do afeto em determinadas relações. A família é o *locus* privilegiado para o nascimento de relações como estas, dada a proximidade, a intimidade que brota entre as pessoas. Daí nasce a posse de estado de filho (paternidade socioafetiva), a posse de estado de casados (união estável), além de outras manifestações que acabaram por resultar da reconstrução hermenêutica do direito de família, a partir do reconhecimento jurídico da afetividade.

3. FAMÍLIA: UMA TIPOLOGIA EM ABERTO

Diante do estabelecimento da textura principiológica que norteia o direito de família, faz-se relevante exemplificar algumas entidades familiares não previstas expressamente pelo ordenamento jurídico brasileiro, a fim de demonstrar a eficácia do princípio da pluralidade das entidades familiares. A família, além de ser conceito em mutação constante, projeta-se em variados modelos, insuscetíveis de redução à enumeração taxativa.

União homoafetiva

A entidade familiar que mais recebeu atenção da doutrina e jurisprudência nos últimos tempos foi a união homoafetiva, em face da manifesta inconstitucionalidade da restrição de modelos familiares por conta da orientação sexual dos conviventes, com a admissão somente de famílias constituídas por casais heterossexuais, em desapreço dos princípios constitucionais anteriormente aludidos.[68] Daqui decorre,

---

67 Ana Carolina Brochado Teixeira, Renata de Lima Rodrigues, Eficácia do parentesco socioafetivo. *Direito das famílias entre a norma e a realidade*, cit., pp. 171-189. A doutrina é bastante divergente quanto à natureza jurídica do afeto: "A afetividade, como princípio jurídico, não se confunde com o afeto, como fato psicológico ou anímico, porquanto pode ser presumida quando este faltar na realidade das relações; assim, a afetividade é dever imposto aos pais em relação aos filhos e destes em relação àqueles, ainda que haja desamor ou desafeição entre eles" (Paulo Lôbo, *Famílias*, cit, p. 69); "A afetividade, embora merecedora de atenção jurídica, o é porque pode se tornar elemento constitutivo e integrante das relações familiares, fruto da espontaneidade e da autonomia privada e, assim, geradora de certos efeitos na órbita do Direito. A sua existência nas entidades familiares é elemento fático; porém, não jurídico. O caráter de juridicidade, o cunho normativo-imperativo, está relacionado às consequências que a presença do afeto, na construção das relações familiares, pode gerar" (Renata Barbosa de Almeida, Walsir Edson Rodrigues Júnior, *Direito Civil*, cit, p. 43).

68 Em jurisprudência, cite-se o Recurso Especial n. 502.995, 4ª T., Rel. Min. Fernando Gonçalves, julg. 26.04.2005, publ. *DJ* 16.05.2005: "A primeira condição que se impõe à existência da união estável é a dualidade de sexos. A união entre homossexuais juridicamente não existe nem pelo casamento, nem pela união estável, mas pode configurar sociedade de fato, cuja dissolução assume

igualmente, a necessidade de interpretação do art. 1.723 do Código Civil consoante os princípios constitucionais da dignidade da pessoa humana, da isonomia e da solidariedade, impondo-se o cumprimento de tais preceitos fundamentais, como, aliás, fez o Supremo Tribunal Federal na ADI 4.277/DF e ADPF 132/RJ.[69]

De início, duas interpretações poderiam aflorar do dispositivo transcrito: uma restritiva e, portanto, violadora dos princípios constitucionais invocados, e por isso mesmo aqui repudiada, que limitaria o reconhecimento de entidades familiares – fora do vínculo matrimonial – à união estável heterossexual ali expressamente veiculada; a outra, ao contrário, compatível com o Texto Maior, e, deste modo, pela qual são reconhecidas, ao lado da união estável formada entre o homem e a mulher, outras entidades familiares capazes de promover a pessoa humana, como o são, exemplificativamente, as entidades monoparentais, formadas por um dos genitores com os seus filhos, e igualmente as entidades familiares formadas por duas pessoas do mesmo sexo, em união afetiva e comunhão de vida, com objetivo de realização plena da personalidade de seus integrantes.[70]

A questão foi enfrentada de forma pioneira por Luiz Edson Fachin, em 1996, para quem "pode ser localizada, a partir do texto constitucional brasileiro, que assegura a liberdade, a igualdade sem distinção de qualquer natureza (art. 5º, da Constituição Federal), a inviolabilidade da intimidade e a vida privada (art. 5º, inciso X), a base jurídica para a construção do direito à orientação sexual como direito personalíssimo, atributo inerente e inegável da pessoa humana. Assim, como direito fundamental, surge um prolongamento de direitos da personalidade imprescindíveis para a construção de uma sociedade que se quer livre, justa e solidária".[71] Tal fundamentação constitucional legitima a orientação sexual como expressão da personalidade e exclui que preconceito de qualquer natureza possa servir de parâmetro ou critério juridicamente aceitável de discrímen entre formações sociais ou pessoas. Conseguintemente, na definição

---

contornos econômicos, resultantes da divisão do patrimônio comum, com incidência no Direito das Obrigações".

69 Ana Carolina Brochado Teixeira e Isabela Farah Valadares, Comentário à Ação de Descumprimento de Preceito Fundamental 132/RJ e Ação Direta de Inconstitucionalidade 4.277/DF. *Revista Trimestral de Direito Civil*, v. 52, out./dez. 2012, pp. 171-196.

70 "Os tipos de entidades familiares explicitamente referidos na Constituição brasileira não encerram *numerus clausus*. As entidades familiares, assim entendidas as que preencham os requisitos de afetividade, estabilidade e ostensibilidade, estão constitucionalmente protegidas, como tipos próprios, tutelando-se os efeitos jurídicos pelo direito de família e jamais pelo direito das obrigações, cuja incidência degrada sua dignidade e das pessoas que as integram" (Paulo Lôbo, Entidades Familiares constitucionalizadas: para além do *numerus clausus*. *Revista Brasileira de Direito de Família*, n. 12, Porto Alegre: Síntese, 2002, p. 55).

71 Luiz Edson Fachin. In: Vicente Barretto (coord.), *A Nova Família: problemas e perspectivas*, Rio de Janeiro: Renovar, 1977, p. 114. Em direção semelhante, Maria Celina Bodin de Moraes observa: "Os direitos de igualdade, de liberdade, de intimidade, direitos fundamentais, consubstanciadores da cláusula geral da dignidade da pessoa humana, e a proibição a qualquer forma de discriminação impõem limites bastante demarcados no que tange à impossibilidade de tratar de modo diverso as pessoas, com base em sua orientação sexual, opção individual que integra a esfera do lícito, e que merece, por todas estas razões, proteção jurídica concreta e eficaz" (Maria Celina Bodin de Moraes, A União entre pessoas do mesmo sexo: uma análise sob a perspectiva civil-constitucional. *Revista Trimestral de Direito Civil – RTDC*, vol. 1, jan./mar. 2000, p. 108).

das entidades familiares dignas de tutela, há de se admitir, necessariamente, a união de pessoas do mesmo sexo com o propósito de constituir família.[72]

A jurisprudência, por sua vez, representou importante papel no reconhecimento da união entre pessoas do mesmo sexo como entidade familiar. O Tribunal de Justiça do Rio Grande do Sul foi pioneiro a determinar que os conflitos decorrentes de relações homoafetivas fossem submetidos à Vara de Família. É ver-se: "Relações homossexuais. Competência para julgamento de separação de sociedade de fato dos casais formados por pessoas do mesmo sexo. Em se tratando de situações que envolvem relações de afeto, mostra-se competente para o julgamento da causa uma das varas de família, a semelhança das separações ocorridas entre casais heterossexuais".[73]

Em seguida, sempre de forma inovadora, o TJRS admitiu a possibilidade jurídica da declaração da família designada como união estável homoafetiva,[74] estabelecendo posição de vanguarda, mediante a invocação expressa dos princípios constitucionais da dignidade da pessoa humana e da igualdade, contra a injustificada discriminação com base na orientação sexual.[75]

---

72 Ao propósito, acentuou-se novamente em doutrina: "Estabelecidos esses critérios hermenêuticos, não parece difícil encontrar resposta à questão de se relacionamentos estáveis, potencialmente duradouros, nos quais se reconheça a participação em interesses e finalidades comuns, entre pessoas do mesmo sexo serão capazes, a exemplo do que ocorre entre heterossexuais, de gerar uma entidade familiar, devendo ser tutelados de modo semelhante, garantido-se-lhes direitos semelhantes e, portanto, também, os deveres correspondentes".(Maria Celina Bodin de Moraes, *A União entre pessoas do mesmo sexo*, cit., p. 108). No mesmo sentido, Maria Berenice Dias, para quem, em ângulo sutilmente distinto, a única distinção que se poderia estabelecer referir-se-ia à intenção de procriar: "Passando, duas pessoas ligadas por um vínculo afetivo, a manter uma relação duradoura, pública e contínua, como se casados fossem, formam um núcleo familiar à semelhança do casamento, independentemente do sexo a que pertencem. A única diferença que essa convivência guarda com a união estável entre um homem e uma mulher é a inexistência do objetivo de gerar filhos. Tal circunstância, por óbvio, não serve de fundamento para a diferenciação levada a efeito. Como a capacidade procriativa ou a vontade de ter prole não são elementos essenciais para que se empreste proteção legal a um par, é de reconhecer-se a incompatibilidade da regra com o preceito igualitário, que dispõe de maior espectro" (Maria Berenice Dias, *União Homoafetiva. O Preconceito e a Justiça*, Porto Alegre: Livraria do Advogado, 2009, 4ª ed., p. 117).

73 TJRS, 8ª C.C., AI 599075496, Rel. Des. Breno Moreira Mussi, julg. 17.06.1999.

74 Na esteira de tal tendência, o TJRS publicou o Provimento 06/2004, que alterou a Consolidação Normativa Notarial Registral do Estado, facultando às pessoas de mesmo sexo o registro em cartório de seus pactos de convivência. Confira-se a nova redação do parágrafo único do art. 215 da referida Consolidação Normativa Notarial Registral: "Art. 215 (...). Parágrafo único. As pessoas plenamente capazes, independente da identidade ou oposição de sexo, que vivam uma relação de fato duradoura, em comunhão afetiva, com ou sem compromisso patrimonial, poderão registrar documentos que digam respeito a tal relação. As pessoas que pretendam constituir uma união afetiva na forma anteriormente referida também poderão registrar os documentos que a isso digam respeito".

75 "Homossexuais. União estável. Possibilidade jurídica do pedido. É possível o processamento e o reconhecimento de união estável entre homossexuais, ante princípios fundamentais esculpidos na constituição federal que vedam qualquer discriminação, inclusive quanto ao sexo, sendo descabida discriminação quanto a união homossexual. E é justamente agora, quando uma onda renovadora se estende pelo mundo, com reflexos acentuados em nosso país, destruindo preceitos arcaicos, modificando conceitos e impondo a serenidade científica da modernidade no trato das relações humanas, que as posições devem ser marcadas e amadurecidas, para que os avanços não sofram retrocesso e para que as individualidades e coletividades, possam andar seguras na tão almejada busca da felicidade, direito fundamental de todos. Sentença desconstituída para que seja instruído

Tal reconhecimento de efeitos jurídicos à união entre pessoas do mesmo sexo, por vezes admitindo-a como entidade familiar, espraiou-se posteriormente na Jurisprudência dos Tribunais Regionais Federais, especialmente em matéria previdenciária.[76]

Também os Tribunais Superiores brasileiros se manifestaram favoravelmente ao reconhecimento de efeitos jurídicos de direito de família oriundos da união entre pessoas do mesmo sexo. O Superior Tribunal de Justiça o fez, de início, embora sem reconhecer explicitamente a existência de entidade familiar,[77] em acórdão conduzi-

---

o feito. Apelação provida" (TJRS, 8ª C.C., Ap. Cív. 598362655, Rel. Des. José Ataídes Siqueira Trindade, julg. 01.03.2000). Confira-se, igualmente: "União homossexual. Reconhecimento. Partilha do patrimônio. Meação paradigma. Não se permite mais o farisaísmo de desconhecer a existência de uniões entre pessoas do mesmo sexo e a produção de efeitos jurídicos derivados dessas relações homoafetivas. Embora permeadas de preconceitos, são realidades que o Judiciário não pode ignorar, mesmo em sua natural atividade retardatária. Nelas remanescem consequências semelhantes as que vigoram nas relações de afeto, buscando-se sempre a aplicação da analogia e dos princípios gerais do direito, relevado sempre os princípios constitucionais da dignidade humana e da igualdade. Desta forma, o patrimônio havido na constância do relacionamento deve ser partilhado como na união estável, paradigma supletivo onde se debruça a melhor hermenêutica. Apelação provida, em parte, por maioria, para assegurar a divisão do acervo entre os parceiros" (TJRS, 7ª C.C., Ap. Cív. 70001388982, Rel. Des. José Carlos Teixeira Giorgis, julg. 14.03.2001). E, ainda: "Apelação. União homossexual. Reconhecimento de união estável. Partilha. Embora reconhecida na parte dispositiva da sentença a existência de sociedade de fato, os elementos probatórios dos autos indicam a existência de união estável. Partilha. A união homossexual merece proteção jurídica, porquanto traz em sua essência o afeto entre dois seres humanos com o intuito relacional. Caracterizada a união estável, impõe-se a partilha igualitária dos bens adquiridos na constância da união, prescindindo da demonstração de colaboração efetiva de um dos conviventes, somente exigidos nas hipóteses de sociedade de fato. Negaram Provimento (Segredo de Justiça)" (TJRS, 8ª C.C., Ap. Cív. 70006542377, Rel. Des. Rui Portanova, julg. 11.09.2003).

[76] "Compete ao juiz o preenchimento das lacunas da lei, para adequá-la à realidade social, descabendo, na concessão da pensão por morte a companheiro ou companheira homossexual qualquer discriminação em virtude da opção sexual do indivíduo, sob pena de violação dos arts. 3º, inciso IV, e 5º, inciso I, da Constituição Federal. IV. Tutela antecipada concedida. V. O art. 226, § 3º, da Constituição Federal não regula pensão previdenciária inserindo-se no capítulo da Família. VI. Apelação e remessa necessária improvidas" (TRF 2ª Região, 3ª T., Ap. Cív. 2002.51.01.000777, Rel. Juíza Tânia Heine, julg. 03.06.2003). Vejam-se, ainda: TRF 1ª Região, 2ª T., Agr. Inst. 2003.01.00.000697, Rel. Des. Tourinho Neto, julg. 29.04.2003; TRF 4ª Região, 6ª T., Ap. Cív. 2000.04.01.073643-8, Rel. Juiz Nylson Paim de Abreu, julg. 21.11.2000.

[77] Não obstante o reconhecimento de direitos para companheiros do mesmo sexo, especialmente no que diz respeito à questão previdenciária, o Superior Tribunal de Justiça não considerava as uniões homoafetivas como entidades familiares, conforme entendimento da Corte. Nas palavras da Ministra Nancy Andrighi, o raciocínio "adotado pela jurisprudência deste Tribunal, no sentido de que em sociedades de fato, como a relatada neste processo, há necessidade de prova da efetiva demonstração do esforço comum para a aquisição do patrimônio a ser partilhado, portanto, evidencia que o acórdão impugnado violou o art. 1º da Lei 9.278/1996, ao conceder os efeitos patrimoniais advindos do reconhecimento de união estável a situação jurídica dessemelhante" (notícia publicada no site www.stj.gov.br, disponível em 27.10.2006). O *iter* da mudança passou pelo julgamento do Recurso Especial 820.475, julgado em 02.09.2008, quando se afirmou inexistir vedação legal ao reconhecimento das uniões entre pessoas do mesmo sexo como entidades familiares e, principalmente, que eventual lacuna no tratamento legislativo da matéria não poderia excluir a possibilidade do reconhecimento dessas uniões. Não obstante não se referir o acórdão expressametne ao julgamento da matéria (a questão central tratava sobre a possibilidade jurídica do pedido de reconhecimento da união), tal posição restou expressamente consignada no voto vencedor: "Os dispositivos legais limitam-se a estabelecer a possibilidade de união estável entre homem e mulher, dês que preencham as condições impostas pela lei, quais sejam, convivência pública, duradoura e contínua, sem, contudo, proibir a

do pelo Ministro Hélio Quaglia Barbosa.[78] São relevantes os dois votos do Egrégio Supremo Tribunal Federal, da lavra dos Ministros Marco Aurélio (2003) e Celso de Mello (2006), e um voto do Tribunal Superior Eleitoral, conduzido pelo Ministro Gilmar Mendes (2004), tiveram ocasião de reconhecer, de forma eloquente, a união homoafetiva como entidade familiar.[79]

---

união entre dois homens ou duas mulheres. Poderia o legislador, caso desejasse, utilizar expressão restritiva, de modo a impedir que a união entre pessoas de idêntico sexo ficasse definitivamente excluída da abrangência legal. Contudo, assim não procedeu" (Rel. Min. Antônio de Pádua Ribeiro, Rel. p/ Acórdão Min. Luis Felipe Salomão, 4ª T.).

78 "Recurso especial. Direito previdenciário. Pensão por morte. Relacionamento homoafetivo. Possibilidade de concessão do benefício. (...) Diante do § 3º do art. 16 da Lei 8.213/1991, verifica-se que o que o legislador pretendeu foi, em verdade, agilizar o conceito de entidade familiar, a partir do modelo da união estável, com vista ao direito previdenciário, sem exclusão, porém, da relação homoafetiva. Por ser a pensão por morte um benefício previdenciário, que visa *(sic)* suprir as necessidades básicas dos dependentes do segurado, no sentido de lhes assegurar a subsistência, há que interpretar os respectivos preceitos partindo da própria Carta Política de 1988 (...) *Mais do que razoável, pois, estender-se tal orientação, para alcançar situações idênticas, merecedoras do mesmo tratamento*" (STJ, 6ª T., REsp. 395.904/RS, Rel. Min. Hélio Quaglia Barbosa, julg. 13.12.2005, publ. *DJ* 06.02.2006).

79 "Constitui objetivo fundamental da República Federativa do Brasil promover o bem de todos, sem preconceitos de origem, raça, sexo, cor, idade e quaisquer outras formas de discriminação (inciso IV do art. 3º da Carta Federal). Vale dizer, impossível é interpretar o arcabouço normativo de maneira a chegar-se a enfoque que contrarie esse princípio basilar, agasalhando-se preconceito constitucional vedado. O tema foi bem explorado na sentença, ressaltando o Juízo a inviabilidade de adotar-se interpretação isolada em relação ao art. 226, § 3º, também do Diploma Maior, no que revela o reconhecimento da união estável entre o homem e a mulher como entidade familiar. Considerou-se, mais, a impossibilidade de, à luz do art. 5º da Lei Máxima, distinguir-se ante a opção sexual. Levou-se em conta o fato de o sistema da Previdência Social ser contributivo, prevendo a Constituição o direito à pensão por morte do segurado, homem ou mulher, não só ao cônjuge, como também ao companheiro, sem distinção quanto ao sexo, e dependentes – inciso V do art. 201. Ora, diante desse quadro, não surge excepcionalidade maior a direcionar à queima de etapas. A sentença, na delicada análise efetuada, dispôs sobre a obrigação de o Instituto, dado o regime geral de previdência social, ter o companheiro ou companheira homossexual como dependente preferencial" (STF, Pet. 1984/RS, Rel. Min. Marco Aurélio, julg. 10.02.2003). A possibilidade de reconhecimento da união homoafetiva pelo STF através de ação direta foi aventada quando do julgamento da ADIn 3300 que, por perda superveniente de objeto, não pode ser apreciada pelo Tribunal. Confira-se: "Não obstante as razões de ordem estritamente formal, que tornam insuscetível de conhecimento a presente ação direta, mas considerando a extrema importância jurídico-social da matéria – cuja apreciação talvez pudesse viabilizar-se em sede de arguição de descumprimento de preceito fundamental –, cumpre registrar, quanto à tese sustentada pelas entidades autoras, que o magistério da doutrina, apoiando-se em valiosa hermenêutica construtiva, utilizando-se da analogia e invocando princípios fundamentais (como os da dignidade da pessoa humana, da liberdade, da autodeterminação, da igualdade, do pluralismo, da intimidade, da não discriminação e da busca da felicidade), tem revelado admirável percepção do alto significado de que se revestem tanto o reconhecimento do direito personalíssimo à orientação sexual, de um lado, quanto a proclamação da legitimidade ético-jurídica da união homoafetiva como entidade familiar, de outro, em ordem a permitir que se extraiam, em favor de parceiros homossexuais, relevantes consequências no plano do Direito e na esfera das relações sociais" (STF, Informativo 414 (ADIn 3300), Rel. Min. Celso de Mello, julg. 03.02.2006). Também o Tribunal Superior Eleitoral reconhece à união homoafetiva efeitos análogos à união estável: "Registro de candidato. Candidata ao cargo de prefeito. Relação estável homossexual com a prefeita reeleita do município. Inelegibilidade. Art. 14, § 7º, da Constituição Federal. Os sujeitos de uma relação estável homossexual, à semelhança do que ocorre com os de relação estável, de concubinato e de casamento, submetem-se à regra de inelegibilidade prevista no art. 14, § 7º da Constituição Federal" (TSE, Recurso Especial Eleitoral 24564, Rel. Gilmar Ferreira Mendes, pub. 01.10.2004).

Como se vê, doutrina e jurisprudência brasileiras, com fulcro nos princípios constitucionais acima invocados, ampliam cada vez mais o reconhecimento das uniões formadas por pessoas do mesmo sexo como entidades familiares,[80] em igualdade de condições com aquelas estabelecidas entre homem e mulher, o que importa na interpretação não restritiva da legislação codificada, especialmente do art. 1.723 do Código Civil, de modo a alcançar as entidades familiares formadas por pessoas do mesmo sexo em seu âmbito de incidência normativa.[81] Seu reconhecimento pelo direito brasileiro foi consolidado pelo Supremo Tribunal Federal na ADI 4.277/DF e ADPF 132/RJ, que interpretou o art. 1.723 do Código Civil conforme a Constituição, entendendo-se que as entidades familiares não se restringem àquelas formadas por pessoas de sexos diversos. Os fundamentos principais dessa decisão são a livre possibilidade de exercício de direitos fundamentais no mundo plural e a abertura conteudística do art. 226 do Texto Constitucional que, para além de alcançar as mais diversas entidades familiares, determina que o seu tratamento deva ser permeado pelo princípio da igualdade. De acordo com o relator, Min. Ayres Brito: "interpretando por forma não reducionista o conceito de família, penso que o STF fará o que lhe compete: manter a Constituição na posse do seu fundamental atributo da coerência, pois o conceito contrário implicaria forçar o nosso Magno Texto a incorrer, ele mesmo, em discurso indisfarçavelmente preconceituoso ou homofóbico". Esse argumento serviu de justificativa para o termo *família* não ter na Constituição qualquer conotação heterossexual; essa é dada pela cultura ou por um discurso majoritário que desrespeita o pluralismo e que não é coerente com o Estado Democrático de Direito.

Essa foi a forma de se preservar a ordem pública constitucional – democrática, tolerante, igualitária, solidária e personalista –, a fim de se consagrar a dicção não restritiva do art. 1.723, atribuindo-se-lhe sentido hábil a admitir, necessariamente, em seu espectro normativo, as entidades formadas por pessoas do mesmo sexo, considerando-se, assim, inconstitucional, a atuação das autoridades públicas ablativa desses núcleos familiares.

Em consequência, a regulamentação das entidades familiares assim constituídas, formada por casais do mesmo sexo, se submeterá à igualdade de tratamento em face da união estável entre homem e mulher, especificamente no que concerne às relações

---

80 Tal tendência de reconhecimento das uniões entre pessoas do mesmo sexo como entidade familiar tem reflexos na esfera administrativa, como demonstra o art. 1º da Resolução Administrativa n.º 5, de 3 de dezembro de 2003, do Conselho Nacional de Imigração, ao dispor sobre critérios para a concessão de visto ao companheiro ou companheira, sem distinção de sexo, *in verbis*: "Art. 1º. As solicitações de visto temporário ou permanente, ou permanência definitiva, para companheiro ou companheira, *sem distinção de sexo*, deverão ser examinadas ao amparo da Resolução Normativa 27, de 25 de novembro de 1998, relativa às situações especiais ou casos omissos, e da Resolução Normativa 36, de 28 de setembro de 1999, sobre reunião familiar, caso a caso, e tendo em vista a capacidade de comprovação da união estável, por meio de um ou mais dos seguintes itens: (...)". Este procedimento, como se vê, consiste em confirmação, também no âmbito administrativo, do respeito à família homossexual então constituída, de modo a possibilitar a permanência, em definitivo, do companheiro de mesmo sexo no Brasil.

81 Todavia, não se podia afirmar que tais posicionamentos eram amplamente majoritários, em razão de haver diversos julgados em sentido contrário. Por todos, confira-se: "O pedido de união estável somente é possível entre homem e mulher, como disciplinam tanto o preceito constitucional como as normas infraconstitucionais" (TJRJ, 17ª C.C., Ap. Cív. 2007.001.44569, Rel. Des. Henrique de Andrade Figueira, julg. 28.11.2007).

entre os conviventes – existenciais, patrimoniais e sucessórias –, já que seu reconhecimento decorre da isonomia constitucional. Tal orientação foi consagrada pelo STJ, que logo em seguida ao pronunciamento do STF, entendeu ser possível não apenas uniões estáveis entre pessoas do mesmo sexo como também o casamento, como ato formal: "Com efeito, se é verdade que o casamento civil é a forma pela qual o Estado melhor protege a família, e sendo múltiplos os 'arranjos' familiares reconhecidos pela Carta Magna, não há de ser negada essa via a nenhuma família que por ela optar, independentemente de orientação sexual dos partícipes, uma vez que as famílias constituídas por pares homoafetivos possuem os mesmos núcleos axiológicos daquelas constituídas por casais heteroafetivos, quais sejam, a dignidade das pessoas de seus membros e o afeto".[82]

Famílias simultâneas

Há algum tempo também se debate sobre a possibilidade de se caracterizar a concomitância das relações conjugais como famílias simultâneas, superando-se o princípio da monogamia.[83] Na perspectiva literal, o Código Civil afasta as famílias simultâneas, seja proibindo pessoas casadas de se casarem (CC, art. 1.521, VI) ou de viverem em união estável (CC, art. 1.723, § 1º), seja estabelecendo que a união de pessoas com impedimento para casamento caracteriza-se concubinato (CC, art. 1.727), atraindo a disciplina do direito obrigacional,[84] seja fixando deveres de fidelidade para o casamento (CC, 1.566, I) e de lealdade para a união estável (CC, art. 1.724).[85]

---

82 STJ, 4ª T., REsp 1183378/RS, Rel. Min. Luis Felipe Salomão, julg. 25.10.2001, publ. *DJ* 01.02.2012.

83 Marcos Alves da Silva, *Da monogamia: a sua superação como princípio estruturante do direito de família*, Curitiba: Juruá, 2013; Samir Namur. Famílias simultâneas. In: Gustavo Tepedino, Luiz Edson Fachin. *Diálogos sobre Direito Civil*, Rio de Janeiro: Renovar, 2008, v. II, pp. 573-598; Carlos Eduardo Pianovski Ruzyk, *Famílias simultâneas: da Unidade Codificada à Pluralidade Constitucional*, Rio de Janeiro: Renovar, 2005.

84 Nesse sentido, ver por todos: "– Uma sociedade que apresenta como elemento estrutural a monogamia não pode atenuar o dever de fidelidade? que integra o conceito de lealdade? para o fim de inserir no âmbito do Direito de Família relações afetivas paralelas e, por consequência, desleais, sem descurar que o núcleo familiar contemporâneo tem como escopo a busca da realização de seus integrantes, vale dizer, a busca da felicidade. – As uniões afetivas plúrimas, múltiplas, simultâneas e paralelas têm ornado o cenário fático dos processos de família, com os mais inusitados arranjos, entre eles, aqueles em que um sujeito direciona seu afeto para um, dois, ou mais outros sujeitos, formando núcleos distintos e concomitantes, muitas vezes colidentes em seus interesses. – Ao analisar as lides que apresentam paralelismo afetivo, deve o juiz, atento às peculiaridades multifacetadas apresentadas em cada caso, decidir com base na dignidade da pessoa humana, na solidariedade, na afetividade, na busca da felicidade, na liberdade, na igualdade, bem assim, com redobrada atenção ao primado da monogamia, com os pés fincados no princípio da eticidade. – Emprestar aos novos arranjos familiares, de uma forma linear, os efeitos jurídicos inerentes à união estável, implicaria julgar contra o que dispõe a lei; isso porque o art. 1.727 do CC/2002 regulou, em sua esfera de abrangência, as relações afetivas não eventuais em que se fazem presentes impedimentos para casar, de forma que só podem constituir concubinato os relacionamentos paralelos a casamento ou união estável pré e coexistente. Recurso especial provido" (STJ, 3ª T., REsp 1157273/RN, Rel. Min. Nancy Andrighi, julg. 18.05.2010, publ. *DJ* 07.06.2010).

85 Não obstante a decisão tenha sido sobre caso peculiar, o STJ entendeu que fidelidade e lealdade não são elementos necessários para a configuração da união estável, vez que cada casal pode conformar os deveres da sua relação: "Se o descumprimento dos deveres de lealdade ou de fidelidade não necessariamente implicam em ruptura do vínculo conjugal ou convivencial, justamente porque está na esfera das partes deliberar sobre esse aspecto da relação, a fortiori somente se pode concluir que a pré-existência ou observância desses deveres também não é elemento essencial para a concretização do casamento ou da união estável" (STJ, 3ª T., REsp 1.974.218-AL, Relª. Minª. Nancy Andrighi, julg. 8.11.2022, publ. *DJe* 11.11.2022).

Nesse caso, como já dito, aqueles que entendem ser a monogamia um princípio, consideram-na vetor cogente da organização das entidades familiares e, por isso, o limite que a ordem pública impôs à autonomia privada na constituição de famílias.[86] "Quando um dos conviventes (matrimoniais ou de união estável) passa a manter outra relação com terceiro, ocorre violação ao dever de boa-fé e mitigação da ética que era devida, uma vez que a monogamia é um princípio das relações familiares, aplicando-se à união estável os impedimentos matrimoniais, inclusive o de pessoa casada".[87]

Todavia, como já desenvolvido anteriormente, a monogamia, entendida como valor, incide imperativamente sobre a autonomia privada.[88] Nessa linha de entendimento, o Judiciário já admitiu a possibilidade de comunidades constituídas com seriedade e estabilidade, aptas a tutelar efetivamente a personalidade de seus integrantes ser caracterizadas como família.[89] Em hipóteses casuísticas, a monogamia tem sido preterida em favor da privacidade, igualdade e dignidade da pessoa humana.[90]

---

86 José Fernando Simão, Há limites para o princípio da pluralidade familiar na apreensão de novas formas de conjugalidade e de parentesco? Revista Brasileira de Direito Civil, vol. 2, out./dez. 2014, p. 76. Também é da jurisprudência: "Apelação Cível. Direito de Família. União estável. Reconhecimento, Art. 333, I, CPC. Ausência. Impossibilidade no período de convivência paralela com o casamento. Vedação pelo princípio da monogamia. Recurso provido. I. Para o reconhecimento da união estável não basta à comprovação de apenas a convivência pública e notória, com o intuito de constituição de família. É imprescindível inexistir impedimentos matrimoniais. II. No direito pátrio, a monogamia constitui princípio basilar para o reconhecimento matrimonial, não podendo declarar a constituição de união estável quando a pessoa for casada e mantiver vida conjugal com a esposa, sem que estejam separados de fato ou juridicamente ou quando viver maritalmente com outra pessoa, pois os efeitos matrimoniais alcançam à união estável" (TJ/MG, 1ª C.C., Ap. Cív. 1.0024.11.168663-0/001, Rel. Des. Washington Ferreira, julg. 03.05.2016).

87 TJ/PR, 12ª C.C., Ap. Civ. 941949-6, Rel. Des. Ivanise Maria Tratz Martins; publ. *DJ* 23.10.2013. No mesmo sentido: STJ, 3ª T., AgRg no Ag 1130816/MG, Rel. Ministro Vasco Della Giustina (Des. Convocado do TJ/RS), julg. 19.08.2010, publ. *DJ* 27.08.2010; TJ/SP, 5ª Câm. Dir. Priv., Ap. Cív. 0009449-27.2013.8.26.0066, Rel. Des. Moreira Viegas; julg. 03.08.2016; publ. *DJ* 03.08.2016; TJ/RS, 7ª C.C., Ap. Cív. 70070532478, Rel. Des. Liselena Schifino Robles Ribeiro, julg. 31.08.2016, publ. *DJ* 05.09.2016.

88 "Se a simultaneidade pode ingressar no sistema pela abertura principiológica, a efetiva chancela de seus efeitos se dá em concreto, no momento da construção normativa. E essa construção leva em consideração o sistema como totalidade, no arcabouço axiológico que permeia regras e princípios" (Carlos Eduardo Pianovski Ruzyk, *Da unidade codificada à pluralidade constitucional*, Rio de janeiro: Renovar, 2005, p. 171). Nesta direção: "Em tal maneira de ver as coisas, não se pode deixar de reconhecer que persiste uma postura conservadora e preconceituosa, principalmente contra a mulher, porquanto resta sendo ela punida, em nome da preservação que se convenciona chamar de moral e bons costumes, enquanto sai privilegiado o varão. Não se está com isso querendo premiar toda e qualquer relação adulterina, mas sim, diante do caso concreto, avaliar se a relação concubinária não pode ser considerada como um novo núcleo familiar, recebendo, por conseguinte, tratamento equiparado à união estável. O substrato legislativo infraconstitucional que condena a poligamia pode sim ser afastado por princípios constitucionais" (STJ, REsp 1.205.716 – RS, Rel. Min. Luis Felipe Salomão, julg. 28.06.2016).

89 Sobre o processo de admissão progressiva de modelos de família na realidade social, v. Carlos Eduardo Pianovski Ruzyk, *Famílias Simultâneas*, cit, p.163. "A nova ordem constitucional, ao consagrar a proteção da família na pessoa de cada um dos seus membros, rompe com a racionalidade dos modelos fechados, abraçando a concepção plural de família que sempre esteve presente na sociedade, ainda que sujeita a estigmatizações e à marginalidade. A família na Constituição de 1988 não tem por fonte primária e exclusiva um ato formal, solene, encoberto pelo manto exclusivo da legitimidade jurídica, mas, sim, nasce e se mantém nos acordes do *leimotiv* do afeto".

90 Nesse sentido, já existem vários julgados dos tribunais estaduais: "Reconhecimento de duas uniões concomitantes. Possibilidade excepcional. Preliminar de impossibilidade jurídica do pedido.

Ao permitir o casamento putativo – sendo este nulo ou anulável que gera efeitos para o cônjuge de boa-fé (CC, art. 1.561) –, o Código reconhece a concomitância de vínculos que geram efeitos simultaneamente aos cônjuges. Muito se discute, a partir dessas disposições, a necessidade de boa-fé subjetiva para a admissão de famílias simultâneas ou paralelas. O art. 1.561 do Código Civil estabelece que o casamento nulo ou anulável produzirá efeitos até a data da prolação da sentença anulatória, caso um dos cônjuges esteja de boa-fé. Isso significa que um casamento contraído mesmo quando outro já existia – isto é, em situação de bigamia –, mas era ignorado por um dos cônjuges, gera efeitos para tutela dos membros da família. As razões para tal proteção derivam de um desconhecimento de um dos cônjuges sobre a situação conjugal do outro, o que é essencial para validade do ato.

Assim, caso se verifique o desconhecimento do segundo cônjuge ou companheiro – operando-se uma união estável putativa, por analogia –,[91] o novo relacionamento poderá gerar todos os efeitos de uma entidade familiar. É daí que doutrina e jurisprudência têm adotado como um dos requisitos para a excepcional configuração das famílias simultâneas a boa-fé subjetiva do membro da segunda entidade familiar, ao lado dos requisitos da união estável (CC, art. 1.723). Questiona-se tal exigência, pois, não obstante o conhecimento da real situação conjugal do parceiro, pode haver ali entidade familiar a ser tutelada, por meio da presença de união pública, contínua e duradoura, em que há o intuito de constituição de família. Será possível haver o propósito de formar família quando se sabe haver, paralelamente, outra entidade

---

Rejeição. Ausência de requisitos caracterizadores da união estável. Sentença mantida. I – em regra, o ordenamento jurídico pátrio não admite o reconhecimento de duas uniões estáveis simultâneas, sendo a segunda, constituída à margem da primeira, tida como concubinato ou união estável adulterina. Entretanto, dada a dinâmica das relações sociais e pessoais, e visando à realização da justiça e, sobretudo, à proteção da família, as nuances e peculiaridades de cada caso devem ser consideradas, e as normas que regem a matéria mitigadas para, excepcionalmente, admitir-se duas uniões estáveis concomitantes" (TJ/AM, Ap. Civ. 37507792007807000l, Rel. Des. Aristóteles Lima Thury, *DJ* 18.08.2011); "Restando incontroverso a convivência em comum, pública, contínua e duradoura, além da *affectio maritalis*, entre a Autora e o falecido, por aproximadamente 22 anos, desde 1984 até sua morte, afigura-se necessário o reconhecimento dos direitos decorrentes desta relação. Comprovada a simultaneidade de relacionamentos conjugais, há de se admitir direitos e consequências jurídicas decorrentes dessas relações, não se lhes podendo fechar os olhos ao simplório argumento de que o Estado Brasileiro é monogâmico. Se existe concurso de entidades familiares, portanto se existe um casamento ou união estável, e paralelamente, uma relação extraconjugal, esta última, certamente deverá merecer amparo legal. Não se pode permitir que a complexidade das relações de fato no seio social, notadamente no campo afetivo, impeça o reconhecimento de direitos, mormente quando a análise do caso concreto aponta para a existência de união estável paralelamente à existência de matrimônio, cuja relação conjugal não mais persiste, ainda que não rompida formalmente, uma vez que não houve separação judicial ou o divórcio dos cônjuges. Apelo provido. Sentença mantida" (TJ/BA, 3ª C.C., Ap. Cív. 0015589-73.2007.8.05.0001, Rel. Juíza Convocada Marta Moreira Santana, julg. 11.02.2014, publ. *DJ* 18.02.2014).

[91] "A confissão da apelante de que ficou sabendo somente 'no processo' que o apelado estava em processo de separação com a esposa do Tocantins, as idas e vindas do réu, a distância entre os estados da federação e o processo de separação do casamento; corroboram a tese de que a apelante não sabia que o réu era casado, vivendo uma 'união estável putativa', a qual, em analogia ao 'casamento putativo', deve receber as consequências jurídicas similares às da união estável" (TJ/RS, 8ª C.C., Ap. Cív. 70060165057, Rel. Des. Rui Portanova, julg. 30.10.2014, publ. *DJ* 04.11.2014).

familiar?[92] Seria esse objetivo tutelável pelo Direito? Entende-se que sim, pois a convivência pode ser fonte de responsabilidade mútua, solidariedade coexistencial que torna esse relacionamento, antes furtivo, protegido pelo Direito. Por isso, a rigor, não obstante a boa-fé seja um elemento importante, não é essencial para a caracterização de uma entidade familiar simultânea.

Admitindo-se como família, não se pode ignorar o verdadeiro problema que se coloca a respeito da disciplina dos consectários jurídicos, principalmente a difícil partilha patrimonial, o que demonstra a necessidade de se contrapor a responsabilidade à liberdade de constituição de arranjos familiares.[93] Nesse caso, como será feita a partilha? Dividir-se-á a meação do marido com a segunda companheira? Será efetuada a divisão por três, o que leva alguns a falar em triação?[94] Seja qual for a solução que se delinear, deve ser compatibilizada com o princípio que veda o enriquecimento sem causa.

Conquanto se entenda como entidade familiar, o STF firmou entendimento no sentido de que não existem famílias paralelas, mas sim, concubinato. Tais decisões geraram os seguintes temas: i) Tema 526: "É incompatível com a Constituição Federal o reconhecimento de direitos previdenciários (pensão por morte) à pessoa que manteve, durante longo período e com aparência familiar, união com outra casada, porquanto

---

92 Em sentido negativo: "5. Uma sociedade que apresenta como elemento estrutural a monogamia não pode atenuar o dever de fidelidade - que integra o conceito de lealdade e respeito mútuo - para o fim de inserir no âmbito do Direito de Família relações afetivas paralelas e, por consequência, desleais, sem descurar que o núcleo familiar contemporâneo tem como escopo a busca da realização de seus integrantes, vale dizer, a busca da felicidade" (STJ, 3ª T., REsp 1348458/MG, Rel. Min. Nancy Andrighi, julg. 08.05.2014, publ. *DJ* 25.06.2014).

93 Sobre o reconhecimento de "uniões dúplices", cf. o acórdão do TJMG, Rel. Des. Maria Elza de Campos Zettel (Ap. Cív. 1.0017.05.016882-6/003, julg. 20.11.2008), do qual vale destacar: "No caso dos autos, a apelada, além de compartilhar o leito com o apelado, também compartilhou a vida em todos os seus aspectos. Ela não é concubina - palavra preconceituosa - mas companheira. Por tal razão, possui direito a reclamar pelo fim da união estável. Entender o contrário é estabelecer um retrocesso em relação a lentas e sofridas conquistas da mulher para ser tratada como sujeito de igualdade jurídica e de igualdade social. Negar a existência de união estável, quando um dos companheiros é casado, é solução fácil. Mantém-se ao desamparo do Direito, na clandestinidade, o que parte da sociedade prefere esconder. Como se uma suposta invisibilidade fosse capaz de negar a existência de um fato social que sempre aconteceu, acontece e continuará acontecendo".

94 "1. Estando demonstrada, no plano dos fatos, a coexistência de duas relações afetivas públicas, duradouras e contínuas, mantidas com a finalidade de constituir família, é devido o seu reconhecimento jurídico à conta de uniões estáveis, sob pena de negar a ambas a proteção do direito. 2. Ausentes os impedimentos previstos no art. 1.521 do Código Civil, a caracterização da união estável paralela como concubinato somente decorreria da aplicação analógica do art. 1.727 da mesma lei, o que implicaria ofensa ao postulado hermenêutico que veda o emprego da analogia para a restrição de direitos. 3. Os princípios do moderno direito de família, alicerçados na Constituição de 1988, consagram uma noção ampliativa e inclusiva da entidade familiar, que se caracteriza, diante do arcabouço normativo constitucional, como o lócus institucional para a concretização de direitos fundamentais. Entendimento do STF na análise das uniões homoafetivas (ADI 4277/DF e ADPF 132/RJ). 4. Numa democracia pluralista, o sistema jurídico-positivo deve acolher as multifárias manifestações familiares cultivadas no meio social, abstendo-se de, pela defesa de um conceito restritivo de família, pretender controlar a conduta dos indivíduos no campo afetivo. 5. Os bens adquiridos na constância da união dúplice são partilhados entre as companheiras e o companheiro. Meação que se transmuda em 'triação', pela simultaneidade das relações. 6. Precedentes do TJDF e do TJRS" (TJ/PE, 5ª C.C., Ap. Cív. 2968625, Rel. Des. José Fernandes, julg. 13.11.2013).

o concubinato não se equipara, para fins de proteção estatal, às uniões afetivas resultantes do casamento e da união estável"; ii) Tema 529: "A preexistência de casamento ou de união estável de um dos conviventes, ressalvada a exceção do artigo 1.723, § 1º, do Código Civil, impede o reconhecimento de novo vínculo referente ao mesmo período, inclusive para fins previdenciários, em virtude da consagração do dever de fidelidade e da monogamia pelo ordenamento jurídico-constitucional brasileiro".[95]

Poliafetividade

Tem-se notado crescimento de novos grupos que reivindicam a proteção do direito de família. Mais recentemente, o debate tem se debruçado sobre a poliafetividade, ou seja, relações amorosas públicas e duradouras vividas por mais de duas pessoas, com finalidade de constituir família. Trata-se da quebra do paradigma de visão de mundo que coloca em cheque não apenas a monogamia, mas a forma de relacionamento havida no Brasil até então que pressupunha ser a relação amorosa necessariamente composta por duas pessoas.[96] Assim como a multiparentalidade rompeu com as barreiras oitocentistas do direito parental, a poliafetividade está a romper com as mesmas barreiras para o direito conjugal.

As uniões poliafetivas têm as mesmas características exigidas para a constituição de união estável, com a exceção do número de pessoas.[97] O que se deve investigar, portanto, é se, neste núcleo, estão presentes as características de uma entidade familiar: afetividade, ostensibilidade e estabilidade, de modo a se verificar se essa vivência pode atrair a proteção do direito de família. Várias pessoas que experienciam esse tipo de relação podem buscar a contratualização de ajustes que procuram, irônica e paradoxalmente, resguardar os conviventes, mediante regulamentação, no âmbito de relações constituídas de forma absolutamente livres e espontâneas. É o caso das escrituras públicas de união poliafetiva, tal qual a lavrada no 15º Ofício de Notas do Rio de Janeiro para pactuar a união homoafetiva entre 3 mulheres.[98]

---

95 Nesse mesmo sentido é o posicionamento do STJ, em hipótese de relação simultânea em período de namoro que se espraiou para o casamento. Por isso, entendeu-se que a relação no período de casamento se tratava de concubinato, não havendo incidência das regras de Direito de Família: "A jurisprudência desta Corte está consolidada no sentido de que é inadmissível o reconhecimento de união estável concomitante ao casamento, na medida em que àquela pressupõe a ausência de impedimentos para o casamento ou, ao menos, a existência de separação de fato, de modo que à simultaneidade de relações, nessa hipótese, dá-se o nome de concubinato. Precedentes" (STJ, 3ª T., AgInt no AREsp 2087080/TO, Relª. Minª. Nancy Andrighi, julg. 10.10.2022, publ. *DJ* 13.10.2022).

96 "O traço marcante entre os membros de uma família poliafetiva não é a forma como expressam sua sexualidade, mas a vontade de todos no sentido de construírem, juntos, um núcleo familiar; o sentimento mútuo de se considerarem família e quererem ser tratados como tal pela sociedade" (Laira Carone Rachid Domith, Lutemos, mas só pelo direito ao nosso estranho amor – Da legitimidade da família poliafetiva. Disponível em: http://publicadireito.com.br/publicacao/ufsc/livro.php?gt=119. Acesso em: 02 out. 2016).

97 Não há crime previsto no ordenamento brasileiro para uniões com mais de duas pessoas. A única ressalva refere-se à bigamia (art. 235 do Código Penal), que repreende casamentos simultâneos, não uniões simultâneas. Como já mencionado, não mais subsiste o crime de adultério, vez que o art. 240 do Código Penal foi revogado pela Lei 11.106/2005.

98 Da escritura, celebrada em 6 de outubro de 2015 e gentilmente cedida pela Tabeliã Dra. Fernanda de Freitas Leitão, vale destacar três cláusulas, que certamente suscitarão polêmica quanto à sua validade e eficácia: "Cláusula Segunda – Durante o tempo de vigência da convivência, as declaran-

Em junho de 2018, o Conselho Nacional de Justiça – CNJ proibiu os cartórios brasileiros de registrarem escrituras declaratórias de união poliafetiva, ao argumento de que tal documento, como ato de fé pública, implica o reconhecimento de tal relacionamento como tipo de família, gerando repercussões jurídicas semelhantes às do casamento e da união estável.[99]

Em última análise, a liberdade crescente, admitida pelo Judiciário, para a constituição de modalidades de convivência nem sempre encontra os instrumentos jurídicos aptos à sua normatização: foi esse o *iter* percorrido pela união estável e pela união homoafetiva. Somente o tempo saberá dar conta dessa acomodação da autonomia privada à realidade social, em constante transformação, sendo certo que a validade e eficácia dos instrumentos contratuais, submetidos a difuso controle jurisdicional, dependerá do merecimento de tutela de cada uma das entidades constituídas e do conteúdo dos pactos celebrados.[100]

PROBLEMAS PRÁTICOS

1 – Tendo em vista a abertura hermenêutica atribuída às tipologias de família, é possível afirmar que as uniões estáveis entre mais de duas pessoas, chamadas de poliamor, podem formar entidades familiares?

2 – O princípio da proteção aos vulneráveis se aplica da mesma forma e indistintamente a todas as categorias de vulneráveis?

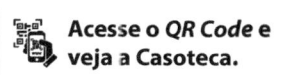

Acesse o *QR Code* e veja a Casoteca.

> http://uqr.to/1pblh

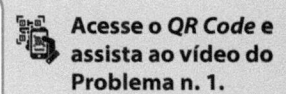

Acesse o *QR Code* e assista ao vídeo do Problema n. 1.

> https://uqr.to/nxwx

---

tes deverão observar o *dever de lealdade*, de respeito e de dignidade uma para com a outra, bem como a observância de todos os afazeres e os cuidados exigidos para uma sólida e harmônica vida familiar em comum. Cláusula Quarta – As conviventes rogam aos órgãos competentes, que cada uma delas goze de todos os benefícios que tenham direito ou venham a ter perante a qualquer plano de saúde, previdência pública ou privada, Receita Federal, *na qualidade de dependentes uma das outras*. Cláusula Quinta – As declarantes, ora conviventes, estabelecem para esta união, um regime patrimonial análogo ao *regime da comunhão parcial de bens*, previsto nos arts. 1.640 e seguintes, do Código Civil Brasileiro" (original não grifado).

99 Disponível em http://www.cnj.jus.br/noticias/cnj/87073-cartorios-sao-proibidos-de-fazer-escrituras-publicas-de-relacoes-poliafetivas. Acesso em 20.11.2018.

100 Tem-se notícia de que a vara de família e sucessões de Nova Hamburgo, em agosto de 2023, reconheceu união estável poliafetiva de um trisal que mantém relação há 10 anos. A busca pela oficialização foi motivada pelo nascimento de um filho, em outubro de 2023, de modo que essa criança pudesse ter seu registro multiparental (disponível em https://ibdfam.org.br/noticias/11141/Justiça+do+Rio+Grande+do+Sul+reconhece+união+poliafetiva+de+trisal+que+espera+primeiro+filho. Acesso em 2.11.23).

Capítulo II
CASAMENTO

Acesse o *QR Code* e assista ao vídeo sobre o tema.

> *http://uqr.to/1pblv*

1. NOÇÕES GERAIS

O casamento, em sua origem, vincula-se profundamente ao Direito Canônico, dado seu fundamento primitivamente religioso. Concebido como sacramento pelo Cristianismo,[1] tinha como característica a indissolubilidade e a sacralidade. No Brasil, sob a égide das Ordenações Filipinas, o casamento estava precipuamente interligado à Igreja sob a doutrina do Concílio de Trento, tendo sido ignorado pela Constituição de 1824.[2] O Decreto 181, de 1890, regulou o casamento civil, refletindo a separação entre Estado e Igreja que se verificou com o advento da República. Estabelecia o art. 72, § 4º, da Constituição de 1891, que a "República só reconhece o casamento civil, cuja celebração será gratuita".

O Código Civil 1916 refletiu a visão matrimonializada e patriarcal da família, a qual só se constituía oficialmente pelo matrimônio. Tal perspectiva só foi rompida com o advento da Constituição Federal de 1988, que contemplou expressamente outras formas de constituição da família, a partir de uma visão mais inclusiva.

---

1 Paulo Lôbo, *Direito civil:* famílias, São Paulo: Saraiva, 2017, 7ª ed., p. 93.

2 Arnaldo Rizzardo, *Direito de Família*, Rio de Janeiro: Forense, 2011, 8ª ed., p. 19.

Não obstante a indissolubilidade do matrimônio já houvesse sido superada com a Emenda Constitucional 9, de 1977, e a Lei 6.515/1977 (Lei do Divórcio), somente com a implementação da nova ordem constitucional ocorreu a verdadeira mudança de paradigmas axiológicos.

Impacto da Constituição no casamento

A Constituição de 1988 reconheceu o casamento civil e o casamento religioso com efeitos civis. Manteve-se, ainda, a configuração solene do casamento, dispondo o atual Código Civil de longas disposições a respeito de suas formalidades. Entretanto, a passagem da perspectiva patrimonialista para a visão funcionalizada da família, tendo como fundamento e finalidade a tutela da dignidade da pessoa humana (CR, art. 1º, III), promoveu o redirecionamento da interpretação das disposições atinentes ao casamento.

O Texto Constitucional, em seu art. 226, apresenta a família como base da sociedade, reconhecendo a igualdade de direitos e deveres referentes à sociedade conjugal em relação ao homem e à mulher e ao planejamento familiar como livre decisão do casal. Além disso, é reconhecida a união estável entre o homem e a mulher como entidade familiar, devendo a lei facilitar sua conversão em casamento. Como já se anotou no capítulo anterior, deve-se observar que o Supremo Tribunal Federal, ao julgar a ADPF 132/RJ e a ADI 4.277/DF estendeu a possibilidade da constituição de união estável às famílias homoafetivas. A partir desses julgamentos e apoiado nos mesmos fundamentos, o STJ permitiu casamentos entre pessoas do mesmo sexo.[3]

O regramento constitucional criou diretrizes para a formação e a dissolução das famílias constituídas pelo casamento. A forma de casamento mais comum e sobre a qual gravita a normativa do Estado é o casamento civil, cuja celebração é gratuita, conforme dispõem o § 1º do art. 226 da Constituição e o art. 1.512 do Código Civil. Com o escopo de viabilizar, efetivamente, a isenção de custos, o Código Civil ampliou a gratuidade ao procedimento de habilitação, registro e primeira certidão para pessoas cuja pobreza for declarada, conforme dispõe o parágrafo único do art. 1.512, cujos requisitos são os da Lei 1.060/1950 c/c os arts. 98 e ss. do CPC/15.

O § 6º do art. 226, após a Emenda Constitucional 66/2010, reforçou a natureza jurídica do divórcio como direito potestativo, desatrelando-o de prazos e de condições estabelecidas pelo Código Civil, de modo a estabelecer definitivamente que é a vontade o elemento propulsor tanto da formação quanto da continuidade da família. Transferiu, de forma definitiva, o controle da desconstituição da família para o casal, ao mesmo tempo em que consagrou que a família conjugal merece tutela jurídica se e enquanto gerar comunhão plena de vida aos cônjuges.

Natureza jurídica

O casamento é um misto de consentimento – *affectio* entre duas pessoas em busca da formação da família conjugal – e formalidades, já que o Estado estabelece uma série de atos como requisitos de sua validade, cuja sistemática não pode ser alterada pela vontade das partes. Diante de tais elementos – substancial e formal –,

---

3 STJ, 4ª T., REsp 1183378/RS, Rel. Min. Luis Felipe Salomão, julg. 25.10.2011, publ. *DJ* 01.02.2012.

discute-se a natureza jurídica do casamento, como instituto predominantemente de ordem pública ou fundamentado na autonomia privada.

Inicialmente, considerava-se o casamento como *instituição*, dadas as características admitidas historicamente, como única forma de constituição de família legítima. Tratava-se de modelo rígido, com a presença do Estado ditando suas condições iniciais, como os cônjuges deveriam se portar na sua constância e sua indissolubilidade.[4] "Juridicamente, isto é, sob o ponto de vista legal, técnico, o casamento é a proteção, pelo direito, das uniões efetuadas conforme certas normas e formalidades fixadas nos Códigos Civis".[5] Em seguida, entendeu-se o casamento como *contrato*, tendo em vista que se tratava de uma união de vontades entre duas pessoas para o estabelecimento da sua convivência e a consecução de um projeto de vida em comum. Caio Mário da Silva Pereira considera o casamento como um "contrato especial", dotado de consequências peculiares, mais profundas e extensas do que as convenções de efeitos puramente econômicos, ou "contrato de Direito de Família", em razão das relações específicas por ele criadas. "Particularizando, não é a circunstância de se admitir ou não o divórcio que lhe atribui ou lhe recusa a natureza contratual, pois que, em doutrina como em presença do direito positivo, as teses adversas são sustentadas com igual cópia de argumentos, independentemente de se assentar a indissolubilidade do vínculo".[6]

Diante das críticas às construções anteriores, que indicam a dificuldade do perfeito enquadramento do casamento nos modelos institucional ou contratual, procura-se na atualidade qualificá-lo sob dupla ótica, examinado dos pontos de vista ora do ato jurídico formal que o origina, ora da atividade relacional em que se produzem os seus efeitos. Nessa direção, o casamento pode ser concebido (i) como *ato ou negócio jurídico*, já que pressupõe a prévia reflexão de quem o contrai para a regulamentação de seus interesses, daí decorrendo imediatamente uma série de efeitos que lhe são próprios – dada a certeza e a segurança que oferecem os atos solenes. Os efeitos jurídicos decorrem do ato solene consubstanciado pelo casamento, cujo substrato axiológico se vincula ao estado civil e à segurança que as relações sociais reclamam. Sob tal perspectiva, o casamento confere aos cônjuges o estado civil de casados, fator de identificação na sociedade, atraindo os efeitos próprios deste *status*, qualidade jurídica que, à evidência, não pode ser atribuída a ninguém que não seja casado. Concomitantemente a tal análise do negócio formativo, (ii) como *entidade familiar*, assim compreendida a relação estabelecida com a sua celebração, de modo a produzir os efeitos jurídicos próprios da família, não diferenciando o constituinte, para efeito de proteção do Estado, a entidade familiar constituída pelo casamento

---

4 "Muito se tem falado sobre a natureza do matrimônio. Parte-se, de início, do estudo de se considerar uma instituição ou contrato. É instituição porque elevado à categoria de um valor, ou de uma ordem constituída pelo Estado. É um ente que engloba uma organização e uma série de elementos que transcendem a singeleza de um contrato" (Arnaldo Rizzardo, *Direito de Família*, cit., p. 21).

5 Pontes de Miranda, *Tratado de Direito de Família*, vol. I: direito matrimonial, São Paulo: Max Limonad, 1947, 3ª ed., p. 81.

6 Caio Mário da Silva Pereira, *Instituições de Direito Civil*, vol. V., Rio de Janeiro: Forense, 1997, 11ª ed., p. 36.

daquela formada pela conduta espontânea e continuada dos companheiros, não fundada no matrimônio.[7]

Nesta esteira, importa para a discussão de sua natureza jurídica o fato de sua fundação estar sujeita a ato complexo, calcado em diversas manifestações de vontade que se sucedem, reconhecidas pelo Estado, subordinando-se a produção de seus efeitos a atos oficiais previstos em cada fase. Considera-se o casamento, por isso mesmo, ato jurídico solene, público e complexo reconhecido pelo Estado, por meio do qual duas pessoas – independente da orientação sexual – constituem família, manifestando livremente a sua vontade.[8] Para a ordem jurídica, portanto, a partir do momento em que a lei disciplina os efeitos do casamento com a manifestação de vontade de casar, "são atraídos certos efeitos e deveres jurídicos predefinidos no ordenamento a que é necessário se submeter".[9] Embora existam efeitos resultantes de autonomia do casal – como por exemplo, o regime de bens – a natureza existencial do casamento que constitui seu núcleo central – fundada, *a priori*, no que a lei entende como modelo *pret a porter* no qual se encaixariam os projetos de vida ao estabelecerem direitos e deveres para os cônjuges –, acaba por definir efeitos que decorrem da lei, independentemente da vontade das partes, como se verifica no art. 1.566 do Código Civil. Não obstante a aparente rigidez normativa, é possível entender que o casamento tende a se tornar, cada vez mais, resultado dos acordos firmados entre as partes – principalmente quando não fundados na solidariedade familiar –, como resultado do exercício das liberdades existenciais.

Comunhão plena de vida

Justamente em razão da relevante faceta existencial do casamento, que decorre da incidência do projeto plural e personalista do Texto Constitucional, é que o matrimônio deve ser concebido como resultado de uma *comunhão plena de vida*, segundo o que prescreve o art. 1.511 do Código Civil. Ao prever que "o casamento estabelece comunhão plena de vida, com base na igualdade de direitos e deveres dos cônjuges", estabelece-se que os próprios nubentes podem compor os termos da essência da relação familiar: "como cláusula geral, a comunhão plena de vida torna-se condição de validade de todo o casamento, atributo indispensável de sua existência e subsistência, porque seria inconcebível perpetuar no tempo qualquer relação conjugal sem que se ressentisse uma plena comunhão de vida".[10] Assim, fica a critério dos

---

7 Por isso, as normas que se pretende interpretar são informadas por princípios relativos à solenidade do casamento, não há que se estendê-las às entidades familiares extramatrimoniais. Quando informadas por princípios próprios da convivência familiar, vinculada à solidariedade dos seus componentes, aí, sim, indubitavelmente, a não aplicação de tais regras contraria o ditame constitucional.

8 "O que peculiariza o casamento é o fato de depender sua constituição de ato jurídico complexo, ou seja, de manifestações e declarações de vontade sucessivas (*consensus facit matrimonium*), além da oficialidade de que é revestido, pois sua eficácia depende de atos estatais (habilitação, celebração, registro público). As demais entidades familiares são constituídas livremente, como fatos sociais aos quais o direito empresta consequências jurídicas. Por isso que a prova destas, diferentemente do casamento, localiza-se nos fatos e não em atos" (Paulo Lôbo, *Direito civil:* famílias, cit., p. 91).

9 Ana Carolina Brochado Teixeira, Renata de Lima Rodrigues, Características e consequências do exercício do direito ao livre planejamento familiar conferido à pluralidade de entidades familiares. *Direito das famílias entre a norma e a realidade*, São Paulo: Atlas, 2010, p. 158.

10 Rolf Madaleno, *Direito de Família*, Rio de Janeiro: Forense, 2017, 7ª ed., p. 101.

nubentes a possibilidade de eles mesmos construírem o próprio modelo familiar, dentro dos parâmetros de realização que lhes são próprios, já que o art. 1.513 do Código Civil prevê a proibição a "qualquer pessoa, de direito público ou privado, interferir na comunhão de vida instituída pela família". Dentro desse espaço de liberdade garantido pelo legislador, a comunhão de vida "deve ser construída pelos nubentes de forma íntima e privada, sem a intervenção do Estado, ao eleger certos efeitos ou impor determinados direitos e deveres aos nubentes, à revelia de seus projetos pessoais".[11]

No âmbito da comunhão plena de vida a ser estabelecida pelos cônjuges, que reflita o projeto familiar por eles arquitetado, discutem-se os limites e possibilidades de construção autônoma de seu plano existencial de casamento, a partir de parâmetros diferentes dos estabelecidos em lei. Admitindo-se tal possibilidade, compreende-se o casamento como negócio jurídico dúplice, atribuindo-se às partes o poder de definir suas normas de convivência patrimonial e existencial. Por coerência com os pilares da Constituição, está aqui a se tratar de acordo sobre regras existenciais cujo fundamento esteja na seara da autonomia privada – tal como fidelidade e coabitação – não sendo possível derrogação, modificação ou transação sobre regras calcadas no princípio da solidariedade familiar, tal qual o dever de mútua assistência.[12] Nesse sentido, o STJ deixou a critério do casal a modulação da dimensão concreta dos deveres de fidelidade e de lealdade, ao afirmar que "são bastante abrangentes e indeterminados, exige-se a sua exata conformação a partir da realidade que vier a ser estipulada por cada casal, a quem caberá, soberanamente, definir exatamente o que pode, ou não, ser considerado um ato infiel ou desleal no contexto de sua específica relação afetiva, estável e duradoura".[13]

No caminho de construção desse instituto, é importante esclarecer que se torna incompatível a indissolubilidade, ainda que temporária, do casamento. Desde a Emenda Constitucional 9, de 1977, e sua posterior regulamentação (Lei 6.515/1977), foi introduzida no ordenamento jurídico brasileiro a possibilidade de dissolução do vínculo conjugal, cuja efetivação se tornou facilitada pela Emenda Constitucional 66/2010, conforme será analisado no capítulo 4.

---

11 Ana Carolina Brochado Teixeira, Renata de Lima Rodrigues, O papel da autonomia privada na reconfiguração do pacto antenupcial e da natureza jurídica do casamento. In: Paulo Adyr Dias do Amaral, Raphael Silva Rodrigues (coords.). *CAD 20 anos:* Tendências contemporâneas do Direito, Belo Horizonte: D'Plácido, 2017, p. 135.

12 Em sentido contrário, afirmando que o casamento possui normas inderrogáveis: "O vocábulo *casamento* emprega-se, todavia, em duplo sentido: a) como ato criador da família legítima; b) como estado proveniente desse ato praticado na conformidade da lei. Numa e na outra acepção, o casamento é exaustivamente disciplinado por preceitos legais ditados pelo Estado. (...) O casamento, como vínculo ou *status* pessoal, não se deve confundir com seu ato constitutivo, assim também designado. Nesta acepção, é promessa solene e irrevogável, mutuamente feita; naquela, um estado a que correspondem direitos e deveres estabelecidos por normas inderrogáveis" (Orlando Gomes, *Direito de Família*, Rio de Janeiro: Forense, 2002, 14ª ed., atualizada por Humberto Theodoro Júnior, p. 56).

13 STJ, 3ª T., REsp 1.974.218 – AL, Relª. Minª. Nancy Andrighi, julg. 8.11.2022, publ. *DJ* 11.11.2022.

2. CAPACIDADE

A lei estabeleceu regras próprias sobre a capacidade para casar, não se submetendo, simples e integralmente, ao regime das incapacidades previsto nos arts. 3º e 4º do Código Civil. Como regramento geral, as pessoas maiores e capazes podem se casar a partir dos 18 anos. No entanto, o art. 1.517 do Código Civil fixa a idade núbil aos 16 anos, desde que haja autorização de ambos os pais ou de seus representantes legais – como tutores, por exemplo –, quando um ou ambos os nubentes ainda não tiverem alcançado os 18 anos. Faz-se necessário o acompanhamento dos pais em razão de o casamento representar decisão importante na vida dos nubentes e em função de a lei não considerar que as pessoas aos 16 anos possuem total autonomia para o exercício dos atos da vida civil – por estarem, ainda, em fase de desenvolvimento, razão pela qual são relativamente incapazes, embora possam praticar o ato jurídico (casamento).[14]

A autorização deve ser apresentada no Cartório de Registro Civil no momento do pedido de habilitação. Caso haja divergência entre os pais, a questão deve ser submetida à decisão judicial, vez que a autorização para o casamento é ato adstrito ao exercício da autoridade parental e não ao regime de guarda (CC, arts. 1.517, parágrafo único, e 1.631), de modo que o estado civil dos pais em nada influencia na concessão da autorização. Apenas o genitor que perdeu o poder familiar está dispensado de manifestar sua decisão.

A autorização poderá ser revogada pelos pais ou tutores até o momento da celebração do casamento (CC, art. 1.518). Se houver recusa dos pais ao casamento, esta deve ser baseada em motivo razoável, pois, se for injusta, poderá ser suprida pelo juiz (CC, art. 1.519).

Era possível o casamento antes da idade núbil em caso de gravidez (CC, art. 1.520). A ideia era facilitar a constituição de família quando, mesmo de forma precoce, do relacionamento advém uma criança, para a qual o ordenamento pretendia proporcionar uma estrutura familiar, tendo em vista a prioridade absoluta que recebeu do sistema constitucional (CR, art. 227). No entanto, o art. 1.520 do Código Civil foi modificado pela Lei 13.811/2019, passando a proibir, em qualquer caso, o casamento antes dos 16 anos.[15]

Uma outra hipótese que estava prevista no art. 1.520 do Código Civil, era a possibilidade da antecipação da idade núbil a fim de se evitar cumprimento de pena

---

14 Ressalta-se que, consoante a orientação do Enunciado 512 da V Jornada de Direito Civil, o art. 1.517 do Código Civil não se aplica ao emancipado.

15 Para uma visão crítica a respeito da possibilidade de configuração de união estável entre menores de 16 anos, recomenda-se Ana Carla Harmatiuk Matos; Lígia Ziggiotti de Oliveira. Paradoxos entre autonomia e proteção das vulnerabilidades: efeitos jurídicos da união estável entre adolescentes. In: Ana Carolina Brochado Teixeira; Luciana Dadalto (coords.). *Autoridade parental: dilemas e desafios contemporâneos,* Indaiatuba: Foco, 2021, 2ª ed., pp. 65-77. Na jurisprudência: "A união estável é ato-fato jurídico e pode ser reconhecida mesmo que algum dos companheiros ainda não tenha atingido dezesseis anos de idade. 2. O limite da idade núbil visa à proteção de crianças e adolescentes, não podendo ser utilizado para restringir o reconhecimento da união estável existente em detrimento dos direitos do menor." (TJMG, 19ª C.C, Ap. Civ. 10000210665303001, Rel. Des. Carlos Henrique Perpétuo Braga, julg. 15.7.2021, publ. DJ 21.7.2021).

criminal. A Lei 11.106/2005 revogou os incisos VII e VIII do art. 107 do Código Penal, que previa que o casamento da vítima com o ofensor – que praticou crimes contra os costumes (atuais crimes contra a dignidade sexual) – era hipótese de extinção da punibilidade. Logo, o Código Civil, a fim de estabelecer coerência entre as normas, facultava o casamento precoce da vítima com o criminoso. Tendo em vista a revogação dos dispositivos penais, já não se justificava a manutenção da hipótese na órbita civil, mesmo antes do advento da Lei 13.811/2019.[16] A mesma lei acabou por revogar todas as possibilidades de casamento antes dos 16 anos.

3. IMPEDIMENTOS

Impedimentos para o casamento

Com fundamento na liberdade conferida na constituição das relações familiares, o legislador toma a aptidão para o casamento como regra, enunciando de forma taxativa os impedimentos. Tal lógica remonta ao direito canônico, no qual se partia do princípio de que qualquer pessoa possuía o direito natural de se casar,[17] de modo que apenas as restrições deveriam ser listadas.

Os impedimentos, previstos no art. 1.521 do Código Civil, sempre foram entendidos como uma das searas mais públicas no direito de família, por se referirem a questões sociais bastante delicadas, tais como o incesto, regras morais familiares etc. Contudo, é necessário pensá-los sob nova perspectiva.

Clovis Bevilaqua, em eloquente passagem, resume a preocupação do direito com a moral social historicamente sedimentada. Segundo o autor, "tem um poderoso fundamento moral a prohibição do casamento entre parentes, a que se refere o Código. Os sentimentos de veneração, dos descendentes para com os ascendentes, de dedicação desinteressada dos ascendentes para com os descendentes, repelle qualquer approximação sexual. Desde muito cedo, na história, firmou-se a família sobre essas bases. Na linha collateral, se não são raros os exemplos de casamentos fraternos, nas origens da civilização, a disciplina social não se demorou em condemnal-os auxiliada pela própria natureza".[18]

---

16 "Sem voltar ao passado, em que a sacralização do casamento e a preservação da família se sobrepunham ao interesse do Estado de punir a prática de um crime, em boa hora foi afastada a possibilidade de transformar a mulher em excludente da criminalidade. As duas hipóteses previstas na lei penal (CP 107 VII e VIII), que identificavam o casamento como causa de extinção da punibilidade nos delitos 'contra os costumes', foram revogadas. Admitir o casamento do réu com a vítima como forma de evitar a imposição ou o cumprimento de pena criminal nada mais significava do que chancelar o estupro, absolvendo o autor de um crime hediondo, agravado pelo fato de ser a vítima uma adolescente. Com essa salutar alteração da lei penal, houve a derrogação tácita de parte do art. 1.520 do Código Civil" (Maria Berenice Dias, *Manual de Direito das Famílias*, São Paulo: Revista dos Tribunais, 2010, 7ª ed., p. 153).

17 Silvio de Salvo Venosa, A família conjugal. In: Rodrigo da Cunha Pereira (org.), *Tratado de Direito das Famílias*, Belo Horizonte: IBDFAM, 2016, 2ª ed., p. 155.

18 Clovis Bevilaqua, *Código Civil dos Estados Unidos do Brasil comentado*, São Paulo: Freitas Bastos, 1936, v. II, 5ª ed., p. 20. O autor aduz, ainda: "Além do segundo gráo, pelo direito civil, a Igreja catholica tolera as uniões (Codex, art. 1.076); porém a pureza dos costumes e razões de ordem physiologica aconselham maior rigor. O Dec. 181, de 24 de Janeiro de 1890, não levava a prohibição, na linha transversal, além do segundo gráo. Eram, assim, permittidos os casamentos entre tios e sobrinhos.

Evitar relações incestuosas, portanto, é o principal escopo dos impedimentos matrimoniais. Incesto, segundo seu conceito vernacular, é "união sexual ilícita entre parentes consanguí*neos, afins ou adotivos*".[19] No glossário freudiano, incesto significa "relações sexuais entre parentes próximos ou afins, cujo casamento é proibido pela lei; por exemplo, pai e filha, mãe e filho, irmão e irmã, tio e sobrinho, tia e sobrinho".[20] Tais definições semânticas e psicanalíticas traduzem concepções jurídicas, tendo em vista a dicção do art. 1.521 do Código Civil. Verifica-se, assim, que os fundamentos substanciais para existência dos impedimentos na tradicional perspectiva do direito de família publicizado são:

a) evitar problemas biológicos na prole, tendo em vista que a confusão sanguínea pode ter consequências eugênicas. Este argumento é o mais utilizado pelos que se posicionam favoravelmente aos impedimentos, que se baseiam na possibilidade de os filhos nascerem com alguma doença, embora tais infortúnios ligados à saúde possam existir em outras situações nas quais o casamento é permitido, como por exemplo, entre casais mais velhos ou pessoas com alguma deficiência intelectual ou mental. Aliás, filhos de casais saudáveis, sem nenhum parentesco, também podem nascer com problemas de saúde, o que não interfere em nada no casamento destes.

A doutrina majoritária afirma que o risco à saúde dos filhos é argumento a ser considerado, pois, no ordenamento brasileiro, a criança recebe proteção especial por estar em fase de desenvolvimento, sendo-lhe vertidos direitos fundamentais especiais, previstos no art. 227 da Constituição, entre eles o direito à saúde. É certo que, segundo informações genéticas, filhos de casais de uma mesma família apresentam maior probabilidade de desenvolver anomalias genéticas.[21] Diante disso, segundo tal raciocínio, não se poderia expor a prole a tais ameaças, que potencialmente suprimam seus direitos fundamentais.

A reflexão a ser feita é se o risco à reprodução seria elemento suficiente para a permanência dos impedimentos. Essa ideia passa pela investigação da importância da reprodução na família democrática privatizada,[22] que perdeu sua característica patriarcal, hierarquizada, masculinizada, em favor da convivência pautada no diálogo, na alteridade, na afetividade, para que cada um dos seus componentes possa ter

---

O Código Civil prohibiu-os. Póde a consanguinidade não ser sempre doentia, nos connubios (...); porém, como ensina Lacassagne, nos meios urbanos, sempre viciados, ella dará maus fructos, e o direito deve intervir para evitar a degeneração da raça. Além disso, a doutrina do Código apóia-se na ethica. A atmosphera moral da família conserva-se mais límpida, se entre tios e sobrinhos não houver a possibilidade de enlaces ilícitos. São ainda razões de ordem moral que condemnam os casamentos na família adoptiva, dentro dos limites, que o Código traça".

19 Aurélio Buarque de Holanda Ferreira, *Novo dicionário Aurélio da língua portuguesa*, Curitiba: Positivo, 2004, 3ª ed., p. 1.087.

20 Roland Chemama, *Dicionário de psicanálise*. Porto Alegre: Artes Médicas Sul, 1995, trad. Francisco Franke Settineri, p. 105.

21 Disponível em: https://super.abril.com.br/saude/por-que-filhos-de-incestos-nascem-com-problemas-geneticos/. Acesso em 23 out. 2017.

22 Maria Celina Bodin de Moraes, A família democrática. *Anais do V Congresso Brasileiro de Direito de Família*, São Paulo: IOB Thomson, IBDFAM, 2006, pp. 613-640.

condições de se autodeterminar de forma livre e responsável. Há muito, a reprodução não é da essência da família, como era antigamente. Sob essa perspectiva, o empecilho eugênico deve ser tratado não na órbita da violação a direitos fundamentais dos futuros filhos, mas sim, no âmbito de projeto parental, previsto pelo art. 226, § 7º, da Constituição da República, uma vez que o objetivo de ter filhos pode não fazer parte do planejamento de determinado casal. Contudo, mesmo que o seja, haveria outras formas de alcançá-lo, seja por meio da adoção, seja da submissão a exames de mapeamento genético para constatar, na situação concreta, a existência de risco eugênico e, em caso positivo, seu grau. Diante disso, a discussão se desloca não para a formação da prole, mas para a união entre pessoas consanguíneas.

Josefina Pimenta Lobato analisa criticamente a explicação biológica para justificar a existência universal do incesto, mediante o enfoque especial da proteção à "espécie humana das consequências genéticas nefastas do casamento entre parentes próximos".[23] A autora hostiliza o argumento: "a fragilidade desse tipo de explicação, aparentemente sólida e inquestionável, deve-se ao fato de ela não levar em conta um fato inegável: o de que a proibição do incesto diz respeito às relações de parentesco e não às de relações de consanguinidade pura e simplesmente".[24] De fato, o enfoque no argumento biológico não se sustenta, uma vez que se vive em época na qual o parentesco socioafetivo convive com – e por vezes, prevalece sobre – o biológico. Por essa razão, o vínculo socioafetivo demonstra que, mediante a carência de fundamento eugênico que se aplique ao parentesco civil, a verdadeira e mais substancial razão suscitada para sustentar a proibição ao casamento entre pais e filhos, irmãos, sogros e noras ou genros é, de fato, cultural. Mas será essa pré-compreensão suficiente para fundar a proibição jurídica, no momento da aplicação da norma?

b) pelo segundo fundamento, de conotação cultural e moral, não são socialmente aceitas relações sexuais entre os membros de uma mesma família, situação causadora de verdadeiro repúdio social. A repercussão jurídica do incesto associa-se a questões de ordem psicanalítica e antropológica.

Claude Lévi-Strauss entende que "a proibição do incesto exprime a passagem do fato natural da consanguinidade ao fato cultural da aliança".[25] Ele considera a vedação ao incesto como questão cultural, embora não esteja desatrelada da natureza, vez que o repúdio ao incesto é praticamente universal. Ela é "apenas a afirmação, pelo grupo, que em matéria de relação entre os sexos não se pode fazer o que se quer. O aspecto positivo da interdição consiste em dar início a um começo de organização".[26] Assim, sob aspecto antropológico, essa norma vincula-se à ideia

---

23 Josefina Pimenta Lobato, A proibição do incesto em Lévi-Strauss. *Revista Oficina*: Família, seus conflitos e perspectivas sociais, Belo Horizonte, ano 6, n. 9, p. 14, jun. 1999.

24 Josefina Pimenta Lobato, A proibição do incesto em Lévi-Strauss, *Revista Oficina*: Família, seus conflitos e perspectivas sociais, cit., p. 15.

25 Claude Lévi-Strauss, *As estruturas elementares do parentesco*, Petrópolis: Vozes, 1982, trad. Mariano Ferreira, p. 70.

26 Claude Lévi-Strauss, *As estruturas elementares do parentesco*, cit., p. 83.

de que, para a organização social, é necessária uma "lei" estrutural que se torne a "espinha dorsal" da sociedade, que se traduz na proibição de relacionamento sexual entre as pessoas da mesma família. Tal regra não poderia ser relativizada, sob pena de causar desordem social.[27] O fundamento antropológico do incesto encontra-se, portanto, na necessidade de organização da reprodução, ou seja, caso se permita o incesto haverá desordem no interior da própria família – o "círculo de parentesco" –, o que, inevitavelmente, acarretaria a desordem social. Por isso, considera-se a proibição do incesto como interdição que se limita "a afirmar, em um terreno essencial à sobrevivência do grupo, a preeminência do social sobre o natural, do coletivo sobre o individual, da organização sobre o arbitrário".[28]

Ainda hoje tais proibições são impostas, por serem normas jurídicas que incidem em toda e qualquer relação intersubjetiva. Entretanto, ultrapassada a questão biológica, depara-se com o caráter cultural do incesto, ou seja, é a cultura da sociedade que repudia a relação incestuosa, vez que tal interdito se encontra introjetado nas pessoas de um modo geral, incorporado à consciência social. Torna-se, assim, ao longo do tempo, regra moral intrafamiliar, tanto é que os parentes adotivos também estão proibidos de se casar.

Parecem claras, portanto, as funções que os impedimentos estão a cumprir no contexto social e jurídico, principalmente no âmbito do Direito de Família. O problema surge quando a opção individual, fruto de decisão autônoma, contraria tais parâmetros de ordem cultural, moral e jurídica. O incesto tem por finalidade a estruturação da coletividade como sociedade, pois a imposição de limites para a conduta humana é necessária, com a finalidade de tornar possível a vida em sociedade. O maior problema é saber se é legítimo o sacrifício de uma escolha individual, na órbita existencial, em prol de uma norma que, *a priori*, busca atender a reclames de caráter coletivo e social.[29]

---

27 Afirma Josefina Pimenta Lobato que "é preciso observar também que se o incesto é interdito socialmente é porque ele ameaça, de alguma forma, a ordem social" (Josefina Pimenta Lobato, A proibição do incesto em Lévi-Strauss, *Revista Oficina*: Família, seus conflitos e perspectivas sociais, cit., p. 15).

28 Claude Lévi-Strauss, *As estruturas elementares do parentesco*, cit., p. 85.

29 "Na Alemanha, por exemplo, dois irmãos biológicos, mas não jurídicos, estranhos um para o outro até o dia em que, adultos, se conhecerem, casaram-se e tiveram filhos, foram duramente sancionados pela legislação alemã. Em 2010, foram obrigados a se separar, o marido, Patrick, foi condenado a três anos de prisão e perderam a guarda dos filhos. Não havia entre o casal qualquer sentimento de fraternidade ou de identidade familiar, que fundamenta o incesto. A opção pelo casamento e constituição de comunhão de vida, nessas circunstâncias, não os descaracterizava como família. A ausência do vínculo fraternal socioafetivo desnatura funcionalmente o incesto e o impedimento para o casamento previsto no art. 1.521, IV, do Código Civil. A despeito dessa circunstância, a Corte Europeia de Direitos Humanos confirmou a decisão da Suprema Corte Alemã, considerando que a tipificação do incesto como crime não viola o direito fundamental do 'respeito à vida privada e familiar', garantido pela Convenção Europeia dos Direitos Humanos" (Gustavo Tepedino, Dilemas do Afeto. *Revista IBDFAM*: Famílias e Sucessões, v. 14, Belo Horizonte: IBDFAM, 2016, pp. 11-27). Também sobre o caso: Ana Carolina Brochado Teixeira, A função dos impedimentos no Direito de Família: uma reflexão sobre o casamento dos irmãos consanguíneos ocorrido na Alemanha. In: Gustavo Tepedino e Luiz Edson Fachin (org.), *Diálogos sobre Direito Civil*, v. II, Rio de Janeiro: Renovar, 2008, pp. 547-572.

Não obstante esse debate questione as bases teóricas para a permanência dos impedimentos, eles continuam em vigor. Assim, não podem casar, segundo o art. 1.521 do CC:

(i) os ascendentes com os descendentes, seja o parentesco natural ou civil – isto é, pais e filhos, avós e netos etc. –, seja por parentesco biológico ou adotivo, socioafetivo ou qualquer outra modalidade. Presente aqui o risco eugênico à prole.

(ii) os afins em linha reta: também não podem se casar sogros com noras ou genros, bem como padrastos, madrastas com seus enteados. Por se tratar de situação que se assemelha à "ordem familiar biológica", tais uniões não são aceitáveis moralmente.[30]

(iii) o adotante com quem foi cônjuge do adotado e o adotado com quem o foi do adotante. Pela mesma razão, o adotante não pode casar com sua madrasta ou padrasto, independentemente de o parentesco ser biológico ou civil.

(iv) os irmãos, unilaterais ou bilaterais, e demais colaterais, até o terceiro grau inclusive. Não se perquire se os irmãos têm dupla ligação parental – se são unilaterais ou germanos – para se proibir o casamento entre eles. Merece destaque aqui o Decreto-Lei 3.200/1941, que permite o casamento entre colaterais em terceiro grau, devendo-se requerer ao juiz competente para a habilitação a nomeação de dois médicos de reconhecida capacidade, isentos de suspensão, para examiná-los e atestar não haver inconveniente, sob o ponto de vista da sanidade e da saúde de qualquer deles e da prole, na realização do matrimônio.[31] Assim, caso se comprove

---

30 "Pelo espírito e cunho moral da lei, seria irrelevante a natureza do parentesco. Mesmo na hipótese de uniões estáveis, ligações concubinárias ou esporádicas, o impedimento deveria persistir, pois esse o sentido da lei" (Silvio de Salvo Venosa, A família conjugal. In: Rodrigo da Cunha Pereira (org.), *Tratado de Direito das Famílias*, cit., p. 157).

31 A doutrina sinaliza no sentido da vigência do Decreto-Lei 3.200/1941. "Buscando uma efetiva solução para tal controvérsia, há que se considerar que o Decreto-Lei nº 3.200/1941, identificado como 'Lei especial', não foi revogado pelo Código Civil" (Caio Mário da Silva Pereira, *Instituições de Direito Civil*, vol. V., Rio de Janeiro: Forense, 2018, 26ª ed., p. 114) "É de se observar, todavia, nesse particular, que, por se tratar de norma especial, permanece em vigor o Decreto-lei 3.200, de 19 de abril de 1941, que, em situação especialmente justificada, admite o matrimônio entre parentes de terceiro grau, se houver parecer médico favorável" (Pablo Stolze Gagliano; Rodolfo Pamplona Filho, *Novo Curso de Direito Civil*, vol. 6: Direito de Família – As famílias em perspectiva constitucional, São Paulo: Saraiva, 2012, 2ª ed., p. 230). Conforme Enunciado 98 da I Jornada de Direito Civil, "O inc. IV do art. 1.521 do novo Código Civil deve ser interpretado à luz do Decreto-lei 3.200/1941, no que se refere à possibilidade de casamento entre colaterais de 3º grau". A Jurisprudência vem aplicando as disposições do referido Decreto: "Ação declaratória de nulidade de casamento, ajuizada pelo apelante através da qual alegou ter vivido em união estável homoafetiva com o falecido marido da ré que, por seu turno, era sobrinha do de *cujus*. Requereu, em razão disso, a declaração de nulidade do casamento por infringência de impedimento legal. A existência de união homoafetiva entre o autor e o falecido não guarda relação com o pleito contido neste processo, na medida em que este se trata de ação de nulidade de casamento. A possibilidade de casamento avuncular é descrita pelo art. 1º e regulamentada pelo art. 2º, do Decreto-lei 3200/1941. Tal norma foi editada com o precípuo propósito de proteger a prole, advinda do casamento, de possível malformação genética, afastando-se a possibilidade de defeitos eugênicos dos eventuais descendentes. Assim, diante da constatação de que a ré havia se submetido à histerectomia total antes da boda, a apresentação dos atestados tornou-se despicienda. Recurso desprovido" (TJRJ, 15ª C.C., Ap. Cív. 0012992-63.2011.8.19.0208, Rel. Des. Ricardo Rodrigues Cardozo – julg. 15.01.2013). "2. Havendo comprovação irrefutável da união estável entre a autora

a ausência de obstáculos de ordem biológica, é possível haver o casamento entre tio e sobrinha, por exemplo.

(v) o adotado com o filho do adotante. A lei civil proíbe o casamento entre irmãos adotivos, confirmando que o parentesco civil também gera impedimento para o casamento. "O impedimento alcança não apenas os irmãos consanguíneos unilaterais e bilaterais, mas os de origem adotiva, de inseminação artificial heteróloga e de posse de estado de filiação, porque não pode haver qualquer distinção entre eles e em razão da idêntica razão moral".[32]

(vi) as pessoas casadas. Trata-se da formalização de que o ordenamento brasileiro expressamente parece adotar a monogamia como princípio;[33]

(vii) o cônjuge sobrevivente com o condenado por homicídio ou tentativa de homicídio contra o seu consorte. O que se rechaça por meio desse impedimento é que a pessoa possa aproveitar-se da própria torpeza, ou seja, que ela constitua entidade familiar com aquele que foi responsável por tentar ou, efetivamente, matar seu cônjuge.[34] A doutrina vem entendendo que o homicídio ou a sua tentativa deve ser na modalidade dolosa, e que há a necessidade do trânsito em julgado da sentença penal condenatória para a incidência do impedimento.

Os impedimentos são aplicáveis à união estável, por força do art. 1.723, § 1º, do Código Civil, exceto o que se refere à pessoa casada, se ela estiver separada de fato ou for separada judicialmente.[35] Se eles existirem entre pessoas que vivem uma

---

e o *de cujus*, a proteção do Estado é prerrogativa da parte supérstite, vez que a relação é de notória natureza familiar, a teor do que dispõem o art. 226 da CF e o art. 1º da Lei 9.278/1996. 3. O impedimento ao casamento de colaterais até o terceiro grau foi mitigado pelo Decreto 3.200/1941, admitindo procedimento de justificação judicial no qual os nubentes deveriam ser submetidos à perícia médica que atestasse a compatibilidade genética, afastando a possibilidade de geração de prole saudável. 4. Ainda que a parte autora e o falecido militar, colaterais de 3º grau, não tenham se submetido aos exames previstos no Decreto-Lei 3200/1941, a ausência de geração de filhos permitiria o casamento e, via de consequência, o presente reconhecimento da união estável. 5. Apelação a que se nega provimento. Remessa oficial parcialmente provida" (TRF1, 2ª T., Ap. Cív. 2321/BA, Rel. Des. Fed. Neuza Maria Alves da Silva, julg. 04.07.2012, *DJF* 09.11.2012).

32 Paulo Lôbo, *Direito civil:* famílias, cit., p. 101.

33 Faz-se necessário, aqui, retomar a análise crítica feita no capítulo anterior, item 3, oportunidade em que as famílias simultâneas foram objeto de estudo.

34 Nesse sentido: Pablo Stolze Gagliano; Rodolfo Pamplona Filho, *Novo Curso de Direito Civil*, cit., p. 234; Gustavo Tepedino; Heloisa Helena Barboza; Maria Celina Bodin de Moraes, *Código Civil interpretado conforme a Constituição da República*, vol. IV, Rio de Janeiro: Renovar, 2014, p. 38. Para Rolf Madaleno, contudo, o impedimento prescindiria da condenação criminal transitada em julgado, podendo ser oposto durante a tramitação penal (Rolf Madaleno, *Direito de Família*, cit., p. 113).

35 "Os impedimentos são voltados ao casamento, na sistemática do Código Civil. Seriam aplicáveis à união estável? Em princípio não, porque a união estável é entidade familiar com estatuto próprio, que se constitui de fato, de modo livre e informal. O casamento, como vimos, é ato jurídico formal e solene. O impedimento tem por fito sustar ou impedir o casamento, ou invalidá-lo, o que não seria possível com a união estável, dado a inexistência de ato. Todavia, em virtude da fundamentação moral dos impedimentos, especialmente a vedação ao incesto, o § 1º do art. 1.723 do Código Civil estabeleceu que não se constitua a união estável se ocorrerem os mesmos impedimentos do casamento, com exceção da hipótese de pessoa casada, mas separada de fato ou judicialmente, ou seja, não divorciada; neste caso, o direito rendeu-se à realidade da vida, dada a frequência com

relação de fato, não haverá a constituição de união estável, mas sim, de concubinato que, segundo o art. 1.727 do Código Civil, é a relação não eventual entre homem e mulher com impedimentos para o casamento. Desse modo, parece ser a finalidade legislativa que esse relacionamento não gere efeitos de direito de família, mas de direito obrigacional, de modo a não ensejar fixação de alimentos ou direito sucessório entre concubinos.

Legitimidade, forma e prazo para oposição dos impedimentos

Os impedimentos podem ser opostos até o momento da celebração do casamento, vez que, até então, ainda não se concluiu todo o ato, mas apenas suas etapas anteriores. Dado seu caráter de ordem pública – vez que sua inobservância gera a nulidade do casamento –, podem ser opostos por qualquer pessoa capaz.

Se o juiz ou oficial de registro souber da existência de algum impedimento é obrigado a declará-lo, para que não permita a celebração de ato com defeito grave em sua formação.

Os impedimentos devem ser apresentados por meio de declaração escrita e assinada, instruída com as provas do fato alegado ou com a indicação do local onde possam ser obtidas (CC, art. 1.529). A fim de se preservar o contraditório, o oficial do registro dará ciência da oposição aos nubentes ou a seus representantes, indicando seu autor, os fundamentos e as provas a ele juntadas. Os nubentes podem requerer prazo razoável para fazer prova contrária aos fatos alegados, bem como propor ações civis e criminais contra o oponente de má-fé: "Não há mais um prazo definido em lei, que se refere a prazo razoável, o que pode facilitar a produção da prova, visto que há provas mais complexas, que demandam mais tempo que outras. É o oficial do registro que, diante de um juízo de razoabilidade, definirá o prazo mais adequado".[36]

A oposição do impedimento não gera, necessariamente, impossibilidade de se realizar o casamento, pois pode ser rejeitada e aquele, realizado. Caio Mário da Silva Pereira entende que "sua rejeição, e a celebração das núpcias, não obsta à propositura da ação da nulidade baseada no mesmo fato arguido. A decisão no processo de habilitação não faz coisa julgada", de modo que sua oposição "não tem efeito conclusivo sobre a eficácia do casamento, quer em sentido positivo, quer negativo".[37]

---

que as pessoas que se separam do cônjuge iniciarem outro relacionamento, antes da conclusão do divórcio. Assim, configurando-se o impedimento para o casamento, igualmente será estendido à união estável" (Paulo Lôbo, *Direito civil*: famílias, cit., p. 99).

36 Gustavo Tepedino; Heloisa Helena Barboza; Maria Celina Bodin de Moraes, *Código Civil interpretado conforme a Constituição da República*, vol. IV, cit., p. 57. O art. 67, § 5º, da lei de registros públicos menciona o prazo de 3 dias, o que foi superado pelo Código Civil: "Registre-se, inclusive, que a vigente norma não estabelece especificamente qual seria o prazo para a comprovação da falta de veracidade dos fatos alegados, remetendo a um juízo de razoabilidade. Tal conceito aberto é extremamente pertinente, uma vez que, havendo o *animus* de casar, são os próprios nubentes os mais interessados na demonstração de sua idoneidade para a celebração do matrimônio, não havendo qualquer prejuízo no reconhecimento de um prazo flexível, já que a cerimônia somente poderá ser realizada se houver prévia habilitação" (Pablo Stolze Gagliano; Rodolfo Pamplona Filho, *Novo Curso de Direito Civil*, cit., p. 179).

37 Caio Mário da Silva Pereira, *Instituições de Direito Civil*, vol. V, 11ª ed., cit., p. 72.

4. CAUSAS SUSPENSIVAS

As causas suspensivas configuram situações que desaconselham – mas não impedem – a realização do casamento, não ameaçando a validade do ato, mas impondo o regime da separação de bens (CC, art. 1.641, I). Tem por escopo inibir a prática do ato, embora não o proíba.[38] Baseiam-se em duas razões: biológica e patrimonial, ou seja, tem por finalidade evitar dúvidas quanto à paternidade e à confusão de patrimônios.

No primeiro grupo está apenas o inciso II do art. 1.523 do Código Civil, segundo o qual não deve se casar a viúva, ou a mulher cujo casamento se desfez por ser nulo ou ter sido anulado, até dez meses depois do começo da viuvez, ou da dissolução da sociedade conjugal. O aconselhamento para que o casamento não se realize nesse período de dez meses depois do fim do casamento se justifica no fato de que, caso a mulher esteja grávida, enseja presunção de paternidade, principalmente em face do que dispõe o art. 1.597, I, do Código Civil, que estabelece que filhos nascidos até 180 dias após a realização do casamento, presumem-se havidos na constância deste. Com o advento do DNA, não faz qualquer sentido a manutenção dessa disposição, que pressupunha a inexistência de meios científicos para a constatação da paternidade, o que fez com que o sistema se baseasse unicamente em presunções.

No segundo grupo, que pretende evitar dúvidas sobre a titularidade de bens, estão as demais disposições do art. 1.523. Assim, não devem se casar:

(i) o viúvo ou a viúva que tiver filho do cônjuge falecido, enquanto não fizer inventário dos bens do casal e der partilha aos herdeiros. Sendo o inventário o instrumento que oficializa a transmissão do patrimônio entre o *de cujus* e seus herdeiros, o fim do inventário significa que os bens já se encontram sob novas titularidades. A restrição se dá, fundamentalmente, quando existem filhos do cônjuge falecido com aquele que pretende novamente se casar, de modo a evitar que esses bens se misturem com os do novo casamento.

(ii) o divorciado, enquanto não houver sido homologada ou decidida a partilha dos bens do casal. Com a mesma finalidade de evitar confusão entre bens, a lei estabelece que, em caso de divórcio, a partilha de bens é fundamental para que ambos tenham liberdade na escolha de regime de bens comunheiro, de modo que, se o novo cônjuge for condômino de algum bem do cônjuge anterior, poderá haver confusão de titularidades, por exemplo, por meio da comunicabilidade de frutos de bens ainda não partilhados – portanto, particulares –, conforme art. 1.660, V, do Código Civil.

(iii) o tutor ou o curador e os seus descendentes, ascendentes, irmãos, cunhados ou sobrinhos, com a pessoa tutelada ou curatelada, enquanto não cessar a tutela ou curatela, e não estiverem saldadas as respectivas contas. Por força da proteção do vulnerável, não é recomendável que aquele que administra bens do tutelado ou do curatelado – ou interpostas pessoas – com ele se case antes do fim da tutela ou da curatela e as contas não tenham sido julgadas boas. Assim, elimina-se a possibilidade

[38] Paulo Lôbo, *Direito civil:* famílias, cit., p. 102.

de o casamento não passar de subterfúgio para disfarçar a má administração de bens alheios.

Os nubentes podem solicitar ao juiz a não aplicação das causas suspensivas (CC, art. 1.523, parágrafo único). Na hipótese da dúvida quanto à paternidade, basta provar o nascimento de filho ou inexistência de gravidez nos dez meses subsequentes ao fim do casamento anterior, mediante o correspondente exame negativo; quanto às medidas que têm por finalidade se evitar a confusão de patrimônio, é necessário se demonstrar inexistência de prejuízo para o herdeiro descendente, para o ex-cônjuge e para a pessoa tutelada ou curatelada.

Legitimidade para oposição das causas suspensivas

Tendo em vista que as causas suspensivas têm origem em questões privadas e, por isso, não geram defeitos aptos a invalidar o casamento, não podem ser suscitadas por qualquer pessoa, mas sim pelos parentes em linha reta de um dos nubentes e pelos colaterais em segundo grau, consanguíneos, afins ou ligados pelo parentesco civil. É nesse sentido o Enunciado 330 da IV Jornada de Direito Civil: "As causas suspensivas da celebração do casamento poderão ser arguidas inclusive pelos parentes em linha reta de um dos nubentes e pelos colaterais em segundo grau, por vínculo decorrente de parentesco civil".

Forma e prazo para oposição das causas suspensivas

Da mesma forma que os impedimentos, as causas suspensivas devem ser opostas em declaração escrita e assinada, instruída com as provas do fato alegado ou com a indicação do local onde possam ser obtidas (CC, art. 1.529). O oficial do registro dará ciência da oposição aos nubentes ou a seus representantes, indicando seu autor, os fundamentos e as provas a ele juntadas. Os nubentes podem requerer prazo razoável para fazer prova contrária aos fatos alegados, bem como propor ações civis e criminais contra o oponente de má-fé.

5. HABILITAÇÃO PARA O CASAMENTO, PROCLAMAS E CELEBRAÇÃO

É cediço que o casamento é constituído por dois elementos materiais – o consentimento e as formalidades, as quais são compostas por 3 fases: a habilitação, os proclamas e a celebração. Incluem-se nas formalidades do casamento a análise da aptidão dos nubentes para o ato, realizada durante a habilitação e os proclamas.

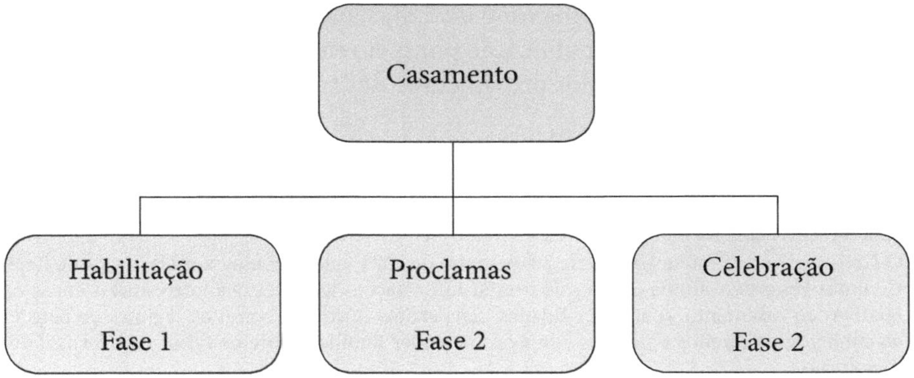

Habilitação

A fase da habilitação consiste na apresentação de documentos a fim de se fazer uma primeira investigação sobre a existência de parentesco entre os nubentes. O art. 1.525 do Código Civil afirma que o requerimento de habilitação para o casamento será firmado por ambos os nubentes – como primeira manifestação de vontade de se unirem –, de próprio punho, ou, a seu pedido, por procurador com poderes especiais perante o oficial do cartório do distrito de residência de um dos nubentes (art. 67 da Lei 6.015/1973), e deve ser instruído com os seguintes documentos: (i) certidão de nascimento ou documento equivalente a fim de se comprovar a idade núbil; (ii) autorização por escrito das pessoas sob cuja dependência legal estiverem, ou ato judicial que a supra: como a idade núbil é de 16 anos (CC, art. 1.517), os menores entre 16 e 18 anos necessitarão de autorização ou de suprimento judicial; (iii) declaração de duas testemunhas maiores, parentes ou não, que atestem conhecê-los e afirmem não existir impedimento que os iniba de casar; (iv) declaração do estado civil, do domicílio e da residência atual dos contraentes e de seus pais, se forem conhecidos; (v) certidão de óbito do cônjuge falecido, de sentença declaratória de nulidade ou de anulação de casamento, transitada em julgado, ou do registro da sentença de divórcio.[39]

A habilitação do casamento será feita pessoalmente perante o oficial do Registro Civil, com a oitiva do Ministério Público para se manifestar sobre o pedido e requerer o que for necessário à sua regularidade, podendo exigir qualquer elemento de convicção admitido em direito. Ao receber os nubentes para a apresentação dos documentos do casamento, o oficial deverá esclarecer aos nubentes a respeito dos fatos que podem ocasionar a invalidade do casamento, bem como sobre os diversos regimes de bens, de modo que o ato a ser praticado seja válido (CC, art. 1.528).[40] A Lei 14.382/2022 facultou a possibilidade da identificação das partes e do encaminhamento por meio eletrônico dos documentos, com comprovação da autoria e da respectiva integridade. Se houver impugnação ao requerimento de habilitação – seja pelo oficial, pelo Ministério Público ou por terceiro –, ele será submetido ao juiz para deferimento do pedido e seu prosseguimento no cartório de registro civil (CC, art. 1.526).

Proclamas

Se a documentação estiver em conformidade com as exigências legais, a fase seguinte – também conhecida como proclamas – consistirá em dar publicidade à vontade dos nubentes. Assim, o oficial dará publicidade à habilitação por meio eletrônico e extrairá, no prazo máximo de 5 dias, o certificado de habilitação (art. 67, § 1º, da Lei 6.015/1973). A publicação por meio eletrônico já era uma tendência, conforme se pode verificar pelos provimentos dos tribunais estaduais, que dispu-

---

39 Entende-se que o art. 7º, § 6º, da LINDB – que estabelece que o divórcio realizado no exterior, se um ou ambos os cônjuges forem brasileiros, só será reconhecido no Brasil depois de 1 (um) ano da data da sentença – foi revogado pela Emenda Constitucional 66.

40 O CNJ aprovou a Resolução 402, de 28 de junho de 2021, que estipulou aos Cartórios de Registro Civil das Pessoas Naturais o dever de prestar informações jurídicas aos interessados em se casar, relativas ao casamento, suas formalidades, seus efeitos jurídicos, como os regimes de bens entre os cônjuges, os direitos e deveres conjugais, o poder familiar sobre os filhos e as formas de sua dissolução.

nham nesse sentido – meio eletrônico, de livre e amplo acesso ao público. Quando o casamento for celebrado em circunscrição diversa daquela onde se processou a habilitação, o oficial do registro comunicará ao da habilitação tal fato, por meio eletrônico, para a devida anotação no procedimento de habilitação (art. 67, § 6º, da Lei 6.015/1973). Caso haja urgência, o pedido de dispensa da publicação eletrônica dos proclamas deverá ser feito pelos nubentes em petição dirigida ao oficial de registro, contendo os motivos de urgência do casamento, demonstrando-os desde logo com documentos, no prazo de 24 horas (art. 69 da Lei 6.015/1973). Cumpridas tais formalidades, o oficial extrairá o certificado de habilitação (CC, art. 1.531), documento apto à celebração do casamento.

Celebração do casamento

A fase seguinte será a da celebração do casamento, que ocorrerá em dia, hora e local previamente designados pela autoridade que presidirá o ato, por meio de pedido dos nubentes, juntando-se a certidão de habilitação. A rigor, a solenidade deverá ser realizada na sede do cartório com portas abertas, presentes no mínimo duas testemunhas (que podem ser parentes ou não dos contraentes) de modo a atribuir ao ato toda a publicidade possível. Contudo, se for a vontade dos nubentes e desde que autorizado pela autoridade celebrante, a cerimônia poderá ocorrer em outro edifício público ou particular (CC, art. 1.534). Nessa última hipótese de local particular, as portas deverão estar abertas durante o ato, de modo a possibilitar o acesso para a oposição de impedimentos e causas suspensivas; além disso, deverão participar do ato quatro testemunhas. O número de testemunhas será o mesmo quando algum dos contraentes não souber ou não puder escrever. A celebração também poderá ser realizada por meio eletrônico, por sistema de videoconferência, em que se possa verificar a manifestação livre de vontade dos contraentes.

A cerimônia do casamento será suspensa se algum dos contraentes demonstrar algum vício de vontade. O art. 1.538 especifica essa turbação na vontade apta a interromper a cerimônia quando algum dos nubentes (i) recusar a solene afirmação da sua vontade, (ii) declarar que esta não é livre e espontânea ou (iii) manifestar-se arrependido. Como o consentimento é um dos elementos materiais do casamento, qualquer dessas vicissitudes na manifestação gera o adiamento da cerimônia para, no mínimo, o dia seguinte, de modo a proporcionar um lapso temporal para que, aquele que tem dúvida, possa refletir sobre seu propósito de formação de família, lapso esse que se extingue com o fim da validade do certificado de habilitação.[41]

---

[41] "Deve ser suspensa a celebração do casamento pela autoridade civil ou religiosa, se um dos nubentes recusar a manifestar seu consentimento, pois o arrependimento pode ocorrer até esse momento, ou se afirmar que sua vontade não é livre e espontânea em razão de pressões de natureza afetiva, cultural ou social ou até mesmo de coação. O arrependimento é irrestrito e ilimitado, não necessitando o nubente de justificá-lo; é suficiente que não confirme seu consentimento. Ocorrendo qualquer razão subjetiva que impeça ou iniba o consentimento, o celebrante suspenderá a celebração. A lei refere à suspensão e não a encerramento definitivo da celebração, pois esta pode ser retomada em outro dia, se o nubente retratar-se do arrependimento, dentro do prazo de noventa dias contados da data em que foi extraído o certificado de habilitação pelo oficial do registro. Ultrapassado esse prazo, outra habilitação deverá ser promovida" (Paulo Lôbo, *Direito civil:* famílias, cit., p. 107).

A celebração do casamento conclui-se com a manifestação de vontade dos contraentes – exteriorizada por si ou por procurador especial – diante das testemunhas e do oficial do registro civil, ratificando seu consentimento livre e espontâneo, seguida da declaração do oficial nos seguintes termos: "De acordo com a vontade que ambos acabais de afirmar perante mim, de vos receberdes por marido e mulher, eu, em nome da lei, vos declaro casados" (CC, art. 1.535).

Momento em que o casamento se considera celebrado

A doutrina debate sobre o momento no qual o casamento é considerado celebrado; se após a manifestação de vontade dos nubentes ou depois das palavras do celebrante. Trata-se de discussão com reflexos no direito sucessório, caso um dos nubentes faleça de mal súbito nesse ínterim. Como observa Caio Mário da Silva Pereira, não é o juiz que estabelece o casamento, mas a vontade das partes.[42] A Declaração Universal dos Direitos do Homem, em seu art. 16.2, prevê que "O casamento não será válido senão com o livre e pleno consentimento dos nubentes". O Decreto 66.605/1970, por seu turno, promulgou a Convenção sobre Consentimento para Casamento, confirmando tais disposições ao destacar que a vontade é o elemento prioritário ao casamento em relação à forma. "De toda sorte, a fórmula da declaração, idêntica à do art. 194 do CC/1916 e, portanto, bastante antiga, utiliza a palavra 'declarar' os nubentes marido e mulher e não em 'constituí-los' nesse estado. Portanto, ao juiz caberia tão somente reconhecer um casamento já consumado pelo duplo consentimento em sua presença"[43].

Finda a celebração do casamento, será lavrado seu assento no livro de registros, que será assinado pelo presidente do ato, pelos cônjuges, as testemunhas, e o oficial do registro. O assento conterá todos os dados relevantes sobre o processo de habilitação e proclamas, residência atual dos cônjuges e de seus pais, casamentos anteriores, testemunhas, bem como o regime de bens do casamento e informações sobre eventual pacto antenupcial (CC, art. 1.536).

A pandemia da Covid-19 impôs desafio à realização dos casamentos, frente a tantas formalidades previstas em lei. Com fins de regulamentar os mais diversos atos notariais na modalidade digital, o Conselho Nacional de Justiça editou o Provimento 100/2020, tratando sobre a prática de atos notariais eletrônicos utilizando o sistema e-Notariado, criação da Matrícula Notarial Eletrônica – MNE etc. A norma foi posteriormente revogada pelo Provimento n. 149/2023, que que manteve as regras relativas ao e-Notariado, disciplinando o sistema em minúcias. Os tribunais

---

[42] Caio Mário da Silva Pereira, *Instituições de Direito Civil*, vol. V., 11ª ed., cit., p. 75. No mesmo sentido: "Note-se bem: 'declarará efetuado o casamento'. Logo, para o próprio Código o casamento já estava efetuado. Dependia apenas essa declaração. Mas essa declaração não poderá assim ter o caráter de essencial, desde que o casamento já estava efetuado. Trata-se apenas de um complemento, de uma homologação do que resolveram os nubentes" (Arnaldo Rizzardo, *Direito de Família*, cit., p. 71). Contrariamente: "Sempre se discutiu, e muito, sobre o momento em que o casamento efetivamente se tem por constituído. Apesar das divergências, predomina o entendimento de que se perfectibiliza mediante um duplo requisito: a manifestação de vontade dos noivos e a afirmação do celebrante que os declara casados" (Maria Berenice Dias, *Manual de Direito das Famílias*, cit., p. 159).

[43] Gustavo Tepedino; Heloisa Helena Barboza; Maria Celina Bodin de Moraes, *Código Civil interpretado conforme a Constituição da República*, vol. IV, cit., p. 63.

estaduais editaram portarias com a finalidade de tratar do casamento nessa nova modalidade, com possibilidade de assinatura digital do pedido de habilitação, e, quanto às assinaturas do assento, estas poderão ser supridas por meio de videoconferência, arquivada na serventia, devendo os termos da videoconferência ser certificados nos autos, com arquivamento físico do *print* em que conste a imagem do rosto dos participantes necessários à pratica do ato.[44] As questões, no entanto, foram reguladas pela Lei 14.382/2022.

6. TIPOS DE CASAMENTO

A lei prevê uma variedade de formas de se casar, gerando todas os mesmos efeitos de direito de família.

6.1 Casamento religioso com efeitos civis

Em prestígio à cultura religiosa do país, a Constituição autoriza que o casamento possa ser celebrado por autoridade religiosa e não pelo oficial do registro civil. É a própria Constituição que estabelece que o casamento religioso pode ter efeitos civis, de acordo com o § 2º do art. 226, nos termos da lei civil. O Código Civil estabeleceu essa possibilidade, ao autorizar que o processo de habilitação seja prévio ou posterior à cerimônia (CC, 1.516, § 1º). De todo modo, os efeitos do casamento terão início a partir da celebração e não com o registro, ou seja, é possível que ele tenha efeitos retroativos, se a celebração anteceder a habilitação e os proclamas (art. 75 da Lei 6.015/1973).

O termo ou assento do casamento religioso deverá ser subscrito pela autoridade religiosa celebrante, nubentes e duas testemunhas (art. 72 da Lei 6.015/1973). Uma vez precedido das formalidades cartoriais, dentro de trinta dias da celebração, o celebrante ou qualquer interessado poderá requerer o registro, apresentando o assento ou termo de casamento religioso (art. 73 da Lei 6.015/1973). Se não for antecedido do procedimento de habilitação, o casamento poderá ser registrado desde que apresentados pelos nubentes, com o requerimento de registro, a prova do ato religioso e os documentos exigidos pelo Código Civil, suprindo eles eventual falta de requisitos nos termos da celebração. Processada a habilitação com a publicação dos editais e certificada a inexistência de impedimentos, o oficial fará o registro do casamento religioso, de acordo com a prova do ato e os dados constantes do processo (art. 74 da Lei 6.015/1973).

6.2 Casamento por procuração

O nubente pode se fazer representar durante a celebração do casamento. É a hipótese do casamento por procuração, que deve ser formalizada por meio de instrumento público e com poderes especiais para o ato (CC, art. 1.542), cujo prazo de validade é de noventa dias. Debate interessante refere-se à possibilidade de a separação

---

44 Esses foram os requisitos estabelecidos pela Portaria Conjunta nº 1022/PR/2020 do TJMG, posteriormente revogada pela Portaria Conjunta nº 1031/2020.

ou o divórcio também ser efetuado por procuração, ante o silêncio da lei. Doutrina e jurisprudência acenam afirmativamente para essa possibilidade, na medida em que a vontade manifestada para o casamento é qualitativamente a mesma daquela exteriorizada quando do fim do vínculo conjugal.[45] O mandato pode ser revogado, desde que o seja antes da celebração do casamento. A revogação deve seguir a mesma forma da outorga do mandato, ou seja, por meio de instrumento público. O ideal é que a revogação do mandato chegue ao conhecimento do mandatário antes da celebração das núpcias pois, uma vez celebrado o casamento sem que o mandatário ou o outro contraente tivessem ciência da revogação, responderá o mandante por perdas e danos.[46]

Admite-se também a procuração no caso de casamento nuncupativo, que se aperfeiçoa, como se verá no item 6.4, quando um dos contraentes está em iminente risco de vida, dispensando-se, por esse motivo, parte das formalidades. Mesmo nesse caso, é possível o manejo da procuração, se outorgada pelo cônjuge saudável.

6.3 *Casamento por conversão de união estável*

A união estável poderá converter-se em casamento. O art. 226, § 3º, da Constituição da República determina que a lei deverá facilitar a conversão da união estável em casamento. O art. 1.726 do Código Civil prevê que a conversão será feita mediante pedido dos companheiros ao juiz, com o consequente assento no Registro Civil, de modo que não necessita do requisito da prévia habilitação.

Em razão de o pedido de conversão judicial acabar por dificultar a conversão da união estável em casamento, alguns Estados regulamentaram a conversão extrajudicial, mediante provimentos das corregedorias de seus Tribunais de Justiça.

Nova solução veio a lume com a Lei n. 14.382/2022, que tratou do Sistema Eletrônico dos Registros Públicos e incluiu o art. 70-A na Lei de Registros Públicos.

---

45 1. A despeito da determinação legal acerca do caráter personalíssimo do pedido de divórcio, resta claro, nos autos, que a parte deseja a dissolução definitiva do matrimônio, lavrando procuração específica para que sua mãe o representasse, visto que reside em outro país. 2. Não se pode olvidar o entendimento jurisprudencial que tem primado pela celeridade e economia processual e, dessa forma, a desnecessidade de emenda à inicial, quando existem provas da vontade consensual entre partes, sendo a sentença, tão somente, a ratificação dessa vontade, razão pela qual, nesse caso, a exigência do art. 1.582, CC constitui apego à forma (TJDFT, 1ª T. C., Ag. de Inst. 183144220118070000, Rel. Des. Lecir Manoel da Luz, julg. 07.03.2012, publ. *DJ* 12.03.2012). I – A princípio, não se cogita de propositura de ação de divórcio litigioso por outrem que não os próprios cônjuges, se considerada a natureza personalíssima desta espécie de demanda. Contudo, estando ausente do país um deles e em local ignorado o outro, de bom alvitre que haja mitigação do formalismo exigido pelo Código Civil, em seu art. 1.582, em salutar homenagem aos princípios da instrumentalidade das formas e da efetividade do processo (...). III – a ilegitimidade do proponente da ação divorcista, *in casu* não deve ser proclamada, sob pena de individualização do acesso ao Poder Judiciário, direito fundamental insculpido no art. 5º, XXXV, da Constituição Federal. Apelo conhecido e provido (TJ/GO, 4ª C.C., Ap. Cív. 89409-3/188, Rel. Des. Almeida Branco, julg. 30.03.2006, publ. *DJ* 28.04.2006).

46 Para Rolf Madaleno, "Essa responsabilidade civil desaparece se o mandante consegue notificar o outorgado em tempo de não serem celebradas as núpcias, o que não importa em pretender afastar qualquer outra reivindicação indenizatória por eventuais prejuízos materiais provocados pela quebra de promessa de casamento" (Rolf Madaleno, *Direito de Família*, cit., pp. 132-133).

Estabeleceu-se que a conversão da união estável em casamento deverá ser requerida pelos companheiros perante o oficial de registro civil de pessoas naturais de sua residência. Com isso, fica dispensada a ação judicial.

O § 1º do dispositivo estabelece que, recebido o requerimento de conversão, será iniciado o processo de habilitação sob o mesmo rito previsto para o casamento, constando expressamente dos proclamas que se trata de conversão de união estável em casamento. Além disso, em caso de mandato para requerimento de conversão de união estável, a procuração deverá ser por escritura pública e com prazo máximo de trinta dias (art. 70-A, § 2º, da Lei de Registros Públicos).

Se o pedido não tiver qualquer problema de forma ou de conteúdo, será lavrado o assento da conversão da união estável em casamento, independentemente de autorização judicial, prescindindo-se ou dispensando-se o ato da celebração do matrimônio (art. 70-A, § 3º, da Lei de Registros Públicos). Esse assento será lavrado no Livro B, sem a indicação da data e das testemunhas da celebração, do nome do presidente do ato e das assinaturas dos companheiros e das testemunhas, anotando-se no respectivo termo que se trata de conversão de união estável em casamento (art. 70-A, § 4º, da Lei de Registros Públicos).

Além disso, a conversão da união estável dependerá da superação dos impedimentos legais para o casamento, previstos no art. 1.521 do Código Civil, sujeitando-se à adoção do regime patrimonial de bens, na forma dos preceitos da lei civil (art. 70-A, § 5º, da Lei de Registros Públicos).

O § 7º do novo art. 70-A da Lei 6.015/1973 estabelece que, se estiver em termos o pedido, o falecimento da parte no curso do processo de habilitação não impedirá a lavratura do assento de conversão de união estável em casamento. A Lei do Sistema Eletrônico dos Registros Públicos, no entanto, não revogou expressamente o art. 1.726 do Código Civil, de modo que se conclui tratar-se de mais uma possibilidade de conversão de união estável em casamento, mais rápida e eficiente.

6.4 *Casamento nuncupativo (*in extremis*)*

O casamento nuncupativo é aquele realizado quando um dos cônjuges está em iminente risco de morte. Por isso, dispensa-se grande parte das formalidades, em prol da eficácia da vontade desse cônjuge de se casar e resguardando-se seus efeitos sucessórios.

O requisito é estar em iminente risco de morte e, caso não se obtenha a presença da autoridade celebrante nem do seu substituto para presidir o ato, o casamento poderá ser celebrado apenas na presença de seis testemunhas, que com os nubentes não tenham parentesco em linha reta ou na colateral, até segundo grau (CC, art. 1.540). O número maior de testemunhas se justifica para buscar a confirmação da percepção de que (i) existe, de fato, o propósito de se casar pelo nubente em condição de vulnerabilidade, que (ii) tem discernimento suficiente para exarar sua vontade nupcial e que (iii) sua vontade é livremente manifestada, sem coação de terceiros que tenham objetivos financeiros com o seu falecimento.[47]

---

47 "Recurso especial que discute a validade de casamento nuncupativo realizado entre tio e sobrinha com o falecimento daquele, horas após o enlace. 3. A inquestionável manifestação da vontade do

Uma vez realizado o casamento, as testemunhas deverão comparecer perante a autoridade judicial mais próxima – quando houver na comarca, perante o juiz da Vara de Registros Públicos – no prazo máximo de dez dias,[48] para declarar por escrito que foram convocadas por parte do enfermo, que este parecia em perigo de vida, mas em seu juízo, que, em sua presença, declararam os contraentes, livre e espontaneamente, receber-se por marido e mulher.

O juiz se diligenciará para saber se os contraentes poderiam ter se habilitado na forma ordinária, tendo quinze dias para ouvir eventuais interessados. O juiz avaliará se os cônjuges são idôneos para o casamento, sendo a decisão passível de recurso. No caso de declarar a existência e validade do casamento, o juiz mandará registrá-lo no livro do Registro dos Casamentos, com efeitos retroativos à data da celebração, para efeitos do *status* dos cônjuges. No entanto, caso o enfermo melhore e esteja apto a ratificar o casamento na presença da autoridade competente e do oficial do registro, deverá fazê-lo pois, nesse caso, não se justifica a flexibilização das formalidades.

6.5 *Casamento homoafetivo*

Não obstante o casamento homoafetivo não esteja previsto expressamente em lei, o Supremo Tribunal Federal, ao julgar a ADPF 132/RJ e da ADI 4.277/DF, estendeu a possibilidade da constituição de união estável às famílias homoafetivas.[49] Foi expressivo o impacto dessas decisões na jurisprudência, especialmente pela gradual uniformização dos julgamentos, promovida pelo art. 557, § 1º-A do Código de Pro-

---

nubente enfermo, no momento do casamento, fato corroborado pelas 6 testemunhas exigidas por lei, ainda que não realizada de viva voz, supre a exigência legal quanto ao ponto. (...) 5. Não existem objetivos pré-constituídos para o casamento, que descumpridos, imporiam sua nulidade, mormente naqueles realizados com evidente possibilidade de óbito de um dos nubentes – casamento nuncupativo –, pois esses se afastam tanto do usual que, salvaguardada as situações constantes dos arts. 166 e 167 do CC-02, que tratam das nulidades do negócio jurídico, devem, independentemente do fim perseguido pelos nubentes, serem ratificados judicialmente. 6. E no amplo espectro que se forma com essa assertiva, nada impede que o casamento nuncupativo realizado tenha como motivação central, ou única, a consolidação de meros efeitos sucessórios em favor de um dos nubentes – pois essa circunstância não macula o ato com um dos vícios citados nos arts. 166 e 167 do CC-02: incapacidade; ilicitude do motivo e do objeto; malferimento da forma, fraude ou simulação. Recurso ao qual se nega provimento" (STJ, 3ª T., REsp 1330023 / RN, Rel. Min. Nancy Andrighi, julg. 05.11.2013, publ. *DJ* 29.11.2013).

48 O STJ foi instado a se manifestar se o atendimento do prazo de 10 dias para comparecimento das testemunhas à autoridade judicial é indispensável à substância do casamento nuncupativo: "a observância do prazo de 10 dias para que as testemunhas compareçam à autoridade judicial, conquanto diga respeito à formalidade do ato, não trata de sua essência e de sua substância e, consequentemente, não está associado à sua existência, validade ou eficácia, razão pela qual se trata, em tese, de formalidade suscetível de flexibilização, especialmente quando constatada a ausência de má-fé. Se é verdade que a regra acerca do prazo para registro do casamento nuncupativo não pode ser desprezada pela parte sem nenhuma razão ou justificativa aparente, o que poderia indicar a sua má-fé, não é menos verdade que não é adequado impedir a formalização do casamento apenas por esse fundamento, sem perquirir, antes ou conjuntamente, se estão presentes os demais requisitos estabelecidos pelo legislador, especialmente àqueles que digam respeito à essência do ato" (STJ, 3ª T., REsp 1978121 / RJ, Rel. Min. Nancy Andrighi, julg. 22.03.2022, publ. *DJ* 25.03.2022).

49 Gustavo Tepedino, A legitimidade constitucional das famílias formadas por uniões de pessoas do mesmo sexo. *Soluções Práticas de Direito*, São Paulo: Revista dos Tribunais, 2012, pp. 19-39.

cesso Civil de 1973, equivalente ao art. 932, V, *b*, do Código de Processo Civil de 2015, que autoriza o próprio relator a dar provimento ao recurso se estiver em consonância com jurisprudência dominante do STF.[50]

Nessa mesma esteira manifestou-se o Superior Tribunal de Justiça (STJ), entendendo não haver justificativa para a proibição de casamentos entre pessoas do mesmo sexo, vez que presentes a mesma *ratio* da união heterossexual.[51] Com acertados fundamentos constitucionais, a primeira decisão do STJ logo após o julgamento referido, baseou seu entendimento no princípio do pluralismo familiar: "Assim, é bem de ver que, em 1988, não houve uma recepção constitucional do conceito histórico de casamento, sempre considerado como via única para a constituição de família e, por vezes, um ambiente de subversão dos ora consagrados princípios da igualdade e da dignidade da pessoa humana. Agora, a concepção constitucional do casamento – diferentemente do que ocorria com os diplomas superados – deve ser necessariamente plural, porque plurais também são as famílias e, ademais, não é ele, o casamento, o destinatário final da proteção do Estado, mas apenas o intermediário de um propósito maior, que é a proteção da pessoa humana em sua inalienável dignidade. (...) 8. Os arts. 1.514, 1.521, 1.523, 1.535 e 1.565, todos do Código Civil de 2002, não vedam expressamente o casamento entre pessoas do mesmo sexo, e não há como se enxergar uma vedação implícita ao casamento homoafetivo sem afronta a caros princípios constitucionais, como o da igualdade, o da não discriminação, o da dignidade da pessoa humana e os do pluralismo e livre planejamento familiar."[52]

---

50 Sobre o tema, v. Ana Carolina Brochado Teixeira, Isabela Farah Valadares, A tutela das uniões homoafetivas como entidade familiar: o pronunciamento do STF. *RTDC*, v. 52, Rio de Janeiro: Padma, out./dez. 2012, pp. 171-196.

51 Não obstante esse entendimento, Silvio de Salvo Venosa aponta a diversidade de sexos como característica fundamental do casamento. Segundo o autor, "Não há casamento senão na união de duas pessoas de sexo oposto. Cuida-se de elemento natural do matrimônio. A sociedade de duas pessoas do mesmo sexo não forma uma união típica de Direito de Família" (Silvio de Salvo Venosa, A família conjugal. In: Rodrigo da Cunha Pereira (org.), *Tratado de Direito das Famílias*, cit., p. 140).

52 STJ, 4ª T., REsp 1183378/RS, Rel. Min. Luis Felipe Salomão, julg. 25.10.2011, publ. *DJ* 01.02.2012. No mesmo sentido, quanto à conversão da união estável homoafetiva em casamento: "Uma vez reconhecida a união estável entre pessoas do mesmo sexo, assegurando-lhes identidade de direitos e garantias conferidas aos companheiros de sexos opostos, há de se adotar também o entendimento conforme à Constituição quanto à possibilidade de conversão desta união estável homoafetiva em casamento, na forma do art. 1.726 do CC (...). Inócuo o reconhecimento da igualdade entre casais homoafetivos e heterossexuais se não lhes forem assegurados o correspondente direito à formação de uma família, devendo ser esta interpretação não reducionista, e não outra, dos dispositivos do art. 1.723 e 1.726 do Código Civilista à luz da Carta Constitucional, que traz o pluralismo como valor social e cultural. Reforma da sentença. Provimento do recurso" (TJ/RJ, 6ª C.C., Ap. Cível 0464535-45.2012.8.19.0001, Rel. Des. Teresa de Andrade Castro Neves, julg. 20.08.2014). Em sentido diverso: "Conquanto o Egrégio STF na ADPF 132/RJ e ADI 4.277/DF tenha atribuído eficácia *erga omnes* e efeito vinculante à interpretação dada ao art. 1.723, do CC/2002, tal fato não se estende à possibilidade de casamento entre pessoas do mesmo sexo. O Poder Judiciário no Brasil não possui legitimidade popular para alterar a lei, que, no caso, é de clareza meridiana, restando margem mínima para o intérprete. A questão não diz respeito à ausência de previsão legal, mas à contrariedade à lei, onde ela é clara. Recurso manifestamente improcedente, negativa de seguimento. CPC, art. 557, *caput*" (TJ/RJ, 20ª C.C., Ap. Cív. 0464455-81.2012.8.19.0001, Rel. Des. Marília de Castro Neves Vieira, julg. 05.02.2014).

Em seguida, o CNJ editou a Resolução 175, em 14.05.2013, dispondo que as autoridades competentes não podem se recusar à habilitação do casamento civil ou de conversão de união estável em casamento entre pessoas do mesmo sexo. Caso exista tal recusa, ela implicará a imediata comunicação ao respectivo juiz corregedor para as providências cabíveis.

7. PROVAS DO CASAMENTO

O casamento se prova pela certidão de registro. No entanto, caso o cônjuge justifique sua falta ou perda – no caso de incêndios a cartórios, por exemplo –, o casamento pode ser demonstrado por meio de outra espécie de prova (CC, art. 1.543). "O registro não é meramente declaratório, pois integra o núcleo do suporte fático do casamento, tendo natureza constitutiva".[53]

Quando não houver provas complementares aptas a demonstrar a existência do vínculo matrimonial, a posse do estado de casados é prova determinante para afirmar o casamento. Trata-se de se evidenciar o nome – caso algum dos cônjuges tenha acrescido o sobrenome do outro quando do casamento –, tratamento e fama, ou seja, o tratamento mútuo entre os cônjuges, com o correlato reconhecimento social dessa condição. Por outro lado, o casamento não pode ser contestado em prejuízo de prole comum, quando os cônjuges, na posse de estado de casados, estiverem impossibilitados de confirmar vontade ou tenham falecido, exceto se houver certidão do registro civil que demonstre casamento preexistente ao dos pais (CC, art. 1.545).

Feita a prova judicial da posse do estado de casados, a sentença será registrada no livro do Registro Civil e gerará todos os efeitos civis desde a data da celebração do casamento, tanto em relação aos cônjuges quanto aos filhos (CC, art. 1.546). Aduza-se, ainda que, se os cônjuges viverem ou tiverem vivido na posse do estado de casados, no caso de dúvida entre provas favoráveis e contrárias à existência do vínculo conjugal, prevalecerá a existência do casamento, consoante estabelece o art. 1.547 do Código Civil.

8. INVALIDADES DO CASAMENTO

A doutrina tem interpretado o sistema de invalidades subordinado exclusivamente à análise formal dos elementos de validade do negócio jurídico. Critica-se, assim, o "raciocínio binário e abstrato que levava à subsunção de que negócios jurídicos celebrados por pessoas incapazes" seriam necessariamente nulos ou anuláveis, "a depender do grau de incapacidade, se absoluta ou relativa".[54] Inadmitia-se, em consequência, o casamento da pessoa com deficiência, estendendo-se o mesmo raciocínio à constituição de união estável, com a interdição absoluta de tais relações jurídicas.[55] Contudo, sob

---

[53] Paulo Lôbo, *Direito civil:* Famílias, cit., p. 92.

[54] Heloisa Helena Barboza; Vitor de Azevedo Almeida Junior, A (in)capacidade da pessoa com deficiência mental ou intelectual e o regime das invalidades: primeiras reflexões. In: Marcos Ehrhardt Jr. (Coord.), *Impactos do novo CPC e do EDP no direito civil brasileiro*, Belo Horizonte: Fórum, 2016, p. 224.

[55] STJ, 3ª T., REsp 1414884 / RS, Rel. Min. Marco Aurélio Bellizze, julg. 03.02.2015, publ. *DJ* 13.02.2015.

outra perspectiva, "o fundamento último da invalidade negocial em decorrência da incapacidade do agente volta-se funcionalmente à proteção da própria vulnerabilidade da pessoa",[56] de sorte que se exige a valoração dos interesses merecedores de tutela na situação concretamente considerada, realizando-se a análise "dos efeitos produzidos e dos elementos do caso concreto, com destaque para o grau de discernimento da pessoa com deficiência".[57] Deve-se, em última análise, compatibilizar a previsão legal com as diretrizes da Convenção sobre os Direitos das Pessoas com Deficiência – CDPD, rechaçando-se a interpretação que resulte em prejuízo para a pessoa com deficiência. É nesse contexto que deve ser compreendido o sistema de invalidades após o advento do Estatuto da Pessoa com Deficiência – EPD, a fim de salvaguardar os direitos da pessoa com deficiência, compreensão esta que deve pautar também a valoração da higidez do casamento e da constituição de união estável.

Casamento da pessoa com deficiência

Com o advento da CDPD[58] e, mais recentemente, do EPD, intensifica-se o respeito à dignidade do deficiente mais como liberdade do que como vulnerabilidade. Por isso, independentemente da pessoa estar ou não sob curatela, ela deve poder exercer suas liberdades existenciais na maior medida possível, uma vez que "é a pessoa humana, o desenvolvimento de sua personalidade, o elemento finalístico da proteção estatal para cuja realização devem convergir todas as normas de direito positivo, em particular aquelas que disciplinam o direito de família, regulando as relações mais íntimas e intensas do indivíduo no social".[59] Nesse sentido, o art. 85 do EPD determinou que a curatela deve se restringir apenas aos aspectos negociais e patrimoniais.[60] Além disso,

---

56 Eduardo Nunes de Souza; Rodrigo da Guia Silva, Autonomia, discernimento e vulnerabilidade: estudo sobre as invalidades negociais à luz do novo sistema das incapacidades. *Civilistica.com*, Rio de Janeiro, a. 5, n. 1, 2016. Disponível em: <http://civilistica.com/autonomiadiscernimento-e--vulnerabilidade/>. Acesso em: 9 out. 2017.

57 Eduardo Nunes de Souza; Rodrigo da Guia Silva, Autonomia, discernimento e vulnerabilidade, cit. Disponível em: <http://civilistica.com/autonomiadiscernimento-e-vulnerabilidade/>. Acesso em: 9 out. 2017. Nesse sentido: "(...) União estável. Incapaz. A incapacidade para a prática dos atos da vida civil não pode ser considerada de forma absoluta. A despeito da interdição, a limitação do incapaz deve ser analisada de forma individualizada; a generalização, por impor barreira desnecessária ao pleno exercício de sua dignidade, resulta na violação de direitos e garantias fundamentais do incapaz. Evolução legislativa. O art. 1.548, inciso I, do Código Civil não considera nulo qualquer casamento do incapaz, mas apenas do incapaz 'sem discernimento'; e a prova demonstra o discernimento suficiente da autora, que criou a filha e tem vida autônoma faz muitos anos. Estatuto da pessoa com deficiência que, ao revogar o inciso I do art. 1.548 do CC, ratifica tal conclusão. – 3. Pensão. Filha incapaz. A união estável extingue o direito do beneficiário à pensão, nos termos do art. 16, V, da LM 10.828/1990" (TJSP, 10ª Câm. Dir. Priv., Ap. cív. 0608384-60.2008.8.26.0053, Rel. Des. Torres de Carvalho, julg. 03.04.2017, publ. *DJ* 05.04.2017).

58 Art. 23 do CDPD – Respeito pelo lar e pela família: 1. Os Estados Partes tomarão medidas efetivas e apropriadas para eliminar a discriminação contra pessoas com deficiência, em todos os aspectos relativos a casamento, família, paternidade e relacionamentos, em igualdade de condições com as demais pessoas, de modo a assegurar que: a) Seja reconhecido o direito das pessoas com deficiência, em idade de contrair matrimônio, de casar-se e estabelecer família, com base no livre e pleno consentimento dos pretendentes; (...).

59 Gustavo Tepedino, Novas formas de entidades familiares: efeitos do casamento e da família não fundada no matrimônio. *Temas de Direito Civil*, Rio de Janeiro: Renovar, 2004, 3ª ed., p. 26.

60 "[...] privilegiar, na medida do possível, as escolhas de vida que o deficiente psíquico é capaz concretamente de exprimir ou em relação às quais manifesta grande propensão. A disciplina da interdição

o § 1º do mesmo dispositivo estabeleceu uma série de situações jurídicas existenciais extrínsecas aos poderes da curatela e que só podem ser exercidas por decisão da pessoa com deficiência: direito ao próprio corpo, à sexualidade, ao matrimônio, à privacidade, à educação, à saúde, ao trabalho e ao voto. Da mesma forma, o art. 6º do EPD afirma que a deficiência não afeta a plena capacidade civil da pessoa, inclusive para se casar e constituir união estável.[61]

Verifica-se o respeito à autodeterminação nas escolhas existenciais familiares da pessoa humana, valendo também para o "indivíduo com deficiência intelectual ou psíquica. Afinal, o direito de constituir família pelo casamento representa o acesso a uma das mais importantes situações subjetivas existenciais".[62]

O art. 1.550, § 2º, do Código Civil afirma que a pessoa com deficiência mental ou intelectual em idade núbil poderá contrair matrimônio, expressando sua vontade diretamente ou por meio de seu responsável ou curador. Assim, a pessoa com deficiência, independentemente de se encontrar sob curatela, poderá requerer sua habilitação para o casamento. Não obstante este dispositivo atribua ao curador a manifestação da vontade do curatelado, mudança redacional no art. 1.518 do Código Civil retirou do curador a possibilidade de revogar a autorização dada para o casamento até a celebração. O curador não tem mais o poder de revogar a autorização, porque também não lhe é mais atribuído o poder-dever de consentir com o casamento. Tais dispositivos tornaram-se, em sua literalidade, contraditórios, uma vez que a curatela não mais abrange a deliberação quanto ao matrimônio,[63] restando ao curador o poder-dever

não pode ser traduzida em uma incapacidade legal absoluta, em uma 'morte civil'. Quando concretas, possíveis, ainda que residuais, faculdades intelectuais e afetivas podem ser realizadas de maneira a contribuir para o desenvolvimento da personalidade, é necessário que sejam garantidos a titularidade e o exercício das expressões de vida que, encontrando fundamento no *status personae* e no *status civitatis*, sejam compatíveis com a efetiva situação psicofísica do sujeito" (Pietro Perlingieri, *O direito civil na legalidade constitucional*, Rio de Janeiro: Renovar, 2008, pp. 781-782).

61 Cfr. o emblemático debate, travado no STJ no mesmo ano da aprovação do EPD, para se investigar se a pessoa à época tida como absolutamente incapaz, poderia constituir união estável: STJ, 3ª T., REsp 1414884 / RS, Rel. Min. Marco Aurélio Bellizze, julg. 03.02.2015, *DJ* 13.02.2015.

62 Beatriz Capanema Young. A Lei Brasileira de Inclusão e seus reflexos no casamento da pessoa com deficiência psíquica e intelectual. In: Heloisa Helena Barboza, Bruna Lima de Mendonça, Vitor de Azevedo Almeida Júnior (Coords.). *O Código Civil e o Estatuto da Pessoa com Deficiência*. Rio de Janeiro: Processo, 2017, p. 191. Sobre o tema: Ana Carolina Brochado Teixeira; Joyceane Bezerra de Menezes. Casamento da pessoa com deficiência intelectual e psíquica. In: Gustavo Tepedino e Joyceane Bezerra de Menezes (Org.). *Autonomia, liberdade existencial e direitos fundamentais*. Belo Horizonte: Fórum, 2018, pp. 383-404.

63 Tem sido feitas muitas críticas em relação à possibilidade de o curador se manifestar para a realização do casamento da pessoa com deficiência, pois se entende que é contraditório com o exercício das liberdades existenciais previstas pelo EPD: "Porém, entende-se que não há possibilidade do curador ou qualquer outro responsável exprimir a vontade da pessoa com deficiência se essa não se manifestou sobre a questão. (...) não é competência do curador deliberar sobre as questões existenciais do curatelado. Esse raciocínio estende-se para a dissolução do matrimônio do incapaz, ou seja, por ser negócio jurídico de natureza personalíssima, apenas os nubentes são legitimados para buscar o divórcio" (Vanessa Correia Mendes, O casamento da pessoa com deficiência psíquica e intelectual: possibilidades, inconsistências circundantes e mecanismos de apoio. In: Joyceane Bezerra de Menezes (Org.), *Direito das pessoas com deficiência psíquica e intelectual nas relações privadas*: Convenção sobre os direitos da pessoa com deficiência e Lei Brasileira de Inclusão, Rio de Janeiro:

de auxiliar a pessoa em suas necessidades, para que ela tenha a dimensão do ato que está praticando.[64]

De todo modo, se o nubente não demonstrar compreensão da realidade, o notário deverá perquirir esse grau de discernimento, seja por relatório profissional que declare o grau de incompreensão da realidade, seja proporcionando todos os meios de tecnologia assistiva,[65] pois a manifestação de vontade para a constituição do vínculo matrimonial pode ser exteriorizada por qualquer forma de comunicação.[66] Caso ele perceba que o nubente não tem percepção suficiente no momento da celebração do casamento, deve suspender a celebração e encaminhar o caso ao Ministério Público (que atua como fiscal da lei), pois a manifestação de vontade da pessoa deve ser clara e inequívoca perante o oficial do cartório de pessoas naturais – tendo ou não deficiência.

Quando a pessoa com deficiência for curatelada, não há obrigatoriedade do levantamento da curatela para que haja o casamento, se puder exprimir sua vontade de forma a não deixar dúvidas de que tem consciência do ato que está a praticar.[67]

Impacto do Estatuto da Pessoa com Deficiência na validade do casamento

O EPD revogou o inciso I do art. 1.548, do Código Civil[68] quanto às restrições à validade do casamento da pessoa com deficiência. O mesmo ocorreu com as hipó-

---

Processo, 2016, pp. 388-399); "Ante a contradição entre os dispositivos advindos da mesma lei, imperiosa a realização de interpretação restritiva conforme os preceitos constitucionais, para que não se admita a substituição da vontade do curatelado pela vontade do curador e se harmonize com a natureza personalíssima do ato do casamento. A vontade é elemento essencial ao casamento e ninguém contrai matrimônio senão por vontade própria. Admitir a vontade do curador como elemento suficiente para o casamento da pessoa com deficiência é algo ilógico e que contraria a pessoalidade do casamento" (Beatriz Capanema Young. A Lei Brasileira de Inclusão e seus reflexos no casamento da pessoa com deficiência psíquica e intelectual. In: Heloisa Helena Barboza, Bruna Lima de Mendonça, Vitor de Azevedo Almeida Júnior (Coords.). *O Código Civil e o Estatuto da Pessoa com Deficiência*, Rio de Janeiro: Processo, 2017, pp. 195-196).

64 Tendo em vista que o art. 85 do EPD determina que a curatela se restringe aos atos patrimoniais e negociais, quando a pessoa com deficiência for curatelada, indaga-se se compete ao curador se imiscuir na escolha do regime de bens, por se tratar de efeito patrimonial do casamento. Entende-se que se a sentença de curatela entender que a atuação do curador deva ser na prática de atos patrimoniais, ele deverá participar na escolha do regime de bens do curatelado, assinando em conjunto com o nubente o pacto antenupcial.

65 Nos moldes da Resolução 230, de 22.06.2016, publicada pelo Conselho Nacional de Justiça, posteriormente revogada pela Resolução n. 401, de 16.06.2021, que conserva tais ditames assistivos.

66 Caio Mário da Silva Pereira. *Instituições de Direito Civil*. 20ª ed., atual. Maria Celina Bodin de Moraes, Rio de Janeiro: Forense, 2004, v. 1, p. 482.

67 Nesse sentido: "Sentença recorrida que foi proferida quando já estava em vigência a Lei 13.146/2015, que revogou a hipótese de nulidade do casamento de pessoa com deficiência mental, até então prevista no art. 1.548, I do Código Civil e incluiu expressamente a possibilidade de casamento na hipótese em comento, nos termos do § 2º do 1.550. Caso em que é de rigor o deferimento da autorização para o casamento" (TJRS, 8ª C.C., Apel. Cív. 70070435912, Rel. Des. Rui Portanova, julg. 13.10.2016, *DJ* 18.10.2016).

68 "Atestada pela prova técnica a enfermidade que afligia o cônjuge varão no momento da consumação do casamento e que era apta a afetar seu exato discernimento, ensejando-lhe inexata compreensão da realidade, ficando patenteado que era afetado por enfermidade mental que o privava de capacidade para os atos da vida civil, o casamento que contraíra resta maculado por vício insanável, devendo ser invalidado, consoante previsão albergada pelo art. 1.548 do Código Civil" (TJ/DFT, 1ª T. C., Apel. Cív. 20100110163057, Rel. Des. Teófilo Caetano, julg. 12.03.2014, *DJ* 09.04.2014).

teses de anulabilidade do casamento (CC, art. 1.550), principalmente quanto ao erro essencial sobre a pessoa do outro cônjuge. O EPD, desse modo:

(a) modificou a redação do inciso III do art. 1.557 CC, desvinculando o erro essencial da deficiência, de modo que a redação passou a ser a seguinte: "a ignorância, anterior ao casamento, de defeito físico irremediável que não caracterize deficiência ou de moléstia grave e transmissível, por contágio ou por herança, capaz de pôr em risco a saúde do outro cônjuge ou de sua descendência"; e

(b) revogou o inciso IV, do mesmo art. 1.557 do Código Civil, que caracterizava como erro essencial a ignorância anterior ao casamento de moléstia mental grave que, por sua natureza, tornasse insuportável a vida em comum ao cônjuge enganado. Tendo em vista que a comunhão plena de vida não se vincula à ciência prévia da existência de deficiência física ou mental do cônjuge, não há motivos para que essa circunstância permanecesse como motivo ensejador da anulação do casamento.

Desdobramentos das invalidades do casamento

A teoria das invalidades do casamento tem quatro desdobramentos: o casamento inexistente, o nulo, o anulável e o putativo. Trata-se da aplicação da teoria dos planos do negócio jurídico. Antônio Junqueira de Azevedo afirma que o exame dos fatos jurídicos deve ser feito em dois planos: primeiramente, verifica-se se existem elementos para sua existência (plano da existência) e, posteriormente, se ele passa a produzir efeitos (plano da eficácia). Sendo o negócio jurídico uma espécie particular de fatos jurídicos em que se pretende que a vontade emitida produza efeitos, a declaração deve ser válida (plano da validade), foco de análise principal desse item, ao analisar o casamento. O casamento inexistente é aquele que lhe faltam os pressupostos materiais de existência, quais sejam, consentimento e forma. Não há previsão legal de inexistência de negócio jurídico, sendo tal terminologia utilizada para caracterizar valoração prévia ao exame de validade. Nessa direção, o ato jurídico será considerado inexistente se não contém os elementos essenciais para a caracterização de sua essência.[69]

Casamento inexistente

Uma vez constatada a sua existência, verificam-se os requisitos de validade do negócio jurídico. "Entende-se perfeitamente que o ordenamento jurídico, uma vez que autoriza a parte, ou as partes, a emitir declaração de vontade, à qual serão atribuídos efeitos jurídicos de acordo com o que foi manifestado como querido, procure cercar a formação desse especialíssimo fato jurídico de certas garantias, tanto no interesse das próprias partes, quanto no de terceiros e no de toda a ordem jurídica. (...) 'Válido' é adjetivo com que se qualifica o negócio jurídico formado de acordo com as regras jurídicas".[70]

O negócio jurídico é nulo ou anulável em decorrência de vício em algum dos requisitos de validade, ou seja, nas características exigidas pela lei em relação aos elementos essenciais do negócio. Em linhas gerais, exige-se que a vontade manifestada resulte de processo volitivo manifestado com plena consciência da realidade,

---

69 Sobre o tema, Maria Berenice Dias, *Manual de Direito das Famílias*, cit., p. 264.

70 Antônio Junqueira de Azevedo. *Negócio jurídico:* existência, validade e eficácia, 4ª ed., Atual. 7ª Tiragem. São Paulo: Saraiva, 2010, pp. 41-42.

de forma livre;[71] o objeto deve ser lícito, possível, determinado ou determinável, e a forma há de ser prescrita ou não defesa em lei, em conformidade com os ditames do art. 104 do Código Civil.

Casamento nulo

De modo mais específico, o casamento nulo contém vício considerado excessivamente grave pela ordem jurídica. Uma vez afastada pelo legislador a deficiência como causa geradora da nulidade – já que a pessoa com deficiência não é mais absolutamente incapaz –, a única previsão expressa de nulidade é a infração a impedimentos (CC, art. 1.548, II).[72] A lei os considera atentatórios à ordem pública interna, impossibilitando a produção de efeitos do casamento. Por tal circunstância, o exame dos impedimentos requer interpretação restritiva, não se podendo estender às hipóteses legalmente previstas a qualquer outra.

Embora o ato jurídico nulo seja insuscetível de confirmação (CC, art. 169), o casamento nulo pode assim permanecer durante toda a vida dos cônjuges, desde que não seja proposta ação própria de nulidade. Qualquer pessoa interessada e o Ministério Público são partes legítimas para ajuizar a ação com vistas ao pronunciamento sobre a nulidade do casamento (CC, art. 1.549), não sendo possível ao juiz declará-la de ofício.[73] A sentença que decretar a nulidade do casamento retroagirá à data de sua celebração, sem prejudicar a aquisição de direitos, a título oneroso, por terceiros de boa-fé, nem a resultante de sentença transitada em julgado (CC, art. 1.563).

Casamento anulável

O casamento será anulável quando ocorrerem vícios menos graves, motivadores da invalidação do vínculo, basicamente de origem privada, estando o pedido de anulação adstrito à vontade das partes – tanto é que pode ser convalidado pelo tempo, caso se opte por manter o casamento. Assim, o potencial do impacto do vício gerador de anulabilidade na comunhão plena de vida é avaliado pelo próprio sujeito – são essas as hipóteses dos incisos III e V do art. 1.550. As demais previsões enquadram-se em questões objetivas, em coerência com normas previstas para realização de qualquer casamento. As hipóteses são:

(i) ausência de idade mínima para casar. Antes do advento da Lei 13.811/2019, o menor de 16 anos, seus representantes legais e seus ascendentes tinham legitimidade para requerer a anulação do casamento, dentro do prazo de 180 dias contados a partir do casamento para os representantes e ascendentes; quando o menor não tinha idade núbil, podia confirmar seu casamento depois de alcançá-la com autorização de seus representantes legais ou com suprimento judicial. Com o advento da Lei 13.811/2019,

---

71 Antônio Junqueira de Azevedo, *Negócio jurídico:* existência, validade e eficácia. 4ª ed. Atual. 7ª Tiragem. São Paulo: Saraiva, 2010, p. 43.

72 Conforme se analisará mais adiante, a Lei 13.811/2019, ao proibir qualquer possibilidade de casamento de menor de 16 anos, acaba por impactar o regime das invalidades, criando hipótese de nulidade virtual do casamento, quando contraído por pessoa menor de 16 anos.

73 "Pela gravidade de suas consequências, a nulidade do casamento é cercada pelo direito de restrições, não se admitindo interpretacão extensiva. Não pode ser declarada de ofício pelo juiz, e alguns dos efeitos desse casamento permanecem. Apenas os legitimados ativos podem promover a nulidade, e as hipóteses de sua admissibilidade são estritas, em número fechado" (Paulo Lôbo, *Direito civil:* Famílias, cit., pp. 114-115).

houve a proibição do casamento do menor de 16 anos. Diante disso, entende-se que, se realizado tal casamento, tem-se hipótese de nulidade virtual, vez que viola proibição legal (CC, art. 166). Não estaria mantida a anulabilidade, que tacitamente foi revogada pela nova lei.

(ii) falta de autorização do representante legal do menor em idade núbil. Nesse caso, o casamento só poderá ser anulado se a ação for proposta em 180 dias pelo incapaz (ao deixar de sê-lo), seus representantes legais ou seus herdeiros necessários. Esse prazo deve ser contado do dia em que se findou a incapacidade (no caso do menor), do casamento (representantes legais) ou da morte (herdeiros).

Ressalte-se que o casamento não será anulado quando os representantes legais do incapaz participarem da celebração ou tiverem manifestado sua aprovação por qualquer meio. Também não será anulado o casamento do qual resultou gravidez, seja de quem não completou a idade mínima para casar, seja do menor em idade núbil quando não for autorizado pelo representante legal (CC, art. 1.551). "Prefere o legislador que a criança nasça num lar formado por pai e mãe casados".[74]

(iii) vício de vontade: erro essencial quanto à pessoa do outro cônjuge ou coação.

O pedido de anulação de casamento por erro essencial quanto à pessoa do outro cônjuge – e não de seus familiares[75] – é a causa mais frequente de pleitos de invalidade nos tribunais, em face do subjetivismo que carrega consigo. O erro essencial se refere "às qualidades essenciais da pessoa, ou seja, suas características morais, intelectuais, espirituais, físicas, socioprofissionais, que a distinguem das outras pessoas",[76] é uma falsa ideia da realidade que gera uma manifestação de vontade diversa da que teria externado, caso tivesse ciência exata da situação. O erro deve ter sido determinante no consentimento, para que seja causa de anulação do casamento, nos moldes previstos pelo art. 139 do Código Civil, em matéria de anulação dos negócios jurídicos em geral. Para que haja a configuração do erro essencial, é necessário que (i) o fato ignorado já exista no momento do casamento,[77] (ii) o conhecimento da circunstância ocorra depois das núpcias[78] e (iii) que essa descoberta torne insuportável a vida em

---

[74] Renata Barbosa de Almeida, Walsir Edson Rodrigues Júnior, *Direito Civil:* Famílias, 2ª ed., São Paulo: Atlas, 2012, p. 145.

[75] "O erro que justifica a anulação do casamento se refere à pessoa do outro nubente, sendo irrelevante para tanto o erro sobre a sua genitora (sogra)" (TJ/DFT, 1ª T. C., Ap. Civ. 29927082001807001, Rel. Des. José Divino de Oliveira, julg. 16.08.2006, *DJ* 07.11.2006).

[76] Paulo Lôbo, *Direito civil:* famílias, cit., p. 121.

[77] "Tendo as instâncias ordinárias admitido que a noiva sabia da situação econômica do réu, com cinco anos de namoro e noivado para conhecer a sua personalidade, e sendo ela de formação superior, ficam faltando os pressupostos para que se reconheça erro essencial a respeito da pessoa do cônjuge, sua honra e boa fama" (STJ, 4ª T., REsp. 134.690, Rel. Min. Ruy Rosado de Aguiar, julg. 21.09.2000, *DJ* 30.10.2000).

[78] "Ainda que ficasse comprovada a toxicomania do réu, não se caracterizou a insuportabilidade da convivência, pois, diante da ciência da autora acerca do vício de seu cônjuge, não agiu com repulsa, mas com esperança, depositando credibilidade na promessa de recuperação do marido, e, somente ante a desistência do tratamento – e não diante do choque causado pela informação – intentou pleitear a ação" (STJ, 4ª T., AgRg no Agravo em Recurso Especial 104.323/SP, Rel. Min. Raul Araújo, julg. 04.12.2012, *DJ* 01.02.2013)

comum. "A essencialidade do erro é um juízo caso a caso, cabendo ao juiz verificar cuidadosamente aqueles elementos que o configuram, sem se descurar dos padrões sociais da época, aplicáveis àquele local".[79]

O inciso I do art. 1.557 do Código Civil trata, inicialmente, do erro quanto à identidade física: casar com alguém acreditando se tratar de outra pessoa no momento da celebração do casamento, o que, em regra, só é possível nos casos de casamento por procuração ou de irmãos gêmeos univitelinos. Trata-se de hipótese difícil de ocorrer. Cogita-se, também, da possibilidade de erro quanto à identidade civil do outro cônjuge, que pensava ser solteiro e, na verdade, era divorciado ou viúvo.[80] Não se pode esquecer, no entanto, que o erro deve ser substancial. Ainda quanto à identidade, há algumas hipóteses que geram discussão sobre sua configuração como erro essencial, tais como a homossexualidade (ou a heterossexualidade, no caso de casamento homoafetivo) ou de transexualidade descoberta após a união.[81] Na jurisprudência, também se verifica a recusa à prática de relações sexuais como situação geradora da anulação do casamento.[82]

O erro quanto à honra e boa fama (identidade moral) corrobora o grande subjetivismo de casos de anulação de casamento, devendo o julgador verificar casuisticamente as hipóteses que caracterizam erro essencial.[83]

---

79 Gustavo Tepedino; Heloisa Helena Barboza; Maria Celina Bodin de Moraes, *Código Civil interpretado conforme a Constituição da República*, vol. IV, cit., p. 100.

80 Rolf Madaleno, *Curso de direito de família*, Rio de Janeiro: Forense, 2013, 5ª ed. rev., atual. e ampl., p. 141.

81 TJ/SP, Ap. Cív. 580.938.4/6-00, julg. 11.09.2008.

82 "A recusa permanente do varão de manter relações sexuais com a cônjuge, justificando seu comportamento na ausência de libido em relação a ela configura erro essencial, possibilitando, desta forma, a anulação do casamento" (TJ/RS, 7ª C.C., Ap. Cív. 70032881088, Rel. Des. José Conrado de Souza Júnior, julg. 13.01.2010). Em sentido contrário: "O comportamento do cônjuge que se recusa à prática sexual, tornando insuportável a convivência conjugal, não caracteriza erro essencial que autoriza a anulação de casamento, máxime porque não impediu a consumação do matrimônio, visto que os consortes mantiveram contato sexual durante o período de vida em comum" (TJ/DFT, 6ª T.C., Ap. Cív. 279646820068070007, Rel. José Divino de Oliveira, julg. 13.11.2008, *DJ* 26.11.2008).

83 A visão anterior do direito de família definia honra e boa fama como "honra é a dignidade da pessoa que vive honestamente, que pauta seu proceder pelos ditames da moral; é o conjunto dos atributos, morais e cívicos, que torna a pessoa apreciada pelos concidadãos. Boa fama é a estima social de que a pessoa goza, visto conduzir-se segundo os bons costumes. A mulher que se casa com um cáften, que se apresenta como cavalheiro, e o homem de bem que desposa uma decaída, que lhe conquistou a estima, podem invocar o art. 219, n.º I, do Código Civil, para dissolver sociedade conjugal, que lhes revolta a dignidade" (Washington de Barros Monteiro, *Curso de Direito Civil*, 2.º vol., 28ª ed., São Paulo: Saraiva, pp. 86-87). Sobre a questão, o TJDFT já manifestou entendimento que, se "no momento do enlace, o varão descortinava condutas social e profissional irrepreensíveis, aparentando se tratar de jovem promissor por exercer e ter exercitado relevantes funções públicas decorrentes dos cargos em comissão que ocupara, induzindo à esposa essa expectativa, e que, passados poucos meses do enlace, viera a consorte ser despertada para realidade com o comunicado da prisão em flagrante do marido sob a acusação de estar enredado na prática de fato ilícito traduzido na traficância de substâncias entorpecentes, os fatos induzem à invalidação do casamento sob o prisma da subsistência de erro essencial sobre a pessoa do marido. Apurado que, aliado ao fato de que desconhecia a vida clandestina do marido, os fatos que se descortinaram, denunciando sua personalidade e que estava envolvido em atividades ilícitas cuja gênese era antecedente ao casamento, ensejam a qualificação de que o enlace derivara de erro essencial da esposa sobre a pessoa do consorte e que os fatos em

Diferentemente do Código anterior, o atual regramento, no que tange à ignorância de crime anterior ao casamento, dispensou a necessidade do crime poder ter fiança ou que a condenação tenha transitado em julgado, sendo suficiente a ciência do fato criminoso e de sua autoria anterior ao casamento. Com isso, o legislador dispensou que o crime seja de maior gravidade (crimes inafiançáveis). Ficou a critério do cônjuge o impacto da notícia da prática criminosa na comunhão de vida, ou seja, é necessário que a ciência do fato tenha tornado insuportável a vida em comum.[84]

Também é causa de anulação a ignorância, anterior ao casamento, de defeito físico irremediável que não caracterize deficiência ou moléstia grave e transmissível, por contágio ou por herança, capaz de pôr em risco a saúde do outro cônjuge ou de sua descendência. Trata-se do inciso III do art. 1.557 do Código Civil, que foi modificado pelo EPD, descaracterizando a deficiência como causa anulatória do casamento. Isso ocorre porque a aceitação de tal situação está na esfera íntima de cada indivíduo, de modo que, não obstante o silêncio da lei nessa hipótese, a situação deve gerar a insuportabilidade da vida em comum para se concretizar em causa anulatória.

Em relação ao cônjuge portador de moléstia grave e transmissível por contágio ou herança, anula-se o casamento em razão do risco de adoecimento do outro cônjuge ou da descendência, como é o caso de sífilis, AIDS, tuberculose etc. Assim, "não há falar que o apelado era portador de moléstia grave quando esta não representa perigo à saúde do cônjuge",[85] razão pela qual nesse caso, o casamento não foi anulado. Além disso, é relevante para a anulação do casamento que a indigitada patologia preexista à celebração das núpcias.

O prazo para o ajuizamento da ação de anulação de casamento por erro essencial é de 3 anos, contados a partir da data da celebração do casamento. No entanto, a coabitação valida o ato, se houver ciência do vício, ressalvada a hipótese da ignorância, anterior ao casamento, de defeito físico irremediável que não caracterize deficiência ou de moléstia grave e transmissível, por contágio ou por herança, capaz de pôr em risco a saúde do outro cônjuge ou de sua descendência, prevista no art. 1.557, III, do Código Civil.

Outro vício de consentimento passível de anular o casamento é a coação, pois contamina o consentimento, pressuposto material para a existência da relação matrimonial. Por isso, se a vontade for captada mediante fundado temor de mal considerável e iminente para a vida, saúde e honra, sua ou de seus familiares, caracterizado está a sua

---

que se envolvera ele, além de afetarem a honorabilidade e dignidade do casal, tornaram a vida em comum insustentável, pois destruíra qualquer confiança que a esposa poderia dispensar ao consorte, ensejando, então, a invalidação do casamento na forma autorizada pelo legislador civil" (TJ/DFT, 1ª TC, Ap. Cív. 20120110468770, Rel. Des. Teófilo Caetano, julg. 21.08.2013, *DJ* 02.09.2013).

84 "A denúncia por crime de homicídio imputado ao réu não constitui erro essencial quanto à pessoa (art. 1.557, II, do CC/2002), se não há sentença criminal condenatória com trânsito em julgado por esta conduta, tampouco prova de que a autora não sabia da condição do réu, e que tal fato teria tornado insuportável a vida em comum. RECURSO PROVIDO" (TJ/RS, Apel. Cív. 70057011462, 7ª CC, Relª. Desª. Liselena Schifino Robles Ribeiro, julg.13.11.2013, *DJ* 19.11.2013).

85 TJ/RS, 7ª C.C., Ap. Cív. 70030334320, Rel. Des. Jorge Luís Dall'Agnol. julg. 11.08.2010, publ *DJ* 20.08.2010.

turbação, que deve ser demonstrada no processo de anulação do casamento.[86] O prazo para ser intentada a ação em caso de coação é de 4 anos, a contar da data da celebração do casamento, ressalvando-se que, também nessa hipótese, a coabitação convalida o ato.[87]

No que se refere à legitimidade para o ajuizamento da ação, a parte legítima é apenas o cônjuge que sofreu o erro ou foi coagido.

(iv) incapaz de consentir ou manifestar o consentimento de modo inequívoco. Após o advento do EPD, o ordenamento limitou-se a essa hipótese de anulação do casamento da pessoa com deficiência, que deverá ser arguida em 180 dias a contar da sua celebração (CC, art. 1.560, I). Ela se justifica quando a deficiência for comprometedora de tal forma a não permitir a avaliação da prática do ato e muito menos a expressão da vontade.

(v) realização do casamento pelo mandatário, sem que o outro contraente soubesse da revogação do mandato, sem coabitação superveniente dos cônjuges. Nesse caso, o prazo para anulação do casamento é de 180 dias contados da data em que o mandante tiver conhecimento da celebração. O cônjuge enganado também pode buscar o reconhecimento judicial do vício, no mesmo prazo, a contar da época que teve ciência da revogação do mandato.

(vi) incompetência territorial da autoridade celebrante. O atual Código inseriu essa hipótese no rol das anulabilidades, ao contrário do Código Civil de 1916 que a previa no rol das nulidades, no entanto convalidada na ausência de alegação no prazo de dois anos. Mais coerente estar no rol das anulabilidades, tanto pela sua natureza privada e, portanto, sanável, quanto por considerá-la hipótese de validade quando o juiz incompetente exercer publicamente as funções de casamentos e, por isso, tiver registrado o ato no Registro Civil (CC, art. 1.554), pois o registro público tem primazia sobre o ato que lhe deu causa. A incompetência da autoridade tratada pelo dispositivo é territorial e não em razão da matéria, pois, nesse último caso, é hipótese de inexistência do casamento por ausência de celebração.

A lei estabelece uma punição àquele que dá causa à invalidação do casamento. Assim, quando o casamento for anulado por culpa de um dos cônjuges, este incorrerá na perda de todas as vantagens havidas do cônjuge inocente e na obrigação de cumprir as promessas que lhe fez no contrato antenupcial (CC, art. 1.564).

---

86 "Ao contrário do que sustenta o apelante, não restou comprovado que o consentimento foi conseguido por medo de mal considerável e iminente para a vida, saúde ou honra de um ou de ambos os cônjuges ou de seus familiares, com gravidade igual ou superior ao casamento contra a vontade. Ou seja, não há prova de que houve ameaça ou pressão injusta exercida sobre o apelante para obrigá-lo, contra seu desejo, a contrair matrimônio com a apelada" (TJ/MG, Ap. Cív. 1.0411.10.002441-2/001, 4ª CC, Rel. Des. Moreira Diniz, julg. 11.04.2013, *DJ* 17.04.2013).

87 "Este prazo coincide com o prazo decadencial atribuído ao direito de invalidade dos negócios jurídicos em geral, em conformidade com o art. 178, I, do Código Civil. Há uma diferença substancial entre as duas espécies quanto ao início da contagem do prazo, uma vez que para o casamento é o da celebração e para os negócios jurídicos em geral é quando cessa a coação. Certamente o legislador levou em conta que as relações existenciais se consolidam na convivência, superando-se mais rapidamente o vício de origem, porque envolvem direitos pessoais intensos e não apenas direitos patrimoniais" (Paulo Lôbo, *Direito civil:* famílias, cit., p. 125).

Casamento putativo

Em contrapartida, mesmo o casamento sendo nulo ou anulável, ele produz todos os efeitos até o dia da sentença anulatória, se contraído de boa-fé por ambos os cônjuges (CC, art. 1.561), circunstância denominada de casamento putativo.[88] No entanto, se apenas um dos cônjuges estava de boa-fé no momento da celebração do casamento, a relação matrimonial só gera efeitos para ele, ao passo que, se ambos estavam de má-fé, nenhum efeito gera em relação aos cônjuges. O art. 1.561 prevê expressamente a validade do casamento em relação aos filhos – cuja situação jurídica é completamente desatrelada da situação conjugal dos pais –, em qualquer dessas circunstâncias, o que é relevante, principalmente, em relação à presunção de filiação (CC, art. 1.597), mas também em relação aos demais efeitos, tais como nome, exercício da autoridade parental, alimentos, guarda, convivência etc.

O casamento putativo se justifica em razão da proteção à família então constituída, ainda que com algum vício. "A medida do bom senso eleita, então, foi obstar permanecesse a situação de invalidade e sua imprópria produção de efeitos, mas mantendo-se aqueles já causados".[89] A decretação de invalidade é pressuposto para o reconhecimento da putatividade, que pode ocorrer na própria ação anulatória ou em processo autônomo iniciado por quem a referida declaração aproveita, ou seja, cônjuges, filhos ou "por terceiros que demonstrem interesse".[90]

Os requisitos para o reconhecimento do casamento putativo, portanto, são: (i) boa-fé no momento da celebração do casamento, ou seja, desconhecimento da situação ensejadora de eventual nulidade ou anulabilidade (ii) já existente no momento da celebração das núpcias.[91]

O casamento putativo gera efeitos para o cônjuge de boa-fé, tais como a aplicação das regras do regime de bens escolhido, sucessão, alimentos etc., ou seja, é como

---

88 "O casamento putativo é de origem canônica, desenvolvido durante a Idade Média, motivado pela necessidade prática e por imperativo moral de atender à proteção dos filhos havidos de matrimônio efetivamente celebrado, ainda que depois fosse declarado nulo por haver impedimento de parentesco (questão que, na época, era difícil de identificar, dada a inexistência de registro público" (Paulo Lôbo, *Direito civil:* famílias, cit., p. 125).

89 Renata Barbosa de Almeida, Iara Antunes de Souza, Invalidades matrimoniais: revisão de sua disciplina jurídica em face do novo conceito de família. In: Ana Carolina Brochado Teixeira, Gustavo Pereira Leite Ribeiro (Coords.). *Manual de direito das famílias e das sucessões.* 3ª ed., Rio de Janeiro: Processo, p. 80.

90 Silvio de Salvo Venosa, A família conjugal. In: Rodrigo da Cunha Pereira (org.), *Tratado de Direito das Famílias*, cit., p. 174.

91 "Embora desquitada, estando a apelada casada com outra pessoa quando contraiu matrimônio com o apelante, havia nulidade absoluta deste casamento em razão de infringência de impedimento constante do art. 183, inciso III, do Código Civil de 1916, que veda o casamento entre pessoas casadas, reproduzido no art. 1.521, inciso VI, do atual Código Civil. Declarada a nulidade do casamento, mas constatada a boa-fé da ré que acreditava que o primeiro marido estava morto quando do segundo casamento, e constatado que o autor tinha ciência que o casamento anterior não estivesse desfeito, configura-se o casamento putativo e a consequente produção de efeitos até a sentença que declara sua nulidade, entre os quais o dever de prestar alimentos" (TJ/RS, 7ª C.C., Ap. Cív. 70042905992, Rel. Des. André Luiz Planella Villarinho, julg. 28.09.2011). "Putativo e a consequente produção de efeitos até a sentença que declara sua nulidade, entre os quais o dever de prestar alimentos." (TJ/RS, 7ª C.C., Ap. Cív. 70042905992, Rel. Des. André Luiz Planella Villarinho, julg. 28.9.2011).

se o casamento, para ele, fosse válido. Em relação a terceiros, o casamento putativo também tem validade e eficácia, pois não é possível penalizar, com a invalidação do casamento, os terceiros de boa-fé que eventualmente contrataram com os cônjuges, desconstituindo-se os negócios com estes celebrados.[92]

9. EFEITOS JURÍDICOS EXISTENCIAIS

O casamento gera uma série de repercussões na esfera jurídica dos cônjuges, tanto no âmbito existencial quanto no patrimonial, quando ausente qualquer das causas de invalidade do casamento. Considera-se comumente como efeitos jurídicos do casamento (*rectius*, ato jurídico do casamento): 1º. o estabelecimento do vínculo de afinidade; 2º. a emancipação do cônjuge menor de idade; 3º. a atribuição de título sucessório; 4º. a disciplina das relações patrimoniais dos cônjuges (regimes matrimoniais); 5º. a imediata submissão dos cônjuges a deveres específicos (fidelidade, mútua assistência).[93]

A principal característica dos efeitos jurídicos previstos pelo atual Código Civil, em razão da influência da Constituição Federal, é a incidência direta do princípio da igualdade. Importante estabelecer essa premissa metodológica, tendo em vista que o Código Civil de 1916 previa, muitas vezes, efeitos jurídicos diversos para homem e mulher. O princípio geral da igualdade previsto no art. 5º da Constituição da República, e a previsão dirigida exclusivamente para o casamento do art. 226, § 5º, C.R. – que afirma que "os direitos e deveres referentes à sociedade conjugal são exercidos igualmente pelo homem e pela mulher" – destinam-se também à união estável.

Adoção do patronímico

Os efeitos patrimoniais serão tratados no Capítulo 3, analisando-se nesse item a eficácia existencial do casamento. O primeiro efeito é a possibilidade de ambos os cônjuges adotarem o patronímico do outro, opção a ser feita durante o procedimento de habilitação para o casamento. Segundo dispunha o art. 240 do Código Civil 1916, a mulher assumia, com o casamento, os apelidos do marido, consequência automática da formação da família matrimonial. Também o art. 70 da Lei de Registros Públicos (Lei 6.015/1973) previa que no assento de casamento constasse o nome que

---

92 O TJSP julgou caso em que, depois de 49 anos de união, um casal de idosos descobriu que sua certidão de casamento era falsa. Diante desse fato, pediram para formalizar sua união, o que foi negado. Para o colegiado, sem os requisitos previstos na lei não é possível aprovar um ato inexistente e ilegal. Apesar de o voto da relatora ter ganhado adesão da maioria dos magistrados, o desembargador Ênio Santarelli Zuliani divergiu dessa visão, pois a união deveria ter sido reconhecida como casamento putativo ("imaginário", mas de boa-fé), devendo-se, portanto, registrá-la devidamente. Pesou na opinião do desembargador o fato de o casal estar próximo de completar bodas de ouro; a assinatura da esposa, que usa seu nome de "casada"; e o "entendimento de que os dois recorrentes foram vítimas de espertos despachantes que, aproveitando da baixa instrução e da pouca capacidade de discernimento jurídico dos interessados, apresentaram uma certidão de casamento despida de autenticidade". (TJSP, 4ª C.C., Ap. Cív. 1041799-91.2019.8.26.0114, Relª. Desª. Marcia Dalla Déa Barone, julg. 10.9.2020, publ. DJ 11.9.2020).

93 Gustavo Tepedino, Novas formas de entidades familiares: efeitos do casamento e da família não fundada no matrimônio. *Direito, Estado e Sociedade*, Revista do Departamento de Ciência Jurídicas da PUC-Rio, n. 5, ago./dez. 1994, p. 35.

a mulher passaria a adotar.[94] A Lei do Divórcio (Lei 6.515/1977) tornou a mudança do nome da mulher uma possibilidade, o que foi mantido pela atual legislação – pois ao assumir a condição de cônjuge, pode optar por manter o nome de família original – e ampliada para que qualquer deles acresça o nome um do outro (CC, art. 1.565, § 1º),[95] sendo possível, inclusive, formarem um nome de família. Assim, se Roberto Silva Marinho se casa com Maria Ferreira Medeiros podem convencionar que, após o casamento, passarão a se chamar, por exemplo, Roberto Ferreira Medeiros Silva Marinho e Maria Ferreira Medeiros Silva Marinho.

A rigor, o entendimento preponderante era de que, se a vontade for a modificação do patronímico, o sobrenome do outro cônjuge deve ser acrescentado, sem a supressão de nenhum dos apelidos de família, para que o patronímico reflita a história genealógica da pessoa – ao contrário do que era muito comum nos idos do Código Civil de 1916, em que, com frequência, o sobrenome materno era substituído pelo apelido do marido. A jurisprudência, no entanto, vem atenuando essa regra casuisticamente: quando "preservados os interesses de terceiro e demonstrado justo motivo, é possível a supressão do patronímico materno por ocasião do casamento".[96] Nesse julgado, os nubentes requereram a supressão de ambos os apelidos da mulher na fase de habilitação do casamento ou, como alternativa, apenas a supressão do sobrenome materno, ao fundamento de que havia sido renegada tanto pela mãe quanto pelas irmãs, rompendo-se, então, seus laços familiares, o que constituía justo motivo de ordem psicológica e social. O relator, ao acolher o pedido subsidiário, sustentou que a retirada dos apelidos maternos realiza direitos da personalidade da requerente, já que não prejudica sua plena ancestralidade, além de preservar sua autonomia e integridade psicológica perante sua unidade familiar. "O nome deve retratar a própria identidade psíquica do indivíduo, que se reconhece como integrante do grupo ao qual pertence. A função do patronímico é identificar o núcleo familiar da pessoa e

---

94 A justificativa para esse comando era "o facto de esta adquirir o nome do marido, não importa em ficar a sua personalidade absorvida. Antes de tudo, esta adopção de nome é um costume, a que a lei deu guarida, e deve ser comprehendido como exprimindo a communhão de vida, a transfusão das almas dos dois conjuges" (Clovis Bevilaqua, *Código Civil dos Estados Unidos do Brasil*, Rio de Janeiro: Rio, 1980, 6ª Tiragem, ed. Histórica, p. 601).

95 Essa modificação, no entanto, foi objeto de críticas: "Sustenta-se, por outro lado, que a solução jurídica mais harmoniosa com a plena igualdade entre os cônjuges, e que evitaria muitos conflitos posteriores, não é a que se adotou, qual seja a possibilidade de se oferecer ao marido a opção de adotar o sobrenome da mulher, mas, ao contrário, seria a de estabelecer, como regra, a manutenção dos sobrenomes originais dos nubentes, bem como a obrigatoriedade de aposição, nos filhos, dos sobrenomes de ambos os pais. Na atualidade, ao lado da tradicional função de identificação da descendência familiar, deve-se reconhecer que o sobrenome, em si mesmo, goza de uma proteção distinta, no que toca à sua função de instrumento de identificação da pessoa humana e que, como tal, é parte essencial e irrenunciável da personalidade a ser garantida pelo ordenamento jurídico" (Maria Celina Bodin de Moraes, Ampliação da proteção ao nome da pessoa humana. In: Ana Carolina Brochado Teixeira, Gustavo Pereira Leite Ribeiro (coods.), *Manual de Teoria Geral do Direito Privado*, Belo Horizonte: Del Rey, 2013, p. 262).

96 STJ, 3ª T., REsp 1433187/SC, Rel. Min. Ricardo Villas Bôas Cueva, julg. 26.05.2015, publ. *DJ* 02.06.2015.

deve retratar a verdade real, fim do registro público, que objetiva espelhar, da melhor forma, a linhagem individual".[97]

O Provimento 153/2023 CNJ dispôs que a inclusão do sobrenome do outro cônjuge autoriza a supressão de sobrenomes originários, desde que remanesça, ao menos, um vinculando a pessoa a uma de suas linhas de ascendência.

Também é possível que as partes solicitem o acréscimo do sobrenome do outro no curso da comunhão de vida, seja em razão da solidez e do forte vínculo constituído com o casamento, seja motivado por uma simples mudança de opinião, "pois, dada a multiplicidade de circunstâncias da vida humana, podem surgir situações em que a mudança se faça conveniente ou necessária".[98] Além disso, se não permitirem a mudança do sobrenome durante o casamento "seria possível, em tese, que o casal se divorciasse para se casar de novo para ela poder aderir ao nome do marido", o que não é razoável. Nessas hipóteses, no entanto, a mudança deveria ser feita mediante a propositura de ação judicial com vistas à obtenção de tal autorização.[99] Segundo o art. 109 da Lei 6.015/1973, o pedido judicial deverá ser motivado e feito por meio do rito da jurisdição voluntária, do qual participará o representante do Ministério Público.

Também pode ocorrer de a pessoa que mudou o nome quando do casamento pretender voltar a usar o nome de solteira. O STJ tem entendido no sentido de que essa pretensão é possível: "Conquanto a modificação do nome civil seja qualificada como excepcional e as hipóteses em que se admite a alteração sejam restritivas, esta Corte tem reiteradamente flexibilizado essas regras, interpretando-as de modo histórico-evolutivo para que se amoldem a atual realidade social em que o tema se encontra mais no âmbito da autonomia privada, permitindo-se a modificação se não houver risco à segurança jurídica e a terceiros".[100]

Em caso em que a mulher, no divórcio, voltou a usar o nome de solteira e, 25 anos depois, pretendeu restabelecer o nome de casada, o STJ julgou improcedente o pedido, por inexistir direito subjetivo da parte em "reinserir o sobrenome que havia sido livremente excluído por ela por ocasião do divórcio".[101]

---

97 Sobre o tema, merece transcrição a antiga lição do Min. Sálvio de Figueiredo Teixeira esclareceu que "o julgador não deve se entregar ao seu conceito pessoal, mas sim ao exame das razões íntimas e psicológicas do portador do nome, que pode levar vida atormentada, entendimento este que abre grandes possibilidades para uma corrente liberal na alteração dos prenomes, apesar da regra da imutabilidade" (STJ, 4ª T., REsp 66.643/SP, Rel. Min. Sálvio de Figueiredo Teixeira, julg. 21.10.1997, publ. *DJ* 09.12.1997).

98 STJ, 4ª T., REsp 910094/SC, Rel. Min. Raul Araújo, julg. 04.09.2012, publ. *DJ* 19.06.2013.

99 "O art. 1.565, § 1º, do Código Civil de 2002 não impõe limitação temporal para a retificação do registro civil e o acréscimo de patronímico do outro cônjuge por retratar manifesto direito de personalidade. 3. A inclusão do sobrenome do outro cônjuge pode decorrer da dinâmica familiar e do vínculo conjugal construído posteriormente à fase de habilitação dos nubentes. 4. Incumbe ao Poder Judiciário apreciar, no caso concreto, a conveniência da alteração do patronímico à luz do princípio da segurança jurídica" (STJ, 3ª T., REsp 1.648.858 – SP, Rel. Min. Ricardo Villas Bôas Cueva, julg. 20.08.2019).

100 STJ, 3ª T., REsp. 1.873.918/SP, Relª. Minª. Nancy Andrighi, julg. 2.3.2021, publ. DJ 4.3.2021.

101 STJ, 3ª T., REsp 2.005.058/PR, Relª. Minª. Nancy Andrighi, julg. 18.10.2022, publ. *DJ* 21.10.2022.

O Provimento 153/2023 CNJ autorizou mudanças no sobrenome independentemente de autorização judicial, ou seja, é possível que em determinadas circunstâncias, as pessoas possam se dirigir diretamente ao Cartório de Registro Civil das Pessoas Naturais e solicitar a mudança no sobrenome, tais como: a) inclusão ou exclusão de sobrenome do cônjuge, na constância do casamento – o que independe da autorização do outro cônjuge; b) exclusão de sobrenome do ex-cônjuge, após a dissolução da sociedade conjugal, por qualquer de suas causas; e c) inclusão e exclusão de sobrenomes em razão de alteração das relações de filiação, inclusive para os descendentes, cônjuge, companheiro da pessoa que teve seu estado alterado. Nesses casos, basta levar os documentos e certidões de registro civil atualizados.

Diretriz compartilhada da família

Outro importante efeito existencial do casamento é a diretriz compartilhada da família, decorrente do princípio da igualdade e da condição de consortes, companheiros e responsáveis pelos encargos da família que ambos assumem com o casamento (CC, art. 1.565). Assim, eliminou-se qualquer resquício da supremacia masculina decorrente do modelo de família patriarcal, que atribuía ao marido tanto a representação legal quanto o direito de fixar o domicílio da família (art. 233 do Código Civil de 1916).

Atualmente, o princípio da igualdade impede distinções de posição jurídica por razões de gênero. Dessa forma, ambos devem exercer de forma colaborativa a direção da sociedade conjugal no interesse dos cônjuges e da prole (CC, art. 1.567). Se houver divergência na condução da família, qualquer dos cônjuges poderá judicializá-la.

A propósito, embora seja tal solução destinada a assegurar a paridade de direitos na família, a transferência de poderes ao juiz para decisões relacionadas a questões tão íntimas consagra intromissão heterônoma do Estado na cogestão familiar. A mediação – tanto no âmbito judicial quanto no extrajudicial – pode ser um instrumento interessante e eficaz para auxiliar os membros da comunidade familiar a resolver o conflito e aprimorar a comunicação.[102] Justifica-se essa previsão por seu efeito equilibrador, em favor da isonomia, de modo que, *a priori*, nenhum dos cônjuges se julgue em posição de superioridade em relação ao outro.[103] É nessa perspectiva que ambos devem escolher, em conjunto, o domicílio conjugal (CC, art. 1.569).

Se um dos cônjuges, no entanto, estiver em lugar remoto ou não sabido, encarcerado por mais de cento e oitenta dias, interditado judicialmente com os limites

---

102 A esse respeito, cfr. Gustavo Tepedino, Danielle Tavares Peçanha, Métodos alternativos de solução de conflitos no direito de família e sucessões e a sistemática das cláusulas escalonadas. In: Ana Carolina Brochado Teixeira; Renata de Lima Rodrigues (orgs.). *Contratos, família e sucessões - diálogos interdisciplinares*, São Paulo: Foco, 2021, 2ª ed., pp. 31-46.

103 Rolf Madaleno entende que a decisão judicial cabe em questões referentes à administração patrimonial: "Isso não significa abandonar a prevalência do diálogo para uma administração conjunta da sociedade conjugal, a permitir a busca do equilíbrio das dissensões do par afetivo, para a evolução e desenvolvimento harmônico dos vínculos matrimoniais, só sendo acionado o Poder Judiciário naquelas situações de insuperável intransigência, quando o casal não alcança nenhum consenso na aquisição de bens, nos acordos de amortização e liquidação dos débitos conjugais e se divergem na assunção da prestação de garantias como a fiança e o aval" (Rolf Madaleno, *Curso de direito de família*, cit., p. 195).

estabelecidos na sentença ou privado, episodicamente, de consciência, em virtude de enfermidade ou de acidente, caberá ao outro o exercício com exclusividade da direção da família, cabendo-lhe, inclusive, a administração dos bens (CC, art. 1.570). Nesse caso, justifica-se que, em face da vulnerabilidade de um dos cônjuges ou da necessidade de administrar o patrimônio conjugal, apenas um deles fique incumbido da gestão, para que os bens não fiquem sem uma condução ativa na tomada de decisões sobre eles, com as limitações que cada situação pode demandar – por exemplo, é necessário pleitear autorização judicial para a venda de bens de cônjuge curatelado (mesmo no caso de o regime ser o da separação total de bens), como determinam os arts. 1.748, IV, 1.749 e 1.774 do Código Civil.

Por força do princípio da solidariedade familiar, os cônjuges são obrigados a concorrer, na proporção de seus bens e dos rendimentos do trabalho, para o sustento da família e a educação dos filhos, independentemente do regime de bens do casamento (CC, art. 1.568). Essa regra é afastada quando houver previsão expressa em sentido contrário em pacto antenupcial, que estabeleça o regime da separação total de bens (CC, art. 1.688). Note-se que, se houver modificação nas circunstâncias fáticas relacionadas à previsão que desonera um dos cônjuges da contribuição, tal cláusula poderá ser judicialmente revista, pois afeta a subsistência da família e, portanto, a solidariedade familiar, com repercussão, inclusive, no dever de sustento dos filhos (CR, art. 229 e CC, art. 1.566, IV).

Liberdade de planejamento familiar

Outro efeito do casamento é a liberdade de planejamento familiar atribuída ao casal, cabendo ao Estado proporcionar recursos educacionais e financeiros para o exercício desse direito, sendo proibido qualquer tipo de coerção por instituições privadas ou públicas (CR, art. 226, § 7º, e CC, art. 1.565, § 2º). Há duas vertentes dessa liberdade de planejamento familiar: (i) uma mais ampla, que abrange toda gestão familiar, que se pode entender englobada na diretriz compartilhada da família e (ii) outra estrita, referente ao planejamento da filiação. Esse segundo aspecto refere-se diretamente à decisão de ter filhos, em que número e a forma de tê-los, a qual compete unicamente ao casal, sem ingerência externa, desde que não viole a dignidade humana e o melhor interesse das crianças, limites colocados pelo Texto Constitucional. Ao Estado compete papel prospectivo de informação, educação e fornecimento de meios para dar eficácia às decisões do casal, tomadas nos limites anteriormente mencionados. Trata-se, no entanto, de possibilidade que não é inerente apenas à situação de cônjuges, mas também à dos companheiros ou à de pessoa solteira que pretenda exercer a paternidade ou a maternidade.[104]

---

[104] Para se exemplificar a amplitude das possibilidades do planejamento familiar, atualmente debate-se sobre coparentalidade ou parceria de parentalidade, que é a possibilidade de pessoas sem vínculos jurídicos entre si – de casamento ou de união estável – celebrarem negócio jurídico existencial ligado ao planejamento de ter um filho. Sobre o tema: Simone Tassinarini. Quais os desafios que se impõem ao direito de família frente às situações de coparentalidade? In: Ana Carla Harmatiuk Matos, Ana Carolina Brochado Teixeira, Gustavo Tepedino (coord.), *Direito civil, constituição e unidade do sistema*. Anais do Congresso de Direito Civil Constitucional. V Congresso do IBDCivil. Belo Horizonte: Forum, 2019, pp. 281-295.

A Lei 14.443/2022 alterou a Lei 9.263/1996 para determinar prazo para oferecimento de métodos e técnicas contraceptivas e disciplinar condições para a esterilização no âmbito do planejamento familiar. Merece destaque aqui a revogação do § 5º do art. 10 da lei originária, que previa a necessidade de consentimento expresso de ambos os cônjuges, na vigência da sociedade conjugal, para que houvesse a esterilização. Conquanto se trate de planejamento familiar, entendeu o legislador que o direito ao próprio corpo, especialmente da mulher, deveria prevalecer frente à organização parental do casal, afastando-se a ideia de controle marital, em favor da afirmação dos princípios da igualdade e da democracia nas famílias.[105] Com isso, homens e mulheres podem realizar o procedimento em qualquer idade, a partir dos 21 anos, desde que tenham, ao menos, dois filhos vivos. A nova lei garante ainda a possibilidade de que a cirurgia de laqueadura seja realizada durante o período do parto – o que, até então, era proibido. A comunicação acerca do desejo de efetuar o procedimento deve ser manifestada com antecedência de 60 dias.

Direitos e deveres dos cônjuges

Outro efeito existencial do casamento são os direitos e deveres dos cônjuges. O princípio da igualdade ganha aqui relevância especial, na medida em que, o Código Civil de 1916 dedicava disposições diferentes para o marido (arts. 233 a 239) e para a esposa (arts. 240 a 255); assim, a única alternativa possível para a manutenção de um comando legislativo dessa natureza era o estabelecimento dos mesmos direitos e deveres para ambos os cônjuges, como fez o art. 1.566 do Código Civil.

Os direitos e deveres do casamento simbolizam a forma pela qual o Estado entende como rota possível para o alcance da comunhão plena de vida; ou seja, é por meio da fidelidade recíproca, da coabitação, da mútua assistência, dos cuidados com a prole e com o respeito e consideração mútuos que os cônjuges se realizariam na vida conjugal.[106] Tais direitos sempre foram tidos como normas inderrogáveis pela vontade dos nubentes ou cônjuges,[107] em razão do seu caráter de ordem pública, pelo que qualquer disposição em sentido contrário no pacto antenupcial seria nula.

Não obstante parte desse rol seja de fato indisponível – por estar vinculado diretamente à solidariedade familiar, tal como mútua assistência ou os deveres decorrentes da autoridade parental, que alcançam a pessoa dos filhos, ou o respeito recíproco – os deveres de fidelidade e de coabitação estão muito mais afetos ao acordo conjugal que realize os anseios de felicidade dos cônjuges do que a uma fórmula estatal de vida boa. Afinal, são os próprios cônjuges que devem identificar os "comportamentos, hábitos e atitudes que, no exercício de situações de família, sejam aptos a promover

---

105 Sobre o planejamento familiar, sugere-se a leitura de Renata de Lima Rodrigues, *Planejamento familiar – Limites e liberdades parentais*, Indaiatuba: Foco, 2022.

106 "O estabelecimento de deveres conjugais pelos textos codificados, em princípio, não traduz mais do que os comportamentos minimamente necessários para que qualquer união possa ter continuidade, desde que associada à manutenção do afeto que também a motivou" (Silvana Maria Carbonera, *Reserva de intimidade*: uma possível tutela da dignidade no espaço relacional da conjugalidade, Rio de Janeiro: Renovar, 2008, p. 208).

107 José Lamartine Corrêa de Oliveira, Francisco José Ferreira Muniz, *Direito de família*: Direito matrimonial, Porto Alegre: Sérgio Fabris, 1990, p. 17.

o crescimento, enquanto pessoa, e a preservar a liberdade".[108] É possível, por isso, entender-se como disponíveis tais deveres conjugais, corroborados por dois fundamentos normativos:

(i) o art. 1.511 do Código Civil prevê que o casamento estabelece uma comunhão plena de vida, baseada na paridade de direitos e deveres entre os cônjuges, ou seja, o que é essencial para o alcance dessa condição de realização no casamento é a igualdade e não os direitos e deveres propriamente ditos. Assim, o primeiro artigo do livro de Direito de Família do Código Civil estabelece a comunhão de vida como condição *sine qua non* para o casamento, estabelecendo apenas uma diretriz sobre a forma de realizá-la: a igualdade entre os cônjuges.[109]

(ii) a partir do advento da Emenda Constitucional 66, a culpa se tornou imprestável para o fim da sociedade conjugal, pois a mudança do Texto Constitucional reforçou a natureza jurídica do divórcio como direito potestativo, de modo que a separação litigiosa perdeu sua utilidade.[110] Assim, não há mais sentido se invocar o descumprimento dos deveres do casamento como causa de imputação da culpa ao outro cônjuge,[111] de maneira que a previsão heterônoma dos deveres conjugais restou esvaziada.

Nesse contexto, discute-se se a violação de algum dever conjugal poderia gerar dano moral, em face de a conduta que descumpriu tais deveres se configurar ato ilícito. O descumprimento dos deveres conjugais por si só não enseja a indenização por dano moral, sendo necessário, para o dever de indenizar, que se configurem os mesmos pressupostos exigíveis para o ressarcimento de danos a terceiros,[112] com grave ofensa a direitos da personalidade.[113] Nesse sentido, "a imposição do dever de

---

108 João Baptista Villela, *Liberdade e família*. Monografia, Belo Horizonte: Faculdade de Direito da UFMG, 1980, p. 11.

109 "Esta ideia de igualdade dos dois parceiros da relação, aliada coma privatização do amor e com o enfraquecimento das referências externas dadas ao casal por outros ordenamentos tradicionais – a religião, os costumes, a vizinhança – têm produzido a diminuição do conteúdo imperativo do casamento, do conjunto dos chamados efeitos pessoais do casamento, tal como estávamos habituados a entendê-los" (Guilherme de Oliveira, *Temas de direito de família*, Coimbra: Coimbra Editora, 2001, 2ª ed., p. 338).

110 Conquanto se saiba que o STF entendeu no RE 1.167.478 que não existe mais a separação como figura autônoma no direito brasileiro, reitera-se aqui a crítica da inutilidade do modelo litigioso de separação, pois a forma consensual poderia continuar a existir, a partir de uma decisão dos cônjuges, conforme será analisado no capítulo 4.

111 O que remanesce sobre a discussão de culpa, em termos literais, está ligado aos alimentos civis (CC, art. 1.694, § 2º) e à prática de atos de indignidade como causa de exoneração dos alimentos (CC, art. 1.708, parágrafo único). A pertinência dessa análise será debatida no capítulo 10.

112 "Referidos deveres de fidelidade recíproca e coabitação e até mesmo o de respeito e consideração mútuos são juridicamente inócuos, pois não há qualquer sanção jurídica para seu inadimplemento durante a convivência conjugal, restando aos cônjuges, exclusiva e intimamente, avaliarem se a conduta contrária pode tornar suportável ou não seu relacionamento. A violação de algum dever conjugal pode, eventualmente, converter-se em dano moral. Mas a responsabilidade civil por danos não é intrinsecamente de direito de família, e sim de direito civil em geral: a ofensa moral deve ser objeto de reparação civil segundo as regras comuns e não em razão do direito de família". (Paulo Lôbo, *Direito civil:* famílias, cit., p. 137).

113 "No que tange, pois, ao desrespeito dos deveres conjugais (quais sejam, a fidelidade, a coabitação, a assistência e o respeito mútuos, previstos no art. 1.566, bem como a lealdade, o respeito e a assis-

reparar tem espaço apenas em casos particulares, quando do rompimento da relação há mais que abalo sentimental, sendo necessária a repercussão grave nos atributos da personalidade. Ou seja, a infidelidade, por si só, não gera, via de regra, causa de indenizar, apenas configurando dano moral a situação adúltera que ocasiona grave humilhação e exposição do outro cônjuge".[114] Com tal entendimento decidiu-se que, embora a infidelidade por si só não motive dano moral, pelo fato de ter ocorrido entre o recorrente com a irmã da recorrida, "provocou na requerida lesão a sua imagem, hábil a deixar sequelas que se refletem 'de forma nociva no seu dia a dia', e esta lesão ultrapassou os limites da vida conjugal e familiar, ganhando corpo junto à comunidade em que vivem".[115] No caso, a condenação por dano moral não se justificou pela quebra da fidelidade propriamente dita, mas pela exposição da esposa em seus círculos social e familiar em decorrência das peculiaridades indicadas no acórdão.

Há quem proponha a retirada do art. 1.566 do Código Civil, para que a tutela da conjugalidade seja dirigida aos cônjuges, deixando que o vínculo e seus efeitos jurídicos tenham posição acessória. Assim, o sistema jurídico reconheceria "na conjugalidade o espaço de construção de convivência conjugal, informado pelos princípios constitucionais, mas não tipificado, de modo que seja recepcionada a liberdade, que neste contexto tem um sentido de 'ampliação dos espaços deixados à livre determinação do casal'".[116] Não se entende, no entanto, ser o caso de flexibilizar todo o conteúdo do art. 1.566 do Código Civil, pois os deveres calcados na solidariedade familiar devem permanecer como comandos heterônomos, sendo passíveis de negociabilidade a fidelidade e a coabitação.

Dever de fidelidade

Para melhor compreensão do que se está a propor, faz-se necessário o estudo detalhado de cada um dos deveres conjugais contidos no art. 1.566 do Código Civil. O inciso I prevê o dever de fidelidade recíproca, ou seja, os cônjuges só podem vivenciar uma relação amorosa de cada vez, estando vedada a prática de relações sexuais com terceiros no período em que estiverem casados. Trata-se de regra decorrente do princípio da monogamia, que tem sido objeto de grande debate sobre sua coercitividade e sua natureza de valor ou princípio jurídico, como estudado no capítulo 1: "é possível inferir que no tempo presente não mais se insculpe, de modo necessário, o dever de fidelidade como elemento intrínseco da manutenção de uma conjugalidade, dado que, se assim o fosse, o casamento exsurgiria como um instrumento de coerção e repressão sexual. A fidelidade formal se verteu na lealdade substancial. (...)

---

tência, previstos no art. 1.724 do Código Civil) na ponderação dos interesses contrapostos entre a solidariedade familiar e a autonomia individual, ou seja, entre a sociedade conjugal e as escolhas individuais de cada cônjuge, prevalecem, segundo a doutrina mais atenta, os direitos do indivíduo e suas próprias opções de vida, não se admitindo que o seu descumprimento dê causa, com êxito, a ação de responsabilidade civil" (Maria Celina Bodin de Moraes, A responsabilidade e reparação civil. In: Rodrigo da Cunha Pereira (org.), *Tratado de Direito das Famílias*, Belo Horizonte: IBDFAM, 2016, 2ª ed., p. 841).

114 TJ/DFT, 2ª T.C., Ap. Cív. 1181708320058070001, Rel. Des. J.J. Costa Carvalho, julg. 15.04.2009.

115 TJ/DFT, 2ª Turma Recursal dos Juizados Especiais do Distrito Federal, ACJ. 2013.02.1.004435-2, Rel. Des. Juiz Antônio Fernandes da Luz, julg. 14.01.2014, publ. *DJ* 31.01.2014.

116 Silvana Maria Carbonera, *Reserva de intimidade*, cit., p. 282.

E, ademais, a lealdade a um projeto de vida não faz morada na fria previsão normativa, mas sim no desejo e vontade daqueles eu protagonizam tal projeto, e que nele buscam construir as suas vidas".[117-118]

Questiona-se se, em tempos de internet, seria possível a configuração jurídica da infidelidade virtual, como elemento violador do dever de fidelidade. Se os contornos do dever de fidelidade se limitassem à impossibilidade de contato sexual com terceiros, de fato não há como se falar em infidelidade virtual; todavia, se se entende infidelidade como quebra de confiança construída no âmbito da comunhão plena de vida, o âmbito virtual pode ser forma de atingir tal resultado.[119]

Coabitação

Outro dever resultante do casamento é a vida em comum, no domicílio conjugal (CC, art. 1.566, II). Tendo em vista que cada casal pode construir de forma autônoma o conteúdo da comunhão plena de vida que os realiza no âmbito de sua família democrática, o fato de morarem na mesma casa ou não e de como será o seu arranjo

---

117 Luiz Edson Fachin, Famílias: entre o público e o privado. In: Rodrigo da Cunha Pereira (org.). *Família:* entre o público e o privado, Porto Alegre: Magister/IBDFAM, 2012, p. 163.

118 O descumprimento ao dever de fidelidade é a causa que enseja, mais frequentemente, pretensões indenizatórias: "O dever de fidelidade recíproca dos cônjuges é atributo básico do casamento e não se estende ao cúmplice de traição a quem não pode ser imputado o fracasso da sociedade conjugal por falta de previsão legal. 4. O cônjuge que deliberadamente omite a verdadeira paternidade biológica do filho gerado na constância do casamento viola o dever de boa-fé, ferindo a dignidade do companheiro (honra subjetiva) induzido a erro acerca de relevantíssimo aspecto da vida que é o exercício da paternidade, verdadeiro projeto de vida" (STJ, 3ª T., REsp 922462 / SP, Rel. Min. Ricardo Villas Bôas Cueva, julg. 04.04.2013, publ. *DJ* 13.05.2013). No mesmo sentido e favoravelmente à fixação de indenização por dano moral para o cônjuge enganado: "Exige-se, para a configuração da responsabilidade civil extracontratual, a inobservância de um dever jurídico que, na hipótese, consubstancia-se na violação dos deveres conjugais de lealdade e sinceridade recíprocos, implícitos no art. 231 do CC/16 (correspondência: art. 1.566 do CC/2002). – Transgride o dever de sinceridade o cônjuge que, deliberadamente, omite a verdadeira paternidade biológica dos filhos gerados na constância do casamento, mantendo o consorte na ignorância. – O desconhecimento do fato de não ser o pai biológico dos filhos gerados durante o casamento atinge a honra subjetiva do cônjuge, justificando a reparação pelos danos morais suportados" (STJ, 3ª T., REsp. 742.137/RJ, Rel. Min. Nancy Andrighi, julg. 16.08.2007, publ. *DJ* 29.10.2007). Em sentido contrário: "A doutrina e a jurisprudência admitem a indenização por dano moral no casamento e na união estável em face do cometimento de ilícito penal de um cônjuge ou companheiro contra o outro, mas não em razão da infração aos deveres matrimoniais. Assim, a traição e a geração de um filho fora do casamento, por si só, não acarretam o dever de indenização por dano moral" (TJ/RS, 7ª C.C., Ap. Cív. 70026482075, Rel. Des. Ricardo Raupp Ruschel, julg. 22.07.2009); "A fixação de indenização por danos morais não merece acolhimento, haja vista que o recorrente não demonstrou qualquer violação aos direitos da personalidade. Os fatos por ele mencionados, no sentido de que a conduta dos recorridos lhe causou transtornos e infortúnios, não ensejam reparação a título de dano moral, constituindo-se situações que todo casal, em vida conjugal e amorosa, está sujeito a passar. O relacionamento extraconjugal é apenas a consequência de uma união cujos sentimentos iniciais não perduraram no tempo, dando ensejo a que outros se sobrepusessem e levassem algum dos cônjuges ou companheiros à relação afetiva com outras pessoas" (TJDFT, 3ª Turma Recursal dos Juizados Especiais do Distrito Federal, ACJ. 2011.07.1.035889-7, Rel. Des. Juiz Hector Valverde Santanna, julg. 04.09.2012.)

119 Existe o mesmo debate, nesse caso, sobre a possibilidade de fixação de dano moral por infidelidade virtual, sendo aqui mais tormentoso por colocar em xeque o conceito propriamente de fidelidade: "Danos morais decorrentes de infidelidade conjugal comprovada nos autos. Provas lícitas, colhidas em computador de uso comum. Indenização devida, no valor de R$ 2.000,00 (dois mil reais)" (TJ/PE, 6ª C.C., Ap. Cív. 3044317, Rel. Des. José Carlos Patriota Malta, julg. 29.08.2013).

sexual está fora da esfera de legislação do Estado, compondo a esfera íntima das liberdades existenciais de cada um. Não obstante o domicílio conjugal deva ser escolhido por ambos os cônjuges por força do princípio da igualdade, o art. 1.569 do Código Civil prevê a possibilidade de ausência do(s) cônjuge(s) para atender a encargos públicos, ao exercício de sua profissão ou a *interesses particulares relevantes*, ou seja, é plenamente possível que o casal entenda que são mais felizes ou realizados morando em residências separadas, não sendo este um óbice para a continuidade do vínculo conjugal.[120]

Ao dever de coabitação subjazia um pressuposto do casamento, então denominado débito conjugal, consubstanciado no dever de um cônjuge praticar relações sexuais com o outro, que era coerente com uma família cuja procriação era seu elemento essencial.[121] Na família constitucionalizada, essa concepção já não tem qualquer sentido, na medida em que tanto a sexualidade quanto a procriação já não compõem o conteúdo jurídico necessário do casamento. "Não se sustenta o denominado débito conjugal, não dentro de uma ordem constitucional que erige como seu princípio máximo a dignidade da pessoa humana e que delineia em consequência a relação sexual como um ato íntimo, voluntário, consensual, livre e espontâneo".[122]

Mútua assistência

O terceiro dever do casamento é o de mútua assistência (CC, art. 1.566, III). Em épocas que se tinha que justificar os motivos para o fim do casamento, imputando-se a culpa ao outro, entendia-se que mútua assistência não estava vinculada apenas ao dever de sustento do outro cônjuge, mas também apoio moral e emocional, situação frequentemente violada em momentos ligados aos términos conjugais.[123] Atualmente, como a culpa não é mais essencial ao desfazimento do vínculo, o conceito de mútua assistência remanesce ligado ao sustento material, ao apoio financeiro em caso de necessidade do consorte. Trata-se do fundamento da fixação de alimentos entre cônjuges no caso de divórcio.[124]

---

120 "A imposição legal de vida no domicílio conjugal não se justifica, pois compete a ambos os cônjuges determinar onde e como vão morar. Necessário respeitar a vontade dos dois, sendo de todo descabido impor um lar comum, até porque a família pode ter mais de um domicílio" (Maria Berenice Dias, *Manual de Direito das Famílias*, cit., p. 259).

121 "Separação judicial. Marido e mulher que, embora vivendo sob o mesmo teto, vivem vidas autônomas. Marido que, há mais de dois anos, se nega ao débito conjugal. Aplicação do art. 5º, *caput*, da lei n-6515 de 1977. Deram provimento" (TJ/RS, 4ª C.C., Ap. Cív. 586001117, Rel. Des. Nelson Oscar de Souza, julg. 09.04.1986).

122 Renata Vilela Multedo, *Liberdade e família:* Limites para a intervenção do Estado nas relações conjugais e parentais. Rio de Janeiro: Processo, 2017, p. 233.

123 "Tendo sido o pedido de separação judicial formulado com base no descumprimento dos deveres do casamento e restando suficientemente comprovado que a vida em comum tornou-se insuportável e, ainda, que houve infração dos deveres de mútua assistência e respeito, é de se julgar procedente o pedido" (TJ/MG, 3ª C.C., Ap. Cív. 1.0000.00.174790-6/000, Rel. Des. José Antonino Baia Borges, julg. 05.10.2000, publ. *DJ* 27.10.2000).

124 "Em atenção ao princípio da mútua assistência, mesmo após o divórcio, não tendo ocorrido a renúncia aos alimentos por parte do cônjuge que, em razão dos longos anos de duração do matrimônio, não exercera atividade econômica, se vier a padecer de recursos materiais, por não dispor de meios para suprir as próprias necessidades vitais (alimentos necessários), seja por in-

Também está no rol dos deveres do casamento – que não é propriamente um dever daqueles que estão casados, mas dos que são pais de filhos menores – o sustento, guarda e educação dos filhos (CC, art. 1.566, IV). Trata-se de dever decorrente da autoridade parental, com previsão constitucional (CR, art. 229) e ratificada pelo Código Civil ao tratar do exercício do poder familiar (CC, art. 1.634, I).

Por fim, são deveres do casamento o respeito e consideração mútuos (CC, art. 1.566, V), situação de inegável conteúdo moral, mas que abarca inúmeras condutas atípicas, que visam à realização da comunhão plena de vida na família democrática. Resumem-se na impossibilidade de, não apenas não lesar o outro cônjuge nos mais diversos aspectos existenciais e patrimoniais, mas também contribuir positivamente para a realização da sua dignidade e da sua personalidade no âmbito familiar.

A análise do conteúdo jurídico dos assim denominados deveres conjugais permite compreender porque a escolha das regras que regem a construção da comunhão plena de vida pertence aos próprios cônjuges – principalmente a fidelidade e a coabitação –, não sendo coerente com a metodologia civil-constitucional a limitação da sua autonomia existencial.[125]

O estado civil também é efeito existencial do casamento, que repercute igualmente nas questões patrimoniais. O casamento, como negócio jurídico solene, modifica o *status* dos nubentes a partir da sua celebração, exatamente para demarcar a nova situação jurídica que constitui. Assim, a partir do casamento, dá-se publicidade à entidade familiar constituída, que passa a gerar entre os consortes os efeitos existenciais anteriormente enumerados. O estado de casados também resulta em consequências patrimoniais, na medida em que é o meio propulsor da segurança jurídica na relação conjugal. A partir daí, o regime de bens será obrigatoriamente analisado na prática de negócios jurídicos com terceiros que impliquem disposição patrimonial, notadamente aqueles que demandam outorga uxória ou marital, nos moldes previstos pelo art. 1.647 do Código Civil, como se analisará no próximo capítulo.

PROBLEMAS PRÁTICOS

1 – São válidas e vinculantes as cláusulas que preveem, em pacto antenupcial, efeitos jurídicos existenciais ao casamento diverso dos legais (art. 1.566 do CC)?

---

capacidade laborativa, seja por insuficiência de bens, poderá requerê-la de seu ex-consorte, desde que preenchidos os requisitos legais" (STJ, 4ª T., REsp 1073052/SC, Rel. Min. Marco Buzzi, julg. 11.06.2013, publ. *DJ* 02.09.2013); "Nos termos do art. 1.566, III, do Código Civil, o casamento impõe o dever de mútua assistência entre os cônjuges, do qual decorre a obrigação alimentar regulada pelo art. 1.694, do mesmo Código" (TJ/MG, 6ª C.C., AI 1.0000.17.007837-2/001, Rel. Des. Corrêa Junior, julg. 23.05.2017, publ. *DJ* 12.06.2017).

125 Renata Vilela Multedo, *Liberdade e família:* Limites para a intervenção do Estado nas relações conjugais e parentais, cit., p. 235.

2 – Qualquer pessoa com deficiência pode casar? Quais são os critérios hermenêuticos para interpretar o art. 114 do EPD, que modificou o art. 1.518 CC?

Acesse o *QR Code* e veja a Casoteca.

> *http://uqr.to/1pbli*

Capítulo III

REGIME DE BENS

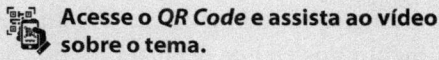

Acesse o *QR Code* e assista ao vídeo sobre o tema.

> *http://uqr.to/1pblw*

1. PREMISSAS E DELINEAMENTOS DO REGIME DE BENS

Premissas hermenêuticas

Diante da ancestral hegemonia do direito matrimonial e monogâmico na ordem pública ocidental, o espaço contratual permaneceu, ao longo dos séculos, extremamente reduzido nas relações de família. Circunscrita às raras hipóteses de pacto antenupcial (tradicionalmente infrequente, em especial na tradição católica), a autonomia contratual no Direito de Família somente iria se expandir, na experiência brasileira, com a afirmação constitucional dos princípios da igualdade, da democracia nas comunidades intermediárias e da dignidade da pessoa humana, que possibilitam a liberdade, a um só tempo, para a organização de vida segundo a pluralidade de modelos compatíveis com as aspirações individuais e para o estabelecimento de regras de convivência democraticamente discutidas e ajustadas entre os conviventes.[1]

---

[1] Conforme se afirmou em outra sede, "O constituinte a um só tempo assegura a autonomia individual para o planejamento da convivência familiar e vincula tal liberdade à responsabilidade para com a promoção da pessoa humana, a igualdade e a solidariedade que devem nortear a convivência familiar" (Gustavo Tepedino, A legitimidade constitucional das famílias formadas por uniões de pessoas do mesmo sexo. *Soluções práticas de direito*, São Paulo: Revista dos Tribunais, 2012, p. 25). Nessa direção, v. também Luís Roberto Barroso, Uniões homoafetivas: reconhecimento jurídico das

Nessa vertente, mostra-se recente o crescimento das relações contratuais no Direito de Família, as quais se dinamizam na contemporaneidade e apresentam ao menos duas singularidades. Em primeiro lugar, regulam relações patrimoniais em ambiente de intensa reverberação existencial, onde afloram as manifestações mais recônditas da personalidade, especialmente no que concerne à intimidade e privacidade de seus membros.[2] Daí a necessidade de padrões de comportamento ético rigorosos, sob pena de não se tutelarem a pessoa e o seu desenvolvimento, que, afinal, é o fim primordial das comunidades familiares para o qual devem se dirigir e se instrumentalizar as relações patrimoniais no Direito de Família.[3]

Em seguida, devem-se compatibilizar dois princípios antagônicos, do formalismo jurídico e da afetividade.[4] De um lado, o rigor decorrente da intensa formalidade do direito matrimonial (e, em nome da segurança jurídica, das pactuações que definem estatutos patrimoniais no âmbito do casamento); de outro, a afetividade, que se traduz no reconhecimento dos efeitos decorrentes dos liames socioafetivos constatados na realidade social, que se impõem sobre as estruturas formais no Direito de Família (e que, por isso mesmo, por muito tempo foram designadas como relações de fato, pois contrapostas ao rigoroso formalismo do direito matrimonial).

Sob tal moldura devem ser analisadas e interpretadas as relações contratuais no Direito de Família, que se expandem, no momento atual, seja pela diversidade de pactos antenupciais, seja pelos contratos de namoro e de convivência, mediante os quais as partes pretendem definir livremente suas relações patrimoniais e, muitas vezes, os limites recíprocos que pretendem impor às relações existenciais, suscitando por vezes dificuldades quanto à legitimidade e eficácia de algumas dessas avenças.

Amplia-se progressivamente o espaço de contratação e de negócios jurídicos no âmbito do Direito de Família, a permitir que as relações patrimoniais e muitos ajustes existenciais sejam regulados de acordo com a vontade das partes em ambiente de crescente isonomia, sob o paradigma do modelo democrático de família delineado

---

uniões estáveis entre parceiros do mesmo sexo. *O novo direito constitucional brasileiro*: contribuições para a construção teórica e prática da jurisdição constitucional no Brasil, Brasília: Fórum, 2013.

2 Alude-se mesmo à benfazeja "privatização da família", concebida como a "transferência do controle de sua (des)constituição e funcionamento do Estado para seus próprios membros" (Ana Carolina Brochado Teixeira, Renata de Lima Rodrigues, *O direito das famílias entre a norma e a realidade*, São Paulo: Atlas, 2010, p. 96).

3 No âmbito das relações existenciais, procura-se em doutrina definir seus contornos, diferentemente da autonomia dirigida às relações patrimoniais. Segundo Rose Melo Vencelau Meireles, alguns dos princípios orientadores da aferição da legitimidade do exercício de situações existenciais consistem na gratuidade do ato, no consentimento qualificado, no princípio da confiança e no princípio da autorresponsabilidade. Ressalva a autora que a incidência de tais princípios varia, em sua intensidade, a depender da situação existencial concretamente analisada (Rose Melo Vencelau Meireles, *Autonomia privada e dignidade humana*, Rio de Janeiro: Renovar, 2009, p. 203).

4 "Entre tornar-se conceitualmente uma família e realizar-se como tal, há uma fenomenal distância. O desenlace do conceito de família-poder e família cidadã trata também de um programa a construir, especialmente fundado no valor jurídico do afeto. O tema do afeto ganha espaço na doutrina e na jurisprudência" (Luiz Edson Fachin, *Direito de família:* elementos críticos à luz do novo Código Civil brasileiro, Rio de Janeiro: Renovar, 2003, p. 6).

pelo constituinte. Nesse cenário, torna-se imperiosa a incidência dos princípios informadores da autonomia privada na legalidade constitucional, de modo a conciliar a liberdade individual com a tutela dos valores existenciais que, especialmente na comunidade familiar, devem ser preservados e privilegiados.[5]

Nas relações de família, a compatibilização da noção de ordem pública com a intransigente tutela da dignidade da pessoa humana não deve afastar, senão estimular o desenvolvimento da autonomia privada, desde que as relações contratuais que vicejam no núcleo familiar, permeadas por intenso conteúdo ético, se constituam em instrumento de promoção e desenvolvimento da personalidade de seus integrantes. Para tanto, torna-se imprescindível renunciar a visões preconceituosas que, baseadas em padrões de moralidade preconcebidos, estipulam limites à liberdade em nome de uma ordem pública intangível, de difícil validação na legalidade constitucional. Há de se garantir, portanto, antes de mais nada, a liberdade na família, reservando-se as pontuais intervenções ou restrições do Estado às hipóteses em que a própria liberdade individual se encontra ameaçada.[6]

Nessa perspectiva, o formalismo no Direito de Família deve adquirir relevância emancipadora, de tal modo que os pactos se situem como promotores da igualdade e da afirmação das singularidades dos desejos e das diferenças individuais. Tais singularidades, traduzidas em ajustes livremente disfarçados de bens, servem de motor para o respeito à alteridade e às escolhas existenciais, convergindo-se assim os princípios, aparentemente contraditórios, do formalismo jurídico e da afetividade.

A ordem pública constitucional, portanto, que funciona como balizadora da legitimidade da autonomia privada e do merecimento de tutela dos negócios jurídicos no Direito de Família, não pode ser forjada por escolhas subjetivas morais ou religiosas, devendo, ao revés, ser construída em perspectiva funcional, que tenha o núcleo familiar como instrumento para a realização plena da dignidade humana e da liberdade individual.

É sob essas premissas que os regimes de bens devem ser estudados. Trata-se de efeito patrimonial do casamento, uma vez que toda entidade familiar gera repercus-

---

[5] Conforme observado em outra sede, "há de se cuidar para que não se banalizem os sentimentos e o afeto, submetidos à percepção valorativa de cada magistrado ou, pior, às pretensões egoístas e patrimonialistas de protagonistas de conflitos de interesses. E o melhor antídoto para tais riscos mostra-se o balizamento do merecimento de tutela das relações afetivas pelos valores normativos constitucionais (democracia, igualdade, solidariedade, dignidade) que permeiam a legislação infraconstitucional" (Gustavo Tepedino, Novas famílias entre autonomia existencial e tutela de vulnerabilidades. Editorial. *Revista Brasileira de Direito Civil – RBDCivil*, vol. 6, out.-dez./2015, p. 8).

[6] "A singularidade do direito de família encontra-se justamente na circunstância de lidar com a pessoa humana em seu ambiente de privacidade, sendo a axiologia constitucional aporte indispensável para se construírem alicerces seguros de tutela da autonomia existencial. As liberdades somente têm legitimidade em ambiente de igualdade, de tal modo que a ausência de ingerência estatal deixe de ser entendida como 'espaço de não direito'; já que essa desejada ausência de regulamentação representa, bem ao contrário, garantia constitucional para a promoção da pessoa" (Gustavo Tepedino, *Dilemas do afeto*. JOTA, 31 de dezembro de 2015). Disponível em: <http://jota.uol.com.br/dilemas-do-afeto>. Acesso: 22.08.2017).

sões patrimoniais. Casamento e união estável, seja entre pessoas de sexo distinto ou do mesmo sexo,[7] geram, necessariamente, efeitos econômicos.

Início do regime de bens

O regime de bens inicia sua vigência a partir da constituição da família – com a celebração do casamento ou com o início da união estável – e tem como objeto as relações patrimoniais entre cônjuges ou companheiros – sua comunicabilidade (***rectius***, titularidade) e administração –, e entre esses e terceiros, estabelecendo os alicerces e os limites das relações econômicas do casal.[8] Assim, não se partilham bens adquiridos na fase do namoro, já que anterior à formação da entidade familiar.[9]

A disciplina dos regimes de bens subordina-se aos princípios gerais dos contratos. Agregam-se a tais preceitos, três princípios específicos: a) variedade dos regimes de bens; b) liberdade dos pactos antenupciais; c) mutabilidade do regime contratado no curso do casamento.[10]

Autonomia privada e atipicidade dos regimes de bens

No que tange à opção pelo regime de bens, aqueles previstos pelo Código Civil não constituem ***numerus clausus***, de modo que as partes podem optar por regime de bens já existente ou por algum outro atípico, desde que não contrariem disposição absoluta de lei, conforme art. 1.639, ***caput,*** do Código Civil. Tal atipicidade coaduna-se com a comunhão plena de vida que se instaura com o casamento (CC, art. 1.511), a recomendar que a ampla autonomia atribuída às partes para a definição do estatuto patrimonial que regerá as relações entre si e com terceiros – exceto nas hipóteses geradoras do regime da separação obrigatória de bens, conforme art. 1.641 do Código Civil.

Princípio da liberdade de pactuar

O princípio da liberdade de pactuar é exteriorizado por meio do pacto antenupcial, subordinado aos preceitos da parte geral dos regimes de bens (CC, arts. 1.639 a 1.652) que preveem limites decorrentes da ordem pública, e notadamente do princípio da solidariedade familiar.

Regime legal

No silêncio dos nubentes ou sendo a convenção ineficaz – por exemplo, se não for levada ao cartório de registro civil das pessoas naturais, onde é realizado o

---

7 Repise-se que o STF, por meio do Tribunal Pleno, ADPF 132/RJ, Rel. Min. Ayres Britto, julg. 05.05.2011, publ. *DJ* 14.10.2011, igualou a união estável homoafetiva à heteroafetiva. Posteriormente, o STJ deu tratamento isonômico ao casamento homoafetivo, tomando a decisão do STF como referência: 4ª T., REsp 1183378/RS, Rel. Min. Luis Felipe Salomão, julg. 25.10.2011, publ. *DJ* 01.02.2012.

8 "O conjunto dos princípios jurídicos que regulam as relações econômicas dos cônjuges constitui o que se denomina – regime dos bens no casamento. Da lei ou da convenção originam-se esses princípios, pelo que o regime será legal ou convencional" (Clovis Bevilaqua, *Direito da família*, Rio de Janeiro: Freitas Bastos, 1943, 7ª ed., p. 171); "Regime de bens é o conjunto de regras, mais ou menos orgânico, que estabelece para certos bens, ou para os bens subjetivamente caracterizados, sistema de destinação e de efeitos" (Pontes de Miranda, *Tratado de Direito de Família*, vol. II: direito matrimonial (continuação), São Paulo: Max Limonad, 1947, 3ª ed., p. 127).

9 "Nos termos dos artigos 1.661 e 1.659 do Código Civil de 2002, não se comunicam, na partilha decorrente de divórcio, os bens obtidos com valores aferidos exclusivamente a partir de patrimônio pertencente a um dos ex-cônjuges durante o namoro. 3. Na hipótese, ausente a *affectio maritalis*, o objeto da partilha é incomunicável, sob pena de enriquecimento sem causa de outrem". (STJ, 3ª T., REsp 1.841.128/MG, Rel. Min. Ricardo Villas Bôas Cueva, julg. 23.11.2021, publ. DJ 9.12.2021).

10 O segundo e o terceiro princípio serão estudados nos itens 2 e 3 desse capítulo.

casamento –, a lei presume a vontade das partes criando o regime de bens legal.[11] Antes da Lei 6.515/77, o regime legal era o da comunhão universal de bens. A partir de então, em consequência da progressiva redivisão sexual do trabalho, com o ingresso da mulher no mercado e a assunção masculina no compartilhamento das funções domésticas, o regime legal passou a ser o da comunhão parcial de bens (CC, art. 1.640).

2. PACTO ANTENUPCIAL

Autoriza o art. 1.639 do Código Civil aos nubentes a fixação prévia de normas relativas ao regime de bens, não havendo qualquer restrição ao estabelecimento de regimes híbridos ou atípicos.[12] Vale dizer, além de poderem escolher um dos regimes de bens tipificados pelo Código Civil – comunhão universal, comunhão parcial, separação total e participação final nos aquestos –, podem as partes criar um novo regime, mais adequado às suas aspirações.[13] Discute-se acerca dos limites impostos aos pactos antenupciais, especialmente quanto ao conteúdo das matérias passíveis de regulação.[14]

As cláusulas do acordo nupcial não podem contrariar disposições legais (CC, art. 1.655) e, se o fizerem, serão nulas. Não poderão afrontar "as normas contidas nas *Disposições Gerais*, sob pena de nulidade (art. 1.655 do CC), estabelecer expropriação disfarçada de bens de um cônjuge por outro, ou incidir em lesão a terceiro".[15]

---

[11] Como aponta Renata Vilela Multedo, "em se tratando de relações conjugais, torna-se mais provável a aplicação dos ideais do paternalismo libertário, visto que os envolvidos estão no mesmo patamar jurídico. Um exemplo brasileiro que se encaixa nas ideias aqui expostas diz respeito ao regime de bens de um casal. Os arts. 1.639 e 1.640 do Código Civil determinam que os nubentes podem estipular o que lhes aprouver sobre seus bens; no entanto, no silêncio, a regra-padrão é a do regime de comunhão parcial. Às vezes, as pessoas não querem tomar decisões ativas e preferem que seja oferecido um padrão no qual possam confiar. Essa também é uma forma de se respeitarem as liberdades de escolha" (Renata Vilela Multedo, *Liberdade e Família*: limites para a intervenção do Estado nas relações conjugais e parentais, Rio de Janeiro: Processo, 2017, p. 68).

[12] "A liberdade de estruturação do regime de bens, para os nubentes, é total. Não impôs a lei a contenção da escolha apenas a um dos tipos previstos. Podem fundir tipos, com elementos ou partes de cada um; podem modificar ou repelir normas dispositivas de determinado tipo escolhido, restringindo ou ampliando seus efeitos; podem até criar outro regime não previsto na lei [...]" (Paulo Lôbo, *Código Civil comentado*, vol. XVI, São Paulo: Atlas, 2003, p. 232).

[13] "O estatuto patrimonial do casal pode ser definido por escolha de regime de bens distinto daqueles tipificados no Código Civil (art. 1.639 e parágrafo único do art. 1.640), e, para efeito de fiel observância do disposto no art. 1.528 do Código Civil, cumpre certificação a respeito, nos autos do processo de habilitação matrimonial" (Enunciado 331 do CJF/STJ, da IV Jornada de Direito Civil).

[14] Debate-se, também, acerca da eficácia do pacto antenupcial que estabelece o regime de separação de bens, existindo decisões que, minoritariamente, desprezam o ajustado pelos nubentes, aplicando a Súmula 377 do STF, estabelecendo a comunhão dos bens adquiridos durante o casamento. Sobre este debate, confira-se interessante Acórdão do Superior Tribunal de Justiça, em que se verificam dois posicionamentos distintos: STJ, 3ª T., REsp. 404.088, Rel. Min. Castro Filho, Rel. p/ Ac. Min, Humberto Gomes de Barros, julg. 17.04.2007, publ. *DJ* 28.05.2007). Ressalte-se que, conforme se comentará adiante, o entendimento segundo o qual a Súmula n. 377 possui aplicação em casos de regime de separação escolhido pelos cônjuges deve ser afastado.

[15] Beatriz de Almeida Borges e Silva; Cristiane Giuriatti Gandra, Regime de bens. In: Ana Carolina Brochado Teixeira; Gustavo Pereira Leite Ribeiro (coords), *Manual de Direito de Família e Sucessões*, Rio de Janeiro: Processo, 2017, 3ª ed., p. 347.

Nesse sentido, sem embargo de divergência na doutrina,[16] o STJ se manifestou pela nulidade da cláusula constante de pacto antenupcial que excluía o cônjuge sobrevivente da sucessão.[17] Com efeito, vincula-se a validade do pacto antenupcial à licitude e possibilidade do seu objeto.

O conteúdo do pacto pode abranger situações existenciais?

Quanto ao objeto do pacto, indaga-se, em primeiro lugar, se seu conteúdo deve se limitar às relações patrimoniais ou se é lícito aos nubentes dispor sobre situações jurídicas existenciais.[18] Para muitos autores, o pacto, por sua própria natureza, desti-

---

[16] Nesse sentido: "entende-se que é perfeitamente harmônico do ponto de vista sistemático e constitucional sustentar, simultaneamente, a condição de herdeiro necessário do cônjuge (que existe para proteger o herdeiro da liberdade potestativa do testador – art. 1.845 c/c 1.789) e a livre pactuação antenupcial a respeito da concorrência sucessória do cônjuge (cuja proibição não se justifica em face da ausência de vedação legal nesse sentido e da inexistência de vulnerabilidade dos agentes envolvidos). Há de se diferenciar, portanto, a concorrência sucessória do cônjuge de sua condição de herdeiro necessário, que se impõe, nos termos do art. 1.789, como limite à liberdade do testador, mas não à liberdade dos cônjuges quando da celebração do pacto antenupcial. (...) diante da ausência de qualquer impeditivo legal para tanto e atendendo à ponderação entre os princípios da liberdade e da solidariedade, espera-se também que prevaleça a interpretação de que os cônjuges podem dispor livremente a respeito de sua concorrência sucessória no pacto antenupcial, conquanto que o façam de modo expresso." (Felipe Frank, Autonomia sucessória e pacto antenupcial: a validade da cláusula pré-nupcial de mútua exclusão da concorrência sucessória dos cônjuges, *Revista de Direito Civil Contemporâneo*, n. 8, vol. 28, jul./set. 2021).

[17] "1 – O Código Civil de 2.002 trouxe importante inovação, erigindo o cônjuge como concorrente dos descendentes e dos ascendentes na sucessão legítima. Com isso, passou-se a privilegiar as pessoas que, apesar de não terem qualquer grau de parentesco, são o eixo central da família. 2 – Em nenhum momento o legislador condicionou a concorrência entre ascendentes e cônjuge supérstite ao regime de bens adotado no casamento. 3 – Com a dissolução da sociedade conjugal operada pela morte de um dos cônjuges, o sobrevivente terá direito, além do seu quinhão na herança do de cujus, conforme o caso, à sua meação, agora sim regulado pelo regime de bens adotado no casamento. 4 – O art. 1.655 do Código Civil impõe a nulidade da convenção ou cláusula do pacto antenupcial que contravenha disposição absoluta de lei. 5 – Recurso improvido" (STJ, 3ª T., REsp 954567/PE, Rel. Min. Massami Uyeda, julg. 10.05.2011, publ. *DJ* 18.05.2011). No mesmo sentido: STJ, 3ª T., AgInt no REsp 1840911 – SP, Rel. Min. Marco Aurélio Belizze, julg. 24.8.2020, publ. *DJ* 1º.09.2020. O STJ continua com o entendimento de que, mesmo que o casamento tenha sido celebrado sob o regime de separação total de bens, o cônjuge supérstite concorre com os filhos, à luz do art. 1.829, I, do Código Civil: STJ, 3ª T., REsp 1.830.753-RJ, Rel. Min. Paulo de Tarso Sanseverino, julg. 03.12.2019, publ. *DJ* 06.12.2019. O Conselho Superior da Magistratura do Tribunal de Justiça de São Paulo, instado a se manifestar em face de decisão do registro imobiliário de não registrar pacto de convivência com disposições de natureza sucessória assim decidiu: "Registro de imóveis - Dúvida julgada procedente - Escritura pública de pacto de convivência em união estável - Regime convencional da separação total de bens - Existência de disposições no pacto estabelecido que, segundo o oficial, não comportam ingresso no registro de imóveis porque ilegais - Renúncia à postulação de comunicação patrimonial, embasada na súmula 377 do STF, que apenas reforça a incomunicabilidade de bens na vigência da união estável - Nulidade não configurada - Renúncia ao direito real de habitação - Renúncia também ao direito concorrencial pelos conviventes - Artigo 426 do Código Civil que veda o pacto sucessório - Sistema dos registros públicos em que impera o princípio da legalidade estrita - Título que, tal como se apresenta, não comporta registro - Apelação não provida". (TJSP, Conselho Superior da Magistratura, Ap. cív. n. 1007525-42.2022.8.26.0132, Rel. Corregedor Geral de Justiça Des. Fernando Torres de Garcia, julg. 22.9.2023)

[18] Leciona sobre o assunto Pietro Perlingieri: "De um ponto de vista objetivo, a situação é um interesse que, essencial à sua existência, constitui o seu núcleo vital e característico. Interesse que pode ser ora patrimonial, ora de natureza pessoal e existencial, ora um e outro juntos [...]. No ordenamento dito privatístico encontram espaço sejam as situações patrimoniais e entre essas a propriedade, o crédito, a empresa, a iniciativa econômica privada; sejam aquelas não patrimoniais (os chamados

na-se exclusivamente a regular os direitos patrimoniais dos cônjuges.[19] Segundo esse entendimento, cláusulas que flexibilizem, suprimam ou estabeleçam deveres extrapatrimoniais jamais se poderiam considerar válidas.[20]

De outra parte, no entanto, sustenta-se inexistir óbice para o ajuste de matéria extrapatrimonial, sendo esta a legítima vontade das partes. Como observado em doutrina, "nada impede que os noivos disciplinem também questões não patrimoniais. Ora, se a lei impõe deveres e assegura direitos ao par, não há qualquer impedimento a que estipulem encargos outros, inclusive sobre questões domésticas".[21] De fato, não se verifica, como linha de princípio, impedimento para que se reputem válidas cláusulas que estabeleçam regramento da vida espiritual dos cônjuges, para fixar aspectos que lhes pareçam relevantes para a vida em comum. Nesse caso, o pacto transcende os contornos do contrato, associado à patrimonialidade de seu conteúdo, tornando-se negócio jurídico com feição híbrida, de natureza patrimonial e existencial.[22]

Maior dificuldade, contudo, resulta da análise de cláusulas que afastam deveres tradicionalmente considerados essenciais à vida conjugal.[23] No que tange aos deveres atinentes à solidariedade conjugal, como a mútua assistência, ou aos deveres decorrentes da autoridade parental, que alcançam a pessoa dos filhos, não há dúvida quanto à sua indisponibilidade. Contudo, no que tange às formas de vida a dois, especialmente quanto à fidelidade e à coabitação, há de se examinar, caso a caso, a seriedade do pacto, de modo que, caso não violem a dignidade da pessoa

---

direitos da personalidade) às quais cabe, na hierarquia das situações subjetivas e dos valores, um papel primário" (Pietro Perlingieri, *Perfis do direito civil:* introdução ao direito civil-constitucional, Rio de Janeiro: Renovar, 2007, 3ª ed., p. 106).

19 Assim, Pontes de Miranda, *Tratado de direito privado*, vol. VIII, São Paulo: Revista dos Tribunais, 1983, p. 241: "É nula a cláusula: I) Que contenha ilicitude ou imoralidade, isto é, que seja contra *bonos mores*, pois o ser contra direitos conjugais ou paternos não esgota a lista, às vezes instável, do ilícito e do imoral. Cabe ao juiz auscultar a ordem jurídica, apreciando o ato ou a cláusula, conforme as concepções dominantes no seu círculo social".

20 "Em primeiro lugar, fazendo lavrar pacto antenupcial, devem os nubentes ater-se, tão somente, às *relações econômicas*, não podendo ser objeto de qualquer estipulação os direitos conjugais, paternos e maternos" (Washington de Barros Monteiro, *Curso de direito civil*, vol. II, São Paulo: Saraiva, 2004, p. 193).

21 Maria Berenice Dias, *Manual de direito das famílias*, São Paulo: Revista dos Tribunais, 2010, 7ª ed., p. 228.

22 Ana Carla Harmatiuk Matos; Ana Carolina Brochado Teixeira, Disposições patrimoniais e existenciais no pacto antenupcial. In: Ana Carla Harmatiuk Matos; Ana Carolina Brochado Teixeira; Gustavo Tepedino (coord.), *Direito civil, constituição e unidade do sistema*. Anais do Congresso de Direito Civil Constitucional. V Congresso do IBDCivil, Belo Horizonte: Forum, 2019, pp. 223-245.

23 "Da mesma forma, será ineficaz a previsão que contenha liberação dos cônjuges do dever de fidelidade ou coabitação" (Silvio Rodrigues, *Direito Civil*, vol. VI, São Paulo: Saraiva, 2007, p. 139). No mesmo sentido: "Assim seriam ineficazes quaisquer cláusulas ou contratos matrimoniais que admitissem a infidelidade conjugal, que dispensasse os principais deveres conjugais, como a mútua assistência, o sustento, a guarda e a educação dos filhos, o respeito e a mútua consideração [...]" (Rolf Madaleno, O direito adquirido e o regime de bens. *Revista Jurídica*, Porto Alegre: Nota Dez, n. 348, 2006, pp. 30-31).

dos cônjuges e o princípio da isonomia, não parece haver óbice na ordem pública para a sua admissão.[24-25]

No campo das relações patrimoniais, a controvérsia delineia-se quanto às cláusulas que prevejam indenizações para o caso de infidelidade de um dos cônjuges ou para o caso de término da união.[26] Do mesmo modo, tem-se notícia de casos em que o casal prevê indenização progressivamente crescente de acordo com o período de convivência. Também aqui não parece persistir impedimento legal apriorístico para tal ajuste, como observado em doutrina. Convém verificar, no caso concreto, o merecimento de tutela da avença, evitando-se evidentemente qualquer tipo de precificação da liberdade existencial ou a submissão dessa à remuneração pecuniária.[27]

Entendeu-se válida promessa de doação feita em pacto antenupcial, com base em aplicação analógica da tese pacificada pela Segunda Seção do STJ no sentido de entender válido o compromisso de transferência de bens assumido pelos cônjuges

---

24 "No âmbito do Estado Democrático de Direito, em que se renova o conceito de ordem pública de modo a atrelá-lo à realização da dignidade humana, vem sendo discutida a possibilidade de o próprio casal construir a 'ordem pública familiar', de acordo com o que para eles, são os valores mais importantes para uma relação amorosa bem-sucedida. Isso se dá a partir da viabilidade de os cônjuges ou companheiros pactuarem – e recombinarem no curso do casamento – as regras que regerão sua relação conjugal, independentemente de coincidirem ou não com as disposições legais. O pacto antenupcial, portanto, é um bom exemplo de uma situação jurídica patrimonial que pode ter também função existencial" (Ana Carolina Brochado Teixeira; Carlos Nelson Konder, *Situações jurídicas dúplices*. In: Gustavo Tepedino e Luiz Edson Fachin (Coord.), *Diálogos sobre direito civil*, vol. III, Rio de Janeiro: Renovar, 2012, p. 16).

25 Enunciado 635 da VIII Jornada de Direito Civil: Art. 1.655: O pacto antenupcial e o contrato de convivência podem conter cláusulas existenciais, desde que estas não violem os princípios da dignidade da pessoa humana, da igualdade entre os cônjuges e da solidariedade familiar.

26 A título ilustrativo, confira matéria amplamente difundida no noticiário internacional: "Catherine Zeta Jones e Michael Douglas acertam multa para divórcio em Londres. A atriz britânica Catherine Zeta Jones receberá a quantia de US$ 3,2 milhões para cada ano que ficar casada com o ator Michael Douglas, em caso de divórcio, afirmou hoje o jornal 'The Daily Star'. Catherine Zeta Jones, de 30 anos está grávida do ator americano e conseguiu essas condições favoráveis às vésperas do casamento, marcado para 25 de setembro, data que coincide com o aniversário dos dois. Em troca desse acordo pré-nupcial, a atriz abre mão de organizar o casamento em Swansea, sua cidade natal no País de Gales, como pretendia, e aceita realizá-la em Los Angeles, para facilitar a presença na cerimônia de Kirk Douglas, de 84 anos, pai de Michael, de 55. A fortuna de Michael Douglas, que já tem um filho de 20 anos de um casamento anterior, é calculada em US$ 240 milhões" (*Folha de S. Paulo*, 11 de julho de 2000. Disponível em: <https://www1.folha.uol.com.br/folha/ilustrada/ult90u1928.shtml>. Acesso em: 8 mar. 2019). Foram igualmente noticiadas as "*infidelity clauses*" – prevendo indenizações de valor considerável em caso de descumprimento do dever de infidelidade – nos pactos antenupciais envolvendo o golfista Tiger Woods e a modelo sueca Elin Nordegren e a atriz Sandra Bullock e o apresentador Jesse James.

27 Ao propósito, assinala Antônio Carlos Mathias Coltro: "Descabido, outrossim, não se reconhecer válida cláusula em que se estabeleça indenização que um companheiro deva ao outro, no fim do relacionamento comum, o que tanto se poderá determinar com fundamento no simples fato da separação, querido por um dos parceiros, quanto no de sua culpa por ela. Em qualquer caso, não sendo a cláusula contrária aos bons costumes, à ordem pública ou aos princípios gerais de direito, estando as partes capacitadas a contratar, nenhuma razão existe a obstar que assim disponham" (Antônio Carlos Mathias Coltro, Referências sobre o contrato de união estável. In: Mário Luiz Delgado; Jones Figueirêdo Alves (Org.), *Questões controvertidas no novo Código Civil*, Rio de Janeiro: Método, 2005, v. 4).

na separação judicial, por ser fato futuro que entrou na composição da partilha de bens do casal.[28]

Também é possível utilizar pactos antenupciais e de convivência para celebrar negócios jurídicos processuais ou cláusulas escalonadas cuja aplicabilidade de procedimento pode ser delimitada em hipóteses de divórcio, ou seja, as partes podem contratar procedimentos que devem ser atendidos em determinadas circunstâncias.[29]

A definição quanto à validade dessas e outras cláusulas, formuladas por iniciativa das partes, seja no âmbito do casamento, seja em pactos atinentes a outras formações familiares, deve levar em consideração a função instrumental da família no desenvolvimento da pessoa humana. Serão merecedoras de tutela as cláusulas que promovam a dignidade de cada integrante da família à luz dos princípios constitucionais da solidariedade e da igualdade, os quais devem informar as comunidades intermediárias, de modo que o pluralismo de escolhas traduza a liberdade fundamental de cada um, como expressão de sua individualidade, a organizar a sua vida comunitária.[30]

Reitere-se, por outro lado, em uma análise mais ampla, que o Código Civil institui vedação a qualquer tipo de interferência externa à família (CC, art. 1.513). Essa proibição deve ser compreendida de forma ampla, possibilitando ao ordenamento a tutela das mais variadas formas de constituição da família, desprovida de preconceitos de qualquer tipo. Não é dado ao Estado impor a estrutura familiar que julgar acertada, sob pena de restringir ilegitimamente a esfera de liberdade dos indivíduos.

Na esteira de tal raciocínio, cogita-se, inclusive, do reconhecimento das chamadas "famílias simultâneas": "Não cabe ao direito imiscuir-se na comunhão de vida constituída pela família, sendo lícito encetar os arranjos afetivos que atendam à dignidade intersubjetiva dos seus componentes; de outro, porém, se é dever do Estado proteger a família na pessoa de cada um de seus membros, impõe-se ao direito uma tutela que contemple uma dimensão coexistencial, em que não se proteja somente na esfera do desejo de um dos sujeitos, mas, sim, na dignidade intersubjetiva que deve constituir o *leitmotiv* de todas as relações humanas".[31]

---

28 STJ, 2ª S., AgInt nos Embargos de Divergência no REsp 1355007, Relª. Desª. Maria Isabel Gallotti, julg. 30.5.2023.

29 Nesse sentido, o Enunciado 24 do IBDFAM: "Em pacto antenupcial ou contrato de convivência podem ser celebrados negócios jurídicos processuais".

30 Nesta direção, na perspectiva de tutela dos Direitos Humanos, Rodrigo da Cunha Pereira considera a aceitação das diversas formas de constituição da unidade familiar como corolário do direito individual à liberdade e do desenvolvimento pleno da pessoa, visando à inclusão de todos os seres humanos na sociedade (Rodrigo da Cunha Pereira, Família, direitos humanos, psicanálise e inclusão social. *Revista Brasileira de Direito de Família*, Porto Alegre: Síntese – IBDFAM, n. 16, 2003, pp. 5-11). Para o autor, o paradigma há de se deslocar para o afeto: "A verdadeira liberdade é aquela em que os Sujeitos de Direito não estejam assujeitados aos ordenamentos jurídicos excludentes das diferentes e diversas formas de constituição de famílias, ou nos ordenamentos jurídicos que sobrepõem a forma à essência e ainda não consideram o afeto como norteador e condutor da organização jurídica sobre a família".

31 Carlos Eduardo Pianovski Ruzyk, *Famílias simultâneas:* da unidade codificada à pluralidade constitucional, Rio de Janeiro: Renovar, 2005, p. 187. V., ainda, Luciana Brasileiro; Maria Rita Holanda, A proteção da pessoa nas famílias simultâneas. In: Carlos Eduardo Pianovski Ruzyk; Eduardo Nunes

A matéria, evidentemente, afigura-se polêmica. Contudo, não se pode deixar de enfrentar, nos dias que passam, a realidade dos arranjos afetivos e as numerosas modalidades, sérias e estáveis, de constituição de entidades familiares aptas à realização da pessoa e a expressar suas próprias escolhas existenciais, cuja tutela e promoção encontram fundamento nos princípios da isonomia, da solidariedade social e da democracia.

Validade do pacto condicionada à escritura pública

Ainda no que tange à validade do pacto, o art. 1.653 do Código Civil requer escritura pública, ou seja, exige-se a forma prevista em lei sob pena de nulidade. O mesmo dispositivo também estabelece que o pacto será ineficaz se a ele não se seguir o casamento, ou seja, a produção dos efeitos nele previstos está sujeita à celebração de casamento válido, que se configura condição suspensiva.

Importante debate refere-se à eficácia do pacto antenupcial ajustado quando os nubentes não chegam a celebrar o matrimônio, mas estabelecem união estável. Se consta do pacto a manifestação de vontade dos nubentes quanto à escolha do regime de bens para o casamento, não há razão para se entender que a escolha seria diversa para o caso de viverem em união estável. Ressalte-se que para a escolha do regime de bens na união estável, o art. 1.725 do Código Civil exige apenas contrato escrito, ao passo que, para o casamento, o art. 1.653 do Código Civil requer escritura pública. Uma vez celebrado o pacto antenupcial, dotado dos requisitos de validade para a união estável, haverá produção de efeitos, ainda que fosse ineficaz para o casamento, condição suspensiva não realizada.[32] A jurisprudência não é unânime quanto a essa questão. Os que entendem pela possibilidade de conversão do negócio jurídico baseiam-se no aproveitamento da vontade ali manifestada,[33] ou na ineficácia apenas em relação a terceiros, sendo, todavia, eficaz com relação aos cônjuges participantes do ato jurídico.[34] Já os julgados que con-

---

de Souza; Joyceane Bezerra de Menezes; Marcos Ehrardt Júnior (Org.), *Direito civil-constitucional:* a ressignificação da função dos institutos fundamentais do direito civil contemporâneo e suas consequências, Florianópolis: Conceito, 2014, com amplas referências bibliográficas.

32 Entendendo que o pacto antenupcial produz validade como pacto de convivência: "É certo que o art. 1.640 do Código Civil dispõe que apenas quando não houver convenção, ou sendo ela nula ou ineficaz, vigorará, quanto aos bens entre os cônjuges, o regime da comunhão parcial de bens. Mas esta ineficácia não seria em decorrência do disposto no art. 1.653 do Código Civil, pois ao pacto escriturado seguiu-se o matrimônio. De outra parte, estabelece o art. 112 do Código Civil que nas declarações de vontade se atenderá mais à intenção nelas consubstanciada do que ao sentido literal da linguagem, ou seja, não sobressai qualquer dúvida de que os noivos almejaram casar pelo regime declinado na prévia escritura e sua entidade familiar restou estabelecida, senão pelo casamento, pela união estável e para esta entidade familiar também há previsão legal de escritura de regime de bens (CC, art. 1.725), podendo ser perfeitamente validado pacto pré-nupcial, pois ele retrata a escolha de um regime, embora não lhe tenha seguido o casamento" (Rolf Madaleno, *Direito de Família*, Rio de Janeiro: Forense, 2018, 8ª ed., p. 939).

33 TJ/RJ, 15ª C.C., Ap. Cív. 0024792-66.2012.8.19.0204, Rel. Des. Jacqueline Lima Montenegro, julg. 28.04.2015. No Superior Tribunal de Justiça: "Conquanto não seja dotado de efeitos retroativos, 'o pacto antenupcial prévio ao segundo casamento, adotando o regime da separação total de bens ainda durante a convivência em união estável, possui o efeito imediato de regular os atos a ele posteriores havidos na relação patrimonial entre os conviventes'" (STJ, 3ª T., AgInt no AREsp 2.341.988/TO, Rel. Min. Nancy Andrighi, julg. 9.10.2023, publ. *DJe* 11.10.2023).

34 TJ/ES, 2ª C.C., AI 0917005-41.2005.8.08.0000 (024.05.900104-0), Rel. Des. Elpídio José Duque, julg. 09.05.2006, publ. *DJ* 26.06.2006.

sideram ineficaz o pacto inclusive para a união estável fundamentam-se que a escolha se deu exclusivamente para o casamento e, na ausência deste, é hipótese de ineficácia,[35] de modo que a escrituração de pacto antenupcial é insuficiente para geração de efeitos na união estável.[36] Nessa linha, entendeu-se que sua validade está condicionada à realização de casamento civil, sendo o ajuste imprestável para regular a união estável.[37]

De outra parte, a jurisprudência por vezes relativiza os rigores formais para eficácia do pacto,[38] conferindo eficácia à vontade manifestada pelas partes na certidão e não em pacto antenupcial registrado,[39] considerando as circunstâncias fáticas preponderantemente ao ajustado no pacto[40] ou dando ênfase preponderante à vontade manifestada.[41]

É necessário levar o pacto a registro para que tenha eficácia perante terceiros (CC, art. 1.657). O registro deve ser efetuado em livro especial, pelo oficial de Registro

---

35 TJ/RJ, 17ª C.C., Ap. Cív. 0012430-80.2013.8.19.0209, Rel. Des. Elton Martinez Carvalho Leme, julg. 11.03.2015.

36 TJ/RS, 7ª C.C., Ap. Cív. 70051003630, Rel. Des. Sandra Brisolara Medeiros, julg. 29.05.2013, publ. *DJ* 05.06.2013.

37 TJ/SP, 9ª Câm. de Dir. Priv., Ap. Cív. 0004728-96.2013.8.26.0077, Rel. Des. José Aparício Coelho Prado Neto, julg. 23.02.2016, publ. *DJ* 01.03.2016.

38 Não obstante a flexibilização não seja o entendimento majoritário, já julgados nesse sentido: "Não havendo pacto antenupcial, é ineficaz o registro na certidão de casamento do regime da comunhão universal de bens, vigorando o regime da comunhão parcial. Inteligência do art. 1.640 do CC" (TJ/RS, 7ª C.C., Ap. Cív. 70052260130, Rel. Des. Jorge Luís Dall'Agnol, julg. 27.02.2013, publ. *DJ* 01.03.2013); "Não havendo pacto antenupcial, é ineficaz o registro na certidão de casamento do regime da comunhão universal de bens, vigorando o regime da comunhão parcial" (TJ/RS, 8ª C.C., Ap. Cív. 70060154416, Rel. Des. Rui Portanova, julg. 21.08.2014); "A certidão de casamento não é suficiente para demonstrar que o casamento foi celebrado sob o regime de separação de bens. É imprescindível tenha havido pacto antenupcial com convenção nesse sentido" (STJ, 3ª T., REsp 173018/AC, Rel. Min. Eduardo Ribeiro, julg. 26.06.2000, publ. *DJ* 14.08.2000).

39 "À época casamento dos autores (1979) vigia o art. 258, do CC/16 (com a redação conferida pela Lei 6.515/77), que previa que 'não havendo convenção, ou sendo nula, vigorará, quanto aos bens entre os cônjuges, o regime de comunhão parcial'. – Ocorre que as partes se casaram e manifestaram o interesse de adotar o regime de comunhão universal de bens, sendo que, todavia, não apresentaram o pacto antenupcial. Apesar disso, consta da Certidão de Casamento dos autores que eles se casaram sob o regime de comunhão universal. Todavia, o Oficial do Registro Civil se equivocou ao não exigir, na ocasião da habilitação e do casamento, o pacto antenupcial. – Diante da inequívoca manifestação de vontade de adotar o regime de comunhão universal e do reconhecido erro do Oficial do Cartório do Registro Civil quanto à exigência do pacto antenupcial, deve-se oportunizar aos interessados a averbação do pacto antenupcial no assentamento de casamento" (TJ/MG, 4ª C.C., Ap. Cív. 1.0701.15.029710-2/001, Rel. Des. Dárcio Lopardi Mendes, julg. 23.02.2017, publ. *DJ* 03.03.2017); "Estando madura a causa, conhece-se diretamente do pedido de ratificação formulado por ambos os nubentes, a fim de dar legitimidade ao regime expressamente constante da certidão de casamento, a fim de coonestar os seus efeitos, sem a exigência do pacto antenupcial, mesmo porque, quem pode o mais que é modificação, poderia o mesmo, que é apenas a ratificação daquele assento apontado. Provido o recurso" (TJ/MG, 3ª C.C., Ap. Cív. 1.0446.11.001883-0/001, Rel. Des. Judimar Biber, julg. 26.03.2015, publ. *DJ* 13.04.2015); "Comprovação do prévio conhecimento do cônjuge sobre o regime na certidão de casamento. Prova de que não era costume do cartório lavrar o pacto antenupcial nos casamentos à época. Possibilidade de ratificação do regime não obstante não haja pacto antenupcial" (TJ/SE, 2ª C.C., Ap. Cív. 201200207989, Rel. Des. Ricardo Múcio Santana de A. Lima, julg. 10.07.2012).

40 STJ, 4ª T., REsp 680.738, Rel. Min. Jorge Scartezzini, julg. 16.12.2004, publ. *DJ* 21.03.2005.

41 "(...) o pacto antenupcial, firmado na constância de união estável, pode regular, imediatamente, os atos a ele posteriores havidos na relação patrimonial entre o casal." (STJ, 3ª T., AgInt no Agravo em Recurso Especial n. 2341988, Relª. Minª. Nancy Andrighi, julg. 9.10.2023).

de Imóveis do domicílio dos cônjuges, com o escopo de tutelar direitos de terceiros, particularmente daqueles que estão de boa-fé. O art. 979 do CC determina o arquivamento do pacto na Junta Comercial competente, quando os nubentes forem empresários, com a mesma finalidade. Vale ressaltar que, seja no pacto antenupcial como em qualquer outro negócio jurídico celebrado no âmbito das relações familiares, há incidência do princípio da boa-fé objetiva, que tem por fundamento a solidariedade constitucional, revelada de modo peculiar na comunhão de vida subjacente aos ajustes e arranjos pactuados no campo do Direito de Família (arts. 112 e 113, Código Civil).[42]

3. ALTERAÇÃO DO REGIME DE BENS

O Código Civil, nos termos do art. 1.639, § 2º, introduziu no ordenamento pátrio a possibilidade de mudança do regime escolhido pelos cônjuges.[43] É necessário que tal pedido seja feito judicialmente, perante o juízo de família. Além disso, deve ser feito em conjunto, por ambos os cônjuges, de modo a demonstrar que se trata de exteriorização da vontade de ambos, razão pela qual segue o procedimento especial de jurisdição voluntária.[44]

Aplicação da mudança de regime a casamentos anteriores ao Código Civil

Dúvidas não há quanto à aplicação do art. 1.639, § 2º, aos casamentos celebrados após a vigência do Código. No entanto, instaurou-se controvérsia acerca da possibilidade de alteração dos regimes dos casamentos celebrados na vigência do Código de 1916. Por um lado, negou-se a possibilidade de alteração do regime para os casamentos celebrados antes da introdução da norma do art. 1.639, § 2º, afirmando-se, para

42 "Ademais, o pacto antenupcial, apesar de se inserir na seara do direito de família, se apresenta como um contrato celebrado entre os nubentes, os quais estipulam as cláusulas que irão reger a sua vida patrimonial após o casamento, e, como tal, se sujeitam à cláusula geral da boa-fé objetiva, consoante preconizado no art. 422 do Código Civil" (Verônica Rodrigues de Miranda, A boa-fé objetiva no direito de família. *Revista dos Tribunais*, São Paulo: Revista dos Tribunais, ano 102, vol. 927, jan. 2013, p. 110).

43 O Código Civil revogado previa, em seu art. 230, o princípio da imutabilidade do regime de bens, segundo o qual não era possível alterar o regime escolhido no momento da celebração do casamento. Dispunha o referido artigo: "O regime dos bens entre cônjuges começa a vigorar desde a data do casamento, e é irrevogável". Diversos autores criticavam o dispositivo, advogando sua revisão. Eis a lição de Carvalho Santos: "A verdade, todavia, é que, apesar de todas essas razões, dada a fragilidade delas, não se justifica em boa doutrina a irrevogabilidade do regime dos bens entre os cônjuges [...]. Pois não raras vezes com a prática e experiência se verifica que conveniência existe em se adotar regime diverso do estipulado, para melhor garantia dos interesses dos cônjuges, e os interesses destes ficarão prejudicados [...]" (J. M. Carvalho Santos, *Código Civil brasileiro interpretado*, vol. IV, Rio de Janeiro: Freitas Bastos, 1961, p. 308). No mesmo sentido posicionava-se Orlando Gomes: "A imutabilidade de regime de bens é uma segurança para os cônjuges e para terceiros. Todavia, o princípio não é aceito por algumas legislações como a alemã e a sueca. Não há razão para mantê-lo. [...] A própria lei põe à sua escolha diversos regimes matrimoniais e não impede que combinem disposições próprias de cada qual. [...] Necessário, apenas, que o exercício desse direito seja controlado a fim de impedir a prática de abusos, subordinando-o a certas exigências" (Orlando Gomes, *Direito de família*, Rio de Janeiro: Forense, 1998, p. 174).

44 O Enunciado n. 177 da III Jornada de Processo Civil dispõe que: "No procedimento de alteração de regime de bens, a intimação do Ministério Público prevista no art. 734, §1º, do CPC somente se dará nos casos dos arts. 178 e 721 do CPC", tendo em vista que a matéria é patrimonial e, portanto, disponível.

tanto, que o art. 2.039, ao dispor que os casamentos celebrados sob a égide do Código anterior devem ser por ele regidos, impediu a mudança no regime escolhido pelos cônjuges, já que o regime anterior caracterizava-se por sua imutabilidade.[45] Por outro, afirma-se, majoritariamente, que a interpretação conjugada dos arts. 1.639, § 2º, e 2.039 conduz à conclusão oposta: o art. 2.039 refere-se apenas aos efeitos do regime escolhido (e não ao regime propriamente dito), o que faculta modificação do regime de bens.[46]

Esta última posição revela-se mais consentânea com o sistema, que visa a dar maior liberdade aos cônjuges para regularem suas relações patrimoniais de acordo com as circunstâncias e contingências supervenientes ao matrimônio. De todo modo, independentemente da data em que se tenha realizado o casamento, o legislador exige, para que a alteração se realize, motivação a ser valorada pelo magistrado, e o respeito aos direitos de terceiros.[47]

O pedido de alteração de regime deve ser motivado

O art. 1.639, § 2º, do Código Civil e o art. 734 do Código de Processo Civil exigem que os cônjuges justifiquem as razões que os levaram a pleitear a mudança de regime.[48] Persiste controvérsia em torno da motivação dos cônjuges. Enquanto parte da jurisprudência sustenta a necessidade de se avaliar, rigidamente, os motivos indicados pelos cônjuges para a alteração do regime, não sendo possível efetuar a

---

45 TJ/MG, 1ª C.C., Ap. Cív. 1.0024.04.332426-8/001, Rel. Des. Gouvea Rios, julg. 23.11.2004.

46 Nesta direção, Silvio Rodrigues, *Direito civil*, vol. VI, cit., p. 152. Em jurisprudência: STJ, 3ª T., REsp. 821.807, Rel. Min. Nancy Andrighi, julg. 19.10.2006). Na mesma direção: STJ, 4ª T., REsp 812.012/RS, Rel. Min. Aldir Passarinho Junior, julg. 02.12.2008; STJ, 3ª T., REsp 1.427.639/SP, Rel. Min. Ricardo Villas Bôas Cueva, julg. 10.03.2015. A tese foi objeto de enunciado aprovado na III Jornada de Direito Civil do Conselho da Justiça Federal – Enunciado n. 260: "A alteração do regime de bens prevista no § 2º do art. 1.639 do Código Civil também é permitida nos casamentos realizados na vigência da legislação anterior".

47 Confira-se, em doutrina: "[...] o regime de bens entre os cônjuges passou a ser revogável? Parece que não. De início deve-se considerar que a lei admite a alteração *judicial* do regime. A vontade dos interessados é bastante para escolher o regime, ressalvadas à evidência as hipóteses do regime obrigatório, mas não para modificá-lo. Além disso, a modificação deve ser motivada, indicando que o juiz deve considerar as razões apresentadas pelos cônjuges, podendo, ou mesmo devendo, indeferir o pedido se não preenchidos os requisitos legais (Heloísa Helena Barboza. Alteração do regime de bens e o art. 2.039 do Código Civil. *Revista Forense*, Rio de Janeiro: Forense, n. 372, 2004, p. 102). Há, ainda, críticas à mudança efetuada pelo Código, ressaltando a possibilidade de um dos cônjuges aproveitar-se da boa-fé do outro. Este é o posicionamento de Rolf Madaleno: 'Para evitar todos esses temores, seria muito mais adequado que a lei vetasse qualquer alteração do regime de bens que importasse uma restrição ou renúncia de direitos, como a substituição de um regime de comunhão parcial ou universal de bens, para vertê-la em completa e retroativa separação de bens que já eram comuns ao casal, cuja possibilidade é amplamente admitida pela jurisprudência para as relações de união estável'" (Rolf Madaleno, O direito adquirido e o regime de bens. *Revista Jurídica*, cit., p. 38).

48 As razões podem ser as mais diversas, tanto de ordem subjetiva quanto objetiva, como por exemplo, fim da incapacidade de um dos cônjuges: "Ante a previsão do art. 1.639, § 2º, do CC/2002 e a presunção de boa-fé que favorece os autores, desde que resguardado direitos de terceiros, a cessação da incapacidade de um dos cônjuges – que impunha a adoção do regime da separação obrigatória de bens sob a égide do Código Civil de 1916 – autoriza, na vigência do CC/2002, em prestígio ao princípio da autonomia privada, a modificação do regime de bens do casamento". (STJ, 3ª T., REsp. 1.947.749/SP, Relª. Minª. Nancy Andrighi, julg. 14.9.2021, publ. DJ 16.9.2021).

mudança com base em razões simplesmente pessoais,[49] outra corrente afirma que a justificativa dos cônjuges não deve constituir objeto de ampla sindicância. Este último entendimento coaduna-se com a liberdade conferida pelo Código aos cônjuges para a escolha do regime de bens,[50] não se justificando a intervenção do Estado na investigação substancial dos motivos que, em última análise, relacionam-se à comunhão de vida do casal. Parece ser essa a tendência da jurisprudência do STJ.[51]

Nesse sentido, inclusive, foi decidido ser desnecessária a relação detalhada do patrimônio do casal para alteração do regime de bens, justificada na presunção de boa-fé e no direito de terceiros. Assim, entendeu-se que "os recorrentes apresentaram justificativa plausível à pretensão de mudança de regime de bens e acostaram aos autos farta documentação (certidões negativas das Justiças Estadual e Federal, certidões negativas de débitos tributários, certidões negativas da Justiça do Trabalho,

---

49 Assim, TJ/RJ, 2ª C.C., Ap. Cív. 2007.001.13468, Rel. Des. Maurício Caldas Lopes, julg. 11.04.2007: "a alteração do regime de bens do matrimônio, guarda certa excepcionalidade, vinculada que se encontra à relevância da respectiva motivação, sindicável pela autoridade judicial. Não fica ao exclusivo talante dos cônjuges, mas na dependência de motivação razoável, considerados os fins do matrimônio e do respectivo regime de bens". No STJ, a despeito da aplicação da Súmula n. 7, confirmou-se a negativa de alteração do regime se há prejuízo para um dos cônjuges, ressalvando-se, contudo, que a jurisprudência da Corte se direciona no sentido de "não se exigir dos cônjuges justificativas exageradas ou provas concretas do prejuízo na manutenção do regime de bens originário, sob pena de invasão da própria intimidade e vida privada dos consortes, por não se presumir a fraude" (STJ, 3ª T., REsp 1.427.639/SP, Rel. Min. Ricardo Villas Bôas Cueva, julg. 10.03.2015, publ. *DJe* 16.03.2015).

50 Nesta direção, cfr. acórdão da lavra da Des. Maria Berenice Dias: "Com o reconhecimento da mutabilidade do regime de bens pelo Código Civil houve, em verdade, uma otimização do princípio da autonomia da vontade do casal, consagrado no princípio da livre estipulação do pacto, de forma que não deve a Justiça ser por demais resistente no exame do requisito da motivação previsto no § 2º do art. 1639 do Código Civil. Até porque, a esta exigência legal deve ser conferida uma conotação de ordem subjetiva, tendo em vista as inúmeras razões internas e externas que podem levar um casal a optar pela alteração do regime de bens. Ademais, não se pode olvidar que, quando da escolha do regime de bens por ocasião da celebração do casamento, não é exigido dos nubentes qualquer justificativa sobre o pacto eleito, motivo pelo qual, por mais esse fundamento, tal condição deve ser minimizada pelos julgadores" (TJ/RS, 7ª C.C., Ap. Cív. 70012341715, Des. Maria Berenice Dias, julg. 14.09.2005).

51 "6. A melhor interpretação que se pode conferir ao § 2º do art. 1.639 do CC é aquela no sentido de não se exigir dos cônjuges justificativas ou provas exageradas, desconectadas da realidade que emerge dos autos, sobretudo diante do fato de a decisão que concede a modificação do regime de bens operar efeitos *ex nunc*. Precedente. 7. Isso porque, na sociedade conjugal contemporânea, estruturada de acordo com os ditames assentados na Constituição de 1988, devem ser observados – seja por particulares, seja pela coletividade, seja pelo Estado – os limites impostos para garantia da dignidade da pessoa humana, dos quais decorrem a proteção da vida privada e da intimidade, sob o risco de, em situações como a que ora se examina, tolher indevidamente a liberdade dos cônjuges no que concerne à faculdade de escolha da melhor forma de condução da vida em comum. 8. Destarte, no particular, considerando a presunção de boa-fé que beneficia os consortes e a proteção dos direitos de terceiros conferida pelo dispositivo legal em questão, bem como que os recorrentes apresentaram justificativa plausível à pretensão de mudança de regime de bens e acostaram aos autos farta documentação (certidões negativas das Justiças Estadual e Federal, certidões negativas de débitos tributários, certidões negativas da Justiça do Trabalho, certidões negativas de débitos trabalhistas, certidões negativas de protesto e certidões negativas de órgãos de proteção ao crédito), revela-se despicienda a juntada da relação pormenorizada de seus bens". (STJ, 3ª T., REsp. 1.904.498/SP, Relª. Nancy Andrighi, julg. 4.5.2021, publ. DJ 6.5.2021).

certidões negativas de débitos trabalhistas, certidões negativas de protesto e certidões negativas de órgãos de proteção ao crédito), revela-se despicienda a juntada da relação pormenorizada de seus bens".[52]

Repercussão da mudança de regime na esfera jurídica de terceiros

Maior cautela do julgador, contudo, volta-se para a avaliação dos direitos de terceiros que podem ser alcançados com a alteração do regime. Em relação ao assunto, aprovou-se, na I Jornada de Direito Civil do Conselho da Justiça Federal, o Enunciado 113, que recomenda ampla publicidade para a autorização da mudança: "É admissível a alteração do regime de bens entre os cônjuges, quando então o pedido, devidamente motivado e assinado por ambos os cônjuges, será objeto de autorização judicial, com ressalva dos direitos de terceiros, inclusive dos entes públicos, após perquirição de inexistência de dívida de qualquer natureza, exigida ampla publicidade". É nesse sentido que o art. 734 do Código de Processo Civil determina a remessa para o Ministério Público, bem como a publicação de edital previamente à sentença do juiz.[53]

Efeitos *ex nunc* da sentença que autoriza a mudança de regime

Na esteira de tal preocupação, há que se valorar, caso a caso, a legitimidade da retroatividade convencional da alteração de regime, a qual poderia comprometer a confiança despertada em terceiros credores e, mesmo na relação entre os cônjuges, equivaleria a desconstruir efeitos patrimoniais legitimamente produzidos e já consumados no regime de bens anteriormente pactuado. Dito diversamente, o regime de bens representa a lei aplicável às relações patrimoniais do casal, devendo a sua alteração ter tratamento equivalente à mudança legislativa. Nessa perspectiva, embora

---

[52] STJ, 3ª T., REsp. 1.904.498/SP, Relª. Minª. Nancy Andrighi, julg. 4.5.2021, publ. DJ 6.5.2021.

[53] Já existia a tendência de se exigir a publicação de edital. Confiram-se as seguintes decisões: "Apelação cível. Ação de alteração de regime de bens do casamento. Inconformidade dos apelantes quanto à determinação de publicação de edital dando ciência aos eventuais interessados da homologação da alteração. Recurso ao qual se nega provimento tendo em vista a necessidade de ampla divulgação da alteração" (TJ/RS, 8ª C.C., Ap. Cív. 70009999251, Rel. Des. Alfredo Guilherme Englert, julg. 17.02.2005). "Agravo regimental em agravo de instrumento – Pedido de alteração de regime de bens – Necessidade de publicação de editais para ampla publicidade – Enunciado 113 da I Jornada de Direito Civil – decisão monocrática mantida – recurso improvido (TJ/MS, 3ª C.C, Ap. Cív. C4013093-98.2013.8.12.0000, Rel. Des. Eduardo Machado Rocha, julg. 07.01.2014, publ. *DJ* 14.01.2014). Além disso, não é incomum que haja a verificação do estado dos bens em nome do casal: '[...] os documentos acostados aos autos revelam que os bens de propriedade do casal encontram-se livres e desembaraçados de quaisquer empecilhos que impliquem em prejuízos a eventuais direitos de terceiros' (TJ/DF, 6ª T., Ap. Cív. 20030110983515, Rel. Des. Ângelo Passareli, julg. 13.12.2006). O STJ já se manifestou, contudo, no sentido da dispensabilidade da publicação de editais, entendendo que bastaria a publicação da sentença que autoriza a alteração e as anotações procedidas nos registros próprios: 1. Nos termos do art. 1.639, § 2º, do Código Civil de 2002, a alteração do regime jurídico de bens do casamento é admitida, quando procedentes as razões invocadas no pedido de ambos os cônjuges, mediante autorização judicial, sempre com ressalva dos direitos de terceiros. 2. Mostra-se, assim, dispensável a formalidade emanada de Provimento do Tribunal de Justiça de publicação de editais acerca da alteração do regime de bens, mormente pelo fato de se tratar de providência da qual não cogita a legislação aplicável. 3. O princípio da publicidade, em tal hipótese, é atendido pela publicação da sentença que defere o pedido e pelas anotações e alterações procedidas nos registros próprios, com averbação no registro civil de pessoas naturais e, sendo o caso, no registro de imóveis. 4. Recurso especial provido para dispensar a publicação de editais determinada pelas instâncias ordinárias" (STJ, 4ª T., REsp 776455/RS, Rel. Min. Raul Araújo, julg. 17.04.2012, publ. *DJ* 26.04.2012).

não haja no direito brasileiro princípio constitucional ou legal da irretroatividade das leis no tempo,[54] há que se preservar o ato jurídico perfeito e o direito adquirido na constância do regime de bens em vigor no momento da constituição de direitos pelos cônjuges (art. 5º, XXXVI, CR).[55]

Não há dúvidas, portanto, de que os direitos de terceiros estão sempre ressalvados e a mudança de regime só lhes é oponível após o trânsito em julgado da decisão. No entanto, em relação aos cônjuges, é possível admitir-se a eficácia *ex tunc* da sentença, na medida em que se trata de direito disponível.[56]

Ao propósito, poder-se-ia entrever, de maneira prospectiva, linha de tendência a retirar da competência do Judiciário procedimentos que, como a alteração do regime de bens, poderiam ser levados a cabo diretamente pelas partes. Com a promulgação da Lei 11.441, de 2007, que permite separação e divórcio consensuais, além de partilha

---

54 Como acentuado anteriormente: "Inexiste no ordenamento jurídico brasileiro o princípio da irretroatividade das leis, admitindo-se, ao revés, os efeitos retro-operantes da lei nova, desde que não violem o ato jurídico perfeito, o direito adquirido e a coisa julgada. Não há direito adquirido aos efeitos futuros das situações jurídicas constituídas sob a égide da lei antiga" (Gustavo Tepedino, A incidência imediata dos planos econômicos e a noção de direito adquirido – Reflexões sobre o art. 38 da Lei 8.880/1994 (Plano Real). *Soluções práticas de direito*, São Paulo: Revista dos Tribunais, 2012, vol. I).

55 Observação se faz necessária quando a mudança de regime tem como objetivo que o novo estatuto patrimonial seja a comunhão universal de bens. Nesse caso, pela própria natureza do novo regime, os efeitos são *ex tunc*: "2. A eficácia ordinária da modificação de regime de bens é "ex nunc", valendo apenas para o futuro, permitindo-se a eficácia retroativa ("ex tunc"), a pedido dos interessados, se o novo regime adotado amplia as garantias patrimoniais, consolidando, ainda mais, a sociedade conjugal. 3. A retroatividade será corolário lógico do ato se o novo regime for o da comunhão universal, pois a comunicação de todos os bens dos cônjuges, presentes e futuros, é pressuposto da universalidade da comunhão, conforme determina o art. 1.667 do Código Civil de 2002. 4. A própria lei já ressalva os direitos de terceiros que eventualmente se considerem prejudicados, de modo que a modificação do regime de bens será considerada ineficaz em relação a eles (art. 1.639, § 2º, parte final). 5. Recurso especial provido, para que a alteração do regime de bens de separação total para comunhão universal tenha efeitos desde a data da celebração do matrimônio (*ex tunc*)." (STJ, 4ª T., REsp 1671422 / SP, Rel. Min. Raul Araújo, julg. 25.4.2023, publ. 30.5.2023). Há, contudo, críticas ao julgado em doutrina: João Costa-Neto, Comentário ao REsp n. 1.671.422/SP: retroatividade da alteração do regime de bens do casamento. In: *Revista Brasileira de Direito Civil – RBDCivil*, Belo Horizonte, vol. 33, n. 2, abr./jun. 2024, p. 205-214, para quem "O caso julgado pelo STJ deveria ter sido solucionado de outra forma. A rigor, não houve retroatividade. O STJ apenas permitiu que a mudança de regime (para comunhão universal) produzisse seus efeitos normalmente: abrangendo bens antes e depois do casamento. O julgado também contradiz a jurisprudência já consolidada do próprio STJ, sobretudo da Terceira Turma".

56 Nesse sentido: "1 Em relação a terceiros, no intuito de resguardar os interesses destes, os efeitos da sentença que altera o regime de bens na constância do casamento são, em regra, *ex nunc* (CC, art. 1.639, § 2º). Já em relação aos cônjuges, salvo determinação em contrário disposta na decisão judicial autorizativa da alteração, os efeitos em regra são *ex tunc*. 2. A justificativa do pedido de alteração de regime de bens, que repousa no argumento de que houve equívoco no cartório de registro civil, pois a intenção dos nubentes desde o início era o regime para o qual pretendem ver alterado – comunhão universal de bens – é indicativo seguro de que a pretensão da modificação fosse operada com efeitos *ex tunc*" (TJ/SC, 5ª Câm. Dir. Civ., Ap. Cív. 20130256937, Rel. Des. Luiz Cézar Medeiros, julg. 07.03.2016). "A modificação do regime de bens somente surtirá efeitos perante terceiros a partir do instante da averbação da sentença no livro de casamento (art. 100, § 1º, da Lei 6.015/73), e, após o registro, em livro especial, pelo oficial do Registro de Imóveis do domicílio dos cônjuges. – Assim, inexiste óbice em se determinar que a alteração de regime de bens possua efeitos *ex tunc* em relação aos cônjuges, uma vez que já ressalvados o direito de terceiros. – Recurso provido" (TJ/MG, 5ª C.C., Ap. Cív. 1.0223.11.006774-9/001, Rel. Des. Luís Carlos Gambogi, julg. 26.06.2014, publ. *DJ* 07.07.2014).

por meio de escritura pública, deve-se cogitar da possibilidade de mudança legislativa que autorize a alteração extrajudicial do regime de bens, desde que assegurada, evidentemente, a proteção de terceiros, por meio de certidões negativas atinentes a dívidas e execuções em face dos cônjuges. É a tendência que vem se desenhando de maior privatização da família, principalmente quando se trata de questões entre pessoas livres e iguais, tal qual os cônjuges.

Na alteração de regime de bens, além da preocupação com terceiros credores, adquire especial relevo o princípio da boa-fé objetiva como dever imposto *inter partes*, devendo ser resguardado o intento comum e a realidade fática.[57] Poderá ocorrer, por exemplo, que a alteração de regimes não seja condizente com a persistente construção, a quatro mãos, do patrimônio comum. O intérprete deverá preservar a finalidade protetiva pretendida pelo legislador com o regime de bens, sem permitir o enriquecimento sem causa.

4. OUTORGA CONJUGAL

Diante da relevância de certos negócios jurídicos na vida econômica do casal, estabelece o Código Civil restrições ao poder de administração e disposição dos cônjuges, mediante a exigência da outorga uxória (da mulher) ou marital (do marido) para a sua celebração.[58] Trata-se de limitação à autonomia privada dos cônjuges devido ao risco de que alguns atos, praticados por apenas um deles, acarretem a diminuição do patrimônio da sociedade conjugal, ou mesmo do patrimônio particular do outro consorte. Considera-se que a outorga pode ser conferida antes da celebração do negócio jurídico ou no mesmo ato; quando posterior, terá a natureza de confirmação ou ratificação, considerando-se anulável o ato desprovido de autorização conjugal.

Prevê o Código Civil, no art. 1.647, rol taxativo de atos que não podem ser praticados por qualquer dos cônjuges sem a autorização do outro. Afastam-se da

---

57 Em doutrina, conferir Anderson Schreiber, O princípio da boa-fé objetiva no direito de família. In: Rodrigo da Cunha Pereira (Coord.), *Família e dignidade humana*: Anais do V Congresso Brasileiro de Direito de Família, São Paulo: IOB Thomson, 2006.

58 A outorga se aplica às relações patrimoniais advindas do casamento. No caso de união estável, o STJ, embora entendendo necessária a autorização do companheiro, considerou válida alienação sem a chamada autorização convivencial, sem prejuízo de se assegurar ao prejudicado ação própria para recuperação da metade do produto da venda: "6- Em regra, é indispensável a autorização de ambos os conviventes quando se pretender alienar ou gravar de ônus real bens imóveis adquiridos na constância da união estável, sob pena de absoluta invalidade do negócio jurídico, ressalvada a hipótese do terceiro de boa-fé que não tinha, e nem tampouco poderia ter, ciência do vínculo mantido entre os conviventes, caso em que o negócio jurídico celebrado por um deles deverá ser considerado inteiramente válido, cabendo ao outro o ajuizamento de ação pretendendo perdas e danos. Precedentes da 3ª Turma. 7 – Hipótese em que, todavia, não se cogita de boa ou de má-fé das partes ou do terceiro, mas, ao revés, de desídia e de negligência da credora fiduciária (que, ciente da união estável mantida após a entrada em vigor do art. 226, § 3º, da Constituição Federal, e das Leis nº 8.971/1994 e 9.278/1996, não se acautelou e não exigiu a autorização convivencial) e de enriquecimento sem causa da ex-convivente do devedor fiduciante (que tinha ciência das tratativas havidas entre ele e a credora e que recebeu o imóvel, integralmente, por ocasião da dissolução da união estável e partilha de bens), impondo-se solução distinta, no sentido de consolidar integralmente a propriedade do imóvel em favor da credora, mas resguardar a meação da ex-convivente que não anuiu com o negócio jurídico, a quem caberá a metade do produto da alienação do bem" (STJ, 3ª T., REsp 1.663.440 – RS, Relª. Minª. Nancy Andrighi, julg. 16.6.2020, publ. *DJ* 30.06.2020).

incidência do dispositivo os cônjuges casados pelo regime da separação absoluta de bens, pela própria dicção legal. A doutrina controverte quanto ao alcance do termo "separação absoluta", vale dizer, se relacionado tão somente aos casos de separação obrigatória, ou se também se estenderia ao regime da separação convencional. Autorizada doutrina sustenta que a expressão abrangeria ambos os casos, o que parece refletir a finalidade pretendida pelo legislador.[59] Em sentido contrário, afirma-se que apenas a separação convencional pode ser reputada "absoluta", pois, no caso da obrigatória, existe o risco de comunicabilidade por força da Súmula 377 do STF – a sugerir a indispensabilidade da outorga conjugal. Sustenta-se, nessa direção, que a separação absoluta se encontra circunscrita à separação convencional de bens, não sendo razoável a exigência de autorização do cônjuge para dispor de bens, ou gravá-los, quando o próprio casal optou pelo regime da separação total.[60]

Entre os atos cuja prática é vedada sem a devida vênia conjugal, encontram-se quaisquer atos que sirvam de título à transferência de domínio dos bens imóveis.[61] De fato, os atos de disposição sobre imóveis não constituem atividades ordinárias de administração da sociedade conjugal, não se justificando, por isso, que possam ser praticados por um só de seus membros. Exige-se, ainda, a autorização do cônjuge para ser parte em ações que versem sobre direitos reais. Não há forma especial para a exteriorização de tal autorização, podendo ser realizada na petição inicial ou em documento específico.[62] Não se trata de litisconsórcio ativo necessário, e sim facultativo, pois o cônjuge que dá a autorização não é obrigado a ser parte no processo. Por outro lado, a disciplina do Código Civil deve ser interpretada em observância ao ditame do art. 73, § 1º, I, do CPC,[63] a indicar a formação de litisconsórcio necessário

---

59 Miguel Reale, por exemplo, entende que o termo englobaria os dois regimes (Miguel Reale, *Estudos preliminares do Código Civil*, São Paulo: Revista dos Tribunais, 2003, pp. 62-63).

60 Tal entendimento foi acompanhado pelo STJ, ao afirmar que o termo "separação absoluta" deve ser interpretado no sentido de abranger tão somente o regime de separação convencional de bens. Nos casos de separação obrigatória, uma vez aplicada a Súmula n. 377 do STF, caracteriza-se o interesse de ambos os cônjuges na realização de atos de disposição e, por isso, torna-se necessária a outorga (STJ, 3ª T., REsp. 1.163.074, Rel. Min. Massami Uyeda, julg. 15.12.2009, publ. *DJ* 04.02.2010). No mesmo sentido: TJ/RJ, 16ª C.C., Ap. Cív. 0300151-02.2011.8.19.0001, Rel. Des. Eduardo Gusmão Alves de Brito Neto, julg. 12.05.2015.

61 O STJ entendeu que, em razão de quotas sociais serem bens móveis, não é necessário outorga para sua transferência: "No caso concreto, a transferência onerosa de cotas da sociedade familiar não se enquadra nem na norma do artigo 235 do Código Civil de 1916 nem no artigo 1.647 do Código Civil de 2002, tendo em vista que se trata de bem móvel (nos termos do artigo 83, III, do Código Civil), e que não houve doação, mas alienação por montante que teria sido revertido em benefício da sociedade conjugal, motivo pelo qual não há falar em anulabilidade" (STJ, 4ª T., AgInt no REsp 1790940 – SP, Rel. Min. Luis Felipe Salomão, julg. 11.5.2020, publ. *DJ* 13.05.2020).

62 Ravi Peixoto, Arts. 70 a 76. In: Dierle Nunes; Lenio Luiz Streck; Leonardo Cunha (Orgs.), *Comentários ao Código de Processo Civil*, São Paulo: Saraiva, 2016, p. 134.

63 O CPC/2015 incluiu, na redação do art. 73, § 1º, I, ressalva quanto aos cônjuges casados sob o regime de separação absoluta de bens: "Art. 73. O cônjuge necessitará do consentimento do outro para propor ação que verse sobre direito real imobiliário, salvo quando casados sob o regime de separação absoluta de bens. § 1º. Ambos os cônjuges serão necessariamente citados para a ação: I – que verse sobre direito real imobiliário, *salvo quando casados sob o regime de separação absoluta de bens* [...]".

entre os cônjuges caso figurem como réus na ação.[64] Nesse sentido, o STJ debateu se era condição de validade do negócio a outorga em contrato de arrendamento rural: entenderam que se trata de pacto não solene, sem formalismo para sua existência, razão pela qual é desnecessária a outorga conjugal, além do que não está contido nos atos previstos no rol do art. 1.647 do Código Civil.[65]

Também é necessária a vênia conjugal para a concessão de fiança ou aval.[66] O Código Civil de 1916 reconhecia a possibilidade de o cônjuge prestar fiança sem autorização de seu consorte, nada dispondo sobre a outorga de aval.[67] O Código Civil em vigor, por sua vez, equiparou o aval à fiança no que tange à necessidade da autorização marital ou da outorga uxória.[68] O Enunciado 114 da I Jornada de Direito Civil, contudo, prevê que "o aval não pode ser anulado por falta de vênia conjugal, de modo que o inc. III do art. 1.647 apenas caracteriza a inoponibilidade do título ao cônjuge que não assentiu". Em interpretação restritiva, o STJ tem entendido que a aplicação da regra limita-se aos "avais prestados aos títulos inominados regrados pelo Código Civil, excluindo-se os títulos nominados regidos por leis especiais".[69] Assim também entende o Superior Tribunal de Justiça, conforme registrado na Súmula 332, segundo a qual "a fiança prestada sem autorização de um dos cônjuges implica a ineficácia total da garantia".[70]

---

64 "Sendo a ação reivindicatória uma ação real, tem-se por necessária a citação de ambos os cônjuges-réus, independentemente do regime de casamento" (STJ, 4ª T., REsp. 73.975/PE, Rel. Min. Sálvio de Figueiredo Teixeira, julg. 24.11.1997, publ. *DJ* 02.02.1998). V. tb. STJ, 2ª T., REsp 1.374.593/SC, Rel. Min. Herman Benjamin, julg. 05.03.2015, publ. *DJe* 01.07.2015.

65 STJ, 3ª T., REsp 1.764.873, Rel. Min. Paulo de Tarso San Severino, julg. 14.05.2019, *DJ* 21.05.2019.

66 "O STJ já se manifestou no sentido de que a exigência da outorga conjugal não pode ser estendida, irrestritamente, a todos os títulos de crédito, sobretudo aos típicos ou nominados, que possuem regramento próprio" (STJ, 4ª T., AgInt no AREsp 1.914.339/RJ, Rel. Min. Raul Araújo, julg. 27.5.2024, publ. *DJe* 4.6.2024).

67 Após longa discussão, a jurisprudência se consolidou no sentido de que a meação do cônjuge não responde pelo aval concedido pelo outro, pois não se presume tenha ocorrido em benefício da entidade familiar: "A meação da mulher casada não responde por aval de seu cônjuge, por ausência de presunção de que a entidade familiar dele se houvesse beneficiado, já que constitui ato gratuito dado em favor de terceiro" (STJ, 4ª T., REsp.304.562, Rel. Min. Aldir Passarinho Junior, julg. 24.04.2001, publ. *DJ* 25.06.2001).

68 Conforme decidiu o STJ, o cônjuge que anuiu com o aval não precisa participar do processo de execução: "O cônjuge que apenas autorizou seu consorte a prestar aval, nos termos do art. 1.647 do Código Civil (outorga uxória), não é avalista. Dessa forma, não havendo sido prestada garantia real, não é necessária sua citação como litisconsorte, bastando a mera intimação, como de fato postulado pelo exequente (art. 10, § 1º, incisos I e II, do CPC de 1973)" (STJ, 4ª T., REsp 1.475.257 – MG, Relª. Minª. Maria Isabel Gallotti, julg. 10.12.2019, publ. *DJ* 13.12.2019).

69 STJ, 3ª T., REsp 1.526.560-MG, Rel. Min. Paulo de Tarso Sanseverino, julg. 16.03.2017, publ. *DJ* 16.05.2017. Nesse sentido: "É firme a jurisprudência desta Corte Superior no sentido de que a exigência da outorga conjugal não pode ser estendida, irrestritamente, a todos os títulos de crédito, sobretudo aos típicos ou nominados, que possuem regramento próprio." (STJ, 3ª T., AgInt no AREsp 1725638, Rel. Min. Ricardo Villas Bôas Cueva, julg. 5.9.2022, publ. 12.9.2022).

70 Confira-se: "No presente caso, em se tratando de dívida de sociedade cooperativa – a qual nem à luz do Código Comercial ou do Código Civil de 2002 ostenta a condição de comerciante ou de sociedade empresária –, não há falar em fiança mercantil, caindo por terra o fundamento exarado pelas instâncias ordinárias para afastar a exigência da outorga conjugal encartada nos artigos 235, inciso III, do Código Civil de 1916 e 1.647, inciso III, do Código Civil de 2002 (...). Consequentemente, inexistindo o consentimento da esposa para a prestação da fiança (civil) pelo marido (para garantia do pagamento de

O STJ decidiu que o cônjuge empresário ou comerciante, ao prestar fiança, deve contar com a outorga conjugal. O argumento recursal baseia-se no art. 1.642 do Código Civil, que dá aos cônjuges o direito de livremente praticar todos os atos de disposição e de administração no desempenho de sua profissão. No entanto, o próprio dispositivo ressalva as limitações do art. 1.647, inciso I, do Código Civil, que inclui alienação ou gravame de ônus real sobre bens imóveis. No caso julgado, foram penhorados bens do cônjuge que não havia anuído ao contrato de fiança. Por isso, ele apresentou embargos arguindo a anulação do referido contrato, por ausência de outorga. O objetivo do julgamento foi verificar se o cônjuge, quando no exercício de atividade profissional ou empresarial, está dispensado da autorização do outro cônjuge. Entendeu-se que não, pois o fiador responde pessoalmente pela dívida, o que pode colocar em risco o patrimônio comum do casal. Assinalou-se que: "malgrado constitua embaraço ao dinamismo próprio das relações comerciais e empresariais, a exigência da outorga leva em consideração a finalidade de proteção e manutenção do patrimônio comum, exceto se houver anuência do outro cônjuge." Além disso, incide Enunciado 332 da súmula do STJ, que estabelece que "a fiança prestada sem autorização de um dos cônjuges implica a ineficácia total da garantia".[71]

Exige-se ainda autorização do cônjuge para doações tanto de bens móveis quanto de imóveis. Por se tratar de sociedade conjugal, cujos bens que a integram são comuns ao casal, torna-se inadmissível permitir que o cônjuge, sem anuência do outro, se desfaça do patrimônio comum por simples liberalidade.[72] Não se proíbe, porém, a chamada doação remuneratória e, ainda, as doações nupciais feitas por apenas um dos cônjuges aos filhos quando casarem, ou quando estabelecerem economia separada, a exemplo da criação de uma empresa. A permissão, porém, pressupõe que tais doações tenham por objeto bens móveis, já que, na hipótese de bens imóveis, resta mantida a proibição de alienação dos mesmos sem outorga uxória.[73] Nesse caso, "a jurispru-

---

dívida contraída pela cooperativa), sobressai a ineficácia do contrato acessório, por força da incidência das supracitadas normas jurídicas. Nesse sentido é o teor da Súmula 332/STJ ("*A fiança prestada sem autorização de um dos cônjuges implica a ineficácia total da garantia*") aplicável ao caso (STJ, 4ª T., REsp 1.351.058/SP, Rel. Min. Luis Felipe Salomão, julg. 26.11.2019, publ. *DJ* 04.02.2020).

71 STJ, 4ª T., REsp 1525638/SP, Rel. Min. Antônio Carlos Ferreira, julg. 14.6.2022, publ. *DJ* 21.6.2022. Em outra oportunidade: "A melhor interpretação é aquela que mantém a exigência geral de outorga conjugal para prestar fiança, sendo indiferente o fato de o fiador prestá-la na condição de comerciante ou empresário, considerando a necessidade de proteção da segurança econômica familiar" (STJ, 4ª T., AgInt no AREsp 2.331.324/MS, Rel. Min. Antonio Carlos Ferreira, julg. 13.5.2024, publ. *DJe* 16.5.2024).

72 Nesse sentido: "No regime de comunhão parcial, comunicam-se os bens que sobrevierem ao casal, na constância do casamento, salvo aqueles adquiridos por doação ou sucessão. III – É anulável a doação de bens comuns, desprovida da outorga conjugal, podendo o cônjuge prejudicado demandar a invalidação até dois anos depois de terminada a sociedade conjugal, nos termos do art. 1.649 do Código Civil. IV – Apelações desprovidas" (TJ/MA, 1ª C.C., Ap. Cív. 0328432011, Rel. Des. Mara das Graças de Castro Duarte Mendes, julg. 16.02.2012, publ. *DJ* 26.03.2012).

73 Em se tratando de bem imóvel não comum, contudo, há precedente no sentido da desnecessidade de outorga: "I – O cônjuge prejudicado com a alienação do bem sem outorga, seu consentimento, ou sem suprimento do juiz detém legitimidade para a propositura de ação de nulidade, *ex vi* dos arts. 1.649 e 1.650, ambos do CC/02. Preliminar afastada. II – Considerando que a área em litígio advém de uma doação realizada pelos genitores ao filho, esposo da autora, desnecessária a outorga

dência do STJ é no sentido de que o prazo decadencial é de 2 anos para que o cônjuge exerça o direito de invalidar a doação realizada pelo outro sem a sua autorização".[74]

O tema da outorga torna-se complexo no mundo contemporâneo, com novos bens cujo valor passa a ser igual ou maior do que aquele dos bens que, antes, eram tidos como os de maior valor, como os imóveis, por exemplo. Se a *ratio* da outorga conjugal é a proteção ao patrimônio do casal, *sites* e moedas digitais dão novos contornos ao patrimônio e desafiam sua adequada proteção no âmbito da família.[75]

5. REGIMES DE BENS PREVISTOS NO CÓDIGO CIVIL

O Código Civil de 1916 regulava os seguintes regimes de bens: comunhão universal (arts. 262 a 268); comunhão parcial (arts. 269 a 275); separação (legal e convencional, arts. 276 e 277) e dotal (arts. 278 e 311), qualquer deles vigorantes a partir da data do casamento (art. 230). O atual texto civil traz no Título II (Direito Patrimonial), do Livro IV (Do Direito de Família), quatro regimes-tipo, ou convencionais: comunhão parcial (art. 1.658 a 1.666); comunhão universal (art. 1.667 a 1.671); participação final nos aquestos (art. 1.672 a 1.686) e separação (arts. 1.687 a 1.688). Serão examinados todos eles, as respectivas disciplinas jurídicas e as controvérsias debatidas pela doutrina e jurisprudência.

5.1 Separação legal de bens

O princípio da liberdade de contratação dos regimes de bens não é ilimitado, submetendo-se às disposições do art. 1.641 do Código Civil, referentes ao regime da separação legal ou obrigatória de bens. Se os cônjuges se enquadrarem em alguma das hipóteses previstas, não importa a vontade em se casar em regime diverso, por se tratar de questão de ordem pública.

Trata-se de três situações geradoras da imposição da separação:

(i) casamento com a inobservância das causas suspensivas. As causas suspensivas do casamento, previstas no art. 1.523 do Código Civil, têm duas finalidades: evitar a confusão de patrimônio e a dúvida quanto à paternidade. O parágrafo único do art.

Regime da separação legal e inobservância das causas suspensivas

---

uxória para hipotecar e alienar o imóvel rural, vez que o regime de casamento é o de comunhão parcial de bens, exegese do art. 269, inciso I, do CC/1916 (art. 1.659, I, do CC/2002), especialmente porque, *in casu*, os doadores beneficiaram apenas o descendente, e não o casal, portanto, afasta-se a vedação prevista no art. 235, inciso I, do CC/1916, reproduzida no CC/2002 em seu art. 1.647, inciso I, ante a desnecessidade *in casu* da outorga marital do cônjuge virago. III – Desse modo, levando-se em conta a desnecessidade da outorga uxória por parte da autora quanto ao bem em litígio, a improcedência do pedido inicial é medida que se impõe na espécie" (TJ/GO, 5ª C.C., Ap. Cív. 03960298520108090091, Rel. Des. Alan S. de Sena Conceição, julg. 23.02.2017, publ. *DJ* 08.03.2017).

74 STJ, 3ª T., AgInt no REsp. 1.937.034/MG, Relª. Minª. Nancy Andrighi, julg. 4.10.2021, publ. DJ 6.10.2021.

75 A doutrina tem começado a questionar o sistema atual de outorgas diante das mudanças na economia e nas espécies de bens, propondo uma atualização desse sistema para que seja adequado à realidade atual. Sobre o tema: Renata de Lima Rodrigues; Brunna Emanuelle Carvalho Tonini, Novos bens e outorga conjugal. In: Ana Carolina Brochado Teixeira; Renata de Lima Rodrigues (coords.), *Contratos, família e sucessões: diálogos interdisciplinares*, Indaiatuba: Foco, 2021, 2ª ed.

1.523 do Código Civil faculta às partes demonstrarem a ausência de prejuízo do casamento se realizar conquanto exista causa suspensiva. No entanto, se não se observar essa iniciativa das partes, a lei impõe o regime da separação de bens, de modo a se evitar que se misture o patrimônio do(a)(s) filho(a)(s) do(a) falecido(a) com (a) o do novo cônjuge do genitor; (b) do cônjuge que ainda não fez partilha do casamento anterior; e (c) o tutelado ou curatelado com tutor, curador ou pessoas que lhe são próximas.

Regime da separação legal e autorização judicial para o casamento

(ii) casamento dos que dependerem, para casar, de suprimento judicial. Trata-se da hipótese dos filhos menores que precisam da autorização dos pais para se casarem e, se houver recusa ou divergência entre eles, cabe ao nubente recorrer ao juiz para autorizar a realização do casamento (CC, art. 1.517, parágrafo único, e art. 1.631, parágrafo único). Tendo em vista que o patrimônio pode ser fonte de prejuízo para o adolescente que se casa, a lei determina que se imponha o regime da separação de bens, de modo a se evitar qualquer risco patrimonial para o menor.

Regime da separação legal e o casamento do maior de 70 anos

(iii) casamento contraído quando pelo menos um dos nubentes é maior de 70 anos. Essa disposição não se justifica, em face da incoerência axiológica da restrição imposta pelo dispositivo aos maiores de 70 anos.[76] De fato, o dispositivo legal estabelece injustificada restrição à liberdade pessoal do septuagenário, submetendo-o a verdadeira *interdição compulsória*, como se ele não tivesse capacidade para escolher os rumos patrimoniais da sua relação amorosa, em desapreço ao princípio da igualdade positivado no art. 5º, *caput*, da Carta Constitucional. Daí a crítica veemente da doutrina desde a promulgação do Código Civil.[77]

Embora não tenha afastado de vez o regime da separação obrigatória de bens nessa hipótese, em 01.02.2024, no Recurso Extraordinário com Agravo (ARE) 1.309.642,[78] o Supremo Tribunal Federal definiu que o regime da separação de bens nos casamentos e uniões estáveis de pessoa com mais de 70 anos pode ser alterado por vontade das partes. Entendeu-se, por unanimidade de votos, que a obrigatoriedade do regime da separação de bens viola o direito de autodeterminação das pessoas idosas. Assim,

---

76 Orlando Gomes explica a *ratio* patrimonial desse regime: "Interessante disposição a propósito do regime de bens no matrimônio foi introduzida na lei do divórcio. Quando o regime legal era a comunhão universal de bens, estava proibida a sua adoção no casamento do homem maior de 60 anos ou da mulher com mais de 50. Tal restrição se explicava e se justificava porque tal regime, importando comunicação de todos os bens presentes e futuros, poderia estimular a realização de casamentos de pessoas idosas no interesse do enriquecimento instantâneo do parceiro. Daí a instituição do regime da separação, em caráter obrigatório, de tais nubentes. Substituído por lei o regime legal pelo da comunhão parcial que exclui da comunhão os bens trazidos pelos cônjuges, cessa a razão de ser da imposição do regime da separação (...). Não faz sentido conservá-la, devendo-se considerá-la revogada por ser ociosa em face da mudança do regime legal" (Orlando Gomes, *Direito de Família*, Rio de Janeiro: Forense, 2002, 14ª ed., atualizada por Humberto Theodoro Júnior, pp. 175-176).

77 Sobre o tema, v. Maria Berenice Dias, *Manual de direito das famílias*, cit., p. 241. No mesmo sentido: "Tal restrição, a meu ver, é atentatória da liberdade individual. A tutela excessiva do Estado sobre pessoa maior e capaz decerto é descabida e injustificável" (Silvio Rodrigues, *Direito Civil:* vol. 6, São Paulo: Saraiva, 2002, 27ª ed., atualizada por Francisco José Cahali, p. 183).

78 STF, Tribunal Pleno, ARE 1.309.642, Rel. Min. Luís Roberto Barroso, julg. 01.02.2024. Restou fixada a seguinte Tese: "Nos casamentos e uniões estáveis envolvendo pessoa maior de 70 anos, o regime de separação de bens previsto no art. 1.641, II, do Código Civil, pode ser afastado por expressa manifestação de vontade das partes, mediante escritura pública".

segundo a Corte, para afastar a obrigatoriedade da separação de bens, é necessária a manifestação de vontade expressa, por meio de escritura pública. Também ficou definido que pessoas acima dessa idade que já estejam casadas ou em união estável podem alterar o regime de bens, mas para isso é necessário autorização judicial (no caso do casamento) ou manifestação em escritura pública (no caso da união estável). Em tais casos, a alteração produzirá efeitos patrimoniais a partir da respectiva alteração. O Relator, o Min. Luís Roberto Barroso, destacou que a obrigatoriedade em função da idade do regime de separação obrigatória de bens entre pessoas capazes para praticar atos da vida civil, ou seja, em pleno gozo de suas faculdades mentais, resultaria em discriminação ilegítima, incompatível com o princípio da igualdade.

Quando da entrada em vigor do Código Civil, a idade era de 60 anos. Diante das objeções antepostas ao art. 1.641, II, do Código Civil, o legislador alterou o dispositivo, elevando para 70 anos a idade para o regime de separação obrigatória, por meio da Lei 12.344/2010.[79] Não se afastou, contudo, à época, a suspeita de inconstitucionalidade do preceito, mantendo-se injustificada restrição à liberdade existencial dos idosos. De fato, como já se disse no capítulo 1, no âmbito da família, a imposição de regras heterônomas faz sentido quando há alguma vulnerabilidade, de modo que a solidariedade familiar reclama a intervenção estatal reequilibradora. Não parece ser esse o caso, daí porque andou bem o Supremo Tribunal Federal ao permitir que seja afastado o regime da separação de bens nos casamentos de pessoas com mais de 70 anos.

A tentativa, entretanto, por parte do Judiciário, mediante nova intervenção heterônoma, de contornar a restrição à liberdade contratual do idoso, acabou por agravar o problema, com a Súmula 377 do STF, que determina a comunicação de aquestos no âmbito do regime de separação legal. Vale dizer, há que se afastar a injustificada restrição ao regime obrigatório da separação imposta ao idoso, para que ele possa pactuar diversamente, desde que, ao mesmo tempo, se admita a validade e eficácia dos pactos antenupciais que estabeleçam a separação de bens.[80] Mostra-se incompleta, portanto, a crítica, dirigida à dicção do art. 1.641, II, Código Civil, sem que se proponha, ao mesmo tempo, a legitimidade do regime de separação convencional entre os idosos, com o afastamento da Súmula 377, especialmente diante do sistema sucessório atual, que impõe a sucessão entre os cônjuges, em concorrência com os descendentes, mesmo no regime de separação convencional de bens (art. 1.829, I). Tal regime sucessório impede a liberdade entre idosos para a construção de relação conjugal que possa atenuar (e não aguçar) tensões patrimoniais suscitadas pelo

---

[79] "Nos termos da redação do artigo 1.641, II, do Código Civil, vigente à época da celebração do casamento, o regime de separação obrigatória era imposto somente àqueles que possuíssem idade superior a 70 anos, de modo que válido o pacto antenupcial de comunhão universal de bens de nubentes de idade inferior. 3. A circunstância de terem previamente convivido em união estável, iniciada sob a égide da regra legal anterior mais restritiva, não infirma a validade do pacto celebrado já na vigência da alteração legislativa". (STJ, 4ª T., AgInt nos EDcl no AgInt no REsp. 1.893.147/SP, Relª. Minª. Maria Isabel Gallotti, julg. 4.10.2021, publ. DJ 8.10.2021).

[80] Nesse sentido, o STJ decidiu que cônjuges casados sob o regime da separação obrigatória de bens podem estabelecer pacto mais restritivo, ajustando separação convencional de bens e/ou afastando a Súmula 377 STF (STJ, Decisão proferida no REsp. 1.922.347/PR, Rel. Min. Luis Felipe Salomão, julg. 7.12.2021, publ. *DJ* 1.2.2022).

potencial concurso sucessório com descendentes provenientes de relacionamentos anteriores de cada um dos cônjuges.

Sobre o tema, ainda na vigência do Código Civil de 1916, destaque-se o entendimento jurisprudencial capitaneado pelo então Desembargador Cezar Peluso, no sentido da perda de validade do preceito com o advento da Constituição de 1988: "o disposto no art. 258, parágrafo único, II, do Código Civil, refletindo concepções apenas inteligíveis no quadro de referências sociais doutra época, não foi recepcionado, quando menos, pela atual Constituição da República, e, portanto, já não vigendo, não incide nos fatos da causa. É que seu sentido emergente, o de que varão sexagenário e mulher quinquagenária não têm liberdade jurídica para dispor acerca do patrimônio mediante escolha do regime matrimonial de bens, descansa num pressuposto extrajurídico óbvio, de todo em todo incompatível com as representações dominantes da pessoa humana e com as consequentes exigências éticas de respeito à sua dignidade, à medida que, por via de autêntica ficção jurídico-normativa, os reputa a ambos, homem e mulher, na situação típica de matrimônio, com base em critério arbitrário e indução falsa, absolutamente incapazes para definirem relações patrimoniais do seu estado de família".[81]

Extensão do regime da separação legal à união estável

Discute-se a extensão dessa restrição do regime de bens à união estável. A jurisprudência tem sinalizado positivamente a esse alargamento, pois onde existe a mesma *ratio*, deve haver os mesmos efeitos jurídicos.[82] Nessa esteira, foi aprovada o

---

81 TJ/SP, 2ª C.C., Ap. Cív. 007.512-4/2-00, Rel. Des. Cezar Peluso, julg. 18.08.1998. E remata: "A *ratio legis*, que uníssonas lhe reconhecem a doutrina e a jurisprudência, vem do receito político, talvez compreensível nos curtos horizontes culturais da sociedade arcaica dos séculos anteriores, de que, pela força mecânica e necessária de certo número de anos, estipulado, sem nenhum suporte científico nem fundamentação empírica, de maneira diversa para cada sexo, assim o homem, como a mulher, poso que em idades diferentes, já não estariam aptos para, nas relações amorosas, discernir seus interesses materiais e resistir à cupidez inevitável do consorte [...]. Noutras palavras, decretou-se, com vocação de verdade legal perene, embora em assunto restrito, mas não menos importante ao destino responsável das ações humanas, a incapacidade absoluta de quem se achasse, em certa idade, na situação de cônjuge, por deficiência mental presumida *iuris et de iure* contra a natureza dos fatos sociais e a inviolabilidade da pessoa. Essa regra anacrônica e caprichosa argui a consciência jurídica contemporânea, a qual não pode tolerar consagração nomológica de um preconceito injurioso e rebarbativo, mal dissimulado sob a aparência de presunção legal absoluta que, não correspondendo à verdade dos fatos ordinários nem comportando justificação autônoma, assume os contornos de ficção ilegítima, suscetível de invalidação judicial". No mesmo sentido, já na vigência do atual Código Civil, confira-se: "Efetivamente, é a aplicação da regra do § 1º do art. 5º da Constituição Federal, que impõe a aplicação imediata das normas definidoras dos direitos e garantias fundamentais, pois, como apontando pelo v. acórdão, a prática da dispensa discriminatória por idade confrontou o princípio da igualdade contemplado no caput do art. 5º da Constituição Federal" (TST, Recurso de Revista 462.888/1998.0, Rel. Des. Cezar Peluso, julg. 10.09.2003).

82 "1. Nos moldes do art. 258, II, do Código Civil de 1916, vigente à época dos fatos (matéria atualmente regida pelo art. 1.641, II, do Código Civil de 2002), à união estável de sexagenário, se homem, ou cinquentenária, se mulher, impõe-se o regime da separação obrigatória de bens. 2. Nessa hipótese, apenas os bens adquiridos onerosamente na constância da união estável, e desde que comprovado o esforço comum na sua aquisição, devem ser objeto de partilha" (STJ, 2ª S., EREsp 1.171.820-PR, Rel. Min. Raul Araújo, julg. 26.08.2015, publ. *DJ* 21.09.2015); "De acordo com a redação originária do art. 1.641, II, do Código Civil de 2002, vigente à época do início da união estável, impõe-se ao nubente ou companheiro sexagenário o regime de separação obrigatória de bens" (STJ, 4ª T.,

Enunciado 655 da súmula do STJ, com o seguinte teor: "Aplica-se à união estável contraída por septuagenário o regime da separação obrigatória de bens, comunicando-se os adquiridos na constância, quando comprovado o esforço comum". Conquanto haja a aplicação extensiva dessa restrição à autonomia, entende-se que, caso o casamento tenha sido precedido de união estável, iniciada em idade que a pessoa poderia livremente contratar o seu regime, a restrição não deve ser imposta, nos moldes do Enunciado 261 da III Jornada de Direito Civil.[83]

Nesse sentido, o STF atribuiu repercussão geral ao caso em que se discute a constitucionalidade do regime de bens aplicável ao casamento e à união estável da pessoa maior de setenta anos que, por força do art. 1.641, II, do Código Civil, é o de separação obrigatória de bens. Trata-se do Tema 1.236, que está sob a relatoria do Min. Luis Roberto Barroso. O que está em jogo é, de um lado, a suposta proteção aos idosos – ou será aos seus herdeiros? – em face de casamentos com interesses exclusivamente financeiros e, de outro, "o respeito à autonomia e à dignidade humana, a vedação à discriminação contra idosos e a proteção às uniões estáveis", tendo em vista que a pessoa com 70 anos ou mais pode ser plenamente capaz para tomar as decisões relativas a si e ao seu patrimônio.[84]

AgInt no REsp 1.637.695 – MG, Rel. Min. Raul Araújo, julg. 10.10.2019, publ. *DJ* 24.10.2019). "O regime de separação obrigatória de bens previsto para o casamento da pessoa de idade avançada é aplicável também às uniões estáveis, no caso dos autos, da pessoa maior de 60 anos, visto que a relação se iniciou antes da alteração promovida pela Lei n. 12.344/2010" (STJ, 3ª T., AgInt no AREsp 2270670, Rel. Min. Humberto Martins, julg. 20.11.2023, publ. 22.11.2023). No mesmo sentido: TJ/SP, 8ª Câm. Dir. Priv., Ag. Inst. 20879826220168260000, Rel. Des. Grava Brazil, julg. 14.12.2016, publ. *DJ* 17.01.2017. Contudo, há decisões afastando a aplicação da normativa à união estável por ausência de previsão legal expressa: "2. Não obstante a idade avançada dos companheiros, o regime da separação legal de bens não encontra incidência obrigatória nas uniões estáveis, ausente previsão legal nesse sentido. 3. Como as provas documentais são corroboradas pela prova testemunhal produzida – testemunhas destacadas na sentença –, a prova é hígida sobre o início do período da relação havida entre as partes e seu reconhecimento social" (TJ/RS, 7ª C.C., Ap. Cív. 70069268878, Rel Des Liselena Schifino Robles Ribeiro, julg. 28.09.2016). Outrossim, não havendo na legislação a imposição do regime da separação obrigatória de bens, tal como ocorre no casamento quando um dos cônjuges contar 60 (sessenta) anos de idade (Código anterior) ou 70 (setenta) anos de idade (Código atual), descabida a aplicação da restrição por analogia pelo fato de causar flagrante prejuízo às partes. Ainda, a título de argumentação, mesmo que houvesse tal disposição, aplicar-se-ia o disposto na Súmula 377 do STF, pela qual comunicam-se os aquestos. Decisão reformada (TJ/RS, 7ª C.C., Ag. de Inst. 70074075524, Rel. Des. Sandra Brisolara Medeiros, julg. 30.08.2017).

83 Enunciado 261, III Jornada CJF – Art. 1.641: "A obrigatoriedade do regime da separação de bens não se aplica a pessoa maior de sessenta anos, quando o casamento for precedido de união estável iniciada antes dessa idade". No mesmo sentido, é a jurisprudência majoritária: "2. Afasta-se a obrigatoriedade do regime de separação de bens quando o matrimônio é precedido de longo relacionamento em união estável, iniciado quando os cônjuges não tinham restrição legal à escolha do regime de bens, visto que não há que se falar na necessidade de proteção do idoso em relação a relacionamentos fugazes por interesse exclusivamente econômico. 3. Interpretação da legislação ordinária que melhor a compatibiliza com o sentido do art. 226, § 3º, da CF, segundo o qual a lei deve facilitar a conversão da união estável em casamento. 4. Recurso especial a que se nega provimento" (STJ, 4ª T., REsp 1318281/PE, Rel. Min; Maria Isabel Gallotti, julg. 01.12.2016, publ. *DJe* 07.12.2016).

84 Trata-se do ARE1309642 "em que se discute, à luz dos artigos 1º, III, 30, IV, 50, I, X, LIV, 226, § 3º e 230 da Constituição Federal, a constitucionalidade do artigo 1.641, II, do Código Civil, que estabelece ser obrigatório o regime da separação de bens no casamento da pessoa maior de setenta anos, e a aplicação dessa regra às uniões estáveis, considerando o respeito à autonomia e à dignidade

Incidência da Súmula 377 do STF

Em relação a este regime, debate-se a persistência da eficácia da Súmula 377 do STF (03.04.1964), segundo a qual "no regime de separação legal de bens, comunicam-se os adquiridos na constância do casamento". O enunciado originou-se de interpretação dada pelo Tribunal ao art. 259 do diploma anterior e objetivava reduzir os rigores do regime de separação legal.[85]

O preceito não foi reproduzido pelo legislador de 2002, havendo dúvidas quanto à aplicabilidade da súmula após a promulgação do Código Civil. Há quem sustente a ineficácia do enunciado com base na revogação do art. 259 do Código Bevilaqua e na vigência do atual art. 1.641, circunstância que, por si só, afastaria sua aplicação. Trata-se de entendimento que encontra defensores em doutrina[86] e jurisprudência.[87] Em sentido contrário, afirma-se que, a despeito da revogação do art. 259, a Súmula 377 fundamenta-se nos princípios da solidariedade social e da proibição do enriquecimento sem causa: "Em se tratando de regime de separação de bens, os aquestos provenientes do esforço comum devem se comunicar, em exegese que se afeiçoa à evolução do pensamento jurídico e repudia o enriquecimento sem causa, estando sumulada pelo Supremo Tribunal Federal (Súmula 377). Impõe-se manter o entendimento jurisprudencial do STF substanciado na Súmula 377, segundo o qual no regime de separação legal de bens comunicam-se os bens adquiridos na constância da sociedade conjugal".[88]

---

humana, a vedação à discriminação contra idosos e a proteção às uniões estáveis." (STF, Tribunal Pleno, ARE 1309642, Rel. Min. Luís Roberto Barroso, julg. 30.9.2022, publ. DJe 6.3.2023).

85 "Art. 259. Embora o regime não seja o da comunhão de bens, prevalecerão, no silêncio do contrato, os princípios dela, quanto à comunicação dos adquiridos na constância do casamento". Confira-se o entendimento da época, que não traduziu – diga-se entre parêntesis – a unificação plena do entendimento jurisprudencial: "O regime legal da separação patrimonial não proíbe que os cônjuges se associem e reúnam os bens adquiridos por sua atividade comum" (STF, Pleno, RE 8.984, Rel. Min. Hahnemann Guimarães, julg. 08.11.1948).

86 "Assim, pela análise global das regras propostas no novo Código, a Súmula 377 não sobrevive, impedindo a aplicação dos princípios da comunhão quando imposta a separação obrigatória nos casamentos realizados a partir da vigência do Código Civil de 2002" (Francisco José Cahali. A Súmula 377 e o Novo Código Civil e a mutabilidade do regime de bens. *Revista do Advogado*, São Paulo: AADV, n. 76, p. 29). Confira-se, ainda, Silmara Juny de Abreu Chinellato, *Comentários ao Código Civil*, vol. XVIII, São Paulo: Saraiva, 2004, p. 398. Ana Luiza Maia Nevares defende a possibilidade de elaboração de pacto antenupcial por aqueles sujeitos ao regime da separação obrigatória de bens e à Súmula 377 do STF, afirmando que não haveria "motivos para negar que aqueles que devem se submeter ao regime de separação obrigatória de bens afirmem em documento autêntico o seu desejo de realmente viverem uma separação total e plena de patrimônios, na esteira do comando legal", na medida em que é justamente o que pretende a lei (Ana Luiza Maia Nevares, O regime de separação obrigatória de bens e o verbete 377 do Supremo Tribunal Federal. *Civilistica.com*. Rio de Janeiro, a. 3, n. 1, jan.-jun./2014. Disponível em: <http://civilistica.com/o-regime-de-separaco-obrigatoria-de-bens-e-o-verbete-377-do-supremo-tribunal-federal/>. Acesso em: 11 set. 2018).

87 "Na verdade, a Súmula 377, editada antes da promulgação da Carta Constitucional de 1988, é fruto da interpretação pela Corte Constitucional do art. 259 do Código Civil de 1916, que se encontra, como é de sabença, ab-rogado. [...] Consequentemente, como não se pode falar em revogação de súmula por ato legislativo, é evidente que a de nº 377, simplesmente, perdeu sua eficácia" (TJ/RJ, 1ª C.C., Ag. Instr. 2007.002.06080, Rel. Des. Maldonado de Carvalho, julg. 29.05.2007).

88 Ricardo Fiuza, *Relatório Geral da Comissão Especial do Código Civil apud* Silmara Juny de Abreu Chinellato. *Comentários ao Código Civil*, vol. XVIII, cit., p. 291. Nesse sentido, confira-se a seguinte decisão: "Ainda que o casamento tenha sido celebrado pelo regime da separação obrigatória de

Instaurou-se, então, a controvérsia para se verificar a necessidade da comprovação do esforço comum, ou seja, do engajamento de ambos para a construção do patrimônio durante a união estável, o qual pode se refletir tanto em contribuição direta para a construção do patrimônio quanto indireta, mas que revele o empenho para a construção do patrimônio no percurso conjugal.

O STJ tem se manifestado (i) tanto pelo reconhecimento do esforço comum empreendido nas hipóteses de separação obrigatória, mitigando-se a presunção contida na construção sumulada (ii) quanto pela desnecessidade da prova do esforço comum para que haja a partilha de bens. Sob o prisma da primeira posição (i), a Súmula 377 do STF vem sendo revisitada pelo STJ, prevalecendo o entendimento de que a comunhão dos bens adquiridos pode ocorrer, desde que comprovado o esforço comum, de modo a prestigiar a eficácia do regime de separação (legal) de bens. Caberá ao interessado comprovar que teve efetiva e relevante (ainda que não financeira) participação no esforço para aquisição onerosa de determinado bem a ser partilhado com a dissolução da união (prova positiva).[89] Por outro lado, também há posicionamentos (ii) no sentido de dispensar o esforço comum em casos de uniões duradouras e sedimentadas, em que é possível presumir a colaboração mútua do casal, mesmo que circunscrita à esfera doméstica, a partir da vida em comum.[90]

Além disso, há que se distinguir as hipóteses de separação legal enumeradas nos três incisos do art. 1.641: I – das pessoas que o contraírem com inobservância

---

bens (art. 258, parágrafo único, inc. I, do CC/16), é devida a partilha igualitária do patrimônio adquirido na sua constância, com base no princípio da solidariedade e a fim de evitar a ocorrência de enriquecimento ilícito de um consorte em detrimento de outro. Aplicação da Súmula 377 do STF. Nesse passo, merece destaque o entendimento exposto pelo Superior Tribunal de Justiça, no primeiro julgado acima colacionado, em manifesta renovação da orientação contida na Súmula 377 do Supremo Tribunal Federal, referente aos casamentos celebrados pelo regime da separação legal de bens –, agora embasada, não só no princípio da vedação do enriquecimento ilícito, mas também no princípio da solidariedade, que deve nortear as relações familiares" (TJ/RS, 7ª C.C., Ap. Cív. 70019801034, Rel. Des. Maria Berenice Dias, julg. 08.08.2007). No mesmo sentido: "Ausência de cancelamento e reiterada aplicação da Súmula 377 do STF pelas Cortes superiores que evidenciam a manutenção de sua aplicabilidade mesmo após a vigência do atual Código Civil. Logo, nos termos da Súmula n.º 377 do STF, há formação de aquestos no casamento celebrado pelo regime de separação obrigatória. Desse modo, os bens adquiridos onerosamente na vigência do casamento celebrado sob esse regime são patrimônio comum" (TJ/RS, 8ª C.C., Ag. de Inst. 70046191128 RS, Rel. Des. Rui Portanova, julg. 18.11.2011, publ. *DJ* 22.11.2011).

89 STJ, 2ª S., EREsp 1.171.820/PR, Rel. Ministro Raul Araújo, julg. 26.08.2015. Com a mesma posição, entendendo que "no regime de separação obrigatória, apenas se comunicam os bens adquiridos na constância do casamento pelo esforço comum, sob pena de se desvirtuar a opção legislativa, imposta por motivo de ordem pública" (STJ, 3ª T., REsp 1403419/MG, Rel. Min. Ricardo Villas Bôas Cueva, julg. 11.11.2014, publ. *DJ* 14.11.2014). Mais recentemente, essa posição vem sendo ratificada: "2. No regime de separação legal de bens, comunicam-se os adquiridos na constância do casamento, desde que comprovado o esforço comum para sua aquisição. Precedente. 3. Por observar que a ex-companheira não teve oportunidade de comprovar o esforço comum, deverá ser assegurado a ela tal direito, para que demonstre a participação na aquisição de eventuais bens passíveis de serem compartilhados". (STJ, 3ª T., AgInt nos EDcl no AgInt no AREsp 1.084.439/SP, Rel. Min. Marco Aurélio Bellizze, julg. 3.5.2021, publ. DJ 5.5.2021).

90 STJ, 3ª T., REsp 1593663/DF, Rel. Min. Ricardo Villas Bôas Cueva, julg. 13.09.2016, publ. *DJ* 20.09.2016. No mesmo sentido, pela presunção de esforço comum: STJ, 3ª T., AgRg no AREsp 650390/SP, Rel. Min. João Otávio de Noronha, julg. 27.10.2015, publ. *DJ* 03.11.2015.

das causas suspensivas da celebração do casamento; II – da pessoa maior de setenta anos; III – de todos os que dependerem, para casar, de suprimento judicial. Se a *ratio* da construção jurisprudencial traduz, inegavelmente, preocupação com a prevalência do princípio da solidariedade, há de se vincular a incidência do enunciado às hipóteses em que a imposição do regime patrimonial perdure e seja merecedora de tutela. Assim sendo, em relação aos incisos I e III, o enunciado deve prevalecer enquanto persistirem os impedimentos legais. Ou seja: o Enunciado n. 377 do STF aplica-se aos casos de pessoas que contraíram matrimônio em inobservância de causa suspensiva de celebração, ou de pessoas que dependam de suprimento judicial, *enquanto se verificarem as causas estabelecidas pela lei* para a aplicação do regime de separação total. Cessados os impedimentos ou incapacidades, mostra-se possível a alteração do regime de bens, tornando-se injustificada a comunicação dos aquestos. Vale dizer: superado o impedimento ou incapacidade, o regime da separação somente será mantido se expressar a vontade das partes, hipótese em que, à evidência, não se justificaria a comunicação patrimonial coativa.[91] Em relação ao inciso II, contudo, diverso há de ser o entendimento, já que não se justifica, axiologicamente, a restrição imposta pelo dispositivo aos maiores de 70 anos, daqui resultando, por maioria de razão, a inaplicabilidade do enunciado.

Na mesma linha de entendimento, como já registrado, a Súmula 377 do STF deve ser vista com ressalva, por representar, também, imposição heterônoma – nos mesmos moldes do regime de separação legal, sendo necessário integrar do ponto de vista interpretativo, no respeito à autonomia privada, o regime de bens e a sucessão hereditária.[92]

Ainda em relação ao regime da separação legal, questionou-se, em sede jurisprudencial, se os bens adquiridos por fato eventual deveriam ou não compor a meação neste regime, ante a ausência de esforço comum.[93] Sobre o ponto, a 4ª Turma do STJ,

---

91 Nessa direção, vale lembrar o Enunciado 262 da III Jornada de Direito Civil do Conselho da Justiça Federal. Se, contudo, persistir a possibilidade de confusão patrimonial, o regime da separação de bens deve ser mantido: "Constatado que ainda se encontra pendente de realização a partilha de bens relativa ao primeiro casamento de um dos Requerentes, e diante, portanto, da possibilidade de confusão patrimonial, deve ser mantido o regime da separação de bens imposto ao segundo casamento pelo art. 1.641, I, c/c art. 1.523, III, ambos do CC/2002. – Recurso desprovido" (TJ/MG, 4ª C.C., Ap. Cív. 1.0223.14.012258-9/001, Rel. Des. Ana Paula Caixeta, julg. 06.08.2015, publ. *DJ* 12.08.2015).

92 Por outro lado, se o legislador, no sistema atual, entende que certos modelos familiares, por suas características, devem ser estabelecidos em regime de separação de bens, o julgamento *contra legem* só poderia ocorrer se tal opção legislativa fosse considerada inconstitucional. E não parece por si só ilegítimo que, preservadas as exigências de recíproco respeito, possa ser atribuído a determinados casamentos o regime de separação patrimonial, desde que respeitada a liberdade de pactuação diversa e a liberdade testamentária sobre a parte disponível do patrimônio. A opção legislativa pela separação de bens no caso de casamento de idosos não os desqualificaria, por si só, em sua autonomia, desde que fosse assegurado aos cônjuges ou companheiros o poder de estabelecer regimes patrimoniais diversos, por meio de pacto antenupcial, com liberdade para dispor de seu patrimônio livremente. Nessa hipótese, poder-se-ia cogitar de regime de separação de bens supletivo, não já obrigatório, após determinada idade (Gustavo Tepedino, Solidariedade e autonomia na sucessão entre cônjuges e companheiros. Revista Brasileira de Direito Civil – RBDCivil | Belo Horizonte, vol. 14, p. 11-13, out./dez. 2017, p. 13).

93 STJ, 4ª T., REsp 2.097.324/SP, Rel. Min. Antonio Carlos Ferreira, julg. 24.9.2024, publ. *DJe* 21.10.2024.

por unanimidade, decidiu que o prêmio de loteria auferido por viúva casada sob o regime de separação legal obrigatória é bem adquirido por fato eventual, reconhecido como patrimônio comum do casal, sujeito à sucessão hereditária, independentemente de esforço comum. De acordo com tal orientação, a separação legal de bens teria por finalidade a preservação do patrimônio do idoso em face de casamentos realizados por exclusivo interesse financeiro. Por esse motivo, aliás, segundo a Corte Superior, o STF teria decidido que tal regime legal é facultativo e não cogente, nos termos do Tema n. 1.236 de Repercussão Geral, ora mencionado. Em tal perspectiva, em linha com o entendimento da mesma Turma, no sentido de que o prêmio de loteria, no regime de comunhão parcial de bens, torna-se bem comum, entre os "bens adquiridos por fato eventual", conforme art. 1.660, II, do Código Civil, considerou-se bem comum o prêmio de loteria auferido sob o regime da separação legal de bens.

A rigor, contudo, o regime de separação legal de bens permanece em vigor, por opção legislativa, no ordenamento brasileiro. O STF, em nome da autonomia privada, admitiu a sua alteração convencional prévia ao casamento se (e somente se) houver manifestação do casal por meio de escritura pública. Para o STF, pessoas acima de 70 anos que já estivessem casadas ou em união estável quando da edição do Tema 1.236 podem alterar o regime de bens, desde que haja autorização judicial (no caso do casamento) ou manifestação em escritura pública (no caso da união estável), com efeitos patrimoniais apenas para o futuro.

5.2 *Separação convencional de bens*

Os nubentes podem optar pelo regime separatista, por meio da celebração de pacto antenupcial. Trata-se de regime em que não há presunção de comunhão de bens, mantendo-se o patrimônio – ativos e passivos – sob a titularidade daquele que constar do título. O que se comunicaria seria apenas as dívidas assumidas em virtude de necessidades advindas da economia doméstica, de acordo com o art. 1.644 do Código Civil.[94]

---

94 A respeito da comunicabilidade das despesas advindas da economia doméstica: "1. No âmbito do poder familiar estão contidos poderes jurídicos de direção da criação e da educação, envolvendo pretensões e faculdades dos pais em relação a seus filhos, correspondentes a um encargo privado imposto pelo Estado, com previsão em nível constitucional e infraconstitucional. 2. As obrigações derivadas do poder familiar, contraídas nessa condição, quando casados os titulares, classificam-se como necessárias à economia doméstica, sendo, portanto, solidárias por força de lei e inafastáveis pela vontade das partes (art. 1644, do CC/2002). 3. Nos casos de execução de obrigações contraídas para manutenção da economia doméstica, para que haja responsabilização de ambos os cônjuges, o processo judicial de conhecimento ou execução deve ser instaurado em face dos dois, com a devida citação e formação de litisconsórcio necessário. 4. Nos termos do art. 10, § 1°, III, CPC/1973 (art. 73, § 1°, CPC/2015), se não houver a citação de um dos cônjuges, o processo será valido e eficaz para aquele que foi citado, e a execução não poderá recair sobre os bens que componham a meação ou os bens particulares do cônjuge não citado. 5. Há litisconsórcio necessário quando, por disposição de lei ou pela natureza da relação jurídica, o juiz tiver de decidir a lide de modo uniforme para todas as partes". Nesses casos, a eficácia da sentença dependerá da citação de todos os litisconsortes no processo." Entendem, portanto, que "o CPC de 1973 e o de 2015 consideraram que, não havendo citação de ambos os cônjuges no processo de formação do título executivo, ainda que se trate de

Tendo em vista que cada cônjuge é titular dos seus bens, também é privada a administração de seu patrimônio, podendo geri-los da forma como entender mais adequada. Por isso mesmo, o art. 1.647 do Código Civil dispensa a outorga conjugal nesse regime, vez que não há comunicação entre os patrimônios[95]. Nada obsta, no entanto, que os cônjuges tenham bens em comum, criando condomínio voluntário entre eles, na proporção que entenderem mais interessante e adequado à sua comunhão de vida. Nesse caso, seguirão as regras do condomínio e não do regime de bens.

A este regime, não se aplica a Súmula 377 do STF, uma vez que ele não é fruto de imposição estatal, mas unicamente da autonomia privada dos nubentes que não pretendem contratar uma presunção de que os bens adquiridos durante o casamento são comuns.[96]

---

dívida solidária, impossível será a constrição do patrimônio do cônjuge não intimado para dele participar. Registro, por fim, que não se pretende concluir que o cônjuge/genitor, que figura no contrato de prestação de serviços educacionais retira do outro a obrigação pelas dívidas contraídas dessa natureza. Há, desenganadamente, obrigação solidária que deriva da norma material, mas que deve preencher determinadas formalidades para ser cobrada, de modo a garantir o devido processo legal" (STJ, 4ª T., REsp 1.444.511 – SP, Rel. Luis Felipe Salomão, julg. 11.2.2020, publ. *DJ* 19.05.2020).

95 Nesse sentido: "RECURSO ESPECIAL. PROCESSUAL CIVIL. DIREITO DE FAMÍLIA. EXECUÇÃO. PENHORA SOBRE IMÓVEL. INTIMAÇÃO DO EX-CÔNJUGE. DESNECESSIDADE. ART. 1.647 DO CÓDIGO CIVIL DE 2002. REGIME DE BENS. SEPARAÇÃO CONVENCIONAL. ART. 73 DO CÓDIGO DE PROCESSO CIVIL DE 2015. 1. A pessoa casada sob o regime da separação convencional de bens pode alienar bem imóvel sem a outorga conjugal (art. 1.647, *caput*, e I, do CC/2002 e 73 do CPC/2015). 2. É dispensável a intimação do ex-cônjuge casado sob o regime de separação convencional de bens da penhora sobre bem imóvel de propriedade particular, sobre o qual não tem direito de meação. 3. Na hipótese, não subsiste interesse jurídico do ex-cônjuge em defender o patrimônio a que não faz jus, devendo ser afastado eventual litisconsórcio passivo. 4. Recurso especial não provido" (STJ, 3ª T., REsp 1367343/DF, Rel. Min. Ricardo Villas Bôas Cueva, julg. 13.12.2016, publ. *DJe* 19.12.2016).

96 "CIVIL. PROCESSUAL CIVIL. RECURSO ESPECIAL. CASAMENTO EM REGIME DE SEPARAÇÃO DE BENS. COMUNICABILIDADE DOS AQUESTOS. POSSIBILIDADE. Diploma legal incidente: Código Civil de 1916. Controvérsia: dizer se no regime de separação convencional, regido pelo CC/16, há necessidade de expressa manifestação para que os aquestos não se comuniquem. A adoção do regime de separação convencional de bens, à luz do Código Civil de 1916, tem como reflexo, a óbvia separação patrimonial tanto dos bens anteriores ao casamento, como também daqueles adquiridos, singularmente, na vigência do matrimônio. A restrição contida no art. 259 do CC-16, assim bem como o teor da Súmula 377/STF, incidem sobre os casamentos regidos pelo regime de separação legal de bens, nos quais não há atuação volitiva dos nubentes, quanto à fixação do regime de bens que regerá a futura união. Recurso conhecido e provido" (STJ, 3ª T., REsp 1626494/PR, Rel. Min. Nancy Andrighi, julg. 20.10.2016, publ. *DJe* 14.11.2016). Não obstante não seja aplicável a Súmula 377 no regime da separação convencional, há casos em que a Jurisprudência reconhece a comunicação dos bens adquiridos com esforço comum, a fim de evitar o enriquecimento ilícito: "APELAÇÃO. PARTILHA DE BEM IMÓVEL. REGIME DE BENS PACTUADO. SEPARAÇÃO CONVENCIONAL. DIVISÃO QUE RECLAMA PROVA DA PARTICIPAÇÃO CONJUNTA NA AQUISIÇÃO DO BEM AQUESTO. 1. Partilha dos bens. Na hipótese dos autos, as partes se casaram sob o regime da separação de bens, de modo que não há que se falar em divisão dos aquestos. Ainda mais no caso dos autos, em que as partes expressamente dispuseram em pacto antenupcial sobre a proibição de comunicação dos aquestos. 2. Não se desconhece, entretanto, que, para evitar o enriquecimento ilícito dos cônjuges, a doutrina e a jurisprudência têm admitido mesmo no regime da separação de bens a comunicação daqueles adquiridos com esforço comum do casal e em benefício da entidade familiar. Tal possibilidade, vale dizer, não decorre do quanto disposto na súmula 377 do Egrégio Supremo Tribunal Federal, que somente se aplica ao regime da separação obrigatória de bens, que

5.3 *Comunhão parcial de bens*

Regime legal

Desde a Lei do Divórcio – Lei 6.515/1977 –, o regime da comunhão parcial de bens é o supletivo legal, ou seja, no silêncio dos nubentes ou na hipótese de o pacto antenupcial ser nulo ou ineficaz, a lei estabelece esse regime de bens. Trata-se do regime legal para o casamento (CC, art. 1.640), estendido por empréstimo legal à união estável (CC, art. 1.725).

Regra geral: comunhão de aquestos

A regra geral desse regime é a que estabelece a comunhão dos aquestos – ou seja, dos bens adquiridos onerosamente na constância do casamento – ou por fato eventual, criando a presunção absoluta de esforço comum entre os cônjuges.[97] O esforço comum pode ser direto ou indireto, ou seja, com colaboração econômica para aquisição do bem ou com o suporte doméstico e familiar para que o outro tenha condições de se dedicar à carreira e prosperar profissionalmente.[98]

Exceções à comunhão

O art. 1.659 do Código Civil, no entanto, traz as hipóteses de afastamento desse comando genérico, que são *numerus clausus*, de modo que todos os demais bens adquiridos durante o casamento fazem parte da massa patrimonial comum. Todas essas regras de tipicidade dos regimes de bens podem ser afastadas, desde que por

---

difere da separação convencional de bens por resultar de imposição legal, e não da autonomia da vontade das partes. Apenas em face da prova da participação conjunta do casal na aquisição do bem é que pode ser autorizada a sua partilha entre os cônjuges ao final de casamento celebrado sob o regime da separação convencional de bens. 3. Não se identificam no caso em exame razões suficientes para admitir a partilha do imóvel objeto do litígio, negando vigência ao acordo celebrado na ação de divórcio, em favor do documento de fls. 39, de duvidosa higidez e que contraria a vontade manifestada pelas partes no curso e no rompimento do casamento outrora havido entre elas 4. Recurso provido para decretar a improcedência do pedido" (TJ/SP, 10ª Câm. Dir. Priv., Ap. Cív. 4005082-33.2013.8.26.0019, Rel. Des. Carlos Alberto Garbi, julg. 09.05.2017, publ. *DJ* 11.05.2017).

97 "A comunhão parcial, ou dos adquiridos, é, portanto, o regime matrimonial em que a comunhão se limita aos bens adquiridos a título oneroso ou eventual, na constância do casamento, permanecendo no patrimônio de cada cônjuge os trazidos para a sociedade conjugal e os adquiridos a título lucrativo" (Clovis Bevilaqua, Código Civil dos Estados Unidos do Brasil, vol. II, Rio de Janeiro: Francisco Alves, 1917, p. 194).

98 "Este é um regime que privilegia o esforço comum dos cônjuges, para a construção do patrimônio durante o casamento, independentemente de este esforço ser direto ou indireto" (Gustavo Tepedino; Heloisa Helena Barboza; Maria Celina Bodin de Moraes, Código Civil interpretado conforme a Constituição da República, vol. IV, Rio de Janeiro: Renovar, 2014, p. 297). Nesse sentido, já apontou a 3ª Turma STJ que o "regime de comunhão parcial de bens tem, por testa, a ideia de que há compartilhamento dos esforços do casal na construção do patrimônio comum, mesmo quando a aquisição do patrimônio decorre, diretamente, do labor de apenas um dos consortes" (STJ, 3ª T., REsp 1318599/SP, Rel. Min. Nancy Andrighi, julg. 23.04.2013, publ. DJ 02.05.2013). Consubstanciando o mesmo entendimento, já decidiu o Tribunal de Justiça do Estado do Maranhão a respeito do regime da comunhão parcial de bens: "O regime patrimonial adotado pela união estável é o da comunhão parcial de bens (art. 1.725 do CC), no qual se comunicam somente os bens adquiridos, onerosamente, na constância do relacionamento (art. 1.658 do CC), ou seja, apenas os adquiridos com o trabalho e esforço direto ou indireto dos cônjuges. 2. Os bens adquiridos ou edificados durante a constância da união estável fazem parte do patrimônio comum familiar, não necessitando que os conviventes participem de forma igual, mas de forma conjunta em prol da construção do acervo patrimonial do casal" (TJ/MA, 5ª C.C., Ap. Cív. 0185882017, Rel. Des. Ricardo Tadeu Bugarin Dualibe, julg. 31.07.2017, publ. DJ 09.08.2017).

meio de pacto antenupcial ou por ação judicial com fins de alteração do regime de bens, hipótese em que os cônjuges contratarão regime híbrido.

Ante a regra geral, a lei enumera hipóteses de exclusão da comunhão. De forma geral, trata-se de bens que não se enquadram na linha condutora desse regime, que impõe a comunicabilidade desde que haja (i) aquisição de bens durante o casamento; (ii) de forma onerosa, o que pressupõe o esforço comum para a compra. A presunção relativa desse regime é estabelecida pelo art. 1.658 do Código Civil, pelo qual os bens adquiridos durante o casamento são comuns. A quem alega tratar-se de bem particular caberá a prova de que ele se enquadra em uma das hipóteses de incomunicabilidade (CC, art. 1.659).

Não se comunicam os bens que cada cônjuge possuir ao casar e os que lhe sobrevierem na constância do casamento por doação ou sucessão, bem como os sub-rogados em seu lugar (CC, art. 1.659, I). Assim, bens anteriores ao casamento e os adquiridos durante o matrimônio a título gratuito – ou seja, sem colaboração recíproca dos cônjuges – não se comunicam.[99] Além disso, também mantêm a característica de particulares os bens que forem sub-rogados, ou seja, substituídos pelo produto da venda/permuta dos bens incomunicáveis. A sub-rogação só se verifica até o limite do valor do bem sub-rogado, comunicando-se o excesso,[100] pois os valores pagos presumem-se fruto do esforço comum.

Também não se comunicam os bens adquiridos com valores exclusivamente pertencentes a um dos cônjuges em sub-rogação dos bens particulares (CC, art. 1.659, II). Esse comando ratifica a necessidade de se investigar a origem dos valores utilizados para aquisição dos bens no curso do casamento, de modo a se identificar se existiu sub-rogação de patrimônio particular ou se o bem foi comprado de forma onerosa, constituindo-se um aquesto. Além disso, ela nunca se presume, sendo ônus da prova de quem a alega a comprovação do elo entre a venda de um bem exclusivo com a compra de um novo bem, formando uma cadeia patrimonial: "a exclusão dos bens que supostamente foram adquiridos com valores oriundos de bens que um dos cônjuges possuía antes de casar só é possível se a sub-rogação restar cabalmente comprovada, preferencialmente com cláusula de sub-rogação na escritura pública".[101] A prova da

---

99 "No caso de doação em dinheiro feita pelo genitor de um dos cônjuges para aquisição de imóvel, o documento particular para formalização do negócio jurídico (CC/2002, arts. 541, parágrafo único, e 221, parágrafo único) não se caracteriza como instrumento substancial do ato, admitindo-se que a transmissão seja comprovada por outros meios, em atenção ao princípio do que veda o enriquecimento sem causa. (...). 3. Nos termos do entendimento desta Corte, se insubsistente a doação realizada sem as formalidades legais, se insubsistente, deve ser convertida em contrato de mútuo gratuito, de modo que a ex-companheira do donatário não possui legitimidade para alegar a nulidade de doação realizada pelo pai deste, visto que a consequência seria a restituição do valor doado ao genitor e que, por decorrência lógica, integraria a herança a ser recebida, quantia também incomunicável". (STJ, 4ª T., AgInt no AREsp 1.077.194/DF, Relª. Minª. Maria Isabel Gallotti, julg. 23.8.2021, publ. *DJ* 25.8.2021).

100 "A sub-rogação real só se dá até o limite do valor alcançado com o bem sub-rogado, comunicando-se o excesso" (Rolf Madaleno, Direito de Família, cit., p. 970).

101 TJ/MG, 1ª C.C., Apel. Cív. 1.0625.11.010478-7/001, Rel. Des. Vanessa Verdolim Hudson Andrade, julg. 08.09.2015, publ. DJ 16.09.2015.

sub-rogação, portanto, deve ser inconteste pois "a simples declaração do adquirente de que emprega, para sua aquisição, dinheiro privativo não é suficiente para destruir a presunção de comunidade. O fato de o adquirente ter alienado com anterioridade um bem privativo prova que um dia existiu em seu patrimônio certa quantidade de dinheiro, porém, não prova que seja este dinheiro aquele que foi reempregado para a aquisição de outro bem".[102]

Também estão excluídos da comunhão as obrigações anteriores ao casamento (CC, art. 1.659, III). Dentro da lógica de que se comunicam bens adquiridos onerosamente durante o casamento, as obrigações que têm sua origem antecedente ao matrimônio também não se comunicam. Alguns entendem que a exceção a essa regra está funcionalizada ao destino das obrigações: se forem em prol da realização do casamento (aprestos), elas se comunicam, se não forem, não há comunicabilidade.[103]

---

102 Rolf Madaleno, Direito de Família, cit., p. 970. É o que se verifica da jurisprudência: "3. Se no curso do casamento um dos cônjuges vende um bem particular seu, portanto, incomunicável, o com resultado financeiro dessa alienação, compra outra propriedade, esta será igualmente incomunicável por se tratar de aquisição sub-rogada, salvo a parte que exceder ao preço da sub-rogação. 4. Em virtude da presunção de que os bens adquiridos de forma onerosa e na constância do casamento foram decorrentes de esforço comum do casal, a sub-rogação, nessas hipóteses, exige a demonstração dos recursos por meio dos quais se realiza a aquisição. Não basta comprovar que antes da compra de um determinado bem havia vendido outro, mas deve restar patente o emprego do produto da alienação do bem particular na aquisição do novo bem, a fim de ser mantida a incomunicabilidade. Esse ônus da sub-rogação é daquele que alega, sob pena de, por não se desincumbir de tal ônus, o imóvel ser partilhado igualitariamente. 5. Se o bem que se pretende a partilha, foi adquirido em sub-rogação a bem particular, recebido por um dos cônjuges em razão de direito hereditário, este deve ser excluído da comunhão" (TJ/DF, 5ª T.C., Ap. Cív. 20130111847115, Rel. Des. Maria Ivatônia, julg. 02.03.2016). "3. No caso, a Corte local reconheceu que não houve comprovação de que o imóvel objeto do litígio é fruto de sub-rogação de bem particular anterior à união estável, por isso deve ser partilhado em igualdade de proporções. 4. O empréstimo bancário assumido por um dos cônjuges para o atendimento das necessidades da família deve ser honrado com os bens da comunhão" (STJ, 3ª T., AgInt no AREsp 1.765.121/DF, Rel. Min. Ricardo Villas Bôas Cueva, julg. 4.10.2021, publ. DJe 8.10.2021).

103 "As obrigações anteriores, além de terem sido constituídas antes do enlace matrimonial, não podem ter sido contribuídas para o proveito comum da família; portanto, não há como admitir a comunicabilidade". (Gustavo Tepedino; Heloisa Helena Barboza; Maria Celina Bodin de Moraes, Código Civil interpretado conforme a Constituição da República, cit., p. 301). Como observa Arnaldo Rizzardo: "Dois os requisitos necessários para caracterizá-la: a época em que as dívidas foram contraídas, que deve ser anterior ao casamento; e a finalidade da obrigação, não relacionada ao casamento. A dívida não contribui para o outro cônjuge. Apenas entra na responsabilidade comum se proveniente de despesas com os aprestos do casamento, ou se reverteu em proveito comum" (Arnaldo Rizzardo, Direito de Família, Rio de Janeiro: Forense, 2011, 8ª ed., p. 569). Na jurisprudência, vale destacar o seguinte julgado: (...) o patrimônio do cônjuge da executada não responde pelo débito advindo do pacto entabulado por esta com a exequente, porquanto anterior ao casamento. No entanto, os bens adquiridos após o matrimônio, salvo as exceções legais, formam um patrimônio único, de propriedade comum. 3. Destarte, respeitada a meação do cônjuge, deve ser admitida a penhora dos aquestos, uma vez que a responsabilidade não se estenderá aquele, mas será limitada a parte que caberia à executada. 4. O contrato de alienação fiduciária em garantia constitui negócio por meio do qual o devedor, mantendo a posse direta do bem, transmite a propriedade deste ao credor fiduciário como garantia de uma obrigação. Este último passa a ter, então, o domínio resolúvel e a posse indireta da coisa até a satisfação daquela. 5. Embora a propriedade do bem penhorado seja do credor fiduciário, é possível a constrição sobre os direitos que o devedor detém em virtude do

Caracterizam-se como bens particulares as obrigações provenientes de atos ilícitos, salvo se se reverterem em proveito do casal (CC, art. 1.659, IV). A justificativa para a incomunicabilidade é que a responsabilidade pelo ilícito deve se limitar à pessoa que o cometeu (unuscuique sua culpa nocet). O STJ editou a Súmula 251 segundo a qual a meação de cada cônjuge só responderá pelo ilícito quando o credor, na execução fiscal, provar que o enriquecimento resultante deste mesmo ato ilícito aproveitou à entidade familiar.[104]

Consideram-se particulares os bens de uso pessoal, os livros e instrumentos de profissão (CC, art. 1.659, V). A ratio da disposição destina-se a retirar da partilha os bens personalíssimos e aqueles cuja função é propiciar o sustento da família. A análise dos bens pessoais como particulares ou comuns deve ser feita sob o aspecto funcional, para se verificar a ligação da destinação do bem com a pessoa, além da motivação da sua aquisição.[105]

Quanto aos livros e instrumentos da profissão, a mesma análise funcional para se refletir sobre a afetação do bem ao monte comum ou partilhável se faz necessária. Se o bem em questão é afeto à profissão, ao meio para viabilizar o sustento da parte, deve continuar adstrito ao seu patrimônio particular, de modo que o divórcio, com a consequente partilha dos bens, não conduza a parte ao desprovimento de meios do sustento próprio. Análise acurada deve ser feita em relação à dimensão econômica do bem, pois o investimento familiar na aquisição de um bem para o trabalho de um dos cônjuges – uma máquina de ultrassom, no caso de uma das partes ser médica radiologista, por exemplo – faz com que se reflita sobre a permanência dessa regra em todos os casos. Não se está aqui a defender que o outro cônjuge deva ter em seu patrimônio o bem que se concretiza em instrumento de trabalho, mas sim que ele possa ser indenizado pela sua meação.[106]

---

adimplemento das obrigações subjacentes a garantia (TJ/RS, 5ª C.C., AI 70057336794, Rel. Des. Jorge Luiz Lopes do Canto, julg. 23.11.2013, publ. DJ 29.11.2013).

104 Contudo, se o dano tiver decorrido do exercício da profissão ou atividade vinculada ao sustento da família, opera-se a comunicabilidade (Arnaldo Rizzardo, Direito de Família, cit., p. 570 e Paulo Lôbo, Direito civil: famílias, São Paulo: Saraiva, 2017, 7ª ed., p. 327). Há, ainda, decisões no sentido de que, para que haja a proteção da meação, cabe ao outro cônjuge o ônus de provar que as dívidas provenientes de ressarcimento por ato ilícito foram ou não convertidas em benefícios para a entidade familiar: Incumbe à mulher casada ou à companheira que conviva em união estável, o ônus de demonstrar que as dívidas contraídas pelo marido, provenientes de ressarcimento por ato ilícito, tenham ou não se convertido em benefícios para a entidade familiar. Ausência dessa prova. Mantença da decisão (TJ/SC, 6ª Câm. Dir. Civ., AI 2009.023944-0, Rel. Des. Jaime Luiz Vicari, julg. 04.08.2011).

105 Em relação às joias, ressalta-se que se forem estas recebidas "por um dos cônjuges de presente do outro, tal configura doação (CC 1.659, I) e por este motivo, não se comunicam. Porém, adquiridas com o objetivo de proceder a investimento financeiro, impositiva a comunicação" (Maria Berenice Dias, Manual de Direito das Famílias, cit., p. 231).

106 Conforme aponta Rolf Madaleno, "Os livros e instrumentos de profissão abrangem aqueles necessários ao exercício da atividade profissional de cada cônjuge, como os livros e os códigos do advogado e seu computador pessoal, sendo necessário ter presente a sua quantidade e o valor do acervo, pois se constituindo em parcela considerável ingressam na comunidade conjugal" (Rolf Madaleno, Direito de Família, cit., p. 973). Na jurisprudência: 2. O art. 1.659, inciso V, do Código Civil prevê que se

O Código Civil também excluiu da comunhão os proventos do trabalho pessoal de cada cônjuge (CC, art. 1.659, VI), bem como as pensões, meio-soldos, montepios e outras rendas semelhantes (CC, art. 1.659, VII). O que se exclui nesses incisos é a remuneração decorrente do trabalho pessoal, ou seja, o valor utilizado para a sobrevivência daquele que laborou. No entanto, superado tal valor, a quantia remanescente dirigida a investimentos da família – ex.: pagamento de prestações de imóvel/veículos, aplicação financeira, aquisição de novos bens – transforma-se em bens adquiridos onerosamente na constância do casamento (aquestos), perdendo sua característica original. "Isso significa que o salário não será comunicável enquanto sua função for a de adimplir as despesas mensais do seu titular – ou da família – tornando-se um bem comunicável a partir do momento em que se torna aplicação financeira, ou mesmo, fica armazenado na conta-corrente, significando economia do casal".[107] É nesse sentido que a interpretação do art. 1.659, VI, deve ser feita em conformidade com o art. 1.660, V, ambos do Código Civil. Com efeito, pela interpretação literal do dispositivo entender-se-ia que as economias do cônjuge não convertidas em patrimônio se tornariam reservas pessoais, a suscitar desequilíbrio entre o casal.[108]

Ilustrando o ponto, decidiu a 3ª Turma do STJ que o imóvel adquirido de forma onerosa durante o casamento sob o regime da comunhão parcial de bens integra a partilha após o divórcio, mesmo que o bem tenha sido comprado com recursos exclusivos de um dos cônjuges.[109] O entendimento foi professado em ação ajuizada por uma mulher que, após se divorciar de seu marido, visava à partilha dos bens adquiridos na constância do casamento de forma igualitária. Reconhecida a partilha pelo juízo de primeiro grau, o marido apelou ao TJRJ, que excluiu um dos imóveis da partilha sob o fundamento de que a sua aquisição ocorreu com uso de recursos provenientes exclusivamente do trabalho dele. Segundo o Relator, Min. Marco Aurélio Bellizze,

---

excluem da comunhão os bens de uso pessoal, os livros e instrumentos de profissão. De acordo com Carlos Roberto Gonçalves, os livros e os instrumentos de profissão somente não entram para a comunhão se indispensáveis ao exercício da atividade própria dos cônjuges e não integrem um fundo de comércio, ou o patrimônio de uma instituição industrial ou financeira, da qual participa o consorte, ou não tenham sido adquiridos a título oneroso com dinheiro comum (in Direito Civil Brasileiro: Direito de Família, Volume VI, 6ª ed., São Paulo: Saraiva, 2009, pp. 431-432). 3. A incomunicabilidade dos instrumentos de profissão, prevista no inciso V do art. 1.659 do Código Civil, deve ser interpretada de maneira a não se opor ao pressuposto do regime da comunhão parcial de bens, em que se comunicam os bens que sobrevierem ao casal, na constância do casamento, conforme preceitua o art. 1.658 do mesmo diploma. 4. Não houve demonstração de que o bem se mostraria indispensável ao exercício da profissão da parte. 5. Recurso não provido (TJ/DFT, 1ª T. C., Ap. Cív. 20130710101027, Rel. Des. Flávio Rostirola, julg. 17.07.2014, publ. DJ 23.07.2014).

107 Gustavo Tepedino; Heloisa Helena Barboza; Maria Celina Bodin de Moraes, Código Civil interpretado, cit., p. 303.

108 Nesse sentido: "Absolutamente desarrazoado excluir da universalidade dos bens comuns os proventos do trabalho pessoal de cada cônjuge (CC 1.659 VI), bem como as pensões, meios-soldos, montepios e outras rendas semelhantes (CC 1.659 VII). Injusto que o cônjuge que trabalha por contraprestação pecuniária, mas não converte suas economias em patrimônio, seja privilegiado e suas reservas consideradas crédito pessoal e incomunicável. Tal lógica compromete o equilíbrio da divisão das obrigações familiares" (Maria Berenice Dias, Manual de Direito das Famílias, cit., p. 231).

109 STJ, 3ª T., REsp 2.106.053/RJ, Rel. Min. Marco Aurélio Bellizze, julg. 21.11.2023, publ. *DJe* 28.11.2023.

a incomunicabilidade prevista no art. 1.659, VI, do Código Civil, atinge apenas os proventos do trabalho pessoal de cada cônjuge em si considerados. Porém, os bens adquiridos mediante o recebimento desses proventos serão comunicáveis. Ainda conforme a decisão, no regime da comunhão parcial, a lei presume que os bens adquiridos onerosamente na constância do casamento se comunicam, como resultado do esforço comum do casal, ainda quando o bem estiver em nome de apenas um dos cônjuges. Não fosse assim, o cônjuge que não trabalha, por exemplo, para cuidar dos filhos e do lar, não teria direito a nenhum bem adquirido onerosamente na constância do casamento, o que desvirtuaria a natureza desse regime patrimonial.

Previdência privada

Questão tormentosa se refere à partilha de previdências privadas abertas e fechadas, associadas, portanto, a bens derivados dos proventos do trabalho de qualquer natureza. Conforme o art. 4º da Lei Complementar 109, de 29.05.2001, que dispõe sobre o Regime de Previdência Complementar e dá outras providências, há dois tipos de entidades de previdência complementar no Brasil: as abertas e as fechadas. As abertas podem ser contratadas por qualquer pessoa, enquanto as fechadas são destinadas a grupos predeterminados, como funcionários de uma empresa, por exemplo.

As previdências complementares operadas por entidades abertas, por serem de livre contratação e acessíveis a qualquer pessoa física, independentemente de profissão ou vínculo empregatício, têm, quando comparada às previdências fechadas, mais características de investimento do que de complementação de renda. Isso porque há, nessas previdências, negociabilidade e portabilidade ampla, de maneira que seu titular pode movimentá-las de uma para outra instituição financeira, negociando a forma de remuneração do numerário depositado, de acordo com o que lhe seja mais vantajoso.

Tais características – inexistentes nas previdências fechadas – dão à previdência privada aberta algum contorno de investimento, o qual segue sendo questionável, tanto assim que a jurisprudência era vacilante quanto à comunicabilidade de tais valores: "Excluem-se dos aquestos os valores investidos em fundo de previdência privada, que se equiparam às pensões e proventos que constituem direito pessoal do beneficiário".[110] Contudo, "uma vez sacados os valores do fundo privado de previdência no curso do casamento ou da união estável, passam a integrar o patrimônio comum, operando-se, assim, a comunhão".[111]

Não obstante a previdência privada aberta tenha características que a aproximem de investimento, sua partilha é, ainda assim, controvertida, visto que possível sua equiparação às pensões e pecúlios, a depender, fundamentalmente, da função que determinou sua contratação: se investimento, trata-se de bem partilhável; se previdenciária, adquire o caráter pessoal e, portanto, não se partilha. A tendência da jurisprudência atual, todavia, é no sentido de entender pela partilha nos regimes comunheiros, pois, após a partilha, cada um pode aplicar como bem entender, seja

110 TJ/MG, 4ª C.C., Ap. Cív. 1.0702.12.024917-3/001, Rel. Des. Heloísa Combat, julg. 17.07.2014, publ. DJ 23.07.2014.

111 TJ/RS, 8ª C.C., Ap. Cív. 70073741597, Rel. Des. Luiz Felipe Brasil Santos, julg. 14.09.2017, publ. DJ 22.09.2017.

como previdência ou investimento, sob pena de acabar desnaturando o intuito do regime de comunhão.[112]

No caso das previdências fechadas, não há dúvida quanto à função, uma vez que sua razão de ser repousa na condição personalíssima do beneficiário (de empregado) e, especialmente, no seu cunho previdenciário. Nas previdências privadas com entidades fechadas patrocinadoras, o acesso do trabalhador aos planos criados depende de prévia relação formal de emprego e da vontade do empregador em desenvolver política de recursos humanos voltada para a proteção e incentivo do seu quadro de profissionais. E é justamente por se tratar de benefício posto à disposição do empregado em razão dessa sua específica condição, isto é, sendo certo que o acesso ao benefício depende da condição de empregado, que se trata de previdência de natureza personalíssima.

Nestes casos, independentemente de os valores terem se convertido em benefício, correspondem a depósitos feitos com o objetivo de garantir ao titular benefício futuro de cunho previdenciário. Cuidam de benefícios pessoais que configuram rendimentos equivalentes à pensão.[113]

---

[112] Eis o entendimento que parece prevalecer no STJ: "Os planos de previdência privada aberta, operados por seguradoras autorizadas pela SUSEP, podem ser objeto de contratação por qualquer pessoa física e jurídica, tratando-se de regime de capitalização no qual cabe ao investidor, com amplíssima liberdade e flexibilidade, deliberar sobre os valores de contribuição, depósitos adicionais, resgates antecipados ou parceladamente até o fim da vida, razão pela qual a sua natureza jurídica ora se assemelha a um seguro previdenciário adicional, ora se assemelha a um investimento ou aplicação financeira. 5 – Considerando que os planos de previdência privada aberta, de que são exemplos o VGBL e o PGBL, não apresentam os mesmos entraves de natureza financeira e atuarial que são verificados nos planos de previdência fechada, a eles não se aplicam os óbices à partilha por ocasião da dissolução do vínculo conjugal apontados em precedente da 3ª Turma desta Corte (REsp 1.477.937/MG). 6 – Embora, de acordo com a SUSEP, o PGBL seja um plano de previdência complementar aberta com cobertura por sobrevivência e o VGBL seja um plano de seguro de pessoa com cobertura por e sobrevivência, a natureza securitária e previdenciária complementar desses contratos é marcante no momento em que o investidor passa a receber, a partir de determinada data futura e em prestações periódicas, os valores que acumulou ao longo da vida, como forma de complementação do valor recebido da previdência pública e com o propósito de manter um determinado padrão de vida. 7 – Todavia, no período que antecede a percepção dos valores, ou seja, durante as contribuições e formação do patrimônio, com múltiplas possibilidades de depósitos, de aportes diferenciados e de retiradas, inclusive antecipadas, a natureza preponderante do contrato de previdência complementar aberta é de investimento, razão pela qual o valor existente em plano de previdência complementar aberta, antes de sua conversão em renda e pensionamento ao titular, possui natureza de aplicação e investimento, devendo ser objeto de partilha por ocasião da dissolução do vínculo conjugal por não estar abrangido pela regra do art. 1.659, VII, do CC/2002" (STJ, 3ª T., REsp 1698774/RS, Minª. Nancy Andrighi, julg. 1.9.2020, publ. DJ 09.09.2020). No mesmo sentido: STJ, 3ª T., REsp. 1.880.056/SE, Relª. Minª. Nancy Andrighi, julg. 16.3.2021, publ. DJ 22.3.2021; STJ, 4ª T., REsp. 1.593.026/SP, Rel. Min. Luis Felipe Salomão, Relª. para o acórdão Minª. Maria Isabel Gallotti, julg. 23.11.2021, publ. DJ 12.12.2021; STJ, 4ª T., REsp 1545217/PR, Rel. Min. Luis Felipe Salomão, Rel. Acd. Min. Maria Isabel Gallotti, julg. 07.12.2021, publ. DJ 09.02.2022.

[113] Dada a natureza personalíssima da previdência privada e com fulcro no art. 1659, VI e VII do CPC não pode ser partilhada, posto que o montante aplicado garantirá a aposentadoria do beneficiário, não devendo os valores acautelados junto a instituição previdenciária ser partilhado, posto que tal divisão frustraria a natureza do plano de previdência individual (TJ/MG, 7ª C.C., Ap. Cív. 1.0024.10.184598-0/001, Rel. Des. Belizário de Lacerda, julg. 14.05.2013, publ. DJ 17.05.2013); "1. A contribuição em previdência privada fechada, vinculada à empresa empregadora, responsável, inclusive, pelo rateio do benefício, e dependente de evento futuro e pessoal, não se confunde com

Sob perspectiva funcional, nessa modalidade de previdência privada a contribuição do segurado tem como finalidade própria a constituição de benefício para complementar o valor a ser pago futuramente pela previdência pública – que é limitado a determinado teto e não necessariamente corresponde ao montante integral da remuneração do trabalhador ativo (art. 29, § 2º, Lei 8.213/1991) – mantendo o padrão de vida durante a aposentadoria, tendo a mesma função da previdência pública de amparo na velhice e resguardo da sua dignidade, quando não mais se está em condições de arcar com o próprio sustento.[114]

FGTS como bem partilhável

Não obstante o inciso VI do art. 1.659 excluir da comunhão os proventos do trabalho pessoal de cada cônjuge, dentre os quais estaria incluído o Fundo de Garantia por Tempo de Serviço (FGTS), regido pela Lei 8.036/1990, a doutrina e a jurisprudência vêm se posicionando no sentido de que "na hipótese de ocorrência de dissolução de união conjugal sob o regime de comunhão parcial de bens, o montante de FGTS, adquirido por cônjuge na constância do casamento, deverá integrar a respectiva meação".[115] O atual entendimento do Superior Tribunal de Justiça é o de

---

modalidade de investimento financeiro e, portanto, não pode ser partilhada em razão do divórcio, considerando o que determina o art. 1.659, inciso VI, do Código Civil, aplicável ao caso por força do art. 1.668, inciso V, do mesmo diploma legal. 2. (...). 6. Recurso parcialmente provido" (TJ/DF, 4ª T.C., Apel. Cív. 20130110160349, Rel. Cruz Macedo, julg. 30.07.2014, publ. DJ 27.08.2014); "Nos termos da sentença, a previdência privada do requerido não integra a partilha e, tomadas as bases jurídicas da pretensão, não altera o entendimento exposto a alegação da autora de que busca metade dos valores pagos, e não da previdência privada em nome do apelado. No caso, a contribuição é feita em parte pelo empregador e outra parte pelo empregado, via desconto em seu salário, antes mesmo que tais quantias aportem no patrimônio familiar. Como destacou a sentenciante o benefício a ser recebido é próprio do 'regime fechado de previdência complementar, ou seja, aquele que somente é acessível aos empregados de uma empresa ou grupo de empresas, e aos servidores da União, dos Estados, do Distrito Federal e dos Municípios, ou aos associados ou membros de pessoas jurídicas de caráter profissional, classista ou setorial (...). Nessa modalidade de previdência privada a contribuição do segurado tem como finalidade própria a constituição de benefício para complementar o valor a ser pago futuramente pela previdência pública – que é limitado a um teto e não necessariamente corresponde ao montante integral da remuneração do trabalhador ativo (art. 29, § 2º, Lei 8.213/91) – mantendo o padrão de vida durante a aposentadoria. Portanto, o benefício a que fará jus o requerido não se confunde com aquela modalidade de planos (...) operados pelas entidades abertas de previdência complementar, normalmente instituições financeiras e empresas seguradoras, e sobre os quais há controvérsia doutrinária e jurisprudencial acerca da partilha, pois são de livre contratação e acessíveis a qualquer pessoa física, independentemente de profissão ou vínculo empregatício, e eventualmente podem caracterizar mais um investimento do que propriamente uma complementação de renda'" (...). NEGARAM PROVIMENTO A AMBAS AS APELAÇÕES. UNÂNIME (TJ/RS, 8ª C.C., Ap. Cív. 70059366708, Rel. Luiz Felipe Brasil Santos, julg. 16.10.2014, publ. DJ 20.10.2014).

114 "Na hipótese, o Tribunal de origem, após a análise do contrato de VGBL firmado e dos elementos fático-probatórios dos autos, concluiu que a movimentação financeira se mostra incompatível com previdência privada, tomando forma de verdadeira aplicação financeira, o que autoriza a partilha dos valores depositados" (STJ, 4ª T., AgInt no AREsp 1.813.193/SP, Rel. Min. Raul Araújo, julg. 20.9.2021, publ. DJ 15.10.2021).

115 STJ, 3ª T., AgRg no AREsp 111248/MG, Rel. Min. João Otávio de Noronha, julg. 23.09.2014, publ. DJ 02.10.2014. Para Maria Berenice Dias, "se os ganhos do trabalho não se comunicam, nem se dividem pensões e rendimentos outros de igual natureza, praticamente tudo é incomunicável, pois a maioria das pessoas vive de seu trabalho. O fruto da atividade laborativa dos cônjuges não pode ser considerado incomunicável, e isso em qualquer dos regimes de bens, sob pena de

que "os proventos do trabalho recebidos, por um ou outro cônjuge, na vigência do casamento, compõem o patrimônio comum do casal, a ser partilhado na separação, tendo em vista a formação de sociedade de fato, configurada pelo esforço comum dos cônjuges, independentemente de ser financeira a contribuição de um dos consortes e do outro não. 5. Assim, deve ser reconhecido o direito à meação dos valores do FGTS auferidos durante a constância do casamento, ainda que o saque daqueles valores não seja realizado imediatamente à separação do casal".[116]

Esse mesmo julgado entendeu que, se tais proventos forem adquiridos em momento anterior ou posterior à união conjugal, estes não se comunicarão.[117] Deve-se ressaltar que, apesar de assim ter se posicionado o STJ, ainda há decisões mais recentes em tribunais estaduais entendendo que "o saldo indisponível da conta do FGTS é bem personalíssimo e incomunicável, destinado à proteção do trabalhador ou de seus dependentes, não integrando o patrimônio do casal para efeito de partilha em caso de separação".[118]

Também persiste controvérsia a respeito da relevância do momento do saque: "Viável a partilha do saldo do FGTS de qualquer dos cônjuges, quando percebido e

---

aniquilar-se o regime patrimonial, tanto no casamento como na união estável, porquanto nesta também vigora o regime da comunhão parcial (CC, art. 1.725). Assim, quando a família sobrevive dos rendimentos do trabalho de um ou de ambos os cônjuges, acabaria instalando-se sempre o regime da separação total de bens, ou melhor, não existiria regime de bens". Maria Berenice Dias, Regime de bens e algumas absurdas incomunicabilidades. Disponível em: <http://www.mariaberenice.com.br/manager/arq/(cod2_759)2__regime_de_bens_e_algumas_absurdas_incomunicabilidades.pdf>. Acesso em: 20 jul. 2019. Também na visão de Rolf Madaleno, "Antes tivesse o legislador abortado a ressalva de incomunicabilidade dos proventos do trabalho pessoal de cada cônjuge, ainda que no regime da comunhão parcial, quando se sabe que, de regra, é do labor pessoal de cada cônjuge que advêm os recursos necessários à aquisição dos bens conjugais. Premiar o cônjuge que se esquivou de amealhar patrimônio preferindo conservar em espécie os proventos do seu trabalho pessoal é incentivar uma prática de evidente desequilíbrio das relações conjugais econômico-financeiras, mormente porque o regime matrimonial de bens serve de lastro para a manutenção da célula familiar". Rolf Madaleno, Do regime de bens entre os cônjuges. In: Maria Berenice Dias; Rodrigo da Cunha Pereira (coord.), Direito de Família e o novo Código Civil, Belo Horizonte: Del Rey, 2001, pp. 168-169.

116 STJ, 2ª S., REsp 1399199/RS, Rel. Min. Maria Isabel Gallotti, Rel. para acórdão Luis Felipe Salomão, julg. 09.03.2016, publ. DJ 22.04.2016. Decisão muito louvada pelos ministros do STJ determina que: "Os valores oriundos do Fundo de Garantia do Tempo de Serviço configuram frutos civis do trabalho, integrando, nos casamentos realizados sob o regime da comunhão parcial sob a égide do Código Civil de 1916, patrimônio comum e, consequentemente, devendo serem considerados na partilha quando do divórcio. Inteligência do art. 271 do CC/16" (STJ, 3ª T., REsp 848660/RS, Rel. Min. Paulo de Tarso Sanseverino, julg. 03.05.2011, publ. DJ 13.05.2011). Esse entendimento, ainda hoje, não é unânime: "O saldo indisponível da conta do FGTS é bem personalíssimo e incomunicável, destinado à proteção do trabalhador ou de seus dependentes, não integrando o patrimônio do casal para efeito de partilha em caso de separação" (TJ/SC, 4ª Câm. Dir. Civ., Ap. Cív. 0002725-57.2013.8.24.0035, Rel. Des. Gilberto Gomes de Oliveira, julg. 08.06.2017).

117 STJ, 2ª S., REsp 1399199/RS, Rel. Min. Maria Isabel Gallotti, Rel. para acórdão Luis Felipe Salomão, julg. 9.03.2016, publ. DJ 22.04.2016. No mesmo sentido: STJ, 3ª T., REsp 758548/MG, Rel. Min. Nancy Andrighi, julg. 3.10.2006, publ. DJ 13.11.2006.

118 TJSC, 4ª Câm. Dir. Civ., Ap. Cív. 0002725-57.2013.8.24.0035, Rel. Des. Gilberto Gomes de Oliveira, julg. 08.06.2017.

sacado no curso da comunhão de bens. No caso, provado que o saldo permaneceu em depósito até o término da comunhão e não foi investido na sociedade conjugal, não há que se falar em partilha do numerário".[119] Verifica-se, no entanto, que a jurisprudência parece ir na direção de resguardar a partilha do valor acumulado na constância do casamento, mesmo que não sacado durante a união: "A fim de viabilizar a realização desse direito (divisão de valores relativos ao FGTS), nos casos em que ocorrer, a Caixa Econômica Federal (CEF) deverá ser comunicada para que providencie a reserva do montante referente à meação, para que num momento futuro, quando da realização de qualquer das hipóteses legais de saque, seja possível a retirada do numerário".[120]

Decisões do STJ refletem a tendência de se partilharem verbas referentes a relações trabalhistas originadas na constância do casamento, mesmo quando recebidas posteriormente à dissolução. No mesmo sentido, no entender da Corte, "o crédito previdenciário decorrente de aposentadoria pela previdência pública que, conquanto recebido somente veio a ser recebido após o divórcio, tem como elemento causal uma ação judicial ajuizada na constância da sociedade conjugal e na qual se concedeu o benefício retroativamente a período em que as partes ainda se encontravam vinculadas pelo casamento, deve ser objeto de partilha, na medida em que, tal qual na hipótese de indenizações trabalhistas e recebimento de diferenças salariais em atraso, a eventual incomunicabilidade dos proventos do trabalho geraria uma injustificável distorção em que um dos cônjuges poderia possuir inúmeros bens reservados frutos de seu trabalho e o outro não poderia tê-los porque reverteu, em prol da família, os frutos de seu trabalho". Nos termos do mesmo julgado, "em se tratando de ente familiar e de regime matrimonial da comunhão parcial de bens, a colaboração, o esforço comum e, consequentemente, a comunicabilidade dos valores recebidos como fruto de trabalho deve ser presumida".[121]

Rescisão trabalhista como bem partilhável

Debate semelhante diz respeito à partilha de rescisão/créditos trabalhistas. Por ser a rescisão trabalhista derivada dos proventos do trabalho pessoal de cada cônjuge, discute-se se se enquadraria na exclusão da comunicabilidade no regime de comunhão parcial e universal de bens. Vale, então, o mesmo raciocínio desenvolvido anteriormente: se é do trabalho de cada cônjuge que se originam os recursos necessários para a construção e manutenção do patrimônio, não há como excluir tais bens da comunhão. Caso contrário, privilegiar-se-ia aquele que guarda suas economias, em detrimento do cônjuge que satisfaz as necessidades materiais da família, o que ofenderia o princípio da solidariedade familiar. Nessa direção tem prosperado o entendimento de que os direitos trabalhistas pleiteados em ação judicial se comunicam, caso o período de aquisição tenha sido a constância do casamento. Ou seja, "para que o ganho salarial insira-se no monte-partível é necessário, portanto, que o cônjuge tenha exercido determinada atividade laborativa e adquirido direito de retribuição pelo trabalho desenvolvido, na constância do casamento. Se um dos cônjuges efetivamente a exerceu e, pleite-

[119] TJ/RS, 8ª C.C., Ap. Cív. 70074267535, Rel. Des. Rui Portanova, julg. 14.09.2017, publ. DJ 18.09.2017.

[120] STJ, 3ª T., AgInt no REsp. 1.931.933/SP, Rel. Min. Marco Aurélio Bellizze, julg. 20.9.2021, publ. DJ 23.9.2021.

[121] STJ, 3ª T., REsp 1.651.292 – RS, Relª. Minª. Nancy Andrighi, julg. 19.05.2020, publ. DJ 25.05.2020.

ando os direitos dela decorrentes, não lhe foram reconhecidas as vantagens daí advindas, tendo que buscar a via judicial, a sentença que as reconhece é declaratória, fazendo retroagir, seus efeitos, à época em que proposta a ação. O direito, por conseguinte, já lhe pertencia, ou seja, já havia ingressado na esfera de seu patrimônio, e, portanto, integrado os bens comuns do casal".[122]

Vem entendendo a jurisprudência que as verbas trabalhistas de natureza remuneratória "correspondente a período aquisitivo no curso do regime de bens (união estável ou casamento), ainda que levantadas após a separação do casal, devem ser partilhadas. Já as verbas trabalhistas de natureza indenizatória não são partilháveis".[123]

O art. 1.661 do Código Civil também prevê a incomunicabilidade de bens cuja causa for anterior ao casamento. Trata-se de confirmação da regra geral de que, se a origem dos valores para aquisição dos bens for anterior ao casamento, estes não se comunicam: "Todas as consequências de ações que nasceram antes do casamento são pertinentes aos bens incomunicáveis. O que decide é o momento em que nasceu a ação. Mas se a ação nasceu depois, se a causa foi anterior, incomunicáveis são as consequências. O já ter nascido a ação é condição suficiente, se bem que não seja necessária".[124] É exemplo o marido que comprou um apartamento no mês seguinte ao casamento, com dinheiro conquistado antes do casamento.[125]

---

122 STJ, 3ª T., REsp 1.024.169/RS, Rel. Min. Nancy Andrighi, julg. 13.04.2010, publ. DJ 28.04.2010. No mesmo sentido: "Direito civil e família. Recurso" (STJ, 3ª T., REsp 646.529/SP, Rel. Min. Nancy Andrighi, julg. 21.06.2005, publ. DJ 22.08.2005); "1. A jurisprudência do Superior Tribunal de Justiça consolidou o entendimento de que, nos regimes de comunhão parcial ou universal de bens, comunicam-se as verbas trabalhistas correspondentes a direitos adquiridos na constância do casamento, devendo ser partilhadas quando da separação do casal" (STJ, 4ª T., AgInt no AREsp 1.320.330/PR, Rel. Min. Raul Araújo, julg. 07.02.2019, publ. DJe 19.02.2019); "A orientação firmada nesta Corte é no sentido de que, nos regimes de comunhão parcial ou universal de bens, comunicam-se as verbas trabalhistas correspondentes a direitos adquiridos na constância do casamento, devendo ser partilhadas quando da separação do casal" (STJ, 3ª T., AgInt nos EDcl no REsp 1827570 – MT, Rel. Min. Moura Ribeiro, julg. 24.08.2020, publ. DJ 27.08.2020).

123 TJ/RS, 8ª C.C., Ap. Cív. 70074267535, Rel. Des. Rui Portanova, julg. 14.09.2017, publ. DJ 18.09.2017. Este também é o entendimento capitaneado pelo STJ: 1. A jurisprudência do Superior Tribunal de Justiça está sedimentada no sentido de que nos regimes de comunhão parcial ou universal de bens comunicam-se as verbas trabalhistas a que se tem direito na constância da sociedade conjugal, devendo ser partilhadas quando da separação. 2. Não se enquadram na referida linha de entendimento, no entanto, as verbas indenizatórias decorrentes de acidente de trabalho, eis que de caráter personalíssimo e natureza diversa, voltando-se à reparação pela dor e/ou sequelas advindas do evento traumático sofrido unicamente pela vítima. Precedentes. 3. Recurso especial a que se nega provimento (STJ, 4ª T., REsp 1543932/RS, Rel. Min. Maria Isabel Gallotti, julg. 20.10.2016, publ. DJ 30.11.2016). Há, no entanto, entendimento contrário: STJ, 3ª T., AgInt nos EDcl no REsp n. 1.827.570/MT, Rel. Min. Moura Ribeiro, julg. 24.8.2020, publ. 27.8.2020; STJ, 3ª T., AgInt no REsp 2013557/RS, Rel. Min. Humberto Martins, julg. 26.6.2023.

124 Pontes de Miranda, Tratado de Direito Privado, t. VIII, cit., p. 338.

125 1. Considerando que parte dos valores empregados na aquisição do bem imóvel adveio da conta vinculada do FGTS da ex-mulher correspondentes a parcelas depositadas em período anterior ao casamento, viável reconhecer à ex-mulher o direito de reembolso dessa quantia, já que alienado o bem durante a instrução e repartido seu produto, sem que fosse considerada essa parcial incomunicabilidade. Reforma da sentença no ponto. 2. Não tendo o varão se desincumbido de comprovar sua alegação de que parte dos valores empregados na aquisição do veículo durante o casamento lhe pertencia com exclusividade (produto da venda de veículo que titulava antes do matrimônio), correta

Conceito de aquestos

Uma vez analisados os bens particulares nesse regime de bens, passa-se à análise dos bens comunicáveis. O art. 1.660, I, do Código Civil prevê entrarem na comunhão os bens adquiridos durante a comunhão de vida e a título oneroso, estando em nome dos dois ou apenas de um dos cônjuges. A lei consagra, aqui, o conceito clássico de aquesto, ou seja, bem adquirido onerosamente na constância do casamento, que é partilhável por excelência, independentemente de constar expressamente do nome de um ou de ambos os cônjuges, pois basta provar a data da aquisição. Trata-se de presunção relativa de comunicabilidade, podendo um deles demonstrar que, não obstante adquirido durante o casamento, tratou-se de aquisição a título gratuito, por exemplo.[126]

Também são partilháveis os bens adquiridos por meio de fato eventual, com ou sem o concurso de trabalho ou despesa anterior (CC, art. 1.660, II). Essa questão desafia a regra básica do regime, ou seja, a presunção absoluta de esforço comum como pressuposto para partilha dos bens, uma vez que o fato eventual não necessariamente pressupõe cooperação recíproca para que pudesse haver acréscimo patrimonial. Este pode ocorrer sem que tenha havido despesa anterior (ex.: aluvião) ou sem que tenham tido as partes algum tipo de trabalho ou gasto que contribuísse para a ocorrência do fato eventual (ex.: loteria, invenção, jogo, aposta).[127]

Entram na comunhão os bens adquiridos gratuitamente – por meio de doação, herança ou legado –, desde que em favor de ambos os cônjuges (CC, art. 1.660, III). A única hipótese de comunicabilidade dos bens por meio de aquisição gratuita é se o doador ou testador tiver direcionado o ato gratuito a ambos os cônjuges de forma expressa. Não é possível presumir que o ato gratuito se estenda ao outro cônjuge, se não houver declaração expressa nesse sentido.[128]

---

a sentença ao reconhecer a comunicabilidade integral. 3. Tendo em vista que as partes alienaram o imóvel durante a instrução e utilizaram o valor da primeira parcela recebida para quitar respectiva dívida de financiamento e demais despesas relativas ao bem, não há falar em partilhamento desses débitos, já suportados por ambos. Sentença reformada no ponto (TJ/RS, 8ª C.C., Apel. Cív. 70066467978, Rel. Des. Ricardo Moreira Lins Pastl, julg. 12.11.2015, publ. DJ 16.11.2015).

[126] STJ, 3ª T., AgRg no AREsp 63837/MG Rel. Min. Sidnei Beneti, julg. 24.04.2012, publ. DJ 10.05.2012.

[127] "O que é eventual não póde ser previsto, nasce de um acontecimento incerto, fortuito, causal: o adquirente ou o inventor não trabalhou nem empregou esforços com o fim de adquirir o bem que por acaso o enriqueceu. Esta riqueza adquirida eventualmente vem augmentar o patrimônio do casal, que em conjucto, trabalha geralmente para o bem-estar comum. (...) Assim, quer o inventor tenha previsto o encontro do thezouro e para tanto haja empregado capital e trabalho, quer, por um caso fortuito, o tenha encontrado, o producto desta invenção pertence ao casal, entra para a comunhão dos bens dos casados sob o regimem da comunhão universal. (...) Os jogos de loteria, de corridas de animaes, os clubs de mercadorias e até de capitaes estão regulados e permittidos por lei; por isto, não entram na comprehensão de actos ilícitos; os respectivos productos, pois, augmentam o patrimônio do casal, são bens communs no regimen da communhão parcial" (A. Ferreira Coelho, Código Civil dos Estados Unidos do Brasil, Rio de Janeiro: Officinas Graphicas do Jornal do Brasil, 1930, pp. 270-274).

[128] Nesse sentido, colaciona-se os seguintes julgados: 1. Caso em que o conjunto probatório não conforta a tese recursal do autor de que desde junho de 2003 a relação mantida entre o casal tinha assumido os contornos de uma entidade familiar, devendo ser mantido o marco inicial do relacionamento estável delimitado na sentença, em agosto de 2004. 2. Inviável, por conseguinte, o acolhimento da pretensão do autor de partilha do automóvel adquirido pela convivente em outubro de 2003. 3. No regime da comunhão parcial, aplicável à espécie, não se comunicam os bens que sobrevierem por doação, salvo se instituída em benefício do casal (art. 1.660, III, do CC), o que, todavia, requer

Também são partilháveis as benfeitorias edificadas em bens particulares de cada cônjuge (CC, art. 1.660, IV). Toda melhoria havida em bem particular na constância do casamento comunica-se, por traduzir a cooperação recíproca presumida que agrega valor ao bem. A lei não faz qualquer ressalva em relação ao tipo de benfeitoria – necessária, útil ou voluptuária – para partilha, bastando que tenha sido edificada durante a união. Ressalva importante se refere à forma de partilha da benfeitoria: o cônjuge não titular do bem principal não terá direito à metade da coisa em si, mas à indenização respectiva; ou seja, trata-se de direito de crédito e não de direito real.[129] Exemplos nesse sentido são reformas feitas em imóvel que um dos cônjuges já tinha ao casar ou construção de piscina e churrasqueira na casa pertencente a apenas um dos cônjuges.

Também se comunicam os frutos dos bens comuns ou dos particulares de cada cônjuge, percebidos durante o casamento ou pendentes ao tempo de cessar a comunhão (CC, art. 1.660, V).[130] Não obstante o bem principal seja particular, os frutos amealhados partilham-se entre os cônjuges, em razão da mesma presunção de esforço

---

expressa menção a respeito, não se verificando tenha ocorrido no caso dos autos em relação aos recursos doados à convivente para aquisição de bem imóvel na constância da união, o qual fica excluído da partilha. 4. Apesar do desgaste natural do tempo, correta a determinação sentencial de que o mobiliário que guarnecia a residência do casal elencado na inicial seja objeto de avaliação na fase de liquidação de sentença para fins de partilha (TJ/RS, 8ª C.C., Apel. Cív. 70053634556, Rel. Des. Ricardo Moreira Lins Pastl, julg. 27.06.2013, publ. DJ 02.07.2013). Tratando-se de casamento realizado sob o regime da comunhão parcial, excluem-se da comunhão, entre outros, os bens do cônjuge que sobrevierem, na constância do matrimônio, por doação ou por sucessão, salvo se estas forem realizadas em favor de ambos, em consonância com o disposto no art. 269, I, e art. 271, III, ambos do Código Civil de 1916. Destarte, considerando que, in casu, inexiste qualquer manifestação expressa e inequívoca de última vontade dos falecidos no sentido de beneficiar não somente o herdeiro necessário, mas também a sua esposa, há de se manter a incomunicabilidade dos bens herdados, razão pela qual a autora não faz jus à respectiva partilha (TJ/SC, 1ª Câm. Dir. Civ., Ap. Cív. 2008.011068-0, Rel. Des. Joel Figueira Júnior, julg. 31.05.2011).

129 Nesse sentido; "Verificada a boa-fé do ex-companheiro da genitora dos apelantes no exercício da posse sobre o imóvel, independentemente de questões familiares, é cabível o direito à indenização pelas obras realizadas no local, durante a união, conforme laudo pericial. Direito à metade do valor, em decorrência da presunção do regime de comunhão parcial de bens. Recurso desprovido" (TJ/RS, 17ª C.C., Ap. Cív.70052023009, Rel. Des. Luiz Renato Alves da Silva, julg. 25.09.2014, publ. DJ 02.10.2014). O STJ já se manifestara antes da entrada em vigor do CC/2002 em relação ao direito do ex-cônjuge sobre as benfeitorias realizadas em imóvel comum: Reconhecido pelo V. Acórdão que a aquisição do imóvel se dera com a contribuição, direta ou indireta, de ambos os cônjuges, justo e razoável que a mulher fique com o direito à metade dos valores pagos na constância da sociedade conjugal, acrescido das benfeitorias realizadas nesse período, respeitado o direito de propriedade do varão (STJ, 4ª T., REsp 108140/BA, Rel. Min. Barros Monteiro, julg. 08.02.2000, publ. DJ 02.05.2000). Contudo, se a construção de benfeitorias ocorreu em benefício de propriedade de terceiros, não há direito à indenização em relação ao ex-cônjuge: 2. As dívidas são partilháveis desde que comprovado que foram contraídas em benefício do casal. 3. Se as dívidas foram contraídas para a construção de benfeitorias realizadas em propriedade de terceiros, in casu, em imóvel pertencente aos genitores da virago, já falecidos, contra o espólio, ou, se concluído o inventário, contra os sucessores, deve ser endereçado o pedido de ressarcimento (TJ/RS, 7ª C.C., Apel. Cív. 70064905995, Rel. Des. Sandra Brisolara Medeiros, julg. 02.12.2015, publ. DJ 07.12.2015).

130 "De acordo com a jurisprudência do STJ, no regime de comunhão parcial de bens – ante a presunção do esforço comum dos consortes na construção da vida conjugal –, os frutos e rendimentos percebidos na constância do casamento são comunicáveis" (STJ, 4ª T., AgInt nos EDcl no Agravo em REsp 908313 – SP, Rel. Min. Antônio Carlos Ferreira, julg. 04.05.2020, publ. DJ 14.05.2020).

comum. É o caso dos rendimentos de aplicação financeira (sendo essas anteriores ao casamento) ou do aluguel de imóvel advindo de herança.

Comunicam-se tanto os frutos percebidos durante o casamento quanto os que estiverem pendentes no momento da separação de fato, sendo esta o fato jurídico responsável pelo rompimento da comunhão de vida e, por consequência, do regime de bens.[131]

Questão tormentosa refere-se à valorização das quotas sociais que, originalmente, são bens particulares. Não se trata aqui da aquisição de novas quotas durante o casamento, mas do crescimento da empresa que, reflexamente, acabou por valorizar a quota social. Seria essa valorização fruto de bem particular? Doutrina e jurisprudência são bastante divergentes sobre o assunto. Aqueles que entendem que se trata de bem partilhável baseiam-se no argumento de que a evolução patrimonial das quotas é fruto, vez que é acréscimo patrimonial do bem gerado na constância do casamento.[132] No entanto, os que defendem a incomunicabilidade, baseiam-se na autonomia patrimonial da empresa e que a valorização decorre de fenômeno econômico e não do esforço comum dos cônjuges, como decidiu o STJ: "A valorização patrimonial das cotas sociais de sociedade limitada, adquiridas antes do início do período de convivência, decorrente de mero fenômeno econômico, e não do esforço comum dos companheiros, não se comunica."[133] Tal entendimento pode ser consentâneo com o sistema, a depender das circunstâncias fáticas que poderão demonstrar a existência de esforço comum na ampliação dos negócios, fator determinante para a comunicabilidade.[134]

Bens móveis

Também se presumem adquiridos na constância do casamento os bens móveis. Trata-se de presunção relativa, uma vez que é possível excluí-los da comunhão, caso se demonstre ter sido adquirido em data anterior ao matrimônio (CC, art. 1.662).

Verifica-se, assim, a constituição de três massas patrimoniais distintas: o patrimônio particular de cada cônjuge e o patrimônio comum, cada qual com sua individualidade.

---

131 "Há presunção absoluta de cooperação recíproca dos cônjuges para aquisição de bens, durante a constância do casamento, ainda que só um deles tenha despendido recursos financeiros. 3. As parcelas de financiamento de veículo pagas após a separação de fato, somente por um dos cônjuges, ao outro não aproveita, e, portanto, não devem ser partilhadas" (TJ/MG, 7ª C.C., Ap. Cív. 1.0382.10.006878-4/001, Rel. Des. Oliveira Firmo, julg. 27.08.2013, publ. *DJ* 30.08.2013).

132 "Os incrementos patrimoniais recebidos por uma sociedade empresária própria também ingressam no patrimônio conjugal pela regra da acessão industrial. Não há dúvida que devem ser consideradas como privativas as empresas constituídas antes do começo da sociedade conjugal, assim como serão comuns aquelas formadas na constância do casamento, e será igualmente comum a evolução patrimonial verificada sobre as sociedades privativas, à custa de bens e esforço conjugal" (Rolf Madaleno, *Direito de Família*, cit., p. 989).

133 STJ, 3ª T., REsp 1.173.931/RS, Rel. Min. Paulo de Tarso Sanseverino, julg. 22.10.2013, publ. *DJ* 28.10.2013.

134 Sobre as intrigantes controvérsias entre família e empresa, incluindo a abordagem sobre a valorização das quotas sociais, seja consentido remeter a Ana Carolina Brochado Teixeira, Simone Tassinari Cardoso, Constituição empresarial e dissolução familiar: interseções entre família e empresa. In: Fábio Ulhoa Coelho, Gustavo Tepedino, Selma Ferreira Lemes (coods.). *A evolução do direito no século XXI. Seus princípios e valores – ESG, liberdade, regulação, igualdade e segurança jurídica.* Homenagem ao Professor Arnoldo Wald, São Paulo: IASP, 2022, p. 533-553.

Coerentemente com isso, a administração do patrimônio individual caberá ao seu titular, exceto previsão em contrário no pacto antenupcial (CC, art. 1.665), respondendo cada cônjuge com bens particulares pelas dívidas que assumir relativamente ao patrimônio pessoal (CC, art. 1.666). O patrimônio comum, por sua vez, segundo o art. 1.663 do Código Civil, poderá ser administrado por qualquer dos cônjuges, vez que não mais permanece a hierarquia masculina sobre a feminina, que atribuía ao marido a administração dos bens no Código Civil de 1916 (art. 274). Trata-se da cogestão dos bens comuns, que pode ser feita indistintamente por qualquer um dos consortes.

Se, porventura, os cônjuges contraírem dívidas no exercício da administração, elas obrigam os bens comuns e os particulares do cônjuge que os administra, sendo este o responsável pelo prejuízo. Os bens do outro cônjuge respondem no limite do proveito que a gestão tiver lhe gerado e, se não tiver proveito algum, nem sua meação nem seus bens particulares respondem.[135] Os bens particulares só são atingidos quando o proprietário é o causador da dívida. A meação é exceção de defesa via embargos de terceiro, excluindo apenas o equivalente à metade do saldo da alienação do bem, sendo o bem particular de quem não administra, integralmente preservado. Nesse sentido, a Súmula 251 do STJ: "A meação só responde pelo ato ilícito quando o credor, na execução fiscal, provar que o enriquecimento dele resultante aproveitou ao casal".

Se for verificada malversação dos bens, o juiz poderá atribuir a administração dos bens a apenas um dos cônjuges. Para a prática de atos que gerem cessão gratuita do uso ou do gozo dos bens comuns, faz-se necessário que ambos anuam com a liberalidade, vez que se trata de ato de renúncia à posse do bem que é comum (CC, art. 1.663, § 3º).

Além disso, os bens comuns respondem pelas obrigações contraídas pelo cônjuge para atender aos encargos da família, às despesas de administração e as decorrentes de imposição legal (CC, art. 1.664).[136] Trata-se de medida coerente com o disposto no art.

---

135 "2. Não se admite a penhora de ativos financeiros da conta bancária pessoal de terceiro, não integrante da relação processual em que se formou o título executivo, pelo simples fato de ser cônjuge da parte executada com quem é casado sob o regime da comunhão parcial de bens. 3. O regime de bens adotado pelo casal não torna o cônjuge solidariamente responsável de forma automática por todas as obrigações contraídas pelo parceiro (por força das inúmeras exceções legais contidas nos arts. 1.659 a 1.666 do Código Civil) nem autoriza que seja desconsiderado o cumprimento das garantias processuais que ornamentam o devido processo legal, tais como o contraditório e a ampla defesa. 4. Revela-se medida extremamente gravosa impor a terceiro, que nem sequer participou do processo de conhecimento, o ônus de, ao ser surpreendido pela constrição de ativos financeiros bloqueados em sua conta corrente pessoal, atravessar verdadeira saga processual por meio de embargos de terceiro na busca de realizar prova negativa de que o cônjuge devedor não utiliza sua conta corrente para realizar movimentações financeiras ou ocultar patrimônio". (STJ, 3ª T., REsp. 1.869.720/DF, Relª. Minª. Nancy Andrighi, Rel. p/ acórdão Min. Ricardo Villas Bôas Cueva, julg. 27.4.2021, publ. DJ 14.5.2021).

136 Nessa perspectiva, considera o STJ: "trata-se de dívida decorrente de aval em cédula rural pignoratícia, cabendo ao credor o ônus da prova de que a obrigação não reverteu em favor da família, consoante entendimento consagrado nesta Corte Superior: AgRg no AREsp. 259.338/PE, Rel. Min. Olindo Menezes, *DJe* 14.9.2015; REsp. 440.771/PR, Rel. Min. Humberto Gomes de Barros, *DJ* 21.06.2004" (STJ. 1ª T., AgInt no Agravo em REsp 598255 – PR, Rel. Min. Napoleão Nunes Maia Filho, julg. 19.08.2019, publ. *DJ* 19.11.2019); "De acordo com a jurisprudência do STJ, não havendo

1.643 do Código Civil que autoriza os cônjuges, independentemente de autorização do outro, comprar (à vista ou crédito) o que for necessário à economia doméstica, além de tomar empréstimo de quantias para fazer frente a tais despesas. A solidariedade familiar justifica que os bens comuns respondam por essas obrigações, na medida em que se trata de despesas para o sustento da família; no caso dos gastos relativos ao próprio bem, somente o respectivo titular responderá por eles.[137]

Caso se trate de dívidas exclusivas de um dos cônjuges, na administração de seus bens particulares e em benefício destes, não obrigam o patrimônio comum (CC, art. 1.666). Além disso, a meação do devedor pode responder pela dívida, não obstante seu cônjuge, que com ele tenha a mancomunhão por força do regime de bens, possa opor embargos de terceiro para defesa da sua meação, como estabelece a Súmula 134 do STJ.[138]

O art. 1.665 do Código Civil autoriza o cônjuge proprietário a administrar e dispor do patrimônio particular, salvo convenção diferente em pacto antenupcial. Tal regra colide, aparentemente, com o art. 1.647 do Código Civil, pois, por ser regime comunheiro, há a exigência de outorga conjugal para a alienação de bens que, presumidamente, podem repercutir no patrimônio familiar, incluindo a alienação de bens imóveis. Assim, "as duas normas hão de ser harmonizadas, de modo a que sejam lidas como se dissessem: o cônjuge proprietário pode dispor de seus bens imóveis particulares, havendo autorização do outro ou suprimento judicial".[139] No mesmo sentido, o Enunciado 340 da IV Jornada CJF: "No regime da comunhão parcial de bens é sempre indispensável a autorização do cônjuge, ou seu suprimento judicial, para atos de disposição sobre bens imóveis".

Questão interessante versa sobre a possibilidade de se pleitear aluguel do cônjuge que ocupa ou usufrui da integralidade de bem que é comum, antes mesmo da partilha. O entendimento jurisprudencial anterior era no sentido da necessidade da partilha para se verificar se o bem era de fato comum, bem como o percentual que cada parte detinha

---

a comprovação de que o débito tenha sido adquirido em prol da unidade familiar, nos termos consignados pela instância de origem, deve-se resguardar do produto da alienação em hasta pública os valores correspondentes à meação do cônjuge alheio ao feito executivo" (STJ, 2ª T., AgInt no REsp 1.510.058 – PE, Rel. Min. Og Fernandes, julg. 15.10.2019, publ. *DJ* 21.10.2019).

137 "Na regência da legislação anterior, que não contemplava regra semelhante, admitiam os tribunais a presunção de que as dívidas contraídas por um dos cônjuges no exercício de sua atividade profissional oneravam o patrimônio comum, porque contraídas presumivelmente em proveito comum do casal, atribuindo-se ao outro o ônus de provar o contrário; se conseguisse provar que não teria havido proveito para o casal, a dívida seria imputada apenas à meação do cônjuge devedor. Essa presunção não pode mais prevalecer ante os estritos termos do art. 1.664 do Código Civil, que explicita as obrigações com finalidade familiar que levam à responsabilidade do patrimônio comum, em conjunto com os arts. 1.659, IV (salvo quando houver proveito do casal), 1.644 e 1.663. Assim, com exceção dos artigos referidos, não podem ser admitidas presunções de proveito do casal, porque não se enquadram no conceito de dívidas decorrentes de imposição legal, previsto na norma sob comento" (Paulo Lôbo, *Direito civil:* famílias, cit., p. 344).

138 Enunciado 134 da Súmula do Superior Tribunal de Justiça: Embora intimado da penhora em imóvel do casal, o cônjuge do executado pode opor embargos de terceiro para defesa de sua meação.

139 Paulo Lôbo, *Direito civil:* famílias, cit., p. 346.

no bem para a fixação de aluguel. No entanto, o entendimento que parece prevalecer no STJ atualmente é na direção de que, enquanto não dividido o bem, se existe um condomínio entre as partes e, se apenas uma delas usufrui do imóvel, há motivo ensejador da indenização àquele privado do uso do bem, se identificável o quinhão de cada um: "o uso exclusivo do imóvel comum por um dos ex-cônjuges, ainda que não tenha sido formalizada a partilha, autoriza que aquele privado da fruição do bem reivindique, a título de indenização, a parcela proporcional a sua quota-parte sobre a renda de um aluguel presumido, nos termos do disposto nos artigos 1.319 e 1.326 do CC/2002."[140]

Esse entendimento, no entanto, vem sendo atenuado principalmente em hipóteses de imóveis em que um dos cônjuges ali habita com a prole, de modo que a moradia pode representar alimentos *in natura*. Decidiu o STJ que "há dois fundamentos que afastam a pretensão indenizatória da autora da ação de arbitramento de aluguel. Um principal e prejudicial, pois a utilização do bem pela descendente dos coproprietários – titulares do dever de sustento em razão do poder familiar (filho menor) ou da relação de parentesco (filho maior) – beneficia a ambos, motivo pelo qual não se encontra configurado o fato gerador da obrigação reparatória, ou seja, o uso do imóvel comum em benefício exclusivo de ex-cônjuge. 8. Como fundamento secundário, o fato de o imóvel comum também servir de moradia para a filha do ex-casal tem a possibilidade de converter a "indenização proporcional devida pelo uso exclusivo do bem" em "parcela *in natura* da prestação de alimentos" (sob a forma de habitação), que deverá ser somada aos alimentos in pecúnia a serem pagos pelo ex-cônjuge que não usufrui do bem – o que poderá ser apurado em ação própria –, sendo certo que tal exegese tem o condão de afastar o enriquecimento sem causa de qualquer uma das partes."[141]

O STJ decidiu que o fato de um dos ex-companheiros ficar no imóvel com os filhos do casal não é causa impeditiva da extinção do condomínio com a consequente alienação do bem. Logo, feita a partilha e extinto o estado de mancomunhão, é possível, a qualquer tempo, extinguir o condomínio sobre imóvel indivisível, mediante alienação judicial. Assim, não seria razoável impedir a alienação, sob pena de violar o direito de propriedade de um dos condôminos.[142]

---

140 STJ, 3ª T., AgInt no AREsp 1.861.486/DF, Rel. Min. Moura Ribeiro, julg. 20.9.2021, publ. DJ 23.9.2021. No mesmo sentido: STJ, 3ª T., AgInt no AREsp 1.786.608/SP, Rel. Min. Ricardo Villas Bôas Cueva, julg. 30.8.2021, publ. DJ 3.9.2021.

141 E continua: "Ademais, o exame do pedido de arbitramento de verba compensatória pelo uso exclusivo de imóvel comum por ex-cônjuge não pode olvidar a situação de maior vulnerabilidade que acomete o genitor encarregado do cuidado dos filhos financeiramente dependentes, cujas despesas lhe são, em maior parte, atribuídas. 10. Hipótese em que o provimento jurisdicional – pela improcedência da pretensão autoral – submete-se à regra *rebus sic stantibus*, notadamente por se tratar de controvérsia que guarda relação com institutos de direito de família." (STJ, 4ª T., REsp. 1.699.013/DF, Rel. Min. Luis Felipe Salomão, julg. 4.5.2021, publ. DJ 4.6.2021). No mesmo sentido pela não fixação de aluguel, seja pela moradia com a prole comum, seja pela circunstância de os quinhões não estarem suficientemente identificados antes da partilha: STJ, 3ª T., REsp 2.082.584 – SP, Relª. Minª. Nancy Andrighi, julg. 24.10.2023, publ. DJe 30.10.2023.

142 STJ, 3ª T., REsp 1.852.807-PR, Rel. Min. Paulo de Tarso Sanseverino, julg. 10.5 2022, publ. *DJ* 13.5.2022.

5.4 *Comunhão universal de bens*

A comunhão universal era o regime legal até a lei do Divórcio (Lei 6.515/1977). Tal regime se justificava em razão das características da sociedade e da família brasileiras no início do século XX.[143]

O regime da comunhão universal mostra-se bem mais abrangente que o regime da comunhão parcial. Nos termos do art. 1.667 do Código Civil, compreende os bens existentes no momento da celebração do casamento bem como os conquistados na sua constância, independentemente de a aquisição ter sido gratuita ou onerosa, além de serem comuns também as dívidas; esse regime comporta exceções bem mais restritas. "Realmente, a comunhão de bens unifica os patrimônios dos cônjuges, ou totalmente, formando com eles um acervo, sob a propriedade e posse indivisas de ambos, quando é universal, ou limitadamente, abrangendo somente certa classe de bens, quando é parcial".[144]

Além da comunicação de todos os bens e direitos que integram o patrimônio do casal – guardadas as exceções –, no momento da aquisição de novos bens, eles passam a integrar o patrimônio comum independentemente de esforço recíproco para a comunicação dos bens. Esse estado de propriedade comum sobre todo o patrimônio – também chamada de mancomunhão – persiste até que haja sentença de partilha.

O STJ invalidou doação feita de um cônjuge a outro de quotas de empresa cujo capital social "fora integralizado ao tempo da constituição pelo patrimônio comum e pessoal do casal", ou seja, na época da doação, as quotas eram bens comuns que se encontravam em estado de mancomunhão.[145] Trata-se de estado de indivisão do patrimônio em que não é possível delimitar o que é de cada cônjuge.[146] Embora cada um deles seja meeiro de todos os bens, é somente a partilha que demarca de forma concreta o que pertence a cada qual. Enquanto isso, há titularidade difusa de todos os bens por ambos os cônjuges, ou seja, uma coesão patrimonial que abrange todo o patrimônio do casal. Como afirmou o STJ em outra oportunidade, "o que se constata é a existência de verdadeira unidade patrimonial, fechada, e que dá acesso a ambos os ex-cônjuges à totalidade dos bens".[147]

Ressalte-se que o estado de mancomunhão é diverso do condomínio. No primeiro, os bens que o compõem não são divisíveis e não há divisão ideal específica em relação a cada um deles. Em consequência, consideram-se os cônjuges titulares

---

143 "Este regime já se vulgarizava em nosso direito anterior. Aludia-se, no tempo das Ordenações do Reino, ao 'casamento por carta de metade' ou casamento 'segundo o costume do Reino' – o que bem atesta a sua penetração e utilização constante. O Código Civil de 1916 não teve dúvidas em adotá-lo como regime legal e normal, amparado que veio ainda pelas preferências manifestas de Clovis Bevilaqua, a que se somaram opiniões dos civilistas do tempo" (Caio Mário da Silva Pereira, *Instituições de Direito Civil*, vol. V., Rio de Janeiro: Forense, 1997, 11ª ed., p. 123).

144 Clovis Bevilaqua, *Direito da família*, cit., p. 186.

145 STJ, 3ª T., Resp 1.787.027 – RS, Relª. Minª. Nancy Andrighi, julg. 04.02.2020, publ. *DJ* 24.04.2020.

146 Conquanto o STJ tenha entendido que é a cessação da comunhão de vida o fato gerador do fim da mancomunhão (STJ, 3ª T., REsp 1840561/SP, Rel. Min. Marco Aurélio Bellizze, julg. 3.5.2022, publ. *DJ* 17.5.2022), entende-se que é a partilha que encerra a mancomunhão, transformando a copropriedade em condomínio.

147 STJ, 3ª T., REsp 1.537.107-PR, Relª. Minª. Nancy Andrighi, julg. 17.11.2016, publ. *Dje* 25.11.2016.

sobre o patrimônio comum, independentemente de a titularidade proprietária de cada bem estar atribuída, durante a vigência do regime de comunhão, a um ou a outro cônjuge. Após a partilha, à razão de 50% (cinquenta por cento) para cada ex-cônjuge, institui-se o regime de condomínio, propriamente dito, individualizando-se a fração ideal de cada condômino sobre os bens que permanecerem na propriedade comum, aos quais se aplicarão, a partir de então, as regras do condomínio; aí sim, observado o direito de preferência do outro, é possível alienar ou gravar seus direitos, além de solicitar sua extinção judicialmente.[148]

No caso, o pedido de nulidade da doação se baseia, principalmente, na impossibilidade de doação do objeto entre os titulares da propriedade, na medida em os bens do casal se encontravam em estado de indivisão, em razão da partilha não ter sido realizada. Segundo fundamentou a relatora, "em se tratando de regime de bens em que os cônjuges possuem a copropriedade do acervo patrimonial que possuíam e que vierem a adquirir na constância do vínculo conjugal, salta aos olhos, desde logo, a manifesta impossibilidade de que haja doação entre cônjuges casados sob esse regime, na medida em que, se porventura feita a doação, o bem doado retornaria uma vez mais ao patrimônio comum amealhado pelo casal". Se nesse regime de bens, partilham-se bens adquiridos a título gratuito, de fato as quotas comuns ingressariam novamente no acervo patrimonial do casal. Em uma palavra, não haveria transferência de propriedade alguma, já que o bem doado ingressaria do mesmo patrimônio do qual fora retirado.

Constituem bens particulares no regime da comunhão universal os bens doados ou herdados com a cláusula de incomunicabilidade e os sub-rogados em seu lugar (CC, art. 1.668, I). Tendo em vista que mesmo os bens adquiridos individualmente por doação ou sucessão pertencem a ambos os cônjuges, a única hipótese de se evitar a partilha de bens é a aquisição por apenas um dos cônjuges com a cláusula de incomunicabilidade.[149]

São excluídos da comunhão os bens gravados de fideicomisso e o direito do herdeiro fideicomissário, antes de realizada a condição suspensiva (CC, art. 1.668, II). O art. 1.951 do Código Civil faculta ao testador (ou fideicomitente) nomear herdeiros e legatários (também qualificados como fiduciários) que serão depositários de bens em regime de propriedade resolúvel, até que ocorra uma condição, termo ou a sua morte, eventos que determinam a resolução do direito desses em favor de outrem, denominados fideicomissários. O fideicomisso só é admissível em favor de fideicomissário que se constitua em prole eventual, isto é, pessoa não concebida ao tempo da feitura do testamento.

---

148 "Nesse contexto, rompida a sociedade conjugal e realizada a partilha do patrimônio comum, com a consequente individualização da cota-parte de cada cônjuge, o regime de mancomunhão dá vez ao de condomínio, de modo a viabilizar o pedido de sua extinção e venda judicial dos respectivos bens" (TJMG, 11ª CC, Apelação Cível 1.0024.12.227535-7/002, Relª. Desª. Shirley Fenzi Bertão, julg. 28.08.2019, publ. *Dje* 30.08.2019).

149 Enunciado 49 da Súmula do STF: "A cláusula de inalienabilidade inclui a incomunicabilidade dos bens".

Tendo em vista a propriedade não definitiva dos bens herdados pelo fiduciário, tais bens não se comunicam com seu cônjuge, já que se destinam ao fideicomissário. Em relação a este, a propriedade dos bens só se consolida na sua esfera patrimonial quando da ocorrência da condição determinada no testamento. Enquanto isso, os bens também não poderiam se comunicar com seu cônjuge, pois nem o próprio fiduciário os tem em sua propriedade. Realizada a condição, uma vez casado o fideicomissário sob o regime da comunhão universal de bens, o bem se tornará partilhável.

Também são particulares as dívidas anteriores ao casamento, exceto se tiverem origem nas despesas com os aprestos ou se reverterem em proveito comum (CC, art. 1.668, III). As dívidas que antecedem o casamento são de responsabilidade pessoal daquele que a contraiu, salvo se funcionalizadas à realização do casamento ou às necessidades da família.[150]

Excluem-se da comunhão as doações antenupciais feitas por um dos cônjuges ao outro com cláusula de incomunicabilidade (CC, art. 1.668, IV). A doação pura e simples de um cônjuge ao outro no regime da comunhão universal de bens é ineficaz, já que praticamente todos os bens são comuns – a não ser que a doação tiver como objeto bem particular. Por isso mesmo, em regra, a doação de um cônjuge a outro justifica-se apenas se gravada com cláusula de incomunicabilidade, de modo a não se comunicar.

Não se comunicam os bens previstos no art. 1.659, V a VII, dos quais também se excluem no regime da comunhão parcial. Trata-se da incomunicabilidade dos proventos, pensões, meios-soldos e montepios, que não se comunicam enquanto significar o custeio da sobrevivência,[151] mas que sendo usados para aquisição de bens durante o casamento, comunicam-se.[152] Com o mesmo raciocínio, "no regime da co-

---

150 O STJ entendeu que, se a dívida houver sido contraída na constância do casamento, o outro cônjuge é legitimado para participar como corréu na ação de execução, conquanto isso não implique em necessária responsabilização patrimonial: "(i) para as dívidas contraídas por um dos cônjuges ou ex-cônjuges enquanto houver comunhão (antes da dissolução do vínculo conjugal), o cônjuge ou ex-cônjuge que com ele é ou era casado e que não participou do negócio jurídico será legitimado a figurar no polo passivo da execução; (ii) ao revés, para as dívidas contraídas por um dos cônjuges ou ex-cônjuges após a extinção da comunhão (após a dissolução do vínculo conjugal), o cônjuge ou ex-cônjuge que com ele é ou era casado e que não participou do negócio jurídico não será legitimado a figurar no polo passivo da execução." (STJ, 3ª T., Resp 2020031/SP, Relª. Minª. Nancy Andrighi, julg. 7.11.2023, publ. DJ 13.11.2023).

151 "Os proventos de aposentadoria, percebidos por cônjuge casado em regime de comunhão universal e durante a vigência da sociedade conjugal, constituem patrimônio particular do consorte ao máximo enquanto mantenham caráter alimentar. Perdida essa natureza, como na hipótese de acúmulo do capital mediante depósito das verbas em aplicação financeira, o valor originado dos proventos de um dos consortes passa a integrar o patrimônio comum do casal, devendo ser partilhado quando da extinção da sociedade conjugal. Interpretação sistemática dos comandos contidos nos arts. 1.659, VI e 1.668, V, 1565, 1566, III e 1568, todos do Código Civil" (STJ, 4ª T., REsp 1.053.473/RS, Rel. Min. Marco Buzzi, julg. 02.10.2012, publ. *DJ* 10.10.2012).

152 "1. Os rendimentos do trabalho recebidos durante a vigência da sociedade conjugal integram o patrimônio comum na hipótese de dissolução do vínculo matrimonial, desde que convertida em patrimônio mensurável de qualquer espécie, imobiliário, mobiliário, direitos ou mantidos em pecúnia. 2. A indenização trabalhista recebida por um dos ex-cônjuges após a dissolução do vínculo conjugal, mas correspondente a direitos adquiridos na constância do casamento celebrado sob o regime da comunhão universal de bens, integra o patrimônio comum do casal e deve ser objeto da

munhão universal de bens, as verbas percebidas a título de benefício previdenciário resultantes de direito que nasceu e foi pleiteado durante a constância do casamento devem entrar na partilha, ainda que recebidas após a ruptura da vida conjugal".[153] Da mesma forma que no regime da comunhão parcial, não obstante os bens sejam particulares, seus frutos são comunicáveis se forem percebidos ou vencidos durante o casamento (CC, art. 1.669).

Segundo o art. 1.670 do Código Civil, aplicam-se as regras tratadas no item anterior referentes à comunhão parcial (CC, arts. 1.663 a 1.666) à administração dos bens no regime da comunhão universal.

A responsabilidade de um dos cônjuges para com os credores do outro cessa com a extinção da comunhão e com a divisão do ativo e do passivo, ou seja, com o trânsito em julgado da decisão que decreta a partilha de bens (CC, art. 1.671).

5.5 Participação final nos aquestos

Interessante inovação do Código Civil, o regime de participação final nos aquestos apresenta-se ainda desconhecido na experiência jurídica brasileira, que ainda não o incorporou na prática cotidiana dos casamentos. Elaborado com o objetivo de harmonizar o reconhecimento do esforço comum dos cônjuges e a liberdade individual na gestão dos próprios bens, afirma-se em doutrina que se trata de regime híbrido, por associar à administração típica do regime da separação total a comunicação do saldo dos aquestos efetuados durante a vigência da sociedade conjugal.[154] A ideia central do regime é conferir aos cônjuges a livre administração de seus bens, garantindo-se, por outro lado, na hipótese de extinção do vínculo conjugal, a participação de cada um deles sobre o patrimônio residual.[155]

---

partilha decorrente da dissolução do vínculo conjugal. Precedentes da 2ª Seção. 3. Recurso especial provido" (STJ, 4ª T., REsp 861.058/MG, Rel. Min. Maria Isabel Gallotti, julg. 05.11.2013, publ. *DJ* 21.11.2013); no mesmo sentido: STJ, 4ª T., REsp 421.801/RS, Rel. Min. Ruy Rosado de Aguiar, julg. 26.05.2003, publ. *DJ* 15.12.2003, STJ, 4ª T., REsp 781.384/RS, Rel. Min. Aldir Passarinho Júnior, julg. 16.06.2009, publ. *DJ* 48.2009, STJ, 4ª T., AgRg no REsp 1.467.151/RS, Rel. Min. Marco Buzzi, julg. 16.04.2015, publ. *DJ* 23.04.2015.

153 STJ, 3ª T., REsp 918.173/RS, Rel. Min. Massami Uyeda, julg. 10.06.2008, publ. *DJ* 23.06.2008.

154 Nessa direção, Silvio Rodrigues: "Representa um regime híbrido, ou misto, ao prever a separação de bens na constância do casamento, preservando, cada cônjuge, seu patrimônio pessoal, com a livre administração de seus bens [...]" (Silvio Rodrigues, *Direito civil*, vol. VI, cit., p. 194.). Também João Baptista Villela anota ser a classificação do regime como híbrido corrente em doutrina (João Baptista Villela, *Natureza do regime de participação final nos aquestos e fins do casamento*, Belo Horizonte: Faculdade de Direito da UFMG, 1977, p. 2).

155 Em síntese feliz: "O objetivo da participação final nos aquestos é o de oferecer aos casais a possibilidade de combinar o desejo de independência e igualdade entre os cônjuges, com a participação recíproca nos acréscimos patrimoniais adquiridos durante o casamento. Esse caráter híbrido ou misto é a sua característica principal. Mantêm-se, independentes e exclusivas, a administração, a disposição e a fruição dos bens durante o casamento [...]. Em outros termos, seu mérito é o de tentar combinar as vantagens dos regimes da comunhão e o da separação. Para os cônjuges que buscam independência ou pretendem mutuamente evitar riscos e interferências no seu exercício profissional, o regime da participação final nos aquestos funciona, durante o casamento, à semelhança da separação de bens. No momento da dissolução do regime, enquanto o regime de separação de

Na experiência comparada, dentre os diversos países que incorporaram o regime de participação final nos aquestos destacam-se os regimes francês e alemão.[156] O primeiro caracteriza-se por equiparar a administração dos bens no regime de participação final nos aquestos à disciplinada no regime de separação total,[157] pois o regime francês da participação final nos aquestos utiliza a disciplina da separação total (somente) durante a constância do casamento. Mas quando o casamento chega ao fim, e no momento de fazer a divisão dos bens, o regime aplicado é específico ao da participação final nos aquestos, ou seja, verifica-se o que cada um teve como lucro para se apurar o montante da divisão e equilibrar a soma em caso de eventual desproporção. Ou seja, a apuração dos aquestos opera-se por meio da comparação entre os patrimônios inicial e final de cada cônjuge (arts. 1.569 a 1.572 do Código Civil francês, que não explica como fazer a compensação, razão pela qual o regime é muito pouco utilizado), de forma que o cônjuge que detiver menor acréscimo patrimonial torna-se credor daquele que obteve soma superior. A meação é paga em dinheiro, englobando o valor dos bens doados sem o consentimento do outro cônjuge ou alienados fraudulentamente, sendo que o art. 1.580 do *Code* prevê a possibilidade de se operar uma meação antecipada no caso de fraude ou doação inoficiosa. A possibilidade de reivindicação surge somente no caso de insolvência do cônjuge-devedor, como forma de assegurar a meação ao cônjuge-credor no caso dos bens não se mostrarem suficientes para o pagamento da dívida.[158] Trata-se de regime muito pouco frequente. A taxa de casais que adotaram este regime desde a sua implantação, com a reforma de 1965, no ordenamento francês foi pequena: entre 1978 e 1983, era de 3%.[159]

---

bens priva o cônjuge de participar dos resultados patrimoniais do outro cônjuge, o regime em estudo os associa se o resultado é positivo e não os obriga a contribuir se o resultado é negativo" (Cristiane Giuriatti Gandra; Tereza Cristina Monteiro Mafra, Critérios de aplicação do regime da participação final nos aquestos. In: Ana Carolina Brochado Teixeira; Antônio Carlos Mathias Coltro; Gustavo Pereira Leite Ribeiro; Marília Campos Oliveira e Telles, *Problemas da família no direito*. Belo Horizonte: Del Rey, 2011, p. 411).

156 Outros ordenamentos incorporaram o regime de participação final nos aquestos, como o espanhol, no qual se constitui um dos regimes convencionais. De acordo com o Código Civil Espanhol, aplica-se na constância do matrimônio o regime de separação legal, permitindo-se aos cônjuges a livre administração de seus bens (art. 1.413). Ao final da união, computam-se os aquestos, através da diferença entre o patrimônio inicial e final de cada um, incluindo-se neste tanto os bens alienados gratuitamente sem o consentimento do outro cônjuge (exceto as liberalidades de uso), como os atos praticados em fraude de seus direitos (arts. 1.423 e 1.424), mas apenas em caso de inexistirem bens suficientes para o pagamento do crédito torna-se possível ao cônjuge-credor impugnar essas alienações. Nesses casos, ficam resguardados eventuais terceiros de boa-fé e as alienações a título oneroso (art. 1.433), que não podem ser atingidas pela ação do cônjuge prejudicado. Confira-se, sobre a positivação do regime no ordenamento espanhol: Esther Algarra Prats, *El régimen económico-matrimonial de participación*, Madri: La Ley, 2000.

157 Acerca do regime francês, confira-se: André Colomer. *Droit civil:* regimes matrimoniaux, Paris: Litec, 1997, pp. 191-488.

158 Assim dispõe o art. 1.577 do Código Civil Francês: "L'époux créancier poursuit le recouvrement de sa créance de participation d'abord sur les biens existants et subsidiairement, en commençant par les aliénations les plus récentes, sur les biens mentionnés à l'article 1573 qui avaient été aliénés par donation entre vifs ou en fraude des droits du conjoint".

159 François Terre, Philippe Simler, *Droit civil. Les régimes matrimoniaux*, Dalloz, 2015, 7e ed., p. 680.

Assim como na França, há previsão desse regime no sistema alemão. A comunhão apenas ocorre no fim da sociedade conjugal, pois, na constância do casamento, cada cônjuge possui patrimônio autônomo, administrando-o livremente. Restringe, contudo, o BGB (§§ 1.365 e 1.369) a liberdade do cônjuge quanto aos negócios jurídicos que envolvam a totalidade do patrimônio e os que se relacionem aos bens domésticos ou da economia doméstica a ele pertencentes, que componham o lar conjugal. O legislador germânico objetivou, assim, proteger a família, bem como o outro cônjuge, tornando ineficazes tais negócios jurídicos.[160] Estabelece, ainda, que os bens adquiridos em substituição a outros de uso doméstico que se deterioraram, perdendo seu valor, ou que não mais existem, tornam-se propriedade do cônjuge a quem pertencia os bens substituídos (§ 1.370). Ao final da sociedade conjugal, computam-se todos os aquestos adquiridos na constância da relação, efetuando-se a compensação. No caso de morte de um dos cônjuges, contudo, a compensação realiza-se aumentando em 1/4 o quinhão hereditário do cônjuge sobrevivente (§ 1.371, al. 1).

No Brasil, procurou-se, igualmente, conjugar as vantagens do regime de separação total de bens com os efeitos, no momento da extinção da sociedade conjugal, do regime de comunhão parcial. Tanto que o art. 1.672 do Código Civil estabelece que cada cônjuge possui patrimônio próprio, tendo direito à metade dos bens adquiridos pelo casal onerosamente durante o casamento. O patrimônio próprio é composto pelos bens anteriores ao casamento e os adquiridos durante a comunhão de vida por um dos cônjuges, devendo seu proprietário administrá-lo de forma exclusiva, livre e independente, comunicando-se os ganhos, lucros ou frutos, caso ocorra a dissolução do vínculo conjugal. Contudo, enquanto não houver a dissolução do casamento, não nasce o fato jurídico gerador da comunhão dos bens. O que há, durante o regime, é apenas a expectativa de comunhão – tanto é que, na constância do casamento, a meação não pode ser renunciada, cedida ou penhorada (CC, art. 1.682). Além disso, trata-se de apuração de créditos para cálculo dos aquestos adquiridos por cada um dos cônjuges que deverão ser posteriormente compensados. Não se trata da constituição de condomínio, tampouco de mancomunhão.

Sobrevindo um dos eventos morte ou divórcio – geradores da comunhão dos bens – devem ser calculados os aquestos, por meio de operação contábil de reconstrução do patrimônio individual de ambos os cônjuges, a fim de se investigar qual o montante dos aquestos adquiridos por cada um deles. Isso inclui trazer ao monte os bens alienados antes do fim do casamento, inclusive por doação não autorizada. Se os bens não mais existirem, o respectivo valor é que deve ingressar no monte para efeitos de cálculo dos aquestos e, por conseguinte, da meação, regra essa cujo escopo é inibir possíveis fraudes (CC, art. 1.675): "a inclusão do valor do bem desviado no monte partilhável é a medida que melhor respeita as características do regime de

160 É o que anota a doutrina: "Com estas limitações do poder de disposição, deve ser, em primeira linha, evitado que um cônjuge possa privar a família da base de vida e do patrimônio; simultaneamente o outro cônjuge deve ser protegido da perda de futuras prerrogativas de compensação" (Wilfried Schlüter. *Código Civil alemão*, Porto Alegre: S.A. Fabris, 2002, p. 169).

participação final nos aquestos e, somente diante da impossibilidade de compensação do valor, deve-se admitir a anulação da doação".[161]

Os bens alienados em detrimento da meação também se incorporam ao monte, se não houver preferência do cônjuge lesado ou de seus herdeiros de reivindicá-lo (CC, art. 1.676), solução diversa da anteriormente comentada, pois nesse caso são os bens que devem compor a meação e não seu respectivo valor. Se for o caso de se pleitear anulação do negócio realizado sem outorga conjugal, ela deve ser pleiteada até dois anos após o fim da sociedade conjugal (CC, art. 1.649).

Se um dos cônjuges pagar dívidas do outro com o patrimônio próprio, deverá haver o pagamento do valor atualizado no momento da dissolução do casamento, de modo a se evitar o enriquecimento sem causa do outro (CC, art. 1.678).

Além disso, bens adquiridos por meio de trabalho conjunto deverão ser partilhados na proporção da contribuição de cada um, invocando-se, nesse diapasão, as regras do condomínio e não da mancomunhão, desde que haja prova da participação diferente de cada um deles (CC, art. 1.679).

Algumas imperfeições legislativas, contudo, dificultam a assimilação do regime à prática jurídica.[162] Critica-se, em primeiro lugar, a forma de apuração dos aquestos que, por implicar extensos cálculos contábeis, mostra-se assaz complexa, alcançando não somente os bens restantes no ato de dissolução, mas todos aqueles adquiridos na constância do casamento.[163] Faculta-se aos cônjuges, por outro lado, a livre administração de seus bens *móveis*, como se vivessem no regime de separação total, nos termos do art. 1.673, parágrafo único, do Código Civil.

No que tange aos bens imóveis, no entanto, a liberdade de gestão é ameaçada seja pela interpretação a *contrario sensu* da norma acima aludida (art. 1.673, parágrafo único), seja pela regra do art. 1.647, I, segundo a qual, à exceção do regime de separação absoluta, faz-se necessária a autorização do cônjuge para atos de alienação. Tal exigência revela-se infeliz e desnatura o regime, o qual se mostra útil justamente por permitir a liberdade de administração dos patrimônios individuais de cada cônjuge. Mais grave ainda, o art. 1.675 do Código Civil autoriza a reivindicação, pelo cônjuge prejudicado, do bem doado pelo outro a terceiros durante a sociedade conjugal. Trata-se de dispositivo amplamente criticado em doutrina, já que prevê a possibilidade de ingerência do cônjuge prejudicado na esfera jurídica de terceiros independentemente da verificação dos requisitos para a caracterização de fraude.[164] Registre-se, ainda, a atecnia na referência à reivindicação na medida em que, a rigor,

---

161 Renata Barbosa de Almeida; Walsir Edson Rodrigues Júnior, *Direito Civil:* Famílias, São Paulo: Atlas, 2012, 2ª ed., p. 205.

162 V. De forma bastante crítica, João Baptista Villela: "a incorporação deste novo regime aos ordenamentos jurídicos acabou por descaracterizá-lo, prevendo-se figuras que não se coadunam com os objetivos teóricos que deram base à sua elaboração" (João Baptista Villela, *Natureza do regime de participação final nos aquestos e fins do casamento*, cit., 1977).

163 Paulo Lôbo, *Código Civil comentado*, vol. XVI, cit., pp. 319-320.

164 Mais uma vez anota Paulo Lôbo: "A lei prevê uma estranha reivindicação de coisa futura. O cônjuge é apenas titular de um direito expectativo dependente de um evento futuro (dissolução da sociedade conjugal) e, todavia, pode reivindicar o que ainda não é seu [...]. Melhor andaria o legislador se ficasse adstrito à regra geral da nulidade do ato, pois, nesse caso, o outro cônjuge é titular de direito

a alienação se operou por quem se constituía efetivo proprietário do bem, sendo o cônjuge prejudicado, nesse caso, titular de mera expectativa de direito, não já meeiro. Em outras palavras, "se o ato de disposição se fez por quem era proprietário exclusivo, falar de ação reivindicatória aqui é manifestamente impróprio, já que falta então um de seus pressupostos mínimos: o domínio do autor".[165]

De todo modo, a solução para tal equívoco parece ser a inclusão, no pacto, da prerrogativa conferida aos cônjuges pelo art. 1.656, *in verbis*: "No pacto antenupcial, que adotar o regime de participação final nos aquestos, poder-se-á convencionar a livre disposição dos bens imóveis, desde que particulares". Assim sendo, uma vez estabelecida, por livre acordo entre as partes, a livre disposição dos bens imóveis, seja a título gratuito ou oneroso, têm-se por afastadas tanto a vedação à alienação de bens imóveis sem a outorga conjugal – que se extrai da interpretação a *contrario sensu* do parágrafo único do art. 1.673, como acima aludido – quanto a ameaça de reivindicação no caso de alienações gratuitas realizadas por um dos cônjuges, nos termos do art. 1.675.

Sublinhe-se, ao propósito, que, no sistema francês, a segurança das relações com terceiros é prestigiada mesmo em hipóteses patológicas, prevendo o art. 1.573 do *Code* a participação fictícia dos bens doados sem o consentimento do outro cônjuge ou alienados fraudulentamente na apuração dos aquestos.[166] Assim sendo, os valores de tais bens são incorporados à meação, constituindo essa incorporação a única consequência da doação ou alienação sem consentimento. A possibilidade de reivindicação surge somente quando se caracteriza a insuficiência dos bens do cônjuge-alienante para o pagamento dos créditos resultantes da apuração dos aquestos, ou seja, quando se verifica a insolvência do cônjuge-devedor. Essa hipótese extrema assemelha-se ao previsto no Código Civil brasileiro como fraude contra credores.[167]

6. PARTILHA DE BENS

A partilha visa delimitar quem são os proprietários e o percentual de cada um deles nos bens do casal, de acordo com o regime de bens. Ela acaba com o estado de mancomunhão sobre os bens.

---

próprio, a saber, o de autorizar a doação de bem que integrará sua futura meação" (Paulo Lôbo, *Código Civil comentado*, vol. XVI, cit., pp. 328-329).

[165] João Baptista Villela, *Natureza do regime de participação final nos aquestos e fins do casamento*, cit., p. 3. Procurou-se defender o dispositivo afirmando que os bens que menciona são, na verdade, comuns (Silmara Juny de Abreu Chinellato, *Comentários ao Código Civil*, vol. XVIII, cit., p. 375). No entanto, falar-se em bens comuns em um regime que se assemelha, enquanto vigente a sociedade conjugal, ao de separação total, parece impróprio.

[166] Art. 1.573: "*Aux biens existants, on réunit fictivement les biens qui ne figurent pas dans le patrimoine originaire et dont l'époux a disposé par donation entre vifs sans le consentement de son conjoint, ainsi que ceux qu'il aurait aliénés frauduleusement. L'aliénation à charge de rente viagère ou à fonds perdu est présumée faite en fraude des droits du conjoint, si celui-ci n'y a consenti*".

[167] Prevê o Código Civil Francês: "*Art. 1.167. Ils [credores] peuvent aussi, en leur nom personnel, attaquer les actes faits par leur débiteur en fraude de leurs droits. Ils doivent néanmoins, quant à leurs droits énoncés au titre 'Des successions' et au titre 'Du contrat de mariage et des régimes matrimoniaux', se conformer aux règles qui y sont prescrites*".

Como já mencionado, depara-se com novos bens que podem estar sujeitos à partilha, a exemplo de bens digitais. Há outras situações, no entanto, que, conquanto não sejam novas, acabam provocando reflexões à luz das relações sociais contemporâneas. Nessa esteira, o STJ decidiu, em caso emblemático em que examinou a natureza jurídica da obrigação de pagamento de despesas de animais de estimação, que os animais domésticos se enquadram na categoria de bens móveis e que, por isso, estão sujeitos, também, à partilha com o fim da entidade familiar. Na ocasião, assinalou-se que os gastos relativos ao "custeio da subsistência dos animais são obrigações inerentes à condição de dono, como se dá, naturalmente com os bens em geral e, com maior relevância, em relação aos animais de estimação, já que a sua subsistência depende do cuidado de seus donos, de forma muito particularizada".[168]

A partilha pode ser realizada judicial ou extrajudicialmente (nesse caso, sendo desnecessária a homologação judicial), sendo essa última hipótese inaugurada pela Lei 11.441/2007, desde que seja consensual, não haja filhos incapazes e que seja acompanhada por advogado. Tal hipótese também foi prevista pelo art. 733 do Código de Processo Civil, na tendência da desjudicialização e transmissão do controle do fim do casamento para os próprios cônjuges, de modo a ratificar as reflexões feitas no capítulo 1, no sentido de afirmar a privatização da família.

A partilha pode ocorrer junto com o divórcio ou posteriormente à sua decretação, vez que os cônjuges podem continuar com a mancomunhão se entenderem que se trata de um bom negócio para ambos ou se não tiverem chegado a um acordo sobre a divisão dos bens. Tanto o art. 1.581 do Código Civil, quanto o art. 731 do Código de Processo Civil preveem expressamente a possibilidade de o divórcio ser decretado sem prévia partilha de bens. Caso um dos ex-cônjuges se case antes da solução da partilha, cabe lembrar que lhe será imposto o regime da separação obrigatória (CC, art. 1.641, I), vez que casamento com essa pendência configura causa suspensiva do casamento (CC, 1.523, III) que só não será imposta se demonstrada a ausência de prejuízo.

Se se tratar de ação com vistas exclusivamente à partilha de forma litigiosa, aplicar-se-á o rito do inventário, previsto nos arts. 647 e ss. do Código de Processo Civil, com as adaptações que forem necessárias. Caso a partilha seja requerida juntamente com o divórcio e seus demais consectários, segue o rito ordinário. O objetivo é delimitar quais os bens partilháveis para, então, efetivar a partilha propriamente dita.

---

[168] Com base nessas premissas, definiu-se, em relação à prescrição para cobrança de despesas dos animais que: "o direito do coproprietário de cobrar o custeio, na proporção de metade, das despesas vindouras de subsistência dos animais de estimação – o qual se baseia na copropriedade (e/ou no estado de mancomunhão do bem) e que serve de lastro à própria pretensão indenizatória prescrita – nem sequer se apresentava constituído quando do ajuizamento da ação (outubro de 2017), sendo, tecnicamente, impróprio falar em fluência do prazo prescricional para o exercício dessa correlata pretensão. Não há falar em violação de direito da demandante e, portanto, de nascimento da própria pretensão de cobrar as despesas dos animais relativas ao período no qual ficou consolidada sua titularidade exclusiva sobre os pets" (STJ, 3ª T., REsp 1.944.228/SP, Rel. Min. Ricardo Villas Bôas Cueva, Rel. p/ acórdão Min. Marco Aurélio Belizze, julg. 18.11.2022, publ. *DJe* 7.11.2022).

O Protocolo para Julgamento em Perspectiva de Gênero assinala, em seu texto, que a partilha de bens também pode ser terreno fértil para se atentar às questões discriminatórias. Isso ocorre na medida que subjaz, a partir da divisão sexual do trabalho, a ideia equivocada de que homens são provedores e mulheres, cuidadoras e, por isso, não têm bom desempenho nos negócios, nem capacidade para um bom desempenho na administração de bens.[169] A conclusão, claramente discriminatória, em nada deve influenciar na decisão técnica de partilha pois, independentemente do arranjo familiar fruto do planejamento do casal, não tem a força para atenuar as regras do regime de bens.

7. SEPARAÇÃO DE FATO E O ROMPIMENTO DO REGIME DE BENS

Conforme será visto de forma mais aprofundada no capítulo 4, a jurisprudência consolidou-se no sentido de atribuir efeitos jurídicos à separação de fato, tendo em vista que ela significa o rompimento da comunhão plena de vida. Diante dessa acepção, importa aqui tratar do seu impacto no regime de bens: se o casamento se justifica pela comunhão plena de vida, não há razão para que novos esforços empreendidos para a aquisição de bens se estendam ao outro cônjuge, já que, no plano fático, rompeu-se a cooperação recíproca para a construção diuturna da família. Por isso, a separação de fato acaba por romper o regime de bens, de modo que os bens adquiridos a partir de então passem a ser individuais – desde que não sejam produtos da sub-rogação dos bens comuns. Além disso, a partilha deve levar em conta o regime de bens eleito pelo casal ou imposto por lei, pressupondo o patrimônio existente no momento de rompimento da comunhão plena de vida.[170] Tem como fundamento a vedação ao enriquecimento sem causa daquele que em nada concorreu para o crescimento patrimonial. Trata-se de entendimento consolidado no STJ desde o início do século XXI.[171]

PROBLEMAS PRÁTICOS

1 – Qual o fundamento utilizado pelo STJ para estender a aplicação do Enunciado 377 da Súmula do STF à união estável?

---

169 Protocolo para julgamento com perspectiva de gênero. Brasília: Conselho Nacional de Justiça – CNJ; Escola Nacional de Formação e Aperfeiçoamento de Magistrados — Enfam, 2021, p. 97.

170 "2. O bem doado aos netos com cláusula de usufruto aos pais não pode ser objeto de partilha em virtude do divórcio, tendo em vista o domínio pertencer aos nus-proprietários. 3. A vitaliciedade não significa que o usufruto seja eternizado, pois, consoante o artigo 1.410, inciso VIII do Código Civil, o não uso ou fruição do bem é causa de sua extinção." (STJ, 3ª T., REsp. 1.651.270/SP, Rel. Min. Ricardo Villas Bôas Cueva, julg. 19.10.2021, publ. DJ 21.10.2021).

171 "Não viola o princípio da imutabilidade do regime de bens no casamento a negativa de meação de bens havidos na constância do matrimônio por um dos cônjuges quando já caracterizado o rompimento fático do vínculo pela prolongada separação e impossibilidade de reconciliação". Determinou-se a partilha do imóvel existente quando do casamento e negou-se a do bem adquirido após a separação de fato, com base no precedente REsp 32.218-SP, *DJ* 03.09.2001 (STJ, 3ª T., REsp 32.218/SP, Rel. Min. Ari Pargendler, julg. 12.11.2002, publ. *DJ* 16.12.2002).

2 – Qual a função contemporânea do pacto antenupcial? Ele continua com o objetivo inicial de regulamentar exclusivamente as questões patrimoniais que regerão os regimes de bens?

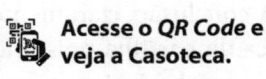

Acesse o *QR Code* e veja a Casoteca.

> *http://uqr.to/1pblj*

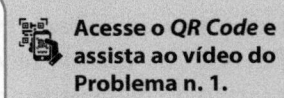

Acesse o *QR Code* e assista ao vídeo do Problema n. 1.

> *https://uqr.to/nxwy*

Capítulo IV

DISSOLUÇÃO DO CASAMENTO PELO DIVÓRCIO

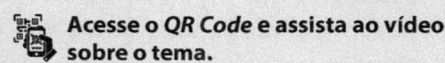

Acesse o *QR Code* e assista ao vídeo sobre o tema.

> *http://uqr.to/1pblx*

1. PERCURSO HISTÓRICO DA DISSOLUÇÃO CONJUGAL NO BRASIL: REFLEXÕES SOBRE A PRIVATIZAÇÃO DA FAMÍLIA

No regime do Código Civil de 1916, anteriormente à Lei do Divórcio, o casamento era indissolúvel, configurando-se duas espécies de desquite, denominação atribuída ao fim da sociedade conjugal à época: o desquite consensual ou o litigioso, este sempre associado à ideia de culpa. Vale dizer, se um dos cônjuges não consentisse com o desquite consensual, somente a ocorrência de uma das hipóteses de conduta culposa previstas pelo legislador autorizaria o desenlace. A ideia de culpa estava intensamente presente, portanto, no desquite litigioso, que dependia da prova, cujo ônus era atribuído ao autor da ação, de uma das seguintes causas taxativamente enumeradas pelo art. 317 do antigo Código Civil: a) adultério; b) tentativa de morte; c) sevícias ou injúria grave; d) abandono voluntário do lar conjugal durante dois anos.

Não havendo outra forma de desquite unilateral senão a litigiosa, avultavam, no passado, os pedidos de anulação de casamento ou de imputação de culpa como causa do desquite, em particular na hipótese de adultério, não raro forjado em circunstâncias ensejadoras de enorme constrangimento para os cônjuges e para os filhos. Por outro lado, sendo o casamento indissolúvel, era inegável o estigma da culpa atribuído a quem pretendesse se separar, sendo certo que, do ponto de vista cultural, o cônjuge desquitado, sobretudo o cônjuge-mulher (virago), era visto com forte preconceito, como pessoa posta à margem das relações familiares.

A introdução do divórcio no ordenamento brasileiro, através da Emenda Constitucional 9, de 28 de junho de 1977, que deu nova redação ao § 1º do art. 175 da Carta de 1967, e regulamentado pela Lei do Divórcio (Lei 6.515, de 26 de dezembro de 1967), ocorreu em meio a intenso confronto ideológico entre divorcistas e antidivorcistas, daí decorrendo regulamentação assaz limitativa do divórcio. O casamento somente poderia ser dissolvido após prévia separação judicial por ao menos três anos. Admitiu-se, ainda, o divórcio-direto (art. 40, *caput*), sem a etapa da separação judicial, para a hipótese em que, segundo a redação original do dispositivo, os cônjuges já se encontrassem separados de fato quando da promulgação da Lei do Divórcio e desde que decorrido um período mínimo de cinco anos.[1]

O art. 38 da Lei do Divórcio, em sua redação originária, foi veementemente censurado por prescrever que o pedido de divórcio, em qualquer dos seus casos, somente poderia ser formulado uma única vez. O dispositivo, de compreensão obscura – por referir-se ao pedido de divórcio, fazendo supor que a proibição seria apenas da iniciativa do novo divórcio, não excluindo divórcios sucessivos desde que mediante requerimento do cônjuge não antes divorciado –, teve o propósito de coibir o que os antidivorcistas chamavam de poligamia sucessiva, oferecendo tratamento flagrantemente desigual às pessoas casadas, "permitindo que algumas se divorciem e que outras permaneçam simplesmente separadas por toda a vida".[2]

Tais restrições demonstram as dificuldades encontradas pelo legislador para a introdução do divórcio, ressaltando as implicações religiosas, culturais e sociais da ruptura do vínculo matrimonial, permeada seguramente pela concepção de que a extinção do casamento, mais do que retratar o fracasso conjugal, representaria, em si próprio, pecado social.

Com a reforma, de toda sorte, na esteira das alterações legislativas francesa, italiana e alemã, abrandou-se o sistema, prevendo-se, ao lado da chamada "separação-sanção", insculpida no *caput* do art. 5º – hoje prevista no art. 1.572 do Código Civil –, e associada, portanto, à presença da conduta culposa – não mais sujeita a causas taxativamente expostas –, a "separação-remédio" e a "separação-falência" (ensejadoras do divórcio-remédio e do divórcio-falência), previstas nos §§ 1º e 2º do mesmo art. 5º, derivadas da constatação fática da falência do casamento (§ 1º) ou de doença incurável que torna impossível o convívio conjugal (§ 2º), sendo a ruptura do vínculo em ambos os casos o único meio ou remédio para se minorar o drama em que se tornou a convivência familiar.[3]

---

1 Discutiu-se vivamente, ante a redação do art. 40, se estariam autorizados ao pedido de divórcio apenas os casais que já estivessem separados de fato há mais de cinco anos no momento da promulgação da Lei do Divórcio ou se o permissivo abrangeria também os casais que, separados de fato naquela data, viessem a completar o quinquênio da ruptura posteriormente. A jurisprudência, sensível ao drama social que a matéria envolvia, acabou por se fixar na solução mais liberal. Discussão semelhante está em voga, atualmente, quanto à possibilidade de modificação do regime de bens, conforme expressa autorização do art. 1.639, § 2º, do Código Civil, em relação aos casamentos celebrados sob a égide do Código anterior, tendo em vista as disposições transitórias do art. 2.039 do Código Civil de 2002.

2 Orlando Gomes, *Direito de Família*, Rio de Janeiro: Forense, 2002, 14ª ed., p. 299.

3 Sobre o tema, v., por todos, Antunes Varela, *Dissolução da Sociedade Conjugal*, Rio de Janeiro: Forense, 1980, espec. pp. 82 e ss., que analisa sistematicamente a reforma do direito de família

A Lei 7.841, de 17.10.1989, deu nova redação ao mencionado art. 40, *caput* da Lei do Divórcio, em consonância com o art. 226, § 6º, da Constituição Federal, de molde a alterar profundamente o sistema. É de se conferir: "No caso de separação de fato, e desde que completados 2 (dois) anos consecutivos, poderá ser promovida ação de divórcio, na qual deverá ser comprovado decurso do tempo da separação".

Na Lei do Divórcio,[4] em um primeiro momento, o divórcio-remédio, despido da ideia de culpa, tanto o direto (disposição transitória) como o indireto (exigindo o período de três anos de prévia separação judicial), mostrava-se ainda tímido, sendo de se sublinhar, no art. 5º, § 3º, o resquício da culpa projetada na perda patrimonial de quem tomava a iniciativa da separação, além do lapso de três anos para requerê-la no caso de impossibilidade de vida em comum. De toda sorte, a partir do advento da Lei 8.408, de 13.02.1992, que reduziu para um ano o prazo para a propositura da separação-remédio ou falência (prevista no art. 5º, § 1º, em sua redação original, desde que decorridos três anos), e da Lei 7.841/1989, que deu a nova redação ao art. 40, expandiu-se, sensivelmente, a separação ou divórcio-remédio, promovido de maneira objetiva, arrefecendo o papel da culpa.

Há que se remarcar, ao propósito, que o preceito do § 3º, embora não tenha sido propriamente revogado, tornou-se ineficaz diante da ulterior redação do art. 40 que, como antes examinado, permitiu aos cônjuges separados de fato promoverem dire-

---

introduzida pela Lei do Divórcio. No que concerne à hipótese prevista no § 1º, Antunes Varela sublinha a necessidade de que se caracterize uma "*falência definitiva*" (p. 88): "Não basta, noutros termos, que a comunhão plena de vida entre os cônjuges se tenha interrompido; é preciso que ela tenha fracassado. Não basta que o casamento esteja em crise; torna-se ainda mister que ele tenha *falhado* ou *naufragado*". E como não se pode assegurar a *impossibilidade* absoluta de uma reconciliação, o requisito para a separação há de se constituir na "ausência de razões especiais para crer na probabilidade da reconstituição, conforme preceituam a doutrina e a lei alemã (de 14 de julho de 1976)": "Falhado é o casamento, em que já não existe (ou nunca existiu) a comunhão plena de vida entre os cônjuges e não há razões para crer (*nicht erwartet werden kann*) que eles a venham a estabelecer ou a restaurar de novo" (p. 88). O autor realça, ainda, o sentido e o alcance da *separação-remédio*, baseada na doença mental de um dos cônjuges, afastando-a da ideia de abandono do doente por parte do cônjuge sadio, observando, argutamente (pp. 93-94): "A solução foi desde há muito advogada, quer na doutrina estrangeira, quer na doutrina brasileira, por não se considerar justa a condenação à castidade perpétua (ou à prática de adultério) a que implicitamente podia ser sujeito, no sistema anterior, um dos cônjuges, sempre que a doença mental do outro impossibilitasse a coabitação entre eles. A concessão da separação (ou do divórcio) em tais circunstâncias era considerada pelos seus defensores, não como uma sanção contra o cônjuge demandado, mas como um remédio justo, humano, compreensível, para a situação de que era vítima, também sem culpa, o cônjuge não doente".

4 Art. 5º da Lei do Divórcio. A separação judicial pode ser pedida por um só dos cônjuges quando imputar ao outro conduta desonrosa ou qualquer ato que importe em grave violação dos deveres do casamento e tornem insuportável a vida em comum. § 1º. A separação judicial pode, também, ser pedida se um dos cônjuges provar a ruptura da vida em comum há mais de um ano consecutivo e a impossibilidade de sua reconstituição. § 2º. O cônjuge pode ainda pedir a separação judicial quando o outro estiver acometido de grave doença mental, manifestada após o casamento, que torne impossível a continuação da vida em comum, desde que, após uma duração de 5 anos, a enfermidade tenha sido reconhecida de cura improvável. § 3º. Nos casos dos parágrafos anteriores, reverterão, ao cônjuge que não houver pedido a separação judicial, os remanescentes dos bens que levou para o casamento, e, se o regime de bens adotado o permitir, também a meação dos adquiridos na constância da sociedade conjugal.

tamente o divórcio sem se sujeitarem à sanção prevista na lei especial. Tal proposta, entretanto, longe de ser pacífica, suscitou conceituada objeção de quem afirmava que o divórcio direto somente poderia ser promovido consensualmente, por vontade de ambos os cônjuges, prevalecendo, conseguintemente, as consequências previstas no § 3º para os demais casos em que apenas uma das partes quisesse se divorciar – sujeitando-se, então, à prévia separação judicial.[5] O argumento, contudo, não colhia, não sendo consentido ao intérprete restringir o alcance do texto constitucional vigente à época.[6]

O Código Civil manteve o "estatuto da culpa", conforme se constata da leitura do art. 1.572.[7] No que toca às causas de rompimento da sociedade conjugal, previstas no art. 1.573, cuja enumeração não se considera taxativa, o codificador positivou esse entendimento, trazendo à tona uma cláusula geral, de modo a possibilitar ao juiz a verificação de outras circunstâncias que tornassem impossível a vida em comum.[8]

Diante das chamadas separação-remédio e da separação-falência, o papel da culpa, no que tange aos efeitos patrimoniais, foi reduzido, embora permanecesse ainda em realce no tocante ao dever de alimentos. A Lei do Divórcio, em seu art. 19, previa que "o cônjuge responsável pela separação prestará ao outro, se dela necessitar, a pensão que o juiz fixar". Embora a atual codificação ainda tenha mantido a obrigação alimentar como um dos efeitos da culpa, não deve ser esse o entendimento preponderante, como será analisado nesse capítulo. No § 2º do art. 1.694, há a expressa previsão de

---

5 Maria Helena Diniz, *Curso de Direito Civil Brasileiro. Direito de Família*, vol. 5, São Paulo: Saraiva, 2002, 17ª ed., p. 284.

6 Art. 226, § 6º: O casamento civil pode ser dissolvido pelo divórcio, após prévia separação judicial por mais de um ano nos casos expressos em lei, ou comprovada separação de fato por mais de dois anos.

7 Veja-se, como exemplo, julgados proferidos posteriormente ao advento do Código Civil: "Cada parte deve comprovar suas alegações, sendo ainda do autor o ônus da prova do fato constitutivo do alegado direito. Se não demonstrada a culpa da ré, o pedido não pode ser julgado procedente" (TJ/MG, 8ª C.C., Ap. Cív. 1.0000.00.301323-2/000, Rel. Des. Pedro Henriques, julg. 11.12.2003, publ. *DJ* 05.05.2004); "Se indemonstrada a culpa do cônjuge, e for ela (a culpa) o único fundamento do pedido de separação, improcede a pretensão. Seria, então, o caso de transmutação do pedido de separação judicial com culpa em separação judicial sem culpa. Todavia, é vedada essa transmutação, pois diversos são os fundamentos de fato e de direito (causas jurídicas e causas legais) dos dois institutos. Por outro lado, a prova da infração grave dos deveres conjugais constitui ônus daquele que alega e dela se prevalece" (TJ/MG, 4ª C.C., Ap. Cív. 1.0343.04.910527-7/001, Rel. Des. Hyparco Immesi, julg. 15.09.2005, publ. *DJ* 11.10.2005).

8 "A norma, após arrolar casuisticamente as hipóteses que tornam impossível a comunhão de vida, justificadoras do pedido de separação judicial litigiosa, vem seguindo a esteira das modernas legislações europeias, no seu parágrafo único, a admitir que o juiz pode considerar outros fatos que tornem evidente a impossibilidade da vida em comum (p. ex., crueldade mental, desamor, incompatibilidade de gênios etc.). Apelando, assim, para a discricionariedade judicial, para que o órgão judicante, empregando critérios axiológicos, consagrados na ordem judicial (LICC, art. 5º), interprete a norma em relação com a situação fática do caso sub judice, averiguando se, na verdade, a conduta de um dos cônjuges torna insuportável a convivência conjugal. Em sendo assim, demonstrada a ausência de amor entre uma das partes, impossível suportar a vida em comum, pelo que, a procedência da separação judicial do casal, neste momento, é mais prudente, antes que se perca o respeito entre eles. A partilha dos bens deverá ser feita na proporção de 50% para cada parte" (TJ/MG, 5ª C. C., Ap. Cív. 1.0596.06.036357-6/001, Rel. Des. Mauro Soares de Freitas, julg. 08.05.2008, publ. *DJ* 16.05.2008).

que "Os alimentos serão apenas os indispensáveis à subsistência, quando a situação de necessidade resultar de culpa de quem os pleiteia". Assim, o Código Civil diferencia os alimentos naturais (os necessários à sobrevivência) dos alimentos civis (aqueles que visam à preservação do padrão de vida), dispondo que o cônjuge culpado terá direito apenas aos alimentos naturais. Não obstante a manutenção legislativa da ideia de culpa, a mitigação de sua aplicação foi um imperativo constitucional, considerando que o sustento, globalmente considerado, compõe o substrato material do princípio da dignidade da pessoa humana e da solidariedade.

Outro aspecto de grande relevo, no tocante à culpa, referia-se à possibilidade de perda do sobrenome pela mulher após a separação, nos termos do art. 17 da Lei do Divórcio. Note-se que somente a mulher sofria os efeitos da culpa, no que se refere ao nome, pois só a mulher podia modificar seu sobrenome quando do casamento. Perdia o nome de casada não só a mulher considerada culpada pela separação, mas também a que teve a iniciativa da separação-remédio ou separação-falência, consoante os §§ 1º e 2º do art. 5º da Lei do Divórcio. Da dicção dos arts. 17 e 18 da mesma lei exsurgia nitidamente o caráter punitivo da perda do nome, associada à culpa pela ruptura ou mesmo pela mera iniciativa.[9]

A solução legal mostrava-se plasmada pela ideia da culpa, vinculando a manutenção do *nome de família*, atributo da identificação pessoal da mulher – e incrivelmente sempre tratado, diga-se de passagem, como *nome do marido* – ao seu comportamento durante o casamento; e, pior ainda, subtraindo-lhe o sobrenome como uma sanção, não só na separação culposa, mas na chamada separação remédio.

Ainda sob a égide da anterior codificação e da Lei do Divórcio, o art. 25, parágrafo único, introduzido pela Lei 8.408, de 13.02.1992, prescrevia, como regra, a perda pela mulher do nome de família. Atualmente, o Código Civil, em seu art. 1.565, § 1º, facultou a qualquer dos cônjuges adotar o sobrenome do outro.[10] Por isso, as disposições referentes à perda do nome não se dirigiam somente à mulher, como outrora, mas a qualquer cônjuge, por força, também, do princípio constitucional da igualdade.

O Código Civil conservou os mesmos casos de manutenção do nome do cônjuge culpado. Fez acréscimos em relação à adequação do art. 25 da Lei 6.515/1977 ao princípio da igualdade entre os cônjuges, disposto tanto na cláusula geral de igualdade (art. 5º, I, CR), quanto no capítulo dedicado pela Constituição à família (art. 226, § 5º); vinculou a perda do nome ao expresso requerimento do cônjuge inocente, além de trazer algumas inovações nos parágrafos do art. 1.578.

---

9 Art. 17. *Vencida* na ação de separação judicial (art. 5º, *caput*), voltará a mulher a usar o nome de solteira. § 1º Aplica-se, ainda, o disposto neste artigo, quando é da mulher a iniciativa da separação judicial com fundamento nos §§ 1º e 2º do art. 5º. § 2º Nos demais casos, caberá à mulher a opção pela conservação do nome de casada.

Art. 18. *Vencedora* na ação de separação judicial (art. 5º, *caput*), poderá a mulher renunciar, a qualquer momento, ao direito de usar o nome do marido.

10 Sobre o assunto, ver Maria Celina Bodin de Moraes, Nome: sobre o nome da pessoa humana. *Revista Brasileira de Direito de Família*, Porto Alegre: Síntese/IBDFAM, vol. 2, n. 7, 2000, pp. 38-59.

A perda do nome de família, portanto, no Código Civil, seguindo a esteira da Lei 8.408/1992, que modificou alguns dispositivos da Lei do Divórcio, desvincula-se da ideia de culpa, embora pudesse ser questionada a constitucionalidade da solução legal que, em última análise, viola o direito à identidade pessoal do cônjuge. Afinal, com o casamento, o nome de família integra-se à personalidade do consorte, não mais podendo ser considerado como nome apenas de um dos cônjuges. Muitas vezes poderia ser difícil ao cônjuge demonstrar uma das hipóteses previstas nos incisos acima enumerados, embora a alteração do seu sobrenome – que, de resto, o identifica com os filhos do casamento desfeito –, altere necessariamente a sua identificação pessoal, atributo de sua personalidade, cuja eventual alteração deve ser, por isso mesmo, a ele exclusivamente facultada; por esse motivo, o § 2º do art. 1.578 foi erigido pela jurisprudência à regra geral, associando o nome ao exercício de direito da personalidade.[11]

Inseria-se, ainda, no rol das consequências da culpa na separação, a possibilidade de perda da guarda dos filhos pelo cônjuge culpado, dispondo o art. 10 da Lei 6.515/1977 que "os filhos menores ficarão com o cônjuge que a ela não houver dado causa". O dispositivo, contudo, vinha sendo temperado pela boa atuação da jurisprudência que se valia do art. 13 da Lei Divorcista, segundo o qual, "se houver motivos graves, poderá o juiz, em qualquer caso, a bem dos filhos, regular por maneira dife-

---

11 Nesse sentido, acórdão do STJ que, embora leve em consideração a discussão sobre a culpa, considera o nome de casado atributo da personalidade: "1. A retirada do sobrenome do ex-marido do nome da ex-mulher na separação judicial somente pode ser determinada judicialmente quando expressamente requerido pelo cônjuge inocente e desde que a alteração não acarrete os prejuízos elencados no art. 1.578 do CC/2002. 2. A utilização do sobrenome do ex-marido por mais de 30 trinta anos pela ex-mulher demonstra que há tempo ele está incorporado ao nome dela, de modo que não mais se pode distingui-lo, sem que cause evidente prejuízo para a sua identificação 3. A lei autoriza que o cônjuge inocente na separação judicial renuncie, a qualquer momento, ao direito de usar o sobrenome do outro (§ 1º do art. 1.578 do CC/2002). Por isso, inviável que, por ocasião da separação, haja manifestação expressa quanto à manutenção ou não do nome de casada. 4. Recurso especial não provido" (STJ, 3ª T., REsp 1482843/RJ, Rel. Ministro Moura Ribeiro, julg. 02.06.2015, publ. *DJ* 12.06.2015); "A pretensão de alteração do nome civil para exclusão do patronímico adotado pelo cônjuge virago, em razão do casamento, por envolver modificação substancial em um direito da personalidade, é inadmissível quando ausentes quaisquer circunstâncias que justifiquem a alteração, especialmente quando o sobrenome se encontra incorporado e consolidado em virtude de seu uso contínuo, como no presente caso, isto é, por quase 20 anos" (STJ, 4ª T., AgInt no AREsp 1.550.337/SP, Rel. Min. Raul Araújo, julg. 4.3.2024, publ. *DJe* 11.3.2024). Também sob o argumento de que cabe ao cônjuge que modificou seu nome definir se continua ou não a utilizar o nome, já que é direito da personalidade: TJ/RJ, 16ª C.C., Ap. Cív. 0007653-12.2015.8.19.0038, Rel. Des. Lindolpho Moras Marinho, julg. 18.10.2016, *DJ* 18.10.2016; TJ/RJ, 5ª C.C., Ap. Cív. 0151532-14.2014.8.19.0038, Rel. Des. Heleno Ribeiro Pereira Nunes, jul. 17.05.2016, publ. *DJ* 17.05.2016; TJ/DF, 1ª T. C., Ap. Cív. 20140910144836 APC, Rel. Des. Alfeu Machado. julg. 05.10.2016; *DJ* 20.10.2006. Em sentido contrário: "É fato que o nome integra o patrimônio pessoal dos indivíduos e que a permanência do nome de casada constitui direito da personalidade com amparo legal. Porém, especialmente no âmbito do direito privado, há situações que comportam exceções e, no caso, há fartos relatos no sentido de o recorrente ter sido vitimado por gravíssimos atos de agressão física e moral, praticados pela esposa (55 anos mais jovem), com exposição de sua saúde a risco (inclusive com processo criminal em tramitação). Além disto, vivenciou situações vexatórias e humilhantes a qualquer pessoa, quanto mais para um idoso já além de seus 80 anos. Assim, contrapostos o direito fundamental ao nome com o direito constitucional à dignidade e preservação da honra pessoal do idoso se impõe à mulher a volta ao uso do seu nome de solteira" (TJ/RS, 8ª C.C., Ap. Cív 70057104168, Rel. Des. Luiz Felipe Brasil Santos, julg. 12.12.2013, publ. *DJ* 12.12.2013).

rente da estabelecida nos artigos anteriores a situação deles com os pais", no sentido de definir a guarda em favor do melhor interesse dos filhos. Tal entendimento, que expressa a aplicação do princípio do melhor interesse da criança e do adolescente, é digno de elogio, não sendo tolerável, à luz da Constituição da República, condicionar a convivência familiar dos filhos de pais separados à vida conjugal fracassada. Desta forma, o Código Civil de 2002 desvinculou a parentalidade da culpa, subordinando a decisão acerca da guarda e das visitas/convivência familiar somente ao melhor interesse dos filhos menores, conforme se constata pelos ditames do art. 1.584.

Com a privatização e democratização da família e a sua funcionalização à realização da personalidade de seus integrantes promovida pela Constituição da República, tornou-se necessário rever a disciplina da Lei 6.515/1977, o que foi corroborado pelo Código Civil e, posteriormente, pela Emenda Constitucional 66.

O primeiro ponto importante a ser destacado foi o arrefecimento do papel da culpa,[12] não sendo consentido imputar sanções pelo simples fato da ruptura do vínculo matrimonial – sem que se identifique, especificamente, a prática de um ato ilícito; mormente quando estas sanções deixam de ter relação de causalidade com o dano efetivamente produzido e afetem outros institutos, como alimentos, nome de família, guarda dos filhos e patrimônio individual de cada cônjuge.

Discutia-se, também, se o descumprimento dos deveres estipulados na separação judicial poderia ser causa impeditiva da conversão da separação em divórcio, a teor do art. 36, parágrafo único, II, da Lei do Divórcio. A previsão constitucional de divórcio direto no prazo de dois anos fazia com que o direito à dissolução não pudesse ser obstaculizado pelo comportamento culposo do cônjuge separado. Mais uma vez, é preciso evitar que a inadimplência em relação aos deveres estipulados na separação – a ser sancionada com as consequências próprias da inexecução das obrigações de dar, fazer e não fazer –, se estenda de molde a impedir direitos constitucionalmente tutelados: a permanência do estado civil e do vínculo matrimonial não pode ser moeda de troca, à luz dos valores constitucionais, para se obter o cumprimento das obrigações derivadas da separação judicial. Além do mais, o atual Código Civil nada dispôs acerca do tema, entendendo-se que, neste caso, o único requisito necessário para a decretação do divórcio direto era lapso temporal de dois anos.

---

12 Mesmo na véspera da vigência do Código Civil, o STJ assim decidiu: "No caso dos autos, os dois cônjuges manifestaram o desejo de separar-se judicialmente. A mulher tomou a iniciativa e ingressou com a ação de separação, dizendo que o marido a trata de modo agressivo, criando ambiente incompatível com a vida em comum (fl. 3). O marido, além de contestar, ofereceu reconvenção, atribuindo à mulher, depois de um certo tempo, comportamento estranho, com abandono do leito conjugal e das tarefas caseiras. As instâncias ordinárias entenderam que as duas pretensões não estavam suficientemente provadas e por isso julgaram improcedentes a ação e a reconvenção. O marido insiste em obter o decreto de separação, com acolhimento do seu pedido. 2. Manifestando os cônjuges o propósito de obter do Juiz o decreto de separação, e não provados os motivos que eles apresentaram, mas configurada a insuportabilidade da vida conjugal, parece que a melhor solução é decretar-se a separação do casal, sem imputar a qualquer deles a prática da conduta descrita no art. 5º da Lei 6.515, de 26.12.1977, deixando de se constituir a sentença um decreto de separação-sanção para ser apenas uma hipótese de separação-remédio" (STJ, 4ª T., REsp 467.184/SP, Rel. Min. Ruy Rosado de Aguiar, julg. 05.12.2002, publ. *DJ* 17.02.2003).

Nesse cenário, é importante o advento da Lei 11.441/2007 que autorizou separações e divórcios ser feitos diretamente em cartório de notas, por meio de escritura pública. A redução da intervenção do Estado na vida privada corrobora a ideia de privatização da família, de direito de família mínimo, bem como da assunção de responsabilidade dos membros da entidade familiar desfeita, na medida em que passa o controle da desconstituição do casamento exclusivamente para quem decidiu pelo rompimento da vida em comum.

2. ATUAL CONFIGURAÇÃO DO DIVÓRCIO APÓS A EMENDA CONSTITUCIONAL 66

Com o advento da Emenda Constitucional 66, em julho de 2010, que modificou a redação do § 6º do art. 226 C.R., extinguiram-se os requisitos temporais para a concessão do divórcio. O texto anterior do dispositivo era o seguinte: "O casamento civil pode ser dissolvido pelo divórcio *consensual ou litigioso, na forma da lei*". A supressão pela Emenda Constitucional da referência em itálico gerou as seguintes consequências hermenêuticas: (i) extinguiu-se a diferença antes existente entre o divórcio direto (condicionado à separação de fato por dois anos) e o divórcio por conversão (vinculado ao prazo de um ano contado do trânsito em julgado da decisão que concede a separação de corpos – desde que haja prévia separação do casal – ou da sentença que decreta a separação – ou da escritura pública de separação extrajudicial); (ii) afastou-se a vinculação da obtenção do divórcio por conversão ao requisito do cumprimento das cláusulas pactuadas na separação judicial ou à prévia partilha de bens; (iii) extinguiu-se a possibilidade da discussão relativa à culpa pelo fim do casamento, uma vez que, diante da objetividade do divórcio e de não mais se exigir qualquer requisito temporal para concedê-lo, não faz mais sentido a possibilidade da separação litigiosa;[13-14] (iv) em interpretação à referida emenda constitucional, o STF entendeu que o instituto da separação desapareceu do ordenamento jurídico como figura autônoma, ainda que de forma consensual. Reforçou-se, desse modo, a natureza jurídica de direito potestativo ao divórcio, na medida em que basta o ato volitivo de um dos cônjuges para deflagrar o fim do vínculo matrimonial.[15] Em outras palavras, "a ideia do legislador foi ampliar a

---

13 Trata-se do Recurso Extraordinário nº 1167478, referente ao Tema 1.053, julgado em 8.11.2023, cuja ata de julgamento foi publicada em 10.11.2023.

14 A exposição de motivos do projeto de emenda constitucional assim justifica a abolição da culpa: "essa providência salutar, de acordo com valores da sociedade brasileira atual, evitará que a intimidade e a vida privada dos cônjuges e de suas famílias sejam revelados e trazidos ao espaço público dos tribunais, com todo o caudal de constrangimentos que provocam, contribuindo para o agravamento de suas crises e dificultando o entendimento necessário para a melhor solução dos problemas decorrentes da separação".

15 "Recorrente que se insurge contra o divórcio e a partilha dos bens adquiridos pelo casal na constância do casamento. A Emenda Constitucional 66, de 2010, ao alterar a redação do § 6º, do art. 226, da Constituição Federal, tornou potestativo o direito ao divórcio, afastando a necessidade de prova do tempo da separação de fato, do casal, e a perquirição de eventual culpa. Autora/Apelada que manifesta a impossibilidade de convivência com o autor. Ausência de óbice à decretação do divórcio. Parte Ré que não comprova fato modificativo, extintivo ou impeditivo do direito autoral, nos moldes do art. 333, II, do CPC" (TJ/RJ, 11ª C.C., Ap. Cív. 0016297-47.2014.8.19.0209, Rel. Des. Luiz Henrique Marques, julg. 04.05.2016).

autonomia privada no direito de família, permitindo a qualquer dos cônjuges terminar o casamento sem declinar os motivos nem imputar ao outro conduta desairosa".[16]

A discussão sobre o cabimento da culpa permanece em duas searas no âmbito do direito de família: alimentos e usucapião conjugal – embora a matéria seja atinente aos direitos reais, repercute diretamente na partilha de bens, por ocasião do divórcio.

Remanesce a discussão da culpa nos alimentos e usucapião conjugal?

Relativamente ao dever de pensionamento, o art. 1.694, § 2º, do Código Civil, embora tenha mantido o "estatuto da culpa", minorou seus efeitos ao estabelecer que o cônjuge culpado possa receber alimentos, se houver necessidade, mas somente alimentos naturais, isto é, aqueles necessários à sua sobrevivência.[17]

Afinal, a pensão alimentícia, derivada da conversão em pecúnia do dever de mútua assistência próprio e típico da relação familiar – incluído no casamento e na união estável – tem origem na solidariedade familiar, podendo ser requerida, conseguintemente, desde que haja a necessidade de um dos parceiros, no momento em que se dissolve qualquer espécie de entidade familiar constitucionalmente tutelada.

Nessa esteira, entende-se em doutrina que o abandono da discussão de culpa repercute na discussão dos alimentos, de modo que, "seja qual for a causa que determinou a dissolução da sociedade conjugal, respeitando-se sempre o caráter assistencial, devem atender às necessidades que garantem o direito fundamental à vida de forma ampla, estabelecendo-se, na medida do possível, os alimentos de acordo com a condição social de cada indivíduo".[18]

A usucapião especialíssima ou conjugal consiste em modalidade de usucapião imobiliária acrescida ao Código Civil por meio da Lei 12.424/2011, que criou o art. 1.240-A. Os pressupostos legais exigidos são os seguintes: a) exercício da posse direta, sem interrupção, com exclusividade; b) o imóvel deve ser urbano medir o máximo de 250m²; c) a propriedade do imóvel deve pertencer a ambos os cônjuges; d) abandono

Usucapião conjugal e culpa

---

16 TJ/SP, 4ª Câm. Dir. Priv., Ap. Cív. 0000527-41.2009.8.26.0032, Rel. Des. Fábio Quadros, julg. 19.01.2012.

17 A interpretação literal conjunta do art. 1.694, *caput* e § 2º do Código Civil, poderia suscitar a falsa impressão da incidência da culpa à união estável, para efeitos de fixação alimentar – mesmo após a Emenda Constitucional 66. Isso porque o *caput* trata dos alimentos em geral, decorrentes de parentesco, casamento e união estável. Já o § 2º, que dispõe que em caso de culpa o alimentário culpado só fará jus aos alimentos naturais, não prevê em quais casos este dispositivo incidirá. Entretanto, não é de se admitir a incidência dos efeitos da culpa na união estável, principalmente considerando que nenhum dos artigos do Código Civil que trataram da matéria (arts. 1.723 a 1.727) fez qualquer menção à extensão do "estatuto da culpa" para a união estável – se mesmo no casamento (em que há dispositivo expresso) defende-se seu descabimento, o que dirá na união estável, em que não há previsão legal diretamente sobre o tema.

18 Renata Barbosa de Almeida, Walsir Edson Rodrigues Júnior, *Direito Civil:* Famílias, São Paulo: Atlas, 2012, 2ª ed., p. 260. Em sentido contrário: "Inequívoco que cabe discussão de culpa na fixação de alimentos, já tendo a doutrina manifestado que o art. 1.704, parágrafo único, do Código Civil, não foi revogado ou alterado pela nova norma constitucional. Aplica-se na ação de alimentos ao cônjuge que descumpre seus deveres conjugais uma sanção, que consiste na perda dos alimentos ou recebendo alimentos mínimos à sua manutenção se não puder prover o seu sustento, nem tiver familiares que possam provê-los. A culpa, entretanto, será debatida nos alimentos e não no divórcio, que será decretado independente de culpa" (Dimas Messias de Carvalho, *Direito das famílias*, São Paulo: Saraiva, 2015, 4ª ed., p. 426).

do lar por um deles no período que antecede a posse mencionada na letra "a"; e) a função desempenhada pelo imóvel é a moradia do cônjuge e/ou de sua família; f) quem pleiteia a usucapião não deve ser proprietário de outro imóvel urbano ou rural.[19]

Cabe aqui investigar se o comando legislativo renovou a necessidade da investigação da culpa, ao estabelecer o *abandono de lar* como um dos pressupostos caracterizadores da usucapião. O termo abandono não consiste simplesmente na saída do lar – mesmo porque não há a obrigatoriedade da coabitação, tendo em vista a possibilidade de cada casal arquitetar a melhor forma de estabelecer a comunhão plena de vida.[20] "Abandono, pois, deve ser interpretado no sentido de se interromper a comunhão de vida conjunta e a assistência financeira e moral àqueles que compõem o núcleo familiar, renegando o dever solidário de responsabilidade para com a família, o que faz com que a pessoa que deixou o lar por sofrer violência doméstica não se enquadre neste conceito de abandono".[21] Assim, sugere-se que abandono de lar seja interpretado como "abandono familiar", traduzido como o descumprimento do dever de solidariedade familiar, não atendendo às responsabilidades familiares e parentais incidentes no caso concreto,[22] por meio do desamparo da família e da falta de assistência que possa trazer dificuldades materiais e afetivas para os familiares abandonados.[23]

---

19 "2. É possível a aquisição de imóvel cuja propriedade é dividida com o ex-cônjuge que abandonou o lar, mediante usucapião, desde que exercida a posse direta e exclusiva por dois anos ininterruptos e sem oposição, sobre o bem. MANUTENÇÃO DA POSSE DO EX-ESPOSO SOBRE O IMÓVEL FAMILIAR" (TJ/SC, 2ª C.C., Apel. Cív. 20140372928, Rel. Des. Trindade dos Santos, julg. 10.07.2014).

20 Aprovou-se o Enunciado n. 664, da IX Jornada de Direito Civil, reconhecendo a necessidade de que aquele que se mantém no bem exerça com exclusividade a posse do imóvel: "O prazo da usucapião contemplada no art. 1.240-A só iniciará seu curso caso a composse tenha cessado de forma efetiva, não sendo suficiente, para tanto, apenas o fim do contato físico com o imóvel".

21 Luiz Edson Fachin, *A constitucionalidade da usucapião familiar do artigo 1.240-A do Código Civil brasileiro*. Disponível em http://www.cartaforense.com.br/conteudo/artigos/a-constitucionalidade-da-usucapiao-familiar-do-artigo-1240-a-do-codigo-civil-brasileiro/7733. Acesso em 16.07.2019. No mesmo sentido, o Enunciado 595 da VII Jornada de Direito Civil: "O requisito 'abandono do lar' deve ser interpretado na ótica do instituto da usucapião familiar como abandono voluntário da posse do imóvel somado à ausência da tutela da família, não importando em averiguação da culpa pelo fim do casamento ou união estável. Revogado o Enunciado 499".

22 Em interessante caso julgado pelo Tribunal de Justiça do Rio de Janeiro, revelou-se relevante o fato de um dos ex-cônjuges permanecer fornecendo auxílio financeiro àquele que permaneceu na posse do bem, a desconfigurar a usucapião familiar. Veja-se: "*In casu*, restou evidenciado que a parte ré permaneceu na posse direta e exclusiva do imóvel não por abandono do lar pelo autor, mas por acordo entre as partes, tendo sido consignado na ata da audiência, na ocasião da decretação do divórcio, que as partes concordavam com a decretação do divórcio, já que estavam separados de fato sem possibilidade de reconciliação, e que a partilha dos bens seria discutida pela via própria. Observa-se ainda que, nos autos da ação de partilha de bens, posterior ao divórcio, a parte ré afirma concordar com a partilha do imóvel, ressaltando-se, inclusive, que o autor realizou a prestação de alimentos à ré, tendo ele, portanto, fornecido assistência financeira à mesma, consoante acordo entabulado pelas partes em ação de alimentos. Hipótese em que não se vislumbra o suposto abandono de lar, mas sim que o autor permitiu que a recorrente permanecesse morando no imóvel sem a partilha, o que descaracteriza o alegado abandono e a prescrição aquisitiva no presente caso concreto" (TJRJ, 21ª C.C., Ap. Cív. 0017184-67.2019.8.19.0205, Rel. Des. Fabio Uchoa Pinto de Miranda Montenegro, julg. 10.8.2023).

23 Ricardo Lucas Calderon; Michele Mayumi Iwasaki, Usucapião familiar: quem nos salva da bondade dos bons? Revista Brasileira de Direito Civil, v. 3, jan./mar. 2015, p. 49.

Doutrina alinhada com as bases metodológicas aqui preconizadas entende que tal referência legislativa não alude a efeito da culpa, mas à expressão da solidariedade constitucional e dos valores existenciais que tutelam os membros da família. São esses os fundamentos para "a consolidação ágil do domínio sob a titularidade do cônjuge/companheiro que permanece na moradia comum, independentemente das causas que motivaram a saída do outro. Não se trata de norma de natureza punitiva, inspirada na perquirição da culpa no rompimento da sociedade conjugal, em visão que reservaria o 'abandonador' a sanção de 'perda' de sua fração na propriedade".[24] Luiz Edson Fachin também entende que o abandono do lar não "remonta à vetusta e superada hipótese de dissolução culposa do vínculo familiar, e não pode ser interpretado nesse sentido sob pena de inadequação às famílias contemporâneas, uma vez que o vínculo conjugal é vivencialmente (des)constituído. Isso não requer seja o abandono registrado de maneira formal em um cartório ou em uma delegacia, por meio de boletim de ocorrência. Essa complexidade agrava a determinação do *dies a quo* do prazo da usucapião, que deverá ser comprovado de outra forma, com testemunhas, fotografias ou outros dados concretos que caracterizem o abandono. É este um ônus do usucapiente".[25]

Diante dessas reflexões, conclui-se que a culpa não tem mais espaço no Direito de Família, mesmo em questões que, aparentemente, não se originam no mesmo tipo de culpa anteriormente discutida na separação-sanção (exemplificativamente, as condutas descritas no art. 1.572). A disciplina do fim do casamento aparta-se de qualquer caráter punitivo, associando-se definitivamente à liberdade da formação e da desconstituição da família e da sua função geradora da comunhão plena de vida.

Divórcio judicial

Em relação ao divórcio, este pode ser judicial ou extrajudicial. O divórcio judicial, por seu turno, pode ser consensual ou litigioso. O consensual é fruto de acordo entre as partes quanto ao desfazimento do vínculo, que poderá (ou não) englobar os demais consectários do fim do casamento, tais como uso do nome de casado,[26] guarda e convivência com os filhos, alimentos e partilha dos bens.

O divórcio litigioso se dá quando há discordância das partes em relação ao fim do casamento; no entanto, como o divórcio "se afigura direito potestativo, não admitindo restrições oriundas da legislação infraconstitucional",[27] sua decretação ocorrerá independente da vontade negativa de uma das partes. Daí porque, albergando a noção de que o rompimento dos vínculos conjugais é direito potestativo daquele que o requer, a nova legislação processual é expressa no sentido de que o divórcio poderá

---

[24] Carlos Edison do Rego Monteiro Filho, Problemas de campo e cidade no ordenamento jurídico brasileiro em tema de usucapião. In: Carlos Eduardo Guerra de Moraes Filho, Ricardo Lodi Ribeiro (coords.). *Direito Civil*, Rio de Janeiro: Freitas Bastos, 2015, p. 339.

[25] Luiz Edson Fachin, *A constitucionalidade da usucapião familiar do artigo 1.240-A do Código Civil brasileiro*. Disponível em http://www.cartaforense.com.br/conteudo/artigos/a-constitucionalidade-da-usucapiao-familiar-do-artigo-1240-a-do-codigo-civil-brasileiro/7733. Acesso em 16.07.2019.

[26] O Provimento 153/2023 previu que a exclusão do sobrenome do cônjuge autoriza o retorno ao nome de solteiro pela pessoa requerente, com resgate de sobrenomes originários eventualmente suprimidos – o que se aplica a qualquer das modalidades de divórcio. Todas essas disposições relativas às pessoas casadas aplicam-se à união estável registrada no Registro Civil de Pessoas Naturais.

[27] TJ/RJ, 13ª C.C., AI 0034933-38.2016.8.19.0000, Rel. Des. Fernando Fernandy Fernandes, julg. 27.07.2016.

ser de plano decretado, mesmo na pendência de discussão acerca da partilha dos bens (art. 731, parágrafo único, CPC/2015).

Remanesce a possibilidade do pedido de divórcio direto e de conversão da separação em divórcio, sendo que, nesse último caso, não há que se falar em exigências do cumprimento dos efeitos da separação para se decretar o divórcio.[28]

Divórcio extrajudicial – Lei 11.441/2007

Mesmo antes da Emenda, o divórcio já poderia ser extrajudicial, por força da Lei 11.441/07. Os requisitos para que fosse obtido por meio de escritura pública são (i) ser consensual, (ii) não haver nascituro ou ter filhos menores ou incapazes e (iii) todos estarem representados por advogado.[29] A grande vantagem dessa possibilidade é a rapidez com que o divórcio pode ser formalizado, em face da ausência de intervenção do Estado, vinda em boa hora, uma vez que não cabe ao Poder Judiciário perquirir a vida privada dos cônjuges para investigar as razões pelas quais o casal decidiu se separar. Basta o fim da comunhão de vida, vez que a entidade familiar não mais cumpre sua função de desenvolver as personalidades de seus integrantes e a realização mútua.[30]

Divórcio liminar

A Resolução 571/2024 do CNJ inovou ao estabelecer a possibilidade de se realizar o divórcio pela forma extrajudicial se houver filhos comuns do casal menores ou incapazes, desde que "devidamente comprovada a prévia resolução judicial de todas as questões referentes à guarda, visitação e alimentos deles, o que deverá ficar consignado no corpo da escritura", conforme art. 34, § 2º. Não obstante a resolução prévia, se o tabelião tiver dúvidas sobre questões de interesse dos filhos menores ou incapazes, ele submeterá seus questionamentos ao juiz prolator da decisão (art. 34, §§ 2º e 3º, da Resolução). As mesmas diretrizes se aplicam à escritura pública de dissolução de união estável. Tem crescido o entendimento de que o divórcio pode ser concedido por meio de tutela de evidência, exatamente em razão do seu caráter potestativo, o que foi incrementado pela Emenda 66. Nessa direção, destacou o STJ: "Pode-se afirmar que o divórcio é direto e imotivado, verdadeiro direito potestativo, sem possibilidade de defesa a ser oposta pelo réu quanto ao comando principal, mas

---

28 "CONVERSÃO DE *SEPARAÇÃO* EM DIVÓRCIO. Partes separadas judicialmente desde 1992. Sentença que decreta o divórcio direto. Impossibilidade. Ação de conversão de *separação* em divórcio que não desapareceu do ordenamento jurídico depois da Emenda Constitucional 66/2010. Subsistência do estado de separados judicialmente. *Separação* judicial convertida em divórcio. Sentença reformada" (TJ/SP, 3ª Câm. Dir. Priv., Ap. Cív. 0005910-86.2015.8.26.0291, Rel. Des. Alexandre Marcondes, julg. 29.09.2016, publ. *DJ* 29.09.2016). O enunciado 517 da V Jornada de Direito Civil tem a seguinte dicção: "A Emenda Constitucional 66/2010 extinguiu os prazos previstos no art. 1.580 do Código Civil, mantido o divórcio por conversão".

29 O divórcio extrajudicial também está previsto no art. 733 do CPC/2015.

30 O Provimento 6/19 do Tribunal de Justiça de Pernambuco criou o "divórcio impositivo", por meio do qual o cônjuge sem filhos menores ou incapazes pode comparecer ao cartório e requerer a dissolução do vínculo, sem necessidade da presença ou anuência do outro cônjuge. Esse será apenas notificado para prévia ciência da formalização do ato, pois a concretização do divórcio independente da sua vontade, já que tem a natureza de direito potestativo. A averbação será realizada em 5 dias da notificação. Os demais consectários do divórcio serão tratados oportunamente. No entanto, o Provimento foi suspenso pelo Conselho Nacional de Justiça, sob o argumento de que novas competências dos cartórios só podem ser criadas por meio de leis, que não atribuíram aos cartórios de Registro Civil atribuição de intimação ou notificação.

remanescem questões laterais alimentos, guarda de filhos, regime de visitas e partilha de bens que podem exigir complexa dilação probatória. Não parece sensato postergar o julgamento de questão incontroversa o divórcio até o acertamento de questões laterais de fato, que podem perdurar durante anos a fio. Em tais hipóteses, deve-se julgar desde logo a parte incontroversa, decretando o divórcio contra o qual não existe defesa hábil, com prosseguimento das matérias que exijam dilação probatória. Apenas para dirimir os pontos eventualmente conflitantes acerca de questões laterais é que o feito prosseguirá na origem. Nesse contexto, levando em consideração que o divórcio pode ser prontamente decretado sem a necessidade de maiores delongas, a doutrina e a jurisprudência pátrias passaram a admitir sua concessão em sede de tutela antecipada."[31]

Tem se discutido qual é a melhor solução para o caso de uma das partes da ação de divórcio falecer no curso do processo. O TJMG entendeu que em situações em que já exista manifestação expressa de vontade de ambos os cônjuges de se divorciarem, a superveniência da morte de um dos cônjuges no curso do processo da ação não acarreta a perda de seu objeto, pois o falecimento não é suficiente para superar o acordo de vontades anteriormente manifestado, "o qual possui valor jurídico e deve ser respeitado, mediante a atribuição de efeitos retroativos à decisão judicial que decreta o divórcio do casal (...)". Sendo assim, "com a apresentação da petição inicial e da contestação, aperfeiçoou-se a manifestação de ambas as partes acerca da expressa concordância quanto à finalização da sociedade conjugal, por meio do divórcio (inciso IV do artigo 1.571 do CC/02 c/c inciso IV do artigo 2º da Lei 6.515/1977)".[32] É também nesse sentido o Enunciado n. 45 do IBDFAM: "A ação de divórcio já ajuizada não deverá ser extinta sem resolução de mérito, em caso do falecimento de uma das partes".

Na mesma direção, a 4ª Turma do STJ considerou possível a decretação de divórcio no caso em que, após a propositura da ação, ocorre o falecimento de um dos cônjuges. No caso examinado, o autor ajuizou ação de divórcio cumulada com partilha de bens em face da esposa, que veio a falecer durante a tramitação do processo. O autor pediu, então, a extinção do processo sem julgamento do mérito, visto que sua falecida esposa não tinha mais capacidade para ser parte, sendo indevida a habilitação dos herdeiros, determinada pelo juízo de primeiro grau, por tratar-se de direito personalíssimo e intransmissível. O juízo a quo e o Tribunal de Justiça do Maranhão consideraram procedente o pedido de divórcio póstumo. Para o relator do caso no STJ, Min. Antonio Carlos Ferreira, a partir da Emenda Constitucional 66/2010, o divórcio é direito potestativo, e destacou que a esposa, na propositura da ação, manifestou claramente sua concordância com o pedido do marido. De acordo com o magistrado, "cuida-se de reconhecer e validar a vontade do titular do direito mesmo após sua morte, conferindo especial atenção ao desejo de ver dissolvido o vínculo matrimonial".[33]

---

31 STJ, Decisão monocrática no AREsp 2168099, Relª. Min. Maria Thereza de Assis Moura, julg. 12.9.2022, publ. 14.9.2022.

32 TJMG, 4ª C.C., AI 10000200777423004, Rel. Dárcio Lopardi Mendes, julg. 5.8.2021, publ. *DJ* 6.8.2021.

33 Ainda segundo o Relator, "o respeito à vontade da pessoa proclamada em vida tem norteado a jurisprudência da corte em casos que envolvem matéria sucessória, e com muito mais razão deve orientar o olhar sobre questões de estado, cujo conteúdo alcança diretamente a dignidade do cônjuge" (STJ, 4ª T., REsp 2.022.649, Rel. Min. Antonio Carlos Ferreira, julg. 16.5.2024, publ. *DJe* 21.5.2024).

Também têm sido importante instrumento para facilitar o acesso às decisões sobre os rumos familiares os Centros Judiciários de Solução de Conflitos – CEJUSCs, órgãos ligados aos Tribunais de Justiça com Setores Processuais e Pré-Processuais. Além de ser gratuito, as partes encontram maior simplicidade nos procedimentos, além do suporte de conciliadores e mediadores para auxiliar na busca da solução do conflito e maior rapidez para homologar os acordos referentes ao divórcio e seus consectários.

Partes legítimas para propor ação de divórcio

Em face da natureza íntima e privada das decisões sobre constituição e desfazimento da família, o pedido de divórcio compete apenas aos cônjuges, dada a sua natureza personalíssima (CC, art. 1.582). Todavia, a lei prevê que se um dos cônjuges for incapaz para o ajuizamento ou defesa na ação, o curador, ascendente ou irmão tem legitimidade para fazê-lo. Trata-se de questão tormentosa, frente às mudanças geradas pelo Estatuto da Pessoa com Deficiência, que em seu art. 6º, dispôs que as decisões existenciais cabem exclusivamente à pessoa, de modo que a curatela se restringe às situações patrimoniais e negociais (art. 85). No entanto, entende-se que essa situação deve ser examinada à luz do caso concreto e do plano de curatela estabelecido pelo juiz, pois as questões sensíveis não podem ser decididas pelo curador a menos que, em algumas hipóteses, sejam estabelecidas em conjunto entre curador e curatelado. Assim, se se tratar de alguém sem qualquer discernimento e funcionalidade, recomenda-se que um terceiro o apoie, a fim de se evitar revelia em ação que trate de seus aspectos pessoais. O ideal é que haja expressão da vontade do curatelado, se for possível reconstruí-la por meio da sua perquirição pretérita da época em que ele detinha todas as suas faculdades mentais e expressão de vontade.[34] Caso contrário, recomenda-se que essas questões sensíveis sejam submetidas ao juízo da curatela, a fim de definir a conduta a ser seguida pelo curador.[35]

3. SEPARAÇÃO

A separação não permanece no ordenamento jurídico brasileiro.

Muito se discutiu sobre a permanência do instituto da separação – judicial ou extrajudicial – no ordenamento jurídico brasileiro, após o advento da Emenda Cons-

---

34 Remete-se ao capítulo 12, que trata do instituto da curatela.

35 Em caso em que o objetivo era definir se o curador provisório poderia propor ação de divórcio representando o curatelado, o STJ entendeu pela excepcionalidade da situação: "4 – Justamente por ser excepcional o ajuizamento da ação de dissolução de vínculo conjugal por terceiro em representação do cônjuge, deve ser restritiva a interpretação da norma jurídica que indica os representantes processuais habilitados a fazê-lo, não se admitindo, em regra, o ajuizamento da referida ação por quem possui apenas a curatela provisória, cuja nomeação, que deve delimitar os atos que poderão ser praticados, melhor se amolda à hipótese de concessão de uma espécie de tutela provisória e que tem por finalidade específica permitir que alguém – o curador provisório – exerça atos de gestão e de administração patrimonial de bens e direitos do interditando e que deve possuir, em sua essência e como regra, a ampla e irrestrita possibilidade de reversão dos atos praticados. 5 – O ajuizamento de ação de dissolução de vínculo conjugal por curador provisório é admissível, em situações ainda mais excepcionais, quando houver prévia autorização judicial e oitiva do Ministério Público. 6 – É irrelevante o fato de ter havido a produção de prova pericial na ação de interdição que concluiu que a cônjuge possui doença de Alzheimer, uma vez que não se examinou a possibilidade de adoção do procedimento de tomada de decisão apoiada, preferível em relação à interdição e que depende da apuração do estágio e da evolução da doença e da capacidade de discernimento e de livre manifestação da vontade pelo cônjuge acerca do desejo de romper ou não o vínculo conjugal" (STJ, 3ª T., REsp. 1.645.612/SP, Relª. Minª. Nancy Andrighi, julg. 12.11.2018, publ. *DJ* 12.11.2018).

titucional 66. O debate se justifica pelo fato de a separação pôr fim apenas à sociedade conjugal, e não ao vínculo matrimonial, como faz o divórcio.

Por isso, a propositura de ação de separação judicial litigiosa poderia ensejar pleito reconvencional de divórcio que engloba o pedido de simples cessação da sociedade conjugal (CC, art. 1.576).[36] Por esse motivo, parte da doutrina defendia o fim do instituto da separação, atendendo-se à interpretação histórica, sistemática e teleológica da norma.[37] Também apoiava-se na interpretação finalística, uma vez que "a Constituição da República extirpou totalmente de seu corpo normativo a única referência que se fazia à separação judicial. Portanto, ela não apenas retirou os prazos, mas também o requisito obrigatório ou voluntário da prévia separação judicial ao divórcio por conversão". Argumenta-se que se o objetivo de se manter vigente a separação judicial era a possibilidade de sua conversão em divórcio, não mais subsistindo razão prática e lógica para sua permanência.[38]

Tratava-se de questão controversa, pois não houve revogação expressa ou tácita dos dispositivos do Código Civil e, à época, do Código de Processo Civil. Este último, substituído por um novo diploma adjetivo em 2015 que entrou em vigor em março de 2016, ao contrário, trouxe disposições específicas tanto para a separação litigiosa (art. 693), quanto para a consensual (arts. 731 e ss.). Da leitura do art. 693, depreende-se que o procedimento especial das ações de família aplica-se também aos processos contenciosos de separação; do art. 731, vê-se prevista a possibilidade da separação consensual judicial; e do art. 733, a separação consensual extrajudicial. Também há menção à separação nos arts. 23, III (competência da autoridade judiciária

---

[36] "Cinge-se a controvérsia em verificar se é necessário aguardar o prazo de um ano, a contar da sentença que decretar a separação judicial, para propor a ação de divórcio, bem como se há interesse de agir na propositura de ação de divórcio, quando pendente ação de separação. Consta dos autos que o apelante propôs a ação de divórcio direto contra a ora recorrida (...). Todavia, com a superveniência da Emenda Constitucional 66/2010, o ora apelante requereu a emenda à exordial, sustentando que a Constituição Federal teria suprimido do ordenamento jurídico a exigência de tempo mínimo de separação de fato (...). Em casos análogos, já decidiu este Tribunal de Justiça, na esteira da melhor doutrina sobre o tema, que deve ser decretado imediatamente o divórcio dos recorrentes, determinando-se o retorno dos autos ao MM. Juiz *a quo*, para o prosseguimento da lide quanto à partilha e a fixação dos alimentos" (TJ/MG, 2ª C.C., Ap. Cív. 1.0446.10.000403-0/002, Rel. Des. Raimundo Messias Júnior, julg. 12.11.2014, publ. *DJ* 26.11.2014). Também nesse sentido: TJ/MG, 2ª C.C., Ap. Cív. 1.0479.13.003927-0/001, Rel. Des. Afrânio Vilela, julg. 16.09.2014, publ. *DJ* 24.09.2014.

[37] "É possível argumentar-se que a separação judicial permaneceria enquanto não revogados os artigos que dela tratam no Código Civil, porque a nova redação do § 6º do art. 226 da Constituição não a teria excluído expressamente. Mas esse entendimento somente poderia prosperar se arrancasse apenas da interpretação literal, desprezando-se as exigências de interpretação histórica, sistemática e teleológica da norma" (Paulo Lôbo, Divórcio: alteração constitucional e suas consequências. In: Ana Carolina Brochado Teixeira; Gustavo Pereira Leite Ribeiro (coords), *Manual de Direito das Famílias e das Sucessões*, Belo Horizonte: Del Rey, 2010, p. 473).

[38] Rodrigo da Cunha Pereira, O Novo Divórcio no Brasil. In: Rodrigo da Cunha Pereira (Coord.), *Família e Responsabilidade:* Teoria e Prática do Direito de Família, Porto Alegre: Magister/IBDFAM, 2010, pp. 469-470. Também nesse sentido: "A nova ordem constitucional extinguiu a separação judicial do ordenamento jurídico brasileiro, assim como qualquer controvérsia havida entre as partes acerca da culpa pelo desfazimento do matrimônio para fins de decretação do divórcio" (TJMG, 8ª C.C., Ap. Cív. 1.0701.07.204997-9/001 em conexão com 1.0701.07.203111-8/001, Rel. Des. Teresa Cristina da Cunha Peixoto, julg.19.05.2011, publ. *DJ* 14.09.2011).

brasileira), e 53, I (definição de foro), e no art. 189, II, que versa sobre o trâmite de processos em segredo de justiça. Não obstante a norma procedimental não tenha, por si só, o condão de restabelecer direito material revogado, entendia-se que também sinalizava o entendimento do legislador de que o direito material subsiste.

Além disso, a doutrina manifestava entendimento de que a separação subsistia, defendendo a diversidade de efeitos por ela produzidos em relação ao divórcio, tal como a manutenção do vínculo conjugal e a possibilidade do restabelecimento da sociedade conjugal. Não se trataria, portanto, de simples etapa para se alcançar o divórcio, de modo que, em razão de tais consequências jurídicas, deveriam ter as partes casadas, no livre exercício da sua autonomia privada, ampla possibilidade de optar por uma ou outra possibilidade.

Por isso, não obstante certa inutilidade e o desuso da separação litigiosa frente à natureza potestativa do divórcio, entendia-se que a *separação não havia sido* revogada pela Emenda Constitucional 66. Ao propósito, no que toca à separação consensual (judicial e extrajudicial), não se podia falar em inutilidade, na medida que se tratava de manifestação de autonomia das partes que, por alguma razão – que não cabe ao Direito perquirir – não pretendem colocar fim definitivo ao vínculo matrimonial, mas tão somente à sociedade conjugal.[39] Por isso, parte da doutrina afirmava: "soa temerário negar a homologação de um pedido de separação judicial, feito por duas pessoas maiores e capazes que, por convicções religiosas ou de outra ordem, necessitam de tempo para a reflexão e a tomada de decisão definitiva sobre o término do casamento".[40] Foi nesse sentido o Enunciado 514 da V Jornada de Direito Civil: "A Emenda Constitucional n. 66/2010 não extinguiu o instituto da separação judicial e extrajudicial".

Em 8.11.2023, o STF procurou dirimir a controvérsia, ao fixar, na apreciação do Tema 1.053 de repercussão geral, a seguinte tese: "Após a promulgação da EC nº 66/2010, a separação judicial não é mais requisito para o divórcio nem subsiste como figura autônoma no ordenamento jurídico. Sem prejuízo, preserva-se o estado civil das pessoas que já estão separadas, por decisão judicial ou escritura pública, por se tratar de ato jurídico perfeito (art. 5º, XXXVI, da CF)". De fato, antes do julgamento do STF, já se mostrava evidente que a separação judicial não configurava requisito para o divórcio. No entanto, ao afastar a separação judicial como figura autônoma, estimula-se o entendimento de que ao legislador e às partes estaria vedada a possibilidade de dissolução da sociedade conjugal sem a dissolução, de forma definitiva, do casamento. Tal conclusão acaba por

---

39 "(...) o instituto não desaparece apenas por não estar mais previsto na Constituição. Ele só desapareceria se a Constituição o proibisse ou eliminasse expressamente, o que não aconteceu" (Alexandre Freitas Câmara, *Lições de direito processual civil*, vol. 3, Rio de Janeiro: Lumen Juris, 2001, 17ª ed., p. 520).

40 Renata Barbosa de Almeida, Walsir Edson Rodrigues Júnior, *Direito Civil*, cit., p. 249. Os mesmos autores informam a recomendação do Colégio Notarial do Brasil – Seção Rio de Janeiro, exarada por meio do Enunciado 3, publicado em 17 de agosto de 2010: "Tendo em vista que a separação (consensual ou judicial) não é tão somente uma etapa prévia ao divórcio, mas possui efeitos jurídicos diferentes do mesmo (como a manutenção, por qualquer motivo, do vínculo matrimonial) e o fato de que dela não tratou a Emenda Constitucional 66/2010, continua sendo possível, como uma faculdade concedida aos cônjuges, a lavratura de escrituras de separação consensual, desde que assim requeiram, alertados que sejam pelo tabelião ou escrevente da possibilidade de realização do divórcio direto, tudo a ser consignado no corpo da escritura".

restringir a autonomia privada conjugal, prejudicando, portanto, o pluralismo jurídico e religioso, sem fundamento constitucional, ao que parece, para se suprimir do legislador ordinário a legitimidade para regular a matéria – independentemente, convém repetir, das convicções religiosas e ideológicas do intérprete.[41]

Procedimentos para as ações de divórcio e separação (litigiosos e consensuais) no CPC/2015

O Código de Processo Civil trouxe procedimento comum para homologação de acordos de divórcio e separação, que prevê a necessidade de participação do Ministério Público, quando houver a participação de incapazes – *rectius*, vulneráveis, nos termos do Estatuto da Pessoa com Deficiência. O art. 731 do CPC determina que a petição de acordo deve vir assinada por ambos os cônjuges e deverá constar disposições sobre pensão alimentícia entre cônjuges e destinada aos filhos, guarda dos filhos menores e a forma em que se dará a convivência familiar, além da possibilidade de já tratar dos bens comuns e a forma em que se dará sua partilha, o que poderá ser objeto de tratativa posterior.

Em relação aos procedimentos litigiosos, a diferenciação principal em relação ao rito ordinário foi o incentivo à fase prévia de conciliação e mediação, de modo que antes de o litígio se instaurar definitivamente com a apresentação da defesa pela parte ré, sejam envidados todos os esforços para que o processo litigioso se transforme em consensual, nos termos do art. 694 do CPC. São exemplos de ações para o alcance desse objetivo: a) a possibilidade de suspensão do processo pelo tempo que for necessário para que as partes se submetam à mediação judicial ou atendimento multidisciplinar (CPC, art. 694, parágrafo único); b) o mandado de citação deverá seguir desacompanhado da petição inicial, apenas com os dados relevantes para a audiência de conciliação e mediação (CPC, art. 695, § 1º), de modo a tentar desarmar a parte ré e não acirrar o ânimo das partes que, normalmente, já está exaltado com a situação, na tentativa de facilitar um acordo na audiência;[42] c) não há limite para o fracionamento da audiência de conciliação e mediação (CPC, art. 696).

3.1 Separação de fato

Separação de fato

Ainda no estudo sobre o fim do casamento, a jurisprudência encontra-se pacificada a respeito dos efeitos que se atribui à separação de fato. Trata-se de situação de fato geradora de eficácia jurídica, na medida em que demonstra a vontade dos cônjuges de não mais viverem juntos, de modo a expressar, portanto, a liberdade de desconstituição da comunhão plena de vida. Gera efeitos em relação ao fim dos deveres do casamento e atua como marco final do regime de bens.

---

[41] Nessa linha, cfr. Vitor Almeida; Danielle Tavares Peçanha, Renovado perfil da separação à luz dos contornos atuais do casamento na legalidade constitucional: ensaio a partir do julgamento do Recurso Extraordinário n. 1.167.478/RJ no Supremo Tribunal Federal. In: *Revista Brasileira de Direito Civil – RBDCivil*, no prelo.

[42] Já se cogitou da inconstitucionalidade desse artigo, na medida em que a parte ré desconheceria o conteúdo da ação, de cuja audiência ela participará. No entanto, o mesmo art. 695, § 1º, CPC faculta ao réu o conhecimento do processo a qualquer momento. A diferença aqui será que o acesso ao conteúdo dos autos será feito de forma intermediada pelo seu advogado, que terá melhores condições de explicar à parte o objeto da lide.

Diante disso, o Código Civil, embora não cuide da matéria diretamente, reconheceu tais efeitos a essa situação fática, na medida em que, no art. 1.723, § 1º, prevê a não incidência dos impedimentos para o casamento para caracterização da união estável se a pessoa casada estiver separada de fato, deixando de incidir a hipótese prevista no art. 1.521, VI, do Código Civil.[43]

Assim, "constatada a separação de fato, cessam os deveres conjugais e os efeitos da comunhão de bens",[44] bem como com o regime de bens, em prestígio à vedação do enriquecimento sem causa. Logo, no âmbito do Direito de Família, sua eficácia tem sido delimitada às seguintes hipóteses: a) configuração de união estável, como quesito diferenciador do concubinato ou de família simultânea;[45] b) definição de bens partilháveis quando ainda não foi feito divórcio ou separação, haja vista atuar como marco final do regime de bens havido entre os cônjuges;[46] c) delimitação da extensão ao bem de família após o rompimento fático da convivência conjugal;[47] d) cessação da causa impeditiva da fluência do prazo prescricional prevista no art. 197, I, do CC para iniciar o cômputo do prazo para prescrição aquisitiva do imóvel (art. 1.240 do CC).[48]

Sob o fundamento de que a separação de fato é o marco temporal em que cessam os efeitos do regime de bens, o STJ decidiu que "nas hipóteses em que encerrada a convivência more uxorio, mas ainda não decretado o divórcio, o bem gravado com

---

43 "O STJ também tem orientação de que a existência de casamento válido não constitui impedimento ao reconhecimento da união estável quando haja separação de fato dos cônjuges, hipótese, no caso, configurada" (STJ, 3ª T., AgRg no REsp 1475560/MA, Rel. Min. Moura Ribeiro, julg. 24.05.2016, publ. DJ 01.06.2016); "A jurisprudência do Superior Tribunal de Justiça entende que a existência de casamento válido não obsta o reconhecimento da união estável, quando há separação de fato ou judicial entre os casados" (STJ, 4ª T., AgRg nos EDcl no AgRg no AREsp 710.780/RS, Rel. Min. Raul Araújo, julg. 27.10.2015, publ. DJ 25.11.2015).

44 STJ, 4ª T., AgRg no REsp 880229/CE, Rel. Min. Isabel Gallotti, julg. 07.03.2013, DJ 20.03.2013.

45 "2. O entendimento desta Corte é no sentido de admitir o reconhecimento da união estável mesmo que ainda vigente o casamento, desde que haja comprovação da separação de fato dos casados, havendo, assim, distinção entre concubinato e união estável, tal como reconhecido no caso dos autos" (STJ, 2ª T., AgRg no AREsp 664969/RS, Rel. Min. Og Fernandes, julg. 18.08.2015, publ. DJ 27.08.2015).

46 "O aresto recorrido está em sintonia com a jurisprudência desta Corte, firmada no sentido de que a separação de fato põe fim ao regime matrimonial de bens. Precedentes" (STJ, 4ª T., REsp 678790/PR, Rel. Min. Raul Araújo, julg. 10.06.2014, publ. DJ 25.06.2014).

47 "3. Nos termos do art. 5º da Lei 8.009/1990, a impenhorabilidade do bem de família é garantida ao único imóvel utilizado pelo casal ou entidade familiar para moradia permanente. 4. A pretensão de extensão da proteção legal a dois bens de família em razão de separação de fato configuraria hipótese de fraude aos objetivos da lei" (STJ, 4ª T., EDcl no REsp 1473690/RS, Rel. Min. Isabel Gallotti, julg. 17.09.2015, publ. DJ 25.09.2015); "2.- Esse entendimento, porém, não se estende à hipótese de mera separação de fato de um dos membros da família, do ponto de vista jurídico, denota a existência de uma família e dois imóveis por ela utilizados como residência e proteger ambos com a impenhorabilidade disposta na Lei 8.009/1990 significaria ampliar demasiadamente o âmbito da lei, o que apresenta um risco adicional a facilitar a prática de fraudes. Além disso, a abertura dessa possibilidade de alargamento da impenhorabilidade significaria abertura de oportunidade de criação de incidentes processuais que levariam a mais uma hipótese de eternização do processo de execução. Precedente: STJ, 3ª T., REsp 518.711/RO, Relator Ministro Ari Pargendler, Relator(a) p/ Acórdão Ministra Nancy Andrighi, publ. DJe 05.09.2008" (STJ, 3ª T., AgRg no AREsp 301580/RJ, Rel. Min. Sidnei Beneti, julg. 25.03.2013, publ. DJ 18.06.2013).

48 STJ, 3ª T., REsp 1.693.732 – MG, Relª. Minª. Nancy Andrighi, julg. 05.05.2020.

cláusula de inalienabilidade temporária não integra o patrimônio partilhável". Assim, se o transcurso do prazo da cláusula de inalienabilidade temporária ocorre em momento posterior à separação de fato, não há que se falar em partilha do bem. Importante lembrar que a cláusula de inalienabilidade engloba a incomunicabilidade do bem.[49]

4. TUTELAS DE URGÊNCIA NO DIVÓRCIO

Como já analisado no capítulo 3, numerosas tutelas de urgência surgem por ocasião do divórcio, em face das incertezas, dos riscos de dissipação do patrimônio que não depende da outorga conjugal para alienação. Para evitar prejuízos, a utilização do sistema das tutelas de urgência estabelecido pelo CPC/2015 é bastante útil, como se verá.

Os requisitos para as tutelas de urgência, como já se analisou, de acordo com o art. 300, que prevê que "a tutela de urgência será concedida quando houver elementos que evidenciem a probabilidade do direito e o perigo de dano ou o risco ao resultado útil do processo", sendo a tutela antecipada disciplinada no art. 303 e tutela cautelar no art. 305 CPC. Embora o art. 301 exemplifique algumas das medidas de urgência possíveis de serem deferidas – tais como arresto, sequestro, arrolamento de bens –, o mesmo dispositivo abre a possibilidade de concessão para "qualquer outra medida idônea para asseguração do direito". Tais medidas poderão ser feitas em conjunto com o pedido principal (de divórcio). Todavia, se não o for, uma vez efetivada a tutela cautelar, o autor deverá apresentar o pedido principal nos próprios autos, sendo-lhe facultado, nesta oportunidade, aditar a causa de pedir, segundo estabelece o art. 308, § 2º, CPC. Assim, a "emenda" da inicial da medida cautelar terá o condão de transformá-la em ação principal com a formulação deste pedido, quando, ato contínuo ao acatamento, as partes serão intimadas para a audiência de conciliação ou mediação, sem necessidade de nova citação do réu, sendo que, na oportunidade, não se convertendo em consensual, iniciar-se-á o prazo de defesa do réu em relação ao pedido principal.[50]

Uma das medidas usuais e, muitas vezes, necessárias no momento do divórcio litigioso é o pedido de separação de corpos, seja para solicitar a autorização para a saída do lar conjugal do próprio autor ou outro cônjuge, seja para demarcar o rompimento fático da conjugalidade, a fim de fixar a data a partir da qual não mais subsistem os deveres do casamento e o regime de bens. Existe interesse jurídico relevante no deferimento da separação de corpos, ainda que não haja risco à integridade, justamente para delimitar, como acima mencionado, a data da separação de fato.[51]

---

49 STJ, 3ª T., REsp 1760281/TO, Rel. Min. Marco Aurélio Bellizze, julg. 24.5.2022, publ. DJ 31.5.2022.

50 Alexandre Miranda Oliveira; Anna Cristina de Carvalho Rettore. O novo Código de Processo Civil e seus reflexos no direito de família. In: Ana Carolina Brochado Teixeira; Gustavo Pereira Leite Ribeiro (coords.). *Manual de Direito das Famílias e das Sucessões*. 3ª ed. rev. e atual. Rio de Janeiro: Processo, 2017, pp. 865-902.

51 Sobre o tema, ensina Yussef Said Cahali: "A anterior existência da separação de fato não impede que seja outorgado alvará de separação de corpos com o objetivo de legalizar a situação em que se encontram os cônjuges" (Yussef Said Cahali, *Divórcio e Separação*. São Paulo: RT, 10ª ed., p. 458). No mesmo sentido, é entendimento do TJMG: "Separação de corpos. Requerimento depois da saída do lar. Interesse processual. Existência em razão dos efeitos da medida. Possui interesse processual

Nesse momento, também é comum a necessidade do pleito da tutela de urgência relativa ao arrolamento e ao bloqueio de bens, principalmente quando se tratar de bens que dispensam a outorga uxória ou marital para sua alienação.[52]

Também tem sido comum o pleito da concessão de decretação do divórcio no curso do processo, o que ocorre por meio de decisão parcial de mérito, quando o processo tem outros pedidos além do divórcio, o que tem sido deferido pelos tribunais após a oitiva da parte ré: "O recurso foi provido no sentido de conceder ao postulante a concessão divórcio de forma antecipada, antes da instrução processual. Entendeu-se que o divórcio é direito potestativo das partes, a teor da nova redação do art. 226, da Constituição Federal, mostrando-se possível o julgamento antecipado parcial de mérito, com vistas à decretação do divórcio, desde que estabelecido o contraditório, permanecendo o procedimento quanto a questões eventualmente pendentes".[53] O Enunciado n. 46 do IBDFAM afirma a possibilidade de que a decretação do divórcio ocorra antes mesmo do contraditório: "Excepcionalmente, e desde que justificada, é possível a decretação do divórcio em sede de tutela provisória, mesmo antes da oitiva da outra parte".

PROBLEMAS PRÁTICOS

1 – Quando se tem filhos menores, o divórcio pode ser concedido independentemente da definição dos seus demais consectários, tais como guarda, convivência e alimentos para filhos?

2 – Qual o entendimento do STF em relação à manutenção do instituto da separação no ordenamento jurídico brasileiro, como figura autônoma?

Acesse o *QR Code* e veja a Casoteca.

> *http://uqr.to/1pblk*

---

o marido que requer a separação de corpos mesmo tendo se ausentado do lar em razão dos efeitos futuros que a medida garante" (TJMG, 6ª C.C., Ap. Cív. 1.0699.07.077.006-9/001. Des. Rel. Maurício Barros, julg. 16.08.2008).

52 Vide capítulo 3.

53 TJMG, 2ª C.C., AI 0147740-90.2021.8.13.0000 MG, Rel. Afrânio Vilela, julg. 13.7.2021, publ. *DJ* 14.7.2021.

Capítulo V

UNIÃO ESTÁVEL

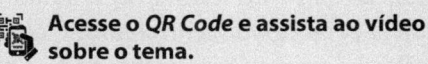

Acesse o *QR Code* e assista ao vídeo sobre o tema.

> *http://uqr.to/1pbly*

1. PERCURSO HISTÓRICO DO RECONHECIMENTO DA UNIÃO ESTÁVEL

Ao introduzir refinada monografia sobre união estável, um jurista italiano diagnosticou, há cerca de 40 anos, certo *gusto del paradosso*: de um lado, critica-se o modelo familiar tradicional como elemento alienante e reprodutor do poder político vigente, e, de outro, procura-se expandir a disciplina da família legítima para as situações definidas como uniões livres ou concubinato.[1] O mesmo autor, contudo, apressa-se a esclarecer que a contradição é apenas aparente. Reflete, na verdade, a crise não da instituição, mas da forma histórica assumida pela família contemporânea.

A arguta observação indica a relatividade do conceito de família que, alterando-se continuamente, se renova como ponto de referência central do indivíduo na sociedade; uma espécie de aspiração à solidariedade e à segurança que dificilmente pode ser substituída por qualquer outra forma de convivência social. Além disso, ajuda a compreender que qualquer estudo sobre o tema deve pressupor a correta interpretação do momento histórico e do sistema normativo vigente. No caso brasileiro, há de se verificar, com base nos valores constitucionais, os novos contornos do direito de família, definindo-se, a partir daí, a disciplina jurídica das entidades familiares.

---

1 Francesco Prosperi, *La famiglia non fondata sul matrimonio*, Camerino-Napoli, Esi, 1980, pp. 11-12.

Pode-se afirmar, em propósito, que a dignidade da pessoa humana, alçada pelo art. 1º, III, da Constituição Federal, a fundamento da República, dá conteúdo à proteção da família atribuída ao Estado pelo art. 226 do mesmo texto maior: é a pessoa humana, o desenvolvimento de sua personalidade, o elemento finalístico da proteção estatal, para cuja realização devem convergir todas as normas do direito positivo, em particular aquelas que disciplinam o direito de família, regulando as relações mais íntimas e intensas do indivíduo no social. De se abandonar, portanto, todas as posições doutrinárias que, no passado, vislumbraram em institutos do direito de família uma proteção supraindividual, seja em favor de objetivos políticos, atendendo a ideologias autoritárias, seja por inspiração religiosa.

À família, no direito positivo brasileiro, é atribuída proteção especial na medida em que a Constituição entrevê o seu importantíssimo papel na promoção da dignidade humana. Sua tutela privilegiada, entretanto, é condicionada ao atendimento dessa mesma função. Por isso mesmo, o exame da disciplina jurídica das entidades familiares depende da concreta verificação do entendimento desse pressuposto finalístico: merecerá tutela jurídica e especial proteção do Estado a entidade familiar que efetivamente promova a dignidade e a realização da personalidade de seus componentes.[2]

A evolução doutrinária, jurisprudencial e legislativa do tratamento jurídico das entidades familiares extramatrimoniais no Brasil, embora conturbada e nada linear, pode ser mais bem entendida considerando-se três distintas fases: a) A primeira tem início com a rejeição pura e simples do concubinato, estigmatizado pelo Código Civil de 1916 como relação adulterina, culminando com a sua assimilação pela jurisprudência no âmbito do direito obrigacional, produzindo efeitos que impedissem o enriquecimento injustificado de um dos concubinos em detrimento do outro. b) Em seguida, delineia-se nitidamente a relevância atribuída pelo legislador especial ao concubinato (desde que não adulterino), não mais como mera relação de direito obrigacional, mas como vida lícita em comum, sendo-lhe atribuídos efeitos jurídicos na esfera assistencial, previdenciária, locatícia etc. Pode-se considerar essa fase como o ingresso do concubinato no direito de família. c) A terceira fase, finalmente, compreende a tutela constitucional das entidades familiares não fundadas no matrimônio, admitindo o art. 226, § 3º, formas familiares não fundadas no casamento. Parece oportuna a análise de cada uma dessas etapas.

Concubinato como fato jurídico – primeira fase

Durante muito tempo, o estigma do adultério e a proteção ao casamento como única forma de constituição da família fizeram com que se considerasse o concubinato estranho ao direito, insuscetível de produzir efeitos jurídicos.[3] Essa concepção

2 A configuração da família como comunidade intermediária funcionalizada à realização da pessoa, em perspectiva nitidamente solidarista, não já individualista, é gizada por Pietro Perlingieri, *Diritto civile nella legalità costituzionale*, Camerino-Napoli, Esi, 1983, pp. 558 e ss., onde se destaca: "*La libertà nella famiglia trova nell'unità e nei relativi doveri non soltanto il limite ma la funzione, il fondamento della sua stessa titolarità*" (Tradução nossa: A liberdade na família encontra na unidade e nos respectivos deveres não apenas o limite, mas a função, o fundamento da própria titularidade).

3 Cf. o conhecido voto do Min. Hahnemann Guimarães, no Rec. Extr. 7.182/47, submetido à 2ª Turma do STF, in *RF*, agosto de 1947, p. 422: "A ordem jurídica ignora, avisadamente, a existência

recebeu especial reforço pelo Decreto 181, de 24 de janeiro de 1890, que instituiu o casamento civil no Brasil e revogou todas as outras formas de matrimônio existentes, vez que permitidas pelas legislações anteriores. A Constituição Federal de 1891 elegeu o casamento civil como única modalidade de constituição de família. O Código Civil de 1916, em tema de concubinato, se referia unicamente ao adulterino, e sempre no sentido de repudiá-lo, tornando ineficaz atos jurídicos praticados entre parceiros adúlteros. Entendia-se que "estender os braços protetores aos concubinos terminará, sem dúvida, por prejudicar e comprometer a estabilidade e a dignidade da família legítima".[4]

Tamanha hostilidade, contudo, num país onde grande parte da população vivia e vive sob regime de união livre,[5] não se justificava, senão por preconceitos religiosos, sendo certo que o desfavor legislativo era dirigido exclusivamente ao concubinato contemporâneo à relação matrimonial, não já se estendendo às uniões formadas por parceiros sem impedimento legal para o casamento. Daí ter procurado a doutrina, sobretudo a partir dos anos de 1950, construir uma distinção conceitual, extremando o concubinato puro, caracterizado pela união livre e estável de duas pessoas desimpedidas, do concubinato impuro, hipótese em que pelo menos um dos parceiros se encontrava impedido para o casamento, seja por manter outro casamento válido (concubinato adulterino), seja por serem ambos ligados por laço de parentesco próximo (concubinato incestuoso).[6] Pela mesma ordem de motivos, havia quem preferisse distinguir os concubinos dos companheiros, esses formando livremente uma vida em comum.[7]

---

do concubinato, da união livre; não lhe atribui consequências (*rectius* típicas de direito de família). São situações que não têm relevância jurídica, mas isto não impediria que se pagassem, que se entendessem devidos à concubina honorários pela prestação de serviços".

4 Washington de Barros Monteiro, *Curso de Direito Civil. Direito de Família*, São Paulo: Saraiva, 1989, 19ª ed., p. 15. O Código Civil de 1916, em relação ao concubinato, tratava apenas do adulterino, o que ocorria nas seguintes hipóteses, analisadas por Maria Helena Diniz, *Direito Civil Brasileiro*, vol. *V.*, *Direito de Família*, São Paulo: Saraiva, 1993, 7ª ed., pp. 227 e ss.: art. 1.177, proibindo as doações do cônjuge adúltero ao seu cúmplice; art. 1.474, proibindo a instituição de concubina como beneficiária do contrato de seguro de vida; art. 1.719, III, vedando a nomeação como herdeira ou legatária da concubina de testador casado; art. 183, VII, coibindo o casamento de cônjuge adúltero com o seu corréu, desde que pelo crime tenha sido condenado.

5 Edgard de Moura Bittencourt, *Concubinato*, São Paulo: Livr. Ed. Universitária de Direito, 1980, 2ª ed. rev., p. 4. O número de uniões estáveis continua crescendo: o censo de 2010 verificou que, em uma década (2000 a 2010), as uniões estáveis aumentaram de 28,6% para 36,4% (disponível em: <http://saladeimprensa.ibge.gov.br/noticias?view=noticia&id=1&idnoticia=2240&busca=1&t=censo-2010--unioes-consensuais-ja-representam-mais-13-casamentos-sao-frequentes-classes>. Acesso em 19.07.2016.

6 Ver, por todos, Maria Helena Diniz, *Curso de Direito Civil, Direito de Família*, cit., p. 226, com referências jurisprudenciais na mesma direção. Sobre as diversas espécies de concubinato, v., tb., Rubens Limongi França, Direito do Concubinato – I. *Enciclopédia Saraiva*, vol. 26, São Paulo: Saraiva, 1979, pp. 437 e ss.

7 Arnoldo Wald, *Curso de Direito Civil Brasileiro, Direito de Família*, São Paulo: Rev. dos Tribunais, 9ª ed., 1992 (1ª ed., 1962), p. 183, registra a jurisprudência do Supremo Tribunal Federal (RF, 194/50), que acolhe a distinção entre a concubina e a companheira: "A concubina seria aquela mulher com quem cônjuge adúltero tem encontros periódicos fora do lar. A companheira seria aquela com quem o varão, separado de fato da esposa, ou mesmo de direito, mantém convivência *more uxorio*". A

A partir de tais distinções teóricas, passaram doutrina e jurisprudência, despindo-se pouco a pouco de preconceitos do passado, a procurar dar solução às situações de fato que, unindo pessoas em vida comum, estável, careciam de disciplina jurídica.[8] Entretanto, o abrandamento da rejeição não significou o acolhimento do concubinato no âmbito do direito de família. As relações concubinárias foram, ao revés, reconhecidas com base no direito obrigacional, protegendo-se o esforço que, despendido no curso da vida em comum por parte de um companheiro em favor do outro – tanto contribuindo para o acréscimo patrimonial desse, quanto em forma de auxílio ao seu bem-estar pessoal –, não poderia deixar de gerar efeitos patrimoniais, sob pena de se consagrar o enriquecimento sem causa.[9]

Assim é que se estabeleceu, por meio de reiteradas decisões pretorianas, florescidas pontualmente a partir dos anos 30 e consolidadas nos anos 60 do Século passado, no âmbito, inclusive, do Supremo Tribunal Federal, que os bens adquiridos na constância do concubinato deveriam ser partilhados, desde que demonstrado o esforço direto ou mesmo indireto do outro concubino,[10] assegurando-se, por outro lado, indenização judicial a título de serviços prestados, nas hipóteses em que se não conseguia demonstrar o concurso do esforço comum necessário à repartição dos bens.[11] O Supremo Tribunal Federal, na esteira dessa tendência, sublinhava que tais

---

terminologia é adotada também por Mario da Costa Neves, Concubina e Companheira. *Revista de Direito Civil*, 1980, p. 49 e ss. Sobre as espécies de concubinato, v. Maria Helena Diniz, *Direito de Família*, cit., p. 226; e, ainda, Edgard de Moura Bittencourt, *Concubinato*, cit, pp. 14-15, que distingue o concubinato no sentido amplo, aí incluindo-se a relação adulterina do concubinato em sentido estrito, definido como "a união estável no mesmo ou em teto diferente, do homem com a mulher, que não são ligados entre si por matrimônio. Tal é o sentido estrito, é a convivência *more uxorio*, ou seja, o convívio como se fossem marido e mulher".

8 A propósito do esforço doutrinário em reconhecer o concubinato, fazem-se eloquentes as palavras de Edgard de Moura Bittencourt, *Concubinato*, cit., p. 13: "Não basta afirmar que o concubinato é situação imoral e agressiva à família, que o Estado e os tribunais devem defender a todo custo. Solução simplista desse teor seria indigna de qualquer aplauso. É mister encarar o problema e procurar resolvê-lo com a realidade social, sem transigência contra a organização da família, mas sem a cegueira de, pelo preexistente concubinato, lançar ao sacrifício pessoas sem culpa, ou de culpa já purgada, relativamente às situações em que se encontram". V., em sentido análogo, Mario da Costa Neves, *Concubina e Companheiro*, cit., p. 49: "Ao contrário do Gênesis, o princípio não foi o verbo '*coniugo vobis*' do sacerdote ou do juiz que instituiu o casamento. No princípio foi o 'fato', o concubinato na sociedade tribal ou bárbara. Depois, sim, veio a palavra sacramental, mas para o casamento poligâmico de que a Bíblia dá conspícuo exemplo nas 700 esposas e 300 concubinas do rei Salomão. Não é possível ignorar o concubinato, pois trata-se de um fato de que resulta uma situação jurídica, com importantes consequências no campo do direito".

9 V., por todos, Pontes de Miranda, *Tratado de Direito Privado*, vol. VII, São Paulo: Rev. dos Trib., 2012, p. 264, que lecionava: "A vida em comum, quer em virtude do casamento, quer em virtude do concubinato, quer ainda em consequência de viverem juntos, em comunhão de fato, parentes, ou parentes e pessoas estranhas, ou só pessoas estranhas, é suscetível de estabelecer *relações de ordem jurídica*. (...) Quem não é cônjuge não se torna cônjuge pelo fato de ser tratado como tal".

10 A posição da Suprema Corte encontra-se exaustivamente documentada em suas decisões. Cf. *RTJ* 74/486; 75/938; 81/275. A evolução jurisprudencial nos diversos estados da Federação é passada em resenha por Arnaldo Rizzardo, *Casamento e Concubinato – Efeitos Patrimoniais*, Rio de Janeiro: Aide, 1987, 2ª ed., pp. 168 e ss.

11 Cf. as decisões do STF: *RTJ*, 70/108; 91/739; 101/744; e *RT* 339/514. Cf., ainda, as decisões de tribunais estaduais: *RF* 258/274; *RF* 175/197; *RT* 557/180. Em doutrina, v., sustentando a concessão de

efeitos patrimoniais decorriam das relações obrigacionais criadas pelo enlace, tanto na formação de uma sociedade de fato quanto na hipótese de simples prestação de serviços domésticos, rechaçando qualquer fundamento próprio do direito de família em tais decisões.[12]

Poder-se-ia, a rigor, sintetizar tal fase com o enunciado da Súmula 380 do Supremo Tribunal Federal: "Comprovada a existência da sociedade de fato entre os concubinos, é cabível a sua dissolução judicial, com a partilha do patrimônio adquirido pelo esforço comum".[13]

Segunda fase: graduação da recepção do concubinato no âmbito do direito de família

Estabelecida a proteção patrimonial dos concubinos, nova etapa se consolidou na sua evolução no direito brasileiro. O ingresso do concubinato no direito de família caracterizou, com efeito, importante fase na qual o legislador especial e, paulatinamente, a jurisprudência passaram a considerá-lo não só do ponto de vista das relações obrigacionais interpostas, tendo-se em conta, ao contrário, as relações de afeto e solidariedade levadas a cabo pelos companheiros.[14] Uma série de direitos foi

---

ressarcimento pelos serviços prestados, Adahil Lourenço Dias, *A Concubina e o Direito Brasileiro*, São Paulo: Saraiva, 1975, 2ª ed., p. 112. Quanto à delicada questão de se admitir a paga de salário à companheira, esclarece Maria Helena Diniz, *Curso de Direito Civil*, Direito de Família, cit., p. 231: "Claro está que a mulher não pode reclamar salário ou indenização como pagamento de *pretium carnis* ou como preço pela posse do seu corpo ou gozo sexual que dele tira o amante, devido à imoralidade que reveste tal pedido. Logo é justa a reparação dada à concubina que não pede salários como amásia, mas sim pelos serviços caseiros".

12 Cf. *RTJ* 79/229; 104/290 e, em especial, o acórdão da 2ª Turma, in *RTJ* 101/323, tendo por Relator o Min. Moreira Alves, em que se lê: "A sociedade de fato se situa no terreno do direito das obrigações, razão por que não dão margem a ela aspectos pessoais e espirituais da convivência *more uxorio*".

13 Registra nesta direção Arnoldo Wald, *A União Estável*, cit., p. 105, o voto do Min. Orosimbo Nonato que resume a posição histórica do STF: "É evidente que a qualidade só de amásia, a convivência *more uxorio*, não basta a atribuir à mulher a qualidade de sócia ou meeira. Ela pode ser apenas amásia, como pode ser, ainda, serviçal ou sócia (...). Ora, nos casos de cobrança de serviços prestados por mulher, o Supremo Tribunal Federal tem reconhecido que o fato apenas do amásio não basta a caracterizar a formação da sociedade, mas não impede que se estabeleça entre concubinários sociedades comerciais de fato". A absorção das uniões livres pelo sistema jurídico, como relações lícitas, deu ensejo à construção doutrinária que, em perspectiva diversa, admite o contrato de concubinato, ou de coabitação, ou de convivência, pelo qual "manifestam os concubinos, espontaneamente, o propósito de se unirem, promovendo uma associação de fato e de direito, de mútua assistência e segurança, como titulares de direitos e deveres morais e patrimoniais, imbuídos no nobre propósito de constituírem seu lar. Criando essa livre união afetiva, propõem-se a comungar seus propósitos e recursos, ao encontro de seus mútuos interesses, para lograrem fins comuns, análogos à união legítima, casamento, mas com fundamento no art. 1.363 de nosso CC" (Álvaro Villaça Azevedo, Direito do Concubinato – II. *Enc. Saraiva*, vol. 26, cit., pp. 444-445). Vale o registro do então Des. Antônio Cezar Peluso: "Só poderia verificar-se em três hipóteses fechadas: ou significava participação pecuniária da companheira e, portanto, uma participação em termos de capital; ou significava participação de trabalho e, portanto, uma participação em termos de indústria; ou a participação mista, a dar-se em termos de uma associação entre capital e trabalho" (Antônio Cezar Peluso, A nova leitura da Súmula 380. *Revista do Advogado*, n. 41, set. 93, pp. 28-39).

14 "1. Deve distinguir-se no concubinato a situação da mulher que contribui, com o seu esforço ou trabalho pessoal, para formar o patrimônio comum, de que o companheiro se diz único senhor, e a situação da mulher que, a despeito de não haver contribuído para formar o patrimônio do companheiro, prestou a ele serviço doméstico, ou de outra natureza, para o fim de ajudá-lo a manter-se no lar comum. Na primeira hipótese, a mulher tem o direito de partilhar com o companheiro o patrimônio que ambos formaram; é o que promana dos arts. 1.303 e 1.366 do Código Civil, do art.

gradualmente concedida à concubina por força da longa vida em comum, parecendo oportuno passar em resenha os principais direitos então consagrados, sob pena de se perder de vista essa significativa alteração na política legislativa, fundamental para que se perceba a fase seguinte, da absorção constitucional dos valores sedimentados na sociedade desde os anos 70.[15]

Veja-se, em primeiro lugar, a possibilidade de a companheira perceber a indenização do companheiro morto por acidente de trabalho, desde que esse não fosse casado e a tivesse incluído como beneficiária (Dec.-lei 7.036/1944; Lei 6.367/1976, Lei 8.213/1991).

No mesmo sentido, consolidaram-se os direitos previdenciários da companheira na legislação social (Lei 4.297/1963[16]; Lei 6.194/1974 , revogada pela Lei Complementar 207/2024), inserindo-a como dependente do contribuinte falecido, tratando a jurisprudência de expandir tais direitos às hipóteses em que, à falta de designação expressa como dependente, a existência de filhos ou a prova de dependência pudesse atestar a relação de fato estável e duradoura.[17] Na esteira de tal tendência, admitiu-se inclusive a repartição da pensão previdenciária entre a legítima esposa e a companheira (Súmula 159 do extinto TFR).

Examine-se, em seguida, a Lei 6.015/1973, a Lei dos Registros Públicos, cujo art. 57, §§ 2º e 3º, com a redação dada pela Lei 6.216, de 30 de junho de 1975, passou a autorizar à companheira a adotar o sobrenome do companheiro, após cinco anos de vida em comum ou na existência de prole, desde que nenhum deles mantivesse vínculo matrimonial válido.

Há de se registrar, por outro lado, na disciplina das locações urbanas, a possibilidade conferida pelas Leis 6.649/1979 e 8.245/1991, conforme anterior construção

---

673 do C. Pr. Civil de 1939, este ainda vigente no pormenor por força do art. 1.219, VII, do C. Pr. Civil de 1939, e do verbete 380 da súmula desta corte, assim redigido: 'Comprovada a existência de sociedade de fato entre os concubinos, é cabível a sua dissolução judicial, com a partilha do patrimônio adquirido pelo esforço comum'. Na segunda hipótese, a mulher tem o direito de receber do companheiro a retribuição devida pelo serviço doméstico a ele prestado, como se fosse parte num contrato civil de prestação de serviços, contrato esse que, ressabidamente, outro não é senão o bilateral, oneroso e consensual definido nos arts. 1.216 e seguintes do Código Civil, isto é, como se não estivesse ligada, pelo concubinato, ao companheiro. 2. *Quantum* da remuneração devida a companheira. como se calcula no caso. 3. Recurso extraordinário provido" (STF, 1ª T., Rext. 79079/SP, Rel. Min. Antônio Neder, julg. 10.11.1977, publ. *DJ* 29.12.1977, *RTJ* 84-02/487)

15 Para uma resenha pormenorizada de tais direitos, v., por todos, Maria Helena Diniz, *Curso de Direito Civil*, Direito de Família, cit., pp. 229 e ss.

16 A Lei 4.297/1963 foi posteriormente revogada pela Lei 5.698/1971.

17 Apresenta-se esclarecedor o trecho do acórdão proferido à unanimidade pelo extinto TFR, em sua composição plenária, in *RTFR*, 95/178, tendo por Relator o Min. Torreão Braz: "(...) por influxo da realidade social, refletida em cada espécie concreta submetida à sua apreciação, o Judiciário sempre se pôs na vanguarda do *jus scriptum*. Desse modo, construiu a sua jurisprudência à base da equidade e estendeu à companheira o direito de concorrer com os filhos do segurado, dispensando inclusive a declaração deste, para o efeito de percepção do benefício previdenciário, contanto que comprovada a convivência *more uxorio* e a dependência econômica, situações estas que receberam o selo legislativo tempos depois, com a entrada em vigor do Decreto-lei 66/1966 e da Lei 5.890/1973". Ver, ainda, Maria Helena Diniz, ob. cit., p. 230, com referências jurisprudenciais e de decisões do Conselho Regional da Previdência Social.

jurisprudencial, no sentido de permitir ao companheiro sobrevivente, assim como ao cônjuge, a continuação da locação celebrada pelo *de cujus*.[18]

Sublinhe-se, ainda, o tratamento legal dos filhos, à época, chamados de ilegítimos. Na esteira da firme tendência no sentido de lhes assegurar direitos, a Lei 7.250, de 14 de novembro de 1984, alterando o art. 1º, § 2º, da Lei 883/1949, autorizou o seu reconhecimento pelo cônjuge separado de fato há mais de cinco anos contínuos, na vigência, portanto, de casamento formalmente válido.[19] Pode-se dizer que o legislador, neste momento, rompe vetusto compromisso para com as estruturas formais no direito de família, admitindo que a ausência de substância – a vida em comum – possa desvirilizar a força normativa que o casamento, ato solene por excelência, só por si, era capaz de atrair.[20]

A evolução legislativa e jurisprudencial apontada demonstra que o concubinato, desde que sem concorrer com o casamento, passou a ser reconhecido como relação válida, produzindo efeitos jurídicos independentemente da divisão patrimonial derivada do esforço comum dos companheiros.

A introdução do concubinato no direito de família, embora não reconhecida pela doutrina, pode ser nitidamente verificada pelo próprio teor das decisões jurisprudenciais que, para fins de produção de efeitos obrigacionais, leva em conta os pressupostos de uma vida estável, séria e duradoura, aos moldes de uma relação fundada no casamento.[21]

De qualquer sorte, a jurisprudência sempre separou os efeitos – por assim dizer – naturais do concubinato daqueles – por assim dizer – acidentais, ou secundários, atinentes à formação patrimonial.

---

18 V. Gustavo Tepedino, *Comentários à Lei 8.245* (coord. Carlos Alberto Bittar), Rio de Janeiro: Forense Universitária, 1992, p. 21, acerca da significativa alteração introduzida pela Lei 8.245/1991: "O legislador, obedecendo ao ditado constitucional, absorve, na noção de família, a entidade familiar não fundada no matrimônio (art. 226, § 3º, Constituição Federal), determinando que o companheiro se sub-rogue prioritariamente na posição contratual do locatário falecido, a prescindir de eventual dependência econômica em relação ao inquilino falecido, e em igualdade de condições com o cônjuge sobrevivente (...). O legislador acaba, assim, para efeitos sucessórios, com o requisito de dependência econômica no caso da união estável, *admitindo e protegendo o companheiro no âmbito das relações estritamente familiares, sem qualquer apelo ao direito obrigacional*. O companheiro sobrevivente, ligado por laços exclusivamente espirituais ao *de cujus*, de quem não dependia economicamente, resta, pois, amparado pelo novo regime locatício".

19 Sobre o tema, seja consentido, ainda uma vez, remeter a Gustavo Tepedino, A Disciplina Jurídica da Filiação. In: Sálvio de Figueiredo (coord.), *Direitos de Família e do Menor*, Belo Horizonte: Del Rey, 1993, pp. 255 e ss.

20 Na jurisprudência é de se destacar a mesma tendência, valorizando-se o concubinato em detrimento de relação conjugal factualmente desfeita, ainda que formalmente válida. Nesta direção decidiu a 4ª C.C. do TJSP, in *Lex* 138/347, a despeito do teor do art. 1.719 do Código Civil: "A longa e irreversível separação de fato desveste o concubinato da conotação de impuro, habilitando a ex-concubina a receber o legado que lhe deixou o testador".

21 Cf. nesta direção, acórdão unânime da 2ª Câmara do TJRJ, sendo Relator o Des. Penalva Santos, in *ADV-COAD*, nº 57094, assim ementado: "Sociedade de fato. A convivência *more uxorio* por vinte e dois anos, demonstrado que a companheira dedicou-se nesse longo período de tempo ao varão, dando-lhe assistência espiritual, conforto, ministrando-lhe cuidados, dada a saúde precária do companheiro, caracterizou, à evidência, a sociedade de fato (...)".

Dito diversamente, extraem-se do exame jurisprudencial efeitos que decorrem diretamente da vida em comum dos companheiros – legitimidade para prosseguir na locação, direito à utilização do nome de família, legitimidade para pleitear benefícios previdenciários, acidentários ou de responsabilidade civil –, para os quais se exigia apenas a demonstração dos requisitos de existência do concubinato, e, por outro lado, efeitos puramente obrigacionais, independentes de considerações de natureza espiritual ou existencial, condicionados ao modo pelo qual se dava a formação do patrimônio dos companheiros, no âmbito de uma sociedade de fato que, paralela à eventual demonstração de união estável, com ela não se confundia, podendo até mesmo existir sem a demonstração do concubinato.

Prova disso é a divisão de aquestos determinada pelo Tribunal de Justiça do Estado do Rio de Janeiro, na hipótese de rumorosa dissolução de relação homossexual. Claro está que o magistrado, em primeiro grau, ao atribuir 50% dos bens do falecido ao seu companheiro e colaborador, percentual reduzido a 25% em instância recursal, não reconheceu a existência de união estável entre pessoas do mesmo sexo. Pelo contrário, negando-se o concubinato pela ausência do primeiro dos pressupostos então considerado para sua configuração, isto é, a diversidade de sexos, admitiu-se a partilha com fulcro no direito das obrigações: prova definitiva da separação conceitual, já há muito assimilada pela jurisprudência, entre a união estável, capaz de produzir efeitos legais decorrentes de considerações próprias do direito de família – os pressupostos de concubinato puro –, e a sociedade de fato, capaz de produzir efeitos patrimoniais, com base em argumentos do direito obrigacional.[22]

Terceira fase: a tutela constitucional das uniões estáveis

Tais reflexões permitem a compreensão da terceira fase proposta, caracterizada pela previsão constitucional de entidades familiares não fundadas no matrimônio. Conforme dispõe o art. 226, § 3º, da Constituição da República: "Para efeito da proteção do Estado, é reconhecida a união estável entre o homem e a mulher como entidade familiar, devendo a lei facilitar sua conversão em casamento". Já o § 4º preceitua: "Entende-se, também, como entidade familiar a comunidade formada por qualquer dos pais e seus descendentes".

Não se poderia nesta sede reproduzir os inúmeros argumentos que, mercê de impressionante criatividade e de forte carga ideológica, foram adotados para explicar os aludidos preceitos constitucionais, as mais das vezes para lhes subtrair seu conteúdo normativo. Nem se poderia, tampouco, nos limites pretendidos, perquirir a instigante temática relativa aos núcleos familiares formados por um dos genitores e o filho. Basta aqui, para o fim proposto, indicar as duas grandes correntes que se

---

22 Ac. un. 5ª C. C., in *ADV-COAD* nº 47965, em cuja ementa se lê: "Comprovada a conjugação de esforços para formação do patrimônio que se quer partilhar, reconhece-se a existência de uma sociedade de fato e determina-se a partilha (...)" No voto do Relator, Des. Narciso Pinto, ressalva-se: "Deve-se observar, desde logo, que nenhuma importância tem, para apreciação do pedido, a natureza das relações que ligaram o autor à pessoa de Jorge Guinle, não cabendo aqui qualquer discussão sobre se, entre eles, existiu este ou aquele tipo de relacionamento, apresentando-se pois inteiramente despropositadas as considerações feitas pelo réu, ora apelante, a respeito de possíveis ligações amorosas ou sexuais entre o autor e o finado Jorge".

formaram, em doutrina e na jurisprudência, em torno da união estável, após a advento da Constituição de 5 de outubro de 1988.

A primeira delas entende que, com a assimilação constitucional de modelos familiares extramatrimoniais, devem ser equiparados os direitos decorrentes da família fundada no casamento com os resultantes da constituição de uma união estável, bastando que se faça a prova desta relação para que se produzam os efeitos previstos para a relação matrimonial.

Afirmou-se, nesta direção: "com a nova disciplina constitucional, o que se tratava como sociedade concubinária, produzindo efeitos patrimoniais, com lastro nas regras da sociedade de fato, do Código Civil, passa ao patamar da união estável, reconhecida constitucionalmente como entidade familiar e, como tal, gozando da proteção do Estado, legitimada para os efeitos das regras do direito de família. Assim, não se deve mais falar em concubinato, em sociedade de fato. São termos que têm de ser arquivados (...) como consequência, o tratamento de todas as questões relativas à união estável deve ser nas varas especializadas de família, não mais nas varas cíveis. Com isso, também, estão superadas tanto a necessidade da prova do esforço comum, como a indenização por serviços domésticos. No primeiro caso, é de ser reconhecida a comunhão de bens adquiridos na sua constância e, no segundo caso, deve ser facultado o pensionamento".[23]

Na jurisprudência, na mesma linha de tendência, há ainda quem tenha considerado herdeira a companheira, aplicando-lhe a regra do art. 1.611, Código Civil de 1916, *tout court*, nas sucessões abertas antes da vigência das Leis 8.971/1994 e 9.278/1996. Vale reproduzir decisão neste sentido do Tribunal de Justiça de Goiás, assim ementada: "União Estável. Companheira. Herdeira. 1. Provada à saciedade a existência de união estável, *id est* entidade familiar, com aparência de matrimônio, que só se dissolveu com a morte do companheiro, sem deixar descendentes ou ascendentes, a companheira tem hoje proteção constitucional, *ex vi* do art. 226 da lei Maior, e direito a perceber a totalidade dos bens deixados pelo *de cujus*, porquanto ela contribuiu direta e indiretamente para a formação e manutenção do patrimônio. 2. Inventário requerido por colateral. Considera-se írrito o processo de inventário aberto por irmão do *de cujus*, quando, *in casu*, sucessora é a companheira do extinto e segundo o art. 1.611 do Código Civil ela é quem tem legitimidade para tal, na ausência de descendentes ou ascendentes".[24]

Contra esta corrente sustenta-se, majoritariamente, que o constituinte, com a previsão do art. 226, não criou direitos subjetivos imediatamente exigíveis, mas, ao revés, vinculou apenas o legislador ordinário, tratando da união estável apenas "para

---

[23] Carlos Alberto Menezes Direito, Da União Estável. In: Paulo Dourado de Gusmão; Semy Glanz (Coord.), *O direito na década de 1990*: novos aspectos: estudos em homenagem ao Prof. Arnoldo Wald: o direito do consumidor, o direito de família, a reforma constitucional, o direito bancário, a nova ordem jurídica internacional e outros temas. São Paulo: Revista dos Tribunais, 1992, p. 136.

[24] Acórdão unânime da 1ª Turma da 2ª Câmara do TJ de Goiás, na Ap. Cível 32.341/188, in *Adcoas* 142517.

efeito da proteção do Estado", como diz o dispositivo. Segundo tal raciocínio, o Estado deveria proteger os companheiros por meio de regulamentação futura, que não poderia negar proteção ao concubinato, sem que tal tutela representasse a pretendida equiparação com o casamento.

Aduz-se, no mesmo diapasão, que "as medidas protetoras porventura adotadas pelo Estado em benefício da família devem aproveitar também às uniões não formalizadas, mas estáveis, entre homem e mulher as quais se consideram, para esse fim, como 'entidades familiares'. Daí a supor que a norma atribui ao homem ou à mulher, partícipe de união estável, situação jurídica totalmente equiparada à de homem casado ou mulher casada, medeia boa distância".[25]

Um segundo argumento, em defesa da mesma tese, refere-se ao dever atribuído ao legislador ordinário pelo constituinte, de facilitar a conversão da união estável em casamento: "se as duas figuras estivessem igualadas, não faria sentido dizer que a lei deve facilitar a conversão da união estável em casamento. Não se pode converter uma coisa em outra, a menos que sejam desiguais: se já são iguais, é desnecessária – e inconcebível – a conversão".[26]

Posta a questão nesses termos, divergia a jurisprudência em torno de específicos direitos, tanto no plano de lei material quanto na legislação processual, sem que se tivesse como referência parâmetro seguro para estabelecer os direitos conferidos aos companheiros, à luz do direito positivo anterior à regulamentação da união estável pelas Leis 8.971/1994 e 9.278/1996.

No que se refere às situações jurídicas que decorrem do princípio da solidariedade, os direitos e deveres são os mesmos do casamento; o mesmo não se dá, no entanto, quando se está sob análise situações derivadas da segurança jurídica, pois o casamento é ato jurídico formal e solene, motivo pelo qual gera efeitos que ultrapassam aqueles criados pela relação familiar propriamente dita.[27]

O constituinte deixou a tarefa de definir a união estável, bem como as condições necessárias para a sua caracterização, para o legislador ordinário. Assim, com o objetivo de regulamentar a união estável, após o advento da Constituição, foram editadas duas leis: a Lei 8.971, de 29 de dezembro de 1994, e a Lei 9.278, de 10 de maio de

---

[25] TJ/RJ, Emb. Infringentes 178/1990, IV Grupo de Câmaras Cíveis, Rel. Des. J. C. Barbosa Moreira, julg. 29.08.1990.

[26] José Carlos Barbosa Moreira também, no mesmo sentido, o teor do acórdão por maioria da 4ª C.C. do TJSP, Relator Des. Alves Braga, in *ADV-COAD* 44714, no qual se assevera: "Há erro de perspectiva na afirmação que a Constituição da República equiparou o concubinato à família. Não houve equiparação, já que não foi abolido o casamento como base legal da constituição da família (...) O texto constitucional não usou a expressão equiparar em seu art. 226. A família continua sendo a base da sociedade e, o casamento, a base da constituição da família. Apenas reconheceu 'para efeito de proteção do Estado' a 'união estável entre o homem e a mulher como entidade familiar', *programando* a facilitação do casamento. Manteve, portanto, a distinção entre *casamento* e *acasalamento*" (grifou-se).

[27] Gustavo Tepedino, Novas Formas de Entidades Familiares: efeitos do casamento e da família não fundada no matrimônio. In: Gustavo Tepedino, *Temas de Direito Civil,* Rio de Janeiro: Renovar, 2008, 4ª ed., rev. e atual., pp. 431 e ss.

1996, que precederam a incorporação da matéria pelo Código Civil de 2002. O exame da disciplina jurídica da união estável será feito nos itens subsequentes, a partir da análise dos requisitos para sua constituição e dos efeitos que ela gera.

2. PRESSUPOSTOS PARA CONFIGURAÇÃO DA UNIÃO ESTÁVEL

O texto constitucional se refere à união estável como nova entidade familiar e coube às leis infraconstitucionais o regramento específico sobre a matéria, apoiada na rica construção jurisprudencial produzida até então. Não obstante a Lei 8.971/1994 não tenha conceituado união estável, conferiu aos companheiros o direito aos alimentos desde que comprovado o prazo de mais de cinco anos de união ou a existência de prole e estabeleceu alguns direitos sucessórios, dispondo sobre o usufruto vidual dos conviventes e a meação, em caso de morte de um deles, desde que comprovado o esforço comum na aquisição do patrimônio.

Aproximadamente 1 ano e meio depois da entrada em vigor da referida lei, foi promulgada a Lei 9.278/1996, que tratou da união estável de forma mais técnica e complementar ao que dispunha a lei anterior. Estabeleceu os pressupostos para a caracterização da união estável em seu art. 1º, segundo o qual "é reconhecida como entidade familiar a convivência duradoura, pública e contínua, de um homem e uma mulher, estabelecida com o objetivo de constituição de família". Verifica-se que, já em 1996, o legislador exigiu a presença dos mesmos requisitos constantes do atual art. 1.723 do Código Civil.

Vê-se, portanto, que os requisitos atualmente exigidos para a configuração da união estável são:

Sujeitos da união estável

i) em relação aos aspectos subjetivos, qualquer pessoa pode constituir união estável, exceto as que estão impedidas para casar, segundo o art. 1.521 do Código Civil. O § 1º do art. 1.723 do Código Civil estabelece, no entanto, que as pessoas separadas de fato também podem viver em união estável, superando as restrições do art. 1º da Lei 8.971/1994 – que estabelecia que os sujeitos da união estável deveriam ser solteiros, separados judicialmente, divorciados ou viúvos. Relevante a força normativa atribuída à separação de fato, na medida em que a jurisprudência considera que ela rompe os deveres do casamento, exceto o de mútua assistência, razão pela qual a pessoa separada de fato está livre para construção de outra entidade familiar. Trata-se da valorização da comunhão de vida, do relacionamento que de fato existe em detrimento daquele que só permanece nos arquivos cartoriais.[28]

---

[28] "Pela existência de um casamento que não existe, ou que existe, somente nos arquivos cartoriais, não se deve desconsiderar uma união duradoura, contínua, séria, constituída para criar e manter uma entidade familiar. Tratar-se-á, afinal, de uma família, que tem o direito de merecer o respeito e a proteção que são conferidos a quaisquer famílias dignamente formadas" (Zeno Veloso, *União estável*, Belém: Ministério Público do Pará, CEJUP, p. 74). Os primeiros julgados do STJ sobre o tema iniciaram a discussão sobre eficácia jurídica da separação de fato na vigência da Lei 8.971/1994: "Separação de fato. Bens adquiridos após a separação. Alienação. (...) Os bens adquiridos pelo marido após 30 anos da separação de fato não integram a meação" (STJ, 4ª T., REsp 60820/RJ, Rel. Ruy Rosado de Aguiar, julg. 21.06.1995, publ. *DJ* 14.08.1995); "Adulterinidade 'a matre'. Re-

As causas suspensivas (CC, art. 1.523) também não impedem a caracterização da união estável, consoante estabelece o art. 1.723, § 2º, do Código Civil. Nem poderiam fazê-lo, na medida em que sua função é evitar confusão patrimonial e a dúvida quanto à paternidade, situações essas totalmente contornáveis, tanto preventivamente (por meio de pacto de convivência) quanto no momento da dissolução da união estável, por meio de provas das datas e da origem do patrimônio adquirido e do exame de DNA. Dito de outro modo, mesmo no casamento, as causas suspensivas não se localizam nem no plano da existência nem no da validade, de modo que sua inobservância gera, tão somente, a imposição do regime da separação legal de bens (CC, art. 1.641, I); no exame da união estável, não existe sequer essa restrição.

Ainda quanto aos sujeitos da união estável, não há mais qualquer exigência quanto à diversidade de sexos, havendo, portanto, os mesmos requisitos para a configuração dessa entidade familiar, independentemente de os sujeitos serem homossexuais ou heterossexuais.[29] No julgamento da ADPF 132-RJ e ADI 4277, houve o reconhecimento da união homoafetiva como instituto jurídico de direito de família, cujo escopo fundamental foi atribuir ao art. 1.723 do Código Civil interpretação conforme a Constituição. Portanto, os pares homoafetivos também podem ser sujeitos de uma união estável, pois é nesse núcleo que "integrantes humanos em concreto estado de comunhão de interesses, valores e consciência da partilha de um mesmo destino histórico", compartilham um "espaço do mais entranhado afeto e desatada cooperação", conforme mencionou o Min. Ayres Britto em seu voto.[30]

Requisitos objetivos

ii) quanto aos aspectos objetivos, a lei estabelece os seguintes requisitos: a união deve ser pública, contínua, duradoura e com o objetivo de constituir família.

---

conhecimento. Admissibilidade, ainda em face dos termos da legislação civil, quando a mãe já se encontre separada de fato de seu marido" (STJ, 3ª T., REsp 113983/MG, Rel. Min. Eduardo Ribeiro, julg. 27.05.1997, publ. *DJ* 04.08.1997); "A separação de fato, quando se prolonga no tempo, produz efeitos também sobre o regime de bens, de tal sorte que se deve reconhecer como antijurídica a recusa do marido em autorizar a mulher a alienar bem imóvel que ela adquiriu por herança de sua mãe, vinte anos depois da separação" (STJ, 4ª T., REsp 127077 / ES, Rel. Min. Ruy Rosado de Aguiar, julg. 26.08.1997, *DJ* 10.11.1997); "Adquirido o imóvel depois da separação de fato, quando o marido mantinha concubinato com outra mulher, esse bem não integra a meação da mulher, ainda que o casamento, que durou alguns meses, tivesse sido realizado sob o regime da comunhão universal. Precedentes. Recurso não conhecido" (STJ, 4ª T., REsp 140694/DF, Rel. Min. Ruy Rosado de Aguiar, julg. 13.10.1997, publ. *DJ* 15.12.1997); – "A fiança ajusta-se ao contrato de locação. Em havendo sub-rogação subjetiva (separação de fato, separação judicial, divórcio, ou dissolução da sociedade concubinária), deverá ser comunicada por escrito ao locador (Lei 8.245/1991, art. 12, par. único). Caso contrário, persiste a obrigação do fiador" (STJ, 6ª T., REsp 164241/SP, Rel. Min. Luiz Vicente Cernicchiaro, julg. 04.08.1998, publ. *DJ* 24.08.1998).

29 "1. É indubitável que a Constituição Federal reconhece juridicidade às uniões constituídas pelo vínculo da afetividade, dentre as quais incluem-se *(sic)* as relações homoafetivas cujos direitos e deveres relativos ao instituto devem ser observados desde que preenchidos os seus requisitos, quais sejam a estabilidade e a ostensibilidade, com intuito de constituição de família" (STJ, 3ª T., REsp 1381609/MG, Min. Nancy Andrighi, Rel. p/ Acórdão Min. Ricardo Villas Bôas Cueva, julg. 17.12.2013, publ. *DJ* 13.02.2014).

30 Gustavo Tepedino, A legitimidade constitucional das famílias formadas por uniões de pessoas do mesmo sexo. *Soluções Práticas de Direito*, São Paulo: Revista dos Tribunais, 2012, pp. 19-39.

Estabilidade

O primeiro deles é a estabilidade da união, aspecto esse que nomeia o instituto "união estável". Ao exigir a estabilidade da relação, o legislador teve como escopo diferenciar e proteger as uniões estáveis em prejuízo de relações em que não haja o objetivo de constituir família, namoros ou simples relacionamentos clandestinos ou temporários. "O que se mostra indispensável é que a união se revista de estabilidade, ou seja, que haja aparência de casamento".[31] A estabilidade, aliada ao objetivo de constituição de família, atribui ao relacionamento um *status* de maior seriedade típico das entidades familiares.[32] O STJ entendeu inexistir estabilidade em um namoro de dois meses com coabitação de duas semanas, interrompida pela morte do namorado. O relator, Min. Luis Felipe Salomão entendeu que, embora em certos casos não se verifique com nitidez todos os pressupostos da união estável, "não há como excluir o requisito da estabilidade, havendo a necessidade da convivência mínima pelo casal, permitindo que se dividam as alegrias e tristezas, que se compartilhem dificuldades e projetos de vida, sendo necessário para tanto um tempo razoável de relacionamento". Acrescenta ainda que não é possível haver estabilidade em comunhão de vida entre duas pessoas – tanto no sentido material quanto imaterial – numa relação de apenas duas semanas.[33]

Continuidade

O segundo é a continuidade do relacionamento, cuja finalidade é verificar se se trata de relação com várias interrupções, instável, que não carrega consigo o perfil familiar,[34] pois se o relacionamento já não tem consistência no início não é possível conferir-lhe a tutela dos relacionamentos duráveis.

Durabilidade

A durabilidade também é um dos pressupostos necessários à caracterização da união estável, tendo por escopo reforçar que não se trata de relacionamento eventual,

---

31 STJ, 4ª T., REsp 474.962/SP, Rel. Min. Sálvio de Figueiredo Teixeira, julg. 23.09.2003, publ. *DJ* 01.03.2004, p. 186.

32 "A união estável tratada na Constituição Federal, bem como na legislação infraconstitucional, não é qualquer união com certa duração existente entre duas pessoas, mas somente aquela com a finalidade de constituir família. Trata-se de união qualificada por estabilidade e propósito familiar, decorrente de mútua vontade dos conviventes, demonstrada por atitudes e comportamentos que se exteriorizam, com projeção no meio social" (STJ, 4ª T., REsp 1157908/MS, Rel. Min. João Otávio de Noronha, Rel. p/ Acórdão Min. Raul Araújo, julg. 14.04.2011, publ. *DJe* 01.09.2011).

33 STJ, 4ª T., REsp 1761887/MS, Rel. Min. Luis Felipe Salomão, julg. 06.08.2019, publ. *DJ* 24.09.2019.

34 Ao reconhecer a relevância da continuidade da relação para fins sucessórios, a 3ª Turma do STJ afirmou que a companheira só é herdeira se a união estável existiu até a morte do parceiro. Assim, a Corte negou provimento ao recurso especial ajuizado por uma mulher com o objetivo de ser reconhecida como herdeira do ex-companheiro falecido. Os dois tiveram um relacionamento, mas encerraram a relação. Os desentendimentos levaram ao ajuizamento de ação de dissolução da união estável, com pedido de partilha e pensão, e a uma medida protetiva motivada por violência doméstica. Segundo o acórdão, o desenlace desses fatos foi o suicídio do homem. Sua ex-companheira, então, passou a buscar a habilitação nos autos do inventário para entrar na meação dos bens como herdeira. O pedido foi negado pelas instâncias ordinárias. No STJ, afirmou o relator: "Como entidade familiar, a união estável é livre na sua constituição, ou seja, não existem aspectos formais para a sua configuração como acontece no casamento, ato eminentemente solene, sendo bastante o fato de os conviventes optarem por estabelecer a vida em comum, independentemente de qualquer formalidade. (...) Para que o companheiro sobrevivente ostente a qualidade de herdeiro, a união estável deve subsistir até a morte do outro parceiro, não podendo haver entre eles a ruptura da vida em comum, existindo a convivência na posse do estado de casados. No caso, a recorrente postulou a dissolução da união estável, antes do óbito do seu companheiro" (STJ, 3ª T., REsp 1.990.792, Rel. Min. Moura Ribeiro, julg. 20.8.2024, publ. *DJe* 22.8.2024).

pois em geral, em curto período, é difícil conseguir criar uma intimidade tal que permita edificar laços típicos de família, baseados em solidariedade e afetividade. Desde a Lei 9.278/1996, tornou-se desnecessário o lapso temporal mínimo, nos moldes da Lei 8.971/1994, que exigia o prazo de 5 anos se não houvesse filhos e 2 anos se houvesse filhos. A exigência desse lapso temporal de 5 anos inspirou-se na redação inicial do § 1º do art. 5º da Lei 6.515/1977, que estabelecia igual prazo de ruptura da vida em comum para a decretação do divórcio.

Essa maior abertura para caracterização da união estável foi salutar, pois o requisito temporal – embora trouxesse certa objetividade ao conceito de união estável – levava a algumas injustiças, pois deixava à margem de tutela jurídica de direito de família algumas relações que findavam antes do prazo (por morte ou dissolução voluntária – às vezes até maliciosa por um dos componentes do casal), mas que demonstravam laços consistentes de entidade familiar.[35] O legislador deixou a critério do juiz o exame *in concreto*, a fim de verificar a presença dos requisitos casuisticamente, tendo em vista que cada entidade familiar pode se construir e se exteriorizar de forma diferente, de acordo com o projeto familiar do casal.

Publicidade

O requisito da publicidade ou ostensibilidade do relacionamento espelha o tratamento de marido e mulher que é exteriorizado para a sociedade (ou, se se entender na perspectiva da posse de estado, estar-se-ia diante do elemento *fama*). É a forma que a comunidade na qual o casal está inserido o percebe, a partir do tratamento recíproco que um confere ao outro e do caráter estável da relação familiar. É a exteriorização da estabilidade decorrente do tratamento recíproco como casal, ou seja, a "notoriedade extrínseca do vínculo permanente que têm os companheiros justificado pelo ânimo de constituir família".[36]

Objetivo de constituição de família

O último e mais relevante requisito refere-se ao objetivo de constituição de família, que pressupõe projetos em comum e solidariedade voluntária e afetiva, traduzida juridicamente como *affectio maritalis*. O propósito da convivência se revela e se reconhece na construção de uma família, por meio da comunhão plena de vida que acaba por estabelecer vínculos que se estendem aos parentes de cada um, por força da lei (CC, art. 1.595). Trata-se de situação que nasce na autonomia do casal, paulatinamente, e acaba por resvalar seus efeitos através da solidariedade, do compromisso mútuo de tal forma profundo que qualifica o relacionamento como *família*.

Não se pode aferir tal pressuposto mediante a avaliação de sentimento ou intenção subjetiva, mas por meio do comportamento objetivo do casal, que caracteriza a existência de uma família. É a conduta dos companheiros, portanto, reveladora da exteriorização

---

35 "Na verdade, o que interessa sobre o tempo é que ele caracterize a estabilidade da relação. Isto pode se definir com menos de dois anos, por exemplo, ou mesmo não acontecer nem com mais de dez anos de relacionamento. Afinal, namorar não tem prazo de validade. Foi nesse sentido que a Lei 9.278/1996 veio estabelecer que não há um prazo rígido para a caraterização da união estável" (Rodrigo da Cunha Pereira, União estável. In: Rodrigo da Cunha Pereira (Org.), *Tratado de direito das famílias*, Belo Horizonte: IBDFAM, 2015, p. 201).

36 Renata Barbosa de Almeida; Walsir Edson Rodrigues Júnior. *Direito Civil:* Famílias, São Paulo: Atlas, 2012, 2ª ed., pp. 302-303.

da formação da família, a configurar a fonte de declaração da união estável, indicando a posse de estado de casados. Congregam-se desse modo os requisitos da posse de estado: (i) nome (ou seja, patronímico, requisito facultativo, por força do art. 57, § 2º, da Lei 6.015/1973), (ii) tratamento e (iii) fama. O tratamento é exteriorizado pelo art. 1.723 do Código Civil, associado ao objetivo de constituição de família; e a fama, na exigência da publicidade no âmbito do círculo social dos companheiros.[37]

Por decorrer de escolhas próprias da liberdade existencial do casal, admite-se, para a caracterização da união estável, modelos flexíveis de convivência capazes de revelar a comunhão de vida. Com efeito, não é dado ao Direito enquadrar em padrões rígidos e estanques as formas com que as pessoas constroem a sua realidade familiar, cuja constituição, portanto, será verificada em análise casuística.[38]

Por outro lado, a procriação não é mais elemento essencial para se configurar a entidade familiar. "Embora seja comum o intuito de ter filhos, sua existência não é condição essencial à caracterização da união estável".[39] De acordo com o STJ: "A quebra de paradigmas do Direito de Família tem como traço forte a valorização do afeto e das relações surgidas da sua livre manifestação, colocando à margem do sistema a antiga postura meramente patrimonialista ou ainda aquela voltada apenas ao intuito de procriação da entidade familiar. Hoje, muito mais visibilidade alcançam as relações afetivas, sejam entre pessoas de mesmo sexo, sejam entre o homem e a mulher, pela comunhão de vida e de interesses, pela reciprocidade zelosa entre os seus integrantes".[40]

A coabitação também não é requisito indispensável da união estável, razão pela qual não está presente no rol do art. 1.723 do Código Civil.[41] Mantém-se a mesma

---

[37] Sabe-se que o *animus* de constituição de família é cláusula aberta, em que não haja rigidez em relação aos fatos ensejadores da união estável. Por isso, o STJ decidiu ser suficiente para caracterização da união estável: "O acórdão, em premissas fáticas imutáveis, constatou que as partes, previamente ao casamento, mantiveram um relacionamento na constância do qual um deles se dirigiu ao outro, em cerimônia de posse em cargo público de extrema liturgia, como "minha mulher", emitindo-se em favor dela passaporte diplomático, restrito aos familiares pela legislação da época, cinco dias após a referida cerimônia e declarou, perante clube de alto padrão mais de 6 meses antes da formalização do casamento, que havia união estável entre eles há mais de 3 anos." (STJ, 3ª T., REsp 1935910/SP, Rel. Min. Moura Ribeiro, Relª. p/ acórdão Minª. Nancy Andrighi, julg. 7.11.2023, publ. DJ 22.11.2023).

[38] O mesmo acórdão anteriormente citado adverte: "7 – Afirmar e impor judicialmente que a lógica natural da vida seria composta por conhecimento, namoro, noivado e casamento é apenas uma visão de mundo, pessoal, parcial e restrita a um determinado círculo de convivência, uma bolha social que jamais poderá pretender modelar generalizadamente a sociedade, estabelecendo um suposto padrão de comportamento, e que jamais poderá condicionar ou influenciar o modo de julgamento de uma questão relativa ao direito das famílias, que, relembre-se, deve-se ater aos fatos e às provas. 8 – O direito das famílias não é forjado pela rigidez e pelo engessamento, eis que os arranjos familiares, sobretudo na sociedade contemporânea, são moldados pela plasticidade, razão pela qual a lógica natural da vida será a lógica natural de cada vida individualmente considerada." (STJ, 3ª T., REsp 1935910/SP, Rel. Min. Moura Ribeiro, Relª. p/ acórdão Minª. Nancy Andrighi, julg. 7.11.2023, publ. DJ 22.11.2023).

[39] Gustavo Tepedino; Heloisa Helena Barboza; Maria Celina Bodin de Moraes, *Código Civil interpretado conforme a Constituição da República*, vol. IV, Rio de Janeiro: Renovar, 2014, p. 430.

[40] STJ, 3ª T., REsp 1026981/RJ, Rel. Min. Nancy Andrighi, julg. 04.02.2010, publ. *DJ* 23.02.2010.

[41] Essa interpretação não é unânime: "Como reflexo das características de estabilidade, continuidade e objetivo de constituição de família, e diante dos requisitos de comunhão de vida *more uxorio*, aparece

orientação da Súmula 382 do Supremo Tribunal Federal, que dispõe que "a vida em comum sob o mesmo teto, *more uxorio*, não é indispensável à caracterização do concubinato". Por isso, é factível a existência de união estável sem que as partes residam sob o mesmo teto, desde que os reais pressupostos estejam presentes.[42] Dito diversamente, a coabitação mostra-se "dado relevante para se determinar a intenção de construir uma família, não se trata de requisito essencial, devendo a análise centrar-se na conjunção de fatores presentes em cada hipótese, como a *affectio societatis* familiar, a participação de esforços, a posse do estado de casado, a fidelidade, a continuidade da união, entre outros, nos quais se inclui a habitação comum".[43]

Embora não seja obrigatória, quando presente, a coabitação se traduz em forte indício da presença de união estável na medida em que as partes que vivem sob o mesmo teto, geralmente, compartilham projeto familiar comum e exteriorizam componentes que indicam a presença da mútua assistência e corresponsabilidade que ultrapassam o simples namoro. Todavia, não se pode afirmar que, uma vez presente a coabitação, há necessariamente união estável, pois a coabitação é muito mais do que simplesmente dividir a mesma casa.[44] Nessa perspectiva, ao examinar caso em que o casal morou sob o mesmo teto no exterior antes do casamento, o STJ entendeu que a coabitação foi circunstancial, "por contingências e interesses particulares (ele, a trabalho; ela, pelo estudo) foram, em momentos distintos, para o exterior, e, como namorados que eram, não hesitaram em residir conjuntamente. Este comportamen-

a coabitação como o segundo dever imposto aos companheiros no curso da relação familiar. O dever de coabitação entre os companheiros é o mesmo do que trata o art. 231, inc. II, do Código Civil, em relação aos cônjuges, ou seja, vida em comum, no domicílio conjugal, abrangendo ainda a noção da satisfação do débito conjugal, ou seja, a manutenção frequente e periódica de relações sexuais entre o casal. Todas as noções doutrinárias e jurisprudenciais aplicáveis ao dever de coabitação dos cônjuges se aplicam perfeitamente ao companheirismo, inclusive quanto às exceções de tal dever, por circunstâncias pessoais ou profissionais de um ou de ambos os partícipes" (Guilherme Calmon Nogueira da Gama, *O companheirismo:* uma espécie de família, São Paulo: Revista dos Tribunais, 1998, p. 197).

42 "Agravo regimental – Ação de reconhecimento de união estável – Coabitação – Requisito que não se revela essencial ao reconhecimento do vínculo – Precedentes – Agravo regimental desprovido" (STJ, 3ª T., AgRg no AREsp 59.256/SP, Rel. Min. Massami Uyeda, julg. 18.09.2012, publ. *DJ* 04.10.2012).

43 STJ, 3ª T., REsp 275.839/SP, Rel. Min. Ari Pargendler, Rel. p/ Acórdão Min. Nancy Andrighi, julg. 02.10.2008, publ. *DJe* 23.10.2008. Nesse sentido: STJ, 3ª T., REsp 1107192/PR, Rel. Min. Massami Uyeda, Rel. p/ Acórdão Min. Nancy Andrighi, julg. 20.04.2010, publ. *DJ* 27.05.2010.

44 No período da pandemia do coronavírus, reforçou-se o debate sobre se a coabitação de namorados teria o condão de caracterizar união estável. Entendeu-se, em outra oportunidade, que "Verificou-se que a coabitação por si só no período isolado da quarentena não tem o condão de alçar o relacionamento à união estável, pois, se não existentes os elementos anteriormente nomeados, haverá, no máximo, um namoro qualificado. No entanto, esses elementos caracterizadores poderão advir com a perpetuação da coabitação do casal no período que sucederá o fim das restrições governamentais ao deslocamento, o que poderá significar a assunção de uma comunhão de vida pautada no afeto e na solidariedade recíproca, devendo haver a análise pormenorizada de cada caso diante das implicações jurídicas que podem advir do reconhecimento desta entidade familiar." (Ana Carolina Brochado Teixeira, Eleonora G. Saltão de Q. Mattos. A coabitação em tempos de pandemia pode ser elemento caracterizador de união estável? In: Ana Luiza Maia Nevares, Marilia Pedroso Xavier, Silvia Felipe Marzagão (coods.). *Coronavírus*. Impactos no Direito de Família e Sucessões. Indaiatuba: Foco, p. 83).

to, é certo, revela-se absolutamente usual nos tempos atuais, impondo-se ao Direito, longe das críticas e dos estigmas, adequar-se à realidade social".[45] O relator refere-se à existência de um namoro qualificado[46] e não de uma união estável, na medida em que, "em virtude do estreitamento do relacionamento projetaram para o futuro – e não para o presente –, o propósito de constituir uma entidade familiar, desiderato que, posteriormente, veio a ser concretizado com o casamento". Nessa mesma esteira, o Enunciado n. 42 do IBDFAM dispõe que "o namoro qualificado, diferentemente da união estável, não engloba todos os requisitos cumulativos presentes no art. 1.723 do Código Civil".

Daí a importância de delinear a diferença entre namoro e união estável, já que no primeiro, a relação inexiste o compromisso com a mútua assistência. Todo relacionamento começa por meio de um namoro e não é estável desde o início. A estabilidade é alcançada com o tempo, à medida em que a intimidade é criada. De forma gradativa surge a comunhão de vida, por força da convivência, sendo renovada de forma constante pelo acordo, ainda que tácito, das partes.

Assistência e corresponsabilidade funcionam como os fatores indispensáveis à diferenciação entre a entidade familiar de fato e o namoro.[47] Afinal, esse ponto central de verificação objetiva – escopo de constituição de família – só se torna juridicamente

---

45 STJ, 3ª T., REsp 1454643/RJ, Min. Marco Aurélio Bellizze, julg. 03.03.2015, publ. *DJ* 10.03.2015.

46 "Nem sempre é fácil distinguir essa situação – a união estável – de outra, o namoro, que também se apresenta informalmente no meio social. Numa feição moderna, aberta, liberal, especialmente se entre pessoas adultas, maduras, que já vêm de relacionamentos anteriores (alguns bem-sucedidos, outros nem tanto), eventualmente com filhos dessas uniões pretéritas, o namoro implica, igualmente, convivência íntima – inclusive, sexual –, os namorados coabitam, frequentam as respectivas casas, comparecem a eventos sociais, viajam juntos, demonstram para os de seu meio social ou profissional que entre os dois há uma afetividade, um relacionamento amoroso. E quanto a esses aspectos, ou elementos externos, objetivos, a situação pode se assemelhar – e muito – a uma união estável. Parece, mas não é! Pois falta um elemento imprescindível da entidade familiar, o elemento interior, anímico, subjetivo: ainda que o relacionamento seja prolongado, consolidado, e por isso tem sido chamado de 'namoro qualificado', os namorados, por mais profundo que seja o envolvimento deles, não desejam e não querem – ou ainda não querem – constituir uma família, estabelecer uma entidade familiar, conviver numa comunhão de vida, no nível do que os antigos chamavam de *affectio maritalis*. Ao contrário da união estável, tratando-se de namoro – mesmo do tal namoro qualificado –, não há direitos e deveres jurídicos, mormente de ordem patrimonial entre os namorados. Não há, então, que falar-se de regime de bens, alimentos, pensão, partilhas, direitos sucessórios, por exemplo" (Zeno Veloso, *Direito Civil*: temas. Belém: ANOREGPA, 2018. p. 313).

47 "Há situações em que o relacionamento, embora duradouro e estável, é apenas um namoro. Em muitos casos, há um limite tênue e estreito entre namoro e união estável. A dificuldade da avaliação entre estes dois institutos surgiu com a mudança de costumes e valores, especialmente a partir da década de sessenta. Explico: antes disso, um dos elementos diferenciadores entre namoro e o então chamado concubinato era a presença de relações sexuais. Com isto era fácil dizer se aquela relação era namoro ou união estável. Hoje, a maioria dos casais de namorados mantém relações sexuais, e esta se tornou um dos ingredientes saudáveis da relação, já que o casamento não é mais a única forma de legitimar as relações sexuais. Portanto, já não há mais este elemento que era determinante para a distinção entre uma e outra relação. E assim, o limite ficou ainda mais estreito. A diferença entre namoro e união estável será feita, quando esta dúvida for suscitada, é no caso a caso, e na apreciação dos elementos objetivos, e também subjetivos, para a constituição da família" (Rodrigo da Cunha Pereira, *Comentários ao Novo Código Civil: da união estável, da tutela e da curatela*. vol. XX. Coord. Sálvio de Figueiredo Teixeira, Rio de Janeiro: Forense, 2003, pp. 64-65).

aferível quando exteriorizado pelo casal através da convivência familiar, que norteia comportamentos e expectativas recíprocas, funcionalizadas à realização de cada um dos membros da entidade familiar.

3. REGISTRO DA UNIÃO ESTÁVEL

A Corregedoria Nacional de Justiça publicou o Provimento 141/2023 – modificado pelo Provimento 146/2023 –, com o objetivo de simplificar o processo de reconhecimento e dissolução de união estável, além de facilitar a alteração do regime de bens e a conversão da união estável em casamento.

O Provimento revogou o Provimento 37/2014, adequando seus ditames à Lei n. 14.382/2022, que permite que cartórios de Registro Civil também realizem termos declaratórios de reconhecimento e dissolução de união estável.

A normativa facilitou o uso dos sobrenomes um do outro, a publicidade geral da união estável e a inserção do registro de modo formal e vinculante ao estado da pessoa. Assim, uma vez lavrado o Termo Declaratório de União Estável ou de Dissolução de União estável – o que pode ser feito em qualquer cartório -, ele poderá ser registrado no livro E dos cartórios de registro civil onde os companheiros têm ou tiveram sua última residência – e, por conseguinte, anotado nas certidões de nascimento dos conviventes, o que gera mais transparência às relações familiares.

Se houver nascituro ou filhos incapazes, a dissolução da união estável somente será possível por meio de intervenção do Poder Judiciário, nos moldes do que determina a Lei n. 11.441/2007.

O Provimento prevê que a conversão da união estável em casamento deve seguir as diretrizes do art. 70 da Lei n. 6.015/1973, além das seguintes especificidades: a) registro anterior da união estável, com seus dados de identificação e individualização do título de origem; b) regime de bens que vigorava ao tempo da união estável – se houver alteração a partir do casamento – se o antigo regime estiver indicado no registro anterior de união estável ou em algum dos títulos como sentença homologatória, escritura pública ou termo homologatório de reconhecimento e dissolução de união estável; c) data de início da união estável (art. 1º, §§4º e 5º do Provimento 141); d) se o regime de bens vigente na união estável for diverso do adotado após a conversão, deve constar a advertência de que "este ato não prejudicará terceiros de boa-fé, inclusive os credores dos companheiros cujos créditos já existiam antes da alteração do regime".

O Provimento também regulamenta o disposto no art. 70-A da Lei n. 6.015/73, quanto ao procedimento de certificação eletrônica, a ser realizado perante o oficial de registro civil para indicação de datas de início e, se for o caso, do fim da união estável, que tem natureza facultativa. Caso os companheiros escolham essa opção, devem fazer pedido expresso para que as datas constem no procedimento, pleito esse que pode ser feito eletronicamente ou não. Para comprovar as datas, os companheiros poderão valer-se de todos os meios probatórios em direito admitidos. Eles e eventuais testemunhas deverão ser entrevistados pelo registrador para verificar a plausibilidade do pedido, sendo seus depoimentos reduzidos a termo e assinados por todos.

Se houver suspeita de falsidade ou fraude, o registrador poderá exigir provas adicionais, decidindo em seguida o pedido de forma fundamentada. Se o pedido for indeferido, os companheiros poderão requerer a suscitação de dúvida no prazo de 15 dias da ciência. Todo o procedimento deverá ser arquivado pelo registrador.

4. EFEITOS PESSOAIS

Uma vez estabelecida a necessidade da configuração da posse de estado de casados revelado por meio do comportamento dos companheiros, importa verificar os efeitos gerados pela entidade familiar, primeiramente, no âmbito existencial, ou seja, aqueles ligados à vida pessoal e intimidade do casal.

União estável e estado civil

Reflete-se se a configuração da união estável modifica o estado civil dos conviventes.[48] Para tanto, importa recordar o conceito de estado, que leva em conta a posição da pessoa diante da sociedade.[49] A relevância do estado – de um modo geral e, principalmente, do estado familiar –, para o direito é atribuir segurança às relações jurídicas, sendo definidor e determinante de situações patrimoniais. O estado civil reflete a posição da pessoa, com a gama de relações jurídicas da qual faz parte perante a sociedade. Já que essa é a função do estado civil, não deveria haver razões para negar a atribuição de estado familiar para a união estável, pois refletiria a situação jurídica vivida pelos sujeitos da relação.[50] Entretanto, a dificuldade de se cogitar de um estado civil específico para a união estável deriva da natureza fática dessa entidade familiar, uma vez que se trata de família que se constitui ao longo do tempo: primeiro se convive, se forma a entidade familiar para posteriormente declará-la ou contratualizá-la, por meio de pacto de convivência. Por tal circunstância, somente o legislador poderia estabelecer a definição específica de estado, de acordo com política legislativa.[51]

---

48 Algumas reflexões sobre o tema foram feitas em Rodrigo da Cunha Pereira; Ana Carolina Brochado Teixeira, A criação de um novo estado civil no Direito Brasileiro para a União Estável. In: Mário Luiz Delgado; Jones Figueirêdo Alves (Org.), *Questões controvertidas no novo Código Civil*, São Paulo: Método, 2005, v. 3, pp. 261-271.

49 Pietro Perlingieri entende que o estado, para o Direito italiano, não leva em conta a posição do indivíduo no todo, mas sim, como uma consequência do fato de que o indivíduo pertence ao grupo. Considera-se, portanto, sempre a posição da pessoa diante de um agrupamento ou da sociedade (Pietro Perlingieri, *Perfis do direito civil*, Rio de Janeiro: Renovar, 2002, 2ª ed., trad. Por Maria Cristina De Cicco, p. 133).

50 Silmara Juny Chinelato afirma que, em razão de o art. 1.595 do Código Civil prever que um companheiro se liga aos parentes do outro por vínculos de afinidade, aceitou-se a convivência em união estável como elo gerador de um estado civil. Essa seria a justificativa mais plausível para o estabelecimento de afinidade entre certos parentes do companheiro (Silmara Juny Chinelato; Antônio Junqueira de Azevedo (Coord.). *Comentários ao Código Civil*: parte especial – do direito de família, São Paulo: Saraiva, 2004, v. 18, p. 23). No mesmo sentido, Antônio Junqueira de Azevedo afirma que "pode-se mesmo dizer que os conviventes conquistaram um novo estado civil até então desconhecido" (Antônio Junqueira de Azevedo. Rapport brésilien. *L'ordre public. Journées libanaises.* Paris: LGDJ, 1998, t. 49, p. 395).

51 O Projeto de Lei nº 1.779/2003, de autoria do Deputado Fernando Giacobo, visa acrescentar o § 3º ao art. 1.723 do Código Civil, cuja redação proposta é a seguinte: § 3º. Os companheiros adotarão o estado civil de conviventes.

As consequências da união estável, ao contrário do casamento, não decorrem de ato jurídico solene, capaz de produzir efeitos que lhe são próprios. A Constituição Federal não pretendeu equiparar entidades heterogêneas, identificando a relação familiar de fato com o mais solene dos atos jurídicos. O casamento como ato jurídico, pressupõe uma profunda e prévia reflexão de quem o contrai, daí decorrendo imediatamente uma série de efeitos que lhe são próprios – dada a certeza e a segurança que oferecem os atos solenes. Já a união estável, ao contrário, formada pela sucessão de eventos naturais que caracterizam uma relação de fato, tem outros elementos constitutivos, identificáveis ao longo do tempo, na medida em que se consolida a vida comum.

Conforme já referido no capítulo 1, o vocábulo casamento é polissêmico; indica tanto o ato jurídico quando a relação jurídica dele decorrente. Por isso mesmo, é necessário diferenciar as normas que têm a sua *ratio* no ato jurídico em si considerado, daquelas que se destinam à relação familiar. As primeiras – como é o caso do estado civil – não podem ser aplicadas às uniões estáveis, já que dependem essencialmente da solenidade do ato, pressuposto fático para sua incidência. São regras que, por encontrarem justificativa no casamento como ato jurídico, não admitem interpretação extensiva para entidades desprovidas das características de segurança jurídica e da publicidade próprias da sua celebração.

Por outro lado, as normas que encontram justificativa na convivência própria da relação familiar devem ser estendidas a toda e qualquer entidade familiar merecedora de tutela, independentemente da sua forma de constituição. Importa registrar, novamente, o Enunciado Interpretativo 641 aprovado na VIII Jornada de Direito Civil, realizada pelo Conselho de Justiça Federal nos dias 27 e 28 do mês de abril de 2018, nos seguintes termos: "A decisão do Supremo Tribunal Federal que declarou a inconstitucionalidade do art. 1.790 do Código Civil não importa equiparação absoluta entre o casamento e a união estável. Estendem-se à união estável apenas as regras aplicáveis ao casamento que tenham por fundamento a solidariedade familiar. Por outro lado, é constitucional a distinção entre os regimes, quando baseada na solenidade do ato jurídico que funda o casamento, ausente na união estável".

Aí está o cerne da questão: os efeitos jurídicos que decorrem do ato solene consubstanciado pelo casamento, cujo substrato axiológico vincula-se ao estado civil e à segurança que as relações sociais reclamam, não podem se aplicar à união estável por diversidade de *ratio*. À união estável, como entidade familiar, aplicam-se, em contraponto, todos os efeitos jurídicos próprios da família, não diferenciando o constituinte, para efeito de proteção do Estado (e, portanto, para todos os efeitos legais, sendo certo que as normas jurídicas são emanação do poder estatal), a entidade familiar constituída pelo casamento daquela constituída pela conduta espontânea e continuada dos companheiros, não fundada no matrimônio.

Trata-se de identificar a *ratio* das normas que se pretende interpretar. Quando informadas por princípios relativos à solenidade do casamento – que gera a pretendida segurança jurídica –, não há que se estendê-las às entidades familiares extramatrimoniais. Quando informadas por princípios próprios da convivência familiar, vinculada à solidariedade dos seus componentes, aí, sim, indubitavelmente, a não aplicação de tais regras contraria o ditame constitucional. O casamento confere aos cônjuges o estado civil de casados, "fator de identificação na sociedade", atraindo uma série de efeitos próprios desse *status*, qualidade jurídica que, à evidência, não pode ser atribuída a ninguém que não seja casado.[52]

Direitos e deveres entre companheiros

O art. 1.724 do Código Civil prevê deveres recíprocos entre os companheiros, bem como desses em relação aos filhos.[53] Entre os companheiros, a lei determina que a relação de convivência obedecerá aos deveres de lealdade, respeito e assistência, e no que tange aos filhos, impõem-se os deveres de guarda, sustento e educação, a serem analisados no capítulo 9.

Importa, aqui, aprofundar o estudo nos deveres de lealdade, respeito e assistência. Esses dois últimos decorrem do princípio da solidariedade: o respeito e a assistência (moral e material) são essenciais para a construção sólida da comunhão plena de vida. O respeito – conduta devida a qualquer ser humano – se faz ainda mais importante no âmbito de uma relação familiar e íntima, hipóteses em que sua tutela deve ser mais intensa. A assistência material está ligada ao suporte financeiro que um dá ao outro durante o relacionamento, o qual se prolonga mesmo após a dissolução da união estável, se presentes os requisitos para a concessão dos alimentos, exteriorizados pelo binômio necessidade e possibilidade.

No que tange à lealdade, muito se discute sobre seu conteúdo, principalmente quando comparada ao dever de fidelidade do casamento. Alguns juristas vêm defendendo que o dever de lealdade é mais extenso que o de fidelidade, abrangendo-o: "parece que ser leal é mais amplo do que simplesmente abster-se de ter relações sexuais com terceiros – definição comum de fidelidade. Ser leal é ter compostura prestigiosa à relação de afeto preestabelecida, integralmente. Isso significa evitar todos os comportamentos que possam ser ofensivos ao vínculo familiar e ao(à) companheiro(a); tenham eles conotação sexual ou não".[54]

---

52 Como observa Yussef Said Cahali, Do Direito de Alimentos no Concubinato. In: Sálvio de Figueiredo Teixeira (Coord.), *Direitos de Família e do Menor*, Belo Horizonte: Del Rey, 1993, p. 220: "O concubinato não cria um estado civil nem modifica a condição jurídica das pessoas".

53 Esses deveres são praticamente os mesmos previstos pelo art. 2º da Lei 9.278/1996 (exceto pela ausência de menção à lealdade): Art. 2º. São direitos e deveres iguais dos conviventes: I – respeito e consideração mútuos; II – assistência moral e material recíproca; III – guarda, sustento e educação dos filhos comuns. Antes dessa disposição, doutrina manifestava-se pela inexistência de deveres entre companheiros, pois não era suficiente a analogia ao casamento, sendo necessário expressa disposição de lei: "Para impor obrigações, ou fixar direitos e deveres entre os companheiros, mostra-se indispensável a edição de legislação específica a respeito, inadmitindo-se a aplicação analógica ou equiparação às regras do casamento com base na norma constitucional, pois, neste particular, a Constituição limitou-se a acolher a união estável relativamente aos seus efeitos externos, exteriores à relação, em face do Estado e da sociedade" (Francisco José Cahali, *União estável e alimentos entre os companheiros*, São Paulo: Saraiva, 1996, pp. 190-191).

54 Renata Barbosa de Almeida; Walsir Edson Rodrigues Júnior, *Direito Civil*, cit., p. 305; "O dever de lealdade implica franqueza, consideração, sinceridade, informação e, sem dúvida, fidelidade. Numa relação afetiva entre homem e mulher, necessariamente monogâmica, constitutiva de família, além de um dever jurídico, a fidelidade é requisito natural" (Zeno Veloso, Código Civil Comentado, vol. XVII. Coord. Álvaro Villaça Azevedo, São Paulo: Atlas, 2003. p. 129). Também de acordo com essa

Não obstante a relevância das contribuições doutrinárias, o bem jurídico protegido, seja na união estável seja no casamento, é o mesmo: a relação de confiança construída por meio da comunhão plena de vida, o que torna injustificada a diferenciação quantitativa de lealdade e fidelidade. O legislador deu ênfase ao aspecto existencial da relação de forma menos moralista, pois na perspectiva de construção existencial, a lealdade prevalece sobre a fidelidade em si considerada.[55]

Questão interessante a ser analisada é a possibilidade de o próprio casal eleger as regras existenciais que guiarão seu relacionamento, no âmbito do casamento ou da união estável.[56] Com efeito, a interferência heterônoma do Estado, ditando a forma em que o casal deve viver, mostra-se excessiva, impondo-lhe padrões sociais que nem sempre refletem as expectativas e o projeto existencial pretendido.[57] Nesta perspectiva, não obstante respeitáveis vozes contrárias,[58] a descoberta do caminho de realização

---

diferenciação: Rolf Madaleno, *Direito de família*, Rio de Janeiro: Forense, 2018, 8ª ed., p. 1.463; Álvaro Villaça Azevedo, *Estatuto da família de fato*. São Paulo: Atlas, 2002, p. 444. Na jurisprudência, também se nota tal diferenciação: "Muito embora a 'lealdade' constitua gênero mais abrangente que a 'fidelidade', que não se prescreve como no matrimônio, mas que deve existir para a honorabilidade desta entidade familiar, embora sem ter a feição que desfruta, como causa, para o rompimento do casamento" (TJ/RS, 7ª C.C., Ap. Cív. 70006974711, Rel. Des. José Carlos Teixeira Giorgis, julg. 17.12.2003).

55 "Embora não seja expressamente referida na legislação pertinente, como requisito para configuração da união estável, a fidelidade está ínsita ao próprio dever de respeito e lealdade entre os companheiros" (STJ, 3ª T., REsp 1348458/MG, Rel. Min. Nancy Andrighi, julg. 08.05.2014, publ. *DJ* 25.06.2014).

56 O importante é que essas sejam escolhas eleitas pelo casal e não por uma das partes individualmente. E a sua ausência não descaracteriza a união estável, como já decidiu o STJ: "Mostra-se de todo descabida a tese do recorrente segundo a qual o fato de não haver sido fiel à sua companheira teria o condão de descaracterizar a união estável, eximindo-o das responsabilidades daí advindas, pois a ninguém é permitido alegar a própria torpeza em seu proveito, mormente em se tratando de relações familiares" (STJ, 4ª T., AgInt no Agravo em REsp. 1.551.631 – SP, Rel. Min. Luis Felipe Salomão, julg. 05.12.2019).

57 "Parece que o Estado, com sua onipotência, olvida que são os vínculos e pactos íntimos que ligam o par, e não as imposições sociais ou os mandamentos legais que os mantêm unidos. Não se limita a lei a chancelar o casamento e atribuir responsabilidades ao casal, pois também busca interferir na sua vida íntima, impondo deveres e assegurando direitos para serem cumpridos durante o período de convívio" (Maria Berenice Dias, A estatização das relações afetivas e a imposição de direitos e deveres. In: Rodrigo da Cunha Pereira (Coord.) *Família e cidadania*: o novo CCB e a *vacatio legis*, Belo Horizonte: IBDFAM, Del Rey, 2002, p. 303).

58 "Considerando que os efeitos pessoais puros das relações familiares são, em regra, indisponíveis, previstos de forma cogente na norma, há adequada resistência em permitir sejam objeto de contrato de convivência" (Francisco José Cahali, *Contrato de convivência na união estável*, São Paulo: Saraiva, 2002, p. 270); "Da mesma forma, será ineficaz a previsão que contenha liberação dos cônjuges do dever de fidelidade ou coabitação" (Silvio Rodrigues, *Direito Civil*, vol. VI, São Paulo: Saraiva, 2007, p. 139); "Assim seriam ineficazes quaisquer cláusulas ou contratos matrimoniais que admitissem a infidelidade conjugal, que dispensasse os principais deveres conjugais, como a mútua assistência, o sustento, a guarda e a educação dos filhos, o respeito e a mútua consideração (...)" (Rolf Madaleno, *O Direito Adquirido e o Regime de Bens*, O direito adquirido e o regime de bens. *Revista Jurídica*, Porto Alegre: Nota Dez, n. 348, 2006, pp. 30-31); "Impõe-se, porém, uma importante limitação de ordem legal ou jurídica: exclui-se do conteúdo contratual a regulamentação dos efeitos estritamente pessoais do concubinato. São nulas, por exemplo, as cláusulas que tenham por objeto a estipulação de um dever de fidelidade durante um certo período, a renúncia do direito de ruptura ou do direito de casar. Estas cláusulas são obstáculos à liberdade nupcial ou matrimonial, que por ser um direito fundamental não é suscetível de renúncia" (José Lamartine Corrêa de Oliveira; Francisco

pertence ao casal de forma exclusiva, justificando-se a ingerência do Estado tão somente para garantir espaços e o exercício das liberdades.

Observe-se que nem todos os deveres existenciais se mostram suscetíveis de exigência coercitiva ou de conversão em pecúnia, instrumentos típicos da lógica patrimonial, restando, portanto, a sua eficácia condicionada ao exercício da autonomia privada individual.

Ressalte-se, ainda, que nem todos os deveres são derrogáveis por convenção dos companheiros. São indisponíveis os deveres atinentes à solidariedade conjugal, como a mútua assistência, ou aos deveres decorrentes da autoridade parental, que alcançam a pessoa dos filhos. Trata-se de deveres imperativos, por expressão de valores constitucionais. No que tange às formas de vida a dois, há de se examinar, caso a caso, a seriedade do pacto, de modo que, caso não violem a dignidade da pessoa dos companheiros e o princípio da isonomia, não parece haver óbice para a sua admissão.

Em caso bastante peculiar, o STJ entendeu que fidelidade e lealdade não são elementos necessários para a configuração da união estável, pois os deveres devem originar do pacto de cada casal: "Se o descumprimento dos deveres de lealdade ou de fidelidade não necessariamente implicam em ruptura do vínculo conjugal ou convivencial, justamente porque está na esfera das partes deliberar sobre esse aspecto da relação, *a fortiori* somente se pode concluir que a preexistência ou observância desses deveres também não é elemento essencial para a concretização do casamento ou da união estável".[59]

O meio de se formalizar esse acordo existencial é o pacto de convivência, a partir da releitura de categorias próprias da teoria geral, de modo a se admitir a validade e a eficácia de *negócio jurídico existencial,* despido da lógica patrimonial que é tradicionalmente atribuída aos negócios jurídicos em geral.

Firme no caráter histórico do direito, e diante das novas funções assumidas pela ordem jurídica para incorporar as aspirações existenciais com vistas ao pleno desenvolvimento da pessoa humana, não há impedimento para se expandir a noção de negócio jurídico, ampliando-se seu objeto e seu conteúdo, com disciplina diferenciada, compatível com a função existencial exigida por um pacto de convivência conjugal.[60]

Uso do patronímico

Um último efeito pessoal refere-se à possibilidade do uso do sobrenome de um companheiro pelo outro. Embora o Código Civil seja omisso a esse respeito, o art. 57, §

José Ferreira Muniz, *Direito de família (direito matrimonial),* Porto Alegre: Sérgio Antônio Fabris Editor, 1990, p. 100).

59 STJ, 3ª T., REsp 1.974.218-AL, Relª. Minª. Nancy Andrighi, julg. 8.11.2022, publ. *DJe* 11.11.2022. No mesmo sentido: "O descumprimento do dever de lealdade, assentado no ordenamento jurídico pátrio, não é capaz de descaracterizar, por si só, a união estável, se presentes os demais requisitos conformadores do vínculo entre as partes" (TJ/MG, 4ª Cam. Civ. Espec., Ap. Cív. 5005320-51.2021.8.13.0040, Relª. Desª. Alice Birchal, julg. 24.10.2024, publ. *DJe* 29.10.2024).

60 Ana Carolina Brochado Teixeira, *Saúde, corpo e autonomia privada*. Rio de Janeiro: Renovar, 2010, pp. 127-153; Rose Melo Vencelau Meireles, *Autonomia privada e dignidade humana,* Rio de Janeiro: Renovar, 2009; Carlos Nelson de Paula Konder, O consentimento no Biodireito: Os casos dos transexuais e dos wannabes. *Revista Trimestral de Direito Civil,* vol. 15, 2003, pp. 41-71; Paulo Lôbo, *Direito civil* – Parte geral, São Paulo: Saraiva, 2009, p. 92.

2º, da Lei 6.015/1973, com a redação dada pela Lei 14.382/2022 autoriza a(o) companheira(o) a requerer ao oficial de registro civil, desde que a união estável esteja registrada no registro civil das pessoas naturais, a inclusão do sobrenome do companheiro, bem como alterar seus sobrenomes nas mesmas hipóteses previstas para as pessoas casadas.

5. EFEITOS PATRIMONIAIS

Pacto de convivência

Os conviventes dispõem de ampla liberdade para disciplinar convencionalmente suas relações patrimoniais.[61] Semelhante negócio, incluído frequentemente no *pacto de convivência*, também pode regulamentar questões existenciais, nos mesmos limites admitidos para o pacto antenupcial, e funciona ainda como indício de prova da existência da união estável (art. 1.723). O pacto de convivência desempenha papel relevante no momento da dissolução da união estável, na medida em que facilita a partilha de bens, particularmente tormentosa entre conviventes.[62]

No que tange aos requisitos formais, exige-se apenas que o pacto de convivência seja revestido de forma escrita. Contrariamente ao que prevê o Código Civil a respeito do pacto antenupcial (CC, art. 1.653), omitiu-se o legislador nesta matéria a respeito da necessidade de escritura pública, a admitir, portanto, sua celebração por meio de instrumento particular (CC, art. 1.725).[63]

Diante da disposição legal, o STJ decidiu que o contrato de convivência feito por instrumento particular tem validade apenas entre as partes, para disciplinar aspectos existenciais e patrimoniais da relação familiar por eles mantida, tal como: "para definir questões *interna corporis* da união estável, como a sua data de início, a indicação sobre quais bens deverão ou não ser partilhados, a existência de prole concebida na constância do vínculo e a sucessão", sem alcançar terceiros. Assim: "O contrato escrito na forma de simples instrumento particular e de conhecimento limitado aos contratantes, todavia, é incapaz de projetar efeitos para fora da relação jurídica mantida pelos conviventes, em especial em relação a terceiros porventura credores de um deles, exigindo-se, para que se possa examinar a eventual oponibilidade *erga omnes*, no mínimo, a prévia existência de registro e publicidade aos terceiros".[64]

---

61 O debate sobre a extensão do regime da separação obrigatória e da Súmula 377 do STF à união estável foi objeto de reflexões no capítulo 3.

62 Sobre o assunto, pronuncia-se José Carlos Barbosa Moreira, O novo Código Civil e a união estável. *Carta Mensal* – CNC, n. 574, v. 48, jan. 2003, p. 65): "[...] no casamento, sabe-se com precisão a data em que ele se celebrou, e bastará confrontá-la com a data da aquisição para concluir, sem sombra de dúvida, se o bem se comunicou ou não; enquanto isso, só ao fim de certo tempo se caracterizará como estável, com segurança, uma união informal, e não raro será possível discutir se, no momento da aquisição do bem, ela já tinha ou não aquela qualidade".

63 Nessa direção: Gustavo Tepedino; Heloisa Helena Barboza; Maria Celina Bodin de Moraes, *Código Civil interpretado conforme a Constituição da República*, cit., p. 439; Paulo Lôbo, *Direito civil*: Famílias, São Paulo: Saraiva, 2015, p. 159; Silvio Neves Baptista, Contratos no direito de família. In: Rodrigo da Cunha Pereira (Coord.), *Família e solidariedade*: teoria e prática do direito de família, Rio de Janeiro: Lumen Juris, 2008, p. 442.

64 E, da ementa se extrai: "6 – Na hipótese, a penhora que recaiu sobre os bens móveis supostamente titularizados com exclusividade pela embargante foi requerida pela credora e deferida pelo juiz em

Mudança de regime de bens na união estável

O pacto pode ser alterado a qualquer tempo, inclusive para modificar o regime de bens, desde que não haja prejuízos para terceiros. Não se exige autorização judicial para tanto, ao contrário da disciplina prevista para o casamento (CC, art. 1.639, § 2º).[65]

Quando os companheiros registrarem a união por meio do Termo Declaratório de União Estável, a mudança de regime pode se dar no próprio cartório, em procedimento previsto no art. 9ª-A do Provimento 141/2023 do CNJ. Admite o processamento do requerimento de ambos os conviventes para mudança do regime diretamente perante o registro civil das pessoas naturais, desde que o requerimento tenha sido formalizado pelos próprios conviventes perante o registrador, seja pessoalmente seja por meio de procuração por instrumento público. O oficial averbará a alteração do regime de bens à vista do requerimento, prevendo de forma expressa que "a alteração do regime de bens não prejudicará terceiros de boa-fé, inclusive os credores dos companheiros cujos créditos já existiam antes da alteração do regime".

O art. 9ª-B prevê os documentos que devem instruir o pedido de mudança de regime: a) certidão do distribuidor cível e execução fiscal do local de residência dos últimos cinco anos, tanto no âmbito estadual quanto federal; b) certidão dos tabelionatos de protestos do local de residência dos últimos cinco anos; c) certidão da Justiça do Trabalho do local de residência dos últimos cinco anos; d) certidão de interdições perante o 1º ofício de registro civil das pessoas naturais do local de residência dos interessados dos últimos cinco anos – no caso dessa ser positiva, a alteração do regime de bens deverá ocorrer por meio judicial; e) proposta de partilha de bens – desde que respeitada a obrigatoriedade de escritura pública nas hipóteses legais, ou seja, em negócios jurídicos superiores a trinta salários mínimos, segundo dispõe o art. 108 CC – ou declaração de que não desejam realizá-la ou declaração de que não há bens a partilhar. Se houver proposta de partilha ou se as certidões previstas nas letras "a", "b" ou "c" forem positivas, os companheiros devem estar assistidos por advogado ou defensor público, assinando com este o pedido.

O novo regime de bens produzirá efeitos *ex nunc*, a partir da averbação no registro da união estável, estando vedada a retroatividade aos bens adquiridos anteriormente. O dispositivo fez especial referência ao regime da comunhão universal – em razão da sua natureza – sendo que, nesse caso, seus efeitos atingem todos os bens existentes no momento da alteração, ressalvados direitos de terceiros.

---

junho/2018, a fim de satisfazer dívida contraída pelo convivente da embargante, ao passo que o registro em cartório do instrumento particular de união estável com cláusula de separação total de bens somente veio a ser efetivado em julho/2018. 7 – O fato de a penhora ter sido efetivada apenas em agosto/2018 é irrelevante, na medida em que, quando deferida a medida constritiva, o instrumento particular celebrado entre a embargante e o devedor era de ciência exclusiva dos conviventes, não projetava efeitos externos à união estável e, bem assim, era inoponível à credora" (STJ, 3ª T., REsp 1988228/PR, Relª. Minª. Nancy Andrighi, julg. 7.6.2022, publ. *DJe* 13.6.2022).

65 Rodrigo da Cunha Pereira afirma: "Não há nada que obste a mudança do pacto na constância da conjugalidade, vez que a lei não impõe quaisquer vedações neste sentido. Tal entendimento, repita-se, é reforçado pelo art. 1.639, § 2º do Código Civil, que permite a mutabilidade do regime de bens na constância do casamento, mediante apresentação perante a autoridade judicial de pedido motivado assinado por ambos os cônjuges" (Rodrigo da Cunha Pereira, *Comentários ao Código Civil*, cit., p. 177).

Da averbação da mudança de regime no registro da união estável deve constar o regime anterior, a data da averbação, o número do procedimento administrativo, a realização da partilha, se houver, e registro civil processante – que pode ser de livre escolha do casal, hipótese em que o oficial que recebeu o pedido deverá encaminhá-lo ao ofício competente.

Contratos de namoro

Nos últimos anos, o crescente reconhecimento das uniões estáveis como entidades familiares suscitou o receio de que relacionamentos afetivos não inteiramente maduros, em linha limítrofe com a convivência familiar, pudessem ensejar comunicação patrimonial. Iniciou-se, com isso, a prática dos chamados "contratos de namoro", pactos por meio dos quais casais de namorados passaram a estabelecer convencionalmente a ausência de comprometimento recíproco e a incomunicabilidade de seus respectivos patrimônios, em busca de segurança jurídica.[66] Tratar-se-ia, como se percebe, de contrato com o intuito de tentar evitar *a priori* a configuração de união estável, declarando-se, expressamente, a inexistência de vida em comum.[67]

Ao propósito desse negócio jurídico, afirma-se em doutrina a sua inutilidade. Isto porque, embora seja válida e eficaz a declaração individual de vontade, para esclarecer e evidenciar a situação patrimonial do casal no momento da pactuação, a autonomia negocial não teria o condão de negar futura configuração de união estável, a partir da constatação fática de seus requisitos – hipótese em que incidiria a disciplina supletiva de regência da união estável (comunhão parcial de bens, *ex vi* do art. 1.725 do Código Civil). Somente as peculiaridades concretas, neste caso, permitiriam avaliar se o surgimento da entidade familiar, com a mudança das circunstâncias fáticas, suplantou inteiramente o regime pretendido no período do namoro, tornando ineficaz o pacto firmado pelos namorados, ou se, ao contrário, o contrato celebrado é indício do regime pretendido pelos conviventes em sua vida em comum, com eficácia, portanto, posto que mitigada, no namoro e na união estável.

De fato, esse tipo de contratação não terá o condão de afastar a comunicação de bens efetivamente adquiridos com esforço comum, sob pena de permitir o enriquecimento sem causa,[68] conquanto sinalize manifestação volitiva válida. Cumpre, assim, ao intérprete, sem desconhecer evidentemente os ajustes livremente pactuados pelas partes,

---

66 Sobre o tema: Marilia Pedroso Xavier, *Contrato de namoro*. Amor líquido e direito de família mínimo, Belo Horizonte: Fórum, 2ª ed. 2020.

67 Explica Silvio Neves Baptista: "Enquanto a promessa esponsalícia objetiva sedimentar o relacionamento para a contratação futura do casamento, o contrato de namoro visa pré-excluir a existência de união estável ou concubinato, e seu rompimento não provoca qualquer consequência de natureza indenizatória, ainda que tenha produzido algum constrangimento" (Silvio Neves Baptista, Contratos no direito de família. In: Rodrigo da Cunha Pereira (Coord.). *Família e solidariedade*, cit., p. 441).

68 Segundo Maria Berenice Dias, "a única possibilidade é os namorados firmarem uma declaração referente a situação de ordem patrimonial presente e pretérita. Mas não há como previamente afirmar a incomunicabilidade futura, principalmente quando segue longo período de vida em comum, no qual são amealhados bens pelo esforço comum. Nessa circunstância, emprestar eficácia a contrato firmado no início do relacionamento pode ser fonte de enriquecimento ilícito [...]. Repita-se: o contrato de namoro é algo inexistência e desprovido de eficácia no seio do ordenamento jurídico" (Maria Berenice Dias, *Manual de direito das famílias*, São Paulo: Revista dos Tribunais, 2010, p. 182).

apreciar a relação concretamente desenvolvida, com especial atenção à estabilidade na convivência do casal, para identificar a preservação do namoro, em que a convivência não se dirige à vida em comum, ou, ao contrário, à configuração da união estável.

Outro debate importante do pacto de convivência é o início da produção dos seus efeitos, tendo em vista que a ausência de contratação induz à incidência do regime de comunhão parcial; por isso, caso haja a opção por regime diverso do legal, discute-se como ficariam os bens adquiridos até então, em face de um regime separatista, por exemplo. A jurisprudência tem entendido que sua eficácia se inicia a partir do momento da sua assinatura, salvo se houver cláusula expressa em sentido diverso,[69] conquanto sinalize manifestação volitiva válida. Afinal, "em se tratando de simples disposição patrimonial, é lícito às partes estabelecerem efeitos retroativos à escritura pública de união estável. Para tanto, a previsão contratual de efeitos retroativos dispondo sobre patrimônio pretérito tem de ser expressa, não se presumindo".[70] Trata-se de possibilidade que decorre da autonomia privada do casal que pode dar aos bens adquiridos até a elaboração do pacto – em lapso temporal, portanto, que prevalecia o regime da comunhão parcial de bens – o destino que bem entenderem, desde que não firam as regras limitadoras da autonomia patrimonial ou direito de terceiros.[71]

Esse não tem sido, entretanto, o entendimento majoritário. Há quem defenda a impossibilidade de retroatividade, mesmo que expressa no pacto, por afronta aos direitos

---

69 Através de contrato de convivência, celebrado por instrumento público ou particular, é lícito às partes disciplinarem o regime de bens aplicável à convivência. Em regra, o pacto não possui efeitos retroativos. Contudo, diante da existência de previsão expressa de eficácia retro-operante ao contrato de convivência, esta deve ser observada no momento da dissolução da união, respeitados os direitos de terceiros (TJ/MG, 4ª C.C., Ap. Cív. 1.0153.12.010521-5/001, Rel. Des. Ana Paula Caixeta, julg. 21.05.2015, publ. *DJ* 27.05.2015). O entendimento do STJ parece indicar essa direção: "5 – A regra do art. 1.725 do CC/2002 concretiza essa premissa, uma vez que o legislador, como forma de estimular a formalização das relações convivenciais, previu que, embora seja dado aos companheiros o poder de livremente dispor sobre o regime de bens que regerá a união estável, haverá a intervenção estatal impositiva na definição do regime de bens se porventura não houver a disposição, expressa e escrita, dos conviventes acerca da matéria. 6 – Em razão da interpretação do art. 1.725 do CC/2002, decorre a conclusão de que não é possível a celebração de escritura pública modificativa do regime de bens da união estável com eficácia retroativa, especialmente porque a ausência de contrato escrito convivencial não pode ser equiparada à ausência de regime de bens na união estável não formalizada, inexistindo lacuna normativa suscetível de ulterior declaração com eficácia retroativa. 7 – Em suma, às uniões estáveis não contratualizadas ou contratualizadas sem dispor sobre o regime de bens, aplica-se o regime legal da comunhão parcial de bens do art. 1.725 do CC/2002, não se admitindo que uma escritura pública de reconhecimento de união estável e declaração de incomunicabilidade de patrimônio seja considerada mera declaração de fato preexistente, a saber, que a incomunicabilidade era algo existente desde o princípio da união estável, porque se trata, em verdade, de inadmissível alteração de regime de bens com eficácia *ex tunc*." (STJ, 3ª T., REsp. 1.845.416/MS, Relª. Minª. Nancy Andrighi, julg. 17.8.2021, publ. DJ 24.8.2021). No mesmo sentido: STJ, 3ª T., AgInt no REsp. 1.843.825/RS, Rel. Min. Moura Ribeiro, julg. 8.3.2021, publ. DJ 10.3.2021).

70 TJ/GO, 1ª C.C., Ap. Cív. 129905-41.2013.8.09.0175, Rel. Des. Luiz Eduardo de Sousa, julg. 14.06.2016, publ. *DJ* 07.07.2016.

71 Nesse sentido: Francisco José Cahali, *Contrato de convivência na união estável*, cit., p. 82; Antônio Carlos Mathias Coltro, Referências sobre o contrato de união estável. In: Mário Luiz Delgado e Jones Figueiredo Alves (coord.), *Questões controvertidas no direito das obrigações e dos contratos*, vol. 4, São Paulo: Método, 2005, p. 426.

adquiridos durante a vigência do regime supletivo legal, em face da ausência, até então, de contrato. Diante da escolha de regime que gere efeitos retroativos (separação total de bens, por exemplo) ou de cláusula que preveja a retroatividade, sugere-se a liquidação dos bens adquiridos até então, a fim de evitar-se enriquecimento indevido ou imposições de um companheiro a outro para que se dê continuidade ao relacionamento. Como esse ato implicaria a renúncia a direitos, essa sempre deveria ser expressa, de modo que a simples opção pelo regime que gere a redução dos direitos não seria aceitável.[72] Em contrapartida, a despeito desse entendimento, a escolha de regime de bens parece legítima e não viola direito adquirido algum, sendo deliberação autônoma, atinente a direitos patrimoniais disponíveis cuja alienação, por isso mesmo, se submete ao alvedrio do seu titular, detentor da faculdade de disposição. No regime de comunhão universal, por exemplo, compromete-se inclusive o patrimônio amealhado antes da união, inexistindo violação a direito adquirido. Assim sendo, havendo disposição expressa quanto à retroatividade, e desde que sua eficácia seja circunscrita às partes celebrantes, não violando direito de terceiros, não há óbice para a sua pactuação.

Regime de bens na união estável: critérios de aplicação

O reconhecimento da aplicação do regime da comunhão parcial de bens à união estável, conforme positivado no art. 1.725 do Código Civil, decorre de longa evolução doutrinária e jurisprudencial que, em progressiva atribuição de eficácia a essa forma de aliança para fins patrimoniais, acabou por aproximá-la ao casamento. Conforme conhecida construção jurisprudencial no âmbito do direito obrigacional, estabeleceu-se que, uma vez reconhecida a sociedade de fato, com a efetiva comprovação do esforço de ambos na constituição do patrimônio, os bens adquiridos na constância da relação considerar-se-iam comuns e, portanto, partilháveis no momento de sua dissolução.[73]

O entendimento encontra-se consolidado no Enunciado 380 da Súmula do Supremo Tribunal Federal (03.04.1964): "Comprovada a existência de sociedade de fato entre os concubinos, é cabível a sua dissolução judicial, com a partilha do patrimônio adquirido pelo esforço comum". Com o advento da Carta Constitucional, a jurisprudência mostrou-se tendente a reconhecer a aplicação analógica do regime de comunhão parcial de bens às uniões estáveis, exigindo a comprovação do esforço co-

---

72 Rolf Madaleno, *A retroatividade restritiva do contrato de convivência*. Disponível em http://www.rolfmadaleno.com.br/novosite/conteudo.php?id=321. Acesso em 21.07.2016. No STJ, também tem sido esse o entendimento majoritário: "Conforme entendimento desta Corte, a eleição do regime de bens da união estável por contrato escrito é dotada de efetividade *ex nunc*, sendo inválidas cláusulas que estabeleçam a retroatividade dos efeitos patrimoniais do pacto" (STJ, 4ª T., AgInt no AREsp 2.337.875/MT, Rel. Min. Antonio Carlos Ferreira, julg. 13.11.2023, publ. *DJe* 20.11.2023).

73 Antes da teoria do esforço comum, foi necessário superar o enriquecimento sem causa, razão pela qual os direitos da concubina lhe eram atribuídos tendo comum fundamento a indenização por serviços domésticos. Como ilustra esse julgado, já citado na nota 14, que constitui marco importante de debates sobre o tema: "A mulher tem o direito de receber do companheiro a retribuição devida pelo serviço doméstico a ele prestado, como se fosse parte num contrato civil de prestação de serviços, contrato esse que, ressabidamente, outro não é senão o bilateral, oneroso e consensual definido nos arts. 1.216 e seguintes do Código Civil, isto é, como se não estivesse ligada, pelo concubinato ao companheiro" (STF, 1ª T., RE 79.079/SP, Rel. Min. Antônio Neder, julg. 10.11.1977, publ. *DJ* 29.12.1977).

mum na aquisição dos bens, compreendido esse como a simples prova da convivência, independentemente da demonstração de efetivo auxílio econômico na formação do patrimônio.[74] Os requisitos, portanto, para o reconhecimento da sociedade de fato podem ser assim sintetizados: a) existência de vida em comum; b) aquisição de bens nesse período; c) esforço conjunto para a formação do patrimônio, sendo um desafio, já a essa época, a configuração jurídica de esforço comum, dando margem ao crescimento do debate doutrinário e jurisprudencial para a diferenciação entre o esforço comum direto (investimento financeiro para aquisição do patrimônio) e indireto (caracterizado pelo suporte doméstico, cuidado com a casa e os filhos, geralmente desempenhado pela mulher, para que o marido pudesse se desenvolver profissionalmente). Nesse particular, tornou-se crucial a comprovação do engajamento de ambos para a construção do patrimônio durante a união estável, independentemente da forma como essa função se exteriorizava, segundo o planejamento familiar do casal.

A Lei 8.971/1994 dispôs sobre a meação de bens quando forem deixados pelo autor da herança e resultarem de atividade em que haja colaboração do companheiro. Não obstante ter se restringido à sucessão, doutrina e jurisprudência entendiam que esse direito se estendida à dissolução da união em vida, uma vez que que o fato gerador da partilha é a aquisição dos bens na constância da união estável e não a morte dos conviventes.[75]

Na esteira do entendimento doutrinário e jurisprudencial dominante, promulgou-se, em 10 de maio de 1996, a Lei 9.278, a qual, em seu art. 5º, estabeleceu a presunção de que os bens adquiridos onerosamente na constância da união estável se consideravam comuns e em condomínio entre as partes e, conseguintemente, objeto de partilha quando da extinção da vida em comum.[76] O art. 1.725 do Código Civil traduz esta construção, reconhecendo a aplicação do regime de comunhão parcial à união estável.[77]

---

[74] Confira-se: "Direito, após a Constituição Federal de 1988, pela equiparação da união estável ao casamento, à metade dos bens adquiridos, mesmo que no nome de um dos conviventes. (...) Desfeita a união estável, antes da Lei 9.278/1996, mas depois da Constituição Federal de 1988, que equiparou-a *(sic)* ao casamento, aos companheiros assistem os bens adquiridos na constância da relação, aplicando-se, analogicamente, a disciplina civil do regime da separação parcial" (TJSP, Emb. Infr. 89.625-4, 5ª Câm. Dir. Priv., Rel. Des. Marcus Andrade, julg. 15.02.2001) e, ainda: STJ, 4 ª T., Resp 51.161, Rel. Min. Ruy Rosado de Aguiar, julg. 19.09.1995.

[75] Nesse sentido, Francisco José Cahali, *Contrato de convivência na união estável*, cit., p. 37.

[76] Art. 5º. Os bens móveis e imóveis adquiridos por um ou por ambos os conviventes, na constância da união estável e a título oneroso, *são considerados fruto do trabalho e da colaboração comum, passando a pertencer a ambos, em condomínio e em partes iguais*, salvo estipulação contrária em contrato escrito.

§ 1º. Cessa a presunção do *caput* deste artigo se a aquisição patrimonial ocorrer com o produto de bens adquiridos anteriormente ao início da união.

§ 2º. A administração do patrimônio comum dos conviventes compete a ambos, salvo estipulação contrária em contrato escrito.

[77] O dispositivo pôs fim à controvérsia jurisprudencial entre a presunção relativa e a presunção absoluta de esforço comum, posição esta que acabou por prevalecer no texto legal. Sobre a evolução doutrinária e jurisprudencial do tema, v. Álvaro Villaça, *Estatuto da Família de Fato de Acordo com o Novo Código Civil*, São Paulo: Atlas, 2002.

Pacificou-se, assim, a aplicação analógica deste regime à união estável: "Por analogia, adota-se para a união estável o mesmo regime oficial da comunhão parcial de bens. Esta adoção implica afirmar que os bens trazidos ao universo patrimonial anteriormente à união estável não integram o patrimônio comum".[78] Afirma-se igualmente em doutrina: "Quanto aos efeitos patrimoniais, determina a aplicação, no que couber, do regime da comunhão parcial de bens (art. 1.725), e, assim, os companheiros passam a partilhar todo o patrimônio adquirido na constância da união, como se casados fossem".[79]

A aplicação à união estável, por empréstimo, do regime de comunhão parcial, como determina o Código Civil, não quer significar, contudo, que as formações familiares extraconjugais se submetem a regime de bens propriamente dito. A natureza do regime de bens associa-se ao ato jurídico formal de constituição da família, justificando-se a amplitude de seu espectro de incidência na vida patrimonial dos cônjuges em razão da publicidade derivada do registro do ato matrimonial no cartório competente, em favor da segurança de terceiros. Daqui decorre que a união estável invoca a disciplina da comunhão parcial no que concerne exclusivamente à divisão dos aquestos, não já no que tange aos demais aspectos do regime patrimonial atinentes, por exemplo, à outorga conjugal para a alienação de bens (CC, art. 1.647, I) ou para a celebração de contrato de fiança (CC, art. 1.647, III).

A extensão acrítica, contudo, da incidência do art. 1.725, desconsidera o fato de que a isonomia constitucional dirige-se à tutela da pluralidade familiar, não significando que as normas cuja *ratio* decorrem da formalidade peculiar do ato matrimonial devessem ser transportadas para as entidades familiares constituídas espontaneamente.[80]

O regime de bens afigura-se tipicamente vinculado ao ato-condição solene que deflagra sua validade e eficácia: o casamento. Daí ter o codificador civil determinado a aplicação do regime de comunhão parcial de bens às uniões estáveis, *no que couber*.[81] Nessa direção, a jurisprudência reconhece acertadamente a inexigibilidade de

---

78 TJ/RS, 19ª C.C., Ap. Cív. 70021101415, Rel. Des. Guinther Spode, julg. 16.10.2007. Nessa linha, aliás, decidiu a 4ª Turma do STJ que na ação de reconhecimento e dissolução de união estável cuja petição inicial indique os bens a serem partilhados, caso sejam descobertos novos bens durante o trâmite processual, é possível decretar a divisão do patrimônio adicional, mesmo após a citação do réu e sem que isso configure julgamento *ultra petita*. (STJ, 4ª T., REsp 1711492/AL, Rel. Min. Maria Isabel Gallotti, julg. 24.10.2023).

79 Silvio Rodrigues, *Direito Civil*, cit., p. 282.

80 Como afirmado em outra sede e neste capítulo ao tratar do estado civil, a expressão "casamento pode designar tanto o ato jurídico solene que estabelece a família legítima, como a relação familiar por ele criada" (Gustavo Tepedino, *Novas Formas de Entidades Familiares*, cit., pp. 407-408).

81 "3. Assim, o casamento, tido por entidade familiar, não se difere em nenhum aspecto da união estável – também uma entidade familiar –, porquanto não há famílias timbradas como de 'segunda classe' pela Constituição Federal de 1988, diferentemente do que ocorria nos diplomas constitucionais e legais superados. Apenas quando se analisa o casamento como ato jurídico formal e solene é que as diferenças entre este e a união estável se fazem visíveis, e somente em razão dessas diferenças entre casamento – ato jurídico – e união estável é que o tratamento legal ou jurisprudencial diferenciado se justifica. 4. A exigência de outorga uxória a determinados negócios jurídicos transita exatamente por este aspecto em que o tratamento diferenciado entre casamento e união estável é justificável.

outorga uxória para o fiador que mantém união estável: "A circunstância de manter o fiador união estável não tem o condão de infirmar, por ausência de outorga uxória, a garantia locatícia por ele prestada ainda que o relacionamento esteja revestido de todas as formalidades para seu reconhecimento como unidade familiar".[82]

A aplicação do regime de comunhão de bens à união estável deve limitar-se, portanto, aos aspectos atinentes à solidariedade que permeia as relações familiares, especialmente no que concerne à divisão do esforço comum. Com efeito, "o casamento é o parâmetro usado pelo legislador para regulamentar os efeitos patrimoniais da união estável. Assim, toda a regulamentação da união estável é uma tentativa de aproximação das normas do casamento embora sejam institutos diferentes".[83]

Direito intertemporal em relação aos efeitos patrimoniais na união estável

Discussão relevante refere-se ao direito intertemporal, a fim de se verificar a normativa aplicável aos longos relacionamentos estáveis, submetidos a diversas disciplinas normativas. Da ausência de normas expressas e da prevalência da jurisprudência, houve a positivação do condomínio previsto pelo art. 5º da Lei 9.278/1996 e, posteriormente, a presunção absoluta para partilha de bens pela comunhão parcial de bens, determinada pelo art. 1.725 do Código Civil. É necessário, então, delimitar a aplicação de cada norma durante seu tempo de vigência, tendo em vista relacionamentos que perduram na constância de legislações diversas – respeitando-se o comando do art. 6º da Lei de Introdução às normas do Direito Brasileiro – e, assim, verificar a data de aquisição de cada bem, a fim de se invocar a norma então vigente.

É por intermédio do ato jurídico cartorário e solene do casamento que se presume a publicidade do estado civil dos contratantes, de modo que, em sendo eles conviventes em união estável, hão de ser dispensadas as vênias conjugais para a concessão de fiança. 5. Desse modo, não é nula nem anulável a fiança prestada por fiador convivente em união estável sem a outorga uxória do outro companheiro" (STJ, 4ª T., REsp 1299866 / DF, Rel. Min. Luis Felipe Salomão, julg. 25.02.2014, publ. *DJ* 21.03.2014).

82 TJ/RJ, 12ª C.C., Ap. Cív. 2006.001.46102, Rel. Des. Marco Antonio Ibrahim, julg. 03.05.2007. No mesmo sentido: "Rejeitada a alegação de nulidade da fiança face à ausência de outorga uxória. Ônus da prova. Caso concreto. Tendo o fiador se declarado como divorciado quando da assinatura do contrato de locação, embora vivesse ele em união estável, não sendo tal situação do conhecimento da locadora, é de ser considerada válida a fiança prestada" (TJ/RS, 15ª C.C., Ap. Cív. 70019693167, Rel. Des. Otávio Augusto de Freitas Barcellos, julg. 10.10.2007); "Não é nula, nem anulável, a fiança prestada por fiador convivente em união estável sem a outorga uxória do outro companheiro" (STJ, 3ª T., AgInt no AREsp 841104 / DF, Rel. Min. Ricardo Villas Bôas Cueva, julg. 16.06.2016, publ. *DJ* 27.06.2016). No entanto, há julgados que entendem como necessária a outorga, ainda que na união estável: "2. Necessidade de autorização de ambos os companheiros para a validade da alienação de bens imóveis adquiridos no curso da união estável, tendo em vista que o regime da comunhão parcial de bens foi estendido à união estável pelo art. 1.725 do CCB, além do reconhecimento da existência de condomínio natural entre os conviventes sobre os bens adquiridos na constância da união, na forma do art. 5º da Lei 9.278/96. 3. A invalidação de atos de alienação praticado por algum dos conviventes, sem autorização do outro, depende de constatar se existia: (a) publicidade conferida a união estável, mediante a averbação de contrato de convivência ou da decisão declaratória da existência união estável no Ofício do Registro de Imóveis em que cadastrados os bens comuns, a época em que firmado o ato de alienação, ou (b) demonstração de má-fé do adquirente. 4. No caso, nem foi apontada a configuração de má-fé, nem existia qualquer publicidade formalizada da união estável na época em que firmado o contrato de alienação, de modo que não pode ser invalidado com base na ausência de outorga da convivente, ora recorrida." (STJ, 4ª T., AgInt no REsp. 1.706.745/MG, julg. 24.11.2020, publ. DJ 17.3.2021).

83 Rodrigo da Cunha Pereira, *Comentários ao Novo Código Civil*, vol. XX, cit., p. 152.

A lei nova aplica-se aos fatos pendentes, ou seja, às uniões estáveis em curso; todavia, seus comandos não serão aplicados indistintamente em relação a todos os bens adquiridos, especialmente, aqueles obtidos antes de sua vigência, sob pena de infração ao direito adquirido e ao ato jurídico perfeito.[84] Além disso, não é possível que direito material de cunho patrimonial tenha eficácia retroativa, sob pena de expropriar o patrimônio adquirido sob a vigência de normas diversas, o que afronta a segurança jurídica que se espera minimamente do direito patrimonial.[85]

Nessa direção, decidiu o STJ, ao fundamento de que a Lei 9.278/1996 não tem comando expresso que determine sua retroatividade, razão pela qual "a presunção legal de esforço comum na aquisição do patrimônio dos conviventes foi introduzida pela Lei 9.278/1996, devendo os bens amealhados no período anterior a sua vigência, portanto, serem divididos proporcionalmente ao esforço comprovado, direito ou indireto, de cada convivente, conforme disciplinado pelo ordenamento jurídico vigente quando da respectiva aquisição (Súmula 380/STF)". E arremata: "Os bens adquiridos anteriormente à Lei 9.278/1996 têm a propriedade – e, consequentemente, a partilha ao cabo da união – disciplinada pelo ordenamento jurídico vigente quando respectiva aquisição, que ocorre no momento em que se aperfeiçoam os requisitos legais para tanto e, por conseguinte, sua titularidade não pode ser alterada por lei posterior em prejuízo ao direito adquirido e ao ato jurídico perfeito (CF, art. 5º, XXXVI e Lei de Introdução ao Código Civil, art. 6º)".[86]

Assim, as uniões dissolvidas antes do advento da Lei 9.278/1996 são norteadas pela teoria da sociedade de fato[87] e as relações alcançadas por tal lei são por ela regidas.

---

[84] Nesse sentido: "(...) compatibilizando essas duas regras, temos a imediata aplicação da novel legislação à situação em curso, mas sem atingir os efeitos da união estável já produzidos e os atos jurídicos já aperfeiçoados antes da lei" (Francisco José Cahali, *Contrato de convivência na união estável*, cit., p. 154); 'preciso verificar, então, a data em que foi adquirido cada um dos bens durante a convivência, para que se aplique a respectiva lei de regência da sua partilha entre os companheiros' (Euclides Benedito de Oliveira, *União estável*: do concubinato ao casamento, antes e depois do novo Código Civil, São Paulo: Método, 2003, 6ª ed. p. 115).

[85] "Com o advento da vigente Lei Fundamental da República, o tratamento jurídico do companheirato deslocou-se do direito das obrigações para o de família. A Lei 8.971/1994 veio regulamentar a matéria atinente a alimentos e sucessão, e a Lei 9.278/1996 a do regime de bens, contudo, não podem alcançar fatos pretéritos, isto é, anteriores à sua vigência. 3. Conforme a Súmula 380 do Pretório Excelso, 'reconhecida a união estável, é cabível sua dissolução judicial com a partilha do patrimônio adquirido comum'" (TJ/MG, 4ª C.C., Ap. Cív. 1.0024.01.063464-0/001, Rel. Des. Célio César Paduani, julg. 31.03.2005, publ. *DJ* 27.04.2005); "1. A jurisprudência do STJ é no sentido de que a presunção legal de esforço comum na aquisição do patrimônio dos conviventes somente foi introduzida pela Lei n. 9.278/1996. 2. Consequentemente, os bens adquiridos em período anterior à sua vigência devem ser divididos proporcionalmente ao esforço comprovado, direto ou indireto, de cada convivente, conforme disciplinado pelo ordenamento jurídico vigente quando da respectiva aquisição patrimonial." (STJ, 3ª T., AgInt no REsp. 1.635.927/RS, Relª. Minª. Nancy Andrighi, julg. 8.3.2021, publ. DJ 10.3.2021).

[86] STJ, 4ª T., REsp 959213/PR, Rel. Min. Luiz Felipe Salomão, julg. 06.06.13, publ. *DJ* 10.09.2013.

[87] STJ, 4ª T., REsp 443.901/RS, Rel. Min. Ruy Rosado de Aguiar, julg. 15.10.2002, publ. *DJ* 17.02.2003; "1. A jurisprudência do STJ sufraga entendimento segundo o qual, quando a união estável tiver sido constituída e desfeita antes da lei que a regulamentou pela vez primeira (Lei 8.971/1994), se inexistente patrimônio adquirido com esforço comum, faz jus a companheira a indenização por

O art. 1.725 do Código Civil, ao prever a aplicação do regime da comunhão parcial, no que couber, como regime supletivo legal da união estável, não alcança bens adquiridos em período anterior, sob pena de ofensa a direito adquirido.[88]

A união estável pode ser reconhecida e dissolvida judicialmente mediante a utilização dos procedimentos especiais de jurisdição voluntária (consensual) ou contenciosa. Além disso, também podem as partes estabelecer as regras do reconhecimento e da dissolução extrajudicialmente: se for em cartório, não pode haver filho menor ou incapaz, requisito que não é exigido para homologação de acordos nos Centros Judiciários de Solução de Conflitos e Cidadania – CEJUSC.

6. CONCUBINATO

Uma observação deve ser feita, ainda, em relação ao concubinato, no sentido determinado pelo Código Civil. Em seu art. 1.727, prevê que as relações não eventuais entre homem e mulher com impedimento para o casamento constituem concubinato, situação que atrai a disciplina do direito das obrigações, vez que se forma uma sociedade de fato, apurando-se a contribuição direta de cada um para eventual partilha de bens. No entanto, tal situação deve ser objeto de reflexão mais profunda. Concubinato

O Código Civil institui vedação a qualquer tipo de interferência externa à família, em seu art. 1.513. Essa proibição permite a tutela das mais variadas formas de constituição da família, desprovida de preconceitos de qualquer tipo. Não é dado ao Estado impor a estrutura familiar que julgar acertada, sob pena restringir ilegitimamente a esfera de liberdade dos indivíduos.

Na esteira de tal raciocínio, cogita-se, inclusive, do reconhecimento das chamadas "famílias simultâneas": "não cabe ao direito imiscuir-se na comunhão de vida constituída pela família, sendo lícito encetar os arranjos afetivos que atendam à dignidade intersubjetiva dos seus componentes; de outro, porém, se é dever do Estado proteger a família na pessoa de cada um de seus membros, impõe-se ao direito uma tutela que contemple uma dimensão coexistencial, em que não se proteja somente na esfera do desejo de um dos sujeitos, mas, sim, na dignidade intersubjetiva que deve constituir o *leitmotiv* de todas as relações humanas".[89]

---

serviços domésticos prestados ao companheiro" (STJ, 4ª T., REsp 855.963/PR, Rel. Min. Luis Felipe Salomão, julg. 19.05.2011, publ. *DJ* 26.05.2011).

88 "1. A Lei 8.971/1994, não tratava diretamente da questão relativa aos bens amealhados durante a constância da união estável, na hipótese de dissolução desta por vontade dos companheiros, não podendo, assim, servir como parâmetro para a divisão patrimonial de união estável ocorrida durante sua vigência. 1 – A Lei 9.278 organiza, ou fixa, sistemática própria para a produção de provas relativas à existência de esforço comum dentro da união estável, pois cristaliza a presunção *iure et de iure* de que há esforço comum, fazendo incidir à questão, o disposto no art. 334, IV, do CPC, quanto a desnecessidade de se provar os fatos em cujo favor milita presunção legal de existência de veracidade. 2 – Pela natureza processual dessa presunção de esforço comum, aplica-se a norma desde o momento da vigência da Lei, para suprir a produção de provas quanto a existência de esforço comum, que passa, a partir de então, a ser simplesmente presumido. 3 – Recurso não provido" (STJ, 3ª T., REsp 1159424/RN, Rel. Min. Ricardo Villas Bôas Cueva, Rel. p/ Acórdão Min. Nancy Andrighi, julg. 05.06.2012, publ. *DJ* 19.06.2012).

89 Carlos Eduardo Pianovski Ruzyk, *Famílias Simultâneas: da Unidade Codificada à Pluralidade Constitucional*, Rio de Janeiro: Renovar, 2005, p. 187. Em sede jurisprudencial, o reconhecimento

A matéria, evidentemente, é polêmica. Não se pode, contudo, deixar de enfrentar, nos dias que passam, a realidade dos arranjos afetivos e as numerosas formas, sérias e estáveis, de constituição de entidades familiares aptas à realização da pessoa e a expressar suas próprias escolhas existenciais, cuja tutela e promoção encontram fundamento nos princípios da isonomia, da solidariedade social e da democracia.

PROBLEMAS PRÁTICOS

1 – A assim chamada "modernidade líquida" demonstra a possibilidade de relacionamentos construídos em novas bases existenciais. Em quais circunstâncias a coabitação, mesmo aliada a outras características, pode não ser suficiente para a configuração da união estável?

2 – Em que medida o Provimento 141/2023 do CNJ tem sido um movimento relevante para contribuir com a desjudicialização?

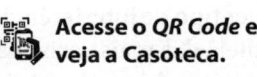

Acesse o *QR Code* e veja a Casoteca.

> *http://uqr.to/1pbll*

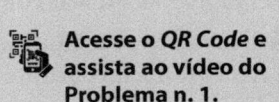

Acesse o *QR Code* e assista ao vídeo do Problema n. 1.

> *https://uqr.to/nxx2*

de efeitos às famílias simultâneas encontra alguma resistência, como se denota de decisão proferida no Superior Tribunal de Justiça: "Mantendo o autor da herança união estável com uma mulher, o posterior relacionamento com outra, sem que se haja desvinculado da primeira, com quem continuou a viver como se fossem marido e mulher, não há como configurar união estável concomitante, incabível a equiparação ao casamento putativo" (STJ, 3ª T., REsp 789.293, Rel. Min. Carlos Alberto Menezes Direito, julg. 16.02.2006). Nessa linha, o Plenário do STF, em regime de repercussão geral, afastou, por apertada maioria de votos, a divisão da pensão previdenciária de pessoa falecida que manteve, durante longo período de sua vida, duas uniões estáveis simultâneas. A decisão suprimiu de um dos conviventes qualquer direito previdenciário, em nome do princípio da monogamia (STJ, Tribunal Pleno, RE 1.045.273/SE, Rel. Min. Alexandre de Moraes, julg. 21.12.2020, publ. DJ 9.4.2021). Há, no entanto, vozes favoráveis a sua tutela: "De todo descabido é afastar do âmbito da juridicidade um relacionamento que atendeu a todos os requisitos legais, sob o fundamento de que mantinha o varão também relacionamento com outra pessoa. Essa tentativa de singelamente não ver a realidade, tentar apagá-la do âmbito do direito, revela-se nitidamente conservadora e preconceituosa" (TJ/RS, 4º Grupo de Câmaras Cíveis, Emb. Infr. 70003896099, Rel. Des. Maria Berenice Dias, Rel. P/ Acórdão José Carlos Teixeira Giorgis, julg. 10.05.2002).

Capítulo VI

RELAÇÕES DE PARENTESCO

Acesse o *QR Code* e assista ao vídeo sobre o tema.

> *http://uqr.to/1pblz*

SUMÁRIO: 1. Parentesco – 2. Linhas e graus de parentesco – 3. Fontes de parentesco: natural, civil e afinidade – Problemas práticos.

1. PARENTESCO

A temática do parentesco acompanha as discussões a respeito das transformações das famílias. As mudanças nos arranjos sociais e a influência da biotecnologia têm abalado a estrutura clássica do parentesco, na medida em que novas situações reclamam o reconhecimento parental, a fim de que determinadas pessoas pertençam, juridicamente, a uma mesma comunidade familiar.

Definições clássicas de parentesco

Na síntese de Clovis Bevilaqua, "parentesco é a relação que vincula entre si as pessoas que descendem do mesmo tronco ancestral. Desapareceu do direito moderno a relação de parentesco, estabelecida apenas pelo lado masculino, que os romanos denominavam agnação. O parentesco criado pela natureza é sempre a cognação ou consanguinidade, porque é a união produzida pelo mesmo sangue".[1] Pontes de Miranda define parentesco como "a relação que vincula entre si pessoas que descendem umas das outras, ou de autor comum (consanguinidade), que aproxima cada um dos cônjuges dos parentes do outro (afinidade), ou que estabelece, por *fictio iuris*, entre o adotado e o adotante".[2] Antes da Constituição Federal, o parentesco consanguíneo

---

1 Clovis Bevilaqua, *Codigo Civil dos Estados Unidos do Brasil Commentado*, vol. II, Rio de Janeiro: Francisco Alves, 1937, 5ª ed., p. 293.

2 Francisco Cavalcante Pontes de Miranda, *Tratado de Direito Privado*, São Paulo: Revista dos Tribunais, 2012, atual. por Rosa Maria de Andrade Nery, p. 55.

e o afim dividiam-se em legítimo (quando decorria do casamento válido ou putativo) ou ilegítimo (quando não derivava do casamento).[3]

Definia-se ainda o parentesco, tradicionalmente, como vínculo que une duas pessoas por laços originados da natureza ou da lei.[4] Atualmente, entende-se parentesco como o liame jurídico entre pessoas do mesmo tronco ancestral ou estabelecido pela lei ou por decisão judicial, que vincula pessoas de uma mesma família e gera uma série de efeitos jurídicos.[5]

Parentesco e família são categorias diferentes, daí porque, embora cônjuges ou companheiros pertençam à família, não são parentes entre si.[6] "Não há parentesco algum, nem mesmo por afinidade, por isso que não descendem de um tronco comum nem a lei os considera como parentes".[7] O parentesco é uma das formas de se constituir família.

O que motivava a constituição da relação jurídica parental no Código Civil de 1916 era o elo consanguíneo, os fatores geracionais – tanto é que a genealogia originou as linhas e a contagem dos graus de parentesco. Mas não se esgotava nessa espécie, na medida em que a adoção e a afinidade também ocasionavam conexões parentais. Conforme se verá, atualmente existem outras formas de constituição de parentesco, motivadas pela socioafetividade.

O parentesco gera uma série de efeitos jurídicos, tais como direitos sucessórios (arts. 1.790 e 1.829, CC; art. 41, § 2º, ECA), impedimentos para o casamento (art. 1.521, I a IV, CC), proibição de que alguém seja adotado por ascendentes e irmãos (art. 42 § 1º, ECA), ordem de preferência para o exercício da tutela (art. 1.731, CC) e da curatela (art. 1.775, §§ 1º e 2º, CC), entre outros.

Além disso, o parentesco é recíproco e irrevogável, independentemente da fonte que o gerou.

2. LINHAS E GRAUS DE PARENTESCO

Linha é a série de pessoas advinda do mesmo tronco ancestral. Cada geração forma um grau, sendo definido como a distância entre gerações. A sequência de graus forma a linha.

As pessoas que têm relação de ascendência ou descendência entre si estabelecem o parentesco em linha reta, consoante art. 1.591, CC. "Na linha recta, quando de uma

---

3 Emblemática da carga pejorativa associada à filiação extraconjugal é a sua designação como decorrente de "ajuntamento sexual ilícito" (Francisco Cavalcante Pontes de Miranda, *Tratado de Direito Privado*, cit., p. 550).

4 François Laurent, *Principes de Droit Civil Français*, vol. 2, Paris: Marescq, 1870, n. 347.

5 Nesse sentido Paulo Lôbo, *Famílias*, São Paulo: Saraiva, 2017, 7ª ed., p. 201 e Luiz Edson Fachin, *Comentários ao Novo Código Civil*, vol. XVIII, Rio de Janeiro: Forense, 2003, p. 3.

6 Francisco Cavalcante Pontes de Miranda, *Tratado de Direito Privado*, cit., p. 56. Ressalte-se que tanto o Código Civil de 1916 quanto o de 2002 não definem parentesco, dispondo sobre seus desdobramentos técnicos.

7 João Manuel de Carvalho Santos, *Código Civil Interpretado principalmente sobre o ponto de vista prático*, vol. V, Rio de Janeiro: Freitas Bastos, 1937, 2ª ed., p. 309.

pessoa dada subimos para os seus procreadores, chama-se linha de ascendencia ou dos ascendentes; si descemos para os gerados, chama-se linha de descendencia, ou também, respectivamente, recta ascendente e recta descendente. Não são duas rectas (...), mas uma só e a mesma, que se qualifica descendente, considerada de cima para baixo (aut supra), e ascendente, considerada de baixo para cima (aut infra)".[8] A linha reta é infinita, de modo que não há nenhuma limitação parental ascendente ou descendente.[9]

O art. 1.592 do CC estabelece o parentesco na linha colateral ou transversal em relação aos que provêm de um só tronco, sem descenderem um do outro. Logo, para se operacionalizar a contagem do parentesco entre duas pessoas, é sempre necessário buscar o ascendente comum. A conclusão lógica dessa premissa é a inexistência de parentesco colateral em primeiro grau, pois o grau mais próximo será sempre o ascendente.

Ao contrário da linha reta que, como se afirmou, é infinita, o Código Civil de 1916 determinava que o parentesco colateral se limitava ao sexto grau, o que condizia, socialmente, com a família numerosa à época do início da sua vigência. O atual Código Civil limitou o estabelecimento do parentesco colateral ao quarto grau, situação mais adequada às atuais estruturas familiares da contemporaneidade, cujos vínculos de solidariedade e convivência ocorrem com pessoas mais próximas.[10]

3. FONTES DE PARENTESCO: NATURAL, CIVIL E AFINIDADE

O Código Civil não trouxe mudança na estrutura nem no sistema parental. O art. 332 do CC/1916 estabelecia que "O parentesco é legítimo, ou ilegítimo, segundo procede, ou não, de casamento; natural, ou civil, conforme resultar de consanguinidade, ou adoção". A Constituição Federal de 1988, ao estabelecer, em seu art. 226, uma cláusula geral de inclusão das entidades familiares, enumerando rol exemplificativo de tipos de família, acabou com a formação monolítica da família, de modo que a distinção do parentesco em legítimo e ilegítimo tornou-se inconstitucional.[11] Qua-

---

[8] João Manuel de Carvalho Santos, *Código Civil Interpretado principalmente sobre o ponto de vista prático*, cit., p. 308.

[9] Remetemos o leitor ao quadro ilustrativo ao final deste capítulo.

[10] "A limitação foi feita por se presumir que além do quarto grau já há normalmente um afastamento entre os parentes, encontrando-se diminuídas a solidariedade e afeição recíprocas que justificariam o reconhecimento jurídico do parentesco. Efetivamente, as famílias na atualidade têm um menor número de integrantes, estando mais voltadas para o núcleo formado pelos pais e seus filhos e netos" (Gustavo Tepedino; Heloisa Helena Barboza; Maria Celina Bodin de Moraes, *Código Civil Interpretado conforme a Constituição da República*, vol. IV, Rio de Janeiro: Renovar, 2014, p. 181).

[11] João Baptista Villela entende que a distinção entre os filhos que nasceram dentro e fora do casamento não tem fundo discriminatório, na medida em que a Constituição manteve o instituto do casamento: "É claro, porém, que a Constituição poderia optar por outra via de radicalidade, para chegar ao tratamento igualitário dos filhos: a extinção pura e simples do casamento. Extinto o casamento, como instituição do direito positivo, certo seria que todos os filhos estariam postos automaticamente em plena igualdade de direitos. Com efeito, sob que critério poderiam uns se distinguir de outros? Logo, se a Constituição não eliminou o casamento, embora pudesse plenamente fazê-lo – o que não pode o legislador constituinte originário? – segue-se que os filhos continuarão nascendo dentro ou

lificar o parentesco se presta, unicamente, a esclarecer as consequências da relação parental, mas não gera qualquer diferenciação quanto aos efeitos produzidos, diante da igualdade constitucional da filiação (arts. 227, CR; 1.596, CC; e 20, ECA).

Além de expurgar essa diferenciação, a mudança mais expressiva no art. 1.593 do Código Civil foi a ampliação das fronteiras do parentesco civil, mediante a cláusula geral de parentesco. O parentesco natural é o biológico, detectável por meio de exame de DNA. Já o civil é o que resulta de origens diversas da consanguínea. A cláusula geral de parentesco abrange, atualmente, adoção e vínculos de socioafetividade.[12]

Parentesco natural

O parentesco natural liga pessoas com vínculos de sangue. As dificuldades antes encontradas com a incerteza genética para declaração judicial do parentesco foram superadas com o advento do exame de DNA, que alcança 99,99% de certeza da ascendência biológica.

O parentesco civil advém primeiramente da adoção. A sentença que constitui a adoção rompe vínculos com os parentes biológicos (exceto em relação aos impedimentos para o casamento) e estabelece o liame parental com os adotivos e os seus parentes. Essa regra decorre do princípio da igualdade na filiação, que repudia qualquer tratamento diferenciado entre os filhos. Portanto, a origem da filiação calcada na adoção não poderia gerar qualquer desigualdade de direitos.[13]

Parentesco civil – cláusula geral – socioafetividade

Além dessa fonte de parentesco civil, o art. 1.593 CC também criou uma cláusula geral de parentesco, a fim de comportar novas modalidades parentais atuais e vindouras que não estejam explicitamente previstas em lei. Exemplo legislativo subsequente ao advento do atual Código Civil é o art. 5º da Lei 11.340/2006 (Maria da Penha) que adota conceito lato de parentesco, ao afirmar ser possível a configuração da violência doméstica no "âmbito da família, compreendida como a comunidade formada por indivíduos que são ou se consideram aparentados, unidos por laços naturais, por afinidade ou por vontade expressa" (inciso II).

Atualmente, a cláusula geral remete ao parentesco socioafetivo,[14] advindo da posse de estado[15] e a sua eficácia perpassa a discussão sobre o tratamento jurídico do afeto no direito de família, conforme tratado no Capítulo 1. O Direito não está imune

---

fora do casamento: *tertium non datur*" (João Baptista Villela, O modelo constitucional da filiação: verdades e superstições. *Revista Brasileira de Direito de Família*, Porto Alegre: Síntese, n. 2, jul./set. 1999, p. 125).

12 Todos esses tipos parentais serão analisados com profundidade no capítulo 7, que trata da filiação.

13 Gustavo Tepedino, Igualdade constitucional dos filhos e dualidade de regimes de adoção. *Soluções Práticas de Direito*, São Paulo: Revista dos Tribunais, 2012, pp. 73-95.

14 O STJ já decidiu: "Vem-se entendendo também que a filiação socioafetiva encontra respaldo no art. 227, § 6º, da CF/1988, e envolve não apenas a adoção, mas também 'parentescos de outra origem', de modo a contemplar a socioafetividade" (STJ, 4ª T., REsp 1.128.539/RN, Rel. Min. Marco Buzzi, julg. 18.08.2015, publ. *DJ* 26.08.2015).

15 "A posse do estado de filho (parentalidade socioafetiva) constitui modalidade de parentesco civil" (Enunciado 256 da III Jornada de Direito Civil do CJF (2004); "O reconhecimento judicial do vínculo de parentesco em virtude de socioafetividade deve ocorrer a partir da relação entre pai(s) e filho(s), com base na posse do estado de filho, para que produza efeitos pessoais e patrimoniais" (Enunciado 519 da V Jornada de Direito Civil do CJF (2011)).

às transformações sociais. Muito pelo contrário, a partir do momento que as relações familiares sofreram mudanças internas e funcionais expressivas, o direito de família também se reconfigurou.

Nessa direção, os novos comportamentos gerados como expressão do que se convencionou chamar de afeto, sob o ponto de vista jurídico, têm redesenhado os contornos do parentesco: "Com efeito, as novas concepções de família e o desenvolvimento da sociedade têm dado visibilidade ao afeto como meio de identificação dos vínculos familiares para definir os elos de parentalidade".[16] As demandas mais comuns se referem à declaração de paternidade socioafetiva,[17] mas seja qual for a linha e o grau de parentesco cuja declaração se busca, o mais relevante é comprovação da posse de estado – cujos requisitos são nome, trato e fama –, a fim de que o Poder Judiciário possa reconhecer a relação parental existente.[18] Encontra-se sedimentada na cultura jurídica brasileira a compreensão da família como formação social[19] e não biológica, na qual uns desempenham funções na vida dos outros, independentemente de terem vínculos consanguíneos.[20]

O reconhecimento do parentesco socioafetivo não tem restrições de linhas e graus, restando reforçado no STJ que "inexiste qualquer vedação legal ao reconhecimento da fraternidade/irmandade socioafetiva, ainda que *post mortem*, pois a declaração da existência de relação de parentesco de segundo grau na linha colateral é admissível no ordenamento jurídico pátrio, merecendo a apreciação do Poder Judiciário".[21]

Muito se questiona sobre a fragilidade do parentesco constituído pela socioafetividade, pois "findo o afeto", esse vínculo parental também estaria fadado ao término. No entanto, entende-se que o parentesco constitui uma relação jurídica irrevogável;[22] uma vez estabelecido não pode ser desfeito, exceto nos casos de adoção em que os

---

16 STJ, 3ª T., REsp 1.333.086-RO, Rel. Min. Ricardo Vilas Boas Cuêva, julg. 06.10.2015, publ. *DJ* 15.10.2015.

17 "5. A reprodução assistida e a paternidade socioafetiva constituem nova base fática para incidência do preceito "ou outra origem" do art. 1.593 do Código Civil. 6. Os conceitos legais de parentesco e filiação exigem uma nova interpretação, atualizada à nova dinâmica social, para atendimento do princípio fundamental de preservação do melhor interesse da criança" (STJ, 3ª T., REsp 1.608.005 – SC, Rel. Min. Paulo de Tarso Sanseverino, julg. 14.05.2019).

18 Está superado o entendimento de que o pedido declaratório de socioafetividade é juridicamente impossível: STJ, 4ª T., REsp 1291357/SP, Rel. Ministro Marco Buzzi, julg. 20.10.2015, publ. *DJ* 26.10.2015. Discussão interessante refere-se à possibilidade de reconhecimento de socioafetividade entre outros parentes: Luiz Edson Fachin. Parecer sobre "fraternidade socioafetiva". *Revista do Instituto dos Advogados do Paraná*, n. 36, set. 2008, pp. 391-417.

19 Pietro Perlingieri. *O Direito Civil na legalidade constitucional*, Rio de Janeiro: Renovar, 2008, p. 831.

20 Rodrigo da Cunha Pereira, *Direito de família*: uma abordagem psicanalítica, Belo Horizonte: Del Rey, 3ª ed. rev. atual. e ampl., 2003.

21 STJ, 4ª T., REsp 1674372/SP, Rel. Min. Marco Buzzi, julg. 4.10.2022, publ. *DJ* 24.11.2022.

22 "O afeto não tem aceitação pacífica como elemento que legitime o reconhecimento jurídico do vínculo socioafetivo. Tal rejeição, em geral, se dá pela natural instabilidade das relações afetivas: findo o afeto, seria questionável o fundamento para manutenção dos efeitos jurídicos. Não obstante alguns tribunais têm feito prevalecer o vínculo socioafetivo sobre o biológico. Este entendimento só considera, ou privilegia, o componente afetivo do vínculo, preterindo os efeitos sociais, por vezes irreversíveis, que a convivência gera" (Heloisa Helena Barboza, Efeitos jurídicos do parentesco

vínculos com a família biológica se rompem em prol da família adotiva, criando-se novos vínculos de socioafetividade.[23]

O STJ decidiu pela impossibilidade de que vínculos de filiação – sejam eles biológicos ou socioafetivos – gerem efeitos diversos. Conquanto o tribunal de origem tenha reconhecido a multiparentalidade, estabeleceu que o vínculo socioafetivo não geraria efeitos patrimoniais, o que contraria a regra de igualdade entre os filhos. Por isso, foi dado provimento ao recurso especial para determinar que todo tipo de vínculo gera iguais efeitos jurídicos.[24]

Afinidade

Diversa modalidade de parentesco decorre do casamento ou da união estável: vincula cada um dos cônjuges ou companheiros à família do outro. Trata-se do parentesco por afinidade, que estabelece situação jurídica de impedimentos e deveres que se justificam por motivos morais.[25] Observa-se, no entanto, que o vínculo se restringe entre cada cônjuge (ou companheiro) e os parentes do outro, mas não "entre os afins de um cônjuge com os afins do outro".[26] Estabelece, ainda, duas linhas de parentesco por afinidade: os parentes do marido e os da mulher (ou, genericamente, numa perspectiva mais contemporânea, de cada cônjuge ou companheiro); no entanto, caso se trate de casamento putativo, apenas em favor do cônjuge de boa-fé a afinidade se estabelece.[27]

Essa modalidade segue a estrutura das regras do parentesco (linhas, graus e espécies). Os afins são parentes em linha reta ou colateral, contando-se os graus da mesma forma das modalidades de parentesco já estudadas. Não obstante seja considerada modalidade de parentesco, a afinidade tem características próprias no que tange aos seus efeitos. Essas especificidades não ocorrem na linha reta. Nesse caso, implementa-se da mesma forma do parentesco, tanto na ascendência quanto na descendência, sem qualquer limitação. Na linha colateral, no entanto, sofre restrições mais rígidas, posto limitar-se ao segundo grau (cunhados), consoante estabelece o art. 1.595, § 1º, do Código Civil.

A duração do parentesco por afinidade também é peculiar, pois pode não durar indefinidamente. A disciplina da afinidade diverge, segundo se trata da linha reta ou colateral. Na linha colateral, a afinidade extingue-se com o fim do casamento por morte ou divórcio. Já na linha reta, a afinidade não se extingue concomitantemente ao fim do casamento ou da união estável, mesmo sendo essas as causas motivadoras da formação dessa espécie de parentesco. Os parentes afins em linha reta permanecem com essa qualificação durante toda a sua vida (CC, art.

---

socioafetivo. *Revista Brasileira de Direito das Famílias e Sucessões*, abr.-maio 2009, ano X, nº 09, Porto Alegre: Editora Magister; Belo Horizonte: IBDFAM, 2009, p. 32).

23 Ana Carolina Brochado Teixeira e Renata de Lima Rodrigues, A eficácia do parentesco socioafetivo. In: Ana Carolina Brochado Teixeira e Renata de Lima Rodrigues, *Direito de família entre a norma e a realidade*, São Paulo: Atlas, 2010, pp. 171-189.

24 STJ, 4ª T., REsp. 1.487.596/MG, Rel. Min. Antônio Carlos Ferreira, julg. 28.9.2021, publ. *DJ* 1.10.2021.

25 Paulo Lôbo, *Famílias*, cit., p. 209.

26 Francisco Cavalcante Pontes de Miranda, *Tratado de Direito Privado*, cit., p. 69.

27 Francisco Cavalcante Pontes de Miranda, *Tratado de Direito Privado*, cit., p. 70.

1.595, § 2º). A justificativa para essa norma encontra-se nos impedimentos para o casamento: os afins não podem se casar (CC, art. 1.521, II) nem viver em união estável (CC, art. 1.723, § 1º).[28]

Por outro lado, não há vínculos de solidariedade entre afins. Por esse motivo, inexistem direitos sucessórios ou alimentares entre eles.[29] A justificativa para essa diretriz é a fragilidade dos vínculos conjugais (*lato sensu*). Mostra-se frequente a constituição de várias famílias ao longo da vida, de modo a não justificar o chamamento à herança, por exemplo, entre sogras ou enteados (ressalvado, nesse caso, a formação de vínculos de socioafetividade).

O parentesco por afinidade gera uma série de efeitos jurídicos importantes que extrapolam o direito de família. A Lei Complementar 64, de 18.05.1990, por exemplo, determina que cônjuges ou parentes consanguíneos ou afins, até o segundo grau, são inelegíveis no território de jurisdição do titular para os cargos de Presidente da República, Governador ou Prefeito. A Lei 8.112, de 11.12.1990, autoriza a licença para o servidor por motivo de doença do cônjuge, companheiro, filhos, padrasto ou madrasta e enteado (art. 83). O art. 97 da mesma lei prevê que o servidor poderá ausentar-se do serviço pelo prazo de 8 dias no caso de falecimento do cônjuge, companheiro, pais, madrasta ou padrasto, filhos, enteados, menor sob guarda ou tutela e irmãos. A lei previdenciária traz outras hipóteses, tais como manter sob sua chefia imediata qualquer parente até o segundo grau (art. 117, VIII), além de prever o recebimento de um salário-família para cada dependente econômico, incluindo enteado até 21 anos (art. 197, parágrafo único, I).[30]

---

[28] O trato do parentesco nas famílias reconstituídas foi objeto de estudo específico feito por Maria Goreth Macedo Valadares, As famílias reconstituídas. In: Ana Carolina Brochado Teixeira; Gustavo Pereira Leite Ribeiro, *Manual de Direito das famílias e sucessões*, Rio de Janeiro, 2017, 3ª ed., pp. 123-149.

[29] "Ademais, o Código Civil de 2002 não assegura o direito/obrigação alimentar entre pessoas ligadas por vínculo de afinidade, como é o caso de sogro e nora" (TJ/MG, 1ª C.C., Ap. Cív. 1.0145.10.014945-2/002, Rel. Des. Geraldo Augusto, julg. 22.02.2011, publ. *DJ* 01.04.2011).

[30] Discussão interessante ocorreu em recurso no qual se debateu sobre o direito de habitação de imóvel, onde o cônjuge sobrevivente morava mesmo antes do falecimento do esposo, mas que pertencia a uma das filhas do morto, definindo-se pela inexistência, aqui, de efeitos da afinidade: "3. A intromissão do Estado-legislador na liberdade das pessoas disporem dos respectivos bens só se justifica pela igualmente relevante proteção constitucional outorgada à família (art. 203, I, da CF/1988), que permite, em exercício de ponderação de valores, a mitigação dos poderes inerentes à propriedade do patrimônio herdado, para assegurar a máxima efetividade do interesse prevalente, a saber, o direito à moradia do cônjuge supérstite. Com efeito, não é razoável que, na hipótese, prevaleça tal imposição, porquanto aqui não há justificativa que dê foros de legitimidade à exceção legal. Não há elos de solidariedade entre um cônjuge e os parentes do outro, com quem tem apenas vínculo de afinidade, que se extingue, à exceção da linha reta, imediatamente à dissolução do casamento. 4. Nesse contexto, toda a matriz sociológica e constitucional que justifica a concessão do direito real de habitação ao cônjuge supérstite deixa de ter razoabilidade no particular, em especial porque o direito de propriedade da autora preexiste à abertura da sucessão, adquirido muito antes do óbito de seu pai, e não em decorrência deste evento. Sobreleva notar que a propriedade da autora preexiste até mesmo ao casamento da ré com seu genitor, fato jurídico que em última análise germinaria o direito real de habitação tal como postulado" (TJ/MG, Ap. Cív. 1.0024.12.059839-6/001, Rel. Des. Otávio Portes, julg. 04.05.2016, publ. *DJ* 13.05.2016).

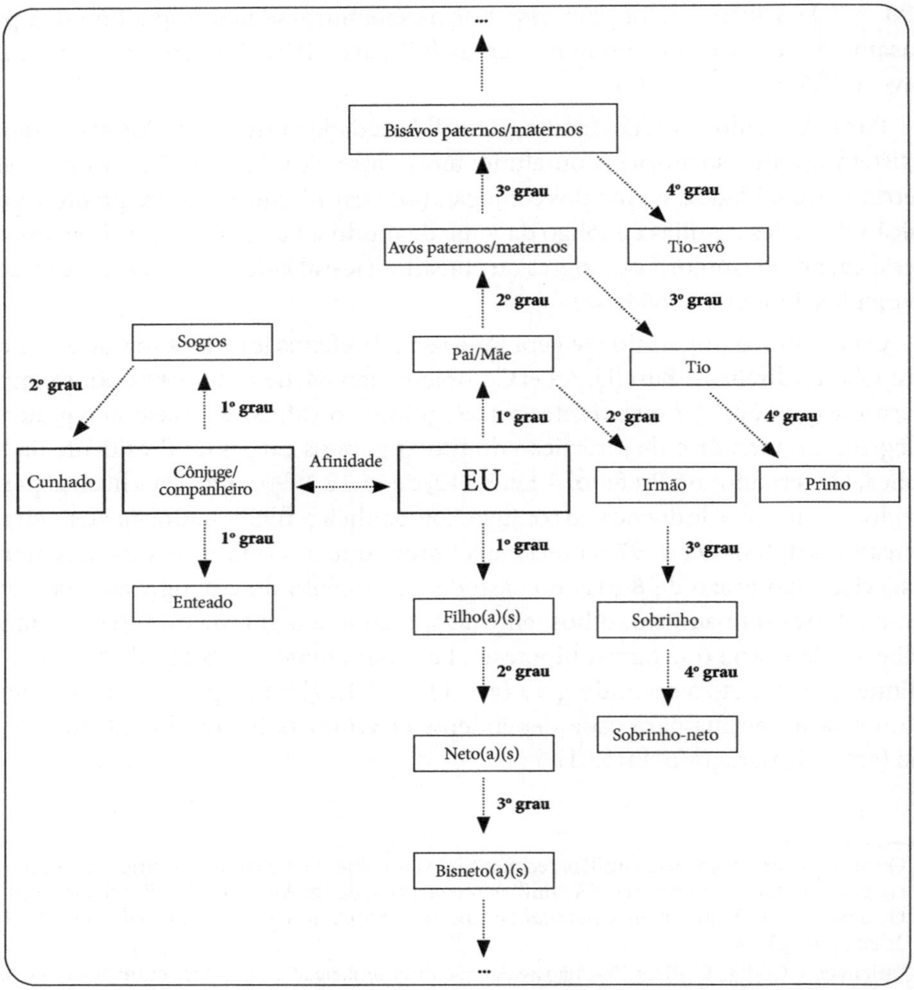

PROBLEMAS PRÁTICOS

1 – O parentesco é, por definição, irrevogável. Essa afirmação também se estende ao parentesco socioafetivo? Por quê?

2 – Os diversos tipos de parentesco podem gerar efeitos diferentes?

Acesse o *QR Code* e veja a Casoteca.

> *http://uqr.to/1pblm*

Acesse o *QR Code* e assista ao vídeo do Problema n. 1.

> *https://uqr.to/nxx4*

Capítulo VII
FILIAÇÃO

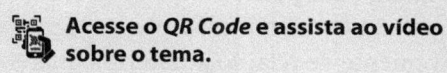

Acesse o *QR Code* e assista ao vídeo sobre o tema.

> *http://uqr.to/1pbm0*

Sumário: 1. Parentesco e filiação. Alterações axiológicas a partir da Constituição da República – 2. Critérios para o estabelecimento dos vínculos de filiação: 2.1 Filiação presumida – 2.2 Filiação biológica – 2.3 Filiação socioafetiva – 3. Conflito entre os tipos de filiação – 4. Multiparentalidade – 5. Reconhecimento de filhos – 6. Ações de estado – Problemas práticos.

1. PARENTESCO E FILIAÇÃO. ALTERAÇÕES AXIOLÓGICAS A PARTIR DA CONSTITUIÇÃO DA REPÚBLICA

Como exposto no capítulo anterior, o parentesco é o vínculo jurídico estabelecido entre pessoas pela consanguinidade ou por outra origem,[1] daí decorrendo o parentesco consanguíneo e o parentesco civil. Há parentesco consanguíneo quando duas ou mais pessoas se originam de um ancestral comum; há parentesco civil quando o vínculo é estabelecido não por laços de sangue, mas por ato jurídico voluntário, isto é, adoção, ou estabelecimento de vínculos de socioafetividade.[2]

Dentre as diversas relações de parentesco, a mais intensa, o liame mais próximo e estreito é aquele entre pais e filhos, traduzindo juridicamente as relações de filiação.[3]

---

[1] O CC/1916 previa no art. 336 que a adoção estabelecia o parentesco meramente civil entre o adotante e o adotado, enquanto que o CC/2002 desvinculou no art. 1.593 o parentesco civil da adoção, determinando que este resulta de origem diversa da consanguinidade.

[2] "A procriação deixou de ser um fato natural, para subjugar-se à vontade do homem. De início passou-se a controlar a natalidade por meios contraceptivos. Na atualidade, de modo paradoxal, expandem-se os meios científicos para obter a concepção, mesmo nos casos em que naturalmente ela não ocorreria" (Heloisa Helena Barboza, *A filiação em face da inseminação artificial e da fertilização "in vitro"*, Rio de Janeiro: Renovar, 1993, p. 15).

[3] Sobre o tema, consultem-se, dentre outros, algumas obras fundamentais da literatura jurídica nacional: Lafayette Rodrigues Pereira, *Direitos de Família*, Rio de Janeiro, Editores Virgilio Maia & Comp., 1918, p. 218 e ss.; Clovis Bevilaqua, *Direito de Família*, Rio de Janeiro: Editora Rio (ed. Histórica),

A filiação, portanto, é o vínculo de parentesco que se estabelece entre pais e filhos, sendo designada, do ponto de vista dos pais, como relação de paternidade e maternidade.

A matéria foi por muito tempo tratada pelo legislador pátrio, na esteira de tradição milenar, mediante classificação decorrente da posição jurídica dos pais, diferenciando-se os filhos gerados por pessoas casadas – filhos legítimos – daqueles provenientes de vínculos extramatrimoniais – filhos ilegítimos –, daí derivando efeitos diferenciados para a prole. A filiação no Código Civil de 1916 classificava-se da seguinte forma (ressaltando-se sua não recepção pela Constituição de 1988): I. Biológica: a) legítima (se concebida na constância de casamento); b) ilegítima (proveniente de relação extraconjugal), que pode ser: 1. Natural (advinda de relação extramatrimonial entre pessoas que não tenham impedimento legal para o casamento); 2. Espúria: a) adulterina: Proveniente de relação adulterina, materna ou paterna, vale dizer, filhos de leito extramatrimonial de pessoa casada; b) incestuosa: proveniente de relação sexual entre parentes próximos; II. Civil (adotiva).[4]

Trata-se, na verdade, de uma história de profunda e odiosa discriminação, justificada pela proteção legislativa à chamada família legítima, a entidade familiar fundada no casamento, em detrimento dos filhos nascidos de relação extraconjugal. Para melhor contextualizar as diretrizes hermenêuticas que regem a disciplina da filiação, é importante recordar algumas premissas expostas no capítulo I.

O art. 227, § 6º, do Texto Constitucional altera axiologicamente o tratamento da filiação, na medida em que estabelece a absoluta igualdade de direitos entre os filhos, desvinculando-os da situação conjugal dos pais, além de vedar quaisquer designações discriminatórias. O preceito é tão relevante que é reproduzido no art. 20 da Lei 8.069, de 13 de julho de 1990 (Estatuto da Criança e do Adolescente), e no art. 1.596 do Código Civil, e constitui o último patamar da longa e tormentosa

---

1976, p. 309 e ss.; Virgílio de Sá Pereira, *Direito de Família*, Rio de Janeiro: Freitas Bastos, 1959, 2ª ed., p. 75 e ss.; San Tiago Dantas, *Direitos de Família e das Sucessões*, Rio de Janeiro, Forense, 1991, 2ª ed., p. 319 e ss.; Caio Mário da Silva Pereira, *Instituições de Direito Civil*, vol. V, *Direito de Família*, Rio de Janeiro, Forense, 1997, 11ª ed., p. 173 e ss.; José Lamartine Corrêa de Oliveira e Francisco Muniz, *Direito de Família (Direito Matrimonial)*, Porto Alegre: Fabris, 1990, pp. 37 e ss. Mais recentemente, para uma abordagem atualizada, procurando sistematizar a temática na pluralidade das fontes constitucional e legal, Zeno Veloso, *Direito Brasileiro da Filiação e Paternidade*, São Paulo: Malheiros, 1997; para um enfoque crítico, que analisa os fundamentos ideológicos da disciplina da filiação no Código Civil, indicando os limites, a insuficiência e a crise da concepção patrimonialista e exclusivamente biológica da paternidade, a refinada tese de Luiz Edson Fachin, *Da Paternidade. Relação Biológica e Afetiva*, Belo Horizonte: Del Rey, 1996, cap. VII. Cf., ainda, sobre o tema, João Baptista Villela, Desbiologização da Paternidade. *Revista Forense*, 1980. vol. 271, pp. 45-51.

4 Os filhos ilegítimos eram considerados filhos naturais, quando derivados de relação extramatrimonial entre pessoas sem impedimento legal para o casamento; e espúrios, se fruto de relação entre pessoas com impedimento legal para o casamento. A designação de filhos espúrios compreendia tanto os filhos adulterinos, isto é, oriundos de relação adulterina, onde pelo menos um dos pais, no momento da concepção, se encontrava casado com terceira pessoa, como os filhos incestuosos, provenientes de relação sexual entre parentes próximos. Proteção idêntica ao filho legítimo recebia o filho legitimado, o filho natural cujos pais, posteriormente à sua concepção, contraem núpcias. A proteção da filiação legítima era disciplinada pelos arts. 337 a 351 do Código Civil de 2016.

evolução legislativa, pondo fim ao tratamento diferenciado conferido pelo legislador civil aos filhos.[5]

A isonomia dos filhos, mais do que simplesmente igualar direitos patrimoniais e sucessórios – o que por si só já seria louvável, embora o art. 51 da Lei do Divórcio, de 1977 (11 anos antes da Constituição!), a rigor, já o tivesse determinado – traduz nova tábua axiológica, com eficácia imediata para todo o ordenamento,[6] cuja compreensão se faz indispensável para a exegese da normativa aplicável às relações familiares.

Poder-se-ia dizer que a disciplina do Código Civil de 1916, pela qual a tutela dos filhos estava vinculada à espécie de relação preexistente entre seus pais, respondia a uma lógica patrimonialista bem definida, conforme analisado no capítulo 1. Em primeiro lugar, os bens deveriam ser concentrados e contidos na esfera da família legítima, assegurando-se a sua perpetuação na linha consanguínea, como que resguardados pelos laços de sangue. Em seguida, e em consequência, por atrair o monopólio da proteção estatal à família, o casamento representava valor em si, e se identificava com a noção de família (legítima), de sorte que a sua manutenção deveria ser preservada a todo custo, mesmo quando o preço da paz (formal) doméstica fosse o sacrifício individual dos seus membros, em particular da mulher e dos filhos sob pátrio poder. Daí a indissolubilidade do vínculo matrimonial; o poder marital e a subordinação da mulher casada ao cônjuge varão; a chefia centralizadora da sociedade conjugal atribuída ao marido; os excessivos poderes definidores do pátrio poder; a presunção de paternidade do marido, sempre em favor da manutenção da paz doméstica. É precisamente neste contexto axiológico que, na esteira de tais mecanismos asseguradores da unidade formal da família, poderá ser compreendida a discriminação sofrida pelos filhos ilegítimos e adotivos, bem como a preocupação exagerada do legislador civil para com os aspectos patrimoniais das relações de filiação, manifestada na sucessão hereditária e nas normas reguladoras do pátrio poder (basta pensar na ênfase dada pelos arts. 379 e ss. do Código Civil de 1916, em matéria de pátrio poder, aos bens dos filhos – art. 385 e ss.).

A Constituição da República altera radicalmente o sistema anterior assim delineado, consagrando, ao lado da isonomia dos filhos, a tutela de núcleos familiares monoparentais, formado por um dos descendentes com os filhos (art. 226, § 4º), e extramatrimoniais, não fundados no matrimônio (art. 226, § 3º). Porquanto interessa ao tema em exame, tais preceitos, combinados com os princípios fundamentais dos arts. 1º a 4º – em particular no que concerne ao art. 1º, III, segundo o qual se constitui em fundamento da República a dignidade da pessoa humana –, informam toda a disciplina familiar, definindo a nova tábua de valores em que exsurgem, no ápice no

---

5 Para uma visão dogmática do tema, retratando a evolução histórica e legislativa do reconhecimento dos filhos, v. Caio Mário da Silva Pereira, *Reconhecimento de Paternidade e seus Efeitos*, Rio de Janeiro, Forense, 2006, 6ª ed. atual. por Lucia Maria Teixeira Ferreira, *passim*.

6 V., sobre o tema, Pietro Perlingieri, *Perfis do Direito Civil – Introdução ao Direito Civil Constitucional* (trad. M. Cristina De Cicco), Rio de Janeiro: Renovar, 1997, pp. 57 e ss. e, na civilística brasileira, Maria Celina Bodin de Moraes, A Caminho de um Direito Civil Constitucional. *Direito, Estado e Sociedade*, PUC-Rio, 1991, nº 1, pp. 33 e ss.

ordenamento, três traços característicos em matéria de filiação: 1. a funcionalização das entidades familiares à realização da personalidade de seus membros, em particular dos filhos; 2. a despatrimonialização das relações entre pais e filhos; 3. a desvinculação entre a proteção conferida aos filhos e a espécie de relação dos genitores.

Tais características, que definem o novo perfil da filiação, implicam radical mudança de atitude do intérprete. Consequência da primeira delas é que o vínculo matrimonial, só por si, não há de ser resguardado, senão como instrumento de desenvolvimento da personalidade dos cônjuges e dos filhos. O casamento tem tutela constitucional destacada, em decorrência de uma presunção relativa, implícita na dicção do art. 226, §§ 1º, 2º e 3º, no sentido de que se trata de comunidade culturalmente aceita como *locus* ideal e privilegiado para o convívio familiar. É a família, entretanto, a base da sociedade, com especial proteção do Estado, nos termos do *caput* do mesmo art. 226 (não já a família fundada no casamento).

A comunidade familiar, por sua vez, informada pelo preceito fundamental da dignidade da pessoa humana, e pela absoluta prioridade reservada à criança e ao adolescente, sendo dever da família assegurá-la (CR, art. 227), deixa de ser uma sociedade hierarquizada, como no Código Civil de 1916 (em que o homem era o chefe da sociedade conjugal, titular do poder marital e do quase ilimitado pátrio poder), transformando-se em sociedade democrática. Com efeito, segundo o § 5º do art. 226, "Os direitos e deveres referentes à sociedade conjugal são exercidos igualmente pelo homem e pela mulher". Já os arts. 15 a 24 da Lei 8.069/1990, expressão infraconstitucional do art. 227, C.R., asseguram o direito à opinião e expressão dos filhos (art. 16, ECA), corroborando a estruturação democrática que deve permear a sociedade familiar.

Tais dispositivos, que homenageiam a participação igualitária dos cônjuges e filhos, diluindo o poder decisório em detrimento da coesão formal da família (que constituía, no sistema anterior, a paz doméstica), associados aos §§ 3º e 5º, do art. 226, C.R., que asseguram proteção constitucional às uniões estáveis (não fundadas no casamento) e ao divórcio, comprovam a tese de que a realização do indivíduo, na ótica do constituinte, tem supremacia sobre a instituição matrimonial e de que o conceito de unidade familiar não mais se confunde com a unidade matrimonial, sendo esta instrumento para a tutela da pessoa humana. Demonstram, ulteriormente, a tutela instrumental da família, como formação social privilegiada para o desenvolvimento da personalidade da pessoa humana.[7] A gestão coletiva só se justifica em razão da perda do valor, por assim dizer, supraindividual da família: a estrutura hierárquica e centralizadora favorecia a unidade formal da instituição em detrimento da liberdade pessoal de seus membros.

---

7 Nessa toada, a Associação Brasileira de Lésbicas, Gays, Bissexuais, Travestis, Transexuais e Intersexos ("ABGLT"), ajuizou a ADPF 8.898 no Supremo Tribunal Federal, pedindo que seja determinado aos órgãos e entidades do Poder Público que adequem seus formulários, procedimentos e sistemas registrais às conformações familiares homoafetivas e transafetivas, substituindo as expressões "pai", "mãe" e similares, por "Filiação 1" e "Filiação 2", ou outras que não estejam vinculadas a gêneros específicos.

Tais considerações servem, também, para a compreensão das demais características antes apontadas. Na ordem pré-constitucional, o direito civil ocupava-se essencialmente das relações patrimoniais – do proprietário, do contratante, do marido, do testador. No sistema atual, ao revés, o constituinte, ao eleger a dignidade da pessoa humana como fundamento da República, e subordinar as relações jurídicas patrimoniais a valores existenciais, consegue assim despatrimonializá-las. No que tange à filiação, o extenso conjunto de preceitos reguladores do regime patrimonial da família passa a ser informado pela prioridade absoluta dada à pessoa do filho. O critério hermenêutico, sintetizado na fórmula anglo-saxônica *The best interest of the child,* colhido pela jurisprudência brasileira, adquire conteúdo normativo específico, informado pela cláusula geral de tutela da pessoa humana introduzida pelo art. 1º, III, C.R. e determinado especialmente no art. 6º da Lei 8.069/1990.

O perfil delineado da filiação completa-se com a verdadeira despenalização dos filhos extraconjugais determinada pela isonomia constitucional. Com efeito, a desvinculação da tutela dos filhos com a da espécie de relação mantida pelos genitores corrobora as características antes analisadas, afastando as hipóteses em que a unidade conjugal e patrimonial pudesse ser preservada graças ao repúdio à filiação extramatrimonial.

Esse processo evolutivo, demarcado pela funcionalização, despatrimonialização e despenalização das relações de filiação, expressa mudança axiológica que não escapou à análise de alguns civilistas,[8] não revelando retorno ao individualismo.[9] Neste, prevalecia a vontade individual, o voluntarismo, ao qual se curvava a tábua de valores do ordenamento. No sistema civil-constitucional, ao reverso, sobreleva a dignidade da pessoa humana, a cujo respeito irrestrito se deve subordinar a vontade privada.

Nessa perspectiva há de ser interpretada a disciplina do Código Civil, apesar de muitos de seus dispositivos terem a mesma redação do Código Civil de 1916.[10] Pode-se

---

[8] Maria Celina Bodin de Moraes, Recusa à Realização do Exame de DNA na Investigação de Paternidade e Direitos da Personalidade. *Direito, Estado e Sociedade*, p. 90, analisa especificamente a transformação do sistema do código, que tinha na família "o fundamento da sociedade civil", e em que "o interesse do grupo familiar deveria prevalecer sobre o do indivíduo, constituindo a família um bem em si mesmo", para a concepção oposta do constituinte, que dá primazia aos "interesses (agora superiores) da criança, no âmbito da família – e fora dela"; e também, Luiz Edson Fachin, *Da Paternidade,* cit., cap. VII, pp. 79 e ss.

[9] A distinção é acentuada na bela crítica de Luiz Edson Fachin ao que chamou de sistema privado clássico, essencialmente patrimonializado: "Essa percepção marginaliza as pessoas naturais que sequer alcançam esse estatuto privilegiado do contrato e do patrimônio. Ao marginalizar pessoas, exclui os filhos, em especial os não matrimoniais. Daí deriva a concepção insular do direito civil, a norma do exílio, separada dos homens e da vida. Nada obstante, da erupção do sistema individualista chegou-se à função social. Da família matrimonializada por contrato chegou-se à família informal, precisamente porque afeto não é um dever e a coabitação, uma opção, um ato de liberdade. Da margem ao centro: os interesses dos filhos, qualquer que seja a natureza da filiação, restam prioritariamente considerados" (Luiz Edson Fachin, *Da Paternidade*, cit., pp. 97-98).

[10] Sem nenhuma alteração de redação em face do Código Civil anterior no que tange à filiação: art. 1.598 (CC/1916, art. 340), art. 1.600 (CC/1916, art. 343), art. 1.602 (CC/1916, art. 346), art. 1.604 (CC/1916, art.348), art. 1.605 (CC/1916, art. 349), art. 1.606 (CC/1916, art. 350), art. 1.607 (CC/1916, art. 355), art. 1.608 (CC/1916, art. 356), art. 1.611 (CC/1916, art. 359), art. 1.612 (CC/1916, art.

dizer, com efeito, que o Código Civil abriu novos horizontes em matéria de filiação, desde que interpretado segundo a tábua axiológica constitucional. Basta observar a divisão do Livro dedicado ao direito de família, que trata separadamente do direito pessoal – onde se encontra a disciplina das relações de parentesco – e do direito patrimonial, o que se apresenta em consonância com a tendência despatrimonializante dos vínculos familiares.

Especificamente a respeito da filiação, o art. 1.596 reproduz o disposto no art. 227, § 6º, da C.R., para introduzir o regramento da filiação à luz do preceito constitucional que impõe a isonomia dos filhos. No entanto, mesmo ao suprimir a distinção entre filiação legítima e ilegítima, o Código Civil manteve praticamente a estrutura da codificação anterior, o que impõe ao intérprete atenção redobrada, para evitar a atribuição do mesmo sentido interpretativo a regras de idêntico teor linguístico, mas que antes eram destinadas a uma das espécies de filiação, enquanto hoje se dirigem à filiação *tout court*.

2. CRITÉRIOS PARA O ESTABELECIMENTO DOS VÍNCULOS DE FILIAÇÃO

A atribuição do *status* de filho pode se dar de diversas maneiras: a) por meio do estabelecimento de presunções; b) mediante reconhecimento voluntário; c) mediante reconhecimento judicial, que ocorre por meio das ações de estado. Nesse contexto, faz-se necessário seu estudo, além de aprofundar em cada uma das formas de reconhecimento, voluntário ou judicial, o que passa pela análise das filiações presumida, biológica e socioafetiva.

2.1 Filiação presumida

A paternidade decorrente de relação matrimonial se prova pela simples demonstração do estado de casado. Prevalece aqui a presunção de paternidade do marido: *pater is est quem justae nuptiae demonstrant*. Nas relações extraconjugais, entretanto, há que se reconhecer o estado de filho, não sendo consentido o estabelecimento da presunção própria da relação matrimonial. É, pois, o reconhecimento o ato de declaração, voluntária ou judicial, da filiação extramatrimonial.[11]

Observa-se, a propósito, que é o ordenamento jurídico que "escolhe" os critérios que proporcionarão certeza jurídica ao fato natural da procriação.[12] Ou seja,

---

360), art. 1.613 (CC/1916, art. 361), art. 1.614 (CC/1916, art. 362), art. 1.615 (CC/1916, art. 365), art. 1.616 (CC/1916, art. 365), art. 1.617 (CC/1916, art. 367).

11 Sobre o tema, v. Orlando Gomes, *Direito de Família*, Rio de Janeiro, Forense, 1991, 7ª ed., p. 328, o qual, pelas razões históricas acima mencionadas, dentro da terminologia pré-constitucional, define o reconhecimento como "o ato pelo qual se declara a filiação legítima". Cf., também, Caio Mário da Silva Pereira, *Instituições de Direito Civil*, vol. V, *Direito de Família*, cit., pp. 188 e ss., sobre a natureza jurídica do reconhecimento.

12 Taisa Maria Macena de Lima, Filiação e biodireito: uma análise das presunções em matéria de filiação em face das ciências biogenéticas. In: Maria de Fátima Freire de Sá; Bruno Torquato de Oliveira Naves (Coords.), *Bioética, Biodireito e o Código Civil de 2002*, Belo Horizonte: Del Rey, 2004, p. 252.

os critérios de estabelecimento da filiação são contextualizados historicamente, de modo que, com as mudanças das relações humanas e o avanço da ciência médica, vão se transformando, também, os critérios jurídicos para estabelecer os fatores determinantes da filiação.

As presunções tradicionalmente mereceram grande espaço no direito de família, com a finalidade de apaziguar as relações jurídicas. A necessidade da fixação das presunções originou-se da incapacidade científica de indicar com certeza quem era o pai biológico. Procurava-se identificar o pai, porquanto a mãe sempre foi certa – *mater semper certa est* –, em face da gravidez e do parto.[13] Trata-se, portanto, de matéria afeta à prova da filiação.

A presunção de filiação se estende à união estável

Sob essa perspectiva, importante analisar a extensão das presunções de filiação à união estável, tendo em vista a linguagem do *caput* do art. 1.597 do Código Civil, segundo o qual os filhos "presumem-se concebidos na constância do casamento". Doutrina e jurisprudência divergem sobre o tema. O STJ já entendeu pela aplicação extensiva da presunção à união estável, ao argumento de que a Constituição reconheceu sua existência como entidade familiar, de modo que a interpretação do art. 1.597 deve ser sistemática.[14] No mesmo sentido, parte da doutrina considera que essa presunção se aplica a qualquer entidade familiar.[15] Em contrapartida, outros autores entendem que "sem casamento não há presunção de paternidade".[16] Como analisado no capítulo 5, algumas distinções devem ser feitas em relação aos efeitos produzidos pela união estável em relação ao casamento. A presunção de paternidade decorre da segurança jurídica própria do ato solene do casamento. A certidão de casamento induz à ilação da existência de convivência e, por isso, independentemente do efetivo convívio entre os cônjuges, presume-se que aquele filho foi havido durante o casamento, sendo seus pais marido e mulher.

A certidão de casamento é o documento que comprovará a existência da entidade familiar. Tal documento juntamente com a declaração de nascido vivo expedida pela maternidade nortearão o oficial do cartório no momento da lavratura do registro de nascimento da criança. O mesmo não ocorre na união estável: trata-se de entidade familiar que se constitui informal e espontaneamente, não estando bem delimitada no tempo, além de desprovida da chancela do Estado na sua constituição. Na maioria

---

13 "A maternidade manifesta-se por sinais físicos inequívocos: a prenhez e o parto. Daí a máxima: *mater semper certa est*. A paternidade é, por sua natureza, oculta e incerta. Não havendo indícios, nem sendo fácil ao homem, como não no é, apurar de que pai procede o filho, a sociedade recorre à presunção. A paternidade tem, na constância da sociedade conjugal e dentro de prazos legais, presunção *iuris tantum*, limitada, o que evita a sua incerteza, para que não fosse sempre insegura a filiação paterna" (Pontes de Miranda, *Tratado de Direito de Família*, Tomo IX atual. por Rosa Maria de Andrade Nery, São Paulo: Revista dos Tribunais, 2012, p. 93).

14 STJ, 3ª T., REsp 1.194.059-SP, Rel. Min. Massami Uyeda, julg. 06.11.2012, publ. *DJ* 14.11.2012.

15 Paulo Lôbo, Direito ao estado de filiação e direito à origem genética: uma distinção necessária. *Revista Brasileira de Direito de Família*, n. 19, out./dez., 2003, p. 205.

16 Rose Melo Vencelau Meireles, Filiação biológica, socioafetiva e registral. In: Ana Carla Harmatiuk Matos; Joyceane Bezerra de Menezes (Org.), *Direito das famílias por juristas brasileiras*, São Paulo: Saraiva, 2013, p. 353.

dos casos, o Poder Judiciário só se pronuncia sobre a união estável ou seus integrantes só formalizam pacto de convivência posteriormente à sua existência no plano fático.[17] Em razão dessa incerteza (se existe entidade familiar), é que a presunção não deve incidir, o que seria contraditório com o conceito de presunção: existência de fato certo a respeito de outro incerto.

Logo, a presunção de paternidade/filiação é efeito derivado da solenidade do casamento, que tem como *ratio* o princípio da segurança jurídica e não do casamento como entidade familiar, de modo que não há nada de discriminatório no fato de as presunções incidirem apenas na relação conjugal.

Ademais, faz-se necessário distinguir dentro das próprias presunções: as dos incisos I e II, bem como as dos incisos III a V, estas últimas pressupondo a utilização de técnicas de reprodução humana assistidas. Entende-se que as reflexões feitas anteriormente se aplicam aos incisos I e II, pois, nas demais hipóteses, o que gera filiação é a manifestação expressa referente ao projeto parental que, nas hipóteses dos incisos III a V ocorre por meio do consentimento escrito.[18] O consentimento gera efeito autônomo, que é o reconhecimento da filiação. Não se confunde com a presunção de ser filho, consequência da relação conjugal. O reconhecimento é exteriorizado pelos pais – casados, companheiros ou solteiros – junto ao médico responsável pelo manejo das técnicas de reprodução. A paternidade e a maternidade, nesse caso, decorrem diretamente da vontade exteriorizada por meio do Termo de Consentimento, não havendo presunção, mas reconhecimento da filiação. A presunção decorre do casamento; já o reconhecimento é reflexo direto do planejamento familiar, previsto no art. 226, § 7º, CR.

Também se discute se as presunções são absolutas ou relativas. Como se verá, são muitas as hipóteses em que há conflito de paternidades em que o vínculo presumido é colocado em xeque.

Presunções absolutas ou relativas

Nesse caso, também é relevante separar os incisos do art. 1.597: de um lado, as presunções previstas nos incisos I e II e, de outro, as manifestações de vontade irrevogáveis, previstas pelos incisos III a V.

---

17 No mesmo sentido: "Algumas situações em que se aplica a presunção pressupõe a prévia certificação jurídica da existência da relação conjugal, e isso só está presente, em princípio, no casamento. Apenas este, porque inaugurado através do Direito, compreende uma prova pré-constituída, qual seja, a certidão de casamento. Ao revés, a união estável representa uma situação fática que escapa de qualquer controle jurídico prévio, o que provoca algum comprometimento de aplicação das presunções de paternidade" (Renata Barbosa de Almeida, Walsir Edson Rodrigues Júnior, *Direito Civil:* Famílias, São Paulo: Atlas, 2012, 2ª ed., p. 359).

18 Tal consentimento deve ser tomado por escrito a fim de formalizar a ciência e autorização de todos os envolvidos na prática médica: "AÇÃO INDENIZATÓRIA – DOAÇÃO DE OÓCITOS – ALEGAÇÃO DE AUTORIZAÇÃO VERBAL – IMPOSSIBILIDADE – NECESSÁRIO DOCUMENTO DE FORMALIZAÇÃO – DANOS MORAIS – MAJORAÇÃO. – Para arbitrar os danos morais deve o julgador se ater aos critérios punitivos e compensatórios da reparação, bem como a proibição do enriquecimento sem causa e aos princípios da proporcionalidade e razoabilidade. (...)" (TJ/MG, 16ª C.C., Ap. Cív. 1.0024.13.183577-9/001, Rel. Des. Pedro Aleixo, julg. 22.09.2016, publ. *DJ* 03.10.2016).

As primeiras presunções referem-se ao nascimento de filho posteriormente ao prazo de 180 dias do casamento e de 300 dias da dissolução do casamento. Elas são relativas uma vez que são muitos os fatos que tornam frágeis essas ilações – por exemplo, a infidelidade feminina. Por isso, o vínculo parental pode ser contestado pelo pai, a qualquer tempo, por ação própria. Trata-se de ação personalíssima, embora possa ter continuidade pelos sucessores, conforme autoriza o art. 1.601 do Código Civil.

Quanto às situações relativas à utilização de técnicas biotecnológicas, trata-se de manifestações de vontade irrevogáveis, e não de presunções. Não é possível que um casal construa o projeto parental, execute-o e, em seguida, após o nascimento da criança, um dos autores desse projeto – que pode ter ou não seu material genético – simplesmente ignore as responsabilidades que tem com a criança. É por isso que são limitadores à liberdade de planejamento familiar a dignidade humana e a paternidade responsável; ou seja, não há aqui liberdade absoluta, posto condicionada ao exercício de responsabilidades para com o filho. Assim, as hipóteses dos incisos III a V não configuram presunções de paternidade.

Mater semper certa est

As presunções sofreram o influxo dos avanços biotecnológicos. Com a evolução do conhecimento científico, tornou-se possível a identificação parental por vínculos biológicos, de modo que nem sempre essas presunções se aplicam de forma irrestrita. Veja-se, por exemplo, a presunção *mater semper certa est*: a mãe sempre foi certa porque a maternidade estava ligada à gestação e ao parto. No entanto, a presunção foi colocada em xeque, em face da possibilidade da utilização da técnica de útero de substituição. Trata-se de técnica de gestação da criança em ventre de outrem, que pode tanto utilizar material genético do casal quanto de terceira pessoa, ou seja, a fertilização pode ser homóloga ou heteróloga. Inexiste instrumento legislativo que aborde o tema, regulado pela Resolução 2.320/2022 do Conselho Federal de Medicina. Esta estabelece procedimento gratuito, que pode ter como receptora dos óvulos apenas aquela que tiver ao menos um filho vivo, e for parente até quarto grau daqueles que lançaram mão dessa técnica e são autores do projeto parental. Outros casos devem ser aprovados previamente pelo Conselho Federal de Medicina.

Não obstante o silêncio legislativo, o CNJ editou o Provimento 63/2017, posteriormente alterado pelos Provimento 83/2019 e Provimento 149/2023,[19] a fim de determinar como será feito o registro da criança pelos usuários da técnica, de modo que, tacitamente, autores do planejamento familiar – independentemente dos vínculos biológicos – se tornam os pais da criança.[20] Não obstante os questionamentos sobre a

---

19 A modificação operada pelo Provimento 83/2019 e, posteriormente, pelo Provimento 149/2023 não impactou as determinações sobre o registro de nascimento das crianças nascidas das técnicas de reprodução assistida.

20 Para uma reflexão mais aprofundada sobre o tema, remete-se a Maria de Fátima Freire de Sá; Anna Cristina De Carvalho Rettore, Registro civil de crianças nascidas de gestação de substituição no Brasil: uma análise a partir de julgamentos pelo Tribunal Supremo Espanhol. Anais do XXV Encontro Nacional do CONPEDI em Brasília/DF – Biodireito e direito dos animais. Florianópolis: Conpedi, 2016. Disponível em: <http://www.conpedi.org.br/publicacoes/y0ii48h0/tvu736t8/QGFVxviu3iRwFCtp.pdf>. Acesso em 09 jan. 2017, pp. 31-32.

competência do CNJ para tratar do tema, tais definições são relevantes e oportunas, na medida em que não se pode deixar para análise casuística os critérios para se estabelecer os vínculos parentais em hipóteses de conflito positivo ou negativo de maternidade.

Pater is est quid nuptiae demonstrant

A presunção mais conhecida é a *pater is est quid nuptiae demonstrant,* que indicava, nos termos do Código Civil de 1916, a legitimidade do filho. O atual Código Civil se espelhou no antigo art. 388 CC/1916, para iniciar o tratamento do tema (CC, art. 1.597, I e II).

Embora esse dispositivo se refira, em seu *caput*, à presunção de filiação – e seja utilizado com frequência para hipóteses de presunção de paternidade –, deve ser interpretada, à luz da legalidade constitucional, de acordo com o princípio da igualdade, tendo por destinatários não apenas o marido, mas pai, mãe e filho.

De forma geral, quanto ao parentesco presumido, a regra é de que o pai do filho havido durante o casamento é o marido da esposa grávida. "Ela é o resultado, tradicionalmente assentado, do cruzamento dos deveres matrimoniais de coabitação e fidelidade recíproca".[21] É por isso que esse dispositivo tratou de hipóteses em que poderia haver dúvida quanto à paternidade, pois o referencial temporal do artigo é menor ou maior do que o tempo médio de gestação de 9 meses. Assim, presumem-se havidos na constância do casamento os filhos nascidos pelo menos cento e oitenta dias depois de estabelecida a convivência conjugal e os nascidos nos trezentos dias posteriores à dissolução da sociedade conjugal por morte, separação judicial, nulidade e anulação de casamento. Pode-se acrescentar a tais hipóteses a separação de fato, já que a ruptura da convivência, por si só, desfaz a *ratio* normativa da presunção.

O art. 1.523, II, do Código Civil, em sintonia com o art. 1.597, II, dispõe que não devem se casar a viúva, ou a mulher cujo casamento se desfez por nulidade ou anulabilidade, até dez meses depois do começo da viuvez, ou da dissolução da sociedade conjugal, a fim de se evitar dúvida quanto à paternidade, caso haja gravidez. Trata-se de causa suspensiva do casamento. O art. 1.598 do Código Civil dispõe, que, se antes de decorrido esse prazo, a mulher se casar novamente e houver o nascimento de filho, "este se presume do primeiro marido, se nascido dentro dos trezentos dias a contar da data do falecimento deste e, do segundo, se o nascimento ocorrer após esse período e já decorrido o prazo a que se refere o inciso I do art. 1597". A dúvida quanto à paternidade não persiste na atualidade, em face do exame de DNA; uma vez que se trata de paternidade biológica, o DNA pode esclarecer a ascendência genética da criança.

Uso terapêutico da reprodução humana assistida

Os incisos III a V inovam em relação ao Código anterior, pois têm como objeto a "presunção" de filiação em relação ao embrião. A Resolução 2.320/2022 do Conselho Federal de Medicina prevê que a utilização das técnicas de reprodução humana assistida é admitida apenas para fins de auxiliar no processo de procriação.

A procriação homóloga (em que o material genético é do casal) dá-se usualmente por meio de inseminação artificial (quando o sêmen é introduzido diretamente na

---

21 Renata Barbosa de Almeida, Walsir Edson Rodrigues Júnior, *Direito Civil,* cit., p. 359.

cavidade uterina da mulher) ou por meio de fertilização *in vitro* (quando a fecundação ocorre extracorporalmente e posteriormente o embrião é colocado no útero feminino), sendo ambas as hipóteses previstas no Código Civil. Como existe inequívoco vínculo genético paterno, o Código acompanhou estritamente a verdade biológica, presumindo a paternidade mesmo após o divórcio ou quando o marido for morto, em se tratando de embrião excedentário.[22]

O inciso III prevê que os filhos advindos de inseminação artificial homóloga se presumem concebidos na constância do casamento, mesmo que falecido o marido. Assim, quando for utilizado material genético do casal em inseminações artificiais, incide a presunção. Duas observações devem ser feitas: (i) não obstante a lei trate de material genético do marido, deve-se aplicar o princípio da igualdade, ou seja, mesmo em casos de falecimento da esposa que deixa material genético, seus óvulos podem ser utilizados por meio do útero de substituição, conforme já assinalado anteriormente; (ii) maior polêmica associa-se à utilização de material genético após o falecimento do marido, pois não há outro instrumento legislativo que regulamente o uso de sêmen *post mortem*, com previsão incidental no Provimento 63/2017 do CNJ, alterado pelos Provimentos 83/2019 e 149/2023, que mantiveram a disciplina posta no Provimento de 2017 nesse ponto. Este exige termo de autorização prévia específica do falecido ou falecida para uso de material biológico, lavrado por instrumento público ou particular com firma reconhecida (Provimento 149/2023, art. 513, § 2º).[23] Mostra-se adequado o provimento nessa parte, pois o consentimento é essencial para dar destino ao material genético, como ato decorrente do planejamento familiar.

Controvérsia ainda maior encontra-se nos IV e V; o VI determina a presunção de filiação quanto aos embriões excedentários, oriundos de inseminação artificial homóloga e o V prevê a abrangência da presunção de filiação àqueles nascidos de inseminação heteróloga, com prévia concordância do marido.

Os embriões excedentários, cujo destino ainda não foi tratado pelo legislador, são objeto da Resolução 2.320/2022 do Conselho Federal de Medicina. Embora não haja previsão do número de embriões fecundados em cada procedimento, existe um limite para a transferência embrionária para o útero da mulher: a) mulheres até 37 anos: até 2 embriões; b) mulheres com mais de 37 anos: até 3 embriões, salvo caso de embriões euploides ao diagnóstico genético (embriões saudáveis), que limitarão à implantação de 2, independentemente da idade; c) nas situações de doação de óvulos e embriões, considera-se a idade da doadora no momento da coleta dos oócitos (item I.7 da Resolução). Os demais embriões ficarão criopreservados, sendo estes os destinatários deste inciso.

---

22 O embrião excedentário é aquele não implantado no procedimento de reprodução assistida. Uma vez sobrante, deve ser criopreservado, de acordo com a Resolução 2.320/2022 do CFM. O art. 1.597, IV, utiliza a expressão "havido a qualquer tempo", ou seja, não importa se o pai já morreu, está divorciado, ausente etc.; como é responsável pela procriação assistida, presume-se a sua paternidade.

23 A Resolução 2.320/2022 dispõe, no item VIII, que: "É permitida a reprodução assistida *post mortem*, desde que haja autorização específica para o uso do material biológico criopreservado em vida, de acordo com a legislação vigente".

Se algum dos pais falecer,[24] ou mesmo se o casal se divorciar, é necessário determinar o destino a ser dado aos embriões excedentários. A Resolução ainda estabelece no item V: "3. Antes da geração dos embriões, os pacientes devem expressar sua vontade, por escrito, quanto ao destino dos embriões criopreservados em caso de divórcio, dissolução de união estável ou falecimento, de um deles ou de ambos, e se desejam doá-los".

Existem três problemas a serem resolvidos pelo Direito: (i) divergência entre os pais quanto ao destino dos embriões, (ii) autorização para utilização dos embriões *post mortem* e (iii) a interpretação literal do dispositivo poderia dar a entender que os embriões teriam capacidade sucessória.[25]

O que determina o destino dos embriões (implantar ou não) é o consentimento, a opção volitiva dos pais. Não obstante como regra geral deva se atender às manifestações de vontade dos pais, não se pode ignorar variáveis possíveis, por exemplo, quando um dos genitores não tiver mais condições de ter (outros) filhos biológicos (por exemplo, se passou por tratamento quimioterápico ou ficou estéril por alguma razão). Em casos em que se pretende desatender à vontade dos pais – e à quebra do planejamento familiar exteriorizado no momento da declaração de vontade –, é necessário apreciação judicial.

É necessário estabelecer critérios para a expressão do consentimento, o que é útil principalmente no caso de implantação *post mortem* dos embriões. Já foi dito que, no caso da utilização do material genético após a morte do seu titular, não há norma expressa. O mesmo ocorre no caso dos embriões. O que se tem é: (i) a Resolução CFM 2.320/2022, que condiciona a implantação dos embriões, desde que haja autorização prévia específica do(a) falecido(a) para o uso do material biológico; e (ii) o Provimento 149/2023 do Conselho Nacional de Justiça que estabelece, no art. 513, § 2º, a necessidade de apresentação de termo de autorização prévia específica do(a) falecido(a) para uso do material genético, lavrado por instrumento público ou particular com firma reconhecida, além de outros documentos que especifica. Nesse sentido, julgado paradigmático foi proferido pelo STJ, que concluiu que, em razão dos efeitos existenciais ligados à personalidade e dignidade dos seres humanos envolvidos (genitor e os que seriam concebidos), para além dos efeitos patrimoniais e sucessórios, tais situações atraem a "imperativa obediência à forma expressa e incontestável, alcançada por meio de testamento ou instrumento que o valha em formalidade e garantia". Por isso, "a declaração posta em contrato padrão de prestação de serviços de reprodução humana é instrumento absolutamente inadequado para legitimar a implantação *post mortem* de embriões excedentários, cuja autorização, expressa e específica, haverá de ser efetivada por testamento ou por documento análogo".[26]

---

24 Ana Carolina Brochado Teixeira, Anna Cristina de Carvalho Rettore. O consentimento na reprodução assistida *post mortem* e reflexos no Direito de Família. In: Marcelo de Mello Vieira; Marina Carneiro Matos Sillman. (Orgs.). *Direito Civil em Debate*: reflexões críticas sobre temas atuais, Belo Horizonte: D'Plácido, 2020, vol. 2, p. 223-246.

25 Nesse aspecto, remetemos ao vol. 7 dos Fundamentos.

26 STJ, 4ª T., REsp. 1.918.421/SP, Rel. Min. Luis Felipe Salomão, julg. 8.6.2021, publ. DJ 26.8.2021. A respeito da exigência da forma dos negócios jurídicos, a doutrina opina: "a exigência de forma atende à função do negócio jurídico celebrado. O vínculo paterno-filial, ainda que *post mortem*,

Quanto à inseminação artificial heteróloga – na qual se utiliza material genético de terceiro –, o meio mais eficaz de estabelecimento da filiação é o Termo de Consentimento Livre e Esclarecido devidamente assinado pelas partes, que define a parentalidade, impondo a responsabilidade pela criação, assistência e educação dos filhos e, por conseguinte, o *munus* da autoridade parental. Essa é a forma mais segura para se demonstrar a "autorização do marido" – que, como mencionado, também se aplica à esposa, embora se admita a autorização por qualquer meio de manifestação de vontade que dê anuência à reprodução heteróloga. Seria contraditório o ordenamento jurídico autorizar a reprodução assistida – com a correlata assunção de responsabilidade parental – e, num segundo momento, por meio de ação negatória de paternidade na qual o resultado do exame de DNA será negativo para o liame genético, autorizar a desvinculação parental.[27]

Ressalte-se que as reflexões ora feitas a respeito das presunções se aplicam, no que couber, aos casais homoafetivos.

Ainda sobre as presunções, o art. 1.601 do Código Civil versa sobre a contestação da presunção de paternidade, sem impor limites à prova biológica em caso de reprodução heteróloga. A ausência de impedimento expresso não deve, contudo, inibir o intérprete de rejeitar a prova biológica nestes casos. Afinal, se o art. 1.610 considera irrevogável o reconhecimento dos filhos havidos fora do casamento, mesmo que efetuado por instrumento particular, por maioria de razão há de se considerar irrevogável o reconhecimento de paternidade efetuado de modo inequívoco no consentimento com a procriação assistida.

Ademais, se se admite a filiação por inseminação artificial ou por fertilização *in vitro* como modalidade de filiação constitucionalmente equiparada à filiação biológica e à filiação adotiva, daí decorre que, uma vez estabelecidas a paternidade e a maternidade de quem idealizou o planejamento familiar, voluntária e deliberadamente, por meio da utilização de material genético de terceiros, pouco importará a origem

---

implica em um conjunto de situações patrimoniais e existenciais dele decorrentes. A forma assegura o efetivo consentimento do declarante. Nos negócios existenciais (ou dúplices, por envolverem situações de dupla natureza, patrimoniais e existenciais), o princípio do consentimento qualificado reforça a necessidade de se obter a vontade expressa, espontânea, pessoal, atual e esclarecida do declarante, exatamente pelos efeitos pessoais e, na maioria das vezes, irreversíveis que promovem. O engano ou presunção quanto à autorização da reprodução humana *post mortem*, por exemplo, não poderia desfazer a gestação se comprovado posteriormente inexistir o consentimento. Dessa feita, o cuidado preventivo a partir da interpretação criteriosa da vontade mostra-se o caminho mais acertado." (Rose Melo Vencelau Meireles, Comentário ao Recurso Especial nº 1.918.421 – SP: desafios da reprodução humana assistida *post mortem*, Civilistica.com, n. 3, a. 10, Rio de Janeiro, 2021).

27 Sobre o tema, Heloisa Helena Barboza comentou decisão da Cassação/Supremo Tribunal/Primeira Câmara Cível/Sentença 2315/1999/Presidente: A. Rocchi. Relator: G. Graziadei. *Revista Trimestral de Direito Civil*, Rio de Janeiro: Padma, v. 1, pp. 125-134, jan./mar. 2000. Nesse caso, o marido era impotente para gerar e autorizou o procedimento. Após o nascimento, entretanto, queria eximir-se da paternidade, pois se separou da esposa. A Corte italiana decidiu pela manutenção da paternidade, considerando que nesse tipo de relação a verdade biológica não deve prevalecer de modo absoluto; deve prevalecer opção dos interessados externada ao consentirem com o procedimento. Sem falar que os direitos invioláveis do menor devem prevalecer, sob pena de privar a criança, advinda de inseminação artificial, de assistência material e afetiva, transformando-a em um filho sem pai.

genética do sêmen doado para efeito de estabelecimento da filiação – uma vez que a doação não acarreta qualquer vínculo parental. A autorização para a procriação assistida, portanto, prova o vínculo de paternidade, determinando quem são os genitores, por liame não sanguíneo, e do mesmo modo, como na adoção, cancela-se a origem biológica em favor da integral recepção voluntária na família adotiva (art. 41 da Lei 8.069/1990).

Cabe refletir se seria viável ação de investigação de paternidade na inseminação heteróloga ou se, ao contrário, haveria de se preservar o anonimato do doador, confrontando, de um lado, o direito individual ao conhecimento da origem biológica e, de outro, o direito à inserção integral do adotado na família, por parte de quem se utilizou das técnicas de procriação assistida. Em que pese a enorme gama de controvérsias que o problema suscita, no Brasil, a Resolução 2.320/2022 do Conselho Federal de Medicina, inciso IV, nº 2, preceitua que "os doadores não devem conhecer a identidade dos receptores e vice-versa, exceto na doação de gametas para parentesco de até 4º (quarto) grau, de um dos receptores (primeiro grau – pais/filhos; segundo grau – avós/irmãos; terceiro grau – tios/sobrinhos; quarto grau – primos), desde que não incorra em consanguinidade".[28]

Ao analisar o problema, parte da doutrina tem evidenciado que "o anonimato é a garantia da autonomia e do desenvolvimento normal da família assim fundada e também a proteção leal do desinteresse daquele que contribui na sua formação. Na hierarquia dos valores estas considerações sobrepujam o pretendido direito de conhecimento de sua origem".[29] Com efeito, desde que se assegure o controle social dos laboratórios que desenvolvam tais atividades, evitando que as doações se façam por interesses econômicos, a garantia do anonimato pode colaborar com a "absorção integral" da criança por sua família, além de atender à expectativa das partes interessadas, no sentido de que a doação de sêmen seja efetivamente desinteressada, desprovida de qualquer interesse econômico ou da pretensão ao próprio vínculo de paternidade.[30]

---

28 O CFM mudou seu entendimento em relação ao posicionamento anterior, manifestado desde a primeira resolução sobre o assunto, em 1992 (nº 1.358, item 3), bem como da Agência Nacional de Vigilância Sanitária – ANVISA (Resolução da Diretoria Colegiada 23, de 27 de maio de 2011, art. 15), que era no sentido de não haver exceções ao conhecimento dos doadores e receptores.

29 Eduardo de Oliveira Leite, *Procriações Artificiais e o Direito*, São Paulo: Revista dos Tribunais, 1995, p. 339, o qual acrescenta: "A pretendida alegação de que a criança tem o direito a conhecer sua origem genética realça expressivamente a paternidade biológica (matéria já ultrapassada no direito de filiação mais moderno) quando é sabido que, atualmente, a paternidade afetiva vem se impondo de maneira indiscutível". E remata: "segundo estudos psicológicos – comprobatórios do que se afirma – o fato de revelar à criança sua origem genética não acrescenta nada, realmente nada, à filiação. O fato de se revelar a uma criança sua origem 'artificial' (mediante reprodução assistida) não acarreta a indicação de seu pai genético (o doador)".

30 Eduardo de Oliveira Leite, *Procriações Artificiais e o Direito*, cit., pp. 341 e ss., V., também, a fls. 145: "Vale, pois, ressaltar que a doação de gametas (esperma + óvulo) não gera ao seu autor nenhuma consequência parental relativamente à criança daí advinda. A doação é abandono a outrem, sem arrependimento, nem possibilidade de retorno. É, conforme se afirmou acima, medida de generosidade, medida filantrópica".

Outra parte acredita existir um direito à identidade genética, que pressupõe uma dimensão individual, referente às características genotípicas singulares daquele indivíduo.[31] Assim, o acesso às informações referentes à ascendência genética faz parte da compreensão da individualidade biológica do sujeito e, portanto, pode ser abrangida no que se poderia referir como "Bioconstituição".[32]

Há, ainda, aqueles que, em posição intermediária, entendem que, para satisfação dos direitos da personalidade, seria suficiente o conhecimento dos dados genéticos do doador, sem conhecer, todavia, sua identidade civil, pois o que se objetiva com o acesso a essas informações é saber sobre predisposições para certas doenças, por exemplo.[33]

Em última análise, a descoberta da verdade científica, tantas vezes invocada, há de ser perseguida na perspectiva do melhor interesse da criança e do adolescente, podendo vir a ser sacrificada, neste caso, em nome deste mesmo interesse, que preside todos os critérios interpretativos em tema de filiação, expressão da cláusula geral de tutela da pessoa humana, se for o caso, enquanto o filho for menor de idade. No entanto, ao se alcançar a maioridade, com a presunção absoluta pelo ordenamento jurídico de pleno discernimento, o filho pode conhecer sua origem genética, por aplicação extensiva do art. 48 do Estatuto da Criança e do Adolescente.[34]

---

31 Elton Dias Xavier. A identidade genética do ser humano como um biodireito fundamental e sua fundamentação na dignidade do ser humano. In: Eduardo de Oliveira Leite (coord.). *Grandes temas da atualidade: bioética e biodireito*. Rio de Janeiro: Forense, 2004, p. 59.

32 Raquel Fabiana Lopes Sparemberger; Adriane Berlesi Thiesen. O direito de saber a nossa história: identidade genética e dignidade humana na concepção da bioconstituição. *Revista Direitos Fundamentais e Democracia*, vol. 7, n. 7. Curitiba, jan./jun. 2010, p. 63. Em alguma medida, o direito de conhecer as origens genéticas para efeitos de filiação foi objeto de análise pelo Supremo Tribunal Federal. Foi reconhecida repercussão geral em caso em que discutia a possibilidade de novo ajuizamento de ação de investigação de paternidade, quando já existente igual demanda entre as mesmas partes, cujo pedido foi julgado improcedente por falta de provas, mesmo se já possível exame de DNA, mas se a parte não tinha condições financeiras de custeá-lo. Nessa hipótese, entendeu-se pela relativização da coisa julgada, sem que sejam impostos óbices processuais "ao exercício do direito fundamental à busca da identidade genética, como natural emanação do direito de personalidade de um ser, de forma a tornar-se igualmente efetivo o direito à igualdade entre os filhos, inclusive de qualificações, bem assim o princípio da paternidade responsável". Neste julgamento, chegou-se ao tema de nº 392: "Superação da coisa julgada para possibilitar nova ação de investigação de paternidade em face da viabilidade de realização de exame de DNA".

33 Anna Cristina de Carvalho Rettore, Maria de Fátima Freire de Sá. O impacto do Provimento 52/2016 do CNJ na garantia de anonimato a doadores de gametas no Brasil: necessidade de uma definição. In: Fernanda Moraes de São José, Leonardo Macedo Poli, Renata Mantovani de Lima (Orgs.). Belo Horizonte: D'Plácido, 2017, pp. 104-111. As autoras informam que esta é a orientação da Organização Mundial da Saúde: "Além das posições doutrinárias destacadas, existe orientação da Organização Mundial de Saúde que dispõe que o acesso à identidade civil do doador deve acontecer apenas se existir seu consentimento nesse sentido – consentimento este que deve poder ser, inclusive, revogado a qualquer tempo pelo doador. Nos demais casos, entende-se pela necessidade de se garantir à pessoa conhecer apenas o histórico genético de saúde dos ascendentes biológicos" (p. 108).

34 Sobre a construção desse direito no âmbito da identidade pessoal, com reflexões a respeito da repercussão da participação de terceiros na técnica de reprodução assistida, seja consentido remeter Ana Carolina Brochado Teixeira; Carlos Nelson de Paula Konder. De volta à filha das estrelas: conhecimento das origens e reprodução assistida. In: Marcos Ehrhardt Júnior; Eroulths Cortiano Junior (Org.). *Transformações no direito privado nos 30 anos da Constituição*: Estudos em homenagem a Luiz Edson Fachin. Belo Horizonte: Forum, 2018, p. 671-687.

Não se poderia enfrentar a totalidade das questões surgidas, em tema de filiação, por força dos avanços da engenharia genética.[35] Parece oportuno sublinhar, contudo, que as técnicas de procriação assistida, para serem compatíveis com a ordem constitucional, devem se desassociar de motivações voluntaristas ou especulativas, prevalecendo, ao contrário, quer como critério interpretativo – na refrega de interesses contrapostos –, quer como premissa de política legislativa, o melhor desenvolvimento da personalidade da criança e sua plena realização como pessoa inserida no núcleo familiar.[36]

Assim sendo, sob esses parâmetros devem ser interpretadas as presunções, as quais podem não prevalecer, diante das inovações biotecnológicas, se for possível conhecer a história do planejamento familiar daquela criança. Em decorrência dessa conclusão é que a prova da impotência do cônjuge para gerar, à época da concepção, ilide a presunção de paternidade, conforme determina o art. 1.599 do Código Civil. Por outro lado, a demonstração da infidelidade feminina (mesmo se confessada) não é suficiente para se evitar a incidência da presunção de paternidade, tendo em vista que não se pode garantir que o filho não é do marido.[37-38]

2.2 *Filiação biológica*

As formas de comprovação da filiação biológica consistem em vetusta preocupação do direito de família, seja para o conhecimento da origem genética, seja para a atribuição das responsabilidades advindas da relação parental. Dados estatísticos importantes demonstram que 25% das crianças nascem sem o nome do pai na certidão de nascimento, o que acaba por inviabilizar o acesso a direitos advindos do estado de filiação.

Nessa perspectiva, a máxima certeza resultante das ações de investigação de paternidade foi alcançada por meio do exame de DNA, componente do material genético presente em todas as células. Embora a cadeia de DNA nunca seja igual em duas pessoas, apresenta semelhanças entre pessoas unidas por vínculo biológico. Antes do exame (comparativo das cadeias) de DNA, existia apenas certa margem de confiabilidade, baseada em indícios ou provas circunstanciais, na exclusão da pater-

---

35 Sobre a matéria e suas inúmeras indagações, v., na doutrina nacional, com amplas indicações bibliográficas: Heloísa Helena Barboza, *A Filiação em face da Inseminação Artificial e da Fertilização in vitro*, cit.

36 Preciosa é a lição de Pietro Perlingieri, *Perfis do Direito Civil*, cit., p. 175: "Considerar o recurso à inseminação artificial como excepcional não equivale a exprimir um juízo negativo sobre a mesma. A qualificação de excepcional significa que o emprego de tal técnica é possível somente quando se torna instrumento que não pode ser eliminado ou que é muito útil ao pleno desenvolvimento da pessoa (...). Em presença de esterilidade incurável, de riscos de transmissão de doenças hereditárias, de razões de ordem psicológica, o problema da inseminação não se coloca mais em termos discricionários (...) motivado por escolhas arbitrárias".

37 Refere-se, aqui, a uma das formas do estabelecimento de vínculos parentais, que é a parentalidade biológica. Não se está a dizer que é o único meio de formação dos liames de filiação.

38 Outra presunção relevante ocorre quando há recusa do suposto pai a submeter-se ao exame de DNA. Ela será analisada, contudo, quando do exame da filiação biológica.

nidade e uma aproximação pela semelhança de caracteres genéticos.[39] Essa incerteza dava margem a numerosas controvérsias para se determinar a vinculação biológica: a vida sexual da mulher era colocada em xeque, além da demonstração da existência de relações sexuais na data da concepção. Por isso, o surgimento do exame de DNA representou grande avanço para a prova da filiação biológica: "agora é possível não só excluir os indivíduos equivocadamente acusados, mas também obter probabilidade de inclusão (ou seja, afirmar que aquele indivíduo e somente aquele, é o pai biológico) extremamente próximas a 100%".[40]

DNA e possibilidade de mitigação da coisa julgada

Tal foi a relevância do DNA que o STJ autorizou a mitigação da coisa julgada quando se tratasse de ação finda com pedido julgado improcedente por falta de provas, que não gerou, faticamente, vínculos de socioafetividade entre pai e filho. "Não excluída expressamente a paternidade do investigado na primitiva ação de investigação de paternidade, diante da precariedade da prova e da ausência de indícios suficientes a caracterizar tanto a paternidade como a sua negativa, e considerando que, quando do ajuizamento da primeira ação, o exame pelo DNA ainda não era disponível e nem havia notoriedade a seu respeito, admite-se o ajuizamento de ação investigatória, ainda que tenha sido aforada uma anterior com sentença julgando improcedente o pedido".[41]

Não se pode ignorar a relevância da coisa julgada, que atribui segurança às relações jurídicas, mas os direitos fundamentais não podem sofrer limitação por aspectos formais, sob pena de mitigá-los e, em última instância, desobedecer a preceitos constitucionais e à norma-fim do Estado Democrático de Direito: o princípio da dignidade da pessoa humana. Em casos nos quais houve exame de DNA, o STJ decidiu ser necessário fato novo que justifique a reabertura do caso, pois o avanço da tecnologia para os exames de DNA, por si só, não justifica a afronta à coisa julgada.[42]

---

39 "Os exames laboratoriais disponíveis na investigação de paternidade até alguns anos atrás (tipagem, sub-tipagem sanguínea e do sistema HLA – Antígenos de Histocompatibilidade) propiciavam margens de exclusão que atingiam no máximo 95%. Após o resultado conferido por estes testes, juízes, advogados, pais e crianças ficavam com uma margem de dúvida muito elevada, margem esta que geralmente deixava espaço para argumentação. Não havia até então maneira de provar irrefutavelmente a paternidade, e podia-se no máximo (e nem sempre) excluir determinado homem de ser o pai de determinado indivíduo" (Salmo Raskin, A análise de DNA na determinação da paternidade: mitos e verdades no limiar do século XXI. In: Eduardo de Oliveira Leite (Coord.), *Grandes temas da atualidade:* DNA como meio de prova da filiação, Rio de Janeiro: Forense, 2002, 2ª ed., p. 312).

40 Salmo Raskin, A análise de DNA na determinação da paternidade: mitos e verdades no limiar do século XXI. In: Eduardo de Oliveira Leite (Coord.), *Grandes temas da atualidade,* cit., p. 312.

41 Sobre a superação da coisa julgada nestes casos, mister remeter à decisão do Superior Tribunal de Justiça: III – A coisa julgada, em se tratando de ações de estado, como no caso de investigação de paternidade, deve ser interpretada *modus in rebus*. Nas palavras de respeitável e avançada doutrina, quando estudiosos hoje se aprofundam no reestudo do instituto, na busca sobretudo da realização do processo justo, "a coisa julgada existe como criação necessária à segurança prática das relações jurídicas e as dificuldades que se opõem à sua ruptura se explicam pela mesmíssima razão. Não se pode olvidar, todavia, que numa sociedade de homens livres, a Justiça tem de estar acima da segurança, porque sem Justiça não há liberdade" (STJ, 4ª T., REsp 226.436-PR, Rel. Min. Sálvio de Figueiredo, julg. 28.06.2001, publ. *DJ* 04.02.2002).

42 Disponível em: http://www.stj.jus.br/sites/portalp/Paginas/Comunicacao/Noticias/Negativa-de--paternidade-transitada-em-julgado-nao-pode-ser-relativizada-sem-duvida-razoavel.aspx. Acesso em 26.10.2020.

Presunção e recusa em se submeter ao exame de DNA

Questão de grande relevo consiste na possibilidade de se exigir do réu, na ação de investigação de paternidade, que se submeta ao exame de DNA, mesmo contra sua vontade. Neste caso, é absolutamente necessária a contribuição de profissional especializado para auxiliar o juiz na formação do seu convencimento. A jurisprudência, tendencialmente, tem negado o constrangimento físico do réu, servindo a recusa como presunção que milita em favor do suposto filho, do vínculo de paternidade, a ser examinada pelo magistrado no conjunto probatório.[43] Alguns autores têm se manifestado no mesmo sentido, em homenagem ao "direito individual, fundamental, constitucional, natural da pessoa a sua integridade corporal. Violaria o direito constitucional à intimidade (cf. art. 5º, n. X) constranger-se alguém a fornecer material ou substância para um exame biológico".[44]

A matéria foi submetida em 1994 ao Supremo Tribunal Federal, em *habeas corpus* impetrado contra a obrigatoriedade do exame, determinada pelo juiz monocrático no Rio Grande do Sul, em decisão confirmada pelo Tribunal de Justiça daquele Estado. A Suprema Corte, por maioria, manifestou-se pela concessão da ordem, em acórdão redigido pelo Ministro Marco Aurélio, assim ementado: "Investigação de Paternidade – Exame DNA – Condução do Réu 'Debaixo de Vara'. Discrepa, a mais não poder, de garantias constitucionais implícitas e explícitas – preservação da dignidade humana, da intimidade, da intangibilidade do corpo humano, do império da lei e da inexecução específica e direta da obrigação de fazer – provimento judicial que, em ação civil de investigação de paternidade, implique determinação no sentido de o réu ser conduzido ao laboratório 'debaixo de vara' para coleta do material indispensável à feitura do exame DNA. A recusa resolve-se no plano jurídico-instrumental, consideradas a dogmática, a doutrina e a jurisprudência, no que voltadas ao deslinde das questões ligadas à prova dos fatos".

No controvertido julgamento restaram vencidos os Ministros Francisco Rezek, Sepúlveda Pertence e Ilmar Galvão, tendo redigido o voto vencido o primeiro deles, com voto primoroso em que coteja, de um lado, os direitos à intangibilidade e à intimidade, aqui atingidos pelo dever de oferecer um fio de cabelo para o exame e, de outro, os direitos à investigação de paternidade e à elucidação da verdade biológica, concluindo pela prevalência destes últimos. E arremata: "A Lei 8.069/1990 veda qualquer restrição ao reconhecimento do estado de filiação, e é certo que a recusa significará uma restrição a tal reconhecimento. O sacrifício imposto à integridade física do paciente é risível quando confrontado com o interesse do investigante, bem assim com a certeza que a prova pericial pode proporcionar à decisão do magistrado".[45]

---

[43] O art. 231 do CC dispõe que aquele que se nega a se submeter a exame médico não pode se aproveitar da sua recusa e o art. 232 do CC dispõe que a recusa à perícia médica ordenada pelo juiz poderá suprir a prova que se pretendia obter com o exame. Desse modo, a codificação de 2002 adotou uma posição intermediária, uma vez que nem considera a recusa como presunção, nem impõe a realização do exame de modo forçado, pois o legislador acabou estabelecendo uma faculdade para o juiz, por meio da reafirmação do princípio do livre convencimento do juiz.

[44] Zeno Veloso, *Direito Brasileiro da Filiação e Paternidade*, cit., p. 110.

[45] STF, nº 71373-4-RS, de 10.11.1994, *DJ* 22.11.1994, p. 45.686.

Ao comentar criticamente o acórdão, sustentou-se, em doutrina, que a hipótese configuraria abuso de direito por parte do réu: "o direito à integridade física configura verdadeiro direito subjetivo da personalidade, garantido constitucionalmente, cujo exercício, no entanto, se torna abusivo se servir de escusa para eximir a comprovação de vínculo genético, a fundamentar adequadamente as responsabilidades decorrentes da relação de paternidade".[46]

Uma vez que o art. 232 do Código Civil estabelece a faculdade ao juiz – valendo-se da forma verbal poderá – o Superior Tribunal de Justiça, ao final de outubro de 2004, pela sua 2ª. Seção, aprovou a Súmula 301, cuja redação é: "Em ação investigatória, a recusa do suposto pai a submeter-se ao exame de DNA induz presunção *juris tantum* de paternidade".[47]

Em outras palavras, a interpretação estatuída pela súmula 301 STJ estabelece presunção legal, de modo que, em ação de investigação de paternidade, o investigante não se frustrará diante da negativa do suposto pai para a realização da perícia médica, o que atentaria contra o princípio do melhor interesse da criança. Entretanto, a súmula considera relativa a presunção (*iuris tantum*) nos casos de recusa. Desse modo, mesmo nas hipóteses de recusa do réu em realizar o exame de DNA não há desoneração do autor da comprovação mínima dos fatos alegados.[48]

A Lei 12.004/2009 acrescentou o art. 2ª-A à Lei 8.560/1992 para prever a possibilidade do manejo de todos os meios de prova na ação de investigação de paternidade, além de prever, em seu parágrafo único, que: "A recusa do réu em se submeter ao exame de código genético – DNA gerará a presunção da paternidade, a ser apreciada em conjunto com o contexto probatório". O conteúdo é praticamente o mesmo da súmula, pois ao determinar que a valoração da presunção deva ser feita em conjunto com as provas dos autos, o legislador acabou reafirmando a presunção relativa.[49]

---

46 Maria Celina Bodin de Moraes, Recusa à Realização do Exame de D.N.A. na Investigação de Paternidade. In: Maria Celina Bodin de Moraes. Na medida da pessoa humana: estudos de direito civil-constitucional, Rio de Janeiro: Renovar, 2010, p. 99.

47 Esta súmula originou-se do julgamento dos seguintes Recursos Especiais: 141.689/AM, 258.161/DF, 460.302 PR, 135.361/MG, 55.958/RS, 409.208/PR, além do Agravo Regimental em Agravo de Instrumento 498.298/MG.

48 "Apesar da Súmula 301/STJ ter feito referência à presunção *juris tantum* de paternidade na hipótese de recusa do investigado em se submeter ao exame de DNA, os precedentes jurisprudenciais que sustentaram o entendimento sumulado definem que esta circunstância não desonera o autor de comprovar, minimamente, por meio de provas indiciárias a existência de relacionamento íntimo entre a mãe e o suposto pai" (STJ, 3ª T., REsp. 692242/MG, Rel. Min. Nancy Andrighi, julg. 28.06.2005, publ. *DJ* 12.09.2005); "A paternidade com todo consectário jurídico que gera, somente pode ser reconhecida com um mínimo de prova indiciária que autorize deduzi-la" (TJMG, 7ª C.C., Ap. Cív. 1.0024.09.595791-6/001, Rel. Des. Belizário de Lacerda, julg. 06.08.2013, publ. *DJ* 09.08.2013).

49 "Não há como superar os demais meios de prova em troca apenas da presunção da paternidade pela recusa de submeter-se ao exame genético; por isso, nunca a negativa ao exame poderá ser suficiente a interpretar em favor da paternidade, sendo essencial confrontá-la com o restante da prova tradicional" (Rolf Madaleno, *Curso de Direito de Família*, Rio de Janeiro: Editora Forense, 2013, p. 557). O STJ decidiu que a falta reiterada ao exame de DNA é ato equivalente à recusa: "A despeito dos depoimentos testemunhais não serem conclusivos quanto à efetiva paternidade, não pode ser descartado, como prova indiciária, o não comparecimento injustificado do suposto genitor, por

Recusa de outros parentes à submissão ao DNA e valoração jurisprudencial

Discutia-se ainda se a recusa de outros parentes – por exemplo, herdeiros do suposto pai falecido – também levava à presunção do parentesco. Em uma análise sistemática do ordenamento, conjugando os artigos do Código Civil, a súmula 301/STJ e o art. 2ª-A, parágrafo único, da Lei 8.560/1992, verifica-se o estabelecimento da presunção de paternidade em desfavor do suposto pai, mas nada dispõe acerca dos sucessores do *de cujus*, em casos de investigação de paternidade *post mortem*. A Lei nº 14.138/2021 acabou com a controvérsia, ao acrescentar o § 2º ao art. 2º-A da Lei nº 8.560/1992 para permitir a realização do exame de DNA em parentes do suposto pai, em ação de investigação de paternidade e, mais do que isso, valora a recusa como presunção relativa de parentesco.

Antes da lei, a questão era divergente no próprio STJ. De uma parte, sustentava-se a força expansiva do entendimento sumulado: "se o quadro probatório do processo testifica a paternidade, não há porque retardar ainda mais a entrega da prestação jurisdicional, notadamente em se tratando de direito subjetivo pretendido por pessoa que se viu privada material e afetivamente de ter um pai, ao longo de 66 anos de uma vida, na qual enfrentou toda a sorte de dificuldades inerentes ao ocaso da dignidade humana".[50] Na mesma linha de entendimento: "A recusa imotivada da parte investigada em se submeter ao exame de DNA, no caso os sucessores do autor da herança, gera a presunção *iuris tantum* de paternidade à luz da literalidade da Súmula 301/STJ".[51]

De outra parte, no sentido de restringir a legitimidade para se aproveitar da presunção, afirmou-se: "A presunção relativa decorrente da recusa do suposto pai em submeter-se ao exame de DNA, nas ações de investigação de paternidade, cristalizada na Súmula 301/STJ, não pode ser estendida aos seus descendentes, por se tratar de direito personalíssimo e indisponível".[52] Tal entendimento mostra-se justificável, especialmente quando a recusa dos familiares não acarreta obstrução ao direito do investigante de conhecer a sua origem. Afinal, se for possível requerer o exame de DNA por meio da exumação do cadáver, tem-se aí a resposta pretendida.[53] Em autos de Reclamação, a Minª. Nancy Andrighi determinou a conclusão da instrução sobre a filiação do autor da ação, devendo o juiz, se necessário, adotar medidas indutivas, mandamentais e coercitivas previstas pelo art. 139, IV, do CPC, para decidir com base

---

treze vezes, à realização do exame de DNA, o que acaba por traduzir nos mesmos efeitos da recusa à perícia." (STJ, 4ª T., AgInt no AREsp 2158522, Relª. Minª. Maria Isabel Gallotti, julg. 12.12.2022, publ. DJe 20.12.2022).

50 STJ, 3ª T., REsp 1046105/SE, Rel. Min. Nancy Andrighi, julg, 01.09.2009, publ. *DJ* 16.10.2009.

51 STJ, 3ª T., REsp 1531093/RS, Rel. Min. Ricardo Villas Bôas Cueva, julg. 04.08.2015, publ. *DJ* 10.08.2015.

52 STJ, 4ª T., REsp 714.969/MS, Rel. Min. Luis Felipe Salomão, julg. 04.03.2010, publ. *DJ* 22.03.2010.

53 "A regra estabelecida no art. 232, CC, não traduz obrigação, porquanto a recusa da parte em fornecer material genético deve ser considerada pelo Juiz no contexto geral das provas produzidas. – A Súmula 301 do STJ não se aplica aos descendentes do falecido e suposto pai biológico do autor – Inexistindo comprovação mínima que o pai registral e a genitora da autora – casados à época da concepção – estavam separados de fato e, ainda, que esta manteve relacionamento amoroso com o pai das rés, a improcedência do pedido se impõe" (TJMG, 1ª C.C., Ap. Cív. 1.0512.06.032897-2/001, Rel. Des. Alberto Vilas Boas, julg. 08.02.2011, publ. *DJ* 04.03.2011).

em ônus da prova e presunções, se verificada a impossibilidade de elucidar a questão. Ela entendeu que devem ser direcionadas não apenas aos herdeiros reconhecidos, mas também aos irmãos do falecido, ainda que figurem como terceiros na ação, pois a possibilidade de extensão se fundamenta na doutrina sobre legitimidade processual, que abrange legitimidade para atos processuais específicos, e não apenas a tese clássica de legitimidade para a demanda.[54]

Já em situações em que as tentativas de realização do exame em parentes vivos do investigado são frustradas e não há possibilidade de elucidação dos fatos por meio de outros meios de prova, é "legal a ordem judicial de exumação de restos mortais do *de cujus*, a fim de subsidiar exame de DNA para averiguação de vínculo de paternidade".[55]

Questão relevante debatida pelo STJ diz respeito à investigação da possibilidade de, em ação declaratória de relação avoenga cumulada com petição de herança, o falecimento da autora, suposta neta, durante o processo, gerar a intransmissibilidade da ação e a sua consequente extinção sem resolução do mérito ou se seria admissível a sucessão processual pelo seu cônjuge sobrevivente. Foi decidido que, conquanto o pedido de declaração de parentesco avoengo seja personalíssimo, permanece o interesse processual no pedido de petição de herança. Nesse caso, a legitimidade para dar continuidade ao debate patrimonial atrai a legitimidade para a substituição nas questões personalíssimas que, de papel central do debate, torna-se questão prejudicial ao exame da petição de herança.[56]

2.3 *Filiação socioafetiva*

Filiação socioafetiva

Conforme analisado no capítulo 6, a filiação socioafetiva configura novo modelo de parentesco, fundado no exercício fático da autoridade parental, que passou a ser valorado juridicamente. O art. 1.593 CC criou uma cláusula geral de parentesco,[57] que, atualmente, remete ao parentesco socioafetivo,[58] advindo da posse de estado. A sua eficácia perpassa a discussão sobre o tratamento jurídico do afeto no direito de família, conforme tratado no Capítulo 1. Com efeito, o Direito não está imune às transformações sociais, razão pela qual, a partir do momento que as relações familiares sofreram mudanças internas e funcionais expressivas, o direito de família também se reconfigurou.

---

54 Informações disponíveis em: http://www.stj.jus.br/sites/portalp/Paginas/Comunicacao/Noticias/Juiz-devera-aplicar-medidas-coercitivas-a-familiares-que-se-recusam-a-fazer-DNA-sejam-ou-nao-parte-na-investigacao-de-pate.aspx. Acesso em: 24.10.2020.

55 STJ, 3ª T., RMS 67436/DF, Rel. Min. Paulo de Tarso Sanseverino, julg. 4.10.2022, publ. *DJ* 27.10.2022.

56 STJ, 3ª T., REsp. 1.868.188/GO, Relª. Minª. Nancy Andrighi, julg. 28.9.2021, publ. DJ 23.11.2021.

57 "A compreensão jurídica cosmopolita das famílias exige a ampliação da tutela normativa a todas as formas pelas quais a parentalidade pode se manifestar, a saber: (i) pela presunção decorrente do casamento ou outras hipóteses legais, (ii) pela descendência biológica ou 4 (iii) pela afetividade" (STF, RE 898.060/SP, Rel. Min. Luiz Fux, julg. 22.09.2016, publ. *DJ* 24.08.2017).

58 O STJ já decidiu: "Vem-se entendendo também que a filiação socioafetiva encontra respaldo no art. 227, § 6º, da CF/1988, e envolve não apenas a adoção, mas também 'parentescos de outra origem', de modo a contemplar a socioafetividade" (STJ, 4ª T., REsp 1.128.539/RN, Rel. Min. Marco Buzzi, julg. 18.8.2015, publ. *DJ* 26.08.2015).

Nessa direção, os novos comportamentos gerados como expressão do que se convencionou chamar de afeto, na concepção jurídica, têm redesenhado os contornos do parentesco: "Com efeito, as novas concepções de família e o desenvolvimento da sociedade têm dado visibilidade ao afeto como meio de identificação dos vínculos familiares para definir os elos de parentalidade".[59] Encontra-se sedimentada na cultura jurídica brasileira a noção de família como formação social[60] e não biológica, na qual uns desempenham funções na vida dos outros, independente de terem ou não vínculos consanguíneos.[61]

Quando o parentesco socioafetivo estabelecer vínculo de filiação, a consequência imediata é a criação reflexa das linhas e graus de parentesco, gerando efeitos pessoais e patrimoniais. Seu núcleo central está no exercício da autoridade parental, que se consubstancia nos deveres constitucionais e codificados que lhe são inerentes. É a partir do exercício da maternidade ou da paternidade que as pessoas que não têm conexão consanguínea passam a desempenhar funções umas na vida das outras. Embora não haja previsão específica desse tipo de parentesco, sua criação é doutrinária e jurisprudencial.

A constituição da filiação socioafetiva não é calcada na "mera expressão de sentimento de amor ou afeto por si só". Mais do que isso, "o que realmente cria o liame civil entre pais e filhos é o exercício da autoridade parental, ou seja, a real e efetiva prática das condutas necessárias para criar, sustentar e educar os filhos menores, nos exatos termos do art. 229, primeira parte, da CF, com o escopo de edificar sua personalidade, independentemente de vínculos consanguíneos que geram essa obrigação".[62] Ou seja, para a configuração do vínculo de filiação, é necessário muito mais do que os aspectos subjetivos sentimentais; faz-se importante a exteriorização de comportamentos de cuidado com a criação e educação daquele que se tem como filho.

Posse de estado de filho

Assim, nas demandas referentes à declaração de paternidade socioafetiva, seja qual for a linha e o grau de parentesco cuja declaração se busca, o mais relevante é a comprovação da posse de estado de filho[63] – cujos requisitos são nome, trato e fama –, a fim de que o Poder Judiciário possa reconhecer a relação parental existente.[64] Trata-se do mesmo percurso trilhado pela união estável, ou seja, relação de fato para cuja

---

59 STJ, 3ª. T., REsp 1.333.086/RO, Rel. Min. Ricardo Vilas Boas Cuêva, julg. 06.10.2015, publ. *DJ* 15.10.2015.

60 Pietro Perlingieri, *O Direito Civil na legalidade constitucional*, Rio de Janeiro: Renovar, 2008, p. 831.

61 Rodrigo da Cunha Pereira, *Direito de família*: uma abordagem psicanalítica, Belo Horizonte: Del Rey, 3ª ed. rev. atual. e ampl., 2003.

62 Maria Celina Bodin de Moraes, *Um ano histórico para o Direito de Família*, Editorial, Civilistica.com. Rio de Janeiro, a. 5. n. 2. 2016. Disponível em http://civilistica.com/um-ano-historico-para-o-direito-de-familia/, acesso em 11.01.2017.

63 V., sobre o tema, Luiz Edson Fachin, *Estabelecimento da Filiação e Paternidade Presumida*, Porto Alegre, Fabris, 1992, pp. 149 e ss. Do mesmo autor, v. também o capítulo *O Estatuto Jurídico da Descendência. Direito de Família – Elementos críticos à luz do novo Código Civil brasileiro*, Rio de Janeiro: Renovar, pp. 223 e ss.

64 Está superado o entendimento de que o pedido declaratório de socioafetividade é juridicamente impossível: STJ, 4ª T., REsp. 1291357/SP, Rel. Ministro Marco Buzzi, julg. 20.10.2015, publ. *DJ*

produção de efeitos requer-se o reconhecimento jurídico da posse de estado de casados por meio de sentença declaratória.

Heloisa Helena Barboza recorda a origem da posse de estado no art. 203 do Código Civil de 1916.[65] Provava-se o casamento por meio do nome, trato e fama – sendo essa a "melhor prova" da existência do casamento.[66] Embora não haja mais a necessidade de comprovar o casamento – que não é mais o gerador de direitos aos filhos, pois inexiste a legitimidade como fator classificatório da filiação –, a demonstração da dinâmica familiar é importante, pois é através da prova do tratamento, dos papéis sociais que se exercem na vida uns dos outros de forma contínua e duradoura, que será possível a criação do parentesco socioafetivo.

A doutrina, portanto, é pacífica no sentido de que esse tipo de parentesco advém da posse de estado de filho: "Esse aspecto social, com o reconhecimento do afeto como fundante das relações parentais, aliada a um elemento volitivo daí decorrente, torna inafastável a consagração da posse de estado de filho como instituto apto a permitir o acolhimento da filiação como fato socioafetivo. A segurança jurídica trazida pela posse de estado como forma de reconhecimento da situação de filiação se mostra pelos elementos constitutivos desse instituto: *nominatio*, *tractatus* e fama (ou *reputatio*)".[67]

Requisitos da posse de estado de filho

O nome refere-se à utilização do nome de família pelo filho, de forma a traduzir sua identidade familiar.[68] Não obstante indicativo da posse de estado de filho, o nome não tem peso significativo na valoração das provas, pois pressupõe a sua inserção, não necessariamente verificada, no registro de nascimento de filho, além das hipóteses de adoção informal do sobrenome de família. João Baptista Villela – o primeiro a entender a afetividade como elemento apto a gerar fatos jurídicos – ressaltou a relevância do trato, ao dizer que o que caracteriza a figura do pai é o "amor, o desvelo e o serviço que alguém se entrega ao bem da criança",[69] ou seja, o exercício do papel de pai que nasce de uma atitude espontânea, e não da consanguinidade. A fama ou *reputatio* é

26.10.2015. Discussão interessante refere-se à possibilidade de reconhecimento de socioafetividade entre outros parentes.

65 Art. 203. O casamento de pessoas que faleceram na posse de estado de casados não se pode contestar em prejuízo da prole comum, salvo mediante certidão do registro civil, que prove que já era casada com alguma delas, quando contraiu o matrimônio impugnado.

66 Heloisa Helena Barboza, Efeitos jurídicos do parentesco socioafetivo. Revista Brasileira de Direito das Famílias e Sucessões, abr.-maio 2009, ano X, nº 09, Porto Alegre: Editora Magister; Belo Horizonte: IBDFAM, 2009, p. 27.

67 Luiz Edson Fachin, *Direito de família, Elementos críticos à luz do novo Código Civil brasileiro*, cit., p. 24.

68 "Negatória de Paternidade – Indução a erro no registro – Exclusão da paternidade pelo exame de DNA – Inexistência da posse do estado de filho (parentalidade socioafetiva) e de relação socioafetiva – Decorrido mais de meio século, é inconcebível suprimir-se o patronímico do autor do nome da requerida, por consistir a identidade em importante atributo do direito da personalidade – Ainda que suprimida a referência à ascendência paterna, preserva-se o sobrenome como atributo próprio da requerida e de seus descendentes e não direito pessoal do autor, que pode negar-lhe a paternidade, mas não a salvaguarda de sua própria individualidade – Recurso provido em parte." (TJSP, 4ª C.C., Ap. Cív. 1003308-53.2019.8.26.0457, Rel. Alcides Leopoldo, julg. 23.10.2021, publ. *DJ* 23.1.2021).

69 João Baptista Villela. *Desbiologização da paternidade,* cit. Disponível em http://www.direito.ufmg.br/revista/index.php/revista/article/view/1156, acesso em 11 jan. 2017.

a projeção social do tratamento, ou seja, o reconhecimento da comunidade em que a família está inserida de que houve o desempenho de papéis de pai e filho.[70]

No âmbito da jurisprudência, o STJ decidiu que "a paternidade socioafetiva realiza a própria dignidade da pessoa humana por permitir que um indivíduo tenha reconhecido seu histórico de vida e a condição social ostentada, valorizando, além dos aspectos formais, como a regular adoção, a verdade real dos fatos".[71] É o tratamento de pai/mãe/filho – ou seja, o exercício contínuo da autoridade parental – que leva ao reconhecimento social (fama) da existência de uma relação parental.[72]

Parentesco é um vínculo irrevogável

Muito se questiona sobre a fragilidade do parentesco constituído pela socioafetividade, pois "findo o afeto", esse vínculo parental também estaria fadado à extinção. No entanto, entende-se que o parentesco é tipo de relação jurídica irrevogável;[73] uma vez estabelecido não pode ser desfeito, exceto nos casos de adoção em que os vínculos com a família biológica se rompem em prol da família adotiva, criando-se novos vínculos de socioafetividade.

A filiação socioafetiva foi tema dos Enunciados do IBDFAM, com seguinte teor: Enunciado 43: "É desnecessária a manifestação do Ministério Público nos reconhecimentos extrajudiciais de filiação socioafetiva de pessoas maiores de dezoito anos"; e Enunciado 44: "Existindo consenso sobre a filiação socioafetiva, esta poderá ser reconhecida no inventário judicial ou extrajudicial".

3. CONFLITO ENTRE OS TIPOS DE FILIAÇÃO

Conflito entre os tipos de parentesco

Subsiste expressiva discussão jurisprudencial acerca do parentesco que deve prevalecer quando há conflito entre os vários critérios geradores do vínculo de filiação. Há inúmeros casos na jurisprudência em que se verifica tal conflito ante o silêncio expresso da lei. A adoção à brasileira é uma dessas hipóteses. Ela ocorre quando

---

70 Nesse sentido, os Enunciados das Jornadas de Direito Civil: "A posse do estado de filho (parentalidade socioafetiva) constitui modalidade de parentesco civil" (Enunciado 256 da III Jornada de Direito Civil do CJF (2004); "O reconhecimento judicial do vínculo de parentesco em virtude de socioafetividade deve ocorrer a partir da relação entre pai(s) e filho(s), com base na posse do estado de filho, para que produza efeitos pessoais e patrimoniais" (Enunciado 519 da V Jornada de Direito Civil do CJF (2011).

71 STJ, 3ª T., REsp 1500999/RJ, Rel. Ministro Ricardo Villas Bôas Cueva, julg. 12.04.2016, publ. *DJ* 19.04.2016.

72 Verifica-se que a jurisprudência, por vezes, tem exigido que, além dos requisitos da posse de estado de filho, a vontade deliberada de agir como pai ou mãe também deve ser comprovada: "2. A filiação socioafetiva, para ser reconhecida, depende da demonstração da vontade manifesta do adotante de estabelecer laços de parentesco com efeitos patrimoniais" (STJ, 3ª T., AgRg no REsp 1371048/SP, Rel. Min. João Otávio de Noronha, julg. 06.08.2015, publ. *DJ* 12.08.2015). Também nesse sentido: STJ, 3ª T., REsp 1330404/RS, Rel. Ministro Marco Aurélio Bellizze, julg. 05.02.2015, publ. *DJ* 19.02.2015.

73 "O afeto não tem aceitação pacífica como elemento que legitime o reconhecimento jurídico do vínculo socioafetivo. Tal rejeição, em geral, se dá pela natural instabilidade das relações afetivas: findo o afeto, seria questionável o fundamento para manutenção dos efeitos jurídicos. Não obstante alguns tribunais têm feito prevalecer o vínculo socioafetivo sobre o biológico. Este entendimento só considera, ou privilegia, o componente afetivo do vínculo, preterindo os efeitos sociais, por vezes irreversíveis, que a convivência gera" (Heloisa Helena Barboza, Efeitos jurídicos do parentesco socioafetivo. *Revista Brasileira de Direito das Famílias e Sucessões*, cit., p. 32).

alguém registra filho biológico e sabidamente de outrem como se fosse seu, sem que haja vício de consentimento (tal como erro) que possa se arguir posteriormente em eventual ajuizamento de ação anulatória de paternidade, sob o argumento de desconhecimento da ausência do vínculo consanguíneo.[74] Não obstante o ajuizamento dessa ação que visa a desconstituir a paternidade possa levar ao fim do afeto como sentimento, o que deve ser verificado é o exercício pregresso da autoridade parental.[75]

A relevância do vínculo constituído a partir dessa relação jurídica é reconhecida pelo STJ: "A chamada 'adoção à brasileira', muito embora seja expediente à margem do ordenamento pátrio, quando se fizer fonte de vínculo socioafetivo entre o pai de registro e o filho registrado, não consubstancia negócio jurídico vulgar sujeito a distrato por mera liberalidade, tampouco avença submetida a condição resolutiva consistente no término do relacionamento com a genitora". Nesse caso, chama a atenção no sentido de que não pode o pai socioafetivo, que deliberadamente registrou o filho como se fosse seu e exerceu a função de pai no decorrer da vida, simplesmente negar a paternidade "por razões patrimoniais". Todavia, o filho poderia escolher qual a paternidade lhe seria mais adequada dentro das próprias concepções pessoais: "A manutenção do registro de nascimento não retira da criança o direito de buscar sua identidade biológica e de ter, em seus assentos civis, o nome do verdadeiro pai. É sempre possível o desfazimento da adoção à brasileira mesmo nos casos de vínculo socioafetivo, se assim decidir o menor por ocasião da maioridade; assim como não decai seu direito de buscar a identidade biológica em qualquer caso, mesmo na hipótese de adoção regular".[76]

---

[74] "2. Ao declarante, por ocasião do registro, não se impõe a prova de que é o genitor da criança a ser registrada. O assento de nascimento traz, em si, esta presunção, que somente pode vir a ser ilidida pelo declarante caso este demonstre ter incorrido, seriamente, em vício de consentimento, circunstância, como assinalado, verificada no caso dos autos. A simples ausência de convergência entre a paternidade declarada no assento de nascimento e a paternidade biológica, por si, não autoriza a invalidação do registro. Ao marido/companheiro incumbe alegar e comprovar a ocorrência de erro ou falsidade, nos termos dos arts. 1.601 c/c o 1.604 do Código Civil, o que foi afastado na presente hipótese. 3. O estabelecimento da filiação socioafetiva perpassa, necessariamente, pela vontade e, mesmo, pela voluntariedade do apontado pai, ao despender afeto, de ser reconhecido juridicamente como tal, tendo sido este o caso dos autos, pois apesar de ter mantido relação superficial e esporádica com a mãe da criança, sem qualquer compromisso de fidelidade, surgindo daí fundadas dúvidas acerca do liame biológico, ainda assim registrou a criança como seu filho. Acórdão recorrido em harmonia com a jurisprudência desta Corte. Incidência da Súmula 83/STJ" (STJ, 3ª T., AgRg no REsp 1413483/RS, Rel. Min. Marco Aurélio Bellizze, jul. 27.10.2015, publ. *DJ* 13.11.2015).

[75] "Isto porque se o pai registral promove uma ação dessa natureza, essa atitude revela ausência ou o fim do afeto, do sentimento, existente entre ele e o filho de criação. Todavia, como já frisamos, o afeto para o direito não funciona como um sentimento, mas como uma conduta objetiva, externada na convivência familiar e a relação jurídica de parentesco que nasce é irreversível e não pode ser desfeita aos sabores do desamor" (Ana Carolina Brochado Teixeira e Renata de Lima Rodrigues, A eficácia do parentesco socioafetivo. In: Ana Carolina Brochado Teixeira e Renata de Lima Rodrigues, *Direito de família entre a norma e a realidade,* São Paulo: Atlas, 2010, p. 179).

[76] STJ, 4ª T., REsp 1352529/SP, Rel. Min. Luis Felipe Salomão, julg. 24.02.2015, publ. *DJ* 13.04.2015. Ver também: STJ, 3ª T., REsp 1383408/RS, Rel. Min. Nancy Andrighi, julg. 15.05.2014, publ. *DJ* 30.05.2014; STJ, 3ª T., REsp 1244957/SC, Rel. Min. Nancy Andrighi, julg. 07.08.2012, publ. *DJ* 27.09.2012. Quanto à possibilidade de o filho investigar a sua origem biológica e fazê-la prevalecer futuramente em seu registro de nascimento: STJ, 3ª T., AgRg nos EDcl no AREsp 236.958/CE, Rel. Min. Ricardo Villas

Observa-se que a existência de vício de consentimento no momento de registrar a criança – que consiste na suposição de que ela fosse geneticamente sua – é relevante para a jurisprudência. Ou seja, a prova do vício (geralmente, o erro) faria sucumbir a filiação socioafetiva, quando da apreciação da ação de impugnação da paternidade pelo Poder Judiciário. Nesse caso, a jurisprudência entende que o vício acaba por desconfigurar o vínculo de socioafetividade, pois calcada em falsa crença: "Cabe ao marido (ou ao companheiro), e somente a ele, fundado em erro, contestar a paternidade de criança supostamente oriunda da relação estabelecida com a genitora desta, de modo a romper a relação paterno-filial então conformada, deixando-se assente, contudo, a possibilidade de o vínculo de afetividade vir a se sobrepor ao vício, caso, após o pleno conhecimento da verdade dos fatos, seja esta a vontade do consorte/companheiro (hipótese, é certo, que não comportaria posterior alteração)".[77] Nesse caso, percebe-se que a hipótese não é analisada sob o viés do melhor interesse da criança, já que o foco principal é a pretensão do pai enganado que, ao saber do registro falso, recusa-se a dar continuidade ao exercício da paternidade. No entanto, há caso recente que demonstra a importância de um olhar efetivamente voltado para o melhor interesse da criança: "7. Esta Corte consolidou orientação no sentido de que para ser possível a anulação do registro de nascimento, é imprescindível a presença de dois requisitos, a saber: (i) prova robusta no sentido de que o pai foi de fato induzido a erro, ou ainda, que tenha sido coagido a tanto e (ii) inexistência de relação socioafetiva entre pai e filho. Assim, a divergência entre a paternidade biológica e a declarada no registro de nascimento não é apta, por si só, para anular o registro. Precedentes. 8. Na hipótese, o recorrente refletiu por tempo considerável e, findo esse período, procedeu à realização do registro de forma voluntária. Não há elementos capazes de demonstrar a existência de erro ou de outro vício de consentimento, circunstância que impede o desfazimento do ato registral. Não só, as provas examinadas pelo Tribunal local apontam para a existência de vínculo socioafetivo entre as partes, o que corrobora a necessidade de manutenção do registro tal qual realizado".[78]

Diante desse mapeamento jurisprudencial, é relevante separar as demandas que (i) são propostas pelos pais que não mais pretendem exercer essa função na vida do filho (ii) daquelas ajuizadas pelo filho, com o escopo de substituir o pai na certidão de casamento, independentemente das razões motivadoras de tal fato, em nome do exercício do direito personalíssimo ao estado de filiação.[79] Nesses casos, sintetiza a

---

Bôas Cueva, julg. 18.02.2014, publ. *DJ* 05.03.2014, STJ, 4ª T., AgRg no AREsp 678.600/SP, Rel. Min. Raul Araújo, julg. 26.05.2015, publ. *DJ* 24.06.2015; STJ, 4ª T., AgRg no AREsp 347.160/GO, Rel. Min. Raul Araújo, julg. 16.06.2015, publ. *DJ* 03.08.2015.

77 STJ, 3ª T., REsp 1330404/RS, Rel. Min. Marco Aurélio Bellizze, julg. 05.02.2015, publ. *DJ* 19.02.2015. No mesmo sentido: STJ, 3ª T., AgInt no REsp 2077315 – MG, Rel. Min. Marco Aurélio Bellizze, julg. 16.10.2023.

78 STJ, 3ª T., REsp. 1.829.093/PR, Relª. Minª. Nancy Andrighi, julg. 1.6.2021, publ. DJ 10.6.2021.

79 "1. A tese segundo a qual a paternidade socioafetiva sempre prevalece sobre a biológica deve ser analisada com bastante ponderação, a depender sempre do exame do caso concreto. É que, em diversos precedentes desta Corte, a prevalência da paternidade socioafetiva sobre a biológica foi proclamada em contexto de ação negatória de paternidade ajuizada pelo pai registral (ou por terceiros), situação

doutrina: "se nas demandas negativas propostas em face do filho, pelo próprio pai registral ou terceiros, a filiação socioafetiva pode prevalecer mesmo ausente o laço biológico; nas demandas positivas movidas pelo filho para reconhecimento da filiação biológica, a existência da filiação socioafetiva não pode ser obstáculo, sob pena de se impor restrição vedada pela lei".[80]

Instado a se manifestar sobre a possibilidade de existência de hierarquia entre a paternidade socioafetiva sobre a biológica, o STF, no RE 898.060, decidiu pela igualdade entre elas e, mais do que isso, entendeu que "a paternidade socioafetiva, declarada ou não em registro, não impede o reconhecimento do vínculo de filiação concomitante, baseado na origem biológica, com os efeitos jurídicos próprios". Assim, admitiu a Suprema Corte a possibilidade do reconhecimento da multiparentalidade, tema do próximo item. A propósito, a Quarta Turma do STJ recentemente negou tratamento registral distinto entre o pai socioafetivo e o pai biológico. No caso, reformou-se o acórdão de segundo grau que condicionava a averbação do pai socioafetivo no registro civil à indicação da qualidade socioafetiva da filiação, reafirmando-se a igualdade de tratamento entre as duas espécies de filiação não apenas para efeitos registrais, mas também para os efeitos patrimoniais e sucessórios decorrentes da multiparentalidade. Ao invocar o paradigmático RE 898.060, o Relator do caso, o Min. Antonio Carlos Ferreira, assinalou que qualquer desigualdade de tratamento na paternidade implicaria violação da igualdade de tratamento entre os filhos, atribuindo-se ao filho "socioafetivo" posição inferior em relação ao "biológico. Com isso, restou consagrado o entendimento de que as relações multiparentais não são excludentes nem mutuamente impeditivas, diante da realidade familiar plural, a reforçar a equivalência entre os diversos vínculos de paternidade.[81]

4. MULTIPARENTALIDADE

Multiparentalidade

A geração dos efeitos da socioafetividade, aliada às mudanças ocorridas no interior das famílias – principalmente com o advento das famílias reconstituídas –

bem diversa da que ocorre quando o filho registral é quem busca a paternidade biológica, sobretudo no cenário da chamada 'adoção à brasileira'. 2. De fato, é de prevalecer a paternidade socioafetiva sobre a biológica para garantir direitos aos filhos, na esteira do princípio do melhor interesse da prole, sem que, necessariamente, a assertiva seja verdadeira quando é o filho que busca a paternidade biológica em detrimento da socioafetiva. No caso de ser o filho – o maior interessado na manutenção do vínculo civil resultante do liame socioafetivo – quem vindica estado contrário ao que consta no registro civil, socorre-lhe a existência de 'erro ou falsidade' (art. 1.604 do CC/02) para os quais não contribuiu. Afastar a possibilidade de o filho pleitear o reconhecimento da paternidade biológica, no caso de 'adoção à brasileira', significa impor-lhe que se conforme com essa situação criada à sua revelia e à margem da lei. 3. A paternidade biológica gera, necessariamente, responsabilidade não evanescente e que não se desfaz com a prática ilícita da chamada 'adoção à brasileira', independentemente da nobreza dos desígnios que a motivaram. E, do mesmo modo, a filiação socioafetiva desenvolvida com os pais registrais não afasta os direitos da filha resultantes da filiação biológica" (STJ, 4ª T., AgInt nos EDcl no REsp 1.784.726 – SP, Rel. Min. Luis Felipe Salomão, julg. 07.05.2019).

80 Rose Melo Vencelau Meireles, Filiação biológica, socioafetiva e registral. In: Ana Carla Harmatiuk Matos; Joyceane Bezerra de Menezes (Org.), *Direito das famílias por juristas brasileiras*, cit., p. 360.

81 STJ, 4ª T., REsp. 1.487.596/MG, Rel. Min. Antonio Carlos Ferreira, julg. 28.9.2021, publ. *DJ* 1.10.2021.

vêm provocando reflexões acerca da possibilidade jurídica de um novo fenômeno, que reconhece vários vínculos parentais: a multiparentalidade, advinda da formação de parentescos simultâneos, independentemente da origem. A realidade da pessoa que vivencia o exercício fático da autoridade parental por mais de um pai e/ou mais de uma mãe deve ser acolhida e contemplada pelo Direito, gerando todos os efeitos jurídicos dela decorrentes, o que deriva do princípio do melhor interesse da criança e do adolescente (se o descendente for menor de idade) e da dignidade da pessoa humana. Não há razão para que a visão monolítica da filiação – analisada sob as lentes de um paradigma clássico – impeça que o Direito tutele, efetivamente, a convivência familiar que permeia a realidade de alguém que vivencie inúmeros elos de parentalidade.[82] As relações não são excludentes ou mutuamente impeditivas, mas se complementam; mesmo porque o paradigma plural contemporâneo abandonou a perspectiva de exclusão, abrangendo a multiplicidade de papéis cabíveis em relações parentais, inclusive de paternidade e/ou de maternidade.[83]

O advento da Lei 11.924/2009, que introduziu o § 8º ao art. 57 da Lei 6.015/1973, atualmente com redação dada pela Lei 14.382/2022, previu a possibilidade de o enteado requerer ao oficial de registro civil a averbação do nome de família do padrasto ou da madrasta em seu registro de nascimento e de casamento, desde que haja motivo justificável e a concordância expressa desse(s), sem prejuízo dos seus apelidos de família. Trata-se de inegável positivação dos efeitos da paternidade socioafetiva simultaneamente ao vínculo biológico. O Provimento 153/2023 do CNJ tratou da inclusão do sobrenome do padrasto ou da madrasta na certidão do enteado mediante pedido diretamente ao cartório de registro civil das pessoas naturais. Ela depende de: i) motivo justificável, presumido com a declaração da relação de afetividade decorrente da relação de afinidade, que não implica em reconhecimento de filiação socioafetiva; ii) consentimento de ambos os pais registrais e do padrasto ou madrasta por escrito; e iii) comprovação da relação de afinidade por meio da apresentação de certidão de casamento ou sentença judicial, escritura pública ou termo declaratório que comprove relação de união estável entre um dos pais registrais com o padrasto ou madrasta.

A discussão sobre o tema nos tribunais tem amadurecido: do reconhecimento da impossibilidade jurídica do pedido[84] ao entendimento de que, não obstante

---

[82] Já afirmou o STF no célebre voto sobre multiparentalidade: "13. A paternidade responsável, enunciada expressamente no art. 226, § 7º, da Constituição, na perspectiva da dignidade humana e da busca pela felicidade, impõe o acolhimento, no espectro legal, tanto dos vínculos de filiação construídos pela relação afetiva entre os envolvidos, quanto daqueles originados da ascendência biológica, sem que seja necessário decidir entre um ou outro vínculo quando o melhor interesse do descendente for o reconhecimento jurídico de ambos" (STF, RE 898.060/SP, Rel. Min. Luiz Fux, julg. 22.09.2016, publ. *DJ* 24.08.2017).

[83] Ana Carolina Brochado Teixeira e Renata de Lima Rodrigues, A multiparentalidade como nova estrutura de parentesco na contemporaneidade. Revista Brasileira de Direito Civil, vol. 4, abr./jun. 2015, p. 25.

[84] O primeiro caso levado a julgamento ao STJ teve o seguinte desfecho: 1. Cinge-se a controvérsia a verificar a possibilidade de registro de dupla paternidade, requerido unicamente pelo Ministério Público estadual, na certidão de nascimento do menor para assegurar direito futuro de escolha do

a ausência de previsão legislativa expressa, é fato jurídico presente na realidade social atual.[85]

Inicialmente com foco nas famílias reconstituídas, a discussão sobre o cabimento da multiparentalidade atinge outras possibilidades: já foi apreciado seu cabimento em hipótese de par homoafetivo que utiliza técnicas reprodução humana assistida para ter filho, por exemplo. Duas mulheres receberam a doação de material genético masculino por pessoa conhecida – razão pela qual não há que se falar no resguardo do anonimato do doador – e que pretende a assunção da paternidade em conjunto com as mães. O juiz reconheceu que, em razão do planejamento familiar, ambas as mulheres são mães do nascituro e que, em face do doador de gametas pretender o exercício da paternidade – situação à qual as mães não se opõem – o Direito deve acolher essa situação, na medida em que "o reconhecimento da formação da família é direito que vai ao encontro do princípio do melhor interesse do menor".[86]

O espectro da multiparentalidade tem se expandido cada vez mais: foi o caso do pai biológico que não soube da gravidez do filho e requereu a anulação do registro feito pelo marido da mãe, à época;[87] e também da mãe socioafetiva que participava de uma relação paralela com o pai da criança e era a responsável pela criação do filho; nesse caso, o juiz registrou: "trata-se de uma situação fática de natureza poliafetiva, caracterizada por um triângulo amoroso entre um homem e duas mulheres, estando a criança situada em meio a esta relação amorosa".[88]

Em decisão anteriormente aludida, e que se constitui em marco relevante para o direito de família, a Suprema Corte consagrou a igualdade entre as paternidades socioafetiva e biológica. Decisão diversa que fixasse tese afirmando *ex ante* a existên-

---

infante. 2. Esta Corte tem entendimento no sentido de ser possível o duplo registro na certidão de nascimento do filho nos casos de adoção por homoafetivos. Precedente. 3. Infere-se dos autos que o pai socioafetivo não tem interesse em figurar também na certidão de nascimento da criança. Ele poderá, a qualquer tempo, dispor do seu patrimônio, na forma da lei, por testamento ou doação em favor do menor. 5. Não se justifica o pedido do *Parquet* para registro de dupla paternidade quando não demonstrado prejuízo evidente ao interesse do menor. 6. É direito personalíssimo e indisponível do filho buscar, no futuro, o reconhecimento do vínculo socioafetivo. Precedentes. 7. Recurso especial parcialmente conhecido e, nesta parte, não provido (STJ, 3ª T., REsp 1333086/RO, Rel. Min. Ricardo Vilas Boas Cueva, julg. 06.10. 2015, publ. *DJ* 15.10.2015).

85 O TJMG reformou sentença que extinguiu o processo por impossibilidade jurídica do pedido, em julgado com a seguinte ementa: "I. A multiparentalidade consiste na invocação dos princípios da dignidade humana e da afetividade para ver garantida a manutenção e/ou o estabelecimento dos vínculos parentais. II. A multiparentalidade não substitui nenhum dos pais biológicos, mas sim o acréscimo, no registro de nascimento civil do nome do pai ou da mãe socioafetivo. III. Revela-se prematura a extinção do feito, sem resolução de mérito, por ausência de previsão legal, quanto ao pedido declaratório de multiparentalidade" (TJ/MG, 1ª C.C., Ap. Cív. 1.0024.14.330155-4/001, Rel. Des. Washington Ferreira, julg. 02.02.2016, publ. *DJ* 16.02.2016).

86 TJ/SP, Sentença 1007915-90.2016.8.26.0562, Juiz Frederico dos Santos Messias, julg. 19.05.2016. Disponível em: www.ibdfam.org.br. Acesso em 16.06.2016.

87 São Luis/MA, sentença proferida pelo juiz Lucas da Costa Ribeiro Neto, autos 00448596520118100001, julg. 30.06.2014.

88 Recife/PE, sentença proferida pelo juiz Élio Braz Mendes, 2ª Vara da Infância e Juventude de Recife, 10.2012. Esta sentença e a anterior foram retiradas de Maria Goreth Macedo Valadares, *Multiparentalidade e as novas relações parentais*, Rio de Janeiro: Lumen Juris, 2016.

cia de hierarquia entre os tipos parentais seria extremamente prejudicial, na medida em que as peculiaridades do caso concreto são muito importantes para se avaliar o conflito entre os tipos de paternidade.[89]

Mais do que isso, o STF manifestou-se, rompendo o paradigma da biparentalidade, favorável à fixação de múltiplos vínculos parentais, já que "não cabe à lei agir como o Rei Salomão, na conhecida história em que propôs dividir a criança ao meio pela impossibilidade de reconhecer a parentalidade entre ela e duas pessoas ao mesmo tempo. Da mesma forma, nos tempos atuais, descabe pretender decidir entre a filiação afetiva e a biológica quando o melhor interesse do descendente é o reconhecimento jurídico de ambos os vínculos. Do contrário, estar-se-ia transformando o ser humano em mero instrumento de aplicação dos esquadros determinados pelos legisladores. É o direito que deve servir à pessoa, não o contrário". Assim, fixou a seguinte tese jurídica para aplicação a casos semelhantes: "A paternidade socioafetiva, declarada ou não em registro público, não impede o reconhecimento do vínculo de filiação concomitante baseado na origem biológica, com todas as suas consequências patrimoniais e extrapatrimoniais".[90]

Diante da tese fixada, é necessário investigar quais as situações jurídicas parentais abarcadas, em potencial, pela multiparentalidade. Tem-se:

(i) famílias recompostas, reconstituídas ou mosaico que são o *locus* primordial de nascimento de situações jurídicas dessa espécie;

(ii) filhos de criação são aqueles que, sabidamente, não são filhos biológicos, mas são tratados como filhos, independentemente de estarem em uma família reconstituída. É o filho de um terceiro que é tratado como se filho fosse, exercendo todos os deveres da autoridade parental, se menor de idade;

(iii) reprodução assistida heteróloga, cujo doador do material genético é conhecido e a doação acontece para, pelo menos, duas pessoas. Trata-se de forma de planejamento familiar mais comum em famílias homoafetivas, em que as pessoas se unem a fim de ter um filho por meio da utilização das técnicas de reprodução humana assistidas. A diferença para uma doação anônima de material genético é que, nessa hipótese tratada, todos participam desse ato de planejamento familiar de

---

89 "2. A possibilidade de cumulação da paternidade socioafetiva com a biológica contempla especialmente o princípio constitucional da igualdade dos filhos (art. 227, § 6º, da CF). Isso porque conferir 'status' diferenciado entre o genitor biológico e o socioafetivo é, por consequência, conceber um tratamento desigual entre os filhos. 3. No caso dos autos, a instância de origem, apesar de reconhecer a multiparentalidade, em razão da ligação afetiva entre enteada e padrasto, determinou que, na certidão de nascimento, constasse o termo 'pai socioafetivo', e afastou a possibilidade de efeitos patrimoniais e sucessórios. 3.1. Ao assim decidir, a Corte estadual conferiu à recorrente uma posição filial inferior em relação aos demais descendentes do 'genitor socioafetivo', violando o disposto nos arts. 1.596 do CC/2002 e 20 da Lei n. 8.069/1990. 4. Recurso especial provido para reconhecer a equivalência de tratamento e dos efeitos jurídicos entre as paternidades biológica e socioafetiva na hipótese de multiparentalidade." (STJ, 4ª T., REsp. 1.487.596/MG, Rel. Min. Antônio Carlos Ferreira, julg. 28.9.2021, publ. DJ 1.10.2021). No mesmo sentido: STJ, 3ª T., REsp. 1.704.972/CE, Rel. Min. Ricardo Villas Bôas Cueva, julg. 9.10.2018, publ. DJ 15.10.2018.

90 STF, RE 898.060/SP, Rel. Min. Luiz Fux, julg. 22.09.2016, publ. *DJ* 24.08.2017.

forma livre e consciente com o firme propósito de ter um filho. Assim, é possível que mais de duas pessoas se unam nesse propósito, utilizando meios tecnológicos para atingir esse resultado;

(iv) relações poliafetivas. Quando houver uma relação poliafetiva – ou seja, uma relação de afeto com mais de dois membros, homo ou heteroafetivos – e, dessa união, advier um filho – por métodos naturais, utilização das técnicas de reprodução assistida ou adoção – é possível se entender que essa criança é fruto de um projeto parental da família, de modo que a instituição da multiparentalidade acaba sendo um reflexo desse arranjo familiar;

(v) adoção à brasileira ocorre quando alguém registra filho de outrem como se fosse seu. Desse ato, pode-se se construir uma vinculação socioafetiva entre pai registral e filho, de modo que é possível que o filho, no decorrer da vida, busque a constituição do parentesco biológico. Nesse caso, a multiparentalidade é uma solução interessante a fim de contemplar todas as verdades vivenciadas pela pessoa.[91]

Resta pensar se a adoção ou a reprodução assistida heteróloga com doador de material genético anônimo se encaixa na mesma hipótese:

(i) adoção: tendo em vista que o art. 41 do Estatuto da Criança e do Adolescente afirma expressamente o rompimento do parentesco do adotado com a família biológica, exceto quanto aos impedimentos para o casamento, há norma expressa no sentido de impossibilitar o restabelecimento parental pela via biológica, não havendo, no entanto, impedimento para a constituição do parentesco por meio de outra fonte, como a socioafetiva, por exemplo.

Caso emblemático ocorreu na Paraíba, em que uma filha – cuja mãe faleceu quando ela tinha 7 anos – foi morar com a prima do pai, mas continuou convivendo com o pai e os irmãos. Depois de alguns anos, regularizaram a situação e a então criança foi adotada pela prima do pai, extinguindo-se o parentesco com a família e com aquela que lhe criou por 7 anos da sua vida. A filha justifica que, não obstante o vínculo formado com a adotante, houve um abalo em sua identidade, vez que criou

---

[91] 1. Resguardando o melhor interesse da criança, bem como a existência de paternidade biológica do requerente, sem desconsiderar que também há paternidade socioafetiva do pai registral, ambas propiciadoras de um ambiente em que a menor pode livremente desenvolver sua personalidade, reconheço a paternidade biológica, sem, contudo, desfazer o vínculo jurídico oriundo da paternidade socioafetiva. 4. Recurso provido na parte em que foi conhecido para reformar a sentença (TJ/RR, Câmara Única, Apel. Cív. 0010.11.901125-1, Rel. Juiz(a) Conv. Elaine Bianchi, julg. 27.05.2014, *DJ* 29.05.2014); 1. A paternidade não pode ser vista apenas sob enfoque biológico, pois é relevante o aspecto socioafetivo da relação tida entre pai e filha. 2. As provas dos autos demonstram que o apelante estabeleceu forte vínculo com a menor, tanto que, com o divórcio dos genitores, a guarda e o lar de referência é o paterno. 3. A tese de multiparentalidade foi julgada pelo STF em sede de repercussão geral e decidiu que a paternidade socioafetiva, declarada ou não em registro público, não impede o reconhecimento do vínculo de filiação concomitante, baseado na origem biológica com os efeitos jurídicos próprios. 4. Ante a existência dos dois vínculos paterno-filiais, que não podem ser desconstituídos, a orientação que melhor atende aos interesses das partes, notadamente o da menor, é o reconhecimento de ambos os vínculos paternos: o biológico e o socioafetivo, com as devidas anotações no seu registro civil. 5. Recurso conhecido e desprovido (TJ/DFT, 3ª T. C., Apel. Cív. 20160210014256, Rel. Des. Maria de Lourdes Abreu julg. 16.11.2017, publ. *DJ* 13.12.2017).

vínculos importantes com a mãe e demais familiares biológicos, o que justificou a ação visando declarar a multiparentalidade.[92] O problema é como superar a barreira legal advinda do art. 41 do ECA, reconhecendo o vínculo jurídico-parental com família biológica, já rompido com a sentença de adoção. O que seria mais coerente com o ordenamento posto seria a declaração do múltiplo parentesco da criança adotada com base na socioafetividade com a família biológica, que nunca deixou de existir.

No entanto, há doutrina argumentando certa desigualdade em relação àqueles que vivenciam uma realidade advinda da adoção à brasileira, por exemplo.[93] Não obstante esse incômodo, não se pode ignorar que se trata de uma realidade fática e outra jurídica, cuja eficácia é diversa. Por isso, salvo se houver mudança legislativa, os efeitos jurídicos não são, necessariamente, os mesmos.[94]

Como se estudará no capítulo 8, o art. 48 do ECA autoriza que a pessoa adotada conheça sua origem biológica, sem que o acesso a essa informação gere vínculos de parentesco. O bem jurídico tutelado é a origem genética, direito da personalidade que visa à compreensão do modo de ser da pessoa adotada com base na sua ancestralidade. O acesso a essa informação não gera vínculo parental, mas supre uma eventual necessidade humana a essa informação.

(ii) reprodução assistida heteróloga com doador de material genético anônimo. Não obstante tal situação não encontre previsão legislativa no ordenamento brasileiro, as regras deontológicas estabelecem o anonimato do doador, razão pela qual não se estende a ele o vínculo parental.

Faz-se necessário, portanto, distinguir a multiparentalidade desses casos que envolvem simplesmente reconhecimento da origem genética. A multiparentalidade implica a vinculação jurídica de um indivíduo com mais de um pai ou com mais de uma mãe ao mesmo tempo. Trata-se, portanto, da possibilidade que a pessoa tem

92 Evidenciado no caso o ânimo de ver reconhecida a origem biológica, sem exclusão da filiação socioafetiva estabelecida em adoção empreendida pelos pais registrais, com anuência dos herdeiros, impõe-se o reconhecimento judicial da multiparentalidade, inserindo seus dados no registro público de nascimento da autora (Mangabeira/PB, sentença proferida nos autos 00361842201581520003, Juíza Angela Coelho de Sales, julg. 08.05.2017).

93 Maria Goreth Macedo Valadares, *Como ficam as adoções frente à decisão do STF (RE 898060) que reconheceu a possibilidade da multiparentalidade?* Trabalho apresentado no XI Congresso Brasileiro de Direito de Família. *Revista IBDFAM: Famílias e Sucessões,* vol. 24 (nov./dez.), Belo Horizonte: IBDAM, 2017, pp. 23-38.

94 "Requerimento consensual de adoção de duas pessoas maiores e capazes para inclusão no registro civil de pessoas naturais dos dados qualificativos do padrasto. Concordância de todos os interessados a afastar o óbice processual da pretensão de adoção, que pressupõe o afastamento da paternidade anterior. Fungibilidade do pedido, que será considerado como de averbação de dados no registro civil. Prevalência do princípio da efetividade da prestação jurisdicional. Concomitância entre os laços oriundos da relação socioafetiva e da biológica, com o reconhecimento da dupla paternidade. O tema já não constitui novidade no ordenamento jurídico brasileiro, sendo admitido pela jurisprudência. Retificação do registro civil para incluir os dados qualificativos do padrasto, sem exclusão das informações relativas ao pai biológico. Provimento ao recurso" (TJRJ, 17ª C.C., Ap. Cív. 0022714-79.2015.8.19.0209, Des. Edson Aguiar de Vasconcelos, julg. 19.04.2017, publ. *DJ* 05.07.2017).

de estabelecer mais de duas relações jurídicas parentais – simultâneas ou não, mas vivenciadas por ela no decorrer da vida – no paradigma no qual vivemos, titularizando todos os direitos e deveres que normalmente decorrem do estado de filiação. Em ambos os casos ora tratados, faculta-se apenas o reconhecimento da origem genética, que não gera, por si só, efeitos de parentesco.

Uma vez reconhecido o pedido como juridicamente possível, o que se discute são os efeitos da multiparentalidade, em face da plena igualdade entre os filhos, o que irradia o exercício de efeitos para todos os vínculos parentais. Assim, supondo-se a presença de mais de dois pais, o filho terá direito à herança de todos eles, os quais teriam que autorizar o casamento do filho menor em idade núbil, a emancipação – já que todos são titulares da autoridade parental – e assim por diante.[95]

Em novembro de 2017, foi publicado o Provimento 63 do Conselho Nacional de Justiça que, em seu art. 14, pareceu permitir o reconhecimento voluntário, diretamente em cartório, em hipóteses de multiparentalidade: "O reconhecimento da paternidade ou maternidade socioafetiva somente poderá ser realizado de forma unilateral e não implicará o registro de mais de dois pais e de duas mães no campo FILIAÇÃO no assento de nascimento". O Provimento foi revogado pelo Provimento 149/2023 que, todavia, manteve a disposição em seu art. 510. Mesmo as ressalvas acrescidas nos § 1º do dispositivo não parecem vedar a multiparentalidade, ao permitir a inclusão de apenas um ascendente socioafetivo do lado materno ou paterno, posto não exigir a inexistência de ascendente registral.

O STJ examinou caso que discutiu a existência de coisa julgada em pedido de multiparentalidade, na medida em que foi precedido por ação de anulação de registro envolvendo as mesmas partes, cujo pedido foi julgado improcedente. Entendeu-se, no entanto, pela ausência de coisa julgada pois, se na primeira ação o intuito era a substituição da parentalidade, na segunda, o escopo era a cumulação: "É fato inquestionável que, em ambas as ações, o demandante pretende o reconhecimento da paternidade biológica em relação ao réu, sendo irrelevante, a esse propósito, o *nomen juris* atribuído pelo autor em cada demanda. Há, nesse pedido feito nas ações em cotejo, uma destacada distinção quanto a sua extensão: enquanto na primeira ação objetivou-se a retificação do assento de nascimento, a fim de substituir o nome ali constante, do pai registral, pelo nome do pai biológico; na subjacente ação, o autor busca o reconhecimento concomitante dos vínculos parentais de origem afetiva e biológica, pugnando, assim, pela inclusão da respectiva filiação baseada na origem biológica no seu registro de nascimento, sem prejuízo da atual filiação socioafetiva do autor. Já se pode antever que o pedido de reconhecimento de paternidade, objeto indiscutivelmente das ações ora em exame, não se apresenta formulado de modo idêntico nas ações em exame, sobretudo na extensão vindicada em cada qual, o que autorizaria, por si, a conclusão de que se trata de lides diversas".[96]

---

95 Sobre os efeitos gerados pela multiparentalidade, ver Christiano Cassetari, *Multiparentalidade e paternidade socioafetiva*, São Paulo: Saraiva, 2015, 2ª ed.

96 STJ, 3ª T., REsp. 1.745.411/RS, Rel. Min. Marco Aurélio Bellizze, julg. 17.8.2021, publ. DJ 20.8.2021.

5. RECONHECIMENTO DE FILHOS

O reconhecimento de filhos no Código Civil de 1916

No sistema do Código Civil de 1916, o reconhecimento de filhos ilegítimos, por ato voluntário ou por via judicial, através da ação de investigação de paternidade, era submetido a toda uma série de restrições, não recepcionada pelo texto maior. Para pôr em realce o tratamento legislativo discriminatório que prevaleceu até a nova ordem constitucional, basta sublinhar alguns dispositivos do Código Civil de 1916.

O art. 358 dispunha que "os filhos incestuosos e os adulterinos não podem ser reconhecidos". Quanto aos filhos adulterinos, o Decreto-lei 4.737, de 24 de setembro de 1942,[97] e a Lei 883, de 21 de outubro de 1949, permitiram o seu reconhecimento, desde que, nos termos deste último diploma, "dissolvida a sociedade conjugal", hipótese que se ampliou com a Lei 6.515, de 26 de dezembro de 1977, a chamada Lei do Divórcio, que acrescentou parágrafo único ao art. 1º da mencionada Lei 883/1949, permitindo o reconhecimento do filho adulterino também "por testamento cerrado, aprovado antes ou depois do nascimento do filho, e nesta parte, irrevogável". Nova alteração da Lei 883/1949, por obra da Lei 7.250, de 14 de novembro de 1984, ampliou ulteriormente as hipóteses de reconhecimento de filho adulterino: "Mediante sentença transitada em julgado, o filho havido fora do matrimônio poderá ser reconhecido pelo cônjuge separado de fato há mais de 5 (cinco) anos contínuos" (art. 1º, § 2º, Lei 883/1949).

No tocante aos filhos naturais, a Constituição de 1937, em seu art. 126, equiparou-os aos filhos legítimos, dispondo: "Aos filhos naturais, facilitando-lhes o reconhecimento, a lei assegurará igualdade com os legítimos, extensivos àqueles os direitos e deveres que em relação a estes incumbem aos pais". A Lei do Divórcio, 40 anos depois da Carta de 1937, revogaria expressamente o art. 1.605, § 1º (art. 54), alterando, ainda, o referido art. 22 da Lei 883/1949, determinando a plena igualdade de direitos de todos os filhos, para efeitos sucessórios: "Qualquer que seja a natureza da filiação, o direito à herança será reconhecido em igualdade de condições" (art. 51). Mesmo depois desta última disposição, entendeu-se que a igualdade sucessória se restringiria aos filhos reconhecidos na forma da Lei 883/1949, alvo específico do legislador de 1977, não se aplicando a isonomia aos filhos insuscetíveis de reconhecimento (mantendo-se assim em vigor o aludido art. 358, Código Civil de 1916), nem aos filhos adotivos.

A propósito dos filhos adotivos, o art. 377 do Código Civil de 1916, em sua versão primitiva, tornava ineficaz a adoção posterior à concepção pelo adotante de outro filho.

---

[97] A polêmica em tomo da edição da Lei 4.737/1942 é registrada por Caio Mário da Silva Pereira, *Reconhecimento de Paternidade*, cit., pp. 35 e ss., o qual anota a divergência florescida no seio do Supremo Tribunal Federal quanto à natureza adulterina do filho concebido por cônjuge desquitado. Segundo o art. 1º da mencionada lei: "O filho havido pelo cônjuge fora do matrimônio pode, depois do desquite, ser reconhecido, ou demandar que se declare sua filiação". A propósito, observa aquele autor (*o.u.c.*, p. 38): "Nota-se, antes de tudo, a amplitude de suas expressões: o dissídio versava em qualificar de adulterino, ou não, os filhos havidos de cônjuges desquitados, isto é, os filhos concebidos após decretada a dissolução da sociedade conjugal. Jamais se cogitou de considerar reconhecível o que fosse gerado na constância do casamento, uma vez que os mais estremados arestos não passavam além de estatuir que a concepção posterior ao decreto preventivo de separação de corpos autorizava o reconhecimento".

O mesmo preceito, com a redação da Lei 3.133, de 8 de maio de 1957 (que admitiu a adoção por casais que já possuíssem filhos reconhecidos), determinava que "quando o adotante tiver filhos legítimos, legitimados ou reconhecidos, a relação de adoção não envolve a de sucessão hereditária". Com o preceito combinava-se o § 2º do art. 1.605.[98] Ambos os dispositivos continuaram a ser aplicados após a edição da Lei do Divórcio, entendendo-se compatível com a propalada igualdade de direitos sucessórios, seja qual fosse a natureza da filiação, o escancarado ataque ao quinhão hereditário do filho adotivo.[99] O art. 227, § 6º, da Constituição Federal de 1988, portanto, põe fim a uma longa história de discriminações, e a rigor poderia evitar maiores investigações em tema de igualdade, encerrando o debate doutrinário, tal a clareza do texto.

Nos termos da legislação vigente, não estão em vigor os dispositivos da Lei 883/1949 (art. 1º e seus parágrafos) que condicionam o reconhecimento do filho adulterino à dissolução da sociedade conjugal, ou à separação de fato há mais de cinco anos, ainda que tais preceitos tenham representado, a seu tempo, indiscutível avanço legislativo. A isonomia constitucional determina que a possibilidade de reconhecimento dos filhos seja incondicional, libertando-os das circunstâncias jurídicas e morais que envolvem as relações dos pais.

O reconhecimento de filhos na atual legislação

No sistema do atual Código Civil, o reconhecimento de filhos continua podendo ser voluntário ou compulsório, e serve para aqueles que não estão sujeitos à presunção de filiação, ou seja, filhos havidos fora do casamento (CC, art. 1.607). O ato deve ser analisado sob a perspectiva subjetiva, formal e objetiva. Subjetivamente, é o pai quem deve reconhecer o filho, sendo ato pessoal, devendo ser capaz no momento do reconhecimento;[100] excetua-se o relativamente incapaz que, embora não tenha capacidade para subscrever escritura pública sem assistência, pode testar (CC, art. 1.860). Em relação à forma, o ato apenas gera efeito se revestido por alguma das formalidades previstas pelo art. 1.609 do Código Civil, com as suas peculiaridades. O objeto do reconhecimento é o *status* de filho, ou seja, em face do reconhecimento ser ato de autonomia privada, é essencial que se infira o escopo de se atribuir o estado de filho.

---

98 Ao filho adotivo, se concorrer com legítimos, supervenientes à adoção, tocará somente metade da herança cabível a cada um destes.

99 V., por todos, Semy Glanz, *Código Civil brasileiro interpretado: principalmente do ponto de vista prático: suplemento* X, Rio de Janeiro: Freitas Bastos, 1984, p. 310, para o qual "o legislador revogou expressamente o § 12 e podia também referir-se ao 29; no entanto, não o fez", o que confirmaria a exclusão dos filhos adotivos da paridade estabelecida pela Lei do Divórcio (dando nova redação ao art. 2º da Lei 883). A tese foi adotada pela jurisprudência, que entendeu em vigor, após a Lei do Divórcio, tanto o aludido art. 1.605, § 22, quanto o art. 377 do Código Civil. Cf. Yussef Said Cahali, *A Lei do Divórcio na Jurisprudência*, São Paulo: Rev. dos Tribunais, 1987, 2ª ed., p. 722.

100 Sobre a possibilidade da manifestação de vontade do pai menor: "(...) seria plausível abrandar o caráter formalista do reconhecimento de paternidade, permitindo a legislação civil que, nos moldes do direito alemão ou, adotando-se a solução pouco técnica, mas interessante do Estatuto da Criança e do Adolescente no que tange ao 'consentimento' do adotando, pudesse ser efetivado o reconhecimento espontâneo de paternidade pelo pai menor impúbere, devidamente representado, sob o crivo do Poder Judiciário. Nos moldes do procedimento de averiguação oficiosa, disciplinado pela Lei 8.560/1992, poderia ser instaurado um procedimento próprio para a formalização do reconhecimento exercido pelo incapaz, através do seu representante legal, com autorização do juízo competente" (Caio Mário da Silva Pereira, *Reconhecimento de paternidade*, cit., p. 95).

Trata-se de ato irrevogável que independe do consentimento materno e pode ser feito de várias formas: registro de nascimento, escritura pública ou escrito particular que deverá ser arquivado em cartório, por testamento, por manifestação perante o juiz, sendo ou não o objeto único e principal do processo (CC, art. 1.609).

Reconhecimento por meio do registro. Averiguação oficiosa de paternidade

O reconhecimento no registro de nascimento é a forma mais comum. Merece destaque, aqui, a Lei 8.560, de 29 de dezembro de 1992. Pelo art. 1º desta lei, o reconhecimento dos filhos havidos fora do casamento poderá ocorrer, de modo irrevogável, pelo simples registro de nascimento, sem cogitar o legislador do estado civil dos pais, nos moldes do art. 1.609 do Código Civil. Nos termos do art. 2º da mesma lei, na hipótese de apenas a maternidade ter sido estabelecida, com o comparecimento da mãe sem a presença do pai, o oficial remeterá ao juiz a certidão do termo de registro, a fim de ser notificado o suposto pai e, caso este não admita a paternidade espontaneamente, possibilitar que seja investigada a paternidade que lhe foi atribuída, por iniciativa do Ministério Público.[101] Interpretando-se tais preceitos à luz da proibição constitucional de discriminação da filiação, vê-se que a possibilidade de propositura de ação de impugnação de reconhecimento, atribuída ao filho extramatrimonial pelo art. 1.614 do Código Civil, há de alcançar necessariamente o filho havido na constância do matrimônio, sob pena de se lhes oferecer tratamento desigual.[102]

A escritura pública ou escrito particular também é forma de reconhecimento que pode ser feita diretamente pelo pai ou por meio de procurador, constituído por poderes especiais. O documento particular deve conter os mesmos requisitos da escritura pública, com a qualificação das partes e seu objeto de forma clara e específica. Por medida de segurança, o documento será arquivado em cartório.

O Provimento 63/2017, alterado pelos Provimento 83/2019 e Provimento 149/2023, ambos do CNJ, dispõe sobre o reconhecimento de filhos socioafetivos em cartório de registro civil das pessoas naturais. Também é irrevogável e só pode ser desconstituído pela via judicial. Determinam os provimentos que a parentalidade socioafetiva deve ser estável e exteriorizada socialmente. Caberá ao registrador atestar a existência do vínculo socioafetivo, mediante apuração objetiva de elementos concretos. O Provimento 149/2023 sugere alguns documentos que deverão ser apresentados ao oficial registrador e deverão ser arquivados junto com o requerido, tais como: "apontamento escolar como responsável ou representante do aluno; inscrição do pretenso filho em plano de saúde ou em órgão de previdência; registro oficial de

---

[101] O Código Civil não prevê a averiguação oficiosa de paternidade, entendendo-se que esse procedimento, inclusive com a legitimação do Ministério Público, continua em vigor por ser compatível com a nova codificação e com os ditames constitucionais, principalmente o princípio do melhor interesse da criança.

[102] Paulo Lôbo vislumbra no dispositivo novas possibilidades hermenêuticas: "Portanto, o artigo em comento harmoniza-se com o modelo de família e de filiação tutelado pela Constituição, além de realizar o princípio da liberdade de ter o pai afetivo e não o determinado pela biologia. O reconhecimento do genitor biológico não pode prevalecer sobre a paternidade construída na convivência familiar, que frequentemente ocorre entre a mãe que registrou o filho e outro homem, com quem casou ou estabeleceu união estável, e que assumiu os encargos da paternidade" (Paulo Lôbo, *Direito de Família*, cit., p. 132).

que residem na mesma unidade domiciliar; vínculo de conjugalidade – casamento ou união estável – com o ascendente biológico; inscrição como dependente do requerente em entidades associativas; fotografias em celebrações relevantes; declaração de testemunhas com firma reconhecida." A ausência de tais documentos não ilide o reconhecimento, desde que justificada a impossibilidade e que o registrador ateste que apurou o vínculo socioafetivo. O expediente deverá ser enviado para o Ministério Público, para elaboração de parecer e, apenas se esse for favorável, o oficial procederá ao registro.

Quanto ao reconhecimento por meio de testamento, trata-se de ato personalíssimo, sem nenhum tipo de representação. O reconhecimento não pode ser revogado por qualquer modo, nem mesmo por outro testamento feito posteriormente que revogue o primeiro (CC, art. 1.610).

O reconhecimento também ocorre através de declaração feita perante o juiz, mesmo que seja acessório ou incidente ao objeto principal do processo. Assim, o magistrado deverá determinar a averbação da paternidade, em decorrência da declaração do pai em manifestação expressamente a ele direcionada; se o filho for maior, deve haver sua concordância.[103]

O reconhecimento pode ser feito antes do nascimento ou depois do falecimento do filho, se ele deixar descendentes, situação que visa a evitar que o reconhecimento tenha exclusivamente fins patrimoniais, ou seja, o acesso aos efeitos hereditários da paternidade.

O reconhecimento compulsório se dá por meio da ação de investigação de paternidade, objeto do próximo item.

6. AÇÕES DE ESTADO

Caso o reconhecimento da paternidade ou da maternidade não se estabeleça voluntariamente, ou se pretenda impugnar a atribuição presumida ou voluntariamente efetuada, há que se utilizar das ações de estado. Essas são as ações judiciais destinadas a dirimir as controvérsias relativas ao *status personae*, o estado de uma pessoa, e especialmente, no estudo da filiação, o *status* de filho.[104] Em razão da relevância, passa-se a examiná-las, analiticamente.

---

[103] Caio Mário da Silva Pereira dá o seguinte exemplo: "numa determinada ação de alimentos para um filho, diante da alegação do réu de que não tem condições de contribuir com mais recursos em razão de possuir outro filho menor que não fora reconhecido até aquele momento, esta declaração perante o Magistrado enquadra-se na hipótese prevista no inciso IV do art. 1.609, autorizando a extração de peças e a expedição de mandado para averbação da paternidade no registro civil da criança" (Caio Mário da Silva Pereira, *Reconhecimento de paternidade*, cit., p. 89).

[104] Sobre o tema, v. Orlando Gomes, *Direito de Família*, cit., pp. 313 e ss., o qual leciona: "O estado – *status* – de uma pessoa é a posição jurídica da qual deriva um conjunto de direitos e obrigações. Todo indivíduo tem direito a determinado estado, que não se identifica a qualquer relação jurídica, embora nas diversas posições jurídicas em que pode encontrar-se trave relações jurídicas com outras pessoas". Didaticamente, estrema as duas espécies de *status familiae*: o estado de filho e o estado de cônjuge (estado civil).

Ação negatória de paternidade

Sob a égide do Código Civil de 1916, a presunção legal de paternidade do marido, embora relativa (*iuris tantum*), revestia-se de rigor impositivo quase inquebrantável. A ela se associavam dois dispositivos importantes, os arts. 348 e 349 do Código Civil de 1916. A ação negatória de paternidade era atribuída somente ao marido, para desconstituir a presunção de paternidade que lhe era imputada, na hipótese de filiação adulterina *a matre*. O Código Civil de 1916, informado pela preocupação excessiva de manter a unidade matrimonial, criava três ordens de obstáculos para a quebra da presunção, tornando-a, assim, quase absoluta: quanto à legitimidade para a propositura da ação; quanto ao prazo para propô-la; quanto à causa petendi, taxativamente enumerada (*numerus clausus*).

Assim é que, nos termos do art. 344 do Código Civil de 1916: "Cabe privativamente ao marido o direito de contestar a legitimidade dos filhos nascidos de sua mulher". Cuida-se de grave obstáculo à investigação de filho adulterino de mulher casada, justificável "no interesse da paz doméstica".[105] Ainda no que tange à legitimidade, a codificação anterior vedava a ação de contestação de paternidade em favor do marido que, ao se casar, tinha ciência da gravidez da mulher e do respectivo parto, sem que se opusesse ao registro do filho como seu (art. 339, Código Civil de 1916[106]). O segundo obstáculo diz com o prazo decadencial fixado para a propositura: dois meses contados do nascimento, se o marido era presente, ou três meses se o marido encontrava-se ausente ou se lhe ocultaram o nascimento, contando-se o prazo a partir de seu retorno ou da ciência do fato (art. 178, §§ 3º e 4º, I, Código Civil de 1916). A terceira restrição consistia na previsão do art. 340, sempre do Código Civil de 1916, que autorizava a contestação exclusivamente nas hipóteses em que se pudesse provar a impossibilidade física de coabitação no momento da concepção (moléstia grave, impotência ou habitação em lugares distantes e incomunicáveis) ou a "impossibilidade moral", esta última representada pela separação legal dos cônjuges.[107] Nem a prova do adultério, nem a confissão materna poderiam excluir a paternidade do marido (arts. 343 e 346, Código Civil de 1916).

Tais obstáculos haveriam de ser revistados após 1988, à luz da isonomia constitucional e da legislação especial, que mitigaram o rigor da presunção, autorizando o filho (representado pela mãe, ou em nome próprio, após atingir a maioridade) a propor a contestação. A tal conclusão se chega a partir da leitura do art. 27 do Estatuto da Criança e do Adolescente, que dispõe: "O reconhecimento de estado de filiação é direito personalíssimo, indisponível e imprescritível, podendo ser exercitado contra os pais ou seus herdeiros, sem qualquer restrição, observado o segredo de justiça". O dispositivo é informado pela Constituição Federal que, tendo como fundamento

---

105 Caio Mario da Silva Pereira, *Instituições*, cit., p. 188.

106 Dispositivo sem correspondente no CC, de modo que o filho nascido antes de cento e oitenta dias, contados do estabelecimento da convivência conjugal, não terá a paternidade presumida, sendo, portanto, necessário o reconhecimento voluntário.

107 Clovis Bevilaqua, *O Código Civil dos Estados Unidos do Brasil Comentado*, Rio de Janeiro: Editora Rio, 1977, 3ª ed. (ed. histórica), pp. 780-781.

da República a dignidade da pessoa humana (art. 1º, III), molda toda a disciplina da filiação ao interesse maior da criança, como antes já examinado, perdendo fundamento de validade as restrições à busca da verdade biológica que antes se justificavam em benefício da estabilidade institucional da família.

A tudo isso se somam os avanços científicos em matéria de genética, em particular a já mencionada descoberta da metodologia de impressões digitais de DNA que permitem "determinar a paternidade com confiabilidade absoluta"[108] e desvirilizam, em muito, a necessidade das presunções neste campo. O fato é que, sob a ótica da Constituição, as ações de estado, expressão processual dos direitos da personalidade, são imprescritíveis. A pessoa poderá, a qualquer tempo, ajuizar ação de impugnação da paternidade, de molde a cancelar a presunção legal e, mediante a ação de investigação de paternidade – que poderá ser cumulada à ação negatória – determinar o vínculo biológico de filiação. Acrescente-se a tal construção a tendência do próprio ordenamento pré-constitucional à ampliação da verdade real em tema de filiação. Com efeito, já anteriormente à Constituição de 1988, a Lei 7.250/1984 admitiu o reconhecimento do filho havido fora do matrimônio pelo cônjuge separado de fato há mais de cinco anos, contribuindo para atenuar a presunção *pater is est*, processo evolutivo que se consolidaria com a igualdade constitucional dos filhos. No que concerne às causas justificadoras da negação de paternidade, não há mais nenhuma limitação a seu respeito, de modo que é amplo o rol probatório a ser utilizado.

As restrições do Código Civil de 1916 perderam sua justificativa axiológica a partir do Texto Constitucional, seja no que tange à legitimação processual do próprio filho para a atribuição insincera da paternidade, seja no que concerne ao prazo para a propositura das respectivas ações, seja finalmente no que respeita ao material probatório a ser oferecido em juízo. Nesta esteira, o Código Civil manteve apenas uma das restrições acima referidas, a que diz respeito à legitimidade processual que, segundo o art. 1.601, cabe ao marido. No que concerne ao prazo, também o art. 1.601 prevê que a contestação da presunção de paternidade é imprescritível, o que acompanha o entendimento já esboçado, vez que se trata de ação de estado. A imprescritibilidade, porém, pode ter limites impostos pela própria natureza da relação entre pai e filho, devendo prevalecer na maioria das vezes o interesse deste,[109] pois, frequentemente, a desconsideração da relação socioafetiva em face do desconhecimento da paternidade biológica pode contrariar frontalmente o melhor interesse da criança.[110]

---

108 Eis a lição categórica dos especialistas. V., por todos, Sérgio Pena, Determinação de Paternidade pelo Estudo Direto do DNA: Estado da Arte no Brasil. In: Sálvio de Figueiredo Teixeira (coord.), *Direitos de Família e do Menor*, Belo Horizonte: Del Rey, pp. 243 e ss.

109 Assim, Pietro Perlingieri, *Perfis do Direito Civil*, cit., p. 138, atento à distinção entre as ações de estado movidas pelo próprio titular do *status* e as intentadas por outrem, considera que "... as ações de estado, que tendem em via principal a reclamar, contestar ou modificar os estados pessoais, de regra, são imprescritíveis quando a pessoa age para afirmar o seu próprio *status* (...) e são prescritíveis quando o legitimado age para contestar ou modificar o estado de outrem".

110 Interessante reflexão sobre os efeitos da imprescritibilidade da ação negatória da paternidade foram pensadas e demonstradas por meio de uma peça de teatro: João Batista Villela, *Art. 1.601*. Disponível em http://www.ibdfam.org.br/_img/congressos/anais/191.pdf, Acesso em 08.02.2017.

Quanto às hipóteses permissivas da contestação da paternidade presumida, o Código Civil não as prevê de forma taxativa. De regra, a paternidade presumida poderá ser afastada por qualquer motivo, sobretudo, mediante prova da inexistência do dado biológico – exceto nas hipóteses que envolvem as técnicas de reprodução humana assistidas. No entanto, existem algumas restrições previstas nos arts. 1.599, 1.600 e 1.602. Somente a impotência para gerar, à época da concepção, pode afastar a presunção de paternidade (CC, art. 1.599). Esta restrição se justifica na medida em que a presunção atinge também aqueles que sofram de impotência *coeundi*, mas que utilizem técnicas de reprodução assistida (CC, art. 1.597, III e IV). Cabe, porém, observar que mesmo a impotência *generandi* não poderá ser alegada se se tratar de presunção decorrente de fecundação assistida heteróloga (CC, art. 1.597, V). Além disso, nem o adultério da mulher, nem a sua confissão podem, só por si, ilidir a presunção de paternidade (CC, arts. 1.600, 1.602). Contudo, poderão integrar o acervo probatório na contestação da paternidade presumida.

Nulidade do registro por falsidade ou erro

A nulidade do registro por falsidade ou erro também enseja grandes debates, na medida em que, geralmente, discute-se o tipo de filiação que deve prevalecer, envolvendo as hipóteses de conflito anteriormente mencionadas.

Os arts. 348 e 349 do Código Civil de 1916 destinavam-se a prestigiar o valor do registro civil e a evitar objeções quanto à legitimidade da filiação, nos termos em que era registrada. De acordo com o art. 348, "ninguém pode vindicar estado contrário ao que resulta do registro de nascimento". Servia o dispositivo para evitar que um filho legítimo pretendesse passar por ilegítimo (o que poderia ocorrer, no passado, sobretudo por motivações patrimoniais) ou para tornar legítimo, em razão de indícios fáticos, o filho registrado como ilegítimo. Esta última hipótese caracteriza a posse de estado de filho, circunstância na qual alguém ostenta o sobrenome do pai (*nomem*), é reputado (fama) e tratado (*tratactus*), de fato, como filho. Tal evidência sucumbia ante a força do registro público, embora pudesse ser aceita na falta ou defeito do termo de nascimento. De acordo com o art. 349 CC/1916,[111] na ausência ou defeito do registro, era possível se recorrer, alternativamente, a começo de prova escrita (inciso I) e quando houver fortes presunções resultantes de fatos já certos, relativas à posse do estado de filho (inciso II), nos moldes anteriormente mencionados.

Tais preocupações, contudo, não mais se justificam, embora os arts. 1.604 e 1.605 do Código Civil tenham seguido a redação inalterada do direito anterior. Tais artigos parecem servir somente para o estabelecimento de uma presunção relativa de veracidade do registro civil e como critério de valoração da prova do vínculo de filiação, em qualquer ação de estado.[112] E ainda, no que tange à presunção de veracidade do registro,

---

111 Art. 349. Na falta ou defeito do termo de nascimento, poderá provar-se a filiação legítima, por qualquer modo admissível em direito: I – Quando houver começo de prova por escrito proveniente dos pais, conjunta ou separadamente; II – Quando existirem veementes presunções resultantes de fatos já certos.

112 V., sobre o tema, e sobre os demais problemas enfrentados neste item, Rose Vencelau, *O Elo Perdido da Filiação: entre a Verdade Jurídica, Biológica e Afetiva no Estabelecimento da Paternidade*, Rio de Janeiro: Renovar, 2004.

esta pode ser suplantada por erro ou falsidade, nos termos do art. 1.605 (CC/1916, art. 348), o que de resto não exclui as hipóteses de impugnação de paternidade, daí resultando o processo contencioso para retificação do assento, previsto no art. 113 da Lei 6.015/1973, a Lei dos Registros Públicos. Em última análise, os arts. 1.604 e 1.605, se não perderam o suporte de validade, provavelmente não encontram utilidade prática, uma vez cancelada a qualidade de filho legítimo que pretendiam assegurar.

Sublinhe-se, ainda quanto ao art. 1.604, a interpretação ampliativa que a ele procura dar a jurisprudência, como forma de dar legitimidade ao filho (ou a qualquer interessado) para ajuizar, a qualquer tempo, a ação de impugnação de paternidade (presumida)[113] e assim, conseguintemente, imprescritível a investigação de paternidade contra o pai biológico.[114]

Deve-se evitar a utilização do art. 1.604 como apanágio para todas as hipóteses de desconstituição da paternidade presumida, já que o dispositivo autoriza a nulidade do registro exclusivamente nas hipóteses de erro ou falsidade, não se aplicando à atribuição legal de paternidade do marido derivada de relação conjugal válida, hipótese em que, a toda evidência, não se poderia cogitar de erro ou falsidade.[115] Nesses casos, a imprescritibilidade das ações de estado, decorrente dos princípios caracterizadores da nova ordem pública constitucional, e positivada no art. 1.601, parece suficiente para autorizar a desconstituição da presunção e a determinação da verdade biológica, ainda que inocorrendo erro ou falsidade do primeiro registro que se pretenda cancelar.

---

113 Nessa direção, a 3ª Turma do STJ admitiu a legitimidade da viúva para pretender invalidar o registro do bisneto do falecido marido, por este registrado como filho. Contrariamente ao decidido pelas instâncias ordinárias, que consideram tal direito personalíssimo do pai registral, a viúva alegou que o reconhecimento de paternidade seria "revestido de simulação e ilegalidade". Segundo o relator no STJ, o Min. Marco Aurélio Bellizze, a pretensão de invalidade de registro civil de nascimento, prevista no art. 1.604 do CC, por falsidade ou erro, não é personalíssima, podendo ser proposta por qualquer interessado e não se confunde com a ação negatória de paternidade, prevista no art. 1.601. Esta sim, por visar à impugnação da paternidade, tem natureza personalíssima. No caso, o suposto bisneto do seu falecido marido, uma vez registrado como filho, pedia o pagamento de 50% da pensão por morte. (STJ, 3ª T., AREsp 1.878.355, Rel. Min. Marco Aurélio Bellizze, publ. *DJe* 3.8.2021).

114 Verifica-se tal tendência no seu correspondente no Código Civil anterior em acórdão do Superior Tribunal de Justiça, assim ementado: "Investigação de paternidade – Filiação Ilegítima – Imprescritibilidade. Embora registradas como filhas legítimas do marido da sua mãe, era lícito às autoras promoverem ação visando ao reconhecimento de outra paternidade – ilegítima – desde que cumulada a investigatória com a declaração incidental de nulidade dos registros de nascimento. As duas ações, outorgadas pelos arts. 348 e 363 do Código Civil são imprescritíveis porque dizem com o *status familiae* das pessoas" (STJ, 4ª T., Resp. 2.353-0-SP, Rel. Min. Torreão Braz, publ. *DJ* 21.11.1994).

115 O STJ decidiu que, independentemente do desfecho da ação anulatória de registro civil, não há que se falar em impossibilidade jurídica de pedido investigatório de paternidade. Entendeu ser lícito "a autora perseguir seu indisponível e personalíssimo direito a busca da sua ancestralidade, consubstanciado no reconhecimento do seu estado de filiação, que pode ser realizado sem restrições independentemente da pré-existência ou superveniência de eventual vínculo registral, podendo perfeitamente coexistirem as respectivas demandas, que são plenamente compatíveis. Essa possibilidade de coexistência de ações relacionadas ao direito pleno de busca do vínculo de filiação já foi objeto de deliberação por esta Corte Superior, que proclamou que a existência de vínculo com o pai registral não é obstáculo ao exercício do direito de busca da origem genética, ou seja, de reconhecimento da paternidade" (STJ, 3ª T., REsp 1817729/DF, Rel. Min. Moura Ribeiro, julg. 21.6.2022, publ. *DJ* 23.6.2022).

Importante ressalva deve ser feita quando existe vínculo de socioafetividade, uma vez que o STJ vem decidindo que "em conformidade com os princípios do Código Civil e da Constituição Federal de 1988, o êxito em ação negatória de paternidade depende da demonstração, a um só tempo, da inexistência de origem biológica e também de que não tenha sido constituído o estado de filiação, fortemente marcado pelas relações socioafetivas e edificado na convivência familiar. Vale dizer que a pretensão voltada à impugnação da paternidade não pode prosperar, quando fundada apenas na origem genética, mas em aberto conflito com a paternidade socioafetiva".[116]

Quanto ao art. 1.605, observe-se que é dirigido à prova da filiação em geral – dentro e fora do casamento –, na falta ou defeito do termo de nascimento. Embora seja admitida qualquer prova, o art. 1.605 impõe as restrições antes transcritas (CC/1916, art. 349), justificáveis à luz da codificação anterior que era pautada na distinção entre filhos legítimos e legítimos. A ação que tem por finalidade a prova da filiação é a investigação de paternidade, sobre a qual é incompatível qualquer restrição à luz da legalidade constitucional.[117]

Já os arts. 350 e 351 do Código Civil de 1916 previam a ação de filiação legítima, também designada como ação de vindicação de estado de legitimidade, destinada a assegurar a condição de filho legítimo àquele a quem houvesse sido atribuída pelos pais a qualidade de filho ilegítimo. Tais preceitos perderam o suporte de validade com a entrada em vigor da Constituição da República, suprimidas as qualidades de filho legítimo e ilegítimo. Não obstante isso, o art. 1.606 do Código Civil de 2002 é apontado como correspondente dos arts. 350 e 351 acima aludidos, com substancial diferença: exclusão da referência à legitimidade do filho. Como já se disse antes, a ação de prova da filiação é a investigação de paternidade, personalíssima do filho enquanto

---

116 STJ, 4ª T., REsp 1059214/RS, Rel. Min. Luis Felipe Salomão, julg. 16.02.2012, publ. *DJ* 12.03.2012. No mesmo sentido: STJ, 4ª T., REsp 1115428/SP, Rel. Min. Luis Felipe Salomão, julg. 27.08.2013, publ. *DJ* 27.09.2013. Nos tribunais estaduais, verifica-se a mesma tendência, como se nota, exemplificativamente: "APELAÇÃO CÍVEL – AÇÃO NEGATÓRIA DE PATERNIDADE – ANULAÇÃO DE REGISTRO DE NASCIMENTO – VÍCIOS – AUSÊNCIA DE COMPROVAÇÃO – PATERNIDADE SOCIOAFETIVA RECONHECIDA – MANUTENÇÃO DA SENTENÇA. 1. O reconhecimento da paternidade é ato irretratável, pode ser anulado apenas quando comprovado que o ato se acha inquinado de vício, além da ausência de qualquer relação afetiva desenvolvida entre o genitor e o infante, o que não se observa na hipótese em comento. 2. Recurso desprovido" (TJMG, 8ª C.C., Ap. Cív. 1.0153.12.006327-3/001, Rel. Des. Teresa Cristina da Cunha Peixoto, julg. 22.05.2014, publ. *DJ* 02.06.2014).

117 Sobre o tema, v Paulo Lôbo, *Direito de Família;* cit., *arts. 15.91 a 1603.* In: Alvaro Villaça Azevedo, *Código Civil Comentado,* vol. XVI, São Paulo: Atlas, p. 94, que cotejando a dicção do art. 349 com a do art. 1.605, atesta a "completa rotação de sentido da norma (...) O Código Anterior apenas admitia a prova do fato do estado de filiação derivada de pais casados, em virtude da inexistência de certidão de nascimento e do registro público competente, por qualquer razão (...). No contexto atual e no sistema do Código Civil de 2002, objetiva-se provar o estado de filiação independentemente da origem (genética, por adoção, por inseminação artificial heteróloga, dentro ou fora do casamento), afastada qualquer consideração de legitimidade". O autor aduz ainda: "O estado de filiação compreende um conjunto de circunstâncias que solidificam a presunção da existência de relação entre pais, ou pai e mãe, e filho, capaz de suprir a ausência do registro do nascimento. Em outras palavras, a prova da filiação dá-se pela certidão do registro do nascimento ou pela situação de fato".

viver. A legitimidade só passa aos filhos se morrer menor ou incapaz, podendo ser continuada pelos herdeiros quando iniciada pelo filho.

Ainda no âmbito da investigação de paternidade, é ampla a possibilidade do direito de ação conferido ao filho (ECA, art. 27), sem as limitações da codificação anterior (CC/1916, art. 363). Restrições poderiam até fazer algum sentido quando o único meio de prova era a ocorrência de relações sexuais no período da concepção. De fato, a ocorrência de conjunção carnal era, àquela altura, a prova mais convincente da paternidade, assim como a sua ausência tornaria tecnicamente impossível a concepção. As provas científicas, até então, mesmo o exame de sangue, se capazes de excluir a paternidade, não logravam determiná-la. Nos dias de hoje, contudo, o desenvolvimento de provas definitivas da paternidade – especialmente o exame do DNA – traduzem situações fáticas que não se compadecem com a realidade de outrora. Daí porque não se justificar, à luz do art. 27 tantas vezes invocado, a extinção da ação por não se prefigurarem as condições expressamente enunciadas pelo código, desde que possa ser evidenciada a paternidade mediante o exame de DNA, realizado por solicitação da parte autora.

Ainda que o art. 1.605 do Código Civil preveja hipóteses de cabimento da ação de prova da filiação que, por não estar mais vinculada à legitimidade, confunde-se com a própria ação de investigação de paternidade, é preciso atentar para que esse dispositivo não venha a ser interpretado como restritivo à investigação de paternidade. O art. 27 do ECA impede qualquer tipo de restrição, tendo o acesso à paternidade adquirido *status* constitucional.

Por outro lado, quanto à legitimidade para a propositura da ação de estado, a promulgação da Lei 8.560/1992, ao remover qualquer restrição para o reconhecimento de filhos extramatrimoniais pelos respectivos pais, assegura-lhes inegavelmente o interesse jurídico de fundamentação de eventual demanda. A consequência invencível é de que tanto o pai quanto a mãe têm legitimidade para postular em nome próprio em ação que visa à vindicação da paternidade ou maternidade. Cuida-se aqui de ação de vindicação de filiação, que poderá ser cumulada, quando for o caso, com a ação destinada a desconstituir o reconhecimento presumido ou voluntário. É o que está previsto no art. 1.604 do Código Civil.

As ações de estado, quando modificam o estado da pessoa, resultam em documento para alteração no cartório, denominado mandado de registro ou de averbação. Trata-se de formalização da decisão judicial, que gera oponibilidade perante terceiros, publicidade e segurança jurídica. Nesse sentido, o STJ decidiu que os efeitos da decisão que desconstitui vínculo de filiação são produzidos independentemente da averbação no registro civil, o que impede, inclusive, a exclusão da condição de filho, de modo a viabilizar seu ingresso no inventário como herdeiro do falecido. Por se tratar de mera formalização, não está sujeito a prazo prescricional ou decadencial, sendo passível de expedição a qualquer tempo, a pedido dos interessados ou de ofício nos autos.[118]

---

[118] STJ, 3ª T., Rec. MS 56.941-DF, Rel. Min. Marco Aurélio Bellizze, julg. 19.05.2020, publ. *DJ* 27.05.2020.

PROBLEMAS PRÁTICOS

1 – Quais devem ser os parâmetros para o reconhecimento jurídico da multiparentalidade?

2 – Em um conflito entre a paternidade biológica e socioafetiva, qual delas deve prevalecer?

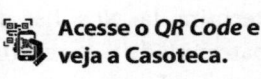

Acesse o *QR Code* e veja a Casoteca.

> http://uqr.to/1pbln

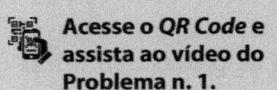

Acesse o *QR Code* e assista ao vídeo do Problema n. 1.

> https://uqr.to/nxx6

Capítulo VIII

ADOÇÃO

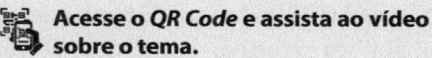

Acesse o *QR Code* e assista ao vídeo sobre o tema.

> http://uqr.to/1pbm1

1. NOÇÕES GERAIS

A adoção tem suas origens em períodos anteriores ao direito romano, tendo Origens
como finalidade a perpetuação do culto dos antepassados para os povos egípcios e hebreus. Os Códigos de Manu e de Hamurabi faziam referências ao instituto, que também teve relevância política e social para os gregos, os quais consideravam a extinção da família como uma extrema desgraça. O direito antigo clássico vincula a adoção ao direito sucessório, sendo o testamento o meio de se nomear um filho adotivo, se a pessoa não tiver filho do sexo masculino.[1]

Foi em Roma, contudo, que a adoção assumiu contornos mais sistematizados. O Direito Romano previa três tipos de adoção: a *adoptio per testamentum*, derivada de ato de última vontade do testador, destinando-se a produzir efeitos *post mortem*; a *ad rogatio*, formada pela manifestação de vontade do adotante e do adotado; e a *datio in adoptionem*, que consistia na entrega de um incapaz em adoção. Permane-

[1] Ugo Enrico Paoli, Família (diritto attico). In: Antônio Azara; Ernesto Eula (a cura di), *Novíssimo Digesto* Italiano. vol. VII. Torino: Editrice Torinese, 1957, p. 41.

ceu o instituto no direito germânico, tendo caído em desuso na Idade Média, com o direito canônico, que prezava pelo sacramento do matrimônio,[2] e, posteriormente, foi retomado pelo Código Civil francês. Após a Primeira Guerra Mundial, contudo, reavivou-se o debate em torno da adoção, em face da grande quantidade de crianças órfãs e abandonadas.[3]

No Direito brasileiro, a adoção encontrava-se prevista nas Ordenações e posteriormente na "Consolidação das Leis Civis" de Teixeira de Freitas, tendo adquirido especial relevância com o Código Civil de 1916, que a regulou em seus arts. 368 a 378. A adoção do Código Civil de 1916, com efeito, estabelecia ruptura pouco profunda com a família natural, insuscetível de estabelecer vínculo de parentesco entre o adotando e os parentes do adotante (CC/1916, art. 376), sendo constituída a partir de ato jurídico consensual (CC/1916, art. 375) e podendo-se desfazer, como consectário lógico e jurídico, por ato extintivo da mesma natureza (art. 374, CC 1916).

Em 1957, a Lei 3.133 promoveu algumas modificações no regramento da adoção, estabelecendo a idade mínima de 30 anos para o adotante,[4] além da exigência de que o casal que quisesse adotar contasse com pelo menos 5 anos de casamento. Estabeleceu a diferença de idade entre adotante e adotado em 16 anos,[5] mantendo a necessidade, para a adoção, de consentimento do adotado ou de seu representante legal. A adoção era feita por meio de escritura pública e o parentesco resultante da adoção limitava-se ao adotante e ao adotado, salvo quanto aos impedimentos matrimoniais. Se o adotante tivesse filhos legítimos, legitimados ou reconhecidos, a relação de adoção não acarretava direitos sucessórios.

A Lei 4.655/1965 introduziu no ordenamento jurídico brasileiro a legitimação adotiva, mantendo a adoção simples, prevista pelo Código Civil. Pela nova sistemática, a adoção poderia ser autorizada em favor de criança de até 7 anos de idade ou no caso de criança com mais de 7 anos que já se encontrasse sob a guarda dos legitimantes, ainda que esses não preenchessem as condições exigidas. A idade mínima de um dos adotantes manteve-se de 30 anos, dispensando-se, contudo, a exigência do prazo de 5 anos de matrimônio se provada a esterilidade de um dos cônjuges, por perícia médica, e a estabilidade conjugal.

A legitimação adotiva era constituída por meio de processo judicial, com a oitiva do Ministério Público. A sentença proferida possuía efeitos constitutivos, sendo averbada no Registro Civil, no qual se consignavam os nomes dos pais adotivos como pais legítimos, sem qualquer observação sobre a origem da filiação. Tratava-se de

---

2 Caio Mário da Silva Pereira, *Instituições de Direito Civil*, vol. V, Rio de Janeiro: Forense, 1997, 11ª ed., pp. 211-212.

3 Galdino Augusto Coelho Bordallo, Adoção. In: Kátia Regina Ferreira Lobo Andrade Maciel, *Curso de Direito da Criança e do Adolescente:* aspectos teóricos e práticos, São Paulo: Saraiva, 2016, 9ª ed., p. 317.

4 Em sua redação original, o art. 368 do Código Civil de 1916 estabelecia que: "Só maiores de cinquenta anos, sem prole legítima, ou legitimada", poderiam adotar.

5 Pela redação anterior, exigia-se uma diferença de 18 anos entre o adotante e o adotado.

ato irrevogável, cessando os direitos e obrigações oriundos da relação de parentesco do adotado com a família de origem. Foram equiparados os legitimados adotivos aos filhos legítimos, salvo no que se referia aos direitos sucessórios,[6] o que refletiu importante avanço no que se refere ao tratamento do adotado.

Posteriormente, a Lei 4.655/1965 foi revogada pelo Código de Menores de 1979 (Lei 6.697/1979), e a legitimação adotiva foi substituída pela denominada *adoção plena*, tratada pelos arts. 29 a 37 da nova lei, que vigorou ao lado da *adoção simples*, regida pelo Código de 1916 e também pelos arts. 27 e 28 do Código de Menores. Enquanto "a adoção plena extinguia todos os vínculos do adotado com a sua família natural, estendendo o vínculo da adoção à família do adotante, a adoção simples não promovia este rompimento".[7]

Estatuto da Criança e do Adolescente – ECA

Com a promulgação da Lei 8.069/1990 (Estatuto da Criança e do Adolescente – ECA), a adoção de menores de 18 anos passou a ser regulada pela nova lei, em consonância com a tábua de valores implementada pela Constituição da República de 1988. O ECA alterou de forma profunda e radical o regime da adoção, inspirado pela doutrina da proteção integral da criança e do adolescente. Estabeleceu-se, a partir daí, e em atenção à Constituição, duplicidade de regimes movida por *ratio* diversa daquela que inspirou o revogado Código de Menores. O legislador abandona a preocupação anterior, de atribuir uma família aos menores desamparados, para, ao contrário, procurar assegurar o pleno desenvolvimento da criança seja na família natural, seja na família substituta, consagrando o direito fundamental à convivência familiar e comunitária (regulado detalhadamente no extenso Cap. II do Título II, Dos Direitos Fundamentais, da Lei 8.069/1990).

A adoção do Estatuto da Criança e do Adolescente nasce, portanto, com duas características singulares. Em primeiro lugar, é considerada medida excepcional, só sendo admitida na impossibilidade absoluta de se preservar o núcleo familiar natural, consoante estabelece seu art. 19.[8] Em segundo lugar, o estabelecimento da família substituta visa à completa e definitiva reinserção da criança e do adolescente em

---

6 Estabelecia o art. 7º da Lei 4.655/1965 que: "A legitimação adotiva é irrevogável, ainda que aos adotantes venham a nascer filhos legítimos, aos quais estão equiparados aos legitimados adotivos, com os mesmo direitos e deveres estabelecidos em lei". No mesmo sentido, o *caput* do art. 9º determinava que: "O legitimado adotivo tem os mesmos direitos e deveres do filho legítimo, salvo no caso de sucessão, se concorrer com filho legítimo superveniente à adoção".

7 Tânia da Silva Pereira, Adoção. In: Rodrigo da Cunha Pereira (org.), *Tratado de Direito das Famílias*, Belo Horizonte: IBDFAM, 2016, 2ª ed., p. 379.

8 A 3ª Turma do STJ decidiu que crianças abrigadas há mais de cinco anos devem ser colocadas em família substituta. A institucionalização se deveu a sucessivos episódios de negligência dos pais, além de um lar insalubre, uso de drogas e distúrbios psiquiátricos da mãe. O Tribunal de origem determinou oitiva dos pais e estudo técnico multidisciplinar antes da colocação para adoção. Após diversas tentativas frustradas de reintegrá-las à família – inclusive com o abandono das crianças pelos pais, que ficaram mais de 1 ano sem visitá-las –, o STJ definiu que a colocação para a adoção deve ser feita de forma paralela às diligências determinadas pelo tribunal de origem. A decisão corre em segredo de justiça (disponível em https://www.stj.jus.br/sites/portalp/Paginas/Comunicacao/Noticias/2023/04012023-STJ-determina-que-criancas-abrigadas-ha-mais-de-cinco-anos-sejam-colocadas-em-familia-substituta.aspx. Acesso em 30.01.2023).

novo seio familiar. Apaga-se, pura e simplesmente, da memória jurídica, a situação anterior de solidão e de inexistência de convivência familiar – a ponto de justificar a excepcional medida protetiva – estabelecendo-se uma nova família, em tudo e por tudo equiparada à família original, segundo art. 41 do ECA.

Inicialmente, o atual Código Civil tratou da adoção em seus arts. 1.618 a 1629 e unificou os regimes de adoção. Por conveniência legislativa, o codificador prevê que as adoções posteriores a 11 de janeiro de 2002 dependem de procedimento judicial, constituindo-se mediante o trânsito em julgado de sentença (arts. 1.623 e 1.628) e de modo a produzir o completo desligamento do adotado dos vínculos familiares anteriores (art. 1.626). Cuida-se de modalidade inteiramente diversa da regulada no Código Civil anterior.[9] Com efeito, conforme se registra sem dissenso, somente com o advento do Código Civil unificou-se o regime da adoção e, só então "desaparece a distinção que resultou da convivência entre o Estatuto e o Código Civil anterior, a saber, entre adoção plena ou integral, para a criança ou adolescente, dependente de decisão judicial, e adoção simples, para os maiores de 18 anos, mediante escritura pública. Doravante, tanto para os menores quanto para os maiores, a adoção reveste-se das mesmas características sujeitas à decisão judicial".[10]

Alterações promovidas pela Lei 12.010/2009

O regramento do Código Civil sobre adoção vigorou ao lado das previsões do Estatuto até 2009, com o advento da Lei 12.010, quando foram implementadas significativas mudanças que, apesar de ter sido apelidada de "Nova Lei de Adoção", constituiu verdadeira *lei de convivência familiar*, buscando alternativas para a problemática do número crescente de crianças institucionalizadas no país. Com a alteração, a adoção de crianças e adolescentes passou a ser regulamentada apenas pela Lei 8.069/1990; além de estabelecer que a adoção de maiores de 18 anos dependeria da assistência efetiva do poder público e de sentença constitutiva, aplicando-se, no que coubesse, as disposições do ECA (CC, art. 1.619).

Dentre as importantes mudanças verificadas no regime de adoção, o Direito adotou o conceito de família extensa. A Lei 12.010 acresceu o parágrafo único ao art. 25 do Estatuto da Criança e do Adolescente, que dispõe: "Entende-se por família extensa ou ampliada aquela que se estende para além da unidade pais e filhos ou da unidade do casal, formada por parentes próximos com os quais a criança ou o adolescente convive e mantém vínculos de afinidade e afetividade".[11] A família extensa constitui-

---

9 Gustavo Tepedino, Igualdade constitucional dos filhos e dualidade de regimes de adoção. In: Gustavo Tepedino, *Temas de Direito Civil*, t. II, Rio de Janeiro: Renovar, 2006, pp. 305-334.

10 Paulo Lôbo. In: Álvaro Villaça Azevedo (coord.), *Código Civil Comentado*, vol. XVI, São Paulo: Atlas, 2003, p. 147. O STJ decidiu, em caso em que se discutia os efeitos da adoção simples no pós Constituição de 1988, que para que houvesse o tratamento igualitário entre os filhos – inclusive o adotivo – era necessário a plenitude da posse de estado de filho, que não ocorreu *in casu* e, por isso, não houve o desligamento da família biológica, o que autorizava o adotado herdar do pai biológico. (STJ, 3ª T., REsp 2.013.399 – MG, Relª. Minª. Nancy Andrighi, julg. 3.10.2023, publ. DJ 9.10.2023).

11 O STJ decidiu ser ilegal a colocação da criança para adoção em seguida à destituição do poder familiar da mãe, mas antes de julgar as duas ações de guarda ajuizadas pelos avós: "mostra-se flagrantemente ilegal a colocação da criança em adoção – de forma automática e não fundamentada – antes do trânsito em julgado da sentença de destituição do poder familiar e antes do julgamento

-se, portanto, na família natural vista sob perspectiva mais ampla, para além do seu núcleo. O legislador valorizou as várias relações jurídicas estabelecidas pela criança com seus parentes próximos, a partir de vinculações afetivas capazes de propiciar direitos recíprocos na convivência familiar. O conceito de família extensa foi útil para que a lei determinasse que a criança ou o adolescente, preferencialmente, fosse mantido na família natural e, só depois de esgotadas todas as tentativas, encaminhado à adoção.[12]

Conceito e natureza jurídica

A partir da consagração do princípio da dignidade da pessoa humana como norte para a compreensão de todo o ordenamento jurídico, crianças e adolescentes tornaram-se os principais protagonistas do processo educacional, para cuja tutela se volta a ordem jurídica de modo prioritário, com vista ao desenvolvimento de sua personalidade. Nessa esteira, adoção se configura como instrumento para a garantia do direito à convivência familiar da criança e do adolescente, pautado pela promoção de seu melhor interesse.

Apesar das variadas concepções doutrinárias a respeito de sua natureza jurídica, afasta-se, sem dissenso, sua assimilação na matriz contratual, mesmo no caso da adoção de maiores.

Considera-se assim a adoção como "*ato complexo, consensual na sua origem e solene no seu aspecto formal. Consensual* porque se origina da vontade do adotante e é requisito de sua validade o consentimento dos pais ou responsável(is), e *solene* porque não se perfaz sem a participação do Estado através de provimento judicial".[13]

2. PRINCÍPIOS APLICÁVEIS

Princípio da igualdade entre os filhos

Vários princípios já tratados no capítulo 1 aplicam-se ao instituto da adoção. O primeiro deles que merece destaque é o princípio da igualdade entre os filhos, sendo-lhes vedada qualquer discriminação advinda da filiação, consoante previsão do art.

---

das ações de guarda movidas pela família extensa. (...) A sentença que destitui o poder familiar, enquanto sujeita a recurso, não representa, ainda, a impossibilidade absoluta exigida pela lei para a retirada da criança de sua família natural. Portanto, em princípio, é necessário aguardar o trânsito em julgado da referida decisão para que, em tese, a criança possa ser colocada em adoção. Note-se que é justamente isso que recomenda a Resolução n. 289/2019 do CNJ, que prevê, no art. 3º do seu Anexo I: Art. 3o A colocação da criança ou do adolescente na situação "apta para adoção" deverá ocorrer após o trânsito em julgado da decisão do processo de destituição ou extinção do poder familiar, ou ainda quando a criança ou o adolescente for órfão ou tiver ambos os genitores desconhecidos." (STJ, 3ª T., HC 776660 – SC, Rel. Min. Humberto Martins, julg. 15.8.2023).

12 "O fato é que a adoção se transformou em medida excepcional, à qual se deve recorrer apenas quando esgotados os recursos de manutenção da criança e do adolescente na família natural ou extensa. Assim, a chamada Lei da Adoção não consegue alcançar seus propósitos. Em vez de agilizar a adoção, acaba por impor mais entraves para sua concessão" (Maria Berenice Dias, *Manual de Direito das Famílias*, São Paulo: Revista dos Tribunais, 2010, 7ª ed., p. 478). Sobre outros reflexos desse instituto jurídico: Ana Carolina Brochado Teixeira; Anna Cristina de Carvalho Rettore. Os reflexos do conceito de família extensa no direito de convivência e no direito de visitas. *Civilistica.com*. Rio de Janeiro, a. 6, n. 2, 2017. Disponível em: <http://civilistica.com/os-reflexos-do-conceito--de-familiaextensa/>. Data de acesso: 21.07.2019.

13 Tânia da Silva Pereira, Adoção. In: Rodrigo da Cunha Pereira (org.), *Tratado de Direito das Famílias*, cit., p. 383.

227, § 6º, CR. Tendo em vista a odiosa redução de direitos atribuídos aos filhos adotivos na vigência do Código Civil de 1916, que se perpetuou até o advento da Constituição da República, a igualdade é especialmente importante, de modo a garantir que os filhos adotivos tenham os mesmos direitos que qualquer outro filho, independente da origem.

Princípio do melhor interesse da criança

Tendo em vista que a adoção só é admissível quando representar reais vantagens ao adotando (art. 43, ECA), o intérprete deve guiar-se pelo princípio do melhor interesse da criança e do adolescente. Verifica-se para tanto a aptidão dos pais para o exercício da autoridade parental em lar estável. O zelo na investigação da competência dos adotantes para o exercício da parentalidade significa o cuidado com o adotando, de modo que a adoção possa representar para ele a melhor alternativa para sua vida.[14]

Nessa direção, invoca-se a doutrina da proteção integral que, sob o viés de Tânia da Silva Pereira, é composta pela trilogia "liberdade, respeito e dignidade", considerados mecanismos para que o ser humano possa enfrentar a própria sobrevivência.[15] A liberdade se manifesta no direito da criança e do adolescente de pensarem com os elementos que adquiram ou conquistem, de modo que compreendam "os limites da interferência dos adultos em suas vidas, nas diversas fases do seu desenvolvimento, sem temer os processos contraditórios".[16] O direito ao respeito corresponde à inviolabilidade de sua integridade física, psíquica e moral, abrangendo a preservação da imagem, da identidade, da autonomia dos valores, das ideias e crenças, dos espaços e dos objetos pessoais, englobando, ainda, o seu direito de ser, de dar e receber afeto.[17] Além disso, ao "incluir no elenco de Direitos Fundamentais da Criança e do Adolescente o direito à dignidade, procurou o legislador estatutário ressaltar que a prioridade absoluta prevista no art. 4º deve compreender procedimentos indispensáveis a proporcionar à população infantojuvenil vida digna que lhe permitirá ser

---

14 Sobre o ponto, aliás, aduz-se à necessidade de preparação não só dos adotantes, mas também do adotando, afinal, "o Estatuto da Criança e do Adolescente menciona, em dois dispositivos, intervenções a serem realizadas com esse objetivo. No primeiro deles, determina que, nas ações de destituição de poder familiar, verificada a notória impossibilidade de permanência do poder familiar, cabe ao magistrado envidar esforços para 'preparar a criança ou o adolescente com vistas à colocação em família substituta' (art. 163 do mencionado estatuto). Já no segundo artigo, a lei recomenda 'que as crianças e os adolescentes acolhidos institucionalmente ou por família acolhedora sejam preparados por equipe interprofissional antes da inclusão em família adotiva' (197-C, § 3º da Lei 8.069/1990)". (Marcelo de Mello Vieira; Marina Carneiro Matos Sillmann, *Preparação de crianças e adolescentes para a adoção:* estabelecendo relação entre direito à convivência familiar, perda do poder familiar e o dever de cuidado. In: *Revista Brasileira de Direito Civil – RBDCivil*, Belo Horizonte, vol. 33, n. 1, jan./mar. 2024, p. 127-149).

15 "O homem, ao nascer, está desprovido de equipamentos para agir adequadamente; ele depende de alguém que cuide dele, ajudando-o a passar pelos perigos e temores. Abandonada a fase do agir instintivo, abre-se para ele a possibilidade de escolher caminhos. Pensar e optar por diferentes linhas de ação leva-o a criar mecanismos de ação em face da natureza e perante os seres humanos. Consciente, então, de si próprio, ele reage aos comandos da natureza e do grupo social em que vive, o qual, também, significa segurança e proteção. A liberdade, o respeito e a dignidade já comparecem neste momento do homem como mecanismos simples para enfrentar a própria sobrevivência" (Tânia da Silva Pereira, *Direito da Criança e do Adolescente*: uma proposta interdisciplinar, Rio de Janeiro: Renovar, 2008, 2ª ed., p. 138).

16 Tânia da Silva Pereira, *Direito da Criança e do Adolescente,* cit., pp. 141-142.

17 Tânia da Silva Pereira, *Direito da Criança e do Adolescente,* cit., pp. 144-148.

no futuro um adulto não marginalizado, nem portador de carências".[18] Em última análise, a adoção tem como escopo proporcionar a proteção integral ao menor, na medida em que ele possa vivenciar essa trilogia de direitos fundamentais, por meio da experiência do estado de filiação.

Já que o ECA se aplica às adoções de pessoas maiores de idade no que couber (CC, art. 1.619), afirma-se que a tutela prioritária da plena inserção familiar do adotado e de sua integridade psicofísica, informada pelo princípio da dignidade da pessoa humana, se estende, nesta hipótese, às pessoas maiores, na medida em que, em matéria de filiação, invoca-se as regras atinentes ao planejamento familiar (CR, art. 226, § 7º), que tem como um dos pressupostos para seu exercício a parentalidade responsável.

3. REQUISITOS

Quem pode adotar

Nos termos do art. 42 do Estatuto, podem adotar os maiores de 18 anos, devendo existir uma diferença de 16 anos entre o adotante e o adotado.[19] Qualquer pessoa maior de idade pode adotar, independentemente do seu estado civil (ECA, art. 42), de modo que é possível adoção por uma única pessoa, constituindo uma família monoparental. Em caso analisado no julgamento do REsp 1540814/PR, o Ministério Público do Estado do Paraná defendia a necessidade de o adotando ter 12 (doze) anos de idade, no mínimo, para que pudesse se manifestar quanto à adoção que pretendia realizar um homem solteiro homoafetivo. No entanto, a 3ª Turma do STJ entendeu, por unanimidade, que não havia previsão legal para tal exigência, na medida em que o ECA "não veda a adoção de crianças por solteiros ou casais homoafetivos, tampouco impõe qualquer restrição etária ao adotante nessas hipóteses".[20]

---

[18] Tânia da Silva Pereira, *Direito da Criança e do Adolescente,* cit., p. 166.

[19] O STJ já decidiu ser possível a flexibilização dessa diferença etária quando presente socioafetividade: "Na hipótese dos autos, remanescem menos de 3 (três) meses para que se completem os 16 (dezesseis) anos estabelecidos em lei como diferença mínima entre as idades de adotante e adotanda (art. 42, § 3º, do ECA). No entanto, estando presentes outros elementos, esse só fato não pode ser suficiente para impedir a concretização do pedido de adoção, manifestamente benéfica às partes.(...) A relação filial prevalece há mais de 30 (trinta) anos, conforme se afere dos autos. O pedido de adoção encerra verdadeiro ato de amor, pois consolida um ambiente familiar saudável e digno, no qual a adotanda se desenvolveu plenamente e deve transcender a taxatividade da lei. No caso concreto, a afetividade deve ser resguardada prioritariamente, até porque o distanciamento de idades, se considerado em termos absolutos, atende o parâmetro legal. Por outro lado, a adoção é sempre regida pela premissa do amor e da imitação da realidade biológica, sendo o limite de idade uma forma de evitar confusão de papéis ou a imaturidade emocional indispensável para a criação e educação de um ser humano e o cumprimento dos deveres inerentes ao poder familiar. No caso, o lar é estável e o pai socioafetivo apenas deseja o reconhecimento de situação fática que representa a vivência familiar, pedido perfeitamente razoável, a desafiar a instrução probatória. Incumbe ao magistrado estudar as particularidades de cada caso concreto a fim de apreciar se a idade entre as partes realiza a proteção do adotando, sendo o limite mínimo legal um norte a ser seguido, mas que permite interpretações à luz do princípio da socioafetividade, nem sempre atrelado às diferenças de idade entre os interessados no processo de adoção" (STJ, 3ª T., REsp 1.785.754/RS, Rel. Min. Ricardo Villas Bôas Cueva, julg. 08.10.2019). No mesmo sentido: STJ, 4ª T., REsp. 1.338.616/DF, Rel. Min. Marco Buzzi, julg. 15.6.2021, publ. DJ 25.6.2021.

[20] STJ, 3ª T., REsp 1540814/PR, Rel. Min. Ricardo Villas Bôas Cueva, julg. 18.08.2015, publ. *DJ* 25.08.2015.

Se se tratar de adoção conjunta, é requisito objetivo que as pessoas sejam casadas ou que vivam em união estável – podendo o relacionamento ser homo ou heteroafetivo –, de modo que não é possível que dois amigos adotem alguém conjuntamente. O art. 42, § 2º, do ECA também exige que seja comprovada a estabilidade da família, o que será verificado por meio de estudo psicossocial junto ao casal adotante e tem como objetivo resguardar que, de fato, a pessoa adotada será inserida em uma família cujas pessoas tenham condições emocionais de recebê-la, com estabilidade familiar e ambiente saudável.

A pessoa com deficiência pode adotar e ser adotada

A Lei 13.146 instituiu o Estatuto da Pessoa com Deficiência – EPD cuja fundamentação imediata está na Convenção sobre Direitos das Pessoas com Deficiência. O art. 6º, VI, do EPD garante às pessoas com deficiência a possibilidade de "exercer o direito à guarda, à tutela, à curatela e à adoção, como adotante ou adotando, em igualdade de oportunidades com as demais pessoas". Trata-se de importante mecanismo do Estatuto para efetivar a igualdade para a inclusão, de modo que a deficiência não seja, por si só, fator de exclusão das inúmeras possibilidades de situações jurídicas – inclusive, familiares – que a vida oferece. Isso significa que, a princípio, a pessoa com deficiência pode adotar; será necessária a análise *in concreto* a fim de verificar sua real capacidade de cuidar do adotado e de exercer a autoridade parental. Cuida-se da mesma investigação que se faz nos demais processos de adoção, sendo o adotante pessoa com deficiência ou não.

Caso o adotante venha a falecer no curso do processo, antes de prolatada a sentença, é possível o deferimento da adoção, desde que o autor da ação tenha manifestado sua vontade de forma inequívoca (art. 42, § 6º, ECA), requisito essencial para que haja deferimento do pedido, como já decidiu, *a contrario sensu,* o STJ: "Se, no curso da ação de adoção conjunta, um dos cônjuges desistir do pedido e outro vier a falecer sem ter manifestado inequívoca intenção de adotar unilateralmente, não poderá ser deferido ao interessado falecido o pedido de adoção unilateral *post mortem*".[21]

Impossibilidade de adoção por ascendentes e irmãos do adotando e a flexibilização do comando normativo

Veda a lei a adoção por ascendentes ou por irmãos do adotando. Justifica-se o impedimento na possível confusão na genealogia do adotando.[22] A este respeito, merece destaque decisão do STJ, na qual o casal adotou criança de oito anos de idade, já grávida, em razão de abuso sexual sofrido, passando-se a exercer a paternidade socioafetiva de fato do filho da adotada, nascido quando ela contava apenas 9 anos de idade. Na hipótese foi destacado que o fundamento da vedação constante no art. 42, § 1º, do ECA, era "evitar que o instituto fosse indevidamente utilizado com intuitos meramente patrimoniais ou assistenciais, bem como buscou proteger o adotando em relação a eventual 'confusão mental e patrimonial' decorrente da 'transformação' dos avós em pais", o que não ocorria no caso analisado, em que os avós sempre exerceram a função de pais da criança, caracterizando a existência de filiação socioafetiva.[23]

---

21 STJ, 3ª T., REsp 1.421.409-DF, Rel. Min. João Otávio de Noronha, julg. 18.08.2016, publ. *DJ* 25.08.2016.

22 "Possibilidade de verdadeira distorção da própria árvore genealógica familiar, pois já possuem os ascendentes. Relação de parentesco com o pretenso adotando, o que esvazia o próprio teor da adoção, que é a colocação da criança em família substituta. Ainda que os recorrentes possuam a guarda de fato, tal circunstância, por si só, não dá ensejo a pretendida adoção e tampouco a destituição do poder de família, que depende de ação própria e comprovação inequívoca" (TJRJ, 21ª C.C., Ap. Cív. 0005441-30.2012.8.19.0068, Rel. Des. André Emílio Ribeiro Vo Melentovytch, julg. 02.09.2014).

23 STJ, 3ª T., REsp 1448969/SC, Rel. Min. Moura Ribeiro, julg. 21.10.2014, publ. *DJ* 03.11.2014.

Em outros casos com recorte específico, o STJ tem mitigado a vedação prevista no art. 42, § 1º, do ECA. No REsp 1.587.477-SC, entendeu-se cabível tal situação excepcional (adoção avoenga) quando "(i) o pretenso adotando seja menor de idade, (ii) os avós (pretensos adotantes) exerçam, com exclusividade, as funções de mãe e pai do neto, desde o seu nascimento; (iii) a parentalidade socioafetiva tenha sido devidamente atestada por estudo psicossocial; (iv) o adotando reconheça os adotantes como seus genitores e seu pai (ou sua mãe) como irmão; (v) inexista conflito familiar a respeito da adoção; (vi) não se constate perigo de confusão mental e emocional a ser gerada no adotando; (vii) não se funde a pretensão de adoção em motivos ilegítimos, a exemplo da predominância de interesses econômicos; e (viii) a adoção apresente reais vantagens para o adotando".[24]

Sobre o tema, nota-se controvérsia em torno da aplicabilidade da vedação da adoção por ascendentes, constante no art. 42, § 1º, do ECA, no caso de adoção de pessoa maior de idade. Enquanto parte da jurisprudência entende que a inaplicabilidade da vedação nesses casos representaria afronta à isonomia entre os filhos, ferindo o princípio da não discriminação,[25] há entendimento no sentido de ser possível a adoção por avós em casos excepcionais, privilegiando-se a filiação socioafetiva.[26-27] Também é preciso observar que se afasta a adoção dos netos pelos avós para fins meramente previdenciários.[28-29]

---

24 STJ, 4ª T, REsp 1.587.477-SC, Rel. Min. Luis Felipe Salomão, julg. 10.03.2020. Essa tem sido uma tendência verificada em outras decisões, como a que definiu ser a avó parte legítima para pleitear destituição do poder familiar da mãe biológica e adoção da neta, cuja guarda mantinha há 15 anos. Entendeu-se não ser absoluta a vedação da adoção de netos por avós, a depender da situação de fato verificada. Uma vez que o processo foi extinto sem julgamento de mérito, após a decisão da legitimidade da avó, o processo retorna para a 1ª instância para processamento e julgamento do mérito (disponível em https://www.stj.jus.br/sites/portalp/Paginas/Comunicacao/Noticias/2022/24102022-Terceira-Turma-afasta-ilegitimidade--ativa-de-avo-em-acao-de-destituicao-de-poder-familiar-e-adocao.aspx. Acesso em 30.01.2023).

25 "A hipótese de inaplicabilidade da vedação prevista no art. 42, § 1º, do ECA à adoção de maiores de 18 (dezoito) anos representaria afronta à isonomia, já que não se admitiria que o neto menor fosse adotado pelos avós, e o neto maior, sim" (TJRJ, 14ª C.C., Ap. Cív. 0000375-42.2014.8.19.0022, Rel. Des. José Carlos Paes, julg. 04.05.2016); TJRS, 7ª C.C., Ap. Cív. 70014163455, Rel. Des. Ricardo Raupp Ruschel, julg. 05.04.2006.

26 TJMG, 4ª C.C., Ap. Cív. 0017239-85.2014.8.13.0358, Rel. Des. Heloisa Combat, julg. 25.06.2015. Neste sentido, já entendeu a 1ª Câmara Cível do Tribunal de Justiça de Minas Gerais que "restando evidenciado nos autos que a adotanda, malgrado maior de idade, é pessoa absolutamente incapaz, por apresentar deficiência mental, bem como que, há muitos anos, é a sua avó paterna quem lhe propicia toda a assistência afetiva, material e psicológica necessárias ao seu bem-estar e à garantia de uma vida digna, tendo sido, por essa razão, nomeada a sua guardiã, durante a menoridade, e, posteriormente, a sua curadora, no bojo da ação de interdição, viável é o pedido de adoção, ausente qualquer impedimento legal" (TJMG, 1ª C.C., Ap. Cív. 2709110-87.2010.8.13.0024, Rel. Des. Eduardo Andrade, julg. 05.06.2012).

27 Sobre o tema, remete-se à obra de Antônio Carlos Mathias Coltro; Livia Teixeira Leal; Tânia da Silva Pereira; Sofia Miranda Rabelo, *Avosidade: relação jurídica entre avós e netos*, Indaiatuba: Foco, 2021.

28 "1. Mantém-se a sentença que negou à autora a reversão da pensão militar que vinha sendo paga à mãe, porquanto configurada a adoção com fins meramente previdenciários. 2. A autora, nascida em 27.07.1956, foi adotada aos 43 anos pelo marido da mãe, coronel do Exército, quando este contava com 77 anos. A adoção ocorreu menos de um ano antes do óbito do adotante, tendo a própria autora informado que o militar adotante era seu tio, irmão de seu pai. 3. Apelação desprovida" (TRF2, 6ª Turma Especializada, Ap. Cív. 0030257-77.2016.4.02.5101, Rel. Des. Nizete Lobato Carmo, julg. 30.03.2017).

29 "1. Mantém-se a sentença que negou à autora a reversão da pensão militar que vinha sendo paga à mãe, porquanto configurada a adoção com fins meramente previdenciários. 2. A autora, nascida em

Tendo em vista o melhor interesse da criança, a adoção só será deferida se fundada em motivos legítimos e se apresentar reais vantagens para o adotando. Além disso, deve ser observado, em regra, o consentimento dos pais biológicos e do adolescente ou a destituição da autoridade parental. O consentimento dos genitores pode ser dispensado se esses foram destituídos do poder familiar ou se forem desconhecidos.

Habilitação para a adoção

Os postulantes devem passar pelo procedimento de habilitação de pretendentes à adoção previsto nos arts. 197-A a 197-E, incluídos pela Lei 12.010/2009, além de ser necessária a realização do estágio de convivência (art. 46 do ECA), fixado de acordo com as peculiaridades do caso e acompanhado por equipe interprofissional. A simples guarda de fato não autoriza, por si só, a dispensa da realização do estágio de convivência, que só pode ser afastado se o adotando já estiver sob a tutela ou guarda do adotante durante tempo suficiente para que seja possível avaliar a conveniência da constituição do vínculo. Na adoção internacional, o estágio de convivência deve ser cumprido no prazo mínimo de 30 dias, em território nacional.

Flexibilidade de irregularidades na adoção em nome da socioafetividade

Consoante vem entendendo o STJ, eventuais irregularidades na adoção podem ser superadas em virtude da situação de fato consolidada no tempo, desde que favoráveis ao adotando. Uma das maiores controvérsias gira em torno do consentimento a ser dado pelos genitores biológicos, que muitas vezes é alvo de questionamentos. No entanto, vêm prevalecendo os vínculos de afeto criados entre os adotantes e o infante diante das formalidades legais.[30]

Com esse entendimento, a 3ª Turma do STJ afastou a alegação de nulidade da sentença que deferiu o pedido de adoção de uma criança que já convivia com os postulantes há mais de 13 anos, tendo sido entregue pela mãe biológica com um mês de idade com termo assinado, que, contudo, não havia sido autenticado ou ratificado em audiência.[31] No mesmo sentido, a Corte Especial do STJ deferiu pedido de homologação de sentença estrangeira de adoção assentada no abandono pelo pai de filho que se encontrava há anos convivendo com o padrasto, em situação consolidada, entendendo que a hipótese prescindia do consentimento do pai biológico se a Justiça estrangeira não havia logrado êxito em localizá-lo.[32] No mesmo sentido, o Enunciado

---

27.07.1956, foi adotada aos 43 anos pelo marido da mãe, coronel do Exército, quando este contava com 77 anos. A adoção ocorreu menos de um ano antes do óbito do adotante, tendo a própria autora informado que o militar adotante era seu tio, irmão de seu pai. 3. Apelação desprovida" (TRF2, 6ª Turma Especializada, Ap. Cív. 0030257-77.2016.4.02.5101, Rel. Des. Nizete Lobato Carmo, julg. 30.03.2017).

30 Dimas Messias de Carvalho. Adoção *intuitu personae* e autoridade parental. In: Ana Carolina Brochado Teixeira; Luciana Dadalto (coords.). *Autoridade parental: dilemas e desafios contemporâneos*, Indaiatuba: Foco, 2021, 2ª ed., pp. 79-92.

31 STJ, 3ª T., REsp 1423640/CE, Rel. Min. Marco Aurélio Bellizze, julg. 04.11.2014, publ. *DJ* 13.11.2014.

32 STJ, Corte Especial, SEC 008600/EX, Rel. Min. Og Fernandes, julg. 01.10.2014, publ. *DJe* 16.10.2014. No mesmo sentido: "1. O cumprimento dos requisitos relativos aos institutos processuais no processo alienígeno deve obedecer às regras locais, daí porque não cabe arguição no sentido de que a citação não se deu nos termos da legislação processual pátria. 2. A jurisprudência deste Superior Tribunal de Justiça entende possível a adoção sem o consentimento de um dos pais quando a situação fática consolidada no tempo for favorável ao adotando, como na espécie. 3. Pedido de homologação

259 da III Jornada do CJF determina que a revogação do consentimento não impede, por si só, a adoção, observado o melhor interesse do adotando.

Quem pode ser adotado

Qualquer pessoa pode ser adotada, seja ela maior ou menor de idade, portadora ou não de alguma deficiência, obedecendo ao requisito objetivo de diferença de 16 anos de idade entre adotante e adotando. O STJ admitiu a possibilidade de se adotar pessoa maior – inclusive que já teria sido adotada anteriormente – sendo necessário, para tanto, seguir o regramento legislativo vigente à época do ajuizamento da ação de adoção.[33] A adoção tem que representar, necessariamente, benefício existencial para o adotando.

4. ESPÉCIES

4.1 Adoção bilateral ou conjunta

A adoção bilateral ou conjunta é aquela na qual há o rompimento do vínculo de filiação com ambos os genitores biológicos. Para este tipo de adoção, é indispensável que os adotantes sejam casados civilmente ou mantenham união estável, devendo haver estabilidade familiar. No entanto, pessoas divorciadas, separadas (judicial ou extrajudicialmente) e ex-companheiros podem adotar em conjunto, desde que (i) haja acordo sobre a guarda e o regime de convivência familiar, sendo que, uma vez demonstrado efetivo benefício ao adotando, a guarda deverá ser compartilhada, (ii) que o estágio de convivência tenha se iniciado durante a sociedade conjugal ou da vigência da união estável e (iii) que seja comprovada a existência de vínculos de afinidade e afetividade com o não detentor da guarda – ou com aquele que não tiver o mesmo domicílio do filho, no caso de guarda compartilhada –, que justifiquem a excepcionalidade da concessão (art. 42, § 4º, ECA).

A respeito das hipóteses de rompimento da relação conjugal ou da união estável entre os postulantes à adoção, estabelece o § 5º do art. 42 do ECA que, uma vez demonstrado efetivo benefício ao adotando, será assegurada a guarda compartilhada. Contudo, esse dispositivo deve ser interpretado à luz das modificações implementadas pela Lei 13.058/2014, que determina a obrigatoriedade da guarda compartilhada, a qual somente não será concedida se um dos genitores declarar ao magistrado que não deseja a guarda do adotado ou quando o compartilhamento da guarda não corresponder ao seu melhor interesse.

Nessa modalidade de adoção, é imprescindível o consentimento dos dois cônjuges, como desdobramento do planejamento familiar vertido para a filiação pois, em se tornando ambos pais do adotando, é essencial que haja a formalização da expressão da vontade de todos. Essa manifestação da autonomia privada também coincide com o melhor interesse do adotando, de modo a resguardar a estabilidade da família e o ambiente saudável. A 3ª Turma do STJ, em caso em que o pedido de adoção come-

---

deferido" (STJ, Corte Especial, SEC 009073/EX, Rel. Min. Maria Thereza de Assis Moura, julg. 17.09.2014, publ. *DJe* 24.09.2014).

[33] STJ, 4ª T., REsp 1293137/BA, Rel. Min. Raul Araújo, julg. 11.10.2022, publ. *DJ* 24.10.2022.

çou em conjunto, mas um dos cônjuges desistiu no curso do processo, decidiu que o requerimento de adoção deveria se dar como solteiro. "Mesmo assim, não poderia proceder à adoção permanecendo casado e vivendo no mesmo lar, porquanto não pode o Judiciário impor ao cônjuge não concordante que aceite em sua casa alguém sem vínculos biológicos. É certo que, mesmo quando se trata de adoção de pessoa maior, o que pressupõe a dispensa da questão do lar estável, não se dispensa a manifestação conjunta da vontade".[34]

4.2 *Adoção unilateral*

Na adoção unilateral, há o rompimento do vínculo em relação a apenas um dos pais biológicos, mantendo o adotando o vínculo com o(a) outro(a) genitor(a). Quando constar somente o nome de um dos pais no registro de nascimento, deve haver a concordância do pai ou da mãe presente no registro. Já nas hipóteses em que constar também o nome do outro pai ou mãe, será necessária a destituição do poder familiar do genitor que irá perder o vínculo com o adotando.[35] Neste sentido, vem sendo reconhecida a legitimidade do padrasto para postular a destituição do poder familiar do pai biológico da criança ou do adolescente que pretende adotar,[36] o que já foi admitido até mesmo em caso no qual a criança residia com a mãe e o padrasto estrangeiro em outro país.[37]

4.3 *Adoção consentida ou* intuitu personae

A adoção *intuitu personae* caracteriza-se pela escolha pelos pais – em sua maioria, pela mãe – da pessoa a quem entregará seu filho em adoção, sob o pressuposto de que os pais biológicos sabem o que será melhor para seu filho. Tal modalidade de adoção é criticada porque pode implicar exceção à regra do art. 50 do ECA, que estabelece o respeito à ordem cronológica no Cadastro Nacional de Adoção para o recebimento de crianças. Muitos defendem que tal situação resultaria do exercício da autoridade parental, vez que o próprio Código estabeleceu que são os pais quem devem escolher a pessoa a cuidar dos filhos em sua falta, como no caso da tutela testamentária prevista

---

34 STJ, 3ª T., REsp 1.421.409-DF, Rel. Min. João Otávio de Noronha, julg. 18.08.2016, publ. *DJ* 25.08.2016.

35 Luciano Alves Rossato; Paulo Eduardo Lépore; Rogério Sanches Cunha, *Estatuto da Criança e do Adolescente Comentado*, São Paulo: Revista dos Tribunais, 2014, 6ª ed., p. 205.

36 Destacou a Relatora Ministra Nancy Andrighi que o "alicerce, portanto, do pedido de adoção reside no estabelecimento de relação afetiva mantida entre o padrasto e a criança, em decorrência de ter formado verdadeira entidade familiar com a mulher e a adotanda, atualmente composta também por filha comum do casal". STJ, 3ª T., REsp 1106637/SP, Rel. Min. Nancy Andrighi, julg. 01.06.2010, publ. *DJ* 01.07.2010. No mesmo sentido: STJ, 4ª T., REsp 1207185/MG, Rel. Min. Luis Felipe Salomão, julg. 11.10.2011, publ. *DJ* 22.11.2011.

37 Na hipótese, foram afastadas as normas referentes à adoção internacional, reconhecendo-se que o caso tratava de adoção unilateral, na medida em que o infante já residia no mesmo território do adotante, e a hipótese não implicava a completa inserção em outra unidade familiar, pois a criança continuou convivendo com a mãe biológica. STJ, Corte Especial, SEC 7634/EX, Rel. Min. Napoleão Nunes Maia Filho, julg. 07.12.2016, publ. *DJe* 14.12.2016.

no art. 1.729 do Código Civil.[38] Como já mencionado anteriormente, em muitos casos esse tipo de adoção é requerida por partícipe de relação parental socioafetiva que é constituída entre os adotantes e a criança adotada. Na análise do REsp 1628245/SP, a 4ª Turma do STJ afastou a alegação de impossibilidade jurídica do pedido em caso no qual os pretendentes vinham cuidando de uma criança desde seu nascimento, com o consentimento dos genitores, mas não estavam inscritos no Cadastro de Adoção. Considerou-se que "a guarda de uma criança, sem interrupções, (...) durante os seus primeiros anos de vida, tem o condão de estabelecer o vínculo de afetividade do menor com a pretensa mãe adotiva".[39] Nessa mesma esteira, em 2022, o STJ entendeu, em hipótese de entrega da criança para terceiros logo após o nascimento, mesmo havendo suspeita de burla ao cadastro nacional de adoção, deve-se atender ao art. 34, § 1º, do ECA, que dá preferência a programas de acolhimento familiar ao acolhimento institu-

---

38 "Assim, não estando os filhos abandonados, entregues pelos genitores ao Conselho Tutelar ou sem situação de risco para exigir da Justiça da Infância e da Juventude e, se for o caso, serem inscritos nos cadastros de crianças e adolescentes em condições de serem adotados, não se verifica nenhum impedimento aos próprios pais escolherem os adotantes e entregarem seus filhos para adoção direta, permitindo-se aos pretensos adotantes, preliminarmente requerer a guarda para regularizar a posse de fato, nos termos do art. 33 do ECA, e, após, conforme art. 50, § 13, III, requerer a adoção. Evidentemente que ninguém é melhor que pais conscientes para escolherem aqueles que consideram ideal para tornarem-se pais afetivos de seus filhos biológicos, pois o consentimento para adoção, na maioria das vezes, é um ato de amor extremo, buscando o melhor par aos filhos que não podem cuidar" (Dimas Messias de Carvalho, *Adoção e guarda*, Belo Horizonte: Del Rey, 2010, pp. 22-23).

39 STJ, 4ª T., REsp 1628245/SP, Rel. Min. Raul Araújo, julg. 13.12.2016, publ. *DJ* 15.12.2016. No mesmo sentido, afastando a impossibilidade jurídica do pedido: TJRS, 7ª C.C., Ap. Cív.70068550789, Rel. Des. Sandra Brisolara Medeiros, julg. 18.05.2016. Não obstante a controvérsia, há vários julgados favoráveis ao tema, tanto recentes quanto mais antigos: "I – A observância do cadastro de adotantes, vale dizer, a preferência das pessoas cronologicamente cadastradas para adotar determinada criança não é absoluta. Excepciona-se tal regramento, em observância ao princípio do melhor interesse do menor, basilar e norteador de todo o sistema protecionista do menor, na hipótese de existir vínculo afetivo entre a criança e o pretendente à adoção, ainda que este não se encontre sequer cadastrado no referido registro; II – É incontroverso nos autos, de acordo com a moldura fática delineada pelas Instâncias ordinárias, que esta criança esteve sob a guarda dos ora recorrentes, de forma ininterrupta, durante os primeiros oito meses de vida, por conta de uma decisão judicial prolatada pelo i. desembargador-relator que, como visto, conferiu efeito suspensivo ao Agravo de Instrumento n. 1.0672.08.277590-5/001. Em se tratando de ações que objetivam a adoção de menores, nas quais há a primazia do interesse destes, os efeitos de uma decisão judicial possuem o potencial de consolidar uma situação jurídica, muitas vezes, incontornável, tal como o estabelecimento de vínculo afetivo; III – Em razão do convívio diário da menor com o casal, ora recorrente, durante seus primeiros oito meses de vida, propiciado por decisão judicial, ressalte-se, verifica-se, nos termos do estudo psicossocial, o estreitamento da relação de maternidade (até mesmo com o essencial aleitamento da criança) e de paternidade e o consequente vínculo de afetividade; IV – Mostra-se insubsistente o fundamento adotado pelo Tribunal de origem no sentido de que a criança, por contar com menos de um ano de idade, e, considerando a formalidade do cadastro, poderia ser afastada deste casal adotante, pois não levou em consideração o único e imprescindível critério a ser observado, qual seja, a existência de vínculo de afetividade da infante com o casal adotante, que, como visto, insinua-se presente; (...)" (STJ, 3ª T., REsp 1172067/MG, Rel. Min. Massami Uyeda, julg. 18.03.2010, publ. *DJ* 14.04.2010); STJ, 4ª T., REsp 1.410.478//RN, Rel. Min. Luis Felipe Salomão, julg. 5.12.2019; TJ/MG, 2ª C.C., Ap. Cív. 0061628-36.2012.8.13.0194, Rel. Des. Hilda Teixeira da Costa, julg. 27.01.2015; TJ/RJ, 19ª C.C., AI 0048803-24.2014.8.19.0000, Rel. Des. Eduardo de Azevedo Paiva, julg. 09.12.2014; TJ/MG, 1.0672.05.159365-1/001(1), Des. Rel. Fernando Braulio, publ. *DJ* 15.02.2006.

cional, observando-se o caráter temporário da medida, mesmo porque ainda existente risco de contaminação pelo coronavírus.[40]

O art. 166 do Estatuto da Criança e do Adolescente trata do procedimento de colocação da criança em família substituta, o que inclui o consentimento dos pais, que poderão concordar com esse pedido feito pelos requerentes diretamente em cartório, em petição por eles assinada, dispensada a assistência de advogado. A concordância dos pais será colhida por meio de oitiva pela autoridade judiciária e pelo representante do Ministério Público, em audiência designada para data posterior ao nascimento da criança, "garantidos a livre manifestação de vontade dos detentores do poder familiar e o direito ao sigilo das informações" (art. 166, § 3º, ECA). Mesmo os pais biológicos dando o consentimento por escrito, essa manifestação de vontade deverá ser ratificada na audiência referida e poderá ser revogada até a data da publicação da sentença constitutiva da adoção. Antes de dar o consentimento, no entanto, deverão receber orientações e esclarecimentos pela equipe interprofissional da justiça da infância e juventude, em face da irrevogabilidade da medida e para garantir que sua vontade seja hígida.[41]

A Lei 13.509 de 2017 acrescentou ao art. 1.638 o inciso V sendo mais uma hipótese de perda do poder familiar a entrega irregular do filho a terceiros para fins de adoção, como forma de dificultar a adoção *intuitu personae*.

4.4 Adoção à brasileira e os efeitos do registro

A adoção à brasileira ocorre quando alguém registra, como seu, filho sabidamente de outrem. Trata-se de conduta típica, prevista no art. 242 do Código Penal, que tem sido atenuada pela jurisprudência, sob o fundamento de que, quando houver convivência e vínculo socioafetivo consolidado, o acolhimento institucional temporário não representa o melhor interesse da criança mesmo nos casos de adoção

---

[40] STJ, 3ª T., HC 735525 – SP, Rel. Min. Paulo de Tarso Sanseverino, julg. 21.6.2022. No mesmo sentido: "2. Hipótese, todavia, em que a criança se encontra em poder da família substituta desde os 11 meses de vida (cinco anos e três meses atualmente), o que - ausente indício de que esteja sofrendo algum tipo de violência física ou psicológica - não recomenda sua colocação em abrigo para acolhimento institucional. 3. No caso em exame, a concessão da guarda provisória à família substituta regularmente inscrita e em observância à ordem do cadastro de adoção, é a medida que melhor preserva o interesse do menor, seja em razão do abandono pela genitora, seja em virtude da consolidação da situação, especialmente diante da constatação de que o menor conta com atualmente com 5 anos e três meses de idade e está sob o guarda da família substituta desde os onze meses, tem pré-diagnóstico de Transtorno do Espectro Autista, encontra-se acompanhado por equipe multidisciplinar formada profissionais de saúde pagos pelo casal a quem foi concedida a guarda provisória, está regularmente matriculado em instituição de ensino e plenamente adaptado e integrado à nova casa e família extensa." (STJ, 4ª T., Relª. Desª. Maria Isabel Gallotti, julg. 2.5.2023, publ. DJ 5.5.2023).

[41] "Esta modalidade de Adoção não se confunde com as situações indicadas no § 13 do art. 50 do ECA, que se referem expressamente à dispensa do procedimento de habilitação para a concessão da medida. Nas três situações, igualmente, está presente a concordância do(s) genitor(res) ou responsáveis. Porém, essas mesmas hipóteses 'legais' não afastam a Adoção consentida, o que tem sido confirmado por nossos Tribunais" (Tânia da Silva Pereira, Vicissitudes e certezas que envolvem a adoção consentida. In: Rodrigo da Cunha Pereira (Coord.), *Família:* entre o público e o privado, Porto Alegre: Magister/IBDFAM, 2012, p. 345).

irregular ou à brasileira,[42] salvo quando há evidente risco à integridade física ou psíquica do menor.[43]

Costumeiramente, essa modalidade de adoção acontece por dois motivos. O primeiro deles é a burla ao cadastro de adoção, que se dá quando os pretendentes à adoção não aguardam a longa espera que tal lista demanda. Nesses casos, para além da investigação do ocorrido, deve-se averiguar o melhor interesse da criança. Foi nesse sentido a decisão da Minª. Nancy Andrighi, ao receber um *habeas corpus*, com origem em ação cautelar proposta pelo Hospital Universitário de Jundiaí, que relatou suposta irregularidade no registro de nascimento de uma criança, motivada por inconsistências no relato sobre o relacionamento amoroso supostamente havido entre os pais, de modo a ensejar a suspeita de que o pai registral não seria o pai biológico. Em primeira instância, houve o acolhimento institucional da criança: "Em virtude da suposta burla à lista de adoção, o Juízo de 1º grau determinou o acolhimento institucional da criança e a determinação de realização de exame de DNA para averiguação da paternidade". Tal decisão suscitou a impetração de *habeas corpus* perante o TJSP e, depois, o STJ. Não obstante os obstáculos de ordem processual para o processamento do *habeas corpus*, em razão do superior interesse da criança, a ministra autorizou seu trâmite perante o STJ e deferiu a liminar para mantê-la sob a guarda do pai: "Como se vê, não há nos autos qualquer notícia de situação de risco (art. 98, ECA) que justifique a aplicação da medida de proteção de acolhimento institucional. 11. A suposta 'adoção/guarda' irregular, todavia, não importaria em prejuízo ao infante, pelo contrário ainda que momentaneamente, a guarda

---

42 A 3ª Turma do STJ confirmou a destituição de poder familiar e o deferimento da adoção para a família que recebeu a criança recém-nascida e a escondeu da Justiça por dez anos, diante do desinteresse dos pais biológicos em retomar a guarda da filha. Segundo a Corte, a despeito da conduta censurável dos pretensos adotantes, a concessão da adoção é a medida mais adequada para o bem-estar da menor, que não chegou sequer a conviver com sua família biológica. Na situação analisada, o tio paterno, em conluio com o conselho tutelar, subtraiu a criança dos pais ainda no hospital, com quatro dias de vida, a entregando a uma família substituta, alegando que visava evitar que ela fosse para um abrigo institucional, pois os genitores viviam à época em situação de rua e usavam drogas. Tempos depois, os adotantes informais pleitearam em juízo a destituição do poder familiar cumulada com a adoção, o que foi concedido em segunda instância, entendendo-se que havia vínculo afetivo consolidado por longo período entre eles e a menor. Na Corte Superior, a relatora do recurso, a Min. Nancy Andrighi, assinalou que, embora "a conduta dos adotantes, no princípio, seja absolutamente repugnante, o foco das ações em que se discute a destituição do poder familiar e a adoção é o preponderante atendimento do princípio do melhor interesse da criança e do adolescente" (STJ, 3ª T., REsp 1.842.827/SP, Rel. Min. Nancy Andrighi, julg. 14.12.2021, publ. *DJ* 17.12.2021).

43 "A jurisprudência desta eg. Corte Superior tem decidido que não é do melhor interesse da criança o acolhimento temporário em abrigo, quando não há evidente risco à sua integridade física e psíquica, com a preservação dos laços afetivos eventualmente configurados entre a família substituta e o adotado ilegalmente. Precedentes. 3. Todavia, em hipóteses excepcionais, nas quais não se chegou a formar laços afetivos suficientes entre o infante e a família que o registrou e adotou ilegalmente, em razão do pouquíssimo tempo de convivência entre eles (dois meses), bem como diante do desabrigamento e do acolhimento da criança por nova família que seguiu os trâmites legais da adoção, aguardou a vez no cadastro nacional de adoção e vem cuidando do bem-estar físico e psicológico da criança e proporcionando um desenvolvimento sadio, não é recomendável nova ruptura da convivência familiar do paciente. Observância dos princípios do melhor interesse e da proteção integral da criança" (STJ, 3ª T., HC 454161/TO, Rel. Min. Moura Ribeiro, julg. 14.08.2018, publ. *DJ* 23.08.2018). No mesmo sentido: STJ, 3ª T., HC 668.918/MG, Rel. Min. Moura Ribeiro, julg. 20.10.2021, publ. DJ 28.10.2021.

de fato poderia se revelar satisfatória à criança, em virtude do interesse demonstrado pelo casal em permanecer com o menor, direcionando-lhe todos os cuidados que uma criança merece (médicos, assistenciais, afetivos etc.) suficientes à elisão de qualquer risco imediato à integridade física e/ou psíquica do menor".[44] Argumenta, ainda, que a decisão judicial de abrigamento da criança implica prejuízo psicológico para a própria menor, ou seja, na dúvida, deve-se mantê-la no seio da família.[45]

A segunda hipótese de adoções à brasileira acontece quando o(a) parceiro(a) da mãe – na maioria das vezes, ainda gestante – registra a criança que sabe não ser sua, mas que objetiva criá-la como filho. Trata-se de situação frequente da qual decorrem, inclusive, ações judiciais posteriores pleiteando a desconstituição da filiação motivada pela ausência de vínculo biológico, nas quais colidem a ilegalidade da adoção à brasileira com os efeitos por ela gerados na formação e desenvolvimento da personalidade do adotado. O STJ se manifestou no sentido de só ser possível buscar a nulidade do registro de nascimento quando ainda não houver formado vínculo de socioafetividade com o adotado, após o qual não é mais possível a desconstituição da posse do estado de filho, geradora da paternidade socioafetiva.[46]

O STJ examinou o interesse processual do Ministério Público para ajuizar ação civil pública com pedido de indenização por danos morais coletivo e social contra casal que teria tentado realizar adoção à brasileira em detrimento do procedimento previsto no Sistema Nacional de Adoção. Entendeu-se que, embora "evidente a necessidade de políticas públicas voltadas à conscientização da população acerca do procedimento para a adoção, diante das circunstâncias fáticas apresentadas no presente caso, em especial a conjuntura de que os recorrentes constavam da lista do cadastro nacional e que a criança não permaneceu sob sua guarda", restou ausente o interesse processual que justificasse a ação civil pública, razão pela qual se extinguiu o processo sem resolução do mérito.[47]

---

44 STJ, 3ª T., HC 298009/SP, Rel. Min. Nancy Andrighi, julg. 19.08.2014, publ. *DJ* 04.09.2014.

45 No mesmo sentido: STJ, 3ª T., HC 294729/SP, Rel. Min. Sidnei Beneti, julg. 07.08.2014, publ. *DJ* 29.08.2014; STJ, 3ª T., HC 265771/SC, Rel. Min. Paulo de Tarso Sanseverino, julg. 25.02.2014, publ. *DJ* 10.03.2014; STJ, 4ª T., HC 279059/RS, Rel. Min. Luis Felipe Salomão, julg. 10.12.2013, publ. *DJ* 28.02.2014. A questão tem se apresentado controvertida: "Considerando os fortes indícios de adoção à brasileira, a tenra idade do ora paciente, o breve período de convivência entre ele e os pretensos adotantes – os quais, ademais, não estavam inscritos no Cadastro Nacional de Adoção – e a irreversibilidade da medida, o acolhimento institucional do menor não constitui medida ilegal. 4. O melhor interesse do menor é atendido por medida que busca prevenir o estreitamento de laços com a família que supostamente burlou o sistema de adoção, resguardando os trâmites legais, os quais visam à preservação do bem estar e segurança dos menores submetidos ao procedimento, com a adequada preparação e acompanhamento, bem como a isonomia entre os inscritos no Cadastro de Adoção. 5. Agravo interno a que se nega provimento" (STJ, 4ª T., AgInt no HC 912.317/CE, Rel. Min. Maria Isabel Gallotti, julg. 1.7.2024, publ. *DJe* 3.7.2024).

46 STJ, 3ª T., REsp 1.088.157-PB, Rel. Min. Massami Uyeda, julg. 23.06.2009. Ressalte-se que esse entendimento não se estende ao filho, que tem o direito de, a qualquer tempo, pleitear judicialmente a nulidade do registro em vista da obtenção do estabelecimento da paternidade biológica, segundo entendimento já firmado pelo STJ.

47 STJ, 3ª T., REsp 2.126.256/SC, Rel. Min. Nancy Andrighi, julg. 21.5.2024, publ. *DJe* 10.6.2024.

4.5 *Adoção* post mortem *ou póstuma*

O art. 42, § 6º, do Estatuto autoriza o deferimento da adoção quando o adotante, após inequívoca manifestação de vontade, vier a falecer no curso do procedimento, antes de prolatada a sentença; ou seja, a lei exige que o pretendente à adoção tenha iniciado o processo em vida. A *ratio* dessa modalidade de adoção é a tutela patrimonial do adotado, já que a sentença retroage à data do falecimento, para permitir que o filho herde do pai, ou seja, ao deferir a adoção, o adotado fica resguardado com os efeitos patrimoniais (sucessórios) dessa situação jurídica advinda do estabelecimento da filiação.

O STJ tem interpretado ampliativamente essa regra, autorizando o processamento da adoção inclusive antes de iniciado o processo, de modo que a anterior manifestação inequívoca do adotante traduza o comportamento revelador da posse de estado (nome, tratamento e fama) de pai e filho. Assim, se equivaleriam os requisitos tanto para a adoção póstuma quanto para a declaração de parentalidade socioafetiva: "Para as adoções *post mortem*, vigem, como comprovação da inequívoca vontade do *de cujus* em adotar, as mesmas regras que comprovam a filiação socioafetiva: o tratamento do adotando como se filho fosse e o conhecimento público dessa condição. Em situações excepcionais, em que demonstrada a inequívoca vontade em adotar, diante da longa relação de afetividade, pode ser deferida adoção póstuma ainda que o adotante venha a falecer antes de iniciado o processo de adoção".[48]

Constata-se, portanto, que a orientação do STJ é no sentido de que "a exigência do processo instaurado, a que alude o art. 42, § 6º, do Estatuto da Criança e do Adolescente pode ser substituída por prova cabal que evidencie o propósito de adotar a criança, que só não se concretizou por fato alheio".[49]

Na linha de apreensão da vontade de adotar no exercício dos deveres de cuidado advindos da solidariedade familiar, entendeu-se possível estender as disposições sobre adoção póstuma do ECA à adoção de maiores, mesmo antes da Lei 12.010/2009, que o fez expressamente, em razão da relevância do estado de filiação para a pessoa. Logo, em hipótese em que o magistrado de primeira instância havia extinguido o processo sem resolução de mérito, o STJ determinou que o pedido fosse processado pois, "estando o juiz diante de uma omissão legislativa, deve fazer uso dos meios de integração da norma – dentre os quais, preliminarmente, a analogia (art. 4º da LINDB). No caso dos autos, deve-se aplicar a analogia para suprir o hiato legislativo existente, tendo em vista que o pedido foi formulado no ano de 1999, exatamente entre a publicação do ECA e a da Lei 12.010/2009. 5. Ademais, o pedido de adoção merece ser apreciado, pois a

---

48 STJ, 3ª T., REsp 1326728/RS, Rel. Min. Nancy Andrighi, julg. 20.08.2013, publ. *DJ* 27.02.2014.

49 STJ, 3ª T., AgRg no REsp 1418648/PE, Rel. Min. Ricardo Villas Bôas Cueva, julg. 27.03.2014, publ. *DJ* 08.04.2014. O caso paradigmático invocado pelo STJ remonta a julgamento ocorrido em 2002: STJ, 4ª T., REsp 457.635/PB, Rel. Min. Ruy Rosado de Aguiar, julg. 19.11.2002, publ. *DJ* 17.03.2003; no mesmo sentido e mais recente: STJ, 3ª T., AgRg no AREsp 032122/RS, Rel. Min. Massami Uyeda, julg. 20.09.2012, publ. *DJ* 02.10.2012; STJ, 4ª T., AgRg no Ag 1332402/RJ, Rel. Min. Raul Araújo, julg. 15.05.2012, publ. *DJe* 13.06.2012; STJ, 4ª T., AgInt no REsp 1.520.454 - RS, Rel. Min. Raul Araújo, julg. 17.10.2023, publ. DJ 3.11.2023.

matéria se refere ao estado das pessoas e às regras de processo, à qual cumpre aplicar de imediato as normas em vigor, inclusive aos requerimentos ainda em trâmite".[50]

4.6 *Adoção por casais homoafetivos*

Os Tribunais brasileiros vêm reconhecendo a possibilidade de adoção por casal homoafetivo nos casos em que a medida represente real benefício ao adotando. Anteriormente, a resistência à adoção em conjunto se dava em face do que dispõe o art. 42, § 2º, ECA – com conteúdo semelhante ao do art. 1.618, parágrafo único, do Código Civil, cuja redação foi modificada pela Lei 12.010/2009 –, que restringe a possibilidade de adoção a entidades familiares constituídas pelo casamento ou união estável. Como até o julgamento da ADI 4277 e da ADPF 132 pelo Supremo Tribunal Federal – no qual o STF reconheceu as uniões homoafetivas como entidades familiares –, havia divergências no acolhimento da união estável homoafetiva e não se entendia possível o casamento por pessoas do mesmo sexo, subsistia o entendimento de que só era possível à pessoa com orientação homossexual adotar isoladamente, o que ofendida o princípio da igualdade.

Todavia, mesmo antes do julgamento da ADI 4277 e da ADPF 132, a 4ª Turma do STJ, de forma unânime, na análise do REsp 889.852/RS, já havia decidido a favor da adoção de duas crianças por casal homoafetivo, considerando que o casal já convivia regularmente com as crianças desde a adoção por uma das companheiras, e que a inexistência de expressa previsão legal que permitisse a inclusão do nome da companheira homoafetiva nos registros de nascimento das crianças não poderia constituir óbice para a garantia dos direitos dos infantes.[51]

Em 2012, a 3ª Turma do STJ, no REsp 1.281.093/SP, também se manifestou favoravelmente a pedido de adoção unilateral feito pela companheira da mãe biológica da adotanda. Na hipótese, o casal já vivia em união estável e se submeteu à técnica de inseminação artificial heteróloga, por doador desconhecido, que gerou a criança.[52]

A questão fundamental é saber se orientação sexual gera alguma interferência no exercício da autoridade parental: o fato de a pessoa ser homo ou heterossexual impacta as habilidades para criar, educar e assistir seus filhos, de modo que eles cresçam saudáveis, com autonomia e responsabilidade? Essas pessoas serão capazes de lhes proporcionar uma convivência familiar saudável? A resposta a tais questões não guarda relação com a orientação sexual, a qual deve ser afastada, por isso mesmo, como critério definidor do melhor interesse da criança. Por conseguinte, para o deferimento da habilitação para a adoção, deve ser verificada a aptidão para adotar, independentemente da sua orientação sexual. Assim, somente no caso concreto podem-se evidenciar as circunstâncias que, de fato, atenderão ao melhor interesse da criança ou do adolescente.

Além disso, todo casal – independentemente da sua orientação sexual – tem direito de construir o planejamento familiar que melhor reflete seus interesses, por força do

---

[50] STJ, 4ª T., REsp 656952/DF, Rel. Min. Antônio Carlos Ferreira, julg. 02.06.2016, publ. *DJ* 23.06.2016.

[51] STJ, 4ª T., REsp 889852/RS, Rel. Min. Luis Felipe Salomão, julg. 27.04.2010, publ. *DJ* 10.08.2010.

[52] STJ, 3ª T., REsp 1281093/SP, Rel. Min. Nancy Andrighi, julg. 18.12.2012, publ. *DJ* 04.02.2013.

art. 226, § 7º, CR. Assim, se o planejamento familiar tem como limites o princípio da dignidade da pessoa humana e a paternidade responsável, expressamente previstos no art. 226, § 7º, CR, não se compreende como a orientação sexual dos adotantes possa autorizar ao Estado interferir na livre decisão do casal em constituir prole por meio da adoção.[53] Daí se conclui que a homoafetividade não tem qualquer relação com o exercício da autoridade parental e com o tratamento que cada pai ou mãe dá ao seu filho.

4.7 *Adoção de maior de 18 anos*

A adoção de pessoas maiores de 18 anos é prevista pelo art. 1.619 do Código Civil de 2002 e dependerá de sentença judicial constitutiva,[54] aplicando-se, no que couber, as regras gerais do ECA. Seu processamento corre perante a Vara de Família, e não pela Vara da Infância e Juventude, justamente em virtude da maioridade.

A respeito da necessidade de consentimento dos pais biológicos no caso de adoção de pessoa maior, são encontradas algumas dificuldades, entendendo-se ser "imperativo, se não o consentimento, ao menos a citação dos pais registrais", a fim de que não sejam surpreendidos pelo rompimento do vínculo.[55] Com efeito, em face do desfazimento do vínculo do parentesco, cujos efeitos cessam com a adoção, é salutar que haja a ciência dos pais, visto que, conquanto não seja indispensável o consentimento deles, as razões para concordância ou discordância com o pedido devem ser consideradas pelo julgador na composição do seu convencimento.

Há precedente no STJ no sentido de afastar a necessidade de consentimento, entendendo-se que, estabelecida "uma relação jurídica paterno-filial (vínculo afetivo), a adoção de pessoa maior não pode ser refutada sem justa causa pelo pai biológico, em especial quando existente manifestação livre de vontade de quem pretende adotar e de quem pode ser adotado".[56]

4.8 *Adoção internacional*

Conforme estabelece o Estatuto, somente se admite a colocação em família substituta estrangeira por meio de adoção (art. 31). A adoção é caracterizada como internacional quando a pessoa ou o casal postulante é residente ou domiciliado fora

---

[53] Ana Carolina Brochado Teixeira, Renata de Lima Rodrigues, Adoção conjunta por casais homoafetivos: um novo desafio ou um falso problema? In: Ana Carolina Brochado Teixeira, Renata de Lima Rodrigues, *O direito das famílias entre a norma e a realidade*, São Paulo: Atlas, 2010, pp. 239-255.

[54] Neste sentido: "CIVIL E PROCESSUAL CIVIL. ADOÇÃO DE MAIOR DE DEZOITO ANOS. MEDIANTE ESCRITURA PÚBLICA. CÓDIGO CIVIL DE 2002. IMPOSSIBILIDADE. NECESSIDADE DE PROCESSO JUDICIAL E SENTENÇA CONSTITUTIVA. 1. Na vigência do Código Civil de 2002, é indispensável o processo judicial, mesmo para a adoção de maiores de dezoito (18) anos, não sendo possível realizar o ato por intermédio de escritura pública. 2. Recurso especial provido" (STJ, 4ª T., REsp 703362/PR, Rel. Min. Luis Felipe Salomão, julg. 25.05.2010, publ. *DJ* 08.06.2010).

[55] Maria Berenice Dias, *Manual de Direito das Famílias*, cit., p. 482.

[56] STJ, 3ª T., REsp 1.444.747-DF, Rel. Min. Ricardo Villas Bôas Cueva, julg. 17.03.2015.

do Brasil; também nesse caso, brasileiros têm prioridade em relação aos estrangeiros, em face da identidade de cultura, língua etc.

Essa modalidade de adoção só será cabível quando, após a consulta ao Cadastro Nacional de Adotantes, não for encontrado interessado na adoção daquela criança ou adolescente com domicílio no Brasil (art. 50, § 10, ECA). Nesse sentido, os requisitos para a concessão de adoção internacional são: (i) a verificação da adequação da família substituta para o adotado; (ii) o esgotamento de todas as possibilidades de colocação do menor em família substituta brasileira, após consulta aos cadastros; (iii) a comprovação, no caso de adoção de adolescente (maior de 12 anos), do consentimento do adotando por meios adequados ao seu estágio de desenvolvimento, bem como de que se encontra preparado para a medida, o que deve ser atestado por equipe multidisciplinar.

Essa modalidade de adoção se opera por meio de procedimento próprio, previsto nos arts. 165 a 170 do ECA, com as adaptações previstas no art. 52, também do Estatuto. Em breves linhas, a pessoa ou casal estrangeiro interessado em adotar menor brasileiro deverá formular pedido de habilitação à adoção perante a Autoridade Central em matéria de adoção internacional no país de acolhida (onde está situada sua residência habitual). É essa a instituição responsável por avaliar se os solicitantes estão habilitados e aptos para adotar, emitindo relatório com as informações sobre sua identidade, capacidade jurídica, bem como sua situação pessoal, familiar e médica, seu meio social, motivos ensejadores e aptidão para assumir uma adoção internacional. Em seguida, a Autoridade Central do país de acolhida enviará à Autoridade Central Estadual (copiando a Autoridade Central Federal Brasileira), relatório e toda a documentação necessária, inclusive, estudo psicossocial elaborado por equipe multidisciplinar e cópia autenticada da legislação pertinente e prova de vigência; é possível que a Autoridade Central Estadual solicite complementação do estudo psicossocial do postulante estrangeiro no país de acolhida.

Constatada pela Autoridade Central Estadual a compatibilidade da legislação estrangeira com a nacional, e estando preenchidos os requisitos objetivos e subjetivos necessários ao seu deferimento por parte dos postulantes, será expedido laudo de habilitação à adoção internacional, que terá validade por, no máximo, 1 (um) ano. A partir daí, o interessado será autorizado a pleitear a adoção de menor perante o Juízo da Infância e da Juventude do local onde está a criança ou o adolescente.

O ECA prevê, ainda, a possibilidade de intermediação por organismos credenciados pela Autoridade Central Federal Brasileira, caso a legislação do país de acolhida o autorize. A pessoa adotada só poderá sair do país após o trânsito em julgado da decisão que concedeu a adoção internacional, quando será expedido alvará com autorização de viagem, obtenção de passaporte, constando as características do menor adotado, foto recente e suas digitais.

A Autoridade Central Federal Brasileira poderá solicitar informações sobre as crianças e adolescentes adotados a qualquer tempo, de modo a acompanhar a situação dos menores no país estrangeiro.

Foi editado o Decreto 10.064/2019, que institui o Conselho das Autoridades Centrais Brasileiras para Adoção Internacional de Crianças e Adolescentes, ao qual compete, conforme dispõe o art. 2º: "I – articular-se com as Autoridades Centrais dos Estados e do Distrito Federal e com os organismos credenciados de adoção internacional, para garantir a aplicação dos princípios da proteção integral à criança e ao adolescente e da subsidiariedade da adoção internacional; II – estabelecer parâmetros e procedimentos a serem adotados pelas Autoridades Centrais dos Estados e do Distrito Federal, por meio de recomendações ou resoluções; III – acompanhar o cumprimento da Convenção da Haia nos Estados e no Distrito Federal, com vistas a sensibilizar os atores competentes a respeito da relevância da supressão dos obstáculos para a sua aplicação, da prevenção e do combate a quaisquer práticas ilícitas que possam relacionar-se à adoção internacional, em especial o tráfico, o sequestro e a venda de crianças e adolescentes; IV – avaliar as atividades realizadas por seus membros e seus subcolegiados, elaborar políticas e pautar linhas de ação comuns; V – recomendar e promover medidas para prevenir, evitar e combater a percepção de benefícios materiais por ocasião de adoção internacional e impedir quaisquer práticas contrárias aos objetivos da Convenção Relativa à Proteção das Crianças e à Cooperação em Matéria de Adoção Internacional, promulgada pelo Decreto 3.087, de 1999; VI – promover o intercâmbio de informações entre as Autoridades Centrais dos Estados e do Distrito Federal quanto à jurisprudência, às estatísticas, aos formulários e aos procedimentos relativos à adoção internacional; e VII – estimular a realização de cursos de capacitação, campanhas de divulgação, estudos, pesquisas e atualizações, no âmbito nacional e internacional".

Casos menos frequentes são os de brasileiros que pretendem adotar crianças estrangeiras no exterior, sendo necessário observar-se a legislação do país de origem da criança. Sendo deferida a adoção, a filiação deve ser registrada junto ao órgão competente local. A decisão judicial que defere a adoção deve ser homologada pelo Superior Tribunal de Justiça no Brasil e, posteriormente, a situação migratória da criança também deve ser regularizada, para que ele receba a nacionalidade brasileira.

5. CADASTRO NACIONAL DE ADOÇÃO

Na tentativa de aumentar o número de adoções por meio de uma sistematização nacional de dados – em vez de listas regionalizadas –, decidiu-se pela criação do Cadastro Nacional de Adoção (CNA), implantado em 2008, sob a responsabilidade do Conselho Nacional de Justiça, com base nas informações fornecidas pelos tribunais de Justiça dos Estados e do Distrito Federal.

Nos termos do art. 197-E do Estatuto, após o deferimento da habilitação, haverá a inscrição do postulante no CNA, sendo a sua convocação feita de acordo com ordem cronológica de habilitação e conforme a disponibilidade de crianças ou adolescentes adotáveis. O objetivo é dar maior transparência ao procedimento de adoção e evitar ilegalidades, além de criar o elo entre determinada criança e a pessoa habilitada em nível nacional – o que pressupõe que ela já tenha sido considerada habilitada e, portanto, apta ao exercício da parentalidade responsável. Ao unificar as informações, o

CNA liga crianças que esperam por uma família em abrigos e pretendentes à adoção, independente da distância que os separa no território nacional.[57]

Não obstante sua louvável função, o CNA não se encontra imune a críticas, especialmente por satisfazer preponderantemente aos interesses dos adultos, em detrimento dos das crianças. Isto porque a ordem cronológica nem sempre atende às necessidades da criança, não havendo mecanismo ou critério qualitativo e adaptativo da convivência que leve em conta as especificidades de cada criança ou adolescente, alvo prioritário da lei.

As exceções à observância da ordem cronológica são previstas pelo art. 50, § 13, da lei, incluído pela Lei 12.010/2009 devendo observar o melhor interesse da criança. Assim, pode ser deferida adoção em favor de candidato não cadastrado previamente nos casos de adoção unilateral; se o pedido for formulado por parente com o qual a criança ou adolescente mantenha vínculos de afinidade[58] e afetividade; ou por quem detém a tutela ou guarda legal de criança maior de três anos ou adolescente, desde que o lapso de tempo de convivência comprove a fixação de vínculos, e não seja constatada a ocorrência de má-fé ou a existência de crime. Nesses casos, o candidato deverá comprovar, no curso do procedimento, que preenche os requisitos necessários à adoção.

A jurisprudência também vem flexibilizando a exigência de prévio cadastro e a ordem cronológica, entendendo que a observância do cadastro de adotantes não é absoluta, podendo ser excepcionada em prol do princípio do melhor interesse da criança.[59] Na análise do REsp 1628245/SP, a 4ª Turma do STJ reformou decisão que havia

---

[57] O ideal é que sempre se atente à ordem prevista no Cadastro Nacional de Adoção: "2. Hipótese, todavia, em que a criança se encontra em poder da família substituta desde os 11 meses de vida (cinco anos e três meses atualmente), o que - ausente indício de que esteja sofrendo algum tipo de violência física ou psicológica - não recomenda sua colocação em abrigo para acolhimento institucional. 3. No caso em exame, a concessão da guarda provisória à família substituta regularmente inscrita e em observância à ordem do cadastro de adoção, é a medida que melhor preserva o interesse do menor, seja em razão do abandono pela genitora, seja em virtude da consolidação da situação, especialmente diante da constatação de que o menor conta com atualmente com 5 anos e três meses de idade e está sob o guarda da família substituta desde os onze meses, tem pré-diagnóstico de Transtorno do Espectro Autista, encontra-se acompanhado por equipe multidisciplinar formada profissionais de saúde pagos pelo casal a quem foi concedida a guarda provisória, está regularmente matriculado em instituição de ensino e plenamente adaptado e integrado à nova casa e família extensa." (STJ, 4ª T., HC 797.901 – MG, Relª. Minª. Maria Isabel Gallotti, julg. 2.5.2023, publ. DJe 5.5.2023).

[58] A 4ª Turma do STJ determinou, em processo que corre em segredo de justiça, o processamento de uma ação de adoção personalíssima proposta por casal que alegou ser parente da criança, pois os dois seriam tios por afinidade de sua mãe biológica (de acordo com o processo, a genitora é filha da irmã da cunhada do homem do casal). Ao cassar o acórdão do tribunal de origem, o colegiado considerou, entre outros elementos, a existência de relação de afetividade entre a criança e os adotantes, a comprovação de que não houve burla ao Cadastro Nacional de Adoção e a possibilidade de interpretação extensiva da noção legal de família. Disponível em: https://www.stj.jus.br/sites/portalp/Paginas/Comunicacao/Noticias/13072021-STJ-determina-processamento-de-pedido-de-adocao-personalissima-apresentado-por-parentes-colaterais-por-afinidade.aspx. Acesso em: 19 jan. 2022.

[59] "1. Não é do melhor interesse da criança o acolhimento institucional ou familiar temporário, salvo diante de evidente risco à sua integridade física ou psíquica, circunstância que não se faz presente no caso dos autos. Precedentes. 2. A observância do cadastro de adotantes, não é absoluta. A regra legal deve ser excepcionada em prol do princípio do melhor interesse da criança, base de todo o sistema de proteção ao menor. Tal hipótese configura-se, por exemplo, quando existir vínculo afetivo

julgado extinto o processo de adoção, sem resolução do mérito, por impossibilidade jurídica do pedido, pela falta de prévia inscrição da autora no Cadastro de Adotantes, reconhecendo que a "formalidade do cadastro de adotantes não pode constituir um óbice intransponível para o processamento do pedido, devendo, acima de tudo, observar-se o fim social a que se destina a lei e o princípio do melhor interesse".[60]

6. DIREITO À IDENTIDADE BIOLÓGICA

A Lei 12.010/2009 positivou norma resultante de antigo debate sobre o direito ao conhecimento da origem biológica, em torno da possibilidade de o adotado saber a história da sua ancestralidade, sem depender de informações prestadas pelos pais adotivos. O art. 48 do ECA estabelece o direito de acesso irrestrito ao processo de adoção após a maioridade; se o adotado for menor e pedir acesso ao processo, poderá fazê-lo, sendo-lhe assegurada orientação e assistência jurídica e psicológica. Para tanto, será necessário manter os registros dos processos em arquivo, embora possa ser armazenado em microfilme ou por outros meios, com fins de garantir sua consulta a qualquer tempo (art. 47, § 8º, ECA).

Conforme observado por Pietro Perlingieri, a pessoa tem o direito de conhecer as próprias origens não somente genéticas, mas também culturais e sociais, por interferirem todos estes fatores na sua formação. Com efeito, o patrimônio genético não é indiferente ao futuro e às condições de vida da pessoa.[61] O conhecimento da origem genética tem importantes efeitos práticos, tais como evitar o incesto, viabilizar a aplicação dos impedimentos para o casamento, prever ou evitar doenças hereditárias, além de possibilitar tratamentos de saúde a pessoas que necessitam de órgão compatível de alguém da família. Além disso, é possível querer conhecer sua origem sem qualquer razão aparente, considerando-se tal investigação componente essencial à construção da própria historicidade, inserida na órbita da dignidade pessoal.[62] Afinal, a pessoa, fruto da união de dois gametas de seus genitores, molda-se, transforma-se com o tempo e com as novas experiências que adquire no decorrer da vida. Saber de onde se vem, conhecer a progenitura proporciona ao sujeito a compreensão de muitos aspectos da própria vida. Descobrir as raízes, entender seus traços (aptidões, doenças, raça, etnia) socioculturais, saber quem forneceu a bagagem genético-cultural básica[63] são questões essenciais para o ser humano, na

---

entre a criança e o pretendente à adoção, como no presente caso. 3. Ordem concedida" (STJ, 3ª T., HC 294729/SP, Rel. Min. Sidnei Beneti, julg. 07.08.2014, *DJ* 29.08.2014). No mesmo sentido: STJ, 4ª T., HC 279059/RS, Rel. Min. Luis Felipe Salomão, julg. 10.12.2013, publ. *DJ* 28.02.2014.

60 STJ, 4ª T., REsp 1628245/SP, Rel. Min. Raul Araújo, julg. 13.12.2016, publ. *DJ* 15.12.2016.

61 Pietro Perlingieri, *Perfis do direito civil*, Rio de Janeiro: Renovar, 2002, 2ª ed., p. 177.

62 STF, Tribunal Pleno. HC 71.373-4 RGS. Rel. p/ o acórdão: Min. Marco Aurélio, julg. 10.11.1994, publ. *DJU* 22.11.1996.

63 Cláudia Lima Marques, Visões sobre o teste de paternidade através do exame do DNA em direito brasileiro – direito pós-moderno à descoberta da origem. In: Eduardo de Oliveira Leite. *Grandes temas da atualidade de DNA como meio de prova da filiação:* aspectos constitucionais, civis e penais, Rio de Janeiro: Forense, 2002, 2ª ed., p. 31.

construção da sua personalidade e para seu processo de dignificação. Afinal, é assim que ele poderá entender a si mesmo.

Deflagra-se o biológico como o primeiro fator a compor a pessoa humana, que carrega consigo o dado correspondente à herança genética. Trata-se de elemento inegável na composição de sua ontologia. O direito fundamental ao conhecimento da origem genética traz consigo a revelação da memória genética, que pode coincidir – ou não – com a memória familiar, componente indelével da historicidade pessoal.[64] Em face de tal caráter personalíssimo, trata-se de ato privativo da pessoa, de modo que terceiros não têm legitimidade para ter acesso a tais informações. Com esteio nesse argumento, o TJDFT afastou a possibilidade de outra pessoa que não o adotado obter acesso aos autos do processo de adoção. No caso, o irmão do adotado pretendia localizá-lo, mas o pedido foi indeferido.[65] O TJRS também tem precedente a respeito de situação similar. No caso analisado pelo TJRS, a mãe e a irmã pretendiam localizar o filho e irmão, mas não havia qualquer evidência de que ele tivesse sido adotado. Entendeu-se que, apesar de as requerentes sustentarem que tiveram notícias de que o infante houvera sido dado pelo genitor para adoção, não havia prova alguma de tal alegação, o que tornou o pedido impossível juridicamente.[66]

O acesso à ancestralidade, no entanto, não significa a recomposição dos vínculos de filiação, mas constitui direito de personalidade a conhecer as próprias origens.[67] Em face dessa diferença, faz-se importante distinguir as noções de pai e de ascendente biológico. Pais são os parentes, que têm vínculos biológicos ou civis com o filho (CC, art. 1.593), situação jurídica complexa da qual decorrem direitos, deveres e poderes jurídicos para o exercício pleno do estado de filiação; trata-se de situação submetida

---

64 Ana Carolina Brochado Teixeira; Maria de Fátima Freire de Sá, *Filiação e biotecnologia,* Belo Horizonte: Mandamentos, 2005, pp. 63-65.

65 "Ainda que para fins altruístas, como a obtenção de informações que possibilitem a localização de irmão alegadamente desaparecido, não se justifica, à luz da legislação de regência, o acesso aos autos do processo de adoção por outra pessoa senão a do próprio adotado. Para alcançar o fim alegado, o interessado, de posse dos dados que detém, pode valer-se das instituições competentes e inclusive das ferramentas da rede mundial de computadores" (TJDFT, 2ª T. C., Acórdão 630245, 20120020207662AGI, Rel. Des. Waldir Leôncio Lopes Júnior, julg. 24.10.2012, publ. *DJe* 31.10.2012).

66 "É juridicamente impossível o pedido de autorização para localização de registro de adoção, porquanto, inexistente qualquer indício da ocorrência da adoção. Ademais, trata-se de direito do adotado, nos termos do art. 48 do ECA. Por conseguinte, não há razão para reformar a sentença que extinguiu o feito, sem julgamento de mérito" (TJRS, 8ª C.C., Ap. Cív. 70065634651, Rel. Des. Alzir Felippe Schmitz, julg. 17.09.2015).

67 "Pedido homologação de acordo extrajudicial relativo à anulação parcial de registro de nascimento. Hipótese de revogação de adoção. Impossibilidade. Irrevogabilidade do ato, que não se confunde com o direito de conhecer a própria origem biológica. Sentença de improcedência. Manutenção. Recurso não provido" (TJ/SP, 6ª Câm. Dir. Priv., Ap. Cív. 0001514-83.2013.8.26.0405, Rel. Des. Francisco Loureiro, julg. 01.08.2013); "Adoção regularmente ocorrida sob a égide do CC/1916. Posterior investigação de paternidade. Direito à identificação biológica. Princípio da dignidade da pessoa humana. Nome dos pais biológicos inseridos no registro, na parte de filiação, ao invés dos pais adotivos. Exclusão dos pais adotivos do registro. Impossibilidade. Adoção é ato irrevogável. Vínculo jurídico e socioafetivo configurado. Manutenção dos pais adotivos no registro civil da apelante" (TJ/BA, 5ª C.C., Ap. Cív. 0526026-38.2015.8.05.0001, Rel. Des. Ilona Márcia Reis, publ. *DJ* 17.12.2016).

ao direito de família. Ascendentes biológicos não têm necessariamente vínculo de parentesco com aqueles que gerou ou que participou com o material genético, situação que se aplica à adoção, à doação de material genético, à gestante de útero de substituição; a busca do conhecimento da ancestralidade está ligada ao exercício de direitos da personalidade e não de família. Por se tratar de situações diferentes, geram efeitos jurídicos diversos.[68]

Assim, é possível ter um pai e conhecer sua origem genética que, eventualmente, pode não coincidir com a relação parental. Investigar a paternidade é situação jurídica diversa de pretender saber a origem biológica: "Toda pessoa tem o direito fundamental, na espécie, direito da personalidade, de vindicar sua origem biológica para que, identificando seus ascendentes genéticos, possa adotar medidas preventivas para preservação da saúde e, a fortiori, da vida. Esse direito é individual, personalíssimo, não dependendo de estar inserido em relação de família para ser tutelado ou protegido. Uma coisa é vindicar a origem genética, outra, a investigação da paternidade".[69] Todavia, caso não se tenha a figura parental à qual se pretende investigar, a intenção do conhecimento da ancestralidade pode gerar efeitos de direito de família por meio da modificação de seu registro de nascimento, através da constituição da paternidade, cuja busca é imprescritível, consoante dispõe a Súmula 149 do STF.[70]

Na análise de casos nos quais existe lacuna parental, o STJ teve ocasião de afirmar que o reconhecimento do estado de filiação constitui direito personalíssimo, indisponível e imprescritível, podendo ser exercitado sem qualquer restrição, fundamentado o direito essencial à busca pela identidade biológica.[71]

---

68 "Para garantir a tutela do direito da personalidade, não é necessário investigar a paternidade. O objeto da tutela do direito ao conhecimento da origem genética é a garantia do direito da personalidade, na espécie, direito à vida, pois os dados da ciência atual apontam para a necessidade de cada indivíduo saber a história de saúde de seus parentes biológicos próximos, para prevenção da própria vida. Não há necessidade de atribuição da paternidade para o exercício do direito da personalidade de conhecer, por exemplo, os ascendentes biológicos paternos do que foi gerado por dador anônimo de sêmen, ou do que foi adotado, ou concebido por inseminação artificial heteróloga. Exemplos como esses demonstram o equívoco em que laboram decisões que confundem investigação de paternidade com direito à origem genética. Em contrapartida, toda pessoa tem direito inalienável ao estado de filiação, quando não o tenha. Apenas nessa hipótese, a origem biológica desempenha papel relevante no campo do Direito de Família, como fundamento do reconhecimento da paternidade ou da maternidade, cujos laços não se tenham constituído de outro modo (adoção, inseminação artificial heteróloga ou posse de estado). É inadmissível que sirva de base para vindicar novo estado de filiação, contrariando o já existente" (Paulo Lôbo, Direito ao estado de filiação e direito à origem genética: uma distinção necessária, R. CEJ, Brasília, n. 27, out./dez., 2004, pp. 53-54).

69 Paulo Lôbo, Direito ao estado de filiação e direito à origem genética: uma distinção necessária, cit., p. 55.

70 Súmula 149, STF: "É imprescritível a ação de investigação de paternidade, mas não o é a de petição de herança".

71 "Se é o próprio filho quem busca o reconhecimento do vínculo biológico com outrem, porque durante toda a sua vida foi induzido a acreditar em uma verdade que lhe foi imposta por aqueles que o registraram, não é razoável que se lhe imponha a prevalência da paternidade socioafetiva, a fim de impedir sua pretensão" (STJ, 3ª T., REsp 1274240/SC, Rel. Min. Nancy Andrighi, julg. 08.10.2013, publ. *DJ* 15.10.2013).

7. PERDA DA AUTORIDADE PARENTAL

A perda da autoridade parental será decretada judicialmente perante o Juízo da Infância e Juventude e é questão prejudicial para que haja a adoção de uma criança ou adolescente. Ela ocorre tanto nas hipóteses dos arts. 1.637 e 1.638 do Código Civil, quanto nas de descumprimento injustificado dos deveres previstos no art. 22 do ECA, quais sejam, guarda, sustento e educação dos filhos, cabendo-lhes cumprir e fazer cumprir as decisões judiciais no interesse dos filhos, sendo que a carência de recursos financeiros não constitui, por si só, razão ensejadora da perda do poder familiar.

O procedimento encontra-se previsto nos arts. 155 a 163 do ECA e pode ser iniciado pelo Ministério Público ou por quem tenha legítimo interesse. Se houver grave motivo, a autoridade judiciária poderá decretar a suspensão do poder familiar, liminar ou incidentalmente, até o julgamento definitivo da causa, ficando a criança ou adolescente confiado a pessoa idônea, mediante termo de responsabilidade, desde que haja prévia oitiva do MP. Determina-se a realização de estudo social ou de perícia por equipe multidisciplinar e, em audiência, a oitiva de testemunhas que comprovem a presença de uma das causas de destituição do poder familiar.

Se o pedido importar em modificação de guarda – o que é comum, pois soa contraditório pensar que aquele que corre o risco de perda do poder familiar continuará sendo o guardião do menor – será obrigatória a oitiva da criança e do adolescente, respeitado seu estágio de desenvolvimento e grau de compreensão sobre as implicações da decisão judicial, desde que seja possível e razoável. Trata-se do respeito ao direito infantil à autodeterminação, que pressupõe a participação nas decisões mais relevantes da própria vida, mitigando a rigidez do regime das incapacidades quando se trata de situações existenciais.

Quando os pais biológicos forem identificados e estiverem em local sabido, sua oitiva é obrigatória – mesmo quando estiverem presos, hipótese em que o juiz requisitará sua apresentação em audiência –, tanto em nome da preservação do contraditório, quanto em razão das repercussões da perda do poder familiar.

Tendo em vista a necessidade de atribuir maior agilidade a esse procedimento, cuja demora é prejudicial à solução da ação de adoção, o art. 163 do ECA estabelece a sua conclusão em, no máximo, em 120 dias. A sentença que decretar a perda da autoridade parental deverá ser averbada no registro de nascimento da criança.

8. EFEITOS DA ADOÇÃO

Efeitos

A adoção atribui o *status* de filho ao adotado, inclusive em relação aos direitos sucessórios, rompendo qualquer vínculo com pais e parentes biológicos, mantidos, contudo, os impedimentos matrimoniais (art. 41, ECA). Em decorrência do princípio da igualdade entre os filhos, irradiam-se todos os efeitos jurídicos derivados do estado de filiação, de modo que é recíproco o direito sucessório entre adotado, seus descendentes, o adotante, seus ascendentes, descendentes, e colaterais até o 4º grau, observada a ordem de vocação hereditária (art. 41, § 2º, ECA), em igualdade, portanto, com o parentesco biológico.

A adoção configura ato personalíssimo – não sendo admitida a adoção por procuração –, e irrevogável (art. 39, § 1º, ECA), de modo que nem mesmo a morte dos adotantes é capaz de restabelecer o poder familiar dos pais naturais (art. 49, ECA). Trata-se de hipótese de extinção do poder familiar (CC, art. 1.635, IV), por meio do qual se estabelece um novo vínculo de filiação.

A adoção depende sempre de sentença judicial

A adoção depende de sentença judicial, não sendo mais admitida a adoção por ato extrajudicial;[72] ou seja, o advento do Código Civil acabou definitivamente com a possibilidade da adoção por escritura pública, nos moldes previstos pelo Código Civil de 1916, unificando-se a disciplina da adoção. Diante da igualdade entre os filhos e dos requisitos para adoção de pessoas maiores e menores, a adoção tornou-se irrevogável – como já ocorria no caso da adoção de menores desde o advento do ECA –, ou seja, depois do trânsito em julgado da decisão que defere a adoção, ela se torna definitiva e o estado de filiação incorporado definitivamente à personalidade dos envolvidos.[73] A irrevogabilidade da adoção mostra-se compatível com o seu modo constitutivo, solene e judicial, justificando-se para o atendimento de sua finalidade precípua, forte na doutrina da proteção integral, e em favor da particular situação de vulnerabilidade do adotado.[74]

A adoção é irrevogável

Considerando-se a igualdade entre os filhos e a definitividade da adoção, não há qualquer traço identificador da origem da filiação na certidão de nascimento da pessoa adotada (arts. 227, § 6º, CR; 1.596, CC; 20, ECA). O Enunciado 273 da IV Jornada do CJF decorre desse pressuposto: "Tanto na adoção bilateral quanto na unilateral, quando não se preserva o vínculo com qualquer dos genitores originários, deverá ser averbado o cancelamento do registro originário de nascimento do adota-

72 Nos termos do Enunciado 272 da IV Jornada do CJF: "Não é admitida em nosso ordenamento jurídico a adoção por ato extrajudicial, sendo indispensável a atuação jurisdicional, inclusive para a adoção de maiores de dezoito anos".

73 A 3ª Turma do STJ, todavia, admitiu a rescisão de sentença concessiva de adoção sob o fundamento de que o adotado, à época da adoção, não a desejava verdadeiramente, manifestando-se nesse sentido após atingir a maioridade. Segundo interpretação sistemática e teleológica do ECA, a irrevogabilidade da adoção, embora postulado fundamental, não é absoluta, podendo ser afastada se, no caso concreto, a medida não promoveu os princípios da proteção integral e do melhor interesse da criança e do adolescente. No caso, identificou-se, a partir do Relatório Psicológico, que não houve pleno consentimento do adotando, conforme exigido pelo § 2º do art. 45 do ECA. A decisão, a rigor, não significa abrandamento da regra da irrevogabilidade das adoções, demonstrando simplesmente a importância do respeito à vontade do adotado, e a reconstrução do instituto da adoção na legalidade constitucional. Afinal, o objetivo primordial da adoção – é sempre bom lembrar – não é dar filho a quem não pode tê-lo biologicamente, mas a plena e voluntária inserção do adotado em núcleo familiar compatível com a sua proteção integral (STJ, 3ª T., REsp. 1.892.782/PR, Rel. Min. Nancy Andrighi, julg. 6.4.2021, publ. DJe 15.4.2021). Sobre o tema, cfr., também: Gustavo Tepedino, Adoção e proteção integral na família: qual família? Editorial, *Revista Brasileira de Direito Civil*, vol. 27, jun./mar. 2021, pp. 11-12.

74 Caso interessante foi julgado pelo STJ, cujo escopo foi definir se a adoção realizada na vigência do CC/1916 pode ser revogada consensualmente pelas partes após a entrada em vigor do Código de Menores, mas antes da vigência do Estatuto da Criança e do Adolescente. Entendeu-se que "A revogação, realizada em 1990 de forma bilateral e consensual, de adoção celebrada na vigência do CC/1916, é compatível com o art. 227, § 6º, da Constituição Federal de 1988, uma vez que a irrevogabilidade de qualquer espécie de adoção somente veio a ser introduzida no ordenamento jurídico com o art. 39, § 1º, do Estatuto da Criança e do Adolescente, regra que, ademais, tem sido flexibilizada, excepcionalmente, quando não atendidos os melhores interesses da criança e do adolescente." (STJ, 3ª T., REsp. 1.930.825, Relª. Desª. Nancy Andrighi, julg. 24.8.2021, publ. DJ 30.8.2021).

do, lavrando-se novo registro. Sendo unilateral a adoção, e sempre que se preserve o vínculo originário com um dos genitores, deverá ser averbada a substituição do nome do pai ou mãe naturais pelo nome do pai ou mãe adotivos".

Com base nas mesmas premissas, discute-se a possibilidade de a criança adotada ser novamente adotada – no caso de morte ou perda da autoridade parental dos pais adotivos. Tendo em vista a absoluta igualdade, não há qualquer requisito adicional para a nova adoção – mesmo pelos pais biológicos – se essa for a melhor alternativa para o adotado.[75]

Licença-adotante em iguais condições à licença-maternidade

Outro interessante efeito da adoção é a previsão da licença-adotante. O Supremo Tribunal Federal fixou a seguinte tese: "os prazos da licença-adotante não podem ser inferiores ao prazo da licença-gestante, o mesmo valendo para as respectivas prorrogações. Em relação à licença-adotante, não é possível fixar prazos diversos em função da idade da criança adotada", nos termos estabelecidos no RE 778.889.[76] A decisão, contendo forte carga principiológica, baseou-se nos princípios da dignidade da pessoa humana, na igualdade entre os tipos de filiação, no melhor interesse da criança e do adolescente e na doutrina da proteção integral. Se a *ratio* da licença maternidade associa-se ao cuidado com a criança em seus primeiros meses de vida, e com a recuperação das condições físicas da mãe, e, principalmente, à garantia da adaptação a essa nova condição familiar, a justificativa para a igualdade da licença adotante encontra-se, também, nos cuidados com a mútua adaptação: "As crianças adotadas constituem grupo vulnerável e fragilizado. Demandam esforço adicional da família para sua adaptação, para a criação de laços de afeto e para a superação de traumas. Impossibilidade de se lhes conferir proteção inferior àquela dispensada aos filhos biológicos, que se encontram em condição menos gravosa".[77]

Nessa perspectiva, não há correlação entre a idade da criança e o tempo da licença, pois "quanto mais velha a criança e quanto maior o tempo de internação compulsória em instituições, maior tende a ser a dificuldade de adaptação à família

---

75 "Ocorrendo a morte dos pais adotivos, cabe questionar se há a possibilidade de os pais biológicos adotarem o filho que fora adotado. Ainda que exista resistência na doutrina, não há vedação legal, uma vez que a adoção rompe o vínculo de filiação. Com a morte do adotante, o filho ficou órfão e nada impede que seja adotado pelos pais biológicos" (Maria Berenice Dias, *Manual de Direito das Famílias*, cit., p. 474).

76 STF, Tribunal Pleno, RE 778.889, Rel. Min. Roberto Barroso, julg. 10.03.2016, publ. *DJ* 01.08.2016. Em breve, o STF irá se manifestar sobre o RE 1.348.854, que teve repercussão geral reconhecida pelo Tribunal (Tema 1.182). A decisão responderá se é possível estender o benefício da licença-maternidade de 180 dias a servidores públicos que sejam pais solteiros e se a extensão desse benefício aos homens está condicionada a indicação prévia (por meio de lei) de fonte de custeio (STF, Tribunal Pleno, RE 1.348.854/SP, Rel. Min. Alexandre de Moraes, julg. 18.11.2021, publ. DJ 9.12.2021).

77 Embora não propriamente ligada à adoção, em importante sentença proferida por magistrado do TJPE, decidiu-se que em hipótese de casal homoafetivo em que a mãe gestante era profissional liberal e, por isso, não poderia parar de trabalhar, a companheira que era servidora pública, deveria beneficiar-se da licença parental, nos moldes que aconteceria caso a criança fosse adotada, não devendo haver discriminação entre famílias homo e heteroafetivas, pois é direito da criança ser amparada e cuidada (TJ/PE, 17ª Vara Federal, MS 0800921-51.2020.4.05.8308, juiz Arthur Napoleão Teixeira Filho, julg. 20.10.2020, disponível em https://migalhas.uol.com.br/arquivos/2020/10/B7CFED136F617B_decisaolicencamaternidade.pdf).

adotiva. Maior é, ainda, a dificuldade de viabilizar sua adoção, já que predomina no imaginário das famílias adotantes o desejo de reproduzir a paternidade biológica e adotar bebês. Impossibilidade de conferir proteção inferior às crianças mais velhas".[78]

A fim de promover essa adaptação, o Marco Legal da Primeira Infância (Lei 13.257/2016) modificou a lei que criou a Empresa Cidadã (Lei 11.770/2008), destinado a prorrogar por 60 dias o prazo da licença-maternidade e por 15 dias, o da licença-paternidade. Essa alteração legislativa visou estender o aumento da licença, em iguais condições, à empregada e ao empregado que adotar ou obtiver guarda judicial para fins de adoção de criança.

A pandemia fez com que os processos de adoção também sofressem adaptações em suas etapas presenciais, para virtualizar as fases possíveis.[79] Isso se aplica tanto em relação ao processo em si para que seu trâmite seja eletrônico, quanto a alguns atos específicos, como entrevistas, cursos etc.

9. PARTO ANÔNIMO

Designa-se como parto anônimo aquele em que a parturiente, anonimamente, dá à luz e entrega seu filho para adoção. Trata-se de fenômeno cuja discussão é recente no meio jurídico,[80] não obstante sua origem remonte à "roda dos expostos". O debate acerca do tema veio a lume em razão de mães que têm cometido atentados terríveis contra seus filhos recém-nascidos, seja matando-os ou abandonando-os à própria sorte,[81] além de visar combater, também, abortos ilegais, que colocam em risco a integridade física da gestante.[82]

---

78 A mesma tese foi fixada na ADI 6603, julgada em setembro de 2022, que tratava da licença em casos de adoção nas Forças Armadas. O Plenário invalidou o art. 3º da Lei 13.109/2015 que previa licença de 90 dias para mães adotantes de crianças com menos de um ano de idade e de 30 dias para crianças com idade superior, sendo que, para as mães biológicas, o prazo é de 120 dias.

79 Disponível em: https://www.cartacapital.com.br/sociedade/coronavirus-processos-de-adocao-enfrentam-dificuldades-na-pandemia/. Acesso em 24.10.2020.

80 Trata-se de uma renovação da discussão, uma vez que, no século XVIII, tal instituto já existia no Brasil, através da "roda dos expostos ou dos enjeitados", local onde as crianças indesejadas eram abandonadas e adotadas à brasileira. "O nome roda se deu pelo fato de ser fixado no muro ou na janela, normalmente nas Santas Casas de Misericórdia, hospitais ou conventos, um artefato de madeira no qual era colocada a criança e mediante um giro era conduzida ao interior daquelas dependências. Um toque na campainha, ou um badalar de sino era o sinal dado que na 'roda' havia uma criança e quem a colocou não queria ser identificada" (Fabíola Santos Albuquerque, O instituto do parto anônimo no Direito brasileiro: avanços ou retrocessos? *Revista Brasileira de Direito das Famílias e Sucessões*, v. 1 (dez./jan. 2008), Porto Alegre: Magister, p. 143).

81 Em 28.01.2006, mãe jogou seu filho na Lagoa da Pampulha, Belo Horizonte-MG, alegando que, em função de a filha ter nascido prematura, não saberia como cuidar dela. A mãe foi condenada a 28 anos de prisão (disponível em: http://www1.folha.uol.com.br/folha/cotidiano/ult95u123929.shtml. Acesso em 17.04.2017). Uma criança recém-nascida foi encontrada dentro de uma sacola plástica no interior de São Paulo em 21.02.2007 (disponível em: http://www1.folha.uol.com.br/folha/cotidiano/ult95u132167.shtml. Acesso em 17.04.2017). Essas são apenas algumas situações que ensejaram o debate sobre o cabimento do parto anônimo no ordenamento jurídico atual.

82 "Em alguns países, como Áustria, França, Itália, Luxemburgo, Bélgica, e em 28 Estados dos EUA, criou-se um mecanismo legislativo que recebeu o nome de 'Parto Anônimo' que ofereceu alternativas

Assim, o cerne do parto anônimo é a possibilidade de a mãe entregar seu filho para adoção de forma anônima, com o escopo de minimizar a violência contra recém-nascidos. Questiona-se o risco e a legitimidade da chancela estatal ao abandono parental, o que pode acabar se transformando em incentivo a essa prática.

A diferença para a adoção encontra-se no anonimato da mãe, uma vez que a entrega do filho para adoção pode ocorrer desde o seu nascimento.[83] Por isso, discute-se a legitimidade do resguardo da identidade materna, com a finalidade de oferecer maior probabilidade de garantia à vida da criança, em detrimento da possibilidade de investigação de sua origem genética. Sacrifica-se, assim, ainda que justificadamente, o importante direito de personalidade consistente no conhecimento da própria história genética, em uma ordem jurídica que se orienta pela doutrina da proteção integral e pelo princípio do melhor interesse.[84]

Por esta razão, o Comitê dos Direitos das Crianças das Nações Unidas considera o parto anônimo (*anonymous birth*, na designação anglo-saxã) violação aos direitos da criança de conhecer sua identidade, além de ressaltar o grave problema causado quando a criança não é adotada imediatamente, e o comprometimento de outros direitos de personalidade como o direito ao nome, à filiação etc.

Neste contexto, não se pode assegurar que a permissão à entrega do filho para adoção anonimamente seria sempre melhor para a criança. Além disso, a decisão materna pode decorrer de vontade viciada em razão da não infrequente depressão pós-parto. Em contrapartida encontra-se o direito da mãe, que se utiliza da prerrogativa do planejamento familiar para deixar seu filho para ser adotado de maneira anônima.

De acordo com Elizabeth Saar, gerente de projetos da Subsecretaria de Articulação Institucional, da Secretaria Especial de Políticas para as Mulheres, mais de 50% das gestações são indesejadas, o que demonstra a falha no papel do Estado para efetivar políticas educacionais e informativas relativamente ao planejamento familiar.[85] Diante

---

às mães que não querem abortar ou abandonar clandestinamente seu filho, como tem acontecido frequentemente no Brasil. O Parto Anônimo consiste em dar assistência médica à gestante e quando a criança nasce ela é entregue anonimamente em um hospital, preservando a identidade da mãe e isentando-a de qualquer responsabilidade civil ou criminal. Depois, a criança é entregue, também preservando o anonimato dos genitores, para adoção. Ela não chega a ser registrada em nome da genitora e, portanto, não há que se falar em destituição do poder familiar, como normalmente é feito nos processos de adoção. Um dos argumentos contrários ao 'parto anônimo' é que a criança adotada fica sem o direito de saber a sua origem genética, como já acontece com os filhos nascidos de inseminação artificial heteróloga, cujo banco de sêmen preserva a identidade do doador. Essa prática pode evitar, ou pelo menos diminuir a forma trágica do abandono pelas mães e seus filhos recém-nascidos" (Rodrigo da Cunha Pereira, *Dicionário de Direito de Família e Sucessões*, São Paulo: Saraiva, 2015, p. 514).

83 O art. 45 do ECA afirma que a adoção está condicionada ao consentimento dos pais ou dos representantes legais, sem estabelecer nenhum marco temporal, o que leva a crer que ele pode ocorrer a qualquer tempo, inclusive, logo após o nascimento.

84 Na França, o parto anônimo existe desde 1993, sem que haja qualquer registro, mesmo que sigiloso, da identidade dos pais, razão pela qual é conhecido como "*accouchement sous X*", uma vez que no lugar do nome dos pais, fica apenas X.

85 Disponível em http://www.agenciabrasil.gov.br/noticias/2008/02/26/materia.2008-02-26.3491435286/view. Acesso em 17.04.2017.

desses dados alarmantes, questiona-se: já que o Estado não cumpre seu papel ativo-educacional, esta seria uma justificativa para as gestantes abandonarem seus filhos, o que poderia gerar mais de 50% do número total de gestações de filhos de parto anônimo? Seria esta uma forma de garantir os direitos fundamentais da criança já nascida, agindo de acordo com o seu melhor interesse e de modo responsável?

Independentemente da legitimidade do parto anônimo, há que se estabelecer política pública de esclarecimento junto às gestantes, desde o primeiro contato, para a preparação da parentalidade responsável. Por outro lado, no caso de gravidez indesejada, a gestante deveria ser encaminhada ao conselho tutelar, para dar início ao processo de destituição de poder familiar, com necessário suporte psicológico, com o objetivo de agilizar o processo de adoção. Além disso, as adoções poderiam ser mais céleres, com a participação dos futuros pais no processo de gestação. Neste raciocínio, o caminho seria dar efetividade ao art. 226, § 7º, C.R, estabelecendo-se políticas públicas informativas e educacionais, que pudessem contribuir para a celeridade do processo de adoção, incentivando desta feita, a responsabilidade parental, único caminho legítimo para se pensar no melhor interesse da criança.

10. RESPONSABILIDADE CIVIL POR DEVOLUÇÃO DE CRIANÇA ADOTADA

Tem sido muito debatida a possibilidade de responsabilização civil por devolução da criança adotada, em face dos danos que o novo abandono poderia gerar na criança ou no adolescente.[86] Há que se fazer a separação de duas hipóteses fáticas: quando a entrega da criança ocorrer no período do estágio de convivência – antes, portanto, da adoção – e quando acontecer depois da adoção.[87]

---

[86] A propósito, a 3ª Turma do Superior Tribunal de Justiça reconheceu a uma mulher o direito de ser indenizada por seus pais adotivos, em decisão recente que corre em segredo de justiça. Tendo sido ela adotada na infância, viu-se vítima, durante a adolescência, de atos que resultaram na destituição do poder familiar do casal de adotantes. Na ocasião, além da falha do Estado no processo de concessão e acompanhamento da adoção, reconheceu-se a responsabilidade civil dos pais adotivos, os quais propiciaram a propositura da ação de destituição do poder familiar pelo Ministério Público, cuja consequência foi o dramático retorno da jovem, então com 14 anos, para o acolhimento institucional. O tema ressalta a importância fundamental do papel das instituições estatais no sistema de adoção, para a verificação das reais intenções e condições dos adotantes na constituição da nova família, a demandar análise dedicada, especializada e individualizada; além do dever de as pessoas interessadas em adotar agirem com elevada ponderação, no interesse do adotado, para que a decisão seja fruto de convicção refletida e acompanhada de responsabilidade sobre suas consequências (STJ, 3ª T., REsp. 1.698.728/MS, Rel. Min. Moura Ribeiro, Relª. p/ acórdão Minª. Nancy Andrighi, julg. 4.5.2021, publ. DJ 13.5.2021).

[87] No mesmo sentido: "Há casos concretos, encontrados em várias partes do Brasil, noticiando a devolução de infantes e jovens em situações de adoção. Devem se distinguir duas situações: a) pessoas adotadas; b) pessoas em estágio de convivência para aprovar a adoção. No primeiro caso, vislumbra-se cenário não somente peculiar como ilógico, afinal, houve (espera-se) o estágio de convivência, habilitação prévia do candidato, estudos e pareceres da equipe técnica, enfim, um procedimento extenso para redundar no deferimento da adoção. Assim sendo, a rejeição do filho adotado seria o mesmo que recusar um filho biológico. Se não há permissão para devolver o filho natural, inexiste igual possibilidade para filho adotivo, tendo em vista que o ato é irrevogável. O que se vê, então, é o abandono, maltrato ou opressão dos pais adotivos em relação ao menor. Instaura-se, nessa hipótese, o mesmo processo para

Na primeira hipótese – não obstante a eventual reprovabilidade da conduta – está-se no período de experimentação que a lei denomina de estágio de convivência, que precederá a adoção pelo prazo máximo de 90 dias, observadas as peculiaridades do caso (art. 46, ECA). Ele poderá ser dispensado se o menor estiver sob tutela ou guarda legal do adotante, em período de tempo bastante para avaliar se a adoção coincide com os interesses da criança ou do adolescente, sendo-lhe conveniente a constituição do vínculo de filiação.[88]

Após se verificar que o pretendente à adoção está apto a acolher a criança ou adolescente, e encontrando-o com o perfil desejado, inicia-se o estágio de convivência, a fim de se examinar se existirá adaptação entre adotando e adotantes. Trata-se de período experimental no qual as partes irão se conhecer mutuamente e compartilhar a vivência familiar, que será acompanhada pela equipe interprofissional a serviço da Justiça da Infância e da Juventude, a qual se encarregará de relatório minucioso sobre o convívio. Não houve, até então, constituição do vínculo de filiação, mas período de experiência após o qual, incorrendo a adaptação esperada, dar-se-á o retorno à situação anterior.

Tal foi a hipótese submetida ao TJMG em ação civil pública proposta pelo Ministério Público do Estado de Minas Gerais. Cuidava-se da devolução de criança no período do estágio de convivência, concluindo-se que inexiste "vedação legal para que os futuros pais desistam da adoção quando estiverem com a guarda da criança".[89]

---

a destituição do poder familiar, embora se deva, ao menos, punir os genitores com base no art. 249 deste Estatuto (...). Sem contar eventual indenização por danos morais, a ser ajuizada pelo Ministério Público, em nome da criança ou adolescente rejeitado. Ainda que o *Parquet* não o faça, deve o juiz da Infância e Juventude nomear advogado especialmente para isso. (...) Quanto ao segundo caso, pouco há a fazer, pois o estágio de convivência destina-se, justamente, para isso. Se os candidatos a pais não se dão bem com o potencial filho, não se deve deferir a adoção de qualquer modo" (Guilherme de Souza Nucci, *Estatuto da Criança e do Adolescente comentado:* em busca da Constituição Federal das Crianças e dos Adolescentes, Rio de Janeiro: Forense, 2015, 2ª ed., pp. 141-142).

88 O STJ decidiu que, quando a desistência for fundamentada, não configura abuso de direito: "1. A desistência da adoção durante o estágio de convivência não configura ato ilícito, não impondo o Estatuto da Criança e do Adolescente nenhuma sanção aos pretendentes habilitados em virtude disso. 2. Embora o fato de a criança ter recebido diagnóstico de doença grave e incurável possa ter contribuído para a desistência da adoção, haja vista que os candidatos a pais eram pessoas extremamente simples e sem condições financeiras, o fato de a genitora biológica ter contestado o processo de adoção e ter requerido, sucessivamente, que a criança lhe fosse devolvida ou que lhe fosse deferido o direito de visitação, não pode ser desprezado nesse processo decisório. 3. A desistência da adoção nesse contexto está devidamente justificada, não havendo que se falar, em situações assim, em abuso de direito, especialmente, quando, durante todo o estágio de convivência, a criança foi bem tratada, não havendo nada que desabone a conduta daqueles que se candidataram no processo." (STJ, 4ª T., REsp 1842749/MG, Relª. Minª. Maria Isabel Gallotti, julg. 24.10.2023, publ. DJ 3.11.2023).

89 O voto vencido, no entanto, entendeu que, no caso, houve ilícito: "O ato ilícito, que gera o direito a reparação, decorre do fato de que os requeridos buscaram voluntariamente o processo de adoção do menor, deixando expressamente a vontade de adotá-lo, obtendo sua guarda durante um lapso de tempo razoável, e, simplesmente, resolveram devolver imotivadamente a criança, de forma imprudente, rompendo de forma brusca o vínculo familiar a que expuseram o menor, o que implica o abandono de um ser humano. Assim, considerando o dano decorrente da assistência material ceifada do menor, defere-se o pedido de condenação dos requeridos ao pagamento de obrigação alimentar ao menor, enquanto viver, em razão da doença irreversível que o acomete". Todavia, o desembargador avaliou que não existiu dano à integridade psicofísica ("por não ter o menor capacidade cognitiva neurológica de perceber a situação na qual se encontra"), razão pela qual fixou

Situação mais grave se configura quando a devolução da criança ocorre depois da sentença de adoção, quando o estado de filiação já foi constituído e é irrevogável. Ao se espelhar na filiação biológica, não há, por essa via, modo de se "devolver o filho"; o que pode ocorrer é a suspensão ou perda da autoridade parental.[90]

Argumenta-se ser neste caso evidente o ilícito, traduzido no abandono da criança que é, juridicamente, filha que, certamente, irá para as ruas, abrigos ou retornará à sua família biológica que não teve condições para criá-la. O dano à integridade psíquica também é de fácil configuração, na medida em que a devolução do menor pode intensificar o sentimento de rejeição e abandono já sofrido anteriormente na situação motivadora da adoção, o que pode ser perquirido por meio de perícia psicológica. O nexo é também possível ser configurado, ao interligar a decisão pelo abandono dos pais ao dano à integridade psíquica do filho.[91]

Nessa linha de raciocínio pronunciou-se o TJSP, em decisão assim ementada: "Ação de indenização por danos morais movida por absolutamente incapaz (à época da distribuição do feito), em virtude de ter sido devolvido à mãe biológica pelos pais adotivos, com quem conviveu desde um ano de idade. (...) Danos morais configurados. Réus que se aproveitaram da aproximação entre o autor e sua mãe biológica, para se livrarem do menor, que estava apresentando problemas comportamentais durante a adolescência. Rejeição pelos pais adotivos que provocou grave abalo psicológico ao adotado (apelante), conforme laudos psicológico e psicossociais. (...) Indenização arbitrada em R$ 20.000,00".[92]

Tal posição mostra-se controvertida. Em contrapartida, alguns julgados negam a existência de ato ilícito, e em consequência restringem a condenação à prestação

---

alimentos (decorrentes do ilícito) e não indenização por dano moral (TJ/MG, 2ª C.C., Apel. Cív. 1.0481.12.000289-6/002, Rel. Des. Hilda Teixeira da Costa, julg. 12.08.2014).

90 Josiane Rose Petry Veronese; Marcelo de Mello Vieira, *Abandono de filhos adotivos*: sob o olhar da doutrina da proteção integral e da responsabilidade civil, São Paulo: Dialética, 2022.

91 Alguns doutrinadores entendem que a indenização se dá pela perda da chance: "A posição de filho adotivo é definitiva e irrevogável, para todos os efeitos legais. (...). Tratando-se de abandono imaterial de filho adotivo, pois, também é pertinente a propositura de ação de destituição do poder familiar, de reparação por dano moral e de alimentos. Além do dano moral suportado pelo filho, não se pode deixar de considerar o evidente dano material decorrente da privação da criança em tela à oportunidade de ter uma família, conforme estabelece a teoria da responsabilidade pela perda de uma chance ou oportunidade. (...) É fato notório que crianças de tenra idade são mais facilmente adotadas, bem como que a adaptação na família adotante se dá com maior naturalidade, uma vez que a criança é educada dentro daquela estrutura, passando a compartilhar os valores passados pelos pais adotivos. A drástica interrupção do vínculo afetivo, por fato exclusivo dos pais adotivos, acarreta a perda da chance da criança de desenvolver-se materialmente e emocionalmente no seio familiar. O retorno da criança à entidade de acolhimento institucional impede ou dificulta sobremaneira uma nova colocação em família substituta, pois as consequências traumáticas do ato ilícito podem gerar a possível frustração de outra possibilidade de adoção da criança, seja pela resistência dos demais casais habilitados, seja por uma provável dificuldade de adaptação da criança a uma nova adoção, caso venha a apresentar problema psicológico temporário ou permanente" (Kátia Regina Ferreira Lobo Andrade Maciel, *Curso de Direito da Criança e do Adolescente* cit., pp. 219-221).

92 TJ/SP, 9ª Câm. Dir. Priv., Apel. Cív. 0006658-72.2010.8.26.0266, Rel. Des. Alexandre Lazzarini, julg. 08.04.2014.

alimentar até que o infante seja novamente adotado, fazendo assim incidir o dever de sustento somente enquanto persiste o vínculo de filiação.[93]

PROBLEMAS PRÁTICOS

1 – Qual o alcance da adoção *intuitu personae* segundo o STJ?

2 – Como compatibilizar o direito à identidade biológica com a completa inserção do filho na família substituta?

Acesse o *QR Code* e veja a Casoteca.

> *http://uqr.to/1pblo*

[93] Nesse sentido: "Ação de alimentos cumulada com indenização por dano moral. Criança entregue pela mãe para nova adoção. Alimentos provisórios. Pedido de redução. Descabimento. Ausência de demonstração da impossibilidade de prestar o valor fixado pelo juízo *a quo*. Obrigação de assistência da entidade de abrigamento que não afasta o dever de sustento da mãe, que decorre do poder familiar" (TJ/RS, 7ª C.C., AI 70028751675, Rel. Des. José Conrado Kurtz de Souza, julg. 29.04.2009).

Capítulo IX

AUTORIDADE PARENTAL, GUARDA, CONVIVÊNCIA FAMILIAR E ALIENAÇÃO PARENTAL

Acesse o *QR Code* e assista ao vídeo sobre o tema.

> *http://uqr.to/1pbm2*

Sumário: 1. Introdução – 2. Autoridade parental: 2.1 Início, desenvolvimento e fim da autoridade parental; 2.2 Aspectos patrimoniais – 3. Guarda – 4. Convivência familiar – 5. Alienação parental – Problemas práticos.

1. INTRODUÇÃO

Impacto do Direito Civil Constitucional nas relações parentais

As novas vertentes de personalização do Direito Civil aplicadas ao Direito de Família tiveram nas relações parentais significativa repercussão. As relações parentais foram as que mais sofreram transformações em seu conteúdo, esgarçando-se a vinculação formal e hierarquizada em favor de viés humanizado, no âmbito da família solidária e democrática. Por esta razão, o conteúdo jurídico da autoridade parental alterou-se em sua essência, plasmando-se com novos valores os fatos sociais e os instrumentos normativos.

Com o advento da Constituição Federal de 1988 (art. 227), a criança e o adolescente ganharam proteção especial, reconhecidos como pessoas em desenvolvimento. O ordenamento jurídico deles cuidou de forma acurada, por estarem em fase de construção da sua personalidade e dignidade. Houve relevante investimento normativo na infância e na juventude, chancelado pelas diretrizes principiológicas contidas no Estatuto da Criança e do Adolescente – ECA, Lei 8.069/1990.

Do pátrio poder ao poder familiar

Por esta razão, o antigo pátrio poder apresentou graves dificuldades funcionais para sua aplicação às novas estruturas familiares, de modo que a relação parental foi juridicamente remodelada, para melhor adequação aos novos vínculos familiares. Foi por este motivo que o referido instituto passou a ser denominado pelo Código Civil de poder familiar[1], também designado, com maior precisão, como autoridade parental, que melhor reflete o conteúdo democrático da relação, além de espelhar preponderantemente a carga de deveres em relação à de poderes atribuído aos pais. Desse modo, pretende-se que o filho, no âmbito do processo educacional, tenha seu desenvolvimento e autonomia garantidos por meio de estruturação biopsíquica adequada, que o capacite para os desafios da vida adulta. Por esse motivo, o vocábulo autoridade é mais condizente com a concepção atual das relações parentais, por traduzir a ideia de função, e instrumentalizar a noção de poder. Já o termo parental representa a relação de parentesco por excelência, presente na relação entre pais e filhos, de onde advém a legitimidade apta a embasar a autoridade.

Mudanças funcionais na guarda e na convivência familiar

No mesmo sentido, a guarda. Na estrutura familiar e jurídica do Código Civil de 1916, associava-se à ideia de poder para a completa definição do destino dos filhos. A divisão sexual do trabalho do início do século XX pressupunha que a mãe cuidasse dos filhos e o pai exercesse o papel de provedor. Essa estrutura só começou a ser modificada quando a mulher ingressou no mercado de trabalho e as tarefas domésticas tiveram que ser repartidas, pois era – e ainda é, em algumas circunstâncias – prevalentemente atribuída à mãe. As mudanças no interior da família impuseram a revisão dos tipos e da forma de atribuição da guarda, de modo a acompanhar o que, atualmente, é entendido como melhor para a criança ou o adolescente: a coparticipação parental. Por isso, a concepção contemporânea de guarda, na perspectiva funcional, é de companhia e acompanhamento do cotidiano dos filhos.

Verifica-se, também, especial mudança da natureza jurídica no direito à convivência familiar. De direito subjetivo dos pais, passou-se a analisá-la como direito fundamental dos filhos, pois é por meio do convívio que se faz possível o fomento dos laços afetivos e da interação genuína entre pais e filhos, gerando um ambiente propício ao exercício funcionalizado da autoridade parental.[2] Nesse contexto, será examinado, ainda neste capítulo, a alienação parental (Lei 12.318/2010 – Alienação Parental), que se traduz no exercício abusivo da autoridade parental, cujo combate tem sido hoje importante instrumento de proteção da criança e do adolescente.

---

[1] Decerto, poder familiar é mais adequado que pátrio poder, embora ainda não seja a expressão mais recomendável. No entanto, poder sugere autoritarismo, supremacia e comando, ou seja, uma concepção diferente do que o ordenamento jurídico pretende para as relações parentais. Já a expressão familiar não sugere que sua titularidade caiba apenas aos pais, mas que seja extensivo a toda a família. Não obstante autoridade também contenha traços de poder, traduz, de forma preponderante, uma relação de ascendência; é a força da personalidade de alguém que lhe permite exercer influências sobre os demais, sua conduta e reflexões. Diante da abordagem contemporânea que se pretende dar a essa obra, adotou-se autoridade parental como a melhor denominação para o instituto. Entretanto, notar-se-á que, algumas vezes, usou-se, também, poder familiar. Essa diversidade de denominações deveu-se, unicamente, a uma opção semântica, para não correr o risco da repetição contumaz. Contudo, o compromisso com a essência constitucional das relações parentais impele o operador do Direito a eleger autoridade parental como a escolha mais condizente com a concepção constitucional – em detrimento de poder familiar –, como fez o legislador francês, desde 1970.

[2] Gustavo Tepedino, A disciplina da guarda e a autoridade parental na ordem civil-constitucional. *Revista Trimestral de Direito Civil* – RTDC, v. 17, 2004, pp. 33-49.

2. AUTORIDADE PARENTAL

Autoridade parental constitucionalizada

Como acima anotado, com a assunção da pessoa ao centro do sistema do Direito de Família, altera-se o conceito de autoridade parental, interpretado sob a perspectiva funcional. A autoridade parental há de ser relida à luz da principiologia constitucional, principalmente sob a ótica dos princípios da dignidade da pessoa humana e da solidariedade, previstos nos arts. 1º, III, e 3º, I, da Constituição Federal, respectivamente. O primeiro deles subverte todo o direito posto, principalmente o direito civil, vez que os institutos e entidades intermediárias se dirigem à realização da personalidade da pessoa humana.[3]

No âmbito da família, relevou-se a noção de coexistência, reforçada pela preponderância da afetividade. É nessa perspectiva de relação afetiva construída na coexistência e dirigida à promoção de valores existenciais que se insere a autoridade parental. Antes preponderantemente hierárquica e patriarcal, a relação paterno/materno-filial transmuta-se para perspectiva dialógica, ou seja, encontra-se perpassada pela compreensão mútua e pelo diálogo, pois criança e adolescente – valorizados como protagonistas da família – tornam-se sujeitos ativos no âmbito da própria educação.

Princípio da solidariedade como fundamento da autoridade parental

Por isso, além do princípio da dignidade humana, ganha relevância, também, o princípio da solidariedade como fonte de deveres no âmbito da família, de modo a potencializar a realização da pessoa neste ***locus***. A liberdade – realizada no direito por meio do princípio da autonomia – deve ser cotejada com a corresponsabilidade entre os membros da família, principalmente em relação àqueles que têm algum tipo de vulnerabilidade, tal como a pessoa com deficiência, a criança e o adolescente, o idoso, aquele que necessita de alimentos. Para esses, a existência de deveres jurídicos reveste-se de grande relevância, pois é a efetividade de tais deveres que garantirá a dignidade e a igualdade substancial.[4]

No caso da criança e do adolescente, titulares de direitos fundamentais e em fase de desenvolvimento, a autoridade parental exerce papel essencial para a realização do projeto constitucional, pois a Constituição entendeu serem eles merecedores de tutela prevalente, o que foi corroborado, também, pelo art. 6º do ECA. Seu melhor interesse, nesse sentido, deve ser promovido e potencializado.

---

3 Em outra oportunidade, já se registrou a profunda transformação promovida pela Constituição Federal, que desinstitucionalizou as entidades intermediárias – entre elas a família –, para que esta esteja a serviço da realização da pessoa: Gustavo Tepedino, A disciplina jurídica da filiação na perspectiva civil-constitucional. In: Gustavo Tepedino, *Temas de Direito Civil,* Rio de Janeiro: Renovar, 2008, 4ª ed. rev. e atual., pp. 473-518.

4 De acordo com Bruno Lewicki, "há, portanto, de um lado, a especificação dos direitos do homem, que passam a abranger também uma peculiar fase de seu desenvolvimento, a infância; de outro, a nova concepção de família, que valoriza mais os seus membros do que a instituição em si. A soma destes dois fatores, tributários de diversas mudanças culturais e sociológicas, impõe uma nova concepção das relações entre pais e filhos: não mais voltada para um pátrio poder supremo e absoluto, mas como uma função educacional que deve privilegiar sempre o interesse da criança, sem contudo descurar da realização pessoal dos genitores" (Bruno Lewicki, Poder parental e liberdade do menor. *Direito, estado e sociedade.* Rio de Janeiro, n. 17, ago./dez. 2000, p. 8).

Em razão disso, na autoridade parental é mais relevante seu escopo educativo do que o de administração patrimonial. Sobressai, desta forma, sua função existencial, visto que se configura em ofício cujo objetivo é a promoção das potencialidades criativas dos filhos. Tradicionalmente, as relações parentais são consideradas como a soma de direitos, poderes e deveres que se interpenetram e que determinam aos genitores a atuação referente à educação, representação e administração dos bens dos filhos: subsistência, instrução e educação seriam, assim, elementos de uma função.[5] Portanto, a autoridade parental não é mais relação de poder-sujeição, mas situação complexa, não mais bipolarizada em poderes e deveres. Trata-se de poder jurídico, outorgado pelo Direito aos pais, para que seja exercido no interesse dos filhos.[6] Por esta razão, perdeu completamente sua feição de direito subjetivo para assumir o perfil de poder jurídico.

Deveres constitucionais da autoridade parental

De acordo com o art. 229 da Constituição Federal, cabe aos pais criar, educar e assistir seus filhos enquanto menores de idade. Eis aí a função constitucional desse instituto, que merece rápida reflexão.

Dever de criar

O dever de criar antecede ao nascimento, abrangendo os cuidados da fase pré-natalina – conforme se verifica da Lei 11.804/2008, que trata dos Alimentos Gravídicos. A partir daí, perpassa o nascimento e perdura como dever jurídico até que o filho alcance a maioridade.[7] A criação está diretamente ligada ao suprimento das necessidades biopsíquicas do menor, vinculada à assistência, ou seja, à satisfação das necessidades básicas, tais como cuidados na enfermidade, orientação moral, apoio psicológico, manifestações de afeto e cuidado: o vestir, o abrigar, o alimentar, o acompanhar física e espiritualmente.[8]

Dever de assistência

Incorpora-se ao dever de assistência o de sustento, sendo esse, portanto, inerente ao poder familiar. O dever de sustento é de grande relevância, na medida em que traduz, juridicamente, o compromisso dos pais com a subsistência dos filhos, numa fase em que são completamente dependentes. Trata-se de dever que determina as condições materiais de existência que, em última instância, preserva o direito à vida. Na verdade, assistência, criação e educação estão diretamente associados à formação da personalidade do menor, com o escopo de realizar os direitos fundamentais dos filhos, seja em que seara for. O direito à educação, além deste aspecto geral, também

---

[5] Paolo Ianni, Potestà dei genitori e libertà dei figli. In: Vincenzo Lojacono (Coord.), *Il diritto di famiglia e delle persone*. Milano: Giuffrè, 1977, p. 867.

[6] Sobre o tema, Gustavo Tepedino, A disciplina da guarda e a autoridade parental na ordem civil-constitucional. In: Rodrigo da Cunha Pereira (Coord.), *Afeto, ética, família e o novo Código Civil*, Belo Horizonte: Del Rey, 2004, pp. 305-324.

[7] Cabe observar, aqui, a extensão do dever de solidariedade familiar para além da maioridade, na medida em que, se houver necessidade dos alimentos, não obstante extinto o poder familiar e o dever de sustento, haverá a obrigação alimentar, cujo requisito é a prova da necessidade dos alimentos, para só depois quantificá-la. Sobre o tema, remetemos ao capítulo 10.

[8] Taisa Maria Macena Lima, Guarda de fato: tipo sociológico em busca de um tipo jurídico. In: Milton Fernandes (Coord.). *Controvérsias no sistema de filiação*, Belo Horizonte: Universidade Federal de Minas Gerais, 1984, p. 31.

se reporta ao incentivo intelectual, para que criança e adolescente tenham condições de alcançar sua autonomia, pessoal e profissional.

Dever de educação

O dever de educar abrange a educação informal e a formal, ligada à obrigação dos pais de matricular os filhos em instituição de ensino e acompanhar o desenvolvimento da sua educação (arts. 55 e ss. do Estatuto da Criança e do Adolescente). Nessa perspectiva, discute-se se é facultada aos pais a escolha da forma que o ensino ocorrerá: se na escola ou em casa. O ***homeschooling*** foi objeto de decisão do STF, por meio do RE 888.815, julgado pelo plenário em setembro de 2018.[9] Os recorrentes fundamentaram seu pedido na amplitude da educação, que não pode se restringir à instrução formal numa instituição convencional de ensino, bem como nos princípios da liberdade de ensino e do pluralismo de ideias e de concepções pedagógicas (art. 206, incisos II e III, da CF), cabendo tal escolha aos pais, no âmbito da autonomia familiar assegurada pela Constituição.[10] Por ocasião do julgamento, foi decidido que o ensino domiciliar não é proibido pela Constituição, mas só pode ser exercido conforme futura regulamentação legal que preveja requisitos mínimos, tais como frequência e avaliação pedagógica, a fim de que o menor não fique completamente alijado dos parâmetros coletivos de ensino.[11]

A doutrina nem sempre se mostra atenta às várias dimensões da educação. Educar o menor, dando-lhe condições de desenvolver sua personalidade, revela-se processo dialógico permanente, por meio do qual é formada a personalidade do menor enquanto se desenvolvem, concomitantemente, a sensibilidade, a percepção social e existencial do educando e do educador. O dever de educar é limitado pela capacidade, as inclinações naturais e as aspirações dos filhos. Compõem a atividade educativa o diálogo com o menor e o confronto com sua individualidade.[12]

No dever de educar está implícita a obrigação de promover no filho o desenvolvimento pleno de todos os aspectos da sua personalidade, de modo a prepará-lo para o exercício da cidadania e qualificá-lo para o trabalho, mediante a educação formal e informal, como determina os arts. 3º e 53 do ECA.[13]

---

9 Os pais de uma criança, à época com 11 anos, impetraram mandado de segurança contra ato da Secretária de Educação do Município de Canela (RS) que negou pedido para que a menina fosse educada em casa, orientando-os a fazer matrícula na rede regular de ensino, na qual a menor havia estudado até então. Tanto em primeira quanto em segunda instância (TJRS), houve negativa do pleito dos pais, sob o fundamento de não haver previsão legal de ensino nessa modalidade, razão pela qual inexiste direito líquido e certo a ser amparado.

10 STF, RE 888.815, Rel. Min. Luís Roberto Barroso, repercussão geral julgada em 04.06.2015, com a seguinte ementa: "1. Constitui questão constitucional saber se o ensino domiciliar (*homeschooling*) pode ser proibido pelo Estado ou viabilizado como meio lícito de cumprimento, pela família, do dever de prover educação, tal como previsto no art. 205 da CRFB/1988. 2. Repercussão geral reconhecida".

11 Sobre o tema: Eduardo Nunes de Souza; Maria Celina Bodin de Moraes. Educação e cultura no Brasil: a questão do ensino domiciliar. In: Ana Carolina Brochado Teixeira; Luciana Dadalto (Org.). *Autoridade parental: dilemas e desafios contemporâneos*, Indaiatuba: Foco, 2021, 2ª ed., pp. 93-124.

12 Maristella Cerato, La potestà dei genitori: i modi di esercizio, la decadenza e l'affievolimento. In: CEDON, Paolo (Coord.). *Il diritto privato oggi*, Milano: Giuffrè, 2000, p. 113.

13 Denise Damo Comel, *Do poder familiar*, São Paulo: Revista dos Tribunais, 2003, p. 102.

Para concretizar esse objetivo, criação e educação devem ser feitas de forma a viabilizar aos filhos o alcance da autonomia responsável, através da efetivação do processo educacional. Por ter esse perfil dinâmico, que permite gradações, deve se adequar às vicissitudes, às peculiaridades e ao estágio de desenvolvimento da criança e do adolescente, de modo a verificar a necessidade da intensificação ou do recuo do ***munus*** da autoridade parental. Propiciar ao filho sua autonomia responsável equivale a respeitar o processo de aquisição de discernimento e de maturação do menor, de modo que, paulatinamente, ele tenha condições de fazer suas escolhas sozinho. Assim, na medida em que este processo se intensifica, é possível o exercício dos direitos fundamentais de forma mais ampla, diminuindo-se, proporcionalmente, o raio de aplicação do poder familiar.

Por isso, criança e adolescente não são, ***a priori***, detentores de autonomia. Essa é a razão maior da autoridade parental: conduzi-los por caminhos que eles ainda desconhecem. Por estarem construindo sua maturidade e discernimento, não podem usufruir completamente de seu direito fundamental à liberdade, pois ainda não têm condições de exercê-la. Para seu bem-estar, vivem uma fase de liberdade supervisionada e orientada, cujo raio de amplitude de seu exercício cresce à medida que aumenta seu discernimento.

Educação digital

Uma nova vertente da educação se dirige ao ambiente digital, pois, com a crescente conexão dos filhos menores com o ambiente virtual, a educação digital se faz da maior relevância, para que os filhos aprendam a navegar de forma segura nas redes,[14] com o uso adequado de seus recursos.[15] Para tanto, a orientação e o acompanhamento dos filhos são essenciais para a proteção dos seus dados, evitando-se a formação de rastros digitais que acabam por moldar e restringir as informações que lhe serão franqueadas no ambiente digital.[16] Nesse cenário, é imprescindível que os próprios pais saibam a medida de expor seus filhos ao ambiente virtual, em redes sociais, para que não cometam o que se convencionou chamar de (*over*)***sharenting***, caracterizado pelo excesso de exposição dos filhos pelos pais na rede, ou seja, exata-

---

14 Foi editada a Lei 14.533/2023 que instituiu a Política Nacional de Educação Digital. Dentre suas previsões, destaca-se o objetivo de inserir a educação digital no ambiente escolar, a partir do estímulo do letramento digital e informacional, mas que também englobe os direitos digitais, que envolve a conscientização a respeito dos direitos ao uso e tratamento dos dados pessoais nos termos da LGPD, a conectividade segura e a proteção de dados da população mais vulnerável, em especial crianças e adolescentes (art. 3º, IV).

15 Ana Carolina Brochado Teixeira; Renata Vilela Multedo; Autoridade parental: os deveres dos pais frente aos desafios do ambiente digital. In: Ana Carolina Brochado Teixeira, José Luiz de Moura Faleiros, Roberta Densa (coords.), *Infância, adolescência e tecnologia*. O Estatuto da Criança e do Adolescente na sociedade de informação, Indaiatuba: Foco, 2022, p. 27-46.

16 Gustavo Tepedino; Chiara Spadaccini de Teffé. Consentimento e proteção de dados pessoais na LGPD. In: Gustavo Tepedino; Ana Frazão; Milena Donato Oliva (coords.). *Lei Geral de Proteção de Dados Pessoais e suas repercussões no Direito brasileiro*, São Paulo: Revista dos Tribunais, 2019, pp. 287-322; Ana Carolina Brochado Teixeira; Anna Cristina de Carvalho Rettore. A autoridade parental e o tratamento de dados pessoais de crianças e adolescentes. In: Gustavo Tepedino; Ana Frazão; Milena Donato Oliva (coords.). *Lei Geral de Proteção de Dados Pessoais e suas repercussões no Direito brasileiro*, São Paulo: Revista dos Tribunais, 2019, p. 505-530.

mente por aqueles que mais devem proteger seus filhos e seus dados pessoais[17] os quais foram elevados à categoria de direito fundamental por força da Emenda Constitucional 115/2022. Nessa direção, o Enunciado 39 do IBDFAM afirma que "a liberdade de expressão dos pais em relação à possibilidade de divulgação de dados e imagens dos filhos na internet deve ser funcionalizada ao melhor interesse da criança e do adolescente e ao respeito aos seus direitos fundamentais, observados os riscos associados à superexposição".

2.1 Início, desenvolvimento e fim da autoridade parental

Não obstante o silêncio da norma, discute-se se a autoridade parental se inicia com o nascimento ou com a concepção. Embora a Lei 11.804/08 utilize o termo "mãe gestante" como autora da ação, o destinatário dos alimentos é o feto, já que é ele quem terá provável parentesco com o pai, razão justificadora da ação de alimentos. Mesmo porque a mãe que não for casada ou não viver em união estável com o suposto pai não tem legitimidade para figurar no polo ativo da ação de alimentos. Início da autoridade parental

A finalidade dos alimentos é o pagamento das despesas essenciais para o crescimento do feto, sem as quais ele poderia se desenvolver mal ou nem se desenvolver, razão pela qual é ele o centro de imputação jurídica. Tanto que os alimentos devem automaticamente prevalecer após o nascimento da criança para suportar seus gastos, de acordo com o art. 6º, parágrafo único da Lei 11.804/2008.[18] De acordo com essa reflexão, portanto, a autoridade parental se inicia com a concepção, de modo que, desde então, imputam-se aos pais os deveres de cuidado e proteção de seus filhos.[19]

A incidência do poder familiar tem seu fim com a maioridade dos filhos, conforme o art. 1.630, CC.[20] Quando os pais se divorciam, têm seu casamento anulado ou

---

17 Gustavo Tepedino; Filipe José Medon Affonso, A superexposição de crianças por seus pais na internet e o direito ao esquecimento. In: Gabrielle Bezerra Sales Sarlet; Manoel Gustavo Neubarth Trindade; Plínio Melgaré (Org.), *Proteção de dados: temas controvertidos*, São Paulo: Foco, 2021, pp. 179-198; Filipe José Medon Affonso, Influenciadores digitais e o direito à imagem de seus filhos: uma análise a partir do melhor interesse da criança. In: *Revista Eletrônica da Procuradoria-Geral do Estado do Rio de Janeiro – PGE-RJ*, Rio de Janeiro, vol. 2 n. 2, maio/ago. 2019, p. 1-26.

18 Ana Carolina Brochado Teixeira e Renata de Lima Rodrigues, Por uma nova forma de atribuição de personalidade jurídica ao nascituro: análise do confronto entre a titularidade dos alimentos gravídicos e a polêmica da antecipação terapêutica do feto anencéfalo. *O Direito de Família entre a norma e a realidade*, São Paulo, Atlas, 2010, p. 16.

19 Nessa direção: "Se normalmente a representação se refere ao filho nascido, vai, contudo, alcançá-lo na fase da concepção (*nasciturus pro iam nato habetur quum de eius commodis agitur)*, não obstante faltar ainda ao filho personalidade" (Caio Mário da Silva Pereira, *Instituições de Direito Civil*, vol. V, Rio de Janeiro: Forense, 1997, 11ª ed., p. 243). Em sentido contrário: "Dessa forma, a condição de titular do poder familiar, reconhecida no art. 1.779 do CC há de entendida como expectativa de investidura, condicionada ao nascimento com vida, que se aperfeiçoará com o nascimento do filho, pois não há como conceber deveres/direitos (poder familiar) sem sujeito. Sendo a relação de poder familiar uma relação vinculante entre duas partes – pais e filho – em relação ao nascituro faltaria um dos polos, porque a personalidade, a aptidão de ser sujeito de direitos e obrigações, começa do nascimento com vida" (Denise Damo Comel, *Do poder familiar*, cit., p. 75).

20 "Pois bem. O alimentando já atingiu a maioridade, porém ele demonstrou que está frequentando curso universitário. O fato de ele exercer atividade remunerada não é óbice à manutenção do encargo

declarado nulo, continuam detentores da autoridade parental, segundo o art. 1.632, CC. O art. 1.579 do mesmo diploma, em sentido similar ao dispositivo supracitado, estabelece que o divórcio não modifica os direitos e deveres dos pais em relação aos filhos. Da mesma forma, o parágrafo único do art. 1.579, bem como os arts. 1.588 e 1.636, fazem expressa referência à relação parental, ao disporem que os genitores que contraírem novas núpcias não perdem a titularidade do poder familiar.[21]

Amplitude da autoridade parental

O que mudará na relação dos pais com os filhos após o fim da conjugalidade será o direito de tê-los em sua companhia, já que o genitor com o qual a criança reside por mais tempo será aquele incumbido dos cuidados cotidianos com os filhos. Contudo, as decisões relevantes para a vida dos filhos deverão ser tomadas por ambos, em conjunto, vez que afetas ao poder familiar, e não à guarda. É por essa razão que a guarda compartilhada não se afigura essencial ao sistema, vez que já existe a possibilidade de se efetivar a corresponsabilidade na tomada das decisões mais relevantes sobre a vida dos filhos.[22] Ela é adequada para aqueles ordenamentos jurídicos em que, com o fim da sociedade conjugal, o genitor não guardião perde também o poder familiar, como era o caso da Itália, por exemplo, até a reforma do direito de família de 2006 (Lei 54, de 24.01.2006). Nesses casos, é preciso a norma que determine que a guarda será compartilhada, para que haja, por via de consequência, o compartilhamento do poder familiar.[23]

---

alimentar. (...) Assim, enquanto ele frequenta o curso superior, pagando as mensalidades, não se mostra capaz de prover a própria subsistência, ainda que exerça atividade laboral. No entanto, deve ser feita a ressalva no sentido de que os alimentos são mantidos a termo, ou seja, até a conclusão do curso superior que não poderá ultrapassar a idade de 24 (vinte e quatro) anos" (STJ, AREsp 508226, Rel. Min. Paulo de Tarso Sanseverino, julg. 13.10.2015). A doutrina e a jurisprudência desta Corte bem estabelecem que o fundamento legal e jurídico da obrigação alimentar devida aos filhos maiores transmuda-se do dever de sustento inerente ao poder familiar, com previsão legal no art. 1.566, IV, do Código Civil, para o dever de solidariedade resultante da relação de parentesco, que tem como causa jurídica o vínculo ascendente-descendente e previsão expressa no art. 1.696 do Código Civil de 2002. Assim, alcançada a maioridade, deixa de existir a presunção *iuris et de iure* de necessidade e, em consequência, passa-se a exigir a análise do binômio necessidade-possibilidade (STJ, AREsp 719455, Rel. Min. Marco Aurélio Belizze, julg. 12.08.2015). No mesmo sentido: TJMG, 4ª C.C., Ap. Cív. 1.0393.09.033000-1/001, Rel. Des. Ana Paula Caixeta, julg. 25.06.2015, publ. *DJ* 02.07.2015, TJSP, 1ª Câm. Dir. Priv., Ap. Cív. 0000128-26.2015.8.26.0315, Rel. Des. Christine Santini, julg. 03.05.2016, publ. *DJ* 04.05.2016.

21 Sobre tais dispositivos, Denise Damo Comel critica o codificador: "Ambos visam preservar o poder familiar do pai ou da mãe que se casa com terceiro, e encerram disposição que tinha sentido de existir antes da vigência da Constituição Federal, quando ainda não se reconhecia a plena igualdade entre o homem e a mulher, no casamento ou fora dele, bem como quando não se reconhecia a igualdade entre todos os filhos, independentemente da origem da filiação. Protegia, ao invés, o poder conferido à mulher que se casava com outro homem, tendo em vista que no casamento ela, como esposa, num primeiro momento tornava-se relativamente incapaz e passava a ser chefiada pelo marido. Posteriormente, embora não perdendo a plena capacidade, continuava sob o mando do marido" (Denise Damo Comel, *Do poder familiar*, cit., p. 243).

22 Gustavo Tepedino, A disciplina da guarda e a autoridade parental na ordem civil-constitucional, *Revista Trimestral de Direito Civil* – RTDC, cit., pp. 33-49.

23 A referida norma italiana é a Lei 54, de 08.02.2006, que modificou o art. 155, do Código Civil Italiano, ao determinar que a regra geral é a guarda compartilhada, com o exercício conjunto do poder familiar.

No Código Civil, toda a disciplina das relações de filiação propriamente dita encontra-se associada à autoridade parental, no capítulo dedicado às relações de parentesco. E os deveres decorrentes da autoridade parental não esmorecem com a separação dos cônjuges ou com a dissolução de união estável dos companheiros (art. 1.632 do Código Civil). Cuida-se de normas jurídicas disciplinadoras da convivência sob a autoridade parental, as quais, combinadas com as regras dos arts. 21 e ss. do Estatuto da Criança e do Adolescente, abrangem as relações patrimoniais e existenciais atinentes à filiação. Nesse contexto, as modalidades de guarda acabam por se tornar problema menos jurídico e mais comportamental, que depende, após a separação, da índole dos pais, seu senso de responsabilidade e de tolerância em favor do futuro dos filhos, aspectos de difícil controle pelo Poder Judiciário. Mostra-se de fato vã a pretensão do jurista que pretenda pacificar, com instrumentos jurídicos, todos os conflitos atinentes às relações afetivas após a separação.

Tal situação se fazia mais evidente quando se entendia que o poder familiar tinha a configuração de direito subjetivo dos pais sobre os filhos menores. Definiram-se, assim, nos manuais de Direito de Família,[24] limites e possibilidades dos poderes parentais como equação binária crédito-débito. Esta categoria, típica dos direitos patrimoniais, mostra-se inapta a servir de paradigma para as situações existenciais que medeiam a disciplina da filiação e a educação dos filhos. A autoridade parental, ao reverso, é poder-dever, ofício de direito privado, mister que supõe compromisso para formar adultos sadios e que deveria ser desempenhada, ao menos no mundo ideal, com dedicação afetiva, cumplicidade, entrega absoluta.

Na concepção contemporânea, a autoridade parental não pode ser reduzida nem à pretensão juridicamente exigível em favor dos seus titulares, nem a instrumento jurídico de sujeição (dos filhos à vontade dos pais). Há de se buscar seu conceito na bilateralidade do diálogo e na alteridade, sempre no melhor interesse dos filhos, tendo como protagonistas os pais e os filhos, informados pela função emancipatória da educação. A interferência na esfera deliberativa dos filhos só encontra justificativa funcional no desenvolvimento da personalidade deles próprios, não caracterizando posição de vantagem em favor dos pais. A função delineada pela ordem jurídica para a autoridade parental, que legitima o espectro de poderes conferidos aos pais – muitas vezes em sacrifício da privacidade e das liberdades individuais dos filhos – só merece

---

[24] "Do ponto de vista técnico, o conjunto dos direitos e deveres compreendidos no instituto qualifica-se como situação jurídica peculiar que se caracteriza por ser, ao mesmo tempo, uma faculdade e uma necessidade. O exercício desse poder é vinculado à tutela dos interesses para os quais é atribuído. Constitui um *munus*, uma espécie de função correspondente a um cargo privado. O pátrio-poder é um direito-função, um poder-dever, que estaria numa posição intermediária entre o poder propriamente dito e o direito subjetivo. Não consiste em uma simples faculdade de direção genérica, mas não se desenvolve numa relação jurídica com direitos e obrigações correlatas. À faculdade de agir do pai corresponde um dever do filho, mas não se trata de reação obrigacional, como a que existe entre credores e devedores, nem de direito real sobre a pessoa dos filhos. O pátrio-poder tem hoje feição particular no quadro das manifestações da atividade jurídica" (Orlando Gomes, *Direito de família*, Rio de Janeiro: Forense, 1998, 10ª ed., rev. e atual. Humberto Theodoro Júnior, pp. 389-390).

tutela se exercida como *munus* privado, complexo de direitos e deveres visando ao melhor interesse dos filhos, sua emancipação na perspectiva de futura independência.

Autoridade parental como poder jurídico

Por isso, é necessário afastar, de forma definitiva, o modelo do direito subjetivo, que reduz o papel dos genitores, uma vez extinta a sociedade conjugal, a feixe de prerrogativas e poderes a serem ostentados na educação dos filhos, exigidos e confrontados, a cada controvérsia envolvendo o destino da prole – verdadeiro duelo entre proprietários ciosos de seus confins.[25] Aquiescer com o enquadramento do poder parental como direito subjetivo seria o mesmo que reduzir o conteúdo da autoridade parental a meros poderes e prerrogativas, olvidando-se o mais relevante, que é a preservação dos interesses dos filhos. Daí a importância da delimitação da categoria do poder jurídico como "verdadeiro ofício, uma situação de direito-dever: como fundamento da atribuição dos poderes existe o dever de exercê-los. O exercício da potestà não é livre, arbitrário, mas necessário no interesse de outrem ou, mais especificamente, no interesse de um terceiro ou da coletividade".[26] Na autoridade parental, tanto o poder quanto o dever são dirigidos às mesmas pessoas: os pais, que devem usá-lo para a concreção do princípio do melhor interesse da criança e do adolescente. Cuida-se, pois, de ofício de direito privado.

Não obstante o conteúdo da autoridade parental, muito se questiona, na perspectiva prática, sobre o distanciamento entre genitor que não convive habitualmente com o filho, eventualmente o não guardião ou o que com ele não reside, e filhos após a separação, em face da redução da convivência.[27] Por isso, é pertinente refletir se, titular da autoridade parental, caberia ao genitor não guardião apenas os poderes e deveres não detidos pelo genitor guardião – em hipótese de guarda unilateral. Estaria essa função residual em consonância com os princípios constitucionais e com as normas codificadas e estatutárias que preveem a função educacional de ambos os pais, concentrada na infância e juventude, quando a criança está em fase de construção da sua personalidade? É claro que não. A relação parental não se esgota em visitas e

---

25 Pietro Perlingieri define direito subjetivo como "poder reconhecido pelo ordenamento a um sujeito para a realização de um interesse próprio do sujeito" (Pietro Perlingieri, *Perfis do direito civil*, Rio de Janeiro: Renovar, 2002, 2ª ed., trad. por Maria Cristina De Cicco, p. 120).

26 Pietro Perlingieri, *Perfis do direito civil*, cit., p. 129.

27 Alguns autores, como Marcos Alves da Silva, criticam a permanência da autoridade parental após o fim da conjugalidade dos pais. Ele diz existir um distanciamento entre a lei e a realidade, pois, após o rompimento dos pais, o genitor não guardião perderia importante parcela dos seus poderes, em face do esvaziamento da convivência. Subsistiria uma perda de fato da autoridade parental, o que também se deveria ao acúmulo de poderes concentrados na guarda, tais como dirigir a pessoa do filho, sua educação, além de decidir todas as questões que o envolve (Marcos Alves da Silva, *Do pátrio poder à autoridade parental:* repensando os fundamentos jurídicos da relação entre pais e filhos, Rio de Janeiro: Renovar, 2002, pp. 63-64). No mesmo sentido, Waldyr Grisard Filho, que opina que o divórcio não afeta direitos e deveres recíprocos entre os filhos, embora haja um desdobramento da guarda, na qual esse direito é atribuído, em regra, a um dos pais e o de visita ao outro. Essa desvinculação acarreta, por consequência, um enfraquecimento do poder familiar do genitor não guardador, que se vê impedido do amplo exercício do seu direito, com a mesma intensidade e em medida similar ao genitor guardador (Waldyr Grisard Filho, *Guarda compartilhada:* um novo modelo de responsabilidade parental, São Paulo: Revista dos Tribunais, 2002, 2ª ed. rev., atual. e ampl., p. 78).

fiscalização. Se assim fosse, como o Código Civil poderia prever que as relações entre pais e filhos permanecem as mesmas com o fim da conjugalidade dos genitores?

O núcleo essencial dos conceitos ora esboçados para a definição da autoridade parental é o fato de que esta se mede na tutela da pessoa, que não tem apenas escopo protetivo, mas, principalmente, promocional da personalidade dos filhos. Assim, abarca maior aglomerado de funções. O poder-dever de proteção e provimento das necessidades, sejam elas materiais ou espirituais, encontra abrigo muito mais na autoridade parental do que na guarda, pois ambos os pais têm a função promocional da educação dos filhos, em sentido amplo, que envolve criação, orientação e acompanhamento. Tais tarefas não incumbem apenas ao genitor guardião, mas aos titulares da autoridade parental.

Exercício da autoridade parental

Dito diversamente, a autoridade parental deve ser exercida em conjunto pelos pais, não havendo qualquer tipo de prevalência de um dos genitores sobre o outro, como existia na vigência do Código Civil de 1916, que instituiu o pátrio poder, cujo titular único era o pai. Diante da normatividade do princípio da igualdade, ambos os pais passaram a exercer em igualdade de condições o *munus* determinado pela lei.[28] Caso um dos dois faleça, seja suspenso ou perca o poder familiar, o outro exercê-lo-á de forma exclusiva, conforme determina o art. 1.631, CC. Caso isso ocorra com os dois, a criança será colocada sob a tutela de terceiro (arts. 1.728 e ss.).

No caso de divergência entre os pais quanto ao exercício do poder familiar, devem eles recorrer ao juiz, para que este resolva a controvérsia, uma vez que, como os genitores se encontram em igualdade de condições para o exercício da autoridade parental, a decisão de nenhum deles tem preponderância sobre a do outro, conforme arts. 21, ECA, e 1.631, parágrafo único, CC.

Deveres infraconstitucionais da autoridade parental

O Código Civil estabelece, no art. 1.634, funções que decorrem dos deveres constitucionais, competindo a ambos os pais, independentemente da situação conjugal: dirigir-lhes a criação e a educação; exercer a guarda (unilateral ou compartilhada); conceder-lhes ou negar-lhes consentimento para casarem, para viajarem ao exterior e para mudarem sua residência permanente para outro município; nomear-lhes tutor por testamento ou documento autêntico, se o outro dos pais não lhe sobreviver, ou o sobrevivo não puder exercer o poder familiar; representá-los judicial e extrajudicialmente até os 16 (dezesseis) anos, nos atos da vida civil e assisti-los, após essa idade, nos atos em que forem partes, suprindo-lhes o consentimento; reclamá-los de quem ilegalmente os detenha; exigir que lhes prestem obediência, respeito e os serviços próprios da sua idade e condição.[29]

---

[28] Em caso em que a mãe, unilateralmente, modificou o agnome do filho, entendeu o STJ que essa mudança foi indevida, pois – caso essa mudança fosse possível – se trataria de ato afeto o poder familiar que deve ser exercido em igualdade de condições pelo pai e pela mãe, situação que não é alterada pelo divórcio, separação ou dissolução de união estável (STJ, 4ª T., REsp 1731091/SC, Rel. Min. Luis Felipe Salomão, julg. 14.12.2021, publ. *DJ* 17.2.2022).

[29] De forma semelhante, o ECA dispõe, em seu art. 22, *caput*, que: "Aos pais incumbe o dever de sustento, guarda e educação dos filhos menores, cabendo-lhes, ainda, no interesse destes, a obrigação de cumprir e fazer cumprir as determinações judiciais".

A direção da criação e da educação são expressas ordens infraconstitucionais de deveres já contidos no art. 229, CR, cujo conteúdo já foi anteriormente explicitado. Desses mesmos deveres decorre o exercício da guarda (independente da modalidade), a fim de acompanhar os filhos durante a menoridade. Com o escopo de se fomentar a participação de ambos os pais na vida dos filhos e de evitar atos de alienação parental, o legislador inseriu expressamente no âmbito do poder familiar a autorização para viagem ao exterior, bem como a mudança de residência que implique troca de cidade. A nova redação dos incisos IV e V do art. 1.634 deve ser festejada, pois se insere no plano da prevenção de atos de alienação parental, conduta repudiada jurídica e socialmente, na medida em que causa danos gravíssimos na integridade psíquica de crianças e adolescentes.

Também é ato próprio dos pais nomear tutor aos filhos, para o caso de morte ou de perda do poder familiar, por entender o Código que são eles a identificarem a pessoa que melhor cuidaria de seus filhos, no caso da falta dos próprios pais; é por esta razão que a tutela testamentária é a prioritária (CC, art. 1.731). Caso não haja possibilidade de atender à indicação dos pais (por exemplo, impedimento ou escusa da pessoa indicada para o exercício da tutela) e, caso não haja outra pessoa indicada sucessivamente, o juiz passará à nomeação dos indicados como tutores legítimos (CC, art. 1.732).

Incumbe aos pais representar seus filhos, enquanto eles são absolutamente incapazes e assisti-los quando se tornam relativamente incapazes. Trata-se de atribuição decorrente do regime das incapacidades, que presume a necessidade de substituição da vontade do filho para a prática válida de atos da vida civil em face da ausência de discernimento – no caso da representação de menores até os 16 anos – e da complementação da vontade, quando o filho tem entre 16 e 18 anos – hipóteses de assistência.

É atribuição dos pais reclamar os filhos de quem ilegalmente os detenha; ou seja, se qualquer pessoa – mesmo que seja um dos genitores ou algum familiar – estiver com a criança em sua companhia de forma ilegal, sem autorização judicial, pode o guardião tomar as providências cabíveis. Tal medida reclama, tradicionalmente, a propositura de ação de busca e apreensão. Todavia, não obstante este seja o remédio processual adequado, a retirada abrupta por um estranho (por vezes inclusive com o apoio de força policial) pode ser traumática, em detrimento do princípio do melhor interesse da criança. Por isso, esta deve ser a última alternativa, depois de esgotadas todas as tentativas para que a criança seja entregue consensualmente ao genitor, de modo a preservar sua integridade psíquica.

Os pais podem exigir que seus filhos lhes prestem obediência, respeito e os serviços próprios da sua idade e condição. A previsão legal – equivocadamente percebidos como direitos dos pais – levaram muitos autores a reforçar a qualificação da autoridade parental como direito subjetivo. Ao contrário, também aqui a perspectiva do poder familiar há de ser interpretada funcionalmente, na exata medida da promoção da personalidade dos filhos. Questiona-se, com fundamento nas diretrizes constitucionais e estatutárias, que asseguram à criança e ao adolescente o direito fundamental de viver a fase da infância e da juventude – inclusive o direito de brincar, conforme art. 16, IV, do ECA , que foi reforçado pela Lei 14.826/2024, que desenhou os contornos da chamada parentalidade positiva, que tem como foco o tratamento saudável e respeitoso da criança –, se é possível deles exigir a prestação de serviços, mesmo que sejam trabalhos apropriados à idade ou se haveria nesta hipótese antinomia em face dos direitos fundamentais dos menores. Afirma-se em doutrina não ser possível impor aos filhos a prestação de serviços, mesmo que próprios da sua idade e condição, por ser abusivo utilizar menores para qualquer tipo de trabalho. A ressalva seria a sua colaboração no âmbito doméstico, sempre nos limites de sua idade e no âmbito do processo educativo, o que se compatibiliza com a *ratio* normativa e não se confunde com trabalho remunerado agenciado ou exigido pelos pais, o que seria evidentemente ilícito.[30] Na lição saudosa de Caio Mário da Silva Pereira, "quanto aos serviços exigidos, a ideia predominante é a de participação. O filho coopera com o pai, na medida de suas forças e aptidões".[31]

Desse modo, a interpretação funcional dessa norma se restringe à criação do filho como colaborador dos serviços domésticos, que tem muito mais uma função educativa do que propriamente laborativa. Assim, o que se releva é o papel que cada membro da família exerce no cotidiano familiar, cuja função é eminentemente inclusiva, pois chama o filho a participar da realidade da família, preparando-o para a vida adulta.

Extinção da autoridade parental

O poder familiar é extinto quando ocorre sua interrupção definitiva. Se evidenciar-se uma das causas a seguir mencionadas, seu termo final ocorre de forma automática. Conforme determinam as hipóteses previstas no art. 1.635 CC, ensejam a extinção da autoridade parental: a morte de ambos os pais ou do filho; a emancipação; a maioridade; a adoção; ou decisão judicial que determine a sua perda. O Código Civil manifestou-se expressamente no sentido de que o novo casamento ou nova união estável dos pais não leva à perda do poder familiar, de modo que estes continuam a exercê-lo sem qualquer interferência do novo cônjuge ou companheiro.[32]

Suspensão da autoridade parental

A suspensão do poder familiar pode ser total ou parcial e está vinculada à prática de determinados atos. No caso da suspensão ser parcial, o outro genitor ou, na falta deste, o tutor exercerá sozinho os atos dos quais o pai suspenso foi privado. No caso da suspensão ser total, não poderá praticar ato algum. São causas de suspensão da autoridade parental, de acordo com o art. 1.637 CC: o descumprimento dos deveres inerentes aos pais; a ruína dos bens dos filhos; a colocação em risco da segurança do filho; além

---

30 "Temos por incompatível com a Constituição, principalmente em relação ao princípio da dignidade da pessoa humana (arts. 1º, III, e 227), a exploração da vulnerabilidade dos filhos menores para submetê-los a 'serviços próprios de sua idade e condição', além de consistir em abuso (art. 227, § 4º). Essa regra surgiu em contexto histórico diferente, no qual a família era considerada, também, unidade produtiva e era tolerada pela sociedade a utilização dos filhos menores em trabalhos não remunerados, com fins econômicos. A interpretação em conformidade com a Constituição apenas autoriza aplicá-la em situações de colaboração nos serviços domésticos, sem fins econômicos, e desde que não prejudique a formação e a educação dos filhos, mas nunca para transformá-los em trabalhadores precoces" (Paulo Lôbo, *Código Civil comentado*, vol. 16, São Paulo: Atlas, 2003, p. 211).

31 Caio Mário da Silva Pereira, *Instituições de Direito Civil* vol. V., cit., p. 244.

32 Não obstante o dispositivo preveja que não haverá interferência do novo consorte no exercício do poder familiar, nas famílias reconstituídas, pode ser de tal modo estreita a relação neste novo núcleo familiar que, embora não titular da autoridade parental, o outro cônjuge ou companheiro pode exercer, de fato, atributos a ela inerentes.

da condenação em virtude de crime que exceda 2 (dois) anos de prisão. Essas hipóteses são exemplificativas, pois a natureza protetiva da autoridade parental pode fazer com que o juiz, a bem da criança ou do adolescente, suspenda a autoridade parental em situações diversas daquelas enumeradas no texto legal. Uma vez cessadas as causas ensejadoras da suspensão do poder familiar, a medida pode ser revertida.[33]

Perda da autoridade parental

As hipóteses de perda do poder familiar[34] são mais rígidas, tendo em vista sua gravidade, conforme se pode depreender do art. 1.638 CC. Deve-se decretar a perda do poder familiar por razões que justifiquem o melhor interesse do filho, pois as atitudes de seus pais colocam em risco sua segurança e dignidade, que devem ser amplamente comprovadas.[35] As causas que ensejam a perda da autoridade parental são castigo imoderado, abandono do filho, atos contrários à moral e aos bons costumes, prática reiterada de atos que determinem sua suspensão, entregar o filho irregularmente a terceiros para fins de adoção, praticar contra o outro genitor, filho, filha ou outro descendente homicídio, feminicídio ou lesão corporal grave ou seguida de morte resultante de violência doméstica, familiar, menosprezo ou discriminação à condição de mulher, estupro/estupro de vulnerável ou outro crime contra a dignidade sexual sujeito à pena de reclusão.[36]

Castigo imoderado

Em relação ao castigo imoderado, resultado do abuso do dever de corrigir, questiona-se, em termos concretos, qual o limite existente na conduta dos genitores, no que se refere à disciplina imposta aos filhos. Estaria proibida a palmada[37] ou o castigo corretivo?

---

33 "As hipóteses legais não excluem outras que decorram da natureza do poder familiar. Não é preciso que a causa seja permanente. Basta um só acontecimento, que justifique o receio de vir a se repetir no futuro com risco para a segurança do menor e de seus haveres, para ensejar a suspensão. Por exemplo, quando o pai, tendo bebido, quis matar o filho, ou quando, por total irresponsabilidade, quase levou à ruína os bens do filho" (Paulo Lôbo, *Famílias*, São Paulo: Saraiva, 2017, 7ª ed., p. 297).

34 As causas de perda se distinguem das causas de cessação da autoridade parental pela natureza dos fatos determinantes. "Verifica-se a perda do pátrio poder em consequência da conduta culposa dos pais, configurando-se, assim, como verdadeira sanção. Daí qualificar-se, com mais propriedade, como destituição" (Orlando Gomes, *Direito de Família*, cit., p. 399). No entanto, a verdadeira *ratio* da destituição é o melhor interesse do menor, a necessidade de afastamento da criança ou do adolescente de seus pais em nome da sua integridade psicofísica.

35 STJ, 3ª T., REsp 2.101.228 – SP, Relª. Minª. Nancy Andrighi, julg. 7.11.2023, publ. DJe 13.11.2023.

36 Sobre tais crimes resultantes de violência doméstica, a Lei 13.715/2018 também modificou o Estatuto da Criança e do Adolescente e, até mesmo de forma mais severa do que a mudança operada no Código Civil, previu como hipótese de perda do poder familiar a "condenação por crime doloso sujeito à pena de reclusão contra outrem igualmente titular do mesmo poder familiar".

37 A Lei 13.010/2014 – também conhecida como Lei da Palmada – visa evitar agressões físicas contra a criança e o adolescente, acrescentando dispositivos ao ECA que, para o tema desse artigo, vale transcrever: "Art. 18-A. A criança e o adolescente têm o direito de ser educados e cuidados sem o uso de castigo físico ou de tratamento cruel ou degradante, como formas de correção, disciplina, educação ou qualquer outro pretexto, pelos pais, pelos integrantes da família ampliada, pelos responsáveis, pelos agentes públicos executores de medidas socioeducativas ou por qualquer pessoa encarregada de cuidar deles, tratá-los, educá-los ou protegê-los. Parágrafo único. Para os fins desta Lei, considera-se: I – castigo físico: ação de natureza disciplinar ou punitiva aplicada com o uso da força física sobre a criança ou o adolescente que resulte em: a) sofrimento físico; ou b) lesão; II – tratamento cruel ou degradante: conduta ou forma cruel de tratamento em relação à criança ou ao adolescente que: a) humilhe; ou b) ameace gravemente; ou c) ridicularize". Algumas reflexões

O escopo do legislador é que o castigo pedagógico não seja expressão violenta, reação impulsiva e temperamental, mas dirigido rigorosamente ao escopo educativo, vedando-se o constrangimento físico sem que, com isso, se pretenda impedir o estabelecimento de limites, fundamentais para o desenvolvimento da criança.[38]

A Lei n. 14.344/2022 define o que caracteriza violência doméstica e familiar contra criança e adolescente: qualquer ação ou omissão que lhe cause morte, lesão, sofrimento físico, sexual, psicológico ou dano patrimonial no âmbito do domicílio ou residência (espaço permanente de pessoas, com ou sem vínculo familiar, inclusive as esporadicamente agregadas), no âmbito da família (natural, ampliada ou substituta, por laços naturais, por afinidade ou por vontade expressa) e em qualquer relação doméstica e familiar na qual o agressor conviva ou tenha convivido com a vítima, independentemente de coabitação. A lei estabeleceu formas de proteção da criança, inclusive por meio de medidas protetivas de urgência a fim de melhor proteger as crianças e adolescentes, que podem ser de variadas ordens, tais como: suspensão da posse ou restrição do porte de armas, afastamento do lar ou do local de convivência com a vítima, proibição de aproximação da vítima, vedação de contato com a vítima, proibição de frequentar determinados lugares com o objetivo de preservar a integridade física e psicológica da vítima, restrição ou suspensão de visitas à criança ou adolescente, prestação de alimentos provisionais ou provisórios, comparecimento a programas de recuperação e reeducação, acompanhamento psicossocial, por meio de atendimento individual e/ou em grupo de apoio. Além disso, o agressor pode ter sua prisão preventiva decretada, bem como a vítima e familiares podem ser incluídos em atendimentos de órgãos de assistência social, programa de proteção a vítimas ou testemunhas, entre outros. A Lei 14.826/2024 também foi um importante passo a corroborar essa ideia, pois institui a parentalidade positiva e o direito ao brincar como estratégias intersetoriais de prevenção à violência contra crianças.

Abandono do filho

O abandono do filho também enseja a perda do poder familiar. Esse abandono traduz a desídia dos pais para com o filho. A negligência representa o oposto da verdadeira função da autoridade parental. O descuido demonstra inaptidão dos pais no exercício do múnus ou, nos dizeres da jurisprudência, "incapacidade dos apelantes em cumprir os papéis de pai e mãe e de gerar um saudável vínculo afetivo com sua filha",[39]

---

foram feitas sobre o tema em Ana Carolina Brochado Teixeira, Anna Cristina de Carvalho Rettore, Beatriz de Almeida Borges e Silva, A lei da palmada à luz da autoridade parental: entre os limites da educação e da violência. In: Carlos Henrique Fernandes Guerra, Marcelo de Mello Vieira, Marina Carneiro Matos Sillmann, Mônica Queiroz, *Direito civil em debate*: reflexões críticas sobre temas atuais. Belo Horizonte, D'Plácido, 2016, pp. 277-299.

38 Para uma crítica a qualquer tipo de reprimenda física, Luciana Fernandes Berlini, *Lei da palmada:* uma análise sobre a violência doméstica infantil, Belo Horizonte: Arraes Editora, 2014.

39 "A perda ou a destituição do poder familiar é a sanção mais grave imposta aos pais, quando estes faltam com os deveres em relação aos filhos. Nesta linha de raciocínio, o Código Civil de 2002, prescreve em seu art. 1.638 as hipóteses em que perderá o poder familiar o pai ou a mãe, ou, ambos, se comprovados a falta, omissão ou abuso em relação aos filhos. No caso dos autos, restou amplamente demonstrada a omissão dos genitores da menor com relação à criação de sua filha, existindo provas suficientes que evidenciam, de forma suficiente, o abandono da menor" (TJ/MG,

o que demanda urgente intervenção do Poder Judiciário, a fim de minimizar os danos que repercutem nos filhos.[40]

Abandono material

O abandono pode ser material ou moral. O abandono material, conduta contrária ao dever de sustento, constitui crime, cuja tipificação é deixar, sem justa causa, de prover a subsistência de filho menor de 18 anos, não lhe proporcionando recursos necessários ou faltando ao pagamento de pensão alimentícia judicialmente acordada, fixada ou majorada, conforme se constata do art. 244 do Código Penal. A conduta criminosa abrange, também, quem frustra ou ilide o pagamento dos alimentos, sendo solvente, o que inclui abandono injustificado de emprego ou função.

No aspecto cível, o abandono material não se aplica quando existe situação de miserabilidade, tanto é que o Estatuto da Criança e Adolescente, em seu art. 23, dispõe expressamente que "a falta ou a carência de recursos materiais não constitui motivo suficiente para a perda ou a suspensão do poder familiar".[41] Quando esse for o único motivo das dificuldades de subsistência da criança, o parágrafo único do art. 23 determina que a família seja incluída em programas sociais, pois o mais relevante é que o melhor interesse da criança e do adolescente se concretize, e este abrange cuidados que vão muito além das condições materiais.

O abandono material que leva à destituição da autoridade parental tem que ser drástico. Se o pai tem recursos e pode arcar com a subsistência do filho, mas cria dificuldades, deve-se verificar se a situação pode ser efetivamente remediada por meio de execução de alimentos; em caso positivo, não há que se cogitar da perda do poder familiar. Contudo, se a ação de execução de alimentos for dificultada, está configurado o abandono material.

Abandono moral

Quanto ao abandono moral, trata-se de negligência com os filhos na seara emocional e intelectual, que desatende diretamente os deveres de criação e educação (arts. 229, CR, e 1.634, I, CC). É a conduta dos pais que deixam de promover o amparo e o cuidado com os filhos.

Questão atual refere-se ao abandono moral – denominado por alguns de abandono afetivo –, como fato ensejador de perda da autoridade parental[42] e/ou como

---

4ª C.C., Ap. Cív. 1.0024.12.112355-8/001, Rel. Des. Dárcio Lopardi Mendes, julg. 31.03.2016, publ. *DJ* 06.04.2016).

[40] Diante dos avanços da tecnologia, tem se discutido um novo tipo de abandono, o digital, que se caracteriza pela falta de orientação e condução da educação digital do filho, como se a navegação nas redes fosse algo seguro que não colocasse a prole em risco. Os perigos da internet devem ser esclarecidos aos filhos (cyberbulling, sexting, furto de imagens, etc.) para que eles possam adquirir discernimento necessário para que, também no ambiente virtual, possam ter sua integridade psíquica preservada.

[41] "A filosofia do Estatuto deixa bem claro que o que a ordem legal considera mais importante é a manutenção da criança ou adolescente na sua família de origem, da qual somente pode ser afastada em havendo motivo ponderável (parágrafo único do art. 23 do ECA), ficando bem claro que a falta de ou carência de recursos materiais não constitui motivo suficiente para a perda ou suspensão do poder família (art. 23, *caput*)" (Caio Mário da Silva Pereira, *Instituições de Direito Civil*, vol. V, cit., p. 250).

[42] Ao lado da discussão em torno da possibilidade de perda da autoridade parental, já se toma notícia em jurisprudência de outras consequências possíveis diante da identificação de abandono moral.

gerador de dano a ensejar responsabilidade civil.[43] Aqueles que entendem cabível a indenização, fundamentam-se na exigibilidade de "tutela por parte dos pais e da dependência e vulnerabilidade dos filhos", razão pela qual, nessas hipóteses, a "solidariedade familiar alcança o seu grau de intensidade máxima. Em caso de abandono moral ou material, são lesados os direitos implícitos na condição jurídica de filho e de menor, cujo respeito, por parte dos genitores, é pressuposto para o sadio e equilibrado crescimento da criança, além de condição para a sua adequada inserção na sociedade. Ou seja, os prejuízos causados são de grande monta".[44]

Em contrapartida, argumenta-se que, nestes casos, os danos existenciais decorrem de multifatorialidade associada a características individuais do filho e de ambos os pais, bem como ao processo educacional como um todo, não necessariamente ao abandono em si considerando. Segue-se daí a dificuldade para se estabelecer o nexo de causalidade entre o descumprimento dos deveres da autoridade parental imputáveis a um dos responsáveis e os danos morais daí decorrentes. Aduz-se, ainda, que, em polo oposto, a superproteção da criança, ou a infantilização involuntária provocada por excessos de cuidados, gera por vezes incapacitação para a vida adulta, a provocar danos irreparáveis. Por outro lado, assim como no descumprimento de deveres conjugais, nem sempre se mostra simples atribuir exclusivamente ao réu a responsabilidade pelo abandono do filho, sobrepondo-se me muitos casos formas veladas de alienação parental, de difícil controle judicial. Diante disso, a judicialização de demandas afetivas promoveria espiral sem fim de rancor e incompreensões recíprocas, que alcançam inevitavelmente o desentendimento dos pais, a dificultar drasticamente o reatamento das relações entre pais e filhos.

O tema é controverso, inclusive no Superior Tribunal de Justiça. A decisão que fixou dano moral, de relatoria da Minª. Nancy Andrighi, entendeu violados os deveres

---

Ilustrativamente, recente decisão da 4ª Turma do STJ admitiu a exclusão do prenome "Ana" de uma mulher vítima de abandono parental, que pedia para não ter sua identidade ligada ao prenome escolhido por seu genitor. Do voto do Relator, Ministro Antonio Carlos Ferreira, constou que: "Esta Corte Superior há muito consagra o entendimento de que o princípio da imutabilidade do nome não é absoluto, cedendo espaço para a alteração do prenome nas hipóteses em que sua manutenção cause constrangimento ao titular, notadamente quando a pessoa é conhecida por nome diverso do constante no seu registro de nascimento. (...) Assume relevância, nas decisões que dizem respeito aos direitos da personalidade, a autonomia da vontade, de como a pessoa gostaria de ser identificada no meio em que vive, seja em razão do sexo, do gênero, da aparência, ou de seus dados pessoais, dentre eles o nome" (STJ, 4ª T., REsp 1.514.382/DF, Rel. Min. Antonio Carlos Ferreira, julg. 1º.09.2020).

43 A favor da responsabilização, Ana Carolina Brochado Teixeira, Responsabilidade civil e dignidade humana. *Revista Brasileira de Direito de Família*, Porto Alegre, n. 32, out./nov. 2005, pp. 138-158; Maria Celina Bodin de Moraes, Danos morais e relações de família. In: Rodrigo da Cunha Pereira (coord.), *Afeto, ética, família e o novo Código Civil*, Belo Horizonte: Del Rey, 2005, pp. 399-415; Contra a indenização, Wesley Louzada, Dano moral por abandono afetivo. In: Luiz Edson Fachin; Gustavo Tepedino (Coords.), *Diálogos sobre direito civil*, Rio de Janeiro: Renovar, 2008, pp. 475-500.

44 Maria Celina Bodin de Moraes, Danos morais em família? Conjugalidade, parentalidade e responsabilidade civil. In: Maria Celina Bodin de Moraes, *Na medida da pessoa humana*, Rio de Janeiro: Renovar, 2010, p. 449.

objetivos de cuidado decorrentes da autoridade parental (criar, educar e assistir), tendo aqui a caracterização do ilícito apto a gerar o pagamento da indenização.[45]

Por outro lado, parcela significativa dos julgados afasta a indenização. Merece destaque o REsp 1557978/DF, que decidiu que o cabimento do dano moral só deve ocorrer em hipóteses excepcionalíssimas, na medida em que houver excessos nas condutas no âmbito familiar, de modo que "o descumprimento do dever de cuidado somente ocorre se houver um descaso, uma rejeição ou um desprezo total pela pessoa da filha por parte do genitor". Ademais, em face da "dificuldade de se visualizar a forma como se caracteriza o ato ilícito passível de indenização, notadamente na hipótese de abandono afetivo, todos os elementos [da responsabilidade civil] devem estar claros e conectados".[46]

Outrossim, "o dever de cuidado compreende o dever de sustento, guarda e educação dos filhos. Não há dever jurídico de cuidar afetuosamente, de modo que o abandono afetivo, se cumpridos os deveres de sustento, guarda e educação da prole,

---

45 STJ, 3ª T., REsp 1159242/SP, Relª. Minª. Nancy Andrighi, julg. 24.04.2012, publ. *DJ* 10.05.2012. Os elementos definidos nesse julgado acabaram influenciando as decisões sucessivas a favor do dano moral: "3 – É juridicamente possível a reparação de danos pleiteada pelo filho em face dos pais que tenha como fundamento o abandono afetivo, tendo em vista que não há restrição legal para que se apliquem as regras da responsabilidade civil no âmbito das relações familiares e que os arts. 186 e 927, ambos do CC/2002, tratam da matéria de forma ampla e irrestrita. Precedentes específicos da 3ª Turma. 4 – A possibilidade de os pais serem condenados a reparar os danos morais causados pelo abandono afetivo do filho, ainda que em caráter excepcional, decorre do fato de essa espécie de condenação não ser afastada pela obrigação de prestar alimentos e nem tampouco pela perda do poder familiar, na medida em que essa reparação possui fundamento jurídico próprio, bem como causa específica e autônoma, que é o descumprimento, pelos pais, do dever jurídico de exercer a parentalidade de maneira responsável. 5 – O dever jurídico de exercer a parentalidade de modo responsável compreende a obrigação de conferir ao filho uma firme referência parental, de modo a propiciar o seu adequado desenvolvimento mental, psíquico e de personalidade, sempre com vistas a não apenas observar, mas efetivamente concretizar os princípios do melhor interesse da criança e do adolescente e da dignidade da pessoa humana, de modo que, se de sua inobservância, resultarem traumas, lesões ou prejuízos perceptíveis na criança ou adolescente, não haverá óbice para que os pais sejam condenados a reparar os danos experimentados pelo filho. 6 – Para que seja admissível a condenação a reparar danos em virtude do abandono afetivo, é imprescindível a adequada demonstração dos pressupostos da responsabilização civil, a saber, a conduta dos pais (ações ou omissões relevantes e que representem violação ao dever de cuidado), a existência do dano (demonstrada por elementos de prova que bem demonstrem a presença de prejuízo material ou moral) e o nexo de causalidade (que das ações ou omissões decorra diretamente a existência do fato danoso). 7 – Na hipótese, o genitor, logo após a dissolução da união estável mantida com a mãe, promoveu uma abrupta ruptura da relação que mantinha com a filha, ainda em tenra idade, quando todos vínculos afetivos se encontravam estabelecidos, ignorando máxima de que existem as figuras do ex-marido e do ex-convivente, mas não existem as figuras do ex-pai e do ex-filho, mantendo, a partir de então, apenas relações protocolares com a criança, insuficientes para caracterizar o indispensável dever de cuidar. 8 – Fato danoso e nexo de causalidade que ficaram amplamente comprovados pela prova produzida pela filha, corroborada pelo laudo pericial, que atestaram que as ações e omissões do pai acarretaram quadro de ansiedade, traumas psíquicos e sequelas físicas eventuais à criança, que desde os 11 anos de idade e por longo período, teve de se submeter às sessões de psicoterapia, gerando dano psicológico concreto apto a modificar a sua personalidade e, por consequência, a sua própria história de vida." (STJ, 3ª T., REsp. 1.887.697/RJ, Relª. Minª. Nancy Andrighi, julg. 21.9.2021, publ. DJ 23.9.2021).

46 STJ, 3ª T., REsp 1557978/DF, Rel. Min. Moura Ribeiro, julg. 03.11.2015, publ. *DJ* 17.11.2015.

ou de prover as necessidades de filhos maiores e pais, em situação de vulnerabilidade, não configura dano moral indenizável".[47]

No primeiro caso julgado pelo STJ sobre o tema (Recurso Especial 757.411-MG), entendeu-se pelo descabimento da responsabilidade civil por abandono moral, pois a penalidade cabível neste caso é a perda da autoridade parental. A doutrina contrária a tal posicionamento afirma que destituir o poder familiar, como determinou o acórdão, seria muito mais um prêmio para este pai negligente, do que propriamente uma punição. Na perspectiva da plena reparação da vítima, o filho, que teve sua integridade psíquica violada – e, em última instância, a sua dignidade – continua sem nenhum tipo de compensação pelo dano sofrido. Vozes contrárias ressaltam nesta crítica a presença da lógica punitiva e ressarcitória própria das relações patrimoniais, sendo que a intervenção drástica e dolorosa do Judiciário, que extingue a autoridade parental, é levada a cabo exclusivamente na perspectiva do melhor interesse da criança, a prescindir do ressarcimento de danos materiais devidos pelo réu e da ausência de qualquer possível compensação moral para o filho.

Abandono digital

Prática que tem sido objeto de reflexão na contemporaneidade é o abandono digital, entendido como a omissão dos pais no dever de fiscalização e acompanhamento dos filhos no ambiente digital, cujos riscos existem e são ligados à prática de pedofilia, *cyberbullying*, *sexting*, furtos de identidade digital, etc. Tem se questionado os efeitos jurídicos da omissão parental nessa seara, ligando-os à indenização e perda da autoridade parental, o que deve ser examinado concretamente, na medida do letramento digital dos próprios pais, que lhes oferece condições de acompanhamento da vida digital dos filhos. Nesse tema, as plataformas também têm sido chamadas a atuar fortemente, na medida em que detém maiores e melhores condições para efetivamente proteger as crianças e os adolescentes que delas participam como usuários.

Atos contrários à moral e aos bons costumes

Também enseja perda do poder familiar a prática de atos contrários à moral e aos bons costumes, situação que deve ser contextualizada na época e no local da prática de determinado ato, exceto para aquelas que o Direito considera ilícitas, como, por exemplo, abuso sexual. A aferição objetiva da moral e dos bons costumes, segundo os padrões valorativos predominantes na sociedade é relevante para se evitarem subjetivismos do julgador segundo os próprios padrões morais.[48]

Além disso, se houver a prática reiterada de atos ensejadores da suspensão da autoridade parental, a sua extinção será decretada. Também perde o poder familiar o pai que comete crime contra o filho, ou quando o crime é cometido pelo filho com a ciência e concordância dos pais, de acordo com o art. 93 do Código Penal. O abuso no exercício da autoridade parental também pode ser objeto de punição na órbita penal, conforme art. 232 do Estatuto da Criança e do Adolescente, que prevê punição com detenção de seis meses a dois anos ao detentor do poder familiar que colocar

---

[47] STJ, 4ª T., REsp 1579021/RS, Relª. Minª. Maria Isabel Gallotti, julg. 19.10.2017, publ. *DJe* 29.11.2017.

[48] Paulo Lôbo, *Famílias*, cit., p. 300. Para uma minuciosa e sistemática análise dos bons costumes: Thamis Dalsenter Viveiros de Castro, A função da cláusula de bons costumes no Direito Civil e a teoria tríplice da autonomia privada existencial. *Revista Brasileira de Direito Civil – RBDCivil*, Belo Horizonte, v. 14, out./dez. 2017, pp. 99-125.

a pessoa menor de idade em situação de vexame ou constrangimento, conforme a gravidade do ato.

Mais recentemente, duas leis trataram do tema. Em 2017, a lei 13.509 acrescentou o inciso V ao art. 1.638 do Código Civil, que determinou que o pai ou mãe que entregar o filho de forma irregular a terceiros para fins de adoção perde o poder familiar. Trata-se de hipótese de adoção *intuitu personae*, admitida em doutrina e jurisprudência quando geradora de vínculos socioafetivos entre a criança e aqueles que a receberam dos genitores biológicos. Como se verificou no capítulo 8, tal modalidade de adoção não é mais adequada ao sistema jurídico por implicar, muitas das vezes, em exceção à regra do art. 50 do ECA, que estabelece o respeito à ordem cronológica no Cadastro Nacional de Adoção para o recebimento de crianças, devendo estar nas atribuições do Estado – e não na discricionariedade dos pais – a definição de quem deverá receber a criança na condição de filho.

A Lei 13.715/2018 acrescentou o parágrafo único ao art. 1.638, que prevê a perda do poder familiar quando houver violência doméstica, resultante da prática contra o outro genitor, filho, filha ou outro descendente de homicídio, feminicídio ou lesão corporal grave ou seguida de morte resultante de violência doméstica, familiar, menosprezo ou discriminação à condição de mulher, estupro/estupro de vulnerável ou outro crime contra a dignidade sexual sujeito à pena de reclusão. Trata-se de nova consequência da violência, que tem como escopo proteger a integridade psicofísica da prole. Verifica-se que a lei exige a prática criminosa – e não condenação criminal – que pode ser perquirida na esfera cível.

Destituição da autoridade parental e a manutenção do dever alimentar

Discute-se se a destituição do poder familiar leva, necessariamente, à desobrigação do genitor do pagamento dos alimentos, tendo em vista que o sustento se situa dentre os deveres da autoridade parental, conforme dicção do art. 229 da Constituição Federal. Quando a perda da autoridade parental é situação jurídica isolada – ou seja, não é acompanhada paralelamente de adoção, por exemplo – a destituição não desobriga o genitor ao pagamento dos alimentos, pois fundamentalmente, o dever de sustento decorre do vínculo de filiação e da responsabilidade daí decorrente.[49] Além disso, (i) uma vez que o norte condutor da situação que envolve a população infantojuvenil é o princípio do melhor interesse, não há razão que justifique o desamparo material de uma criança ou adolescente, caso ele não tenha sido adotado; (ii) e se a destituição tem função, também, de punir o pai ou a mãe que agiu de forma desidiosa com o filho, desobrigá-lo de sustentar materialmente o filho acaba desvirtuando o escopo legal.

---

49 "Admite-se a condenação dos genitores que tiveram seu poder familiar destituído ao pagamento de alimentos aos filhos em casos em que o poder familiar foi destituído, mas as crianças ainda não foram adotadas e encontram-se institucionalizadas. Isso porque após a adoção cessa qualquer vínculo com os pais biológicos ou afetivos que tiveram seu poder familiar destituído, sendo que além de a adoção exigir a prévia destituição do poder familiar, ela acarreta na extinção desse poder, nos termos do art. 1.635 do Código Civil. Ainda que seja possível tal fixação de alimentos ela não ocorrerá quando a família de origem não tiver mínimas condições financeiras de pensionar os filhos" (TJ/MG, 1ª C.C., Ap. Cív. 1.0040.10.009777-9/001, Rel. Des. Vanessa Verdolim Hudson Andrade, julg. 20.10.2015, publ. *DJ* 29.10.2015).

O STJ decidiu que a destituição do poder familiar deve levar em consideração a situação atual da família. Foi com base nesse argumento que restabeleceu a autoridade parental de uma mãe que a tinha perdido anteriormente, mas, em razão de pareceres técnicos recentes, verificou-se que ela havia recuperado condições para o exercício do poder familiar. Uma vez que a família natural é prioridade no ordenamento jurídico brasileiro, entendeu-se que o restabelecimento desta era condizente com o melhor interesse dos filhos.[50]

Questão relevante ligada ao tema proposto é aferir se o exercício dos direitos fundamentais do filho menor pode estar sujeito a algum tipo de conformação, pela implementação do poder familiar, em prol da realização da dignidade da criança e do adolescente. Como compatibilizar liberdade ou privacidade do menor e dever de vigilância dos pais, óticas contrárias, *a priori*? Quais são os limites ao poder familiar, quando está envolvido menor que tenha discernimento para a prática de algumas decisões na esfera pessoal?

Conformação da autoridade parental ao discernimento do filho

Esses questionamentos partem da ideia de autoridade parental como processo modulado de acordo com a intensificação da capacidade de querer e de entender da criança ou do adolescente, para que se valorizem as decisões que ele tem condições de aquilatar as consequências de seus atos. Embora sejam necessários critérios objetivos quanto ao estabelecimento da capacidade de fato, soa estranho que, ao completar a maioridade, de um dia para o outro a pessoa se torne apta a consentir e discernir relativamente a todos os atos da vida civil. Através desta ficção legal, o processo de amadurecimento do menor é praticamente ignorado, atribuindo-lhe de uma só vez e inteiramente a capacidade de fato.

Mostra-se por isso mais consentâneo com o ordenamento jurídico brasileiro considerar a capacidade (principalmente para atos existenciais) como um processo, meio de se valorizar a dignidade, a autonomia das pessoas menores de idade e o seu estágio de desenvolvimento, com o apoio da autoridade parental.[51] Mesmo porque os filhos não são objeto da relação com os pais e, ao longo de sua vida, vão desenvolvendo aptidões para fazer suas próprias escolhas e elegendo a própria concepção de vida boa, pautada ou não nos valores familiares que lhe foram transmitidos.[52]

---

50 Notícia disponível em: https://www.stj.jus.br/sites/portalp/Paginas/Comunicacao/Noticias/2024/04102024-Destituicao-do-poder-familiar-exige-analise-da-situacao-atual-da-familia.aspx. Acesso em: 18.12.2024.

51 Pode-se afirmar, inclusive, ser equivocado o enquadramento do menor como incapaz, pois em razão de estar em processo de desenvolvimento – situação que lhe garante proteção diferenciada no ordenamento jurídico – vai adquirindo, aos poucos, sua capacidade. Algumas reflexões recentes sobre o tema foram feitas no Ana Carolina Brochado Teixeira; Renata de Lima Rodrigues. Regime das Incapacidades e autoridade parental: qual o legado do estatuto da pessoa com deficiência para o direito infantojuvenil. In: Ana Carolina Brochado Teixeira; Luciana Dadalto (Org.). *Autoridade parental*: dilemas e desafios contemporâneos. Indaiatuba: Foco, 2019, v. 1, p. 21-36.

52 *Nella prospettiva delineata, muta l'essenza del rapporto genitori-figli. In un'epoca in cui tendenzialmente è anche il confronto democratico a graduare la civiltà di una società, all'interno della famiglia devono essere spunte le forme autoritarie a vantaggio di un rapporto educativo che sul dialogo fondi una correlazione di persone, tutte con pari dignità, in una comunione di vita in cui sia effettivamente possibile lo sviluppo della personalità di ciascun membro. E, con ogni probabilità, è per questo che si fa*

Diante disso, busca-se o equilíbrio entre o modelo de vida dos pais e as peculiaridades inerentes à personalidade dos filhos. Todavia, é essencial adequar os direitos fundamentais de natureza existencial dos menores, quando em oposição ao conteúdo da autoridade parental delineado pelos pais. Tal compatibilização apenas poderá ser possível casuisticamente, quando, então, será verificado qual o bem jurídico a ser preservado e aquele a ser sacrificado, em nome do princípio do melhor interesse da criança e do adolescente.

É cediço que, no contexto do mundo atual, todos estão expostos a muitos perigos e o risco aos filhos menores pode aumentar, em razão da omissão dos pais. Quando a criança ou o adolescente não tem discernimento, justifica-se de forma mais acentuada a função limitadora e, por conseguinte, a atuação dos pais no exercício da autoridade parental, o que vai diminuindo gradativamente, à medida que o processo educacional se instaura de forma mais intensa na vida da criança ou adolescente.

O ordenamento jurídico se manifesta, topicamente, acerca da valorização da vontade do filho menor. A Lei 8.069, de 13 de julho de 1990 – o Estatuto da Criança e do Adolescente –, convoca a criança e o adolescente a participarem com voz ativa da própria educação, na medida em que são solicitados a opinar sobre a adoção (art. 28, § 1º) e os métodos pedagógicos aplicados, o que implica, em algumas hipóteses, sua oitiva e consentimento.[53] Eles têm assegurado o direito fundamental à liberdade

---

sempre più strada la convinzione per cui l'art. 147 c.c. non vuole la subordinazione di ogni decisione alle capacita, alle inclinazione e alle aspirazioni – confuse, contradditorie e spesso velleitarie – del minore ma, comunque, impone l'obbligo 'per il genitore di non tenere conto delle proprie aspirazioni', di non cercare di fare un figlio a própria immagine e somiglianza; di rispettare l'individualità del figlio cosi come man mano si va rivelando con la crescità (Francesco Ruscello, *apud* Stefano Polidori, Funzione educativa e dovere di istruire la prole. In: Paulo Cendon (Coord.), *Il diritto privato nella giurisprudenza:* la famiglia, Torino: Torinese, 2000, p. 455). Tradução livre: Na perspectiva delineada, muda a essência da relação genitores-filhos. Em uma época na qual, tendencialmente, é também o confronto democrático a graduar a civilidade de uma sociedade, no interno da família devem ser verificadas as formas autoritárias, em vantagem de um relacionamento educativo que sobre o diálogo funde uma correlação de pessoas, todas com igual dignidade, em uma comunhão de vida na qual seja efetivamente possível o desenvolvimento da personalidade de cada um dos membros. E, com toda probabilidade, é que sempre se alcança a convicção pela qual o art. 147 do Código Civil não quer a subordinação de toda decisão às capacidades, às inclinações e às aspirações – confusas, contraditórias e frequentemente impotentes – do menor, mas, de qualquer modo, impõe a obrigação "para o genitor de não levar em conta as próprias aspirações", não procurar fazer um filho à própria imagem e semelhança; de respeitar a individualidade do filho assim como, vagarosamente, vai se revelando com o crescimento.

53 O Código Civil Argentino, em vigor desde 01.01.2016, tem interessantes dispositivos sobre o consentimento e a oitiva do menor de idade: "ARTÍCULO 26. Ejercicio de los derechos por la persona menor de edad. La persona menor de edad ejerce sus derechos a través de sus representantes legales. No obstante, la que cuenta con edad y grado de madurez suficiente puede ejercer por sí los actos que le son permitidos por el ordenamiento jurídico. En situaciones de conflicto de intereses con sus representantes legales, puede intervenir con asistencia letrada. La persona menor de edad tiene derecho a ser oída en todo proceso judicial que le concierne así como a participar en las decisiones sobre su persona. Se presume que el adolescente entre trece y dieciséis años tiene aptitud para decidir por sí respecto de aquellos tratamientos que no resultan invasivos, ni comprometen su estado de salud o provocan un riesgo grave en su vida o integridad física. Si se trata de tratamientos invasivos que comprometen su estado de salud o está en riesgo la integridad o la vida, el adolescente debe prestar su consentimiento con la asistencia de sus progenitores; el conflicto entre ambos se resuelve teniendo en cuenta su interés superior, sobre la base de la opinión médica respecto a las consecuencias de la realización o no del acto médico. A partir de los

e à dignidade, a abranger a liberdade de expressão e opinião. Com isso, insere-se o filho, com seus sentidos e personalidade em desenvolvimento, no cenário das decisões que lhe dizem respeito, sob a evidente responsabilidade dos pais e educadores. O processo de informação e formação do filho, a partir do ECA, inclui seu direito de "opinião e expressão", reclamando educação estabelecida por meio do diálogo, da troca, da reciprocidade entre educando e educador.[54]

O art. 3º do ECA protege, como bens fundamentais, o desenvolvimento físico, mental, moral, espiritual e social, em condições de liberdade e segurança, de modo a garantir a gradativa edificação da capacidade de entendimento do menor, processo possível mediante o exercício da autoridade parental. No mesmo sentido o art. 16, que garante a liberdade de opinião e expressão da criança e do adolescente, bem como o art. 17, manifestações explícitas da autonomia privada. Assim também o art. 111, V, do ECA.

Além disso, o art. 53 do ECA prevê o direito à educação, com vistas à formação do filho menor para se desenvolver como pessoa, cidadão, sem olvidar sua capacidade laborativa. Para tanto, dispõe que o processo educacional deve ser participativo, uma vez que o menor tem direito de contestar critérios avaliativos, podendo recorrer às instâncias escolares superiores, caso seja necessário.

Outras circunstâncias interessantes previstas pelo ECA referem-se à oitiva da criança ou adolescente nos casos em que a suspensão ou perda do poder familiar importar na modificação da guarda (art. 161, § 3º), além da necessidade do consentimento do adolescente na adoção (art. 45, § 2º) – sem falar no art. 28, que determina sua oitiva sempre que possível. Os filhos não apenas podem opinar, mas também devem ser ouvidos pelos pais. Assuntos atinentes à fixação de domicílio familiar, a viagens com os filhos, à alteração de escolas devem ser decididos com base no interesse de todos os membros da família e, em particular, em consonância com o interesse das crianças, alvo de tutela especial da Constituição, que visa, assim, ao melhor desenvolvimento de sua personalidade.[55]

O art. 12, da Convenção Internacional dos Direitos da Criança, de 1989, assegura à criança capaz de discernir e de formular a própria opinião o direito de expressá-la livremente, no que tange a assuntos que lhe são relacionados. Deverão ser levadas em conta sua idade e sua maturidade. Também lhe é garantido o direito de ser ouvida no processo judicial ou administrativo que tenha direta interferência em sua vida.[56]

---

dieciséis años el adolescente es considerado como un adulto para las decisiones atinentes al cuidado de su propio cuerpo. ARTÍCULO 113. Audiencia con la persona menor de edad. Para el discernimiento de la tutela, y para cualquier otra decisión relativa a la persona menor de edad, el juez debe: a. oír previamente al niño, niña o adolescente; b. tener en cuenta sus manifestaciones en función de su edad y madurez; c. decidir atendiendo primordialmente a su interés superior".

54 A discussão foi proposta no passado por Gustavo Tepedino, A disciplina jurídica da filiação na perspectiva civil-constitucional. In: Gustavo Tepedino, *Temas de direito civil*, cit., p. 473-518.

55 Sobre a alteração hermenêutica provocada pela Constituição Federal e o seu impacto no Direito de Família, remeta-se a Gustavo Tepedino, Premissas metodológicas para a constitucionalização do direito civil. In: Gustavo Tepedino, *Temas de direito civil*, Rio de Janeiro: Renovar, 2008, 4ª ed., p. 18.

56 "1. É direito fundamental do menor, assegurado em convenção internacional, ser ouvido em processo judicial sobre questão que lhe diga respeito, na medida de sua maturidade. 2. É válida a

Seria mais adequado, portanto, que o discernimento do filho menor[57] fosse verificado casuisticamente, para a prática de determinadas atividades, pois a definição apriorística de limite de idade para o desenvolvimento de determinadas manifestações significa desconhecer a personalidade individual do menor e minimizar – se não anular – a sua individualidade. A autoridade parental se transformaria em mero poder de controle, e não em instrumento que tem como função educar o filho.[58]

2.2 *Aspectos patrimoniais*

Administração e usufruto dos bens dos filhos

Os aspectos patrimoniais da autoridade parental referem-se à administração e usufruto dos bens de propriedade dos filhos menores – usufruto este que independe de registro, por ser decorrência de disposição legal – o que abrange a posse, o uso, administração e percepção de frutos dos bens, segundo art. 1.394, CC. Os pais são, portanto, os administradores e usufrutuários legais dos bens dos filhos, salvo se o doador ou testador indicar outro administrador, no caso do bem ter sido adquirido por doação ou testamento, respectivamente. Tais *munus* serão exercidos de forma exclusiva pelos pais até que os filhos completem 16 anos; após esta idade, quando se tornam relativamente incapazes, as atribuições serão compartilhadas com os filhos, de acordo com o art. 1.690 CC. Em razão de serem os administradores do patrimônio dos filhos, cabem aos pais os deveres de zelar pelos bens, conservar, defender e de pagar os tributos incidentes sobre eles.[59]

Sinal da autonomia paulatina dada à pessoa entre 16 e 18 anos é que o art. 1.693, CC exclui determinadas circunstâncias da administração e usufruto, como valores e bens adquiridos pelo menor naquela idade por força de atividade profissional.[60]

---

decisão sobre guarda provisória que toma em consideração a manifestação do menor, respeitado seu estágio de desenvolvimento" (TJ/MG, 7ª C. C., AI 1.0079.11.060082-6/001, Rel. Des. Oliveira Firmo, julg. 19.06.2012, publ. *DJ* 29.06.2012).

57 "*Così delineata, la capacità di discernimento diviene strumento essenziale specialmente quando sono coinvolte le situazioni esistenziali del minore. Il ricorso a essa, in particolare, consente di riconoscere in capo al minore non soltanto la titolarità della situazione di cui è questione ma anche, e principalmente, il potere di esercitarla*" (Francesco Ruscello, Potestà genitoria e capacità dei figli minori: dalla soggezione all'autonomia. *Vita notarile*: esperienze giuridiche. Palermo: Edizione Giuridiche, 2000, p. 65). Tradução livre: Assim delineada, a capacidade de discernimento se torna instrumento essencial, especialmente quando estão envolvidas situações existenciais do menor. O recurso a ela, em particular, consente reconhecer ao menor não apenas a titularidade de situações em questão, mas também, e principalmente, o poder de exercitá-la.

58 Francesco Ruscello, Potestà genitoria e capacità dei figli minori: dalla soggezione all'autonomia. *Vita notarile*: esperienze giuridiche, cit., p. 62.

59 Anna Cristina de Carvalho Rettore; Beatriz de Almeida Borges e Silva. Sobre um dos dilemas patrimoniais da autoridade parental: o usufruto legal previsto pelo art. 1.689, I do Código Civil. In: Ana Carolina Brochado Teixeira; Luciana Dadalto (Org.). *Autoridade parental: dilemas e desafios contemporâneos*, Indaiatuba: Foco, 2021, 2ª ed., pp. 289-304.

60 De acordo com Paulo Lôbo, "cuida-se de verdadeiros bens reservados em benefício do maior de 16 anos e de capacidade de agir especial, pois a essas situações não se aplica a regra da assistência dos pais ou representante legal. Lembre-se que tais circunstâncias podem levar à cessão total da incapacidade, independentemente de concessão dos pais, pois o art. 5º do Código Civil prevê que a plena capacidade civil será automaticamente conferida ao maior de 16 anos que, em

Além desta hipótese, há três outras que excluem os pais da administração e usufruto dos filhos: i) relativamente aos bens e valores dos quais o menor já era titular quando foi reconhecido, judicial ou voluntariamente, por um dos pais, de modo a evitar que o reconhecimento se opere por razões patrimoniais; ii) sobre os bens que o filho tenha recebido por herança ou doação, com cláusula de impedimento para usufruto e administração dos pais, reservando este direito para outrem, incluindo, nesta hipótese, a necessidade de designação de um curador especial para tal fim; iii) no que tange aos bens que o filho herdou, herança esta que um dos pais foi excluído, seja por deserdação ou indignidade.

Os pais podem praticar determinados atos apenas com autorização judicial, como, por exemplo, alienar ou gravar de ônus real imóveis pertencentes aos filhos, além de contrair obrigações que excedam as necessárias para a regular administração, renunciar herança, legado ou doação, necessidade inexistente em relação à alienação de bens móveis, pois se presume que o produto de tal transação será aplicado em benefício dos filhos. A prática de algum desses atos sem autorização do juiz acarretará a sua nulidade, por falta de requisito essencial de validade, conforme o art. 104, III, do CC.

Também os aspectos patrimoniais da autoridade parental têm por finalidade a preservação do patrimônio do filho menor de idade, para que este possa, quando do alcance da maioridade, ter capacidade de administrar seus bens através de escolhas responsáveis, fruto do processo educativo do qual foi instrumento o poder familiar.

3. GUARDA

Por tradição cultural, calcada na divisão sexual do trabalho, a guarda unilateral dos filhos, em casos de divórcio, destinava-se sempre à mãe, praticamente a única responsável pelos cuidados e decisões da vida da criança. Com a revolução feminista que impulsionou a mulher para fora dos limites privados do lar conjugal, esta também passou a participar do custeio das despesas da família, o que a livrou da dependência marital. Por conseguinte, passou-se a valorizar a liberdade dos vínculos afetivos, em detrimento da preservação da sociedade conjugal por razões financeiras.

A direção da sociedade conjugal tornou-se diárquica e o homem também passou a participar de forma mais ativa das atribuições domésticas, inclusive no cuidado dos filhos. Construiu-se novo conceito de paternidade, mediante o qual o homem não se satisfaz em cumprir papel periférico na vida do filho; ou seja, quer participar e ser pai em todos os aspectos e momentos da existência da prole. À medida que as relações familiares sofreram mudanças e também se transformou o significado de proteção aos filhos (a partir da ótica dos direitos fundamentais previstos no art. 227 da CR), toda a relação de filiação também se modificou a fim de se adequar à realidade social.

Particularmente em relação à guarda, a semântica da palavra, nas línguas latinas, mostra-se ambivalente, ao sugerir ato de vigilância que mais se afeiçoa ao olhar do

---

virtude de existência de relação de emprego, tenha economia própria" (Paulo Lôbo, *Famílias*, cit., pp. 309-310).

dono da coisa guardada, incompatível com a perspectiva de diálogo e interação na educação dos filhos. Na visão tradicional, a guarda era tratada como direito subjetivo atribuído a um dos genitores na separação, em contrapartida ao direito de visita deferido ao outro. Acabava-se por desvirtuar o instituto, retirando-lhe a função primordial de salvaguardar o melhor interesse da criança ou do adolescente. Reduzia-se, assim, o papel dos pais na educação dos filhos (uma vez extinta a sociedade conjugal) a feixe de prerrogativas e poderes a serem ostentados, exigidos e confrontados a cada controvérsia relativa ao destino da prole. Daí a firme tendência, nas últimas décadas, a tornar ambos os pais inteiramente corresponsáveis pela educação dos filhos mesmo após a separação, com base em noções usuais em países estrangeiros, como a guarda alternada e a guarda compartilhada.

Ninguém melhor que os pais para ajustarem as cláusulas de guarda e convivência para os filhos, por serem estes vulneráveis, em processo de desenvolvimento. De todo modo, o acordo estabelecido pelos pais pode ser modificado pelo juiz, segundo o art. 1.586 CC. Trata-se de ressalva que visa atender ao melhor interesse da criança ou do adolescente, afastando pactos que visam à conveniência do casal. É necessário, portanto, interpretar o termo "motivos graves", utilizado pela lei como obstáculo à realização do bem-estar do filho.

Conceito tradicional de guarda unilateral

Quando o exercício da guarda se dá por um dos pais, ela é chamada guarda unilateral ou exclusiva; quando por ambos, denomina-se guarda compartilhada. Guarda representa "a possibilidade de ter em sua companhia o filho menor e enquanto um direito derivado, estritamente, do elo filial, seu reconhecimento dispensa qualquer análise do estado familiar do pai em relação à mãe, e vice-versa, ou de qualquer deles com terceiro".[61] O que os autores propõem é que cabe ao genitor guardião a manutenção, proteção e educação da prole. Já ao genitor não guardião restam apenas os direitos de visita, de companhia e de fiscalização, assegurados expressamente pelo texto legal (art. 1.589 CC), sem falar no dever de alimentos. Os três primeiros já eram previstos, inclusive, no art. 15 da Lei do Divórcio (Lei 6.515/1977).

Como acima observado, a definição da autoridade parental se mede na tutela da pessoa, a qual não tem apenas escopo protetivo, mas, principalmente, promocional da personalidade, razão pela qual abarca maior aglomerado de funções. Diferentemente do que é proposto pela maioria da doutrina, o poder-dever de proteção e provimento das necessidades, sejam elas materiais ou espirituais, encontra abrigo muito mais na autoridade parental do que na guarda, pois ambos os pais têm a função promocional da educação dos filhos, em sentido amplo, que envolve criação, orientação e acompanhamento. Tais tarefas não incumbem apenas ao genitor guardião. A partir da sobreposição de conteúdo entre guarda e autoridade parental, entendeu-se que o modelo único de guarda unilateral era insuficiente para tutelar os filhos, sendo necessária a criação da guarda compartilhada, cujos benefícios

---

61 Renata Barbosa de Almeida, Walsir Edson Rodrigues Júnior, *Direito Civil:* Famílias, São Paulo: Atlas, 2012, 2ª ed., p. 465.

foram mais psicológicos do que jurídicos. Em 2008, foi editada a Lei 11.698, que positivou a guarda compartilhada como modelo que deveria ser aplicado "sempre que possível" – expressão que era interpretada vinculando-a à dissolução amigável do fim do casamento.[62]

Guarda compartilhada

Em 2014, a Lei 13.058 determinou a aplicação prioritária da guarda compartilhada, relegando a guarda unilateral a papel residual.[63] A única exceção prevista foi a expressa declaração do genitor no sentido de não desejar ou estar impossibilitado para o exercício conjunto da guarda compartilhada. De todo modo, ainda fica a questão referente à viabilidade da guarda compartilhada diante do litígio entre os pais, já que o norte hermenêutico é o princípio do melhor interesse dos filhos menores, o que pressupõe a tutela da sua integridade psíquica, a fim de que a aplicação do modelo de guarda seja coerente com a legalidade constitucional. Mesmo porque o próprio art. 1.586 do CC permite ao magistrado, se houver motivos graves, regular a relação entre pais e filhos de forma diversa da então estabelecida.[64]

A guarda compartilhada é veículo viabilizador do exercício conjunto da autoridade parental, na medida em que ambos os genitores dividem a responsabilidade pela tomada de decisões importantes relativas aos filhos menores, juntos e igualitariamente. Os pais devem, da forma mais equitativa possível, exercer os deveres de criar e cuidar dos filhos.[65] A relação parental não deveria se subordinar à definição dos rumos da conjugalidade dos pais, garantindo-se aos filhos a vinculação do laço afetivo com ambos os genitores, mesmo após o esfacelamento da vida em comum. A discussão

---

62 Não obstante a jurisprudência fosse divergente, entre 2008 até 2014, esse era o entendimento majoritário. TJ/MG, 5ª C.C., Ap. Cív. 1.0105.04.131029-0/001, Rel. Des. Maria Elza, julg. 02.07.2009, publ. *DJ* 21.07.2009; TJ/SP, 8ª Câm. Dir. Priv., AI 564.016-4/1-00, Rel. Caetano Lagrasta, julg. 29.07.2009; publ. *DJ* 05.08.2009; TJ/RJ, 5ª C.C., Ap. Cív. 0012808-67.2007.8.19.0202, Rel. Des. Cristina Tereza Gaulia, julg. 16.03.2010; TJ/MG, 7ª C.C., Ap. Cív. 1.0024.10.142912-4/003, Rel. Des. Wander Marotta, julg. 26.02.2013, publ. *DJ* 01.03.2013. Merece destaque, todavia, entendimento da Minª. Nancy Andrighi: "5. A inviabilidade da guarda compartilhada, por ausência de consenso, faria prevalecer o exercício de uma potestade inexistente por um dos pais. E diz-se inexistente, porque contrária ao escopo do Poder Familiar que existe para a proteção da prole. 6. A imposição judicial das atribuições de cada um dos pais, e o período de convivência da criança sob guarda compartilhada, quando não houver consenso, é medida extrema, porém necessária à implementação dessa nova visão, para que não se faça do texto legal, letra morta. 7. A custódia física conjunta é o ideal a ser buscado na fixação da guarda compartilhada, porque sua implementação quebra a monoparentalidade na criação dos filhos, fato corriqueiro na guarda unilateral, que é substituída pela implementação de condições propícias à continuidade da existência de fontes bifrontais de exercício do Poder Familiar" (STJ, 3ª T., REsp 1251000/MG, Rel. Min. Nancy Andrighi, julg. 23.08.2011, publ. *DJ* 31.08.2011). Ressalte-se que o mesmo entendimento foi ratificado no STJ, 3ª T., REsp 1428596/RS, Rel. Min. Nancy Andrighi, julg. 03.06.2014, publ. *DJ* 25.06.2014.

63 Tão logo publicada a Lei 13.058/2014, analisamos o sistema de guarda no Brasil em: Gustavo Tepedino, Guarda compartilhada no Direito Brasileiro. *Revista Consulex*, nº 434, fev. 2015.

64 No âmbito do consenso, também se verifica a possibilidade de os pais criarem novos arranjos que atendam aos interesses dos filhos, na medida em que ninguém melhor do que eles para, conhecendo seus filhos e a realidade familiar, idealizar um modelo de cuidado e de convivência que melhor os proteja e os promova.

65 Waldyr Grisard Filho, *Guarda compartilhada:* um novo modelo de responsabilidade parental. cit., p. 79.

em torno do assunto tem feito com que os pais busquem a implantação do modelo. Quando efetivada, porém, seus efeitos abrangem a experiência do pleno exercício da autoridade parental, nos exatos moldes do art. 1.632 do CC.

É bom lembrar que, ao contrário da tradição histórica de países da família romano-germânica – em que, com a separação judicial ou o divórcio, o exercício da autoridade parental normalmente era atribuído pelo juiz exclusivamente ao titular da guarda –, no sistema brasileiro a dissolução da sociedade conjugal sempre preservou indene as responsabilidades dos pais pelo exercício do poder familiar. Tome-se como exemplo a regra do art. 287 do Código Civil francês, em vigor até 2002. Por esse dispositivo o juiz, no processo de separação, confiava o exercício da autoridade parental a um dos genitores, associando-se, portanto, a tal definição o deferimento da guarda. Com a reforma promovida pela Lei 305/2002, o legislador francês manteve inalterado, sempre que possível, o exercício da autoridade parental por ambos os genitores mesmo após a separação, aproximando-se, assim, do direito brasileiro.

Não foi substancialmente diverso o processo evolutivo na Itália. Originalmente era prevista a guarda exclusiva (unilateral) a um dos genitores, geralmente a mãe, penalizando-se fortemente o genitor que não tinha a guarda, em relação ao qual era suspenso o exercício de sua autoridade parental. A Lei 54, de 24.01.2006 (com as alterações posteriormente promovidas pelo Decreto Legislativo 154/2013) incluiu no Código Civil italiano dispositivos pelos quais o filho menor, mesmo em caso de separação, tem direito de manter relação equilibrada e contínua com cada um dos genitores, para receber cuidados, educação e instrução de ambos e manter relacionamentos significativos com os ascendentes e com os parentes de cada ramo parental. Para esse fim, o juiz que pronuncia a separação adota as medidas relativas à prole com referência exclusiva ao seu interesse moral e material e avalia, prioritariamente, a possibilidade de deferimento da guarda compartilhada a ambos os genitores (art. 316, C.C.). Dessa forma, a guarda compartilhada deve ser preferida à unilateral: esta será deferida somente quando o juiz considerar aquela contrária ao interesse do menor (art. 317, C.C.).

Percebe-se, assim, que a guarda compartilhada, em países estrangeiros, surgiu como reação ao afastamento por parte de um dos genitores dos seus deveres e responsabilidades para a educação dos filhos. Na medida em que no Brasil, ao contrário da experiência estrangeira, mantém-se historicamente o exercício da autoridade parental com ambos os genitores após a separação, há que se desenvolver mecanismos extrajurídicos para a efetiva participação de ambos os genitores no processo educacional. Ressalta-se, em apoio à reforma legislativa que ampliou a guarda compartilhada, o fato de reforçar, do ponto de vista psicológico, o combate à irresponsabilidade do genitor que não permanece com a guarda, além de assegurar a continuidade da relação de cuidado por ambos os pais, posto se reconheça a vulnerabilidade do regime estabelecido pelo magistrado, a depender do bom nível de civilidade, tolerância e inteligência emocional dos genitores.

A Lei 13.058/2014, ao dar nova redação aos arts. 1.583, 1.584, 1.585 e 1.634 do Código Civil, procura ressaltar que os deveres dos genitores se equivalem e devem ser exercidos conjuntamente, tanto na guarda compartilhada quanto na guarda unilateral, em posição coerente com o art. 1.632, para o qual a autoridade parental permanece inalterada após a separação, à exceção do dever de guarda e companhia dos filhos menores. Registre-se, neste ponto, a alteração feita no § 1º do art. 1.583 do Código Civil pela Lei 11.698/2008, que define a guarda compartilhada como "a responsabilização conjunta e o exercício de direitos e deveres do pai e da mãe que não vivam sob o mesmo teto, concernentes ao poder familiar dos filhos comuns",[66] bem como o § 1º do art. 1.584, inserido pela mesma lei, segundo o qual, "na audiência de conciliação, o juiz informará ao pai e à mãe o significado da guarda compartilhada, a sua importância, a similitude de deveres e direitos atribuídos aos genitores e as sanções pelo descumprimento de suas cláusulas".

A fim de efetivar, então, o *diritto alla bigenitorialità*, faz-se necessário dar algumas diretrizes interpretativas para os ditames legais, segundo o Princípio do Melhor Interesse dos filhos menores. A primeira delas é a determinação de que a guarda compartilhada seja aplicada indistintamente, independente do exame da dinâmica familiar (art. 1.584, § 2º, CC).[67] Aqui, o legislador acabou por comprovar o que se afirmou anteriormente: na medida em que o poder familiar segue imutável com o fim do relacionamento afetivo entre os pais, a guarda compartilhada – que é definida como corresponsabilidade – acaba tendo a mesma função que a autoridade parental. Ao priorizar de forma tão contundente esse modelo de guarda, o legislador entendeu, ainda no plano da justificação da norma e aprioristicamente, que esse tipo de guarda é o que atende ao melhor interesse da criança e do adolescente, independente do contexto da família. Dentro do instituto da guarda, vislumbra-se certa hierarquização entre os modelos no plano teórico, que descura dos fatos, como se houvesse um modelo ideal que prescinda da realidade familiar.[68]

A efetividade da corresponsabilização e coparticipação, principalmente para questões quotidianas da vida dos filhos, ainda é questão em aberto nos casos em que

---

66 Um exemplo de boa aplicação da guarda compartilhada é: "Na guarda compartilhada pai e mãe participam efetivamente da educação e formação de seus filhos. – Considerando que no caso em apreço, ambos os genitores são aptos a receber a guarda do filho, e que a divisão de decisões e tarefas entre eles possibilitará um melhor aporte de estrutura para a criação da criança, ao possibilitar acompanhamento escolar mais intenso e o tratamento de saúde necessário, impõe-se como melhor solução não o deferimento de guarda unilateral, mas da guarda compartilhada" (TJ/MG, AI 1.0702.14.001707-1/001, Rel. Des. Dárcio Lopardi Mendes, julg. 28.08.2014, publ. *DJ* 03.09.2014).

67 "§ 2º. Quando não houver acordo entre a mãe e o pai quanto à guarda do filho, encontrando-se ambos os genitores aptos a exercer o poder familiar, será aplicada a guarda compartilhada, salvo se um dos genitores declarar ao magistrado que não deseja a guarda da criança ou do adolescente ou quando houver elementos que evidenciem a probabilidade de risco de violência doméstica ou familiar". (Redação dada pela Lei nº 14.713, de 2023) Note-se que, comparativamente, em relação à redação determinada pela Lei 11.698/2008, foi suprimida a expressão "sempre que possível", que ainda dava ao juiz alguma margem para avaliar a situação.

68 Para que a guarda compartilhada fosse um instituto tecnicamente coerente, seu conceito e sua função deveriam ser outros; talvez, como muitos pensam leigamente, utilizando-se a "quantidade do tempo" com cada genitor como critério para se diferenciar guarda compartilhada da unilateral. Nos termos postos pela lei, presume-se que a aplicação do princípio do melhor interesse da criança coincide com o modelo de guarda compartilhada, o que é um equívoco, pois a fixação do tipo de guarda – partindo-se do seu conceito correto que é o de companhia, gerenciamento do cotidiano do filho – não pode prescindir das vicissitudes do caso concreto.

existe acentuado litígio.[69] O STJ, no entanto, tem firmado tendência de que "não há necessidade de consenso entre os genitores para ser fixada a guarda compartilhada, mesmo havendo divergências pessoais entre as partes, deve prevalecer o melhor interesse das crianças envolvidas".[70]

Assim, quando os pais não tiverem condições de compor o seu conflito, transfere-se ao Poder Judiciário o ônus de decisões que os pais não conseguirem tomar conjuntamente (art. 1.631, parágrafo único, CC), tal como escolha da escola, das atividades extracurriculares, da religião, dos tratamentos de saúde, entre outras. A consequência dessas novas disposições, ao que parece, é a maior judicialização dos problemas familiares. Por esse motivo, parece ser o caso de se investir em outras formas de resolução dos conflitos, para viabilizar a gestão do exercício da guarda. Tem-se, hoje, técnicas importantes que podem ser muito úteis, tais como mediação e práticas colaborativas.

---

69 Embora já sob a vigência da nova lei, a existência de litígio ainda é, em alguma medida, critério definidor da guarda compartilhada pelos tribunais: "2. Não há como acolher a guarda compartilhada quando inconteste a litigiosidade existente entre os genitores, aliada ao fato de residirem em localidades diversas, inviabilizando, assim, não só a custódia física conjunta, como também e, em especial, a decisão, conjuntamente, sobre as questões envolvendo a rotina diária do infante" (STJ, AgRg no AREsp 665789-RS, Min. Paulo de Tarso Sanseverino, julg. 07.03.2016, publ. *DJ* 16.03.2016). Também vale citar o entendimento do TJ/RJ: "Ainda que a guarda compartilhada hoje se apresente como regra, de acordo com a nova legislação protetiva (Lei 13.058/2014), a soluções das demandas que envolvem guarda de menor é presidida pelo princípio do melhor interesse desse. Conjunto probatório do qual se recolhe que o menor, hoje com 08 anos de idade, encontra-se sob a guarda de fato da mãe desde 2010, quando do rompimento da união de seus genitores, preservada, entretanto, a presença paterna na vida da criança, conciliada com seus hábitos e rotina do dia a dia. Por outro lado, e, embora inaceitáveis os eventuais embaraços porventura cometidos pela mãe ao direito de visitação e convivência da menor com o pai, não se pode, prematuramente, estabelecer guarda compartilhada como mera punição à genitora, sem que se considere a compatibilidade da medida com o melhor interesse do menor, especialmente nos casos de pais que não são capazes, ainda, de decidir assuntos básicos do cotidiano do filho. Laudo psicológico que não recomenda a guarda compartilhada. Para que sejam alcançados os efeitos benéficos a que se propõe a guarda compartilhada, se faz necessário que os pais tenham, no mínimo, uma relação amistosa entre si. Caso contrário, a guarda unilateral se torna a mais recomendável" (TJ/RJ, 18ª C.C., Ap. Cív. 0444779-84.2011.8.19.0001, Rel. Des. Maurício Caldas Lopes, julg. 10.06.2015). Nesse sentido: TJ/DF, 4ª T.C., Ap. Cív. 20130111394750, Rel. Des. Cruz Macedo, julg. 06.04.2016, publ. *DJ* 27.04.2016; TJ/DF, 1ª T. C., Ap. Cív. 20130110245704, Rel. Des. Simone Lucindo, julg. 20.04.2016, publ. *DJ* 05.05.2016.

70 STJ, 3ª T., AgInt no Agravo em REsp 2107289 – GO, Rel. Des. Humberto Martins, julg. 23.10.2023. Esse entendimento, no entanto, não é unânime, veja-se: "2. A guarda compartilhada – que pressupõe a partilha das responsabilidades dos genitores, com a tomada de decisões conjuntas, em relação ao filho em comum –, em um cenário de normalidade e, principalmente, de conscientização dos pais a respeito da necessidade de priorizar os interesses e o bem-estar da criança, constitui o regime idealmente concebido pelo legislador, detendo, por isso, prevalência em relação aos demais, ainda que não haja acordo por parte destes. 2.1 Não obstante, a adoção desse regime de guarda pode se apresentar, a partir das particularidades do caso, absolutamente inviabilizada em razão da litigiosidade acirrada existente entre os genitores, que não permite o estabelecimento de um diálogo mínimo, a obstar toda e qualquer deliberação conjunta a respeito da criança – das mais singelas até as mais relevantes –, potencializando sobremaneira os conflitos interpessoais já existentes entre os pais e nos quais a criança encontra-se inarredavelmente envolta, em total prejuízo ao seu desenvolvimento, adequado e sadio" (STJ, 3ª T., REsp 1.888.868/DF, Rel. Min. Marco Aurélio Bellizze, julg. 21.11.2023, publ. DJe 4.12.2023). V. também: STJ, 4ª T., AgInt nos EDcl no AREsp 1.820.674/RJ, Rel. Min. Raul Araújo, julg. 20.5.2024, publ. *DJe* 4.6.2024.

Guarda compartilhada não significa divisão igualitária do tempo do filho

Outra questão de grande relevância, silenciada pelas leis, refere-se aos atos cotidianos do filho, ou seja, é necessário dimensionar a coparticipação, pois, a princípio, seria inviável que os pais tivessem que participar da totalidade da vida dos filhos, inclusive dos atos diários. Por isso, é preciso que o poder das decisões relativas ao dia a dia da criança seja exercido tomando-se como base a companhia ou o tempo de permanência do responsável, tendo o outro que concordar com as escolhas que atendam ao melhor interesse do filho, diretriz fundamental a ser seguida.[71]

Para tanto, convém frisar que guarda compartilhada não implica, necessariamente, convivência familiar livre. A organização do cotidiano dos filhos – ou fixação das visitas, para utilizar termos mais tradicionais – é de suma relevância, a fim de se evitar abusos no exercício da autoridade parental.[72] No que tange a tal organização, a Lei 13.058/2014, deu nova redação ao § 3º do art. 1.584, que facultou ao juiz basear-se em estudo técnico-profissional para se orientar quanto à convivência entre os pais, com vistas a uma divisão equilibrada do tempo dos filhos. Note-se que a lei não diz igualitária, afinal, a arquitetura da rotina dos menores deverá seguir seus interesses e não uma divisão matematicamente equânime entre os pais;[73] não obstante esse possa ser

---

71 Sobre o tema das decisões sobre a administração ordinária da vida dos filhos, a lei italiana prevê que o juiz pode determinar que os pais exerçam a responsabilidade separadamente (art. 337-ter., CC).

72 A Terceira Turma do STJ, reformando decisão do TJSP que havia fixado a guarda unilateral da mãe em razão de os genitores morarem em locais distantes, estabeleceu a guarda compartilhada. O Colegiado afirmou, então, que a guarda compartilhada – regime obrigatório de custódia dos filhos, salvo as exceções previstas em lei – deve ser fixada mesmo quando os pais morarem em cidades diferentes e distantes, especialmente porque esse regime não exige a permanência física do menor em ambas as residências e admite flexibilidade na definição da forma de convivência com os genitores, sem que se afaste a igualdade na divisão das responsabilidades (STJ, 3ª T., REsp. 1.878.041/SP, Relª. Minª. Nancy Andrighi, julg. 15.5.2021, publ. *DJ* 31.5.2021). No mesmo sentido, decidiu-se que "a guarda compartilhada traz uma série de vantagens que merecem ser consideradas e que justificam a sua adoção, mesmo nas hipóteses em que os domicílios dos genitores não estejam fisicamente próximos, em especial a indispensável priorização do superior interesse da criança e do adolescente, com garantia de continuidade das relações da criança com os pais. Assim, em tese, é admissível a modificação do lar de referência para um país distinto daquele em que reside um dos genitores." (STJ, Informativo de Jurisprudência n. 762, disponível em https://processo.stj.jus.br/jurisprudencia/externo/informativo/?acao=pesquisar&livre=GUARDA+COMPARTILHADA+LAR+REFERENCIA+EXTERIOR&livre=@docn&operador=E&b=INFJ&p=true&tp=T, acesso em 10.12.2023).

73 Em sentido contrário: "7. A custódia física conjunta é o ideal a ser buscado na fixação da guarda compartilhada, porque sua implementação quebra a monoparentalidade na criação dos filhos, fato corriqueiro na guarda unilateral, que é substituída pela implementação de condições propícias à continuidade da existência de fontes bifrontais de exercício do Poder Familiar. 8. A fixação de um lapso temporal qualquer, em que a custódia física ficará com um dos pais, permite que a mesma rotina do filho seja vivenciada à luz do contato materno e paterno, além de habilitar a criança a ter uma visão tridimensional da realidade, apurada a partir da síntese dessas isoladas experiências interativas. 9. O estabelecimento da custódia física conjunta, sujeita-se, contudo, à possibilidade prática de sua implementação, devendo ser observada as peculiaridades fáticas que envolvem pais e filho, como a localização das residências, capacidade financeira das partes, disponibilidade de tempo e rotinas do menor, além de outras circunstâncias que devem ser observadas. 10. A guarda compartilhada deve ser tida como regra, e a custódia física conjunta – sempre que possível – como sua efetiva expressão. 11. Recurso especial não provido" (STJ, 3ª T., REsp 1251000/MG, Rel. Min. Nancy Andrighi, julg. 23.08.2011, publ. *DJ* 31.08.2011). Ressalte-se que o mesmo entendimento foi ratificado no STJ, 3ª T., REsp 1428596/RS, Rel. Min. Nancy Andrighi, julg. 03.06.2014, publ. *DJ* 25.06.2014).

um efeito possível da efetividade do cumprimento dos deveres da autoridade parental.[74] Prova de tal afirmativa é a fixação da moradia dos filhos,[75] que deve ser norteada pelo interesse destes; se a divisão de tempo fosse obrigatoriamente igualitária, a moradia deveria ser fixada na casa de ambos, o que não é a orientação legal.[76]

Guarda compartilhada não significa convivência familiar livre

Outro equívoco hermenêutico comum ao interpretar o conteúdo da guarda compartilhada é pensar que ela dispensa a regulamentação da convivência familiar, ou seja, que esse modelo de guarda pressupõe visitas livres. Mostra-se, na maioria das vezes, imprescindível a organização do cotidiano dos filhos, estabelecendo-se os dias de convivência para cada um dos pais, a fim de se evitar desordem tal que as crianças sejam as maiores prejudicadas e não saibam para onde devam ir a cada dia. As regras podem ser modificadas pelos pais, desde que em comum acordo, a fim de adequá-las às necessidades do menor.[77]

Questão que merece atenção está disposta no art. 1.584, § 4.º, CC. A redação anterior da lei dispunha que "a alteração não autorizada ou o descumprimento imotivado de cláusula de guarda, unilateral ou compartilhada, poderá implicar a redução de prerrogativas atribuídas ao seu detentor, inclusive quanto ao número de horas de convivência com o filho". Foi suprimida, de forma exemplar, a parte final do dispositivo, pois a sanção para o genitor que desobedece ao que foi avençado pelas partes ou determinado pelo juiz, sem nenhuma razão plausível, é a diminuição das "prerrogativas" que lhe são atribuídas, inclusive o tempo em que convive com o filho. Em última instância, trata-se de raciocínio que visa punir o genitor sem cogitar se

---

74 Nesse sentido: "6 – A guarda compartilhada não se confunde com a guarda alternada e não demanda custódia física conjunta, tampouco tempo de convívio igualitário dos filhos com os pais, sendo certo, ademais, que, dada sua flexibilidade, esta modalidade de guarda comporta as fórmulas mais diversas para sua implementação concreta, notadamente para o regime de convivência ou de visitas, a serem fixadas pelo juiz ou por acordo entre as partes em atenção às circunstâncias fáticas de cada família individualmente considerada." (STJ, 3ª T., REsp. 1.878.041/SP, Relª. Minª. Nancy Andrighi, julg. 25.5.2021, publ. DJ 31.5.2021). O julgado é importante pois a relatora afirma, ainda, que o fato de os pais estarem afastados geograficamente não impede a fixação da guarda compartilhada, devendo os pais lançar mão dos recursos tecnológicos para alinharem questões ligadas aos filhos: "7 – É admissível a fixação da guarda compartilhada na hipótese em que os genitores residem em cidades, estados, ou, até mesmo, países diferentes, máxime tendo em vista que, com o avanço tecnológico, é plenamente possível que, à distância, os pais compartilhem a responsabilidade sobre a prole, participando ativamente das decisões acerca da vida dos filhos."

75 A fixação da moradia é questão relevante que a Lei 11.698/2008 silenciou, mas que não passou despercebido do legislador da Lei 13.058/2014.

76 Vale citar os Enunciados 603 e 604 da VII Jornada de Direito Civil do Conselho da Justiça Federal (2015): 603 – A distribuição do tempo de convívio na guarda compartilhada deve atender precipuamente ao melhor interesse dos filhos, não devendo a divisão de forma equilibrada, a que alude o § 2º do art. 1.583 do Código Civil, representar convivência livre ou, ao contrário, repartição de tempo matematicamente igualitária entre os pais; 604 – A divisão, de forma equilibrada, do tempo de convívio dos filhos com a mãe e com o pai, imposta na guarda compartilhada pelo § 2º do art. 1.583 do Código Civil, não deve ser confundida com a imposição do tempo previsto pelo instituto da guarda alternada, pois esta não implica apenas a divisão do tempo de permanência dos filhos com os pais, mas também o exercício exclusivo da guarda pelo genitor que se encontra na companhia do filho.

77 Nesse sentido, Enunciados 605 da VII Jornada de Direito Civil do Conselho da Justiça Federal (2015): A guarda compartilhada não exclui a fixação do regime de convivência.

esta é a medida que melhor condiz com os interesses do filho. A rigor, tanto a fixação da guarda quanto todas as modificações posteriores devem ocorrer em benefício dos filhos menores, tendo em vista serem alvo de tutela privilegiada pela Constituição Federal, exatamente em razão de sua vulnerabilidade, inerente à idade.

Diante dessas questões, verifica-se que o maior mérito da Lei 13.058/2014 – e, antes dela, a Lei 11.698/2008, que disciplinam no Brasil a guarda compartilhada – é chamar a atenção da sociedade para uma evidência: a enorme, intransferível e conjunta responsabilidade dos pais, sejam eles separados, divorciados ou solteiros, para com a convivência e formação da personalidade dos filhos. Trata-se de mudança valorativa profunda, que importa reconstrução do tratamento teórico reservado à disciplina jurídica da filiação, na medida em que, a fim de dar efetividade ao Princípio do Melhor Interesse, busca-se ressignificar o conteúdo das relações parentais.[78]

A guarda compartilhada, entendida como corresponsabilidade parental, pressupõe a prática de atos conjuntos a bem dos filhos, principalmente aqueles mais relevantes e de maior impacto em suas vidas. Quando isso não for possível, transfere-se ao juiz as decisões que deveriam ser tomadas pelos pais, em pé de igualdade. Na atualidade, a doutrina procura oferecer critérios que auxiliem o magistrado a encontrar o melhor interesse da criança, para que a decisão se fundamente nos valores em jogo, e não em critérios subjetivos próprios de cada julgador. A maior judicialização dos conflitos de família fatalmente ocorrerá (art. 1.631, parágrafo único, CC), a não ser que os pais estejam efetivamente dispostos ao abandono de disputa egocêntrica.[79] Como já se afirmou, a utilização da mediação (Lei 13.140/2015 e Resolução 125/2010) pode ser um importante instrumento que ajude os próprios pais a encontrarem a melhor solução para o conflito.[80]

No entanto, nem sempre é possível uma convivência saudável entre os genitores. Em 2023, entrou em vigor a Lei 14.713, que incrementou as hipóteses em que a guarda compartilhada não deve ser concedida, no § 2º do art. 1.584 do Código Civil. Além da declaração de um dos genitores ao magistrado de que não deseja a guarda da criança ou do adolescente, a guarda compartilhada também não deverá ser concedida se houver elementos que evidenciem a probabilidade de risco de violência doméstica ou familiar. Por isso, a mesma lei também acrescentou o art. 699-A ao CPC, para

---

78 Afirma Paulo Lôbo que a guarda compartilhada respeita "a família enquanto sistema, maior do que a soma das partes, que não se dissolve, mas se transforma, devendo continuar sua finalidade de cuidado" (Paulo Lôbo, Direito-dever à convivência familiar, in: Maria Berenice Dias (Org.), *Direito das famílias:* contributo do IBDFAM em homenagem a Rodrigo da Cunha Pereira, São Paulo: Revista dos Tribunais, 2009, p. 401).

79 Renata Vilela Multedo questiona o "real benefício na delegação ao Estado de certas escolhas em relação à esfera íntima da vida familiar". Ou seja, até que ponto a solução apresentada pelo parágrafo único do art. 1.631 do Código Civil, de delegar ao Poder Judiciário o dever de dirimir as divergências em relação à administração do cotidiano dos filhos, quando estes, ainda que separados, detenham a autoridade parental, é a melhor alternativa possível (Renata Vilela Multedo, *Liberdade e família:* Limites para a intervenção do Estado nas relações conjugais e parentais. Rio de Janeiro: Processo, pp. 105 e ss.).

80 A esse respeito, cfr. Gustavo Tepedino; Danielle Tavares Peçanha, Métodos alternativos de solução de conflitos no direito de família e sucessões e a sistemática das cláusulas escalonadas. In: Ana Carolina Brochado Teixeira; Renata de Lima Rodrigues (Orgs.), *Contratos, família e sucessões – diálogos interdisciplinares*, São Paulo: Foco, 2021, vol. 1, 2ª ed., pp. 31-46.

determinar que, antes de iniciada a audiência de mediação e conciliação nas ações de guarda, o juiz indagará às partes e ao Ministério Público se há risco de violência doméstica ou familiar, fixando o prazo de 5 dias para apresentação da prova ou dos indícios pertinentes. A lei tem sido objeto de debates, uma vez que, embora seja aclamada por preservar a mulher vítima de violência que fica dispensada de sempre se colocar em diálogo com o pai de seu filho, o que acaba por revitimizá-la; sentido é também alvo de críticas, pois há quem entenda que acaba invisibilizando a criança no exercício da parentalidade. Tem crescido a busca pela homologação de acordos em que os pais pactuam guarda compartilhada com residência alternada entre os filhos, o que não vinha sendo bem-visto pelo Poder Judiciário, principalmente em razão da premissa de que dupla residência não atende ao melhor interesse dos filhos. Nesse sentido, chama a atenção decisão do TJSP em sentido oposto: "Decisão que deixou de homologar acordo realizado entre as partes. Desacerto. Recorrentes que propuseram regime de guarda compartilhada com dupla residência da criança, com intuito de consolidar situação de fato. Guarda compartilhada com dupla residência não se confunde com guarda alternada. Participação conjunta dos pais de todos os atos relevantes à vida do filho comum, com divisão de tempo e estabelecimento da residência dupla da criança, sem qualquer óbice legal, segundo se depreende da leitura do artigo 1.583, §2º do Código Civil. Pais moram na mesma cidade e apresentam excelente relacionamento. Inexistência de razão para o Estado juiz interferir no acordo e impor aos pais regime de guarda que não desejam e não atende aos interesses do filho. Melhor interesse do menor preservado. Homologação do acordo na origem. Recurso provido".[81]

Possibilidade de o genitor não guardião ajuizar ação de prestação de contas

Vale destacar, ainda, o § 5º do art. 1.583, inserido pela Lei 13.058/2014, segundo o qual "a guarda unilateral obriga o pai ou a mãe que não a detenha a supervisionar os interesses dos filhos, e, para possibilitar tal supervisão, qualquer dos genitores sempre será parte legítima para solicitar informações e/ou prestação de contas, objetivas ou subjetivas, em assuntos ou situações que direta ou indiretamente afetem a saúde física e psicológica e a educação de seus filhos". Essa determinação deveria ter colocado fim à antiga discussão sobre a viabilidade do ajuizamento da ação de prestação de contas, a fim de se averiguar o correto dispêndio da pensão alimentícia com o seu real destinatário. Suscitava-se, entretanto, problema de legitimidade ativa, na medida em que apenas o filho seria parte legítima para pleitear a prestação de contas[82] e que o provimento jurisdicional não seria útil, em face da irrepetibilidade dos alimentos.[83] Sob outra perspectiva, não se

---

81 TJ/SP, 1ª Câm. Dir. Priv., AI 2087818-24.2021.8.26.0000, Rel. Des. Jorge Loureiro, julg. 19.7.2021.

82 "I. A ação de prestação de contas objetiva apuração da existência de crédito ou débito, podendo ser exigida de quem administra bem de terceiros e, por via de consequência, intentada tanto por quem detém o direito de exigir as contas como também por quem tem o dever de prestá-las (art. 914 do CPC). II. O alimentante não detém interesse processual, tampouco legitimidade, para ajuizar ação de prestação de contada em desfavor da guardiã de seu filho, por mais não ser o proprietário da quantia referente aos alimentos e à irrepetibilidade destes" (TJ/MG, 7ª C.C., Ap. Cív. 1.0518.13.016606-0/001, Rel. Des. Washington Ferreira, julg. 19.08.2014, publ. *DJ* 22.08.2014). Verifica-se igual entendimento: TJ/RJ, 14ª C. C., AI 0024155-77.2014.8.19.0000, Rel. Des. José Carlos Paes, julg. 30.05.2014.

83 "2. Ausência de interesse processual daquele que presta alimentos a compelir o detentor da guarda do menor a prestar contas nos moldes dos aludidos artigos legais, porquanto o exercício do direito de fiscalização conferido a quaisquer dos genitores em relação aos alimentos prestados ao filho

trata de faculdade do genitor não guardião, mas de dever de fiscalização, cuja origem é o dever de educar, conteúdo constitucional da autoridade parental.

Nessa esteira, a 3ª Turma do STJ, por maioria, admitiu o cabimento da ação de prestação de contas de obrigação alimentar.[84] Na ocasião, o alimentante havia comprovado a existência de diversos indícios do mau uso da pensão, evidenciando-se que o genitor não guardião "não apenas poderia, mas deveria ter algum mecanismo de acompanhamento para ver se os alimentos estão efetivamente vertidos em favor do menor com tantos problemas. Por esse motivo, poderá, inclusive, ser responsabilizado por sua omissão", conforme destacou a ministra Nancy Andrighi, em voto de desempate. Constatou-se que, sem os meios e garantias efetivas para a consecução do dever de proteger crianças e adolescentes integralmente e com absoluta prioridade, inclusive em assunto relacionado à prestação de alimentos, a letra da lei ficaria desvigorada. Torna-se evidente, assim, "a relevância da ação de exigir contas, que torna efetiva a linguagem textual do aludido art. 1.583, § 5º, na supervisão dos interesses do menor e prestação de contas em favor do alimentante, cotitular da autoridade parental. (...) Daí a importância da decisão, que leva em conta a função a que se destinam os alimentos, bem como seu caráter dúplice,

---

menor, vai muito além da mera averiguação aritmética do que foi ou deixou de ser investido em prol do alimentando. Toca mais intensamente na qualidade daquilo que lhe é proporcionado, a fim de assegurar sua saúde, segurança e educação da forma mais compatível possível com a condição social experimentada por sua família (CC, art. 1.694, *caput*). Ademais, o reconhecimento da má utilização das quantias pelo genitor detentor da guarda não culminará em qualquer vantagem ao autor da ação, ante o caráter de irrepetibilidade dos alimentos, e, ainda, em face de a obrigação alimentar, e seus respectivos valores, restarem definidos por provimento jurisdicional que somente pode ser revisto através dos meios processuais destinados a essa finalidade. 3. Recurso especial conhecido e desprovido" (STJ, 4ª T., REsp 970.147/SP, Rel. Min. Luis Felipe Salomão, Rel. p/ Acórdão Min. Marco Buzzi, julg. 04.09.2012, publ. *DJ* 16.10.2012. Em sentido similar, mesmo depois o advento da Lei 13.058/2014: STJ, REsp 1068176, Rel. Raul Araujo, julg. 3.12.2015; TJ/DF, Ap. Cív. 20140710055597, Rel. Des. Mario-Zam Belmiro, julg. 04.03.2015, publ. *DJ* 20.03.2015; TJ/MG, 1ª C.C., Ap. Cív. 1.0148.10.002995-5/001, Rel. Des. Vanessa Verdolim Hudson Andrade, julg. 20.10.2015, publ. *DJ* 29.10.2015). Não obstante o comando legislativo, recentemente o STJ decidiu recentemente que a ação de prestação de contas não é cabível nas prestações alimentares, pois: "A ação de prestação de contas tem a finalidade de declarar a existência de um crédito ou débito entre as partes. 3. Nas obrigações alimentares, não há saldo a ser apurado em favor do alimentante, porquanto, cumprida a obrigação, não há repetição de valores. 4. A ação de prestação de contas proposta pelo alimentante é via inadequada para fiscalização do uso de recursos transmitidos ao alimentando por não gerar crédito em seu favor e não representar utilidade jurídica. 5. O alimentante não possui interesse processual em exigir contas da detentora da guarda do alimentando porque, uma vez cumprida a obrigação, a verba não mais compõe o seu patrimônio, remanescendo a possibilidade de discussão do montante em juízo com ampla instrução probatória" (STJ, 3ª T., REsp 1.637.378 – DF, Rel. Min. Ricardo Vilas Bôas Cueva, julg. 19.02.2019, publ. *DJ* 06.03.2019).

84 STJ, 3ª T., REsp 1.814.639/RS, Rel. Min. Paulo de Tarso Sanseverino, Rel. p/ Acórdão Min. Moura Ribeiro, julg. 26.05.2020, publ. *DJ* 09.06.2020. A questão hoje se encontra pacificada na jurisprudência do STJ, que sedimentou a discussão acerca da legitimidade do genitor alimentante ajuizar Ação de exigir Contas. A decisão mais recente foi expressa ao dizer que "Atualmente não há divergência no âmbito da Segunda Seção, sendo certo que a Quarta Turma, recentemente, passou a admitir a propositura de ação de prestação de contas em casos como o presente, cabendo citar o seguinte julgado: Direito Civil e Processo Civil. Alimentos. Ação de prestação de contas. Art. 1.583, § 5º, do CC. Poder dever de fiscalização dos interesses do menor. (...) (REsp n. 1.911.030/PR, Rel. Ministro Luis Felipe Salomão, Quarta Turma, DJe 31/8/2021)" (STJ, Embargos de Divergência em REsp. 1.814.639/RS, Rel. Min. Antônio Carlos Ribeiro, julg. 30.11.2021).

com faceta material, mas também – e especialmente – imaterial. Desse modo, supera-se a lógica própria de relações patrimoniais, pela qual a transferência da propriedade retirava do alimentante o interesse sobre a disponibilidade do bem transferido, que passava ao controle exclusivo do novo proprietário. Sob a perspectiva da autonomia existencial e do princípio do melhor interesse da criança, convém repetir: a autoridade parental é assegurada independentemente da atribuição da guarda e deve ser exercida por ambos os genitores sempre no interesse do alimentante".[85]

Tal posicionamento, no entanto, não é pacífico, pois a mesma 3ª Turma do STJ entendeu, em outra ocasião, inexistir interesse de agir do alimentante para a ação de prestação de contas em relação à detentora da guarda do alimentando.[86] De todo modo, o § 5º do art. 1.583 também facultou a possibilidade de se cobrar "prestação de contas existencial", na medida em que se deixa indene de dúvidas que o genitor não guardião, como titular da autoridade parental, tem meios processuais para ter informações e supervisionar o trato da sua saúde física, psicológica e sua educação.[87]

Guarda com terceiros

Caso os pais não tenham condição de cuidar dos filhos, é possível que a guarda – unilateral ou compartilhada – seja deferida a terceiro que "revele compatibilidade com a natureza da medida, considerados, de preferência, o grau de parentesco e as relações de afinidade e afetividade" (art. 1.584, § 5º, CC). Trata-se de situação excepcional (igualmente prevista no art. 33, § 2º, ECA), na medida em que é dos pais a prioridade e o dever (por força do princípio da solidariedade) de exercer a guarda dos filhos. No entanto, caso haja motivos graves, em nome do melhor interesse das crianças e dos adolescentes, vetor hermenêutico principal, os filhos devem ficar sob os cuidados de quem possa deles cuidar a fim de preservar seus direitos fundamentais.[88]

4. CONVIVÊNCIA FAMILIAR[89]

A proteção à infância e adolescência a partir da Constituição de 1988 foi exteriorizada em perspectiva não somente individual, mas também em seu âmbito de relação,

---

85 Gustavo Tepedino, Ana Carolina Brochado Teixeira, Danielle Tavares Peçanha, Prestação de contas em obrigação alimentar: breves notas sobre o Resp 1.814.639/RS. In: *Migalhas*. Disponível em: http://genjuridico.com.br/2020/07/08/prestacao-contas-obrigacao-alimentar/. Acesso em: 26.09.2020.

86 STJ, 3ª T., REsp 1767456 / MG, Rel. Min. Ricardo Villas Bôas Cueva, julg. 25.11.2021, publ. *DJ* 13.12.2021.

87 "O objeto do controle parental não se reduz, claramente, ao aspecto patrimonial. Muito mais do que a correta canalização quantitativa dos recursos para a manutenção e educação, deve-se verificar seu aspecto qualitativo, como o processo educacional está se estruturando, que prioridades estão sendo atendidas e qual o amparo afetivo que o cônjuge guardião está fornecendo para a formação social do filho" (Gustavo Tepedino, Heloisa Helena Barboza, Maria Celina Bodin de Moraes, *Código Civil Interpretado conforme a Constituição da República*, vol. IV, Rio de Janeiro: Renovar, 2014, p. 174).

88 São várias as razões apontadas pela jurisprudência para que a guarda seja deferida a terceiros, como por exemplo: "A guarda de crianças e adolescentes somente pode ser deferida a terceiros, inclusive aos avós, na hipótese de impossibilidade efetiva dos pais, como nos casos de invalidez, doença ou mesmo abandono material dos filhos" (TJ/DF, 2ª T.C., Ap. Cív. 20080210044909Rel. Des. Waldir Leoncio Lopes Júnior, julg. 18.04.2012, publ. *DJ* 27.04.2012), ou quando os terceiros já têm a guarda de fato da criança por muito tempo e a ela está bem cuidada (TJ/RJ, 11ª C.C., Ap. Cív., 0002421-37.2011.8.19.0045, Rel. Des. Cesar Felipe Cury, julg. 04.05.2016).

89 Embora o art. 1.589 CC se refira a esse direito como "visitas", optamos pela utilização do termo "convivência familiar", em consonância com o que estabelece o art. 227 da CR, e por traduzir de forma fiel o conteúdo do direito que estamos a desenvolver nesse item.

de convívio: o ser, estar e viver em comunidade. Nesse contexto, o direito à convivência familiar constitui-se em um dos mais relevantes direitos atribuídos pela Constituição Federal à população infantojuvenil, pois é por meio dele que criança e adolescente podem criar e fortalecer seus vínculos de afeto com seus pais e familiares e é nessa ambiência de interação que a pessoa pode desenvolver sua integridade psíquica.[90]

O direito à convivência pressupõe construção em conjunto pela família, de onde resulta a edificação familiar e afetiva, para alcançar a democracia familiar. Por isso, a convivência familiar emana do princípio da solidariedade, o qual impõe uma série de deveres jurídicos de uns em relação a outros: "A solidariedade é a expressão mais profunda da sociabilidade que caracteriza a pessoa humana. No contexto atual, a lei maior determina – ou melhor, exige – que nos ajudemos, mutuamente, a conservar nossa humanidade, porque a construção de uma sociedade livre, justa e solidária cabe a todos e a cada um de nós".[91]

Transpor esse ideário para o interior da família é o que se almeja, na medida em que a família é a pequena célula onde devem ser reproduzidas as noções relacionais a partir do paradigma democrático. E tal ideia, juridicamente, é traduzida na configuração do direito fundamental à convivência familiar. É a partir dele que criança e adolescente desenvolvem recursos internos para a vida em sociedade e podem ter experiências ligadas à convivência intergeracional e, assim, construir e alimentar sua memória histórica familiar.

À "inter-relação regular e periódica entre os membros do grupo unidos pelos mais variados vínculos, pode também chamar-se de convívio, sendo ela essencial para o desenvolvimento infantojuvenil".[92] Daí a importância de se proporcionar à criança e ao adolescente uma experiência familiar – seja na família natural ou não –, pois é a partir dessa experiência relacional que eles poderão criar e desenvolver a ideia de pertencimento e segurança, como membro daquela entidade familiar, em ambiente saudável para a expansão do seu processo educacional e consolidação da sua personalidade.

Para essa garantia, o direito à convivência familiar encontra-se previsto no art. 227 da Constituição Federal dentre os direitos fundamentais a serem assegurados

---

[90] Ana Carolina Brochado Teixeira e Marcelo de Mello Vieira, Construindo o direito à convivência familiar de crianças e adolescentes no Brasil: um diálogo entre as normas constitucionais e a Lei 8.069/1990. *Civilistica.com*, Rio de Janeiro, a. 4, n. 2, 2015. Disponível em: http://civilistica.com/wp-content/uploads/2015/12/Teixeira-e-Vieira-civilistica.com-a.4.n.2.20151.pdf. Data de acesso: 05.05.2016.

[91] Maria Celina Bodin de Moraes, O princípio da solidariedade. In: Ana Carla Harmatiuk Matos (org.), *A construção dos novos direitos*, Porto Alegre: Nuria Fabris, 2008, p. 247.

[92] Marcelo de Mello Vieira, *Direito de crianças e adolescentes à convivência familiar*. 05.02.2014. 152 págs. Dissertação de mestrado – Universidade Federal de Minas Gerais, Belo Horizonte, 2014, p. 58. Paulo Lôbo define convivência familiar como "a relação diuturna e duradoura entretecida pelas pessoas que compõem o grupo familiar, em virtude de laços de parentesco ou não, no ambiente comum. Supõe o espaço físico, a casa, o lar, a moradia, mas não necessariamente, pois as atuais condições de vida e o mundo do trabalho provocam separações dos membros da família no espaço físico, mas sem perda da referência ao ambiente comum, tido como pertença de todos" (Paulo Lôbo, Direito-dever à convivência familiar. In: Maria Berenice Dias (Org.), *Direito das famílias:* Contributo do IBDFAM em homenagem a Rodrigo da Cunha Pereira, cit., p. 392).

às crianças e adolescentes, bem como no art. 1.589 do CC e nos arts. 16, V, e 19 do ECA. O direito à convivência familiar torna jurídica a necessidade humana de troca de experiências e aprendizado a partir do convívio e interação social-familiar. Trata-se de direito cujo conteúdo metajurídico se traduz em transmissão de conhecimentos e experiências, na formação ética e moral da criança; e cujo conteúdo jurídico se traduz em presença e na contribuição para o processo educacional do filho menor. Não há idade mínima para se estabelecer a convivência familiar, quando os pais não vivem juntos. Nesse sentido encontra-se o Enunciado 671 da IX Jornada de Direito Civil: "A tenra idade da criança não impede a fixação de convivência equilibrada com ambos os pais", sendo necessário promover análise casuística para se verificar qual a situação ideal do plano de convívio familiar".

O direito à convivência decorre do parentesco emanado pela filiação e tem reflexos na autoridade parental. Por isso, embora seja direito dos pais ao convívio com os filhos, releva o direito destes em conviverem com aqueles, na medida em que é nessa interação que se iniciarão as experiências com o outro, tão importantes para sua integridade psíquica.[93] É nesse sentido que a convivência é dever dos pais,[94] não estando na sua esfera de liberdade não exercê-lo. Nesse sentido, afirma Pietro Perlingieri o entrelaçamento entre responsabilidade e liberdade, donde se fundamenta a "exigência de colaboração, de solidariedade e da reciprocidade, sem que elas cheguem a constituir um separado interesse familiar que possa ser oposto àquele individual".[95] Todavia, o exercício desse direito/dever está condicionado à efetivação do bem-estar dos filhos. Logo, a convivência não pode ser prejudicial aos filhos, sendo essa a baliza para a realização desse direito fundamental.

Esse direito é tão relevante – tanto da perspectiva dos filhos quanto na dos pais – que a Lei 14.950/2024 modificou o Estatuto da Criança e do Adolescente para estabelecer a garantia aos filhos menores do direito de visitação à mãe ou ao pai internados em instituição de saúde, nos termos das normas regulamentadoras.

O direito à convivência é autônomo e não está condicionado à efetivação de nenhuma outra situação jurídica, como o pagamento dos alimentos. Mesmo porque

---

93 A Lei 11.112/2005 acrescentou um parágrafo ao art. 1.121 do antigo CPC, no qual definiu o direito à convivência: "§ 2º Entende-se por regime de visitas a forma pela qual os cônjuges ajustarão a permanência dos filhos em companhia daquele que não ficar com sua guarda, compreendendo encontros periódicos regularmente estabelecidos, repartição das férias escolares e dias festivos". Ressalte-se que esse dispositivo não guarda correspondência no atual CPC.

94 "É direito porque pode ser exercido contra quem o obsta, seja o Estado, o grupo familiar, o grupo social ou até mesmo outro membro da família. É dever porque cada integrante do grupo familiar, ou cônjuge, ou companheiro, ou filho, ou parente está legalmente obrigado a cumpri-lo, além da família como um todo, ou ainda, a sociedade e o Estado. É dever de prestação de fazer ou de obrigação de fazer. (...) Os pais preservam os respectivos poderes familiares em relação aos filhos, com a separação, e os filhos preservam o direito de acesso a eles e ao compartilhamento recíproco de sua formação" (Paulo Lôbo, Direito-dever à convivência familiar. In: Maria Berenice Dias (Org.), *Direito das famílias:* Contributo do IBDFAM em homenagem a Rodrigo da Cunha Pereira, cit., pp. 394-396).

95 Pietro Perlingieri, *Perfis de Direito Civil,* Rio de Janeiro: Renovar, 2002, 2ª ed. rev. e ampl., trad. por Maria Cristina De Cicco, p. 244.

o direito de conviver com os pais objetiva fortalecer os laços afetivos e a preservar a integridade psíquica da criança, além da sua educação e criação; a pensão alimentícia, por seu turno, é meio para resguardar o sustento material do filho. Dizendo de outro modo, eles visam proteger bens jurídicos diferentes, o que fortalece a ideia da sua dissociação. Sem contar que o filho seria punido duplamente, com a ausência do convívio e com o inadimplemento alimentar.[96]

Dificuldade que se apresenta para o Direito refere-se às alternativas quando um dos genitores não cumpre o dever de convivência, na medida em que o convívio imposto nem sempre significa o melhor para o filho. As soluções coativas apresentadas fazem crer que este é problema mais moral e psicológico do que jurídico. O Direito tem, nessa seara, problema de efetividade, na medida em que não há meios seguros para garantir o direito à convivência familiar em necessária harmonia com o bem-estar dos filhos. Por isso, acredita-se que, nesse campo, a mediação possa exercer papel fundamental para mostrar ao pai que pratica o abandono a relevância do seu papel na vida do filho.

Uma das possibilidades para compelir um dos pais a conviver com os filhos é a imposição de multa prevista nos arts. 497 e ss. do CPC, quando se entende que a convivência é obrigação de fazer,[97] pois é através dela que se concretizam inúmeros deveres decorrentes da autoridade parental, como a educação e a criação. No entanto, critica-se a solução na medida em que induz à monetarização das relações familiares e nem sempre o convívio imposto será melhor para o filho. Embora a multa tenha sido prevista como penalidade ao genitor alienador pelo art. 6º, III, da Lei 12.318/2010 (acabando com o argumento de que as relações familiares seriam misturadas às questões financeiras), sua função nesses casos é de coação para o cumprimento das cláusulas de convivência estabelecidas judicialmente (por acordo, decisão interlocutória ou sentença).

Recomenda-se, se houver indício de desatendimento ao interesse do filho menor, que se faça perícia (ou estudo psicossocial) a fim de se verificar se a imposição da convivência será maléfica para o filho, uma vez que a presunção é de que seja salutar para a satisfação de seu direito fundamental.[98]

A forma de regulamentação da convivência pode ser modificada a qualquer tempo, fazendo coisa julgada apenas formal. Qualquer fato novo que repercuta no

---

96 Rolf Madaleno, *Curso de direito de família*, Rio de Janeiro: Forense, 2008, p. 360.

97 Nesse sentido: Paulo Lôbo, Direito-dever à convivência familiar. In: Maria Berenice Dias (Org.), *Direito das famílias:* Contributo do IBDFAM em homenagem a Rodrigo da Cunha Pereira, cit., p. 403. O STJ já entendeu que também é obrigação de fazer do genitor guardião facilitar a convivência do filho com o não guardião: 1 – No campo das visitas, o guardião do menor é devedor de uma obrigação de fazer, ou seja, tem o dever de facilitar a convivência do filho com o visitante nos dias previamente estipulados, devendo se abster de criar obstáculos para o cumprimento do que fora determinado em sentença ou fixado no acordo. 2 – A transação, devidamente homologada em juízo, equipara-se ao julgamento do mérito da lide e tem valor de sentença, dando lugar, em caso de descumprimento, à execução da obrigação de fazer, podendo o juiz inclusive fixar multa a ser paga pelo guardião renitente. 3 – Recurso especial conhecido e provido a fim de determinar o retorno dos autos ao juízo de primeiro grau para regular prosseguimento (STJ, 4ª T., REsp 701872/DF, Rel. Min. Fernando Gonçalves, julg. 12.12.2005, publ. *DJ* 01.02.2006).

98 A outra alternativa seria a indenização por abandono moral, já tratada nesse capítulo.

melhor interesse do filho faz com que a convivência possa ser reduzida ou ampliada. O art. 1.588 CC estabelece que o novo casamento (ou nova união estável) de um dos genitores, por si só, não modifica a convivência então estabelecida, salvo se a criança ou o adolescente não receber tratamento adequado no âmbito da entidade familiar constituída.[99]

Com a pandemia do coronavírus, a ameaça ao direito à convivência restou incrementada. Notou-se, com frequência, pedidos de suspensão da convivência, sob o argumento de que os deslocamentos representam riscos à criança. Se algum dos pais for profissional de saúde, por exemplo, ou se tiver idosos e membros de grupos de risco no núcleo familiar da criança, deve-se, de fato, ter atenção especial à situação, mas tendo em mira que essa é medida de exceção, o que é corroborado pelo Enunciado 41 do IBDFAM: "Em tempos de pandemia, o regime de convivência que já tenha sido fixado em decisão judicial ou acordo deve ser mantido, salvo se, comprovadamente, qualquer dos pais for submetido a isolamento ou houver situação excepcional que não atenda ao melhor interesse da criança ou adolescente".

Quando a convivência física é suspensa, tem sido determinada que ela se implemente por meios virtuais, de modo que o contato possa ocorrer por ligações de vídeo, áudio ou telefone. As tecnologias podem configurar suporte interessante, concomitantemente à convivência física, para apoiar o cultivo do vínculo parental.[100] Eis a linha do Enunciado 38 do IBDFAM: "A interação pela via digital, ainda que por videoconferência, sempre que possível, deve ser utilizada de forma complementar à convivência familiar, e não substitutiva".

Diante desse cenário, nota-se a insuficiência dos deveres impostos pela autoridade parental para a definição das responsabilidades atribuídas a ambos os genitores. Aliás, a facilidade com que se suspende a convivência familiar demonstra que a igualdade (de importância) dos papéis de pai e mãe na criação e na educação dos filhos ainda não está concretamente definida, pois se parte da premissa de que a qualidade do cuidado ofertado pelo pai não é a mesma daquele oferecido pela mãe, independentemente das nuances do caso concreto. Por esse motivo, é necessário estabelecer critérios hermenêuticos específicos para a flexibilização desse direito fundamental de convivência familiar (art. 227 da CF), de modo a permitir a atribuição (e, quando preciso, repartição) das tarefas parentais no melhor interesse dos filhos.

---

[99] Já se entendeu que o fato de a mãe ter se tornado homossexual após o divórcio não é fato que faz com que perca a guarda do filho: "Guarda de menor. Improcedência da ação promovida pelo genitor. Prevalência dos interesses do menor, que se encontra plenamente adaptado ao lar materno. Sentença de improcedência mantida. Recurso desprovido. (...) É importante observar que a genitora não esconde de qualquer pessoa ser homossexual, e que tal fato não a desabona e muito menos a impede de continuar com a guarda do filho" (TJ/SP, 2ª Cam. Dir. Priv., Ap. Cív. 0117124-29.2008.8.26.0000, Rel. Des. Boris Kauffmann, julg. 24.06.2008, publ. *DJ* 07.07.2008).

[100] "(...) as novas tecnologias podem e devem ser utilizadas para minimizar os efeitos da geografia, visto que o coração tem ferramentas muito mais poderosas e efetivas do que os eventuais quilômetros que podem separar um filho de seus pais. Dessa forma, é impositivo determinar dias e horários de contato via Skype, FaceTime ou qualquer outro aplicativo que permita a conversa via imagem." (Conrado Paulino da Rosa, *Direito de Família contemporâneo*, Salvador: JusPodivm, 2020, p. 526).

A conclusão que se extrai é que os instrumentos jurídicos são insuficientes para promover a implementação do conteúdo da autoridade parental e da guarda compartilhada.[101] A rigor, a pandemia apenas intensificou as desigualdades e assimetrias existentes em cada núcleo familiar. A desigualdade entre os gêneros no cuidado com os filhos repercute no alijamento da figura paterna em alguns casos, o que acaba sobrecarregando a mãe e, por outro lado, permitindo a existência de ambiente que facilita práticas de alienação parental.

O direito à convivência familiar não se restringe aos pais, podendo se estender, também, a outros familiares, tais como tios, padrastos, madrastas, irmãos unilaterais etc.[102] É tal a relevância dos familiares que a Lei 12.010/2009, ao acrescentar o parágrafo único no art. 25 e o § 1º no art. 39 do ECA, conceituou família extensa e previu "sua preferência em acolher os menores antes da adoção, reconheceu a importância dos parentes na criação, educação e convivência dos infantes",[103] donde se pode concluir que eles também poderão conviver com os parentes menores de idade, desde que verificada relação de afeto.

A Lei 12.398/2011 inseriu parágrafo único ao art. 1.589 do Código Civil, para positivar o direito de convivência dos netos com os avós,[104] o que já vinha sendo defendido por doutrina e jurisprudência.[105] No entanto, a regulamentação da convivência deve estar em consonância com o melhor interesse do menor,[106] ou seja, tendo em

---

101 Gustavo Tepedino. A disciplina da guarda e da autoridade parental na ordem civil-constitucional. In: *Revista Trimestral de Direito Civil – RTDC*. Rio de Janeiro: Padma, ano 5, vol. 17, jan./mar. 2004, p. 33-49.

102 Na IX Jornada de Direito Civil aprovou-se o Enunciado 672, que cancelou o 333 da IV Jornada de Direito Civil, de modo a substituir o termo *visita* por convivência: "Art. 1.589, parágrafo único: O direito de convivência familiar pode ser estendido aos avós e pessoas com as quais a criança ou adolescente mantenha vínculo afetivo, atendendo ao seu melhor interesse. (O enunciado cancela o enunciado 333, da IV JDC)".

103 Dimas Messias de Carvalho, *Adoção e guarda*, Belo Horizonte: Del Rey, 2010, p. 69.

104 A possibilidade da convivência familiar entre avós e netos nasceu na França, decorrente de uma sentença da Corte de Cassação de 8 de julho de 1857, que consagrou, pela primeira vez, o direito de visitas em favor dos avós, que puderam ocorrer no domicílio do genitor guardião. A decisão fundamentou-se na existência de reciprocidade de interesses e laços entre ascendentes e descendentes e de direitos e deveres. Além disso, a proibição da relação entre netos e avós pelo genitor pode comprometer o interesse dos menores e lesar deveres e conveniências morais que deveriam ser respeitados (Christiane Pactet, *Le droit de visite des grands-parentes et l'art. 371-4 du Code Civil,* Paris, 1972).

105 "O direito de visita é extensivo aos avós. No quadro já esboçado, cresce a importância desta extensão da titularidade do direito, pois, em geral, o relacionamento afetivo entre aqueles e os netos é tecido de fios delicados, enriquecidos de paciente atenção e preocupação que só a idade consegue salvar às neuroses da sociedade de consumo" (Antônio Cezar Peluso, O menor na separação. In: Teresa Arruda Alvim Pinto (coord.), *Repertório de jurisprudência e doutrina sobre direito de família:* mudanças. São Paulo: Revista dos Tribunais, 1985, p. 34; Ana Carolina Brochado Teixeira, Direito de visitas dos avós. *RTDC*, vol. 10, abr./jun. 2002, pp. 59-77. A jurisprudência também já concedia tais direitos: TJ/RS, 3ª C.C., Ap. Cív. 584015747, Rel. Des. Galeno Vellinho de Lacerda. julg. 04.10.1984; TJ/RS, 3ª C.C., AI 590007191, Rel. Des. Flávio Pancaro da Silva, julg. 29.03.1990; TJ/RS, 8ª C.C., Ap. Cív. 591067699, Rel. Des. Gilberto Niederauer Corrêa, julg. 02.04.1992.

106 "O direito à convivência familiar impõe o estabelecimento e a ampliação, quando possível, do direito dos avós em visitar seus netos. 2. Contudo, é necessária cautela em relação ao estabelecimento do pernoite – sobretudo quando a criança se mostra refratária a tal possibilidade –, a fim de evitar uma experiência traumática e desfavorável à própria consolidação do vínculo familiar com os avós"

vista que os avós podem ser sujeitos ativos de alienação parental (art. 1.589, parágrafo único, do Código Civil, acrescido pelo art. 1º da Lei 12.318/2010), elas devem significar efetivo benefício para o neto, evidenciado pelos ganhos que a convivência intergeracional pode representar.[107]

5. ALIENAÇÃO PARENTAL

O término do casamento ou união estável é, em sua maioria, desafio a ser enfrentado pelos ex-cônjuges, ex-companheiros e filhos. Quando os pais confundem o fim da conjugalidade com a parentalidade, inserindo-a nas mazelas oriundas da sociedade conjugal, as crianças e adolescentes são utilizados como instrumento para atingir o outro genitor, acarretando danos à integridade psíquica dos filhos menores. A arquitetura casuística é variada, pois são muitas as formas de fazer a programação mental da criança para rejeitar o outro genitor: implantação de falsas memórias, oposição de dificuldades à convivência familiar, mudança de domicílio são alguns exemplos de atos que podem caracterizar alienação parental.[108]

Essa situação se torna preocupante em face do contexto brasileiro, no qual tem aumentado o número de divórcios e dissoluções de união estável[109] e, por via

---

(TJ/PR, 12ª C.C., AI 1095740-7, Rel. Des. Rosana Amaral Girardi Fachin, julg. 12.03.2014, publ. *DJ* 30.04.2016). Nesse sentido: TJ/BA, 1ª C.C., AI 0018274-46.2013.8.05.0000, julg. 10.02.2014, publ. *DJ* 12.02.2014. Sobre a possibilidade de regulamentar a convivência com a avó socioafetiva: TJ/BA, 1ª C.C., AI 20150020140642AGI, Rel. Des. Romulo de Araújo Mendes, julg. 21.10.2015, publ. *DJ* 06.11.2015.

[107] Sobre o tema, cfr. Gustavo Tepedino; Danielle Tavares Peçanha, O papel dos avós na convivência familiar e na formação da personalidade dos netos. In: Tânia da Silva Pereira; Antônio Carlos Mathias Coltro; Sofia Miranda Rabelo; Lívia Teixeira Leal (orgs.), *Avosidade: relação jurídica entre avós e netos*, São Paulo: Editora Foco, 2020, p. 175-190, em que se lê: "Além dos benefícios comprovadamente auferidos pelos avós, que encontram no contato com os netos renovada e singular faceta da paternidade revivida, na perspectiva dos netos, pesquisas revelam a satisfação e o afeto sentido por eles no convívio com seus avós, demonstrando a *bidirecionalidade* dessa relação. Confirma-se, assim, o importante papel que, reciprocamente, avós e netos desempenham em suas vidas, ocupando, a cada dia, novos espaços e ampliando os fluxos no âmbito da convivência familiar. Vale ressaltar que esse relacionamento entre avós e netos não se limita a intensificar sentimentos de ternura e carinho. Mediante participação educativa, tal contato dá oportunidade também a aportes intergeracionais extraordinários, propiciadores de construção da autonomia das crianças e adolescentes, por meio de vivências que se refletem na criação de responsabilidades e na aptidão para a liberdade de escolhas. Crianças e adolescentes postos em contato direto e frequente com pessoas idosas (ou menos jovens), certamente, tendem a desenvolver maior empatia e cuidado com gerações (e experiências de vida) diversas da sua, criando consciência de respeito mútuo no ambiente intergeracional".

[108] Essa situação foi identificada e nomeada pelo psiquiatra infantil Richard Gardner (professor de psiquiatria infantil da Universidade de Columbia-EUA), que a denominou como síndrome. No entanto, em função das especificidades da reação de cada pessoa, a lei brasileira dispensou o termo, falando apenas em alienação parental.

[109] Segundo as Estatísticas do Registro Civil 2017, do IBGE, o número de uniões registradas diminuiu 2,3% e o número de divórcios aumentou 8,3%. A proporção é de três casamentos para cada divórcio. Embora as decisões que contemplem a guarda compartilhada tenham crescido (essa modalidade de guarda passou de 7,5%, em 2014, para 20,9%, em 2017), a mulher continua sendo a responsável pela guarda na maioria dos registros de divórcio (disponível em: <https://agenciadenoticias.ibge.gov.br/agencia-noticias/2012-agencia-de-noticias/noticias/22866-casamentos-que-terminam-em-divorcio-duram-em-media-14-anos-no-pais>. Acesso em: 12 jan. 2020).

de consequência, as possibilidades de se instalar a alienação parental. Num cenário de desconstituição familiar que o Estado atua de forma residual, deve-se refletir de forma cuidadosa sobre meios de se inibirem e prevenirem ações danosas daqueles que deveriam cuidar dos filhos e não violar seus direitos fundamentais, pois "é comum assistirmos a um verdadeiro vilipêndio da essência do poder familiar quando o guardião monopoliza em suas mãos as decisões que dizem respeito à vida dos filhos, recusando a participação do não guardião nessa tarefa".[110]

Embora atos como esse sempre tenham existido, a consciência dos danos que geram e a maior preocupação em proteger de forma integral a população infantojuvenil despertaram a comunidade jurídica para a tutela específica dos efeitos nefastos da alienação parental. Com esse intuito, foi aprovada a Lei 12.318/2010 que prevê exemplificativamente atos alienadores, medidas de proteção aos menores e sua respectiva sanção, bem como trâmites especiais do incidente que visam apurar a existência e a extensão da alienação parental.

A alienação parental se concretiza por meio de processo que objetiva influenciar os filhos para impactar negativamente os vínculos afetivos dos menores com o outro genitor. Essas condutas se efetivam através do exercício do poder familiar, vínculo propulsor da criação e do fortalecimento de relação de confiança entre pais e filhos, a fim de neutralizar o exercício da autoridade parental do genitor não guardião, ou daquele que tem menos influência sobre os filhos.[111]

O art. 2º da lei define alienação parental como qualquer ato que interfere na formação psicológica da criança ou do adolescente para que esses rejeitem o genitor ou depreciem os vínculos parentais. Trata-se de medida que visa intervir na integridade psíquica do menor, para que ele deseje afastar-se do genitor alienado sem nenhuma justificativa real, mas como resultado da campanha de desprestígio promovida pelo genitor alienante.

Pais, avós ou qualquer pessoa que tenha o menor sob sua autoridade, guarda ou vigilância[112] podem ser sujeitos ativos de atos alienadores. Os casos mais frequentes são

---

110 Raquel Pacheco Ribeiro de Souza, Apresentação. In: Analdino Rodrigues Paulino, *Síndrome da Alienação Parental e a tirania do guardião:* aspectos psicológicos, sociais e jurídicos, Porto Alegre: Equilíbrio, 2008, p. 7.

111 "Se a convivência do pai com a filha menor é mais prejudicial do que benéfica, realizando o genitor alienação parental que se traduz no manejo da criança por um parente com propósito de criar animosidade da criança em relação ao outro, prejudicando deste modo as relações da menor com a mãe, e estando presentes os requisitos autorizadores da tutela antecipada, justo se faz a concessão da mesma para que o genitor não fique a sós em companhia da infante" (TJ/MG, 7ª C.C., AI 1.0034.15.003925-2/001, Rel. Des. Belizário de Lacerda, julg. 05.04.2016, publ. *DJ* 11.04.2016).

112 "Ação de Guarda formulada por avó paterna Constatação de forte conflito familiar, envolvendo, principalmente, mãe, filho e nora. Conjunto probatório que revela que atualmente os genitores reúnem condições de dar aos filhos proteção, amparo e assistência, como sustentam os estudos sociais e psicológicos colacionados ao processo. Em contrapartida, causa surpresa e indignação o fato de a autora, na qualidade de mãe do réu e avó guardiã dos netos, desprezar o zelo pelo bem-estar destes, ou seja, deixar de auxiliar seu filho a reunir condições de restabelecer sua família harmoniosamente e, o que é mais grave, colaborar para destruição de laços afetivos tão sublimes. Existência de ordenamento jurídico que merece ser prestigiado – Lei 12.318/2010, que dispõe sobre

de pais que, em razão do fim da conjugalidade, utilizam o filho como instrumento de vingança para atingir o outro. Trata-se de atos de violência psíquica que acabam por fazer uma programação psicológica na criança ou no adolescente a partir de relação de lealdade com o genitor com quem habitualmente convive e passa a compartilhar os sentimentos de abandono, injustiça, em clara confusão entre conjugalidade e parentalidade.

Como já mencionado, a pessoa menor de idade está em fase de desenvolvimento, o que justifica o esforço constitucional para a preservação e efetivação dos seus direitos fundamentais, principalmente saúde psíquica, dignidade, respeito, liberdade e convivência familiar. Uma intromissão tão grave na estrutura psíquica do filho – considerado vulnerável em face do discernimento reduzido – justamente por aquele que mais deveria protegê-lo pode gerar danos para toda a sua vida.

O parágrafo único do art. 2º da lei enumera vários exemplos de atos alienadores: campanha de desqualificação do genitor, dificultar o exercício da autoridade parental, o contato do menor com o genitor e o exercício do direito à convivência familiar, omitir informações pessoais relevantes sobre o filho menor, apresentar falsa denúncia contra o genitor e seus familiares com o escopo de obstruir o convívio, mudar o domicílio sem justificativa.

A doutrina apresenta inúmeras outras atitudes que também se configuram como alienadoras: não passar as chamadas telefônicas para os filhos, organizar atividades mais atraentes nos dias de convivência do outro genitor, apresentar o novo companheiro como o novo pai ou mãe, interceptar qualquer correspondência física ou virtual, desvalorizar e insultar o outro genitor na frente dos filhos, deixar de avisar o outro genitor sobre compromissos dos filhos, decidir por si só questões importantes para os menores, proibir os filhos de usarem roupas ou objetos presenteados pelo genitor não habitual, culpar o outro genitor do mal comportamento dos filhos, telefonar com frequência e por motivos irrelevantes durante as visitas do outro genitor.[113]

A própria lei autoriza que o juiz[114] ou os peritos (cuja atuação está prevista no art. 5º) identifiquem quaisquer situações que atuam negativamente na higidez psíquica dos filhos, com o escopo de gerar o afastamento do outro genitor. E, a partir da identificação de tais atos, deverá o julgador, prioritariamente, verificar as formas

---

a Alienação Parental. Interesse dos menores que deve sempre prevalecer e se sobrepor a quaisquer outros interesses juridicamente tutelados. Reforma da Sentença para julgar improcedente o pedido formulado na inicial, revogando a guarda definitiva concedida à autora, com a inversão da visitação Expedição imediata de Carta de Ordem para o cumprimento do julgado – Provimento da Apelação, nos termos do Acórdão" (TJ/RJ, 1ª C.C., Ap. Civ. 0005824-19.2008.8.19.0045, Rel. Des. Camilo Ribeiro Ruliere, julg. 27.05.2014).

113 Denise Maria Perissini da Silva, *Guarda compartilhada e síndrome de alienação parental*: o que é isso? Campinas: Autores Associados, 2010, pp. 55-56.

114 "Hipótese em que, mediante incidente instaurado de ofício, foi declarada a ocorrência de alienação parental praticada pela genitora e ora agravante, constatada a partir do exaustivo exame das provas dos autos, dos elementos e das diversas intercorrências verificadas na ação de modificação de guarda e nos vários outros processos e recursos em tramitação nas instâncias de origem, bem como pelos estudos psicológicos e psicossociais realizados nos referidos feitos." (STJ, 4ª T., AgInt no HC 803221 / SC, Relª. Minª. Maria Isabel Gallotti, julg. 26.6.2023, publ. DJe 30.6.2023).

de proteção adequadas à criança e aplicar as sanções proporcionais ao alienador. Tudo isso com o objetivo de reconstruir a estrutura psíquica do menor por meio do restabelecimento do exercício de seus direitos fundamentais.

O art. 3º da lei estabelece que a alienação parental configura abuso moral contra o filho menor, bem como descumprimento dos deveres da autoridade parental, da tutela e guarda. A partir daí, discute-se acerca da natureza jurídica da alienação parental. Aqueles que entendem se tratar de abuso de direito (art. 187 CC) justificam que o alienador age excedendo os limites impostos pela ordem jurídica, uma vez que compromete o exercício da autoridade parental pelo genitor alienado, invadindo um espaço de liberdade que não lhe é atribuído.[115]

Por outro lado, deve-se refletir sobre o caráter histórico desse instituto moldado para a tutela das situações patrimoniais, o que geraria uma incompatibilidade funcional para sua aplicação em situações existenciais. O perfil existencial da situação atrai, ao reverso, a incidência de princípios constitucionais que podem se chocar com a lógica patrimonial que subjaz a estrutura do abuso de direito, levando-se em conta que as liberdades existenciais não estão sujeitas a limitações prévias, embora devam ser conformadas pela solidariedade e pelos demais direitos fundamentais em questão. Isso significa que só no caso concreto será possível analisar a posição jurídica a ser mitigada em nome da proteção e promoção da pessoa humana. Por esse viés, não parece consentâneo com o sistema aceitar-se aprioristicamente o exercício irregular da autoridade parental, a qual, ou bem é legítima, se promove o melhor interesse do filho à convivência com o outro genitor, ou não encontra proteção jurídica, independentemente da verificação de atuação abusiva. Nessa vertente, consoante o princípio do melhor interesse da criança e a doutrina da proteção integral, não encontra proteção no ordenamento o exercício de autoridade parental que, violando as liberdades existenciais do filho, obstrua a construção livre de relação parental com o genitor com quem não convive em seu quotidiano.[116]

---

[115] "A alienação parental prejudica a realização de afeto nas relações com o genitor alienado e seu grupo familiar, constituindo-se em desprezível abuso do exercício da guarda ou da tutela, por adulto que deveria preservar a dignidade da pessoa humana dessa criança ou do adolescente confiado à sua custódia, mas provoca atitudes obstrucionistas na contramão do seu dever fundamental de não só consentir, mas de incentivar e propiciar as relações com o outro progenitor, mantendo a triangulação natural e necessária entre pais e filhos, com vistas ao adequado desenvolvimento da personalidade da prole em formação" (Rolf Madaleno, Ana Carolina Carpes Madaleno, *Síndrome da alienação parental:* importância da detecção, aspectos legais e processuais, Rio de Janeiro: Forense, 2013, p. 100). Sobre a aplicação do abuso de direito às situações existenciais, ver Eduardo Nunes de Souza, Abuso do direito: novas perspectivas entre a licitude e o merecimento de tutela. *Revista Trimestral de Direito Civil – RTDC*, vol. 50, abr./jun. 2012, pp. 84-91.

[116] Anderson Schreiber entende que institutos cunhados para a tutela de situações patrimoniais não têm adequada funcionalidade se aplicados em situações existenciais. Exemplifica essa premissa pela utilização da boa-fé objetiva e a tutela da confiança no direito de família, campos onde não se pode "converter expectativas de lealdade e transparência em valores superiores a tantos outros que, como o melhor interesse da criança ou a solidariedade familiar, mostram-se mais relevantes na solução dos conflitos de ordem existencial" (Anderson Schreiber, O Princípio da Boa-fé objetiva no Direito de Família. In: Anderson Schreiber, *Direito Civil e Constituição,* São Paulo: Atlas, 2013, pp. 315-338).

Independentemente da qualificação da natureza jurídica da alienação parental, trata-se de ato repugnante, que deve ser prevenido e combatido energicamente pelo Poder Judiciário. As medidas de precaução são muito importantes e devem ser praticadas por todos os profissionais que trabalham diretamente com a infância e juventude. Por isso, ante qualquer indício de atos alienadores, em nome da adequada tutela dos menores, seu combate deve ser imediato, especialmente porque o decurso do tempo, sem que medidas no sentido de coibi-la sejam tomadas, atua em favor da alienação parental.[117]

Tanto é que o art. 4º da Lei 12.318/2010 determina que qualquer um dos "atores processuais" – parte, promotor, psicólogo ou assistente social judiciais – podem requerer a instauração do incidente de alienação, o qual também pode ser iniciado de ofício pelo juiz em qualquer momento processual, em ação autônoma (mesmo que não tenha por objeto guarda ou convivência) ou incidentalmente. O foro competente para sua apreciação é a Vara de Família situada no domicílio da criança ou adolescente e o processo terá prioridade de tramitação, tendo em vista que sua demora pode acabar por prolongar e, até perpetuar a alienação parental.

Não sem razão, o Estatuto da Criança e do Adolescente, ao positivar medidas protetivas[118] dos direitos das crianças e adolescentes, pontua que um dos princípios que orientam a atuação do Estado na aplicação dessas medidas é o princípio da intervenção precoce, previsto no art. 100, parágrafo único, inc. VI, que dispõe que a "intervenção das autoridades competentes deve ser efetuada logo que a situação de perigo seja conhecida". Em função da necessidade de rápida apuração da existência e extensão da alienação parental, a lei determinou trâmite prioritário ao incidente, tendo em vista os riscos de que o tempo consolide atos alienadores com implantação de falsas memórias,[119] em franco reconhecimento de que "o maior trunfo e a importância extrema da legislação vigente de enfrentamento da alienação parental residem na celeridade, eficiência e eficácia dos atos processuais destinados a coibir a prática da alienação parental, especialmente quando ela ainda se encontra em seus estágios iniciais, cuidando o art. 5º da Lei 12.318/2010 de instrumentalizar o magistrado com mecanismos processuais atuando como verdadeiras tutelas de antecipação, com tramitação sumária, mas essencial para uma rápida prestação jurisdicional voltada para a integral proteção da saúde mental da criança e do adolescente".[120] O grande desafio

---

117 "... por todas as dificuldades que engendra, é importante que a Síndrome de Alienação Parental seja detectada o quanto antes, pois quanto mais cedo ocorrer a intervenção psicológica e jurídica, menores serão os prejuízos causados e melhor o prognóstico de tratamento para todos" (Jorge Trindade, Síndrome de alienação parental (SAP). In: Maria Berenice Dias (Coord.), *Incesto e alienação parental*, São Paulo: RT, 2008, p. 105).

118 Medidas de proteção que têm cabimento diante da constatação de atos de alienação parental, conforme teor do art. 98, II, ECA, que estabelece que as mesmas são aplicáveis "por falta, omissão ou abuso dos pais ou responsável".

119 Sobre o tema: Lilian Milnitsky Stein et al., *Falsas memórias:* Fundamentos científicos e suas aplicações clínicas e jurídicas, Porto Alegre: Artmed, 2010.

120 Rolf Madaleno e Ana Carolina Carpes Madaleno. *Síndrome da alienação parental:* importância da detecção, aspectos legais e processuais, cit., p. 113.

é tentar compatibilizar a agilidade imprescindível ao processo com o exame profundo da situação colocada sob apreciação do Poder Judiciário.

A Lei 14.340/2022, que trouxe modificações na Lei 12.318/2010, buscou tanto agilizar as perícias, como garantir a convivência familiar mínima, seja por meio de visitação assistida no fórum ou em entidades conveniadas com a Justiça, salvo casos em que há iminente risco de prejuízo à integridade física ou psicológica da criança ou do adolescente, atestado por profissional designado para acompanhamento do convívio.

Para tanto, foi previsto rito próprio para o trâmite do incidente: "o juiz determinará, com urgência, ouvido o Ministério Público, as medidas provisórias necessárias para a preservação da integridade psicológica da criança ou do adolescente, inclusive para assegurar sua convivência com o genitor ou viabilizar a efetiva reaproximação entre ambos, se for o caso" (art. 4º, *caput*, da Lei 12.318/2010). A necessidade de manter a convivência pode fazer com que o tempo de convívio seja monitorado, se houver risco à integridade física ou psicológica do menor detectado por perito. A garantia e a manutenção da relação de convívio entre o genitor não guardião e os seus filhos, diante das dificuldades causadas pelos pais, é um dos maiores desafios dos tribunais,[121] pois a notícia de falsas situações de risco costumeiramente levava o Poder Judiciário a afastar, sem o contraditório, o genitor que apresentava supostas temeridades aos filhos. No entanto, para decisão de qualquer situação que implique supressão dos direitos fundamentais, é importante que haja prova robusta do mal ao qual o filho está exposto.[122]

Relevante ganho para a identificação, prevenção e banimento da alienação parental foi o estabelecimento da perícia psicológica ou biopsicossocial no procedimento judicial pelo art. 5º da Lei 12.318. Trata-se de necessário encontro dos variados campos do conhecimento, cuja finalidade é fornecer ao julgador visão mais completa e integral do caso.[123] Não se trata de estudo psicossocial, prova comum nas ações de guarda e convivência familiar, que não analisa a fundo danos advindos da alienação parental;[124] tanto é que a perícia pode ser acompanhada por assistentes técnicos, além de ser facultado às partes apresentar quesitos.

---

121 Filipa Daniela Ramos de Carvalho, *A (síndrome de) alienação parental e o exercício das responsabilidades parentais*: algumas considerações, Coimbra: Coimbra Editora, 2011, p. 46.

122 "2. Não havendo bom relacionamento entre os genitores e havendo acusações recíprocas de abuso sexual do pai em relação à filha e de alienação parental e implantação de falsas memórias pela mãe, e havendo mera suspeita ainda não confirmada de tais fatos, mostra-se drástica demais a abrupta suspensão do direito de visitas" (STJ, HC 249833, Rel. Min. Sidnei Beneti, julg. 03.08.2012, publ. *DJe* 06.08.2012).

123 "AÇÃO DE DIVÓRCIO. CONTROVÉRSIA SOBRE A GUARDA DA FILHA. SUPOSTA ALIENAÇÃO PARENTAL. DETERMINAÇÃO DE PERÍCIA. CABIMENTO. Como regra, deve o filho permanecer na guarda do genitor que ostentar melhores condições pessoais para exercê-la. Para tanto, mostra-se conveniente aguardar que venha aos autos resultado da perícia determinada na decisão atacada, pois, no cotejo dos interesses em disputa, deve prevalecer aquele que melhor atender as necessidades da menor. Negado seguimento ao recurso" (TJ/RS, 7ª C.C., AI 70065722506, Rel. Des. Liselena Schifino Robles Ribeiro, julg. 15.07.2015, publ. *DJ* 17.07.2015).

124 O "estudo social e psicológico" determinado pelo juízo de origem não se configura exatamente como a "perícia" a que se refere o art. 5º da Lei 12.318/2010. Tanto que foi solicitada sua realização

Nesse caso, a lei utiliza o termo técnico perícia com análise psicológica e biopsicossocial de todos os envolvidos, a fim de se verificar como era e como é a dinâmica familiar. A perícia é prova fundamental para orientar o juízo quanto às falsas memórias instaladas, aos danos eventualmente ocorridos no âmbito psicológico, a fim de se apurar o tipo de medida de proteção necessária para a real tutela da prole, além de sugerir formas de recuperação da integridade psicológica da criança e da convivência familiar desgastada com o processo alienador. É na perícia que se investigará se a rejeição da criança ao genitor alienado é algo que parte dela mesma ou é fruto da manipulação derivada de um discurso adulto repetitivo elaborado por alguém muito importante na vida do filho. "A perícia é o meio 'tradutor' da realidade infantil para o processo judicial, de modo que o aplicador possa, a partir dessa identificação interdisciplinar, verificar a alternativa que efetivamente proteja a criança".[125]

Tal a relevância da perícia como instrumento para a apuração da alienação parental, que foi editada a Lei n. 14.340/2022, modificando a disciplina da alienação parental para acelerar as perícias. Nessa direção: (i) dispôs que se não houver ou se o número de serventuários responsáveis pela realização da avaliação técnica for reduzido, é possível nomear perito com qualificação e experiência no tema (CPC, art. 156, 465); e (ii) os processos em curso na publicação da lei em que estejam pendentes laudos há mais de seis meses, terão o prazo de três meses para apresentar a referida avaliação.

A forma mais perversa de alienação parental se dá quando ocorrem falsas alegações de abuso sexual,[126] geralmente acompanhadas por laudo psicológico unilateral, com o objetivo de obter uma decisão judicial que suspenda a convivência familiar liminarmente. Já cientes do manejo irregular dessa alegação, o Poder Judiciário não tem suspendido as visitas – como era prática costumeira – mas determinado que a convivência seja supervisionada por psicólogos ou algum familiar.[127] Mesmo ante a

---

às municipalidades onde residem os litigantes, sem que tenha havido a específica designação de peritos da confiança do juízo, com a formação exigida no § 2º do art. 5º da Lei em foco. Por isso, no caso específico, não se justifica a designação de assistente técnico (TJ/RS, 8ª C.C., AI 70058752627, Rel. Des. Luiz Felipe Brasil Santos, julg. 05.06.2014, publ. *DJ* 11.06.2014).

125 Ana Carolina Brochado Teixeira e Renata de Lima Rodrigues, Alienação parental: aspectos materiais e processuais, *Civilistica.com*, Rio de Janeiro, a. 2, n. 1, jan.-mar. 2013. Acesso em 05.05.2016.

126 "A falsa acusação de abuso sexual é uma mentira que crescerá depois da primeira revelação por várias razões. Para entender o mecanismo por trás do crescimento dessa mentira, precisamos examinar o que normalmente acontece na revelação inicial e nas repetições que se seguirão. Quando da revelação inicial, a criança pode ser muito ligada a alguém, ou ter sido 'preparada' para a história por maus investigadores. Ela pode ainda ter sido manipulada por um dos pais em batalha judicial. Por tudo isso, é preciso investigar muito bem o contexto e o que estava acontecendo no universo familiar quando a acusação inicial foi feita" (Andrea Calçada, *Perdas irreparáveis*: Alienação parental e falsas acusações de abuso sexual, Rio de Janeiro: Publit, 2014, pp. 53-54).

127 "MODIFICAÇÃO DE GUARDA Pedido realizado pelo genitor Guarda provisória do filho menor concedida à mãe Indicado suposto abuso sexual sofrido pelo infante Imputações a motivar, por cautela, a determinação para que as visitas sejam monitoradas, na residência dos avós maternos, sem pernoite Apesar da apresentação dos laudos psicológico e social faz-se necessária a apreciação da lide considerando todos os elementos dos autos Prudente aguardar-se a regular instrução do feito Matéria a envolver mérito diante argumentos das partes no sentido de se apurar as melhores medidas para proteção dos interesses do infante, visando ao bem-estar e ao completo desenvolvi-

arguição de alegação tão grave, a situação deve ser apurada no curso da instrução processual, sem presumir a culpa de um dos genitores. Por outro lado, em razão da possibilidade dessa acusação ser verdadeira, a criança também não pode ficar exposta a riscos, de modo que o monitoramento da convivência enquanto não se apura o que de fato ocorreu procura resolver os dois problemas.

O art. 6º prevê, de forma exemplificativa,[128] uma série de instrumentos processuais a serem aplicados pelo juiz a fim de inibir ou minimizar os efeitos da alienação parental, depois de apurar sua existência e extensão. Tais instrumentos devem ser conjugados com as medidas de proteção previstas no art. 100, ECA, e devem ter duas finalidades principais: prioritariamente proteger o filho menor e, num segundo momento, punir o alienador. Os instrumentos previstos são: I – declarar a ocorrência de alienação parental e advertir o alienador[129]; II – ampliar o regime de convivência familiar em favor do genitor alienado; III – estipular multa ao alienador; IV – determinar acompanhamento psicológico e/ou biopsicossocial; V – determinar a alteração da guarda para guarda compartilhada ou sua inversão;[130] VI – determinar a fixação cautelar do domicílio da criança ou adolescente. Além desses incisos, o § 1º do mesmo artigo determina que, em caso de "mudança abusiva de endereço, inviabilização ou obstrução à convivência familiar, o juiz também poderá inverter a obrigação de levar para ou retirar a criança ou adolescente da residência do genitor, por ocasião das alternâncias dos períodos de convivência familiar".

Percebe-se que as medidas previstas nos incisos I, III, IV e no § 1º do art. 6º têm caráter sancionatório ao alienador; já as demais (II, V e VI) visam proteger o filho menor. No momento da aplicação desses instrumentos, portanto, deve o juiz verificar

---

mento psíquico-físico – Decisão mantida" (TJ/SP, AI 2169067-07.2015.8.26.0000, Rel. Des. Elcio Trujillo, julg. 05.04.2016).

128 "O que a referida norma pretende é impor a abstenção de um comportamento indevido do genitor que promove o afastamento do filho do outro genitor. Contudo, o art. 6º da Lei 12.318/2010 não obriga o Juiz a aplicar as penalidades nele previstas. Pode o Julgador lançar mão de outras medidas que se afigurem mais adequadas ao caso concreto, como ocorreu na demanda" (TJ/DF, 6ª T.C., Ap. Cív. 20120110174692, Rel. Des. Vera Andrighi, julg. 21.08.2013).

129 Verifica-se que nem a violência sofrida pela mãe pode ser utilizada como motivo para desqualificar o genitor: "A prova dos autos demonstra que os conflitos emocionais entre os genitores não estão resolvidos, o que traz reflexos imediatos no convívio de ambos com a menor, ficando claro que a ré, em função das agressões sofridas pelo autor, em princípio de forma inconsciente, praticou ato de alienação parental, consistente em dificultar o contato da menor com o genitor, por temer que a integridade física da menor fosse abalada, o que foi reconhecido pela assistente social e pela psicóloga. Nesse sentido, vê-se que o reconhecimento da alienação parental pelo juízo *a quo* não merece reparo, bem como a consequente aplicação da pena de advertência quanto à necessidade de respeito e cumprimento das regras de convivência da filha com o pai e para fixação do domicílio nesta Comarca, sob pena de multa e/ou inversão da guarda, eis que em cotejo com as provas colacionadas e de acordo com o expresso no art. 6º, I, da Lei 12.318/2010" (TJ/RJ, 14ª C.C., Ap. Cív. 1039874-81.2011.8.19.0002, Rel. Des. Juarez Fernandes Folhes, julg.27.04.2016, publ. *DJ* 29.04.2016).

130 A adequação de cada medida deve ser observada no caso concreto: "A eventual prática de alienação parental, ainda que estivesse caracterizada, não acarreta a automática e infalível alteração da guarda da criança ou do adolescente, conforme se infere da interpretação do disposto no art. 6º da Lei n. 12.318/10." (STJ, 3ª T., REsp. 1.859.228/SP, Relª. Minª. Nancy Andrighi, julg. 27.4.2021, publ. DJ 4.5.2021).

a medida que mais protege a criança ou o adolescente, a que resguarda seus interesses e mais adequadamente pune o alienador, para que essa situação não mais se repita. Tudo isso sem prejuízo da responsabilidade civil e criminal prevista no *caput* do art. 6º da Lei 12.318/2010.

Embora tenha sido vetado o art. 9º da Lei 12.318[131] que estabelecia a possibilidade de mediação, não há impedimento para aplicá-la aos casos de alienação parental, numa tentativa dos próprios pais perceberem formas de estancar esse terrível processo alienador. As razões do veto (impossibilidade de aplicação de formas extrajudiciais de conflito a direitos indisponíveis) não mais se justificam ante o disposto no art. 694 do CPC 2015: "Nas ações de família, todos os esforços serão empreendidos para a solução consensual da controvérsia, devendo o juiz dispor do auxílio de profissionais de outras áreas de conhecimento para a mediação e conciliação". O conhecimento de técnicas específicas de mediação é relevante para tentar fazer com que os próprios pais, num processo reflexivo de assunção da própria responsabilidade no fim da conjugalidade, para que sejam capazes de encontrar soluções que melhor atendam aos interesses dos filhos. Foi nesse sentido que o CPC também determinou que a audiência de conciliação/mediação se fragmente em quantas sessões forem necessárias no intuito de se buscar um acordo (art. 696), a fim de preservar ao máximo o bem-estar psicofísico dos filhos.

A lei de alienação parental tem sido alvo de críticas, ao argumento de que foi deturpada por genitores acusados de abusos para assegurar a convivência com o filho menor e a convivência familiar, apesar da prática de atos de violência.[132] Essas críticas não são unânimes, havendo vozes abalizadas que defendem a manutenção da lei, sendo ela importante instrumento contra a tirania de pais ou mães que acabam provocando violência psicológica e falsas memórias no filho menor.

PROBLEMAS PRÁTICOS

1 – Randolfo e Suzana viveram em união estável por 10 anos. A separação do casal ocorreu em 2019. Desta união, nasceu um único filho, João Eduardo, que contava com 7 anos de idade quando do fim do relacionamento de seus pais. Os genitores não conseguiram firmar um acordo, acabando na via litigiosa. Provisoriamente, a guarda do menor coube à mãe, fixando a convivência

[131] "Art. 9º As partes, por iniciativa própria ou sugestão do juiz, do Ministério Público ou do Conselho Tutelar, poderão utilizar-se do procedimento da mediação para a solução do litígio, antes ou no curso do processo judicial. § 1º O acordo que estabelecer a mediação indicará o prazo de eventual suspensão do processo e o correspondente regime provisório para regular as questões controvertidas, o qual não vinculará eventual decisão judicial superveniente. § 2º O mediador será livremente escolhido pelas partes, mas o juízo competente, o Ministério Público e o Conselho Tutelar formarão cadastros de mediadores habilitados a examinar questões relacionadas à alienação parental. § 3º O termo que ajustar o procedimento de mediação ou o que dele resultar deverá ser submetido ao exame do Ministério Público e à homologação judicial".

[132] O PL 1.372/2023 busca revogar a lei de alienação parental.

paterno-filial em finais de semana e feriados alternados, bem como em metade das férias escolares. A mãe, imediatamente, transferiu o filho de escola, para que o pai tivesse a mínima ingerência possível na vida do menino, já que apenas a genitora conhecia os dirigentes da escola, tendo deixado ordem expressa no educandário para que o pai não pudesse participar das reuniões escolares, ver o filho enquanto este estivesse na escola e ter acesso aos boletins do menor, bem como aos relatórios escolares narrando o desenvolvimento do filho. Responda às questões abaixo justificando seus argumentos:

I) a mãe, guardiã exclusiva do menor, poderia ter tal atitude em relação ao pai?

II) a resposta ao item anterior seria diferente se a guarda fosse compartilhada?

III) a definição de questões muito relevantes da filha do filho – tal como mudança de escola, tratamento médico, escolha da religião que a criança professará, fazer *piercings*, tatuagens etc. – encontra-se afeta à guarda?

2 – É possível a fixação de guarda compartilhada com residências alternadas? Por quê?

Acesse o *QR Code* e veja a Casoteca.

> *http://uqr.to/1pblp*

Capítulo X
ALIMENTOS

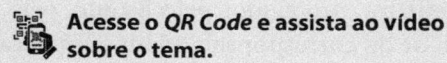

Acesse o *QR Code* e assista ao vídeo sobre o tema.

> *http://uqr.to/1pbm3*

1. FUNDAMENTOS CONSTITUCIONAIS

O direito a alimentos é informado por dois princípios que fundamentam a República, servindo de instrumento de proteção e igualdade substancial. Por essa razão, a temática não se circunscreve à relação entre pais e filhos.

Princípio da dignidade da pessoa humana

O primeiro fundamento encontra valor central na dignidade da pessoa humana, inserido na dicção do art. 1º, III, da Constituição da República, cujo substrato também tem conteúdo material: ninguém é digno quando desprovido de condições materiais de existência; trata-se, portanto, de vetor normativo que visa à preservação da vida e da integridade física. Além disso, também determina a proteção à família atribuída ao Estado pelo art. 226 do mesmo texto maior: é a pessoa humana, o desenvolvimento da sua personalidade, o elemento finalístico da proteção estatal, para cuja realização devem convergir todas as normas do direito positivo, em particular aquelas que disciplinam o direito de família, regulando as relações mais íntimas e intensas do indivíduo no social.

A Constituição da República definiu, no art. 229, o dever de ajuda e amparo entre pais e filhos, e o Código Civil, no art. 1.697, estabeleceu a obrigação alimentar entre parentes, estendendo-se aos colaterais: "Consagra, assim, a reciprocidade alimentar como um direito essencial à vida e à subsistência em todas as idades".[1]

Princípio da solidariedade

O princípio da solidariedade familiar, segundo fundamento constitucional aludido, introduziu significativas mudanças no âmbito do regime dos alimentos, as quais, lidas à luz do Texto Constitucional, representam inovações relevantes. Nesta perspectiva, a solidariedade é marcada pela superação dos interesses individuais e, na evolução dos direitos humanos, a concorrência dos direitos sociais. No núcleo familiar, deve-se entender os alimentos como expressão da solidariedade recíproca dos cônjuges e companheiros, principalmente quanto à assistência moral e material.[2] Com efeito, do aspecto axiológico, a reciprocidade da obrigação alimentar entre pais e filhos, parentes, companheiros e cônjuges demonstra a mitigação da individualidade e a proeminência dos interesses e direitos da coletividade – no caso, da coletividade familiar –, protegidos pelo Estado, pela sociedade e pelos integrantes da família. Trata-se da corresponsabilidade recíproca que tem raízes na autonomia privada, seja na constituição da família conjugal ou marital, seja no exercício do planejamento familiar.[3]

Conceito de alimentos

Desta dupla fundamentação constitucional decorre a inserção na ordem pública da temática dos alimentos, bem como seu conceito, posto que estão relacionados diretamente com a sobrevivência do ser humano, compreendendo não só o alimento propriamente dito, mas também a saúde, a habitação, o vestuário, a educação, o lazer, bem como todo o necessário para uma vida digna, evidenciando-se, assim, a preocupação do legislador constitucional com o sustento da família. Engloba o necessário para a subsistência, mas também, suprimentos para satisfação intelectual e preservação do padrão de vida, na maior medida possível. Os alimentos "são prestações para satisfação das necessidades vitais de quem não pode provê-las por si".[4] A definição dos alimentos se confunde com a função que desempenham no âmbito do direito de família. Por isso, trata-se de prestação financeira com escopo existencial, ou seja, tem seu "aspecto patrimonial intensamente funcionalizado a um componente existencial – a subsistência do alimentando".[5] Adverte-se em doutrina, por isso mesmo, sobre "a

---

1 Caio Mário da Silva Pereira, *Instituições de Direito Civil*, vol. V, Rio de Janeiro: Forense, 1997, 11ª ed., p. 277.

2 Paulo Lôbo. *Direito Civil: Famílias* São Paulo: Saraiva, 2017, 7ª ed., pp. 56-57.

3 "Seu fundamento encontra-se no princípio da solidariedade familiar. Embora se tenha fortalecido ultimamente a convicção de que incumbe ao Estado amparar aqueles que, não podendo prover à própria subsistência por enfermidade ou por outro motivo justo, necessitam de ajuda e amparo, persiste a consciência de que devem ser chamados a cumpri-lo, se não a satisfazem espontaneamente, as pessoas que pertencem ao mesmo grupo familiar. Os laços que unem, por um imperativo da própria natureza, os membros de uma mesma família impõem esse dever moral, convertido em obrigação jurídica como corretivo às distorções do sentimento de solidariedade" (Orlando Gomes, *Direito de família*, Rio de Janeiro: Forense, 1998, 10ª ed., rev. e atual. por Humberto Theodoro Júnior, p. 429).

4 Orlando Gomes, *Direito de família*, cit., p. 427.

5 Anderson Schreiber, O princípio da boa-fé objetiva no direito de família. In: Maria Celina Bodin de Moraes (Coord.), *Princípios do direito civil contemporâneo*, Rio de Janeiro: Renovar, 2006, p. 453. No mesmo sentido: "A solidariedade, através dos alimentos, projeta-se no âmbito material;

complexidade que apresenta a dimensão patrimonial no contexto das relações familiares".[6] Também nesse sentido, anota-se: "A verba alimentar apresenta-se com dúplice caráter. Revela sua faceta material, enquanto recurso necessário à manutenção da subsistência do credor e, ao mesmo tempo, permite a visualização de seu prisma imaterial, já que se destina à construção da personalidade de seu destinatário, possibilitando ao mesmo viver com dignidade".[7]

Os alimentos decorrem de quatro fontes obrigacionais distintas: a) lei, motivada pela existência de vínculo de parentesco (CC, art. 1.694); b) testamento, por meio de legado que os estabeleça (CC, arts. 1.920 e 1.928, parágrafo único); c) sentença judicial condenatória ao pagamento de verbas indenizatórias para ressarcir danos provenientes de ato ilícito (CC, art. 950);[8] d) contrato. O estudo deste capítulo se concentrará nos alimentos decorrentes da lei, cujas causas são o parentesco e o casamento/união estável.

2. PRESSUPOSTOS E CARACTERÍSTICAS DOS ALIMENTOS

Binômio necessidade *versus* possibilidade

A doutrina elaborou uma série de características dos alimentos, que varia pela prioridade que os autores lhe conferem. De todo modo, antes de adentrar na caracterização do instituto, existem dois pressupostos fáticos a serem observados, que antecedem a análise de qualquer atributo da relação alimentar: trata-se do binômio necessidade (de quem pleiteia) e possibilidade (de quem se exige a prestação alimentar), previsto no art. 1.694, § 1º, do Código Civil.

O primeiro fator a ser analisado é a necessidade daquele que busca a fixação de alimentos, a fim de se verificar se de fato existe alguma vulnerabilidade que o impeça

assim, embora os alimentos sejam um instituto que tenha uma projeção patrimonial, sua *ratio* nem por isso deixa de ser existencial, isto é, a garantia de subsistência de pessoas ligadas por um liame familiar" (Gustavo Tepedino; Heloisa Helena Barboza; Maria Celina Bodin de Moraes, *Código Civil interpretado conforme a Constituição da República*, vol. IV, Rio de Janeiro: Renovar, 2014, p. 361).

6 Rosana Amaral Girardi Fachin, *Dever alimentar para um novo direito de família*, Rio de Janeiro: Renovar, 2005, p. 14.

7 Rolf Madaleno, Alimentos entre colaterais. *Revista brasileira de direito de família*, n. 28, p. 110, fev./mar. 2005.

8 Sobre essa categoria, em especial, a 3ª Turma do STJ rejeitou pedido de prisão civil do devedor de alimentos indenizatórios, concedendo *habeas corpus* a um homem condenado a prestar alimentos aos pais da vítima de homicídio, de forma provisória, até o julgamento da ação de responsabilidade civil por acidente de trânsito. O Tribunal de Justiça do Rio Grande do Sul havia admitido a prisão civil na execução de alimentos indenizatórios, incidindo o art. 528 do CPC/2015 independentemente da origem da obrigação alimentar. Assim, qualquer inadimplemento voluntário e inescusável de prestação alimentícia autorizaria o encarceramento do devedor. Contudo, o relator no STJ, o Min. Paulo de Tarso Sanseverino, ressaltou que a prisão civil por alimentos, autorizada de forma excepcional pelo Texto Constitucional, circunscreve-se a obrigações decorrentes do direito de família, tratando-se de regra de exceção que, por tal, não comporta interpretação extensiva. No caso analisado, a pensão origina-se da responsabilidade civil, com natureza indenizatória. Na fixação de alimentos indenizatórios, não se levam em conta a possibilidade do devedor e a necessidade do credor, vítima do evento danoso – porque deles não depende –, nem a possibilidade do devedor, mas, sim, a extensão do dano injusto, à luz do princípio da reparação integral, nos moldes do art. 944 do Código Civil (STJ, 3ª T., HC 708634, Rel. Min. Paulo de Tarso Sanseverino, julg. 3.5.2022, publ. *DJe* 9.5.2022).

de arcar com a própria sobrevivência. Esse requisito deverá ser interpretado à luz do arcabouço fático do caso concreto, a fim de se perquirir se a função dos alimentos será cumprida, ou seja, "a noção de *necessidade* deverá ser complementada e dimensionada à luz das peculiaridades do caso concreto sem perder de vista a função atribuída ao instituto dos alimentos".[9] "São devidos os alimentos quando o parente que os pretende não tem bens, nem pode prover, pelo trabalho, à própria mantença".[10]

O segundo fator é a possibilidade para auxiliar financeiramente aquele que busca o pensionamento, uma vez que a fixação de alimentos não pode gerar sua depauperação financeira, nem prejuízo ao próprio sustento. A disponibilidade financeira deve ser aquilatada em termos reais, razão pela qual, ante a dificuldade de comprová-la, justifica-se a quebra de sigilo bancário ou fiscal a fim de se apurar a verdadeira dimensão da capacidade para contribuir para os alimentos. Por isso, é fácil se investigar quando se está a tratar de um alimentante que trabalha sob regime celetista e toda sua renda é dimensionada por meio de seu contracheque. O verdadeiro desafio é investigar o profissional liberal com rendimento variável, de modo que, nesse caso, são relevantes alguns fatores: os sinais exteriores de riqueza,[11] ou seja, a aparência que ele mesmo demonstra socialmente, restaurantes que frequenta, viagens nacionais e internacionais, carros que dirige habitualmente. Em tal investigação, as declarações em redes sociais funcionam como elementos importantes, nos moldes já decididos pelo TJRJ: "Manifestações colhidas em redes sociais (Facebook, *blogs* etc.) podem funcionar como princípio de prova, mas devem ser contextualizados com outras evidências, por exemplo, provas mais robustas de sinais exteriores de riqueza".[12]

Outro modo que a jurisprudência tem encontrado para driblar as tentativas de ocultação da verdadeira possibilidade financeira é a solicitação judicial de extratos

---

9 Gustavo Tepedino; Heloisa Helena Barboza; Maria Celina Bodin de Moraes, *Código Civil interpretado,* vol. IV, cit., p. 362.

10 Caio Mário da Silva Pereira, *Instituições de Direito Civil*, vol. V, cit., p. 277. Nesse sentido, os critérios utilizados pelo STJ: "Dessa forma, em paralelo ao raciocínio de que a decretação do divórcio cortaria toda e qualquer possibilidade de se postular alimentos, admite-se a possibilidade de prestação do encargo sob as diretrizes consignadas nos arts. 1.694 e ss. do CC/02, o que implica na decomposição do conceito de necessidade, à luz do disposto no art. 1.695 do CC/02, do qual é possível colher os seguintes requisitos caracterizadores: (i) a ausência de bens suficientes para a manutenção daquele que pretende alimentos; e (ii) a incapacidade do pretenso alimentando de prover, pelo seu trabalho, à própria mantença" (STJ, 3ª T., REsp 933.355/SP, Rel. Min. Nancy Andrighi, julg. 25.03.2008, publ. *DJ* 11.04.2008).

11 "Apelação da sentença que julgou procedente em parte o pedido de majoração dos alimentos devidos ao autor pelo seu genitor, fixando-os em 03 salários mínimos, além do pagamento de plano de saúde. Alegação de modificação das necessidades do autor e aumento da capacidade financeira do réu. As despesas apresentadas estão condizentes com as necessidades de uma criança de 12 anos de idade, tendo sido contemplados gastos com educação, alimentação, transporte, saúde. Impugnações genéricas que não devem prosperar. Rendimentos do réu não demonstrados com precisão ao longo da instrução probatória. No entanto, presentes sinais exteriores de riqueza que denotam a capacidade econômica deste em arcar com o pensionamento arbitrado pela magistrada singular. Provimento negado a ambos os recursos, nos termos do voto do desembargador relator" (TJ/RJ, 15ª C.C., Ap. Cív. 0109856-42.2010.8.19.0001, Rel. Des. Ricardo Rodrigues Cardozo, julg. 16.02.2016).

12 TJ/RJ, 2ª C.C., AI 0006733-21.2016.8.19.0000, Rel. Des. Paulo Sérgio Prestes dos Santos, julg. 01.03.2016.

de cartões de crédito, a fim de se verificar o padrão dos gastos, pois esse é um meio eficaz para se aferir a realidade: "Revisional de alimentos. Expedição de ofícios às administradoras de cartão de crédito e ao Banco Central. Admissibilidade. Extratos de movimentação financeira que constituem prova eficiente a elucidar os reais recursos do alimentante, sobretudo porque o interesse em jogo – valor dos alimentos – tem aspecto indispensável à sobrevivência dos filhos".[13]

Características dos alimentos

As alterações axiológicas introduzidas pela Constituição da República indicam o direito à vida, à liberdade e à igualdade como direitos fundamentais. E esses direitos, corolários do princípio da dignidade da pessoa humana, não podem ser garantidos sem os alimentos, que constituem o mínimo exigível para uma vida proba e o bom desenvolvimento da personalidade dos integrantes da nova família, por isso denominada família-instrumento. As normas que regulam o direito a alimentos são de ordem pública, inafastáveis pela vontade dos integrantes das relações jurídicas familiares. Observa-se justamente que a obrigação alimentícia não se funda em um caráter egoísta e patrimonial do alimentando, mas sim em uma espécie de interesse público familiar.[14]

Normas de ordem pública

Direito personalíssimo

O direito a alimentos é direito personalíssimo.[15] Os alimentos destinam-se à subsistência do alimentando, por isso é pessoal, é um direito que cabe a ele exercer se necessitar, e em caso de incapacidade, ser representado ou assistido, a depender do grau de incapacidade civil. A doutrina o vincula a direito da personalidade, e sendo assim, trata-se de direito que pertence ao ser desde o seu nascimento, com a ressalva dos alimentos gravídicos que podem ser estabelecidos desde a gestação.

Incedibilidade e incompensabilidade

Dois atributos do direito a alimentos decorrem diretamente de sua natureza personalíssima: o direito a alimentos é indisponível e incompensável. No que se refere ao

---

13 TJ/SP, 4ª Câm. Dir. Priv., AI 2041515-25.2016.8.26.0000, Rel. Des. Natan Zelinschi de Arruda, julg. 11.08.2016, publ. *DJ* 16.08.2016. "Alegando o alimentante que houve modificação, para pior, na sua fortuna, podem ser requisitadas informações a empresas administradoras de cartão de crédito com a finalidade de instruir o processo" (TJ/MG, 6ª C.C., AI 1.0024.08.168779-0/002, Rel. Des. Maurício Barros, julg. 01.06.2010, publ. *DJ* 30.07.2010).

14 "Por essa razão, orienta-se a doutrina no sentido de reconhecer o caráter de ordem pública das disciplinadoras da obrigação legal de alimentos, no pressuposto de que elas concernem não apenas aos interesses privados do credor, mas igualmente ao interesse geral; assim, sem prejuízo de seu acendrado conteúdo moral, a dívida alimentar *veramente interest rei publicae;* embora sendo o crédito alimentar estritamente ligado à pessoa do beneficiário, as regras que o governam são, como todas aquelas relativas à integridade da pessoa, sua conservação e sobrevivência, como direitos inerentes à personalidade, normas de ordem pública, ainda que impostas por motivo de humanidade, de piedade ou solidariedade, pois resultam do vínculo de família, que o legislador considera essencial preservar" (Yussef Said Cahali, *Dos alimentos*, São Paulo: Revista dos Tribunais, 2012, 7ª ed., p. 33).

15 Rolf Madaleno pontua alguns aspectos do caráter personalíssimo dos alimentos: é o vínculo familiar entre o credor e o devedor que compõe os polos da relação obrigacional; o crédito e a dívida são inseparáveis da pessoa, pois estão baseados na intransmissibilidade e estão fora do comércio; a finalidade dos alimentos não tem caráter patrimonial, embora se concretize em algo material como significado econômico, pois o seu estabelecimento tem em mira assegurar a conservação da vida, atendendo suas vindicações de cunho material e espiritual, qual seja a satisfação de uma necessidade essencialmente pessoal (Rolf Madaleno, *Direito de Família*, Rio de Janeiro: Forense, 2018, 8ª ed., p. 1.161).

primeiro atributo, verifica-se não ser possível a cessão de tal direito: "outorgado, como é, a quem necessita de meios para subsistir, e, portanto, concedido para assegurar a sobrevivência de quem caiu em estado de miserabilidade, esse direito é, por definição e substância, intransferível, seu titular não pode sequer ceder o seu crédito que reuniu em razão de se terem reunidos os pressupostos da obrigação alimentar".[16] O direito subjetivo a alimentos, portanto, em regra, não pode ser objeto de qualquer espécie de negócio jurídico destinado a cedê-lo.[17] Nesse sentido, aliás, na edição n. 245 da Jurisprudência em Teses do STJ, destacou-se decisão proferida pela 3ª Turma, no sentido de que o direito a alimentos, com fundamento no princípio da solidariedade familiar, alinhado ao princípio da proteção integral da criança e do adolescente, é indisponível, e o respectivo crédito é insuscetível de cessão, compensação ou penhora, embora ao credor seja facultado exercê-lo ou não (STJ, 3ª T., REsp 2.040.310/MT, Rel. Min. Marco Aurélio Bellizze, julg. 6.8.2024, publ. *DJe* 15.8.2024). Ademais, destacou-se o entendimento de que, em ação de divórcio, é possível a homologação de acordo que dispense, de forma transitória e precária, o ônus do genitor de prestar alimentos a filho menor, sem que isso implique renúncia do direito da criança à verba alimentar (STJ, 4ª T., AgInt no AREsp 1.215.167/SC, Rel. Min. Antonio Carlos Ferreira, julg. 7.8.2018, publ. *DJe* 13.8.2018). Admite-se, no entanto, a cessão dos créditos alimentares em atraso, o que difere da cessão do direito a alimentos propriamente ditos.

Incedibildade do direito a alimentos e a cessão de crédito de alimentos vencidos

O segundo atributo refere-se à circunstância de que o direito a alimentos é incompensável por disposição expressa dos art. 373, incisos II e III e art. 1.707, todos do Código Civil. Afirma-se, ao propósito, que a compensação é vedada em razão de sentimento de humanidade e interesse público.[18] "Nessas condições, se o devedor da pensão alimentícia se torna credor da pessoa alimentada, não pode opor-lhe, inobstante, o seu crédito, quando exigida aquela obrigação".[19] Contudo, o princípio da incompensabilidade não é absoluto. Admitiu excepcionalmente a compensação de créditos alimentares o Superior Tribunal de Justiça, sob o fundamento do enriquecimento sem causa dos alimentandos.[20]

---

16 Orlando Gomes, *Direito de Família*, Rio de Janeiro: Forense, 1978, 3ª ed., p. 328.

17 Nesse sentido, aliás, na edição n. 245 da Jurisprudência em Teses do STJ, destacou-se decisão proferida pela 3ª Turma, no sentido de que o direito a alimentos, com fundamento no princípio da solidariedade familiar, alinhado ao princípio da proteção integral da criança e do adolescente, é indisponível, e o respectivo crédito é insuscetível de cessão, compensação ou penhora, embora ao credor seja facultado exercê-lo ou não (STJ, 3ª T., REsp 2.040.310/MT, Rel. Min. Marco Aurélio Bellizze, julg. 6.8.2024, publ. *DJe* 15.8.2024). Ademais, destacou-se o entendimento de que, em ação de divórcio, é possível a homologação de acordo que dispense, de forma transitória e precária, o ônus do genitor de prestar alimentos a filho menor, sem que isso implique renúncia do direito da criança à verba alimentar (STJ, 4ª T., AgInt no AREsp 1.215.167/SC, Rel. Min. Antonio Carlos Ferreira, julg. 7.8.2018, publ. *DJe* 13.8.2018).

18 Yussef Said Cahali, *Dos alimentos*, cit., p. 88.

19 Yussef Said Cahali, *Dos alimentos*, cit., p. 88. Ainda, segundo Paulo Nader, o propósito da lei é "impedir que os recursos de sobrevivência da pessoa lhe sejam subtraídos a qualquer título" (Paulo Nader, *Curso de Direito Civil: Direito de Família*, vol. 5, Rio de Janeiro: Forense, 2009, 3ª ed., p. 436).

20 "Acrescento que este Tribunal tem admitido a compensação de verba alimentar com outras parcelas pagas pelo devedor, em casos excepcionais, de forma a evitar o enriquecimento sem causa do credor dos alimentos. Nesse sentido, destaco o RESP 982.857/RJ, no qual a Terceira Turma examinou hipótese absolutamente idêntica de compensação da dívida alimentar com valores de IPTU e cotas de condo-

Outro predicado do direito a alimentos é a divisibilidade. É a regra constante do art. 1.698 do Código Civil, ao determinar que, quando várias pessoas são chamadas a prestar alimentos, todas devem concorrer na proporção dos respectivos recursos, e sendo a ação intentada em face de uma delas, as demais poderão ser chamadas a integrar a lide.[21] Assim, cada devedor responde pela sua parte, sempre em atenção ao binômio necessidade de quem requer os alimentos e possibilidade de quem é obrigado a pagar, atendendo, também, à regra da proporcionalidade.[22]

Divisibilidade do direito a alimentos

A divisibilidade, atinente à insuscetibilidade objetiva da prestação ser cumprida de modo fracionado, não se confunde com a solidariedade, decorrente de vínculo subjetivo entre os titulares da relação obrigacional, em que cada credor tem direito a toda a dívida ou cada devedor é responsável pela totalidade do débito. A solidariedade não se presume (CC, art. 265), e depende necessariamente de previsão legal ou contratual, sendo que no caso dos alimentos não seria possível previsão contratual, dada a característica cogente das suas normas. A Lei 10.741, de 1º de outubro de 2003, que dispõe

Solidariedade passiva na prestação de alimentos ao idoso

---

mínio de responsabilidade do devedor, referentes a imóvel destinado à moradia dos beneficiários dos alimentos" (STJ, 4ª T., AgInt nos EDcl no REsp 1.577.110, Rel. p/ acórdão Min. Maria Isabel Gallotti, julg. 08.05.2018, publ. *DJ* 01.08.2018).No entanto, em julgados mais recentes, a compensação não tem sido admitida: "A prestação alimentícia submete-se ao regramento da incompensabilidade, através da exegese do art. 1.707 do CC, que aplica-se a qualquer espécie de alimentos, uma vez que tal dispositivo legal não fez nenhuma distinção nesse sentido" (STJ, 3ª T., AgInt nos EDcl no REsp 1.479.030 – RS, Rel. Min. Marco Aurélio Belizze, julg. 6.8.2019, publ. *DJ* 15.8.2019); "1. Controvérsia em torno da possibilidade, em execução de alimentos, de serem deduzidas da pensão alimentícia fixada exclusivamente em pecúnia as despesas pagas *in natura* referentes à taxa de condomínio e IPTU do imóvel onde reside a exequente. 2. Segundo a orientação jurisprudencial desta Corte, em regra, os valores pagos a título de alimentos não são suscetíveis de compensação, salvo quando identificado o enriquecimento sem causa do alimentado, o que não se verificou nas instâncias ordinárias. 3. Inviabilidade, a partir das premissas fáticas traçadas na origem, de concluir que o pagamento das cotas de condomínio e IPTU não adveio de mera liberalidade do devedor ou, ainda, que estas obrigações deveriam ter sido adimplidas pela ocupante do imóvel, em razão do óbice do enunciado da Súmula n.º 07/STJ" (STJ, 3ª T., AgInt no REsp 1744597 – PR, Rel. Min. Paulo de Tarso Sanseverino, julg. 16.12.2019, publ. *DJ* 19.12.2019); "Consoante a jurisprudência desta Corte, a dívida alimentar, como regra, é insusceptível de compensação, nos termos do art. 1.707 do CC, norma que somente pode ser mitigada em hipóteses excepcionais, quando identificado o enriquecimento sem causa do alimentado. Precedentes. 4. Hipótese dos autos em que as instâncias ordinárias não verificaram a existência de enriquecimento ilícito do alimentado, registrando que houve mera liberalidade do alimentante com o custeio de despesas relacionadas à construção positiva da prole (aulas de inglês e plano de saúde)" (STJ, 3ª T., AgInt no REsp 2.109.180/SC, Rel. Min. Nancy Andrighi, julg. 8.4.2024, publ. *DJe* 10.4.2024).

21 "1 – A obrigação alimentar não tem caráter de solidariedade, no sentido que 'sendo várias pessoas obrigadas a prestar alimentos todos devem concorrer na proporção dos respectivos recursos'. 2 – O demandado, no entanto, terá direito de chamar ao processo os corresponsáveis da obrigação alimentar, caso não consiga suportar sozinho o encargo, para que se defina quanto caberá a cada um contribuir de acordo com as suas possibilidades financeiras. 3 – Neste contexto, à luz do novo Código Civil, frustrada a obrigação alimentar principal, de responsabilidade dos pais, a obrigação subsidiária deve ser diluída entre os avós paternos e maternos na medida de seus recursos, diante de sua divisibilidade e possibilidade de fracionamento. A necessidade alimentar não deve ser pautada por quem paga, mas sim por quem recebe, representando para o alimentado maior provisionamento tantos quantos coobrigados houver no polo passivo da demanda. 4 – Recurso especial conhecido e provido por unanimidade" (STJ, 3ª T., REsp 658.139, Rel. Min. Fernando Gonçalves, julg. 11.10.2005, publ. *DJ* 13.03.2006).

22 Em sede jurisprudencial, já se tem aludido ao trinômio "necessidade-possibilidade-proporcionalidade", como nos seguintes julgados: STJ, 3ª T., AgInt no AREsp 2.180.301/SP, Rel. Min. Humberto Martins, julg. 23.10.2023; STJ, 4ª T., REsp 1.699.013/DF, Rel. Min. Luis Felipe Salomão, julg. 4.5.2021; e STJ, 3ª T., REsp 1.872.743/SP, Rel. Min. Paulo de Tarso Sanseverino, julg. 15.12.2020.

sobre o Estatuto da Pessoa Idosa estabeleceu expressamente a solidariedade da prestação alimentar, nos termos do art. 12: "A obrigação alimentar é solidária, podendo a pessoa idosa optar entre os prestadores". Ao disciplinar a natureza da obrigação alimentar como solidária, o Estatuto da Pessoa Idosa visa assegurar a celeridade do processo, evitando discussões acerca do ingresso do demais devedores não escolhidos pelo credor para figurarem no polo passivo.[23] Esse benefício legal se justifica em razão de o idoso ser um dos grupos considerados vulneráveis pela Constituição da República, e por essa razão recebeu tratamento especial do legislador em razão da sua vulnerabilidade, colocando em prática os dois princípios fundamentais dos alimentos, quais sejam, o da dignidade da pessoa humana e o da solidariedade familiar. A mesmíssima tábua de valores constitucionais inspirou a criação do art. 14 do Estatuto da Pessoa Idosa, que dispõe que caso a pessoa idosa ou seus familiares não tenham condições econômicas de prover o seu sustento, impõe-se ao Poder Público esse provimento, no âmbito da assistência social.[24]

Dívida *portable*

O direito a alimentos também é caracterizado como dívida *portable*.[25] A pessoa que necessita de alimentos normalmente se encontra em situação de fragilidade patrimonial e existencial. Por isso a lei criou mecanismo protetivo para facilitar o requerimento da pensão alimentícia, que poderá ser demandada no foro do domicílio do alimentando (art. 53, inciso II, do Código de Processo Civil).

A lei nada dispôs sobre as regras relativas ao pagamento dos alimentos. Segundo interpretação literal da regra geral do art. 327 do Código Civil, o pagamento deveria ser feito, à míngua de acordo entre as partes, no domicílio do credor, por se tratar de dívida *quérable*, se o contrário não "resultar da lei, da natureza da obrigação ou das circunstâncias".[26] No caso, o alimentando encontra-se em situação de vulnerabilidade, e por isso o art. 327 deve ser interpretado à luz da Constituição Federal e dos seus fundamentos para que uma das circunstâncias mencionadas na linguagem do dispositivo, em particular a situação de vulnerabilidade do alimentário, possa conferir-lhe natureza *portable*, devendo a prestação alimentar ser paga no domicílio daquele que requereu os alimentos.[27]

---

23 STJ, 3ª T., REsp 775.565 SP, Rel. Min. Nancy Andrighi, julg. 13.06.2006, publ. *DJ* 26.06.2006.

24 O assunto será aprofundado quando for tratado dos sujeitos da relação alimentar.

25 Na época das ações de desquite baseadas na Lei 6.515 de 1977, discutia-se, sob a influência dos debates da academia francesa se a pensão alimentícia era quérable ou *portable*. Embora as opiniões estivessem divididas, aqueles que opinavam por *portable* exemplificavam com o seguinte caso: a se a vida conjugal foi rompida pela falta de um dos cônjuges, e se este deve, em consequência da decisão judicial que fez desaparecer a o dever de coabitação, uma pensão alimentícia ao esposo inocente, é justo que ele leve à residência do outro (Yussef Said Cahali, *Dos alimentos*, cit., p. 118).

26 Art. 327 CC. Efetuar-se-á o pagamento no domicílio do devedor, salvo se as partes convencionarem diversamente, ou se o contrário resultar da lei, da natureza da obrigação ou das circunstâncias.

27 "1. É competente para a ação o foro do domicílio ou da residência do alimentado. 2. Determina-se a competência no momento em que a ação é proposta. 3. CPC, art. 100-II e 87. 4. Conflito conhecido e declarado competente o suscitado (CC 21.943/SC, Rel. Min. Nilson Naves, *DJ* de 13/10/1998). Segundo o ensinamento de Edgard de Moura Bittencourt 'O Código de Processo Civil (art. 100, II) fixa competência do foro para as ações de alimentos no domicílio ou residência do alimentando. Em favor deste é que o princípio se inspira.' (Alimentos, 4.ª ed., São Paulo: Leud, 1979, pág. 130). Por fim, anota Yussef Said Cahali, ao versar sobre a natureza da dívida alimentar que, 'faltante acordo ou provimento judicial a respeito, mostra-se mais razoável considerar-se a obrigação alimentar como sendo portable, impondo-se ao devedor o encargo de levá-la ao domicílio do credor' (*Dos alimentos*, cit., p. 120). Assim sendo, por ter o acórdão impugnado dissentido da jurisprudência

A reciprocidade é outra particularidade do dever alimentar, prevista nos arts. 1.694 e 1.696 do Código Civil. Significa que todos aqueles designados nos citados dispositivos podem requerer alimentos entre si em caso de necessidade, e também podem vir a pagá-los caso haja possibilidade da sua parte em relação ao que foi, outrora, devedor.[28] Nos termos da previsão normativa do art. 1.697 do Código Civil, a obrigação alimentar limita-se aos parentes colaterais de segundo grau, quais sejam, os irmãos do alimentando. Reciprocidade

O direito a alimentos tem a característica da alternatividade. Legalmente, tem previsão no art. 1.701 do Código Civil. O alimentante pode pensionar o alimentando (i) em dinheiro ou espécie, isto é, indiretamente, (ii) prestando diretamente hospedagem, sustento e educação, se for menor de idade, ou estiver matriculado em curso de ensino superior até os vinte e quatro anos, (iii) ou ainda, pagar diretamente uma parte e a outra em espécie. Alternatividade

O Superior Tribunal de Justiça recomenda que o pagamento direto ou *in natura* seja efetuado apenas excepcionalmente, "para evitar indevida intromissão do alimentante na administração das finanças dos alimentandos".[29] No entanto, se os pais decidem que o pagamento se dará *in natura*, diretamente aos fornecedores, a autonomia privada deve prevalecer, sem interferência estatal. O pagamento *in natura* pode ser uma oportunidade para o exercício da guarda compartilhada, por refletir decisões conjuntas a respeito de quais despesas os filhos terão e quem as custeará.

Corolário do binômio necessidade-possibilidade é a possibilidade de exoneração, redução ou majoração da pensão alimentícia. No primeiro caso, sobrevindo uma das causas da exoneração, como por exemplo, a conclusão de curso superior pelo alimentando, será possível requerer judicialmente a exoneração da obrigação alimentar. Nas demais hipóteses, se o quadro financeiro se modificar – para melhor ou para pior – é possível requerer a revisão judicial do *quantum* fixado a título de alimentos. Tal possibilidade decorre do art. 15 da Lei 5.478/1968, que determina que a decisão judicial sobre alimentos só faz coisa julgada formal.

---

deste Tribunal, em patente violação ao art. 100, inc. II, do CPC, merece reforma o julgado, para o fim de estabelecer a competência do domicílio ou residência da alimentanda para apreciar e julgar a ação de exoneração de alimentos proposta pelo recorrido" (STJ, Dec. mon., Resp. 958.652, Rel. Min. Nancy Andrighi, publ. *DJ* 19.10.2007).

28 "Existe reciprocidade porque quem presta alimentos também tem direito a recebê-los se vier a deles necessitar, invertendo-se as posições dos sujeitos da relação jurídica alimentar" (Rolf Madaleno, *Direito de Família*, cit., p. 1.173); "A obrigação da prestação de alimentos é recíproca no direito brasileiro, uma vez que se estende em toda a linha reta entre ascendentes e descendentes, e na colateral entre irmãos, que são parentes recíprocos por natureza. E é razoável que assim seja. Se o pai, o avô ou o bisavô têm o dever de sustentar aquele a quem deram vida, injusto seria que o filho, neto ou bisneto, abastado, não fosse obrigado a alimentar o seu ascendente incapaz de manter-se. [...] Demais, o alimento que o descendente presta ao ascendente é, de algum modo, restituição: *Parentibus alimenta non praestatis, sed redditis*" (Pontes de Miranda, *Tratado de Direito Privado*, t. IX, São Paulo: Ed. Revista dos Tribunais, 2012, pp. 323-324).

29 STJ, Dec. Mon., AgRg nos EDcl no *Habeas Corpus* 149.618/SP, Rel. Min. Nancy Andrighi, publ. *DJ* 18.12.2009. No mesmo sentido, Yussef Said Cahali: "O poder de disposição do magistrado, contudo, não pode ser levado ao extremo de permitir a contraprestação de serviços do devedor ao credor, o de disciplinar o modo de vida do alimentando" (Yussef Said Cahali, *Dos alimentos*, cit., p. 114).

Imprescritibilidade do direito subjetivo a alimentos × prescritibilidade das prestações atrasadas

O direito subjetivo de requerer alimentos é imprescritível. Reunidos seus pressupostos, o titular pode exigir o pagamento daquele que é obrigado a provê-los. O passar do tempo, nesse caso, não modifica as relações jurídicas entre credor e devedor. Diante da necessidade, mesmo que o titular não tenha exercido o seu direito subjetivo, poderá fazê-lo. Contudo, é preciso atenção para não confundir a imprescritibilidade do direito a alimentos com a prescritibilidade da prestação alimentar em atraso. O art. 206, § 2º, do Código Civil é claro ao determinar a prescrição da pretensão para haver prestações alimentares vencidas em dois anos a partir da data do seu vencimento.

A impenhorabilidade decorre dos princípios constitucionais que fundamentam o direito aos alimentos. Por se destinar à sobrevivência e a proporcionar a vida digna ao alimentando, inadmite-se a penhorabilidade. Como registrado em doutrina, "a impenhorabilidade evita que a pensão de alimentos seja utilizada para outros propósitos que não se limitem à função assistencial e de subsistência que cumprem os alimentos".[30]

Transmissibilidade

No que concerne à transmissibilidade *causa mortis*, a legislação nem sempre a admitiu. No Código Civil de 1916, a obrigação alimentar era intransmissível.[31] Posteriormente, a Lei 6.515 de 1977 (Lei do Divórcio) determinou a transmissibilidade da obrigação legal de prestar alimentos, mas nunca *ultra vires hereditatis*.[32] O Código Civil, contudo, inovou ao prescrever, no art. 1.700, que "A obrigação de prestar alimentos transmite-se aos herdeiros do devedor, na forma do art. 1.694". Diante do comando legislativo, doutrina e jurisprudência iniciaram discussão sobre a transmissibilidade da obrigação alimentar. E se a transmissão seria *ultra vires hereditatis* ou *intra vires hereditatis*, bem como se deveria se ater ao montante devido pelo alimentante antes da sua morte ou se a obrigação alimentar propriamente dita seria repassada aos herdeiros.

O desafio do jurista consiste precisamente na harmonização das fontes normativas, a partir dos valores e princípios constitucionais. Com base nesse equilíbrio, doutrina e jurisprudência, majoritariamente, optaram pelo entendimento de que a transmissibilidade dos alimentos só ocorre se a obrigação alimentar já estava pré-constituída antes do falecimento do devedor e deve ser considerada *intra vires hereditatis*. A obrigação alimentar propriamente dita, personalíssima, não pode ser transmitida, pois do contrário, adverte-se, "poderia suscitar situações injustas e estranhas, como na hipótese de a primeira esposa do sucedido se tornar credora de alimentos da segunda mulher do falecido que ficou viúva e como herdeira do *de cujus* deve pagar os alimentos pelo sucedido"; ou, "de um irmão do sucedido, muitos anos depois de seu falecimento, reclamar alimentos dos herdeiros legítimos, na proporção das necessidades do alimentando e dos recursos da pessoa obrigada (CC, art. 1.694, § 1º)".[33]

---

30 Rolf Madaleno, *Direito de Família*, cit., pp. 1.192-1.193.

31 Art. 402. A obrigação de prestar alimentos não se transmite aos herdeiros do devedor.

32 Art. 23. A obrigação de prestar alimentos transmite-se aos herdeiros do devedor, na forma do art. 1.796 do Código Civil.

33 Carlos Roberto Gonçalves, *Direito Civil Brasileiro*: Direito de Família, vol. VI, São Paulo: Saraiva, 2005, p. 449. Nesse sentido: "1. Observado que os alimentos pagos pelo *de cujus* à recorrida, ex-companheira, decorrem de acordo celebrado no momento do encerramento da união estável, a referida obrigação, de natureza personalíssima, extingue-se com o óbito do alimentante, cabendo ao espólio recolher, tão somente, eventuais débitos não quitados pelo devedor quando em vida. Fica

O Superior Tribunal de Justiça também formou entendimento no sentido de que o que se transmite é o débito existente e não pago antes do falecimento do obrigado a prover alimentos, não a obrigação alimentar propriamente dita, vinculando somente as pessoas compreendidas no art. 1.694 do diploma civil. Entende, ainda, que a cobrança deve ser feita ao espólio enquanto durar o andamento do inventário. No mesmo sentido, "se antes do falecimento do autor da herança não tiver sido proposta a ação de alimentos contra o suposto devedor, não há falar em imputação desse ônus ao Espólio, por versar obrigação *intuitu personae*, assim, intransmissível. Na ausência de encargo previamente constituído, seja por convenção, seja por decisão judicial, o alimentando deve buscar os alimentos dos seus parentes mais próximos, à luz do princípio da solidariedade, previsto nos artigos já mencionados, recaindo a obrigação nos mais próximos em grau, uns em falta de outros".[34] O STJ também não permite a prisão civil do inventariante, justamente por não ser este o titular do dever alimentar.[35] A doutrina majoritária inclina-se ao mesmo entendimento.[36]

---

ressalvada a irrepetibilidade das importâncias percebidas pela alimentada". Nesse recurso, entretanto, houve voto vencido da Min. Isabel Galotti, nos seguintes termos: "Se, independentemente da condição de coerdeiro, persistir a necessidade, não sendo suficiente postular adiantamento ao juízo do inventário, poderá o alimentado ajuizar nova ação de alimentos contra os herdeiros, invocando o direito previsto no art. 1.700 do Código Civil. Idêntico direito assiste ao ex-alimentado não herdeiro. [...]" (STJ, 2ª S., REsp 1354693/SP, Rel. Min. Maria Isabel Gallotti, Rel. p/ acórdão Min. Antônio Carlos Ferreira, julg. 26.11.2014, publ. *DJ* 20.02.2015). Com igual entendimento: STJ, 3ª T., REsp 1010963/MG, Rel. Min. Nancy Andrighi, julg. 26.06.2008 publ. *DJ*.05.08.2008).

34 STJ, 3ª T., REsp 1598228, Rel. Min. Ricardo Villas Bôas Cueva, julg. 11.12.2018, publ. *DJ* 17.12.2018.

35 Extingue-se, com o óbito do alimentante, a obrigação de prestar alimentos a sua ex-companheira decorrente de acordo celebrado em razão do encerramento da união estável, transmitindo-se ao espólio apenas a responsabilidade pelo pagamento dos débitos alimentares que porventura não tenham sido quitados pelo devedor em vida (art. 1.700 do CC). De acordo com o art. 1.700 do CC, "A obrigação de prestar alimentos transmite-se aos herdeiros do devedor, na forma do art. 1.694". Esse comando deve ser interpretado à luz do entendimento doutrinário de que a obrigação alimentar é fruto da solidariedade familiar, não devendo, portanto, vincular pessoas fora desse contexto. A morte do alimentante traz consigo a extinção da personalíssima obrigação alimentar, pois não se pode conceber que um vínculo alimentar decorrente de uma já desfeita solidariedade entre o falecido-alimentante e a alimentada, além de perdurar após o término do relacionamento, ainda lance seus efeitos para além da vida do alimentante, deitando garras no patrimônio dos herdeiros, filhos do *de cujus*. Entender que a obrigação alimentar persiste após a morte, ainda que nos limites da herança, implicaria agredir o patrimônio dos herdeiros (adquirido desde o óbito por força da *saisine*). Aliás, o que se transmite, no disposto do art. 1.700 do CC, é a dívida existente antes do óbito e nunca o dever ou a obrigação de pagar alimentos, pois personalíssima. Não há vínculos entre os herdeiros e a ex-companheira que possibilitem se protrair, indefinidamente, o pagamento dos alimentos a esta, fenecendo, assim, qualquer tentativa de transmitir a obrigação de prestação de alimentos após a morte do alimentante. O que há, e isso é inegável, até mesmo por força do expresso texto de lei, é a transmissão da dívida decorrente do débito alimentar que por ventura não tenha sido paga pelo alimentante enquanto em vida. Essa limitação de efeitos não torna inócuo o texto legal que preconiza a transmissão, pois, no âmbito do STJ, se vem dando interpretação que, embora lhe outorgue efetividade, não descura dos comandos macros que regem as relações das obrigações alimentares. Daí a existência de precedentes que limitam a prestação dos alimentos, pelo espólio, à circunstância do alimentado também ser herdeiro, ante o grave risco de demoras, naturais ou provocadas, no curso do inventário, que levem o alimentado à carência material inaceitável (REsp 1.010.963-MG, Terceira Turma, *DJe* 5/8/2008). Qualquer interpretação diversa, apesar de gerar mais efetividade ao art. 1.700 do CC, vergaria de maneira inaceitável os princípios que regem a obrigação alimentar, dando ensejo à criação de situações teratológicas, como o de viúvas pagando alimentos para ex-companheiras do *de cujus*, ou verdadeiro digladiar entre alimentados que também sejam herdeiros, todos pedindo, reciprocamente, alimentos. Assim, admite-se a transmissão tão somente quando o alimentado também seja herdeiro, e, ainda assim, enquanto perdurar o inventário, já se tratando aqui de uma excepcionalidade, porquanto extinta a obrigação alimentar desde o óbito. A partir de então (no caso de herdeiros) ou a partir do óbito

Irrenunciabilidade

O direito a alimentos tem o predicado da irrenunciabilidade, previsto legalmente no art. 1.707 do Código Civil.[37] O fundamento de tal atributo reside na função de garantir o sustento, e, por conseguinte, a sobrevivência de alguém. Logo, por ser direito fundamental e de interesse público o direito à vida, à liberdade e à igualdade, torna-se inviável a renúncia ao direito de alimentos, posto que existe norma cogente a garantir esse direito a qualquer tempo, existindo necessidade. O Superior Tribunal de Justiça entende que (i) a irrenunciabilidade do direito a alimentos somente é admitida enquanto subsiste vínculo de direito de família;[38] (ii) a renúncia aos alimentos em acordo de

---

do alimentante (para aqueles que não o sejam), fica extinto o direito de perceber alimentos com base no art. 1.694 do CC, ressaltando-se que os valores não pagos pelo alimentante podem ser cobrados do espólio (STJ, 2ª S., REsp 1.354.693-SP, Rel. originária Min. Maria Isabel Gallotti, voto vencedor Min. Nancy Andrighi, Rel. para acórdão Min. Antonio Carlos Ferreira, julg, 26.11.2014, publ. *DJ* 20.02.2015). Sobre o assunto, cf., também, AgRg no REsp 1311564-MS, REsp 1354693-SP, HC 256793-RN, AgRg no AREsp 271410-SP, REsp 1130742-DF, REsp 1010963-MG, REsp 232901-RJ.

36 Nesse sentido: Paulo Nader, *Curso de Direito*, vol. 5, cit., p. 438; Rolf Madaleno, *Direito de Família*, cit., p. 877; Sílvio de Salvo Venosa, *Direito Civil*, São Paulo: Atlas, 15ª ed., pp. 429-430; Arnaldo Rizzardo, *Direito de Família*, Rio de Janeiro: Aide, 1994, p. 736; Silmara Juny Chinelato, *Comentários ao Código Civil*, vol. 18, São Paulo: Saraiva, 2008, p. 482.

37 Nesse sentido: Paulo Nader, *Curso de Direito*, vol. 5, cit., p. 438; Rolf Madaleno, Direito de Família, cit., p. 877; Sílvio de Salvo Venosa, *Direito Civil*, São Paulo: Atlas, 15ª ed., pp. 429-430; Arnaldo Rizzardo, *Direito de Família*, Rio de Janeiro: Aide, 1994, p. 736; Silmara Juny Chinelato, *Comentários ao Código Civil*, vol. 18, São Paulo: Saraiva, 2008, p. 482. A irrenunciabilidade diz respeito ao direito aos alimentos e não ao crédito existente e não pago, veja-se: "2. Cinge-se a controvérsia a examinar se é possível a realização de acordo com a finalidade de exonerar o devedor do pagamento de alimentos devidos e não pagos e se é necessária a nomeação de curador especial, tendo em vista a alegação de existência de conflito de interesses entre a mãe e as menores. 3. É irrenunciável o direito aos alimentos presentes e futuros (art. 1.707 do Código Civil), mas pode o credor renunciar aos alimentos pretéritos devidos e não prestados, isso porque a irrenunciabilidade atinge o direito, e não o seu exercício. 4. Na hipótese, a extinção da execução em virtude da celebração de acordo em que o débito foi exonerado não resultou em prejuízo, visto que não houve renúncia aos alimentos vincendos e que são indispensáveis ao sustento das alimentandas. As partes transacionaram somente o crédito das parcelas específicas dos alimentos executados, em relação aos quais inexiste óbice legal" (STJ, 3ª T., REsp 1.529.532 – DF, Rel. Min. Ricardo Villas Bôas Cueva, julg. 09.06.2020, publ. *DJ* 16.06.2020).

38 STJ. DIREITO CIVIL. IRRENUNCIABILIDADE, NA CONSTÂNCIA DO VÍNCULO FAMILIAR, DOS ALIMENTOS DEVIDOS. Tendo os conviventes estabelecido, no início da união estável, por escritura pública, a dispensa à assistência material mútua, a superveniência de moléstia grave na constância do relacionamento, reduzindo a capacidade laboral e comprometendo, ainda que temporariamente, a situação financeira de um deles, autoriza a fixação de alimentos após a dissolução da união. De início, cabe registrar que a presente situação é distinta daquelas tratadas em precedentes do STJ, nos quais a renúncia aos alimentos se deu ao término da relação conjugal. Naqueles casos, o entendimento aplicado foi no sentido de que, "após a homologação do divórcio, não pode o ex-cônjuge pleitear alimentos se deles desistiu expressamente por ocasião do acordo de separação consensual" (AgRg no Ag 1.044.922-SP, Quarta Turma, *DJe* 2/8/2010). No presente julgado, a hipótese é de prévia dispensa dos alimentos, firmada durante a união estável, ou seja, quando ainda existentes os laços conjugais que, por expressa previsão legal, impõem aos companheiros, reciprocamente, o dever de assistência. Observe-se que a assistência material mútua constitui tanto um direito como uma obrigação para os conviventes, conforme art. 2º, II, da Lei 9.278/1996 e arts. 1.694 e 1.724 do CC. Essas disposições constituem normas de interesse público e, por isso, não admitem renúncia, nos termos do art. 1.707 do CC: "Pode o credor não exercer, porém lhe é vedado renunciar o direito a alimentos, sendo o respectivo crédito insuscetível de cessão, compensação ou penhora". Nesse contexto, e não obstante considere-se válida e eficaz a renúncia manifestada por ocasião de acordo de separação judicial ou de divórcio, nos termos da reiterada jurisprudência do STJ, não pode ela

separação judicial é válida, posto que cônjuges não são parentes e a obrigação alimentar é baseada no dever de mútua assistência, o que termina com a dissolução da sociedade conjugal, como ocorre na separação judicial;[39] (iii) há nulidade da cláusula de renúncia antecipada ao direito à alimentos na escritura pública de união estável.[40]

O Supremo Tribunal Federal, na Súmula 379 (1964), estabeleceu que "no acordo de desquite não se admite renúncia aos alimentos, que poderão ser pleiteados ulteriormente, verificados os pressupostos legais". Todavia, uma vez manifestada a renúncia aos alimentos não na separação judicial (que extingue a sociedade conjugal), mas no divórcio, posteriormente admitido pelo direito brasileiro (que põe fim ao casamento), afasta-se a aplicação da Súmula 379, tornando definitivamente extinto, com a renúncia, o direito alimentar.[41]

Uma última observação deve ser feita sobre a irrenunciabilidade. A ideia de que a pessoa não abdique de direitos ligados à subsistência é válida e coerente com os valores do ordenamento. E prevalece se uma das partes da relação alimentar tem alguma vulnerabilidade. Todavia, quando se trata de partes maiores, capazes e dotadas de pleno discernimento e possibilidade de manifestação da sua vontade, essa cláusula de renúncia pode estar inserida no bojo de negociação de divórcio consensual, por exemplo, com eventuais vantagens na partilha. Por isso, deve-se refletir sobre sua flexibilização nessas condições em que as pessoas estão plenamente aptas para fazer as suas escolhas.

---

ser admitida na constância do vínculo familiar. Nesse sentido há entendimento doutrinário e, de igual, dispõe o Enunciado 263, aprovado na III Jornada de Direito Civil, segundo o qual: "O art. 1.707 do Código Civil não impede seja reconhecida válida e eficaz a renúncia manifestada por ocasião do divórcio (direto ou indireto) ou da dissolução da 'união estável'. A irrenunciabilidade do direito a alimentos somente é admitida enquanto subsista vínculo de Direito de Família". Com efeito, ante o princípio da irrenunciabilidade dos alimentos, decorrente do dever de mútua assistência expressamente previsto nos dispositivos legais citados, não se pode ter como válida disposição que implique renúncia aos alimentos na constância da união, pois esses, como dito, são irrenunciáveis (STJ, 4ª T., REsp 1.178.233-RJ, Rel. Min. Raul Araújo, julg. 06.11.2014, publ. *DJ* 09.12.2014).

39 "STJ. Direito civil e processual civil. Família. Recurso especial. Separação judicial. Acordo homologado. Cláusula de renúncia a alimentos. Posterior ajuizamento de ação de alimentos por ex-cônjuge. Carência de ação. Ilegitimidade ativa. A cláusula de renúncia a alimentos, constante em acordo de separação devidamente homologado, é válida e eficaz, não permitindo ao ex-cônjuge que renunciou, a pretensão de ser pensionado ou voltar a pleitear o encargo. – Deve ser reconhecida a carência da ação, por ilegitimidade ativa do ex-cônjuge para postular em juízo o que anteriormente renunciara expressamente. Recurso especial conhecido e provido" (STJ, 3ª T., REsp. 701.902/SP, Rel. Min. Nancy Andrighi, julg. 15.09.2005, publ. *DJ* 03.10.2005).

40 "1. Tendo as partes vivido em união estável por dez anos, estabelecendo no início do relacionamento, por escritura pública, a dispensa à assistência material mútua, a superveniência de moléstia grave na constância do relacionamento, reduzindo a capacidade laboral e comprometendo, ainda que temporariamente, a situação financeira da companheira, autoriza a fixação de alimentos após a dissolução da união. 2. Direito à assistência moral e material recíproca e dever de prestar alimentos expressamente previstos nos arts. 2º, II, e 7º da Lei 9.278/96 e nos arts. 1.694 e 1.724 do CC/2002. 3. São irrenunciáveis os alimentos devidos na constância do vínculo familiar (art. 1.707 do CC/2002). Não obstante considere-se válida e eficaz a renúncia manifestada por ocasião de acordo de separação judicial ou de divórcio, nos termos da reiterada jurisprudência do Superior Tribunal de Justiça, não pode ser admitida enquanto perdurar a união estável" (STJ, 4ª T., REsp 1178233/RJ, Rel. Min. Raul Araújo, julg. 06.11.2014, public. *DJ* 09.12.2014).

41 Rolf Madaleno, *Direito de Família*, cit., p. 1.293.

Irrepetíveis

Por fim, os alimentos são irrepetíveis ou irrestituíveis, em face do seu caráter de subsistência, caso se constate posteriormente ao pagamento que tais alimentos não eram devidos. Alguns doutrinadores, porém, pretendem a atenuação do princípio para evitar o enriquecimento sem causa nos casos "em que o credor, reconhecendo a não permanência do binômio-necessidade-possibilidade, protela ao máximo o andamento do feito judicial, certo de que haverá a extinção do seu direito".[42] Tem-se, portanto, em alguns casos, o conflito entre o princípio da irrepetibilidade dos alimentos e o princípio da vedação ao enriquecimento sem causa. O Superior Tribunal de Justiça confirma a irrepetibilidade, salvo nos casos de (i) alimentos recebidos de má-fé; (ii) decisão precária posteriormente reformada;[43] e confirma a irrepetibilidade, mesmo nos casos em que os alimentos definitivos são fixados a menor que os alimentos provisórios.[44]

3. DEVER DE SUSTENTO E OBRIGAÇÃO ALIMENTAR

Não obstante o Código Civil tenha uniformizado o tratamento dos alimentos entre parentes e entre cônjuges/companheiros – vez que todos são calcados na solidariedade familiar –, subsiste importante diferenciação teórica entre tais hipóteses, com efeitos práticos referentes ao dever de sustento e à obrigação alimentar.

Dever de sustento

O dever de sustento advém da autoridade parental, previsto nos arts. 229 do Texto Constitucional, 1.566, IV, 1.568 e 1.724 do Código Civil, além do art. 22 do Estatuto da Criança e do Adolescente. Compõe o conjunto de deveres que competem aos pais, ao lado da educação e da assistência, de modo que os pais devem cuidar, integralmente, dos filhos, em todos os aspectos materiais e existenciais. Seu principal efeito é a presunção da necessidade do filho, discutindo-se apenas o *quantum* a pagar a título de alimentos, sem se questionar tal ônus.

Importante refletir se essa presunção é relativa ou absoluta. Ou seja, se o filho menor sujeito ao poder familiar tiver bens que gerem renda suficiente para arcar com

---

42 Paulo Nader, *Curso de Direito Civil*, v. 5, cit., p. 439. No mesmo sentido, Rodrigo da Cunha Pereira, Teoria Geral dos Alimentos. In: Francisco José Cahali e Rodrigo da Cunha Pereira (Coord.), *Alimentos no Código Civil*, São Paulo: Saraiva, 2005, pp. 13-14.

43 "1. É possível e razoável a cobrança dos valores atinentes aos honorários advocatícios de sucumbência já levantados pelo causídico se a decisão que deu causa ao montante foi posteriormente rescindida, inclusive com redução da verba. 2. O princípio da irrepetibilidade das verbas de natureza alimentar não é absoluto e, no caso, deve ser flexibilizado para viabilizar a restituição dos honorários de sucumbência já levantados, tendo em vista que, com o provimento parcial da ação rescisória, não mais subsiste a decisão que lhes deu causa. Aplicação dos princípios da vedação ao enriquecimento sem causa, da razoabilidade e da máxima efetividade das decisões judiciais. 3. Recurso especial provido" (STJ, 3ª T., REsp 1549836/RS, Rel. Min. Ricardo Villas Bôas Cueva, Rel. p/ Acórdão Min. João Otávio de Noronha, julg. 17.05.2016, publ. *DJ* 06.09.2016).

44 "1. Na linha dos precedentes desta Corte, os alimentos definitivos, quando fixados em valor inferior ao dos provisórios, não geram para o alimentante o direito de pleitear o que foi pago a maior, tendo em vista irrepetibilidade própria da verba alimentar. 2. Todavia, quando fixados definitivamente em valor superior ao dos provisórios, terão efeito retroativo (Lei 5.478/68, art. 13, § 2º), facultando-se ao credor pleitear a diferença. 3. Recurso Especial provido para assegurar a retroatividade do valor maior, fixado pela sentença" (STJ, 3ª T., REsp 1318844/PR, Rel. Min. Sidnei Beneti, julg. 07.03.2013, publ. *DJ* 13.03.2013).

a própria subsistência, ainda assim os alimentos são devidos? Não obstante a doutrina clássica entender que se trata de presunção absoluta,[45] deve-se temperar tal posição, tendo em vista que a função dos alimentos é proporcionar meios de subsistência digna para aquele que, a princípio, não tem meios para fazê-lo sozinho. Se o filho menor tiver bens que gerem renda suficiente para seu sustento, o juiz deve levar esses fatos em consideração, pois os alimentos não devem significar enriquecimento sem causa do credor.

Não caberá ao credor a prova da necessidade, já que a presunção oriunda do dever de sustento milita a seu favor. Todavia, por se tratar de presunção relativa, faculta-se ao devedor da pensão a prova de que o filho tem meios autônomos de sobrevivência que interferirão na fixação – ou no valor – dos alimentos. Mesmo porque "alimentar quem não tem necessidade, tão somente em razão da menoridade, é transformar um instituto eminentemente assistencialista, fundado nos princípios da solidariedade e da dignidade da pessoa humana, em fonte geradora de riqueza; é corroborar com o enriquecimento sem causa".[46]

Obrigação alimentar

A obrigação alimentar incide em hipóteses de parentes maiores – ultrapassando os limites do parentesco e estendendo-se a cônjuges ou companheiros. O dever de sustento oriundo do exercício da autoridade parental é substituído pela obrigação cuja origem é a relação de parentesco (CC, art. 1.694) –, na qual deve ser rigidamente demonstrada a necessidade de receber pensão, pois o alimentante não está automaticamente obrigado a fazer frente à demanda alimentar, tendo em vista a presunção de que o suposto alimentário, por ser maior, tem condições de arcar com a própria subsistência. Assim, desaparece a presunção de necessidade dos credores, que devem demonstrar a impossibilidade de eles próprios arcarem com o próprio sustento e, assim, fazerem jus à verba alimentar. Inverte-se o ônus da prova, de modo que tanto a necessidade do alimentando quanto a disponibilidade financeira do alimentante de arcar com esse ônus deve ser comprovada por quem pleiteia os alimentos.

Não cabe, portanto, o argumento de que, com a maioridade (por si só) e o consequente fim da autoridade parental, extingue-se a obrigação alimentar, sendo necessária a prova da sua real necessidade,[47] nos termos do que decidiu o TJRS: "O

---

45 Mesmo alguns autores mais modernos entendem que a presunção de necessidade decorrente do dever de sustento é absoluta: "os titulares do poder familiar devem alimentos independentemente dos recursos do filho menor" (Arnaldo Marmitt, *Pensão alimentícia,* Rio de Janeiro: Aide, 1999, 2ª ed., p. 47); "Assim, defluindo a obrigação alimentícia da própria paternidade ou maternidade, independe da condição econômica do filho-incapaz, sendo corolário do poder familiar. O vínculo possui tamanha dimensão que, ainda que o infante tenha recursos financeiros, os alimentos são devidos, exceto se os pais não tiverem condições, sequer, de se manter, como na hipótese de estarem impossibilitados de exercer atividade laborativa" (Cristiano Chaves de Farias, Alimentos decorrentes do parentesco. In: Francisco José Cahali; Rodrigo da Cunha Pereira (Coord.), *Alimentos no Código Civil:* aspectos civil, constitucional, processual e penal, São Paulo: Saraiva, 2005, p. 31).

46 Renata Barbosa de Almeida; Walsir Edson Rodrigues Júnior, *Direito Civil:* Famílias, São Paulo: Atlas, 2012, 2ª ed., p. 406. Também nesse sentido: "É claro que a presunção de necessidade, existente no dever de sustento, é relativa (*iuris tantum*), podendo ser ilidida pelo alimentante, pois admite prova em contrário" (Rodrigo da Cunha Pereira, *Teoria geral dos alimentos*, cit., p. 16).

47 1. A prestação de alimentos aos filhos cessa no momento em que estes completam a maioridade civil, a partir desse momento passam a ser os titulares de direitos e obrigações em sua plenitude. A prestação de

pai não tem obrigação de prestar alimentos para a filha maior, capaz, com formação superior e apta ao trabalho, pois os alimentos podem ser convenientes para ela, mas não necessários ao seu sustento. Os alimentos para os filhos maiores são devidos apenas na situação excepcional de necessidade, que não se confunde com conveniência, acomodação ou vontade de não trabalhar".[48]

A Súmula 358 do STJ determina que "o cancelamento de pensão alimentícia de filho que atingiu a maioridade está sujeito à decisão judicial, mediante contraditório, ainda que nos próprios autos". Assim, oportuniza-se ao alimentário a prova da sua necessidade, tendo em vista que, no mundo atual, quase nunca a pessoa, ao completar a maioridade, tem condições reais de se inserir no mercado de trabalho e arcar com o custo da própria sobrevivência. Geralmente, é necessário frequentar curso superior para que se esteja apta ao exercício de uma profissão. Por esse motivo, a jurisprudência entende que a formatura em curso superior é causa geradora da exoneração dos alimentos.

Tendo como fundamento a idade em que, geralmente, ocorre a conclusão do curso superior, bem como o art. 35, § 1º, da Lei 9.250/1995 que versa sobre Imposto de Renda e que autoriza o desconto desse tributo para quem tem filhos até 24 anos de idade que estejam cursando estabelecimento de ensino ou escola técnica de segundo grau, a jurisprudência tem limitado o recebimento de alimentos pelo filho até os 24 anos ou formatura em curso superior. Não obstante os desafios impostos pelo mercado de trabalho na atualidade, a jurisprudência tem se mantido firme nesse fundamento, de modo que outros degraus devem ser galgados pelos filhos, a partir da própria renda: "Os filhos civilmente capazes e graduados podem e devem gerir suas próprias vidas, inclusive buscando meios de manter sua própria subsistência e limitando seus sonhos – aí incluídos a pós-graduação ou qualquer outro aperfeiçoamento técnico-educacional – à própria capacidade financeira";[49] "em linha de princípio, havendo a conclusão do curso superior ou técnico, cabe à alimentanda – que, conforme a mol-

---

alimentos após essa fase, portanto, é exceção. Cessada a menoridade, a obrigação de prestar alimentos passa a decorrer do grau de parentesco entre pai e filho e não mais do dever de munir a subsistência deste. 2. Considerando que a necessidade dos alimentos não é presumida na obrigação decorrente da relação de parentesco, é de extrema relevância que o requerente faça prova robusta da sua necessidade de receber os alimentos, pois em contrapartida encontra-se a possibilidade do requerido de prestá-los, possibilitando a análise da razoabilidade e proporcionalidade na fixação do *quantum* final. 3. Ausência de comprovação inequívoca em relação à necessidade de alimentos, associada ao fato de que a apelante não se encontra matriculada em universidade, torna improcedente o pedido de reforma da sentença (TJ/DF, Ap. Cív. 20160910012134APC, Rel. Des. Gislene Pinheiro, julg. 31.08.2016, publ. *DJ* 02.09.2016).

48 TJ/RS, 4º Grupo de CC, Emb. Inf. 70007690514, Rel. Des. Sérgio Fernando de Vasconcellos Chaves, julg. 12.03.2004. No STJ: "2. Segundo a jurisprudência dessa Corte Superior, 'a maioridade civil, em que pese faça cessar o poder familiar, não extingue, modo automático, o direito à percepção de alimentos, que subjaz na relação de parentesco e na necessidade do alimentando, especialmente estando matriculado em curso superior' (...)" (STJ, 4ª T., AgInt no REsp 1.868.131/DF, Rel. Min. Antonio Carlos Ferreira, julg. 8.4.2024, publ. *DJe* 11.4.2024). Mesmo antes do atual Código Civil, as decisões já eram nesse sentido: "Majoração de verba alimentícia. Filho em idade escolar. Os alimentos, inobstante as condições econômicas do devedor, não devem ir além das reais necessidades do alimentário, sob pena de favorecer o parasitismo e o ócio. Recursos improvidos" (TJ/RS, C. de Férias Cív., Ap. Cív. 592093470, Des. Rel. Celeste Vicente Rovani, julg. 28.01.1993, publ. *DJ*. 28.01.1993).

49 STJ, 3ª T., REsp 1218510/SP, Rel. Min. Nancy Andrighi, julg. 27.09.2011, publ. *DJ* 03.10.2011.

dura fática, por ocasião do julgamento da apelação, contava 25 (vinte e cinco) anos de idade, 'nada havendo nos autos que deponha contra a sua saúde física e mental, com formação superior' – buscar o seu imediato ingresso no mercado de trabalho, não mais subsistindo obrigação (jurídica) de seus genitores de lhe proverem alimentos".[50]

Alguns doutrinadores têm criticado essa limitação imposta pela jurisprudência, sob o fundamento de que uma limitação do recebimento dos alimentos em razão da idade não seria coerente com a solidariedade familiar, uma vez que é necessária a verificação das peculiaridades do caso, pois se houver disponibilidade financeira para sustentar um filho em seu mestrado e doutorado, por exemplo, não haveria problema em manter os alimentos, em face da realidade mercadológica da contemporaneidade. "A progressiva humanização das relações familiares, geradora de interdependência e comunhão entre os seus membros, conduz a uma nova análise da questão dos alimentos que, aprioristicamente, não comporta critério de presunção absoluta, nem de necessidade, nem de possibilidade. Adotar esse critério seria desvirtuar a solidariedade e desumanizar as relações familiares, hierarquizando a dignidade das pessoas envolvidas".[51]

O que se busca investigar, de fato, é o cumprimento pelos alimentos da função primordial de sustento e preservação do padrão de vida, na maior medida possível, de modo a se evitarem disfunções que acabem por gerar enriquecimento indevido, como em caso decidido pelo TJMG. A Corte exonerou os alimentos ao constatar que a filha utilizava os estudos como artifício para continuar a receber os alimentos prestados pelo pai.[52]

4. CLASSIFICAÇÃO DOS ALIMENTOS NA PERSPECTIVA FUNCIONAL

Já se observou que a função precípua dos alimentos é proporcionar o sustento de alguém que, por alguma razão, não consegue fazê-lo por seus próprios meios. Estabelecida a premissa, é possível aprofundar essa perspectiva funcional, de modo a se estabelecerem critérios para a classificação difusamente adotada pela jurisprudência.

Alimentos naturais e civis

Alimentos naturais são aqueles destinados ao custeio das despesas de sobrevivência do alimentado e englobam o que é indispensável à subsistência, tal como alimentação, cuidados com saúde, moradia e vestuário. Já os alimentos civis ou côngruos visam à manutenção da condição social do alimentário, e são fixados de acordo com o padrão de vida e condições financeiras do alimentante. Trata-se de classificação clássica: "Denominam-se alimentos *naturaes,* os que se limitam às necessidades da vida de qualquer pessoa; e *civis* os taxados em relação aos haveres e à qualida-

---

50 STJ, 4ª T., REsp 1312706/AL, Rel. Min. Luis Felipe Salomão, julg. 21.02.2013, publ. *DJ* 12.04.2013.

51 Renata Barbosa de Almeida; Walsir Edson Rodrigues Júnior, *Direito Civil,* cit., p. 409.

52 "Alimentos. Maioridade. Exoneração de pensão alimentar. Dúvida acerca da necessidade e importância dos estudos realizados pela alimentanda. Recurso conhecido e não provido. Viola a boa-fé objetiva a conduta da filha que utiliza os estudos como artifício para manter a pensão alimentícia dada pelo seu pai" (TJ/MG, 5ª C.C., Ap. Cív. 1.0016.03.026488-7/001, Rel. Des. Maria Elza, julg. 10.03.2005, publ. *DJ* 05.04.2005).

de das pessoas";[53] "Na primeira dimensão, os alimentos limitam-se ao *necessarium vitae*; na segunda, compreendem o *necessarium personae*. Os primeiros chamam-se alimentos *naturais*, os outros, *civis* ou *côngruos*".[54]

A condição social influencia, portanto, no valor dos alimentos do cônjuge, companheiro e filhos, "existindo indissociável correlação com a riqueza apresentada ao tempo do casamento, ou da estável convivência, devendo assegurar ao alimentando uma pensão mais próxima possível, das condições vivenciadas à época da coabitação"[55]. É isso que estabelece o art. 1.694 do Código Civil, ao determinar que os alimentos deverão ser fixados aos parentes, cônjuges ou companheiros em quantias compatíveis a lhes permitirem viver em sua condição social, antes de ocorrer o fato que originou a necessidade de se pleitear a pensão alimentícia. "O pai não pode ser insensível à voz de seu sangue em prestar alimentos ao filho menor que, em plena adolescência, não só necessita sobreviver, mas viver com dignidade, não sendo prejudicado em sua educação, nem em seu lazer, pois tudo faz parte da vida de um jovem, que antes da separação desfrutava do conforto que a família lhe proporcionava, em razão do bom nível social de seus pais. Não se justifica a diminuição dos alimentos prestados, se o ex-marido socorre a mulher com importância muito superior à obrigação alimentar que lhe foi imposta em benefício do filho, ainda mais se aposentada como professora".[56] Assim, o que os alimentos civis têm por escopo é assegurar o padrão de vida da alimentária e seu direito de não sofrer abrupta alteração do estilo de vida, seja em virtude dos laços conjugais (na medida em que o divórcio não pode ensejar desequilíbrio econômico-financeiro) seja em razão dos laços parentais, enquanto o alimentante, desfruta, com exclusividade, de estilo de vida similar ao da época do casamento.[57]

---

53 Clovis Bevilaqua, *Codigo Civil dos Estados Unidos do Brasil Commentado*, Rio de Janeiro: Francisco Alves, 1937, 5ª ed., p. 386.

54 Orlando Gomes, *Direito de família*, cit., p. 427.

55 Rolf Madaleno, Alimentos e sua configuração atual. In: Ana Carolina Brochado Teixeira; Gustavo Pereira Leite Ribeiro (Coord.), *Manual de Direito das Famílias e das Sucessões*, Belo Horizonte: Del Rey, 2010, 2ª ed., p. 394.

56 TJ/RS, 8ª C.C., Ap. Cív. 597.151.489, Rel. Des. Antônio Carlos Stangler Pereira, julg. 12.08.1999.

57 "AÇÃO DE ALIMENTOS – DEMANDA AJUIZADA CONTRA O EX-MARIDO – PENSIONAMENTO MENSAL FIXADO EM 50 SALÁRIOS MÍNIMOS – MAJORAÇÃO – POSSIBILIDADE SINGULARIDADE DO PADRÃO DE VIDA DO CASAL VISLUMBRADA PELO LUXO, REGALIAS E OSTENTAÇÃO DESFRUTADAS DURANTE A CONSTÂNCIA DO MATRIMÔNIO ARBITRAMENTO QUE DEVE CONSIDERAR NÃO APENAS O ESTRITAMENTE NECESSÁRIO PARA MANTENÇA DA ALIMENTANDA (ALIMENTOS NATURAIS). MAS TAMBÉM O SUFICIENTE PARA A PROVISÃO EM DINHEIRO DOS GASTOS PESSOAIS. SEGUNDO A CONDIÇÃO QUE USUFRUÍA DURANTE A VIDA CONJUGAL (ALIMENTOS CIVIS). ALIMENTOS MAJORADOS – SENTENÇA REFORMADA" (TJ/SP, 2ª Câm. Dir. Priv., Ap. Cív. 554.328-4/7-00, Rel. Des. Neves Amorim, julg. 11.11.2008); "Assim, não se pode deixar de reconhecer a singular capacidade econômica das partes e o prejuízo à fonte de subsistência da agravante, restando a gerência dos bens do casal ao agravado. Logo, levando-se em conta a capacidade econômica do agravado, mas sem olvidar da necessidade comprovada pela agravante, revejo a decisão liminar por ter como adequado e razoável o valor equivalente a 80 (oitenta) salários mínimos a título de pensão alimentícia a ser paga à recorrente até que ocorra a partilha do vultuoso patrimônio do casal, notadamente por considerar sua movimentação financeira retratada nos autos" (TJ/MG, 3ª C.C., AI 1.0024.08.282463-2/001, Rel. Des. Albergaria Costa, julg. 25.06.2009, publ. *DJ* 21.08.2009).

Alimentos compensatórios

Os alimentos compensatórios, objeto de grande discussão doutrinária e jurisprudencial, compreendem uma compensação devida por um dos ex-cônjuges em favor do outro, como forma de assegurar a situação econômico-financeira entre o patrimônio dos ex-cônjuges após a ruptura da união conjugal, assumindo, nesta esteira, caráter indenizatório, com o objetivo de reparar a perda do poder aquisitivo do ex-consorte em razão do divórcio ou da separação.[58]

Assim, enquanto parcela da doutrina defende a aplicação do instituto na realidade brasileira, admitindo sua finalidade de compensar o desfalque financeiro sofrido por um dos consortes quando do fim da sociedade conjugal[59] (inclusive com extenso reconhecimento jurisprudencial[60]), outra significante parcela entende que, uma vez que tal modalidade de alimentos não encontra previsão legal no ordenamento jurídico brasileiro e, a rigor, não se revela compatível com a finalidade alimentar, haveria um

---

58 "2. Os alimentos compensatórios são fruto de construção doutrinária e jurisprudencial, fundada na dignidade da pessoa humana, na solidariedade familiar e na vedação ao abuso de direito. De natureza indenizatória e excepcional, destinam-se a mitigar uma queda repentina do padrão de vida do ex-cônjuge ou ex-companheiro que, com o fim do relacionamento, possuirá patrimônio irrisório se comparado ao do outro consorte, sem, contudo, pretender a igualdade econômica do ex-casal, apenas reduzindo os efeitos deletérios oriundos da carência social. 3. Apesar da corriqueira confusão conceitual, a prestação compensatória não se confunde com os alimentos ressarcitórios, os quais configuram um pagamento ao ex-consorte por aquele que fica na administração exclusiva do patrimônio, enquanto não há partilha dos bens comuns, tendo como fundamento a vedação ao enriquecimento sem causa, ou seja, trata-se de uma verba de antecipação de renda líquida decorrente do usufruto ou da administração unilateral dos bens comuns. 4. O alimentante está na administração exclusiva dos bens comuns do ex-casal desde o fim do relacionamento, haja vista que a partilha do patrimônio bilionário depende do fim da ação de separação litigiosa que já se arrasta por quase 20 (vinte) anos, o que justifica a fixação dos alimentos ressarcitórios." (STJ, 3ª T., REsp 1954452 – SP, Rel. Min. Marco Aurélio Bellizze, julg. 13.6.2023).

59 "O propósito da pensão compensatória ou da compensação econômica é indenizar por algum tempo ou não o desequilíbrio econômico causado pela repentina redução do padrão socioeconômico do cônjuge desprovido de bens e meação, sem pretender a igualdade econômica do casal que desfez sua relação, mas que procura reduzir os efeitos deletérios surgidos da súbita indigência social, causada pela ausência de recursos pessoais, quando todos os ingressos eram mantidos pelo parceiro, mas que deixaram de aportar com o divórcio" (Rolf Madaleno, *Direito de família, cit.*, p. 1.272).

60 A favor: "Em tais circunstâncias, a suposta contrariedade ao princípio da congruência não se revelou configurada, pois a condenação ao pagamento de alimentos e da prestação compensatória baseou-se nos pedidos também formulados na ação de separação judicial, nos limites delineados pelas partes no curso do processo judicial, conforme se infere da sentença. 5. Os chamados alimentos compensatórios, ou prestação compensatória, não têm por finalidade suprir as necessidades de subsistência do credor, tal como ocorre com a pensão alimentícia regulada pelo art. 1.694 do CC/2002, senão corrigir ou atenuar grave desequilíbrio econômico-financeiro ou abrupta alteração do padrão de vida do cônjuge desprovido de bens e de meação. (...)" (STJ, 4ª T., REsp 1290313/AL, Rel. Min. Antonio Carlos Ferreira, julg. 12.11.2013, publ. *DJ* 7.11.2014); "No caso concreto, o Tribunal de origem entendeu devida a fixação de alimentos compensatórios em favor da ex-mulher, até que os bens do casal sejam definitivamente partilhados, tendo em vista que a totalidade dos bens móveis e imóveis do casal está na posse do ex-marido, principalmente as empresas onde as partes figuram como sócias, ficando configurado grave desequilíbrio econômico-financeiro. 3. Agravo interno a que se nega provimento." (STJ, 4ª T., AgInt no REsp. 1.922.307/RJ, Rel. Min. Raul Araújo, julg. 11.10.2021, publ. DJ 17.11.2021); contra: "Sob a perspectiva do ordenamento jurídico brasileiro, o dever de prestar alimentos entre ex-cônjuges, reveste-se de caráter assistencial, não apresentando características indenizatórias, tampouco fundando-se em qualquer traço de dependência econômica havida na constância do casamento" (STJ, 3ª T., REsp 933.355/SP, Rel. Min. Nancy Andrighi, julg. 25.03.2008, publ. *DJ* 11.04.2008).

desvirtuamento da função assistencial dos alimentos ao se responsabilizar civilmente o ex-consorte sem a prática de ato ilícito.[61]

Nesse sentido, em posição contrária à aplicação dos alimentos compensatórios à realidade nacional, defende-se que a imposição da prestação de alimentos compensatórios a um dos cônjuges representaria a perquirição de culpa no fim do casamento – o que, após grande evolução jurisprudencial, já foi extirpado do ordenamento jurídico brasileiro –, impondo ao cônjuge uma espécie de penalidade pelo abalo patrimonial sofrido pelo ex-consorte com a ruptura da sociedade conjugal, atribuindo-lhe culpa pela deterioração do *status* social.

Alimentos transitórios ou temporários

Os alimentos transitórios ou temporários se aplicam a ex-cônjuges, com vistas a suportar sua reinserção no mercado de trabalho no momento posterior à dissolução do vínculo conjugal. Os tribunais brasileiros, com base em relevante decisão do Superior Tribunal de Justiça, têm decidido que os alimentos para ex-cônjuge devem ser transitórios, isto é, por prazo determinado, e têm a função de propiciar condições para que o alimentando – sendo pessoa com formação profissional, idade e condições de trabalhar – possa se reinserir no mercado de trabalho. Nas palavras da Ministra Nancy Andrighi, ao julgar o REsp 1025769-MG, "os alimentos transitórios surgem como solução possível, isto é, como alavanca temporária para o aprumo socioeconômico do cônjuge necessitado, impedindo, dessa forma, a estipulação de pensões vitalícias destituídas de amparo legal".[62]

Esse fundamento se encontra no art. 1.695 do Código Civil, que é taxativo ao estabelecer que deve receber alimentos aquele que não pode prover o próprio sustento por meio de seu trabalho, isto é, aquele que tem *necessidade* de recebê-los. O referido dispositivo fundamenta o entendimento da Ministra Nancy Andrighi, que se tornou relevante precedente, com base no qual o Superior Tribunal de Justiça consolidou a perspectiva do caráter transitório que deve ter a obrigação de prestar alimentos ao alimentando que tem condições de inserção no mercado de trabalho. O caso analisado no referido REsp refere-se a casamento de 20 anos e a uma mulher de 51 anos de idade: "O fosso fático entre a lei e o contexto social impõe ao Juiz detida análise de todas as circunstâncias e peculiaridades passíveis de visualização ou de intelecção no processo, para a imprescindível aferição da capacidade ou não de autossustento daquele que pleiteia alimentos, notadamente em se tratando de obrigação alimentar entre ex-cônjuges ou ex-companheiros". E com base em tais premissas, assim concluiu: "A obrigação de prestar alimentos transitórios – a tempo certo – é cabível, em regra, quando o alimentando é pessoa com idade, condições e formação profissional compatíveis com uma provável inserção no mercado de trabalho, necessitando dos alimentos apenas até que atinja sua autonomia financeira, momento em que se emancipará da tutela do alimentante – outrora provedor do lar – que será então liberado da obrigação, a qual se extinguirá automaticamente".

---

61 Gustavo Tepedino, Paula Greco Bandeira, Os alimentos compensatórios no Direito brasileiro: inadmissibilidade por ausência de fonte legal e incompatibilidade de função. In: Erolths Cortiano Junior; Marcos Ehrhardt Júnior (Coords.), *Transformações no Direito Privado nos 30 anos da Constituição:* Estudos em homenagem a Luiz Edson Fachin, Belo Horizonte: Forum, 2019, pp. 713-719.

62 STJ, 3ª T., REsp 1025769-MG, Rel. Min. Nancy Andrighi, julg. 24.08.2010, publ. *DJ* 01.09.2010.

Como explicitado no referido julgado do STJ, a emancipação financeira daquele que pleiteia alimentos é estimulada e, findo o termo de prestação dos alimentos, deve a obrigação ser automaticamente extinta. Naquele caso, o período fixado para a prestação de alimentos foi o de dois anos, por se considerar tal prazo razoável para o reestabelecimento do alimentário e como prazo de expectativa de alcance de sua independência financeira. A diretriz do STJ para os referidos casos já tem plena aplicação nos tribunais brasileiros, de modo que os alimentos fixados por prazo certo têm a função exclusiva de auxiliar o consorte alimentário no período de transição pós-separação: "O Superior Tribunal de Justiça firmou entendimento no sentido de que o juiz pode fixar alimentos transitórios, por prazo certo, a ex-cônjuge que detém idade, condições e formação compatível com provável inserção no mercado de trabalho. III – Em se tratando de cônjuge inserida no mercado de trabalho há mais de 25 anos, que aufere rendimentos próprios, capazes de garantir-lhe sobrevivência digna, há de prevalecer o valor ofertado a título de alimentos transitórios, vez que se destinam, exclusivamente, a auxiliá-la no período de transição pós-separação".[63] Da mesma forma, subsiste o entendimento de que, em um contexto jurídico de igualdade formal, a prestação de alimentos não deve ser eternizada, pois "a ninguém é dado o direito de se locupletar com o trabalho dos outros": "A obrigatoriedade de alimentar a ex-esposa, dado o princípio da igualdade constitucional entre sexos, só ocorre quando a necessidade dos alimentos se encontra devidamente comprovada. (...). Descabe eternizar a obrigação de prestar alimentos, pois a vida é dinâmica e a ninguém é dado o direito de se locupletar com o trabalho dos outros. O instituto dos alimentos não se presta a fomentar o ócio e não deve apresentar, para a mulher, isenção do dever de trabalhar e de buscar o próprio sustento".[64]

Nesse contexto, a fixação de obrigação alimentar entre cônjuges é considerada excepcional pelo STJ, na medida em que cumpre a cada um deles, após o divórcio, arcar com os ônus da própria sobrevivência: "Trata-se da plena absorção do conceito de excepcionalidade dos alimentos devidos entre ex-cônjuges, que repudia a anacrônica tese de que o alimentado possa quedar-se inerte – quando tenha capacidade laboral – e deixar ao alimentante a perene obrigação de sustentá-lo".[65] No entanto, quando houver necessidade comprovada de apoio material, a regra da transitoriedade pode ser relativizada: "Assente o entendimento jurisprudencial de que os alimentos devidos entre ex_cônjuges têm caráter excepcional e transitório, salvo quando presentes particularidades que justifiquem a prorrogação da obrigação alimentar, tais como a incapacidade laborativa, a impossibilidade de inserção no mercado de trabalho ou

[63] TJ/MG, 8ª C.C., Ap. Cív. 1 0024.08.221622-7/002 Conexão 1.0024.08.233700-7/003, Rel. Des. Bitencourt Marcondes, julg. 08.03.2012, publ. *DJ* 13.04.2012.

[64] TJ/MG, 1ª C.C., Ap. Cív. 1.0194.04.036565-3/001, Rel. Des. Gouvêa Rios, julg. 12.04.2005, publ. *DJ* 06.05.2005.

[65] STJ, 3ª T., REsp 1388116/SP, Rel. Des. Ministra Nancy Andrighi, julg. 20.05.2014, publ. *DJ* 30.05.2014. Ainda: "É assente neste Superior Tribunal de Justiça o entendimento de que os alimentos devidos entre ex-cônjuges têm caráter excepcional e transitório, salvo quando presentes particularidades que justifiquem a prorrogação da obrigação, tais como a incapacidade laborativa ou a impossibilidade de se inserir no mercado de trabalho ou de adquirir autonomia financeira." (STJ, 4ª T., AgInt no AREsp 1.589.440/RJ, Rel. Min. Marco Buzzi, julg. 28.9.2021, publ. DJ 1.10.2021).

de adquirir autonomia financeira. Precedentes. 2. Diante das peculiaridades fáticas, as quais não podem ser revistas por esta Corte Superior (Súmula7/STJ), justifica-se o afastamento excepcional da transitoriedade da assistência devida entre ex-cônjuges".[66]

Os alimentos transitórios têm, portanto, base eminentemente jurisprudencial, com vistas a dar suporte aos ex-cônjuges no período imediatamente posterior ao casamento, com vistas a proporcionar sua reinserção no mercado de trabalho ao cônjuge que, por conta da relação conjugal e familiar, se afastara de sua atividade laboral.[67]

Alimentos gravídicos

A Lei 11.804/2008 facultou a possibilidade de fixação de alimentos gravídicos. Não obstante a lei utilize a terminologia "mãe gestante" como autora da ação, o verdadeiro destinatário dos alimentos pleiteados na ação é o feto,[68] já que este teria provável e futuro parentesco com o pai, elo justificador da ação de alimentos.[69] Afinal, a mãe que não for casada ou não viver em união estável com o suposto pai não teria vínculo jurídico a lastrear a propositura desse tipo de ação de alimentos.

O escopo da lei é a fase pré-natal, de modo a permitir gravidez saudável para o desenvolvimento do feto, pois sem essa garantia material o feto poderia se desenvolver mal ou, até mesmo, sequer se desenvolver.[70] A lei prevê a manutenção dos alimentos

---

66 STJ, 4ª T., AgInt no Agravo no REsp 2213769 – BA, Relª. Desª. Maria Isabel Gallotti, julg. 9.10.2023.

67 "1. Há entendimento firme no âmbito do STJ de que a pensão entre os ex-cônjuges não está limitada somente à prova da alteração do binômio necessidade/possibilidade, devendo ser considerada outras circunstâncias, como a capacidade potencial para o trabalho, o tempo decorrido entre o seu início e a data do pedido de desoneração. 2. Na linha da jurisprudência desta Casa, o pensionamento somente deve ser perene em situações excepcionais, como de incapacidade laboral permanente, saúde fragilizada, ou impossibilidade prática de inserção no mercado de trabalho ou de adquirir autonomia financeira. 3. No caso concreto, considerando a inequívoca autonomia financeira adquirida pela alimentanda, que fez doação milionária para as filhas e que recebe pensão há mais de 11 (onze) anos, não é a hipótese de se excepcionar a regra da temporalidade e transitoriedade do pensionamento entre ex-cônjuges. 4. Não sendo a linha argumentativa apresentada capaz de evidenciar a inadequação dos fundamentos invocados pela decisão agravada, o presente agravo interno não se revela apto a alterar o conteúdo do julgado impugnado, devendo ele ser integralmente mantido em seus próprios termos." (STJ, 3ª T., AgInt no Agravo em REsp 1855776 – RJ, Rel. Min. Moura Ribeiro, julg. 29.5.2023).

68 Em doutrina, afirma-se, acerca do real destinatário da norma: "o escopo da lei de alimentos é tutelar o desenvolvimento e as necessidades do nascituro. Mas, durante a gestação, encontram-se vinculados, necessariamente, aos interesses da própria gestante, o que justifica sua legitimação como representante legal para pleitear os chamados alimentos gravídicos." (Vitor Almeida, Parentalidade responsável e direito aos alimentos gravídicos: caminhos para a efetividade da Lei 11.804/2008, p. 295. In: Fabíola Albuquerque Lobo; Marcos Ehrhardt Jr.; Carlos Henrique Félix Dantas; Manuel Camelo Ferreira da Silva Netto. *Transformações das Relações Familiares e a Proteção da Pessoa: vulnerabilidades, questões de gênero, tecnologias e solidariedade*, São Paulo: Editora Foco, 2024, pp. 287-306).

69 Esse já era o entendimento jurisprudencial antes mesmo do advento da lei: "FAMÍLIA. INVESTIGAÇÃO DE PATERNIDADE E ALIMENTOS. NATUREZA PERSONALÍSSIMA DA AÇÃO. LEGITIMIDADE ATIVA. DIREITO DO NASCITURO. São legitimados ativamente para a ação de investigação de paternidade e alimentos o investigante, o Ministério Público, e também o nascituro, representado pela mãe gestante" (TJ/MG, 8ª C.C., Ap. Cív. 1.0024.04.377309-2/001, Rel. Des. Duarte de Paula, julg. 10.03.2005, publ. *DJ* 10.06.2005). Também nesse sentido: TJ/SP, 1ª Câm. Dir. Priv., 1993, *JTJ* 150/90.

70 Em sentido diverso: "(...) nos alimentos gravídicos a titular da pretensão é a mulher, com direito próprio para exigir a coparticipação do autor de sua gravidez nas despesas que se fizerem necessárias no transcorrer da gestação, exclusivamente em função do estado gravídico" (Francisco José Cahali,

automaticamente após o nascimento da criança, como quantia devida mensalmente para suportar os gastos do filho menor, até que haja razão para que se proceda à revisão da pensão alimentícia. A posterior revisão se justifica em virtude de, via de regra, os alimentos gravídicos não considerarem a condição social do alimentante, notadamente porque ainda não há prova robusta da paternidade, visto que se dispensa o exame de DNA para propositura da ação. Por isso, os alimentos poderão "ser revisados depois do nascimento, agora sim, também considerando o padrão social, econômico e financeiro do alimentante, desde que haja iniciativa processual para a revisão dos alimentos que deixam de ser gravídicos com o nascimento do credor e se convertem em pensão alimentícia, esta, agora, associada à condição socioeconômica do alimentante".[71]

A referida lei autorizou que a mulher gestante – na verdade, o nascituro – pleiteie alimentos ao suposto pai do nascituro, para suportar as despesas decorrentes da gestação, desde a concepção até o parto – e não desde a citação do réu –, criando, por isso, um dever jurídico para o suposto pai da criança. Para tanto, o art. 2º prevê que os alimentos incluem especificidades oriundas da gravidez, tais como, assistência médica e psicológica, exames complementares, internações, parto, medicamentos, bem como prescrições preventivas e terapêuticas necessárias, conforme recomendação médica e outras que forem pertinentes. Tais despesas devem ser cotejadas com a potencialidade financeira da mãe, bem como do pai, pois cada um dos genitores deve arcar com tais gastos na medida da possibilidade financeira de cada um, a fim de se alcançar a proporcionalidade.

Em todas as espécies de alimentos, o vetor guia consiste nos ditames do art. 1.694 do Código Civil, ou seja, ao binômio necessidade *versus* possibilidade,[72] para que se tenha uma baliza dos valores a serem pagos, de modo a se evitar o enriquecimento sem causa e satisfazer as necessidades da criança por nascer, principalmente médicas, para que a gravidez ocorra da melhor forma possível. O julgador deverá analisar as peculiaridades que demandem despesas específicas, as quais devem ser contrastadas com as possibilidades dos pais.

Uma das críticas que se faz à lei refere-se à falta da certeza da paternidade, tendo-se como suficientes apenas indícios de paternidade. De fato, o veto presidencial dispensou o exame de DNA, como questão prejudicial à propositura da ação, bem como para fixação dos alimentos provisórios, pois de acordo com sistemática processual a perícia não é colocada como condição para a procedência do pedido, mas sim como

---

Alimentos gravídicos. In: Maria Berenice Dias, *Direito das famílias:* Contributo do IBDFAM em homenagem a Rodrigo da Cunha Pereira, São Paulo: RT, 2009, p. 581).

71 Rolf Madaleno, *Alimentos e sua configuração atual*, cit., p. 410.

72 "A Lei 11.804/2008 garante à mulher grávida o direito de perceber alimentos referentes à parte das despesas acrescidas oriundas do estado gravídico. Na fixação dos alimentos gravídicos também devem-se observar as necessidades da credora e as possibilidades do devedor, visando garantir que a primeira receba auxílio destinado à cobertura dos dispêndios adicionais inúmeros, mencionados sem caráter exaustivo pelo legislador dessa espécie particular de alimentos. Todavia, não pode o futuro pai ser compelido a arcar com ônus superior ao possível, devendo os alimentos gravídicos também obedecer à regra geral da proporcionalidade alimentar prevista no art. 1.694, § 1º, do Código Civil. Recurso parcialmente provido" (TJ/DF, 3ª T.C, AGI 20130020080185AGI, Rel. Des. Esdras Neves, julg. 17.07.2013, publ. *DJ* 29.07.2013).

elemento de prova quando inexistirem outros. Para a lei, são suficientes os indícios de paternidade, o que foi reconhecido pela jurisprudência: "A fixação dos alimentos gravídicos deve ser feita de forma prudente e mediante a apresentação de prova idônea da existência de relacionamento afetivo que permita formular juízo de valor sobre o nexo de correção temporal lógica entre este e o estado de gravidez. – Hipótese na qual a autora apresentou fotografias e diversas mensagens eletrônicas que traduzem ser verossímil a alegação de que o réu é passível ser o pai biológico do nascituro".[73] Trata-se de ônus da prova que cabe à gestante, sendo insuficiente a mera imputação de paternidade.[74]

5. SUJEITOS POSSÍVEIS DA RELAÇÃO ALIMENTAR

Já foi estudada neste capítulo a sistemática dos alimentos em relações parentais, por meio da diferenciação entre dever de sustento e obrigação alimentar, de modo a se verificar a existência de vínculo alimentar entre parentes, principalmente, entre ascendentes e descendentes. Por isso, passar-se-á a analisar o funcionamento dos alimentos entre os demais sujeitos *dessa* relação.

Alimentos entre ex-cônjuges

Os alimentos entre ex-cônjuges têm fundamento na solidariedade familiar, *ratio* do dever de mútua assistência, previsto no art. 1.566, III, do Código Civil. Exatamente por derivar da solidariedade, trata-se de dever inderrogável e que dimana do vínculo conjugal, cuja prova é, portanto, prejudicial à fixação dos alimentos. É possível, portanto, seja no bojo da ação de divórcio, seja por meio da propositura de ação de alimentos, que o cônjuge necessitado pleiteie alimentos para si, em face da impossibilidade de fazer frente ao próprio sustento. Diante do princípio da igualdade formal, contudo, e da natureza de obrigação alimentar, há que se comprovar a necessidade, ou seja, a impossibilidade, por alguma razão, de o próprio cônjuge custear a sobrevivência, de modo a não conseguir se inserir no mercado de trabalho. Isto poderá ter ocorrido por conta de alguma doença,[75] ou em razão da dinâmica de certos casamentos nos quais a mulher tenha se dedicado exclusivamente à família, abdicando da carreira profissional.[76]

---

[73] TJ/MG, 1ª C.C., A.I. 1.0002.15.000043-4/001, Rel. Des. Alberto Vilas Boas, julg. 23.06.2015, publ. *DJ* 30.06.2015.

[74] "1) Segundo a dicção da Lei 11.804/2008, para a fixação de alimentos gravídicos bastam indícios de paternidade, devendo ocorrer de forma célere, uma vez que a morosidade poderá acarretar consequências irreversíveis à gestante e ao bebê. 2) Após o nascimento da criança com vida, havendo dúvidas acerca da paternidade, poderá ser realizado exame hematológico (exame de DNA), a fim de averiguar a paternidade, não cabendo, no presente momento, em sede de liminar, a conversão da ação em investigação de paternidade. 3) Recurso conhecido e não provido" (TJ/DF, 5ª T.C., A.I .20150020209742AGI, Rel. Des. Silva Lemos, julg. 09.12.2015, publ. *DJ* 22.01.2016).

[75] "O direito à prestação alimentícia deve subsistir enquanto existentes as circunstâncias que prejudicam a capacidade laboral do cônjuge. (...)" (TJ/MG, Ap. Cív. 1.0694.07.042649-9/003, Rel. Des. Dídimo Inocêncio de Paula, julg. 02.07.2009, publ. *DJ* 21.08.2009).

[76] "6. Se o marido sempre foi o provedor da família ao longo dos vinte e nove anos de vida conjugal e continuou provendo o sustento da ex-mulher depois da separação de fato, pois ela jamais trabalhou e não tem qualificação profissional, nem condições de ingressar no mercado de trabalho, mercê das suas condições pessoais, cabível a fixação de alimentos. 7. Deve o ex-marido alcançar pensão de alimentos para que a ex-mulher se mantenha com um mínimo de dignidade, pois a mútua as-

Em tais casos, a jurisprudência tem admitido entre ex-cônjuges os alimentos transitórios, anteriormente já examinados. A transitoriedade dos alimentos para ex--cônjuge, com condições de instrução e saúde para buscar futuramente o seu próprio sustento, evita que se estimule a acomodação, a inércia e o enriquecimento sem causa, na percepção da jurisprudência.[77] "Os alimentos devidos entre ex-cônjuges serão fixados com termo certo, a depender das circunstâncias fáticas próprias da hipótese sob discussão, assegurando-se, ao alimentado, tempo hábil para sua inserção, recolocação ou progressão no mercado de trabalho, que lhe possibilite manter pelas próprias forças, *status* social similar ao período do relacionamento. Serão, no entanto, perenes, nas excepcionais circunstâncias de incapacidade laboral permanente ou, ainda, quando se constatar, a impossibilidade prática de inserção no mercado de trabalho".[78]

O que se visa resguardar é o cumprimento da verdadeira função dos alimentos, como meio de sustento àquele que diz não ter condições de fazê-lo por si só. Justifica--se por isso mesmo a transitoriedade dos alimentos (REsp 1025769-MG) – ou seja, o tempo de duração dos alimentos –, mas sem descurar das peculiaridades do caso concreto, tais como, o tipo de profissão do cônjuge que está materialmente vulnerável, a renda que empregos inerentes a essa profissão podem propiciar, o padrão de vida vivenciado pelas partes durante o casamento, tempo em que o cônjuge está fora de mercado e reais chances de sua reinserção.[79] Obedecidos alguns critérios objetivos,

---

sistência é um dos mais importantes deveres do casamento 8. No exame da adequação do *quantum* deve-se atentar para as necessidades básicas da esposa e também para a capacidade econômica do varão, a partir das suas condições de vida" (TJ/RS, 7ª C.C., Ap. Cív. 70070824487, Rel. Des. Sérgio Fernando de Vasconcellos Chaves, julg. 26.10.2016); "FAMÍLIA – AÇÃO DE SEPARAÇÃO LITIGIOSA ALIMENTOS A SEREM PRESTADOS PELO VARÃO – ADMISSIBILIDADE – ESPOSA QUE NÃO TRABALHAVA FORA E CONTA COM IDADE POUCO INTERESSANTE PARA O MERCADO DE TRABALHO. – O ex-esposo deve pensionar a ex-esposa que, durante a vida conjugal, dedicou-se à família e ao filho, e que em razão de disto não pode ficar desamparada, aos quarenta e seis anos e sem perspectiva de ser inserida no mercado de trabalho" (TJ/MG, Ap. Cív. 1.0024.05.784.018-3, Des. Rel. Armando Freire, Rel. p/ acórdão Des. Alberto Villas Boas, julg. 29.09.2009, publ. *DJ* 10.11.2009).

77 "Para que se configure a possibilidade de exoneração da pensão alimentícia prevista no art. 1.699, do Código Civil, é necessária a prova das alterações nas condições econômicas do alimentante, que impossibilitem o cumprimento da obrigação sem o prejuízo do seu sustento e de sua família, ou da diminuição das necessidades do alimentado. É transitório o dever de prestar alimentos a ex-cônjuge plenamente apto a buscar seu autossustento, sob pena de favorecimento à indesejável acomodação, à inércia e ao enriquecimento sem causa" (TJ/MG, 5ª C.C, Ap. Cív. 1.0702.07.368005-1/001, Rel. Des. Maria Elza, julg. 03.12.2009, publ. *DJ* 12.01.2010); A falta de provas sobre a incapacidade de ingresso da ré no mercado de trabalho torna imperiosa a redução do encargo alimentar custeado por seu ex-esposo, inclusive a limitação temporal do pensionamento, sob pena de se incentivar o ócio da alimentanda (TJ/MG, 6ª C.C., Ap. Cív. 1.0145.10.023582-2/001, Rel. Des. Edilson Fernandes, julg. 10.07.2012, publ. *DJ* 20.07.2012).

78 STJ, 3ª T., REsp 1388116/SP, Rel. Des. Ministra Nancy Andrighi, julg. 20.05.2014, publ. *DJ* 30.05.2014.

79 "2. Orienta-se a jurisprudência do Superior Tribunal de Justiça no sentido de que os alimentos entre ex-cônjuges devem ter caráter excepcional e transitório, salvo quando um deles não detenha mais condições de reinserção no mercado de trabalho ou de readquirir sua autonomia financeira, seja em razão da idade avançada ou do acometimento de problemas de saúde. 3. Hipótese, todavia, em que a ex-cônjuge é jovem e inserida no mercado de trabalho, conforme consignado na própria sentença que fixara os alimentos por ocasião do divórcio, já tendo sido a exoneração determinada

elimina-se qualquer risco de paternalismo, por um lado e, por outro, o de deixar o cônjuge (e muitas vezes, por via de consequência, os filhos) à própria sorte, relegando-o a condições indignas de sobrevivência.

Essa análise desapegada de parâmetros temporais preestabelecidos deve ser o paradigma a ser instaurado, de modo que essa transitoriedade dialogue efetivamente com a realidade do caso concreto. Isso permitirá maior segurança àqueles que abandonam ou reduzem a sua atividade profissional, em modelos de convivência em que um dos cônjuges se dedica mais intensamente ao dia a dia da família – o que ocorre, com frequência, quando nascem os filhos, por exemplo.

Não obstante os deveres conjugais findem com a separação de fato, a mútua assistência projeta-se, por meio da obrigação alimentar, para além do fim do casamento. Assim, a averiguação do binômio necessidade *versus* possibilidade deve ser levada em conta até o decreto do divórcio, salvo se houver qualquer tipo de ressalva na sentença. Dito de outro modo, é necessário que um dos cônjuges apresente em juízo, antes da sentença de divórcio, demanda com vistas à fixação da pensão para si, já que o divórcio rompe, definitivamente, todos os deveres do casamento. Esse argumento é reforçado pelo art. 1.704 do Código Civil que prevê que "se um dos cônjuges separados judicialmente vier a necessitar de alimentos, será o outro obrigado a prestá-los mediante pensão a ser fixada pelo juiz (...)", de modo a limitar, temporalmente, a viabilidade do ajuizamento do pedido de alimentos até o momento anterior à decretação do divórcio.

De todo modo, mesmo após a decretação do divórcio, a jurisprudência admite, em casos excepcionais, a pretensão alimentar entre ex-cônjuges. A título ilustrativo, no julgamento do Recurso Especial 1.073.052, o Min. Marco Buzzi reconheceu a possibilidade de o ex-cônjuge requerer alimentos do consorte, a despeito de não ter havido pedido de alimentos na ação de divórcio. Nesse caso, restaria comprovar somente as exigências do binômio necessidade *x* possibilidade, conforme estatuiu o acórdão assim ementado: "1. Tese de violação ao art. 1.704 do Código Civil. Acolhimento. Alimentos não pleiteados por ocasião do divórcio litigioso. Requerimento realizado posteriormente. Viabilidade. Impossibilidade jurídica afastada. Renúncia tácita não caracterizada. 2. Não há falar-se em renúncia do direito aos alimentos ante a simples inércia de seu exercício, porquanto o ato abdicativo do direito deve ser expresso e inequívoco. 3. Em atenção ao princípio da mútua assistência, mesmo após o divórcio, não tendo ocorrido a renúncia aos alimentos por parte do cônjuge que, em razão dos longos anos de duração do matrimônio, não exercera atividade econômica, se vier a padecer de recursos materiais, por não dispor de meios para suprir as próprias necessidades vitais (alimentos necessários), seja por incapacidade laborativa, seja por insuficiência de bens, poderá requerê-la de seu ex-consorte, desde que preenchidos os requisitos legais. 4. Recurso especial provido, a fim de afastar a impossibilidade jurídica do pedido e determinar que o magistrado de primeiro grau dê curso ao processo".[80]

---

por acórdão do Tribunal de Justiça em ação revisional" (STJ, 4ª T., HC 431.515 – DF, Relª. Minª. Maria Isabel Gallotti, julg. 20.8.2019, publ. *DJ* 26.08.2019).

80 STJ, 4ª T., REsp 1.073.052, Rel. Min. Marco Buzzi, julg. 11.06.2013, publ. *DJ* 02.09.2013.

Ainda no que se refere o art. 1.704 do Código Civil, a linguagem literal do dispositivo circunscreve a fixação dos alimentos à análise de culpa. Desse modo, o cônjuge culpado pelo fim do casamento, em caso de necessidade, teria direito apenas aos alimentos naturais, considerando-se a culpa como fator prejudicial ao percebimento de alimentos civis. Entretanto, tal interpretação literal há de ser afastada, como antes examinado, por incompatibilidade com os valores constitucionais, de forma a que a fixação dos alimentos seja subordinada somente ao binômio necessidade-possiblidade. Assim sendo, o cônjuge impossibilitado de prover o próprio sustento poderá pleitear alimentos naturais e civis, sem que cogite dos motivos que resultaram no rompimento da sociedade matrimonial.

Alimentos para ex-companheiros

Em relação aos ex-companheiros, aplica-se o mesmo raciocínio dos alimentos para ex-cônjuges. Os companheiros também têm direito aos alimentos, cuja *ratio* associa-se ao princípio da solidariedade nas relações familiares.[81] Além disso, no sistema do Código Civil, os alimentos são cabíveis entre parentes, cônjuges e companheiros (CC, art. 1.694), tratando-se de forma conjunta os legitimados para participar da relação alimentar. Tal qual no casamento, na união estável há que se comprovar a entidade familiar para justificar o pedido de alimentos.

Alimentos para os netos

Em relação aos alimentos entre parentes, algumas peculiaridades devem ser analisadas. Uma delas se refere à obrigação dos avós de participar do sustento dos seus netos, de forma complementar e subsidiária (alimentos avoengos). O art. 1.698 do Código Civil judicializa a obrigação alimentar dos avós, em caso da impossibilidade financeira dos pais de arcar com o sustento dos filhos. Todavia, estabelece dois critérios: é obrigação sucessiva e completar, positivando-se construção jurisprudencial sedimentada no Superior Tribunal de Justiça: "a responsabilidade dos avós de prestar alimentos aos netos não é apenas sucessiva, mas também complementar, quando demonstrada a insuficiência de recursos do genitor".[82]

A sucessividade evita que se deduza arbitrariamente pretensão judicial alimentar contra os avós. Afinal, o dever de alimentos recai precedentemente sobre os pais, principalmente quando os filhos ainda são menores, como consequência da autoridade parental, conforme dispõe o art. 229, C.R., em cujo conteúdo se insere o dever de assistência. Nessa perspectiva, a responsabilidade dos avós de prestar alimentos ao neto surge

[81] Tendo em vista que foi apenas com a Constituição da República de 1988 que o que era chamado concubinato, a partir de então denominado união estável, foi alçado à condição de entidade familiar, que se iniciou a aplicação dos efeitos de direito de família à mesma, pois antes era entendida como sociedade de fato, atraindo a disciplina do direito obrigacional, conforme desenvolvido no capítulo 5. Nesse sentido: "ALIMENTOS. CONCUBINATO. O DEVER DE PRESTAR ALIMENTOS PODE SURGIR COMO DECORRÊNCIA DO CONCUBINATO. RECURSO CONHECIDO E PROVIDO PARA AFASTAR A SENTENÇA DE EXTINÇÃO DO PROCESSO INSTAURADO PELA CONCUBINA" (STJ, 4ª T., REsp 36040/RJ, Rel. Min. Ruy Rosado de Aguiar, julg. 24.06.1997, publ. *DJ* 18.08.1997, p. 37.871).

[82] STJ, 3ª T., Resp 579.385/SP, Rel. Min. Nancy Andrighi, julg. 26.08.2004, publ. *DJ* 04.10.2004. O STJ reafirmou o entendimento de que a responsabilidade dos avós de prestar alimentos é subsidiária e complementar à responsabilidade dos pais, sendo exigível, tão somente, em caso de impossibilidade de cumprimento da prestação, ou de cumprimento insuficiente, pelos genitores no AREsp 1.971.113/RJ, Rel. Min. Humberto Martins, julg. 27.10.2021, publ. DJ 28.10.2021.

somente quando os genitores não têm condições de suprir as necessidades da criança ou do adolescente.[83] O art. 1.696 do Código Civil, correspondente ao art. 397 do Código Civil de 1916, dispõe que "o direito à prestação de alimentos é recíproco entre pais e filhos e extensivo a todos os ascendentes, recaindo a obrigação nos mais próximos em grau, uns em falta de outros". O referido dispositivo cria, desta maneira, a prioridade de dever jurídico para os pais em relação aos filhos, só sendo legítimo convocar os avós, na falta ou na impossibilidade dos pais. A Ministra Nancy Andrighi, propõe que a expressão *falta*, referida no dispositivo, seja interpretada como: (i) ausência propriamente dita (aquela judicialmente declarada, a decorrente de desaparecimento do genitor e o seu falecimento); (ii) incapacidade de exercício de atividade remunerada pelo pai; e (iii) insuficiência de recursos necessários para suprir as necessidades do filho.[84]

Nessa perspectiva, a obrigação dos avós não é apenas sucessiva, mas também, complementar.[85] A complementariedade corresponde à incapacidade dos pais em fazer frente, sozinhos, à subsistência dos filhos, visando a pensão, portanto, a suplementar as necessidades básicas dos netos que não estão sendo suportadas pelos pais, em razão da impossibilidade financeira destes de assumi-la em sua inteireza.[86]

Tendo em vista que os avós não têm o dever de sustento, a obrigação alimentar limita-se aos alimentos naturais, evitando-se assim pleitos abusivos. A responsabilidade

---

83 Por isso, a jurisprudência tem entendido que, primeiro, deve-se esgotar a aferição da possibilidade dos pais e, só depois, em outra ação, dos avós: "1. A obrigação alimentar dos avós é subsidiária e complementar a dos pais, e só se justifica na impossibilidade comprovada de ambos os genitores arcarem com as necessidades básicas dos filhos. 2. A superveniência de mudança na situação financeira é pressuposto necessário para a alteração do encargo alimentar, impondo-se sopesar as possibilidades do alimentante e as necessidades do alimentando com o valor estabelecido a título de alimentos. 3. Apelo desprovido" (TJ/PB, 4ª C.C., Ap. Cív. 00011431120158150000, Rel. Des. Romero Marcelo da Fonseca Oliveira, julg. 16.08.2016). Nessa direção: TJ/RS, 8ª C.C., Ap. Cív. 70069015600, Rel. Des. Luiz Felipe Brasil Santos, julg. 10.11.2016; TJ/RS, 7ª C.C., A.I.70070950266, Rel. Des. Liselena Schifino Robles Ribeiro, julg. 09.11.2016.

84 STJ, 3ª T., Resp. 579.385/SP, Rel. Min. Nancy Andrighi, julg. 26.08.2004, publ. *DJ* 04.10.2004.

85 Confira-se o REsp 81838, da relatoria do Min. Aldir Passarinho, publicado no *DJ* de 04.09.2000 e o REsp 119336, da relatoria do Min. Ruy Rosado de Aguiar, publicado no *DJ* de 10/3/2003, este último assim ementado: "Alimentos. Avós. Obrigação suplementar. Os avós, tendo condições, podem ser chamados a complementar o pensionamento prestado pelo pai que não supre de modo satisfatório a necessidade dos alimentandos. Art. 397 do Código Civil. Precedentes. Recurso conhecido e provido". Relevante destacar que esta Turma também já se manifestou sobre o assunto em um único precedente do Min. Ari Pargendler, publicado no *DJ* de 27.11.2000, cuja ementa é a seguinte: "Civil. Alimentos. Complementação pelo avô. O avô está obrigado a complementar os alimentos, sempre que as necessidades do menor não puderem ser integralmente satisfeitas pelos pais. Recurso especial não conhecido".

86 O Superior Tribunal de Justiça, quando do julgamento do Recurso Especial 70740/SP, de relatoria do Min. Barros Monteiro, pronunciou-se da seguinte forma: "...O fato de o genitor já vir prestando alimentos ao filho não impede que este último possa reclamá-los dos avós paternos, desde que demonstrada a insuficiência do que recebe... A responsabilidade dos avós não é apenas sucessiva em relação à responsabilidade dos progenitores, mas também é complementar para o caso em que os pais não se encontrem em condições de arcar com a totalidade da pensão, ostentando os avós, de seu turno, possibilidades financeiras para tanto...". O Supremo Tribunal Federal também reconheceu quando do julgamento do Recurso Extraordinário 71761/SP, no qual foi relator o então Ministro Djaci Falcão "... a responsabilidade complementar do avô, pessoa abastada, para completar os alimentos necessários, que o pai não pode oferecer aos filhos menores...".

imputada aos pais é qualitativa e quantitativamente maior do que a responsabilidade dos avós. O dever de assistência entre parentes tem, portanto, amplitude mais reduzida, que deve ser compatibilizada com a solidariedade familiar. Assim, a forma de garantir a subsistência dos netos é a fixação de alimentos naturais. Já os alimentos civis, que têm por escopo a garantia do padrão de vida antes desfrutado, extrapolam os limites de exigibilidade jurídica, mesmo porque a condição social dos filhos a ser garantida é a dos pais, não a dos avós.[87]

Uma última reflexão refere-se ao litisconsórcio em relação aos demais avós, autorizado pelo art. 1.698 do Código Civil. Se o neto, representado pela mãe, ajuíza ação de alimentos contra os avós paternos, qual é o momento de se formar o litisconsórcio? Ele é obrigatório ou facultativo? Por se tratar de direito potestativo, entende-se que o autor da demanda, ultrapassada a prévia comprovação da impossibilidade dos pais, tem a faculdade de escolher contra quem propor o pedido de alimentos complementares. Diante dessa premissa inicial, caso a ação seja ajuizada contra apenas um dos avós, não caberá ao juiz, de ofício, determinar a inclusão dos demais integrantes de mesmo grau, mas sim apurar e aquilatar a parcela – dentro uma análise completa do binômio necessidade/possibilidade –, devida por aquele réu. Arca assim o autor com ônus de sua escolha. Todavia, poderá o demandado chamar os demais avós, caso não queira suportar sozinho o encargo, uma vez que a obrigação é de todos do mesmo grau. Assim, caso o réu citado entenda necessária a ampliação do polo subjetivo passivo da lide, o juiz deve acatar o pleito. O litisconsórcio necessário somente se constitui a partir dessa escolha exteriorizada no processo uma vez que não há obrigatoriedade inicial da inclusão de todos os avós.

A relação jurídica existente entre as partes autora e ré atinge todos os parentes de mesmo grau, não havendo diferença quanto à inclusão de avós paternos e maternos. A diferença se dará quanto à condenação dos requeridos, que tomará como base a apuração da capacidade contributiva de cada um deles, contraposta à necessidade do alimentário. Por essa razão, além de se configurar litisconsórcio necessário, este será, também, simples, e não unitário, vez que a condenação será individualizada.

Alimentos entre colaterais

O art. 1.697 do Código Civil estabelece hipótese de alimentos entre outros parentes na linha colateral. O dispositivo, em sua literalidade, prevê o direito aos alimentos entre irmãos (parentes colaterais em segundo grau), excluindo-se os demais parentes na linha transversal, quais sejam, tios e sobrinhos (em terceiro grau), primos, tios avós e sobrinhos netos (em quarto grau).[88] Entende-se, nesta linha interpretativa,

---

87 Seja consentido remeter a Alexandre Miranda Oliveira, Ana Carolina Brochado Teixeira, Obrigação alimentar dos avós: limites e critérios para fixação. *Revista Brasileira de Direito de Família*, v. 38, 2006, pp. 64-86.

88 "O interesse na homologação de acordo de alimentos entre parentes restringe-se aos que estão legalmente obrigados a prestá-los, a saber, ascendentes, descendentes e colaterais, estes últimos até o segundo grau" (TJ/DF, 4ª T.C., Ap. Cív. 20090110967185APC, Rel. Des. Fernando Habibe, julg. 27.10.2010, publ. *DJ* 08.11.2010). No mesmo sentido: TJ/RS, 7ª C.C., A.I.70068785179, Rel. Liselena Schifino Robles Ribeiro, julg. 29.06.2016; TJ/RJ, 11ª C.C., Ap. Cív. 0002902-44.2014.8.19.0061, Des. Rel. Alcides da Fonseca Neto, julg. 06.01.2016; TJ/MG, 1ª C.C., A.I. 1.0223.13.009501-9/003, Rel. Des.

que o legislador deliberadamente deixou de estender a obrigação alimentar a todos os parentes colaterais, reduzindo o espectro de incidência do dever de solidariedade.

Ao mesmo tempo que os isenta dos alimentos, o art. 1.839 do Código Civil prevê que os parentes colaterais são herdeiros legítimos uns dos outros. Objeta-se que tal circunstância traduziria incoerência do sistema calcado na solidariedade familiar, na medida em que a lei isenta os colaterais em terceiro e quarto grau de prestar alimentos, mas os incluem no rol dos herdeiros legítimos, sendo ambos os institutos – alimentos e sucessão legítima – fundamentados na solidariedade. É sabido que onde existe a mesma *ratio* deve haver a mesma consequência jurídica. Ademais, considera-se injustificável que o parente colateral esteja legalmente autorizado a não auxiliar materialmente algum outro parente que necessite de ajuda financeira para sobrevivência, a fim de que possa desenvolver-se biopsiquicamente.[89]

O Superior Tribunal de Justiça manifestou-se algumas vezes sobre o assunto. Dentre os casos examinados pelo STJ, destaca-se hipótese em que foi invocado o princípio da dignidade da pessoa humana e o princípio da proteção ao idoso para não obrigar as tias, com mais de 60 anos de idade, a pensionar os sobrinhos. No caso sob julgamento, as tias, idosas e adoentadas os auxiliaram financeiramente o máximo que puderam, ajuda esse fruto da solidariedade, da compaixão e do amor, ante um quadro de alcoolismo e violência contra a mãe desempregada das crianças por parte do pai. Mesmo depois da separação do casal, sensibilizadas com a situação, as tias continuaram a tentar dar uma vida digna aos sobrinhos.[90]

Eduardo Andrade, julg. 28.05.2014, publ. *DJ* 05.06.2014; TJ/MG, 2ª C.C., Ap. Cív. 1.0024.10.191582-5/001, Rel. Des. Marcelo Rodrigues, julg. 01.10.2013, publ. *DJ* 11.10.2013; TJ/DF, 3ª T. C., Ap. Cív. 20070110381799APC, Rel. Des. Esdras Neves, julg. 15.04.2009, publ. *DJ* 16.06.2009.

89 Cfr., esta direção: "A interpretação mais adequada do art. 1.697 do CCB, tanto do ponto de vista gramatical quanto jurídico, é aquela que permite a postulação de alimentos aos parentes colaterais até o 4º grau. Ademais, no caso concreto, as necessidades dos alimentados e a impossibilidade do pai deles de prover o sustento dos filhos foi reconhecida e admitida de forma expressa pela tia. A admissão, feita por escrito em documento encaminhado aos autores, consubstancia verdadeira confissão extrajudicial (CPC, arts. 348 e 353, *caput*). E isso torna de rigor a procedência da demanda. As tias/alimentantes têm condições de alcançar aos sobrinhos valores maiores do que aqueles fixados pela sentença recorrida. A condenação das rés ao pagamento de alimentos, mesmo em valor ligeiramente inferior ao postulado na petição inicial, as torna perdedoras da ação e integralmente sucumbentes. Com isso, são elas que devem arcar com a integralidade dos ônus sucumbenciais" (TJ/RS, 8ª C.C., A.C. 70016425944, Rel. Des. Rui Portanova, julg. 16.11.2006).

90 A Turma decidiu que as tias dos menores representados pela mãe na ação de alimentos não são obrigadas a pagar alimentos aos sobrinhos após a separação dos pais. No caso dos autos, a mãe não trabalha e o pai, com problemas de alcoolismo, cumpre apenas parcialmente o débito alimentar (equivalente a um salário mínimo mensal). Ressalta a Minª. Relatora que a voluntariedade das tias idosas que vinham ajudando os sobrinhos após a separação dos pais é um ato de caridade e solidariedade humana, que não deve ser transmudado em obrigação decorrente do vínculo familiar. Ademais, a interpretação majoritária da lei pela doutrina e jurisprudência tem sido que os tios não devem ser compelidos a prestar alimentos aos sobrinhos. Por tratar-se de ato de caridade e de mera liberalidade, também não há o direito de ação para exigibilidade de ressarcimentos dos valores já pagos. Invocou, ainda, que, no julgamento do HC 12.079-BA, *DJ* 16.10.2000, da relatoria do Min. Sálvio de Figueiredo, reconheceu-se que a obrigação alimentar decorre da lei, que indica os parentes obrigados de forma taxativa e não enunciativa, sendo assim são devidos os alimentos, reciprocamente, pelos pais, filhos, ascendentes, descendentes e colaterais até segundo grau, não

Resulta do caso narrado embate principiológico em torno do princípio da dignidade da pessoa humana – a proteção de crianças e adolescentes de um lado e, de outro, a proteção de pessoas idosas, duas categorias tuteladas pelos respectivos estatutos protetivos – Estatuto da Criança e do Adolescente, e Estatuto da Pessoa Idosa, ambos concebidos em sintonia com a tábua axiológica da Constituição Federal de 1988. Decidiu-se por manter a irrepetibilidade dos alimentos prestados de forma voluntária até então e negar a existência da obrigação alimentar das tias, de modo a lhes garantir uma vida digna, com a capacidade de suprir as suas necessidades.

Alimentos para pessoas idosas

Ainda a respeito de alimentos entre parentes, merece destaque os alimentos para o idoso, cuja proteção diferenciada encontra previsão no art. 230 da Constituição da República, que reafirma seu direito à vida e ao bem-estar, bem como imputa à família, à sociedade e ao Estado o dever de amparo à pessoa idosa. A justificativa para o tratamento diferenciado repousa em dois fundamentos de ordem constitucional: os princípios da igualdade substancial e da solidariedade familiar.[91] Trata-se de intervenção estatal reequilibradora, para tutelar fase da vida em que a pessoa pode portar consigo algum tipo de fragilidade geradora de dificuldades financeiras que ameaçam a sua dignidade. Sabe-se que se trata de época da vida em que se requer maiores cuidados (e gastos) com a saúde, o que pode incluir medicamentos, médicos especializados e alto custo de plano de saúde.

Por isso, o art. 12 do Estatuto da Pessoa Idosa, Lei 10.741/03, prevê que a obrigação alimentar será solidária e não divisível, como é inerente aos demais tipos de alimentos. Isso significa que o idoso pode escolher entre os prestadores[92] que tiver melhores condições financeiras e este tem direito de regresso contra os demais parentes da mesma classe e mesmo grau, levando-se em consideração, somente nesta ação, a possibilidade financeira dos demais. O legislador, dessa maneira, poupa o idoso do ônus

abrangendo, consequentemente, tios e sobrinhos (STJ, 3ª T., REsp. 1.032.846-RS, Rel. Min. Nancy Andrighi, julg. 18.12.2008, publ. *DJ* 16.06.2009).

91 Para justificar a incidência da solidariedade para grupos específicos de vulneráveis, Denis Franco e Fabiana Barletta assim se manifestam: "Assim como a ideia de fraternidade somente pode ser compreendida a partir de suas interações com a liberdade e a igualdade liberais, a compreensão da solidariedade articula-se com o desejo de diversidade, com o fomento a posturas positivas de atendimento das necessidades especiais do outro por uma via de reconhecimento mais ampla, qual seja, a da inclusão em razão da simples condição humana, respeitando-se diversidades étnicas, culturais, sociais ou, no que é particularmente relevante neste momento, geracionais" (Denis Franco Silva, Fabiana Rodrigues Barletta, Solidariedade e tutela do idoso: o direito aos alimentos. In: Carlos Eduardo Pianovski Ruzyk, Eduardo Nunes Barbosa, Joyceane Bezerra de Menezes, Marcos Ehrhardt Júnior (Org.), *Direito Civil Constitucional:* a ressignificação da função dos institutos fundamentais do direito civil contemporâneo e suas consequências, Florianópolis: Conceito, 2014, p. 457).

92 Deve-se seguir a ordem legal: o idoso deve pleitear, em primeiro lugar, alimentos em face dos filhos e, se não for suficiente, dos netos e, assim, sucessivamente. Lembre-se aqui o mandamento do art. 229 CR que determina que os filhos têm o dever de ajudar e amparar os pais na velhice, carência e enfermidade. Em sentido diverso, com o qual concordamos: "O princípio constitucional da solidariedade impõe, por consequência, o ônus da necessidade de alimentos para além mesmo do núcleo de convivência afetiva ou associativa do idoso. Dessa maneira, deve ser aplaudida a regra de solidariedade obrigacional (aquela que constitui por unidade de objeto e pluralidade de devedores sem benefício de ordem) contida no art. 12 do Estatuto do Idoso", (Denis Franco Silva, Fabiana Rodrigues Barletta, Solidariedade e tutela do idoso: o direito aos alimentos, cit., p. 463).

de investigar as condições financeiras dos coobrigados ao pagamento de pensão. Em consequência, o magistrado analisará unicamente suas necessidades e a disponibilidade financeira do réu eleito pelo idoso. Além disso, mostra-se plausível que a decisão adquira, presumidamente, maior eficácia, sendo a parte ré o descendente com melhores condições financeiras; assim, o idoso terá maior segurança para a satisfação de suas necessidades materiais.[93] Nesse sentido, o STJ estabeleceu que "a Lei n.º 10.741/2003 atribuiu natureza solidária à obrigação de prestar alimentos quando os credores forem idosos, que, por força da sua natureza especial, prevalece sobre as disposições específicas do Código Civil. Conforme o ordenamento civil, o devedor que satisfez a dívida por inteiro tem direito a exigir de cada um dos codevedores a sua quota".[94]

Outra peculiaridade dos alimentos para a pessoa idosa refere-se à possibilidade de o Promotor de Justiça ou o Defensor Público referendar transações relativas a alimentos, que passarão a ter efeito de título executivo extrajudicial, nos termos da lei processual, conforme art. 13 do Estatuto da Pessoa Idosa.[95]

Os diferenciais ora apontados decorrem dos princípios da prioridade absoluta (art. 3º do Estatuto da Pessoa Idosa) e o da proteção integral (art. 2º do Estatuto da Pessoa Idosa).

6. FORMAS DE FIXAÇÃO DA OBRIGAÇÃO ALIMENTAR

A obrigação alimentar pode ser fixada de maneiras diferentes: quanto ao modo de efetuar o pagamento e quanto aos destinatários. O pagamento dos alimentos poderá ser efetuado *in natura* ou em pecúnia. O art. 1.701 do Código Civil prevê que: "A pessoa obrigada a suprir alimentos poderá pensionar o alimentando, ou dar-lhe hospedagem e sustento, sem prejuízo do dever de prestar o necessário à sua educação, quando menor", competindo ao juiz fixar a forma do cumprimento da prestação, se as circunstâncias o exigirem.

Muito embora o corriqueiro na relação alimentar seja seu pagamento em dinheiro, os alimentos também podem ser pagos *in natura*, comprometendo-se o alimentante a

---

[93] Renata Almeida e Walsir Júnior entendem que o ordenamento tratou pessoas vulneráveis de forma desigual: "A crítica que se faz não é contra a solidariedade que, em última análise, beneficia o idoso, mas a falta de isonomia, pois essa regra não foi estabelecida em benefício da criança e do adolescente, que também têm garantidos pela Constituição tratamento especial" (Renata Barbosa de Almeida, Walsir Edson Rodrigues Júnior, *Direito Civil*, cit., p. 423). Em sentido contrário: "Há que se observar que quando o idoso recorre à via judicial para ter acesso aos alimentos, ele o faz, na maioria das vezes, porque perdeu sua autonomia no que concerne às condições de trabalho para se manter. Observe-se que tal situação é bastante diferente da conjuntura da criança e do adolescente. Quando esses precisam de alimentos, são representados ou assistidos por alguém, não ocupam estes, assim se diga, a 'linha de frente' do conflito. Eles não se expõem. Há quem o faça por eles. Ademais, crianças e adolescentes nunca gozaram de autonomia para se satisfazer materialmente" (Denis Franco Silva; Fabiana Rodrigues Barletta, *Solidariedade e tutela do idoso*, cit., p. 462).

[94] STJ, 3ª T., AgInt nos EDcl no REsp 1731004 – PR, Rel. Min. Paulo de Tarso Sanseverino, julg. 24.08.2020, publ. *DJ* 28.08.2020.

[95] O art. 14 traz a seguinte reflexão: o legislador responsabilizou o Estado pelos alimentos na forma de assistência social, na ausência de possibilidade do idoso ou de seus familiares, realizando o ditame do art. 226, que determina que "A família, base da sociedade, tem especial proteção do Estado".

cobrir determinadas necessidades do alimentando, tais como escola, plano de saúde, condomínio etc., abatendo-se estes custos que ficam sob sua responsabilidade direta do montante total que deve a título de pensão alimentícia.[96] Ou seja, é possível a fixação de alimentos em ambas as formas, exclusiva ou cumulativamente.

Dito de outro modo, pode-se efetuar o pagamento dos alimentos por meio de pensionamento em pecúnia (através de entrega de dinheiro ou depósito em conta bancária) ou através de pagamento de despesas *in natura*, mecanismo este que, no caso de alimentos para filho menor, permite ao genitor alimentante participar mais ativamente da sua educação, por meio do pagamento direto das despesas e consequente diálogo com os fornecedores e prestadores de serviços.[97]

A pensão *in natura*, que impõe ao devedor de alimentos a tarefa de suportar diretamente as mensalidades referentes aos gastos dos menores, pode ser mais eficaz e segura aos alimentandos. Assim, observa-se que "o julgador pode estabelecer algumas pautas de alimentos para cumprimento direto e eficaz, (...) sem prejuízo de um valor periódico em dinheiro, para atendimento das demais requisições da vida diária do alimentando"[98].

A rigor, as peculiaridades do caso devem ser sempre analisadas. Isso porque a fixação de alimentos inteiramente em pecúnia pode implicar o completo alijamento do alimentante das decisões relativas aos filhos.[99] Além de o pagamento dos alimentos *in natura* não trazer quaisquer prejuízos aos alimentários, estando, portanto, resguar-

---

96 "O fim do consenso que regulava a forma de prestação alimentar, aliado a pedido do alimentado para que haja conversão dos alimentos 'in natura' para pecúnia, são elementos suficientes para autorizar o julgador, com base no parágrafo único do art. 1.701 do CC-02, a fixar de pronto nova forma de cumprimento da prestação que deverá, prioritariamente, privilegiar o pagamento de alimentos em dinheiro" (STJ, 3ª T., REsp 1284177/DF, Rel. Min. Nancy Andrighi, julg. 04.10.2011, publ. *DJ* 24.10.2011).

97 Em sentido contrário: "Permitir o pagamento *in natura*, significaria deixar a critério exclusivo do alimentante, que não detém a guarda da menor, a decisão acerca não só da real necessidade da beneficiária, mas do padrão de vida da alimentada, não se podendo impingir a ela, além do sofrimento vivenciado em decorrência da separação dos pais, uma situação de instabilidade financeira, que poderá gerar desgastes, não só para a adolescente, mas, principalmente poderá gerar conflito entre os progenitores ainda graves do que aqueles decorrentes da ruptura da sociedade conjugal" (TJ/MG, 8ª C.C., Ap. Cív. 1.0024.11.292415-4/003, Rel. Des. Teresa Cristina da Cunha Peixoto, julg. 16.04.2015, publ. *DJ* 28.04.2015).

98 Rolf Madaleno, *Direito de família*, cit., p. 1.267.

99 "2. A variabilidade ou possibilidade de alteração que caracteriza os alimentos, e que está prevista e reconhecida no referido art. 1.699, não diz respeito somente à possibilidade de sua redução, majoração e exoneração na mesma forma em que inicialmente fixados, mas também à alteração da própria forma do pagamento sem modificação de valor, pois é possível seu adimplemento mediante prestação em dinheiro ou o atendimento direto das necessidades do alimentado (*in natura*), conforme se observa no que dispõe o art. 1.701 do Código Civil/2002. 3. Nesse contexto, a ação de revisão de alimentos, que tem rito ordinário e se baseia justamente na característica de variabilidade da obrigação alimentar, também pode contemplar a pretensão de modificação da forma da prestação alimentar (em espécie ou in natura), devendo ser demonstrada a razão pela qual a modalidade anterior não mais atende à finalidade da obrigação, ainda que não haja alteração na condição financeira das partes nem pretensão de modificação do valor da pensão, cabendo ao juiz fixar ou autorizar, se for o caso, um novo modo de prestação" (STJ, 4ª T., Rel. Min. Raul Araújo, julg. 06.08.2015, publ. *DJ* 17.08.2015).

dado seu melhor interesse, certo é que desta forma o alimentante terá assegurado seu direito e dever, oriundo da autoridade parental, de efetiva e ativamente participar das decisões afetas ao desenvolvimento de seus filhos. Desta forma, "o juiz só negará a pensão *in natura* na hipótese de justa causa, depois de apreciadas as circunstâncias de cada caso em concreto".[100] Estruturava-se dessa maneira o planejamento tributário, uma vez que os alimentos pagos *in natura* não compunham a base de cálculo do beneficiário para incidência de imposto de renda. No entanto, o STF decidiu ser inconstitucional o imposto de renda sobre pensão alimentícia, por não se tratar de renda, mas de valores fixados para as necessidades de subsistência.[101]

Nota-se que a jurisprudência apresenta-se contrária ao pagamento de alimentos *in natura* em razão da dificuldade de liquidez na hipótese de inadimplemento: "Deve ser reformada a sentença que arbitra parte do pensionamento 'in natura' e outra em pecúnia, quando demonstrado que a fixação do encargo em parcela ilíquida propicia o inadimplemento pelo alimentante, em prejuízo à satisfação das necessidades do menor".[102]

Outro argumento é o grau de litigiosidade como fator dificultador para a implementação das escolhas pelo alimentante das despesas: "Diante do conjunto probatório, e observando a necessidade da criança e a possibilidade de ambos os pais, atento, ainda, a litigiosidade entre ambos, o que não favorece pagamentos *in natura*, entende-se que o recurso deva ser provido apenas para retirar do encargo alimentar a obrigação de arcar com as despesas de material escolar e medicamentos, consolidando a pensão ao percentual de 30%, sobre os rendimentos líquidos, percentual este um pouco acima da média em virtude da doença do menor".[103]

Tais argumentos, que talvez sejam pertinentes para a maioria dos casos em julgamento, não justificam a insensibilidade do magistrado para as peculiaridades fáticas cada caso concreto, no qual as circunstâncias permitam incluir o alimentante na rotina da vida do alimentado, participando ativamente também pela via do pagamento *in natura*.

Alimentos *intuitu familiae* ou *intuitu personae*

Quanto aos destinatários, os alimentos podem ser fixados *intuitu familiae* ou *intuitu personae*. Sabe-se que o pedido de pensão alimentícia deve ser analisado à luz do binômio necessidade/possibilidade, previsto no § 1º, do art. 1.694 do Código Civil, devendo o valor fixado ser suficiente para suportar as despesas de sustento da

[100] Rolf Madaleno, *Direito de família*, cit., p. 1.267.

[101] STF, ADI 5.422, Rel. Min. Dias Toffoli, julg. 6.6.2022, publ. DJe 23.8.2022. Entendeu-se possível, inclusive, a recuperação dos valores pagos a esse título durante os últimos 5 anos, administrativamente, perante a Receita Federal.

[102] Deve ser reformada a sentença que arbitra parte do pensionamento *in natura* e outra em pecúnia, quando demonstrado que a fixação do encargo em parcela ilíquida propicia o inadimplemento pelo alimentante, em prejuízo à satisfação das necessidades do menor. A verba alimentar deve ser fixada em consonância com o binômio necessidade *x* possibilidade, observado o padrão de vida outrora ostentado pelo menor, propiciado pelo genitor, que não se desincumbe do ônus de comprovar a alegada incapacidade financeira. (TJMG, 2ª C.C., Ap. Cív. 1.0024.09.602453-4/001, Rel. Des. Afrânio Vilela, julg. 28.06.2011, publ. *DJ* 02.08.2011).

[103] TJ/RJ, 15ª C.C., Ap Cív. 0368446-52.2015.8.19.0001, Rel. Des. Ricardo Rodrigues Cardozo, julg. 02.08.2016.

parte alimentada e guardar proporcionalidade com a capacidade financeira do alimentante. Os alimentos *intuitu familiae* são fixados quando se mostra difícil aferir a exata proporção da necessidade de cada um dos alimentados, em circunstâncias em que muitas das despesas dos necessitados se confundem, sendo mais razoável o arbitramento da obrigação de forma global. Em contrapartida, os alimentos *intuitu personae* são aqueles fixados atendendo às necessidades específicas do alimentando, individualmente, sem considerar o grupo familiar, de forma personalíssima.

O que se nota, muitas vezes, é que a fixação dos alimentos *intuitu familiae* se dá em benefício dos filhos do casal e do cônjuge, de sorte que, se a ex-mulher dispensou seus alimentos, não há que se falar em arbitramento global da verba alimentar: "(...) se a ex-mulher dispensou seus alimentos não se trata de fixação *intuitu familiae*, pois foi realizada *intuitu personae* e, não obstante haja omissão da parte de cada alimentando, o valor deverá ser dividido pelo número de filhos credores".[104]

7. MODOS DE PAGAMENTO DOS ALIMENTOS EM ESPÉCIE

Existem duas formas de se efetivar o pagamento dos alimentos em espécie: desconto em folha de pagamento e entrega diretamente ao devedor, que pode se efetivar por meio de depósito em conta bancária.

A fim de melhor tutelar o credor quando o devedor exerce atividade profissional em regime celetista, com carteira assinada, medida de maior eficácia é o desconto da pensão alimentícia em folha de pagamento. Nesses casos, os alimentos são fixados, em geral, em percentual dos rendimentos do alimentante, de modo que a forma de reajuste – obrigatória por força do art. 1.710 do Código Civil – varia de acordo com o rendimento do devedor.

Quando o devedor é profissional liberal, o pagamento deve ser por meio de entrega direta ao credor ou através de depósito bancário. É medida menos segura, pois depende do depósito ou da entrega do valor correspondente pelo devedor. Nesses casos, os alimentos são reajustados em índice desvinculado dos rendimentos do devedor. O índice mais usual é o salário mínimo.

Não obstante o art. 7º, IV, da CR vede a vinculação do salário mínimo para qualquer fim, sua indexação aos alimentos é permitida, em razão de ambos cumprirem a mesma função: proporcionar a sobrevivência daqueles que o percebem.[105] A questão foi objeto de recente apreciação do Supremo Tribunal Federal em processo objeto de repercussão geral, no qual restou afirmada a seguinte tese: "A utilização do salário mínimo como base de cálculo do valor de pensão alimentícia não viola a Constituição Federal".[106] Esse já era o entendimento do STF, desde o julgamento de processo sob a

---

104 Yussef Said Cahali, *Dos alimentos*, cit., p. 221.

105 Yussef Said Cahali, *Dos alimentos*, cit., p. 530.

106 Redação da tese aprovada nos termos do item 2 da Ata da 12ª Sessão Administrativa do STF, realizada em 09/12/2015. O acórdão recebeu a ementa "DIREITO CONSTITUCIONAL. PENSÃO ALIMENTÍCIA. AÇÃO DE ALIMENTOS. FIXAÇÃO COM BASE NO SALÁRIO MÍNIMO. POSSIBILIDADE. ALEGAÇÃO DE VIOLAÇÃO AO ART. 7º, INCISO IV, DA CONSTITUIÇÃO FEDE-

relatoria do Min. Ilmar Galvão, com decisão assim ementada: "A fixação de pensão alimentícia tem por finalidade garantir aos beneficiários as mesmas necessidades básicas asseguradas aos trabalhadores em geral pelo texto constitucional. De considerar-se afastada, por isso, relativamente a essa hipótese, a proibição da vinculação ao salário mínimo, prevista no inciso IV do art. 7º da Carta Federal".[107]

Não obstante os alimentos devam estar, em regra, vinculados a índice de correção (art. 1.710 do CC), o STJ já entendeu que, em caso de pessoas maiores e capazes, a não previsão da atualização deve ser interpretada como renúncia ao reajuste: "os alimentos acordados voluntariamente entre ex-cônjuges, por se encontrarem na esfera de sua estrita disponibilidade, devem ser considerados como verdadeiro contrato, cuja validade e eficácia dependem exclusivamente da higidez da manifestação de vontade das partes apostas no acordo. Precedente. 4. Embora legalmente determinada a atualização monetária da obrigação alimentar por 'índice oficial regularmente estabelecido', a ausência de contratação expressa afasta a possibilidade de atualização automática do débito, impondo-se uma interpretação sistemática e harmônica entre a regra do Código Civil (art. 1.710) e a disposição específica acerca da correção monetária (art. 1º da Lei n. 10.192/2001). 5. Diferentemente, a prestação alimentar não cumprida a tempo e modo está sujeita à imposição da correção monetária, a qual deve incidir desde a data do vencimento da obrigação, por força da responsabilização do devedor pelos danos decorrentes de sua mora ou inadimplemento (art. 395 do CC/2002)".[108]

8. ALIMENTOS FIXADOS POR MEIO DE ESCRITURA PÚBLICA

Com o advento da Lei 11.441/2007, que permitiu a realização de divórcios e separações por meio de escrituras públicas, iniciou-se o debate acerca da eficácia do acordo de alimentos entre cônjuges nessa mesma escritura:[109] seria possível a execução na hipótese de inadimplemento? Seria cabível a execução tanto por prisão quanto por expropriação do patrimônio do devedor?

Sob a égide do Código de Processo Civil de 1973, considerava-se descabida a prisão civil, por se tratar de prestação estabelecida em título executivo extrajudicial, já que a dicção do art. 733 CPC, que autorizava a prisão civil, aludia à "execução de sentença ou decisão": "*Habeas corpus*. Título executivo extrajudicial. Escritura pública.

RAL. AUSÊNCIA DE INCONSTITUCIONALIDADE. REAFIRMAÇÃO DE JURISPRUDÊNCIA. REPERCUSSÃO GERAL RECONHECIDA" (STF, ARE 842157 RG/DF, Repercussão Geral no Recurso Extraordinário com Agravo, Rel. Min. Dias Toffoli, julg. 04.06.2015, publ. *DJ* 19.08.2015).

107 STF, 1ª T., RE 134567/PR, Rel. Min. Ilmar Galvão, julg. 19.11.1991, publ. *DJ* 06.12.1991, p. 17.829.

108 STJ, 3ª T., 1.705.669 – SP, Rel. Min. Marco Aurélio Bellizze, julg. 12.02.2019, publ. *DJ* 15.02.2019.

109 "O fato de o art. 217, inciso II, da Lei n. 8.112/90 prever como beneficiário da pensão por morte apenas o cônjuge divorciado (ou separado judicialmente ou de fato), com percepção de pensão alimentícia firmada judicialmente, não pode ser considerado um obstáculo ao recebimento do benefício por aqueles que tiveram sua pensão alimentícia fixada por escritura pública por ocasião de divórcio consensual na via administrativa. 4. Embargos de declaração acolhidos com efeitos infringentes. Recurso especial provido para restabelecer a sentença" (STJ, 2ª T., EDcl no AgInt no REsp 2.126.307/ES, Rel. Min. Maria Thereza de Assis Moura, julg. 28.10.2024, publ. *DJe* 4.11.2024).

Alimentos. Art. 733 do Código de Processo Civil. Prisão civil. 1. O descumprimento de escritura pública celebrada entre os interessados, sem a intervenção do Poder Judiciário, fixando alimentos, não pode ensejar a prisão civil do devedor com base no art. 733 do Código de Processo Civil, restrito à 'execução de sentença ou de decisão, que fixa os alimentos provisionais'. 2. *Habeas corpus* concedido".[110] Essa interpretação restritiva foi objeto de críticas, por desconhecer que a função primordial dos alimentos, no sentido da subsistência do alimentado, não se altera em razão de sua fixação ocorrer no âmbito do processo judicial ou da escritura pública. Por isso, a mesma via com o escopo de recebimento deveria ser facultada a ambas as hipóteses, tanto no que se refere à penhora quanto no que tange à prisão.[111]

O atual CPC acabou com tal discussão, prevendo o art. 911: "Na execução fundada em título executivo extrajudicial que contenha obrigação alimentar, o juiz mandará citar o executado para, em 3 (três) dias, efetuar o pagamento das parcelas anteriores ao início da execução e das que se vencerem no seu curso, provar que o fez ou justificar a impossibilidade de fazê-lo", aplicando-se, no que couber, os parágrafos 2º a 7º do art. 528, que tratam exatamente da prisão do devedor de alimentos. Diante disso, os alimentos fixados por meio de escritura pública têm plena eficácia.

O STJ entendeu pela impossibilidade de conversão de rito, de ofício, pelo magistrado: "Feita a escolha do procedimento que permite a prisão civil do executado, desde que observado o disposto na Súmula 309/STJ, como na espécie, não se mostra possível a sua conversão, de ofício, para o rito correspondente à execução por quantia certa, cuja prisão é vedada, sob o fundamento de que o débito foi adimplido parcialmente, além do transcurso de tempo razoável desde o ajuizamento da ação, o que afastaria o caráter emergencial dos alimentos".[112]

9. ALIMENTOS E VERBAS TRABALHISTAS

Base de cálculo para incidência dos alimentos fixados em percentual da renda do devedor

Os alimentos podem ser arbitrados em valor fixo ou em percentual do salário do alimentante. Na hipótese dos alimentos fixados em números absolutos, eles "devem ser analisados de forma diversa dos arbitrados em percentuais sobre 'vencimento', 'salário', 'rendimento', 'provento', entre outros *ad valorem*. No primeiro caso, a dívida consolida-se com a fixação do valor e periodicidade em que deve ser paga, não se

---

110 STJ, 3ª T., HC 22401/SP, Rel. Min. Carlos Alberto Menezes Direito, julg. 20.08.2002, publ. *DJ* 30.09.2002, p. 253.

111 "1. Execução de alimentos lastrada em título executivo extrajudicial, consubstanciado em acordo firmado perante órgão do Ministério Público (art. 585, II, do CPC), derivado de obrigação alimentar em sentido estrito – dever de sustento dos pais a bem dos filhos. 2. Documento hábil a permitir a cominação de prisão civil ao devedor inadimplente, mediante interpretação sistêmica dos arts. 19 da Lei 5.478/68 e Art. 733 do Estatuto Processual Civil. A expressão 'acordo' contida no art. 19 da Lei 5.478/68 compreende não só os acordos firmados perante a autoridade judicial, alcançando também aqueles estabelecidos nos moldes do art. 585, II, do Estatuto Processual Civil, conforme dispõe o art. 733 do Código de Processo Civil. Nesse sentido: 3ª T., REsp 1117639/MG, Rel. Ministro Massami Uyeda, julg. 20.05 2010, publ. *DJ* 21.02.2011" (STJ, 4ª T., REsp 1285254/DF, Rel. Min. Marco Buzzi, julg. 04.12.2012, publ. *DJ* 01.08.2013).

112 STJ, 3ª T., REsp 1773359/MG, Rel. Marco Aurélio Bellizze, julg. 13.8,2019, publ. *DJ* 16.08.2019.

levando em consideração qualquer outra base de cálculo".[113] No entanto, o mesmo não acontece quando os alimentos são fixados em percentual da renda do devedor, na medida em que as verbas trabalhistas configuram a disponibilidade financeira do alimentante.

Nesse caso, a decisão judicial remete a percentual do rendimento líquido (excluindo-se, neste caso, apenas os descontos de imposto de renda e INSS), dando margem a discussão sobre as rubricas a serem incluídas na base de cálculo: "A Segunda Seção desta Corte Superior consagrou o entendimento, em recurso repetitivo, de que o 13º salário (gratificação natalina) e o adicional de férias (terço constitucional) integram a base de cálculo da pensão alimentícia, desde que não haja pactuação em sentido inverso. É que tais estipêndios integram a remuneração do genitor, sendo abarcados pelo conceito de 'renda líquida'".[114]

Usualmente, as verbas são fixadas sobre as receitas habituais do alimentante;[115] todavia, o STJ já decidiu ser possível a inclusão de outras verbas na composição da base de cálculo, mesmo de caráter eventual: "O valor recebido pelo alimentante a título de horas extras, mesmo que não habituais, embora não ostente caráter salarial para efeitos de apuração de outros benefícios trabalhistas, é verba de natureza remuneratória e integra a base de cálculo para a incidência dos alimentos fixados em percentual sobre os rendimentos líquidos do devedor".[116]

Além disso, a jurisprudência também entende que os alimentos devem incidir apenas sobre verbas de natureza remuneratória, excluindo-se as verbas indenizatórias, já que visam recompor os desgastes naturais do empregado com a atividade laboral: "1. Os alimentos incidem sobre verbas pagas em caráter habitual, aquelas incluídas permanentemente no salário do empregado. A verba alimentar incide, portanto, sobre vencimentos, salários ou proventos, valores auferidos pelo devedor no desempenho de sua função ou de suas atividades empregatícias, decorrentes dos rendimentos ordinários do devedor. 2. As parcelas denominadas auxílio-acidente, cesta-alimentação e vale-alimentação, que tem natureza indenizatória, estão excluídas do desconto

---

113 STJ, 4ª T., REsp 1.091.095/RJ, Rel. Min. Luis Felipe Salomão, julg. 16.04.2013, publ. *DJ* 25.04.2013.

114 STJ, 3ª T., AgRg no REsp 1152681/MG, Rel. Min. Vasco Della Giustina, julg. 24.08.2010, publ. *DJ* 01.09.2010.

115 "2. Os alimentos incidem sobre verbas pagas em caráter habitual, quais sejam, aquelas incluídas permanentemente no salário do empregado. A verba alimentar incide, portanto, sobre vencimentos, salários ou proventos auferidos pelo devedor no desempenho de sua função ou de suas atividades empregatícias, decorrentes dos rendimentos ordinários do devedor. 3. As parcelas denominadas diárias e tempo de espera indenizado possuem natureza indenizatória, restando excluídas do desconto para fins de pensão alimentícia, porquanto verbas transitórias" (STJ, 3ª T., REsp 1.747.540 – SC, Rel. Min. Ricardo Villas Bôas Cueva, julg. 20.3.2020, publ. *DJ* 13.03.2020).

116 STJ, 4ª T., REsp 1098585/SP, Rel. Min. Luis Felipe Salomão, julg. 25.06.2013, publ. *DJ* 29.08.2013. No mesmo sentido: "1. A parcela denominada 'coeficiente de correção cambial' não integra a base de cálculo de alimentos, cujo valor foi estabelecido levando em consideração as necessidades dos alimentandos e as possibilidades do alimentante no Brasil. Isso em razão do caráter transitório e indenizatório dessa verba, conforme reconhecido na instância ordinária, percebida pelo servidor público apenas no período em que desempenhou missão no exterior, época em que os alimentandos permaneceram residindo no território nacional" (STJ, 4ª T., REsp 1017035/RJ, Rel. Luis Felipe Salomão, Rel. p/ o acórdão Min. Isabel Galloti, julg. 17.11.2011, publ. *DJ* 01.02.2012).

para fins de pensão alimentícia porquanto verbas transitórias".[117] No mesmo sentido, "a parcela denominada participação nos lucros (PLR) tem natureza indenizatória e está excluída do desconto para fins de pensão alimentícia, porquanto verba transitória e desvinculada da remuneração habitualmente recebida submetida ao cumprimento de metas e produtividade estabelecidas pelo empregador". Fundamentaram no fato de que a referida participação não complementa a remuneração devida a qualquer empregado, nem constitui base de incidência de encargo trabalhista, não lhe sendo aplicado o princípio da habitualidade.[118] A caracterização de verbas trabalhistas como base de cálculo para a incidência dos alimentos – mesmo se desvinculadas do conceito de remuneração – justifica-se na sua caracterização como rendimento gerador de acréscimo patrimonial, sendo ou não verbas regulares, se o valor dos alimentos for insuficiente para a satisfação das necessidades do alimentado.[119]

Como se constata da análise dos julgados do STJ, para que haja incidência das verbas trabalhistas na base de cálculo da pensão alimentícia, as quantias percebidas devem ter caráter habitual e remuneratório, tais como horas extras, décimo terceiro salário.

10. REVISÃO E EXONERAÇÃO DOS ALIMENTOS

Requisitos para a propositura de ações revisional e de exoneração dos alimentos

Os alimentos definitivos fixados não fazem coisa julgada material, mas apenas coisa julgada formal. Essa flexibilização processual se justifica em razão da pensão alimentícia estar intimamente vinculada às condições financeiras pessoais das partes da relação alimentar. Por isso, é possível, ante a ocorrência de fato novo, a modificação do valor dos alimentos ou, até mesmo, a supressão da obrigação alimentar. Portanto, o requisito a ser demonstrado para a propositura de tais ações é o advento de fato novo gerador de impacto nas condições financeiras das partes.[120]

---

117 STJ, 3ª T., REsp 1159408/PB, Rel. Min. Ricardo Villas Bôas Cueva, julg. 07.11.2013, publ. *DJ* 25.11.2013. No mesmo sentido: "Os alimentos incidem sobre verbas pagas em caráter habitual, aquelas incluídas permanentemente no salário do empregado, ou seja, sobre vencimentos, salários ou proventos, valores auferidos pelo devedor no desempenho de sua função ou de suas atividades empregatícias, decorrentes dos rendimentos ordinários do devedor. 3. A parcela denominada participação nos lucros (PLR) tem natureza indenizatória e está excluída do desconto para fins de pensão alimentícia, porquanto verba transitória e desvinculada da remuneração habitualmente recebida submetida ao cumprimento de metas e produtividade estabelecidas pelo empregador" (STJ, 3ª T., REsp 1.719.372 – SP, Rel. Min. Ricardo Vilas Bôas Cueva, julg. 05.02.2019, publ. *DJ* 1º.03.2019).

118 STJ, 3ª T., REsp 1719372/SP, Rel. Min. Ricardo Villas Bôas Cueva, julg. 05.02.2019, publ *DJ* 01.03.2019. Ainda: STJ, 2ª S., AgInt nos EREsp 1.869.790/SP, Rel. Min. Marco Buzzi, julg. 28.9.2021, publ. DJ 1.10.2021.

119 STJ, 4ª T., REsp 1332808/SC, Rel. Min. Luis Felipe Salomão, julg. 18.12.2014, publ. *DJ* 24.02.2015.

120 "FAMÍLIA – ALIMENTOS – REVISÃO – Cerceamento de defesa – Inocorrência – Autor que ingressou com ação revisional 4 meses após o transito em julgado de outra revisional – ALTERAÇÃO DO BINÔMIO NECESSIDADE-POSSIBILIDADE – NÃO OBSERVADA – Condição financeira do requerente que se encontra no mesmo cenário da ação anterior – Ausência de fato novo – DEVER DE SUSTENTAR OUTRA FAMÍLIA QUE NÃO TEM O CONDÃO DE INFLUENCIAR A POSSIBILIDADE FINANCEIRA DO AUTOR – PREVALÊNCIA DOS INTERESSES Do requerido que é portador de necessidades especiais – SENTENÇA MANTIDA. RECURSO IMPROVIDO" (TJ/SP,

Novo casamento, união estável ou concubinato do credor de alimentos

Quanto ao ex-cônjuge ou ex-companheiro[121] que recebe alimentos, o art. 1.708 do Código Civil prevê que o novo casamento, união estável ou concubinato do credor faz cessar o dever de prestar alimentos. Tal disposição se fundamenta no dever de mútua assistência existente na nova família constituída. O apoio material inerente à nova família é a justificativa para que haja a exoneração. Ressalva deve ser feita em relação ao concubinato, tendo em vista que o art. 1.727 o trata como instituto de direito obrigacional, não ensejador do direito a alimentos, portanto. Nessa direção encontra-se o Enunciado 265, aprovado na III Jornada de Direito Civil do Conselho da Justiça Federal: "Na hipótese de concubinato, haverá necessidade de demonstração da assistência material prestada pelo concubino a quem o credor de alimentos se uniu".[122]

Em relação à pessoa que paga alimentos, o novo casamento, concubinato ou união estável não modifica sua obrigação alimentar, de acordo com o art. 1.709 do Código Civil. A razão justificadora desse dispositivo é que, ao constituir nova família, o devedor de alimentos já tem ciência da sua obrigação anteriormente assumida. É claro que, se o novo relacionamento familiar lhe acarretar ônus extraordinários – grandes gastos com tratamento de saúde do novo cônjuge, por exemplo – existem elementos aptos a gerar a redução dos alimentos.[123]

Causa muito frequente dos pleitos revisionais de alimentos é o nascimento de novo filho do devedor de alimentos, tendo em vista a assunção dos encargos correspondentes e a igualdade (de gastos) entre os filhos.[124] Tradicionalmente a jurisprudência resistia à redução de alimentos nessa hipótese, sob o fundamento de que o alimentante

---

2ª Câm. Dir. Priv., Ap. Cív. 0003920-90.2015.08.26.0572, Rel. Des. Neves Amorim, julg. 25.10.2016, publ. *DJ* 26.10.2016).

121 Em relação à exoneração de alimentos de filho, importante frisar o que já foi dito quanto à maioridade do credor e a conclusão de curso superior.

122 Existem, na jurisprudência, hipóteses excepcionais que reconhecem a dependência econômica no caso de concubinato: "O acórdão recorrido, com base na existência de circunstâncias peculiaríssimas – ser a alimentanda septuagenária e ter, na sua juventude, desistido de sua atividade profissional para dedicar-se ao alimentante; haver prova inconteste da dependência econômica; ter o alimentante, ao longo dos quarenta anos em que perdurou o relacionamento amoroso, provido espontaneamente o sustento da alimentanda –, determinou que o recorrente voltasse a prover o sustento da recorrida. Ao assim decidir, amparou-se em interpretação que evitou solução absurda e manifestamente injusta do caso submetido à deliberação jurisprudencial" (STJ, 3ª T., REsp 1185337/RS, Rel. Min. João Otávio de Noronha, julg. 17.03.2015, publ. *DJ* 31.03.2015).

123 "AÇÃO DE EXONERAÇÃO DE ALIMENTOS. FILHO MAIOR DEFICIENTE. BINÔMIO CAPACIDADE/NECESSIDADE. APLICAÇÃO DOS PRINCÍPIOS DA RAZOABILIDADE E PROPORCIONALIDADE. PROVAS COLACIONADAS ATESTANDO QUE A PARTE NECESSITA DA PENSÃO. ALTERAÇÃO NA SITUAÇÃO FINANCEIRA DO ALIMENTANTE. FALTA DE COMPROVAÇÃO. CONSTITUIÇÃO DE NOVA FAMÍLIA. FATO QUE POR SI SÓ NÃO POSSIBILITA A EXONERAÇÃO. DESPROVIMENTO" (TJ/PB, 2ª C.C., Ap. Cív. 00493040520118152001, Rel. Des. Maria das Neves do Egito de Araújo, julg. 09.08.2016).

124 Cabendo ao alimentante contribuir para o sustento de outros filhos, cujo nascimento altera as condições inicialmente consideradas na fixação dos alimentos, deve ser reduzida a pensão para montante que viabilize a subsistência digna dos quatro dependentes, sem onerar excessivamente o genitor. – Recurso provido. (TJ/MG, 4ª C.C., Ap. Cív. 1.0056.12.016778-0/001, Rel. Des. Heloisa Combat, julg. 24.07.2014, publ. *DJ* 31.07.2014).

já conhecia seus deveres para com o filho.[125] Contudo, rompendo com a ingênua lógica segundo a qual o aumento da prole não teria reflexos para o alimentante no momento da prestação de alimentos, admite-se, com esteio no princípio da igualdade substancial, que as despesas com o novo filho sejam levadas em conta para a revisão da verba alimentar.[126]

O parágrafo único do art. 1.708 do Código Civil estabelece a extinção do dever de prestar alimentos se o credor tiver procedimento indigno em relação ao devedor, sem, contudo, estabelecer as condutas caracterizadoras do comportamento indigno. Doutrina tem interpretado sistematicamente esse dispositivo em conjunto com o art. 1.814, I e II do Código Civil, que prevê a perda da herança legítima e testamentária, bem como do legado, por indignidade, no caso de atentado doloso contra a vida e prática de crime contra a honra do alimentante.[127] Nessa linha, formulou-se o Enunciado 264 aprovado na III Jornada de Direito Civil: "Na interpretação do que seja procedimento indigno do credor, apto a fazer cessar o direito a alimentos, aplicam-se, por analogia, as hipóteses dos incs. I e II do art. 1.814 do Código Civil". Todavia, uma vez que a culpa foi expurgada do ordenamento jurídico brasileiro, caso o credor não tenha meios de sobrevivência e não seja possível seu ingresso no mercado de trabalho, seu procedimento indigno terá o condão de reduzir os alimentos sem, contudo, conduzi-lo à miserabilidade, de modo que ficam mantidas suas condições mínimas de sobrevivência, em atenção ao substrato material do princípio da dignidade humana.

11. ASPECTOS PROCESSUAIS

Ritos possíveis para se pleitear alimentos

Os alimentos podem ser pleiteados de várias formas: por meio de tutelas provisórias de urgência (cautelar ou antecipada) nos procedimentos especiais de família (CPC, arts. 693 a 699-A) ou nos procedimentos comuns, se a origem é ato ilícito, podendo ser pedido a fixação de alimentos provisórios[128] e, em sentença, alimentos definitivos. Como anteriormente sublinhado, os alimentos só fazem coisa julgada formal, de modo que, mesmo quando definitivos, podem sempre ser modificados,

---

125 "(...) a circunstância de o alimentante constituir nova família, com nascimento de filhos, por si só, não importa na redução da pensão alimentícia paga a filha havida de união anterior, sobretudo se não resta verificada a mudança para pior na situação econômica daquele" (STJ, 4ª T., REsp 703.318/PR, Rel. Min. Jorge Scartezzini, julg. 21.06.2005, publ. *DJ* de 1º.08.2005, p. 470). No mesmo sentido, mais recente: STJ, 4ª T., AgRg no AREsp 452248/SP, Rel. Min. Raul Araújo, julg. 16.06.2015, publ. *DJ* 03.08.2015.

126 (...) o nascimento de outros dois filhos, dos quais um deles é portador de sérios problemas de saúde, acarreta a modificação da possibilidade financeira do alimentante, pois, em que pese não ter alterado os rendimentos percebidos, diminuiu sua capacidade econômica (TJ/SC, Ap. Cív. 20110800765/SC 2011.080076-5, Rel. Des. João Batista Góes Ulysséa, julg. 19.11.2012).

127 Nesse sentido: Renata Barbosa de Almeida, Walsir Edson Rodrigues Júnior, *Direito Civil*, cit., p. 420.

128 O atual CPC unificou a nomenclatura dos alimentos cuja função é suportar as despesas do alimentário no curso do processo, de modo que, atualmente, os alimentos são divididos em: *provisórios* (fixados em decisão interlocutória no procedimento comum, nos especais e nas ações que tramitam sob o rito da Lei 5.478/68) e *definitivos* (fixados em sentença). Antes de tal modificação, os alimentos que eram pleiteados por meio de ação cautelar ou como pedido liminar na ação ordinária eram denominados *provisionais*.

ante uma alteração na situação econômica das partes, por meio de ação revisional ou de exoneração de alimentos.[129]

Lei de Alimentos

Além disso, pode-se pleitear alimentos por meio do rito especial estabelecido pela Lei 5.478/68, que permanece em vigor mesmo após a vigência do atual Código de Processo Civil, cuja aplicação é subsidiária.[130] A oferta de alimentos continua disciplinada no art. 24 da mesma lei. Cuida-se de procedimento mais célere e conciso, com o objetivo de satisfazer as necessidades materiais da pessoa que busca a fixação de alimentos, dentro do binômio necessidade *versus* possibilidade.

Alimentos provisórios

Ao prever o pedido de alimentos, o art. 2º dispõe que o credor pleiteará o suporte material junto ao juízo competente e, provando o vínculo jurídico justificador do dever de assistência (parentesco, casamento ou união estável), exporá suas necessidades e indicará aproximadamente a possibilidade do alimentante. A fim de satisfazer a urgência de sobrevivência do autor, o art. 4º da Lei de Alimentos determina que "o juiz fixará desde logo alimentos provisórios a serem pagos pelo devedor, salvo se o credor expressamente declarar que deles não necessita". Alimentos provisórios são aqueles destinados a custear os gastos do credor durante o trâmite processual e terá como base as provas carreadas à petição inicial; daí a relevância de juntar o máximo possível de provas no início do processo, a fim de dar ao juiz elementos de convicção suficientes para uma decisão provisória. Se houver mudança na situação financeira das partes no curso do processo, o valor de alimentos fixados no despacho inicial poderá ser revisto a qualquer tempo, mas o pedido será sempre processado em apartado, consoante determina o art. 13, § 1º.

O art. 13, § 3º, determina que os alimentos provisórios serão devidos até o trânsito em julgado da ação, ou seja, inclusive até o julgamento do recurso extraordinário: "1. Conforme determina o art. 13, § 3º, da Lei de Alimentos, fixados os alimentos provisórios, estes serão devidos até o trânsito final da decisão, inclusive do recurso extraordinário e especial. Neste contexto, é desinfluente, para que sejam devidos até o trânsito em julgado, que o recurso especial tenha sido interposto da decisão que reduziu a verba alimentar antes provisoriamente fixada ou da sentença de mérito prolatada em ação de alimentos. 2. Na hipótese vertente, os alimentos foram restabelecidos por meio de medida cautelar concedida neste STJ, que emprestou efeito suspensivo aos recursos especiais até o trânsito em julgado do acórdão que dirimiu a questão. 3. Por esse motivo, recurso especial julgado prejudicado".[131]

---

129 Cf. determina o art. 15 da Lei 5.478/68.

130 Art. 693 CPC. As normas deste Capítulo aplicam-se aos processos contenciosos de divórcio, separação, reconhecimento e extinção de união estável, guarda, visitação e filiação. Parágrafo único. A ação de alimentos e a que versar sobre interesse de criança ou de adolescente observarão o procedimento previsto em legislação específica, aplicando-se, no que couber, as disposições deste Capítulo.

131 STJ, 4ª T., REsp 660.151/MG, Rel. Min. Luis Felipe Salomão, publ. *DJ* 07.10.2010. Nos mesmos termos: "A orientação pretoriana é no sentido de que havendo fixação de alimentos provisórios, na forma do disposto no art. 13, § 3º, da Lei 5.478, de 1968, serão eles devidos até decisão final (trânsito em julgado)" (STJ, 4ª T., REsp 401.484/PB, Rel. Min. Fernando Gonçalves, publ. *DJ* 20.10.2003).

O parágrafo único do art. 4º da Lei 5.478/68 prevê expediente interessante: "Se se tratar de alimentos provisórios pedidos pelo cônjuge, casado pelo regime da comunhão universal de bens, o juiz determinará igualmente seja entregue ao credor, mensalmente, parte da renda líquida dos bens comuns, administrados pelo devedor". Isso significa que, além do pedido de alimentos, devem ser entregues ao cônjuge – e também ao companheiro – os frutos gerados pelos bens comuns, situação derivada da comunhão universal, que repele o enriquecimento sem causa de um cônjuge em relação ao outro.[132] Por sua natureza peculiar, o repasse de metade dos frutos independe da análise do binômio necessidade *versus* possibilidade, além de ser refratária a qualquer tentativa de exoneração de alimentos e à prisão civil por dívida alimentar.[133] Outro requisito para se determinar a partilha da metade da renda líquida dos bens comuns é a certeza de se tratar de bens comunicáveis; o STJ já definiu ser necessário, inclusive, a partilha de tais bens como questão prejudicial à partilha dos frutos: "Somente é admissível o repasse mensal da renda líquida dos bens comuns do casal na hipótese em que efetuada a partilha dos bens".[134]

Entrega da renda líquida dos bens comuns

Tendo em vista a função dos alimentos, lastreada na solidariedade familiar, deve-se verificar, uma vez recebida a renda líquida dos bens, se o valor é suficiente para o adimplemento das despesas de subsistência e do padrão de vida do cônjuge, como já advertiu o TJRS: "Embora seja certo que a entrega de parte da renda líquida dos bens comuns, cabível no regime da comunhão universal (conforme previsão do parágrafo único do art. 4º da Lei 5.478/1968), não se confunda com os alimentos, é preciso verificar se o somatório dessas duas parcelas não causará desequilíbrio na relação patrimonial das partes, privilegiando demasiadamente uma delas em detrimento da outra. Ocorrendo desequilíbrio, descabe a cumulação desses valores".[135]

Em relação ao rito da lei,[136] o devedor deve ser citado tão logo haja o despacho do juiz, a fim de que compareça à audiência designada por força do art. 6º da Lei 5.478/1968.

---

132 Uma vez que se trata de frutos de bens comuns, é razoável que o mesmo raciocínio seja estendido aos demais regimes de comunhão, tais como comunhão parcial de bens, participação final nos aquestos ou qualquer outro regime híbrido que os cônjuges ou companheiros venham a estabelecer.

133 STJ, HC 034049, D. M., Rel. Min. Carlos Alberto Menezes Direito, julg. 09.03.2004, publ. *DJ* 16.03.2004.

134 STJ, 3ª T., AgRg no REsp 1408777/PR, Rel. Min. Ricardo Villas Bôas Cueva, julg. 09.09.2014, publ. *DJ* 15.09.2014. No mesmo sentido: AGRAVO DE INSTRUMENTO – AÇÃO DE ALIMENTOS DECORRENTES DA RENDA LÍQUIDA DOS BENS COMUNS – PARÁGRAFO ÚNICO, ART. 4º LEI 5.478 – IMPOSSIBILIDADE DE FIXAÇÃO – INCERTEZA QUANTO AOS BENS COMUNS – PARTILHA NÃO REALIZADA. – Em sede de Agravo de Instrumento o julgador deve se ater ao exame da presença dos requisitos indispensáveis à concessão da medida de urgência pleiteada. – No caso dos autos, para que seja deferida a medida pleiteada será necessária dilação probatória a fim de se averiguar corretamente quais eram os bens comuns do casal à época da cessação da comunhão. – Não se mostrando urgente, nesse momento processual, a fixação pretendida pela recorrente, diante da ausência dos requisitos necessários para concessão da antecipação de tutela o seu indeferimento é medida que se impõe (TJ/MG, 4ª C.C., AI 1.0024.14.345648-1/001, Rel. Des. Heloisa Combat, julg. 02.07.2015, publ. *DJ* 03.07.2015).

135 TJ/RS, 7ª C.C., AI 70007065436, Rel. Des. Luiz Felipe Brasil Santos, julg. 05.11.2003.

136 De acordo com o art. 13, "O disposto nesta lei aplica-se igualmente, no que couber, às ações ordinárias de desquite, nulidade e anulação de casamento, à revisão de sentenças proferidas em pedidos de alimentos e respectivas execuções".

Por se tratar de audiência de conciliação, instrução e julgamento, o réu deve ser citado com antecedência suficiente para que tenha prazo hábil para apresentar sua defesa.[137] A citação deve ocorrer por meio de registro postal, que é isento de taxas e com aviso de recebimento (art. 5º, § 2º). A citação será pessoal apenas se o réu criar dificuldades para ser encontrado ou se efetivamente não for localizado, sendo a citação por edital a terceira forma de constituição da relação processual. De igual modo, justamente por se tratar de audiência una, é imperioso que, por ocasião da realização da assentada, já tenham sobrevindo aos autos todas as provas documentais requeridas e deferidas pelo juízo, franqueando-se às partes a oportunidade de se desincumbir do ônus de provar os fatos que lhe interessam.

Ao proferir o despacho inicial, o juiz fixará alimentos provisórios e oficiará ao empregador do réu para que este informe o salário ou vencimentos do devedor, no máximo até a data marcada para a audiência, de modo que, nessa oportunidade, a prova de sua capacidade financeira já esteja nos autos, facilitando a conciliação e a instrução processual (art. 5º, § 7º).

A audiência deverá ser una, a fim de otimizar o tempo do processo, o que se justifica em razão da vulnerabilidade econômica do alimentando. Por isso, deverão estar presentes autor e réu, independentemente de intimação e de comparecimento de seus representantes (art. 6º), sendo que a ausência do autor importa no arquivamento da ação e a do réu, em revelia, bem como em confissão quanto à matéria de fato (art. 7º). A audiência se inicia (e se finda) com a tentativa de conciliação, de modo a dar oportunidade às partes para a conversão do litígio em consenso. O art. 11, parágrafo único da Lei de Alimentos determina que, após o encerramento da instrução, haja nova tentativa de conciliação; trata-se de medida relevante, pois, após a produção de provas, que permite uma melhor avaliação das chances de sucesso, as partes podem estar mais flexíveis para o acordo.

Tendo em vista que a audiência será, também, de instrução, a defesa será apresentada nessa oportunidade com eventual impugnação oral aos seus termos; além disso, o art. 8º prevê que as partes deverão levar suas testemunhas e apresentar as demais provas nessa assentada. Antes da oitiva das testemunhas, o juiz tomará o depoimento pessoal das partes, além de ouvir, também, os peritos (art. 9º, § 2º). A audiência será contínua; entretanto, caso não seja possível concluí-la no mesmo dia, por força maior – caso complexo com muitos fatos a serem comprovados, por exemplo – o juiz designará sua continuação para o primeiro dia que houver disponibilidade na pauta, independentemente de novas intimações. Em seguida, ao final da instrução, as partes e o Ministério Público poderão fazer suas alegações finais orais (pelo prazo máximo de 10 minutos por parte) ou por escrito, na forma de memoriais, em prazo a ser assinalado pelo juiz.

Na sentença, o juiz fixará alimentos definitivos, já que produzidas todas as provas do processo, tendo condição de arbitrar o valor de modo compatível com a situação

---

[137] Curiosamente, o STF decidiu pela dispensa do advogado na primeira audiência na ação de alimentos, sob o fundamento de que a Constituição Federal autoriza que uma pessoa se dirija diretamente ao juiz (STF, ADPF 591, Rel. Min. Cristiano Zanin, julg. 11.9.2024, *DJe* 12.9.2024.

financeira das partes. Por isso, o art. 13, § 2º, prevê que os alimentos retroagem à data da citação, de modo que, caso haja o inadimplemento e a propositura de ação revisional ou exoneratória de alimentos, a decisão de mérito que acolhe o pedido retroage à citação: "verifica-se dos autos que o agravante foi desobrigado do pagamento dos alimentos por meio da sentença (...), a qual transitou em julgado em 21/05/2014 (fl. 120-verso), e cujos efeitos, nos termos do art. 13, § 2º, da Lei 5.478/1968 – Lei de Alimentos e da hodierna jurisprudência do STJ, devem retroagir à data da citação das requeridas/alimentadas. Ou seja, não se pode olvidar a impropriedade da execução pelo rito do art. 733 do CPC, de prestações alimentícias posteriores à data da citação na ação de cancelamento de pensão, uma vez que esta foi julgada procedente".[138]

Da sentença que fixar alimentos caberá recurso de apelação que será recebido apenas no efeito devolutivo, de modo que a sentença terá ampla eficácia tão logo for publicada (art. 14).

Execução de alimentos

A execução de dívida alimentar está prevista: (i) nos arts. 528 a 533 do Código de Processo Civil, que tem por objeto o cumprimento de sentença que reconhece a exigibilidade de obrigação de prestar alimentos e (ii) nos arts. 911 a 913, CPC, que prevê a execução de alimentos objeto de títulos extrajudiciais.

O prazo de resposta do devedor será de três dias após sua intimação,[139] no cumprimento de sentença, ou de sua citação, na execução de título extrajudicial. Na hipótese do cumprimento, a intimação será pessoal se a opção for pelo rito da prisão e por advogado para o cumprimento por penhora, cujo prazo de defesa é de 15 dias da citação (título extrajudicial) ou 15 dias após o prazo para cumprimento espontâneo, se se tratar de título judicial.

Se o pagamento não for efetuado, o juiz mandará protestar o título, sendo o devedor inscrito no cadastro dos inadimplentes. Além disso, a justificativa de inadimplemento somente será aceita no caso de comprovação de impossibilidade absoluta

---

[138] STJ, D. M., AREsp 678243, Rel. Min. Paulo de Tarso San Severino, julg. 13.10.2016, publ. DJ 19.10.2016. No mesmo sentido: STJ, 4ª T., HC 465.841 – MG, Relª. Minª. Maria Isabel Gallotti, julg. 12.5.2020, publ. *DJ* 21.5.2020; STJ, 3ª T., REsp 1.821.107 – ES, Rel. Min. Moura Ribeiro, julg. 10.3.2020, publ. *DJ* 12.3.2020; STJ, 4ª T., AgInt no REsp 1.783.773 – SP, Rel. Min. Raul Araújo, julg. 7.5.2019, publ. DJ 22.5.2019; STJ, 4ª T., RHC 31.922/PA, Rel. Min. Maria Isabel Gallotti, julg. 16.05.2013, publ. *DJ* 24.05.2013; e STJ, 4ª T., AgRg no REsp 1412781/SP, Rel. Min. Luis Felipe Salomão, julg. 22.04.2014, publ. *DJ* 25.04.2014.

[139] A 3ª Turma do STJ decidiu que o devedor de alimentos não precisa ser intimado pessoalmente da segunda execução com base na mesma sentença, quando o devedor tiver evidente conhecimento da execução da dívida alimentar. (Disponível em: https://www.stj.jus.br/sites/portalp/Paginas/Comunicacao/Noticias/2024/20022024-Devedor-de-alimentos-nao-precisa-ser-intimado-pessoalmente-da-segunda-execucao-com-base-na-mesma-sentenca.aspx. Acesso em: 18.12.2024). A mesma Turma também decidiu pela possibilidade de dispensa da intimação pessoal do devedor em cumprimento de decisão que tramita sob o rito da prisão, mesmo quando o advogado não tiver poderes especiais, quando é possível se aferir que o devedor teve ciência inequívoca da ação e, por meio do advogado, exerceu o contraditório e se manifestou no processo (Disponível em: https://www.stj.jus.br/sites/portalp/Paginas/Comunicacao/Noticias/2024/29082024-Intimacao-pessoal-do-devedor-de-alimentos-pode-ser-dispensada-mesmo-que-advogado-nao-tenha-poderes-especiais.aspx. Acesso em: 18.12.2024).

(CPC, art. 528, § 2º) e, se não for essa a hipótese, o juiz determinará a prisão do devedor, no prazo que pode variar de 30 a 90 dias. A 4ª Turma do STJ decidiu que o tempo de prisão, nessa hipótese, deve ter fundamentação específica e apontou como critérios "a capacidade econômica do devedor e o valor da dívida; o comportamento do devedor (se age de boa-fé ou se é reincidente); as características pessoais (se está desempregado, se tem outros filhos ou é doente); e as consequências do não pagamento para o alimentando (abandono de escola ou danos à saúde, por exemplo)". [140]

A execução que se processa com o pedido de prisão[141] deve ter como objeto a prestação relativa a até os três últimos meses que antecedem o ajuizamento da ação/cumprimento de sentença.[142] As parcelas que vencerem durante o processo até a decisão que decreta a prisão do devedor serão incluídas no débito, conforme já determinava a súmula 309 STJ, que foi absorvida pelo art. 528, § 7º, CPC. Se a dívida não for paga até o esgotamento do prazo da prisão civil, a execução, automaticamente, se transformará em penhora, devendo o credor indicar e localizar bens passíveis de constrição. A penhora poderá se efetivar por meio de desconto em folha de pagamento, desde que dívida e pensão somadas não ultrapassem o limite de 50% dos rendimentos líquidos do devedor.[143]

---

140 Disponível em: https://www.stj.jus.br/sites/portalp/Paginas/Comunicacao/Noticias/2024/30042024-Quarta-Turma-decide-que-tempo-da-prisao-por-divida-de-alimentos-deve-ter-fundamentacao-especifica.aspx. Acesso em: 18.12.2024.

141 O Enunciado 599 da VII Jornada de Direito Civil tem a seguinte dicção, no que se refere ao pedido de prisão de avós inadimplementes pelo pagamento de alimentos: "599 – Deve o magistrado, em sede de execução de alimentos avoengos, analisar as condições do(s) devedor(es), podendo aplicar medida coercitiva diversa da prisão civil ou determinar seu cumprimento em modalidade diversa do regime fechado (prisão em regime aberto ou prisão domiciliar), se o executado comprovar situações que contraindiquem o rigor na aplicação desse meio executivo e o torne atentatório à sua dignidade, como corolário do princípio de proteção aos idosos e garantia à vida".

142 Na esteira de entendimento doutrinário e jurisprudencial, a 3ª Turma do STJ considerou que a regra do art. 528, § 3º do Código de Processo Civil, que estabelece a possibilidade de prisão civil pelo prazo máximo de três meses, revogou tacitamente o limite de 60 dias previsto na Lei de Alimentos. Na hipótese em julgamento, o alimentante inadimplente teve prorrogada por 30 dias a prisão civil que havia sido decretada pelo prazo de 60 dias. Como observado pelo relator, Min. Marco Aurélio Bellizze, para a solução desse conflito aparente de normas, nos termos do parágrafo 1º do art. 2º da Lei de Introdução às Normas do Direito Brasileiro, afasta-se o critério da especialidade, suscitado pela parte impetrante do recurso. (STJ, 3ª T., RHC 176935/MG, Rel. Min. Marco Aurélio Bellizze, julg. 23.5.2023).

143 "A jurisprudência do Superior Tribunal de Justiça tem-se orientado no sentido de reconhecer que: 'A constrição da liberdade somente se justifica se: 'i) for indispensável à consecução dos alimentos inadimplidos; ii) atingir o objetivo teleológico perseguido pela prisão civil – garantir, pela coação extrema da prisão do devedor, a sobrevida do alimentado – e; iii) for a fórmula que espelhe a máxima efetividade com a mínima restrição aos direitos do devedor' (HC n. 392.521/SP, Relatora a Ministra Nancy Andrighi, Terceira Turma, DJe de 1º/8/2017)' (HC 447.620/SP, Rel. Ministro Marco Aurélio Bellizze, Terceira Turma, DJe de 13/8/2018)." (STJ, 4ª T., HC 663.356/PR, Rel. Min. Raul Araújo, julg. 10.8.2021, publ. DJ 1.10.2021). Nesse sentido, a 3ª Turma definiu que a prisão civil pode ser cassada quando não for medida mais eficaz para obrigar o devedor a pagar o débito. Na hipótese dos autos, foi demonstrado que a credora tinha condições financeiras de se manter, ao passo que o devedor não tinha condições de fazê-lo. (Disponível em: https://www.stj.jus.br/sites/portalp/Paginas/Comunicacao/Noticias/2024/18032024-Prisao-civil-pode-ser-cassada-quando-nao-for-medida-mais-eficaz-para-obrigar-devedor-de-pensao-alimenticia-a-pagar.aspx. Acesso em: 18.12.2024)

Existem, portanto, "quatro possibilidades para a execução de dívida alimentar, separadas pela natureza do título, mas equivalentes no seu processamento, a saber: (i) cumprimento de sentença, sob pena de prisão prevista nos arts. 528 a 533;[144] (ii) cumprimento de sentença, sob pena de penhora disciplinada no art. 528, § 8º;[145] (iii) execução de alimentos fundada em título executivo extrajudicial, sob pena de prisão, com regra nos arts. 911 a 912 (sendo esta a grande novidade); e, por fim, a (iv) execução de alimentos fundada em título executivo extrajudicial sob pena de penhora do art. 913 – lembrando-se de que as formas de expropriação são basicamente as mesmas: adjudicação, alienação judicial e apropriação de frutos e rendimentos da empresa no caso de devedor sócio de empresa mercantil, como estabelece o art. 825".[146]

Diante dessas possibilidades, o devedor deve se defender de forma adequada para cada um dos ritos:

---

[144] "Os alimentos devidos aos filhos que sejam crianças e adolescentes ostentam nível máximo de exigibilidade diante de sua impossibilidade de auto-sustento e também diante das acentuadas necessidades existentes nessas fases da vida, em que os alimentos são indispensáveis à sobrevivência e ao desenvolvimento digno e sadio. (...) Esta Corte apenas tem flexibilizado a prisão civil de devedor de alimentos quando evidente a possibilidade de auto-sustento do credor, em especial de ex-cônjuges que já iniciaram o processo de recolocação profissional e de filhos maiores, capazes, com curso superior e estabelecidos profissionalmente, não se admitindo a mesma espécie de flexibilização quando estiver em jogo a vida digna e sadia de crianças e adolescentes que não possuam capacidade de autodefesa e de auto-sustento. (...) A manutenção da cobrança pela via da prisão civil, na hipótese em exame, justifica-se porque: (i) não há prova de que as necessidades da credora para uma vida digna e sadia estão sendo satisfeitas com a pensão alimentícia atualmente paga pelo devedor, diante do módico valor fixado e do longo período de inadimplência do devedor; (ii) não há prova de absoluta impossibilidade de quitação da dívida que se avolumou exclusivamente em virtude da ausência de pagamento em tempo e modo adequado pelo devedor; (iii) durante a maior parte do período de inadimplência, o devedor esteve formalmente empregado e, mesmo após o desemprego, não propôs nenhuma espécie de acordo ou de composição que pudesse minimizar os inegáveis prejuízos sofridos pelo credor, o que não se coaduna com a boa-fé; (iv) a via da coerção pessoal é instrumento colocado à disposição do credor de alimentos como forma de obtenção dos valores destinados à sobrevivência digna e sadia, de modo que o exercício regular do direito de crédito mediante a adoção dessa técnica processual atende aos seus melhores interesses; e (v) cabia ao alimentante adotar as medidas de cautela que razoavelmente se espera do devedor de prestações continuadas, em especial a guarda dos supostos comprovantes de pagamento por período minimamente razoável, não podendo se beneficiar da própria torpeza para requerer, mais de uma década após, a quebra de sigilo bancário sobre pagamentos supostamente realizados, sem nenhum indício de que eles tivessem sido feitos." (STJ, 3ª T., RHC 183.989 – GO, Rel. Moura Ribeiro, Relª. p/ acórdão Minª. Nancy Andrighi, julg. 22.8.2023, publ. DJe 28.8.2023).

[145] É possível incluir na ação as prestações vencidas no curso da lide: "Civil. Recurso Especial. Família. Alimentos. Execução Por Quantia Certa. Rito Expropriatório. Prestações Vincendas. Inclusão. Possibilidade. Recurso Provido. 1. É possível a inclusão das prestações alimentícias vencidas no curso da execução, ainda que o credor opte pelo procedimento da coerção patrimonial, previsto no art. 528, § 8º, do CPC/2015, em observância dos princípios da efetividade, da celeridade e da economia processual. 2. Recurso especial provido para deferir a emenda à inicial, a fim de incluir as prestações que vencerem no curso da execução por quantia certa." (STJ, 4ª T., REsp 1846966 – SP, Rel. Min. Antônio Carlos Ferreira, julg. 13.9.2023).

[146] Alexandre Miranda Oliveira; Anna Cristina de Carvalho Rettore, O novo Código de Processo Civil e seus reflexos no direito de família. In: Ana Carolina Brochado Teixeira, Gustavo Pereira Leite Ribeiro (Coords), *Manual de direito das famílias e das sucessões,* Rio de Janeiro: Editora Processo, 2017, 3ª ed., pp. 865 e ss.

(i) quando estiver em curso execução de título judicial pleiteando a prisão, o devedor deverá apresentar, nos próprios autos, justificativa no prazo de 3 dias. A única alegação apta a evitar a prisão é a impossibilidade absoluta do pagamento.

(ii) se se tratar de execução de título judicial por meio de penhora, o executado poderá apresentar impugnação nos mesmos autos, tendo como matéria de defesa exclusivamente o que é objeto do art. 525 do CPC: I – falta ou nulidade da citação se, na fase de conhecimento, o processo correu à revelia; II – ilegitimidade de parte; III – inexequibilidade do título ou inexigibilidade da obrigação; IV – penhora incorreta ou avaliação errônea; V – excesso de execução ou cumulação indevida de execuções; VI – incompetência absoluta ou relativa do juízo da execução; VII – qualquer causa modificativa ou extintiva da obrigação, como pagamento, novação, compensação, transação ou prescrição, desde que supervenientes à sentença. Nesse caso, nota-se que a lei comina penas para motivar o pagamento, uma vez que o devedor será intimado para pagar o débito e as custas no prazo de 15 (quinze) dias, sob pena de aplicar-se multa de dez por cento e fixarem-se honorários de execução também no montante dez por cento – o que elevaria a dívida em, no mínimo, vinte por cento além dos juros e atualização monetária (CPC, art. 523, § 1º).

(iii) na execução de título extrajudicial por meio de penhora de bens, o devedor poderá opor embargos à execução (CPC, arts. 914 e ss.), a serem distribuídos por dependência no prazo de 15 dias.

Além de tais meios executivos, "na cobrança de obrigação alimentar, é cabível a cumulação das medidas executivas de coerção pessoal e de expropriação no âmbito do mesmo procedimento executivo, desde que não haja prejuízo ao devedor nem ocorra qualquer tumulto processual".[147]

A pandemia da Covid-19 repercutiu também nos alimentos, principalmente em razão do inadimplemento havido em face dos efeitos do confinamento social na renda daqueles responsáveis pelo pagamento da verba alimentar. O Conselho Nacional de Justiça publicou a Recomendação 62, em 17.03.2020, em cujo art. 6º indica "aos magistrados com competência cível que considerem a colocação em prisão domiciliar das pessoas presas por dívida alimentícia, com vistas à redução dos riscos epidemiológicos e em observância ao contexto local de disseminação do vírus".[148] Nessa mesma esteira,

---

[147] "A controvérsia está em definir sobre a viabilidade de se cumular as técnicas executivas da coerção pessoal (prisão) e da coerção patrimonial (penhora) no mesmo processo para cobrança de obrigação alimentar. (...) Tal solução atende a um só tempo os princípios da celeridade, da economia, da eficiência e da proporcionalidade, atendendo aos fins sociais e às exigências do bem comum, resguardando e promovendo a dignidade da pessoa humana, nos termos exigidos pelo art. 8º do CPC/2015, prestigiando o alimentando na busca do recebimento do seu crédito alimentar (indispensável à sua sobrevivência), exatamente o ser vulnerável a quem o procedimento executivo visa socorrer." (STJ, 4ª T., REsp 1.930.593/MG, Rel. Min. Luis Felipe Salomão, julg. 9.8.2022, publ. *DJ* 26.8.2022). No mesmo sentido: "Ação de alimentos. Cumprimento de sentença. Alimentos pretéritos. Técnica da penhora e expropriação. Alimentos atuais. Técnica coercitiva da prisão civil. Cumprimento conjunto no mesmo processo. Possibilidade." (STJ, 3ª T., REsp 2004516/RO, Rel. Min. Nancy Andrighi, julg. 18.10.2022, publ. *DJ* 21.10.2022).

[148] "1. Controvérsia em torno da regularidade da prisão civil do devedor inadimplente de prestação alimentícia, bem como acerca da forma de seu cumprimento no momento da pandemia pelo co-

a Lei 14.010/2020, que dispõe sobre o Regime Jurídico Emergencial e Transitório das relações jurídicas de Direito Privado (RJET), dispôs, em seu art. 15, que "Até 30 de outubro de 2020, a prisão civil por dívida alimentícia, prevista no art. 528, § 3º e seguintes da Lei 13.105, de 16 de março de 2015 (Código de Processo Civil), deverá ser cumprida exclusivamente sob a modalidade domiciliar, sem prejuízo da exigibilidade das respectivas obrigações".[149] O dispositivo acatou o entendimento então delineado pelo STJ, que, de início, determinou a conversão das prisões decorrentes de dívidas alimentares em prisões domiciliares, em razão do risco de contaminação pelo coronavírus nos presídios.[150] Em seguida, o STJ admitiu a suspensão da prisão, para que posteriormente haja a complementação da prisão em regime fechado, situação a ser definida em primeira instância.[151] Nesse período da pandemia, diante da inviabilidade da prisão em regime fechado e da ineficácia da prisão domiciliar, os tribunais entenderam pela possibilidade da constrição de bens sem que houvesse a alteração do rito, mesmo em processos que tramitam sob o rito da prisão.[152]

---

ronavírus (Covid 19). (...) 3. Considerando a gravidade do atual momento, em face da pandemia provocada pelo coronavírus (Covid-19), a exigir medidas para contenção do contágio, foi deferida parcialmente a liminar para assegurar ao paciente, o direito à prisão domiciliar, em atenção à Recomendação CNJ nº 62/2020. 4. Esta Terceira Turma do STJ, porém, recentemente, analisando pela primeira vez a questão em colegiado, concluiu que a melhor alternativa, no momento, é apenas a suspensão da execução das prisões civis por dívidas alimentares durante o período da pandemia, cujas condições serão estipuladas na origem pelos juízos da execução da prisão civil, inclusive com relação à duração, levando em conta as determinações do Governo Federal e dos Estados quanto à decretação do fim da pandemia (HC n.º 574.495/SP)" (STJ, 3ª T., HC nº 580.261/MG, Rel. Min. Paulo de Tarso Sanseverino, julg. 02.06.2020, publ. *DJ* 08.06.2020).

149 "A Lei 14.010/2020, ao estatuir acerca do Regime Jurídico Emergencial Regime Jurídico Emergencial e Transitório das relações jurídicas de Direito Privado (RJET) no período da pandemia do coronavírus (Covid-19), dispôs expressamente, em seu art. 15, acerca do cumprimento da prisão civil por dívida alimentar, determinando que seja feito exclusivamente sob a modalidade domiciliar, sem prejuízo da exigibilidade das respectivas obrigações" (STJ, 3ª T., HC 578.282 – SP, Min. Rel. Paulo de Tarso Sanseverino, julg. 25.08.2020, publ. *DJ* 28.08.2020).

150 "Diante do iminente risco de contágio pelo Covid-19, bem como em razão dos esforços expendidos pelas autoridades públicas em reduzir o avanço da pandemia, é recomendável o cumprimento da prisão civil por dívida alimentar em regime diverso do fechado. 4. Ordem de habeas corpus parcialmente concedida para que o paciente, devedor de alimentos, cumpra a prisão civil em regime domiciliar" (STJ, 4ª T., HC 561.257 – SP, Rel. Min. Raul Araújo, julg. 05.05.2020, publ. DJ 08.05.2020) No mesmo sentido: STJ, 4ª T., HC 563.444 – SP, Rel. Min. Raul Araújo, julg. 05.05.2020, publ. *DJ* 08.05.2020).

151 "2. A jurisprudência do STJ já proclamou que, decretada inicialmente a segregação do devedor de alimentos pelo prazo mínimo, dependendo da sua postura, ou seja, demonstrada a recalcitrância e a desídia no cumprimento da obrigação alimentar, não há impedimento para posterior prorrogação do prazo de prisão civil até o limite máximo de 90 (noventa) dias. Precedentes. 3. Não obstante a inexistência de constrangimento ilegal suportado pelo paciente, considerando o atual cenário da pandemia que assola o país provocada pelo coronavírus (Covid-19), que ainda não se estabilizou, nas hipóteses em que se examina a legalidade da prisão civil por inadimplemento de obrigação alimentar, em respeito a dignidade da pessoa humana, devido ao significativo agravamento do risco de contágio em estabelecimentos prisionais, esta Terceira Turma considerou mais prudente determinar a suspensão do cumprimento das prisões civis durante tal período. Precedentes recentíssimos" (STJ, 3ª T., HC 586925 – RJ, Rel. Min. Moura Ribeiro, julg. 18.08.2020, publ. *DJ* 26.08.2020).

152 "Se o devedor está sendo beneficiado, de um lado, de forma excepcional, com a impossibilidade de prisão civil, de outro é preciso evitar que o credor seja prejudicado com a demora na satisfação dos alimentos que necessita para sobreviver, pois ao se adotar o entendimento defendido pelo ora

Diante do aumento da inadimplência e do arrefecimento da pandemia, nova recomendação do CNJ foi exarada. Trata-se do Ato Normativo 0007574-69.2021.2.00.0000, de 22 de outubro de 2021, que sugere aos magistrados que adotem os seguintes critérios para se verificar se as prisões em regime fechado dos devedores de alimentos devem ser retomadas: verificar o contexto epidemiológico local, o calendário de vacinação do município de residência do devedor, a situação concreta do contágio da população carcerária local, bem como a eventual recusa do devedor em vacinar-se como subterfúgio para adiar o cumprimento da obrigação alimentar.

Como a pandemia, embora menos intensa, prolongou-se no tempo, o STJ decidiu que "cabe ao magistrado determinar o regime fechado para cumprimento da prisão civil de acordo com o caso específico e a observância do contexto epidemiológico local".[153]

PROBLEMAS PRÁTICOS

1 – O cônjuge divorciado pode pleitear a fixação de alimentos? Em caso da resposta positiva, em que circunstâncias?

2 – O filho maior de idade pode pleitear pensão alimentícia dos seus genitores? Sob qual fundamento?

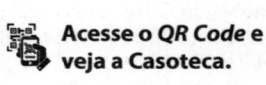

Acesse o *QR Code* e veja a Casoteca.

> *http://uqr.to/1pblq*

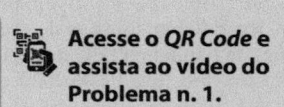

Acesse o *QR Code* e assista ao vídeo do Problema n. 1.

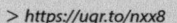

> *https://uqr.to/nxx8*

recorrente estaria impossibilitado de promover quaisquer medidas de constrição pessoal (prisão) ou patrimonial, até o término da pandemia. 3.2. Ademais, tratando-se de direitos da criança e do adolescente, como no caso, não se pode olvidar que o nosso ordenamento jurídico adota a doutrina da proteção integral e do princípio da prioridade absoluta, nos termos do art. 227 da Constituição Federal. Dessa forma, considerando que os alimentos são indispensáveis à subsistência do alimentando, possuindo caráter imediato, deve-se permitir, ao menos enquanto perdurar a suspensão de todas as ordens de prisão civil em decorrência da pandemia da Covid-19, a adoção de atos de constrição no patrimônio do devedor, sem que haja a conversão do rito." (STJ, 3ª T., REsp. 1.914.052/DF, Rel. Marco Aurélio Belizze, julg. 22.6.2021, publ. *DJ* 28.6.2021).

153 STJ, 4ª T., HC 705213/SP, Rel. Min. Raul Araújo, julg. 5.4.2022, publ. *DJ* 20.4.2022.

Capítulo XI

TUTELA

Acesse o *QR Code* e assista ao vídeo sobre o tema.

> *http://uqr.to/1pbm4*

SUMÁRIO: 1. Noções gerais – 2. Causas – 3. Espécies: 3.1 Tutela instituída por testamento ou por documento autêntico; 3.2 Tutela legítima; 3.3 Tutela dativa ou judicial – 4. Dos incapazes de exercer a tutela: 4.1 Impedimentos; 4.2 Escusas – 5. Exercício – 6. Extinção – 7. Aspectos processuais do procedimento da tutela – Problemas práticos.

1. NOÇÕES GERAIS

Origens

No direito romano, a tutela se prestava à proteção e defesa em relação aos bens dos menores, com caráter eminentemente patrimonial, visão que prevalecia também sob a égide do Código Civil de 1916.[1] Entretanto, o instituto adquiriu, posteriormen-

[1] V., sobre o ponto, Ebert Chamoun: "No direito romano antigo a tutela a tutela era instituída no interesse do tutor e refletia interesses absolutamente privados" (Ebert Chamoun, *Instituições de Direito Romano*, Rio de Janeiro: Revista Forense, 1951, p. 185). No sentido de destacar o caráter patrimonial a que se prestava a tutela no direito romano, v. também os comentários de José Carlos Moreira Alves: "No direito moderno, por via de regra, a tutela e a curatela existem para a proteção dos incapazes de fato. Trata-se, pois, de encargo, e não, de vantagem; tanto assim que não se pode, a não ser em casos expressos na lei, recusar o exercício da tutela ou da curatela. Bem diversa era a situação no direito romano pré-clássico, onde tanto a tutela quanto a curatela eram institutos – segundo parece – de proteção, não ao incapaz, mas a seus futuros herdeiros, que, como tutores ou curadores, velavam pelo patrimônio que viria a ser deles, e exerciam, ao invés de um dever, um verdadeiro poder (*potestas*)" (José Carlos Moreira Alves, *Direito romano*, vol. 2, Rio de Janeiro: Forense, 1972, p. 327). Corroboram tais ideias os comentários tecidos por Francesco de Martino acerca do caráter patrimonial desempenhado pelo conceito de família: "O termo família não tem na lei mais antiga o significado de um grupo de pessoas vinculadas por laços de parentesco, mas tem um valor patrimonial". No original: "*Il termine familia non ha nel diritto più antico il significato di gruppo di persone legate da vincoli di parentela, ma ha un valore patrimoniale*" (Francesco de Martino, Famiglia. In: *Novissmo Digesto Italiano*, vol. VII, Torino: Unione Tipografico Editrice Torinese, 3ª ed., 1957, p. 43).

te, caráter assistencial,[2] constituindo, hoje, uma forma de colocação em família substituta, um ***múnus*** público cuja finalidade é suprir a ausência de quem exercia o poder familiar.

No Código de Menores (Lei n. 6.697/79), a tutela foi regulamentada pelo art. 26, sendo seu deferimento direcionado em benefício do "menor em situação irregular" que carecesse de representação permanente, nos termos do art. 2º. No Estatuto da Criança e do Adolescente – Lei n. 8.069/90, o instituto foi regulado pelos arts. 36 a 38, remetendo o art. 36 à regulamentação da lei civil, prevista pelos arts. 1.728 e seguintes do Código Civil.

A funcionalização da tutela frente à cláusula geral de tutela da pessoa humana prevista pela Constituição de 1988 gera a superação da visão até então tradicional do instituto como mera forma de regular a administração de bens do tutelado, estabelecendo-se responsabilidades diversas ao tutor, que devem ser consideradas para o exercício do encargo. O exercício da tutela teve atender à proteção integral de crianças e adolescentes, considerados como efetivos sujeitos de direitos pela nova ordem constitucional.[3]

Conceito

A tutela consiste no poder jurídico atribuído à pessoa diversa dos titulares da autoridade parental, na falta ou impedimento destes, para dirigir a educação e o sustento, zelar pela integridade psicofísica e administrar os bens da pessoa menor de idade que, por isso, é incapaz. Cabe ao tutor cuidar especialmente da formação da personalidade e do pleno desenvolvimento das potencialidades da criança e do adolescente. Informada pelos princípios da dignidade da pessoa humana (art. 1º, III, CR) e do melhor interesse da criança (art. 227, ***caput***, CR), a tutela configura situação jurídica de poder-dever, verdadeiro ***múnus*** de direito privado outorgado aos seus titulares, que devem agir, portanto, estritamente no interesse do tutelado. Nomeia-se o tutor quando não existe, temporária ou definitivamente, quem exerça a autoridade parental sobre a criança ou o adolescente; seja por morte, por desaparecimento, por perda do poder familiar ou por se tratar de pais desconhecidos. "Em sua essência, a tutela é uma instituição de amparo, cuidando um terceiro de preencher o vazio deixado pela falta ou ausência dos pais, encarregado o tutor de cuidar do menor, velar por sua saúde e moral, atender aos itens pertinentes à sua educação, administrar seus bens".[4]

---

2 O art. 6º da CR prevê a proteção à infância e a assistência aos desamparados como direitos sociais.

3 "À primeira vista, o instituto parecia destinado a órfãos abastados financeiramente, haja vista o grande número de regramentos relacionados aos bens do tutelado. Mas, indubitavelmente, a medida independe da situação econômica da criança ou do adolescente, pois a sua finalidade não se restringe à administração do patrimônio de menores de 18 anos" (Kátia Regina Ferreira Lobo Andrade Maciel, *Curso de Direito da Criança e do Adolescente:* aspectos teóricos e práticos, São Paulo: Saraiva, 2016, 9ª ed., p. 295).

4 Rolf Madaleno, *Direito de Família*, Rio de Janeiro: Forense, 2018, 8ª ed., p. 1.545. No mesmo sentido: "A tutela consiste no encargo ou *múnus* conferido a alguém para que dirija pessoa e administre os bens de menores de idade e que não incide no poder familiar do pai ou da mãe. Este, normalmente, incorre na tutela, quando os pais são falecidos ou ausentes, ou decaíram da *patria potestas*" (Caio Mário da Silva Pereira, *Instituições de Direito Civil*, vol. V., Rio de Janeiro: Forense, 2018, 26ª ed., p. 555).

Busca-se assim a preservação dos melhores interesses dos filhos menores, com fundamento na solidariedade familiar, para que o desenvolvimento psicofísico da criança ou do adolescente seja resguardado. Por isso, em contenda entre possíveis tutores para o exercício da tutela, deve-se perseguir sempre o que é melhor para a criança ou o adolescente, como já definiu o STJ em disputa entre a avó paterna que morava na França e a materna com residência no Brasil, em face do falecimento dos pais no Brasil: "Nesse contexto, em virtude das orientações médicas e do relatório psicossocial e, portanto, conforme o princípio do melhor interesse da criança, a teor de sua proteção integral, é de rigor sua manutenção no Brasil, com a avó materna, tendo em conta que já possui laços de afetividade, social e familiar, o que tem propiciado, sem dúvida, o êxito em seu delicado tratamento médico".[5]

Nessa perspectiva, concede-se a tutela preferencialmente a quem tenha vínculos com o menor, "como um encargo pessoal, que se concentra apenas na pessoa do tutor, o qual não fica autorizado a transferi-lo ou cedê-lo a uma terceira pessoa, ou a um substituto".[6] O poder jurídico concedido ao tutor, submetido à rigorosa fiscalização do Poder Público, é mais restrito que o dos pais, em favor dos quais prevalece a presunção de que sempre agirão em benefício do filho, sendo deles privativo, em caráter personalíssimo, o exercício da autoridade parental.

Trata-se de medida mais ampla que a guarda, já que se projeta para além da mera companhia e administração do cotidiano da criança ou do adolescente, de modo a abranger todo o processo educacional; desde a escolha da escola, cursos, prática esportiva e recreativa, até as decisões sobre tratamento de saúde, orientação religiosa e demais definições fundamentais para a vida do tutelado.

A tutela, por si só, não gera parentesco com a pessoa menor de idade. No caso de perda do poder familiar, essa nova situação de parentalidade será averbada no registro de nascimento, não a desconstituição ou substituição da parentalidade. Nesses casos e tendo em conta suas características protetivas da pessoa do tutelado, o consentimento dos pais é irrelevante para a sua instituição.[7]

A tutela poderá se constituir a qualquer tempo, desde o nascimento – quando é chamada de originária ou inicial – até os 18 anos incompletos, consoante art. 36 do ECA.[8] Compete à Justiça da Infância e Juventude conhecer o pedido de tutela

---

5 STJ, 4ª T., REsp 1449560/RJ, Rel. Min. Marco Buzzi, julg. 19.08.2014, publ. *DJ* 14.10.2014.

6 Arnaldo Rizzardo, *Direito de Família*, Rio de Janeiro: Forense, 2011, 8ª ed., p. 868.

7 "A concordância dos pais com a colocação dos filhos em família substituta, assim, não se aplica ao instituto da tutela, pois, na forma do art. 169 do ECA, deverá ser observado o procedimento contraditório de perda do poder familiar. Logo, se há pleito de tutela com o consentimento de pais vivos, o caminho a ser trilhado será retificar o pedido para guarda ou adoção, dependendo da finalidade da medida" (Kátia Regina Ferreira Lobo Andrade Maciel, *Curso de Direito da Criança e do Adolescente*, cit., pp. 305-306).

8 "A tutela poderá se constituir de modo 'originário' ou inicial, sem que haja propriamente uma substituição, no caso de ausência de registro civil da criança, de que são exemplos os 'expostos' ou abandonados. O registro civil dessas crianças ou adolescentes deverá ser regularizado, nos termos do art. 102 do ECA (LRP, 61-62)" (Gustavo Tepedino; Heloisa Helena Barboza; Maria Celina Bodin

nos casos de criança e adolescente em situação de risco, conforme prevê o art. 98 do ECA. Nos demais casos, a competência é da Vara de Família. Ainda, deve-se atentar para o teor da Súmula 383 do STJ, que determina que a "competência para processar e julgar as ações conexas de interesse de menor é, em princípio, do foro do domicílio do detentor de sua guarda".

Oitiva da criança e do adolescente

A nomeação do tutor deve ser precedida, sempre que possível, da oitiva da criança, sendo necessário, no caso do adolescente, seu consentimento colhido em audiência. Na análise do pedido, deve-se levar em consideração o grau de parentesco e a relação de afinidade ou de afetividade existente no caso concreto, precedido do exame do caso por equipe interprofissional a serviço da Justiça da Infância e da Juventude (art. 28 do ECA).

Criança ou adolescente indígena

No caso de criança ou adolescente indígena ou proveniente de comunidade remanescente de quilombo, devem ser respeitadas sua identidade social e cultural, os seus costumes, tradições, e suas instituições, priorizando-se a sua inserção no seio de sua comunidade ou junto a membros da mesma etnia, com a intervenção e oitiva de representantes do órgão federal responsável pela política indigenista e de antropólogos (art. 28, § 6º).

Tendo em vista a função de proteção da criança e do adolescente, o art. 29 do ECA afasta o exercício da tutela para aqueles que revelem, de qualquer modo, incompatibilidade com a natureza da medida ou não ofereçam ambiente familiar adequado. Além disso, ao assumir a tutela, o tutor deve prestar compromisso de bem e fielmente desempenhar o encargo, mediante termo nos autos (art. 32 do ECA). A legislação previdenciária equipara o menor tutelado ao filho,[9] em decorrência da obrigação subsidiária de sustento atribuída ao tutor – embora não ocorra transferência da autoridade parental para o tutor.[10]

---

de Moraes, *Código Civil interpretado conforme a Constituição da República*, vol. IV, Rio de Janeiro: Renovar, 2014, p. 451).

9 Lei 8.213/1991, art. 16, § 2º. O enteado e o menor tutelado equiparam-se a filho mediante declaração do segurado e desde que comprovada a dependência econômica na forma estabelecida no Regulamento.

10 "5. No caso, a avó paterna, pensionista de membro do Ministério Público de Minas Gerais, por decisão judicial transitada em julgado, obteve a tutela do impetrante, ante a ausência de condições financeiras dos pais biológicos. 6. O art. 149, § 1º, da Lei Complementar Estadual 34/1994 determina que a parcela da pensão destinada ao cônjuge sobrevivente reverterá em benefício dos filhos, em caso de morte da pensionista. Essa norma, em momento algum, limitou o instituto da reversão aos filhos do segurado. É plenamente possível, e mesmo recomendável, em face dos princípios já declinados, interpretá-la de modo a abarcar, também, os filhos da cônjuge sobrevivente, para evitar que fiquem desamparados materialmente com o passamento daquela que os mantinha. 7. Ademais, a tutela do impetrante concedida judicialmente à avó transferiu à tutora o pátrio poder, de modo que o neto tutelado, pelo menos para fins previdenciários, pode e deve ser equiparado a filho da pensionista, o que viabiliza a incidência da norma. 8. A Lei Complementar Estadual n.º 64/2002, que 'institui o regime próprio de previdência e assistência social dos servidores públicos do Estado de Minas Gerais', no art. 4º, § 3º, II, equipara a filho o menor sob tutela judicial. 9. Na espécie, é fato incontroverso que o impetrante teve sua tutela deferida à avó, que durante anos foi responsável por seu sustento material. Assim, impõe-se a observância da regra contemplada no art. 4º, § 3º, II, da Lei Complementar Estadual n.º 64/2002, devendo o impetrante ser equiparado a filho sem as

Com o escopo de preservar a identidade familiar, o art. 1.733 do Código Civil determina que aos irmãos órfãos dar-se-á um só tutor.[11] O dispositivo traduz o princípio da unidade e indivisibilidade da tutela ao prever a nomeação de apenas um tutor para irmãos. A solução mostra-se vantajosa por evitar o rompimento do liame familiar, além de permitir o desenvolvimento dos irmãos numa mesma família e eventualmente facilitar a administração dos bens dos tutelados.

A lei faculta ao testador nomear curador especial para a administração dos bens deixados em favor criança e adolescente sob tutela (CC, art. 1.733, § 2º), se não confiar na aptidão do tutor para a administração correspondente.

2. CAUSAS

Institui-se a tutela quando os pais falecem, são julgados ausentes ou perdem o poder familiar (CC, art. 1.728), caracterizando-se a ausência de titularidade na direção da pessoa e dos bens dos menores. O deferimento da tutela pressupõe a prévia decretação da perda ou suspensão do poder familiar e implica necessariamente o dever de guarda, de modo a melhor se efetivar os deveres de criar e educar o menor tutelado (art. 36, parágrafo único do ECA).

Não há previsão legal específica de tutela provisória, já que as causas geradoras da tutela são peremptórias, pressupondo seu caráter definitivo. No entanto, existem situações temporárias, por exemplo, em que se verifica lapso temporal entre a cessação ou suspensão da tutela e a instituição de novo tutor. Nesses casos, o art. 762 CPC determina a nomeação de substituto interino ao tutor, que pode ser suspenso do exercício de suas funções em casos de acentuada gravidade. O substituto constitui-se em tutor provisório, que assinará Termo de Tutela Provisória.[12]

3. ESPÉCIES

Existem três tipos de tutela: a testamentária, a legítima e a dativa, conforme passará a ser analisado.

3.1 *Tutela instituída por testamento ou por documento autêntico*

Em decorrência do conteúdo da autoridade parental, o art. 1.729 do Código Civil autoriza os pais, em conjunto, a nomearem tutor para seu filho menor, acabando

---

limitações impostas pelo acórdão recorrido" (STJ, 2ª T., RMS 33620/MG, Rel. Min. Castro Meira, julg. 06.12.2011, publ. *DJ* 19.12.2011).

11 Esse entendimento já existia no Código Civil de 1916: "APELAÇÃO CÍVEL. TUTELA. NOMEAÇÃO DE DOIS TUTORES EM COMUM AO INVÉS DE UM SÓ. IMPOSSIBILIDADE. APLICAÇÃO DO ARTIGO 411, DO CÓDIGO CIVIL. DECISÃO REFORMADA. RECURSO PROVIDO. Não há que se deferir tutela na forma feita, mesmo porque não se estará dando um tutor a cada um dos menores, mas sim dois tutores a cada um deles, com ofensa ao princípio da unidade da tutela, nos termos do artigo 411 do Código Civil" (TJPR, 4ª C.C., Ap. Cív. 045486-2, Rel. Des. Wanderlei Resende, julg. 17.09.1996). Após a vigência do atual Código Civil, "irmãos órfãos deverão ter um único tutor" (TJRJ, 14ª C.C., Ap. Cív. 02001549520018190001, Rel. Des. Edson Queiroz Scisinio Dias, julg. 25.11.2003).

12 Kátia Regina Ferreira Lobo Andrade Maciel, *Curso de Direito da Criança e do Adolescente*, cit., p. 302.

com a hierarquia estabelecida no art. 407 do Código Civil de 1916 entre as pessoas legitimadas a nomear tutor, que abrangia os avós – com preferência para os homens. Cuidava-se de resquício patriarcal do direito romano,[13] em contrariedade ao princípio constitucional da igualdade.

Tem-se assim, no sistema atual, modalidade preferencial de tutela, cuja escolha é oferecida aos pais, beneficiados pela presunção legal de que possuem maior capacidade para decidir quanto ao modelo de educação para os próprios filhos. Em consequência, podem decidir quanto à pessoa que, na sua falta, dirigirá a educação de modo coerente com os valores familiares. Os pais não estão adstritos à ordem de parentesco, sendo-lhes facultado escolher qualquer pessoa, parente ou não. O art. 37, parágrafo único, do ECA exige a comprovação de que a nomeação indicativa dos pais é vantajosa ao filho menor e que não existe outra pessoa em melhores condições de assumi-la; ou seja, a nomeação do tutor pelos pais, em decorrência das atribuições inerentes à autoridade parental, sujeita-se a rigoroso controle estatal.

Tal determinação deve constar de testamento ou de qualquer outro documento autêntico, configurando-se em negócio jurídico unilateral, que deve obedecer à forma legal, sob pena de nulidade.

Se nomeado mais de um tutor por disposição testamentária sem indicação de precedência, entende-se que a ordem de nomeação ali descrita é cronológica, ou seja, "entende-se que a tutela foi cometida ao primeiro, e que os outros lhe sucederão pela ordem de nomeação, se ocorrer morte, incapacidade, escusa ou qualquer outro impedimento" (CC, art. 1.733, § 1º). Os tutores servirão na ordem das nomeações, e, na falta ou impedimento, um de outro.

Tutela compartilhada

Não obstante tal dispositivo, a nomeação de mais de um tutor para exercer o *múnus* de forma compartilhada não se encontra vedada pelo ordenamento jurídico. Por vezes, mais de uma pessoa pode cuidar melhor da criança presumidamente fragilizada com a situação causadora da tutela. Nessa perspectiva, muitos autores criticam as tutelas unipessoais, considerando-as "desfocadas da realidade e dos novos rumos que vem tomando o Direito no respeitante aos melhores interesses de crianças e adolescentes".[14] De todo modo, provavelmente para evitar possíveis divergências entre tutores, de acordo com a disposição do art. 1.733, § 1º, do Código Civil, os pais deverão declarar expressamente, no caso de nomeação de mais de um tutor, que o exercício da tutela se dará em conjunto e não sucessivamente.[15]

---

13 "O Código de 1916 atribuía o direito de nomear tutor ao pai, à mãe, ao avô paterno, ao avô materno, sucessivamente, na falta ou incapacidade dos que lhes sucederem. A experiência demonstrou ser inconveniente este sistema. O Projeto de 1965 simplificou-o, em bases mais realistas, no que foi seguido pelo Projeto de 1975, e subsiste no Código atual. Aboliu, definitivamente, a extensão do poder de designar aos avós, que era um romanismo sem resultado prático" (Caio Mário da Silva Pereira, *Instituições de Direito Civil*, vol. V., cit., p. 556). Sobre a prevalência dos avós paternos no direito antigo, v. Pontes de Miranda, *Tratado de Direito Privado*, t. IX, atual. por Rosa Maria de Andrade Nery, São Paulo: Revista dos Tribunais, 2012, pp. 372-374.

14 Rolf Madaleno, *Direito de Família*, cit., p. 1.542.

15 "Parece que a lei não admite a nomeação de duas pessoas como tutores, ao afirmar que, sendo nomeado mais de um tutor, sem indicação de preferência, entende-se que a tutela foi cometida ao

A tutela, nos termos da cláusula de nomeação, pode ser instituída por certo tempo, sob condição, até que a criança ou o adolescente tenha determinada idade ou a partir de certa idade. Com base nessas variações, afirma-se a existência de três espécies de tutela testamentária, pura; sob condição resolutiva e sob condição suspensiva.[16]

Os pais devem estar em pleno exercício do poder familiar no ato da nomeação para que a tutela produza efeitos. Além disso, é preciso que os genitores ainda detenham a autoridade parental no momento da morte, pois o art. 1.730 do Código Civil dispõe que, se assim não o for, a nomeação se torna nula.

Por outro lado, o art. 37 do ECA determina que o tutor nomeado por testamento ou outro documento autêntico deverá ingressar com pedido para o controle judicial do ato que o nomeou no prazo de 30 dias após o falecimento dos pais.

3.2 *Tutela legítima*

Se não houver nomeação dos pais por meio de tutela testamentária, a lei determina uma ordem de prelação de parentes do filho menor que deverão ser nomeados pelo juiz: (i) ascendentes, preferindo o de grau mais próximo ao mais remoto e, na falta ou impossibilidade deste, (ii) colaterais até o terceiro grau, preferindo os mais próximos aos mais remotos, e, no mesmo grau, os mais velhos aos mais moços. É a essa ordem legal que se denomina de tutela legítima, seguindo a ordem determinada pela lei (art. 1.731 do Código Civil).[17]

As preferências criadas pelo legislador dentro das classes de parentesco têm uma razão: presume-se maior proximidade afetiva e afinidade entre os parentes com grau mais próximo, o que justificaria a primazia para o exercício da tutela; em relação ao legislador ter priorizado os mais velhos em relação aos mais jovens, justifica-se na maior experiência e preparo das pessoas mais vividas para a criação e educação de crianças e adolescentes.

Entende-se que a escolha da pessoa para o exercício da tutela deve obedecer mais aos interesses da criança ou do adolescente do que, propriamente, à ordem de convo-

---

primeiro (CC art. 1.733 § 1º). No entanto, não há qualquer óbice a que sejam nomeadas duas pessoas para o desempenho do encargo" (Maria Berenice Dias, *Manual de Direito das Famílias*, São Paulo: Revista dos Tribunais, 2010, 7ª ed., p. 601). Em sentido contrário: "Cuida-se (...) de uma função exclusiva, posto que vedada a nomeação concomitante de duas ou mais pessoas para um mesmo tutelado. Nem é admitido o exercício conjunto por marido e mulher" (Arnaldo Rizzardo, *Direito de Família*, cit., p. 869).

16 Sobre o tema, v. Gustavo Tepedino; Heloisa Helena Barboza; Maria Celina Bodin de Moraes, *Código Civil interpretado*, vol. IV, cit., p. 454.

17 Cabe aqui uma nota histórica, no sentido de lembrar que o Código Civil de 1916 tinha uma preferência dos homens para o exercício da tutela, o que não faz sentido, em face do que estabelece o princípio da igualdade: "A antiga preferência masculina do Código Civil de 1916 para o exercício da tutela foi extinta. A posição secundária da mulher, mãe ou avó, que tinha cabimento na sistemática do Código de 1916, foi afastada pelos princípios constitucionais da igualdade de direitos e obrigações entre o homem e a mulher (art. 5º, I, CF) e da equiparação de suas prerrogativas nas relações conjugais (art. 226, § 5º, CF)" (Tânia da Silva Pereira, *Direito da Criança e do Adolescente: uma proposta interdisciplinar*, Rio de Janeiro: Renovar, 2008, 2ª ed., p. 415).

cação, o que motivou a ressalva do art. 1.731 do Código Civil, no sentido de que "o juiz escolherá entre eles o mais apto a exercer a tutela em benefício do menor".[18] Em tal perspectiva, a 3ª Turma do STJ decidiu que essa ordem é flexível, podendo ser alterada no interesse do filho menor;[19] o TJMG também assinalou que "a ordem prevista na Lei Civil serve de orientação ao juiz que, no entanto, deve adequá-la às especificidades do caso concreto, tendo em vista os interesses e o bem-estar dos menores".[20] São as circunstâncias do caso que delinearão quem está mais apto aos cuidados com a criança ou o adolescente, motivando o desenvolvimento de suas potencialidades, de modo a não fazer sentido o rígido cumprimento da ordem de preferência estabelecida em lei, se ela contraria os interesses do menor, como foi decidido pelo TJSP: "Há hipóteses excepcionais em que, apesar de presente a relação de parentesco, o melhor interesse da criança recomenda que a tutela recaia sobre terceiros estranhos à ordem legal. Não há razão para se conceder a medida ao tio da criança, que confessadamente pretende entregá-la a outro casal".[21]

O art. 1.731 do Código Civil também restringe a tutela legítima aos parentes consanguíneos. No entanto, a interpretação deve ser ampla, a fim de se perquirir entre todos os parentes do filho menor – consanguíneos, socioafetivos, adotivos, etc. – ou, até mesmo, entre terceiros que têm relações de afinidade e afetividade com a criança ou adolescente,[22] quem melhor tem condições de realizar seus interesses e de cuidar de seu desenvolvimento.[23]

Também nessa modalidade de tutela é possível a nomeação de dois tutores de forma simultânea, conforme anteriormente aludido, sempre em função do melhor interesse da criança ou do adolescente.[24] De fato, entende-se cabível o compartilhamento

---

18 "Esta ordem de convocação não é rígida e inflexível, devendo prevalecer sempre o 'melhor interesse da criança'. Poderá a autoridade judiciária abandonar a ordem legal e conceder a medida a quem efetivamente possa atender melhor àquela pessoa em fase peculiar de desenvolvimento" (Tânia da Silva Pereira, *Direito da Criança e do Adolescente*, cit., p. 413).

19 STJ, 3ª T., REsp 710204/AL, Rel. Min. Nancy Andrighi, julg. 17.08.2006, publ. *DJ* 04.09.2006.

20 TJMG, 3ª C.C., Ap. Cív. 1.0188.97.003784-5/001, Rel. Des. Silas Vieira, julg. 13.08.2009.

21 TJSP, 4ª Câm. Dir. Priv., Ap. Cív. 9220238-59.2007.8.26.0000, Rel. Des. Maia da Cunha, julg. 06.03.2008.

22 "Ação de tutela. Correta a r. sentença que concedeu a tutela a madrinha do menor. Há hipóteses excepcionais em que, apesar de presente a relação de parentesco, o melhor interesse da criança recomenda que a tutela recaia sobre terceiros estranhos à ordem legal. Não há razão para se conceder a medida ao tio da criança, que confessadamente pretende entregá-la a outro casal. Recurso improvido" (TJ/SP, 4ª Câm. Dir. Priv., Ap. Cív. 9220238-59.2007.8.26.0000, Rel. Des. Maia da Cunha, julg. 06.03.2008).

23 "1. O rol estabelecido no art. 1.731 do Código Civil (CC/2002) para a escolha de tutores é relativo, privilegiando sempre o melhor interesse do menor. 2. Presentes nos autos elementos que denotam, de um lado, a disponibilidade exclusiva da candidata à tutela, enquanto autora da ação, e de outro a concordância dos demais parentes elegíveis, não se justifica a fixação de guarda provisória compartilhada com terceira pessoa estranha à relação processual que sequer nela interveio, opondo-se a tempo e modo" (TJ/MG, 7ª C.C., AI 1.0056.10.010075-1/001, Rel. Des. Oliveira Firmo, julg. 27.08.2013).

24 Na jurisprudência: "É possível a nomeação de duas pessoas para o desempenho do encargo de tutor, mormente quando a medida visa atender ao melhor interesse do tutelado" (TJ/MG, 8ª C.C., Ap. Cív. 1.0079.07.384112-8/001, Rel. Des. Bitencourt Marcondes, julg. 22.04.2010).

como forma de se alcançar meios para potencializar o bem-estar do tutelado. Embora a jurisprudência entenda mais factível que o compartilhamento se dê em hipóteses em que os menores não sejam órfãos[25] – de modo a se preservar os ditames do art. 1.733 do Código Civil – entende-se possível que, a depender das circunstâncias, a flexibilização da unidade da tutela se dê, até mesmo, em casos de órfãos, nomeando-se por exemplo um casal para o exercício do *múnus*.

Cresce a importância da participação da criança e do adolescente nas situações existenciais em que seja parte, o que abrange a escolha do tutor. No que refere à adoção, o ECA afirma que o adolescente – pessoa entre 12 e 18 anos completos – deve ser ouvido no procedimento, embora considerado incapaz, de acordo com os arts. 3º e 4º do Código Civil. Trata-se de crescente tendência para dar oportunidade para sua oitiva nos atos existenciais que lhe dizem respeito – adoção, tutela, guarda, convivência etc. –, o que motiva a releitura do regime das incapacidades, funcionalizando-o à busca pela implementação da dignidade e da autonomia infantojuvenis.[26]

O legislador nada tratou sobre a conveniência de serem tutores os familiares residentes no exterior. Embora usualmente se procure reduzir as alterações drásticas na dinâmica da vida da criança ou do adolescente, é possível que a mudança de domicílio possa significar a melhor opção para o tutelado, caso, por exemplo, ele tenha vínculos expressivos com o familiar que lá reside.[27]

---

[25] "1 – Insurge-se o Ministério Público Estadual contra o fato de que não poderiam ser nomeadas duas pessoas para o exercício da tutela, eis que a lei civil impõe que a tutela somente poderia ser exercida por uma pessoa. (...) 3 – Contudo, é de se ressaltar que na espécie, não se tratar de menores órfãos. Na verdade, a tutela foi concedida aos avós maternos, que já possuíam a guarda de fato dos menores desde o nascimento, em virtude da suspensão do poder familiar dos pais. Assim, a tutela foi concedida em virtude do disposto no art. 1.728, inc. II, do CC/02. 4 – Não há óbice legal a concessão da tutela aos avós paternos, sendo que a restrição imposta no art. 1.733, do CC/02, refere-se primeiramente a irmãos órfãos, a fim de que não sejam criados em famílias distintas, o que impõe, de regra, seja-lhes dado o mesmo tutor. Então, em vista do fim preconizado, mais certo e consentâneo com seu fim, entender que a lei não impõe um único tutor, mas que o tutor designado seja o mesmo, ou, no caso, os mesmos tutores" (TJ/ES, 2ª C.C., Ap. Cív. 0008669-39.2006.8.08.0000 (012.00.008669-9), Rel. Des. Álvaro Manoel Rosindo Bourguignon, julg. 30.01.2007).

[26] No caso de ambos os interessados mostrarem aptidão e vantagens para o exercício da tutela, de se respeitar a vontade do infante em permanecer com os avós paternos, conscientemente manifestada judicial e extrajudicialmente, em sintonia com a ordem de preferência do art. 1.731 do Código Civil, notadamente na existência de comprovada melhora do comportamento escolar durante a guarda fática destes, preservando-se o salutar contato com o padrasto e o meio-irmão por meio da visitação acordada" (TJSC, 5ª Câm. Dir. Civ., Ap. Cív. 2009.063391-6, Rel. Des. Henry Petry julg. 24.02.2011).

[27] "Também em relação à tutela é controvertida a posição do Estatuto quando veda a concessão da medida a estrangeiros residentes fora do país, sem excluir pessoas do próprio círculo familiar da criança, a exemplo de avós, irmãos e tios. Ao referir-se à tutela como colocação em família substituta, o art. 31, ECA autorizou apenas a adoção para este tipo de interessado, proibindo, portanto, a tutela e a guarda, sem admitir 'situações especiais'. Diante da excessiva preocupação quanto à 'saída irregular' de crianças do país para o exterior, não deixou o legislador estatutário espaço para hipóteses especiais, as quais permitirão à criança ficar na companhia de pessoas de seu círculo familiar, apesar de residentes no exterior. Deve-se ter em mente que a tutela é, antes de tudo, instituto que tem por objetivo a representação de órfãos ou daqueles cujos pais tenham sido destituídos do Poder Familiar, os quais ainda não atingiram a capacidade civil. Avós, irmãos e tios não podem ser excluídos do direito de proteção destas crianças e jovens, de seu círculo familiar, simplesmente pelo fato de não residirem no país. O Juiz, assessorado por uma equipe interprofissional, saberá

3.3 *Tutela dativa ou judicial*

A tutela dativa ou judicial é a terceira modalidade de tutela na ordem legal de prioridade, pois coloca um terceiro, estranho ao filho menor, para dele cuidar e gerenciar seus bens. Em razão dessa falta de vínculo prévio com a criança ou o adolescente, a tutela dativa é a última opção que a lei prevê, e sobre ela devem recair maior cuidado e rigor na escolha do tutor.

Com efeito, juiz deverá nomear tutor idôneo e residente no domicílio da criança ou do adolescente (CC, art. 1.732) caso não haja tutor nomeado pelos pais ou parentes para o exercício da tutela, se eles forem excluídos ou se encaixarem nas possibilidades de escusas da tutela ou se forem removidos por não serem idôneos. Em face da ausência de nomeação parental ou de vínculo familiar que gere a nomeação em razão da tutela legítima, é necessário, excepcionalmente, que o tutor dativo habite no mesmo domicílio do menor, para que facilite a formação dos vínculos e a efetivação dos deveres existenciais. Além disso, no caso de não ser instituído alguém da família, o ideal é que tutor continue residindo no domicílio do tutelado, poupando-lhe de mais uma mudança.

O art. 1.734 do Código Civil, com a redação dada pela Lei 12.010/2009, também determinou expressamente que as crianças e os adolescentes cujos pais forem desconhecidos, falecidos ou que tiverem sido suspensos ou destituídos do poder familiar terão tutores nomeados pelo Juiz ou serão incluídos em programa de colocação familiar, na forma prevista pelo ECA.

A redação anterior era problemática, na medida em que determinava que os menores abandonados receberiam tutores judiciais ou "serão recolhidos a estabelecimento público para esse fim" e, na falta desse, seriam entregues a pessoas que, gratuitamente, se voluntariassem para sua criação. O dispositivo, em que pese a sua boa intenção, acabava por contrariar a doutrina da proteção integral, na medida em que o abrigamento da criança é medida excepcional e temporária. Desde o advento do ECA, em face do abandono do filho menor, do falecimento ou da falta de seus pais – seja por quais razões forem – o que se intenciona é que as crianças e adolescentes sejam colocados em família substituta e não abrigados.[28]

4. DOS INCAPAZES DE EXERCER A TUTELA

4.1 *Impedimentos*

Em tese, qualquer pessoa em pleno gozo da sua capacidade de fato está apta a exercer a tutela, sendo que, caso designado, deve aceitar a nomeação em face de se tratar de *múnus* público. No entanto, o ordenamento jurídico prevê algumas hipóteses

---

optar pela pessoa que melhor atenderá às necessidades básicas da criança, mantendo-a no país por um pequeno período (semelhante ao 'estágio de convivência' da adoção) para avaliar a adaptação entre eles. Em decisão fundamentada, ouvido o Ministério Público, deve-se admitir exceção neste caso" (Tânia da Silva Pereira, *Direito da Criança e do Adolescente*, cit., p. 414).

[28] No mesmo sentido: Kátia Regina Ferreira Lobo Andrade Maciel, *Curso de Direito da Criança e do Adolescente*, cit., p. 311.

de ordem objetiva que obstaculizam o exercício da tutela, por não representarem, *a priori*, o melhor para a criança ou o adolescente, na medida em que demonstram falta de aptidão para os cuidados existenciais e patrimoniais com a criança ou o adolescente. Esses motivos são impeditivos tanto da nomeação da pessoa como tutora, quanto da continuidade do exercício do *múnus*, de modo que, se as causas forem supervenientes, elas podem gerar a exoneração do encargo. Tais obstáculos são insuperáveis, mesmo diante da vontade do tutor de exercer a tutela, que podem ser verificáveis a qualquer momento.

O art. 1.735 do Código Civil prevê seis hipóteses de impedimento ao exercício da tutela. Em primeiro lugar, não podem ser tutores as pessoas que não têm a livre administração de seus bens, de modo que, se elas não podem administrar os próprios bens, também não poderão fazê-lo em relação aos bens de terceiros, o que exige ainda mais zelo e probidade.

Também não podem ser tutores aqueles que, no momento de lhes ser deferida a tutela, se acharem constituídos em obrigação para com o menor, ou tiverem que fazer valer direitos contra este, e aqueles cujos pais, filhos ou cônjuges tiverem demanda contra a criança ou o adolescente. Assim, presume-se que quem tiver qualquer tipo de interesse contrário aos do filho menor não exercerá bem o encargo. Corre-se o risco de que a administração do patrimônio, ou o manejo de ações judiciais não se direcionem integralmente à defesa dos interesses do tutelado, caso tenham algum tipo de antagonismo de negócios, ou se seus pais, filhos, cônjuges – e mesmo companheiros – tiverem alguma demanda contra a pessoa menor de idade.[29]

Os inimigos da criança ou do adolescente, ou de seus pais, ou que tiverem sido por estes expressamente excluídos da tutela também não podem exercer o *múnus* pelas mesmas razões expostas: se forem inimigos do filho menor ou de seus pais não agirão em prol de seus interesses. Da mesma forma, caso os pais da criança ou do adolescente o excluam da tutela, afasta-se a tutela pela mesma ordem de motivos.

Os condenados por crime de furto, roubo, estelionato, falsidade, contra a família ou os costumes, tenham ou não cumprido pena, também não estão aptos ao exercício da tutela. Trata-se de pessoa cuja moral e conduta foram reprovadas social e juridicamente, por terem praticados crimes contra o patrimônio, família ou costumes, bases da educação e vivência da criança e do adolescente.

---

[29] Há casos, no entanto, que mesmo existindo impedimentos, em razão do vínculo afetivo com a criança ou o adolescente, o tutor pode ser mantido: "1. A tutela é uma forma de colocação do menor em família substituta, com o objetivo de lhe garantir a criação, boa educação e assistência material e moral adequadas. 2. No caso específico dos autos, apesar de a tia afirmar ser credora do menor, não há nada que desabone sua conduta na criação do menor, como vem realizando desde a morte da mãe do adolescente, que está bem inserido na família e manifestou sua vontade de com ela permanecer. 3. No objetivo de resguardar o melhor interesse da criança, nomeia-se seu pai afetivo (ex-companheiro da sua mãe) protutor para ajudar na administração de seus bens. 4. Deu-se provimento ao apelo da autora para nomeá-la tutora do menor, e o ex-companheiro de sua mãe como protutor" (TJ/DF, 2ª T.C., Ap. Cív. 20090510060575, Rel. Des. Sérgio Rocha, julg. 09.05.2012).

Pelo mesmo motivo, não podem ser tutores as pessoas de mau procedimento ou falhas em probidade, e as culpadas de abuso em tutorias anteriores. Não se pode pôr em risco o desenvolvimento sadio dos menores – já que a educação se dá, primordialmente, pelo exemplo –, bem como a integridade de seus bens. Por isso, as pessoas que comprovadamente não têm conduta ilibada e já foram condenadas no exercício de tutelas anteriormente ficam impedidas de novo exercício do encargo. Preserva-se assim a integridade psicofísica e patrimonial da pessoa menor de idade.

Quem exercer função pública incompatível com a boa administração da tutela também não pode ser nomeado tutor. Não se trata de qualquer função pública, mas a que gera dificuldade do exercício da tutela, sendo incompatível com os interesses da criança ou do adolescente.

4.2 Escusas

Algumas pessoas, em determinadas circunstâncias previstas pela lei, podem rejeitar o exercício do *múnus*.[30] A justificativa para a recusa está no entendimento de que a tutela oneraria sobremaneira a pessoa, que por isso mesmo deverá avaliar se o encargo lhe convém. As causas de escusa se aplicam a todas as modalidades de tutela, dada a natureza de *múnus* que lhe é inerente.[31]

Não obstante as causas descritas no art. 1.736 do Código Civil sejam taxativas, sugere-se interpretação mais flexível das hipóteses de escusa, pois, caso alguém rejeite o encargo – por razões que não estejam ali previstas, mas que também sejam legítimas e que deverão ser apreciadas pelo juiz –, certamente não o exercerá de forma a preservar e a potencializar os interesses da criança e do adolescente. Por isso, "a interpretação das causas de escusa do tutor, tradicionalmente entendidas como taxativas, deve ser ampliada sempre que o exigir o melhor interesse do tutelado".[32]

A primeira hipótese em que a lei permite a recusa ao exercício da tutela refere-se às mulheres casadas, cuja manutenção no Código Civil foi injustificada e descontextualizada, em face da posição das mulheres – independentemente do seu estado civil – na sociedade contemporânea. A possibilidade de escusa da mulher casada "só fazia sentido quando a mulher casada era dependente social e financeiramente do marido, e não tinha

---

30 "A principal diferença entre eles [impedimentos e escusas] é que, enquanto os impedimentos proíbem a decretação e o exercício da tutela pela pessoa sobre a qual recaem, as escusas podem isentá-las, caso sejam invocadas. As escusas são benefícios postos à disposição de certas pessoas para que, querendo, safem-se do encargo tutelar. Elas não obstam o exercício da tutela, já que o nomeado tutor pode, simplesmente, não as invocar. As escusas dão ao sujeito a alternativa de não aceitar, que pode ser eleita ou não. Os impedimentos, por sua vez, inviabilizam a decretação ainda que o tutor a deseje exercer" (Renata Barbosa de Almeida, Walsir Edson Rodrigues Júnior, *Direito Civil:* Famílias, São Paulo: Atlas, 2012, 2ª ed., p. 488).

31 "Os pais não estão sujeitos a obedecer a qualquer ordem dos graus de parentesco, podendo escolher qualquer pessoa, parente ou não. A nomeação feita pelos pais não retira da tutela a natureza de múnus, não podendo o tutor nomeado rejeitá-la, salvo se ocorrer alguma das hipóteses legais de escusa" (Paulo Lôbo, *Direito civil:* Famílias, São Paulo: Saraiva, 2017, 7ª ed., p. 411).

32 Gustavo Tepedino; Heloisa Helena Barboza; Maria Celina Bodin de Moraes, *Código Civil interpretado,* vol. IV, cit., p. 463.

autonomia de decisão, ficando à mercê da aprovação do esposo havido como chefe da sociedade conjugal".[33] O art. 242 do Código Civil de 1916 estabelecia, em seu inciso V, que a mulher só poderia aceitar a tutela com autorização do marido, dispositivo que não permanece no ordenamento atual, em razão das mudanças sociais, econômicas e jurídicas havidas nos últimos tempos. Em face do princípio da igualdade – tanto formal, quanto substancial – o art. 1.736, I, do Código Civil é inconstitucional, o que motivou o Enunciado 136 da I Jornada de Direito Civil do CJF a propor a revogação desse dispositivo, entendendo-se que "não há qualquer justificativa de ordem legal a legitimar que mulheres casadas, apenas por essa condição, possam se escusar da tutela".

Também podem isentar-se do *múnus* os maiores de sessenta anos, idade essa a partir da qual a Lei 10.741/2003, Estatuto da Pessoa Idosa, entende ser necessário uma proteção especial. Não obstante a pessoa nessa idade ainda esteja em fase produtiva e de plena saúde, o ordenamento a protege de forma diferenciada, em prol de presumida fragilidade física e, eventualmente, mental. Por isso, a lei lhes dá o benefício de escolher se querem ou não exercer o encargo de cuidar de uma criança ou adolescente, em face das exigências que a incumbência demanda. Não se trata de impedimento para ser tutor, mas de faculdade de se recusar o *múnus*, que pode ser condizente com o início do envelhecimento.

Também podem se escusar da tutela aqueles que tiverem sob sua autoridade mais de três filhos. Entende-se que imputar a tutela a alguém que já tem sob seus cuidados mais de três filhos menores é ônus excessivo, que poderia comprometer o exercício da autoridade parental destes. A mesma *ratio* orienta a extensão da escusa àqueles que já exercerem tutela ou curatela, de modo a não sobrecarregar exageradamente os que já têm funções de proteção de incapazes ou pessoas que precisam de cuidados especiais.[34] No entanto, caso as pessoas designadas entenderem possível exercer a tutoria, nada obsta que, abrindo mão da escusa, assumam o ônus para o qual foram nomeados por testamento ou decisão judicial.

As duas próximas modalidades configuram-se em situações que dificultam o bom exercício da tutela. As pessoas que sofrem de alguma enfermidade que impossibilite o exercício da tutela também podem se recusar ao *múnus*. Ser portador de qualquer doença não é razão, por si só, para a escusa a tutela; é necessário que esse mal inviabilize o exercício dos cuidados com a criança ou o adolescente.

Aqueles que habitarem longe do lugar onde se deve exercer a tutela também podem se recusar ao *múnus*, pois é de todo recomendável que o tutor habite próximo do domicílio do tutelado, de modo a viabilizar o exercício dos deveres de educação, cuidado e sustento, além da administração dos bens do tutelado. Essa exigência fica mais evidente na tutela dativa, espécie na qual é obrigatória "que o tutor tenha residência coincidente ao domicílio do menor. Nas demais, como esse requisito não existe, a alegação dessa escusa é ineficaz".[35]

---

[33] Rolf Madaleno, *Direito de Família*, cit., p. 1.557.

[34] Renata Barbosa de Almeida, Walsir Edson Rodrigues Júnior, *Direito Civil:* Famílias, cit., p. 492.

[35] Renata Barbosa de Almeida, Walsir Edson Rodrigues Júnior, *Direito Civil:* Famílias, cit., p. 493.

Os militares em serviço também podem se escusar ao exercício da tutela, em razão da mudarem de domicílio com frequência, o que pode gerar instabilidade na criação e educação do tutelado e dificuldades na administração quotidiana do exercício do conteúdo da autoridade parental.

Os parentes da criança ou do adolescente são obrigados a aceitar o *múnus*, enquanto as demais pessoas, nos termos do art. 1.737 do Código Civil, não são obrigados a aceitar a tutela, se houver parente idôneo no local em condições de exercê-la, seja consanguíneo ou afim. Como já visto, a obrigação se estende ao parentesco derivado do vínculo de socioafetividade. O dever de aceitar a tutela pelos parentes deriva da solidariedade familiar, que impõe deveres recíprocos de cuidado entre os membros da família, independentemente da vontade.

A escusa deve ser apresentada nos dez dias subsequentes à designação do tutor, sob pena de preclusão, que implica a renúncia ao direito de alegá-la. Mas, se o motivo da escusa sobrevier à tutela, esse prazo terá início na data em que ocorrer a circunstância impeditiva.

Caso o juiz não admita a escusa, o nomeado exercerá a tutela, enquanto eventual recurso interposto não tiver provimento. Isto porque o art. 1.739 do Código Civil estabelece tacitamente que o recurso contra tal decisão não tem efeito suspensivo. Como decorrência dessa premissa, o tutor responderá desde logo por eventuais perdas e danos que a criança ou o adolescente venha a sofrer pelo não exercício da tutela.

Quem se escusa ou pleiteia a remoção do tutor, pode indicar um terceiro para exercer o *múnus*, embora tal indicação não vincule o juiz, que está adstrito à busca da melhor pessoa para o desempenho do encargo.[36]

5. EXERCÍCIO

Conteúdo

O conteúdo da tutela se espelha no poder-dever oriundo da autoridade parental. Por não se tratar de ***múnus*** exercido pelos próprios pais – cuja presunção (relativa) é a de que sempre cuidarão de seus filhos em prol do seu bem-estar –, a lei estabelece algumas diferenças, revelando o esforço do legislador para a proteção e promoção da criança e do adolescente, propósito comum a ambos os institutos – tutela e poder familiar.[37]

---

36 "É inadmissível o recurso, na parte que ataca indeferimento, que se diz implícito, de oitiva de menor tutelado, quando no despacho há referência expressa a deferimento de depoimento de testemunhas e pessoais, por inexistir sucumbência, e a definição sobre a oitiva da criança fica reservada para depois do exame psicológico determinado, por desnecessário. A conduta do autor de pedido de remoção de tutor, ao indicar outro nome que não o seu para exercer o múnus, deve ser tomada como mera sugestão no interesse do menor e, não, como exercício do direito subjetivo de terceiro" (TJRJ, 5ª C.C., AI 0022043-29.2000.8.19.0000, Rel. Des. José Affonso Rondeau, julg. 12.12.2000).

37 "Por se tratar de instituto substitutivo do poder familiar, ao tutor serão impostos os deveres e atribuídos os poderes que comumente, ou originalmente, cabem aos pais da criança. Porém, em virtude da diferença do poder de direção natural dos pais para o poder de direção adquirido do tutor, algumas diferenças são previstas em lei" (Gustavo Tepedino; Heloisa Helena Barboza; Maria Celina Bodin de Moraes, *Código Civil interpretado*, vol. IV, cit., p. 467); "A tutela não exerce as mesmas

Assim, caberá ao tutor (i) dirigir a educação – formal e informal – do tutelado, defendê-lo e prestar-lhe alimentos, segundo sua condição financeira e seus bens. Trata-se dos deveres de criação, educação e assistência previstos no art. 229 da Constituição da República. Quando for necessário reprimenda mais significativa à criança ou ao adolescente, no entanto, o tutor não poderá fazê-lo por si só, de modo que esse aspecto dos mesmos deveres de criação e educação, quando mais drásticos, deverá ser feito a partir de ordem judicial a ser requerida pelo tutor ao juiz. No exercício do encargo, portanto, "o tutor pode reclamar da autoridade jurisdicional as providências pertinentes à correção do tutelado (art. 1.740, II, do Código Civil), que não poderão incorrer em castigos físicos ou tratamento cruel ou degradante, proibidos expressamente pela Lei 13.010, de 26 de junho de 2014"[38]; (ii) cumprir os demais deveres que normalmente cabem aos pais, ouvida a opinião do filho menor a partir do momento que se torne adolescente; (iii) representar o tutelado até os 16 (dezesseis) anos de idade e assisti-lo entre 16 (dezesseis) e 18 (dezoito) anos, quando alcançará a maioridade e a tutela se extinguirá (CC, art. 1.747, I).

Sustento da criança ou do adolescente e alimentos

Quanto aos alimentos, deve-se observar que, a princípio, o sustento do tutelado deve ser feito a partir de seu próprio patrimônio, tendo em vista que o art. 1.746 do Código Civil afirma que são seus bens que gerarão receita para a subsistência e educação do tutelado, devendo o juiz arbitrar quantias necessárias a tal fim, a partir das possibilidades do filho menor, quando o pai ou a mãe não as houver fixado. A tutela não gera, necessariamente, o dever alimentar, mas sim a obrigação de administração dos bens do tutelado de tal maneira que gere renda suficiente para sua subsistência, uma vez que lhe compete receber rendas, pensões e quantias devidas à criança ou ao adolescente (CC, art. 1.747, II). Incumbe-lhe "providenciar judicialmente o pagamento da pensão pelo parente obrigado ou extrair o montante necessário do acervo patrimonial do menor, caso rentável ele seja".[39] No entanto, se não houver ninguém apto ao sustento do tutelado ou se não tiver patrimônio hábil a gerar renda, o tutor deverá desempenhar tal função. A obrigação alimentar do tutor, no entanto, por não estar no capítulo dos alimentos, não se sujeita à prisão, pois se ele não estiver sustentando aquele que estiver sob seus cuidados, o remédio é afastá-lo do encargo.

Protutor

Para o exercício da função específica de fiscalizar os atos do tutor, o juiz pode nomear um protutor. Essa figura instituída no ordenamento pelo atual Código Civil recebeu apenas a função de fiscalização, de acordo com o art. 1.742, razão pela qual a doutrina vem defendendo que o protutor não tem como incumbência o auxílio ao tutor no exercício do ***múnus***, mas apenas atua em conjunto com o tutor na fiscalização da tutela, sem que tenha qualquer incumbência direta típica do ***múnus.***

competências da autoridade parental, que apenas pode ser exercido pelos pais. Por esta razão, as atribuições do tutor são especificadas na lei, ainda que se aproximem das que são exercidas pelos pais" (Paulo Lôbo, *Direito civil:* famílias, cit., p. 416).

38 João Ricardo Brandão Aguirre, Tutela. In: Rodrigo da Cunha Pereira (org.), *Tratado de Direito das Famílias*, Belo Horizonte: IBDFAM, 2ª ed., 2016.

39 Renata Barbosa de Almeida, Walsir Edson Rodrigues Júnior, *Direito Civil:* Famílias, cit., p. 494.

Subsiste dúvida sobre a pertinência do protutor tão somente para desempenhar função que, a rigor, já incumbe à Magistratura e ao Ministério Público. Para o melhor desempenho da tutela, todavia, melhor seria, provavelmente, a ampliação das funções do protutor, para auxiliar o tutor nas questões mais relevantes, atinentes, por exemplo, à escola que o tutelado frequentará, a tratamentos médicos, aos investimentos com os ativos financeiros do tutelado etc.[40]

Administração do patrimônio do tutelado

Quanto à gerência do patrimônio do tutelado, o tutor deverá administrar os bens do tutelado com zelo e boa-fé, sob inspeção do juiz. Sobre esse último tópico, uma diferença em relação à autoridade parental merece ser mencionada: enquanto os pais são usufrutuários dos bens dos filhos menores, os tutores não o são, detendo apenas a administração dos bens do tutelado.

Caução

Os bens do tutelado serão entregues ao tutor por meio de termo que os especifique, bem como seus valores, independentemente de dispensa dos pais. Se o patrimônio for expressivo, o juiz poderá condicionar o exercício da tutela à prestação de caução proporcional, que pode ser dispensada se o tutor for de idoneidade reconhecida. O Código Civil revogou a exigência de especialização da hipoteca legal, que era uma garantia para eventual má administração pelo tutor, por meio da indicação de bens próprios, o que acaba desencorajando eventuais tutores ao exercício da tutela. A garantia que a lei estabeleceu em caso de patrimônio de valor considerável é a caução.[41]

Delegação parcial do exercício da tutela

Se os bens e interesses administrativos exigirem conhecimentos técnicos, ou forem complexos ou realizados em locais distantes do domicílio do tutor, o art. 1.743 do Código Civil autoriza o tutor a delegar a outras pessoas físicas ou jurídicas o exercício parcial da tutela, mediante autorização judicial. O dispositivo pretende permitir maior ***expertise*** na administração dos bens do tutelado, para a otimização dos resul-

---

40 Rolf Madaleno parece ter o mesmo incômodo em relação à restritiva função do protutor: "Sob certo aspecto, é incoerente a nomeação de um protutor para fiscalizar os atos de administração do tutor, quando o requisito fundamental na assunção do encargo é o de ser idôneo, mostrando que o problema reside sobre a efetiva capacidade de administração do tutor, melhor servido, por isto, o exemplo espanhol da tutela plural e que separa a tutela real da tutela pessoal. Ao depois disso, não há como perder de vista se tratar a tutela de um encargo obrigatoriamente sujeito à fiscalização judicial, onde a qualquer tempo a autoridade judicial pode acionar o Ministério Público, ou a autoridade policial, para reclamar as providências necessárias à defesa intransigente dos interesses do tutelado, inclusive suspendendo ou removendo o tutor" (Rolf Madaleno, *Direito de Família*, cit., p. 1.569).

41 "Em verdade, a especialização de hipoteca legal não é mais exigível para a tutela, isso porque, de acordo com as regras do Código Civil de 2002, que regulam com muito mais detalhes a tutela, ao invés da hipoteca, há a necessidade de que se preste uma caução, suficientemente robusta para garantir a proteção ao patrimônio da criança ou do adolescente" (Luciano Alves Rossato; Paulo Eduardo Lépore; Rogério Sanches Cunha, *Estatuto da Criança e do Adolescente Comentado*, São Paulo: Revista dos Tribunais, 2014, 6ª ed., p. 196); "O Código Civil não mais prevê a especialização de hipoteca legal para acautelar, como estabelecia o art. 418 do Código Civil de 1916, os bens do menor postos sob a administração do tutor. Essa exigência de prévia especialização em hipoteca legal dos imóveis pertencentes ao tutor se constituía em um inequívoco entrave para o exercício da tutoria, porque inibia a livre-disposição dos bens do tutor, obrigado a garantir com o seu patrimônio imobiliário a administração dos bens do tutelado" (Rolf Madaleno, *Direito de Família*, cit., p. 1.563).

tados. Por se tratar de exercício parcial da tutela, é indispensável a análise judicial, para que se avalie a necessidade e o cabimento dessa transferência, a partir do ponto central dos benefícios ao tutelado.

Ao tutor compete, como ato ordinário de administração dos bens do tutelado, receber suas rendas, pensões, e as quantias a ele devidas, providenciar o adimplemento das despesas de subsistência e educação, bem como as de administração, conservação e melhoramentos de seus bens, alienar os bens da criança ou do adolescente cuja venda já fora autorizada pelo juiz, bem como promover-lhe o arrendamento de bens de raiz mediante preço conveniente. Seus bens só podem ser vendidos quando, negocialmente, tratar-se de oportunidade que apresente evidente vantagem para o tutelado, mediante prévia avaliação judicial e aprovação do juiz, com vistas à concessão do alvará respectivo (CC, art. 1.750).

No entanto, atos de maior impacto no patrimônio do tutelado só podem ser praticados com autorização do juiz (CC, art. 1.748). Caso, porventura, algum ato venha a ser praticado sem autorização judicial, sua eficácia depende da aprovação posterior do juiz. A lei menciona taxativamente os seguintes atos sujeitos à autorização judicial: pagar dívidas do menor, aceitar por ele heranças, legados ou doações, ainda que com encargos, transigir com seus interesses, vender-lhe os bens móveis, cuja conservação não convier, e os imóveis nos casos em que for permitido; propor em juízo as ações, ou nelas assistir o menor, e promover todas as diligências a bem deste, assim como defendê-lo nos pleitos contra ele movidos.

Existem atos que não podem ser praticados pelo tutor, sob pena de nulidade, mesmo com autorização judicial, por serem considerados abuso no exercício da tutela e contrários e a boa-fé inerente à administração de bens de terceiros (CC, art. 1.749), quais sejam: adquirir por si, ou por interposta pessoa, mediante contrato particular, bens móveis ou imóveis pertencentes à criança ou ao adolescente, dispor dos bens do menor a título gratuito, constituir-se cessionário de crédito ou de direito, contra ele.

Os tutores não podem conservar em seu poder dinheiro dos tutelados, além do necessário para as despesas ordinárias com seu sustento, sua educação e administração de seus bens. Caso haja necessidade, joias, objetos preciosos e móveis serão avaliados por pessoa idônea e alienados após autorização judicial e o seu produto convertido em títulos, obrigações e letras de responsabilidade direta ou indireta da União ou dos Estados – o que tiver melhor rentabilidade –, recolhidos ao estabelecimento bancário oficial ou aplicado na aquisição de imóveis, conforme for determinado pelo juiz. O mesmo destino deverá ser dado a valores de outra origem de propriedade do tutelado. A aplicação deverá ocorrer tão logo o juiz a autorize, sob pena de os tutores responderem pela demora na sua efetivação, pagando juros legais desde o dia em que deveriam tê-lo feito, o que não os exime da obrigação, que o juiz fará efetiva, da referida aplicação.

O tutor não pode retirar dinheiro da criança ou do adolescente aplicado em estabelecimento bancário. As únicas hipóteses admitidas, condicionadas à autorização judicial, são, por meio da demonstração de que as quantias serão utilizadas para as despesas com o sustento e educação do tutelado, ou a administração de seus bens, para comprar bens imóveis e títulos, obrigações ou letras, nas condições previstas no § 1º do art. 1.753 do Código Civil. Além disso, os valores também podem ser utilizados para cumprir a finalidade determinada pelo doador ou testador no ato da doação ou do testamento, para se entregar para o tutelado, quando alcançada a maioridade ou feita a emancipação ou, no caso de falecimento desses, aos seus herdeiros.

A fim de garantir a transparência na administração de bens de terceiro – ainda mais quando vulnerável – o art. 1.751 do Código Civil determina ser necessário que o tutor, antes de assumir a tutela, declare tudo que a criança ou o adolescente lhe deva, sob pena de não poder lhe cobrar, enquanto exerça a tutoria, exceto se demonstrar que não conhecia o débito quando a assumiu. A fim de sanar a incoerência da norma – vez que o tutor não pode ter interesses contrários ao tutelado ao assumir o ***múnus***, deve-se interpretar no sentido de balancear a ausência de qualquer conflito de interesse entre tutor e tutelado e a presença possível de débitos específicos, eventualmente admitidos, após valoração judicial, desde que não interfiram no melhor interesse do tutelado.

Responsabilidade do tutor

O tutor responde pelos prejuízos que, por culpa ou dolo, causar ao tutelado; mas tem direito a ser pago pelo que realmente gastar no exercício da tutela, salvo no caso do art. 1.734 do CC. As pessoas a quem compete fiscalizar o exercício da tutela (protutor, juiz e Ministério Público) e que concorreram para o dano são solidariamente responsáveis pelos prejuízos que causarem à criança ou ao adolescente.

Responsabilidade do juiz

Com o escopo de resguardar os bens do tutelado, a lei imputa responsabilidade não apenas ao tutor, mas também ao juiz, que responderá direta e pessoalmente quando não tiver nomeado o tutor, ou não o houver feito oportunamente, de modo que a demora gere prejuízos ao tutelado ou ao seu patrimônio. Dessa espécie é exemplo "a doação do patrimônio do tutelado pelo tutor e não impedida nem pelo protutor, nem pelo juiz, pessoas a quem competia a vigilância".[42] A responsabilidade é subsidiária quando não tiver exigido garantia legal do tutor e este tenha gerado prejuízos à criança ou ao adolescente; nem o removido, tanto que se tornou suspeito.

Remuneração do tutor e do protutor

Na hipótese de os bens do tutelado gerarem renda, o tutor pode perceber remuneração proporcional à importância dos bens administrados, remunerando seu trabalho, ainda que se trate de ***múnus*** público. O protutor também poderá receber módica gratificação pelas atividades de fiscalização dos atos do tutor. No entanto, frise-se que, se o tutelado não tiver patrimônio, a tutela será gratuita, não sendo esse um obstáculo para que ela possa se efetivar, vez que decorre do princípio da solidariedade.

Prestação de contas

A prestação de contas é o meio pelo qual o tutor informa como gerenciou o patrimônio do tutelado. Não obstante a lei só se referir às exigências de ordem patrimonial, é muito importante que essa prestação de contas abranja também os aspectos existenciais, de modo a demonstrar o cumprimento dos deveres de criação, educação e assistência, bem como o desenvolvimento do tutelado no período da tutela.

---

42 Renata Barbosa de Almeida, Walsir Edson Rodrigues Júnior, *Direito Civil:* Famílias, cit., p. 496.

Tal extensão interpretativa, embora responda a valores diversos daqueles aos quais se dirige a literalidade do dispositivo, permite o controle pelo Poder Judiciário do atendimento dos deveres de cuidado e de promoção do desenvolvimento da personalidade da criança ou do adolescente. Na mesma linha, aliás, o art. 1.583, § 5º, do Código Civil, ao dispor sobre a prestação de contas no caso de guarda unilateral, exige a recíproca e permanente supervisão pelos genitores do atendimento dos interesses patrimoniais e existenciais do filho menor.[43]

O art. 1.755 do Código Civil determina a imprescindibilidade da prestação de contas, mesmo quando dispensada pelos pais, uma vez que é a principal forma de proteção patrimonial da criança ou do adolescente, que se justifica em razão da indisponibilidade de seus bens.[44] Não há meios do Poder Judiciário autorizar, de forma prévia, os atos quotidianamente praticados pelo tutor – o que só ocorre em relação aos atos que, potencialmente, podem gerar maior impacto na vida do menor – razão pela qual o tutor deve demonstrar ao Poder Judiciário que sua gestão, pelo menos, não causou danos ao menor. Dessa forma, o Judiciário exerce seu poder fiscalizatório e viabiliza a identificação de irregularidades e de prejuízo à criança ou ao adolescente e mensurar o seu ***quantum*** caso se mostre necessária a cobrança de valores usurpados ou mal administrados, habilitando-se a destituir do cargo de tutor aquele que de qualquer forma o prejudicar.[45]

O tutor – e, em caso de morte, ausência ou interdição deste, as contas serão prestadas por seus herdeiros ou representantes – deverá prestar contas de forma mercantil a cada dois anos, quando deixar o exercício da tutela ou toda vez que o juiz entender conveniente. Ao fim de cada ano de administração, submeterá ao juiz o balanço respectivo que, depois de aprovado, será anexado aos autos do inventário. As contas deverão ser prestadas em apenso aos autos em que houve a sua nomeação para o ***múnus***.

Antes de julgar as contas, os interessados serão ouvidos. O saldo terá que ter o destino determinado pelo juiz, consoante dispõe o art. 1.753, § 1º, do Código Civil: recolhido a estabelecimento bancário oficial ou utilizado para aquisição de bens móveis.

---

43 Eis o teor do dispositivo: Art. 1.583. A guarda será unilateral ou compartilhada (...) § 5º. A guarda unilateral obriga o pai ou a mãe que não a detenha a supervisionar os interesses dos filhos, e, para possibilitar tal supervisão, qualquer dos genitores sempre será parte legítima para solicitar informações e/ou prestação de contas, objetivas ou subjetivas, em assuntos ou situações que direta ou indiretamente afetem a saúde física e psicológica e a educação de seus filhos.

44 "A prestação de contas da administração dos bens e valores do tutelado é obrigação indispensável do tutor, ao final do exercício bianual. Nem mesmo os pais, no documento que nomear o tutor, podem dispensá-lo dessa obrigação, porque os direitos dos menores são indisponíveis" (Paulo Lôbo, *Direito civil:* Famílias, cit., pp. 417-418).

45 A análise da relevância sobre a prestação de contas no exercício do *múnus* foi feita em Ana Carolina Brochado Teixeira; Anna Cristina de Carvalho Rettore; Beatriz de Almeida Borges Silva, Reflexões sobre a autocuratela na perspectiva dos planos do negócio jurídico. In: Joyceane Bezerra de Menezes (Org.), *Direito das pessoas com deficiência psíquica e intelectual nas relações privadas*. Convenção sobre os direitos da pessoa com deficiência e Lei Brasileira de Inclusão, Rio de Janeiro: Processo, 2016, pp. 319-361.

O tutor será ressarcido de todas as despesas justificadas e reconhecidamente proveitosas à criança ou ao adolescente, caso o tutelado tenha patrimônio suficiente para fazê-lo. O próprio tutelado, nessas mesmas condições, também deverá arcar com os gastos referentes à prestação de contas – como, por exemplo, com contador, tendo em vista que a prestação de contas pode ser complexa (a depender do patrimônio administrado). Por outro lado, se o tutor for condenado a pagar o saldo e não o fizer no prazo legal, o art. 553 do CPC/2015 autoriza o juiz a destituí-lo, sequestrar os bens sob sua guarda, glosar o prêmio ou a gratificação a que teria direito e determinar as medidas executivas necessárias à recomposição do prejuízo.

A sentença que julga boas as contas exonera a responsabilidade do tutor, não tendo eficácia a quitação dada pelo tutelado – mesmo quando emancipado ou maior – após finda a tutela.

6. EXTINÇÃO

A tutela cessa com a maioridade ou emancipação do adolescente[46] ou se este for colocado de forma definitiva em família substituta, por meio de reconhecimento ou adoção, de modo a se estabelecer, em relação a ele, o exercício da autoridade parental. Por outro lado, as funções do tutor cessam quando findo o lapso temporal em que deveria se ocupar do *múnus*, sobrevindo escusa legítima ou se ele for removido.

O art. 1.765 do Código Civil afirma que o tutor é obrigado a servir pelo período de dois anos, que pode ser prorrogado na medida em que o exercício da tutela for conveniente para a criança ou adolescente. Caso, no curso do exercício da tutela, ocorra a superveniência de escusa legítima, o tutor poderá eximir-se do encargo.

O tutor será destituído se for negligente, prevaricador ou incorrer em incapacidade (CC, art. 1.766). O Estatuto da Criança e do Adolescente prevê que se aplicam à destituição da tutela as regras sobre a perda e suspensão do poder familiar (art. 38); ou seja, trata-se de ato que depende de pronunciamento judicial em procedimento que respeite o contraditório, nas hipóteses previstas no Código Civil, bem como em caso de descumprimento injustificado dos deveres e obrigações descritos no art. 22 do ECA, ou seja, dever de sustento, guarda e educação dos filhos menores, cabendo-lhes ainda, no interesse destes, a obrigação de cumprir e fazer cumprir as determinações judiciais. Em relação ao procedimento, aplicam-se os ditames do CPC/2015 e, no que couber, o procedimento relativo à destituição do poder familiar (art. 164 do ECA).

As hipóteses que geram a destituição do tutor devem estar rigidamente comprovadas, de modo a se evitar que a criança ou adolescente que já sofreu um trauma anteriormente – seja pelo falecimento dos pais ou por abandono ou outra hipótese motivadora da perda da autoridade parental – venha a sofrer novamente: "À semelhança da destituição do poder familiar, a destituição da tutela deve ser enfrentada como medida

[46] Vale lembrar que o tutor só pode emancipar o tutelado por meio de autorização judicial, de modo que o instituto da emancipação não pode servir de subterfúgio para que o tutor, voluntariamente, esteja dispensado do *múnus* (CC, art. 5º, parágrafo único, I).

excepcional e, principalmente, drástica. Para que prospere o pleito de destituição deve restar rigorosamente comprovada a ausência de condições, por parte do tutor, para o exercício do *múnus*, nos termos do art. 24 do ECA, que se aplica tanto ao poder familiar quanto à tutela, por força do comando contido no art. 38 do estatuto. *In casu*, restou evidenciado que a apelante não possui condições de exercer a tutela, que, hodiernamente, assume prerrogativas e deveres semelhantes aos atinentes ao poder familiar".[47]

7. ASPECTOS PROCESSUAIS DO PROCEDIMENTO DA TUTELA

O Código de Processo Civil estabelece procedimento especial comum à tutela e à curatela, tendo em vista que ambos os institutos são inspirados pela mesma *ratio*: cuidados com pessoas que precisam de um terceiro, seja pela pouca maturidade em razão da idade, seja em razão de algum tipo de doença que abalam o discernimento e a funcionalidade.

Com a distribuição da ação, uma vez nomeado o tutor, ele será intimado para prestar compromisso no prazo de cinco dias a partir da nomeação – caso se trate de tutela legítima ou dativa – ou da intimação do despacho que mandar cumprir o testamento ou o instrumento público que o houver instituído (CPC, art. 759). O compromisso será efetuado por meio de assinatura em livro rubricado pelo juiz, sendo esse o termo inicial da assunção da administração dos bens do tutelado e dos cuidados existenciais.

O tutor poderá eximir-se do encargo apresentando escusa ao juiz em cinco dias antes de aceitá-lo, a contar da intimação para prestar compromisso ou, depois de entrar em exercício, do dia em que sobrevier o motivo da escusa. Acaso a faculdade de rejeitar a tutela não seja exercida nesse período, entende-se que houve preclusão, pois se considera renunciado o direito de alegá-la. O pedido de escusa será decidido de plano e, caso não seja admitido, a pessoa nomeada para o *múnus* o exercerá enquanto tramitam eventuais recursos e não transitar em julgado decisão em sentido contrário.

O Ministério Público ou quem tenha legítimo interesse têm legitimidade para requerer a remoção do tutor nas hipóteses analisadas no item anterior. Recebido incidente de remoção, o tutor será citado para contestá-lo em cinco dias. Cessado o prazo, o incidente seguirá o rito ordinário.

Nos casos mais graves, o juiz poderá suspender o tutor do exercício de suas funções, nomeando substituto interino.

Findas as funções do tutor pelo decurso do prazo em que era obrigado a servir, ser-lhe-á lícito requerer a exoneração do encargo nos 10 (dez) dias seguintes à expiração do termo; caso não o faça nesse prazo, será reconduzido automaticamente, exceto se o juiz o dispensar.

Terminada a tutela, o oferecimento da prestação de contas pelo tutor é procedimento indispensável, que deve seguir a forma processual (arts. 550 a 553 CPC/2015).

---

47 TJRS, 8ª C.C., Ap. Cív. 70010800563, Rel. Des. Catarina Rita Krieger Martins, julg. 30.06.2005.

PROBLEMAS PRÁTICOS

1 – Qual a função do protutor? De acordo com a análise da jurisprudência dos tribunais estaduais, esse instituto tem sido corretamente utilizado?

2 – Qual a justificativa para a tutela testamentária ter prioridade sobre as demais?

Acesse o *QR Code* e veja a Casoteca.

> *http://uqr.to/1pblr*

Capítulo XII

CURATELA

Acesse o *QR Code* e assista ao vídeo sobre o tema.

> *http://uqr.to/1pbm5*

Sumário: 1. Fundamentos e critérios interpretativos do Estatuto da Pessoa com Deficiência na legalidade constitucional – 2. Pessoas sujeitas à curatela – 3. Quem pode ser curador – 4. Ação de curatela e aspectos processuais – 5. Exercício e conteúdo da curatela – 6. Autocuratela – 7. Tomada de decisão apoiada – 8. Curatela do nascituro, do enfermo e do portador de deficiência física – 9. Extinção da curatela – Problemas práticos.

1. FUNDAMENTOS E CRITÉRIOS INTERPRETATIVOS DO ESTATUTO DA PESSOA COM DEFICIÊNCIA NA LEGALIDADE CONSTITUCIONAL

A curatela é instituto de proteção direcionado àquele que não tem discernimen- Origem
to para reger sua vida. Seus pressupostos, no direito romano, não eram bem definidos, abrangendo tanto pessoas maiores não submetidas à *patria potestas*, quanto menores púberes – em razão da inexperiência – além de maiores de 25 anos, se fosse solicitado pelo próprio interessado. Tal indefinição gerou certa insegurança conceitual na tradição jurídica brasileira até a codificação de 1916, que sistematizou a matéria.[1]

A partir dos 18 anos a pessoa se torna plenamente capaz; razão pela qual a incapacidade superveniente há de ser provada procedimentalmente, em geral para proteção daquele que tem problemas psíquicos e intelectuais, ou para o nascituro. Institui-se a curatela por meio de processo judicial, que apura a existência de doença incapacitante e seu grau de comprometimento, para então, determinar a medida de

---

[1] Caio Mário da Silva Pereira, *Instituições de Direito Civil*, vol. V., Rio de Janeiro: Forense, 2017, 25ª ed., p. 593.

proteção do curatelando.[2] Em outras palavras, entende-se que a curatela é o encargo conferido por lei a alguém, em favor de pessoa maior inabilitada para gerir sua própria vida e administrar seus bens, ou de nascituros. É instrumento de assistência aos vulneráveis maiores e aos nascituros, que não têm "condições psicofísicas para atuar civilmente de forma plena por força de comprometimento especialmente de seu discernimento",[3] e na expressão da sua vontade.

A curadoria tem como escopo a proteção do interdito no tráfego jurídico, por meio da nomeação de um terceiro – o curador –, cujo *munus* deverá ser proporcional às necessidades do indivíduo. Por esta razão, tradicionalmente, o curador – como os pais, no exercício da autoridade parental – tomava a grande maioria das decisões para e pelo curatelado. Aliado a tal fato, o *louco de todo gênero*[4] – expressão utilizada pelo Código Civil de 1916 para nomear o deficiente mental – sofria pela chamada política manicomial, que reforçava a incapacidade e, mediante a internação do doente, o excluía totalmente da vida em sociedade.

Desde o Código Civil de 1916, a capacidade de fato da pessoa natural podia ser restringida, total ou parcialmente, por variadas circunstâncias associadas à idade e à doença. No Código Civil de 1916, eram absolutamente incapazes os menores de dezesseis anos, os loucos de todo gênero, os surdos mudos que não pudessem exprimir sua vontade e os ausentes, assim declarados judicialmente. Já os relativamente incapazes eram os que tinham entre dezesseis e vinte e um anos, os pródigos e os silvícolas.

O Código Civil introduziu enumeração casuística, sistematizando as hipóteses de incapacidade de maneira diferenciada. A redação inicial do Código Civil previa o enquadramento como absolutamente incapazes dos menores de dezesseis anos, os que não tivessem o necessário discernimento para a prática desses atos, em razão de enfermidade ou deficiência mental, e os que, mesmo por causa transitória, não pudessem exprimir sua vontade. O rol dos relativamente incapazes era composto pelos maiores de dezesseis e menores de dezoito anos, os ébrios habituais, viciados em tóxicos, os que, por deficiência mental, tivessem discernimento reduzido, bem como os excepcionais, sem desenvolvimento mental completo, além dos pródigos.

---

2 "Pode-se definir a curatela como a função de interesse público cuja finalidade é reger a pessoa e administrar os bens, ou somente administrar os bens de pessoas menores, ou maiores, declaradas incapazes em razão de moléstia, prodigalidade, ausência, ou pelo fato de não terem ainda nascido (nascituros). Consiste em um múnus público, que é conferido a certas pessoas, nos termos da lei, e exercitável em favor da comunidade, sob a fiscalização do Estado" (Arnaldo Rizzardo, *Direito de Família*, Rio de Janeiro: Forense, 2011, 8ª ed., p. 893).

3 Gustavo Tepedino; Heloisa Helena Barboza; Maria Celina Bodin de Moraes, *Código Civil interpretado conforme a Constituição da República*, vol. IV, Rio de Janeiro: Renovar, 2014, p. 494.

4 "Esta é a expressão tradicional em nosso direito; mas não é a melhor. O projeto primitivo preferia a expressão alienados de qualquer espécie, porque há casos de incapacidade civil que se não poderiam, com acerto, capitular como de loucura. Alienados são aqueles que por organização cerebral incompleta, por moléstia localizada no encéfalo, lesão somática ou vício de organização, não gozam de equilíbrio mental e clareza de razão suficiente para se conduzirem, socialmente, nas várias relações da vida. [...] Só será alienado, diz Afrânio Peixoto, aquele cujo sofrimento o torne incompatível com o meio social" (Clovis Bevilaqua, *Comentários ao Código Civil dos Estados Unidos do Brasil*, vol. 1, Rio de Janeiro: Francisco Alves, 1951, p. 194).

A incapacidade de agir é mensurada em graus, razão pela qual a presença de tais fatores gerava a incapacidade total ou absoluta – que impede totalmente a prática de atos da vida civil –, ou a incapacidade parcial ou relativa – que demanda a assistência de um terceiro para acompanhar o relativamente incapaz na prática da maioria dos atos jurídicos.[5]

Diante de tais situações, foi necessário encontrar soluções que contornassem a incapacidade, para viabilizar a sua participação na vida em sociedade. Por isso, o Direito estabeleceu formas de suprimento da incapacidade. Quando absoluta, a incapacidade deverá ser suprida através da representação do incapaz, de modo que a vontade do representante substitua a vontade do incapaz. Se o incapaz praticar algum ato sozinho, a hipótese é de nulidade, conforme o art. 166 do Código Civil, sem possibilidade de convalidação por seu representante.

Já na incapacidade relativa, a vontade do incapaz é levada em conta, devendo ele praticar atos conjuntamente com seu assistente, sem prejuízo de poder realizar sozinho certos atos (ser testemunha, fazer testamento etc.). Caso pratique sozinho ato que deveria ser acompanhado de seu assistente, configura-se hipótese de anulabilidade, conforme o art. 171 do Código Civil, a menos que haja posterior ratificação por seu assistente.

Tradicionalmente, o incapaz maior de idade era assistido ou representado pelo seu curador, a depender da amplitude da doença, razão pela qual imperava modelo médico que determinava a incapacidade. O curador deveria praticar atos existenciais e patrimoniais, sem que houvesse diretriz hermenêutica que preservasse, na maior medida possível, a autonomia do incapaz. Tanto é que a definição clássica de curatela era "o encargo público conferido por lei a alguém, para dirigir a pessoa e administrar os bens maiores que por si não possam fazê-lo".[6]

---

5 Questão interessante foi analisada pelo STJ relativamente aos poderes do curador quando assiste o curatelado, ainda sob a vigência do Código Civil de 1916: "2 – Os propósitos recursais consistem em definir: (i) se houve omissões relevantes no acórdão recorrido; (ii) se poderia o curador judicial constituir procurador, sem prévia autorização judicial, para celebrar negócios jurídicos em nome da interditada, em especial a contratação de advogados para a defesa da interditada em ação rescisória que fora contra ela ajuizada. (...) 4 – A inobservância da regra do art. 427, VII, do CC/1916 (atual art. 1.748, V, do CC/2002), que prevê que caberá ao tutor, e também ao curador, apenas mediante prévia autorização judicial, propor ou responder as ações que envolvam o tutelado ou curatelado, é causa de nulidade relativa (ou anulabilidade) suscetível de convalidação e ratificação judicial posterior. 5 – A outorga de procuração, pelo curador judicial e cônjuge da interditada, para que terceiro, em nome dela, celebrasse contrato de prestação de serviços advocatícios para defendê-la em ação rescisória, deve ser reputada como válida, na vigência do CC/1916, tendo em vista o contexto normativo e social que previa a cessão de uma vasta gama de poderes de gestão e de administração ao cônjuge varão e, sobretudo, por não ter havido a transferência da curatela propriamente dita, mas, apenas a gestão dos bens de propriedade dos cônjuges, bem como por ter sido buscado e atingido o melhor interesse da interditada" (STJ, 3ª T., REsp 1.705.605 – SC, Relª. Minª. Nancy Andrighi, julg. 20.02.2020).

6 Clovis Bevilaqua, *Direito da família*, Rio de Janeiro: Freitas Bastos, 1943, 7ª ed., p. 415. No mesmo sentido: "Incidiam na curatela todos aqueles que, por motivos de ordem patológica ou acidental, congênita ou adquirida, não estavam em condições de dirigir a sua pessoa ou administrar os seus bens, posto que maiores de idade. A curatela é, em sua gênese, um instituto de proteção ao incapaz,

Com o princípio constitucional da solidariedade, era necessário mudar os fundamentos e a forma da proteção àquele que, até então, era considerado incapaz para cuidar de si e de seu patrimônio. Em todas as situações, a proteção deve ocorrer na exata medida da ausência de funcionalidade e discernimento, para que não haja supressão da autonomia e dos espaços de liberdade da pessoa com deficiência. Similar ao princípio do melhor interesse da criança e do adolescente, atribui-se normatividade ao princípio de proteção ao vulnerável, no sentido de promover a sua emancipação com segurança, sem paternalismos e em respeito à sua construção biográfica. Tal tutela engloba a valorização das expressões de vontade do curatelado, para que sejam estimadas as matérias que pode decidir sozinho, sem a substituição da sua vontade, pois a autonomia é essencial para o livre desenvolvimento da personalidade e preservação de sua dignidade.[7]

Criticava-se o regime das incapacidades por não distinguir a prática de atos patrimoniais e existenciais. Com o propósito de representar e assistir o deficiente para a realização de atos necessários e típicos do trânsito jurídico patrimonial, a substituição ocorria, também, em atos de natureza existencial, tais como o reconhecimento de filho, o casamento, a deliberação sobre cirurgia plástica estética, a doação de órgãos, todos atos de natureza não patrimonial cujos efeitos se limitam à esfera existencial.

A busca por parâmetros compatíveis com a tábua axiológica constitucional tem em conta a interpretação funcional do instituto da curatela, destinado à promoção da pessoa humana e de suas potencialidades. Assim, no âmbito do Estado Democrático de Direito, caracterizado pela tutela da pluralidade de projetos de vida, em que a autonomia privada encontra verdadeiro limite na concretização do princípio da solidariedade, a interpretação da curatela deve convergir para tal escopo, que otimiza a sua função.

àquele que não tem condições de cuidar de si, principalmente, e de seu patrimônio. Por isso é nomeado alguém que o auxilie neste intento. Em todas as situações, a proteção deve ocorrer na exata medida de ausência de discernimento, para que não haja supressão da autonomia dos espaços de liberdade" (Caio Mário da Silva Pereira, *Instituições de Direito Civil,* vol. V., cit., p. 594); "A curatela é um encargo conferido a alguém, para ter sob a sua responsabilidade uma pessoa maior de idade, que não pode reger sua vida sozinha e, em especial, administrar os seus bens" (Rolf Madaleno, *Direito de Família*, Rio de Janeiro: Forense, 2018, 8ª ed., p. 1.585).

7 "O estado pessoal patológico ainda que permanente da pessoa, que não seja absoluto ou total, mas graduado e parcial, não se pode traduzir em uma série estereotipada de limitações, proibições e exclusões que, no caso concreto, isto é, levando em conta o grau e a qualidade do déficit psíquico, não se justificam e acabam por representar camisas de força totalmente desproporcionadas e, principalmente, em contraste com a realização do pleno desenvolvimento da pessoa" (Pietro Perlingieri, *O Direito Civil na Legalidade Constitucional,* Rio de Janeiro: Renovar, 2008, p. 781); "Por força da lei devem ser respeitados os diferentes estágios do desenvolvimento da pessoa. Os até então silenciosos passaram a ter conhecido seu direito de manifestação, expressando a autonomia condizente com o seu desenvolvimento, que embora não autorize, por si só, a concessão, plena ou relativa, da capacidade civil, não pode ser desprezada em nome do princípio da dignidade humana" (Heloisa Helena Barboza, Reflexões sobre a autonomia negocial. *O direito e o tempo: embates jurídicos e utopias contemporâneas* – Estudos em homenagem ao Professor Ricardo Pereira Lira. Gustavo Tepedino e Luiz Edson Fachin (Coord.), Rio de Janeiro: Renovar, 2008, pp. 421-422).

Com vistas a permitir a real inclusão social da pessoa com deficiência, o Brasil ratificou os termos da Convenção sobre os Direitos das Pessoas com Deficiência – CDPD por meio do Decreto Legislativo 186/2008 e a promulgou por meio do Decreto 6.949/2009. A fim de regulamentá-la, foi aprovada a Lei 13.146/2015, Estatuto da Pessoa com Deficiência – EPD, também conhecida como Lei Brasileira de Inclusão, cujo objetivo fundamental é garantir a igualdade para inclusão das pessoas com deficiência, em atendimento ao que dispõe o art. 12 da Convenção.[8] Fruto da mudança de paradigma no tratamento normativo, que se desloca do modelo médico – em que, para a perda da capacidade, bastava a existência da doença – para o modelo social de deficiência – no qual se procura observar as consequências da doença na vida da pessoa, em seus relacionamentos, no seu quotidiano etc. –, o EPD gerou uma série de reflexos em várias especificidades do instituto da curatela.[9]

A fim de viabilizar essa inclusão, o EPD modificou uma das bases fundamentais do regime das incapacidades: passou-se de um modelo de substituição de vontade para um modelo de apoio, proporcional à intensidade das necessidades específicas da pessoa submetida ao processo de curatela.

Com isso, procura-se afastar o estigma da deficiência, que não gera, necessariamente, incapacidade. Para que a pessoa com deficiência mental ou intelectual tenha acompanhamento para praticar atos jurídicos, é preciso detectar o impacto da deficiência em sua vida,[10] para avaliar a necessidade e a intensidade do apoio, que

---

8 Art. 12 (Reconhecimento igual perante a lei): 1. Os Estados Partes reafirmam que as pessoas com deficiência têm o direito de ser reconhecidas em qualquer lugar como pessoas perante a lei. 2. Os Estados Partes reconhecerão que as pessoas com deficiência gozam de capacidade legal em igualdade de condições com as demais pessoas em todos os aspectos da vida. 3. Os Estados Partes tomarão medidas apropriadas para prover o acesso de pessoas com deficiência ao apoio que necessitarem no exercício de sua capacidade legal. 4. Os Estados Partes assegurarão que todas as medidas relativas ao exercício da capacidade legal incluam salvaguardas apropriadas e efetivas para prevenir abusos, em conformidade com o direito internacional dos direitos humanos. Essas salvaguardas assegurarão que as medidas relativas ao exercício da capacidade legal respeitem os direitos, a vontade e as preferências da pessoa, sejam isentas de conflito de interesses e de influência indevida, sejam proporcionais e apropriadas às circunstâncias da pessoa, se apliquem pelo período mais curto possível e sejam submetidas à revisão regular por uma autoridade ou órgão judiciário competente, independente e imparcial. As salvaguardas serão proporcionais ao grau em que tais medidas afetarem os direitos e interesses da pessoa. 5. Os Estados Partes, sujeitos ao disposto neste Artigo, tomarão todas as medidas apropriadas e efetivas para assegurar às pessoas com deficiência o igual direito de possuir ou herdar bens, de controlar as próprias finanças e de ter igual acesso a empréstimos bancários, hipotecas e outras formas de crédito financeiro, e assegurarão que as pessoas com deficiência não sejam arbitrariamente destituídas de seus bens.

9 "Embora seja instituto antigo, a curatela deve ser interpretada à luz do denominado 'modelo social', paradigma adotado pela CDPD e pelo EPD, que se vislumbra no conceito de pessoa com deficiência constante da CDPD" (Heloisa Helena Barboza, Curatela em nova perspectiva. In: Maria de Fátima Freire de Sá, Roberto Henrique Pôrto Nogueira, Beatriz Schettini, *Novos direitos privados*, Belo Horizonte: Arraes Editores, 2016, p. 90). Remeta-se, na linha dessa mudança de paradigma, ao Decreto n. 11.793, de 23 de novembro de 2023, que instituiu o Plano Nacional dos Direitos da Pessoa com Deficiência – Novo Viver sem Limite, com a finalidade de promover, por meio da integração e da articulação de políticas, programas e ações, o exercício pleno e equitativo dos direitos das pessoas com deficiência.

10 "Além disso, os tradicionais processos de interdição não permitiam a análise pormenorizada das vicissitudes circundantes à história de cada pessoa. Observava-se a deficiência enquanto patologia

não implica a perda da capacidade, valorizando tanto quanto for possível o poder de autodeterminação do curatelando.[11] Por isso, "o cerne da valoração jurídica funda-se agora no discernimento necessário e não no diagnóstico médico de deficiência psíquica ou intelectual per si",[12] além da possibilidade de a pessoa com deficiência expressar a vontade com funcionalidade.[13] Em face da abolição do liame automático entre deficiência e incapacidade de fato e da análise individualizada das necessidades de cada pessoa, o EPD revogou os incisos II e III do art. 3º do Código Civil, limitando a categoria dos absolutamente incapazes aos menores de 16 anos.[14] O art. 4º do Código Civil também sofreu modificações, de modo que o rol dos relativamente incapazes passou a abranger os ébrios habituais, os viciados em tóxico e os que, por causa transitória ou permanente, não puderem exprimir sua vontade.

A pessoa com deficiência tornou-se, em regra, plenamente capaz,[15] segundo o art. 6º do EPD, tendo sua autonomia – e, por via de consequência, sua capacidade –

---

e não o sujeito, a pessoa de carne cujos interesses estavam em discussão. Desconsiderava-se que, independentemente do diagnóstico, o conjunto de fatores pessoais e de experiências externas poderia interferir substancialmente para o modo como a pessoa responderia às suas limitações psíquicas e/ou intelectuais" (Joyceane Bezerra de Menezes, Tomada de decisão apoiada: instrumento de apoio ao exercício da capacidade civil da pessoa com deficiência instituído pela Lei Brasileira de Inclusão (Lei 13.146/2015). Revista Brasileira de Direito Civil, v. 9, jul./set. 2016).

11 Em 2003, essa discussão já era posta: "A curatela funciona como um encargo ou um ônus, o qual compreende basicamente duas circunscrições de atribuições: representação e proteção. A curatela é mensurável, sendo que, no caso concreto, deve-se observar o sentido que funda o pedido e a dimensão da incapacidade em quem se imputa a interdição" (Luiz Edson Fachin, Parentesco, o laço tecido na caminhada. *Direito de Família*: elementos críticos à luz do novo Código Civil brasileiro, Rio de Janeiro: Renovar, 2003, p. 281).

12 Gustavo Tepedino, Milena Donato Oliva, Personalidade e capacidade na legalidade constitucional. In: Joyceane Bezerra Menezes (coord.), *Direito das pessoas com deficiência psíquica e intelectual nas relações privadas*. Convenção sobre os direitos da pessoa com deficiência e Lei brasileira de inclusão, Rio de Janeiro: Processo, 2016, p. 240. No mesmo sentido: "Assim, o fato de um sujeito possuir transtorno mental de qualquer natureza, não faz com que ele, automaticamente, se insira no rol dos incapazes. É um passo importante na busca pela promoção da igualdade dos sujeitos portadores de transtorno mental, já que se dissocia o transtorno da necessária incapacidade" (Maurício Requião, Estatuto da Pessoa com Deficiência altera regime civil das incapacidades. *Consultor Jurídico*. Disponível em: <http://www.conjur.com.br/2015-jul-20/estatuto-pessoa-deficiencia-altera-regime-incapacidades>. Acesso em: 14.06.2019).

13 A concepção atual de deficiência, elaborada pela Organização Mundial de Saúde, associa problemas tanto nas funções fisiológicas e psicológicas do corpo quanto nas estruturas do corpo, que gera um desvio importante ou uma perda (Organização Mundial de Saúde. CIF: Classificação Internacional de Funcionalidade, Incapacidade e Saúde. Trad. e rev. Amélia Leitão. Lisboa: Organização Mundial de Saúde, 2004. Disponível em http://www.inr.pt/uploads/docs/cif/CIF_port_%202004.pdf. Acesso em 10.02.2019). Por isso, o atual conceito de funcionalidade, encampado pelo EPD, que reflete a concepção social adotada pelo Estatuto, é ponto central de análise ao verificar a necessidade da curatela: não basta ter a deficiência intelectual ou mental, é necessário se verificar os impactos que ela gera na vida e na expressão de vontades da pessoa.

14 Não obstante o art. 3º, I, também tenha sido revogado formalmente, seu conteúdo foi transferido para o *caput*, de modo que permanecem absolutamente incapazes apenas os menores de 16 anos.

15 "1. A questão discutida no presente feito consiste em definir se, à luz das alterações promovidas pela Lei n. 13.146/2015, quanto ao regime das incapacidades reguladas pelos arts. 3º e 4º do Código Civil, é possível declarar como absolutamente incapaz adulto que, em razão de enfermidade permanente, encontra-se inapto para gerir sua pessoa e administrar seus bens de modo voluntário e consciente. 2. A Lei n. 13.146/2015, que instituiu o Estatuto da Pessoa com Deficiência, tem por

reduzida no limite da sua necessidade. Se a doença repercutir em sua funcionalidade e gerar abalo em seu discernimento, a pessoa pode ser curatelada; nesse último caso, a curatela pode gerar apenas a perda parcial da capacidade.[16]

A proteção da pessoa com deficiência, no entanto, é realizada não apenas por meio da curatela, mas por uma série de medidas adaptativas para efetivar sua inclusão social e familiar, de modo a poder participar da vida comunitária e das decisões autorreferentes. A curatela consolidou-se como medida excepcional (art. 85, § 2º, EPD), ratificando sua função: só é aplicada quando significar medida de proteção ao curatelando,[17] nos exatos termos do art. 84, § 3º, EPD pelo menor tempo possível; "só tem cabimento, portanto, quando insuficientes ou inexistentes os meios que permitam o exercício de direitos pela própria pessoa deficiente".[18] Além disso, o curador deverá se guiar exclusivamente pelos interesses do curatelado, e por sua vontade e preferências sempre que possível percebê-las.[19]

---

objetivo assegurar e promover a inclusão social das pessoas com deficiência física ou psíquica e garantir o exercício de sua capacidade em igualdade de condições com as demais pessoas. 3. A partir da entrada em vigor da referida lei, a incapacidade absoluta para exercer pessoalmente os atos da vida civil se restringe aos menores de 16 (dezesseis) anos, ou seja, o critério passou a ser apenas etário, tendo sido eliminadas as hipóteses de deficiência mental ou intelectual anteriormente previstas no Código Civil. 4. Sob essa perspectiva, o art. 84, § 3º, da Lei n. 13.146/2015 estabelece que o instituto da curatela pode ser excepcionalmente aplicado às pessoas portadoras de deficiência, ainda que agora sejam consideradas relativamente capazes, devendo, contudo, ser proporcional às necessidades e às circunstâncias de cada caso concreto. 5. Recurso especial provido." (STJ, 3ª T., REsp. 1.927.423/SP, Rel. Min. Marco Aurélio Belizze, julg. 24.4.2021, publ. DJ 4.5.2021).

16 Sobre a capacidade depois do EPD, seja consentido remeter a Joyceane Bezerra Menezes e Ana Carolina Brochado Teixeira, Desvendando o conteúdo da capacidade civil a partir do Estatuto da Pessoa com Deficiência. Pensar, Revista de Ciências Jurídicas. Fortaleza, Unifor, v. 21, n. 2, pp. 568-599, maio/ago. 2016.

17 "1. Para que uma pessoa seja interditada, sobretudo após a entrada em vigor do Estatuto da Pessoa com Deficiência, é necessária a caracterização inequívoca da impossibilidade de que ela possa exprimir autonomamente sua vontade, haja vista que se deve preservar e garantir ao máximo a capacidade de autogestão pessoal das pessoas. 2. Pelo laudo pericial, nota-se que a pretensa curatelada não é portadora de nenhum distúrbio psiquiátrico que a impeça de livremente expressar sua vontade, de modo que não se verifica o pressuposto legal necessário para a interdição pretendida pela apelante. 3. A dependência econômica não é nem nunca foi causa legal para a interdição de uma pessoa, de modo que a invocação de tal argumento desvirtua o instituto da interdição, que é uma medida excepcional e somente aplicável àqueles que não conseguem exprimir voluntariamente sua vontade" (TJ/DFT, 5ª T. Cív., Ap. Cív. 20130111847679, Rel. Des. Maria Ivatônia, julg. 15.06.2016).

18 Heloisa Helena Barboza, Curatela do enfermo: instituto em renovação. In: Carlos Edison do Rêgo Monteiro Filho; Gisela Sampaio da Cruz Guedes; Rose Melo Venceslau Meireles (Orgs.), *Coleção Direito UERJ 80 Anos*. V. 2: *Direito Civil*, Rio de Janeiro: Freitas Bastos, 2015, p. 450.

19 "Três aspectos acima referidos merecem destaque: a) a necessidade de a curatela respeitar os direitos, as vontades e preferências da pessoa humana, sendo proporcional e apropriada às suas circunstâncias; b) a restrição à capacidade deve se dar pelo período mais curto possível; c) a necessidade de submissão da curatela a uma revisão regular, independente e imparcial. A referida trilogia remete aos princípios da necessidade, subsidiariedade e proporcionalidade" (Nelson Rosenvald, Capítulo 17: Curatela. In: Rodrigo da Cunha Pereira (org.), *Tratado de Direito das Famílias*, Belo Horizonte: IBDFAM, 2016, 2ª ed., p. 755).

2. PESSOAS SUJEITAS À CURATELA

O Estatuto da Pessoa com Deficiência também modificou o rol das pessoas sujeitas à curatela, em face das mudanças operacionalizadas no regime das incapacidades. Assim, pelo art. 1.767 do Código Civil sujeitam-se à curatela aqueles que, por causa transitória ou permanente, não puderem exprimir sua vontade, os ébrios habituais e viciados em tóxico e os pródigos. Foram expressamente revogadas as hipóteses de perda da capacidade dos que por enfermidade ou deficiência mental não tiverem o necessário discernimento para os atos da vida civil, os que, por outra causa duradoura, não puderem exprimir a sua vontade (antiga redação do art. 3º, II e III, do Código Civil, antes do EPD), os deficientes mentais, os excepcionais sem completo desenvolvimento mental (redação do art. 4º, II e III, do Código Civil anterior ao EPD).[20]

Os que não podem exprimir sua vontade por razão transitória ou permanente

Os que não podem exprimir sua vontade por razão transitória ou permanente são relativamente incapazes não em virtude do mal que os acomete, mas pela impossibilidade de manifestação da sua vontade, como é o caso das pessoas em coma, ou as que estão inconscientes por qualquer razão.[21] Esta é a hipótese que prescinde do discernimento para decretação da curatela, pois o foco é o impedimento à manifestação da pessoa, por motivo duradouro. A nomeação de curador se faz necessária diante da ausência de comunicação exterior. Trata-se de conceito indeterminado que engloba várias possibilidades. Não importa se se trata de deficiência física ou mental, dizendo respeito a qualquer pessoa que não puder se comunicar por qualquer motivo, físico, mental ou intelectual.[22]

Os ébrios habituais e os viciados em tóxico permanecem no rol dos relativamente incapazes. Para tanto, o vício deve-se configurar de tal forma a comprometer a higidez psíquica, encontrando-se a pessoa em posição de fragilidade tal, por conta do alcoolismo ou da dependência química, a ponto de perder a razão ou de se deixar influenciar em maus negócios.[23] Em razão de sua conformação atual, a caracteriza-

---

20 "Ao modelo abstrato contrapôs-se, com especial força nas últimas décadas, a realidade concreta: em numerosas hipóteses, os incapazes acabam tolhidos de uma parcela de autonomia que se sentem em condições de exercer livremente. O regime abstrato e geral de 'proteção' ao incapaz acaba se convertendo em instrumento de uma abordagem excludente, como se vê no exemplo historicamente recente da mulher casada. A designação de certa pessoa como 'incapaz' – expressão que, por si só, já é carregada de significado negativo – assume, não raro, caráter discriminatório, como se vê com alguma frequência em casos envolvendo silvícolas, pródigos ou ébrios naturais" (Ana Luiza Maia Nevares; Anderson Schreiber, Do sujeito à pessoa: uma análise da incapacidade civil. In: Gustavo Tepedino; Ana Carolina Brochado Teixeira; Vitor Almeida (coord.), *O Direito Civil entre o sujeito e a pessoa:* estudos em homenagem ao professor Stefano Rodotà, Belo Horizonte: Fórum, 2016, p. 42).

21 Entende-se que a sentença deve ser sempre proporcional às necessidades de proteção da pessoa com deficiência, para tutelar áreas comprometidas pela falta de funcionalidade e discernimento.

22 Heloisa Helena Barboza; Vitor de Azevedo Almeida Júnior, A (in)capacidade da pessoa com deficiência mental ou intelectual e o regime das invalidades: primeiras reflexões. In: Marcos Ehrhardt Júnior (coord.), *Impactos do novo CPC e do EPD no Direito Civil Brasileiro*, Belo Horizonte: Fórum, 2016, pp. 219-220.

23 Embora anterior à vigência do EPD, permanece a reflexão feita em 2007: "A interdição, pela própria gravidade que encerra, sobretudo nos moldes em que é tratada pelo ordenamento jurídico brasileiro, pode ser medida excessiva na proteção aos ébrios habituais e viciados em tóxicos, pelas razões já

ção da curatela só vigorará pelo tempo necessário para o tratamento possível para a recuperação do discernimento.[24]

O pródigo é aquele que gasta seus bens de forma excessiva e descoordenada, com risco de comprometer sua subsistência, realizando gastos incompatíveis com sua situação material.[25] A verificação das razões justificadoras dos gastos é objetiva, sem qualquer juízo moral. "É classificado como pródigo todo aquele que não mantém controle de suas próprias economias, é perdulário, que dilapida desordenadamente seu patrimônio, por ter verdadeira compulsão de gastar. Entretanto, o endividamento, per se, não é causa de prodigalidade".[26] O STJ decidiu que o relevante é o comportamento que demonstre comprometimento na administração do patrimônio e não a anomalia psíquica propriamente dita. "A prodigalidade é uma situação que tem mais a ver com a objetividade de um comportamento na administração do patrimônio do que com o subjetivismo da insanidade mental invalidante para os atos da vida civil".[27] Pródigo

Há muito se critica a permanência da prodigalidade no rol das pessoas sujeitas à curatela, pois traduz maior preocupação com os bens e com a família do que com a pessoa em si.[28] Acertado, pois, o alerta de Clovis Bevilaqua, ao ponderar que "os

---

postas pelo eminente jurista: precisar o limite a partir do qual o usuário de álcool ou tóxico deve ser considerado incapaz, uma vez que o vício compromete seu discernimento, é tarefa melindrosa. Qual é o horizonte que delimita que o uso dessas substâncias não é mais simplesmente ato de autonomia de um indivíduo plenamente consciente dos efeitos de tal prática? A partir de que momento, o sujeito perde a consciência sobre seus atos?" (Renata de Lima Rodrigues, *Incapacidade, curatela e autonomia privada*: estudos no marco do Estado Democrático de Direito. 2007. Dissertação (Mestrado em Direito Privado) – Faculdade Mineira de Direito – Pontifícia Universidade Católica, Belo Horizonte, 2007, p. 106).

24 "Em ação de interdição, conquanto se trate de uma possibilidade conferida ao Juiz, designar ou não audiência de instrução (art. 1.183 do CPC/1973), é certo que, para que se possa aferir com maior segurança a real situação físico-psíquica do interditando, notadamente diante das graves consequências advindas da interdição, a realização de tal solenidade se mostra necessária. A interdição gera consequências gravíssimas e, em razão do alcoolismo, deve ser vista com muita cautela, pois o uso de álcool e, inclusive, algumas internações para tratamento de tal problema – como apontado na inicial – não implicam, necessariamente, na *(sic)* incapacidade para a prática dos atos da vida civil. O alcoolismo é preocupante, mas não é causa, por si só, de interdição, que é medida extrema. Logo, todas as nuances da hipótese submetida à apreciação judicial calçada em tais alegações, as quais envolvem não só a pessoa do interditando, mas, também, da autora da ação (e sua intencionalidade), necessitam de esclarecimentos, com detalhes" (TJ/SC, 3ª Câm. de Dir. Civ., Ap. Cív. 0004228-86.2008.8.24.0036, Rel. Des. Gilberto Gomes de Oliveira, julg. 25.10.2016).

25 "Apelação Cível. Direito de Família. Curatela. Ação de interdição proposta por filho contra sua genitora. Alegação de prodigalidade. Excessivo descontrole financeiro não demonstrado. Perícia médica que atesta a plena capacidade civil da ré para reger sua vida pessoal e administrar seus bens, afastando ainda a existência de comportamento perdulário. Estudo psicossocial que segue na mesma linha quanto à ausência de transtorno incapacitante. Desvios morais que não justificam a interdição por prodigalidade" (TJ/RJ, 16ª C.C., Ap. Cív. 0009256-25.2011.8.19.0212, Rel. Des. Eduardo Gusmão Alves de Brito Neto, julg. 11.04.2017).

26 Gustavo Tepedino; Heloisa Helena Barboza; Maria Celina Bodin de Moraes, *Código Civil interpretado conforme a Constituição da República*, vol. IV, cit., p. 523.

27 STJ, 3ª T., REsp 36208-3/RS, Rel. Min. Costa Leite, julg. 14.11.1994, publ. *DJ* 19.12.1994.

28 "O pródigo revela anormalidade apenas no campo patrimonial. Por isso, a lei objetiva unicamente a proteção de sua família e seu patrimônio, de modo a não haver prejuízo pela conduta desvairada daquele. Daí os limites da interdição, restritos aos atos que envolvem os bens, isto é, incidindo o

alienados pródigos sejam interditos, porque são alienados; os pródigos de espírito lúcido e razão íntegra sejam respeitados na sua liberdade moral, pois, sob color de proteger-lhes os bens, faz-se lhes gravíssima ofensa ao direito de propriedade e à dignidade humana".[29] Mesmo porque "a prodigalidade, como a avareza, podem conter-se nos limites da normalidade ou transbordar. No primeiro caso, é uma característica pessoal, que deve ser respeitada, tanto quanto outro qualquer atributo que integre o nosso modo de ser. No segundo caso, constitui manifestação de doença mental e, portanto, já estará alcançada pelos incisos I ou III. Individuar a prodigalidade como razão para a curatela é tão despropositado quanto fazê-lo com a avareza".[30]

Por se tratar de conceito indeterminado e por implicar a redução da capacidade, a prodigalidade merece análise individualizada, para que o dispêndio de haveres seja verificado a partir de uma proporcionalidade em relação ao patrimônio da pessoa. O pródigo foi mantido como relativamente incapaz, fundamentalmente em razão da ameaça que seus atos podem significar ao seu sustento – não obstante o reconhecimento de que um dos meios para o alcance da dignidade é a vivência da autonomia. Deve-se atentar, por isso mesmo, para que a curatela por prodigalidade não venha a se constituir em artifício de controle que vise preservar o patrimônio em benefício dos herdeiros da pessoa cuja curatela é solicitada. Vale dizer, a restrição da autonomia só se justifica se o gasto deliberado e excessivo acabar por colocar em risco a própria sobrevivência do titular do patrimônio e venha a ser sintoma de transtorno mental.[31]

---

impedimento em, sem curador, emprestar, transigir, alienar, dar quitação, hipotecar, demandar e ser demandado, fazer doações, comprometer-se ou contrair obrigações" (Arnaldo Rizzardo, *Direito de Família*, cit., p. 904).

[29] Clovis Bevilaqua, *Teoria geral do direito civil*, 1972, 4ª ed., p. 94.

[30] João Baptista Vilela, *O direito de família no senado*: emendas ao projeto de código civil, Belo Horizonte: UFMG, 1985. No mesmo sentido: "A prodigalidade tem sido objeto de críticas, por atribuir mais importância ao patrimônio do que às pessoas supostamente protegidas. Radica na moralidade burguesa do século XIX de que a pessoa em seu pleno juízo deve acumular riquezas e não se desfazer delas. Nunca se teve como reprovável a conduta da pessoa avarenta, obcecada por acumular bens, ainda que em prejuízo de si mesma ou de seus familiares" (Paulo Lôbo, *Direito civil*: famílias, São Paulo: Saraiva, 2017, 7ª ed., p. 423); "(...) sob a perspectiva do princípio da solidariedade, afirmar que a interdição daquele considerado pródigo é a forma de protegê-lo contra seus próprios atos inconsequentes, garantindo-lhe o patrimônio, revela um paternalismo, para além de nocivo, inconstitucional" (Rafael Esteves, O pródigo e a autonomia privada: aspectos da autonomia existencial na metodologia civil-constitucional. *Revista Trimestral de Direito Civil – RTDC*, vol. 41, jan./mar. 2010, p. 106).

[31] "Por fim, PR não fez gastos pródigos no sentido da doença mental, não gastou com inutilidades, quinquilharias, não pagou preço exorbitante e vendeu a preço vil, como sói acontecer nos casos de enfermidade mental. Compro bens e deles dispôs para si e sua esposa' (f. 70/71-TJ). Em nenhum momento restou caracterizada qualquer doença mental apta a demonstrar o alegado estado de prodigalidade do periciando, não podendo a má gestão de negócios paralelos à lucrativa atividade de cirurgião dentista, com ganhos médios declarados de R$ 20.000,00 (vinte mil reais) a R$ 30.000,00 (trinta mil reais), promover a interdição reclamada pelo seu pai. A restrição parcial da capacidade civil do interditando, em virtude de suas investidas em diversos ramos comerciais, somente restaria viabilizada caso comprovado que suas atitudes eram oriundas de algum distúrbio psíquico apto a evidenciar a dilapidação imotivada do patrimônio. Na realidade, o que se verifica dos autos é um insucesso comercial e um elevado padrão de vida não suportado pelos

De acordo com a interpretação literal do art. 1.767 do Código Civil, estão sujeitos à curatela, portanto, aqueles que constam no rol dos relativamente incapazes. Há decisões anteriores ao EPD entendendo que o rol do art. 1.767 do Código Civil, que apresenta as pessoas sujeitas à curatela, é taxativo.[32] Após o EPD, também há indicativos de que se trata de rol taxativo, pois há decisões no sentido de que "a decretação da interdição impõe, obrigatoriamente, a demonstração da existência de uma das hipóteses previstas no referido art. 1.767 do Código Civil".[33] Por se tratar de restrição da capacidade, considera-se a enumeração exaustiva, afastando-se o argumento da proteção como legitimador, por si só, da curatela, diante da mudança de paradigma para o tratamento da pessoa com deficiência sob o viés da dignidade-liberdade.[34]

Legitimados para propor a ação de curatela

De acordo com o art. 747 do Código de Processo Civil, o processo que define a existência e os limites da curatela pode ser proposto pelo cônjuge e companheiro – sendo que este deverá demonstrar seu estado familiar no bojo da própria ação e,

---

já excelentes rendimentos mensais do interditando, fatos que não permitem a procedência do pedido inicial" (TJ/MG, 6ª C.C., Ap. Cív. 1.0024.06.222169-2/001, Rel. Des. Edilson Fernandes, julg. 05.05.2009, publ. *DJ* 29.05.2009).

32 "I – A doença que acomete o interditando classifica-se como Hipomania (CID-F30), a qual não é capaz de interditá-lo, pois esta não implica em limitações deste ou quaisquer incapacidades para manifestar sua vontade (Centro Brasileiro de Estimulação Magnética Transcraniana - CBREMT e Revista de Psiquiatria Clínica). II – O Laudo médico constante nos autos afirmou que o interditando possui condições de gerir seus atos, trabalhar para se manter, capacidade de aprendizado, mesmo sendo a patologia caráter irreversível. Digo isso, porque o fato de ser irreversível não significa dizer que a doença apresentada o incapacita para tais atos. Ressalte-se que este laudo não fora em momento algum objeto de impugnação pela recorrente, prestando seu inconformismo contra este apenas em sede recursal. III – A doença apresentada pela autora e atestada por meio de laudo médico é incapaz para decretar a curatela e interdição de Joelson Silveira de Melo" (TJ/PA, 1ª C.C., Ap. Cív. 0000275-91.2008.8.14.0009, Rel. Des. Gleide Pereira de Moura, julg. 17.12.2012, publ. *DJ* 01.02.2013). No mesmo sentido: TJ/DFT, 3ª T.C., Ap. Cív. 20080111021935APC, Rel. Des. Mario-Zam Belmiro, julg. 28.10.2009, publ. *DJ* 22.01.2010.

33 TJRS, 7ª C.C., Ap. Cív. 70068334415, Rel. Des. Sandra Brisolara Medeiros, julg. 26.10.2016, publ. *DJ* 03.11.2016. No mesmo sentido: "Sendo certo que a interdição de pessoa natural só é cabível nas hipóteses delineadas no recentemente modificado art. 1.767 do Código Civil, quando a prova documental (na espécie, a certidão do oficial de justiça que citou a interditanda) e, notadamente, o seu interrogatório judicial apontarem de forma clara uma absoluta capacidade mental da interditanda em manifestar sua vontade para prática dos atos da vida civil, como no caso, sendo esses elementos, pois suficientes para formação do convencimento do magistrado, o exame pericial não se mostrará necessário, devendo pois ser rejeitada a preliminar de nulidade processual por ofensa ao art. 753 do CPC/15. 5. A interdição de pessoas não constitui regra, mas uma excepcionalidade, sobretudo após a sobrevinda do Estatuto da Pessoa com Deficiência (Lei 13.146/2015), somente devendo ser decretada diante de prova inequívoca, robusta e convincente de fatos que, além de evidenciar a incapacidade alegada, que o interditando não teria condições de reger a sua pessoa e o seu patrimônio, apresentem efetivo proveito ao mesmo" (TJ/DFT, 6ª T.C., Ap. Cív. 1015756, 20160110341873, Rel. Des. Alfeu Machado julg. 10.05.2017, publ. *DJ* 16.05.2017).

34 Há opiniões dissonantes: "Apesar do esforço do legislador, descabida a tentativa de arrolar, identificar e definir as limitações ou inaptidões que geram o comprometimento da higidez mental. Perícia médica é que define o grau de incapacidade ou comprometimento a dar ensejo ao decreto judicial da interdição. O estado de alienação, por si só, não enseja a incapacitação. O que efetivamente importa saber é se existe causa incapacitante e, caso positivo, em que grau de extensão compromete o exercício dos atos da vida civil, a ponto de impossibilitar a administração dos negócios e a gestão dos bens" Maria Berenice Dias, *Manual de Direito das Famílias*, São Paulo: Revista dos Tribunais, 2010, 7ª ed., p. 613).

dependendo do quão controvertida for a questão, em ação própria[35] –, parentes em geral, tutores e representante legal da entidade na qual a pessoa se encontrar abrigada, além do Ministério Público.

O EPD permitiu que a própria pessoa proponha a ação de curatela, como forma de propiciar acesso à justiça, conforme se verificava do art. 1.768, IV, do Código Civil, tendo ela a possibilidade de indicar quem entende ser a pessoa mais apta ao exercício do cargo de curador. A essa possibilidade, a doutrina processualista tem nomeado autointerdição.[36] Se ela tem capacidade de fato, tem, também, capacidade processual. O debate sobre esse tema gira em torno do CPC que, embora aprovado antes do EPD, entrou em vigor depois e, em seu texto, não há a previsão da curatela requerida pela própria pessoa.[37] No entanto, "a revogação promovida pelo CPC/2015 levou em conta o texto do Código Civil à época da elaboração do estatuto processual, na qual ainda não constava a possibilidade de o próprio interditando requerer a interdição".[38] Sob o aspecto material, também é plenamente possível que a pessoa peça a própria curatela, em nome da autonomia garantida tanto pela CDPD quanto pelo EPD.[39]

O CPC também restringiu as hipóteses em que o Ministério Público pode ser o autor da ação. A antiga redação do art. 1.769 do Código Civil permitia a atuação ministerial em casos de doença mental grave, deficiência mental ou intelectual, se não existissem pais, tutores, cônjuges ou por qualquer parente; ou não fosse por estes

---

35 Não obstante os julgados a seguir citados se refiram a casos examinados antes do advento do EPD, seus fundamentos continuam atuais: "1. Decisão agravada que indeferiu o pedido do companheiro para lhe atribuir a curatela provisória da companheira, porque ausente reconhecimento extrajudicial ou judicial da união estável. No entanto, não há controvérsia nos autos acerca da existência da união estável, pois tal fato foi reconhecido pelo filho em sua réplica" (TJ/SP, 10ª Câm. Dir. Priv., AI 2035993-22.2013.8.26.0000, Rel. Des. Carlos Alberto Garbi, julg. 17.12.2013, publ. *DJ* 18.12.2013); "Ação de Interdição requerida pela companheira do interditando – União estável não reconhecida judicialmente – Ausência de qualquer documento nos autos capaz de demonstrar a existência da aludida união – Ilegitimidade ativa reconhecida" (TJ/SE, 1ª C.C., Ap. Cív. 201200209402, Rel. Des. Maria Aparecida Santos Gama da Silva, julg. 19.06.2012, publ. *DJ* 19.06.2012); "O reconhecimento da união estável legitima a companheira a pleitear a curatela do companheiro-incapaz" (TJ/RS, 8ª C.C., AI 70051425346, Rel. Des. Alzir Felippe Schmitz, julg. 13.12.2012, publ. *DJ* 18.12.2012).

36 Cf. http://www.frediedidier.com.br/editorial/editorial-187/. Acesso em 23.07.2019.

37 "A derrogação expressa do art. 1.768 pelo Código de Processo Civil a entrar em vigor em março de 2016 não deve significar a extinção da possibilidade de requerimento da curatela pelo interessado. Considerados os princípios da Convenção, que tem natureza de norma constitucional, e o que mais consta do Estatuto da Pessoa com Deficiência, subtrair da pessoa com deficiência a legitimidade para requerer sua própria curatela seria negar sua própria capacidade, ignorar sua autonomia, vale dizer em última análise, violar o principal objetivo da Convenção, que tem força de norma constitucional, e da Lei" (Heloisa Helena Barboza, Curatela do enfermo: instituto em renovação. In: Carlos Edison do Rêgo Monteiro Filho; Gisela Sampaio da Cruz Guedes; Rose Melo Venceslau Meireles (org.), *Coleção Direito UERJ 80 Anos*. V. 2: *Direito Civil*, cit., p. 451).

38 Ana Carolina Brochado Teixeira, Anna Cristina de Carvalho Rettore, Beatriz de Almeida Borges e Silva, O impacto da conformação do novo Código de Processo Civil à Constituição Federal no direito material da interdição e sua eficácia. In: Marcos Ehrhardt Junior, Rodrigo Mazzei (coords.), *Direito Civil*. Salvador: JusPodivm, 2017, p. 857.

39 Joyceane Bezerra Menezes, Curatela. In: Ana Carolina Brochado Teixeira, Gustavo Pereira Leite Ribeiro (coords), *Manual de Direito das Famílias e Sucessões*, Rio de Janeiro: Processo, 2017, 3ª ed., p. 515.

promovida a interdição. A atuação do Ministério Público, portanto, vinculava-se à incapacidade, que permeava a curatela, e à inexistência ou inação das pessoas legitimadas. Atualmente, essa legitimidade se restringe àqueles casos em que o sujeito sofre de deficiência mental grave e se as pessoas arroladas no art. 747 não existirem, não promoverem a ação ou forem civilmente incapazes (CPC, art.748). Assim, cabe à família a prioridade no ajuizamento da ação, ficando o Ministério Público com atuação subsidiária. Assim, se ficar demonstrado que os parentes se mantêm inertes, em conduta que compromete a proteção ao doente, o Ministério Público pode atuar.[40]

Nos casos em que o MP propõe a ação de interdição, assinalava o art. 1.770 do Código Civil que o juiz nomeará um defensor para o incapaz, atuando o MP como seu defensor nas demais hipóteses.[41] Se o curatelando não constituir advogado para se defender ou se se notar que há interesses conflitantes entre o curador e a pessoa colocada sob curatela, deverá o juiz nomear curador especial, conforme determina o art. 72, parágrafo único, do Código de Processo Civil.[42] O STJ manifestou-se no sentido de que "a designação de curador especial tem por pressuposto a presença do conflito de interesses entre o incapaz e seu representante legal. No procedimento de interdição não requerido pelo Ministério Público, quem age em defesa do suposto incapaz é o órgão ministerial

---

40 "1 – Em ação de interdição para fins de proteção de pessoas idosas e portadoras de necessidades especiais, o Ministério Público tem ampla legitimidade de atuação, assim como os pais, parentes, cônjuge/companheiro ou tutores. Apesar de o rol legal de legitimados ser taxativo, não há preferência entre eles. Isso porque tal questão não envolve meros interesses individuais disponíveis. Inteligência dos então vigentes arts. 1.768 do CC/2002 e 1.177 do CPC/1973. 2 – Não há que se falar em ilegitimidade do Ministério Público, mormente no caso em apreço, quando instado a agir em favor de idosas, portadoras de necessidades especiais, sem a presença de parentes que possam representá-las e assisti-las nos termos da lei (arts. 1.769, II, do CC/2002 e 1.178, II, do CPC/1973 então vigentes). 3 – Por conseguinte, impõe-se a anulação da sentença, com o afastamento da ilegitimidade do órgão ministerial e a determinação do retorno dos autos ao juízo de origem, para dar seguimento ao regular processamento do feito, à luz do devido processo legal (art. 5º, LIV, LV, da CF). 4 – Recurso conhecido e provido." (TJ/PI, 4ª C.C., Ap. Cív. 2016.0001.000625-3, Rel. Des. Oton Mário José Lustosa Torres, julg. 10.10.2016).

41 "1. Recurso especial interposto contra acórdão publicado na vigência do Código de Processo Civil de 1973 (Enunciados Administrativos nºs 2 e 3/STJ). 2. No procedimento de interdição não requerido pelo Ministério Público, quem age em defesa do suposto incapaz é o órgão ministerial. Assim, resguardados os interesses do interditando, não se justifica a nomeação de curador especial (arts. 1.182, § 1º, do CPC/1973 e 1.770 do CC/2002)" (STJ, 3ª T., REsp 1652854 - SP, Rel. Min. Ricardo Villas Bôas Cueva, julg. 18.03.2019).

42 "No Novo CPC, a figura do curador especial foi expressamente prevista pelo art. 72. O parágrafo único do art. 72 ressalva que a curatela especial será exercida pela Defensoria Pública nos termos da lei. Segundo o inciso I desse art. 72, o juiz deverá nomear curador especial ao incapaz, se não tiver representante legal ou se os interesses deste colidirem com os daquele, enquanto durar a incapacidade. Desse modo, pode-se concluir que a função de 'curador especial' de que trata o art. 752, § 2º, do Novo CPC é papel da Defensoria Pública, nos termos do art. 4º, XVI, da Lei Complementar Federal 80/1994, e do art. 72, I e parágrafo único, do Novo CPC. Caso não exista Defensoria Pública na sede do juízo, então o magistrado deve nomear defensor dativo. Assim sendo, no Novo CPC, o Ministério Público deixa de exercer a função de 'defensor' ou 'curador especial' do interditando. Caso o interditando não constitua advogado para se defender, cabe à Defensoria Pública o exercício da curadoria especial" (Vitor Fonsêca, O Ministério Público e a ação de interdição no Novo CPC. In: Robson Renault Godinho; Susana Henriques da Costa (coord.), *Coleção Repercussões do Novo CPC*, v. 6: Ministério Público, Salvador: JusPodivm, 2015, p. 266).

e, portanto, resguardados os interesses do interditando, não se justifica a nomeação de curador especial". Entendeu-se que "a designação de curador especial – atividade institucional, que pode ser exercida pela Defensoria Pública – tem por pressuposto a presença de conflito de interesses entre o incapaz e seu representante legal".[43]

A nomeação do Ministério Público como curador especial do curatelando tornou--se questão controvertida com o advento da Constituição Federal em 1988, diante de eventual conflito no exercício dessa dupla função: atuação no feito como *custos legis* e fiscalização da regularidade da atuação dos curadores anteriormente nomeados. A inconstitucionalidade adviria do art. 129, IX, da Constituição Federal, que veda a atuação ministerial como representante judicial, estando proibida sua atuação dúplice como fiscal da ordem jurídica e representante da parte, razão pela qual se atribui a curatela especial à Defensoria Pública (CPC, art. 72, parágrafo único).[44]

3. QUEM PODE SER CURADOR

A lei nomeia pessoas que presume aptas para o exercício do múnus da curatela, de forma a agir de acordo com interesses do curatelado e contribuir, de alguma maneira, para seus tratamentos e qualidade de vida, em face do seu papel promocional. Conforme será analisado no item 6, qualquer pessoa pode escolher o curador no momento em que tem discernimento e se encontra dotada de todas as condições de funcionalidade, para o caso de vir a perdê-lo, valendo-se de um instrumento denominado autocuratela.

Curatela legítima

Na ausência de documento que formalize essa escolha, o art. 1.775 do Código Civil traz o rol dos legitimados para o exercício do múnus, que encerra ordem preferencial acerca da pessoa mais apta para o exercício da curatela.

Tanto o cônjuge quanto o companheiro poderão exercer a curatela, se não estiverem separados de fato ou judicialmente. Eles têm, teoricamente, a preferência para o exercício desse encargo, em razão dos deveres previstos nos arts. 1.566 e 1.724 do Código Civil, notadamente, os de mútua assistência e de respeito e consideração mútuos. Além disso, entende-se que aquele que já cuida do outro – sendo a pessoa que, a princípio, com ele convive diariamente – deve ser seu curador por conhecer melhor as vontades e as peculiaridades do curatelado.

Na falta de cônjuge ou companheiro, os pais devem ser os curadores, pois já cuidaram dos filhos no exercício da autoridade parental e, por conta do princípio da solidariedade, devem continuar a fazê-lo quando o filho não conseguir agir por si mesmo. Entretanto, pode acontecer de os pais já serem idosos e o bom exercício da curadoria não ser possível em razão da idade. Nessa situação, devem ser chamados a exercê-la os descendentes.

O descendente que for mais apto para os cuidados com o curatelado e seu patrimônio tem preferência para ser curador, embora os mais próximos prefiram aos

---

43 STJ, 4ª T., AgInt nos EDcl no REsp 1604162/SP, Rel. Min. Luis Felipe Salomão, julg. 14.02.2017, publ. *DJ* 20.02.2017.

44 Carlos Roberto Gonçalves, *Direito civil brasileiro*, vol. 6. São Paulo: Saraiva, 2012, 9ª ed., pp. 702-703.

mais remotos, pois se presume que os de grau menor têm maior relação de afinidade, afetividade e convivência com o curatelado. O tipo de aptidão varia de acordo com o caso: patrimônio a ser administrado, cuidados que o interdito necessita, promoção de atividades sociofamiliares etc. Esses são os critérios para se definir, entre descendentes do mesmo grau, aquele que tem maior habilidade para o exercício do múnus.

Caso não exista nenhuma dessas pessoas enumeradas, cabe ao juiz nomear curador dativo, alguém da sua confiança para o exercício do encargo. Curatela dativa

O art. 114 do EPD, ao acrescentar o art. 1.775-A ao Código Civil, assimilou tendência da jurisprudência que autorizava a curatela na modalidade compartilhada, por meio da nomeação de mais de um curador.[45] Justifica-se em razão de, em algumas hipóteses, ser mais adequado aos interesses do curatelado ter mais de uma pessoa para desempenhar o múnus.[46] Ao reverso, quando não representar os melhores interesses do vulnerável, é modalidade a ser rechaçada.[47] Curatela compartilhada

A conveniência da curatela compartilhada deve, portanto, ser analisada em prol do vulnerável, examinando-se todo o contexto fático, em especial eventuais divergências e conflitos entre os potenciais responsáveis para o exercício conjunto, bem como os óbices à organização e ao dever de prestar contas, elementos que podem ensejar instabilidade para o curatelado.[48]

---

45 "Nessa perspectiva, revela-se possível o exercício da curatela compartilhada, conforme postulado pelos autores, que são pais do interdito, considerando que, embora não haja regra expressa que a autorize, igualmente não há vedação à pretensão. Em situações como a dos autos, em que expressamente requerido o exercício da curatela compartilhada e que não há, sob qualquer perspectiva, conflito entre os postulantes, nada obsta que seja ela concedida, notadamente por se tornar, na espécie, uma verdadeira extensão do poder familiar e da guarda – que, como sabido, pode ser compartilhada. 3. Além de se mostrar plausível e conveniente, no caso, a curatela compartilhada bem atende à proteção do interdito, tratando-se de medida que vai ao encontro da finalidade precípua do instituto da curatela, que é o resguardo dos interesses do incapaz, razão pela qual é de ser deferido o pleito" (TJ/RS, 8ª C.C., Ap. Cív. 70054313796, Rel. Des. Luiz Felipe Brasil Santos, julg. 01.08.2013, publ. *DJ* 05.08.2013).

46 A curatela é um múnus que deve ser desempenhado pelas pessoas previstas pela lei, não cabendo motivos subjetivos para desonerar-se desse encargo, ainda que para o exercício compartilhado da curatela, como decidiu o STJ: "2. O CPC/2015 e o CC estabelecem uma ordem de gradação legal ao exercício da curatela, devendo ser sempre escolhida pelo magistrado, em qualquer caso, aquela pessoa que melhor atenda aos interesses do incapaz, sendo esta a finalidade precípua do processo de interdição. Precedentes. 3. Excetuando-se os casos de dispensa ou escusa, bem como o previsto no art. 1.737, a tutela configura-se como uma obrigação imposta legalmente, um encargo público, que deve ser aceito pelo nomeado, se tiver todas as condições para sua investidura. 4. Motivos alegados como a 'falta de tempo' ou a 'ausência de afinidade ou afetividade' não são motivos dispostos na lei como possíveis de eximir o curador do encargo. 5. Concluir em sentido diverso, no sentido de verificar se haveria outras possibilidades para que terceiros exercessem a curatela compartilhada, ou se esta efetivamente não seria a melhor situação para o caso em concreto, ou ainda se haveria hipóteses previstas no art. 1736 do Código Civil – quando o próprio Tribunal de origem nem sequer o mencionou –, demandaria reexame de matéria fático-probatória, o que é vedado em sede de recurso especial, a teor da Súmula 7 do STJ." (STJ, 4ª T., AgInt no AREsp 2316769 / DF, Relª. Minª. Maria Isabel Gallotti, julg. 20.11.2023, publ. Dje 24.11.2023).

47 Nesta direção, cfr. TJ/RJ, 10ª C.C., Ap. Cív. 0014192-36.2010.8.19.0210, Rel. Des. Patrícia Ribeiro Serra Vieira, julg. 10.05.2017.

48 TJ/MG, 8ª C.C., AI 1.0024.13.274106-7/001, Rel. Des. Rogério Coutinho, julg. 11.03.2015, publ. *DJ* 20.03.2015.

Convém registrar que o compartilhamento da curatela, embora se espelhe na divisão da guarda, tem sistemática diversa. Embora ambas as hipóteses se fundamentem nos deveres de assistência e cuidado – cuja *ratio* está na solidariedade familiar – o que justifica a guarda compartilhada é o exercício conjunto da autoridade parental[49] que compete aos pais, consoante art. 229 da Constituição da República e art. 1.632 do Código Civil. No caso da curatela, o múnus se distribui para a família, na ordem de prelação prevista no art. 1.775 do Código Civil, a qual deve ceder em prol do atendimento às vontades manifestadas pelo curatelando e, se essa identificação não for possível, ao melhor interesse do curatelando. Além disso, o art. 1.775-A do Código Civil adota o termo *poderá*, ou seja, trata-se de faculdade adstrita à conveniência do curatelando.[50] Em definitivo, a curatela deve ser compartilhada quando essa modalidade for funcionalizada ao melhor desempenho do encargo, para recuperação ou melhora qualitativa da vida do curatelando.[51]

4. AÇÃO DE CURATELA E ASPECTOS PROCESSUAIS

Até o ano de 2015, não houve alteração substancial no regramento das incapacidades, tampouco da curatela, desde as primeiras codificações vigentes em nosso território, que acabaram por reproduzir a tônica patrimonial em sua essência, a despeito do esforço doutrinário de interpretação conforme a axiologia constitucional.[52]

---

49 Não obstante as críticas feitas no capítulo 9.

50 Em sentido contrário: "Conflito entre a mãe e a esposa do necessitado é fato incontroverso. Circunstância considerada para a concessão da curatela compartilhada. Mérito. Curatela objetiva preservar os interesses do incapaz. Art. 1.109 do CPC/1973 (parágrafo único do art. 723 do CPC/2015) autoriza o órgão julgador, por equidade, a superar a ordem legal estabelecida no art. 1.775 do CC. Com fundamento no mesmo preceito, nada obsta a concessão da curatela compartilhada, mesmo antes da vigência da Lei 13.146/2015. Inexistência de dispositivo que vedasse seu deferimento. Concessão como se deu visa a assegurar um equilíbrio de forças entre a figura da mãe e a da esposa, para que haja fiscalização recíproca e atuação redobrada em prol do interditando" (TJ/SP, 5ª Câm. de Dir. Priv., Ap. Cív. 1010237-33.2015.8.26.0008, Rel. Des. James Siano, julg. 25.07.2016, publ. *DJ* 25.07.2016).

51 Nesse sentido: "14 – Muito embora as normas jurídicas e os entendimentos fixados acerca da guarda compartilhada devam servir de norte interpretativo para a exata compreensão e aplicação da curatela compartilhada, deve-se respeitar não só as peculiaridades de cada instituto, mas também as disposições legislativas próprias que regulam cada uma das matérias. 15 – Ao contrário do que ocorre com a guarda compartilhada, o dispositivo legal que consagra, no âmbito do direito positivo, o instituto da curatela compartilhada não impõe, obrigatória e expressamente, a sua adoção. A redação do novel art. 1.775-A do CC/2002 é hialina ao estatuir que, na nomeação de curador, o juiz 'poderá' estabelecer curatela compartilhada, não havendo, portanto, peremptoriedade, mas sim facultatividade. 16 – Não há obrigatoriedade na fixação da curatela compartilhada, o que só deve ocorrer quando (a) ambos os genitores apresentarem interesse no exercício da curatela, (b) revelarem-se aptos ao exercício do *munus* e (c) o juiz, a partir das circunstâncias fáticas da demanda, considerar que a medida é a que melhor resguarda os interesses do curatelado. 17 – Em virtude do caráter *rebus sic stantibus* da decisão relativa à curatela, não há óbice a que se pleiteie, nas vias ordinárias, a fixação da curatela compartilhada ou que, futuramente, comprovada a inaptidão superveniente da curadora para o exercício do *munus*, o decisum proferido neste feito venha a ser modificado." (STJ, 3ª T., REsp. 1.795.395/MT, Relª. Minª. Nancy Andrighi, julg. 4.5.2021, publ. DJ 6.5.2021)

52 Ana Carolina Brochado Teixeira, Anna Cristina de Carvalho Rettore, Beatriz de Almeida Borges e Silva, O impacto da conformação do novo Código de Processo Civil à Constituição Federal no direito

O atual Código de Processo Civil, conduzido sob novas premissas, rompe com essa lógica estritamente patrimonial, além de ecoar de forma expressiva no direito material da curatela, já substancialmente modificado com o advento do EPD. Embora tenha mantido a denominação para a ação – interdição – a forma de condução do processo e os procedimentos a serem observados pelo juiz demonstram que o foco é o cuidado com a pessoa com deficiência.

Ao distribuir a ação, deverão ser demonstrados os impactos na vida e no discernimento do curatelando e os prejuízos na condução da sua funcionalidade e na administração de seus bens e negócios, a justificar a procedência do pedido ou, nos termos do art. 749 do Código de Processo Civil, "os fatos que demonstram a incapacidade do interditando para administrar seus bens e, se for o caso, para praticar atos da vida civil, bem como o momento em que a incapacidade se revelou". Juntamente com a inicial, o autor deverá juntar laudo médico que demonstre suas alegações ou informar a impossibilidade de fazê-lo (CPC, art. 750), vez que o laudo deve comprovar a causa de pedir e seus prejuízos para o curatelando. Tal prova é essencial para a nomeação de curador provisório, na hipótese de haver atos urgentes a serem praticados: "Por consubstanciar-se em medida excepcional e restritiva do poder de autogerência, a nomeação de curador provisório em sede de ação de interdição exige prova cabal, induvidosa, da efetiva incapacidade civil do interditando, por enfrentar doença mental incapacitante".[53] Nestes termos, "a curatela provisória pressupõe a demonstração da incapacidade do curatelado para declarar vontade e a urgência da medida".[54]

Entrevista ao interdito

Uma vez citado o curatelando, o juiz deverá entrevistá-lo e não mais interrogá-lo, como determinava a legislação anterior.[55] A mudança de paradigma do modelo médico para o modelo social de deficiência adotado pelo EPD gera reflexos nos

---

material da interdição e sua eficácia. In: Marcos Ehrhardt Junior, Rodrigo Mazzei (coords.), *Direito Civil*, cit., p. 854; Renata de Lima Rodrigues, *Incapacidade, curatela e autonomia privada*: estudos no marco do Estado democrático de direito, dissertação (Mestrado), Programa de Pós-Graduação em Direito da Pontifícia Universidade Católica de Minas Gerais, cit., pp. 32-44.

53 TJ/GO, 4ª C.C., AI 218531-71.2016.8.09.0000, Rel. Des. Kisleu Dias Maciel Filho, julg. 15.12.2016. No mesmo sentido: "A curatela provisória é medida excepcional e exige demonstração de ausência de discernimento que resulte na incapacidade do interditando para gerir sua vida e administrar seus bens. Sendo precária a prova, deve ser mantida a decisão que indeferiu a curatela provisória, tornando-se necessária a melhor instrução do feito de origem, no intuito de se privilegiar o melhor interesse do interditando" (TJ/MG, 2ª C.C., AI 1.0352.16.005447-9/001, Rel. Des. Marcelo Rodrigues, julg. 21.02.2017, publ. *DJ* 03.03.2017).

54 TJ/MG, 2ª C.C., AI 1.0338.16.004944-5/001, Rel. Des. Caetano Levi Lopes, julg. 21.02.2017, publ. *DJ* 03.03.2017.

55 "Em seguida, o juiz marcará uma entrevista com o interditando para ouvi-lo sobre aspectos de sua 'vida, negócios, bens' e sobre as suas vontades, preferências, laços familiares e afetivos" (art. 751, novo CPC.). Na legislação processual anterior, falava-se de interrogatório do interdito (como se fosse ele um réu) sobre questões patrimoniais a fim de examinar o seu estado mental (art. 1.181 da Lei 5.869/1973). O objetivo é permitir ao juiz, uma melhor compreensão acerca do estado, das circunstâncias e interesses do interditando. Se entender necessário, poderá se fazer acompanhar de especialista ou disponibilizar os recursos tecnológicos tendentes a favorecer ao interditando as condições de melhor expressar suas vontades e preferências, na resposta às perguntas formuladas" (Joyceane Bezerra de Menezes, O direito protetivo no Brasil após a convenção sobre a proteção da pessoa com deficiência: impactos do novo CPC e do estatuto da pessoa com deficiência.

mecanismos de aferição da deficiência, de modo que a entrevista e a perícia devem ser adaptadas a essa nova perspectiva. Ela deverá ser realizada em conjunto com equipe multidisciplinar (ou com auxílio de especialista, de acordo com o art. 751, § 2º, do Código de Processo Civil) com o escopo de se informar sobre suas vontades, preferências, laços afetivos e familiares, além das suas demais percepções sobre a ação de curatela, de modo que suas decisões possam ser as mais individualizadas possíveis, de acordo com as necessidades daquela pessoa.[56] A entrevista não é discricionariedade do julgador, mas determinação legal, devendo o curatelando ser ouvido onde estiver.[57]

Esse contato mais profundo com a pessoa colocada sob curatela dá ao juiz suas primeiras impressões sobre o curatelando, além de informações importantes para a escolha do curador, o resguardo dos espaços de autonomia, ao fixar os limites da curatela; tanto é que se entende que a falta da entrevista pode gerar nulidade na ação, por ser medida necessária à verificação segura da existência e extensão da incapacidade.[58]

A jurisprudência vem entendendo que o acompanhamento do magistrado por equipe multidisciplinar na entrevista pessoal só deve ocorrer quando absolutamente necessário. Sob esse aspecto, vale ressaltar que o EPD havia conferido nova redação ao art. 1.771 do Código Civil, determinando que "Antes de se pronunciar acerca dos termos da curatela, o juiz, que *deverá* ser assistido por equipe multidisciplinar, entrevistará pessoalmente o interditando". O § 2º do art. 751 do Código de Processo Civil, por sua vez, estabelece que "a entrevista *poderá* ser acompanhada por especialista", o que parece retirar a obrigatoriedade da assistência técnica na entrevista. De todo modo, mantém-se a necessidade de perícia técnica com equipe multidisciplinar pelo art. 753 do Código de Processo Civil, que só pode ser dispensada em casos excepcionais.[59]

Civilistica.com, Rio de Janeiro, a. 4, n. 1, jan.-jun. 2015. Disponível em: <http://civilistica.com/o-direito-protetivo-no-brasil/>. Acesso em: 27.06.2019).

56 O EPD determina o manejo dos meios necessários para esses momentos em que o curatelando será ouvido judicialmente, ou seja, devem ser utilizados instrumentos da tecnologia assistiva para potencializar a compreensão mútua das partes e atores processuais, caso seja necessário. O mesmo se aplica quando a pessoa deficiente for testemunhar (nova redação do art. 228, § 2º, do Código Civil e art. 114 EPD).

57 "A outro turno, o fato de a curatelanda estar acamada, com dificuldade de locomoção, não justifica a dispensa de realização de entrevista pessoal. Isso porque o § 1º do art. 751 do CPC/15 dispõe que é dever do juiz ouvi-la no local onde estiver" (TJ/RS, 8ª C.C., AI 70070495445, Rel. Des. Rui Portanova, julg. 08.09.2016, publ. *DJ* 12.09.2016).

58 "Apelação Cível. Interdição. Sentença de Procedência. Insurgência do Ministério Público. Apontada nulidade no Procedimento. Entrevista do Interditando e perícia médica não realizadas. Imprescindibilidade. Medidas necessárias à constatação segura acerca da incapacidade e sua extensão. Inteligência dos arts. 751 e 753, ambos do CPC/2015. Mácula existente. *Decisum* baseado apenas na constatação do oficial de justiça por ocasião da tentativa de citação, que atestou ter dúvidas da capacidade do interditando e atestados médicos particulares que não especificaram a extensão das anomalias. Fragilidade do contexto probatório. Melhor dilação probatória que se impõe. Sentença cassada. Retorno dos autos à origem para o regular processamento do feito. Recurso conhecido e provido" (TJ/SC, 6ª Câm. Dir. Civ., Ap. Cív. 0304589-61.2015.8.24.0011, Rel. Des. André Luiz Dacol, julg. 06.06.2017).

59 "Magistrado somente será auxiliado por equipe multidisciplinar quando absolutamente necessário, sob pena de impor inadmissível ônus ao desenvolvimento da relação jurídico-processual" (TJ/

Após a oitiva do curatelando, ele poderá apresentar contestação em 15 dias, fazendo-se representar por advogado e, caso não o faça, ser-lhe-á designado um curador especial (defensor público – CPC, art. 72), sem prejuízo do cônjuge ou do companheiro atuar como assistente (CPC, art. 752, § 2º).

Juntada aos autos a defesa do curatelando, será produzida a prova pericial "para avaliação da capacidade do interditando para praticar atos da vida civil" (CPC, art. 753), que deverá ter a participação de equipe multidisciplinar, de modo a examinar todos os aspectos da vida do curatelando relacionados à eventual restrição da autonomia; ou seja, não se trata de questão simplesmente médica, considerando-se ainda fatores sociais, relacionais e familiares. Assim, caso o magistrado designe, para a perícia, profissional de uma única especialidade, deverá motivar sua decisão, por contrariar o comando legal.[60] Perícia

Feito o exame profundo da situação individualizada do curatelando, "o laudo pericial indicará especificadamente, se for o caso, os atos para os quais haverá necessidade de curatela" (CPC, art. 753, § 2º). A perícia tem, no mínimo, duas diretrizes necessárias: (i) na seara médica, identificar a doença e se ela reverbera no discernimento e na funcionalidade da pessoa e em qual grau; (ii) no campo biopsicossocial, investigar as relações de afetividade e afinidade do curatelando com as pessoas que podem assumir a curatela, de modo a se apurar quem é a pessoa mais indicada para

---

AL, 3ª C.C., Ap. Cív. 0700105-05.2016.8.02.0046, Rel. Des. Domingos de Araújo Lima Neto, julg. 22.03.2017, publ. *DJ* 22.03.2017).

[60] A jurisprudência ainda é vacilante sobre a necessidade da perícia ser ou não multidisciplinar, ao argumento de que as modificações operacionalizadas pelo EPD no art. 1.771 do Código Civil foram revogadas pelo CPC. Nesse sentido: "1. Não é de acolher a preliminar aventada pelo Ministério Público em seu parecer, uma vez que, tendo sido revogado pelo CPC/2015 o art. 1.771 do CC, com a redação dada pela Lei 13.146/2015 – Estatuto da Pessoa com Deficiência –, não é obrigatório que a perícia seja realizada por equipe multidisciplinar. 2. Ademais, se o exame psiquiátrico já realizado pelo DMJ e a entrevista da magistrada com a curatelada, em audiência, já apresentam lastro probatório suficiente acerca do estado da apelante, não se justifica a desconstituição da sentença para a realização de nova perícia com equipe multidisciplinar" (TJ/RS, 8ª C.C., Ap. Cív. 70069122794, Rel. Des. Luiz Felipe Brasil Santos, julg. 11.08.2016, publ. *DJ* 17.08.2016); "A grave situação do interditando, já idoso e portador de grave doença mental crônica degenerativa irreversível, que, segundo relatório médico elaborado por profissional integrante de hospital público e do SUS, tem déficit cognitivo severo, sendo incapaz de comunicação oral e escrita, dificuldade para deglutir, sem controle do esfíncter, torna dispensável a realização de perícia médica para os fins pretendidos pelo ora apelante, quais sejam esclarecer as potencialidades da pessoa atinentes à capacidade funcional básica, funcional complexa, atos complexos da vida privada e civil" (TJ/MG, 1ª C.C., Ap. Cív. 1.0324.15.011551-1/001, Rel. Des. Edgard Penna Amorim, julg. 07.03.2017, publ. *DJ* 15.03.2017). Em sentido diverso: "É de ser cassada a sentença que, em sede de 'ação de curatela', julga procedente o pedido, decretando 'a interdição total e definitiva' da requerida, declarando sua incapacidade para exercer pessoalmente os atos da vida civil, sem que tenha sido procedida à perícia médica da demandada, nos moldes previstos na lei processual civil – prova que representa um meio de defesa da pessoa supostamente sujeita à curatela. Ademais, tendo em vista a entrada em vigor da Lei n.º 13.146/2015, o Estatuto da Pessoa com Deficiência, a condução do feito deverá se dar sob a nova ótica dada ao instituto da curatela pelo referido estatuto, que inclusive restringiu as hipóteses de sujeição à curatela e definiu seus limites" (TJ/RS, 8ª C.C., Ap. Cív. 70071000608, Rel. Des. Luiz Felipe Brasil Santos, julg. 27.04.2017, publ. *DJ* 04.05.2017); TJ/SC, 2ª Câm. de Dir. Civ., Ap. Cív. 0302105-73.2015.8.24.0011, Rel. Des. Newton Trisotto, julg. 25.05.2017.

desempenhar a função de curador.[61] O ideal é que todos os profissionais trabalhem conjuntamente, para verificar, em concreto, o impacto da deficiência na vida da pessoa.

O laudo será, portanto, detalhado o suficiente para detectar se a doença existente é incapacitante, bem como seu grau de comprometimento para o curatelado, informando os atos atingidos pela inaptidão, não servindo somente a impressão pessoal do juiz. É o laudo pericial o instrumento a permitir ao juiz modular a sentença segundo as necessidades protetivas da pessoa, potencializando sua autonomia o máximo possível. Essa modulação dos atos de autonomia corresponde aos limites da curatela.[62] Não obstante as discussões existentes sobre a necessidade de se constitucionalizar o regime das incapacidades antes do EPD, a expressa positivação da curatela humanizada e individualizada estabelecida pelo Estatuto foi importante para assegurar que a prática se atente às diretrizes que verdadeiramente tutelam a pessoa humana, prescindindo do enquadramento do interdito nas categorias preestabelecidas de incapacidade absoluta ou relativa. O abandono pelo EPD do modelo *pret a porter*, possibilita que, casuisticamente e segundo as potencialidades do indivíduo, o juiz determine os limites da curatela, com base no laudo pericial detalhado, assinalando os atos que o curatelado pode e os que não pode praticar.[63]

Não obstante o magistrado não estar adstrito ao laudo, em razão dos múltiplos conhecimentos exigidos pela perícia, que refletem os mais diversos âmbitos da disfuncionalidade, essas variadas e específicas competências desbordam das habilidades do magistrado, o que leva à essencialidade da perícia.[64]

---

[61] "O Estatuto da Pessoa com Deficiência introduz um giro conceitual transcendente: a consideração permanente da condição de pessoa humana daquele que não pode exercer por si os atos jurídicos e, em consequência, a necessidade de respeitar o exercício de seu direito a ser ouvido e a participar, na medida do possível, da tomada de decisões" (Nelson Rosenvald, Capítulo 17: Curatela. In: Rodrigo da Cunha Pereira (org.), *Tratado de Direito das Famílias*, cit., p. 756).

[62] "Ação ajuizada por mãe a buscar a interdição parcial da filha, portadora de Síndrome de Down, especialmente para efeitos previdenciários, como consignado no pedido. Sentença que declara a interdição parcial sem estabelecer os limites da curatela. Apelo da requerente a postular reforma, para se incluir o reforço que é a menção aos efeitos previdenciários. 1. Ao se declarar interdição parcial de pessoa sem completo desenvolvimento mental, impõe-se, sob pena de nulidade, definir os limites da curatela. 2. Também há de se resolver na sentença todos os capítulos do pedido, seja para acolhê-los, seja para rejeitá-los, tendo, no entanto, no caso concreto, restado sem solução o de que a interdição viesse especialmente a produzir efeitos previdenciários. 3. Recurso que se julga prejudicado. Sentença que de ofício se anula" (TJ/RJ, 3ª C.C., Ap. Cív. 0110910-09.2011.8.19.0001, Rel. Des. Fernando Foch de Lemos Arigony da Silva, julg. 26.04.2017).

[63] "Dessa situação deriva, por um lado, a necessidade de recusar preconceitos jurídicos nos quais pretender armazenar a variedade do fenômeno do déficit psíquico; por outro, a oportunidade que o próprio legislador evite regulamentar a situação do deficiente de maneira abstrata e, portanto, rígida, propondo-se estabelecer taxativamente o que lhe é proibido e o que lhe é permitido fazer" (Pietro Perlingieri, *Perfis de direito civil*, Rio de Janeiro: Renovar, 2002, trad. Maria Cristina De Cicco, p. 163).

[64] "Na fase de produção de provas, o juiz determinará a realização de perícia por uma equipe composta por especialistas de diversas áreas do conhecimento, a fim de que se faça a avaliação sobre a deficiência e a capacidade civil do interditando (art. 753 e 754). Seguindo a Lei 13.146/2015 essa avaliação poderia seguir as observações do art. 2º, § 1º. A preocupação do novo CPC em confiar a perícia a uma 'equipe multidisciplinar' visa evitar os riscos de abuso do poder psiquiátrico anunciados por Michael Foucalt. Também revela o reconhecimento de que a deficiência é um fato complexo que transcende os impedimentos naturais (fisiopsíquicos) da pessoa, sendo imperativo considerar

Concluída a instrução, será prolatada a sentença que, se acolher o pedido de curatela, deve nomear curador para o exercício do *múnus* (CPC, art. 755, I), assinalar o prazo de prestação de contas (que, atualmente, deve ser anual) e determinar os limites da curatela. A antiga redação do art. 1.772 do Código Civil previa que tais limites seriam fixados apenas em determinadas hipóteses: deficientes mentais, ébrios habituais e viciados em tóxicos e excepcionais, sem completo desenvolvimento mental (antiga redação dos incisos III e IV do art. 1.767 do Código Civil).[65] A partir dessa mudança hermenêutica operada pelo EPD, todos os casos demandam que o magistrado delimite o âmbito de atuação do curador a partir do impacto da deficiência na vida do curatelado, bem como das suas potencialidades, para que ele possa atuar segundo os atos que está apto a praticar, sem engessar sua personalidade, de modo a preservar sua dignidade.

Conquanto o atual CPC tenha dispensado o curador da exigência da hipoteca legal – ou seja, a especificação de um imóvel do curador a ser hipotecado como

---

o agravamento imposto pelas diversas barreiras sociais, institucionais, jurídicas e ambientais. Por tudo isso, a análise sobre a capacidade da pessoa requer um exame pormenorizado e interdisciplinar tendente a afastar do psiquiatra o poder absoluto de decidir sobre a questão." (Joyceane Bezerra de Menezes, O direito protetivo no Brasil após a convenção sobre a proteção da pessoa com deficiência: impactos do novo CPC e do estatuto da pessoa com deficiência. *Civilistica.com*, Rio de Janeiro, cit. Disponível em: <http://civilistica.com/o-direito-protetivo-no-brasil/>. Acesso em: 27.06.2019). A jurisprudência, por seu turno, valor a perícia como prova de suma relevância: "1 – Em das gravíssimas consequências para o interditando e para terceiros, o deferimento da interdição exige prova da incapacidade mental do interditando; 2 – Quando a prova pericial atestar a capacidade do interditando para gerir os atos da vida civil, porque não sofre de qualquer patologia que afete o seu juízo e discernimento, deve ser confirma a improcedência do pedido de interdição" (TJ/MG, 4ª C.C., Ap. Cív. 1.0431.12.001072-0/001, Rel. Des. Renato Dresch, j. 16.02.2017, publ. *DJ* 21.01.2017); "É de ser cassada a sentença que, em sede de 'ação de curatela', julga procedente o pedido, decretando 'a interdição total e definitiva' da requerida, declarando sua incapacidade para exercer pessoalmente os atos da vida civil, sem que tenha sido procedida à perícia médica da demandada, nos moldes previstos na lei processual civil – prova que representa um meio de defesa da pessoa supostamente sujeita à curatela" (TJ/RS, 8ª C.C., Ap. Cív. 70071000608, Rel. Des. Luiz Felipe Brasil Santos, julg. 27.04.2017, publ. *DJ* 04.05.2017). Das Jornadas de direito processual extrai-se o Enunciado 178: "Em casos excepcionais, o juiz poderá dispensar a prova pericial nos processos de interdição ou curatela, na forma do art. 472 do CPC e ouvido o Ministério Público, quando as partes juntarem pareceres técnicos ou documentos elucidativos e houver entrevista do interditando." De acordo com a justificativa: "Em que pese o art. 753 do CPC/2015 exija prova pericial para avaliação da capacidade do interditando para praticar atos da vida civil, o indicado dispositivo normativo não deve ser interpretado isoladamente. O art. 464, §1º, inciso II, do CPC/2015 assevera que o juiz indeferirá a perícia quando for desnecessária em vista de outras provas produzidas. Também o art. 472, do mesmo diploma legal, registra que o juiz poderá dispensar a prova pericial quando as partes, na inicial e na contestação, apresentarem pareceres técnicos ou documentos elucidativos que considerar suficientes. A determinação de perícia, nesses casos, em que evidente o estado de incapacidade do interditando e seus limites, importa a assunção de maiores custos, normalmente assumidos pelo Estado, além de protelar o feito. Em numerosos casos do cotidiano forense, é possível se aferir, mediante a juntada dos laudos médicos particulares e da entrevista realizada com o interditando, especialmente quando estão acamados, a sua incapacidade completa para realizar atos da vida civil, tornando-se desnecessária e custosa a realização da perícia prevista no art. 753 do CPC/2015. Nesse sentido, já se decidiu mostrar-se desnecessária a perícia na medida em que prova carreada aos autos não deixa dúvida da enfermidade que acomete a demandada, bem assim a entrevista realizada, em que a entrevistada não soube responder questões simples do seu cotidiano" (TJRS, 8ª C.C., Ap. Cív. 50036521420198210001 RS, Rel. Luiz Felipe Brasil Santos, julg. 8.4.2021).

65 O Enunciado 574 da VI Jornada de Direito Civil, aprovado antes do advento do EPD, estabelece que: "A decisão judicial de interdição deverá fixar os limites da curatela para todas as pessoas a ela sujeitas, sem distinção, a fim de resguardar os direitos fundamentais e a dignidade do interdito (art. 1.772)".

garantia do patrimônio do curatelado que será administrado pelo curador –, o STJ entendeu que essa mudança legislativa não impede o magistrado de determinar, no caso concreto, a prestação de alguma garantia, inclusive a hipoteca legal.[66]

Há antigo debate quanto à natureza jurídica da sentença que decreta a curatela; se declaratória – por reconhecer e declarar a situação existente de saúde e funcionalidade do curatelado – ou constitutiva – por gerar nova situação jurídica. O STJ tem hoje o entendimento pacífico "no sentido de ter a sentença de interdição natureza constitutiva, pois não se limita a declarar uma incapacidade preexistente, mas também a constituir uma nova situação jurídica de sujeição do interdito à curatela, com efeitos *ex nunc*. Precedentes (Súmula 83/STJ)".[67]

5. EXERCÍCIO E CONTEÚDO DA CURATELA

Aplicação subsidiária das normas previstas para a tutela à curatela

Aplicam-se à curatela as regras referentes à tutela no que forem compatíveis. Afirma expressamente o art. 1.781 do Código Civil que prevalecem as regras específicas que tratam do exercício da curatela, dentre elas a possiblidade de o juiz fixar sempre seus limites, o que não está previsto para o exercício da tutela.

A aplicação subsidiária das normas sobre a tutela se justifica na *ratio* comum de ambos os institutos: com fundamento no princípio da solidariedade familiar, têm como função a proteção de vulneráveis: no caso da tutela, em razão da idade e no da curatela, do abalo no discernimento e na funcionalidade de pessoas maiores de 18 anos, motivado por alguma deficiência intelectual ou mental. Ambas as noções traduzem múnus e, por isso, possuem caráter compulsório, sendo encargo que só pode ser recusado nas hipóteses permitidas em lei.[68] No entanto, o modo de exercê-las gera diferenças importantes, pois a tutela atua na fase de formação da personalidade da criança ou do adolescente, para cuidar do seu desenvolvimento saudável; a curatela, para apoiar aquele que, por alguma razão, não tem como expressar sua vontade. Por isso, cuida-se de medida legal de atuação por meio de terceiro, com foco principal na administração dos bens e negócios.[69-70]

---

66 Disponível em: https://www.stj.jus.br/sites/portalp/Paginas/Comunicacao/Noticias/ 2022/05092022-Para-Quarta-Turma-CPC-de-2015-nao-impede-juiz-de-exigir-garantia-de-hipoteca-legal-no-processo-de-interdicao.aspx. Acesso em 30.1.2023.

67 STJ, 4ª T., AgInt nos EDcl no REsp 1834877/SP, Rel. Min. Raul Araújo, julg. 21.3.2022; STJ, 3ª T., REsp 1943699/SP, Rel. Min. Marco Aurélio Bellizze, julg. 13.12.2022, publ. DJe 15.12.2022.

68 Paulo Lôbo, *Direito civil:* Famílias, cit., p. 419.

69 "Classicamente, entende-se que a curatela é o encargo público, conferido por lei a alguém, em favor de pessoa incapaz de dirigir sua própria vida e administrar seus bens, e sua diferença básica em relação à tutela radica em que esse poder seja exercido em favor de pessoas maiores ou de nascituros. Tal como a tutela, a curatela é instrumento de assistência aos vulneráveis – os quais, no caso da curatela, são todos os maiores que, no atual contexto social, são considerados sem as condições psicofísicas para atuar civilmente de forma plena por força de comprometimento especialmente de seu discernimento" (Gustavo Tepedino; Heloisa Helena Barboza; Maria Celina Bodin de Moraes, *Código Civil interpretado conforme a Constituição da República*, vol. IV, cit., p. 494).

70 Em razão de a curatela se inspirar no instituto da tutela para ação do curador, o STJ entendeu que, para a transação do curador relativa a questões patrimoniais do curatelado, é necessário autorização judicial. Nessa direção, entendeu-se que, a despeito do direito do curatelado se divorciar, a transação em relação à data da separação de fato gera efeitos patrimoniais e, por isso, submete-se à autorização

Como já mencionado, o juiz deverá na sentença delimitar, de forma clara, o âmbito de atuação do curador.[71] Não obstante haja entendimentos no sentido de que o art. 1.772 do Código Civil, com as modificações do EPD, teria sido revogado pelo Código de Processo Civil, seu conteúdo permanece intacto a teor do art. 755 do Código de Processo Civil, segundo o qual o juiz, na sentença, fixará os limites da curatela segundo o estado e o desenvolvimento mental do interdito.[72]

Prodigalidade e limites da curatela

Em relação à fixação dos limites da interdição do pródigo, o art. 1.782 do Código Civil já o fez de antemão, ao predeterminar o conteúdo da curatela do pródigo que se restringirá a emprestar, transigir, dar quitação, alienar, hipotecar, demandar ou ser demandado, e praticar, em geral, os atos que não sejam de mera administração. Assim, o pródigo poderá administrar seus bens, embora não possa aliená-los ou, de alguma

---

judicial: "A autonomia da vontade e o poder conferido aos cônjuges de definir questões relacionadas ao exato momento em que houve a ruptura da convivência e da *affectio maritalis*, encerrando-se o regime de bens entre as partes, deve ceder na hipótese em que, havendo cônjuge incapaz, houver repercussões patrimoniais a partir da fixação da referida data, sobretudo quando, da incapacidade, tenha resultado a interdição do incapaz e a necessidade de curatela. 6 – Conquanto a pessoa incapaz submetida à curatela não possa ser ela tolhida do direito de se divorciar, a prática de atos que envolvam direitos de natureza patrimonial é exercida pelo curador e, a depender da hipótese, dependerão de previa autorização judicial. 7 – Se à curatela se aplica, no que couber, as regras da tutela, é certo que o curador somente pode transigir mediante prévia autorização judicial, ficando a eventual transação realizada sem a autorização prévia sem eficácia se não for posteriormente ratificada pelo juiz, podendo o juiz negá-la se entender que a transação celebrada traz risco ao patrimônio do curatelado. 8 – Hipótese em que a data da separação de fato possui reflexo direto e relevante no patrimônio do curatelado, porque a partir dessa data se encerrou o regime de bens entre as partes, o que repercute, consequentemente, na partilha, e na qual existem sólidos elementos fático-probatórios que indicam que a separação de fato não ocorreu na data consensualmente informada pelas partes, mas, ao revés, mais de quatro anos antes" (STJ, 3ª T., REsp 1.912.255 – SP, Relª. Minª. Nancy Andrighi, julg. 24.5.2022, publ. *DJe* 30.5.2022).

71 É louvável o reconhecimento de que devem ser fixados limites da curatela em todos os casos possíveis, vez que "aproximadamente o 87% dos portadores têm limitações apenas leves das capacidades cognitivas e adaptativas e a maioria deles pode chegar a levar suas vidas independentes e perfeitamente integrados na sociedade. Os 13% restantes podem ter sérias limitações, mas em qualquer caso, com a devida atenção das redes de serviços sociais, também podem integrar-se na sociedade" (G. J. Ballone, *Deficiência Mental*. Disponível em <http://www.psiqweb.med.br/site/?area=NO/LerNoticia&idNoticia=29>. Acesso em 07.07.2019. Embora a antiga dicção do Código Civil restringisse a algumas hipóteses o dever do juiz de fixar os limites da curatela, o Enunciado 547 da VI Jornada de Direito Civil afirma: "A decisão judicial de interdição deverá fixar os limites da curatela para todas as pessoas a ela sujeitas, sem distinção, a fim de resguardar os direitos fundamentais e a dignidade do interdito (art. 1.772)".

72 É o que tem sido feito nas decisões judiciais: "1. Ao se declarar interdição parcial de pessoa sem completo desenvolvimento mental, impõe-se, sob pena de nulidade, definir os limites da curatela. 2. Também há de se resolver na sentença todos os capítulos do pedido, seja para acolhê-los, seja para rejeitá-los, tendo, no entanto, no caso concreto, restado sem solução o de que a interdição viesse especialmente a produzir efeitos previdenciários" (TJ/RJ, 3ª C.C., Ap. Cív. 0110910-09.2011.8.19.0001, Rel. Des. Fernando Foch de Lemos Arigony da Silva, julg. 26.04.2017). Na mesma direção: "É imprescindível a produção de prova na ação de interdição, a fim de que sejam examinadas todas as circunstâncias relacionadas à patologia, sua extensão e limites, com vistas à avaliação da capacidade da interditanda para praticar atos da vida civil, descabendo a manutenção da curatela provisória quando o laudo não conclui pela incapacidade da interdita e os atestados médicos juntados aos autos não afirmam que a interditanda apresenta quadro de demência incapacitante" (TJRJ, 23ª CC, A.I. n. 0063811-94.2021.8.19.0000, Rel. Des. Murilo André Kieling Cardona Pereira, julg. 16.3.2022).

forma, praticar atos que impactem em diminuição do patrimônio. Essas são as únicas situações que o curatelado necessitará de assistência do curador para que suas escolhas sejam válidas, não podendo ampliar tais hipóteses, por se tratar de normas restritivas.[73]

Reafirma-se a crítica ao legislador por prever os atos jurídicos que o pródigo não poderá exercer, como se toda prodigalidade fosse exatamente igual pelo fato de gerar idêntico efeito na órbita civil. Da forma como está, ocorre o engessamento da liberdade do pródigo, pois, em vez de lhe vedar o exercício de algumas situações específicas, o legislador acabou por mantê-lo na mesma condição daqueles que, por alguma razão biopsicossocial, não podem expressar a sua vontade.[74] Ressalte-se que, não apenas em relação ao pródigo, mas a todos que são submetidos à curatela restrita a questões patrimoniais, faz-se necessário o detalhamento dos atos negociais que o curatelado não está apto a praticar, para que seus espaços de autonomia sejam preservados na maior medida possível.

Limitação da curatela a situações patrimoniais e liberdade das escolhas existenciais

Questão que vem despertando calorosos debates decorre do art. 85 do EPD, que determina que a curatela se restrinja a questões patrimoniais e negociais.[75] Tradicionalmente, o instituto da curatela tratava indistintamente a substituição ou a complementação da vontade do incapaz no exercício de aspectos patrimoniais e existenciais, enquadrando-o nas categorias preexistentes de absoluta e relativamente incapaz.[76] No entanto, uma vez inserido no Código Civil, cujo viés era fundamentalmente patrimonialista (1916), sua finalidade principal era a administração do patrimônio do incapaz e, como razão última, a estabilidade jurídica na circulação de riquezas. Preocupava-se não com a pessoa do interdito, mas com a segurança das relações jurídi-

---

73 Rafael Esteves, O pródigo e a autonomia privada: aspectos da autonomia existencial na metodologia civil-constitucional. *Revista Trimestral de Direito Civil – RTDC*, cit., p. 105.

74 "4. A interdição do autor foi fundada em sua prodigalidade, sendo certo que os atos referentes a transações e contratação de empréstimos exigiam a presença de sua curadora, conforme prevê o art. 1.782 do Código Civil, *in verbis*: 'A interdição do pródigo só o privará de, sem curador, emprestar, transigir, dar quitação, alienar, hipotecar, demandar ou ser demandado, e praticar, em geral, os atos que não sejam de mera administração'. 5. Tratando-se de negócios jurídicos celebrados por agente relativamente incapaz (art. 4º, IV, CC), impõe-se sua anulação, nos termos do disposto no art. 171, inciso I, do Código Civil. 6. Consoante o disposto no art. 182 do Código Civil, as partes devem retornar ao *status quo ante*, devendo a instituição financeira restituir de forma simples os valores descontados no contracheque do autor, compensando-se com os valores efetivamente disponibilizados, que deverão ser depositados imediatamente pelo autor, a fim de evitar o enriquecimento sem causa" (TJ/RJ, 25ª C.C., Ap. Cív. 0004372-91.2013.8.19.0208, Rel. Des. Marianna Fux, julg. 14.06.2017).

75 "Ação de interdição. Pessoa idosa que sofre de doença mental incurável e incapacitante para o exercício dos atos da vida civil. Sentença de extinção pela falta de interesse de agir. Desnecessidade da interdição. Lei 13.146/15. O novo conceito de curatela a define como medida protetiva de exceção, concedida para atender aos interesses patrimoniais do curatelado e observadas as peculiaridades do caso concreto. A inexistência de patrimônio que justifique restrição de tamanha gravidade desautoriza a interdição, tendo em vista que a gestão do benefício assistencial no valor de um salário mínimo nacional não requer a prática de atos negociais de maior complexidade. Decisão mantida" (TJ/RJ, 10ª C.C., Ap. Cív. 0001455-95.2013.8.19.0080, Rel. Des. Pedro Saraiva de Andrade Lemos, julg. 12.04.2017).

76 Brevíssima exceção a essa afirmação é o art. 451 do Código Civil de 1916, cuja dicção é a seguinte: "Pronunciada a interdição do surdo-mudo, o juiz assinará, segundo o desenvolvimento mental do interdito, os limites da curatela".

cas patrimoniais.[77] Com a exceção da antiga dicção do art. 1.772 do Código Civil, a ideia que perpassava a legislação, até o advento do EPD, era a mesma.[78]

Independentemente de o curatelando precisar de cuidados com a saúde ou de outros aspectos existenciais, o § 1º do art. 85 do EPD é expresso no sentido de que a curatela não alcança o direito ao próprio corpo, à sexualidade, ao matrimônio, à privacidade, à educação, à saúde, ao trabalho e ao voto.[79] Na mesma esteira, o art. 6º do EPD afirma que a deficiência não afeta a plena capacidade civil da pessoa inclusive para se casar e constituir união estável, exercer direitos sexuais e reprodutivos, decidir sobre o número de filhos e ter acesso a informações adequadas sobre reprodução e planejamento familiar, conservar sua fertilidade, sendo vedada a esterilização compulsória, exercer o direito à família, a convivência familiar e comunitária, bem como direito à guarda, à tutela, à curatela e à adoção, como adotante ou adotando, em igualdade de oportunidades com as demais pessoas.

Há muito criticava-se o regime das incapacidades, ao argumento de que não deveria se aplicar indistintamente às situações patrimoniais e existenciais, não sendo possível, nessas últimas, por sua própria natureza, cindir titularidade e exercício.[80] Esses dois atributos deveriam estar sempre concentrados numa mesma pessoa pois,

---

[77] Vale relembrar o conceito de curatela: "*Interdicção* é o acto pelo qual o juiz retira, ao alienado, ao surdo-mudo ou ao pródigo, a administração e a livre disposição de seus bens. (...). Na mesma sentença, em que decretar a interdição, deverá o juiz nomear o curador, que represente o interdicto e lhe administre os bens" (Clovis Bevilaqua. *Codigo Civil dos Estados Unidos do Brasil Commentado*. vol. II, Rio de Janeiro: Francisco Alves, 1936, 5ª ed. p. 449).

[78] Merece referência o Enunciado 138 da III Jornada de Direito Civil: "A vontade dos absolutamente incapazes, na hipótese do inc. I do art. 3º, é juridicamente relevante na concretização de situações existenciais a eles concernentes, desde que demonstrem discernimento bastante para tanto".

[79] "Note-se que o Estatuto restringe a curatela apenas aos atos de natureza patrimonial e negocial, reafirmando a plena capacidade da pessoa com deficiência para exercer atos de natureza existencial, incluindo os direitos de se casar, constituir união estável, exercer direitos sexuais e reprodutivos, exercer o direito de decidir o número de filhos com acesso às informações adequadas sobre reprodução e ao planejamento familiar, conservar a fertilidade, exercer o direito de família e à convivência familiar e comunitária, bem como exercer o direito à guarda, tutela, curatela e adoção, como adotante ou adotado, em igualdade de condições com as demais pessoas. Convém sublinhar que, mesmo no âmbito dos atos de natureza patrimonial, a curatela haverá de incidir apenas se não houver discernimento por parte da pessoa com deficiência para a prática do ato, devendo se afigurar medida pontual, que exaurirá seus efeitos tão logo o ato em questão se realize". Ou seja, a pessoa com deficiência "poderá praticar os atos da vida civil – patrimoniais ou existenciais – com plena autonomia, na medida do seu discernimento" (Paula Greco Bandeira, Notas sobre a autocuratela e o Estatuto da Pessoa com Deficiência. In: Joyceane Bezerra de Menezes (org.). *Direito das pessoas com deficiência psíquica e intelectual nas relações privadas:* Convenção sobre os Direitos da Pessoa com Deficiência e Lei Brasileira de Inclusão, Rio de Janeiro: Processo, 2016, p. 264-265).

[80] Rafael Garcia Rodrigues, A pessoa e o ser humano no novo Código Civil. In: Gustavo Tepedino (Coord.), *O Código Civil na perspectiva civil-constitucional*: parte geral, Rio de Janeiro: Renovar, 2003, pp. 1-34; Simone Eberle, *A capacidade entre o fato e o direito*, Porto Alegre: Sergio Antonio Fabris Ed., 2006; Ana Carolina Brochado Teixeira, Integridade psíquica e capacidade de exercício. *Revista Trimestral de Direito Civil – RTDC*, Rio de Janeiro, n. 33, p. 03-36, jan./mar. 2008; Diogo Luna Moureira; Maria de Fátima Freire de Sá, *A capacidade dos incapazes,* Rio de Janeiro: Lumen Juris, 2011; Gustavo Pereira Leite Ribeiro, Personalidade e capacidade do ser humano a partir do novo Código Civil. In: Ana Carolina Brochado Teixeira; Gustavo Pereira Leite Ribeiro (Coords.), *Manual de teoria geral do direito civil*, Belo Horizonte: Del Rey, 2011.

em relação aos direitos da personalidade do curatelado, o exercício não pode ser transferido para terceiros, por estar intimamente ligado à personalidade e a escolhas que reflitam o próprio ideário, já que a dignidade se realiza por meio da liberdade.

Sensível a essa questão e ao paradigma de que o curador deve dar o apoio que o curatelado necessitar sem invadir sua esfera personalíssima, o EPD delimitou o conteúdo da curatela, de modo que a jurisprudência majoritária tem respeitado essa barreira legal: "Embora a pessoa com deficiência tenha assegurado o direito ao exercício de sua capacidade legal em igualdade de condições com as demais pessoas, nos termos da Lei 13.146/2015, uma vez demonstrado, por meio de laudo pericial e estudo social, o comprometimento na gestão da própria vida civil do interditando, cabível a decretação de interdição. Nessa hipótese, consoante reza o art. 85, do Estatuto do Deficiente, a curatela afetará tão somente os atos relacionados aos direitos de natureza patrimonial e negocial".[81] No entanto, alguns julgados estão modulando a curatela de acordo com as necessidades da pessoa com deficiência, sendo indiferente se se trata de atos patrimoniais ou existenciais, estendendo-a a casamento e cuidados com a saúde.[82] É conferir: "Embora excepcional a medida, a incapacidade do réu tange justamente naquilo que lhe é mais essencial à sobrevivência e incolumidade, podendo trazer prejuízo ao seu tratamento, sendo de rigor a interdição, para preservação de seus interesses mais essenciais";[83] e, mais recentemente: "A interpretação conferida aos arts. 84 e 85 da Lei nº 13.146/2015 objetiva impedir distorções que a própria Lei buscou evitar, mostrando-se adequada a extensão da curatela não apenas aos atos negociais e patrimoniais, mas também a outros atos da vida civil, excepcionalmente e de forma fundamentada, com o propósito de proteger o curatelado diante das especificidades do caso concreto, conforme se observa na situação em apreço".[84]

---

81 TJ/MG, 7ª C.C., Ap. Cív. 1.0427.13.001117-9/001, Rel. Des. Wilson Benevides, julg. 25.04.2017, publ. *DJ* 05.05.2017. No mesmo sentido: TJ/DFT, 3ª T. C., Ap. Cív. 20150610108828, Rel. Des. Flávio Rostirola, julg. 31.08.2016, publ. *DJ* 13.09.2016.

82 "A patologia psiquiátrica descrita configura hipótese de incapacidade relativa, não sendo caso de curatela ilimitada (art. 4º, inciso III, e 1.767, inciso I do CC, com a redação dada pelo Estatuto da Pessoa com Deficiência). 3 – A ampliação dos limites da curatela, para além dos atos patrimoniais e negociais, não é medida extraordinária, mas sim real, diante da incapacidade da parte (art. 755, inciso I, do CPC/2015)" (TJ/MG, 7ª C.C., Ap. Cív. 1.0245.13.011494-6/001, Rel. Des. Alice Birchal, julg. 14.02.2017, publ. *DJ* 21.02.2017); "Uma vez que a perícia conclua que o interditado está em estado de 'comprometimento do pensamento, do afeto, do juízo de realidade, da memória recente e tardia, da atenção, da concentração e do pragmatismo', é necessária a ampliação dos efeitos da curatela para, além do encargo à prática de atos de natureza patrimonial e negocial, a curadora nomeada também fique responsável por orientar e acompanhar o interditado em seu tratamento médico, além de prover a sua saúde, de acordo com as necessidades do filho." (TJ/DF, 5ª T. C., Ap. Cív. 20140310159903, Rel. Des. Robson Barbosa de Azevedo, julg. 19.04.2017, publ. *DJ* 09.05.2017); "Caso em que o recurso vai parcialmente provido, para reconhecer a incapacidade relativa do apelante, mantendo-lhe o mesmo curador e fixando-se a extensão da curatela, nos termos do art. 755, inciso I, do CPC/15, à prática de atos de conteúdo patrimonial e negocial, bem como ao gerenciamento de seu tratamento de saúde" (TJ/RS, 8ª C.C., Ap. Cív. 70069713683, Rel. Des. Rui Portanova, julg. 15.09.2016, publ. *DJ* 19.09.2016).

83 TJ/SP, 5ª Câm. de Dir. Priv., Ap. Cív. 0001611-45.2013.8.26.0547, Rel. Des. James Siano, julg. 13.03.2016, publ. *DJ* 13.03.2016.

84 STJ, 3ª T., REsp 2013021 / MG, Relª. Minª. Nancy Andrighi, Rel. p/ acórdão Min. Ricardo Villas Boas Cuêva, julg. 21.11.2023, publ. Dje 11.12.2023. No mesmo sentido, e ainda entendendo que a extensão

Em algumas situações, a pessoa com deficiência não tem qualquer funcionalidade e discernimento e se enquadraria, dadas as suas condições, na categoria dos absolutamente incapazes.[85] Nesse caso, como ficariam suas decisões de saúde? O curador teria poderes de representação que, excepcionalmente se estenderiam aos seus interesses existenciais?[86]

A doutrina tem se mostrado dividida quanto à avaliação das repercussões dos arts. 6º e 85, § 1º, do EPD. Na perspectiva teórica, o comando legal é coerente com os valores constitucionais, na medida em que não dissocia titularidade e exercício de direitos da personalidade. Afinal, o exercício de liberdades existenciais deve ser levado a cabo apenas pela própria pessoa.[87] No entanto, não se pode ignorar o risco de o arcabouço legislativo desproteger a pessoa com deficiência segundo as suas necessi-

---

dos poderes da curatela não implica em incapacidade absoluta: "Na hipótese, foi reconhecida a incapacidade relativa da curatelada e, a partir do seu quadro de comprometimento global, decidiu-se, em caráter excepcional e de forma fundamentada, que os poderes conferidos ao curador deveriam ser estendidos para outros atos da vida civil que não apenas os de caráter patrimonial e negocial, o que não se confunde com a declaração de incapacidade absoluta. 4. A interpretação conferida aos arts. 84 e 85 da Lei nº 13.146/2015 objetiva impedir distorções que a própria Lei buscou evitar. Na situação sob exame, reconhece-se que a curatela, embora constitua medida excepcional, tem por objetivo a proteção proporcional às necessidades do curatelado, observadas as peculiaridades do caso concreto." (STJ, 3ª T., REsp 1998492/MG, Rel. Min. Ricardo Villas Bôas Cueva, julg. 13.6.2023, publ. DJe 19.6.2023).

85 Em acórdão já citado nesse capítulo, o STJ entendeu que o curatelado deve ser relativamente incapaz, devendo o magistrado modular a atuação do curador ao fixar os limites da curatela, segundo a necessidade apresentada pela pessoa com deficiência: "Assim sendo, diante do novo sistema de incapacidades promovido pela Lei n. 13.146/2015, de rigor a modificação do acórdão recorrido, a fim de declarar a incapacidade relativa de J. J. de J., conforme os ditames do art. 4º, III, do Código Civil. Ante o exposto, dou provimento ao recurso especial para declarar a incapacidade relativa de J. J. de J., mantendo, no mais, a mesma curadora e a extensão da curatela fixadas na origem". A fixação sobre os limites da curatela na sentença foi total, dadas as condições de saúde apresentadas pelo curatelado que, com a doença de Alzheimer, repercute nas mais diversas áreas da sua vida (STJ, 3ª T., REsp. 1.927.423/SP, Rel. Min. Marco Aurélio Belizze, julg. 24.4.2021, publ. DJ 4.5.2021).

86 "O modelo de apoio prioriza a autonomia, mas é possível que, a depender do caso concreto e das demandas da pessoa com diversidade, seja recomendável a alternativa da representação, como descrito no preâmbulo da Convenção (item j): 'Reconhecendo a necessidade de promover e proteger os direitos humanos de todas as pessoas com deficiência, inclusive daquelas que requerem maior apoio'. Porém, mesmo nesse caso extremado, quando o apoio se manifesta mais intenso, as preferências e o bem-estar da pessoa apoiada é que devem nortear as decisões praticadas em seu nome e não a perspectiva pessoal do curador" (Joyceane Bezerra de Menezes, Tomada de decisão apoiada: instrumento de apoio ao exercício da capacidade civil da pessoa com deficiência instituído pela Lei Brasileira de Inclusão (Lei 13.146/2015). *Revista Brasileira de Direito Civil*, v. 9, cit.).

87 "Ainda mais grave, no entanto, é a restrição fora do âmbito patrimonial. Decerto, o excesso de proteção do ordenamento para com pessoas em situação de vulnerabilidade (como os idosos) pode redundar numa verdadeira supressão de sua subjetividade na medida em que decisões sobre o desenvolvimento da personalidade – e, portanto, de relevância existencial – fiquem a cargo de terceiros. (...) Mesmo no caso da pessoa idosa sujeita à curatela, ou seja, cuja capacidade relativa para as relações jurídicas patrimoniais, a sua vontade nas situações jurídicas existenciais deverá ser preservada, o máximo possível, no exercício de seus interesses, conforme seu discernimento" (Deborah Pereira Pintos dos Santos, Vitor de Azevedo Almeida Júnior. A tutela psicofísica da pessoa idosa com deficiência: em busca de instrumentos de promoção de sua autonomia existencial. In: Marcos Ehrhardt Jr. (coord.). *Impactos do Novo CPC e do EPD no direito civil brasileiro*, Belo Horizonte: Fórum, 2016, p. 346).

dades, pois pode acontecer de a própria pessoa necessitar de cuidados que extrapolem seus interesses patrimoniais.[88] Nesses casos, para a proteção da pessoa vulnerável, sugere-se que: (i) na ausência de autocuratela elaborada pelo curatelado sobre suas questões existenciais, a atuação do curador deve ser no sentido conservatório da sua integridade psicofísica, de modo que ele só pode tomar decisões que interfiram no corpo do curatelado se for em razão de seu tratamento, por recomendação médica; (ii) nas hipóteses de intervenções mais radicais, o curador deverá respaldar-se em autorização judicial, com participação do Ministério Público, de modo a compartilhar a responsabilidade das diretrizes da vida do curatelado, tendo-se como parâmetro a forma pela qual o curatelado sempre guiou a sua vida, suas preferências e vontades manifestadas.[89] Em suma, a ampliação dos limites da curatela às questões existenciais só se faz possível em caráter excepcionalíssimo e em prestígio ao princípio do melhor interesse do vulnerável, para a salvaguarda de seus direitos de personalidade, pois a curatela não pode servir como abandono da pessoa.[90]

Dito por outros termos, a regra de que a curatela só deve atingir os atos patrimoniais e negociais deve ser moldada ao interesse fundamental do curatelado. Por isso, há quem entenda que o curador poderia decidir sobre questões existenciais que não estão expressamente vedadas nos arts. 6º e 85, § 1º, do EPD. Assim, diante de relações existenciais das quais decorram efeitos patrimoniais ou que possam acarretar prejuízos para a pessoa com deficiência,[91] o curador não só pode, como tem o dever

---

88 A curatela possui a finalidade de propiciar a representação legal e a administração de bens de sujeitos incapazes de praticar os atos do cotidiano, protegendo, assim, os interesses daqueles que se encontram em situação de incapacidade na gestão de sua própria vida. – Embora a pessoa com deficiência tenha assegurado o direito ao exercício de sua capacidade legal em igualdade de condições com as demais pessoas, nos termos da Lei 13.146/2015, uma vez demonstrada, por meio de vastos elementos probatórios, a impossibilidade de gestão da própria vida civil do interditando, cabível a decretação de interdição de forma ampla. – No conflito de normas entre o art. 84, § 3º e o art. 85, da Lei 13.146/2015, prevalece o primeiro dispositivo, porquanto permite a plena adaptação da legislação às especificidades do caso concreto e garante a observância a um dos fundamentos da República, a saber, a dignidade da pessoa humana (TJ/MG, 7ª C.C., Ap. Cív. 1.0000.16.086896-4/001, Rel. Des. Wilson Benevides, julg. 25.04.2017, publ. *DJ* 04.05.2017).

89 Em sentido semelhante: "O curador não tem (e nem terá) poder sobre o corpo do curatelado. Em geral, interferências severas sobre o corpo do interdito são realizadas com autorização judicial, como a esterilização de mulheres com deficiência mental. A manutenção deste tipo de procedimento se admite, contudo, sob novos princípios, dentre os quais se destaca o respeito à vontade do curatelado o quanto possível. Medidas irreversíveis de qualquer natureza, especialmente as físicas, como amputações ou esterilizações, somente se justificam diante da falta de alternativa e quando de todo indispensáveis à preservação da saúde do curatelado. O juiz, o Ministério Público e o curador serão os responsáveis diretos pelo respeito aos direitos do curatelado" (Heloisa Helena Barboza, Vitor Almeida, A capacidade civil à luz do Estatuto da Pessoa com Deficiência. In: Joyceane Bezerra de Menezes. *Direito das pessoas com deficiência psíquica e intelectual nas relações privadas*: Convenção sobre os direitos da pessoa com deficiência e Lei Brasileira de Inclusão, Rio de Janeiro: Processo, 2016, p. 265).

90 Aline de Miranda Valverde Terra, Ana Carolina Brochado Teixeira, A capacidade civil da pessoa com deficiência no Direito brasileiro: reflexões a partir do I Encuentro Internacional sobre los derechos de la persona con discapacidad en el Derecho Privado de España, Brasil, Italia y Portugal. Revista Brasileira de Direito Civil – RBDCilvil, Belo Horizonte, v. 15, p. 226, jan./mar. 2018.

91 "O objetivo da Lei é, evidentemente, o de preservar, ao máximo, na medida do possível, a autonomia do deficiente, respeitadas as limitações do caso concreto. A regra de que a curatela só atinja relações

de agir em prol da proteção da pessoa que se encontra em situação de vulnerabilidade. Como observa arguta doutrina, o respeito à esfera relativa aos direitos existenciais do curatelado "não significa o abandono da pessoa a suas próprias decisões, quando se sabe não haver evidentemente condições de tomá-las, por causas físicas ou mentais".[92]

A questão se torna mais complexa em algumas situações específicas: o que dizer do direito ao nome, à crença/à religião e à manifestação do pensamento, por exemplo? Trata-se de situações existenciais não expressamente previstas nos arts. 6º e 85, § 1º, do EPD que possam vir a integrar a esfera de atuação do curador? Imagine uma determinada crença que preveja práticas manifestamente prejudiciais ao curatelado – será que o curador poderia intervir quando a escolha do curatelado decorrer de alguma fragilidade decorrente de sua situação especial de vulnerabilidade? Se a escolha religiosa do curatelado tiver sido feita quando ele tinha plena higidez mental e funcionalidade, suas opções devem ser respeitadas; contudo, se a escolha for contemporânea à identificação dos impactos prejudiciais da deficiência geradores da curatela, a intervenção judicial parece ser legítima. Isso porque não é dado ao curador definir questões sensíveis que foram blindadas da curatela, razão pela qual apenas o magistrado poderia decidir.[93]

A atuação do curador, portanto, deve se nortear, sempre que possível, pela biografia do curatelado, ou seja, pela forma que conduziu sua vida. No entanto, "caso o curatelado haja nascido sem qualquer competência volitiva e, por isso, não houver registrado por seu modo de viver, quais seriam esses interesses fundamentais, a atuação do curador deverá se guiar pelo princípio da beneficência, seguindo os padrões respeitáveis à dignidade da pessoa humana e os direitos do curatelado, na tentativa de atender, sempre que possível, às suas inclinações e relações afetivas".[94]

Prestação de contas

A curatela confere ao curador o poder para colmatar as lacunas deixadas pela falta de funcionalidade e discernimento do interdito, impondo-lhe, em contrapartida, o dever de exercer esse poder no exclusivo interesse do curatelado, para promover da melhor

patrimoniais deve ser interpretada segundo esse contexto, isto é, sempre que possível, o curador não deverá intervir nas relações existenciais, a fim de preservar a autonomia e a dignidade do curatelado. Entretanto, relações existenciais que tenham efeitos patrimoniais estariam dentro do campo de atuação do curador, e, em alguns casos, dependendo da gravidade da deficiência, mesmo as que não tenham efeitos patrimoniais, para se evitar prejuízos materiais, e para que sejam preservados o interesse e a dignidade do deficiente incapaz" (César Fiuza, *Direito civil:* curso completo. São Paulo: Revista dos Tribunais, 2015, 18ª ed., p. 169).

92 Heloisa Helena Barboza; Vitor Almeida, A capacidade civil à luz do Estatuto da Pessoa com Deficiência. In: Joyceane Bezerra de Menezes (org.), *Direito das pessoas com deficiência psíquica e intelectual nas relações privadas*, cit., p. 265.

93 Aline de Miranda Valverde Terra; Ana Carolina Brochado Teixeira. É possível mitigar a capacidade e a autonomia da pessoa com deficiência para a prática de atos patrimoniais e existenciais? *Civilistica.com*. Rio de Janeiro, a. 8, n. 1, 2019. Disponível em: http://civilistica.com/wp-content/uploads/2019/04/Terra-e-Teixeira-civilistica.com-a.8.n.1.2019.pdf. Data de acesso: 25.07.2019.

94 Joyceane Bezerra de Menezes, O direito protetivo no Brasil após a convenção sobre a proteção da pessoa com deficiência: impactos do novo CPC e do estatuto da pessoa com deficiência. *Civilistica.com*. cit. Disponível em: <http://civilistica.com/o-direito-protetivo-no-brasil/>. Acesso em: 27.06.2019.

forma as suas potencialidades. A fim de se verificar se a atuação do curador está de acordo com as vontades, preferências e, se essas não puderem ser apuradas, os melhores interesses do curatelado e com as regras da administração de bens de terceiros, o curador deve, anualmente, prestar contas da sua administração, nos termos do art. 84, § 4º, EPD, de acordo com o rito previsto pelos arts. 550-553 do Código de Processo Civil.

A prestação de contas consiste na demonstração anual dos atos de administração, por meio da apresentação do balanço. Trata-se de expediente importante que visa ao controle pelo Poder Judiciário da atuação do curador. O adequado empenho do curador na promoção do curatelado deverá se refletir na gestão do seu patrimônio, que responde pelas obrigações assumidas, especialmente em seus tratamentos e nas atividades que promovam seu conforto físico-psíquico.

O art. 1.783 do Código Civil afasta o dever de prestar contas quando o curador for cônjuge do curatelado, casado sob as regras do regime da comunhão universal de bens. Isto porque, nesse caso há condomínio entre ambos em praticamente todo o patrimônio. O regime excepcional perdura até o fim da entidade familiar, aplicando-se igualmente à união estável, desde que vigore regime de bens equivalente à comunhão universal.

Em determinados casos em que for reconhecida possibilidade de autonomia para atividade patrimonial, é possível ao juiz determinar que certa fração do rendimento do curatelado esteja imune à prestação de contas, de modo a proporcionar ao interdito liberdade na gestão da referida quantia: "Como forma de preservação de sua autonomia e de manutenção da vida ativa da interditada, é recomendável o estabelecimento de um percentual dos seus rendimentos para que seja de sua livre utilização, isento de prestação de contas, máxime quando esta se mostra capaz de administrar certo montante como lhe aprouver".[95] Trata-se de medida relevante para o alcance das diretrizes do EPD, que preza pela autonomia e maior participação do curatelado.

O curador deve promover o convívio familiar e social do curatelado

Como antes ressaltado, o exercício da curadoria deve ser promocional ao bem-estar do curatelado. Isso deve significar que é função do curador promover também a convivência familiar e social do curatelado – independentemente dos limites estabelecidos pela sentença – pois é comum que pessoas que padecem de algum sofrimento mental acabem por ficar isoladas, vítimas de discriminação. Trata-se de medida que expurga definitivamente a institucionalização – iniciada pela Lei 10.216/2001, que dispõe sobre a proteção e os direitos das pessoas portadoras de transtornos mentais e redireciona o modelo assistencial em saúde mental. Para tal fim, o EPD revogou o art. 1.776 do Código Civil, que determinava que o curador deveria promover o tratamento do interdito em estabelecimento apropriado, se houvesse meios de recuperá-lo. A revogação se justifica tanto pelo conteúdo patrimonial prioritário da curatela, quanto porque se entende que, na maioria dos casos, a pessoa com deficiência deve ser tratada no ambiente familiar, o que tem possibilitado melhores resultados.[96]

---

95 TJ/DFT, 4ª T. Cív., Ap. Cív. 20130110979607, Rel. Des. Cruz Macedo, julg. 29.09.2016, publ. *DJ* 18.10.2016.

96 "O tratamento dos portadores de sofrimento mental tem sido feito, atualmente, com melhores resultados, sem que haja internação, isto é, a terapêutica de melhor prognóstico é aquela que se faz junto

Também foi modificada a redação do art. 1.777 do Código Civil, que estabelecia que as pessoas referidas no art. 1.767, I, III e IV, do Código Civil – ou seja, aqueles que, por enfermidade ou deficiência mental, não tivessem o necessário discernimento para os atos da vida civil, os deficientes mentais, os ébrios habituais e os viciados em tóxicos e os excepcionais sem completo desenvolvimento mental – seriam recolhidos em estabelecimentos adequados quando não se adaptassem ao convívio doméstico. A nova dicção do dispositivo, em sentido oposto, convoca o curador a praticar todos os esforços possíveis para apoiar aqueles que, por causa transitória ou permanente, não puderem exprimir sua vontade,[97] de modo a preservar seu direito à convivência familiar e comunitária, evitando seu recolhimento em estabelecimento que o afaste do convívio. A internação manicomial deve ser a última alternativa, portanto, embora não deva ser descartada quando necessária.

Extensão da curatela à pessoa e aos bens dos filhos que ainda estejam sob a autoridade parental do curatelado

Ainda sobre a finalidade da curatela, o art. 1.779 do Código Civil determina que ela alcance a pessoa e os bens dos filhos do curatelado, caso ainda exerça o poder familiar, a reconhecer a pessoa do curador como tutor dos filhos do curatelado. Ademais, à semelhança da unidade da tutela (art. 1.733), "quer o Código estabelecer unidade na proteção legal, de modo que não se entregue a uma pessoa a tutela dos menores e a outra a curatela do seu progenitor. É justo e razoável o preceito".[98] Afirma-se que essa extensão da autoridade do curador à pessoa dos filhos do curatelado alcança o seu tratamento e os poderes de representação. Justifica-se a representação na órbita patrimonial, vez que condizente com a *ratio* do regime das incapacidades, cuja finalidade precípua é a representação do incapaz no trânsito jurídico patrimonial. Mais complexa, repita-se, é a admissibilidade da representação nas relações existenciais, que define o exercício de direitos de personalidade, pelo caráter personalíssimo e intransferível das situações jurídicas existenciais.

6. AUTOCURATELA

Após o EPD, tem-se identificado como autocuratela duas situações jurídicas: a primeira – cuja melhor designação é autointerdição –, já tratada nesse capítulo, refere-se à legitimidade da pessoa agir em juízo pleiteando a própria curatela; a segunda alude à pessoa deixar diretrizes futuras para o caso de ela vir a ser acometida de eventual doença mental.

Em face das novas diretrizes de autonomia da pessoa com deficiência, ressalta-se a importância da pessoa como protagonista das orientações da própria vida, em

---

à família, sem a retirar do paciente da estrutura familiar" (Rodrigo da Cunha Pereira, *Comentários ao novo Código Civil: da tutela e da curatela*. In: Sálvio de Figueiredo Teixeira (coord.), vol. XX, Rio de Janeiro: Forense, 2003, p. 495).

97 Embora o art. 1.777 do Código Civil se refira expressamente às pessoas descritas no art. 1.767, I, – aqueles que, por causa transitória ou permanente, não puderem exprimir sua vontade – o apoio do curador ao convívio familiar e comunitário deve se estender às demais pessoas sujeitas à curatela, na medida em que o ideal é que os membros da família sejam cuidados no próprio ambiente familiar, em face do princípio da solidariedade familiar.

98 Clovis Bevilaqua, *Comentário ao Código Civil dos Estados Unidos do Brasil,* vol. II, Rio de Janeiro: Francisco Alves, 1941, p. 458.

todos os momentos. Nessa direção, assumem grande relevância as vontades antecipadamente manifestadas, para que gerem efeitos no momento em que seu autor não puder exprimi-las. Trata-se de modalidade de negócio jurídico existencial, no qual a pessoa, detentora de discernimento e funcionalidade – portanto, de capacidade de querer, entender e se manifestar –, faz escolhas a serem *efetivadas a posteriori*, caso perca as condições psíquicas e funcionais para fazê-las.[99] A autocuratela,[100] portanto, é uma espécie de declaração antecipada de vontade.

As declarações prévias de vontade podem ser instrumentos válidos e eficazes no Direito brasileiro, inclusive para ditar determinações antecipadas para o caso de a pessoa ser curatelada.[101] O ordenamento jurídico tradicionalmente admite, pelo menos em duas oportunidades, a validade de negócios jurídicos com eficácia *post mortem*: testamento e doação de órgãos e tecidos, prevista na Lei 9.434/1997, que, numa interpretação conjunta com o art. 14 do Código Civil, dispõe que cabe ao próprio titular dos órgãos a escolha pela doação, de modo que a vontade dos familiares tem eficácia apenas suplementar, no silêncio do titular.[102] De tais dispositivos, à míngua de normativa expressa, pode-se extrair a preocupação do legislador em assegurar a prevalência da autonomia em matéria existencial, como expressão do princípio da dignidade da pessoa humana, no que tange à definição de diretrizes concernentes ao próprio corpo destinadas a produzirem efeitos projetados para o futuro.

A autonomia futura, no âmbito patrimonial ou no existencial, desempenha importante papel na concretização da dignidade, pois compõe o processo de construção da pessoalidade, a fim de assegurar o controle sobre a vida de cada um, antes de ter seu discernimento comprometido. Embora a vontade a ser valorada não seja atual – por ter sido expressa pelo sujeito que, à época da sua feitura, era capaz de entender e de querer – deve ter sua eficácia garantida. Trata-se do reconhecimento de um direito à autodeterminação preventiva, na hipótese de superveniência de incapacidade mental.[103]

A autonomia privada exerce papel de grande relevância para a construção da esfera pessoal, de modo que cada um possa estabelecer os parâmetros dentro dos

---

99 Embora não tenham previsão legal, o Conselho Federal de Medicina dedicou uma resolução às diretivas antecipadas de vontade, que servem como norte sobre as questões de saúde como parâmetro para essas reflexões. Trata-se da Resolução 1.995/2012, que conceitua as "diretivas antecipadas de vontade como o conjunto de desejos, prévia e expressamente manifestados pelo paciente, sobre cuidados e tratamentos que quer, ou não, receber no momento em que estiver incapacitado de expressar, livre e autonomamente, sua vontade".

100 Thais Câmara Maia Fernandes Coelho, *Autocuratela*. Rio de Janeiro: Lumen Juris, 2016.

101 Ana Carolina Brochado Teixeira, Anna Cristina de Carvalho Rettore, Beatriz de Almeida Borges e Silva, Reflexões sobre a autocuratela na perspectiva dos planos do negócio jurídico. In: Joyceane Bezerra de Menezes (org.), *Direito das pessoas com deficiência psíquica e intelectual nas relações privadas*. Convenção sobre os direitos da pessoa com deficiência e Lei Brasileira de Inclusão, Rio de Janeiro: Processo, 2016, pp. 319-361.

102 Nesse sentido, o Enunciado 277 da IV Jornada de Direito Civil, que afirma: "O art. 14 do Código Civil, ao afirmar a validade da disposição gratuita do próprio corpo, com objetivo científico ou altruístico, para depois da morte, determinou que a manifestação expressa do doador de órgãos em vida prevalece sobre a vontade dos familiares, portanto, a aplicação do art. 4º da Lei 9.434/1997 ficou restrita à hipótese de silêncio do potencial doador".

103 M. Giuseppina Salaris, *Corpo umano e diritto civile*, Milano: Giuffrè, 2007, p. 319.

quais pretende viver no presente e no futuro, de acordo com os valores que elegeu. Tais decisões espelham as prioridades e as concepções do declarante. Por isso, as manifestações de autonomia voltadas para o futuro devem ser admitidas, inclusive para governar fases da vida que estejam prejudicadas pela impossibilidade de querer e compreender, em razão de doença psíquica que abale o discernimento e funcionalidade, bem como obstaculize a realização de escolhas eficazes. Tais atos de vontade devem ser valorizados porque traduzem um modo de entender a vida e as repercussões da deficiência. Refletem o projeto de vida que a pessoa construiu, e que justifica suas escolhas no Estado pluralista, que tem o dever de abraçar todas as concepções morais e opções existenciais, principalmente as autorreferentes.[104]

Por conseguinte, é possível que a pessoa, por exemplo, escolha quem será o seu curador, por identificar quem melhor cuidará dela e zelará pela boa administração do seu patrimônio. Trata-se de atividade que exige sólida confiança entre as partes, pois o declarante entregará para a pessoa que nomear objetos que lhe são caros: o cuidado consigo mesmo, com seu patrimônio e, eventualmente, com seu corpo. Como visto, aplicam-se à curatela os dispositivos da tutela, como previsto pelo art. 1.774 do Código Civil, sendo possível que os pais nomeiem o tutor para o filho. O legislador pressupõe que os pais melhor sabem das necessidades do menor, aptos a identificar, por isso mesmo, quem poderá supri-las. Do mesmo modo, mostra-se razoável atribuir à própria pessoa a possibilidade de nomear alguém como seu representante, para assumir o múnus de curador, no caso de eventual incapacidade. Por isso, a manifestação de vontade do curatelando deve ser acolhida no âmbito de ação de curatela, valorizando sua participação ativa nesse processo: "A escolha do curador deve levar em consideração a vontade e preferências do interditando, além da aptidão do escolhido para promover a sua inserção familiar, social e profissional".[105] Se essa participação é importante durante o processo – quando já é possível identificar abalo psíquico e *déficit* de funcionalidade –, ela deve ser salvaguardada se o declarante manifestou sua vontade anteriormente, quando gozava de plena higidez mental.[106]

---

104 Gilda Ferrando, Il principio di gratuita biotecnologie e atti di disposizione del corpo. In: Adolfo Di Majo; Carlo Castronovo; Joachin Bonell; Salvatore Mazzamuto (a cura di), *Europa e diritto privato*, Giuffrè, 2002, p. 772.

105 O mesmo julgado aduz: "Deve ser mantida a sentença que nomeia como curadora a companheira da pessoa com deficiência que, segundo as provas dos autos, proporciona a sua edificação pessoal" (TJ/DFT, 4ª T.C., Ap. Cív. 20150610001800, Rel. Des. James Eduardo, julg. 15.03.2017, publ. *DJ* 09.05.2017. No mesmo sentido: "Quando os genitores litigam pela curatela do filho, mostra-se essencial a mínima manifestação de vontade do interditado com relação a quem terá o encargo de zelar pelos seus bens e interesses. Mesmo que não seja o caso de se levar em conta a opinião do interditado, ao julgador cabe avaliar, ao nomear o curador, o mínimo indício de vínculo afetivo ou afinidade com o interditado, a fim de preservar sempre o melhor convívio e, por óbvio, o melhor interesse do incapaz" (TJ/DFT, 5ª T.C., Ap. Cív. 20140310159903, Rel. Des. Robson Barbosa de Azevedo, julg. 19.04.2017).

106 No mesmo sentido: "No caso, como foi a própria curatelada quem ingressou em juízo pugnando pela nomeação de uma de suas filhas como sua curadora especial, com respaldo no que previa o art. 1.780 do CCB (revogado pela Lei 13.146/15), a inobservância ao disposto no art. 1.182 do CPC/1973 (atual art. 752 do NCPC), não configura nulidade processual. 5. Considerando que a curatelada é pessoa idosa (82 anos de idade), com quadro de demência e saúde fragilizada, sopesado

Mostra-se possível, portanto, no ordenamento jurídico brasileiro, a nomeação de representante para a prática de atos existenciais e patrimoniais. A representação traduz-se em atuação em nome e no interesse de outrem, cuja consequência é a imputação dos efeitos na esfera jurídica do representado.[107] A representação se justifica quando a pessoa não quer ou não pode praticar determinado negócio jurídico pessoalmente, e outorga poderes para que outrem o realize em seu nome. Trata-se de técnica de atuação em nome e no interesse de outrem, que se torna diretamente vinculado.[108] Tal técnica mostra-se, portanto, perfeitamente compatível com a sua adoção para as declarações antecipadas de vontade.

Como visto, a representação recebeu tratamento autônomo no atual Código Civil, sendo "técnica de atuação em nome de outrem. Em se tratando de representação voluntária, a outorga do poder de representação configura (não uma espécie contratual mas) manifestação de vontade unilateral daquele que outorga esse poder, como ocorre, por exemplo, no negócio jurídico de procuração".[109] O art. 116 do Código Civil afirma a vinculação da manifestação de vontade do representante em relação ao representado, exatamente o que se pretende com as declarações antecipadas de vontade para a hipótese de futura incapacidade, ao se nomear um representante. Mostra-se possível a representação voluntária para o exercício de atos existenciais tendo em vista que ela não se circunscreve a situações jurídicas patrimoniais. Tanto é que o legislador brasileiro permitiu a celebração do casamento por procuração, no art. 1.542 do Código Civil.

No que concerne às declarações antecipadas de vontade para a hipótese de futura incapacidade, cuida-se de negócio jurídico bilateral celebrado por representante. Vale dizer, a representação (outorgada mediante manifestação unilateral) constitui técnica apta a realizar as funções pretendidas com tal negócio existencial, que se aperfeiçoará no momento em que o representante aceita o encargo. Dito diversamente, no momento em que o nomeado, para cumprir as declarações antecipadas de vontade, anui com tal mister, aperfeiçoa-se negócio existencial que se utiliza da técnica da representação.

Por certo, aquele a quem serão designados os poderes para agir como representante não está obrigado a aceitar o múnus; contudo, tendo aceitado o encargo – de

---

todo o suporte de cuidados elaborado pela curadora (casa adaptada às necessidades da interditada, cuidadoras em período integral, acompanhamento médico, psicológico e fisioterápico etc.), assim como a própria vontade externada pela interdita, quando ainda apresentava certa lucidez, comporta acolhimento a presente insurgência, a fim de que a interditada permaneça residindo em Porto Alegre, com visitas periódicas à filha que reside em Brasília, desde que em condições de saúde para viajar e assim o desejar, e com visitação livre de seus parentes à sua residência em Porto Alegre" (TJ/RS, 8ª C.C., Ap. Cív. 70069616415, Rel. Des. Ricardo Moreira Lins Pastl, julg. 08.09.2016, publ. *DJ* 13.09.2016).

107 Gustavo Tepedino, Heloisa Helena Barboza, Maria Celina Bodin de Moraes, *Código Civil interpretado conforme a Constituição da República.* Rio de Janeiro: Renovar, 2007, 2ª ed. rev. e ampl., pp. 235-236.

108 Gustavo Tepedino, A técnica da representação e os novos princípios contratuais. *In*: Gustavo Tepedino. *Temas de direito civil,* t. III, Rio de Janeiro: Renovar, 2009, p. 127.

109 Gustavo Tepedino, *Comentários ao novo Código Civil:* Das várias espécies de contrato. Do mandato. Da comissão. Da agência e distribuição. Da corretagem. Do transporte. In: Sálvio de Figueiredo Teixeira (Coord.), Rio de Janeiro: Forense, 2008, p. 2.

modo expresso ou tácito –, o representante vincula-se ao negócio bilateral existencial, obrigando-se a executar as funções a ele destinadas. Para execução de atos existenciais, os poderes devem ser bastante claros e delimitados, para que o terceiro saiba exatamente o que deve fazer e o âmbito da sua deliberação. Principalmente quando o outorgante se limita a fixar diretrizes das decisões a serem tomadas, deixando por conta do representante decisões pontuais, por exemplo, sobre seu tratamento médico, no caso em que o instrumento de autocuratela contenha procuração para cuidados de saúde.

Diante disso e das novas diretrizes médicas, que afirmam que o tratamento médico só tem legitimidade quando autorizado pelo consentimento livre e esclarecido do paciente, o ideal é que a própria pessoa eleja um terceiro, para o caso da impossibilidade de ela tomar decisões por si, determinando especificamente as soluções e diretrizes mais coerentes com a sua forma de vida.

Na hipótese de a pessoa ter-se tornado incapaz e vir a ser curatelada, sua escolha prévia vincula o juiz, sendo prioritária em relação ao rol de pessoas previstas pelo art. 1.775 do Código Civil, como ordem de prelação para o exercício da função de curador. Isso deve ocorrer, por analogia à tutela, cuja normativa estabelece que a tutela testamentária tem caráter prioritário à tutela legítima, pois, com acima aludido, ninguém melhor do que a própria pessoa para escolher quem, de acordo com as suas convicções, pode cuidar dela própria e do seu patrimônio. Quanto aos requisitos para a elaboração do negócio jurídico, deve-se atender aos ditames do art. 104 do Código Civil nos moldes já estudados. O sujeito deve ser capaz de entender e manifestar sua vontade, ou seja, deve compreender a integralidade da decisão que está tomando, a qual apenas produzirá efeitos se ocorrer a condição suspensiva da incapacidade superveniente.

O objeto é constituído por declarações que podem abranger aspectos existenciais ou patrimoniais, além da escolha do curador, procuração para cuidados de saúde, diretrizes para tratamentos médicos admitidos e recusados, modo de administração de seus bens etc.

Não há exigência legal quanto à forma para a realização do negócio que abrangerá a representação, pois o art. 653 do Código Civil não vinculou a procuração à forma especial.[110] Entretanto, por medida de segurança, o ideal é que a declaração seja tomada por escrito, preferencialmente por meio de instrumento público. Como o escopo é fazer com que a declaração seja implementada caso ocorra a curatela do declarante, quanto mais for possível assegurar a higidez mental e vontade livre do declarante no momento de elaboração do documento, menores serão as chances de invalidá-lo, o que justifica o instrumento público, sob a fé pública atribuída ao tabelião.[111]

Diante das reflexões ora postas, entende-se que as declarações prévias de vontade são cabíveis no ordenamento brasileiro, por terem a função de tutelar a autodetermina-

---

110 Gustavo Tepedino, Heloisa Helena Barboza, Maria Celina Bodin de Moraes, *Código Civil interpretado conforme a Constituição da República*, vol. II, Rio de Janeiro: Renovar, 2006, p. 423.

111 Sobre os requisitos para atos dessa natureza Ana Carolina Brochado Teixeira, Gustavo Pereira Leite Ribeiro, Procurador para cuidados de saúde do idoso. In: Tânia da Silva Pereira, *Cuidado e vulnerabilidade*, São Paulo: Atlas, 2009, pp. 1-16.

ção da pessoa em relação às escolhas referentes à própria vida, para o caso de ocorrer a perda da consciência e funcionalidade. É uma forma de se efetivar, de maneira muito própria, a ideia de dignidade humana construída pelo declarante durante sua vida. A validação da autonomia exercida no passado e direcionada ao futuro permite que o titular dos direitos de personalidade se expresse de modo legítimo quando vem a perder a capacidade de discernimento e de manifestação, inserindo-se a autocuratela no contexto de construção da vida privada e da própria identidade, com respeito à dignidade, igualdade e solidariedade.

7. TOMADA DE DECISÃO APOIADA

O art. 116 do EPD acrescentou o art. 1.783-A ao Código Civil, responsável pela criação de um novo instituto para auxiliar a pessoa no exercício da sua capacidade, decorrente do art. 12.3 da CDPD, que determina que se franqueie acesso de pessoas com deficiência ao apoio necessário para o exercício de sua capacidade legal, oferecendo suporte para suas decisões, de modo que as pessoas continuem exercendo sua autonomia. Trata-se da Tomada de Decisão Apoiada – TDA, acordo submetido ao procedimento de jurisdição voluntária no qual a pessoa com deficiência elege pelo menos duas pessoas idôneas para ser seus apoiadores, por meio do auxílio na tomada de decisão sobre atos da vida civil enumerados no instrumento de apoio.[112] Tem como escopo a promoção da autonomia e a facilitação da comunicação, entendimento da manifestação de vontade no exercício dos seus direitos, como prevê a CDPD. Os apoiadores têm a função de fornecer informações e ponderar riscos, de modo que o apoiado possa exercer atos e atividades decorrentes da sua capacidade com mais segurança. Eles atuam "ao lado e como auxiliares da pessoa com deficiência, que será a verdadeira responsável pela tomada de decisão".[113]

O pressuposto mais relevante é a existência de condições de manifestação de vontade e, por conseguinte, de capacidade de fato,[114] ao contrário da curatela. A To-

---

112 Gustavo Tepedino; Milena Donato Oliva. Personalidade, capacidade e proteção da pessoa com deficiência na legalidade constitucional. In: Gustavo Tepedino; Vitor Almeida (orgs.). *Trajetórias do Direito Civil:* estudos em homenagem à Professora Heloisa Helena Barboza, São Paulo: Foco, 2023, p. 3-18.

113 Heloisa Helena Barboza; Vitor Almeida, A capacidade civil à luz do Estatuto da Pessoa com Deficiência. In: Joyceane Bezerra de Menezes (org.), *Direito das pessoas com deficiência psíquica e intelectual nas relações privadas*, cit., p. 269. Fazendo uma comparação com a curatela, os autores afirmam que a TDA é a verdadeira forma de participação da pessoa com deficiência e que o instituto da curatela, mesmo renovado, opera uma substituição da vontade nas questões patrimoniais: "é de se repisar que por mais que a curatela tenha assumido um novo perfil, como já acentuado, certo é que sua estrutura permanece no sentido de permitir que o curador, pelo menos nas questões de natureza patrimonial e negocial, represente o curatelado, substituindo sua vontade na administração de seus bens, ainda que sua atuação se dê no melhor interesse da pessoa incapaz".

114 Curatela – Interditando cego, em decorrência de diabete mellitus – Ausência de incapacidade permanente ou transitória que afete a manifestação da vontade – Laudo pericial que aponta pelo discernimento do periciando – Caso em que não se verifica incapacidade relativa, o que desautoriza o estabelecimento de curatela – Limitação de direitos da pessoa sobre sua própria gestão que, com a introdução das alterações realizadas pelo Estatuto da Pessoa com Deficiência, se tornou medida excepcionalíssima – Termo de curatela de beneficiário com deficiência que não mais pode ser exi-

mada de Decisão Apoiada tem como única parte legítima a pessoa com deficiência, que tem a faculdade de requerê-la, escolhendo duas pessoas de sua confiança para lhe apoiar, que tenham forte vínculo com o apoiado e tenham idoneidade para o exercício do encargo.[115] O pedido deve ser elaborado em conjunto com os apoiadores, delimitando de forma clara o conteúdo e o prazo do apoio, evidenciando o compromisso dos apoiadores e dirigido ao juízo de família. O termo de apoio deve ser levado à homologação judicial, de modo que a participação do Poder Judiciário se justifica para evitar risco ou prejuízo relevante à pessoa com deficiência, sem que haja decretação de curatela ou perda da capacidade neste ato.

Antes de homologar o pedido de apoio, o art. 1.783-A, § 3º, do Código Civil prevê a participação do Ministério Público, com posterior oitiva pessoal do requerente e dos apoiadores por ele indicados, acompanhado por equipe multidisciplinar. Nessa oportunidade, o juiz verificará se estão presentes os requisitos para a nomeação dos apoiadores: confiança, idoneidade e vínculo entre apoiado e apoiadores. Instado pelo Ministério Público ou se ficar evidente que tais pressupostos estão ausentes, o juiz poderá não homologar o pedido, devendo o apoiado nomear outra pessoa para substituição do apoiador recusado.

Se os negócios jurídicos objeto do apoio acarretarem risco ou prejuízo relevante à pessoa apoiada, eles devem ser submetidos à apreciação judicial, com oitiva do Ministério Público. Na hipótese de discordância entre apoiado e apoiador, entendendo o apoiador que o negócio não é a melhor alternativa para a pessoa com deficiência, deverá informar ao juiz, para que se possa averiguar as circunstâncias concretas em questão, podendo ser impedida a realização do negócio, se for o caso.

Além disso, a ausência do apoiador na prática de atos que constituem objeto do apoio não os invalida, não obstante alguns autores sustentem que o contratante possa solicitar aos apoiadores que aponham a sua assinatura, especificando a sua função em relação ao apoiado (CC, art. 1.783-A, §§ 4º e 5º).[116] Tal imposição, por parte do

---

gido pelo INSS – Art. 110-A, da Lei 8.213/1991 – Hipótese em que outros meios jurídicos, como o mandato ou tomada de decisão apoiada, se mostram mais adequados – Sentença mantida – Recurso improvido (TJSP, 6ª Câm. Dir. Priv., Ap. Cív. 0056408-81.2012.8.26.0554, Rel. Des. Eduardo Sá Pinto Sandeville, julg. 02.06.2016, publ. *DJ* 02.06.2016).

115 Tomada de decisão apoiada que não pode ser aplicada de ofício. Necessário que o pedido seja formulado pela própria pessoa a ser apoiada, com a nomeação daqueles que ela eleger. Inteligência do art. 1.783-A do Código Civil. Ausência, no mais, de elementos capazes de convencer acerca da necessidade de interdição. Interditando que, segundo consta dos autos, tem plenas condições de exercer sozinho os atos da vida civil. Sentença reformada. Apelação do réu provida, prejudicado o recurso adesivo interposto pela autora (TJ/SC,3ª Câm. Dir. Civ, Ap. Cív. 0001812-05.2004.8.24.0031, Rel. Des. Maria do Rocio Luz Santa Ritta, julg. 23.05.2017). Considerando que a legitimidade para requerer a tomada de decisão apoiada é exclusiva da pessoa a ser apoiada (inteligência do art. 1.783-A do CCB), não possui a apelante legitimidade ativa para requerê-lo, sopesado que o réu é pessoa capaz (TJ/RS, 8ª C.C., Ap. Cív. 70072156904, Rel. Des. Ricardo Moreira Lins Pastl, julg. 09.03.2017, publ. *DJ* 20.03.2017).

116 "(...) na hipótese de atuação da pessoa apoiada sem a assistência do apoiador conforme estipulado no acordo firmado, é possível invalidade o negócio jurídico entabulado sem apoio, como forma de resguardar a pessoa com deficiência. Exatamente por isso, o § 5° do art. 1.783-A estipula que terceiro com que a pessoa mantiver alguma relação negocial poderá solicitar que os apoiadores

terceiro, há de ser considerada como parte das exigências negociais, embora não integre os elementos legais de validade do ato. Segundo o texto legal, a decisão quanto à realização do negócio caberá exclusivamente ao apoiado.

A TDA cessa quando findo o prazo de vigência, ou se a pessoa for curatelada. Pode também ser extinto pela pessoa apoiada, a qualquer tempo. Se houver quebra da fidúcia, a pessoa com deficiência poderá pedir a sua substituição, resguardando-se sua autonomia (CC, art. 1.783-A, § 9º). A destituição do apoiador é direito potestativo da pessoa apoiada, não tendo esta que justificar o seu pedido. O apoiador, por sua vez, pode pedir sua desvinculação do apoio – trata-se de seu direito potestativo, que prescinde de motivação –, devendo o juiz manifestar-se após intimação da pessoa apoiada para conhecimento do pedido de exclusão e nomeação de novo apoiador.

O apoiador pode ser destituído, mediante denúncia, julgada procedente, da parte do apoiado ou de terceiros perante o Ministério Público ou diretamente ao juiz, por ter agido o apoiador de forma negligente, ter descumprido obrigações assumidas ou ter feito pressão indevida sobre o apoiado. Em todas as hipóteses, o apoiador deve prestar contas de sua administração ao juiz, apresentando o balanço do respectivo ano, nos mesmos moldes da curatela (EPD, art. 84, § 1º).

Tendo em vista a aplicação imediata do EPD e seu caráter de ordem pública, tem ocorrido adequação dos processos em trâmite: se for hipótese de decretação da curatela, é imperiosa a fixação dos seus limites ou, se houver funcionalidade e discernimento, tem ocorrido a conversão do pedido de curatela em Tomada de Decisão Apoiada, se a pessoa com deficiência necessitar de algum apoio.[117] No entanto, a conversão da curatela em TDA é procedimento inadequado, haja vista tratar-se de ato de vontade e não forma coercitiva de apoio.

Não houve delimitação expressa do EPD em relação ao objeto do apoio, para se estabelecer se a Tomada de Decisão Apoiada pode se estender a situações existenciais ou circunscreve-se a atos de natureza patrimonial. Por se tratar de ato de autonomia, entende-se ser possível que a pessoa com deficiência possa se valer desse instrumento para atos existenciais específicos, sendo plausível que possa assim se sentir mais segura para realizar tais atos.[118] Se faz parte da sua liberdade existen-

---

contra-assinem o documento firmado, especificando, por escrito, sua função em relação ao apoiado. Tal dispositivo se orienta com base na boa-fé objetiva, eis que impede que futuras invalidades sejam arguidas em razão de não participação dos apoiadores no ato negocial celebrado" (Heloisa Helena Barboza, Vitor Almeida, A capacidade à luz do Estatuto da Pessoa com Deficiência. In: Joyceane Bezerra de Menezes (Org.), *Direito das pessoas com deficiência psíquica e intelectual nas relações privadas*: Convenção sobre os direitos da pessoa com deficiência e Lei Brasileira de Inclusão, Rio de Janeiro: Processo, 2016, p. 271).

117 "Apelação Cível. Interdição e curatela. Estatuto da Pessoa com Deficiência. Conversão para tomada de decisão. Limites. Com a entrada em vigor do Estatuto da Pessoa com Deficiência os processos de interdição em trâmite podem ser convertidos para tomada de decisão apoiada ou ainda consignados os limites da curatela" (TJ/RO, 2ª C.C., Ap. Cív. 0001370-73.2015.822.0010, Rel. Des. Alexandre Miguel, julg. 28.04.2016, publ. *DJ* 04.05.2016).

118 Em sendo aplicável para situações existenciais, por maioria de razão o será nas situações dúplices, que são aquelas que envolvem simultaneamente interesses de perfil existencial e patrimonial, com

cial a possibilidade de autocuratela, é razoável admitir-se o apoio – especialmente porque, nesse caso, a decisão será da própria pessoa, servindo os apoiadores como suporte dialógico para a construção da decisão que melhor se adeque aos valores pessoais do apoiado.[119]

São amplas as possibilidades do apoio: questões patrimoniais e/ou existenciais "decisões da rotina doméstica ou pertinentes aos cuidados pessoais (...), facilitação da comunicação, na prestação de informação e esclarecimentos, no auxílio à análise dos fatores favoráveis e desfavoráveis que circundam certa decisão etc., tudo a depender do caso específico e das demandas da pessoa que precisa de apoio".[120] Tendo em vista essa função do apoiador, a TDA pode incidir inclusive sobre direitos pessoais previstos nos arts. 6º e 85, § 1º, EPD.

Questão instigante refere-se à possibilidade da Tomada de Decisão Apoiada coexistir com a curatela, de modo que a falta de discernimento impacte algumas áreas, estando esse preservado em outros. Uma vez verificados, pela perícia multidisciplinar, a natureza e os tipos de atos comprometidos pela ausência do discernimento e funcionalidade, não há obstáculo para que a pessoa se valha da Tomada de Decisão Apoiada para a prática de outros atos, cuja higidez psíquica lhe permita praticar, embora haja algum tipo de insegurança. Por exemplo, verificada a necessidade de curadoria para atos patrimoniais, é possível que a Tomada de Decisão Apoiada englobe atos médicos e cuidados com a saúde.

8. CURATELA DO NASCITURO, DO ENFERMO E DO PORTADOR DE DEFICIÊNCIA FÍSICA

Em seção apartada do regime geral de curatela, o Código Civil prevê a curatela do nascituro e, até o advento do EPD, do enfermo ou portador de doença física.

Curador ao ventre

A curatela do nascituro é modalidade especial de curatela atribuída ao nascituro, enquanto estiver no útero materno, cujos direitos necessitam proteção, como por exemplo, em hipóteses de doação (CC, art. 542), sucessão (CC, art. 1.798) ou de necessidade de alimentos gravídicos (Lei 11.804/2008). Trata-se de "representação protetora". O art. 462 do Código Civil de 1916 já previa a instituição dessa modalidade de curatela, também em seção separada da curatela dos deficientes mentais. Essa

---

graus similares de intensidade (Ana Carolina Brochado Teixeira, Carlos Nelson Konder, Situações jurídicas dúplices: controvérsias na nebulosa fronteira entre patrimonialidade e extrapatrimonialidade. In: Gustavo Tepedino, Luiz Edson Fachin (Orgs.), *Diálogos sobre Direito Civil*, vol. III, Rio de Janeiro: Renovar, p. 6).

119 No mesmo sentido: Heloisa Helena Barboza; Vitor Almeida, A capacidade civil à luz do Estatuto da Pessoa com Deficiência. In: Joyceane Bezerra de Menezes (org.), *Direito das pessoas com deficiência psíquica e intelectual nas relações privadas*, cit., p. 272; Joyceane Bezerra de Menezes. O direito protetivo no Brasil após a convenção sobre a proteção da pessoa com deficiência: impactos do novo CPC e do estatuto da pessoa com deficiência. *Civlistica.com.* cit. Disponível em: <http://civilistica.com/o-direito-protetivo-no-brasil//>. Acesso em 25.06.2019.

120 Joyceane Bezerra de Menezes, Tomada de decisão apoiada: instrumento de apoio ao exercício da capacidade civil da pessoa com deficiência instituído pela Lei Brasileira de Inclusão (Lei 13.146/2015). *Revista Brasileira de Direito Civil*, v. 9, cit.

espécie de curatela ocorre se o pai da criança falecer deixando a mãe grávida, sem que esta possa ser titular da autoridade parental, seja pela menoridade – estando ela submetida à autoridade parental de outrem –, seja por estar curatelada (CC, art. 1.779). Nessa última hipótese, seu curador será o do nascituro, como acima adiantado, para que se tenha unidade de representação.[121] É criticável a dimensão restrita do dispositivo, pois abrange apenas a situação de falecimento do pai, ignorando situações outras, tais como o abandono da mãe pelo pai da criança, incapacidade do genitor, a negativa do reconhecimento do filho, entre outras – sempre estando a mãe em situação de incapacidade.

Para se atribuir curador ao nascituro, é necessário o processo de curatela, no qual deve ser demonstrado estarem presentes os requisitos do art. 1.779 do Código Civil (falecimento do pai e inaptidão para o exercício do poder familiar). Não há necessidade de se propor a respectiva ação sempre que ocorrerem tais hipóteses. A tutela jurisdicional somente se torna útil para a tutela de algum direito atribuído ao nascituro.

Trata-se de exercício temporário da curatela, pois após o nascimento da criança, se permanecerem as hipóteses que justificaram a nomeação do curador, haverá designação do tutor em face da necessidade de representação, cuidado, educação e sustento, em atendimento ao disposto no art. 1.778 do Código Civil.

Curatela do enfermo ou deficiente físico

A mesma Seção II do capítulo da curatela previa a curatela do enfermo ou portador de deficiência física: ele mesmo ou qualquer das pessoas aptas a pedir a curatela poderiam fazê-lo, com a finalidade exclusivamente patrimonial – pois a enfermidade é física, logo, não há abalo na expressão da vontade e no discernimento. Por isso, trata-se de curatela sem interdição, ou seja, sem perda da capacidade.[122] Trata-se de suporte dado ao deficiente físico para determinados atos patrimoniais que não lhe retira a capacidade, o que também poderia ser feito através do estabelecimento de contrato de mandato ou pela Tomada de Decisão Apoiada (caso ele tenha duas pessoas de sua confiança), por exemplo.

---

121 "A curatela em tal hipótese tem por fim resguardar os direitos do nascituro, que ainda não tem personalidade, mas necessita de uma representação protetora, se a mãe não estiver no exercício do poder familiar. Lembre-se que a perda e a suspensão do poder familiar independem de interdição (Código Civil, arts. 1.637 e 1.638) e têm causas e efeitos distintos. Se interdita a mãe, seu curador será o do nascituro, como prevê o parágrafo único, do art. 1.779, hipótese em que haverá unidade de representação. (...) A curadoria pode ser requerida pela própria mãe, qualquer parente do nascituro e pelos interessados na herança, inclusive os credores dela. Contudo, a curadoria deve se estabelecer principalmente em atenção aos interesses do nascituro. Cessa a curadoria com o nascimento, sendo nomeado tutor ao menor, conforme o caso" (Heloisa Helena Barboza, Curatela do enfermo: instituto em renovação. In: Carlos Edison do Rêgo Monteiro Filho; Gisela Sampaio da Cruz Guedes; Rose Melo Venceslau Meireles (org.), *Coleção Direito UERJ 80 Anos*, vol. 2: Direito Civil, cit., p. 441).

122 "Interdição é o ato pelo qual o Juiz retira de uma pessoa, exclusivamente nos casos expressos na Lei Civil, a administração e a livre disposição de seus bens, depois de verificada acuradamente a necessidade de tal medida; ao decretar a interdição, o Juiz deve nomear curador que represente o interdito e administre seus bens. A curatela do interdito, isto é, daquele a quem se proíbe a prática de algum ato da vida civil, atinge em especial a pessoa que não pode governar a si mesma, em razão de 'insanidade mental'". Heloisa Helena Barboza, Curatela do enfermo: instituto em renovação. In: Carlos Edison do Rêgo Monteiro Filho; Gisela Sampaio da Cruz Guedes; Rose Melo Venceslau Meireles (org.), *Coleção Direito UERJ 80 Anos*. V. 2: Direito Civil, cit., 2015, p. 434.

Essa modalidade de curatela desempenhava importante função para pessoas idosas, cujas dificuldades funcionais são próprias da idade e não significam deficiência da qual decorra a supressão da capacidade de fato. "Nota-se que os bancos, entidades públicas, seguros de saúde exigem renovações periódicas de procurações públicas e a certidão de curatela representava efetiva solução para vencer este tipo de burocracia".[123] No entanto, o art. 1.780 do Código Civil foi revogado pelo Estatuto da Pessoa com Deficiência.[124] Não obstante tal revogação, é possível entender-se, por meio de análise sistemática, que seu conteúdo permanece vigente no ordenamento brasileiro, o que é bastante relevante para o atendimento de situações específicas de representação, que têm na confiança a justificativa para sua existência. Subsistem motivos para se defender a vigência da curatela-mandato:

(i) a possibilidade de a própria pessoa ajuizar o pedido de curatela para si mesma, como visto anteriormente (autointerdição), em nome da sua autonomia e por ter a curatela o escopo de proteger aquele que precisa de apoio. Vale dizer, o fato de o Código de Processo Civil de 2015 ter revogado o art. 1.768, IV, do Código Civil não impede a eficácia dessa possibilidade. Como o art. 1.780 consistiria em curatela sem interdição, o advento do EPD não esvaziou seu conteúdo e sua pertinência.

(ii) a previsão pelo EPD da Tomada de Decisão Apoiada, que possibilita à própria pessoa pedir o apoio que necessita para atos específicos, conforme se verifica do art. 1.783-A do Código Civil.[125] É possível que a pessoa que necessita do apoio não tenha duas pessoas da sua confiança, justificando-se a iniciativa dela própria de pedir a sua curatela com limitações, para solucionar esse problema;

(iii) o atendimento dos objetivos principais da CDPD e do EPD, no sentido de garantir a capacidade das pessoas com deficiência em condições de igualdade com as demais, bem como assegurar a condução da sua vida de acordo com seus valores pessoais, com a máxima autonomia possível. Se a pessoa tem algum problema psicofísico e se sente mais protegida por meio da curatela com poderes bem delimitados,

---

[123] Tânia da Silva Pereira, Capítulo 7. In: Rodrigo da Cunha Pereira (org.), *Tratado de Direito das Famílias*, Belo Horizonte: IBDFAM, 2016, 2ª ed., p. 360.

[124] "Alegação de distúrbios mentais temporários não comprovados. Estudo social e perícia que concluem pela exclusiva aferição de grave deficiência física. Pedido de curatela de pessoa portadora de deficiência física. Impossibilidade. Interditando plenamente capaz para exercer os atos da vida civil. Revogação da curatela prevista no art. 1.780 do Código Civil pela lei de inclusão de pessoa com deficiência (Lei 13.146/2015)" (TJ/RJ, 8ª C.C., Ap. Cív. 0257988-27.2013.8.19.0004, Rel. Des. Cezar Augusto Rodrigues Costa, julg. 23.05.2017).

[125] Alguns autores sustentam que o art. 1.783-A (tomada de decisão apoiada) teria substituído a curatela mandato: "A revogação dessa anômala 'curatela sem incapacidade' denota que o legislador pretende encaminhar os referidos sujeitos de direito para o regramento qualitativamente superior da TDA" (Nelson Rosenvald, Capítulo 17: Curatela. In: Rodrigo da Cunha Pereira (org.), *Tratado de Direito das Famílias*, cit., p. 776); "A outra forma de curatela especial era a deferida a favor do enfermo ou portador de deficiência física, mediante o seu expresso requerimento (art. 1.780 do CC). (...) Porém, essa modalidade não é mais possível, substituída que foi pela tomada de decisão apoiada" (Flávio Tartuce, *Direito Civil*, vol. 5: Direito de Família, Rio de Janeiro: Forense, 2016, 11ª ed., p. 670).

cabe ao ordenamento jurídico assegurar que possa continuar se autodeterminando, por meio da possibilidade de requerer sua curatela.[126]

9. EXTINÇÃO DA CURATELA

Em face de seu caráter excepcional e temporário, nos termos do art. 84, § 3º, do EPD, a curatela deve cessar quando não mais estiverem presentes as causas que a motivaram.[127] Logo, sempre que for possível a recuperação do curatelado, desde que não se verifique a perda de sua funcionalidade e de seu discernimento, ou tendo sido temporário o motivo que a determinou, a curatela deverá ser extinta, para que a pessoa retorne à sua autonomia.[128]

Com as alterações promovidas pelo EPD, devem ser analisadas as curatelas anteriormente fixadas, que podem ser extintas caso não mais se adequem aos novos parâmetros estabelecidos pelo EPD. Para o levantamento da curatela, é indispensável a realização da entrevista pessoal e de perícia atualizada,[129] sendo competente o juízo da ação de interdição, na medida em que a ação para o levantamento da curatela se qualifica como acessória.[130]

Justifica-se igualmente a cessação da curatela, no caso do nascituro, com o nascimento com vida da criança, extinguindo-se a causa que a determinou (CPC, art. 756).

Da perspectiva procedimental, o art. 756 do Código de Processo Civil estatui a possibilidade de se pedir o levantamento da curatela, o que será feito em apenso aos

---

126 No mesmo sentido: Heloisa Helena Barboza, Curatela em nova perspectiva. In: Maria de Fátima Freire de Sá, Roberto Henrique Pôrto Nogueira, Beatriz Schettini, *Novos direitos privados*, cit., pp. 93-94.

127 "Constando dos autos elementos probatórios que indicam a capacidade do então curatelado para praticar, sozinho, os atos da vida civil, inclusive pelo fato de que ele reside desacompanhado desde que ocorrida a separação fática de sua esposa, que exerce a curatela, é de ser deferido o pedido liminar, no sentido de autorizar que o então curatelado passe a gerir sozinho ao menos os proventos por ele auferidos a título de aposentadoria" (TJ/RS, 8ª C.C., AI 70069573418, Rel. Des. Luiz Felipe Brasil Santos, julg. 15.09.2016, publ. *DJ* 21.09.2016).

128 "Pressupõe-se, para o levantamento da interdição e da curatela, que haja o desaparecimento ou a mitigação das circunstâncias fáticas que justificaram a medida anteriormente deferida; o levantamento poderá acarretar o reconhecimento de que a pessoa interditada está novamente apta a praticar quaisquer atos da vida civil ou de que houve melhora significativa de seu quadro clínico que aponte ser desejável a adoção de uma medida menos gravosa do que a interdição, como a tomada de decisão apoiada" (STJ, 3ª T., REsp 2107075/SP, Rel. Min. Nancy Andrighi, julg. 27.8.2024, publ. *DJe* 29.8.2024)

129 "À semelhança da ação de interdição, para o levantamento da curatela é indispensável o interrogatório, para que o Juiz tenha melhor percepção da condição pessoal da curatelada. E, sendo a pretensão recursal de manutenção de curatela parcial, indispensável perícia atualizada, levando em conta as disposições da Lei 13.146 /2015. Diligências a serem cumpridas na origem, com rejulgamento posterior" (TJ/RJ, 8ª C.C., Ap. Cív. 70069331346, Rel. Des. Ivan Leomar Bruxel, julg. 13.10.2016).

130 "Todas as causas que têm por objeto questões atinentes à curatela, tais como prestação de contas, remoção ou substituição de curador, levantamento da curatela e tomada de decisão apoiada, qualificam-se como acessórias e por isso gravitam sob a competência sedimentada na ação de interdição" (TJ/DFT, 2ª C.C., Conflito de Competência 20160020375993, Rel. Des. James Eduardo Oliveira, julg. 27.03.2017, publ. *DJ* 07.04.2017).

autos em que a interdição foi decretada. Nessa hipótese, a sentença será igualmente submetida às previsões do art. 755, § 3º, do CPC, relativas ao registro no Cartório do 1º Ofício de Registro Civil das Pessoas Naturais ou na 1ª Subdivisão Judiciária da Comarca onde tramita o processo, tal como previsto no Capítulo X da Lei 6.015/1973. No entanto, em vez de se proceder ao registro da sentença que levantou a interdição, o Oficial do Registro Civil das Pessoas Naturais procederá à averbação à margem do assento que já se encontra registrado.

O Código de Processo Civil estabelece, ainda, a possibilidade de levantamento *parcial* da curatela – que não prescindirá, assim como no caso da sua decretação, da análise de equipe multidisciplinar –, previsão textual inexistente no Código anterior. Trata-se de corolário lógico da previsão de fixação de limites da curatela, permitindo-se que a pessoa, mediante melhora ou em virtude de tratamento, possa buscar o levantamento parcial de acordo com a recuperação da sua capacidade de expressão da vontade, seu discernimento, autonomia e funcionalidade.

PROBLEMAS PRÁTICOS

1 – Há justificativa no ordenamento para que a curatela abranja as situações jurídicas existenciais previstas no art. 6º do Estatuto da Pessoa com Deficiência?

2 – Em que consiste a tomada de decisão apoiada?

Acesse o *QR Code* e veja a Casoteca.

> *http://uqr.to/1pbls*

Capítulo XIII

BEM DE FAMÍLIA

Acesse o *QR Code* e assista ao vídeo sobre o tema.

> http://uqr.to/1pbm6

1. FUNDAMENTOS JURÍDICOS

Origem do bem de família

O bem de família teve sua origem no instituto do ***homestead***,[1] inicialmente previsto pela ***Homestead Exemption Act***, lei promulgada pela então República do Texas em 1839, que previa a isenção de penhora para a pequena propriedade destinada à residência do devedor e de sua família.[2] Destinava-se a incentivar a fixação das famílias. Após a edição da lei, outros estados norte-americanos passaram a adotar o modelo, que inspirou também a legislação de vários outros países.[3]

No ordenamento brasileiro, o Projeto do Código Bevilaqua não previa a figura do bem de família, que foi inserida, por proposta do Senador Fernando Mendes de

---

[1] O termo *homestead* é formado pela junção dos vocábulos *home* (casa) e *stead* (lugar), refletindo a ideia de residência da família.

[2] Ao propor o modelo do bem de família legal e involuntário, Álvaro Villaça Azevedo ressalta que "o modelo texano, escolhido pelo Código Civil brasileiro e pelos demais países, que o adotaram, já nasceu velho, pois procurou defender a família proprietária de bem imóvel, que existe em pequeno número, e com excesso de formalismos, e a inalienabilidade do imóvel". Álvaro Villaça Azevedo, Bem de família internacional (necessidade de unificação). *Revista da Faculdade de Direito da Universidade de São Paulo*, v. 102, jan./dez. 2007, pp. 101-111.

[3] Tendo em vista que à época da instituição da lei havia uma grande crise econômica, nota-se que a razão motivadora da criação do instituto do bem de família era o "interesse público de povoamento cuja solução, no entanto, serviu reflexamente, a preservar a moradia dos grupos familiares" (Renata Barbosa de Almeida, Walsir Edson Rodrigues Júnior, *Direito Civil:* Famílias, São Paulo: Atlas, 2012, 2ª ed., p. 518).

Almeida, na dicção dos arts. 70 a 73 do Código Civil de 1916, no Livro II – Dos bens", pelos quais se autorizava a destinação de um imóvel para o domicílio da família, que ficaria isento de execução por dívidas, exceto as provenientes de impostos relativos ao mesmo prédio.

No projeto de Código Civil de 1965, o instituto foi incluído entre as disposições referentes ao Direito de Família, refletindo seu caráter de proteção da integridade do núcleo residencial familiar, e não mais como proteção com viés patrimonialista.[4]

A funcionalização das relações patrimoniais às relações existenciais irradiou-se a todo o ordenamento jurídico com a Constituição Federal de 1988, que reforça a necessidade de promoção da função social da propriedade (art. 5º, XXIII), tanto urbana quanto rural. Não obstante a previsão constitucional de proteção da pequena propriedade rural trabalhada pela família em face de pagamento de débitos decorrentes de sua atividade produtiva (art. 5º, XXVI), o direito de moradia, reconhecido como direito social básico, direciona-se também à proteção da residência familiar urbana. Adota-se o conceito de moradia como o "lugar íntimo de sobrevivência do ser humano, é o local privilegiado que o homem normalmente escolhe para alimentar-se, descansar e perpetuar a espécie. Constitui o abrigo e a proteção para si e os seus; daí nasce o direito à sua inviolabilidade e à constitucionalidade de sua proteção".[5] Por isso, fundamenta-se, também, no princípio da solidariedade, pois distribui um ônus social à coletividade (***rectius***, aos credores) com a finalidade de assegurar a moradia à pessoa e à sua família, uma das mais relevantes garantias constitucionais.[6]

Família funcionalizada e garantia do patrimônio mínimo

Reconhecida como ***locus*** ideal para a promoção existencial da pessoa, a família demanda proteção direcionada também à residência, que garante o livre desenvolvimento da personalidade e a convivência de seus integrantes. A rigor, protege-se o patrimônio mínimo como reflexo dos princípios constitucionais da dignidade da pessoa humana e da solidariedade social.

A ideia de patrimônio mínimo, concebida por Luiz Edson Fachin como garantia do substrato material do princípio da dignidade humana, pressupõe a impossibilidade de a pessoa ser desprovida de bens que lhe proporcionem, minimamente, uma vida digna, o que justifica a reserva da legítima aos herdeiros (CC, art. 1.846), a vedação à doação de todos seus bens sem reserva de usufruto (CC, art. 548) e o bem de família, que resguarda a moradia e, por via reflexa, a dignidade da pessoa e a eventual entidade familiar que ela constitui. "Sem invalidar o legítimo interesse dos credores, a

---

4 Mesmo antes da aprovação do atual Código Civil, Zeno Veloso já defendia a mudança topográfica: "o verdadeiro sítio do bem de família, seu lugar próprio e abrigo lógico e natural é na Parte Especial, mais exatamente no Livro *Do Direito de Família*, onde o colocou Orlando Gomes, em seu Projeto de Código Civil, de 1965, e onde o situa Couto e Silva, no atual Projeto de Código Civil" (Zeno Veloso, Bem de família. *Revista de Direito Civil*, a. 15, n. 55, jan./mar. 1991, p. 113).

5 Loreci Gottschalk Nolasco, *Direito fundamental à moradia*, São Paulo: Pillares, 2008, p. 88.

6 Ante a conclusão da verdadeira *ratio* do instituto, cuidadosa doutrina sugere que sua terminologia passe a ser "bens para tutela pessoal legal", já que seu propósito é o resguardo da moradia e das condições vitais mínimas de sobrevivência, sendo tais necessidades de ordem pessoal (Renata Barbosa de Almeida, Walsir Edson Rodrigues Júnior, *Direito Civil*: Famílias, cit., p. 521).

impenhorabilidade desloca do campo dos bens a tutela jurídica, direcionando-a para a pessoa do devedor, preenchidas as condições prévias necessárias".[7]

Nessa direção, a autonomia privada e as relações patrimoniais devem estar em consonância com a tutela de valores existenciais, da dignidade humana e do direito à moradia. A partir de argumentação constitucionalmente legítima, os instrumentos de proteção existencial podem conviver com a livre-iniciativa, delimitando o campo de atuação das relações contratuais sem que, com isso, sejam prejudicadas as garantias patrimoniais e o sistema de crédito.[8]

Tal cenário confere natureza de ordem pública à proteção legal do bem de família, imperativamente estabelecido pela Lei 8.009, para além da estipulação convencional do Código Civil, em consonância com a especial proteção atribuída constitucionalmente à família.[9] Por outro lado, o Código Civil traz modificações significativas ao bem de família voluntário, preservando-se, contudo, a previsão do bem de família legal. Convivem no ordenamento brasileiro, portanto, dois modelos de proteção: aquele decorrente da autonomia privada, e o originado da solidariedade constitucional, que serão analisados a seguir.

O STJ já decidiu que "os bens de família legal (Lei n. 8.009/1990) e voluntário/convencional (arts. 1.711 a 1.722 do Código Civil) coexistem de forma harmônica no ordenamento jurídico; o primeiro, tem como instituidor o próprio Estado e volta-se para o sujeito de direito (entidade familiar) com o propósito de resguardar-lhe a dignidade por meio da proteção do imóvel que lhe sirva de residência; já o segundo, decorre da vontade de seu instituidor (titular da propriedade) e objetiva a proteção do patrimônio eleito contra eventual execução forçada de dívidas do proprietário do bem".[10]

Bem de família legal e sua *ratio* no princípio da solidariedade

2. ESPÉCIES

2.1 Bem de família legal

O bem de família legal ou involuntário, tratado pela Lei 8.009/1990, constitui proteção de ordem pública, instituída pelo Estado, direcionada ao imóvel residencial

---

7 Luiz Edson Fachin, *Estatuto jurídico do patrimônio mínimo*, Rio de Janeiro: Renovar, 2001, p. 220.

8 Gustavo Tepedino, *Bem de família e direito à moradia no Superior Tribunal de Justiça*, Editorial. RTDC, vol. 36, 2009.

9 Quando do advento dessa lei, debateu-se sua constitucionalidade por uma série de razões formais e materiais. Dada a relevância dessa discussão para o tema, transcreve-se aqui pequeno trecho em defesa com a sua constitucionalidade, que muito coaduna com as ideias dos autores: "O objetivo da modalidade convencional e legal é o mesmo: garantir um abrigo habitável para a família, de forma a ficar isento de execução por dívidas. O instituto coativo ampliou o campo de incidência, fazendo abranger também as plantações, as benfeitorias existentes no imóvel e todos os equipamentos, inclusive os de uso profissional, e os móveis que guarnecem a casa. Além de mais abrangente, é automático e independe de iniciativa do cidadão. Não há inconstitucionalidade a vislumbrar no diploma legal, que intenciona favorecer a família, com base na própria Constituição Federal. E qualquer habitação não pode prescindir de um mínimo de conforto e de bem-estar, proporcionados pelos móveis, utensílios, pertenças e benfeitorias que a integram" (Arnaldo Marmitt, *Bem de família*, Rio de Janeiro: Aide, 1995, p. 50).

10 AgInt no AREsp 2010681/PE, Rel. Min. Luis Felipe Salomão, julg. 25.4.2022, publ. *DJe* 27.4.2022.

do casal ou da entidade familiar, utilizado para moradia permanente. Caracteriza-se como determinação cogente, não admitindo renúncia pelo titular do bem.[11]

A impenhorabilidade do bem de família significa que o bem não pode ser expropriado para satisfação do credor, mas também que, no processo executório, ele nem mesmo pode ser indicado à penhora. Se a penhora chegar a ocorrer, é ato inválido e, por isso, não gera consequências para o mundo jurídico. Por esse motivo, o STJ entendeu ser "inadmissível que o credor realize a averbação da penhora no registro imobiliário do bem de família, mesmo que seja vedada a sua expropriação, haja vista que a penhora é inválida por desrespeitar norma de ordem pública positivada na Lei 8.009/90".[12]

Em razão do caráter protetivo ao patrimônio mínimo do devedor e, em última análise, da própria família, a interpretação acerca da impenhorabilidade vem sendo ampliada e a garantia vem sendo reforçada pelos Tribunais brasileiros.[13] Exemplos do aumento da proteção é a extensão da aplicação da Lei 8.009/1990 à penhora realizada antes de sua vigência, consoante estabelece a Súmula 205/STJ.[14] Além disso, a fim de dar maior efetividade à impenhorabilidade do bem de família, o STJ já consolidou o entendimento de que ela pode ser suscitada em qualquer momento processual até a sua arrematação, ainda que por meio de simples petição nos autos, facilitando os trâmites para resguardo da garantia,[15] que "a proteção conferida pelo instituto alcançará todas as obrigações do devedor, indistintamente, ainda que o imóvel tenha sido adquirido no curso de uma demanda executiva"[16] e que "o terreno cuja unidade

---

11 Nesse sentido: "O benefício conferido pela Lei 8.009/1990 ao instituto do bem de família constitui princípio de ordem pública que não admite a renúncia pelo titular, podendo ser elidido somente se caracterizada qualquer das hipóteses previstas nos incisos do art. 3º e no *caput* do art. 4º da referida lei" (STJ, 3ª T., AgRg nos EDcl no REsp 1463694/MS, Rel. Min. João Otávio de Noronha, julg. 06.08.2015, publ. *DJe* 13.08.2015).

12 STJ, 3ª T., REsp 2.062.315 – DF, Relª. Minª. Nancy Andrighi, julg. 24.10.2023, publ. DJe 30.10.2023.

13 Alguns doutrinadores o estendem, inclusive, às famílias paralelas: "Há outra hipótese que merece ser figurada: do devedor que é proprietário de dois imóveis e mantém uniões paralelas, residindo cada família em um deles. Pertencendo ambos os bens ao mesmo titular e servindo cada um de moradia a uma entidade familiar, é mister reconhecer que as duas residências estão resguardadas pela impenhorabilidade. (...) Há situações outras que merecem igual tratamento. Assim, os cônjuges ou companheiros que residem em imóveis distintos, fenômeno cada vez mais frequente. Na hipótese de famílias pluriparentais, há que se reconhecer a existência de três entidades familiares: a família constituída pelo casamento ou união estável, a entidade familiar entre o pai e seus filhos advindos de vínculo anterior e a entidade da mãe com sua prole fruto da união pretérita" (Maria Berenice Dias, *Manual de direito das famílias*, São Paulo: Revista dos Tribunais, 2010, 7ª ed., p. 595).

14 O Enunciado 205 da Súmula do STJ determina que "a Lei 8.009/1990 aplica-se à penhora realizada antes de sua vigência". Isso significa que a Lei 8.009/1990, ao entrar em vigor e considerar impenhoráveis os bens de família, teve eficácia imediata, atingindo os processos judiciais em andamento, de modo que deveriam ser canceladas as penhoras efetuadas antes de sua vigência.

15 "A impenhorabilidade do bem de família pode ser alegada a qualquer tempo, até mesmo por petição nos autos da execução. Recurso Especial provido" (STJ, 3ª T., REsp 1.114.719/SP, Rel. Min. Sidnei Beneti, julg. 23.06.2009, publ. *DJ* 29.06.2009). Mais recentemente: STJ, 3ª T., AgRg no AREsp 595.374/SP, Rel. Min. João Otávio de Noronha, julg. 25.8.2015, publ. *DJ* 01.09.2015).

16 STJ, 4ª T., REsp 1.792265/SP, Rel. Min. Luis Felipe Salomão, julg. 14.12.2021, publ. *DJ* 14.3.2022. Em comparação com o bem de família convencional: "A impenhorabilidade conferida ao bem de família legal alcança todas as obrigações do devedor indistintamente, ainda que o imóvel tenha

habitacional está em fase de construção, para fins de residência, está protegido pela impenhorabilidade por dívidas, por se considerar antecipadamente bem de família".[17]

Legitimidade para se opor à penhora

Possuem legitimidade para se insurgir contra a penhora os integrantes da entidade familiar que residam no imóvel protegido.[18] Entende-se a expressão *entidade familiar* em acepção ampla, de modo que a proteção se aplica também aos imóveis pertencentes aos irmãos que residam no imóvel,[19] bem como a pessoas solteiras, separadas e viúvas, entendimento consubstanciado na Súmula 364 do STJ, editada no último trimestre de 2008, segundo a qual "o conceito de impenhorabilidade de bem de família abrange também o imóvel pertencente a pessoas solteiras, separadas e viúvas". A Corte Especial do Superior Tribunal de Justiça, com base na Lei 8.009 de 1990, definiu como prioritária a proteção do direito à moradia e da dignidade do devedor, expandindo o conceito de bem de família, de modo a alcançar, em praticamente todas as hipóteses, o imóvel residencial.[20] O Projeto 740, que deu origem à Súmula, foi relatado pela Ministra Eliana Calmon e estendeu a proteção contra a penhora para imóveis de solteiros, viúvos ou descasados, destacando-se, entre os precedentes da Súmula 364, os Recursos Especiais 139.012, 450.989, 57.606 e 159.851. No REsp 450.989, o Relator, Ministro Humberto Gomes de Barros, observa que a Lei 8.009 não visa apenas à proteção da entidade familiar, mas da pessoa humana, ou seja, do direito à moradia (CR, art. 6º), daí a abranger quem reside sozinho no imóvel.[21]

Bem de família como veículo de proteção às pessoas solteiras, separadas e viúvas

O enunciado unifica longa trajetória jurisprudencial e doutrinária de ampliação da antiga noção de bem de família, em favor da proteção do direito à moradia

sido adquirido no curso de demanda executiva, diversamente, no bem de família convencional, a impenhorabilidade é relativa, visto que o imóvel apenas estará protegido da execução por dívidas subsequentes à sua constituição" (STJ, 4ª T., AgInt no AREsp 2010681/PE, Rel. Min. Luis Felipe Salomão, julg. 26.4.2022, publ. *DJ* 27.4.2022).

17 STJ, 4ª T., REsp 1.960.026/SP, Rel. Min. Marco Buzzi, julg. 11.10.2022, publ. *DJ* 29.11.2022.

18 "1. Ainda que, no ato de constrição, tenha sido ressalvada a sua parte, a genitora do executado tem legitimidade para opor embargos de terceiro visando à desconstituição da penhora realizada sobre a metade pertencente ao filho, ao fundamento de que se trata de bem de família. 2. Nos termos dos precedentes deste Superior Tribunal de Justiça, 'a legitimidade ativa, na hipótese, não decorre da titularidade (ou da cotitularidade) dos direitos sobre o bem, mas sim da condição de possuidor (ou copossuidor) que o familiar detenha e do interesse de salvaguardar a habitação da família diante da omissão ou da ausência do titular do bem. 3. Recurso a que se dá provimento'" (STJ, 6ª T., REsp 971926/SP, Rel. Min. Og Fernandes, julg. 02.02.2010, publ. *DJe* 22.02.2010).

19 STJ, 4ª T., REsp 159851/SP, Rel. Min. Ruy Rosado de Aguiar, julg. 19.03.1998, publ. *DJ* 22.06.1998.

20 Sobre o ponto, cfr. Danielle Tavares Peçanha; Simone Cohn Dana, Insuficiência da cláusula *in claris non fit interpretatio* na experiência brasileira: repercussões no direito de família. In: *Revista Brasileira de Direito Civil – RBDCivil*, Belo Horizonte, vol. 32, n. 4, out./dez. 2023, p. 199-224.

21 A utilização do bem de família como reforço à proteção da pessoa sozinha se justifica na medida em que tem crescido o número de pessoas que vivem só: "A participação dos arranjos unipessoais aumentou no período de 2005 a 2015, de 10,4% para 14,6% do total de arranjos. A proporção de arranjos unipessoais que eram formados por pessoas de 50 anos ou mais de idade passou de 57,3% para 63,7% neste mesmo período. A tendência de aumento da proporção de arranjos unipessoais está relacionada ao envelhecimento populacional, que é marcado por uma mudança no padrão etário da população, em que aumenta a participação dos idosos e diminui a de crianças e adolescentes" (IBGE. Coordenação de População e Indicadores Sociais. *Síntese de indicadores sociais:* uma análise das condições de vida da população brasileira, Rio de Janeiro: IBGE, 2016).

e da dignidade humana, a prescindir de modelos preestabelecidos de convivência familiar, tornando impenhorável, nessa esteira, também a residência do devedor que viva fora de qualquer contexto comunitário.[22] A proteção inclui plantações, benfeitorias e equipamentos, inclusive os de uso profissional, ou móveis indispensáveis à habitabilidade ou comumente mantidos em uma residência,[23] exceto se encontrados em duplicidade, "por não se tratarem de utensílios necessários para a manutenção

---

[22] Diante do fundamento do bem jurídico que se está a proteger – direito à moradia – ficam expurgadas as discussões sobre a possibilidade do bem de família tutelar "entidades familiares unipessoais", ou seja, fica reafirmado que a reciprocidade é fundamental para a configuração de uma entidade familiar, de modo que não há que se falar em famílias constituídas por apenas uma pessoa, pois, nesse caso, o que se busca tutelar é a pessoa humana em si. A maior parte da doutrina parece se manifestar no sentido de que a proteção ao bem de família das pessoas que vivem sozinhas não acarreta propriamente o seu reconhecimento como forma de família, mas sim deriva de uma interpretação protetiva relacionada à garantia do patrimônio mínimo e do direito à moradia como forma de tutela da pessoa humana. De acordo com essa posição: "Atenta à necessidade de expandir a tutela conferida pela Lei 8.009/1990, a doutrina não poupou esforços no intuito de incluir o solteiro no conceito de entidade familiar independentemente de quaisquer circunstâncias adicionais. Surgiram, assim, diversos trabalhos doutrinários sustentando a classificação do devedor solteiro como entidade familiar potencial ou entidade familiar por equiparação. (...) O esforço doutrinário é válido pelo seu só intuito de ampliar a proteção conferida pela lei. Todavia, a questão da impenhorabilidade do imóvel residencial do devedor solteiro parece menos relacionada a uma 'superextensão' do conceito de entidade familiar, que à identificação de um novo fundamento de proteção, de uma nova função para o instituto. Com efeito, o art. 1º da Lei 8.009/1990 deve ser reinterpretado sob a ótica do direito constitucional à moradia, expressão e requisito da dignidade humana. Não se trata mais de proteger a entidade familiar, mas a pessoa, integre ela ou não uma família. (...) 'o fundamento para a impenhorabilidade do imóvel residencial do devedor solteiro não deve ser buscado no alargamento procustiano do conceito de entidade familiar, mas no direito à moradia'" (Anderson Schreiber, Direito à moradia como fundamento para a impenhorabilidade do imóvel residencial do devedor solteiro. In: Carmen Lúcia Silveira Ramos et al (org.), *Diálogos sobre Direito Civil*, Rio de Janeiro: Renovar, 2002, pp. 92-95). Em sentido contrário: "FAMÍLIA UNIPESSOAL (...) – Há pessoas que optam por viverem sozinhas, o que se denomina na língua inglesa de *singles*, mas nem por isso significa que não devem receber o reconhecimento e proteção do Estado. Embora pareça paradoxal, pois no conceito de família está a ideia de um grupo de pessoas ligadas pelo vínculo de parentesco ou conjugalidade, o Direito de Família brasileiro tem considerado como família os *singles*, ou seja, os que vivem sozinhos, especialmente para caracterização de sua moradia como um bem de família e, portanto, impenhorável. Não é justo que alguém que viva sozinho em imóvel de sua propriedade, seja por livre escolha (família unipessoal estrutural) ou em decorrência de viuvez, divórcio ou fim da união estável (família unipessoal friccionais) não tenha sua 'propriedade mínima', sua moradia, preservada de possíveis constrições" (Rodrigo da Cunha Pereira, *Dicionário de Direito de Família e Sucessões*, São Paulo: Saraiva, 2015, pp. 321-323); "Entre tantos tipos de família, pode-se citar a família unipessoal e a binuclear. Na primeira, uma pessoa vive sozinha, seja ela solteira, separada ou viúva" (Luiz Edson Fachin, Bem de família e o patrimônio mínimo. In: Rodrigo da Cunha Pereira, *Tratado de direito das famílias*, Belo Horizonte: IBDFAM, 2015, p. 688).

[23] Nesse sentido, já decidiu o STJ que o "aparelho de televisão e outros utilitários da vida moderna atual, em regra, são impenhoráveis quando guarnecem a residência do devedor, exegese que se faz do art. 1º, § 1º, da Lei 8.009/1990" (STJ, 4ª T., REsp 875687/RS, Rel. Min. Luis Felipe Salomão, julg. 09.08.2011, publ. *DJ* 22.08.2011). Em outra oportunidade, já se manifestou o STJ: "A Lei 8.009/1990, ao dispor que são impenhoráveis os equipamentos que guarnecem a residência, inclusive móveis, não abarca tão somente os indispensáveis à moradia, mas também aqueles que usualmente a integram e que não se qualificam como objetos de luxo ou adorno" (STJ, 4ª T., REsp 218882/SP, Rel. Min. Sálvio de Figueiredo Teixeira, julg. 02.09.1999, publ. *DJ* 25.10.1999).

básica da unidade familiar".[24] A ideia de proteção ao patrimônio mínimo reflete-se na exclusão, do rol dos bens impenhoráveis, de veículos de transporte, obras de arte e adornos suntuosos. A vaga de garagem que possui matrícula própria no Registro de Imóveis é considerada unidade autônoma e, portanto, também não é amparada pela impenhorabilidade (Súmula 449 do STJ).

Extensão da tutela protetiva à totalidade do bem, independentemente de a penhora ter sido da integralidade ou não do imóvel

Caso o imóvel se configure como bem de família, mesmo que a penhora recaia apenas sobre parte do bem, a tutela protetiva se estende à sua totalidade – em sendo imóvel suscetível de divisão – sob pena de comprometer a moradia daqueles que ali residem. Trata-se de "proteção que atinge a inteireza do bem, a fim de evitar a frustração do escopo da Lei 8.009/1990, que é a de evitar o desaparecimento material do lar que abriga a família".[25] Assim, a busca pela efetiva proteção à família que ali reside, evitando-se o desaparecimento físico do local de moradia, faz com que se entenda que "o imóvel indivisível protegido pela impenhorabilidade do bem de família deve sê-lo em sua integralidade, e não somente na fração ideal do cônjuge meeiro que lá reside, sob pena de tornar inócuo o abrigo legal".[26] Por esse motivo, os integrantes da entidade familiar residentes no imóvel protegido pela Lei 8.009/1990 possuem legitimidade para se insurgirem contra a penhora do bem de família.[27]

Multiplicidade de bens, a impenhorabilidade recai sobre o bem de menor valor

Caso o proprietário seja possuidor de vários imóveis utilizados como residência, a impenhorabilidade recairá sobre o de menor valor,[28] ressalvada a hipótese de instituição de bem de família voluntário, nos termos do Código Civil. Não obstante, se esse último tiver sido instituído após as dívidas, afetando a solvência do devedor, restabelece-se a impenhorabilidade sobre o de menor valor.

No entanto, o STJ já decidiu por estender a proteção da impenhorabilidade aos dois imóveis do devedor, por entender que um deles era destinado à residência do devedor com a atual esposa e o outro, da ex-companheira com o filho do antigo casal. Na ocasião, afirmou-se: "É possível atribuir o benefício da impenhorabilidade a mais

---

24 STJ, 4ª T., AgRg no REsp 606301/RJ, Rel. Min. Raul Araújo, julg. 27.08.2013, publ. *DJ* 19.09.2013. No mesmo sentido: STJ, 1ª T., REsp 533.388/RS, Rel. Min. Teori Albino Zavascki, publ. *DJ* 29.11.2004.

25 STJ, 4ª T., REsp 1105725/RS, Rel. Min. Aldir Passarinho Junior, publ. *DJ* 09.08.2010.

26 STJ, 4ª T., AgRg no REsp 866051/SP, Rel. Min. Honildo Amaral de Mello Castro, publ. *DJ* 04.06.2010.

27 Nota-se, no entanto, situação diversa quando se está a tratar de bem cuja parcela é utilizado para fins comerciais: "Alega-se que o imóvel penhorado é bem de família, portanto, fora da possibilidade de constrição. Pois bem, analisando os autos, constata-se que o imóvel penhorado é o imóvel onde funciona também a atividade empresarial do recorrente (um lava a jato), cujo fato, por si só, autoriza a penhora parcial não se caracterizando bem de família. (...) No caso concreto, alega-se que o recorrente mora com sua família aos fundos do imóvel (o que se nota facilmente das imagens apresentadas do imóvel) Assim, a penhora da parte frontal do imóvel é perfeitamente cabível, visto que se tratam de divisões estanques, podendo ser fracionadas. (...)". Com efeito, rever tal conclusão, para entender pela impenhorabilidade da totalidade do bem imóvel, demandaria a análise de fatos e de provas dos autos, o que é inviável no recurso especial pelo óbice da Súmula nº 7/STJ." (STJ, AREsp 2173184, Rel. Min. Ricardo Villas Bôas Cueva, julg. 9.3.2023, publ. 20.3.2023).

28 Luiz Edson Fachin critica tal disposição, considerando-a como "critério legal discutível em situações em que o devedor seja solvente e a expropriação de outro imóvel que não aquele em que resida a família seja possível para a satisfação do crédito, ou nos casos de pluralidade de domicílio, em que o devedor com sua família ocupem diversas residências" (Luiz Edson Fachin, *Estatuto jurídico do patrimônio mínimo*, cit., p. 158).

de um imóvel do devedor, desde que destinados à residência de membros de sua família que, devido à separação judicial ou à dissolução de união estável, constituíram entidades familiares distintas".[29]

Renda da locação revertida para a família tutelada como bem de família

Se o imóvel residencial estiver locado a terceiros e a renda obtida com a locação for revertida para a subsistência ou a moradia da sua família, a jurisprudência vem reconhecendo a sua impenhorabilidade (Súmula 486 do STJ). O Superior Tribunal de Justiça já estabeleceu, ainda, a proteção a dinheiro aplicado em poupança destinado ao financiamento para aquisição de imóvel caracterizado como bem de família.[30] Analisa-se, dessa forma, a utilização do bem para a configuração da garantia, ou seja, sua função diante do caso concreto.

Assim, o fato do terreno encontrar-se desocupado ou não edificado são circunstâncias que não constituem, por si só, óbices à qualificação do imóvel como bem de família, devendo ser analisada casuisticamente sua finalidade.[31] Se o imóvel não é destinado à residência ou locação em face de circunstância alheia à vontade do devedor, como pela falta de serviço estatal, encontra-se amparado pela Lei 8.009/1990.[32] Para efeitos da proteção legal, "é suficiente que o imóvel sirva de residência para a família do devedor – ainda que ele não more no mesmo local".[33]

Com essa decisão, a 4ª Turma do STJ entendeu que o fato de o devedor não residir no único imóvel de sua propriedade, por se encontrar em fase de construção, não impede, por si só, sua classificação como bem de família. No caso, havia sido penhorado, em execução de título extrajudicial, o imóvel em construção pertencente a um casal de idosos. O Tribunal de origem considerou regular a penhora, sob o fundamento de que, para se enquadrar na proteção legal, o imóvel deveria servir como residência atual, condição que não se aplicaria ao imóvel em construção. Na Corte superior, os recorrentes pediram que fosse reconhecida a impenhorabilidade do imóvel, por tratar-se de sua futura moradia. O Relator, Min. Marco Buzzi, afirmou que a interpretação finalística da Lei n. 8.009/1990 exige a proteção da entidade familiar. Por isso mesmo, nas palavras do Relator, "a impenhorabilidade do bem de família busca

---

29 STJ, 2ª T., REsp 1.801.059 – SE, Rel. Min. Og Fernandes, julg. 11.06.2019.

30 "Embora o dinheiro aplicado em poupança não seja considerado bem absolutamente impenhorável – ressalvada a hipótese do art. 649, X, do CPC –, a circunstância apurada no caso concreto recomenda a extensão do benefício da impenhorabilidade, uma vez que a constrição do recurso financeiro implicará quebra do contrato, autorizando, na forma do Decreto-Lei 70/1966, a retomada da única moradia familiar" (STJ, 2ª T., REsp 707623/RS, Rel. Min. Herman Benjamin, julg. 16.04.2009, publ. *DJe* 24.09.2009). Em outra ocasião, a Corte Especial do STJ entendeu que não é possível a penhora do saldo integral de conta corrente conjunta para pagamento de dívida imputada a apenas um de seus titulares. Assim, o colegiado cassou acórdão da 1ª Turma que admitia a penhora de todo o saldo depositado em conta conjunta, quando apenas um dos correntistas era demandado em execução fiscal. A relatora, Min. Laurita Vaz, aplicando tese fruto de precedente qualificado da Corte, sublinhou que a obrigação pecuniária assumida por um dos correntistas perante terceiros não pode repercutir na esfera patrimonial do cotitular da conta conjunta, a menos que haja disposição legal ou contratual atribuindo responsabilidade solidária pelo pagamento da dívida executada (STJ, Corte Especial, EREsp 1734930, Rel. Min. Laurita Vaz, julg. 21.9.2022, publ. *DJ* 29.9.2022).

31 STJ, 3ª T., REsp 1417629/SP, Rel. Min. Nancy Andrighi, julg. 10.12.2013, publ. *DJ* 19.12.2013.

32 STJ, 4ª T., REsp 825660/SP, Rel. Min. João Otávio de Noronha, julg. 01.12.2009, *DJ* 14.12.2009.

33 STJ, 3ª T., REsp 1851893/MG, Rel. Min. Marco Aurélio Bellizze, julg. 23.11.2021, publ. *DJ* 29.11.2021.

amparar direitos fundamentais, tais como a dignidade da pessoa humana e a moradia, os quais devem funcionar como vetores axiológicos do nosso ordenamento jurídico".[34]

Bem de família e imóveis de alto luxo

O STJ já se manifestou reiteradas vezes no sentido de que "os imóveis residenciais de alto padrão ou de luxo não estão excluídos, em razão do seu valor econômico, da proteção conferida pela Lei 8.009/1990 aos bens de família".[35] Não obstante tal posicionamento, o próprio STJ, por vezes, já mitigou essa diretriz ao permitir "a penhora de parte do imóvel, caracterizado como bem de família, quando for possível o desmembramento sem sua descaracterização".[36] Tal medida, embora adotada apenas excepcionalmente, é de ser estimulada, por mostrar-se consentânea com a função do bem de família, evitando formas abusivas de exclusão de garantias patrimoniais.

A configuração de bem de família não impede o arrolamento fiscal

Por outro lado, o STJ entende que a impenhorabilidade do bem de família não impede seu arrolamento fiscal, uma vez que não implica nenhum "tipo de oneração dos bens em favor do fisco, tampouco medida de antecipação da constrição judicial a ser efetivada na execução da dívida ativa, não há impedimento para que o bem de família seja arrolado".[37] Assim, tem-se entendido que "pela regularidade do arrolamento fiscal, sem excetuar o bem de família, haja vista que tal providência não configura constrição ao direito de posse ou de propriedade e, portanto, não ofende a garantia da impenhorabilidade legal". Nessa linha, o arrolamento fiscal é considerado "medida acautelatória que visa assegurar a realização do crédito fiscal, impedindo que o contribuinte/devedor venda, onere ou transfira, a qualquer título, os bens e direitos arrolados, sem que o Fisco seja notificado. Tem como finalidade, proporcionar ao Fisco o acompanhamento da evolução patrimonial, sendo que os bens continuam na propriedade do contribuinte/devedor".[38]

Exceções à regra da impenhorabilidade do bem de família

A lei determina, ainda, a impenhorabilidade do imóvel em face de qualquer tipo de dívida civil, comercial, fiscal, previdenciária ou de outra natureza, contraída pelos proprietários e que nele residam, observadas as exceções legais, que, diante do caráter protetivo e cogente do instituto, devem ser interpretadas de forma restritiva.[39] As exceções

---

34 STJ, 4ª T., REsp 1.960.026/SP, Rel. Min. Marco Buzzi, julg. 11.10.2022, publ. *DJ* 29.11.2022. Naquela ocasião, Buzzi lembrou que a qualificação do imóvel como bem de família depende da finalidade que lhe é atribuída – análise a ser feita caso a caso. Assim, desde que não estejam configuradas as exceções à impenhorabilidade estabelecidas nos artigos 3º e 4º daquele diploma, o bem pode ser considerado bem de família, sendo o único imóvel de propriedade do casal, no qual se pretende fixar residência.

35 STJ, 3ª T., AgRg no REsp 1.294.441/SP, Rel. Min. Sidnei Beneti, *DJ* 28.06.2012. No mesmo sentido: STJ, 2ª T., REsp 1.320.370/RJ, Rel. Min. Castro Meira, publ. *DJ* 16.06.2012; e STJ, 4ª T., REsp 715.529/SP, Rel. Min. Luis Felipe Salomão, publ. *DJ* 09.09.2010.

36 STJ, 3ª T., REsp 1.178.469/SP, Rel. Min. Massami Uyeda, publ. *DJ* 10.12.2010. No mesmo sentido: STJ, 4ª T., AgRg no Ag 1.130.780/RS, Rel. Min. Fernando Gonçalves, publ. *DJ* 23.03.2010; e STJ, 3ª T., REsp 624.355/SC, Rel. Min. Humberto Gomes de Barros, publ. *DJ* 07.05.2007.

37 STJ, 2ª T., AgRg no REsp 1492211/PR, Rel. Min. Humberto Martins, julg. 18.12.2014, publ. *DJ* 03.02.2015.

38 STJ, 2ª T., AgRg no REsp 1496213/RS, Rel. Min. Mauro Campbell Marques, julg. 18.12.2014, publ. *DJ* 19.12.2014.

39 "A finalidade da Lei 8.009/1990 não é proteger o devedor contra suas dívidas, mas visa à proteção da entidade familiar no seu conceito mais amplo, motivo pelo qual as hipóteses de exceção à impenhorabi-

apresentadas pelo art. 3º da Lei 8.009/1990, em rol taxativo,[40] pretendem tutelar o crédito em virtude de sua natureza ou do seu estreito liame com o próprio bem – e não a aparente justificativa do risco de fraude. Essas exceções suscitam significativas controvérsias.

A Lei Complementar 150, de 2015, que tratou do contrato de trabalho doméstico, excluiu a possibilidade de penhora do bem de família em razão dos créditos de trabalhadores da própria residência e das respectivas contribuições previdenciárias que, até então, era prevista no inciso I do art. 3º da Lei 8.009/1990.

As exceções previstas nos incisos II, IV e V se referem à penhora do bem de família em decorrência de dívidas relativas à própria residência do devedor, ou seja, despesas geradas pelo bem. "Nesses casos, o legislador concedeu exceções com a intenção de evitar que a impenhorabilidade do bem de família motivasse indivíduos a não efetuar os pagamentos decorrentes da própria manutenção desse bem".[41]

Possibilidade de penhora em razão de não pagamento do crédito oriundo do financiamento para construção ou reforma do imóvel

O inciso II do art. 3º prevê a não aplicação da regra da impenhorabilidade ao titular do crédito decorrente do financiamento destinado à construção ou à aquisição do imóvel, no limite dos créditos e acréscimos constituídos em função do respectivo contrato. Objetiva-se evitar que o devedor faça da impenhorabilidade do bem de família o escudo para impedir a cobrança de dívida contraída para adquirir ou reformar o próprio bem; assim, em casos de débito oriundo de negócio jurídico que envolve o próprio bem, este pode ser penhorado. Em tal perspectiva, "admite-se a penhora do bem de família para saldar o débito originado de contrato de empreitada global celebrado para promover a construção do próprio imóvel".[42]

Com base nessa mesma premissa, o STJ entende que a regra do art. 3º, II, da Lei 8.009/1990, se estende também aos casos em que o proprietário firma contrato de promessa de compra e venda do imóvel e, após receber parte do preço ajustado, se recusa a adimplir com as obrigações avençadas ou a restituir o numerário recebido, e não possui outro bem passível de assegurar o juízo da execução. Foi esse o posicionamento na hipótese "em que a devedora claramente se aproveitou da proteção conferida pela Lei 8.009/1990 para compromissar a venda do próprio bem de família, sabedora de que o negócio seria desfeito e na predisposição de reter indevidamente o sinal adiantado pelo comprador, ora recorrente. Não cabe dúvida de que a proteção

---

lidade do bem de família, em virtude do seu caráter excepcional, devem receber interpretação restritiva" (STJ, 4ª T., AgRg no AREsp 537034/MS, Rel. Min. Raul Araújo, julg.26.08.2014, publ. *DJ* 01.10.2014).

40 "A lei estabelece, portanto, de forma expressa, as hipóteses de exceção à regra da impenhorabilidade do bem de família, ressoando claro seu caráter excepcional a demandar a interpretação estrita" (STJ, 4ª T., REsp 1.021.440/SP, Rel. Min. Luis Felipe Salomão, julg. 02.05.2013, publ. *DJ* 20.05.2013). No mesmo sentido: STJ, 4ª T., AgInt no REsp 1.789.505/SP, Rel. Marco Buzzi, julg. 28.9.2021, publ. DJ 1.10.2021. "São taxativas as hipóteses de exceção à regra da impenhorabilidade do bem de família previstas na Lei n. 8.009/1990, logo não comportam interpretação extensiva" (STJ, 4ª T., AgInt no AREsp 2028415/RS, Rel. Min. Antônio Carlos Ferreira, julg. 15.8.2022, publ. *DJ* 18.8.2022; STJ, 3ª T., REsp 1888863/SP, Rel. Min. Ricardo Villas Bôas Cueva, Relª. p/ Acórdão Minª. Nancy Andrighi, julg. 10.5.2022, *DJ* 20.5.2022; STJ, 3ª T., REsp 1935563/SP, Rel. Min. Ricardo Villas Bôas Cueva, julg. 3.5.2022, publ. DJ 11.5.2022; STJ, 4ª T., REsp 1789505/SP, Rel. Min. Marco Buzzi, julg. 22.3.2022, publ. *DJ* 7.4.2022; STJ, 4ª T., AgInt nos EDcl no REsp 1934700/SP, Relª. Minª. Maria Isabel Gallotti, julg. 21.2.2022, publ. *DJ* 25.2.2022).

41 Luiz Edson Fachin, Bem de família e o patrimônio mínimo. In: Rodrigo da Cunha Pereira, *Tratado de direito das famílias*, cit., p. 690.

42 STJ, 3ª T., REsp 1.976.743/SC, Rel. Min. Nancy Andrighi, julg. 8.3.2022, publ. *DJ* 11.3.2022.

legal foi desvirtuada, propiciando o enriquecimento ilícito do proprietário do imóvel em detrimento de terceiro de boa-fé." Na mesma linha, aliás, a 3ª Turma do STJ afirmou que o bem de família pode ser penhorado para pagar dívidas contraídas em sua reforma, aplicando-se, no caso a exceção à impenhorabilidade, prevista no art. 3º, II, da Lei 8.009/1990.[43] Busca-se evitar, assim, a interpretação disfuncional da lei, de modo que a proteção ao bem de família acabe por servir de estratégia que proporcione a "aquisição, melhoramento, uso, gozo e/ou disposição do bem de família sem nenhuma contrapartida, à custa de terceiros".[44]

Possibilidade de penhora do imóvel residencial por dívidas oriundas de tributo que recai sobre o bem

Não se aplica ainda a regra da impenhorabilidade prevista pelo inciso IV do art. 3º da Lei 8.009/1990 no caso de cobrança de impostos, predial ou territorial, taxas e contribuições que recaem sobre o imóvel que abriga a moradia da família. Entendeu a 3ª Turma do STJ, ainda, que se enquadra na exceção à impenhorabilidade prevista no artigo 3º, inciso IV a dívida decorrente de aluguel por uso exclusivo do imóvel por ex-cônjuge ou ex-companheiro. Admitiu-se, assim, em execução de aluguéis, a penhora e a adjudicação de imóvel que ficou sob uso exclusivo de um dos companheiros após a dissolução da união estável.[45]

Possibilidade de penhora do bem de família em razão de execução de hipoteca sobre o imóvel dado como garantia real

Do mesmo modo, autoriza o legislador a penhora para a execução de hipoteca sobre o imóvel oferecido como garantia real pelo casal ou pela entidade familiar (art. 3º, V, Lei 8.009/1990). Nessa esteira, de acordo com o STJ, a impenhorabilidade do bem de família hipotecado não pode ser oposta nos casos em que a dívida garantida se reverteu em proveito da entidade familiar. Entende-se, com base na boa-fé objetiva, não ser razoável que o devedor aja de forma contraditória ante à sua inadimplência, negando a penhora do próprio bem.[46] "A atitude contraria a boa-fé ínsita às relações negociais, pois equivaleria à entrega de uma garantia que o devedor, desde o início,

---

43 Tratava-se de ação de cobrança por serviços de reforma em um imóvel, que se tornou objeto de penhora na fase de cumprimento de sentença. A proprietária alegou tratar-se de bem de família, e que as exceções legais deveriam ser interpretadas restritivamente, visando resguardar a dignidade humana e o direito à moradia. A Relatora na 3ª Turma, Min. Nancy Andrighi, explicou que a aludida exceção legal visa evitar que o devedor use a proteção à residência familiar para se esquivar de cumprir com suas obrigações assumidas na aquisição, construção ou reforma do próprio imóvel. Reconheceu, ainda, que as exceções devem mesmo ser interpretadas de forma restritiva, mas, segundo ela, "não seria razoável admitir que o devedor celebrasse contrato para reforma do imóvel, com o fim de implementar melhorias em seu bem de família, sem a devida contrapartida ao responsável pela sua implementação" (STJ, 3ª T., REsp 2.082.860/RS, Rel. Min. Nancy Andrighi, julg. 6.2.2024, publ. *DJe* 27.2.2024).

44 STJ, 3ª T., REsp 1.440.786/SP, Rel. Min. Nancy Andrighi, julg. 27.05.2014, publ. *DJ* 27.06.2014.

45 STJ, 3ª T., REsp 1.990.495/DF, Rel. Min. Nancy Andrighi, julg. 15.8.2023, publ. DJe 22.8.2023. De acordo com a Relatora, "não é suficientemente relevante o fato de ter havido pretérita relação convivencial entre as partes para o fim de definir se são admissíveis, ou não, a penhora e a adjudicação do imóvel em que residiam em favor de um dos ex-conviventes".

46 De modo diverso, contudo, a Terceira Turma do STJ entendeu que não é possível a penhora de imóvel residencial familiar oferecido como caução imobiliária em contratos de locação, sob o argumento de que o rol das hipóteses de exceção à regra da impenhorabilidade do bem de família, previsto na Lei nº 8.009/1990, é taxativo. No caso em tela, um aposentado atuou como caucionante em contrato estabelecido entre duas empresas locadoras de imóveis e a empresa locatária, dando como garantia um imóvel de sua propriedade (STJ, 3ª T., REsp. 1.873.203/SP, Rel. Min. Nancy Andrighi, julg. 24.11.2020, publ. *DJ* 1.12.2020).

sabia ser inexequível, esvaziando-a por completo".[47] Nesse caso, presume-se que houve benefício direto do casal ou da entidade familiar.[48]

Nessa esteira, "é válida a transação homologada pelo Juízo, nos autos da execução, em que o devedor assume o compromisso de vender o bem de família para quitar a dívida em debate, configurando comportamento contraditório a posterior alegação de que o imóvel estaria protegido pela impenhorabilidade prevista na Lei nº 8.009/1990".[49] Ou seja, a posição parece ser no sentido de que, quando voluntariamente a parte renuncia à proteção do bem de família ao dar o imóvel como garantia, esse negócio jurídico é válido e passível de execução. O mesmo raciocínio não se aplica, todavia, quando o imóvel é dado em garantia real pelo sócio da pessoa jurídica devedora, incumbindo ao credor o ônus da prova de que o proveito foi destinado à entidade familiar.[50]

---

47 STJ, 3ª T., REsp 1.141.732/SP, Rel. Min. Nancy Andrighi, julg. 09.11.2010, publ. *DJ* 22.11.2010. Nesse sentido: STJ, 3ª T., AgRg nos EDcl no REsp 1463694/MS, Rel. Min. João Otávio de Noronha, julg. 06.08.2015, *DJ* 13.08.2015. Mais recentemente, a 4ª T. do STJ negou provimento ao recurso de duas proprietárias de um apartamento que invocavam a impenhorabilidade do bem de família oferecido em alienação fiduciária como garantia de empréstimo para empresa titularizada por apenas uma das donas do imóvel, sendo que ambas assinaram o contrato de alienação fiduciária. Constatou-se comportamento abusivo, uma vez que a regra da impenhorabilidade do bem de família não pode ser aplicada quando há violação do princípio da boa-fé objetiva e quando implicar o abrandamento da garantia após o inadimplemento do débito (STJ, 4ª T., REsp 1559348, Rel. Luis Felipe Salomão, julg. 18.06.2019). Na mesma direção, v. STJ, 3ª T., REsp 1782227/PR, Rel. Min. Nancy Andrighi, julg. 27.8.2019, publ. *DJ* 29.8.2019, em que se negou provimento ao recurso de empresário que ofereceu seu imóvel como garantia e, logo após, alegou que ele não poderia ser penhorado por constituir bem de família, violando, em especial, o *venire contra factum proprium*. A mesma decisão foi prolatada em caso em que se alegou "(im)penhorabilidade de bem de família em hipótese na qual o imóvel, que pertence e serve de residência aos únicos sócios de pessoa jurídica, foi oferecido – e aceito pela casa bancária – como garantia real (alienação fiduciária)"; alegação rejeitada, mantendo-se a penhora do imóvel. (STJ, 2ª S., Embargos de Divergência em AREsp 1.555.368 – MT, Rel. Min. Marco Buzzi, julg. 14.6.2023, publ. DJe 3.7.2023).

48 Parece incongruente que o devedor possa oferecer o bem à hipoteca, mas não possa renunciar à proteção legal. Se ele tem ciência de ser este o seu único bem e, mesmo assim, opta por oferecê-lo como garantia de dívida, se a família usufruir do bem é legítima a renúncia à impenhorabilidade (STJ, 4ª T., AgInt no AREsp 1215736/SP, Rel. Min. Luis Felipe Salomão, julg. 09.10.2018, publ. *DJ* 15.10.2018). Por outro lado, não se considera possível que o devedor abra mão da garantia em relação a outras dívidas, mesmo a família utilizando o bem. Trata-se de soluções diversas para um mesmo arcabouço fático: ora o ordenamento permite uma solução baseada na autonomia e ora, na solidariedade.

49 STJ, 3ª T., AgInt no AREsp 1.886.576/SP, Rel. Min. Ricardo Villas Bôas Cueva, julg. 29.11.2021, publ. DJ 3.12.2021.

50 STJ, 3ª T., AgInt no AgInt no AREsp 1.155.639/SP, Rel. Min. Marco Aurélio Bellizze, julg. 23.8.2021, publ. *DJ* 25.8.2021, seguindo jurisprudência da 2ª Seção no EAREsp 848.498/PR, Rel. o Ministro Luis Felipe Salomão, jul. 25.4.2018, publ. *DJe* 7.6.2018. No entanto: "1. Ação revisional de contrato c/c restituição de valores c/c declaratória. 2. Sendo o alienante pessoa dotada de capacidade civil que livremente optou por dar seu único imóvel (residencial) em garantia a um contrato de mútuo destinado a favorecer pessoa diversa, empresa da qual é único sócio, não se admite a proteção irrestrita do bem de família se esse amparo significar o alijamento da garantia após o inadimplemento do débito, contrariando a ética e a boa-fé, indispensáveis em todas as relações negociais. Súmula 568/STJ. 3. Agravo interno não provido." (STJ, 3ª T., AgInt no AREsp 1.831.749/ES, Relª. Minª. Nancy Andrighi, julg. 16.8.2021, publ. *DJ* 19.8.2021). Em síntese, o entendimento que tem prevalecido é: "A jurisprudência desta Corte distinguiu, segundo as especificidades de cada caso concreto, duas situações com soluções distintas para a questão da penhorabilidade do bem de família dado pelo

Com a mesma *ratio* (proveito para a própria família), o STJ tem se posicionado no sentido de ser possível a penhora do bem de família para assegurar o pagamento de dívidas oriundas de despesas condominiais da unidade autônoma geradora da obrigação (art. 3º, IV, Lei 8.009/1990).[51] Trata-se de obrigações *propter rem*, sendo a cota condominial de responsabilidade do titular da coisa: "se o direito real que a origina é transmitido, as obrigações o seguem, de modo que nada obsta que se volte a ação de cobrança dos encargos condominiais contra os proprietários. Em virtude das despesas condominiais incidentes sobre o imóvel, pode vir ele a ser penhorado, ainda que gravado como bem de família", tendo em conta o aludido permissivo legal.[52-53-54]

Possibilidade de penhora do bem para pagamento de despesas condominiais geradas pela unidade

Além do afastamento da impenhorabilidade do imóvel em relação às dívidas relativas às despesas geradas pelo próprio bem, autoriza ainda o legislador a penhora na hipótese de dívida alimentar. Com efeito, a impenhorabilidade do bem de família prevista no art. 3º, III, da Lei 8.009/1990 não pode ser oposta ao credor de pensão alimentícia, independentemente da origem da obrigação alimentar.[55] Justifica-se a penho-

Possibilidade de penhora em virtude de dívida de alimentos do proprietário do imóvel

---

sócio em hipoteca como garantia de dívida da sociedade: a) quando for dado em garantia real de dívida por um dos sócios da pessoa jurídica devedora, o bem de família é, em regra, impenhorável, cabendo ao credor o ônus da prova de que a dívida da sociedade se reverteu à entidade familiar; e b) quando os únicos sócios da empresa devedora são os titulares do imóvel hipotecado, o bem de família é, em regra, penhorável, sendo ônus dos proprietários a demonstração de que a família não se beneficiou dos valores auferidos da dívida da sociedade." (STJ, 3ª T., AgInt no REsp 1924849 – SP, Rel. Min. Marco Aurélio Bellizze, julg. 9.10.2023).

51 STJ, 3ª T., AgRg no Ag 1.164.999/SP, Rel. Min. Sidnei Beneti, publ. *DJ* 16.10.2009; STJ, 4ª T., AgRg no Ag 1.041.751/DF, Rel. Min. João Otávio de Noronha, julg. 06.04.2010, publ. *DJ* 19.04.2010.

52 STJ, 4ª T., REsp 846.187/SP, Rel. Min. Hélio Quaglia Barbosa, julg. 13.03.2007, publ. *DJ* 09.04.2007.

53 "Constitui obrigação de todo condômino concorrer para as despesas condominiais, na proporção de sua cota-parte, dada a natureza de comunidade singular do condomínio, centro de interesses comuns, que se sobrepõe ao interesse individual. 2. As despesas condominiais, inclusive as decorrentes de decisões judiciais, são obrigações *propter rem* e, por isso, será responsável pelo seu pagamento, na proporção de sua fração ideal, aquele que detém a qualidade de proprietário da unidade imobiliária, ou seja, titular de um dos aspectos da propriedade (posse, gozo, fruição), desde que tenha estabelecido relação jurídica direta com o condomínio, ainda que a dívida seja anterior à aquisição do imóvel. 3. Portanto, uma vez ajuizada a execução em face do condomínio, se inexistente patrimônio próprio para satisfação do crédito, podem os condôminos ser chamados a responder pela dívida, na proporção de sua fração ideal. 4. O bem residencial da família é penhorável para atender às despesas comuns de condomínio, que gozam de prevalência sobre interesses individuais de um condômino, nos termos da ressalva inserta na Lei 8.009/1990 (art. 3º, IV)" (STJ, 4ª T., REsp 1473484/RS, Rel. Min. Luis Felipe Salomão, julg. 21.06.2018, publ. *DJ* 23.08.2018).

54 Ainda em discussão sobre condomínio, mas em situação diversa: "A obrigação do coproprietário de pagar alugueres de imóvel que este utiliza com exclusividade, como moradia por sua família, em favor do outro configura-se como *propter rem* afastando, assim, a impenhorabilidade do bem de família" (STJ, 3ª T., REsp 1.888.863/SP, Rel. Min. Ricardo Villas Bôas Cueva, Rel. Acd. Min. Nancy Andrighi, julg. 10.5.2022, publ. *DJ* 20.5.2022).

55 STJ, 4ª T., AgRg no AREsp 516272/SP, Rel. Min. Luis Felipe Salomão, julg. 03.06.2014, publ. *DJ* 13.06.2014; STJ, 3ª T., AgRg no REsp 1210101/SP, Rel. Min. Paulo de Tarso Sanseverino, julg. 20.09.2012, publ. *DJ* 26.09.2012. O STJ diferencia verba alimentar (essa sim, geradora da exceção à impenhorabilidade do bem de família) de verba de natureza alimentar (não tendo privilégio executivo): "As exceções destinadas à execução de prestação alimentícia, como a penhora dos bens descritos no art. 833, IV e X, do CPC/15, e do bem de família (art. 3º, III, da Lei 8.009/90), assim como a prisão civil, não se estendem aos honorários advocatícios, como não se estendem às demais

ra por estar em jogo a sobrevivência do alimentado, fundada no princípio da solidariedade. Não obstante um dos fundamentos do bem de família se localize exatamente no princípio da solidariedade, estar-se-ia diante de hipótese de colisão de direitos, em que o legislador prefere tutelar o credor de alimentos, cuja vulnerabilidade se presume.

A Lei 13.144/2015 promoveu alterações no inciso III do art. 3º,[56] a fim de assegurar proteção ao patrimônio do novo cônjuge ou companheiro do devedor de pensão alimentícia, no caso de o imóvel residencial ser de propriedade de ambos. Isso significa que, se um dos cônjuges for compelido a alienar seu único bem, em regime de copropriedade com o novo cônjuge, a metade deste último estará protegida e não será destinada ao pagamento da dívida, de modo que ele recebe o correspondente à sua meação em dinheiro.[57]

Imóvel adquirido com produto de crime

Outra hipótese em que não se aplica a regra da impenhorabilidade ocorre quando o imóvel foi adquirido com produto de crime, pois a forma ilícita de aquisição do bem contamina a tutela protetiva (art. 3º, VI, Lei 8.009/1990). Além disso, é possível a penhora para execução de sentença penal condenatória a ressarcimento, indenização ou perdimento de bens que deve ter transitado em julgado antes de se efetivar a apreensão do bem. Em contrapartida, a impenhorabilidade do bem de família é oponível às execuções de sentenças cíveis decorrentes de atos ilícitos, salvo se o ilícito for previamente reconhecido na esfera penal. No entendimento do STJ, "entre os bens jurídicos em cotejo – de um lado a preservação da moradia do devedor inadimplente e, de outro, o dever de ressarcir os prejuízos sofridos em decorrência de conduta ilícita criminalmente apurada –, preferiu o legislador privilegiar o ofendido em detrimento do infrator, afastando a impenhorabilidade do bem de família".[58] A impenhorabilidade é superada quando for transgredida norma penal concomitante à norma civil, em face da natureza dos bens jurídicos protegidos pelo direito penal; assim, após o trânsito em julgado da sentença que determinar o dever de ressarcimento do dano motivado pela prática do delito, é possível excutir o patrimônio do devedor, mediante penhora que pode abranger o bem de família.

É constitucional a penhora do bem de família do fiador de contrato de locação?

Mostra-se bastante controvertida a penhorabilidade do bem do fiador em contrato de locação de imóvel, prevista no inciso VII do art. 3º da Lei 8.009/1990, incluído pela Lei 8.245/1991.[59] A polêmica intensificou-se especialmente após a Emenda

---

verbas apenas com natureza alimentar" (STJ, 3ª T., AgInt no REsp 1.869.029/DF, Relª. Minª. Nancy Andrighi, julg. 16.11.2021, publ. DJ 18.11.2021).

56 O art. 3º, que trata das exceções à penhorabilidade, passou a ter a seguinte redação: "III – pelo credor da pensão alimentícia, resguardados os direitos, sobre o bem, do seu coproprietário que, com o devedor, integre união estável ou conjugal, observadas as hipóteses em que ambos responderão pela dívida".

57 "É possível a penhora do bem de família em favor do credor de pensão alimentícia, ainda que se trate de bem indivisível, desde que respeitada a quota-parte do coproprietário não devedor da prestação" (STJ, 3ª T., AgInt no AREsp 2030654/RS, Rel. Min. Marco Aurélio Bellizze, julg. 8.8.2022, publ. *DJ* 10.8.2022 e STJ, 3ª T., AgInt no REsp 1960419/DF, Rel. Min. Nancy Andrighi, julg. 14.3.2022, publ. *DJ* 18.3.2022).

58 STJ, 4ª T., REsp 1.021.440/SP, Rel. Min. Luis Felipe Salomão, julg. 02.05.2013, publ. *DJ* 20.05.2013.

59 "Art. 3º A impenhorabilidade é oponível em qualquer processo de execução civil, fiscal, previdenciária, trabalhista ou de outra natureza, salvo se movido: (...) VII – por obrigação decorrente

Constitucional 26/2000, que reconheceu o direito à moradia como direito social fundamental, inserindo-o no rol do art. 6º da Constituição da República. De fato, o legislador autoriza a mencionada penhora do bem de família do fiador de contrato de locação, entendimento consolidado pela Súmula 549 do STJ. Trata-se de hipótese de colisão entre o direito de crédito do locador e o direito à moradia do fiador.

Não obstante a relevância da tutela do crédito e da autonomia privada negocial do fiador no momento em que funcionou como garantidor da dívida locatícia, muitos autores consideram desproporcional o sacrifício da moradia própria e a da sua família. Embora a função da fiança seja proteger o locatário do despejo, de modo a evitar que ele perca a sua moradia, o fiador – garantidor do contrato de locação – não tem como preservar seu teto, em face da impossibilidade de se opor o bem de família à execução dos aluguéis inadimplidos. Objetou-se que tal orientação seria contraditória, por tratar pessoas em situações semelhantes de maneira desigual,[60] além de desprezar o patrimônio mínimo do fiador.[61] A incongruência seria confirmada pela natureza acessória do contrato de fiança, não podendo o fiador obrigar-se nem mais (perspectiva quantitativa) nem de maneira mais onerosa (perspectiva qualitativa).[62]

Essa questão foi levada a julgamento pelo STF em 2005. Nessa oportunidade, a Suprema Corte entendeu que o art. 3º, VII, da Lei 8.009/1990 era inconstitucional.[63] Em 2006, contudo, no julgamento do RE 407.688/SP, venceu no Plenário do STF a tese da

---

de fiança concedida em contrato de locação". Não havia previsão do bem do fiador como exceção à impenhorabilidade do bem de família na Medida Provisória 143, de 1990, que deu origem à Lei 8.009/1990. A referida hipótese foi incluída em 1991, com o advento da Lei 8.245 (Lei do Inquilinato), face à dificuldade de o promitente-locatário encontrar uma pessoa com mais de um imóvel para figurar como seu fiador (Rosalice Fidalgo Pinheiro; Katya Isaguirre, O direito à moradia e o STF: um estudo de caso acerca da impenhorabilidade do bem de família do fiador, In: Luiz Edson Fachin; Gustavo Tepedino (Coords.), *Diálogos sobre direito civil*, Rio de Janeiro: Renovar, 2008, p. 135).

60 "Nos termos do art. 3º, VII, da Lei 8.009/1990, cuja constitucionalidade já foi confirmada pelo Supremo Tribunal Federal, não é permitido ao fiador de contrato de locação opor a impenhorabilidade de imóvel que lhe serve de moradia em processo de execução movido em seu desfavor" (TJ/MG, 9ª C.C., AI 1.0024.09.500401-6/001, Rel. Des. Moacyr Lobato, julg. 18.03.2014); TJ/SP, 25ª Câm. Dir. Priv., AI 2256815-43.2016.8.26.0000, Rel. Des. Claudio Hamilton, julg. 09.03.2017; TJ/RS, 16ª C.C., Ap. Cív. 70015597438, Des. Rel. Helena Ruppenthal Cunha, julg. 27.09.2006; TJ/RJ, 3ª C.C., AI 0027188-75.2014.8.19.0000, Rel. Des. Renata Machado Cotta, julg. 14.07.2014.

61 Nesse sentido: Luiz Edson Fachin, Bem de família e o patrimônio mínimo. In: Rodrigo da Cunha Pereira (coord.), *Tratado de direito das famílias*, cit., p. 690; Maria Celina Bodin de Moraes, Gabriel Schulman, Ensaio sobre as iniquidades da fiança locatícia gratuita. *Revista de Direito do Consumidor*, ano 25, vol. 107, pp. 19-56, set./out. 2016.

62 Pietro Perlingieri, *O direito civil na legalidade constitucional*, Rio de Janeiro: Renovar, 2008, trad. Maria Cristina De Cicco, p. 741.

63 "Fiador. Bem de Família: Imóvel residencial do casal ou de entidade familiar. Impenhorabilidade. Lei 8.009/1990, arts. 1º e 3º. Lei 8.245, de 1991, que acrescentou o inciso VII, ao art. 3º, ressalvando a penhora 'por obrigação decorrente de fiança concedida em contrato de locação': sua não recepção pelo art. 6º, C.F., com a redação da EC 26/2000. Aplicabilidade do princípio isonômico e do princípio de hermenêutica: *ubi eadem ratio, ibi eadem legis dispositio*: onde existe a mesma razão fundamental, prevalece a mesma regra de Direito. Recurso extraordinário conhecido e provido" (STF, RE 352.940-4, Rel. Min. Carlos Velloso, julg. 25.04.2005).

possibilidade de penhora do único bem do fiador em contrato de locação. Por maioria, com os votos dos Ministros Cezar Peluso, Joaquim Barbosa, Gilmar Mendes, Nelson Jobim e Sepúlveda Pertence, a Corte entendeu que o direito à moradia não se confundiria com o direito à propriedade imobiliária (direito de ser proprietário de imóvel) e que não haveria violação à isonomia, porque a situação do locatário e do fiador decorreriam de situações factuais e vocações normativas diversas. Em seu voto, o Ministro Cezar Peluso apontou que "a expropriabilidade do bem do fiador tende, posto que por via oblíqua, também proteger o direito social de moradia, protegendo direito inerente à condição de locador, não um qualquer direito de crédito". Em posição divergente, os Ministros Eros Grau, Carlos Brito e Celso de Mello votaram no sentido da impenhorabilidade.[64] O entendimento da penhorabilidade vem prevalecendo atualmente nos tribunais.[65]

O STF entendeu como prioritária a tutela do direito de propriedade em detrimento da moradia, ainda que sob o argumento de que, indiretamente, a estabilidade e o equilíbrio do mercado locatício favorecem a maior oferta de imóveis e, em consequência, reduzem o custo das locações residenciais, favorecendo a moradia dos inquilinos.[66] Na ponderação dos argumentos em colisão, prevaleceu no STF o direito de crédito – à proteção do trânsito jurídico e das garantias que são fornecidas em relação que, presumidamente, é estabelecida entre pessoas livres e iguais – à propriedade/moradia do fiador. Permanecem críticas a tal orientação, ao argumento de que a expropriação do imóvel dado em garantia, ao permitir a perda da moradia do fiador, pode acabar por colocá-lo em situação pior do que a do devedor-locatário, que usufrui diretamente do bem.[67]

---

64 Locação. Ação de despejo. Sentença de procedência. Execução. Responsabilidade solidária pelos débitos do afiançado. Penhora de seu imóvel residencial. Bem de família. Admissibilidade. Inexistência de afronta ao direito de moradia, previsto no art. 6º da CF. Constitucionalidade do art. 3º, inc. VII, da Lei 8.009/1990, com a redação da Lei 8.245/1991. Recurso extraordinário desprovido. Votos vencidos. A penhorabilidade do bem de família do fiador do contrato de locação, objeto do art. 3º, inc. VII, da Lei 8.009, de 23 de março de 1990, com a redação da Lei 8.245, de 15 de outubro de 1991, não ofende o art. 6º da Constituição da República (STF, Tribunal Pleno, RE 407.688/SP, Rel. Min. Cezar Peluso, julg. 08.02.2006, *DJ* 06.10.2006). Posteriormente, o STF examinou tema de repercussão geral no RE 612.360, Tribunal Pleno, Rel. Min. Ellen Gracie, julg. 13.08.2010, publ. *DJ* 02.09.2010.

65 O STJ entende, ainda, que "é legítima a penhora de apontado bem de família pertencente a fiador de contrato de locação, ante o que dispõe o art. 3º, inciso VII, da Lei 8.009/1990 (Tese julgada sob o rito do art. 543-C do CPC (Tema 708) (Súmula 549/STJ), além de entender, também, ser "possível a penhora do bem de família de fiador de contrato de locação, mesmo quando pactuado antes da vigência da Lei 8.245/1991, que acrescentou o inciso VII ao art. 3º da Lei 8.009/1990").

66 Voto do Min. Cezar Peluso no STF, RE 407.688.

67 Rosalice Fidalgo Pinheiro; Katya Isaguirre, O direito à moradia e o STF: um estudo de caso acerca da impenhorabilidade do bem de família do fiador. In: Luiz Edson Fachin; Gustavo Tepedino (Coords.). *Diálogos sobre direito civil*, cit., p. 160. No mesmo sentido: "(...) no caso do fiador não há como se admitir a possibilidade de penhora do bem de família, pois, ao fazê-lo, estaremos violando a dignidade da pessoa do fiador sem justificativa plausível para tanto" (Luiz Edson Fachin, Bem de família e o patrimônio mínimo. In: Rodrigo da Cunha Pereira (coord.), *Tratado de direito das famílias*, cit., p. 690). Em sentido diverso, Álvaro Villaça Azevedo se posiciona de forma favorável à penhorabilidade do bem de família do fiador, afirmando que o exercício da liberdade contratual não se incompatibilizaria com o direito social à moradia, que seria oponível em face do Estado, tendo origens e fundamentos diversos: "São, no meu entender, como visto, duas relações jurídicas

Em junho de 2018, o STF voltou a tratar a questão, ao decidir não ser possível penhorar o bem de família do fiador na locação comercial. Por maioria, os ministros deram provimento ao Recurso Extraordinário 605709, no qual o recorrente alegava ser nula a arrematação de sua casa em leilão ocorrido no ano de 2002. Durante o debate, argumentou-se, em minoria, que a admissibilidade pelo STF da execução do bem de família do fiador por débitos decorrentes do contrato de locação residencial justifica-se igualmente na locação comercial. Aduziu-se que a lógica do precedente deveria ser estendida aos contratos de locação comercial, embora não alcancem direito à moradia dos locatários, em nome do direito à livre-iniciativa, de estatura constitucional. Por outro lado, a posição prevalente sustentou não ser possível priorizar a livre-iniciativa em detrimento da moradia do fiador, que é direito fundamental, sendo certo que o afastamento da penhora beneficiaria a família.[68] A matéria voltou ao exame do STF em 2022, fixando-se a tese de que "é constitucional a penhora de bem de família pertencente a fiador de contrato de locação, seja residencial, seja comercial. (Tema 1.127)." Entendeu o relator, Min. Alexandre de Moraes, que não cabe ao intérprete distinguir quando a lei não fez distinção, mesmo porque "a previsão contida no inciso VIII do art. 3º da Lei 8.009/1990, que excetua da impenhorabilidade do bem de família do fiador, mesmo na hipótese de locação comercial, é necessária, proporcional, e razoável".[69]

Em seguida, o STJ examinou, em recurso repetitivo, a validade da penhora do bem de família de fiador indicado em contrato de locação de imóvel, seja residencial, seja comercial, nos termos do inciso VII, do art. 3º da Lei n. 8.009/1990. Diante dos ditames do Tema 1.127 do STF, o STJ buscou aprimorar os enunciados definidos no REsp Repetitivo 1.363.368/MS e na Súmula 549 para reconhecer a validade da penhora de bem de família pertencente a fiador de contrato de locação comercial, em face da ausência de distinção feita pela Lei n. 8.009. Ficou definida, portanto, na esteira do STF, a validade da penhora do bem do fiador em ambos os casos, independentemente da natureza jurídica da locação.[70]

Alguns julgados vêm flexibilizando a impenhorabilidade do bem de família desde que caracterizado abuso do direito de propriedade, violação da boa-fé objetiva[71] ou

---

distintas: em uma, o direito do cidadão junto ao Estado, de pedir condições de moradia; em outra, o relacionamento de contratantes, de natureza estritamente privada. Por isso, o exercício da liberdade contratual, prevista na relação de direito privado, em nada se incompatibiliza com o direito social do cidadão, referente à moradia, que se mostra na relação de direito público subjetivo dele junto ao Estado" (Álvaro Villaça Azevedo, Bem de família (Penhora em fiança locatícia e direito de moradia). *Responsabilidade Civil:* estudos em homenagem ao professor Rui Geraldo Camargo Viana (Org. Rosa Maria de Andrade Nery; Rogério Donnini), São Paulo: Revista dos Tribunais, 2009, p. 74).

68 STF, RE 605709, Rel. Min. Dias Toffoli, julg. 12.06.2018, publ. DJ 21.06.2018.

69 STF, Plenário, RE 1307334/SP, Rel. Min. Alexandre de Moraes, julg. 10.3.2022, publ. DJ 26.5.2022.

70 Trata-se do Tema 1.091, definido em: STJ, 2ª S., REsp 1.822.040/PR, Rel. Min. Luis Felipe Salo-mão, julg. 8.6.2022, publ. *DJ* 1.8.2022. No mesmo sentido: STJ, 3ª T., AgInt no REsp 1.992.920/SP, Rel. Min. Marco Aurélio Bellizze, julg. 22.8.2022, publ. *DJ* 24.8.2022; STJ, 2ª S., REsp 1.822.033/PR, Rel. Min. Luis Felipe Salomão, julg. 8.6.2022, publ. *DJ* 1.8.2022; STJ, 4ª T., AgInt no REsp 1848625/RS, Rel. Min. Raul Araújo, julg. 30.5.2022, publ. *DJ* 29.6.2022.

71 "4. A impenhorabilidade do bem de família deve ser ponderada com o princípio da boa-fé objetiva, de modo que não é resguardado pela intangibilidade do bem de família o devedor que aliena único

fraude à execução,[72] embora haja decisões no sentido contrário.[73] No julgamento do REsp 1364509/RS, a 3ª Turma do STJ afastou a impenhorabilidade em caso em que houve a doação do único imóvel onde residia a família do filho menor, dias depois de intimados os devedores para pagar quantia certa, em cumprimento de sentença, reconhecendo a fraude à execução. Considerou-se que a alienação do imóvel caracterizaria disposição em relação à proteção legal, na medida em que o comportamento do devedor evidenciaria que o bem não lhe serve mais à moradia ou subsistência.[74]

Já a 4ª Turma, na análise do REsp 1227366/RS, afastou a existência de fraude à execução em caso no qual o imóvel do casal fora doado à filha após o divórcio, passando a residir no bem a ex-cônjuge, a filha e o neto. Considerando-se que o imóvel litigioso, desde o momento de sua compra, vinha servindo de moradia à família, e que não houve alteração material da destinação do bem, reconheceu-se a impenhorabilidade de todo o bem, afastando a hipótese de fraude à execução.[75] Da mesma forma, foi decidido que a doação de imóvel aos filhos do casal que permaneceu destinado à moradia não configura fraude. Registrou-se que o fator decisivo para identificação de fraude é a ocorrência de alteração na destinação do imóvel ou desvio de proveito econômico da alienação que prejudique o credor, o que não foi identificado no caso, já se que manteve a moradia da família e a posse das mesmas pessoas.[76]

Quanto à extensão da proteção legal, decidiu-se que a regra da impenhorabilidade do bem de família legal "abrange o imóvel em fase de aquisição, como aqueles decorrentes da celebração do compromisso de compra e venda ou do financiamento de imóvel para fins de moradia, sob pena de impedir que o devedor (executado) adquira o bem necessário à habitação da entidade familiar". A espécie abordava contrato de alienação fiduciária em garantia, no qual o devedor fiduciante pretendia consolidar a propriedade para si, com quitação integral da dívida, o que justificou que prevalecesse a impenhorabilidade. Segundo a decisão, "não se admite a penhora do bem alienado fiduciariamente em execução promovida por terceiros contra o devedor fiduciante, haja vista que o patrimônio pertence ao credor fiduciário, permitindo-se, contudo,

---

imóvel em abuso de direito e má-fé. Precedentes" (STJ, 3ª T., AgInt no REsp 1.937.716/SP, Rel. Min. Moura Ribeiro, julg. 16.11.2021, publ. *DJ* 19.11.2021).

72 "Afasta-se a impenhorabilidade do bem de família ofertado em garantia pela parte em evidente fraude de execução" (STJ, 3ª T., AgRg no AREsp 689609/PR, Rel. Min. João Otávio de Noronha, julg. 09.06.2015, publ. *DJ* 12.06.2015).

73 Nesse sentido: STJ, 1ª T., AgRg no AREsp 255799/RS, Rel. Min. Napoleão Nunes Maia Filho, julg. 17.09.2013, publ. *DJ* 27.09.2013; STJ, 4ª T., REsp 976566/RS, Rel. Min. Luis Felipe Salomão, julg. 20.04.2010, publ. *DJ* 04.05.2010.

74 STJ, 3ª T., REsp 1364509/RS, Rel. Min. Nancy Andrighi, julg. 10.06.2014, publ. *DJ* 17.06.2014.

75 "O parâmetro crucial para discernir se há ou não fraude contra credores ou à execução é verificar a ocorrência de alteração na destinação primitiva do imóvel – qual seja, a morada da família – ou de desvio do proveito econômico da alienação (se existente) em prejuízo do credor. Inexistentes tais requisitos, não há falar em alienação fraudulenta" (STJ, 4ª T., REsp 1227366/RS, Rel. Min. Luis Felipe Salomão, julg. 21.10.2014, publ. *DJ* 17.11.2014). Na mesma direção, v. STJ, 1ª T., AgInt no AREsp 2.174.427, Rel. Min. Gurgel de Faria, julg. 18.9.2023, publ. DJe 20.9.2023.

76 STJ, 3ª T., REsp 1.926.646-SP, Relª. Minª. Nancy Andrighi, julg. 15.2.2022, publ. *DJ* 18.2.2022; STJ, 4ª T., AgInt no AgInt no AREsp 2141032-GO, Relª. Minª. Maria Isabel Gallotti, julg. 25.9.2023.

a constrição dos direitos decorrentes do contrato de alienação fiduciária".[77] No caso, foram penhorados, no curso da execução, os direitos que o agravante, devedor, possui sobre o imóvel indicado, que se encontra alienado fiduciariamente ao credor fiduciário (o banco). A penhora não recaiu sobre a propriedade do imóvel, mas exclusivamente sobre os direitos obrigacionais que o agravante possui sobre ele, remanescendo assegurado ao credor o domínio sobre o bem alienado. Em caso de contrato de alienação fiduciária em garantia, no qual haja a quitação integral da dívida, o devedor fiduciante consolidará a propriedade para si. Se houver a expectativa da aquisição do domínio, deve prevalecer a regra de impenhorabilidade.[78]

2.2 *Bem de família voluntário*

A outra espécie de bem de família é o voluntário ou consensual, instituído por ato de vontade do proprietário do imóvel. Ao lado da impenhorabilidade legal da moradia da família, o titular pode resguardar parte do seu patrimônio, imunizando-se contra novas dívidas. Trata-se de caso especial de inalienabilidade decorrente da autonomia privada, que prevalece em detrimento do bem de família legal.[79]

O Código Civil, reconhecendo a liberdade e a pluralidade em relação à constituição de entidades familiares, substitui a expressão "chefe da família", utilizada pelo Código de 1916, pela legitimidade dos cônjuges e da entidade familiar para instituir o bem de família voluntário.

Trata-se de "patrimônio especial, que se institui por negócio jurídico de natureza especial, pelo qual o proprietário de determinado imóvel, nos termos da lei, cria o benefício de natureza econômica, com o escopo de garantir a sobrevivência da família, em seu mínimo existencial, como célula indispensável à realização da justiça social".[80]

O imóvel pode ser urbano ou rural com pertences e acessórios, desde que seja próprio do instituidor. Debate interessante se refere à necessidade de que o instituidor resida no bem para que possa efetuar a afetação. Há quem entenda que sim, em face

---

77 STJ, 3ª T., REsp 1.677.079/SP, Rel. Ricardo Villas Bôas Cueva, julg. 25.09.2018, publ. *DJ* 01.10.2018.

78 Discussões já uniformizadas pela 2ª Seção do STJ: "(a) a proteção conferida ao bem de família pela Lei n. 8.009/90 não importa em sua inalienabilidade, revelando-se possível a disposição do imóvel pelo proprietário, inclusive no âmbito de alienação fiduciária; e (b) a utilização abusiva de tal direito, com evidente violação do princípio da boa-fé objetiva, não deve ser tolerada, afastando-se o benefício conferido ao titular que exerce o direito em desconformidade com o ordenamento jurídico" (STJ, 2ª S., AgInt nos EDv nos EREsp n. 1.560.562/SC, Rel. Min. Luis Felipe Salomão, publ. DJe de 9.6.2020). No mesmo sentido: STJ, 2ª S., Embargos de Divergência em REsp 1.559.370 – DF, Rel. Min. Moura Ribeiro, julg. 24.5.2023).

79 O bem de família convencional pode conviver com o bem de família legal: "Civil. Processual Civil. Execução fiscal. Revogação tácita da Lei 8.009/1990 pelo Código de Processo Civil. Não ocorrência. Bem de família legal e voluntário. Coexistência. Recurso provido. (...) 'O bem de família legal (Lei n. 8.009/1990) e o convencional (Código Civil) coexistem no ordenamento jurídico, harmoniosamente' (...). 3. Conforme a jurisprudência do STJ, para o reconhecimento da proteção da Lei 8.009/1990 não é necessária a prova de que o imóvel onde reside seja o único de sua propriedade. 4. Recurso especial provido" (STJ, 1ª T., REsp 2.133.984 RJ, Rel. Paulo Sérgio Domingues, julg. 22.10.2024, publ. *DJe* 28.10.2024)

80 Álvaro Villaça Azevedo, *Bem de Família*, São Paulo: Atlas, 2010, 6ª ed., p. 93.

da estreita ligação entre bem de família - mesmo o consensual - e moradia.[81] Em posição diversa, outros autores consideram desnecessário que o instituidor more no imóvel. Argumenta-se que esse tipo de bem de família "pode ter caráter de garantia de subsistência, de modo que se a família do instituidor estiver residindo em outro imóvel e este seja alcançado pela penhora, terá como garantia de refúgio o bem alçado ao patamar de bem de família".[82] Entende-se que, na prática, prevalece a primeira posição, por ser de difícil avaliação o caráter de subsistência de imóvel em que não vive o devedor. Normalmente insolvente, o devedor sempre poderá alegar que os bens objeto de penhora abalaram a sua subsistência.

Como é intuitivo, a impenhorabilidade voluntária do bem de família não alcança dívidas pretéritas ao ato de instituição. Abrangem o imóvel e os bens acessórios destinados à sua funcionalidade e habitabilidade, bem como valores mobiliários, que podem equivaler, no máximo, ao montante do bem na época da instituição, desde que funcionalizados ao sustento do(s) beneficiário(s). Se constituído em valores mobiliários, define-se no momento de sua constituição a forma de administração e da distribuição de renda aos beneficiários. Caso a administração de tais valores tenha sido atribuída à instituição financeira, o contrato terá as garantias inerentes ao depósito, de modo a reduzir os riscos para os beneficiários a cuja subsistência tais valores se destinam.

A opção pela afetação do bem configura ato de planejamento familiar patrimonial, não se admitindo, por isso mesmo, a alteração de sua destinação fora das circunstâncias previstas pelo Código Civil. A fração do patrimônio destinado à instituição do bem de família não pode ultrapassar o montante de um terço do patrimônio líquido do instituidor, existente ao tempo da instituição. Tal limite se justifica em nome da tutela do crédito, para que se assegure o mínimo de dois terços do patrimônio do instituidor como garantia às dívidas. Referida limitação foi objeto de controvérsias, por ter reinserido dispositivo já revogado. Com efeito, o art. 19 do Decreto-Lei 3.200/1941, a partir das alterações promovidas pela Lei 6.742/1979, eliminou o limite de valor para o bem de família, o que foi restaurado pelo art. 1.711 do Código Civil. Em consequência de tal dispositivo, excluem-se da possibilidade de instituição convencional de bens de família grande número de famílias brasileiras, desprovidas de valores suficientes para satisfazerem tal exigência legal.

Além da impenhorabilidade, o bem de família voluntário, diversamente do bem de família legal, também gera inalienabilidade – ou seja, fica vedada sua transferência a terceiro ou sua renúncia. Protege-se assim o bem não apenas contra credores, mas também em face de seu titular. Busca-se com isso evitar atos levianos para extinguir a garantia, que acabem por ameaçar o direito de seus beneficiários. Todavia, se houver consentimento dos interessados e seus representantes legais, bem como anuência do Ministério Público, a inalienabilidade poderá ser afastada, extinguindo-se o gravame ou sub-rogando-o em outro bem (CC, arts. 1.717 e 1.719).

---

81 Rolf Madaleno, *Curso de direito de família*, Rio de Janeiro: Forense, 2018, p. 1.419.

82 Luiz Edson Fachin, Bem de família e o patrimônio mínimo. In: Rodrigo da Cunha Pereira, *Tratado de direito das famílias*, cit., p. 685. Na mesma direção, Paulo Lôbo, *Direito civil:* Famílias, São Paulo: Saraiva, 2017, 7ª ed., p. 397.

Formas de constituição do bem de família

O bem de família consensual pode ser instituído de três modos, todos decorrentes de ato voluntário do titular:[83] (i) escritura pública, lavrada em cartório de notas, em que se especifica a relação dos bens objeto da afetação patrimonial. O cônjuge ou companheiro deverá participar da escritura, salvo no regime de separação convencional de bens ou se o bem instituído não for comunicável;[84] (ii) testamento, em qualquer das suas modalidades; ou (iii) doação, constituindo-se pelo registro do título aquisitivo no Registro Geral de Imóveis da respectiva circunscrição, para garantir publicidade e oponibilidade (CC, art. 1.714).[85] Nessas duas últimas hipóteses, deve-se observar se há herdeiros necessários: se houver, a instituição do bem de família apenas recairá sobre a parte disponível do patrimônio do testador/doador. Se o beneficiário for herdeiro necessário, segue a regra geral das doações: no silêncio do doador, entende-se adiantamento de legítima (CC, art. 544).

Em relação à necessidade de publicidade, a Lei de Registros Públicos, em seus arts. 260 e ss., trata do registro do bem de família, não mais se exigindo a publicação de edital na imprensa para sua instituição. Nessa mesma esteira, o art. 1.714 do Código Civil determinou que basta o registro no Registro de Imóveis para a constituição do bem de família.

Na hipótese do bem de família consensual ter sido constituído por testamento ou por doação, é essencial a aceitação daqueles em favor de quem se transfere a propriedade, seja após a abertura da sucessão (testamento), seja no momento da assinatura da escritura de doação (CC, art. 1.711, parágrafo único).

Exceções ao bem de família voluntário

As regras da impenhorabilidade também convivem com hipóteses de flexibilização, menos numerosas do que aquelas incidentes sobre o bem de família legal, provavelmente porque, nesse caso, haverá dois terços do patrimônio pessoal para fazer frente às dívidas do instituidor. Afastam-se da impenhorabilidade – além das dívidas pretéritas – os tributos relativos ao prédio, bem como as despesas condomi-

---

83 "O bem de família legal dispensa a realização de ato jurídico para sua formalização, basta que o imóvel se destine à residência familiar; o voluntário, ao contrário, condiciona a validade da escolha do imóvel à formalização por escritura pública ou por testamento" (STJ, 4ª T., AgInt no AREsp 2010681/PE, Rel. Min. Luis Felipe Salomão, julg. 25.4.2022, publ. *DJ* 27.4.2022).

84 Essa necessidade não é unânime na doutrina, pois muitos entendem que o bem de família voluntário implica, apenas, a proteção ao bem por meio da impenhorabilidade; no entanto, essa modalidade de afetação patrimonial também implica a inalienabilidade, que acaba por restringir direitos. A favor da necessidade da outorga conjugal: Luiz Edson Fachin, Bem de família e o patrimônio mínimo. In: Rodrigo da Cunha Pereira, *Tratado de direito das famílias*, cit., p. 684; Renata Barbosa de Almeida, Walsir Edson Rodrigues Júnior, *Direito Civil:* Famílias, cit., p. 529; Paulo Lôbo, *Famílias*, cit., p. 402. Em sentido contrário: Rolf Madaleno, *Curso de direito de família*, cit., p. 1.418.

85 Tendo em vista o estabelecimento de um limite para o estabelecimento do bem de família consensual, é importante marcar a data de observância desse limite em relação ao modo de constituição da garantia: "a) no caso da escritura pública de instituição promovida pelo próprio interessado, a data em que for lavrada, devendo ser consignada a declaração no instrumento; b) no caso do testamento, a data de abertura da sucessão (falecimento) em relação ao patrimônio do testador; c) no caso de liberalidade de terceiro, data da escritura de doação ou da aceitação do legado ou da herança, com a qualificação de bem de família, pelos cônjuges ou pelos integrantes da entidade familiar, mas nesse caso, considerando o patrimônio dos beneficiários do bem de família" (Paulo Lôbo, *Famílias*, cit., pp. 402-403).

niais, mesmo constituídas após a instituição do bem de família (CC, art. 1.715). O legislador procura não fomentar a inadimplência do proprietário, que poderia ocorrer caso o bem fosse impenhorável em toda e qualquer circunstância.[86]

Se houver saldo remanescente à hasta pública, este continua afetado à tutela da moradia, devendo ser usado para aquisição de outro imóvel residencial ou em títulos da dívida pública, cuja renda servirá para sustento familiar (CC, art. 1.715, parágrafo único). Se houver motivos relevantes, o juiz poderá dar outra destinação aos valores que sobraram da hasta pública, de modo a resguardar o patrimônio mínimo do beneficiário. O gravame oposto ao bem leiloado (impenhorabilidade e inalienabilidade) se transfere ao novo bem ou aos títulos, que segue(m) a mesma disciplina protetiva até aqui estudada.

Extinção do bem de família

O bem de família consensual será extinto em três circunstâncias, que levam ao restabelecimento da alienabilidade e penhorabilidade. Em primeiro lugar, o falecimento dos cônjuges instituidores e o alcance da maioridade civil pelos filhos (CC, art. 1.722). Se o instituidor é casado ou vive em união estável sem filhos menores, o gravame permanece até a morte do cônjuge ou companheiro. Se for solteiro sem filhos menores, extingue-se o bem de família com a sua morte. Se o instituidor tem filhos menores, independentemente do estado civil, a afetação permanece até o alcance da maioridade por todos os filhos. Em face do caráter alimentar do bem de família, há quem defenda a sua extensão, *de lege ferenda*, até a conclusão do curso superior pelos filhos, quando, então, teriam aptidão para ingressarem no mercado de trabalho em condições melhores.

Por outro lado, a dissolução da sociedade conjugal ou da união estável não extingue o bem de família (CC, art. 1.721), justificando-se pela provável permanência das causas que o instituíram. Assim, se o cônjuge ou companheiro, sobrevivente, separado ou divorciado, permanece no imóvel, este é conservado em sua impenhorabilidade. Todavia, se o casamento for dissolvido por morte, caso o bem de família seja o único bem do casal, o sobrevivente poderá pedir sua extinção (CC, art. 1.721, parágrafo único).

A última causa de extinção ocorre no caso em que as despesas para a manutenção do imóvel são desproporcionais e acabam gerando graves prejuízos à entidade familiar. Trata-se de situação de excessiva onerosidade para manutenção do bem, conjuntura a ser comprovada no âmbito do processo judicial, manejado para levantamento do gravame por parte de todos os beneficiários com a extinção, ouvido o Ministério Público.

---

86 Afirma-se ainda, que tais hipóteses de penhora "se justificam pela lógica de que só é possível falar em bem para tutela pessoal quando o direito à propriedade esteja saldado, já tendo sido plenamente adquirido pelo titular da garantia. Nesse viés, saldo está não só quando as despesas de aquisição tenham sido quitadas, mas também aquelas atinentes à manutenção do domínio e de seu exercício. Enquanto estas últimas não sejam satisfeitas, a proteção se suspende em face dos credores delas" (Renata Barbosa de Almeida, Walsir Edson Rodrigues Júnior, *Direito Civil: Famílias*, cit., p. 530).

PROBLEMAS PRÁTICOS

1 – Quais fundamentos constitucionais devem prevalecer na colisão dos interesses entre a penhora do bem de família do fiador e a garantia do crédito?

2 – Segundo a jurisprudência do STJ, a transferência do bem de família pelo devedor a terceiros – conquanto continue ele residindo no imóvel – constitui ato inválido que deve ser desconstituído?

Acesse o *QR Code* e veja a Casoteca.

> http://uqr.to/1pblt

REFERÊNCIAS BIBLIOGRÁFICAS

A. Ferreira Coelho, *Código Civil dos Estados Unidos do Brasil*, Rio de Janeiro: Officinas Graphicas do Jornal do Brasil, 1930.

Alexandre Freitas Câmara, *Lições de direito processual civil*, vol. 3, Rio de Janeiro: Lumen Juris, 2001, 17ª ed.

Alexandre Miranda Oliveira, Ana Carolina Brochado Teixeira, Obrigação alimentar dos avós: limites e critérios para fixação. In: *Revista Brasileira de Direito de Família*, vol. 38, 2006.

Alexandre Miranda Oliveira; Anna Cristina de Carvalho Rettore, O novo Código de Processo Civil e seus reflexos no direito de família. In: Ana Carolina Brochado Teixeira, Gustavo Pereira Leite Ribeiro (Coords.), *Manual de direito das famílias e das sucessões*, Rio de Janeiro: Editora Processo, 2017, 3ª ed.

Aline de Miranda Valverde Terra, Ana Carolina Brochado Teixeira, A capacidade civil da pessoa com deficiência no Direito brasileiro: reflexões a partir do I Encuentro Internacional sobre los derechos de la persona con discapacidad en el Derecho Privado de España, Brasil, Italia y Portugal. In: *Revista Brasileira de Direito Civil – RBDCilvil*, vol. 15, Belo Horizonte, jan./mar. 2018.

Aline de Miranda Valverde Terra; Ana Carolina Brochado Teixeira. É possível mitigar a capacidade e a autonomia da pessoa com deficiência para a prática de atos patrimoniais e existenciais?. *Civilistica.com*. Rio de Janeiro, a. 8, n. 1, 2019. Disponível em: http://civilistica.com/wp-content/uploads/2019/04/Terra-e-Teixeira-civilistica.com-a.8.n.1.2019.pdf. Data de acesso: 25.07.2019.

Álvaro Villaça Azevedo, *Estatuto da família de fato*, São Paulo: Atlas, 2002.

Álvaro Villaça Azevedo, Bem de família (Penhora em fiança locatícia e direito de moradia). In: *Responsabilidade Civil:* estudos em homenagem ao professor Rui Geraldo Camargo Viana (Org. Rosa Maria de Andrade Nery; Rogério Donnini), São Paulo: Revista dos Tribunais, 2009.

Álvaro Villaça Azevedo, Bem de família internacional (necessidade de unificação). In: *Revista da Faculdade de Direito da Universidade de São Paulo*, vol. 102, jan./dez. 2007.

Álvaro Villaça Azevedo, *Bem de Família*, São Paulo: Atlas, 2010, 6ª ed.

Álvaro Villaça, *Estatuto da Família de Fato de Acordo com o Novo Código Civil*, São Paulo: Atlas, 2002.

Ana Carla Harmatiuk Matos, Ana Carolina Brochado Teixeira, Disposições patrimoniais e existenciais no pacto antenupcial. In: Ana Carla Harmatiuk Matos, Ana Carolina Brochado Teixeira, Gustavo Tepedino (coord.). *Direito civil, constituição e unidade do sistema*. Anais do Congresso de Direito Civil Constitucional. V Congresso do IBDCivil, Belo Horizonte: Forum, 2019.

Ana Carla Harmatiuk Matos; Lígia Ziggiotti de Oliveira. Paradoxos entre autonomia e proteção das vulnerabilidades: efeitos jurídicos da união estável entre adolescentes. In: Ana Carolina Brochado Teixiera; Luciana Dadalto (coords.). *Autoridade parental: dilemas e desafios contemporâneos,* Indaiatuba: Foco, 2021, 2ª ed.

Ana Carolina Brochado Teixeira e Isabela Farah Valadares, Comentário à Ação de Descumprimento de Preceito Fundamental 132/RJ e Ação Direta de Inconstitucionalidade 4.277/DF. In: *Revista Trimestral de Direito Civil,* v. 52, out./dez. 2012.

Ana Carolina Brochado Teixeira e Marcelo de Mello Vieira, Construindo o direito à convivência familiar de crianças e adolescentes no Brasil: um diálogo entre as normas constitucionais e a Lei n. 8.069/1990. In: *Civilistica.com,* Rio de Janeiro, a. 4, n. 2, 2015. Disponível em: http://civilistica.com/wp-content/uploads/2015/12/Teixeira-e-Vieira-civilistica.com--a.4.n.2.20151.pdf. Data de acesso: 05.05.2016.

Ana Carolina Brochado Teixeira e Renata de Lima Rodrigues, A eficácia do parentesco socioafetivo. In: Ana Carolina Brochado Teixeira e Renata de Lima Rodrigues, *Direito de família entre a norma e a realidade,* São Paulo: Atlas, 2010.

Ana Carolina Brochado Teixeira, A função dos impedimentos no Direito de Família: uma reflexão sobre o casamento dos irmãos consanguíneos ocorrido na Alemanha. In: Gustavo Tepedino e Luiz Edson Fachin (org.), *Diálogos sobre Direito Civil,* vol. II, Rio de Janeiro: Renovar, 2008.

Ana Carolina Brochado Teixeira, Anna Cristina de Carvalho Rettore, Beatriz de Almeida Borges e Silva, A lei da palmada à luz da autoridade parental: entre os limites da educação e da violência. In: Carlos Henrique Fernandes Guerra, Marcelo de Mello Vieira, Marina Carneiro Matos Sillmann, Mônica Queiroz, *Direito civil em debate:* reflexões críticas sobre temas atuais. Belo Horizonte, D'Plácido, 2016.

Ana Carolina Brochado Teixeira, Anna Cristina de Carvalho Rettore, Beatriz de Almeida Borges e Silva, O impacto da conformação do novo Código de Processo Civil à Constituição Federal no direito material da interdição e sua eficácia. In: Marcos Ehrhardt Junior, Rodrigo Mazzei (coords.), *Direito Civil.* Salvador: JusPodivm, 2017.

Ana Carolina Brochado Teixeira, Integridade psíquica e capacidade de exercício. In: *Revista Trimestral de Direito Civil - RTDC,* Rio de Janeiro, n. 33, p. 03-36, jan./mar. 2008.

Ana Carolina Brochado Teixeira, Novas entidades familiares. In: *Revista Trimestral de Direito Civil,* Rio de Janeiro, vol. 16, out./dez.

Ana Carolina Brochado Teixeira, Renata de Lima Rodrigues, Da simultaneidade nas relações familiares: as uniões dúplices são uma questão de direito? In: *Direito das famílias entre a norma e a realidade,* São Paulo: Atlas, 2010.

Ana Carolina Brochado Teixeira, Renata de Lima Rodrigues, O papel da autonomia privada na reconfiguração do pacto antenupcial e da natureza jurídica do casamento. In: Paulo Adyr Dias do Amaral, Raphael Silva Rodrigues (coords.), *CAD 20 anos:* Tendências contemporâneas do Direito, Belo Horizonte: D'Plácido, 2017.

Ana Carolina Brochado Teixeira, Responsabilidade civil e dignidade humana. In: *Revista Brasileira de Direito de Família,* Porto Alegre, n. 32, out./nov. 2005.

Ana Carolina Brochado Teixeira, *Saúde, corpo e autonomia privada,* Rio de Janeiro: Renovar, 2010.

Ana Carolina Brochado Teixeira; Anna Cristina de Carvalho Rettore; Beatriz de Almeida Borges e Silva, Reflexões sobre a autocuratela na perspectiva dos planos do negócio jurídico. In: Joyceane Bezerra de Menezes (org.), *Direito das pessoas com deficiência psíquica e intelectual nas relações privadas*. Convenção sobre os direitos da pessoa com deficiência e Lei Brasileira de Inclusão, Rio de Janeiro: Processo, 2016.

Ana Carolina Brochado Teixeira; Carlos Nelson Konder, *Situações jurídicas dúplices*. In: Gustavo Tepedino e Luiz Edson Fachin (Coord.), *Diálogos sobre direito civil*, vol. III, Rio de Janeiro: Renovar, 2012.

Ana Carolina Brochado Teixeira; Gustavo Pereira Leite Ribeiro, Procurador para cuidados de saúde do idoso. In: Tânia da Silva Pereira, *Cuidado e vulnerabilidade*, São Paulo: Atlas, 2009.

Ana Carolina Brochado Teixeira; Joyceane Bezerra de Menezes, Casamento da pessoa com deficiência intelectual e psíquica. In: Gustavo Tepedino e Joyceane Bezerra de Menezes (Org.), *Autonomia, liberdade existencial e direitos fundamentais*, Belo Horizonte: Fórum, 2018.

Ana Carolina Brochado Teixeira; Maria de Fátima Freire de Sá, *Filiação e biotecnologia*, Belo Horizonte: Mandamentos, 2005.

Ana Carolina Brochado Teixeira; Renata de Lima Rodrigues, A multiparentalidade como nova estrutura de parentesco na contemporaneidade. In: *Revista Brasileira de Direito Civil*, vol. 4, abr./jun. 2015.

Ana Carolina Brochado Teixeira; Renata de Lima Rodrigues, Adoção conjunta por casais homoafetivos: um novo desafio ou um falso problema? In: Ana Carolina Brochado Teixeira; Renata de Lima Rodrigues, *O direito das famílias entre a norma e a realidade*, São Paulo: Atlas, 2010.

Ana Carolina Brochado Teixeira; Renata de Lima Rodrigues, Alienação parental: aspectos materiais e processuais, In: *Civilistica.com*, Rio de Janeiro, a. 2, n. 1, jan.-mar. 2013. Acesso em: 05.05.2016.

Ana Carolina Brochado Teixeira; Renata de Lima Rodrigues, *O direito das famílias entre a norma e a realidade*, São Paulo: Atlas, 2010.

Ana Carolina Brochado Teixeira; Renata de Lima Rodrigues, Por uma nova forma de atribuição de personalidade jurídica ao nascituro: análise do confronto entre a titularidade dos alimentos gravídicos e a polêmica da antecipação terapêutica do feto anencéfalo. In: *O Direito de Família entre a norma e a realidade*, São Paulo: Atlas, 2010.

Ana Carolina Brochado Teixeira; Anna Cristina de Carvalho Rettore. Os reflexos do conceito de família extensa no direito de convivência e no direito de visitas. *Civilistica.com*. Rio de Janeiro, a. 6, n. 2, 2017. Disponível em: <http://civilistica.com/os-reflexos-do-conceito--de-familiaextensa/>. Data de acesso: 21.07.2019.

Ana Carolina Brochado Teixeira; Carlos Nelson de Paula Konder. De volta à filha das estrelas: conhecimento das origens e reprodução assistida. In: Marcos Ehrhardt Júnior; Eroulths Cortiano Junior (Org.). *Transformações no direito privado nos 30 anos da Constituição*: Estudos em homenagem a Luiz Edson Fachin. Belo Horizonte: Forum, 2018, p. 671-687.

Ana Carolina Brochado Teixeira; Renata de Lima Rodrigues. Regime das Incapacidades e autoridade parental: qual o legado do estatuto da pessoa com deficiência para o direito infanto juvenil. In: Ana Carolina Brochado Teixeira; Luciana Dadalto (Org.). *Autoridade parental*: dilemas e desafios contemporâneos. Indaiatuba: Foco, 2019, v. 1, p. 21-36.

Ana Carolina Brochado Teixeira; Anna Cristina de Carvalho Rettore. A autoridade parental e o tratamento de dados pessoais de crianças e adolescentes. In: Gustavo Tepedino; Ana Frazão; Milena Donato Oliva (coords.). *Lei Geral de Proteção de Dados Pessoais e suas repercussões no Direito brasileiro*. São Paulo: Revista dos Tribunais, 2019.

Ana Carolina Brochado Teixeira, Anna Cristina de Carvalho Rettore. O consentimento na reprodução assistida post mortem e reflexos no Direito de Família. In: Marcelo de Mello Vieira; Marina Carneiro Matos Sillman. (Org.). *Direito Civil em Debate*: reflexões críticas sobre temas atuais. Belo Horizonte: D'Plácido, 2020, v. 2.

Ana Carolina Brochado Teixeira, Eleonora G. Saltão de Q. Mattos. A coabitação em tempos de pandemia pode ser elemento caracterizador de união estável? In: Ana Luiza Maia Nevares, Marilia Pedroso Xavier, Silvia Felipe Marzagão (coods.). *Coronavírus*. Impactos no Direito de Família e Sucessões. Indaiatuba: Foco, 2020.

Ana Carolina Brochado Teixeira, Simone Tassinari Cardoso, Constituição empresarial e dissolução familiar: interseções entre família e empresa. In: Fábio Ulhoa Coelho, Gustavo Tepedino, Selma Ferreira Lemes (coods). *A evolução do direito no século XXI. Seus princípios e valores – ESG, liberdade, regulação, igualdade e segurança jurídica*. Homenagem ao Professor Arnoldo Wald, São Paulo: IASP, 2022, p. 533-553.

Ana Carolina Brochado Teixeira; Renata Vilela Multedo, Autoridade parental: os deveres dos pais frente aos desafios do ambiente digital. In: Ana Carolina Brochado Teixeira, José Luiz de Moura Faleiros, Roberta Densa (coords.). *Infância, adolescência e tecnologia*. O Estatuto da Criança e do Adolescente na sociedade de informação. Indaiatuba: Foco, 2022, p. 27-46.

Ana Luiza Maia Nevares, Casamento ou união estável? In: *Revista Brasileira de Direito Civil - RBDCivil*, vol. 8, abr./jun. 2016.

Ana Luiza Maia Nevares, Entidades familiares na Constituição: críticas à concepção hierarquizada. In: Carmem Lúcia Silveira Ramos; Gustavo Tepedino; Heloisa Helena Barboza; Luiz Edson Fachin; Maria Celina Bodin de Moraes (Org.). *Diálogos sobre Direito Civil*: construindo a racionalidade contemporânea, Rio de Janeiro: Renovar, 2002.

Ana Luiza Maia Nevares, O regime de separação obrigatória de bens e o verbete 377 do Supremo Tribunal Federal. In: *Civilistica.com*. Rio de Janeiro, a. 3, n. 1, jan.-jun./2014. Disponível em: <http://civilistica.com/o-regime-de-separaco-obrigatoria-de-bens-e-o--verbete-377-do-supremo-tribunal-federal/>. Acesso em: 11.09.2017.

Ana Luiza Maia Nevares; Anderson Schreiber, Do sujeito à pessoa: uma análise da incapacidade civil. In: Gustavo Tepedino; Ana Carolina Brochado Teixeira; Vitor Almeida (coord.), *O Direito Civil entre o sujeito e a pessoa:* estudos em homenagem ao professor Stefano Rodotà, Belo Horizonte: Fórum, 2016.

Ana Paula Barcellos; Luís Roberto Barroso, O começo da história. Nova interpretação constitucional e o papel dos princípios no direito brasileiro. In: Luís Roberto Barroso (Org.), *A nova interpretação constitucional:* ponderação, direitos fundamentais e relações privadas, Rio de Janeiro: Renovar, 2003.

Anderson Schreiber, Direito à moradia como fundamento para a impenhorabilidade do imóvel residencial do devedor solteiro. In: Carmen Lúcia Silveira Ramos et al (org.), *Diálogos sobre Direito Civil*, Rio de Janeiro: Renovar, 2002.

Anderson Schreiber, O Princípio da Boa-fé objetiva no Direito de Família. In: Anderson Schreiber, *Direito Civil e Constituição*, São Paulo: Atlas, 2013.

André Colomer. *Droit civil:* regimes matrimoniaux, Paris: Litec, 1997.

Andrea Calçada, *Perdas irreparáveis*: Alienação parental e falsas acusações de abuso sexual, Rio de Janeiro: Publit, 2014.

Anna Cristina de Carvalho Rettore, Maria de Fátima Freire de Sá. O impacto do Provimento n.° 52/2016 do CNJ na garantia de anonimato a doadores de gametas no Brasil: necessidade de uma definição. In: Fernanda Moraes de São José, Leonardo Macedo Poli, Renata Mantovani de Lima (Orgs.). Belo Horizonte: D'Plácido, 2017.

Anna Cristina de Carvalho Rettore; Beatriz de Almeida Borges e Silva. Sobre um dos dilemas patrimoniais da autoridade parental:o usufruto legal previsto pelo art. 1.689, I do Código Civil. In: Ana Carolina Brochado Teixeira; Luciana Dadalto (Org.). *Autoridade parental*: dilemas e desafios contemporâneos. Indaiatuba: Foco, 2019, p. 289-304.

Antônio Carlos Mathias Coltro, Referências sobre o contrato de união estável. In: Mário Luiz Delgado e Jones Figueiredo Alves (coord.), *Questões controvertidas no direito das obrigações e dos contratos*, vol. 4, São Paulo: Método, 2005.

Antônio Carlos Mathias Coltro, Sálvio de Figueiredo Teixeira, Tereza Cristina Monteiro Mafra, vol. 17, *Comentários ao novo Código Civil:* Do direito pessoal, arts. 1.511 a 1.590. In: Sálvio de Figueiredo Teixeira (coord.), Rio de Janeiro: Forense, 2005, 2ª ed.

Antônio Cezar Peluso, A nova leitura da Súmula 380. In: *Revista do Advogado*, n. 41, set. 1993.

Antônio Cezar Peluso, O menor na separação. In: Teresa Arruda Alvim Pinto (coord.), *Repertório de jurisprudência e doutrina sobre direito de família:* mudanças, São Paulo: Revista dos Tribunais, 1985.

Antônio Junqueira de Azevedo, *Negócio jurídico:* existência, validade e eficácia, São Paulo: Saraiva, 2010, 4ª ed.

Antônio Junqueira de Azevedo, Rapport brésilien. In: *L´ordre public. Journées libanaises.* Paris: LGDJ, 1998, t. 49.

Antunes Varela, *Dissolução da Sociedade Conjugal*, Rio de Janeiro: Forense, 1980.

Arnaldo Marmitt, *Bem de família*, Rio de Janeiro: Aide, 1995.

Arnaldo Marmitt, *Pensão alimentícia*, Rio de Janeiro: Aide, 1999, 2ª ed.

Arnaldo Rizzardo, *Casamento e Concubinato – Efeitos Patrimoniais*, Rio de Janeiro: Aide, 1987, 2ª ed.

Arnaldo Rizzardo, *Direito de Família*, Rio de Janeiro: Forense, 2011, 8ª ed.

Arnoldo Wald, *Curso de Direito Civil Brasileiro, Direito de Família*, São Paulo: Rev. dos Tribunais, 9ª ed., 1992 (1ª ed., 1962).

Aurélio Buarque de Holanda Ferreira, *Novo dicionário Aurélio da língua portuguesa*, Curitiba: Positivo, 2004, 3ª ed.

Beatriz Capanema Young, A Lei Brasileira de Inclusão e seus reflexos no casamento da pessoa com deficiência psíquica e intelectual. In: Heloisa Helena Barboza, Bruna Lima de Mendonça, Vitor de Azevedo Almeida Júnior (Coords.). *O Código Civil e o Estatuto da Pessoa com Deficiência*, Rio de Janeiro: Processo, 2017.

Beatriz de Almeida Borges e Silva; Cristiane Giuriatti Gandra, Regime de bens. In: Ana Carolina Brochado Teixeira; Gustavo Pereira Leite Ribeiro (coords.), *Manual de Direito de Família e Sucessões*, Rio de Janeiro: Processo, 2017, 3ª ed.

Bruno Lewicki, Poder parental e liberdade do menor. In: *Direito, estado e sociedade*. Rio de Janeiro, n. 17, ago./dez. 2000.

Caio Mário da Silva Pereira, *Instituições de Direito Civil*, vol. V., Rio de Janeiro: Forense, 1997, 11ª ed.

Caio Mário da Silva Pereira, *Instituições de Direito Civil*, vol. V., Rio de Janeiro: Forense, 2018, 26ª ed.

Caio Mário da Silva Pereira, *Reconhecimento de Paternidade e seus Efeitos*, Rio de Janeiro, Forense, 2006, 6ª ed.

Caio Mário da Silva Pereira. *Instituições de Direito Civil*, vol. I, Rio de Janeiro: Forense, 2004, 20ª ed., atual. Maria Celina Bodin de Moraes.

Carlos Alberto Menezes Direito, Da União Estável. In: Paulo Dourado de Gusmão; Semy Glanz (Coord.), *O direito na década de 1990*: novos aspectos: estudos em homenagem ao Prof. Arnoldo Wald: o direito do consumidor, o direito de família, a reforma constitucional, o direito bancário, a nova ordem jurídica internacional e outros temas, São Paulo: Revista dos Tribunais, 1992.

Carlos Edison do Rego Monteiro Filho, Problemas de campo e cidade no ordenamento jurídico brasileiro em tema de usucapião. In: Carlos Eduardo Guerra de Moraes Filho, Ricardo Lodi Ribeiro (coords.), *Direito Civil*, Rio de Janeiro: Freitas Bastos, 2015.

Carlos Eduardo Pianovski Ruzyk, *Da unidade codificada à pluralidade constitucional*, Rio de janeiro: Renovar, 2005.

Carlos Eduardo Pianovski Ruzyk, Famílias simultâneas e monogamia. In: Rodrigo da Cunha Pereira (Coord.), *Família e dignidade humana* – Anais do V Congresso Brasileiro de Direito de Família, São Paulo: IOB Thomson, 2006.

Carlos Eduardo Pianovski Ruzyk, *Famílias simultâneas: da Unidade Codificada à Pluralidade Constitucional*, Rio de Janeiro: Renovar, 2005.

Carlos Nelson de Paula Konder, O consentimento no Biodireito: Os casos dos transexuais e dos wannabes. In: *Revista Trimestral de Direito Civil*, vol. 15, 2003.

Carlos Nelson Konder, Vulnerabilidade patrimonial e vulnerabilidade existencial: por um sistema diferenciador. In: *Revista de Direito do Consumidor* – RDC, vol. 24, n. 99, maio/jun. 2015.

Carlos Roberto Gonçalves, *Direito civil brasileiro*, vol. 6, São Paulo: Saraiva, 2012, 9ª ed.

César Fiuza, *Direito civil:* curso completo, São Paulo: Revista dos Tribunais, 2015, 18ª ed.

Christiane Pactet, *Le droit de visite des grands-parentes et l'art. 371-4 du Code Civil*, Paris, 1972.

Christiano Cassetari, *Multiparentalidade e paternidade socioafetiva*, São Paulo: Saraiva, 2015, 2ª ed.

Claude Lévi-Strauss, *As estruturas elementares do parentesco*, Petrópolis: Vozes, 1982, trad. Mariano Ferreira.

Cláudia Lima Marques, Visões sobre o teste de paternidade através do exame do DNA em direito brasileiro – direito pós-moderno à descoberta da origem. In: Eduardo de Oliveira Leite, *Grandes temas da atualidade de DNA como meio de prova da filiação:* aspectos constitucionais, civis e penais, Rio de Janeiro: Forense, 2002, 2ª ed.

Clovis Bevilaqua, *Código Civil dos Estados Unidos do Brasil comentado*, vol. II, São Paulo: Freitas Bastos, 1936, 5ª ed.

Clovis Bevilaqua, *Direito de Família*, Rio de Janeiro: Editora Rio (ed. Histórica), 1976.

Clovis Bevilaqua, *O Código Civil dos Estados Unidos do Brasil Comentado*, Rio de Janeiro: Editora Rio, 1977, 3ª ed. (ed. histórica).

Conrado Paulino da Rosa, *Direito de Família contemporâneo*, Salvador: JusPodivm, 2020.

Cristiane Giuriatti Gandra; Tereza Cristina Monteiro Mafra, Critérios de aplicação do regime da participação final nos aquestos. In: Ana Carolina Brochado Teixeira; Antônio Carlos Mathias Coltro; Gustavo Pereira Leite Ribeiro; Marília Campos Oliveira e Telles, *Problemas da família no direito*. Belo Horizonte: Del Rey, 2011.

Cristiano Chaves de Farias, Alimentos decorrentes do parentesco. In: Francisco José Cahali; Rodrigo da Cunha Pereira (Coord.), *Alimentos no Código Civil:* aspectos civil, constitucional, processual e penal, São Paulo: Saraiva, 2005.

Danielle Tavares Peçanha; Simone Cohn Dana, Insuficiência da cláusula *in claris non fit interpretatio* na experiência brasileira: repercussões no direito de família. In: *Revista Brasileira de Direito Civil – RBDCivil*, Belo Horizonte, vol. 32, n. 4, out./dez. 2023.

Deborah Pereira Pintos dos Santos; Vitor de Azevedo Almeida Júnior, A tutela psicofísica da pessoa idosa com deficiência: em busca de instrumentos de promoção de sua autonomia existencial. In: Marcos Ehrhardt Jr. (coord.). *Impactos do Novo CPC e do EPD no direito civil brasileiro*, Belo Horizonte: Fórum, 2016.

Denis Franco Silva; Fabiana Rodrigues Barletta, Solidariedade e tutela do idoso: o direito aos alimentos. In: Carlos Eduardo Pianovski Ruzyk, Eduardo Nunes Barbosa, Joyceane Bezerra de Menezes, Marcos Ehrhardt Júnior (Org.), *Direito Civil Constitucional:* a ressignificação da função dos institutos fundamentais do direito civil contemporâneo e suas consequências, Florianópolis: Conceito, 2014.

Denise Damo Comel, *Do poder familiar*, São Paulo: Revista dos Tribunais, 2003.

Denise Maria Perissini da Silva, *Guarda compartilhada e síndrome de alienação parental*: o que é isso? Campinas: Autores Associados, 2010.

Dimas Messias de Carvalho, *Adoção e guarda*, Belo Horizonte: Del Rey, 2010.

Dimas Messias de Carvalho, *Direito das famílias*, São Paulo: Saraiva, 2015, 4ª ed.

Dimas Messias de Carvalho. Adoção *intuitu personae* e autoridade parental. In: Ana Carolina Brochado Teixeira; Luciana Dadalto (coords.). *Autoridade parental: dilemas e desafios contemporâneos*, Indaiatuba: Foco, 2021, 2ª ed.

Diogo Luna Moureira; Maria de Fátima Freire de Sá, *A capacidade dos incapazes*, Rio de Janeiro: Lumen Juris, 2011.

Ebert Chamoun, *Instituições de Direito Romano*, Rio de Janeiro: Revista Forense, 1951.

Edgard de Moura Bittencourt, *Concubinato*, São Paulo: Livr. Ed. Universitária de Direito, 1980, 2ª ed.

Eduardo de Oliveira Leite, *Procriações Artificiais e o Direito*, São Paulo: Revista dos Tribunais, 1995.

Eduardo Nunes de Souza, Abuso do direito: novas perspectivas entre a licitude e o merecimento de tutela. In: *Revista Trimestral de Direito Civil – RTDC*, vol. 50, abr./jun. 2012.

Eduardo Nunes de Souza; Maria Celina Bodin de Moraes. Educação e cultura no Brasil: a questão do ensino domiciliar. In: Ana Carolina Brochado Teixeira; Luciana Dadalto (Org.). *Autoridade parental*: dilemas e desafios contemporâneos. Indaiatuba: Foco, 2019, p. 93-124.

Elton Dias Xavier. A identidade genética do ser humano como um biodireito fundamental e sua fundamentação na dignidade do ser humano. *In* Eduardo de Oliveira Leite (coord.). *Grandes temas da atualidade: bioética e biodireito*. Rio de Janeiro: Forense, 2004.

Esther Algarra Prats, *El regimen economico-matrimonial de participacion*, Madri: La Ley, 2000.

Euclides Benedito de Oliveira, *União estável*: do concubinato ao casamento, antes e depois do novo Código Civil, São Paulo: Método, 2003, 6ª ed.

Fabíola Santos Albuquerque, O instituto do parto anônimo no Direito brasileiro: avanços ou retrocessos? In: *Revista Brasileira de Direito das Famílias e Sucessões*, v. 1 (dez./jan. 2008), Porto Alegre: Magister.

Felipe Frank, Autonomia sucessória e pacto antenupcial: a validade da cláusula pré-nupcial de mútua exclusão da concorrência sucessória dos cônjuges. In: *Revista de Direito Civil Contemporâneo*, n. 8, vol. 28, jul./set. 2021.

Filipa Daniela Ramos de Carvalho, *A (síndrome de) alienação parental e o exercício das responsabilidades parentais*: algumas considerações, Coimbra: Coimbra Editora, 2011.

Filipe José Medon Affonso, Influenciadores digitais e o direito à imagem de seus filhos: uma análise a partir do melhor interesse da criança. In: *Revista Eletrônica da Procuradoria Geral do Estado do Rio de Janeiro – PGE-RJ*, Rio de Janeiro, vol. 2 n. 2, maio/ago. 2019.

Flávio Tartuce, *Direito Civil*, vol. 5: Direito de Família, Rio de Janeiro: Forense, 2016, 11ª ed.

Francesco de Martino, Famiglia. In: *Novissmo Digesto Italiano*, vol. VII, Torino: Unione Tipografico Editrice Torinese, 3ª ed.

Francesco Prosperi, *La famiglia non fondata sul matrimonio*, Camerino-Napoli, Esi, 1980.

Francesco Ruscello, *apud* Stefano Polidori, Funzione educativa e dovere di istruire la prole. In: Paulo Cendon (Coord.), *Il diritto privato nella giurisprudenza:* la famiglia, Torino: Torinese, 2000.

Francesco Ruscello, Potestà genitoria e capacità dei figli minori: dalla soggezione all'autonomia. *Vita notarile*: esperienze giuridiche. Palermo: Edizione Giuridiche, 2000.

Francisco José Cahali, Alimentos gravídicos. In: Maria Berenice Dias, *Direito das famílias:* Contributo do IBDFAM em homenagem a Rodrigo da Cunha Pereira, São Paulo: RT, 2009.

Francisco José Cahali, *União estável e alimentos entre os companheiros*, São Paulo: Saraiva, 1996.

François Terre, Philippe Simler, *Droit civil. Les régimes matrimoniaux*, Dalloz, 2015, 7ª ed.

Friedrich Engels, *A origem da família, da propriedade privada e do Estado*, Rio de Janeiro: Vitória, 1960.

G. J. Ballone, *Deficiência Mental*. Disponível em <http://www.psiqweb.med.br/site/?area=NO/LerNoticia&idNoticia=29>. Acesso em 07.07.2017.

Galdino Augusto Coelho Bordallo, Adoção. In: Kátia Regina Ferreira Lobo Andrade Maciel, *Curso de Direito da Criança e do Adolescente:* aspectos teóricos e práticos, São Paulo: Saraiva, 2016, 9ª ed.

Gilda Ferrando, Il principio di gratuita biotecnologie e atti di disposizione del corpo. In: Adolfo Di Majo; Carlo Castronovo; Joachin Bonell; Salvatore Mazzamuto (a cura di), *Europa e diritto privato*, Giuffrè, 2002.

Guilherme Calmon Nogueira da Gama, *O companheirismo:* uma espécie de família, São Paulo: Revista dos Tribunais, 1998.

Guilherme de Oliveira, *Temas de direito de família*, Coimbra: Coimbra Editora, 2001, 2ª ed.

Guilherme de Souza Nucci, *Estatuto da Criança e do Adolescente comentado:* em busca da Constituição Federal das Crianças e dos Adolescentes, Rio de Janeiro: Forense, 2015, 2ª ed.

Gustavo Pereira Leite Ribeiro, Personalidade e capacidade do ser humano a partir do novo Código Civil. In: Ana Carolina Brochado Teixeira; Gustavo Pereira Leite Ribeiro (Coords.), *Manual de teoria geral do direito civil*, Belo Horizonte: Del Rey, 2011.

Gustavo Tepedino, A Disciplina Civil-constitucional das Relações Familiares. In: *Temas de Direito Civil.* Rio de Janeiro: Renovar, 2008, 4ª ed.

Gustavo Tepedino, A disciplina da guarda e a autoridade parental na ordem civil-constitucional. In: *Revista Trimestral de Direito Civil* – RTDC, vol. 17, 2004.

Gustavo Tepedino, A disciplina da guarda e a autoridade parental na ordem civil-constitucional. In: Rodrigo da Cunha Pereira (Coord.), *Afeto, ética, família e o novo Código Civil*, Belo Horizonte: Del Rey, 2004.

Gustavo Tepedino, A disciplina jurídica da filiação na perspectiva civil-constitucional. In: Gustavo Tepedino, *Temas de Direito Civil,* Rio de Janeiro: Renovar, 2008, 4ª ed.

Gustavo Tepedino, Adoção e proteção integral na família: qual família? Editorial, *Revista Brasileira de Direito Civil*, vol. 27, jun./mar. 2021.

Gustavo Tepedino, A incidência imediata dos planos econômicos e a noção de direito adquirido – Reflexões sobre o art. 38 da Lei 8.880/1994 (Plano Real). In: *Soluções práticas de direito*, vol. I, São Paulo: Revista dos Tribunais, 2012.

Gustavo Tepedino, A legitimidade constitucional das famílias formadas por uniões de pessoas do mesmo sexo. In: *Soluções Práticas de Direito*, São Paulo: Revista dos Tribunais, 2012.

Gustavo Tepedino, A técnica da representação e os novos princípios contratuais. *In*: Gustavo Tepedino. *Temas de direito civil*, t. III, Rio de Janeiro: Renovar, 2009.

Gustavo Tepedino, A Tutela da Personalidade no Ordenamento Civil-Constitucional Brasileiro. In: *Temas de Direito Civil*, Rio de Janeiro: Renovar, 2008, 4ª ed.

Gustavo Tepedino, Bem de família e direito à moradia no Superior Tribunal de Justiça, Editorial. In: *Revista Trimestral de Direito Civil* – RTDC, vol. 36, 2009.

Gustavo Tepedino, *Comentários à Lei 8.245* (coord. Carlos Alberto Bittar), Rio de Janeiro: Forense Universitária, 1992.

Gustavo Tepedino, *Comentários ao novo Código Civil:* Das várias espécies de contrato. Do mandato. Da comissão. Da agência e distribuição. Da corretagem. Do transporte. In: Sálvio de Figueiredo Teixeira (Coord.), Rio de Janeiro: Forense, 2008.

Gustavo Tepedino, Dilemas do Afeto. In: *Revista IBDFAM*: Famílias e Sucessões, vol. 14, Belo Horizonte: IBDFAM, 2016.

Gustavo Tepedino, Igualdade constitucional dos filhos e dualidade de regimes de adoção. In: *Soluções Práticas de Direito*, São Paulo: Revista dos Tribunais, 2012.

Gustavo Tepedino, Milena Donato Oliva, Personalidade e capacidade na legalidade constitucional. In: Joyceane Bezerra Menezes (coord.), *Direito das pessoas com deficiência psíquica e intelectual nas relações privadas.* Convenção sobre os direitos da pessoa com deficiência e Lei brasileira de inclusão, Rio de Janeiro: Processo, 2016.

Gustavo Tepedino, Novas famílias entre autonomia existencial e tutela de vulnerabilidades. Editorial. In: *Revista Brasileira de Direito Civil – RBDCivil*, vol. 6, out.-dez./2015, p. 8). Disponível em <https://www.ibdcivil.org.br/image/data/revista/volume6/ibdcivil_volume_6_editorial_000.pdf>. Acesso: 22.8.2017.

Gustavo Tepedino, Novas Formas de Entidades Familiares: efeitos do casamento e da família não fundada no matrimônio. In: *Temas de Direito Civil.* Rio de Janeiro: Renovar, 2008, 4ª ed.

Gustavo Tepedino, Novas formas de entidades familiares: efeitos do casamento e da família não fundada no matrimônio. In: *Direito, Estado e Sociedade*, Revista do Departamento de Ciência Jurídicas da PUC-Rio, n. 5, ago/dez, 1994.

Gustavo Tepedino, Paula Greco Bandeira, Os alimentos compensatórios no Direito brasileiro: inadmissibilidade por ausência de fonte legal e incompatibilidade de função. In: Erolths Cortiano Junior; Marcos Ehrhardt Júnior (Coords.), *Transformações no Direito Privado nos 30 anos da Constituição:* Estudos em homenagem a Luiz Edson Fachin, Belo Horizonte: Forum, 2019.

Gustavo Tepedino, Premissas metodológicas para a constitucionalização do direito civil. In: Gustavo Tepedino, *Temas de direito civil*,Rio de Janeiro: Renovar, 2008, 4ª ed.

Gustavo Tepedino, Solidariedade e autonomia na sucessão entre cônjuges e companheiros. In: *Revista Brasileira de Direito Civil* – RBDCivil | Belo Horizonte, vol. 14, out./dez. 2017.

Gustavo Tepedino; Heloisa Helena Barboza; Maria Celina Bodin de Moraes, *Código Civil interpretado conforme a Constituição da República*, vol. II, Rio de Janeiro: Renovar, 2006.

Gustavo Tepedino; Heloisa Helena Barboza; Maria Celina Bodin de Moraes, *Código Civil interpretado conforme a Constituição da República*, vol. IV, Rio de Janeiro: Renovar, 2014.

Gustavo Tepedino; Chiara Spadaccini de Teffé. Consentimento e proteção de dados pessoais na LGPD. In: Gustavo Tepedino; Ana Frazão; Milena Donato Oliva (coords.). *Lei Geral de Proteção de Dados Pessoais e suas repercussões no Direito brasileiro*. São Paulo: Revista dos Tribunais, 2019, p. 287-322.

Gustavo Tepedino; Ana Carolina Brochado Teixeira, Em busca de uma agenda positiva para as famílias após a pandemia. In: *Migalhas*. Disponível em: https://www.migalhas.com.br/depeso/326857/em-busca-de-uma-agenda-positiva-para-as-familias-apos-a-pandemia.

Gustavo Tepedino, Ana Carolina Brochado Teixeira, Danielle Tavares Peçanha. Prestação de contas em obrigação alimentar: breves notas sobre o REsp 1.814.639/RS. In: *Migalhas*. Disponível em http://genjuridico.com.br/2020/07/08/prestacao-contas-obrigacao--alimentar/ Acesso em 26.9.2020.

Gustavo Tepedino; Danielle Tavares Peçanha, Métodos alternativos de solução de conflitos no direito de família e sucessões e a sistemática das cláusulas escalonadas. In: Ana Carolina Brochado Teixeira; Renata de Lima Rodrigues (Org.), *Contratos, família e sucessões – diálogos interdisciplinares*, São Paulo: Foco, 2021, 2ª ed.

Gustavo Tepedino; Danielle Tavares Peçanha, O papel dos avós na convivência familiar e na formação da personalidade dos netos. In: Tânia da Silva Pereira; Antônio Carlos Mathias Coltro; Sofia Miranda Rabelo; Lívia Teixeira Leal (orgs.), *Avosidade: relação jurídica entre avós e netos*, São Paulo: Editora Foco, 2020.

Gustavo Tepedino; Filipe José Medon Affonso, A superexposição de crianças por seus pais na internet e o direito ao esquecimento. In: Gabrielle Bezerra Sales Sarlet; Manoel Gustavo Neubarth Trindade; Plínio Melgaré (Org.), *Proteção de dados: temas controvertidos*, São Paulo: Foco, 2021.

Gustavo Tepedino; Milena Donato Oliva. Personalidade, capacidade e proteção da pessoa com deficiência na legalidade constitucional. In: Gustavo Tepedino; Vitor Almeida (orgs.). *Trajetórias do Direito Civil:* estudos em homenagem à Professora Heloisa Helena Barboza, São Paulo: Foco, 2023.

Gustavo Tepedino, A tutela dos direitos humanos no direito brasileiro. In: Carlos Vinícius Alves Ribeiro; Dias Toffoli; Otávio Luiz Rodrigues Jr. (Org.). *Estado, Direito e Democracia*: estudos em homenagem ao Prof. Augusto Aras, Belo Horizonte: Editora Fórum, 2021, p. 93-118.

Gustavo Tepedino, Milena Donato Oliva, Personalidade, capacidade e proteção da pessoa com deficiência na legalidade constitucional. In: Gustavo Tepedino; Vitor Almeida. (Orgs). *Trajetórias do Direito Civil:* estudos em homenagem à Professora Heloisa Helena Barboza, São Paulo: Editora Foco, 2023, pp. 3-18.

Gustavo Tepedino, A tutela dos direitos humanos nas relações privadas. In: Luiz Edson Fachin; Luís Roberto Barroso; Álvaro Ricardo de Souza Cruz. (Orgs.). *A constituição da democracia em seus 35 anos*, Belo Horizonte: Editora Fórum, 2023, pp. 503-526.

Gustavo Tepedino, O valor jurídico do afeto e a contratualização do direito de família. Editorial. In: *Revista Brasileira de Direito Civil – RBDCivil*, Belo Horizonte, vol. 31, n. 4, out./dez.2022, pp. 13-15.

Heloisa Helena Barboza, Vulnerabilidade e cuidado: aspectos jurídicos. In: Guilherme de Oliveira; Tania da Silva Pereira (Coord.), *Cuidado e vulnerabilidade*, São Paulo: Atlas, 2009.

Heloisa Helena Barboza, *A filiação em face da inseminação artificial e da fertilização "in vitro"*, Rio de Janeiro: Renovar, 1993.

Heloisa Helena Barboza, Curatela do enfermo: instituto em renovação. In: Carlos Edison do Rêgo Monteiro Filho; Gisela Sampaio da Cruz Guedes; Rose Melo Venceslau Meireles

(Orgs.), *Coleção Direito UERJ 80 Anos*, vol. 2: *Direito Civil*, Rio de Janeiro: Freitas Bastos, 2015.

Heloisa Helena Barboza, Curatela em nova perspectiva. In: Maria de Fátima Freire de Sá, Roberto Henrique Pôrto Nogueira, Beatriz Schettini, *Novos direitos privados*, Belo Horizonte: Arraes Editores, 2016.

Heloisa Helena Barboza, Direitos Sucessórios dos Companheiros. In: Flávio Tartuce e Ricardo Castilho (coords.), *Direito Civil. Direito Patrimonial e Direito Existencial: estudos em homenagem à professora Giselda Maria Fernandes Novaes Hironaka*, São Paulo: Método, 2006.

Heloisa Helena Barboza, Efeitos jurídicos do parentesco socioafetivo. In: *Revista Brasileira de Direito das Famílias e Sucessões*, abr.-maio 2009, ano X, nº 09, Porto Alegre: Editora Magister; Belo Horizonte: IBDFAM, 2009.

Heloisa Helena Barboza, Reflexões sobre a autonomia negocial. In: *O direito e o tempo: embates jurídicos e utopias contemporâneas* – Estudos em homenagem ao Professor Ricardo Pereira Lira. Gustavo Tepedino e Luiz Edson Fachin (Coord.), Rio de Janeiro: Renovar, 2008.

Heloisa Helena Barboza; Vitor Almeida, A capacidade civil à luz do Estatuto da Pessoa com Deficiência. In: Joyceane Bezerra de Menezes. *Direito das pessoas com deficiência psíquica e intelectual nas relações privadas*: Convenção sobre os direitos da pessoa com deficiência e Lei Brasileira de Inclusão, Rio de Janeiro: Processo, 2016.

Heloisa Helena Barboza; Vitor de Azevedo Almeida Junior, A (in)capacidade da pessoa com deficiência mental ou intelectual e o regime das invalidades: primeiras reflexões. In: Marcos Ehrhardt Jr. (Coord.), *Impactos do novo CPC e do EDP no direito civil brasileiro*, Belo Horizonte: Fórum, 2016.

Immanuel Kant, *Fundamentação da metafísica dos costumes*, Lisboa: Ed. 70, 2001.

Ingo Wolfgang Sarlet, *A eficácia dos direitos fundamentais*, Porto Alegre: Livraria do Advogado, 2003, 3ª ed.

J. M. Carvalho Santos, *Código Civil brasileiro interpretado*, vol. IV, Rio de Janeiro: Freitas Bastos, 1961.

João Baptista Villela, Desbiologização da Paternidade. In: *Revista Forense*, vol. 271, 1980.

João Baptista Villela, *Liberdade e família*, Belo Horizonte: Revista da Faculdade de Direito da UFMG, 1980.

João Baptista Villela, O modelo constitucional da filiação: verdades e superstições. In: *Revista Brasileira de Direito de Família*, Porto Alegre: Síntese, n. 2, jul./set. 1999.

João Costa-Neto, Comentário ao REsp n. 1.671.422/SP: retroatividade da alteração do regime de bens do casamento. In: *Revista Brasileira de Direito Civil – RBDCivil*, Belo Horizonte, vol. 33, n. 2, abr./jun. 2024.

João Manuel de Carvalho Santos, *Código Civil Interpretado principalmente sobre o ponto de vista prático*, vol. V, Rio de Janeiro: Freitas Bastos, 1937, 2ª ed.

João Ricardo Brandão Aguirre, Tutela. In: Rodrigo da Cunha Pereira (org.), *Tratado de Direito das Famílias*, Belo Horizonte: IBDFAM, 2016, 2ª ed.

Jorge Trindade, Síndrome de alienação parental (SAP). In: Maria Berenice Dias (Coord.), *Incesto e alienação parental*, São Paulo: RT, 2008.

José Carlos Barbosa Moreira, O novo Código Civil e a união estável. *Carta Mensal* – CNC, n. 574, vol. 48, jan. 2003.

José Carlos Moreira Alves, *Direito romano*, vol. 2, Rio de Janeiro: Forense, 1972.

José Fernando Simão, Há limites para o princípio da pluralidade familiar na apreensão de novas formas de conjugalidade e de parentesco? In: *Revista Brasileira de Direito Civil*, Vol. 2, out./dez. 2014.

José Lamartine Corrêa de Oliveira; Francisco José Ferreira Muniz, *Direito de família (direito matrimonial)*, Porto Alegre: Sérgio Antônio Fabris Editor, 1990.

Josefina Pimenta Lobato, A proibição do incesto em Lévi-Strauss. In: *Revista Oficina*: Família, seus conflitos e perspectivas sociais, Belo Horizonte, ano 6, n. 9, p. 14, jun. 1999.

Josiane Rose Petry Veronese; Marcelo de Mello Vieira. *Abandono de filhos adotivos*: sob o olhar da doutrina da proteção integral e da responsabilidade civil, São Paulo: Dialética, 2022.

Joyceane Bezerra de Menezes, *Direitos das pessoas com deficiência psíquica e intelectual nas relações privadas*. Convenção sobre os direitos da pessoa com deficiência e Lei Brasileira de Inclusão, Rio de Janeiro: Processo, 2016.

Joyceane Bezerra de Menezes, O direito protetivo no Brasil após a convenção sobre a proteção da pessoa com deficiência: impactos do novo CPC e do estatuto da pessoa com deficiência. In: *Civilistica.com*, Rio de Janeiro, a. 4, n. 1, jan.-jun./2015. Disponível em: <http://civilistica.com/o-direito-protetivo-no-brasil/>. Acesso em: 27.06.2017.

Joyceane Bezerra de Menezes, Tomada de decisão apoiada: instrumento de apoio ao exercício da capacidade civil da pessoa com deficiência instituído pela Lei Brasileira de Inclusão (Lei n. 13.146/2015). In: *Revista Brasileira de Direito Civil*, v. 9, jul./set. 2016.

Joyceane Bezerra Menezes, Curatela. In: Ana Carolina Brochado Teixeira, Gustavo Pereira Leite Ribeiro (coords.), *Manual de Direito das Famílias e Sucessões*, Rio de Janeiro: Processo, 2017, 3ª ed.

Joyceane Bezerra Menezes; Ana Carolina Brochado Teixeira, Desvendando o conteúdo da capacidade civil a partir do Estatuto da Pessoa com Deficiência. In: *Pensar*, Revista de Ciências Jurídicas. Fortaleza, Unifor, v. 21, n. 2, pp. 568-599, maio./ago. 2016. Disponível em: <http://ojs.unifor.br/index.php/rpen/article/view/5619/pdf> Acesso em 14.5.2019.

Jussara Meirelles, O ser e o ter na codificação civil brasileira: do sujeito virtual à clausura patrimonial. In: Luiz Edson Fachin (Coord.), *Repensando fundamentos do direito civil brasileiro contemporâneo*, Rio de Janeiro: Renovar, 2000.

Kátia Regina Ferreira Lobo Andrade Maciel, *Curso de Direito da Criança e do Adolescente:* aspectos teóricos e práticos, São Paulo: Saraiva, 2016, 9ª ed.

Lafayette Rodrigues Pereira, *Direitos de Família*, Rio de Janeiro, Editores Virgilio Maia & Comp., 1918.

Laira Carone Rachid Domith, Lutemos, mas só pelo direito ao nosso estranho amor - Da legitimidade da família poliafetiva. Disponível em: http://publicadireito.com.br/publicacao/ufsc/livro.php?gt=119. Acesso em: 02.10.2016.

Leonardo Barreto Moreira Alves, *Direito de Família Mínimo*: a possibilidade de aplicação e o campo de incidência da autonomia privada no Direito de Família, Rio de Janeiro: Lumen Juris, 2010.

Lilian Milnitsky Stein et al., *Falsas memórias:* Fundamentos científicos e suas aplicações clínicas e jurídicas, Porto Alegre: Artmed, 2010.

Loreci Gottschalk Nolasco, *Direito fundamental à moradia*, São Paulo: Pillares, 2008.

Luciana Brasileiro; Maria Rita Holanda, A proteção da pessoa nas famílias simultâneas. In: Carlos Eduardo Pianovski Ruzyk; Eduardo Nunes de Souza; Joyceane Bezerra de Menezes; Marcos Ehrardt Júnior (Org.), *Direito civil-constitucional:* a ressignificação da função dos institutos fundamentais do direito civil contemporâneo e suas consequências, Florianópolis: Conceito, 2014.

Luciana Fernandes Berlini, *Lei da palmada:* uma análise sobre a violência doméstica infantil, Belo Horizonte: Arraes Editora, 2014.

Luciano Alves Rossato; Paulo Eduardo Lépore; Rogério Sanches Cunha, *Estatuto da Criança e do Adolescente Comentado*, São Paulo: Revista dos Tribunais, 2014, 6ª ed.

Luís Roberto Barroso, Fundamentos teóricos e filosóficos do novo Direito Constitucional Brasileiro. In: Luís Roberto Barroso (Org.). *A nova interpretação constitucional:* ponderação, direitos fundamentais e relações privadas, Rio de Janeiro: Renovar, 2003.

Luís Roberto Barroso, Uniões homoafetivas: reconhecimento jurídico das uniões estáveis entre parceiros do mesmo sexo. In: *O novo direito constitucional brasileiro*: contribuições para a construção teórica e prática da jurisdição constitucional no Brasil, Brasília: Fórum, 2013.

Luiz Edson Fachin, *A constitucionalidade da usucapião familiar do artigo 1.240-A do Código Civil brasileiro*. Disponível em http://www.cartaforense.com.br/conteudo/artigos/a-constitucionalidade-da-usucapiao-familiar-do-artigo-1240-a-do-codigo-civil-brasileiro/7733. Acesso em: 02.11.2016.

Luiz Edson Fachin, Bem de família e o patrimônio mínimo. In: Rodrigo da Cunha Pereira, *Tratado de direito das famílias*, Belo Horizonte: IBDFAM, 2015.

Luiz Edson Fachin, *Comentários ao Novo Código Civil*, vol. XVIII, Rio de Janeiro: Forense, 2003.

Luiz Edson Fachin, *Da Paternidade. Relação Biológica e Afetiva*, Belo Horizonte: Del Rey, 1996.

Luiz Edson Fachin, *Direito de família:* elementos críticos à luz do novo Código Civil brasileiro, Rio de Janeiro: Renovar, 2003.

Luiz Edson Fachin, Em defesa da constituição prospectiva e a nova metódica crítica do direito e suas "constitucionalizações". In: Luiz Edson Fachin, *Questões do Direito Civil brasileiro contemporâneo*, Rio de Janeiro: Renovar, 2008.

Luiz Edson Fachin, *Estabelecimento da Filiação e Paternidade Presumida*, Porto Alegre: Fabris, 1992.

Luiz Edson Fachin, *Estatuto jurídico do patrimônio mínimo*, Rio de Janeiro: Renovar, 2001.

Luiz Edson Fachin, Famílias: entre o público e o privado. In: Rodrigo da Cunha Pereira (org.). *Família:* entre o público e o privado, Porto Alegre: Magister/IBDFAM, 2012.

Luiz Edson Fachin, Parentesco, o laço tecido na caminhada. In: *Direito de Família*: elementos críticos à luz do novo código civil brasileiro, Rio de Janeiro: Renovar, 2003.

Luiz Edson Fachin, *Teoria crítica do Direito Civil*, Rio de Janeiro: Renovar, 2003, 2ª ed.

M. Giuseppina Salaris, *Corpo umano e diritto civile*, Milano: Giuffrè, 2007.

Marcelo de Mello Vieira, *Direito de crianças e adolescentes à convivência familiar*. 05.02.2014. 152p. Dissertação de mestrado - Universidade Federal de Minas Gerais, Belo Horizonte, 2014.

Marcelo de Mello Vieira; Marina Carneiro Matos Sillmann, Preparação de crianças e adolescentes para a adoção: estabelecendo relação entre direito à convivência familiar, perda do poder familiar e o dever de cuidado. In: *Revista Brasileira de Direito Civil – RBDCivil*, Belo Horizonte, vol. 33, n. 1, jan./mar. 2024.

Marco Aurélio S. Viana, *Direito de Família*, Belo Horizonte: Del Rey, 1993.

Marcos Alves da Silva, *Da monogamia:* A sua superação como princípio estruturante do direito de família, Curitiba: Juruá, 2013.

Marcos Alves da Silva, *Do Pátrio Poder à Autoridade Parental – Repensando Fundamentos Jurídicos da Relação entre Pais e Filhos*, Rio de Janeiro: Renovar, 2002.

Maria Berenice Dias, A estatização das relações afetivas e a imposição de direitos e deveres. In: Rodrigo da Cunha Pereira (Coord.) *Família e cidadania*: o novo CCB e a *vacatio legis*, Belo Horizonte: IBDFAM, Del Rey, 2002.

Maria Berenice Dias, *Manual de Direito das Famílias*, São Paulo: Revista dos Tribunais, 2010, 7ª ed.

Maria Berenice Dias, *Regime de bens e algumas absurdas incomunicabilidades*. Disponível em: <http://www.mariaberenice.com.br/manager/arq/(cod2_759)2__regime_de_bens_e_algumas_absurdas_incomunicabilidades.pdf>. Acesso em: 27.09.2017.

Maria Berenice Dias, *União Homoafetiva. O Preconceito e a Justiça*, Porto Alegre: Livraria do Advogado, 2009, 4ª ed.

Maria Celina Bodin de Moraes, A Caminho de um Direito Civil Constitucional. In: *Direito, Estado e Sociedade*, Puc-Rio, 1991, nº 1.

Maria Celina Bodin de Moraes, A família democrática. In: Maria Celina Bodin de Moraes, *Na medida da pessoa humana*, Rio de Janeiro: Renovar, 2010.

Maria Celina Bodin de Moraes, A responsabilidade e reparação civil. In: Rodrigo da Cunha Pereira (org.), *Tratado de Direito das Famílias*, Belo Horizonte: IBDFAM, 2016, 2ª ed.

Maria Celina Bodin de Moraes, A União entre pessoas do mesmo sexo: uma análise sob a perspectiva civil-constitucional. In: *Revista Trimestral de Direito Civil – RTDC*, vol. 1, jan./mar. 2000.

Maria Celina Bodin de Moraes, Ampliação da proteção ao nome da pessoa humana. In: Ana Carolina Brochado Teixeira, Gustavo Pereira Leite Ribeiro (coods.), *Manual de Teoria Geral do Direito Privado*, Belo Horizonte: Del Rey, 2013.

Maria Celina Bodin de Moraes, Danos morais e relações de família. In: Rodrigo da Cunha Pereira (coord.), *Afeto, ética, família e o novo Código Civil*, Belo Horizonte: Del Rey, 2005.

Maria Celina Bodin de Moraes, Danos morais em família? Conjugalidade, parentalidade e responsabilidade civil. In: Maria Celina Bodin de Moraes, *Na medida da pessoa humana*, Rio de Janeiro: Renovar, 2010.

Maria Celina Bodin de Moraes, Nome: sobre o nome da pessoa humana. In: *Revista Brasileira de Direito de Família*, Porto Alegre: Síntese/IBDFAM, vol. 2, n. 7, 2000.

Maria Celina Bodin de Moraes, Recusa à Realização do Exame de D.N.A. na Investigação de Paternidade. In: Maria Celina Bodin de Moraes, *Na medida da pessoa humana:* estudos de direito civil-constitucional, Rio de Janeiro: Renovar, 2010.

Maria Celina Bodin de Moraes, *Um ano histórico para o Direito de Família*, Editorial, Civilistica.com. Rio de Janeiro, a. 5. n. 2. 2016, Disponível em http://civilistica.com/um-ano-historico-para-o-direito-de-familia/. Acesso em: 11.01.2017.

Maria Celina Bodin de Moraes, Vulnerabilidades nas relações de família: o problema da desigualdade de gênero. In: Maria Berenice Dias (Org.), *Direito das famílias*. Contributo do IBDFAM em homenagem a Rodrigo da Cunha Pereira, São Paulo: Revista dos Tribunais, 2009.

Maria Celina Bodin de Moraes; Ana Carolina Brochado Teixeira, Comentário ao artigo 226. In: J. J. Gomes Canotilho, Gilmar F. Mendes, Ingo W. Sarlet, Lenio L. Streck (coords.), *Comentários à Constituição do Brasil*, São Paulo: Saraiva/Almedina, 2018, 2ª ed.

Maria Celina Bodin de Moraes; Gabriel Schulman, Ensaio sobre as iniquidades da fiança locatícia gratuita. In: *Revista de Direito do Consumidor*, ano 25, vol. 107, set./out. 2016.

Maria de Fátima Freire de Sá; Anna Cristina De Carvalho Rettore, Registro civil de crianças nascidas de gestação de substituição no Brasil: uma análise a partir de julgamentos pelo Tribunal Supremo Espanhol. In: *Anais do XXV Encontro Nacional do CONPEDI em Brasília/DF - Biodireito e direito dos animais*, Florianópólis: Conpedi, 2016. Disponível em: <http://www.conpedi.org.br/publicacoes/y0ii48h0/tvu736t8/QGFVxviu3iRwFCtp.pdf>. Acesso em 09 jan. 2017.

Maria Goreth Macedo Valadares, As famílias reconstituídas. In: Ana Carolina Brochado Teixeira; Gustavo Pereira Leite Ribeiro, *Manual de Direito das famílias e sucessões*, Rio de Janeiro, 2017, 3ª ed., pp. 123-149.

Maria Goreth Macedo Valadares, *Como ficam as adoções frente à decisão do STF (RE 898060) que reconheceu a possibilidade da multiparentalidade?* Trabalho apresentado no XI Congresso Brasileiro de Direito de Família. *Revista IBDFAM: Famílias e Sucessões,* vol. 24 (nov./dez.), Belo Horizonte: IBDAM, 2017.

Maria Goreth Macedo Valadares, *Multiparentalidade e as novas relações parentais*, Rio de Janeiro: Lumen Juris, 2016.

Maria Helena Diniz, *Curso de Direito Civil Brasileiro. Direito de Família*, vol. 5, São Paulo: Saraiva, 2002, 17ª ed.

Maria Helena Diniz, *Direito Civil Brasileiro*, vol. *V.*, *Direito de Família*, São Paulo: Saraiva, 1993, 7ª ed.

Marilia Pedroso Xavier. *Contrato de namoro*. Amor líquido e direito de família mínimo. Belo Horizonte: Forum, 2020, 2ª ed.

Maristella Cerato, La potestá dei genitori: i modi di esercizio, la decadenza e l'affievolimento. In: CEDON, Paolo (Coord.), *Il diritto privato oggi*, Milano: Giuffrè, 2000.

Maurício Requião, Estatuto da Pessoa com Deficiência altera regime civil das incapacidades. In: *Consultor Jurídico*. Disponível em: <http://www.conjur.com.br/2015-jul-20/estatuto-pessoa-deficiencia-altera-regime-incapacidades>. Acesso em: 14.06.2017.

Miguel Reale, *Estudos preliminares do Código Civil,* São Paulo: Revista dos Tribunais, 2003.

Nelson Rosenvald, Capítulo 17: Curatela. In: Rodrigo da Cunha Pereira (org.), *Tratado de Direito das Famílias*, Belo Horizonte: IBDFAM, 2016, 2ª ed.

Orlando Gomes, *Direito de Família*, Rio de Janeiro: Forense, 2002, 14ª ed., atualizada por Humberto Theodoro Júnior.

Pablo Stolze Gagliano; Rodolfo Pamplona Filho, *Novo Curso de Direito Civil*, vol. 6: Direito de Família – As famílias em perspectiva constitucional, São Paulo: Saraiva, 2012, 2ª ed.

Paolo Ianni, Potestà dei genitori e libertà dei figli. In: Vincenzo Lojacono (Coord.), *Il diritto di famiglia e delle persone*. Milano: Giuffrè, 1977.

Paula Greco Bandeira, Notas sobre a autocuratela e o Estatuto da Pessoa com Deficiência. In: Joyceane Bezerra de Menezes (org.). *Direito das pessoas com deficiência psíquica e intelectual nas relações privadas:* Convenção sobre os Direitos da Pessoa com Deficiência e Lei Brasileira de Inclusão, Rio de Janeiro: Processo, 2016.

Paulo Lôbo, A Repersonalização das Relações de Família. In: Carlos Alberto Bittar (coord.), *O Direito de Família e a Constituição de 1988*, São Paulo: Saraiva, 1989.

Paulo Lôbo, *Código Civil comentado*, vol. XVI, São Paulo: Atlas, 2003.

Paulo Lôbo, Direito ao estado de filiação e direito à origem genética: uma distinção necessária. In: *Revista Brasileira de Direito de Família,* n. 19, out./dez., 2003.

Paulo Lôbo, *Direito civil* – Parte geral, São Paulo: Saraiva, 2009.

Paulo Lôbo, *Direito civil:* famílias, São Paulo: Saraiva, 2017, 7ª ed.

Paulo Lôbo, Direito de família e os princípios constitucionais. In: Rodrigo da Cunha Pereira (coord.), *Tratado de Direito das Famílias*, Belo Horizonte: IBDFAM, 2015.

Paulo Lôbo, Direito-dever à convivência familiar. In: Maria Berenice Dias (Org.), *Direito das famílias:* contributo do IBDFAM em homenagem a Rodrigo da Cunha Pereira, São Paulo: Revista dos Tribunais, 2009.

Paulo Lôbo, Divórcio: alteração constitucional e suas consequências. In: Ana Carolina Brochado Teixeira; Gustavo Pereira Leite Ribeiro (coords.), *Manual de Direito das Famílias e das Sucessões*, Belo Horizonte: Del Rey, 2010.

Paulo Lôbo, Entidades Familiares constitucionalizadas: para além do numerus clausus. In: *Revista Brasileira de Direito de Família*, n. 12, Porto Alegre: Síntese, 2002.

Paulo Lôbo, *Famílias*, São Paulo: Saraiva, 2017, 7ª ed.

Paulo Nader, *Curso de Direito Civil: Direito de Família*, vol. 5, Rio de Janeiro: Forense, 2009, 3ª ed.

Pietro Perlingieri, *O direito civil na legalidade constitucional*, Rio de Janeiro: Renovar, 2008, 3ª ed., trad. Maria Cristina De Cicco.

Pietro Perlingieri, *Perfis de Direito Civil*, Rio de Janeiro: Renovar, 2002, 2ª ed. trad. por Maria Cristina De Cicco.

Pietro Perlingieri, *Profili del diritto civile*, Napoli: ESI, 1994, 3ª ed.

Pontes de Miranda, *Tratado de Direito de Família*, vol. I: direito matrimonial, São Paulo: Max Limonad, 1947, 3ª ed.

Pontes de Miranda, *Tratado de Direito Privado*, t. IX, atual. por Rosa Maria de Andrade Nery, São Paulo: Revista dos Tribunais, 2012.

Pontes de Miranda, *Tratado de Direito Privado*, t. IX, São Paulo: Ed. Revista dos Tribunais, 2012.

Pontes de Miranda, *Tratado de Direito Privado*, t. VII, São Paulo: Ed. Revista dos Tribunais, 2012.

Pontes de Miranda, *Tratado de direito privado*, vol. VIII, São Paulo: Revista dos Tribunais, 1983.

Rafael Garcia Rodrigues, A pessoa e o ser humano no novo Código Civil. In: Gustavo Tepedino (Coord.), *O Código Civil na perspectiva civil-constitucional*: parte geral, Rio de Janeiro: Renovar, 2003.

Raquel Fabiana Lopes Sparemberger; Adriane Berlesi Thiesen. O direito de saber a nossa história: identidade genética e dignidade humana na concepção da bioconstituição. *Revista Direitos Fundamentais e Democracia*, vol. 7, n. 7. Curitiba, jan./jun. 2010.

Raquel Pacheco Ribeiro de Souza, Apresentação. In: Analdino Rodrigues Paulino, *Síndrome da Alienação Parental e a tirania do guardião:* aspectos psicológicos, sociais e jurídicos, Porto Alegre: Equilíbrio, 2008.

Ravi Peixoto, Arts. 70 a 76. In: Dierle Nunes; Lenio Luiz Streck; Leonardo Cunha (Orgs.), *Comentários ao Código de Processo Civil*, São Paulo: Saraiva, 2016.

Renata Barbosa de Almeida, Walsir Edson Rodrigues Júnior, *Direito Civil:* Famílias, São Paulo: Atlas, 2012, 2ª ed.

Renata Barbosa de Almeida; Iara Antunes de Souza, Invalidades matrimoniais: revisão de sua disciplina jurídica em face do novo conceito de família. In: Ana Carolina Brochado Teixeira, Gustavo Pereira Leite Ribeiro (Coords.). *Manual de direito das famílias e das sucessões,* Rio de Janeiro: Processo, 3ª ed.

Renata de Lima Rodrigues, *Incapacidade, curatela e autonomia privada*: estudos no marco do Estado Democrático de Direito. 2007. Dissertação (Mestrado em Direito Privado) – Faculdade Mineira de Direito – Pontifícia Universidade Católica, Belo Horizonte, 2007.

Renata de Lima Rodrigues; Brunna Emanuelle Carvalho Tonini. Novos bens e outorga conjugal. In: Ana Carolina Brochado Teixeira; Renata de Lima Rodrigues (coords.), *Contratos, família e sucessões: diálogos interdisciplinares*, Indaiatuba: Foco, 2021, 2ª ed.

Renata de Lima Rodrigues, *Planejamento familiar – Limites e liberdades parentais*, Indaiatuba: Foco, 2022.

Renata Vilela Multedo, *A intervenção do Estado nas relações de família: limites e regulação*, Dissertação de mestrado, UERJ, Rio de Janeiro, 2016.

Renata Vilela Multedo, *Liberdade e família:* Limites para a intervenção do Estado nas relações conjugais e parentais. Rio de Janeiro: Processo, 2017.

Ricardo Lucas Calderon; Michele Mayumi Iwasaki, Usucapião familiar: quem nos salva da bondade dos bons?. In: *Revista Brasileira de Direito Civil*, v. 3, jan/mar. 2015.

Robert Alexy, *Teoria de los Derechos Fundamentales*, Madrid: Centro de Estudios Constitucionales, 1997.

Rodrigo da Cunha Pereira, *Comentários ao Novo Código Civil: da união estável, da tutela e da curatela.* vol. XX. Coord. Sálvio de Figueiredo Teixeira, Rio de Janeiro: Forense, 2003.

Rodrigo da Cunha Pereira, *Dicionário de Direito de Família e Sucessões*, São Paulo: Saraiva, 2015.

Rodrigo da Cunha Pereira, *Direito de família*: uma abordagem psicanalítica, Belo Horizonte: Del Rey, 2003, 3ª ed.

Rodrigo da Cunha Pereira, Família, direitos humanos, psicanálise e inclusão social. In: *Revista Brasileira de Direito de Família*, Porto Alegre: Síntese – IBDFAM, n. 16, 2003.

Rodrigo da Cunha Pereira, O Novo Divórcio no Brasil. In: Rodrigo da Cunha Pereira (Coord.), *Família e Responsabilidade:* Teoria e Prática do Direito de Família, Porto Alegre: Magister/IBDFAM, 2010.

Rodrigo da Cunha Pereira, *Princípios fundamentais norteadores para o Direito de Família*, Belo Horizonte: Del Rey, 2005.

Rodrigo da Cunha Pereira, Teoria Geral dos Alimentos. In: Francisco José Cahali e Rodrigo da Cunha Pereira (Coord.), *Alimentos no Código Civil*, São Paulo: Saraiva, 2005.

Rodrigo da Cunha Pereira, União estável. In: Rodrigo da Cunha Pereira (Org.), *Tratado de direito das famílias*, Belo Horizonte: IBDFAM, 2015.

Rodrigo da Cunha Pereira; Ana Carolina Brochado Teixeira, A criação de um novo estado civil no Direito Brasileiro para a União Estável. In: Mário Luiz Delgado; Jones Figueirêdo Alves (Org.), *Questões controvertidas no novo Código Civil*, vol. 3, São Paulo: Método, 2005.

Roland Chemama, *Dicionário de psicanálise*. Porto Alegre: Artes Médicas Sul, 1995, trad. Francisco Franke Settineri.

Rolf Madaleno, Alimentos entre colaterais. In: *Revista brasileira de direito de família*, n. 28, fev./mar. 2005.

Rolf Madaleno, Ana Carolina Carpes Madaleno, *Síndrome da alienação parental:* importância da detecção, aspectos legais e processuais, Rio de Janeiro: Forense, 2013.

Rolf Madaleno, *Curso de direito de família*, Rio de Janeiro: Forense, 2013, 5ª ed.

Rolf Madaleno, *Direito de Família*, Rio de Janeiro: Forense, 2018, 8ª ed.

Rolf Madaleno, Do regime de bens entre os cônjuges. In: Maria Berenice Dias; Rodrigo da Cunha Pereira (coord.), *Direito de Família e o novo Código Civil*, Belo Horizonte: Del Rey, 2001.

Rolf Madaleno, O direito adquirido e o regime de bens. In: *Revista Jurídica*, Porto Alegre: Nota Dez, n. 348, 2006.

Rosalice Fidalgo Pinheiro; Katya Isaguirre, O direito à moradia e o STF: um estudo de caso acerca da impenhorabilidade do bem de família do fiador., Iin: Luiz Edson Fachin; Gustavo Tepedino (Coords.),. *Diálogos sobre direito civil*,. Rio de Janeiro: Renovar, 2008.

Rosana Amaral Girardi Fachin, *Dever alimentar para um novo direito de família*, Rio de Janeiro: Renovar, 2005.

Rose Melo Vencelau Meireles, *Autonomia privada e dignidade humana*, Rio de Janeiro: Renovar, 2009.

Rose Melo Vencelau Meireles, Filiação biológica, socioafetiva e registral. In: Ana Carla Harmatiuk Matos; Joyceane Bezerra de Menezes (Org.), *Direito das famílias por juristas brasileiras*, São Paulo: Saraiva, 2013.

Rose Vencelau, *O Elo Perdido da Filiação: entre a Verdade Jurídica, Biológica e Afetiva no Estabelecimento da Paternidade*, Rio de Janeiro: Renovar, 2004.

Rose Melo Vencelau Meireles, Comentário ao Recurso Especial nº 1.918.421 – SP: desafios da reprodução humana assistida *post mortem*, *Civilistica.com*, Rio de Janeiro, n. 3, a. 10, 2021.

Rose Melo Vencelau Meireles, *Direito de filiação:* critério jurídico, biológico, socioafetivo. Rio de Janeiro: Processo, 2023.

Rubens Limongi França, Direito do Concubinato – I. In: *Enciclopédia Saraiva*, vol. 26, São Paulo: Saraiva, 1979.

Salmo Raskin, A análise de DNA na determinação da paternidade: mitos e verdades no limiar do século XXI. In: Eduardo de Oliveira Leite (Coord.), *Grandes temas da atualidade:* DNA como meio de prova da filiação, Rio de Janeiro: Forense, 2002, 2ª ed.

Samir Namur, Famílias simultâneas. In: Gustavo Tepedino, Luiz Edson Fachin. *Diálogos sobre Direito Civil*, vol. II, Rio de Janeiro: Renovar, 2008.

San Tiago Dantas, *Direitos de Família e das Sucessões*, Rio de Janeiro, Forense, 1991, 2ª ed.

Semy Glanz, *Código civil brasileiro interpretado: principalmente do ponto de vista prático: suplemento* X, Rio de Janeiro: Freitas Bastos, 1984.

Sérgio Pena, Determinação de Paternidade pelo Estudo Direto do DNA: Estado da Arte no Brasil. In: Sálvio de Figueiredo Teixeira (coord.), *Direitos de Família e do Menor*, Belo Horizonte: Del Rey.

Silmara Juny Chinelato, *Comentários ao Código Civil*, vol. 18, São Paulo: Saraiva, 2008.

Silvana Maria Carbonera, *Reserva de intimidade:* uma possível tutela da dignidade no espaço relacional da conjugalidade, Rio de Janeiro: Renovar, 2008.

Silvio de Salvo Venosa, A família conjugal. In: Rodrigo da Cunha Pereira (org.), *Tratado de Direito das Famílias*, Belo Horizonte: IBDFAM, 2016, 2ª ed.

Silvio Neves Baptista, Contratos no direito de família. In: Rodrigo da Cunha Pereira (Coord.), *Família e solidariedade*: teoria e prática do direito de família, Rio de Janeiro: Lumen Juris, 2008.

Silvio Rodrigues, *Direito Civil:* vol. 6, São Paulo: Saraiva, 2002, 27ª ed., atualizada por Francisco José Cahali.

Simone Eberle, *A capacidade entre o fato e o direito*, Porto Alegre: Sergio Antonio Fabris Ed., 2006.

Simone Tassinarini. Quais os desafios que se impõem ao direito de família frente às situações de coparentalidade?. In: Ana Carla Harmatiuk Matos, Ana Carolina Brochado Teixeira, Gustavo Tepedino (coord.), *Direito civil, constituição e unidade do sistema.* Anais do Congresso de Direito Civil Constitucional. V Congresso do IBDCivil. Belo Horizonte: Forum, 2019.

Taisa Maria Macena de Lima, Filiação e biodireito: uma análise das presunções em matéria de filiação em face das ciências biogenéticas. In: Maria de Fátima Freire de Sá; Bruno Torquato de Oliveira Naves (Coords.), *Bioética, Biodireito e o Código Civil de 2002*, Belo Horizonte: Del Rey, 2004.

Taisa Maria Macena Lima, Guarda de fato: tipo sociológico em busca de um tipo jurídico. In: Milton Fernandes (Coord.), *Controvérsias no sistema de filiação*, Belo Horizonte: Universidade Federal de Minas Gerais, 1984.

Tânia da Silva Pereira, Adoção. In: Rodrigo da Cunha Pereira (org.), *Tratado de Direito das Famílias*, Belo Horizonte: IBDFAM, 2016, 2ª ed.

Tânia da Silva Pereira, *Direito da Criança e do Adolescente:* uma proposta interdisciplinar, Rio de Janeiro: Renovar, 2008, 2ª ed.

Tânia da Silva Pereira, Vicissitudes e certezas que envolvem a adoção consentida. In: Rodrigo da Cunha Pereira (Coord.), *Família:* entre o público e o privado, Porto Alegre: Magister/IBDFAM, 2012.

Tereza Cristina Monteiro Mafra, *O casamento entre o tempo e a eternidade*: uma análise do casamento à luz da comunhão plena de vida, da proteção da confiança e do direito intertemporal, fevereiro 2013, Tese (Doutorado), Universidade Federal de Minas Gerais, Belo Horizonte.

Thais Câmara Maia Fernandes Coelho, *Autocuratela*, Rio de Janeiro: Lumen Juris, 2016.

Thamis Dalsenter Viveiros de Castro, A função da cláusula de bons costumes no Direito Civil e a teoria tríplice da autonomia privada existencial. In: *Revista Brasileira de Direito Civil* – RBDCivil, Belo Horizonte, v. 14, out./dez. 2017.

Ugo Enrico Paoli, Família (diritto attico). In: Antônio Azara; Ernesto Eula (a cura di), *Novíssimo Digesto* Italiano. vol. VII. Torino: Editrice Torinese, 1957.

Vanessa Correia Mendes, O casamento da pessoa com deficiência psíquica e intelectual: possibilidades, inconsistências circundantes e mecanismos de apoio. In: Joyceane Bezerra de Menezes (Org.), *Direito das pessoas com deficiência psíquica e intelectual nas relações privadas*: Convenção sobre os direitos da pessoa com deficiência e Lei Brasileira de Inclusão, Rio de Janeiro: Processo, 2016.

Verônica Rodrigues de Miranda, A boa-fé objetiva no direito de família. In: *Revista dos Tribunais*, São Paulo: Revista dos Tribunais, ano 102, vol. 927, jan. 2013.

Virgílio de Sá Pereira, *Direito de Família*, Rio de Janeiro: Freitas Bastos, 1959, 2ª ed.

Vitor Fonsêca, O Ministério Público e a ação de interdição no Novo CPC. In: Robson Renault Godinho; Susana Henriques da Costa (coord.), *Coleção Repercussões do Novo CPC*, vol. 6: Ministério Público, Salvador: Juspodivm, 2015.

Waldyr Grisard Filho, *Guarda compartilhada:* um novo modelo de responsabilidade parental, São Paulo: Revista dos Tribunais, 2002, 2ª ed.

Washington de Barros Monteiro, *Curso de direito civil*, vol. II, São Paulo: Saraiva, 2004, 28ª ed.

Washington de Barros Monteiro, *Curso de Direito Civil. Direito de Família*, São Paulo: Saraiva, 1989, 19ª ed.

Wesley Louzada, Dano moral por abandono afetivo. In: Luiz Edson Fachin; Gustavo Tepedino (Coords.), *Diálogos sobre direito civil*, Rio de Janeiro: Renovar, 2008.

Wilfried Schlüter. *Código Civil alemão*, Porto Alegre: S.A. Fabris, 2002.

Yussef Said Cahali, *A Lei do Divórcio na Jurisprudência*, São Paulo: Rev. dos Tribunais, 1987, 2ª ed.

Yussef Said Cahali, *Divórcio e Separação*. São Paulo: RT, 10ª ed.

Yussef Said Cahali, Do Direito de Alimentos no Concubinato. In: Sálvio de Figueiredo Teixeira (Coord.), *Direitos de Família e do Menor*, Belo Horizonte: Del Rey, 1993.

Zeno Veloso, Bem de família. In: *Revista de Direito Civil*, a. 15, n. 55, jan./mar. 1991.

Zeno Veloso, *Direito Brasileiro da Filiação e Paternidade*, São Paulo: Malheiros, 1997.

1 2 3 4 5 6 7 8 9 10
2025

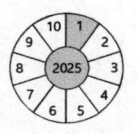